沖縄文教部／琉球政府文教局 発行

復刻版

文教時報

第9巻

第56号〜第65号
（1959年6月〜1960年3月）

編・解説者 藤澤健一・近藤健一郎

不二出版

『文教時報』第9巻（第56号～第65号）復刻にあたって

一、本復刻版では琉球政府文教局によって一九五二年六月三〇日に創刊され一九七二年四月二〇日刊行の一二七号まで継続的に刊行された『文教時報』を「通常版」として仮に総称します。復刻版各巻、および別冊収載の総目次などでは、「通常版」の表記を省略しています。

一、第9巻の復刻にあたっては左記の各機関に原本提供のご協力をいただきました。記して感謝申し上げます。

琉球大学附属図書館、沖縄県公文書館、沖縄県立図書館

一、原本サイズは、第56号から第65号までB5判です。

一、復刻版本文には、表紙類を含めてすべて墨一色刷り・本文共紙で掲載し、各号に号数インデックスを付しました。なお、表紙の一部をカラー口絵として巻頭に収録しました。また、白頁は適宜割愛しました。

一、史料の中に、人権の視点からみて、不適切な語句、表現、論、あるいは現在からみて明らかな学問上の誤りがある場合でも、歴史的史料の復刻という性質上そのままとしました。

（不二出版）

◎全巻収録内容

復刻版巻数	原本号数	原本発行年月日
第1巻	通牒版1～8	1946年2月～1950年2月
第2巻	1～9	1952年6月～1954年6月
第3巻	10～17	1954年9月～1955年9月
第4巻	18～26	1955年10月～1956年9月
第5巻	27～35	1956年12月～1957年10月
第6巻	36～42	1957年11月～1958年6月
第7巻	43～51	1958年7月～1959年2月
第8巻	52～55	1959年3月～1959年6月
第9巻	56～65	1959年6月～1960年3月
第10巻	66～73／号外2	1960年4月～1961年2月
第11巻	74～79／号外4	1961年3月～1962年6月
第12巻	80～87／号外5～8	1962年9月～1964年6月
第13巻	88～95／号外10	1964年6月～1965年6月
第14巻	96～101／号外11	1965年9月～1966年7月
第15巻	102～107／号外12、13	1966年8月～1967年9月
第16巻	108～115／号外14～16	1967年10月～1969年3月
第17巻	116～120／号外17、18	1969年10月～1970年11月
第18巻	121～127／号外19	1971年2月～1972年4月
付録	『琉球の教育』1957(推定)、1959／別冊＝『沖縄教育の概観』1～8	1957年（推定）～1972年
別冊	解説・総目次・索引	

〈第9巻収録内容〉

『文教時報』琉球政府文教局 発行

号数	表紙記載誌名（奥付誌名）	発行年月日
第56号	琉球文教時報（文教時報）	一九五九年 六 月一〇日
第57号	文教時報（文教時報）	一九五九年 八 月一九日
第58号	文教時報（文教時報）	一九五九年 九 月一四日
第59号	文教時報（文教時報）	一九五九年一〇月一〇日
第60号	文教時報（文教時報）	一九五九年一一月一四日
第61号	文教時報（文教時報）	一九五九年一二月一二日
第62号	文教時報（文教時報）	一九五九年一二月二六日
第63号	文教時報（文教時報）	一九六〇年 一 月二六日
第64号	文教時報（文教時報）	一九六〇年 二 月二七日
第65号	文教時報（文教時報）	一九六〇年 三 月一五日

（注）

一、第65号4頁の次の大判折込の原本版面縮小率は次のとおりである。
　折込1・2面＝76％縮小

一、次の箇所には一部の原本に書き込みによる訂正があるが、書き込み文字を削除した（ただし、編集上の訂正か、旧所蔵者によるものかは判別できない）。
　第60号32頁4段目枠内
　第61号2頁3・4段目枠内
　第64号23頁3段目14行、奥付頁「あとがき」2段目左から4行

（不二出版）

『文教時報』復刻刊行の辞

わたしたちは、沖縄現代史のあゆみをどこまで知っているだろうか。この問いを掲げつつ、第二次大戦後、米軍によって占領されていた時期（一九四五―一九七二年）、沖縄・宮古・八重山（一時期、奄美をふくむ）において、文教担当部局が刊行した『文教時報』を復刻する。

同誌は沖縄文教部、つづいて琉球政府文教局が刊行した。前者では示達事項を中心とした指導書であり、後者では教育行政にかかわる情報、教育についての調査・統計、教室での実践記録や公民館を中心とした社会教育関連記事など、盛り込まれた内容は幅広い。総じて教育広報誌といえる同誌は、発行期間の長さと継続性から、沖縄現代史を分析するうえで、もっとも基礎的な史料のひとつと目される。しかし、これまで同誌は全体像についての理解を欠いたまま、断片的に活用されるにとどまってきた。

その背景にはなにがあるのか。まず、発行が群島ごとに分割統治されていた時期から琉球政府期にいたるまで四半世紀におよび、雑誌としての性格が変容していることがある。くわえて多くの機関に分蔵されるとともに、附録類、号外や別冊など書誌的な体系が複雑に入り組みつかみにくい。このために本格的な調査が進まなかった。今回、わたしたちは所蔵関係にかかわる基礎調査をふまえ、添付書類までもふくめた全体像の把握に体系的に取り組んだ。その成果をこうして全一八巻、付録1に集約して復刻刊行する。解説のほか、総目次や執筆者索引などから構成される別冊をあわせて刊行する。今回の復刻により、教育行政側からみた沖縄現代史について、それを総覧できる史料的な環境がようやく整備されることになる。

統治者として君臨した、米国側との関係、また、沖縄教職員会をはじめとした教員団体との関係、さらに「復帰」に向けた日本政府や文部省との関係、さらに離島や村落の教育環境など、同誌は変動する沖縄現代史のダイナミズムを体現するかのような史料群となっている。

沖縄の「復帰」からすでに四五年にいたるいま、沖縄研究者はもとより、教育史、占領史、政治史、行政史など複数の領域において、本復刻の成果が活用され、沖縄現代史にかかわる確かな理解が深まることを念じている。物事を判断するためには、うわついた言説に依るのではなく事実経過が知られなければならない。あらためて問いたい。沖縄現代史のあゆみははたしてどこまで知られているか。

（編集委員代表　藤澤健一）

文教時報
NO.58
1959. 8
琉球
文教局研究調査課

58号

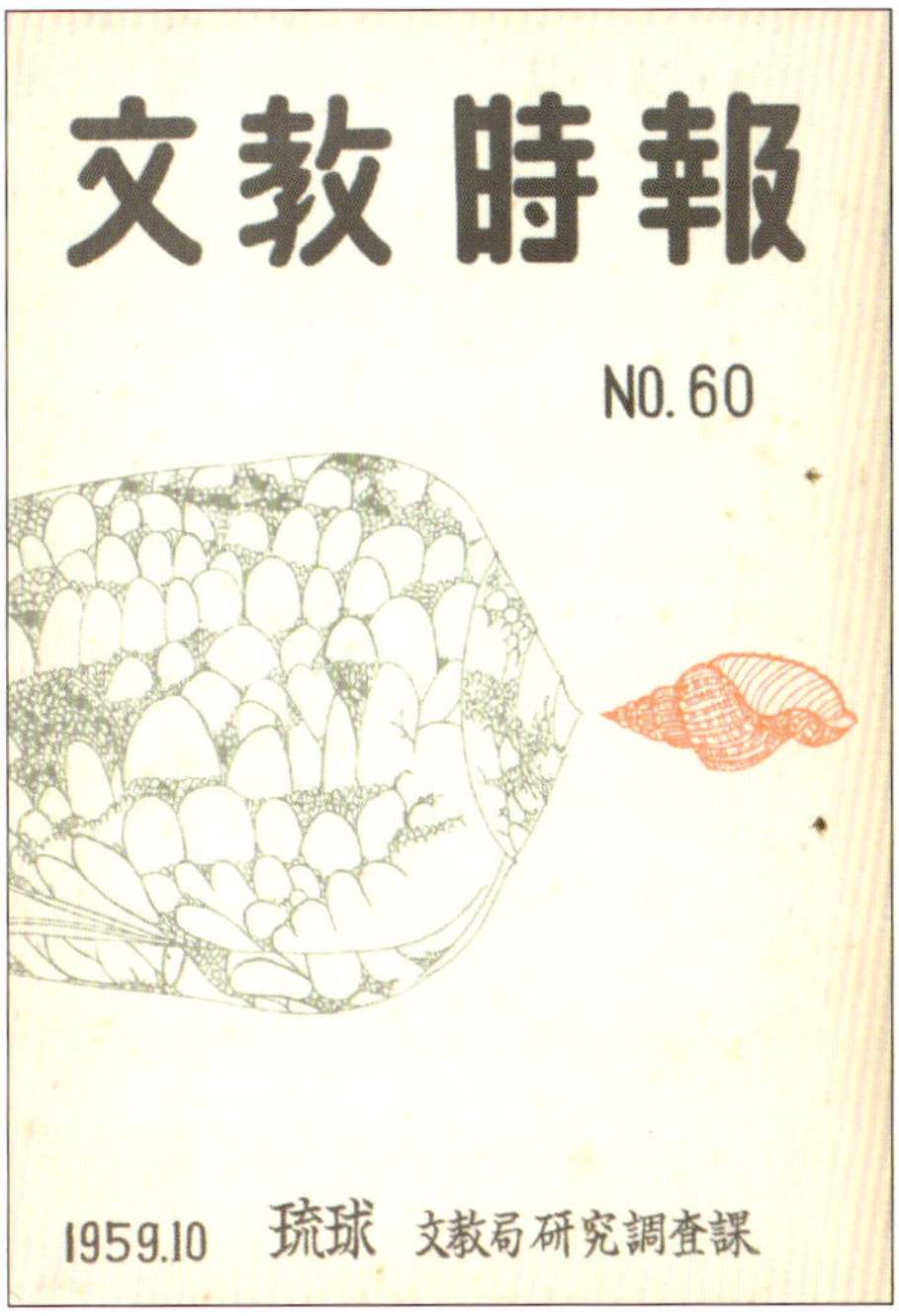
文教時報
NO.60
1959.10
琉球
文教局研究調査課

60号

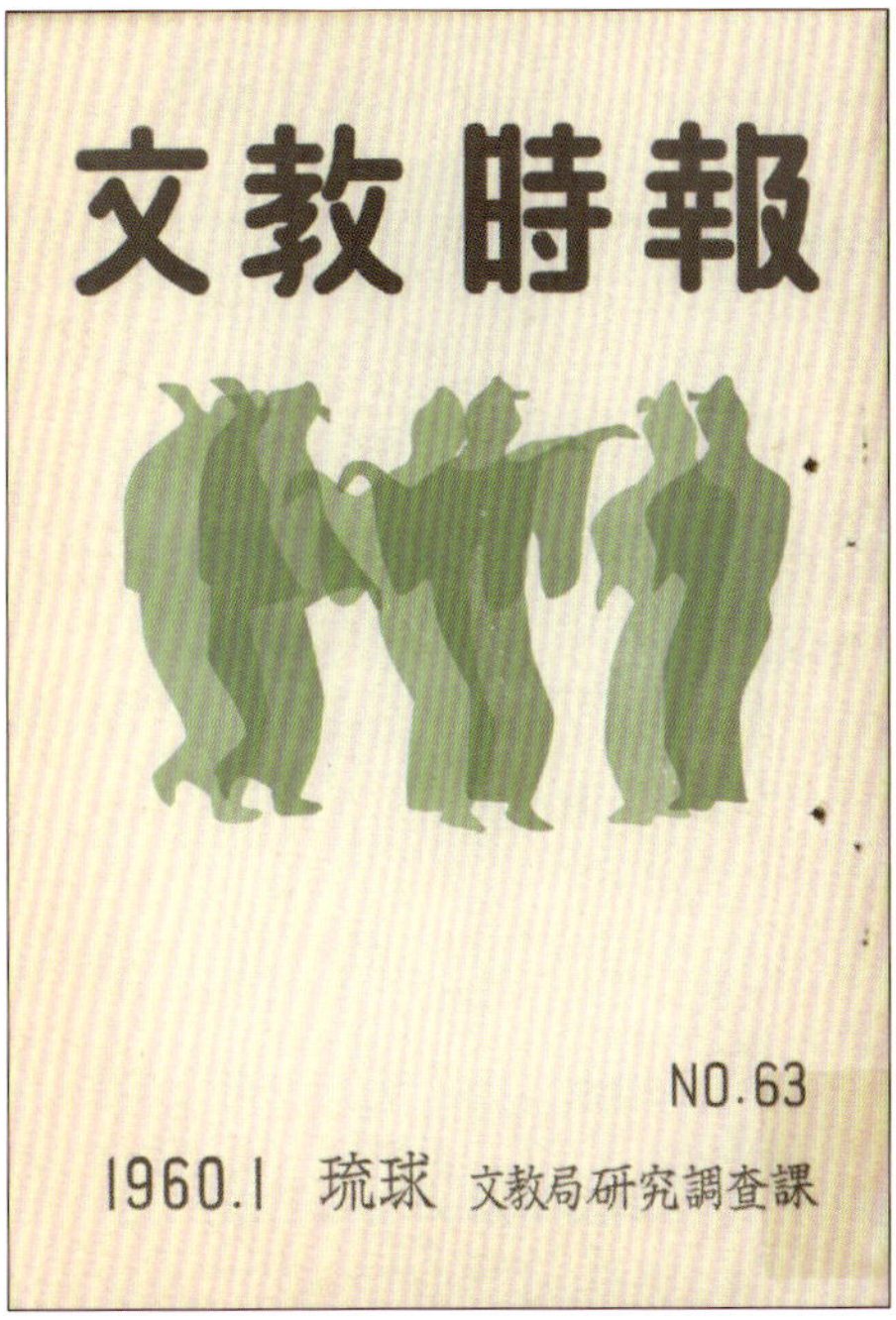
文教時報
NO.63
1960.1
琉球
文教局研究調査課

63号

文教時報

琉球

56

1959.6

文教局研究調査課

NO 5

教育財政の確立を期待する

安谷屋玄信

教育の組織と内容、その運営と技術が、近代化、高度化、社会化するにしたがつて、教育の財政需要が年々増加しつつある世界的傾向は、わが琉球の場合も同じであるが、琉球政府や地方教育区の財政規模による制限等で至つて複雑困難な問題をはらんでいる。政府財政の三〇％以上を占める文教局予算の増減は政府の財政を大きくゆさぶるとともに、児童生徒の自然増加は必然的に教育予算の適正なる増加を政府に要求している。

このときにあたり、文教局長は一九六〇年度文教局予算説明を別掲のとおり立法院に送付し、教育財政の基本を示唆するとともに、国民所得を基盤とした政府財政と文教局予算の関係を究明し、中央教育委員会要求予算額の正当性を立証し、政府財政規模の規制を受けながらも、教育予算計画の在るべき姿を確認し、重点施策と、教育各分野のバランスの調整に努め、もつて国民教育水準の向上に最大の努力を払う決意を述べている。

例年のことながら、立法院での予算審議の頃は、院外では教育予算増額運動が展開されるのがこ こ数年間普通になつた。一体、いつになつたら、教育委員会、教育長、現場の教師と教職員会、PTA、一般の住民が、その子弟の公教育費について、安心して政府と教育区の教育財政に委かすことができるのであろうか。

それには豊かな財政が必要だ。いや、それ以前に豊かな経済力が望まれる。豊かにして健全なる経済力を育成する根本的な正道はこれを教育に求めることである。貧なればこそ、教育財政の健全なる確立に努力し、繁栄せる社会の基盤を築くべきであると考える。

小規模の政府財政では、その伸縮によつては、最低必要限度の経常的教育費の確保も、安全だとは言いがたい。教育財政需要の適正額が、何らかの形で保証されたいものである。

（文教局庶務課企画係長）

目次

水産高校実習船　海邦丸の威容

（右）

海邦丸を前にその誕生を喜び前途を祝し合うレセプシヨンのスナツプ当日は軍官民多数の参列で感激裡に式が行われた

（右）

祝辞をのべる民政府情報教育部長クロホード氏

（左）

謝辞と決意をのべる生徒代表

金 指 造 船 所 長

（上）

海邦丸のあざやかな船名と日の丸が印象的。沖水，宮水の実習船として近く洋上でその真価を発揮する

（左）

内外よりの祝電を披露する玉城盛正教頭，
バツクはイカリヅナにSの校章

小波蔵文教局長より沖縄水産高校PTA会長長嶺彦昌氏感謝状を受ける

金指所長への感謝状贈呈

海邦丸要項

起工	昭和33年12月18日	
進水	昭和34年3月5日	
竣工	昭和34年4月23日	
船体部		
長サ	31米25	
幅	6米60　深サ　3米25	
総屯数	207屯75	
純屯数	102屯66	
活漁艙	(28.54) m^3	
氷艙	(25.03) 〃	
一般漁艙	(12.74) 〃	
ロビー	(11.05) 〃	
急速凍結室	(11.63) 〃	
燃料油艙	(70.14) 〃	
潤滑油艙	(2.23) 〃	
清水艙	(29.18) 〃	
速力	公試最大 10節927 航海 9節5	
機関部		
主機	550馬力過給機付デイーゼル	1基
補機	65馬力デイーゼル	1基
発電機	35KVA	2基
冷凍装置		
冷凍工事	フレオン12　直膨式	
冷凍機	竪型単動式15馬力	2基
魚艙電気温度計		
甲板機械		
揚錨機	（電動歯車式）15馬力	1基
操舵機	ヘルシヨウ式1.5馬力	1基
ラインホーラー	泉井6号型	2基
サンマ棒受ウインチ		1基
肉摺機		1基
航海計器		
磁気羅針機	反映式卓上型	各1基
レーダー	MD−802型	1基
ロラン	322ラ型チヤート付	1基
方向探知機	ブラウン管式 KS−317型	1基
魚探	スイツエスーパー1,920M 可測湿式	1基
電気測深儀	1,500M可測TS−1型 3馬力	1基
電気式風向風速計		1基
気象図模写受信装置	N.M.P.103型	1基
無線装置		
送信機（主）	$A_1$250W $A_2$100W $A_3$75W	1基
〃（補）	$A_1$50W	1基
受信機	10球スーパーヘテロダイン式	2基
拡声装置	20W自立型	1基
搭載艇		1隻
乗組員	62名	

建造所　静岡県清水市三保
株式会社　金指造船所

先頭にたつて船内の案内と説明にあたる
山口寛三校長

海邦丸の頭脳　近代的装具を誇るブリツジ

測定儀の取扱いを真剣に実習する水高生

〝教育環境の構成〟にとつ組んで
参会者に多大の感銘を与えた
喜如嘉小中校のPTA発表会

「カメラルポ」

校風の育成それは60年の歴史の感がある
とあいさつする上地完太郎校長

会員の研修と地域社会の連繋こそPTA会充実の
かぎだと力説する平良景太郎PTA会長

会場を埋めつくした参集の人たちの真剣な顔

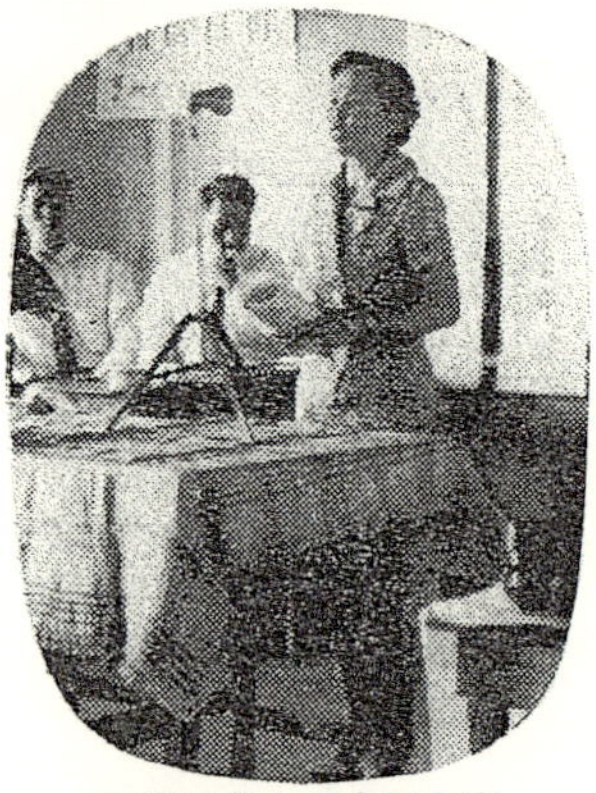

指導助言する山元主事

活発な討議は続く……

左より　平良PTA会長，大城主事，
宮城教育長，大宜見主事，上地校長

苗床：　子どもたちの理科のよき研究園となつている

教育100年の理想と緑化の重要さを説く大田副主席

別荘を思わせる池，魚の群が静かに泳いでいる

通風，位置に苦心した特色ある設計の児童便所

子どもの遊び道具はすべてPTAの手で

学校の公園化，子どもたちは自由に木の間をかけめぐる

レクレーシヨン，会場の緊張をほぐす
〝みどりおんど〟

廊下にたたずんで子どもの
学習を見まもるおかあさんたち

グランドをとりまく斜面には樹かげができ
よい子どもの遊び場になつている

子どもたちの飼育実習でふとつたという豚公

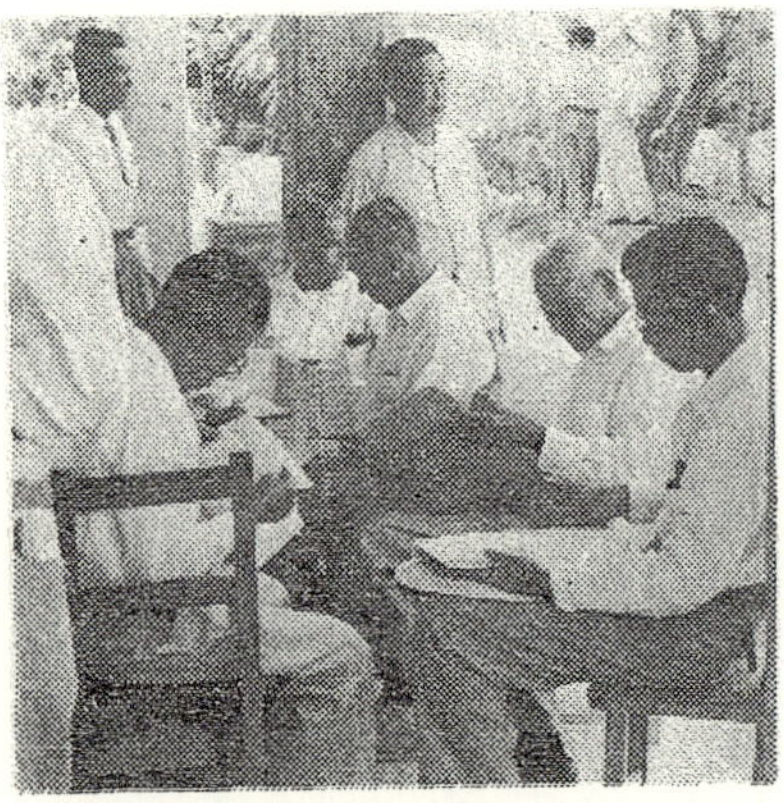

研究会の日程の余暇をみては
〝PTA新聞〟〝会報〟等に見入るPTA会員

立法院に提出した

—一九六〇年度—

文教局才入予算案の説明

文教局長　小波蔵政光

一九六〇年度における文教局の才入予算額は、一二七、四五五・〇〇ドルで、これを一九五九年度予算額三九、二〇三・三三ドルに比較すると、八八、二五一・六七ドルの増加となつています。増加の主なる理由は、海邦丸の就航に伴う才入増と公立学校の政府立移管に伴う授業料及び入学金の才入増であります。

これを項目に区分し、各目についてご説明申しますと、

一、物品売払収入

政府立高校の実習品売払代で各学校の収入目標額算定は、(イ)、耕地面積(ロ)、作付年間計画 (ハ)、学校地域の物価 (ニ)、過去の実績 (ホ)、地域の気象的特性 (ヘ)、家畜の種類及びその数(ト)、地味の肥沃度 (チ)、魚の水揚予想高 (リ)、製造能力等の諸条件を勘案して定めてあります。

実習品の内容は (1)、農場生産品の売払代金 (2)、畜産品(卵、牛乳等)の売払代金 (3)、家畜(仔牛、仔豚等)の売払代金 (4)実習製品(農産加工、畜産加工、水産加工、木材工芸製品等) (5)実習船の漁獲品売払代金 (6)製氷工場の氷の売払代金等となつています。

収入目標の決定に当つては、学校ともよく相談しており、前述した通り過去の実績も充分勘案しております。学校の実習品売払収入は、僅かな金額でそういうものは考えなくてもよいではないかという意見もありますが、例えば農林高等学校においては、実習地があり種子代、肥料代、主要農具代等も予算で購入しているので、或程度の収入を挙げることは当然であつて、収入そのものが目的ではないが、全然収入のない生産教育も亦あり得ないと考えています。

水産高等学校実習船海邦丸の収入につきましては、補正予算では二航海四、〇〇〇ドルを計上してありましたが、これは処女航海で ㋑、漁業調査をしなければならない。㋺、船員が船に不馴れで充分に機能を発揮できない。㋩、就航の時期が明確でない。㋥、開洋丸の収入見積を補てんする必要がある等の理由で、少額計上したのでありますが、一九六〇年度以降は優秀船としての機能を充分に発揮できる条件が具わるので、目標額を上げて計上したのであります。

なお、念のため、日本における同程度の実習船の収入目標額を申上げますと、福岡県の水産高校日本円三〇、七六〇、〇〇〇円、鹿児島県枕崎水産高校日本円三一、五一九、九〇〇円、宮崎県水産高校日本円二八、五一九、九〇〇円を計上してあり、これを海邦丸の収入目標額に比べると、日本円換算二五、〇六五、〇〇〇円となつています。琉球政府としても相当無理して建造した船でありますので、日本の実習船の目標額に近づくよう進みたいと考えています。

二、授業料及入学金

(イ) 授業料

授業料は昨年と同様の基準で計上してあり、政府立高校において生徒の増加に伴い、一二七・〇〇ドルが増加しており、一一、二九六・〇〇ドルは公立高校の政府立移管に伴う、四月から六月までの三カ月分が計上されています。

(ロ) 入学金

入学金も昨年と同様で、昨年に比べ政府立学校の場合は、全日制がへつて定時制が増加し、金額において六〇・〇〇ドルの減となつています。公立高校の政府立移管に伴う収入増加が、二、六九〇・〇〇ドル計上してあります。

三、入学検定料

入学検定料は、一九五九学年度の入学志願者から、中央教育委員会の徴収規則に基いて、一人当り一ドル徴収しております。この入学検定料は公立高校は、従来から徴収しており、公立高校の政府立移管に伴つて、同一歩調にするため徴収することになつたゆえであります。

なお政府学校の来年度募集人員は、

二、八〇〇人で毎年応募者の六〇%が採用されているので、募集人員から逆算して応募者が四、六六六人いるものとして計上してあります。

四、雑収入

廃棄処分した備品等の売払代金、その他を見込んで、費目存置のため一ドルを計上してあります。以上簡単に文教局才入予算の説明といたします。

一九六〇年度文教局才出予算案の説明

一九六〇年度文教局才出予算の説明

一九六〇年度文教局才出予算案の説明をいたします。

教育に対する全住民の期待と要望に応えて、立法院で可決していただきました教育諸立法の規定によりまして、琉球の教育が逐次形式内容ともに着々と整備されつつありますことは、わが郷土の前途にとつてかけかえのない光明であり、住民の精神生活にも大きな希望と力を与えるものでありまして、教育界はもとより全住民のひとしく喜びとするところであります。

皆様が可決して下さいました教育諸立法の意義と精神が、真に児童、生徒、住民にサービスされ、未来の沖縄を興す力となるために、教育行政に当る吾々は教育現場六千教職員はもとより、一般父兄住民の理解あるご協力によりまして、教育の水準或は児童生徒の学力が一日も早く、祖国日本の水準に到達できるように、早急に、しかも効果的に教育の客観的諸条件の整備確立に努力している次第であります。

ところで、ここ数年来児童生徒の自然増加は必然的に教育費の増加となり、更に教育水準の向上を競う世界的傾向は生徒一人当り教育費の増加となつて現われ、教育財政の需要は年々増加の一途を辿りつつありますが、なおさらに一段と、教育を振興して繁栄せる社会を形成し、世界の文明諸国と伍して高い文化水準を保持しようとする社会的要請は、財政面では教育費の増額要望という世論となつて現われてきたのであります。

これは人類自然の素朴崇高なる要求であり、また社会的にも正当なる世論でありまして、行政府は重要施策の一つとして教育の振興をかかげ、政府財政の許す限りにおいて、私は鋭意この施策実現のために六〇年度予算においては、中央教育委員会の重点方針を基礎として、行政府の重要施策を調整しながらこれが編成に当つたのであります。

このために、日本本土の教育費を一応の参考額として、国、地方を通ずる総財政資料について調査、研究、分析を行うとともに、琉球政府における教育財政需要の規模を求める等、その適正規模の算出に努力したのであります。即ち、国、地方を通ずる公教育費と全国民所得との比率、各県ごとの公教育費と県民所得との比率を求め、又は琉球と類似規模府県の学校種別生徒一人当り教育費から琉球の教育財政需要額を算出し、更に施設、設備の本土との隔差を年次計画をもつて短縮するとともに、物価指数を考慮する等、可能な限りの合理的方法を考究の上、琉大を除いて、約一二、八〇〇、〇〇〇ドルの適正教育需要額を算出したのでありますが、この中には地方教育区負担の約一、〇〇〇、〇〇〇ドルが予想され、中央教育委員会では約一一、八〇〇、〇〇〇ドルの見積額の承認を得たのであります。

しかしながら現実には、琉球政府の財政規模とその他各行政分野の財政需要の関係によつて、文教局才出予算は琉球大学補助金を含めて、総額八、七四九、三五〇ドルとなつたのであります。

この額は一九六〇年度国民所得推計額の五・二五%にあたり、また政府一般会計才出予算の三一・五五%にあたるのでありまして、本年度の文教局才出予算（補正予算）が国民所得推計額の四・六〇%、政府一般会計才出予算の三〇・六九%であつたのに比べますれば、それぞれ、〇・六五%と〇・八六%の進歩でありまして、実額にしまして、一、六三二、一二五ドルの増額になつている次第であります。

一、この予算案では、一九六〇年度中央地方を通ずる教育財政の総規模は大約どうなるであろうか。

一九六〇年度の教育財政の総規模については、大学教育費も含めまして、大約次のような財政収入規模に見合う規模になることを予測するとともに、これに伴う教育水準の向上を予想しているのであります。

第一表

文教局予算（琉大補助金を除く）	七、九七九、三五〇ドル	
地方教育区の自主財源	一、一〇九、九〇〇	従来の実績から推計
琉大補助金	七七〇、〇〇〇	
琉大の自己財源	六五、〇六〇	
地方の私費的教育費	四八五、〇〇〇	従来の実績から推計
計	一〇、四〇九、三一〇	

上の表によりますと琉球大学の教育費を除く公費のみの教育費は九、〇八九、二五〇ドルとなつて、国民所得推計額の五・四五％の額に当るのであります。本土各府県のこの比率を詳細に検討してみますと、一人当り国民所得の類似している本土の各府県では、この額は各県民所得に対して昭和三十一年度で、大約平均しまして六・七五％に達しこの比率で計算しますと、やつぱり中央教育委員会で承認された一一、八〇〇、〇〇〇ドル（実際は一一、二五二、二五〇ドル）に近い額になるのでありまして、この適正と考えられる需要額の財源をどこにどれだけ求めるかは、十分研究努力すべき今後の問題であると思うのであります。

二、文教局才出予算案の構造とそのつり合い

文教局才出予算は年々政府一般会計才出予算額の約三〇％内外を占める大きな経費でありますのでこれが編成に当つては、年々、客観的な教育財政諸資料はもとより、内外の財政諸資料を精密に調査研究の上、可能な限り合理的にして、適正なる額の予算案を編成している次第でありまして、一九六〇年度の予算案の構造や各分野別、項目別のつり合いはおよそ次のようになつているのであります。

（次の表にかかげる文教局才出予算額は、日本本土との比較の関係上、大学教育費、即ち琉球大学補助金と育英事業費を除いた額である。）

第二表　文教局予算案の構造Ⅰ（教育分野別）

教育分野別	予算額	分野別比率	日本本土の比率
文教局才出予算額	七、九一九、九五〇弗	一〇〇％	一〇〇％
学校教育費	七、四八七、五七五	九四・五四	九七・〇
義務教育費	五、六一一、九三七	七〇・八六	七六・七
高等学校教育費	一、八七五、六三八	二三・六八	二〇・三
社会教育費	一五三、六四七	一・九四	〇・七
教育行政費	二七八、七二八	三・五二	二・三

（日本本土の比率は、昭和三十二年度、国及び県の負担額の比率である。市町村負担額は除かれている。）

第三表　文教局予算の構造Ⅱ（大支出項目別）

支出項目	予算額	項目別比率	日本本土の比率
文教局才出予算額	七、九一九、九五〇弗	一〇〇％	一〇〇％
A **消費的支出**	五、七九〇、三一五	七三・一一	八〇・〇
1 **教職員の給与**	五、二一〇、四七四	六五・七九	五三・五
2 **その他の消費的支出**	五七九、八四一	七・三二	六・五
B **資本的支出**	二、一二九、六三五	二六・八九	二〇・〇
1 **校舎の建築費**	一、五三五、〇四三	一九・三八	一二・六
2 **その他の資本的支出**	五九四、五九二	七・五一	七・四

上の第二表でも明らかのように学校教育費、社会教育費、教育行政費のつり合いは本土の場合、97：1：2となつていますが、文教局の予算案では、95：2：3となつているのでありまして、社会教育費と教育行政費がそれぞれ重いように見受けられますが、これは琉球の場合、地方教育区の財政が日本本土のように豊かでないために、政府がこれをある程度肩替りしているからであります。

なお、第三表におきましては、琉球の場合、資本的支出なかでも校舎建築費に相当な比重がかかつているのでありまして、これは必然的に教育費の経常的経費即ち消費的支出を圧縮しなければならないのでありまして、不足教室の解消、老朽危険校舎の改築という、琉球教育の大きな課題を解決するための真に止むを得ざる措置であり、現在程度の予算規模であれば、この傾向はあと数年は続くものと思われる次第であります。

三、重点施策

さて琉球大学補助金を除く七、九七九、三五〇ドルをもつて教育の重要施策を行い、児童生徒の学力水準を本土なみに向上させることは至難なことではありますが、文教局といたしましては、次に述べる重点施策に基きまして予算を計上しことに児童生徒の学力向上に最も影響の大きい経費につきましては、とぼしいながらも極力これが増額に努力を払つたつもりであります。

1 教育施設の整備強化

イ、校舎建築による不正常授業の解消

不足教室の解消、老朽校舎の改築、高等学校特別教室の整備拡充

ロ、施設、設備、備品の充実

ハ、職業教育施設の充実

2 へき地教育の振興

3 社会教育の振興

4 保健体育の振興と学校給食の拡充

5 教職員の資質の向上と待遇改善

しかしながら公教育費には、どうしても欠くことのできない中核的ものがあるのでありますが、これは教育費の消費的支出面即ち教職員の給与を主体にした教授活動に要する経費でありまして、教職員関係の給与費の自然的増加、即ち児童生徒の自然増加による教員の増加、定期昇給、免許更新による昇給、表彰による昇給等によつて、本年度より約七六五、〇〇〇ドルの自然的増加をみているのであります。一九六〇年度の琉大を除いた文教局関係の予算の増加額は一、五八一、二九三ドルとなつていますが、実質的には、右の必然的増加額七六五、〇〇〇ドルを差引いた残り八一六、〇〇〇ドルをもつて以上のべました重点施策を行わなければならないのであります。

四、重点的予算項目の説明

教育予算の大部分を占めその中核をなすものはまず教職員の給与費でありまして、これこそ最も大きく学力と結びつく重要なる経費であります。教職員の定数の算定につきましては日本の例を参考にして努力していまして、日本の平均までには至つていませんが、給料手当等の給与額を合算しますと五、二一〇、四七四ドルとなり、第三表に示すように予算額の約六五・八％を占めるのでありまして、日本本土の五三・五％よりその比率において大きな比重を占めているのであります。

教職員の定数や給与水準がまだはるかに本土に比して低いのにこのように比率の高いのは、教育予算の規模が日本のそれに比較して小さいのに対してこの経費が、必要不可欠の経費として増額しなければならないからであります。

この増加の大きな理由は児童生徒の自然増、即ち五九年四月に約一〇、〇〇〇人、六〇年四月に約一一、〇〇〇人の増加に対する教職員数の増加、政府公務員なみの定規昇給、免許資格の向上による昇給、表彰等による昇給期末手当の政府公務員なみの増額、へき地手当の増額予定等によつて給与全体が増しているのであります。文教局才出予算は、琉球大学を除いて本年度より一、五八一、五〇〇ドルの増加をみていますが、そのうちの五〇％近い額はこの教職員の給与費の増加額であります。文教局才出予算において教職員給与費に次ぐ、重要なそして年々その額の大きな経費は校舎建築費でありますが、従来の文教局予算に計上された校舎建築費は、義務教育の場合毎年その前年度の四月における児童生徒の自然増加による不足教室数をみたす程度でありまして、その年度内の四月の自然増加による不足教室に対しては依然としてその解消をみなかつたのであります。そのために極度の間仕切り、または学校以外の仮教室の使用、一時的二部授業等もありましたが、六〇年度におきましてはこの四月の不足教室を充たすとともに、来春四月の不足教室も不十分ながら解消するように計画したのであります。

この予算案に計上された校舎建築費は、政府立公立併せて五三六教室分でありまして、これは五九年四月と六〇年四月の小、中学校児童生徒の自然増加による不足教室数を不十分ながら充たすとともに、木造腐朽校舎の一部(一二二教室)を改築し、なお職業教育振興のために高等学校の特別教室、寄宿舎、便所等の一部も建築する計画であります。この計画によつて六〇年度の校舎建築を行いましても、日本本土の校舎の生徒一人当り面積に比較すれば、まだはるかに狭いのでありますが、教室不足による不正常授業は、狭いながらも六〇年度は解消できるものと思う次第であります。

なお、この校舎建築計画を完成しましても、一九六〇年四月には、義務教育生徒一人当り面積は〇・五三坪にしかならないのでありまして、これを本土の昭和三十三年の一、二〇八坪に比べますれば、一人当りにして、まだ半分の面積しか保有できないのであります。

今後五カ年間に約一〇、〇〇〇、〇〇〇ドルの校舎建築費を投入する計画をもつてしても、生徒の自然増加のために、一人当り一・〇坪にも達しないのでありまして、本土の水準に近接するためには、今後、私たちがいかに大きな努力を払わなければならないかということを痛感する次第であります。

次には校舎に類した資本的支出としての施設備品費としては、職業教育備品、一般備品及び給水、給食、照明、その他、教育活動に必要な施設等が政府立、公立、併せて四九七、六三二ドルを計上したのでありますが、本年度の水産学校練習船建造費を含めての四七二、七一五ドルに比べますれば約二五、〇〇〇ドルの増加でありまして、

特にこの経費の中では、職業教育の設備、備品費としての民政府補助金が本年度の一六〇、〇〇〇ドルから四〇〇、〇〇〇ドルに増額したことは、軍民各位の職業教育に対するご支援の賜として深く感謝している次第でありまして、職業教育の充実につきまして、年次計画を実現すべく今後も努力を続けたいと思う次第であります。

第三表に示すごとく教職員給与費の六五・八%と右にのべました資本的経費の二六・九%が文教局予算の二大支柱をなすものと思われますが、次にはへき地教育振興法の公布に伴い一段とへき地の教育を改善振興することを目標として、複式学級手当、開拓地学校運営補助金を従来どおりとし、へき地手当補助金、へき地教員養成費、へき地教員住宅補助金を増額し新にへき地教材教具補助金を設けたのであります。なお、ここで付け加えたいことは、数多くの種類にわたる学校運営補助金や行政補助金、社会教育の補助金等は本年度から平衡交付金式の方法を採用しておりますが六〇年度におきましては、教育財政平衡をさらに強化する計画でありまして、財政条件やその他の立地条件に恵まれない、へき地教育区に対しては、かかる補助金交付に際しても万全の措置を講じたい所存であります。

社会教育の振興方策としましては、社会教育団体の指導者の講座、研修会等を行つてその資質を向上し、新生活運動を強力に推進するとともに、映画等の視聴覚教材に対しても積極的な指導や推せんを行い、もつて非行青少年問題に対処するとともに公民館、図書館、博物館、青年学級、社会体育、健全レクリエーション等の振興向上をはかるとともに、本年度から市町村教育区に配置した、社会教育主事を二十六人に増員して、地方の社会教育を全般的に推進向上させるように計画したのでありましてこれらのための社会教育費が第二表でみる如く予算の約二%に当る一五三、六四七ドルとなつているのであります。この経費の中には、琉球の古文献を所蔵する東恩納文庫を郷土に移すための補助金と宮古のトタンぶき老朽図書館の改築費等が含まれています。

なお、社会体育としては、各種の体育競技にわたる本土との交流が多くなるにしたがつて、わが沖縄もその水準が長足の発達向上をしていますことは、皆様とともに喜びにたえないところでありまして、この社会教育費の中には、六〇年度において、このような体育競技を推進助長するための経費が二八、二一五ドル含まれているのであります。

次に、学校給食、保健、体育の向上につきましては、現在、幼稚園、小、中、高校に対して米国宗教団体から寄贈される年間、約一、一〇〇トンの脱脂粉ミルクのミルク給食を従来通り実施するとともに、メリケン粉の援助物資が来ることを予想しまして、パン給食やめん類給食も計画しているのでありますが、ここに計上してあります給食附帯費一四、八九八ドルはミルクとメリケン粉の輸送費に当るもので、でき得ればパンやめん類の加工費の補助も行いたいと思つている次第であります。なお、生徒の保健につきましては、社会局とも連繋して寄生虫の駆除につとめるために、検便費補助金三、五〇〇ドルを計上するとともに、児童生徒の保健、管理を一層強化するために校医手当補助金を五〇%の率で補助するとともに、養護教諭十四人を配置する経費が給料補助金中に含まれているのであります。

さらに教職員の健康管理に関する経費としては結核休養、産前産後の休養のために補充教員を一二七人準備し、公務災害補償費として五、五〇〇ドルが計上されているのであります。

なお、スポーツ振興の基盤をなす、総合競技場建設費として民政府より二〇、〇〇〇ドルを琉球政府に補助していただきましたのでこれを、特別会計にくり入れ、ただいま建設計画を進めつつあります。

次に教育行政費でありますが、これは、中央教育委員会及び文教局の運営費や、事業費並びに地方教育区の教育行政に、補助される経費であります。総額にして、二七八、七二八ドルで予算額の約三・五%でありまして、文教局の人件費や運営費をはじめとして、教育全般に関する管理並びに地方教育区や学校、関係団体等に対して、教科書や教育内容、方法、行政等について、一般的基準を示すとともに専門的、技術的指導助言、援助を与える経費でありまして、教育水準の引き上げに必要欠くことのできない最少限の経費を計上してあるのであります。

なお教職員の資質向上と待遇改善につきましては重要な課題として政府は年々力を注いでまいりましたが、六〇年度におきましては免許法の公布に伴つて例年行つている本土の大学講師による夏季講習は、単位登録料を免除した認定講習として、上位の免許状更新の道を開くとともに従来の教科指導技術研修会、行財政研修会を継続し、更に昨年来要望していた本土指導主事を招へいし指導技術を一段と向上せしめるように計画し、これに要する経費として、本局費の諸支出金一三、一七九ドルを計上し、教育関係職員等の研修費、実験学校指導費等も併せて、四七、六〇〇ドルを資質向上のための経費としたのであります。

これと同時に免許更新による昇給、政府公務員なみに給料及び期末手当を増額し待遇の改善を計画したのであります。次に大きく世論化しつつある公立高等学校の政府移管につきましては、これを実現すべく一九六〇年四月を期して移管できるように予算措置を講じたのでありまして現在の補助金中の公立高等学校の分は、公立高等学校政府移管費として五〇、〇〇〇ドルとともに移管後は政府立高等学校費に移し替える予定であります。また実際の移管に際しては、中央教育委員会の定める移管の基準や方式にしたがつて円滑に移管を行うように万全の措置を講ずる所存であります。

結び

以上で簡単に重点項目の説明を申し上げましたが、一九六〇年度教育費を文教局予算案を中心にして、地方教育区負担金、私費的教育費等の概算を合計しますと、義務教育においては、生徒一人当り教育費が約三三ドル三二セントになる予定でありまして、これは本年度の生徒一人当り予定三〇ドルに比較しますれば、約一〇%の進歩になるわけであります。「教育の振興」に対する住民全体の意志が教育財政にも現われつつあることを深く感謝しますとともに、日本の義務教育生徒一人当り教育費四五ドル八七セント（昭和三三年度）に比べますれば、吾々がなお一段と努力すべきであることを痛感する次第であります。琉球の教育を本土の水準までに引き上げることは緊急の主要課題でありますが、これにはまず教育財政の確立が要請されるのでありまして、これが解決には今後、立法院とともに、また全住民とともに財源の獲得開拓に努力してゆきたいと考える次第であります。

一般財政規模の大小にかかわらず、恒常的教育費につきましては、皆様の建設的で、しかも理解と懇意あるご配慮によりまして、これを確保することができ、教育が年々進歩発展を見せつつあることに対し、ここに深甚なる敬意と感謝を申し上げるとともに、今日の教育こそは、住民による住民のための住民の教育という意味におきまして、皆様の格別なるご審議をお願いする次第であります。

一九五九年度研究学校紹介

地区	学校	研究領域
那覇	垣花中校	英語
糸満	東風平中校	英語
普天間	北玉小校	理科
那覇	城西小校	音楽
名護	名護高校	商業
知念	大里南小校	体育
コザ	安慶田小校	体育
前原	平敷屋小校	保健
宮古	平良第一小校	道徳教育
辺土名	国頭中校	英語
名護	羽地中校	英語
那覇	前原小校	図工
前原	川崎中校	図工
糸満	豊見城中校	国語
糸満	糸満高校	社会科における倫理単元の指導について
名護	北山高校	社会
那覇	神原小校	算数
名護	本部中校	社会科における基礎学力を伸ばすにはどのように指導したらよいか
宜野座	宜野座小校	社会科における道徳指導について
普天間	普天間高校	音楽
コザ	コザ高校	自動車課程の教育計画
石川	恩納中校	職・家
石川	宮森小校	音楽

一九五九年度実験学校紹介

地区	学校	研究領域
前原	浜小中校	理科
八重山	宮良小校	理科
コザ	美里中校	特別教育活動
久米島	久米島中校	生活指導又は道徳教育
那覇	那覇中校	職・家
宮古	池間中校	職・家
糸満	兼城中校	保健
普天間	普天間小校	安全教育
コザ	コザ小校	保健
辺土名	有銘小中校	体育
宮古	下地小学校	保健
前原	田場小校	国語
辺土名	奥間小校	図工
那覇	城岳小校	道徳教育
宜野座	宜野座中校	選択農業の教育課程
知念	玉城小校	道徳教育
知念	佐敷小校	学校行事
知念	知念中校	学校行事
那覇	水産高校	カウンセリングの実践

本土の体育状況

（琉大招へい講師）
東京教育大学教授
前川峰雄

1

さる昭和三十一年から調査にとりかかつていた小学校の「体育科」中学校の「保健体育科」の改訂指導要領が、三十三年十月一日に文部省から公にされました。これにつづいて、やがて高等学校の指導要領も改訂されることになるようなうわさがあります。単なるうわさでなく、来年位には改訂されるのではないかと思います。

今度の改訂指導要領は、正式には小学校では三十六年から、中学校では三十七年から実施することになっていますが、すでにそれをまたずに、三十四年四月から移行措置がとられることになりました。したがつて、本土では、この指導要領に対する準備段階に入つているといつてよいと思います。

それでは、なぜ指導要領を改訂するようになつたのでありましようか。改訂理由はいろいろありましようが、(1)占領時代のゆきすぎの是正(2)わが国の事情に適合させること、がその主なところだろうと思います。

それでは、「体育科」や「保健体育科」については、どんなことが改訂されるようになつたかについて、その大すじだけを申してみましよう。これには、本土の事情がからみあつていると思われますので、それを中心にして考えることにいたします。

2

第一の点は、小・中学校間の一貫性をもたせようとしたことです。これまで、どこへ行つても、小学校側では「中学校が無理をいう」と申しますし、中学校では、「小学校はこんなことも教えていない」という不平や批判をききました。しかし指導要領にもとずいてやつておりますと、このような不平がでてもしかたがないのです。というのは、指導要領をつくるとき、大きくいえば小学校から大学まで、義務教育だけに限つてみても、中学校の終了までに、どんなことができるようにならなければならないかを見通して作つたのではありません。したがつて、中学校は中学校で、小学校は小学校でというように、学校種別ごとのまとまりをつけるようにはくふうしていましたが、六・三制を一貫してみるようなことをしていなかつたのです。その欠陥がたまたま上述のような批判となつて現われたのでありますから、問題は学校側にあつたのでなく、指導要領自体にあつたのです。

そこで、新しい要領をつくるとき、(1)教科目標について統一的に考える。(2)内容についても、小・中学校を一貫して考えるようにしたわけです。したがつて新しい要領は、小・中学校の一貫性、統一性に最も重点をおいております。

それでは、この一貫性とか、統一性ということは、何を意味しているでしようか。これが大切な点です。端的に申しますと、目標・内容の「系統性」と「発展性」ということがそれに当ると思います。

みなさんもご承知でしようが、本土では、昭和三十一年ごろから、体育科における内容の系統性をはかれという強い要求が起りました。これは「生活体育」に対する批判ともうけとることができます。生活体育では、児童生徒の運動生活の充実と合理化ということに主眼点がおかれていましたが、これでは、オリンピツクに勝てないというのです。オリンピツクで勝つためには、小学校の一年生の経験の上に二年、三年……というように運動能力をつみかさねていかなければならないといいます。これは、たとえば高度の技能を発揮するには、それ以前にどんなことを学習すればよいかということです。この高度の技能を仮に「運動文化」とよぶならば、小さいときから文化を系統的に学習して、その頂点にすすむというように解釈することができます。

この「系統性」の主張は頂点から逆に下りてくる考えですが、「発展性」の主張は下から上にすすんでいくという立場で、必ずしも完全に一致していませんが、本土では、系統性を主張するものが、同時にこの発展性を要求したわけです。それはともかくとして、一年の上に二年をつみ重ねるということは、児童生徒の学習能力に応じて、内容を発展させるという立場からいつて当然なことです。

そこで、指導要領では、上から下に見おろす系統性を「運動文化」の立場と考えて、これを運動分類の上で現わすようにつとめました。（註・これは二十八年の要領のような目的による運動分類ではありません。）既存の運動文化を立てる立場です。またこれを学習するとき、学年別（年齢別）のシーケンスを立てました。そして、この二つの方法によつて、小・中学校の一貫性をはかろうとし、現場の要求にこたえたわけです。

これによつて、どんなことが起るかといえば、運動内容を勝手に選ぶことができないことです。これまで、ドツチボールだけ、バレボールだけ、体操中心などと学校で自由にやつていたことが、できなくなるわけです。それをなくするために、運動領域ごとのパーセントを示し、学年ごとに発展と系統を考えて、内容を規定したので、教師のわがまま勝手ができなくなりました。（註・これは要領の基準性とも関係します。）

3

他の教科には教科書があります。それをどのような順序で教えるかは、教師の自由ですが、その内容をいちじるしく脱逸することはあまりなかつたように思います。ところが、体育科や中学校の体育では、学習内容としては、この教科で教えなければならないものを示していても、いざ指導となると、運動の技術学習の指導に終つていることが多かつたわけです。もちろん、教師の故意ではないのでしょうが、結果的には、体育科として大切なものが落されたわけです。例えば、指導案では、技能学習のほかに、社会性やその他のことについて目標・内容をあげておきながら、実際の学習指導となると、それが落されたのです。これではどうにもならない。教科書のようなものがないからです。そこで新しい要領では、運動の種目ごとに、どんなことを学習させ、指導すべきかについて、可成りはつきりと、その内容を示しております。例えば、球技では、ある学年で要求する技能内容を明示するとともに、その学習の過程において、計画、運営、役割分担、協力、競争の態度、健康、安全などについてそれぞれ示してあります。これはその「種目」の学習の場において、予想しうる必要な内容をあげるという建前となつたわけです。もちろん、その深浅の度は教師の能力に関係することですが、この場面で何を教え、何を学習するかを明示する点で教師の仕事がはつきりしてきたといつてもよいと思うのです。

しかし、これだけで、指導要領が期待していることは、十分に望めないと考えます。これに対して、教師の研究が大切になります。文部省ではその参考になるものとして「指導書」をつくつております。昭和三十四年度にはでき上るだろうといわれています。

4

昭和二十八年小学校の指導要領がでてから、四、五年の間に体育の指導法がいちじるしく進歩してきました。これは、本土の体育状況としては見逃すことのできないものだと思います。

大ざつぱにいつて、戦前の一斉学習の指導が姿を消して、集団学習の指導に変つてきたといつてよいと思います。これには、号令→反応という形ではできません。むしろ、子どもたちの力を育てようというのですから自主性を尊重いたします。しかし、自主性を強調しすぎると、かえつて個人個人の要求がかなえられなくなります。そこで、これに対する解決として小集団（グループ）による学習という方法が考えられたわけです。

小集団の学習では、それぞれ集団が学習の目当と、計画をもちます。それも集団討議によつて決められます。一時、体育の学習で「話し合い」の場面が多くなつたのはその現われです。これがきまれば、集団ごとに学習が進行いたします。

またこの集団は一つの組織体ですから学習の場面に応じて役割（ロール）をもちこの役割遂行の過程に、協力とか助け合いなどが要求されるわけです。

このような学習をつづけておりますと、子どもの体育学習の内容が非常にはば広くなつてまいります。その結果、一人一人の力がつくこと、自主性がつくられること、集団技能がつかまれ、助け合いがよく行われることなどもはつきりしてきました。

そこで、指導要領では、このような学習形式をとることができ、この学習において必要なことが、その内容として明示されました。もちろん、新しい要領では、指導形態をどのようにせよとは書いてありません。それは、指導要領のなすべき範囲を越えております。（註・指導要領は、目標ならびに内容の基準を示すものです。）これだけは、教師の全く自由の余地として残されておりますが、しかし、その内容を学習させようとすれば、どうしても、学習の形態が関係してきます。とにかく新しい要領を契機として、いわゆる小集団による学習がやがて、一般的なものになるのではないかと思われます。

職業興味検査　中・高校へ実施

六月十八日（木）、全琉中学校三年・高等学校三年・定時制四年の全員を対象に、職業興味検査を実施する。言うまでもなく被験者の職業興味はどの方向に向つているかを知ることにあるが、同時に被験者が職業群に関心をもち、理解を深め、熱意のある職業活動に向うよう指導の機会を一層増すことをねらいとしている。

結核性疾患教員について

保健体育課主事　謝花喜俊

一、健康管理の必要性

教員の健康管理の面で最も重視しなければならない点は結核の問題である。教員で病気のため長期の療養を要する者の大部分は結核性の疾患である。

結核性疾患者はいうまでもなく、単に本人だけが病気で苦しむばかりか他に及ぼす影響が非常に大きいのである。とくに教員の場合、多くの児童生徒を一カ所で教育する関係上、直接児童生徒に及ぼす影響がきわめて大きいのである。たとえば、本土のある学校の一教員が結核性の疾患であったため、その級の児童生徒のツベルクリン反応の自然陽転者が多数でたという例は大部あるようである。また沖縄においても、このような例が今までに数回あつたのである。このような点から考えても教員の健康管理、とくに結核に対する対策を強化しなければならない。

二、沖縄の結核性疾患教員の実態

(イ)　一九五五年以降の沖縄の教員中の結核性疾患者の数は第一表に示されてあるように一九五五年度五十八人が最高で、五七年度の三十六人が最低となつているが、大体一年間平均四十四人程度の新しい患者がでていることになる。これは文教局に届出のあつた者のみについてであるので、全琉一斉に集団検診を実施するとまだ増加するのではないかと思われる。

(第一表)　**各年度別結核疾患教員**
各年度三月末現在。

年度	休養者	全教員に対する比率
五五	五八人	一・一三%
五六	四四	〇・八二
五七	三六	〇・六二
五八	四五	〇・七五
五九	三六	
計	二一九	

(ロ)　校種別の結核教員は第二表の通りであつて、休養人員では小学校が最も多く百六人、次に中学校で七十八人、高等学校が最も少く三十五人となつているが、校種別総人員に対する率は中学校が断然高率で、五・二%、次に高等学校三・四五%、小学校三・〇五%の順となつている。性別には中学校では男女ほとんど同率となつているが、他は男子の方が高率で、全体にしても男子四〇・四四%に対し女子二・七三%で男子の方がはるかに高率である。

(第二表)　**校種別休養教員調**　一九五五年から五九年三月末まで

校種	休養教員数 男	休養教員数 女	休養教員数 計	校種別教員数に対する率 男	校種別教員数に対する率 女	校種別教員数に対する率 計
小校	五四人	五二人	一〇六人	四・三〇%	二・三四%	三・〇五%
中校	五八	二〇	七八	五・一六	五・三〇	五・二〇
高校	二二	三	二五	三・七三	二・二〇	三・四六
計	一四四	七五	二一九	四・四四	二・七三	三・六五

(ハ)　地区別に調べてみると三表の通りで、最も高率を示しているのは知念地区で六・八九%、最低は読谷、嘉手納地区で制度始まつてからまだ一人も該当者が出ていない地区である。

(第三表)　**地区別結核休養教員調**

地区名	休養者	地区別教員数に対する率
糸満	一六	三・六三%
那覇	四八	三・九三
知念	二五	六・八九
普天間	六	一・七四
コザ	八	二・二六
読・嘉	〇	〇
前原	一四	三・五〇
石川	一〇	五・四六
宜野座	五	三・四七
名護	二五	五・四一
辺土名	一一	五・四一
久米島	三	二・〇一
宮古	一九	四・〇九
八重山	一七	四・〇八
政府立校	一二	三・〇九
計	二一九	三・六六

(ニ)　年代別休養教員の数は第四表の通りであつて、二十代が百七人で断然多く、次に三十代の六十五人、五十代は十九人で最も少いが各年代層に対する率は五十代以上の四・〇八%が最も高率で次が三十代の三・七一%となり、二十代と四十代はほぼ同率である。

一般的には結核は二十代の若い層に

ほとんど罹患するものだという観念が強かつたのであるが、この統計によつてはつきりそれが打ち消されたともいえる。

（第四表）　**年代別休養者調べ**　五五―五九年度

年代	休養者	年代別全教員に対する率
二〇代	一〇七	三・三九
三〇代	六五	三・七一
四〇代	二八	三・二〇
五〇代以上	一九	四・〇八
計	二一九	三・五一

(ホ)　現在休養中の者は第五表の通りで、全員で八十七人であるが、これを校種別にすると小学校が四十三人で一・二四%、中学校は二十七人で一・七九%、高等学校は十七人で一・六八%となり、やはり中学校が高率を示している。全体としては一・四五%で前年度の一・四二%とほぼ同率である。

（第五表）　**現在休養者**

校種	休養人員	校種別全教員に対する率
小校	四三人	一・二四
中校	二七	一・七九
高校	一七	一・六八
計	八七	一・四五

※五九年三月末現在調。

三、結核教員に対する対策

一九五五年から五七年までの三カ年間における結核性疾患教員の休養状況は第六表の通りであつて、休養者百三十八人中二七・六%は一年以内の休養で教壇に復帰できたものであり、三六%は二年の休養で教壇復帰できたもので最も多く、三年間休養して復帰したのが二一%、三年以上要したため自然退職になつたのが一一%、三・六%が死亡者である。

（第六表）　**休養状況調べ**　五五―五七年度

校種	年度	休養一年	休養二年	休養三年	自然退職者	死亡者	計
小学校	五五	一二人	一二人	六人	一人	一人	三二人
	五六	二	一〇	三	二	〇	一七
	五七	三	八	一〇	〇	〇	二一
	計	一七	三〇	一九	三	一	七〇
中学校	五五	六	五	〇	六	一	一八
	五六	六	六	四	四	一	二一
	五七	二	四	一	〇	二	九
	計	一四	一五	五	一〇	四	四八
高等学校	五五	三	二	一	二	〇	八
	五六	二	二	一	一	〇	六
	五七	二	一	三	〇	〇	六
	計	七	五	五	三	〇	二〇
合計		三八	五〇	二九	一六	五	一三八
全休養者に対する率		二七・六	三六・二	二一・〇	一一・六	三・六	一〇〇・〇

この表によると百三十八人中三年休養した者が二十九人と、三年をこえて自然退職した者十六人とを合わせると四十五人で三二・六%となつている。これで教員の場合、休養期間は三年まではぜひ必要であることがわかる。

政府では結核性疾患教員の児童生徒に及ぼす影響の大きいのにかんがみ、一九五五年度から予算措置を講じ、かつ教育法に基き、結核性疾患教員の休暇に関する規則を制定して該当者は有給で休暇を与えて療養させ、その休暇の期間中は補充教員を配置し、授業に支障のないように対策を講じている。

また、療養者の中には結核療養所に入つて療養しているのもいるが、大部分は自宅で療養し、社会局から療養期間中医薬の援助を受けている。したがつて精神的にも経済的にもそれほどの痛手をうけずに療養にあたつているので五カ年の二百十九人の休養者中百十一人が教壇に復帰でき、退職を余儀なくされたのはわずか十六人にすぎない。

これも政府の結核性疾患教員に対する対策を早めに樹立したためである。

しかし、これでもまだ十分とはいえないので今後もつとこの面の強化を図らなければならない。

第六回　社会教育総合研修大会

第一日目（六月六日）沖配電ホール

東教大教授＝前川峰雄、市町村長会長＝大山朝常、中之町小校長＝城間喜春三氏の社会教育に何を望むかと題して十分間宛の意見発表によるシンポジヤム分科会が行われた。

第二日目（六月七日）那覇劇場

レクレーション、各分科の発表の後「婦人に望むもの」と題して島根大教授＝溝上恭子氏の講演、社会教育団体、功労者教育税優良教育区の表彰がなされた。

新しい道徳
─理解のための一方策─

糸満高等学校　福　元　栄　次

一、はじめに

去る教育研究集会でわれわれ糸満高等学校の社会科でまとめたこの共同研究を、ここに発表し、識者のご批判とご指導を仰ぎ我々の研究と実践に役立つように願うものである。

このテーマは中央の教職員会教研部でまとめた高等学校社会科の四つのテーマの中からわれわれに適当と思われるものを選んだものである。われわれとしては、

1　新道徳の確立と道徳教育についてその必要性に迫られている。

2　新しい時代に新しい道徳を身につけて生きることは大切であり、若い世代に新しい道徳を理解させるのは我々教育者の義務であり責任である。

3　新道徳および道徳教育については多くの人々が関心をもつていると考える。

等の観点から適当なテーマと考え、これを取り挙げた。

「新しい道徳とは何かを理解させるにはどうすればよいか」というテーマの内容が、大まかに二つの問題に分けることができると考えられる。「新しい道徳とは何か」ということ即ち新道徳の内容の確立と、「新しい道徳を理解させる方法」即ち道徳教育の方法探求とである。新しい道徳の内容を生徒に理解させる場合に、彼等が新しい道徳についてどのように知つており、またどの程度或いはどういう面で知らないかを補導者が知つていると、より合理的にまたは適確に新道徳を理解させることができると考える。そのためには生徒の道徳性傾向を知る必要がある。それで日本でよく知られている田研式の道徳性診断テストを行ってみた。さらに生徒の道徳性傾向を裏付けている性格や環境についても田研式の診断性検査および家庭環境テストを行つてこれを調べ、道徳性傾向の原因の参考とした。以上の研究方法から箇条書きにその研究順序を挙げておく。

1　新しい道徳の内容を追求する。

2　生徒の道徳意識の実体を知るために道徳性診断テストを行い判断する。

3　生徒の道徳性傾向の原因を求めるために家庭環境テストと診断性向性検査を行い判断する。

4　道徳性診断テストの結果から非道徳的傾向をまとめ、その原因および治療法を追求する。

5　一般的な道徳教育の方法を求める。

二、新しい道徳の内容

民主社会の道徳は民主道徳である。それは人権尊重の考えであり、お互いに個人個人を人間として尊重し合うことである。

人間にとつて重要なことは道徳意識が発達していることである。「何が善で、何が悪か」を判断しうることである。この道徳意識は行為と表裏一体をなし、行為を伴つたものでなければならない。即ち道徳意識を伴つた行為結局善意から出た行ないは人間にとつて価値のあるものである。この行為は他から拘束され押し付けられたものでなく、自律的意識的なものである。カントの言で「この世において、いやこの世以外においてもただ善意のほかに、無制限に良いと考えられるものはない」とあるのはこのことを意味していると考えられる。

カントは道徳的最高価値を善とし、これを義務と呼んだ。「義務とは法則に対する尊敬の気持から出てきた行為の必然性である。」と云つた。つまり、人間関係の基準となるべき法則があつて、この法則を尊び、この法則に従う行為をなさしめる状態が理想であると考えられる。このような理想の状態で人間は幸福になれるであろう。

今日の一般的な考え方によれば、人間関係を律する法則とは人権の尊重であると云うことができると考える。人種の尊重とはどういう内容を云うのであろうか。各人の自由と平等を認めることである。

平等について言いますと、人間には能力の相違はある。またある面ではA君が優れ他の面ではB君が優れていると言つたような違いもある。しかし人間の自然な本来的なものつまり人間性という面からみたら人間皆同様であると考えられる。欲望（本能的又は感性的な）、不完全さ、感情等といつた人間的なものをお互いに理解し合つてゆくところに平等の考えがあろう。

自由とは制限のない状態であるとイギリスの政治学者ラスキは言つたと伝えられている。この自由は大まかに二

通りに分けられる。外面的社会的（政治的）自由と内面的道徳的自由とである。外面的社会的自由とは、⑴ 政治的社会権力によつて束縛されない状態、⑵ 欠乏のない（経済的に欲しい物を自由に得られる）状態⑶恐怖や不安のない状態の三点共に充たされた状態である。ところが完全な自由は更に内面的道徳的自由が伴つていなければならない。内面的道徳自由には二通りある。⑴ 外的超越的な権威（宗教や国家）と合一して自己の意志との間に矛盾衝突を感じない状態と⑵超越的絶対的権威の束縛なしに自ら（理性により）意志し行動しうる状態とである。前者を合一の自由、後者を自己決定の自由と呼んでいる（渡部正一氏説）。一般に前者は宗教的な生き方であり、後者は道徳思想による生き方である。

参考書

新倫理と道徳教育　渡部正一著
西洋哲学史講義　高橋敬視著
社会（高校社会科）　山田雄三著

三、道徳性診断テストの結果分析

道徳性診断テストは生徒の道徳性傾向を知るためのもので、東京教育大学教授鈴木清氏外三氏の共著のもので田中教育研究所より出されたものを用いた。問題は全部で四十問で各問ごとを答に当る文章が四つづつ並べられてあり、この四つの文章から最もよい（道徳的な）ものに○を、最もよくない（非道徳的な）ものに×を各々一つづつ付ける様式になつている。更にこの問題は内容から人間関係を三つの面に分けて道徳性傾向を調べるようになつている。自己に関する道徳性傾向を知るもの十問、家庭における道徳性傾向を知るもの九問、友人関係に関するもの十問、社会関係に関するもの十一問に分かれており、答えは全部で八十である。評価は生徒の発達段階（教育段階）に応じて行い、自己、友人、家庭、社会、綜合の各面で道徳性傾向を秀、優、良、可、不可の五段階に評価して理解するようになつている。このテストは東京や地方の小都市及び純農漁村地域で実験されており、妥当性や信頼度は高いとされている。

受検者は糸満高等学校の生徒二二六名（うち男子一一七名、女子一〇九名）で各学年共八組の中から二組づつ適当に抜き取つて検査して見た。検査年月日は一九五八年十月十三日である。次は道徳性診断テストの綜合的及び各面の学校全体的傾向である。

1　綜合的な道徳性傾向

五段階の分布状況を百分比で挙げると、秀一%、優一七%、良五五%、可二三%、不可四%となつている。中心に当る良より僅かに下に多いが、大体のところ道徳性傾向は普通の水準を行つていると考えられる。学年比較をして見ると上級になるに従つてよくない傾向を見せ、女子より男子が好ましくない。

2　自己に関する道徳性傾向

問題の内容から自己に関して道徳的なものを次のようにまとめて見た。(イ) 自主性・自分で考え自ら行い他に頼らない。(ロ) 自分の非を素直に認める。(ハ) 自ら進んで周囲をよくしようとする。(ニ) ものごとを正しくやり通す。道徳性傾向の各段階における分布状況は、秀二三%、優一六%、良三%、可一五%、不可四三%である両極端に多く分布し中でも不可が最も多い。自主性や素直さに欠け、自信をもつて考え行動することのできない生徒が多いことを示している。

3　家庭に関する道徳性傾向

家庭における関係としては親子、兄弟姉妹、親戚、師弟間の関係が含まれている。テスト内容から次の様に道徳的なものが挙げられる。(イ) すすんで助けてあげる。(ロ) 進んで仲良くする。(ハ) 礼儀を正す。親切、好意、返礼等を示す。道徳性傾向の五段階における分布状況は秀二二%、優一%、良一六%、可〇%、不可六一%となつている。家庭関係における考え方は相当に良くない傾向を見せており、最も注目に値する問題である。女子より男子が、又高学年程その傾向を見せている。

4　友人関係における道徳性傾向

友人とは級友や遊び友達である。テスト内容における道徳的なものは、(イ) 進んで助け合う。(ロ) 進んで仲良くする。(ハ) 相手のまちがいは注意してやる。(ニ) 自分のまちがいは素直に認める等である。道徳性傾向の分布状況は秀四六%、優一八%、良一一%可〇%、不可二五%である。良好の方に圧倒的分布をみせているので、友人関係における道徳意識は高い者が多いことを表わしている。不可に二五%も分布しているのは見逃しえないものである。

5　社会関係における道徳性傾向

社会関係とは通りがかりの人、隣人、公共的立場等との関係である。テスト内容における道徳的なものとは、(イ) 弱い者や困つている者は進んで助けてあげる。(ロ) 周囲をよくするようにすすんで協力する。(ハ) 良いことは卒直に認め、賛同す。(ニ) 気持ちよくつき合う等である。道徳性傾向の分布状況は秀五六%、優六%、良一四%、可二%、不可二二%となつている。秀が圧倒的に多いことは好しい傾向と云えよう。だが不可にも相当分布しているのは注目すべきことである。

四、家庭環境検査及診断性向性検査の結果判断

人間の意識と行動を規制するものとして人間の性格と環境とがある。道徳性傾向の原因を知るため、それを裏付ける性格と環境を調べるテストを行つてみた。診断性向性検査と家庭環境テストである。検査人員は前のテストと同様で検査年月日は一九五八年十月十四日と十五日である。

診断性向性検査は外向性か内向性かという向性を通して性格を調べるものである。この検査は次の五つの部面に

各向性別分布割合

向性	超外向	やや外向	両向	やや内向	超内向	計
社会的向性	2%	17%	32%	31%	18%	100%
思考的向性	9	25	32	29	4	100
劣等感	15	21	29	24	11	100
神経質	5	22	31	38	4	100
感情変易性	5	34	48	11	2	100
綜合	1	19	55	24	1	100

分けて調べるようになつている。社会的向性、思考的向性、劣等感、神経質、感情的変易性である。

上の表は診断性向性検査の結果を全校にまとめて、各部面の内向性と外向性の分布状況を割合で表わしてみた。

この表から目立つて傾いているのは社会的向性と神経質とが内向性に多いことと、感情的変易性が外向性に多いことである。これは (1) 非社交的で消極的であること。(2) 神経質的傾向があること。(3) 感情変易性即ち感情的であることを表わしていると考えられる。綜合では標準分布に近く両向性の傾向が濃いが、僅かに内向性に傾いている。

家庭環境の各面及階段別分布割合

家庭環境の各面＼階段	秀	優	良	可	不可	計
家庭の一般状態	0%	7%	26%	31%	36%	100%
子供の為の施設	0	4	35	30	31	100
文化的状態	1	4	15	15	65	100
家庭の一般的雰囲気	1	4	23	33	38	100
両親の教育的関心	0	8	25	23	44	100

家庭環境テストの結果も次の各部面に分け、秀、優、良、可、不可に評価してその分布状況を割合であげてみた。その結果、一般的に不可と可に七割前後を占め、秀と優を合わせて一割にも足りない。

五、道徳性診断テストの結果判断と非道徳的傾向の治療法

1 道徳性診断テストの結果判断

先きに道徳性診断テストを分析したように、自己と家庭に関する身近かな関係の道徳性傾向は良くない反面、友人と社会における道徳性傾向は良いがどういうわけであろうか。次に各々の関係における道徳性傾向の良又は不良の原因となつていると考えられる要素をあげてみた。

A 自己に関する道徳性傾向低下の要素

a 青年期特有の性格である「自我意識の発達」のため、自己を深く堀り下げた結果いろいろな悩みが生じ、自己矛盾に陥つて自信喪失している。

b 向性検査の示す通り、本校の生徒は内向性が多いため、一人で悩み意識的に混乱している。

B 家庭に関する道徳性傾向低下の要素

a 家庭環境がよくない。親の教育的関心が低い。これは家庭環境テストにはつきり現われている。又実際家庭訪問でもうかがえる。

b 昔の上下の道徳や旧い家族制度の残滓に禍されて、家庭や上下の関係を軽視する傾向があると考えられる。

c 家庭や部落のようなつながりによる一次集団（共同社会）より会社、組合、政党等のように利益やある目的で結ばれた二次集団（利益社会）への移行の波に乗つている。

C 友人関係の道徳性傾向の高い原因

a 横の道徳尊重即ち自由平等思想のため仲間意識が高まつてきた。

b 十代の組織的な又は非組織的な集団の存在するため、十代の結束意識が高まつている。

D 社会関係の道徳性傾向の高い原因

a 青年期特有の心理として理想（社会正義等）を求める傾向がある。

b 社会問題が身近かな問題とし

て感じられ、自分達の問題として持つている。

c マスコミニケーションの発達により社会への関心が寄せられる。

道徳性診断テストの結果判断は以上の通りであるが、道徳性傾向の良好な面は尚一層そのまま伸ばし、不良な面は是正しなければならない。

2 非道徳性傾向の治療法

A 自己に関する道徳性傾向の是正法

a 自我意識の発達と内向性のためひとりで悩む傾向があると考えられ、この点は信頼する人に打ちあけて悩みを軽くする。

b 悩む原因が社会環境にある場合も考えられ、その時はできるだけ社会や家庭の矛盾を解決する。

c 地域的な欠陥と考えられるが、進んで良いことをやろうとする人や一歩先んじ他人を引きずり落そうとする傾向即ち嘲笑の傾向を直す。

B 家庭に関する道徳性傾向の是正法

a 家庭環境を良くする。親の教育的関心を高める。

b 新しい家庭のあり方を生徒に理解させる。愛情による人格形成と相互扶助扶養の関係は大変大切である。

c お互いに理解し合う。そのために話し合う機会を多くもつことである。

六、一般的道徳教育の方法

個人の尊厳即ち自由平等の考えを根本とし、これに反する環境や本人の考えおよび性格等を調べ、これを是正するように努めながら補導する。

× × ×

気象相談室　伊志嶺安進

問 台風の生まれ故郷は？

答 台風は熱帯性低気圧の中でも、もつとも暴風雨の強いもので、その図体の水平の大きさは発生期で、平均半径三〇〇粁で、最盛期は半径四五〇～一〇〇〇粁に達するかなり大きな渦巻きであつて、生まれ故郷も指でさされる程の一点ではなく、大体東径一二〇度から一六〇度、北緯五度から二五度位までの、マーシャルカロリン、マリヤナ群島を含む内南洋の広い海上で生まれるのが大部分である。たまには南支那海に発生するのもあるがその数はごく稀である。

今年はおもしろいことにはアメリカ生まれのハリケーンが西経から東経へ迷いこんできて、ハリケーンから台風に名前を変えられたものもある。

熱帯性低気圧で台風と同じ猛威を振うのがあるが、それはその発生場所によつて名称がちがうので、ついでに申し述べると次の通りである。

（a）サイクロン……ベンガル湾、アラビヤ海に発生

（b）ウイリウイリ……チモール海アラフラ海に発生

（c）ハリケーン……西印度諸島、カリブ海及びサモカ諸島パウモツ諸島付近の海上並びにマダカスカル島、モーリシアス島に発生

問 どの方向にある雷でも雷鳴はなぜゴロゴロと聞えるか？

答 雷鳴がゴロゴロときこえるということについては、まだはつきりした定説がない。ここでは故藤原咲平博士の説を紹介すると共に少し雷についての知識を述べてみよう。

藤原博士によれば、雷鳴のとどろきは、雷雨の際、上層の不連続面に生じたヘルムホルツ波……上下二つのちがつた空気層の接触面にできた波動のでこぼこ面が反射鏡のような作用をなし、雷鳴の音源から同時に四方につたわる音波を屈折させるので、私たちには少しずつ時間をちがえてきくので、あのようにゴロゴロしてひびくと説いておられます。

問 太陽が二つにみえることがあるそうですがほんとうですか。

答 昨年（一九五八年）の三月十日朝。長野県下で、二つの太陽がみえたというニュースがあつた。これは幻日といわれる現象で早くから知られている。長野気象台の観測によると六時三十分頃から十六分間位続いて同五十一分に消えた。今度のようにはつきりと幻日がみられたのは珍らしいこととされています。

幻日は一種の気象光学的な現象で、高い空にある氷のかけらでできているうすい雲が太陽の光を反射屈折するためで、ときには四つも六つも見えることがあるそうです。筆者も石垣島測候所で一九四二年頃同僚とともに二つの太陽をみた経験があります。

川原小学校

体格体力測定の結果と今後の指導方針

本若　静

テーマ設定の理由

児童生徒の体格体力を科学的に測定し、その結果に対する合理的な体育指導をなし、体位を向上させ健康を増進させることは、保健体育指導のみならず教育者の課題であり使命であると考える。

戦後十年余り学校健康教育に一応の過程は終えてきたものの現在まで身体検査の結果は、ただ測定値による個人の比較や平均値による各学年別、学校別、地区別、全琉といつた数的比較で身長大とか小とか、やせている、肥えているというふうに主観的にその判断をしてきた。

身体検査表も実際どの程度子どもたちに役立つているか検査をして、単に記入するだけで子どもたちひとりひとりに対する栄養面、運動面の指導がなされないですんでしまうことも少くないと思われる。

どうにかしてその測定の結果を客観的かつ科学的に評定記載する方法を考えあぐんでいたところ幸にして平田博士の「体格体力総合判定法」の完成とその使用による大好評をききこの方法の合理的で、しかも簡便かつ実際にすぐ使用できるところの私達の多年の希望をみたしてくれる方法であると思い、早速使用した。

以下は本校児童の健康教育の一考察として体格体力の特徴を把握し、正しい把握の上に立つて今後の保健体育の指導方針を樹立するためにはじめた研究の一端である。

調査の方法

調査の対象は、小学校一年～六年までの男女一〇〇人に対し、身長、体重、胸囲、五〇m、立巾跳、ソフトボール投の測定を文部省の規則に従つて行つた。

五八年五月の測定結果を平田式体格判定図によつて児童個人の計測値と集団の平均値の発育ならびに栄養状況を知り、これを極座標式、体格把握図に置換えて児童個人の体格、学年の体格、学校全体の体格の特徴を把握した。

更に平田式最新体格体力総合判定図によつて個人個人の体格体力の得点を算出し得点の平均値によつて学年、学校としての特徴を把握した。

各学年別・男女別人員

性別＼学年	一年	二年	三年	四年	五年	六年	計
男	人 9	12	7	10	11	2	人 51
女	人 13	4	13	4	11	4	人 49
計	人 22	16	20	14	22	6	人 100

各学年の平均値

(1958.5.測定)

項目＼性別・学年	男					子	女					子
	一	二	三	四	五	六	一	二	三	四	五	六
身長	108.6	114.0	116.4	121.8	128.0	136.6	107.6	108.9	118.9	119.0	127.9	132.5
体重	17.8	20.2	21.7	24.1	26.4	29.1	17.4	17.8	21.8	21.7	26.6	28.1
胸囲	57.8	57.8	58.4	58.9	64.2	66.7	55.3	55.2	59.9	60.3	64.1	64.4
50 m	11.3	10.4	10.3	10.0	9.5	8.5	11.5	11.5	10.6	10.0	10.1	9.5
立巾跳	118.4	135.0	133.0	154.0	164.0	175.0	121.0	121.0	136.0	149.0	152.0	164.0
ソフト	12.42	14.28	17.27	20.71	24.94	30.30	6.79	6.79	11.34	15.77	14.70	19.21

極座標による各学年別.男女別の体位の位置

身長体重

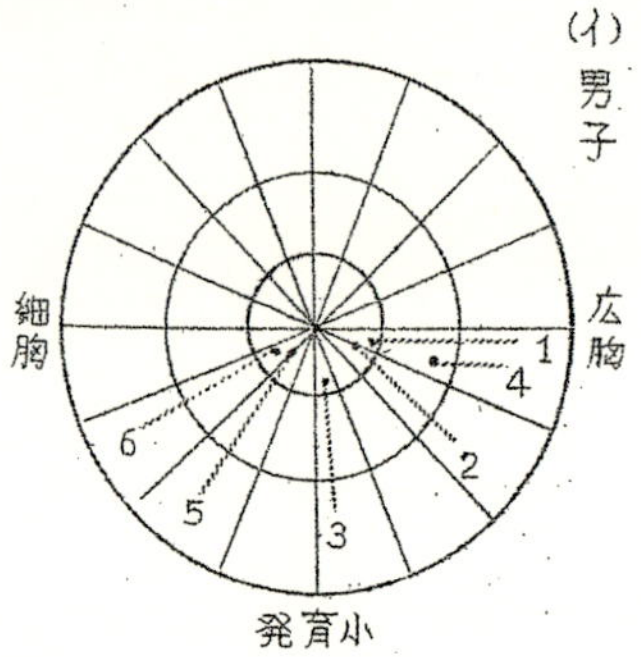

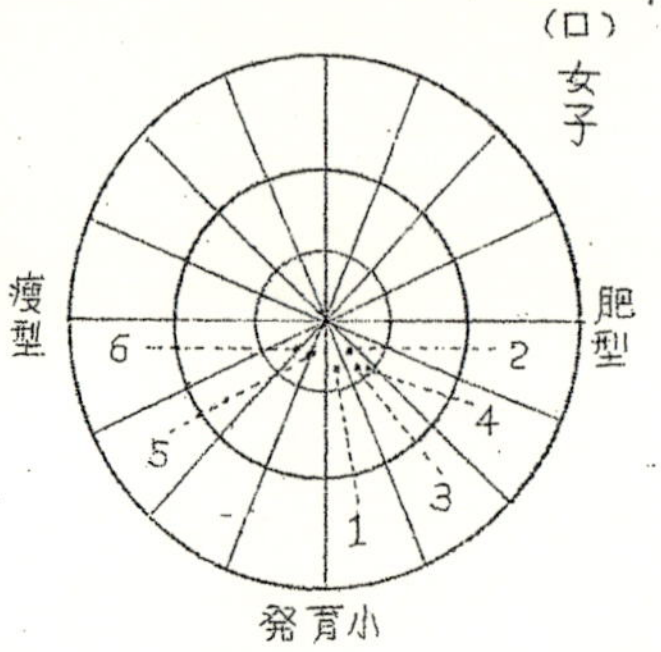

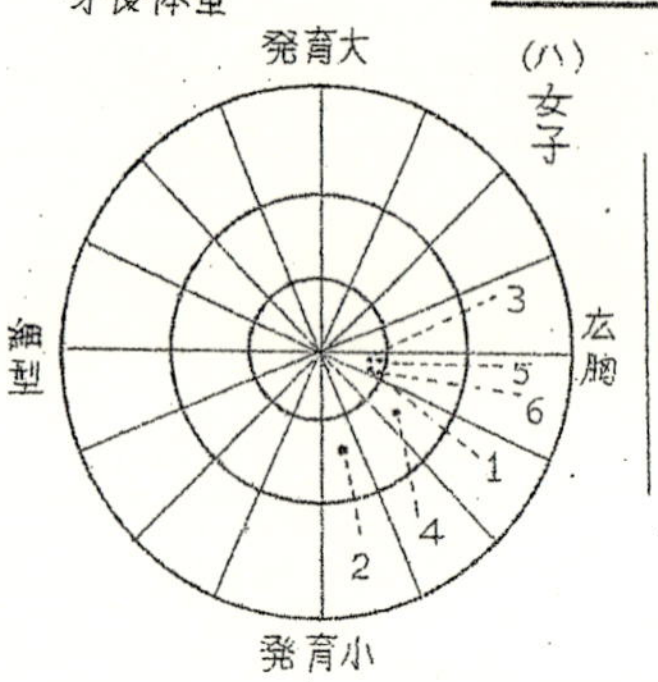

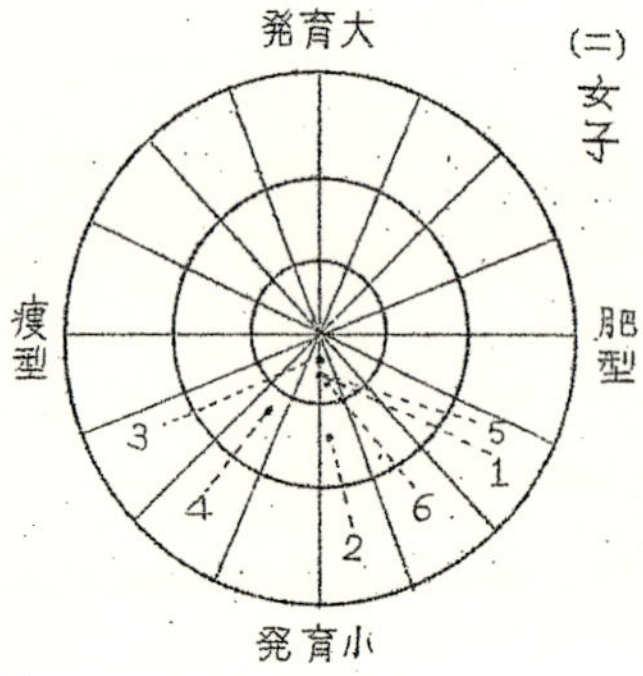

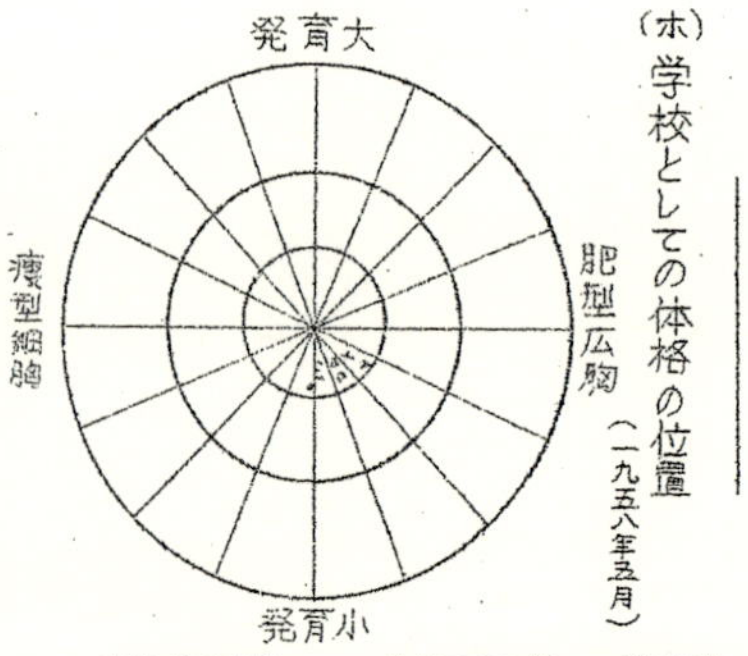

○…身長体重男　△…身長胸囲男　×男女平均
●…〃〃女　▲…〃〃女　■学校

○各学年の体格の特徴

図によると本校児童は一般的に発育小稍肥型広胸型に位置している。黒点が大方右下にあつまつているので、あまりよい体格とはいえない。

一年男子……発育小稍肥型広胸
一年女子……発育小広胸型
二年男子……発育小広胸型
二年女子……発育小稍肥型稍広胸
三年男子……発育小稍肥型稍広胸
三年女子……発育小広胸型
四年男子……発育小稍肥型広胸
四年女子……発育小痩型広胸
五年男子……発育小稍痩型細胸
五年女子……発育小広胸型
六年男子……発育小稍痩型細胸
六年女子……発育小広胸型

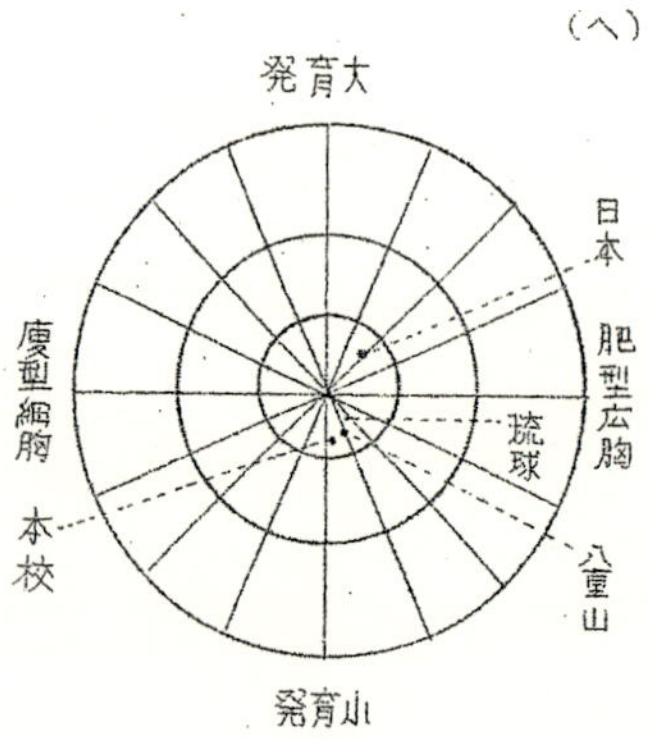

五七年度における本校・八重山・全琉・日本の体格の比較

学各年別男女別平均値

		一	二	三	四	五	六
男子							
身長	本校	104.3	110.2	122.8	123.6	124.0	134.2
	八重山	107.6	112.6	117.4	121.5	125.9	129.9
	全琉	107.9	112.6	117.4	121.9	125.7	130.2
	日本	110.6	115.8	120.8	125.4	130.0	134.5
体重	本校	18.3	19.4	22.5	24.1	24.6	28.2
	八重山	18.1	20.8	21.7	23.6	25.4	28.1
	全琉	18.4	20.0	21.9	23.8	25.7	28.0
	日本	18.8	20.7	22.3	25.0	27.4	30.0
胸囲	本校	56.0	57.3	60.3	62.4	61.6	65.5
	八重山	56.3	58.2	60.0	62.0	63.3	65.9
	全琉	56.5	58.1	59.7	61.5	62.9	64.9
	日本	56.3	58.1	60.1	61.9	64.0	66.0
女子							
身長	本校	103.3	113.2	115.8	123.0	127.5	133.6
	八重山	106.5	111.7	116.4	121.6	125.5	130.9
	全琉	106.9	111.7	116.6	121.4	125.8	131.3
	日本	109.6	114.7	119.9	124.7	130.1	135.8
体重	本校	16.0	19.6	19.6	24.0	26.0	31.3
	八重山	17.7	19.3	21.2	23.1	25.2	28.4
	全琉	17.8	19.5	21.3	23.3	25.3	28.9
	日本	18.2	20.1	22.3	24.6	27.5	31.1
胸囲	本校	53.0	55.9	56.2	59.8	61.5	65.5
	八重山	55.0	56.5	57.7	59.9	61.7	64.9
	全琉	54.9	56.4	57.8	59.5	61.4	64.2
	日本	54.7	56.4	58.3	60.4	62.7	65.6

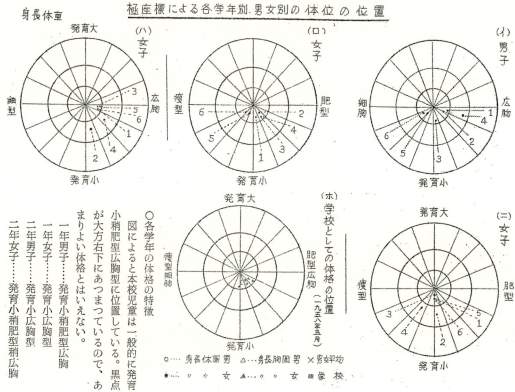

平田式判定による体格体力判定成績

各個人の身長、体重、胸囲、五〇米走、立巾跳、ソフトボール投の測定を最新体格、体力総合判定図を用いて判定し各得点平均値を算出し、学年別に比較すると次の表のようになる。

○各学年別各種得点の度数分布状態（別紙）

○　各種得点の平均値，各学年別比較　（1958年5月測定）

	身長	体重	胸囲	50m	巾跳	ソフト	体格	体力	総合点
1　年	−0.62	+0.15	+0.31	+0.14	−0.03	0	−0.16	+0.11	−0.05
2　年	−0.71	+0.25	+0.29	+0.29	−0.12	−0.04	−0.17	+0.13	−0.04
3　年	−0.74	+0.53	+0.23	+0.07	−0.36	+0.04	+0.02	−0.25	−0.23
4　年	−0.62	+0.10	+0.80	+0.20	+0.37	+0.25	+0.28	+0.82	+ 1.1
5　年	−0.22	−0.09	+0.04	−0.27	−0.09	−0.09	−0.27	−0.45	−0.72
6　年	0	−0.37	+0.25	+0.37	+0.13	+0.25	−0.12	+0.75	+0.63
学　校	−0.48	+0.09	+0.32	+0.13	−0.02	+0.07	−0.07	+0.18	+0.11

体格点・体力点・総合点		（身長・体重・胸囲 50m・立巾跳・ソフト）	
+1.0以上	良好	+0.5以上	良好
+1.0～+0.4	稍良好	+0.5～+0.2	稍良好
+0.4～−0.4	普通	+0.2～−0.2	普通
−0.4～−1.0	稍不良	−0.2～−0.5	稍不良
−1.0以下	不良	−0.5以下	不良

一年…体格体力共普通であるが、体格が少しおとる。特に身長がわるい。体力では跳力がおとる。

二年…体格体力共普通であるが体格が少しおとる。特に身長がわるい。体力では跳力がおとる。

三年…体格体力共普通であるが、体力がおとり、特に跳力がおとる。

四年…体格普通、体力良好で体力はずつとよい。

五年…体格普通、体力稍不良、全校で一番体格体力共わるい。

六年…体格普通、体力良好でずつとよい。

学校としては、体格体力共普通であるが体格においては最も身長わるく体力では跳力がおとる。

○度数分布表から見ると＋4～−6に至る段階の中にあつて総合点を見ると大方普通である。その中でも

発育不良～七人（一年三人、二年二人、三年一人、四年一人）

▲発育不良とは、身長−2以下のもの）

栄養不良～なし（体重、胸囲の得点の和が−3以下のもの）

体力不良～三人（四年一人、五年二人）体力点−4以下のもの）

全体虚弱～なし（総合点−5以下のもので各項目に−のあるもの）

健康優良児～なし（総合点＋5以上で各項目に−のないもの）

考　察

以上の判定から、本校児童の体位は、体格においては、発育稍小、稍肥型、広胸型に位置している。広胸型にあるのは、地域的に川原は純農村で都会の子どもにくらべて学校ひけてからの手伝い（馬の草苅り、いも掘、水汲等）が毎日の家庭生活にしいられているからではないかと思われる。また市場に遠い関係で動物性の蛋白質（魚肉その他の肉類）が思うように求められない。間食に、いも、かしくらいのもので含水炭素をおおくとりすぎ、動物性の蛋白質をあまりとつていないために発育が小になり、体重は割合いに重いということになるのではないかと思う。この結果からみてもつと家庭での食生活の改善に努力しなければならない。本校児童の体位を理想的健康体にもつていくためにはその一考察として鍛練は適当に行われているので、ひかえめにし、発育を助ける栄養と運動に力を入れていかねばならないと思う。

今後の指導方針

以下平田博士の研究に基く指導方針を参考にして、本校としての指導方針をたててみたい。

自分の体は皆と比べて大きいか、小さいか、肥えているか、やせているか、胸は広いか狭いか、などということを知らせることは、健康教育の第一歩だと思う。あまりやせていたり、肥えていたりして、その程度を得点で示してやれば、なぜにやせているか、肥えているか、なんとかして人並の体になりたいという希望を持ちその対策はどうしたらよいかということを考える。そこでこうすれば希望が達せられるのだということを教えてやれば真剣にそれを実行すると思う。それで個人カードを考え出した。それからそれぞれの学年に合うような学習単元を設けて

教科書の単元とおりこんで指導に当つてゆきたい。個人カードは、本稿末尾に掲載する。

1 単元設定

一、二年……せいくらべ・なわとび・かけつこ・ミルク

三、四年……身体検査・私のからだ・デブとヤセ・ミルク給食

五、六年……私の体格体力・栄養と運動・ミルク給食

○一、二年では自分の身長はどれだけで隣のおともだちと、せいくらべをさせて大きいか小さいかということを理解させる程度

○三、四年では身長・体重・胸囲の測定からデブかヤセかを判定し自分の肥痩係数を理解させる。

○五、六年では身体検査として身長・体重・胸囲・五〇米走・立巾跳・ソフトボール投の記録や測定の補助をさせて自分の体はどうなつているか、体格体力総合はどうであるか、というようなことを自分で判定させ測定に対する興味と関心をもたせる。更に保健委員を設けて各学年の平均を出したり、それを体格判定図に描かせ教室の適当な場所にはりつけて自分の体を比較したり、標準体格に対する位置を研究させる。

また自分の体に不足な栄養、運動も研究させる。教科書の体力テストと関連してとりあつかう。

2 各学年に応ずる指導

一年……体格は発育小稍肥型広胸型で身長が一番わるいので発育を助ける栄養（魚肉・その他の肉類・ミルク）を多くとるようにさせる。運動では（かけつこ・スタンツ・なわとび・けんとび・ゴムとび）などの運動を主として行わせる。

二年……体格では身長がわるいので発育を助ける栄養（魚肉・その他の肉類・ミルク等）を多くとるようにし、運動では発育を助ける運動（かけつこ・スタンツ・けんとび・なわとび・リズム運動）を主として行わせる。跳力・投力がおとるのでその面に力を入れる。

三年……体格では発育がわるいので発育を助ける栄養（魚肉・その他の肉類・ミルク）等を多くとるようにする。運動では（かけつこ・立巾跳・縄とび・徒手体操・リズム運動）を主として行わせる。

四年……全校で一番発育小で一番胸が大きい。身長の得点が０〜−１以下で（＋）の者がひとりもいない。胸囲の得点は０〜＋１以上で（−）の者がひとりもいない、特徴のある学年である。うんと発育に力を入れなければならない。

栄養では（魚肉・その他の肉類・ミルク等）を多くとるようにする。運動では（長なわとび・短なわとび・かけあしとび・立巾跳・高跳・徒手体操・ダンス）等を主として行わせる。

五年……全校で体格体力共一番わるい。

栄養では（魚肉・その他の肉類・ミルク）を多くとるようにする。

運動では身長を助ける運動の外に胸郭を広くする運動をとり入れる。

（かけつこ・持久走男千米・女は八百米・高跳・走巾跳・縄跳・すもう・鉄棒・徒手体操・ダンス）などを主として行わせる。

六年……身長・体重を増す栄養をとり、運動を行うようにする。栄養では（魚肉・その他の肉類・ミルク・含水炭素を多くふくんだ食物）を多くとるようにする。運動では（かけつこ・高跳・縄跳・持久走男千五百米・女千米・すもう・鉄棒・徒手体操・ダンス）等。

対策

以上の指導方針のもとに計画をたて、その成果をあげるためには学校職員のたゆまない根気と熱意をもつて改善に努力することが最も肝要である。

これを具体的にあげると、

1 受持教師が自分の学年の児童の体位をよく知り一歩進んで児童個人の体格をよく研究すること。

2 体格判定図を各学級に掲示し、自分の体位の位置をはつきりと知り学級の平均や友人の位差を知り欠点を補うべく努力させる。

3 クラブ活動や子ども会の行事によつて本校体位の特色をのばし、欠点を補うための種目を決定する。

4 指導要録への記入も主観によつて記入せず判定の結果科学性に富んだ見方で記入する。

5 ミルク給食の徹底をはかる。給食しない児童、ときどき給食する児童、毎日給食する児童の調査を行い、ミルクの体に及ぼす影響についても研究する。

6 保健委員をもうけて活躍させる。また個人カードを与えて自分の体位に関心をもたせ家庭とよく連絡をとる。

結論

以上体格体力のみを考えて本調査を行つたのであるが、それで子ども達の健康をみんな把握したということではない。その外疾病異常その他いろいろな面から考えられる。私は唯一考察として健康度の一部を把握したのにすぎ

ない。調査の対象も各学年の人数が少ないので統計の対象にはならないと思う。私達学校なりの結果を考え指導方針の一助としたいと思つたわけである。

今後は疾病異常その他の面も研究し、その結果に対する合理的な指導をなし、体位の向上に努力していきたいと思う。各学校においてもこの新しい判定法を十分理解され大いに活用されんことを希望したい。

個　人　カ　ー　ド　　　一例

表

学年	一年	氏名	大嶺保政	生年月日	昭.26.4.25生

学期別	一		二		三	
測定月日	1958年5月10日					
満年月令	7才1カ月					
	測定値	得点	測定値	得点	測定値	得点
身長	103.0 cm	−2				
体重	16.8 kg	0				
胸囲	57.1 cm	+1				
50 m	12.7秒	0				
立巾跳	104.0 cm	0				
ソフト	12.45m	+1				

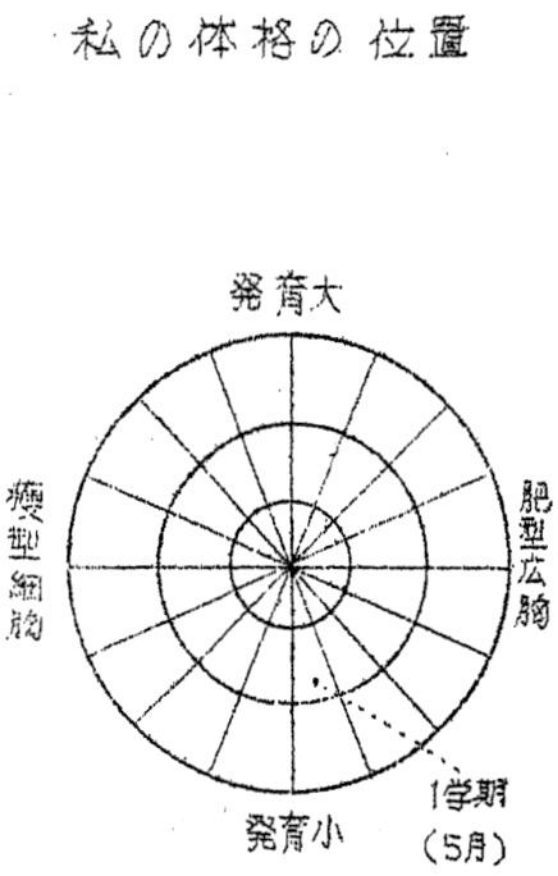

裏

わたくしは，どんな栄養をとり，どんな運動をすればよいでしょうか

(1) せいのひくい人	たべもの（魚肉・その外の肉類・ミルク・牛乳等）多くたべる 運　動（なわとび・走巾跳・走高跳・徒手体操・ラジオ体操・ダンス）
(2) やせた人	たべもの（米・いも類・パン・うどん等）多くたべる 運　動（すもう・綱引・てつ棒・水泳・マラソン・徒手体操・排球）
(3) 胸のせまい人	たべものには，あまり関係しないのでお家で水汲や，いもほり，その他のおてつだいをしましょう。 運　動（すもう・綱引・てつ棒・深呼吸・水泳・マラソン・排球・徒手体操）
(4) 走力不足の人	かけあし・縄とびなどを主としてやる
(5) 体力不足の人	縄とび・走巾跳・かけあし・排球・徒手体操
(6) 投力不足の人	ボール投・ソフト・野球・てつ棒などを主としてやる

体格，体力判定成績の処理用紙　　第一学年

得点			+4	+3	+2	+1	0	−1	−2	−3	人数	総和	平均	得点			+2	+1	0	−1	−2	人数	総和	平均
身長	男					2	1	5	1		9	−5	−0.55	50m	男			1	7		1	9	−1	−0.4
	女						6	5	2		13	−9	−0.69		女		2	1	10			13	+5	+0.38
体重	男						9				9	0	0	立巾跳	男			1	5	3		9	−2	−0.22
	女					5	7	1			13	+4	+0.31		女			3	9	1		13	+2	+0.15
胸囲	男					5	4				9	+5	+0.55	ソフト	男			2	5	2		9	0	0
	女					4	6	3			13	+1	+0.07		女			2	9	2		13	0	0

判定		最優秀			優秀			良好			稍良好			普通			稍不良			不良			甚不良			人数	総和	平均
総点			+12	+11	+10	+9	+8	+7	+6	+5	+.4	+3	+2	+1	0	-1	-2	-3	-4	-5	-6	-7	-8	-9	−10			
体格点													1	1	4	3										9	0	0
													2	2	3	3	2	1								13	−4	−0.31
体力点												1		1	3	2	1	1								9	−3	−0.33
											1	1		3	6	1	1									13	+7	+0.54
総合点												1			4	3		1								9	−3	−0.33
											1		2	2	3	3	2									13	+3	+0.23

第二学年以下省略

成長をあすに期待する盲ろう教育

与那城 朝惇

盲ろう教育八十周年

一九五八年（昭和三十三年）は盲ろう教育八十周年、義務制実施十周年にあたるので、十一月二十六日、文部省主催の記念式典が東京神田九段会館で、天皇皇后両陛下をお迎えして行われた。

他の教育では十年、三十年、四十年、五十年と、よく記念式典が盛大に挙行されたり、祝賀会が行われているのだが、日本では盲ろう教育が開始されて今日まで八十年間、いまだかつて記念式典や祝賀会が一度も挙行されていないということから、特殊教育に関する限り前例にない国をあげての最高の式典であつたといえよう。

特殊教育ぐらい期待をうらぎられたり、期待外れる教育はなく、酬いられることの少ない教育は他に無いと言えるかもしれない。ともすれば忘れがちな日かげの教育が、盲ろう教育八十周年記念式典を境に大きく前面に押し出されて、今後の特殊教育推進に大きな拍車をかけたのだと思うと、斯教育にも春がそろそやつてきたのだという欣びが胸を打つ。

明治十一年に京都盲唖院が創立されたのだが、今では全国に盲学校七三校、ろう学校が九二校、約三万人の就学者を数えるようになつているとのことである。

教育の機会均等の原則から、盲ろう教育の義務制が実施になり、国民としての教育をうけられるようになつたのだから飛躍的進歩だといえよう。私たちは草創の前代未踏の時代から、教育中最も困難なこの事業に、精魂を傾けて創意とくふうをめぐらし、これを開拓して今日を築きあげられた幾多の先覚者の苦心が偲ばれる。

跛行的教育の是正

盲ろう教育は八十年の古い歴史をもちながら、それにしても割合に安定しないのが特殊教育であろう。それは特殊教育の分野があまりにも広く、その部門が多く、しかもその対象の特質が複雑であり、研究が未開拓の分野が極めて多いために、教育領域中いまだよく成果をあげていないことは何人も一応考えることである。

文化国家に特殊教育は一国文化のバロメーターであるといわれている。文化国家をもつて任じ、或は教育立国を唱えている我が国の現実は、満足な姿になつていないということである。特殊教育の完備によつて全教育が完備されるのだと思う。跛行的教育の是正が正常な教育の姿である。かように考えてくると、新教育制度下に特殊教育の躍進的充実は現在ならびに将来の政治家、行政家、教職員、それに社会人に課せられた問題であり、目をおおつていてすむ問題でない。ぜひとも実現せねばならぬ重大な民主的教育の當為である。特殊教育は教育的にも、文化的にも、社会的にも深い意義がある。われわれは過去の思想や風習を早急に打破して、特殊教育振興の国民的思想感情を高揚して、これら子どもをおのおのその分に応じ、その力に即して民主的社会人に育成し、一人ももれなくそのところを得さしめ、幸福の生活を送り、その能率を発揮せしめ福祉社会の実現に努力させたいものである。

盲ろう生の言い分

盲ろう生は社会から憐愍又は慈愛の言葉をかけられる。軽卒な言葉は往々にして彼等にとつて胸にこたえ心を傷けるものである。低学年の頃は常に社会人はわれらに尽力すべきものだと考えをおこしがちなのだが、高学年になると、社会人のよせる憐愍の情愛には感謝しながらも、社会人の言葉に暗い面を抱くようである。

このことは特に盲の生徒は大きい。それは自己の人格尊厳、自尊心を傷けられたという暗い面からである。彼等の言い分は、私たちは聴力を除いては他の正常者とすべての点において同等であり、何等劣るものではない。生徒としての誇りも十分にもつている。国家社会の厄介者でなく、自分たちも分に応じて進んで社会国家に貢献し得る心構えと力をもつている。それだのに社会人は長い封建社会の間に培われている習慣で人格の尊厳に対する意識が特に身体障碍者に乏しい。昔ほどでなくても不具者として、すべて簡単に片隅の方におしこめてしもう。これが残念だと盲の一生徒は歎いていた。封建的な絆を断ち切り意識の改造、いわゆる人間改革をしなくてはならないということである。

他の一人は、希望のないところに成長はない。私たちの学校は普通の学校よりも一層或は規模を大きくして設備を整え、りつぱな建物、広い運動場をもち全環境を美しくする等、物的方面を完備してもらうことである。かくてこそそこに学ぶ児童生徒は、自ら自我を尊重し自尊心を養える。これを見る社会人もまたその学校その児童生徒を尊重するようになる。盲ろう学校だからこそきれいにするのだという教育行政が望ましいと訴えているが、もっともなことだとうなずける。

学校の窓を大きくあける

こんなことがあった。すっかり諦めきっていた我が子に一るの望みをかけて学校に入れてみたのだが、来るたびにみちがえる程すくすくと成長している姿をまのあたり見て感激し、これが昔であったら勉強はおろか、世の片隅で小さくなって生き、親も子も悲しい一生を終ったであろうに、学校教育のありがたさ先生方の愛情に大きな喜びがありますと、涙を流して感謝する親たちを見るにつけ、私たちは今さらながら職責の重大さと欣びと誇りをもった。

時たま学校参観の青年会、婦人会の方々、社会各層の方々は、「本当に大きな開眼の日であった。」「盲ろう教育の可能なことを社会に知らせよ。」とか、「盲ろう教育に対する知識を欠いていたことを恥じる。」或は「困難な条件にもかかわらず教育も子どもたちも、とても明かるく希望に燃えている。」また「教師の熱情に心ぬくたまる思いがした。」など、いつわりない欣びと感謝の言葉を下さるのだが、これらの多くの声は特殊教育を広く社会に開放して、あらゆる人々の理解と協力を深めなければならないことを物語っている。

為政者、学校、父兄、社会人の間における相互の信頼と深い理解と協力が絶対に必要であり、これによってこそ明日のよりよき盲ろう教育をうむ原動力であると思う。

特に埋もれている特殊児の教育に、明かるい光をあて教育を推進するために、学校の窓を大きく開けなければならない。

政治力の貧困

最近へき地教育振興運動は、日本本土でも沖縄でも大きな課題としてとりあげられ、政策にうちたてられつつあることはまことによろこばしいことである。残念なことには盲ろう教育についてはまたもおき忘れられてしまった。いつの日に世論に上り教育政策に大きく織りこまれて、不振の域を脱することであろうか。そのことは教育の本質に立つ政策に思いきった革新を加えようとしない、政治力の貧困さだという人がある。盲ろう児は社会にそれ程貢献するのでもなく、個人の立身出世にもあまり役立つようにも見えない、教育に十分でない弱い経済財政から比較的多額の経費を投ずる必要はこれを認めることはできないという気持が、政治家の頭のどこかにいささかでも閃いているとすれば、このことは政治面、つまり予算上から割り出して考えたもので、教育上から考えていない。実利主義の教育思想と、多数対象の教育によるもので、まさに少数の盲ろう児を等閑視したことになる。まちがった出世主義は昔の語り草である。

特殊教育を広い視野に立って、もう一度見直していただきたいものである。

つっこんで言うことを許されるなら、政治家はわれわれ現場の教師が子どもを愛するように、特に文教政策に必死にとりくみ、特に盲ろう児の安定にもっともっと情熱を傾けてもらいたい。子どもたちの幸福と正しい成長のために、また教育の前進のために目下の急務である。特殊児の悩みはみんなの苦しみであり、盲ろう児の願いはみんなの願いであるからである。

教師の理想像

およそ教育ほど教師の資質のいかんによってその成果に大きな影響のあるものは少ないであろう。特に盲ろう教育はその性質上他の教育より一層このことが痛感される。教育は結局教師の問題となる。

1 愛情をかたむける教師

人間の基本人権と人格を尊び、これを愛するという意味では一切の教育者の基本的徳性であると言い得よう。教師は先ず第一に愛情だとよくいわれる。盲ろう教育にたずさわる教師にはこれが特に望まれる。身体障碍のために十分にこれを発揮できぬことに対して気の毒に思い、憐みを感じ進んで少しでもその障碍を軽くし、またはこれにうち勝つ望みと力とを起こさせてやりたいという熱情をふくんだ愛情が絶対に必要である。師弟同行という深い信念と、愛情のゆたかな人であることになる。激しい愛情に燃え、子どもを育てることに喜びを感ずる人でなければつとまらない業である。愛情に基ずく師弟の結びつきこそ盲ろう教育の根幹であるからである。

2 盲ろう教育の発掘作業

およそいかなる教育も、教師に研修を要請しないものはない。特に埋れている盲ろう教育に明るい光をあてるためには、広くかつ深いこの教育の発掘作業――研修――を要することが頗る多い。盲ろう教育に従事する者は一生涯この発掘作業の旅をつづけ、最大の教育力を発揮する覚悟がなければならない。

文教局はこの方面の研修教員、本土学校視察教員の予算を特に計上され、研修の機会を多く与えていただくよう懇願したい。

3　わが道を忍耐強く

どんな営みも忍耐の伴わないなら決して成果は期待できない。地味な教育の中でも最も地味な盲ろう教育であり、その成果が人から認められることが少ない教育だけに、一層忍耐強くなければならないことである。楽しみをもち、自信をもち、迷わず、わが道を堅実な歩みを一歩一歩実践する教師が望ましきものである。

一つの大きな壁

盲ろう児はどんな恵まれたよい家庭に育つていても、身体障碍からやはり多少の暗い影を心に映じないものはない。劣等感情が強くおこることは避けられないようである。ろう児は往々にして蔑視嘲笑のまとにされるので自分を卑下し、見返してやろうというような意気ごみがなく自信を失いがちである。

このことが教育の一つの大きな悩みであり壁になつている。この壁を先ずまつこうから破壊しない以上教育は前進しない。この壁を除くには、これら子どもの世界に生きるよき教師を迎えることによつて精神的環境を与えると共に、全環境を美しくする物的環境（計画がたてられて進捗中）を与えることが、子どもの自尊心を涵養し、劣等感を予防する基本的条件だと思う。

みんなで築こう

盲ろう教育振興は根本的に検討を迫られている問題が多岐にわたり、山積みされる程大小多様で、どれから手をつけていいものやらむずかしいことばかりである。結局は両親家族の教育への協力と、ひとりひとりの社会人のこの教育への温情を甦えらして実践にうつし、政治家の積極的なよい政治で築きあげる。これが盲ろ教育振興の大きなしかも切実な問題であろう。

今は苦しくても来年こそわとその夢をみている。

みんなで築こう。

成長を明日に期待して。――

（盲ろう学校長）

ろう児の生活意識に関する調査

沖縄盲ろう学校（ろう部）
仲村渠　三郎

前おき

ろう児は人格的にいろいろな特性（欠陥）をもつている、知能的に多くのろう児が普通児に劣ること（本校児童の調査ではろう児七一人のI・Qの平均が六四である）性格的に劣等感が強いこと（去年七月初旬琉大教育学部学生の本校児童生徒を対象としての調査によつても劣等感に関する四項目の調査を綜合して、やはり普通児、盲児、ろう児においてはろう児が強い劣等感をもつていると結論づけている）徳性の面がかけていること、融通がきかないことなどいろいろあると思われる。

その要因は一体どこにあるであろうか。それはもちろん先天的な面、身体障害者特有の面によることも多いだろう。しかし環境的な要因も忘れてはならないだろう。これらろう児をとり巻く環境と言うものは我々の想像し難いものであり、普通児のそれとは全くかわつた面が多々あると思推される。このろう児にとつて抵抗の多い特殊的な環境の中で苦難とたたかいつついかに不利益な生活を送つているか、社会に対していかなる考え方と要求をもつているか等、彼等の生活意識を知悉しより適確なる指導改善を加えてゆくことはろう児教育の効果を上げる上に絶対に必要なことと考えられる。

全国特殊教育研究発行、月刊誌「特殊教育」の記事に示唆を得て自校で試みてみた。

調査対象

沖縄盲ろう学校ろう部六年、中一年、中二年の児童生徒三一人について調査した。

（A表）

学年別性別調査人員

学年別＼性別	男	女	計
小学六年	4	7	11
中学一年	7	3	10
中学二年	5	5	10
合　計	16	15	31

中学3年は来年から設置予定

（B表）　年令分布　（1958.9現在）

性別＼年令	13	14	15	16	17	18	19	20	21	22	平均
男	0	1	2	4	4	3	0	0	1	1	17.1
女	1	1	4	2	2	1	2	2	0	0	16.6
計	1	2	6	6	6	4	2	2	1	1	16.8

（C表）　保護者の職業

性別＼職業	農業	商業	会社員	公務員	日傭人夫	軍作業	漁業	写真屋	無職
男	8	1	1	3	1	2	0	0	0
女	6	3	1	–	3	–	1	1	0

（D表）　家族人員

性別＼人数	2人	3	4	5	6	7	8	9	10	11	12	平均
男	0	1	3	4	6	0	1	1	0	0	0	5.5
女	1	2	0	0	3	3	3	2	1	0	0	6.6
計	1	3	3	4	9	3	4	3	1	0	0	6.0

（E表）

性別＼種別	父母在	父在	母在	両親無
男子	5	2	9	0
女子	10	4	0	1

調査月日

一九五八年九月一五日

調査方法

質問紙法を用いて集団調査。質問の項目は二〇項目とした。

結果とその考察

二〇項目の質問調査の中一五項目の結果と考察を次に列記することにする。

(1) **あなたは兄弟とたのしくしていますか、していません。**

（第一表）（ ）内はパーセント

性別＼種別	しています	していません	無答
男	11 (69)	3 (19)	2
女	9 (60)	4 (27)	2

兄弟とたのしく生活していない児童が男一九％、女二七％もいる。普通児のそれと比較しないととやかく言えるものではないがとにかく言語が不自由で充分に、自由に意志表示が出来ないので接触が素になり家族の中にとけこむことの困難があるだろう、兄弟が別もの扱いするのだろうか、個人個人についてもっとつっ込んだ調査検討が必要である。

学校において読話や、口話の教育効果を上げることにより幾分緩和されるのではないだろうか。

(2) **あなたは自分の心配事を誰に話しますか。**

（第二表）

性別＼種別	母	父	父母	姉	兄	先生	友人	無答
男	7 (45)	3	1	0	1	0	1	4
女	10 (67)	1	2	2	0	0	0	0

男女共母との相談者が多く、如何に母への信頼と愛情が大きいかを物語っている。先生に対する相談者がないのは教師として本当に淋しい。ろう児特有の劣等感から来た遠慮なのか、

普通児においても母への相談が多いだろうことは想像される。

(3) **両親はあなたの兄弟と同様にあなたを可愛がってくれていると思いますか。**

（第三表）

性別＼種別	はい	いいえ	無答
男	13 (81)	3 (19)	0
女	9 (60)	5 (33)	1

両親の他の兄弟に対する態度と違い可愛がってくれないと感じている者が女子に三三％もいることは女児が我儘で自分のことばかり気にする気持から来たものであるか、又事実両親が男女を差別待遇するのであるかもつと深く検討する必要がある。両親としては常に公平に子弟に愛情を分配する心がけと技術が必要であることを反省して子供等の取扱いに万全を期すべきである。

(4) **あなたは家の人達と一しょに仕事をしたり、お話ししたりするよりも一人でいる方がすきですか。**

（第四表）

性別＼種別	はい	いいえ	無答
男	5 (31)	10 (63)	1
女	6 (40)	8 (53)	1

学校においてはろうの生徒同志よく協力し明るく振舞っているように見えるがやっぱり家庭内では一人でいることを好む者が男三一％女四〇％もいることは何を物語るものであろうか、はなし言葉をもたず自由に意志表示が出来ないで、家族の中にとけこむのに困難を感じ、劣等感をもち閉鎖的で孤独を好むようになり、ろう者としての暗い陰を作る一つの原因となっているのであろう、家族の彼等に対する取扱いに反省の余地があることを痛感する。別者扱いせず彼等に自信とよろこびをもたせる工夫と技術が必要である。

(5) **お客様がいらつしやる時お客様とお話しますか。**

（第五表）

性別＼種別	する	しない	無答
男	6 (23)	10 (67)	0
女	(27)	(73)	0

来客に対しお話をしない者が男六七%、女七三%で殆んどが来客をさけている。これはろう児自体の閉鎖的な性格や劣等感、読話、発語のまずさからでもあろうが、むしろ来客の彼等に対する態度や家族の取扱いによるのではないか、普通人との間にへだたりをなくするにはやっぱり取り巻く人々の積極的な善意と指導による所が大きいだろう。

(6) **家の人はあなたをお客様に紹介して呉れますか。**

（第六表）

性別＼種別	はい	いいえ	無答
男	6（37）	10（63）	0
女	5（33）	10（67）	0

家の人（父母）は来客にろう児を紹介しない家が多く男六三%女六七%の割合を見せている。ろう者を紹介するのは世間体が悪く気がひけるのであろうか、おそらくそうだろう。

どこまでも片輪者としてできるだけ世間に知られたくないのだろう。

人道的立場で一般社会のろう児に対する理解と愛情が高まるまではそんな状態が続くだろう。やっぱり他人の欠陥を話してよろこぶ社会ではろう児の天分を伸すのに幾多の抵抗がある、この抵抗は彼等自体ではどうにもならないやつかいなものである。

(7) **あなたと両親の間はうまくいっていると思うか。**

（第七表）

性別＼種別	はい	いいえ	無答
男	11（69）	3（19）	2
女	9（60）	5（35）	1

普通児の場合はどのような数字を示すか、それとの比較はちよつとできない、やつぱり女生徒に父母とうまくいつていないと思つている者が三五%もいて男子に比し多い、男女の差別待遇と言うことになるか、女子はちよつとのことにも気をつかうので親の愛情にも敏感で男子ではそんなに気にしないことでも女子には大きな問題として取り上げられるのだろう、親としてはその点技術的にも女の子の取扱いには一考を要することだろう。

(8) **家では楽しくすごしていますか。**

（第八表）

性別＼種別	はい	いいえ	無答
男	9（53）	7（47）	0
女	7（47）	8（53）	0

楽しくない者が男四七%、女五三%もいる、これはどうしたことだろう、どこまでも片輪者として余計な存在かの如く家族が振まつているのではないだろうか（意識的でなくても）家族の一員としてその人格と能力を尊重し分担して家事を手伝わせたり意見をとり立てたりすることなど温かい気持で自信とよろこびを与えるようも育てる努力が必要であろう。

(9) **あなたはろう学校に入学してよかつたと思いますか。**

（第九表）

性別＼種別	はい	いいえ	無答
男	14（90）	2（10）	0
女	13（85）	2（15）	0

ろう学校に入学してよかつたと思つている者が男九〇%女八七%いる。入学してよかつたと思わない人が男一〇%女一三%いるがその原因をはつきりつかむことはできなかつた。

片輪者としておし込めようとする家庭や無理解な社会人からのがれて同類の理解し合つた友人との集団生活や温かい教師に心の安定感を得ているのであろう。

(10) **学校での毎日はたのしいか。**

（第一〇表）

性別＼種別	たのしい	つまらない	無答
男	13（80）	3（20）	0
女	10（70）	5（30）	0

ろう児だけの集団生活と教師の温かい取扱いに対しては精神的安定感があり楽しみと喜びを感じているが毎時間の授業には幾多の困難があり要求不満や焦燥におちいることが多く学習の遅滞を来してつまらないと思うのであろう。彼等の実体に即しその興味と能力に応じた適切な学習指導の技術研修を教師はせまられている。

特殊教育技術の難かしさは筆舌につくしがたい。これをどう克服して行つたらよいだろうか。

(11) **卒業後も友達と交際して行きたいと思うか。**

（第一一表）

性別＼種別	はい	いいえ	無答
男	14（90）	2（10）	0
女	13（85）	2（15）	0

普通人との交際がうまくいかないので彼等同志の仲はとてもよくそれをいつまでも続けていこうと言う気持がよくわかる。どんな遠い所でも何とかして遊びに行つている。

(12) **普通人の友達がほしいか。**

（第一二表）

性別＼種別	はい	いいえ	無答
男	11（70）	5（30）	0
女	9（57）	6（43）	0

ほしくない者が男三〇%女四三%も

いる、積極的に普通人の友人を求めないのは彼等の孤独癖の表われでもあるだろう、やつぱり言語による発表能力に欠け自由に談笑することができず劣等感も手伝つているのであろう。

(13) **あなたはいろいろの事をした時他の人より下手だと思いますか。**

(第十三表)

性別＼種別	思う	思わない	無答
男	7 (45)	9 (55)	0
女	8 (55)	7 (45)	0

自分の行為が他人より劣つていると感じる者が男四五%、女五五%もいる。これは劣等感から来るものであろう、身体的不具者だとのひがみが原因しているだろう。教育の機会をより多く与え適切な指導により彼等に自信をもたせるようにしなければならない。教育の機会をより多く与える、これはほんとに重要な問題である。この重要な問題が実をともなつていない所に不幸がある。時が解決してくれるが!! 否、理解と熱意だけが解決してくれる。

(14) **車の中、店、道で人があなたのろうに気がついた時どんな気がしますか。**

(第一四表)

性別＼種別	恥かしい	くやしい	しやく	嫌	平気
男	4 (25)	1 (5)	1	4	6
女	6 (40)	5 (35)	0	2	2

恥しいとか、くやしいと思う者が男子にも女子にも可成りいるが他人に気づかれた時の感情はやつぱり女子がはるかに著しい。女子は感情的なのだろうか、自分というものに気を配りすぎるのだろうか。自分の欠陥を努力によつて補い社会に互して行く態度の指導が必要である。自分の欠点を意識している時それを他人に気づかれたら不愉快で劣等感を刺激するものであるがこれを克服する努力と態度が必要である。勉学と高い教養のみがそれを解決するだろう、人間としての自覚が必要になつて来る。

(15) **職業について（どこで働らきたいか）**

(第一五表)

性別＼種別	普通人の中で	ろう者の中で	働らき度くない	無答
男	9 (30)	8 (50)	0	3
女	5 (33)	8 (54)	1	1

普通人の中で一緒に働らきたいと思うのも相当いるがやつぱりろう者がいる所で働らきたいと思うものがはるかに多いようだ普通人の中に入るといろいろと困難を感じ劣等感にとりつかれるので気安く働らける同類の中が好ましいと考えているのだろう、安心感のもてるふん囲気が欲しいらしい。無理もない。しかしその気持は是正する必要がある。甘い考えは禁物である。

まとめ

調査項目と調査対象が少ないのではつきりしたことは言えないが以上の調査を通してつかめることは、彼等の環境に対するいろいろな抵抗や困難はその多くが彼等がろう児なるが故にと言うことに起因していると思う面が伺えることである。

ろうなるが故に劣等感をもち、悲しみ、悩み、苦しみもする。

ろう児であろうと盲児であろうとすべて人として基本的人権と人格を有する者がその心身の障害のために十分にこれを発揮できかねる状態におかれていることに対し社会全体がもつと薄倖な子等を救うべき共同の責任を感じ深い憐れみをもつて、進んで少しでもその障害を軽くしてやり、またこれに打勝つ希望と力を起させてやらねばならないと言う高い人道主義的な熱愛とそれを実際に具現して行くあらゆる努力が切に望まれるものである。思うてなさざるは思わざると同じ価値しかない。特殊教育の実際的振興を熱願するものである。

高等部新設と視覚「障害者の職業教育」

沖縄盲ろう学校教諭　町　田　実

いよいよ一九六〇年度より特殊学校においても待望久しき高等部が、新設せられる運びとなり戦後十五年、ようやく視覚障害者にとつても、学問の自由、学問の機会均等が附与せられ、大学進学への道が、開かれたことは、誠に喜ばしいことである。

高等部新設は、職業教育の目的完遂の上においても、重要な意義がある。高等部を有せざる現在において、止むを得ず義務教育課程である中学部において、普通教育課程と、専門的職業課程とを併置していた関係上、両教科課程の授業時数、配分に少なからざる支障を生じ、ひいては普通教科の学力低下を来たさざるや、憂慮せざるを得ない現状なのである。現在職業課程としては、日本における高等部按摩科の課程を一週十時間に濃縮して実施しているのである。

この按摩科の課程は一九四七年、日本において公布された、按摩師、きゆう師、及び柔道整復師法、（以下按柔師法という。）の規程に基く新しい職業教育課程である。即ち基礎医学、臨床医学を根拠とする、按摩術（マッサージ、指圧を含む。）学理の考究と技術の習得を目的とするものである。従つて普通学校の職業課程とは全くその趣きを異にし、相当多くの授業時数を要するものである。

普通教育課程は一般基礎知識の習得にもちろん重要であるが、職業教育もまた将来の生活に直結する重要な意義がある。未だ一般基礎知識の習得が、不充分である中学部において、専門的職業課程を授けることはあたかも、砂上に楼閣を築くの感、深からざるを得ないのである。

しかるに高等部の新設は、かかる不安、不合理を一掃し中学部は純然たる普通教育課程に復元し、高等部においては、専門的職業教育を徹底的に実践することが可能なのである。

（別表一）

	学校養成施設の種類	あんま師	はり師	きゆう師	あんま師 はり師 きゆう師
専門教科	解剖学	210	280	280	280
	生理学	175	280	280	280
	病理学	105	210	210	210
	衛生学（消毒法を含む。）	105	140	140	140
	症候概論	70	175	175	175
	治療一般	140	280	280	280
	漢方概論（経穴を含む。）	35	140	140	140
	あんま理論	70			70
	はり理論		70		70
	きゆう理論			70	
	柔道整復理論				
	医学史	35	70	70	70
	医事法規	35	35	35	35
	あんま実技	560			560
	はり実技		560		560
	きゆう実技			330	350
	柔道整復実技				
普通教科	国語	175	315	315	315
	社会	140	350	350	350
	数学	} 140	175	175	175
	理科		175	175	175
	体育	175	315	315	315
	家庭	} 140	} 245	245	245
	音楽				
	外国語				
	その他				
合計		2,310	3,815	3,605	4,865

〔備考〕普通科欄の家庭、音楽、外国語及びその他については、そのうち一以上を選択して所定の時間数をうけなければならない。

日本における視覚障害者の職業教育は按柔師法の規定に準拠して、円滑、合理的に実施されている。按柔師法第一条には、医師、歯科医師、以外の者が按摩（マッサージ、指圧を含む。）鍼、きゆう、を業としようとする者は、それぞれ各免許を取得しなければならないと規定し、また第二条には免許は文部大臣が認定する学校もしくは、厚生大臣が認定する養成施設において、按摩（マッサージ、指圧を含む。）においては二年以上、鍼、きゆうにおいては四年以上、（大学に入学資格のある者は、二年以上）、解剖学、衛生学、病理学、その他該治療師となるのに必要な知識および技能を習得したものであつて、所定の国家試験に合格した者に対してこれを与えると規定されている。

また、同法施行規則においては、免許取得に関する事項、試験実施に関する事項および業務遂行に関する事項が詳細に規定されている。かくのごとくに日本における視覚障害者の教育は、按柔師法の規定に従つて按摩師、鍼師きゆう師の養成にその目的がある。

しかして按摩師養成のコースと、按摩師、鍼師、きゆう師、同時養成のコースが併置されている。盲学校高等部においては、大部分が後者のコースを採用していて、高等部本科三年専攻科二年通算五カ年の理療科課程を実施しているのである。

なお附属として修業年限二カ年の高等部別科（按摩科）が設置され、中途失明者、年長者、短期修業希望者を就学せしめている。

前述の養成施設は高等学校の資格は有せず純然たる中途失明者の更生施設である。同法第二条の首務大臣の認定する学校または養成施設については一九五一年按摩師、鍼師、きゆう師、柔道整復師、学校養成施設認定規則が公布されその認定基準が詳細に規定されている。

将来治療師として立つ以上、按摩術に留まらず鍼、きゆう術をも習得するのが当然であり、そこにこそ西洋医学では解明しがたい東洋医学の真髄があるのである。

按摩師、鍼師、きゆう師、柔道整復師学校養成施設認定規則第八条は、按摩師、鍼師、きゆう師、同時養成について次のごとく規定している。即ち学校または養成施設は左の各号の基準に適合するものでなければ按摩師、鍼師、きゆう師の内二以上の学校養成施設として首務大臣の認定を受けることができない。

一、就業年限は次の通りであること

(イ) 学校教育法第四十七条又は法第十八条の二、第一項に規定するものを入学または入所資格とする者

にあつては五年以上

(ロ) 学校教育法第五十六条又は法第十八条の二、第二項に規定するも

(別表二)

学校養成施設の種類		あんま師	はり師	きゆう師	柔道整復師	あんま師はり師きゆう師
専門教科	解剖学	210	280	280	280	280
	生理学	175	280	280	280	280
	病理学	105	210	210	210	210
	衛生学（消毒法を含む。）	105	140	140	140	140
	症候概論	70	175	175	175	175
	治療一般	140	280	280	280	280
	漢方概論（経穴を含む。）	35	140	140		140
	あんま理論	70				70
	はり理論		70			70
	きゆう理論			70		70
	柔道整復理論				245	
	医学史	35	70	70	70	70
	医事法規	35	35	35	35	35
	あんま実技	560				560
	はり実技		560			560
	きゆう実技			350		350
	柔道整復実技				635	
普通教科	社会					
	数学					
	理科	140	140	140	140	210
	体育					
	心理学					
合計		1,680	2,380	2,170	2,485	3,500

〔備考〕普通教科については，一以上を選択して所定の時間数の授業を受けなければならない。

(別表三)

学校養成施設の種類	学級数	専門教科 医師担当教科 教科	時間数	専門教科 あんま師はり師きゆう師柔道整復師担当教科 教科	時間数	普通教科
あんま師	2	解剖学 生理学 病理学 衛生学 症候概論 治療一般	八〇五	漢方概論 あんま理論 医学史 医事法規 あんま実技	七三五	
	4	右に同じ	一、六一〇	右に同じ	一、四七〇	
	6	右に同じ	二、四一五	右に同じ	二、二〇五	
	1					普通教科

のを入学または入所資格とする。

学校又は養成施設の中、按摩師、鍼師、又はきゆう師のいずれか二つを同時に教育又は養成せんとする課程を有する学校又は養成施設にあつては二年半以上

按摩師、鍼師、きゆう師を同時に養成しようとする課程を有する学校又は養成施設にあつては三年以上

二、別表一又は別表二に定むる教育課程を有すること

三、別表三に定むる標準による教員を有すること

四、生徒の定員は一学級につき三十人以内であること

五、一学級につき一以上の教室を有すること

六、解剖学及び施術の実習室をそれぞれ有し消毒設備を完備すること

七、教育上必要な器具、機械、標本、模型、図書を有すること

八、管理及び維持の方法は確実であること

本校高等部、職業課程たる理療科の構想は上述の学校認定基準に従い日本における有力な盲学校の機構を参考にして逐次その内容、設備を充実し名実共に兼ね備えた専門的職業課程の創設に存する。即ち高等部の修業年限は本科三年、専攻科二年とし、通算五カ年間に高等普通教育と専門的職業教育の両課程を履修せしむるのである。

学年別教科目ならびに一週授業時数は省略する。

次に、採用予定の教科書について述べる。

一、普通科教科書は、毎日新聞社ならびにライトハウス中央点字出版所発行の文部省検定済高等学校教科書点字版

二、理療科教科書、ライトハウス中央点字出版所発行・著書・関東地区理療科教科書対策委員会編・解剖学〔全四巻〕生理学〔全四巻〕衛生学〔全二巻〕病理学〔全三巻〕症候概論〔全三巻〕治療一般〔全五巻〕マッサージ理論〔全一巻〕鍼灸理論〔全三巻〕日本医学史〔全一巻〕社会福祉法人おううん会発行・芹沢勝介著・漢方概論〔全一巻〕東京点字出版所発行・阪大講師医博・水野庄太郎著・整形外科学提要〔全二巻〕ライトハウス中央点字出版所発行・厚生省医務局・医事課編・医事関係法規〔全一巻〕

次に、職業科の設備概要について述べる。

一、教室、実習室および治療室

㈠ 教室、教室は一学級一室以上

㈡ 実習室、五学級、四室を基準

はり師	4	右に同じ	一、三六五	漢方概論、はり理論、医学史、医事法規、はり実技	八七五
	8	右に同じ	二、七三〇	右に同じ	一、七五〇
	12	右に同じ	四、〇九五	右に同じ	二、六二五
きゅう師	4	右に同じ	一、三六五	漢方概論、きゅう理論、医学史、医事規法、きゅう実技	六六五
	8	右に同じ	二、七三〇	右に同じ	一、三三〇
	12	右に同じ	四、〇九五	右に同じ	一、九九五
柔道整復師	4	解剖学、生理学、病理学、衛生学、症候概論、治療一般、柔道整復理論	一、六二〇	医学史、医事法規、柔道整復実技	七三五
	8	右に同じ	三、二三〇	右に同じ	一、四七〇
	12	右に同じ	四、八三〇	右に同じ	二、二〇五
あんま師はり師きゅう師	5	右に同じ	一、三六五	漢方概論、あんま理論、はり理論、きゅう理論、医学史、医事法規、あんま実技、はり実技、きゅう実技	一、九二五
	10	右に同じ	二、七三〇	右に同じ	三、八五〇
	15	右に同じ	四、〇九五	右に同じ	五、七七五

の教科及び時間数は別表一又は別表二による

2 教員の資格はそれぞれの教科について高等学校の教員の免許状を有する者でなければならない。

〔備考〕一、一教員の担当時間を一年間に六三〇時間（一年を三五週として毎週十八時間）以内とする。
二、医学史及び医事法規は医師施術者以外の者が教えてもよい。
三、解剖学、生理学、病理学及び衛生学の教育に当つては必要な場合には施術者の協力によることができる。
四、症候概論、治療一般及び柔道整復理論は医師と施術者が協力して担当するものとする。
五、医師のうち、ひとりは専任教員でなければならない。

として、学級数が増加するごとに、実習室を増加する。ただし新設年度は、三室を要する。

㈢ 解剖室、一室、これは新設年度より必要とす。

㈣ 標本室、一室、

㈤ 治療室、一室、

㈥ 外来患者待合室、一室、

二、主な実習用および治療用、器具、機械

㈠ 鍼灸、マツサージ用器具、備品、鍼箱、鍼療ケース、灸療ケース、鍼皿、九鍼一式、温灸器、モグサ容器、小児鍼、鍼管、金鍼、銀鍼、鉄鍼、三陵鍼、綿花容器、指頭消毒器、マツサージ用粉入器、体温計、血圧計、握力計、圧痛計、聴診計、打診槌、検脈時計、分時計、肺活量計、消毒用器具、治療用寝台、その他

三、電気器具、機械

平流電気器、感伝電気器、平流感伝混合電機、低周波治療器、電光浴器、電気温布、ミニン氏灯電光浴器、熱気浴器、横臥用全身電光浴装置、太陽灯、ネオエトワール電気治療器、超短波治療装置、赤外線灯、その他

四、模型および標本

人体骨骼模型、人体解剖模型、消化器模型、呼吸器模型、泌尿生殖器模型、循環系模型、神経系模型、鼻解剖模型、眼球及眼筋解剖模型、耳の構造模型、経穴人形、マツサージ練習用乳房模型、経穴人形、療点人形、頭骨模型、脳髄模型、心臓解剖模型、喉頭解剖模型、歯牙解剖模型、顔面縦断模型、三臓模型、腎臓解剖模型、視器模型、内臓位置模型、関節種類模型、椎骨模型、筋肉組織模型、淋巴管組織模型、神経繊維神経細胞模型、肺胞模型、小腸壁及小腸粘膜組織模型、気管支並びに肺血管分岐模型、男子生殖器模型、女子生殖器模型、迷路模型、脊髄神経伝導反射経路模型、脊髄模型、その他

按柔師法の制定によつて視覚障害者の職業教育の大道が決定いたしたといつても過言ではない。この法律の実施によつて、従来視覚障害者の職業たる按摩業に与えられていた卑俗的な同情的な観念は今や全く払拭された。即ち按摩師、鍼師、灸師は、医師、歯科医師、以外の者で疾病の予防又は治療の業務を行うことを国家によつて保障されたのである。

施術師の行う疾病の予防、又は治療の方法については、医師、歯科医師のそれと異るのは当然であり、また制限規定のあることもちろんであるが、

その目的とするところは、なんら医師歯科医師と異らないのである。法文中に、医業ならびに医業類似行為という言葉があるが、前者は医師、歯科医師の業務を指し、後者は施術師の業務を指す言葉である。按柔師法第十二条は、何人といえども、施術者にあらざる者は医業類似行為を業としてはならないと規定し、その身分法たる所以を明示しているのである。

　高等部の新設を目睫にして、琉球における特殊教育も、いよいよ軌道に乗つてきたのであるが、しかしその前途には、未だ幾多の難関が横たわつている。次に特殊教育の前進をはばむ主なる障壁について述べることにする。

一、専門教科担当教官の獲得

　適任者の極めて少い琉球においては逐次日本より招へいという形で増員していくより他に方法はないであろう。申すまでもなく、内容、設備をいくら充実しても、担当教官の不足は、一環せる職業教育を推進する上に大なる支障を来すこととなるであろう。

二、国家試験受験資格附与の問題

　本校高等部理療科卒業者は将来その技術を練磨するためインターンとして日本に渡航、あるいは日本の有力な治療院に就職することは当然予期せられる事実であり、かかる場合に日本の免許が当然必要となるのである。従つて、本校高等部理療科出身者に対して日本の国家試験、受験資格が附与せられるか否かは、重要な意義を有し、ひいては理療科の存在価値いかんという問題にまで発展する要素をはらんでいるのである。

三、未就学児童対策

　近時、特殊教育が逐次整理拡充せられていくにもかかわらず、新入学児童数の究めて少いのは誠にいかんなことである。該当障害数が既に絶対数に達しているならば、それはかえつて喜ばしいことであるが、実状はそうではなく、種々の事情によつて、未就学児童が、何等積極的な公的措置がはらわれず放置されている現状である。特殊教育において既に義務教育制度が実施されている今日、これは由々しき問題である。

四、特殊教育、就学奨励策

　日本においては既に特殊教育、就学奨励の法律が施行されて、幾多不遇の障害者が健康で明朗な学校教育の恩恵に浴している。経済上の問題は進学への障壁となる。特殊教育の発展を期するには、如上の法律の制定および就学奨励援護会の結成が要望される。殊に将来、高等学校、大学進学に際しては、普通学校生徒と同様に、奨学資金制度の設置を必然とするものである。障害者完全就学の行く手には、上述の三、四、の問題が大きく障壁となつて前進をはばんでいる。これに対しては、迅速、適切なる公的措置が強く要請せられるのである。

五、教育の一元化

　かかる狭隘なる地域で該当障害者も多からざるに、現在、社会局、管理の施設と、文教局所管の学校の二本立において、特殊教育が行なわれていることは、その設備費ならびに人件費において、相当の冗費が計上されると考えられる。一元化することによつて、統一性のある合理的な職業教育が実施される。近き将来、この問題は当然、解決されねばならぬ問題だと考える。

　以上、特殊教育推進途上に横たわる諸問題について、簡略にその要旨を述べきたつたのであるが、これを要するに特殊教育、完全就学については、今後、首務官庁の迅速にして、適切、強力なる施策を要請するものであり、かつまた、一般諸賢のご理解とご支援を、懇請するものである。

一九五九年度 教員異動後の 糸満地区 学校長一覧

現任校	校長氏名
糸満中	新城助次郎
三和中	久保田次郎
高嶺中	仲地幸輝
東風平中	大小堀松三
兼城中	新城幸栄
豊見城中	石原徳助
具志頭中	長田辰雄
粟国中	山城幸吉
渡名喜中	幸地清孝
座間味中	諸見里真次
阿嘉中	上原良昌
慶留間中	大村真一
渡嘉敷中	糸数昌吉
糸満小	安仁屋政栄
糸満南小	伊敷喜蔵
喜屋武小	吉村昌弘
真壁小	高嶺朝賢
米須小	金城徳明
高嶺小	大城政秀
東風平小	具志喜三
兼城小	山城清俊
上田小	内間仁守
長嶺小	嘉数幸一
座安小	大城登一
具志頭小	上江洲智篤
新城小	上原良知
糸満高校	比嘉徳太郎

喜如嘉小中校PTA研究発表会にのぞんで

山元芙美子

辺土名線喜如嘉でバスを下車してから歩いて約十五分、青々と波打っている稲田を前にして、こんもり繁った木々の間に赤瓦とブロックの校舎が立ち並んでいる。

先ず、校内に一歩入つて目につくのは、体育施設のすばらしいことである。中でもジャングルジム・ハントウ棒、ツリ棒、遊動円木、ブランコ等はPTAの会員の手でできたそうで、子ども達が楽しそうに利用している。

それから整然とした校舎内外の設備、それをとりまくいろいろの種類の樹木そしてその木蔭の涼しさ、研究テーマを「学校環境をよくするための、PTA運営はどうあるべきか」としたのもなる程とうなずけた。

同校は終戦後現在の位置に移転したそうだが、何でもその決定までにはあらゆる面から検討し、校区民の一人一人の意志が反映するような、民主的な話しあいによつてなされたとのことでそれだけに学校に対するみんなの関心があつて、PTAの運営活動も特色あるものがあり、その成果も大きい。

先ず組織機構が地域の実情に則してうまく組立てられている。即ち、企画施設、社会教育、厚生、会員の四委員会と更に学級集会、部落集会、その他に実践部をおき従横の連絡を密にしている。

そして各々の委員会がその目標と任務をしっかり認識し、綿密な行事計画が実に用意周到になされ、その実施にあたつては一部の幹部や役員だけでなく会員一人一人の意志が反映するような仕組みになつている。

計画を立てる前に地域の実態、会の実情をよく調査研究し、何が自分達の問題点であるかを徹底的に話し合い、その中から、では、早急に解決しなければならない問題は何かというように全員によつて重点的にしぼりあげ、そのとりあげたものの解決にはどのような苦労と斗つてでも初志を完徹する村民性をもつている。

今、二、三の例をあげてみたい。

企画施設委員会の会則の二項に、「本会の目的及び能力に応じた各種の事業計画をたてる」とうたわれているが活動の歩みでそれが実証されている。校地の地均はもちろん、水道、放送の施設、実習地の購入、畜舎、家庭科教室、図書館建設、体育施設等、児童生徒の福祉増進を目的としたものが完備されている。

ところで、このような事業は公教育費にまつものではないかという意見もあるが、当PTAにおいてもこの問題は大きな悩みであり、「公教育費の貧困と財政難」をとりあげ、教育税完納と公教育費確立にPTAあげて努力をしている。

次にあげられることは図書館の運営であろう。蔵書数が千四百余冊あつてその充実には非常に力を入れ、年間一万二千円の図書費を計上し、その運営法も手際よく行われている。

更に、学校給食と保健衛生にも留意し計画的に活動している。

将来の計画としては、一、各部落にも運動場を設置すること、二、各部落に児童生徒の学習施設並に娯楽施設をする。となっているが、この校区は校区全体が学園だという感じを与える。例えば部落の至るところに樹木や草木に名札がつけられており掲示板が立てられている。

社会教育委員会では、両親教育はもとより、各種団体の成人教育をモツトーにして、各種の講座講習が年間を通じて計画され実施されて効果をあげている。

なお、会員委員会の事業である学級集会や、部落集会、生徒会等では自学自習の習慣を確立する一つの過程として学習時間を設け、家庭と学校と地域社会が三昧一体となり、その方法技術調査等にあたり、たえず励ましあつている。

当日の日程の中に学級集会の一こまがあり、そのほとんどが「家庭学習をよくするにはどうしたらよいか」をテーマにして、先生と父母がなごやかな中に真剣な意見が交換されたのであるが、中でも特にお母さん方の発言が目立つて多くその内容も身近なふだんのしつけの問題、あるいは実際のなやみ等が語られ、一人の問題をみんなの問題として熱心な討議がなされたが、当PTAがいかに子どもの教育に熱心であるかということはその学校状況でもうなずけると思う。

中学の現在籍は百十二名であるが、高校生が百十八名琉大十七、沖縄短大四、日本大学十六名となつていてほとんどが進学志望であるとのこと。

最近当PTAに希望することは教育税の完納と適切なる公教育費の確立のために校区民あげてご協力下さることをお願いしたい。

（社会教育課主事）

沖縄ユネスコ（国際連合教育科学文化機関）協会発会の辞

会長　山田有幹

「戦争は人々の心の中で生れるものであるから、人々の心の中にこそ平和のとりでは、築かなければならない」と、ユネスコ憲章の前文にはうたわれている。

にくしみと利己主義は、人間と人間、民族と民族との間の緊張を作り、しばしばけんかや戦争の原因となつた。

何が人の心の中に、にくしみをうえつけるか、どうして民族と民族との間から緊張を取り去るかということの解決は、平和希求の今後の大きな課題である。

紛争を起す民族間の諸問題や、集団行動における緊張の緩和という面からの国際的なことは、国際連合がすぐれた仕事をしてきた。

がしかし、こういう問題のもつとも基本的な解決は、現象的なことの一時的な処理解決という対症療法ではなく、国民各個人の心の中に日常的な問題として反省して進歩と成長を期待しなければならない。

ユネスコはこのような目的を、どうして解決するかと、各国民が自分の問題として考えようという立前から生れたものである。

沖縄の国際関係から考えても、このような問題は取上げねばならないというので、ここに沖縄ユネスコ協会ができたわけである。

敗戦後の日本で、ユネスコが民間運動として始められてからまる十年たつたというので、昨年の秋には、大会の記念行事が各地で行われた。

これについて朝日新聞は社説において次のように述べているが、沖縄におけるユネスコ運動にも大きな激励となるのでこれを要約して左に掲載する。

仙台における全国大会においては、全国のユネスコ運動関係者の熱心な討議を望みたいが、同時に、十周年を記念する上は日本におけるユネスコ活動の過去を反省し、将来への新しい方向をぜひともみつけ出して貰いたい。

反省を求めたい一つの点は、ユネスコ運動が、それに関心をもつ仲間だけのものになつてはいないかということである。これは日本だけのことではなく、フランスでも「チーズの中のネズミ」といつた批評が出ているように、ともすると「ユネスコ屋」のものだけになるおそれがある。いま日本の活動がそうなつているというのではないが、過去十年間に、それが青少年の心を動かし、大衆のものになる度合いが残念ながら、はなはだ薄いと思うのである。

その理由としては、国内委員会が官僚的にすぎることもあろう。しかし、なによりも民間の力によつて、国際理解を深める積極的な活動が必要であるにもかかわらず、日ユ協会連盟が、財政の点で、十分な基礎をもつていないことを挙げなければならない。またユネスコに限らず、一般の文化運動のもつ欠陥と同じように、各府県の加盟団体と連盟との結びつきの点など、検討すべきものを組織の中にもつていると言いたい。

それらの反省の上に立つならば、今後進むべき方向としては、大衆の中にはいるユネスコ運動に力点がおかれてよいのではないか。そのためには、従来ほとんど道がつけられていなかつた学校教育に、もつと浸透してよいはずである。社会教育の面からいつても、

ユネスコはどんなことをするか

目的　教育、科学、文化を通じて諸国民間の協力を促進し、世界の平和と安全に貢献する。

事業　この目的を達成するために

1 **教育**　無償の基礎教育を各国に勧奨し、文盲の撲滅国際理解のための教育と、そのための実験学校活動など

2 **自然科学**　砂漠の緑地化、海洋資源の開発、放射性同位元素の利用、国際地球観測年のための国際協力の促進などに関し、諸家の意見ならびに計画、共同研究を開催し、学会、団体への援助

3 **社会科学**　社会緊張の調査、人権および人種問題の研究調査、社会科学の教授法改善、近代工業および原子力の平和利用が社会におよぼす影響調査、などに関してシンポジウムセミナーの開催や学会、団体への援助

4 **文化活動**　各国文化交通を活発にするため、美術、音楽、演劇、文化などの国際団体の援助、各国の代表的文学作品

比較的国際的知識や理解の足りないといわれる働く人々や、婦人や、PTAの間にも、手をのばすべき余地はまだ広く残されているように思われる。

ユネスコ運動を進める上には、国際的な連絡も大切である。専門家による研究も行われるのが当然である。だが「人の心の中に平和のとりでを築く」ためには、それらの上に立つて、その運動が、本当に青少年のもの、大衆のものにならなければ目的の多くを失うことになるのではあるまいか。

仙台大会が、その新しい方向への踏み台になることを望みたい。

ユネスコの目的は、国際連合憲章が世界の諸人民に対して、人種、性、言語または宗教の差別なく確認している正義、法の支配、人権および基本的自由に対する普遍的な尊重を助長するために、教育、科学、文化を通じて諸国民の間の協力を促進することに よつて、平和および安全に貢献することである。

――ユネスコ憲章第一条より――

人はすべて、社会の文化生活に自由に参加し、芸術を鑑賞し、科学の進歩とそのもたらす福利とにあずかる権利を有する。 ――世界人権宣言二十七条より――

それと共に、一般住民についてと同様学校教育においても、狂信的な民族主義に対する警戒と批判が必要であろう。と同時に積極的には、国際状況の客観的認識と、国際間における理解と信頼と協力の精神の育成が推進されねばならない。そしてこのことは、この分野の教育が、学校教育においても、一方的な政党的宣伝にゆだねられることなく、客観と公正な立場で、たとえばユネスコ活動のような、「国際理解と国際協力のための教育」が推進されなければならないことを意味する。現在このような活動が、ほとんど沖縄において展開されていないのは、まことに残念なことである。 ――広島大学長森戸辰男氏沖縄教育あれこれより抄録――

本協会はユネスコ憲章の精神にのつとり沖縄におけるユネスコ活動を推進することを目的とする。（沖ユ協会々則第三条）

沖縄ユ協会の目的

1 ユネスコ活動の組織育成
2 日米ユネスコ国内委員会からの事業の誘致
3 ユネスコ本部の沖縄における活動の誘致
4 国際連合およびユネスコに関する研究、調査、宣伝および啓蒙
5 国際理解に資する内外の文化交流
6 ユネスコに関する宣伝、啓蒙のため各種集合の開催
7 機関紙およびパンフレットの刊行、関係図書の出版、斡旋
8 関係諸機関との連絡協調
9 その他目的達成に必要な事業

――沖ユ協会々則第四条――

昭和三四年度

全国学力調査は
国語、算数に決定

調査の対象

小学校（六年）
中学校（三年）
高等学校全日（三年）
定時（四年）

教科

国語・算数（数学）

調査実施の期日

九月三九日（火）

問題作成の方針―一部要点のみ―

a程度と範囲は学習指導要領基準
b知識理解と共に広く能力、態度をみられるも問題
c比較的むずかしい問題、普通の問題、比較的やさしい問題を各領域ごとに含める。
e国語は一部放送を利用する。

の翻訳出版、人類の科学、および文化の発達史の編纂、世界名画の複製、および巡回展、博物館、図書館などの国際会の開催、万国著者権条約の設定など

5 **大衆通報** 情報の自由な交流のための条約の準備や勧告、マスコミの改善と向上のためのシンポジヤムゼミナーの開催、定期刊行物の編集、出版、ユネスコクーポン制度、為替管理を受けない、国際通貨により、学術書、教材などを海外から自由に購入することの促進、またギフトクーポン制度により戦災国、後進国に対して教育資材を贈る便宜を計るなど

5 **人物交換** 留学生の交換や、奨学資金制度の設定、専門家の交換、交流奨励援助

7 **技術援助** 科学技術専門家、学識経験者の派遣、資材機械器具の供給

なお、ユネスコは、ユネスコ以外の国連専門機関や、赤十字社、ボーイスカウト、ペンクラブなど百以上の国際団体も協力している。

社会教育の場に国際理解を

指導者用の「手引書」を編集

日本ユネスコ国内委員会ではこのほど社会教育の分野で、国際理解と国際協力の精神と態度の育成を強力に推進するため、この方面の指導者用として「社会教育における国際理解のための手引書」の編集に近く着手することになつた。

編集委員を設けて内容を検討この手引書は、社会教育における国際理解教育指導者用実務参考資料としての試みで、社会教育の実際の場において、指導者が学習活動の指導や啓発活動を実施するのに役立つように、特に留意し編集されるもので、内容として次のようなものが予定されている。

1、国際理解と国際協力の精神を育成することの必要性について、第二次世界大戦以来の世界の動向、ユネスコの目指す世界共同社会、自分たちの住む地域社会と世界共同社会とのつながり、世界共同社会の建設への働きがけと地域社会の責務など

2、国際理解と国際協力のための活動の現状について、国際的にはどのようであり国内ではどうかなど

3、わが国において、国際理解と国際協力のための活動の問題点は何か、また課題は何かについて、日本人の国際意識や、人権意識の特質、地域の人々の国際意識や人権意識の状態を知ることの必要性とその方法など

4、国際理解と国際協力の精神育成のための活動の一般的目標として考えられるものは何か

5、地域社会で一般目標をどのように取扱つたらよいかについて、他国の理解、人権の尊重、国際機関への理解と協力などの具体策は何か、など

6、実際の場では、たとえば、公民館活動、青年学級などの社会教育講座や団体での指導方法について

7、国際理解と、国際協力のための活動では、どのような教材をどのように利用すればよいか

8、啓発のための活動の実施方法はどうすればよいか、このためには、国内委社会活動小委員長勝本清一郎氏をはじめ、社会教育、学校教育関係の学者、専門家の編集委員会を構成し、内容や項目について検討を加える。なお完成は今年九月ごろの予定

＝本土ユネスコ便り＝

本土各地におけるユネスコ活動状況をユネスコ新聞より抄録して、発足したばかりの沖縄ユネスコ協会の今後の活動の参考に資したい。

△ 東ユ学連・檜原村訪問記

東京ユネスコ学生連盟の有志二十三名は、三月十一日から十三日まで、辺地の学校訪問第二回目として、前回と同じく都下西多摩郡桧原村を訪問、調査した。

今回の計画は、直接には前回訪れた北桧原小学校第二分会へ出演依頼のあつたことからであるが、今回は単に学校訪問にとどまらず、この前の経験を生かして、この村のもつと根本的な問題を究明しようといろいろの方面の資料を集めて検討した。

△ 折ゾル千五百羽を完成

神戸商高ユネスコ、クラブの提唱する〃千羽づる運動〃は一昨年東京で開かれた原水爆禁止世界大会に出席した前部長の、小野治夫君の報告がきつかけとなつて始められた、みんなの手で何とか原爆患者を慰めることができたらと、昨年夏折ヅルをかかげた原爆の子の像の記録〃千羽ヅル〃が出版、映画化されたものを機会に「千年も生きるツルを色紙で折つて励まそうと申し合わせ、さつそく九月の新学期から放課後のヒマをみつけて、色紙の裏に早く治りますように」「人の心の中に平和を」などの言葉を書き入れながら十八人の部員が心をこめて祈りつづけた。去る一日部員は千五百羽のツルを折り上げ、そのうち千羽を広島市立原爆病院の患者に、激励の手紙や寄せがきとともに送つた。

△ 福祉施設の見学

京都ユネスコ協会第二十一回例会は会員の希望により、三月十一日社会福祉の見学会とした。

京都市には、社会福祉施設として、生活保護施設、児童福祉施設、身体障害者福祉施設など多数あるが、今回は児童養護施設である社会福祉法人「平安義徳会」を見学した

△ まじない辞典を作る 和歌山県立向陽高校のユネスコ部員たちは、いまでも、まだすたれていない種々の「まじない」の調査を研究課題に取り上げ、昨年夏、近くの町や村で、実際に行われているまじないについて調べた。

このほど、その結果が、同校の「ユネスコ部報」にまとめられた。

その調査でわかつたことは

① まじないをよく知つていて実行するのは年寄りが多い ② 都市よりも農村にたくさん残つている ③ 日

日本のユネスコはどんな仕事をしたか

○**日本ユネスコ協会連盟**

● 日本の各地に結成されたユネスコ協会の連合体として設立されたもの

● 一九四八年（昭和二十三年）に日本ユネスコ協会連盟として発足し、一九五一年（昭和二十六年）社団法人日本ユネスコ協会連盟に改組今日におよぶ

● ユネスコへの加盟は国家が単位なので日本政府はユネスコへの加盟と同時に、日本ユネスコ国内委員会を設けて、ユネスコ活動に参画したが、ユネスコの終局目標は、世界の国民との間の相互理解を促進することにあるので、民間活動なしにこの目的を達成することは困難であるとして、国内委員会でも「国際理解と国際協力の精神が一家一村一町における理解と協力の中に培われる」ことを日本におけるユネスコ活動の基本方針とした。

○**日本ユネスコ協会連盟の組織と事業**

● 構成団体会員　各地域にあるユネスコ協会を指すもので、市町村単位のもの、府県単位のものもある。（二六団体）

● 個人会員（一四〇）特にユネスコのために直接、間接に貢献している個人

● 賛助団体会員（二団体）それぞれ独自の目的をもち、ユネスコ活動にも協力している団体

● 維持会員（一〇二社）ユネスコ活動に賛同して本連盟の運営のために維持会費を拠出している銀行、会社団体または個人

▲ 機関　会毎年一回、中央委員会毎年四回以上、理事会毎年八回以上

▲ 専門委員会（組織活動委員会、財務委員会、審査委員会、映画推薦委員会）

▲ 事業内容

◎ **全国的事業**

(1) ユネスコ新聞月三回刊行 (2) 日本ユネスコ運動全国大会の毎年開催 (3) ユネスコ記念行事の開催（ユネスコ加盟記念品、国連デー、人権デーなど） (4) 高校生のユネスコ活動を育成するため、藤山愛一郎賞の募集と授賞 (5) 映画の推せん (6) 国際会議、国際的会合への民間人派遣の推せんおよび斡旋

（三五頁ページ三段めへ）

常生活に関するもの、特に病気をなおすためのものが多い　④　天然現象に関するものは比較的少い　⑤　一つのことがらに関して類似のものが多い、など

△ **教育実験海外へ紹介**

日本ユネスコ国内委員会では昭和二十九年度からユネスコ本部の事業計画に基いて実施している「国際理解と国際協力のための教育」協同学校活動の成果をまとめて、ユネスコ本部に報告するとともに各国の実験学校や国内委員会その他関係方面に紹介することになつた。

これは昭和三十一年三月に作成された第一回報告に続くもので、今回は昭和三十年度から、三十三年度までの実験活動を含んでいる。

○ 仙台ユネスコ協会（ユネスコ会館）
各種講座、講習会等の国際理解のための教養プログラムを実施

○ 足利ユネスコ協会、織物の都市にふさわしい市政講座

○ 目黒ユネスコ協会、ユネスコ子ども学校、ユネスコ科学少年団の経営、同地区内の芸術家の作品展開催

○ 浜松ユネスコ協議会（大阪を中心に）
留学生に関する活動と海外文通の斡旋
（京都）－子ども昆虫教育
（赤穂）「ユネスコ平和祭」

○ 松山ユネスコ協会……松山ユネスコ婦人協会の組織
ユネスコ子ども学校の経営、およびへき地の法律相談
無医村診療等の活動

○ 福岡ユネスコ協会……ユネスコ文化講座の開催

ユネスコ一行知識

○ユネスコとは　(Unesco)
国際連合教育科学文化機関　(United Nations Educational, Seientific and Cultural Organization) の略称

○ユネスコの誕生は
1946年11月4日20カ国の憲章への署名で正式に誕生

○現在加盟国は
1957年末現在79カ国わが国はその59番目の加盟国である。

○日本の関係施設は
文部省内に日本ユネスコ国内委員会としておかれユネスコ執行委員の委員が出ており，常駐代表はパリに派遣されている。

随筆

寄宿舎の古つるべ

(二) 教護聯盟のお巡りさん

比嘉俊成

Tは提灯係の外に又訓育の部員でもあつたので、月に二回位あて市内の定められた場所のお巡りさんを勤めなければならなかつた。Tの字は、必ずしも提灯の字音の頭文字を取つたわけでもないが、T自身は皮肉にもそう思つていたらしかつた。

或日の晩もこの勤めに当り、野崎という若ハゲでもないがツルツルの小父さんと組まれて、旧那覇市内を巡る番になつていた。二人は時間をきめて青山書店で落合い、郵便局前から松田橋に出て右に折れ、東町から通堂波止場の半分の所からまた右折りして中の橋を渡り、いろは屋（日本料亭）の近辺に来た頃、「そろそろ歩き廻つてばつかしでは腰が痛うなつてかなわんがなTさん」と野崎小父さんが云つた、Tは先輩につき合うよい機会なのと先輩を労う心から早気廻しに「それよりかここ（いろは）上つてしばらく休みましようや」と本気に伺つた、野崎小父さんは関西の産で、Tも東京帰り間もない頃だし、それに両方ともバツカスにはそう嫌われていなかつた。所がさすが？分別盛りのハゲの小父さんだけあつて、気の早いTを遮る態、「それはTさんここ上つたんだあお互い半月苦しみまつせ、上つたらケチケチしとうもないし」と半ばたしなめるよう、半ば圧えるように、しかし物柔かい人柄だけに口調はやさしかつた。そうこう云う内に右に曲つて細い路じに入り長野市会議長宅を過ぎてすぐ平和館の前に来た。

さあ少し腰どん掛けるとすると入口に迫ると、早くも顔見知りの札取子は、又かといやな横目で流し見た。Tもやや落着いた気で吐息をもらし乍ら「少し休みますか」、「でも息苦しいでつせ」と二人話を交し乍らゆるい歩を運んでいる所へ、校長夫妻が「ああつまらん…」と云つた顔で出口に現れて四つの顔の鉢合わせ…「ややー」「おーれーよーくー」「えー又お巡り番でして…」「おつと今晩はここ校長先生の番ですね？」「ええ二人の割当てだつたが…ご苦労だねえ…T君はあつちの方を廻つたがよくない？」と校長がアゴ動かした先はおでんかん酒の「京

---

(7) 国際青少年会議への青少年派遣の推せんと斡旋 (8) 技術援助留学生の派遣および斡旋 (9) 文化交流関係の資料の蒐集および斡旋 (10) 出版事業 (11) その他

◎ **地域的事業**

(1) 講師の派遣および斡旋 (2) ユネスコ協会連盟のバツヂ、旗の作製と普及 (3) ユネスコ教育を早期の児童期からはじめることを目的とした、各地ユネスコ学校の設立、その他の教材、資材の準備 (4) 高等学校、ユネスコクラブの育成 (5) ユネスコ青年クラブの育成 (6) ユネスコ科学少年団の育成 (7) 勤労青少年教育の設立援助 (8) 映画フィルム、レコード、スライド、紙芝居等の貸出しおよび斡旋 (9) 海外事情についてのリファレンス、サービス (10) その他

◎ **計画中の諸事業**

(1) 会話教育、語学研究所の設立 (2) ユネスコに関する情報センターの設置 (3) ユネスコ会館の建設 (4) 定期研究会講座の開設 (5) ラジオ放送時間の設定

◎ **ユネスコ国内委員会は**

ユネスコに加盟したために、立法された（ユネスコ活動に関する法律）にもとずいて設立された政府機関（一九五二年八月一日発足）昭和二十七年

● 組織と任命

この委員は各界から選ばれた六〇名の委員によつて構成（地域的なユネスコ活動の領域を代表するものとして、ユネスコ協会連盟から十二名の委員を委員会に出している）

● 委員会は

運営小委員会、選考小委員会の外に専門的事項を扱うために、教育活動、科学活動、文化活動、人物交流、社会活動の小委員会がある

● 事務局に

事務総長、企画、連絡、調査、普及の四課

● 同委員会は

わが国のユネスコ活動に対する助言、企画、連絡および調査という任務と、ユネスコの行う会議や、国際的事業に対して、国内の教育、科学、文化のそれぞれの機関、団体が協力する体制をつくる任務をもつ。

屋」かだつた。Tは畏つて「ええその方は後でも……まだ時間中ですから……」と真面目になつた。
「わるい所でお会したねTさん、校長さんがおごつて下さるんだつたに…」と野崎先輩は勤めにかこつけて早く逃れようとする気味、校長は「そうか、今夜もういいさ」と奥さんを顧みて「そうか、もう何時？」と人情校長のヒラメキをチラと出した「そんな堅くなりなさらんで、皆でどこかソバでも頂きましようよ……そこん池田屋（日本ソバ）さんでも……」と奥さんは愛想を振りまいた。すると野崎さんはいち早く断る口調で「奥さん！Tさんがソバ屋でははききませんでね……ですから溜めといて又こんど……一味亭（日本料理）でもお願いしましよう」「あらつ！池田屋さんだつてこれ（左の手）あるんでしようTさんのお好きなこれーができませんでして……あつはは」とTが粋な気取りで辞退した。

それから二三話は押しつ返えしつ交わされたがとにかく別れて二人は館に入つた、すぐドツカと端に腰を据えた、暫く画面に向くともなくポカンとしていたがやがて勤め意識に見廻る恰好して場内を歩いたすると可哀想に便所のカゲに四年のOに似たのが鳥打を深くかぶつて忍び姿に立つてるのを発見……いち早く逃そうと、カン高く咳払いをして、聞けとばかり「先生……今日は来ていませんね……」とつぶやいて顔を反対に向けた、それからものの二三分たつて振返つて見ると早やOらしい鳥打帽の姿は消えてしまつていた。

もう九時近いのでそろそろ帰りの方向へと考え乍ら次の旭館へ入つた。見る気はない、ただお勤めと一廻りすると今度はマントを二人で着て暗闇にすくんでいるのが映じた、注意していると時々代る々々頭を出して囲りを偵察しているらしいが早くも二人に気がついた様子、よくそれとなく見ていると三年のKとTらしい、「よーしおどしてやれ」とTは小父さんを誘つてその前を通過してから二三人おいて「先生！来るやつはねえ、便所の所に…ね、可哀想に！」といい放つておいて、そのまま二人は館を出た、するとマントの姿が十米位先を駆けて行くのが見えた。

石門から上之倉の坂を上り、足を引ずり乍ら西武門に来た小父さんはいち早く「もうおそいで帰るとしましようね」、と云いなり首里行バスへ走つた。Tは「私…どうせ久米から歩かねばならんし、車（人力車）で参りましよう」と小父さんを見送つたがそのまま帰るんは物足りなく自然と鳥居をくぐつて社に向つて歩いていた。

Tはよくその「那籠」というおでん屋に行きつけていた、マダムが詩歌や文学の話が出きるからであつたろうが当時としては珍らしい一高女出のインテリーマダムだつた、結構それも又一つの看板であつたか知ら、今夜もそこにキメたともなく磁石に吸われる金属のようにいつか暖簾を潜つていた。

所が顔をつつ込んだかと思つたら直ぐ引返えして、そのまま社に向つて歩いたどうしたのか知ら？内も外も——内はもとより定連の彼が引返えしたんでは審かるに違いなく、外でも彼がただ出て行くからにはよほどのこと、いやな客でもいたのかと怪訝に思うに決つている、さて今夜は？いやそこで意外——ほんとに意外な発見をした、彼は自分の眼を信じきれず、否むしろ非常な近眼か鳥目であればよかつたと思つて自らを口惜しく思つた。それは日頃やさしい子と思つていたO村四年生のNが二三人と共に入つているではないか、Tは溜息をして驚いた、「なあんだ——この子が！」とつぶやき乍らおでんや側の右をそのまま五十米ばかり行つてからどこへどうしようと迷つたように思案にくれ乍ら横切つて左側を又そのまま考え乍ら引返えしていた。

すると又元の位置——「那籠」の前に来るとNが店の主人那籠君を伴れて迎えて立つていた。Nは「先生…」といつているらしい、主人は「ええ実は……」何かアヤマリか弁解かいつている、Tは咄嗟に「他人が——苟くも他人が中に入つては…」と考えたのでホロ酔いのとぼけた真似して「なな何ですか…私今、ただ今お参りの帰りで、始めて…何にも気がつきませんが…なな何ですか」と逆に問い返えして取合わなかつた。

するとNも主人もそのまま、つつくシマがなく、つつ立つてしまつた。しばらくNと主人の間に会話が交わされるらしかつたがTは聞かぬ知らぬ顔でトボケ通していた。Tはやがて、いやすかさず、「何かわからんが、私にかかわりないでしよう…左様ナラ！ごめん！」とそのままどこかへ行くのも忘れて車上（人力車）の人となつていた。

Tは学校でNに注意してやろうと考えてたが、そのまま卒業して後までそのままになつている。Tの授業はなかつたのか、サボツタのか、ついに顔を合わさなかつた。Tはいつもつぶやいた。「他人を挟むとニツチもサツチもゆかん事件を知る人ができるわけだから」と

（首里中学校長）

―銷夏随筆―

居眠りと民主教育

吉浜　甫

新学期とともにうららかな春がやってきた。

野山の新緑にそそのかされたかのように教育畑に働くわれわれ教師や生徒達の胸にも新しい希望の芽が吹出して、全身にいいようのない明るい緊張感を覚える。しかし南国の春は短い。間もなく暑苦しい夏がやってくる。夏といえば居眠りであり、われわれも生徒時代を想い起すと大いに身に覚えがある。

夏の午後、難しい授業、一本調子のだらだらつとひつきりなしの説明、教科書とにらみつこの長時間、これらの甘い睡眠薬の効果百パーセントであつた。意のままにならぬ重い眼瞼をこすつてみたり、無理やりに押し返すようにして見開いてみたりして睡魔と敢斗しつつ授業ならぬ講義を拝聴（？）した。その講義は時折お経にも、蛙や蟬のそれにも聞え、ついには快い子守唄とも変じていくのであつた。ところがこの快い子守唄の終止符は先生の怖いお目玉か拳骨であつた。そして「おい、昨夜は何時に寝たんだ。顔を洗つて来い。」クラスの注視の中で淋しいとも悲しいともつかない複雑な、恥しい気持で顔を赤らめて井戸端へ走つて行つた。それを嘲笑するかのようにクラスのざわめき声が後を見送つた。勿論、今更顔を洗う必要はないと思つた。というのは、先生から「あめ玉」ならぬ「おめ玉」を頂いただけで目を覚すには十分だつたし、クラスの前で恥しめられた時は、居睡りなど何処かへ吹飛んでしまつたからである。せつかく来たのだから、あたふたと顔を洗つたが、教室へ戻るには随分勇気のいることであつた。教室へ戻る時、先生の顔がどれほど怖かつたことか、級友達の視線も自分には敗者への無慈悲な矢でしかなかつた。

A教師は居眠りをしている生徒は立たせるようにしていたし、B教師はチヨークで眉と眉との間とか額を「おい」とつついて目を覚めさせた。C教師の授業の時は居眠りすると「読み」を当てられたり、何かの「質問」を当てられることが多かつた。だから生徒達は「居眠りすると当てられる」とおびえていた。その他、運動場を一周駈足を命ずる教師、訓戒（小言？）だけで済ませる教師等々いろいろであつた。

各人各様でその教師の人柄を映じたような手段をとつていた。しかしどつちの場合も共通なことは、居眠りを犯罪視して、クラス全員の注視の中で、何らかの方法で特別扱いし、強弱の差こそあれ、一様はその生徒を「痛い目」に合わしたことである。「営門につながる教育」という一大目標を与えられた当時の教壇であつてみれば、肯けないこともない。

幸か不幸か、戦争が終つて世は民主々義の時代と相成り、教育の畑にも「民主教育」の種が播かれたが、育てる農夫たるわれわれ教師の頭の中にも果して民主教育の鍬入れは十分できているだろうか。次代の礎を築くわれわれであり、他人様の子弟の教育を引受けて立つわれわれであつてみれば、このような反省は深く、しかも絶えずなされねばなるまい。

もし今日、われわれの教壇実践において、居眠りをする生徒を、かりそめにも営門教育の立場でとられたような方法、あるいはそれに類似するような手段で取扱つているとすれば、大きなミスを犯していることになるであろう。これから数カ月にわたつて、よく見うけられる「居眠り」、これに対しては均しく関心を寄せねばならないし、またその処置についても一考を要する。そこで敢えて私見を述べて、大方のご批判に供したい。

居眠りの原因と思われるものを挙げると

一、睡眠不足

(イ) 夜遊び、夜間労働、深夜学習（高校生などに多い）

(ロ) 先日の家庭行事（祝祭その他）

(ハ) 家庭的問題（病人、父兄の飲酒や不和その他）

(ニ) 心身の異状のため

二、当時の身体的、気候的条件

(イ) 家庭での過重労働による疲労

(ロ) 前時の体育、作業などによる疲労

(ハ) 空腹（朝食か昼食を食べてない）

(ニ) 満腹

(ホ) 換気の不十分（特に暑い日など）

(ヘ) 涼し過ぎて気持がよい場合

三、授業との関係による場合

(イ) 不勉強で授業がわからない

(ロ) 教師が難解な語句を使い過ぎてわからない

(ハ) 授業の分量、程度の過重負担

(ニ) 教師中心の説明主義的単調な授業で面白くない

四、その他

　以上を概観するまでもなく、わかりきつたことであり、しかも、ややもするとわれわれが気付かずにしまいがちなのは「居眠りがしたいなどと好きこのんで居眠りをしている生徒は一人だつていない」ということである。換言すれば、生徒自身、内的或は外的な何物かによつて不本意ながら居眠りさせられているのだということである。このことに気付かず、或は無頓着で、あたかもその生徒が好んで居眠りをしているかのような錯覚に陥つたり、或は少くとも「居眠りをすることは悪い」と無意識にきめてかかることがあるとすれば「木によつて魚を求むる」の類になり、生徒は悲惨な犠牲者にされてしまう。それこそ大変な問題である。「民主教育」はこの辺で泣き出すかも知れない。

　「生徒の居眠りという兆候」は教師に対して発せられた一つの問題である場合が大方である。「アー」、と口を開けてアクビをする生徒がいる。その開いた口は教師に何を訴えているだろうか。教師はそれを読み取ろうとする努力が、愛情が、少くとも必要ではあるまいか。「先生、始業の鐘が鳴つてから今まで、ずつと同じような単調なことをやつてはたまりません、もう少し生徒にも考えさせたり、いわせたりして変化をつけて下さい」と訴えているかも知れないし、「もうそれだけでも精一杯です、ここらで何か息抜きになるような作業に転換して下さい」と切望している場合や、その他、個々の生徒によりいろいろと異つた訴えや要望を表明していることもあり得る。ある生徒は居眠りで健康の異状を、またある生徒は家庭生活における何かを訴えていないとも限らない。「居眠りという氷山」の水面下の部分を知ろうと努めることは、民主教育の畑に鍬取るわれわれ教師の看過してはならない問題である。しかし、学科担任制である中高校において教師が幾つものクラスで授業をする場合、居眠りをしている生徒の一人々々についてそんな面倒を見ている暇はない、それで、教師は居眠りをしている生徒に訓戒を与えたり、その理由を追求することをせずに、ちよつと出席簿のどこかにしるしをしておいて、その授業が終つた時、級主任へ連絡をする程度にする。級主任は放課後その生徒を呼んで、居眠りの理由を調べてみる。しかしそれは決して「呼び出して……」と少しでも制裁を意味するものであつたり、生徒がそのように誤解を受けるようなやり方であつては失敗である。あくまでも生徒の問題を「相共に協力して解決して上げる」という教師の愛情を感じさせるものでなければならない。「そんなことをやつている暇などない」といつてしまえばそれまでである。しかし「暇がない」では済まされないのではないか。一人や二人の生徒の居眠りを訓戒するのに五、六十名の時間を数分も費やすよりは、その方が経済的かも知れない。

　居眠りであれ、その他の小さな事々であれ、多数の面前で、しかもその本人が訓戒や小言を受けるべきものか否かも十分考えずに簡単に決めつけて、かたずけるやり方は、もう過去のものである。天降り式の時代においては、政治家も教育者も人民の意見をいちいち聞くわずらわしさも、時間もいらず、物事は簡単にやれた、しかし人民こそ可哀そうなものであつた。が今日では世論だ何だと全くうるさい。上に立つ者にとつては非常にやりにくい。それを称して民主々義とはいうらしい。

　居眠りをしている生徒を叱りつけたり、立たせたりして罪なき生徒を多数の面前で特別扱いすることも、やる方からすれば、一番簡単なことである。ところが時代は違う、教師のやりよいようにする陰には殆ど常に大きな犠牲が代償として生徒達によつて払わされていることを絶えずわれわれは反省せねばならない。

（学校教育課指導主事）

霧島、宮崎の旅に思う

真栄田義見

霧島温泉に着いたのは十一月四日の四時少し廻つた頃であつた。

　標高八〇〇米の十一月の霧島は空気は冷たく、全山がほとんど針葉樹の青葉におうわれているが、その青葉も秋のつかれを見せて黒く沈んでいた。

　青葉の中に、あちこちに点在する紅葉だけが、周囲にとけ切れない派手な色がかえつて、孤独の異端者という感じである。

　高原の空気はすみ切つて、空の青さが、玻璃玉のように美しい。

　西の方に眼をやると、国分平野がはるかにひらけて、野路の果ては霧の中に消えて、あれが桜島ですよ、指さされた所には霧の中に、かすかにそれらしいものが見える。

霧島の旅館はその大きさにびつくりする。学校のような大きな建物の部屋は三四十もあるか、各部屋ともトイレ、洗面所がついている。大部屋は団体客用で何百人でもお引受けできますという。

玄関には三人程の女中が、辞を低うして迎えてくれた。商売柄のご愛想とは思うてもやはりいい気持になつた。

宿泊二食付五〇〇円、八〇〇円、一二〇〇円、一五〇〇円、一八〇〇円のリストを出されてどちらにしますかという。ちよつと出鼻を挫かれた恰好だつたが、泊つてから幾らかなと気にすることもなしに、部屋に坐ると、やつぱり、ドライでいいことだと思うた。

夜の霧島は全く静かである。小川のせせらぎだけが唯一つの物音であるが、その音も山の深い静かさを一層静かなものにしてくれるのである。

頭の中で様々なことを考えるが、それが音を立てて山の静寂を破るような気がするし、本を手にしたが、やつぱり静かさにそぐわないというか、無心に山の静かさの中に、とけ入つてじつと坐つているだけであつた。

翌日霧島温泉を立つたのが十時であつた。東が山におうわれているので、十時だというのに、やつと朝の日かげがさしかけていた。

国分平野から、はるかの桜島あたりまで、すでに朝日を受けて、霧にぼかされながらも明るくかすんでいる。

道は上りになる。両側には深い林が立ち並んでいる。もみとかしがこの辺の林には多いとのことである。すくすくと天に届く針葉樹特有の林がつづいている。

初めて温泉が見つかつた所ですという山峡のせまい谷間の板ぶきの仮小屋のような建物は今は自炊しながらの湯治客相手に利用されているという。

車が上るほどに山はいよいよ深く、高山の冷気が十一月の空気の中に身にしみてくる。

この辺から、霧島特有の赤松の林が続きますという所からは、何町歩かにわたつて幹がいくらか赤味がかつた松林である。

枝ぶりが松らしいひねり方はしているが、沖縄の松には見られない、杉のように高く天をついている。

車の左の窓からは韓国岳、新燃岳、中岳が秋の空高く天を圧している。

春ともなれば、これ等の山々には、毛布のような美しい緑の草と、一面に花の咲いた霧島つつじに包まれるという。

霧島つつじは、一本の木が一坪位の大きさに密にひろがつて、美しい花の食卓となつて、ハイカー達がその上に昼のべんとうをひろげるという。がしかし、今は秋の非情がひしひしとせまつて、はげ山の荒涼たる様であつた。

赤松林が尽きた所から、背の低い栄養不良みたいなはい松の林になる。風と寒さで、こんなに低いとのことであつたが、この火山から吹き出した石の上のやせた土壌では、太ろうにもどうにもならない栄養不良でしようというとつれのものは黙つてうなずいていた

山はいよいよ高く、冷たく、気持がシユンとなつて頭の中にも地上とは違つた思想が湧いてくるようである。

昔支那の絵かきが、絵の修行に絵筆を捨てて深山幽谷に入つたというが、ここに四五カ月も暮したら、俗気が洗脳されて、筆にも思想にも、大悟した新しい境地が生れてくることは必定であると思つたことであつた。

新燃岳が左手に手に取るように見える所までくると、木一本もないからつと開けた所となる。ここは六百年前の霧島神宮の宮跡である。

霧島の爆発で、全滅した古い宮跡をその土台石を探し出して掘り出したというが、六〇〇年前を思い出してちよつと感慨にふけつて石垣のかこいをながめたのである。

霧島の古宮跡にたたずめば
昔の人の心しのばゆ

宮跡の後から、はるかの山の中腹にかけては、やせていとも低いはい松林がつづいているよく見るとどの木も好事家に喜ばれそうな見事な枝ぶりで庭に移したらと思う程である。

下の方に降りて、広場が尽きて、はい松の林の起点となつている所に県営のバンガローの集団がある。男女青年七八名がリユツクを背負うて、つかれも見せずに登つていつた。

吾々の車は一路降りのコースを帰つていつたのである。

※　※

翌日は宮崎大学の主催で九州地区大学琉球学生協議会が、宮崎大学の体育館で開かれた。

琉球学生は九州地区で百三、四十人もいるが集つたのは六十一名であつた。

宮崎大学側は学長、各学部代表、学生部長、学生課長、補導課長、補導課の係職員が出席されて、各大学側からも補導関係の教授職員が出席されていた。

宮崎側の司会で開会されて、甲斐宮崎大学長のあいさつ、文部省浦谷国際文化課長のあいさつがあり懇談に移つた。

学資の送金、給費について、寮の運営について、補導について、インターン終了医学生の研修について等々の問

題が学生から取り上げられ、文部省、育英会、大学当局からも十分の説明がなされたのである。

各大学の補導関係の職員から、各大学の琉球学生の学業や生活等についての報告があつた。

鹿児島大学の補導課長はこんなことを話された。

鹿児島大学で日本育英会から経費を受けているのは数から言つても多くはないが、その金額も大多数は二千Ｂ円で、少数のものが三千Ｂ円である。琉球学生が、学費、生活費の全額支給を受けているのが学生側に分つたら、心理的にどんな反応があるかと思うて、以前には掲示して呼び出したが今は個人的に渡している。

琉球学生なるが故に、単位が不足しているのに、他科への転科も許した例がある。

医学部は四十名の採用に毎年十六倍乃至十八倍の応募があつて、現役からの合格は極く僅かで、一浪、二浪、三浪、中には五浪、六浪という老人組もいるのに沖縄側は沖縄の選抜だけで、現役の若造がポツンと入つてくる。それで入つて当座は苦労するようだが、二年、三年と立つ間に、何とか間に合うようになると話されていた。

鹿児島大学側の内割つた話であつたが、これは何処の大学でも、大同小異の特別の扱があるようである。

その晩は宮崎会館で、晩餐会を兼ねての出席者全員の大懇談会があつた。

テーブル、スピーチ、かくし芸で初冬の宵を千金の値打で、ありがたく過したのである。

翌日は観光バスで名勝めぐり、子ども園、青島には、サボテン、蘇鉄、バナナ、檳榔等の熱帯植物が沖縄のよりか繁つて、大きいのである。

サボテンと蘇鉄の間をくぐりながら、私が、文部省の浦谷課長に「沖縄の学生というものはありがたいですね、僅か六十何名の学生のために、こんな会合を開いて貰うばかりでなく、学長以下多数の教授がご出席して頂くなんて、私はありがたくて涙がこぼれましたと」話しかけたのである。

浦谷課長は「君、それはありがたいこともあるだろうが、それよりも沖縄学生が差別待遇されているわけだよ、どこの県の学生がこんなに手を取り、腰を推されるような異常な親切を受けているか。無関心におつぽり出されて自分の力で営々として歩き勉強しているのだよ、沖縄の学生も早くこの差別待遇から抜け出さんといかんね」としんみりと話された。

私は、何気なく話されるその言葉が、何か針で刺されるような心の痛みを覚えたのである。

沖縄はみぞうの戦禍で、まことにいたましい被害であつたので到底この被害と疲弊からひとり立ちなんてできるはずがなかつた。がしかし、経済、社会、教育の各方面に差し伸べられた救いの手はどんなに力強いものであつたか、そして沖縄人自身ある時は泣き言を並べたり、ある時は開き直つて、そんな沖縄にだれがしたんだと啖呵を切つたりして、あの手この手ですがることのできるものは、何にでもすがつて、十四年間が過ぎたのである。

こうしてこの十四年間の沖縄の政治経済、社会教育の発展は目ざましいものがあつた。

私はその発展に眼を奪われながらも、なおかつこの発展を組み立てる原動力である沖縄人の心を考えるのである。

浦谷課長が「君、これは特別待遇だよ、早くこの差別待遇から抜けないといかんね」と言われた事実と同じような特別なお手当を頂いてやつと今日の繁栄がきずかれているということに思い当ると心が暗くなる。

そしてそのお手当の大部分が基地から入つてくるものであり、その一部分が太平洋戦争終えんの犠牲に対する謂わば香奠料みたいにして入つてくるものである。と考えていよいよ暗くなる。

基地というつつかい棒や香奠料みたいなつつかい棒が無くなつて、果たして現在の繁栄が維持できるか。

島という小さいスケールの持つみじめな経済を知つているものに取つて、何か知ら現在の繁栄は架空なはかないものであり、基地のなくなつた内灘のみじめさも思い合わされる。

この二つのつつかい棒が無くなつても、自立できるようになる時があるのか、それは一部の人のゼスチユアや大言壮語で無くて、しみじみ考えねばならないだろう。私は宮崎の会合におけるありがたさとそれからくるいろいろな事を考えさせられたのである。

（琉球育英会副会長）

次号予告　57号（7月）

アート　自作体育施設（写真）
南風原小校を訪ねて
私の研究

教育研修特集
本地区教育研修の動向（宮古・八重山）
校内の自主的研修を高めるために
本校における教育研修
高等学校における教育研修
教育研修に望む
私の当面している課題

随筆・歴史・研究教員だより

本土での雑感

配属校 神奈川県高座郡海老名町立 海老名中学校
長嶺 栄一

去る三月二十四日おりからの陽光を浴びて泊港を出航、鹿児島経由で東京に向いました。九州あたりは、菜の花が黄色に咲き乱れ列をなした麦が整然としてのびかけていました。実に畑の手入れがゆきとどいていて、列車の窓を流れる景色を眺めても気持ちが良い。気候的に沖縄と余り変りないほどあたたかいと感じました。所々にソテツやビロウなど亜熱帯植物が目につきます。

東京入りして観念的な東京とは少しちがつた印象を受けました。プラットホームに降り立つた時人の波そして車の多いのには目を見張つた程です。なる程日本の中心地の都だなと実感が湧く、ちよつと不自然に感じたのは車の左側通行です。無意識のうちにバスを右側に待ち合わせて反対方向へのバスを見送つたりしました。

そうこうする中に、どうやら私は配置校神奈川県の海老名中学校へたどり着いたわけです。学校は小田急沿線にあり、遠く西に大山を初め山々の嶺が連なつています空は沖縄程きれいに澄んでいない。それでも晴れた日は大山の彼方から真白い富士の頂きがのぞまれ、景色が良く静かで環境のよい学校です。

生徒数七百余人で礼儀が良く言葉使いもハキハキしてよい。校舎は木造二階建て、清掃防火の面には特に細心の注意を払つて指導されているようです。校舎内には落書きらしいものが見当たらず清掃もゆきとどいております。なんとなく学校全体が清潔な感じを受けます。

施設設備などもほとんど整っていて、生徒は素直に伸び伸びと生活しています。発表力の点では素晴しいですね、教師の話を聞きながらあるいはたずねながら一体となつて授業が進められていく、社会科、図工科、音楽教室があり、七、八段の本棚にぎつしりつまつた図書館にはテレビがすえてあります。

理科教室は化学教室、物理室の二教室ありその上設備が整つていることは羨しいことです。県内にはこのような学校が数多くありどのように日々の学習活動が展開されていくか、具体的内容面の指導法について研究し、自分に持ち合わせない新しい知識、技能が少しでも多く身につくよう努力する所存です。

殊に生徒会活動、クラブ活動は活発とのこと、特活では県教委の指定を受けて研究し相当な成果をあげているようです。やはり学校には貧困児や家庭環境に恵まれない子どもたちもおります。そういう子どもたちは児童養護施設の一つである社会福祉法人の経営する「中心学園」に集めて生活をさせています。現在小中学生しめて八十五名が伸び伸びと親代わりの八名の職員と規則正しく生活し社会の悪から守られながらすくすくと育ちつつあります。卒業生は希望を抱いて望ましい就職の道をたどるわけです。

そこには戦災児、引揚児、養育不能児、つまり両親はあつても放任のまま長欠、靴磨きなどから悪の道に染まりやすい子どもたちを未然に防ぎ保護しようというりつぱな施設です。このような施設を沖縄にも、もつと積極的に設けるならば現在まで叫び続けられてきた青少年不良化防止や、余り効果のあがらないポスターや標語なども要らなくなると思います。

将来社会に巣立つ青少年がひとりでも多く悪の道から守られ良い社会人がより多く増えることは、それだけ世の中が明かるくなることになると思います。

子どもの生活指導の実際として、この学園の中でこれから、ここの職員がどう指導しまともな道を歩ませていくか、少からず関心をよせているものです。H・R担任としてしばしば特殊児童を指導しなければならない運命に立たされる場合もあるし今後に役立つ何物かが得られることと思います。本土ではいろいろな問題があらゆる面から根本対策が立てられ自主的に行われているようです。とにかく教育的面から考えてみても本土との接触をより密にすべきでしょう。

赴任二週間そこそこで見たままの感じを述べましたが、とりとめもなく失礼いたしました。

一九五九年四月

配属校の概観

配属校 埼玉県熊谷市立熊谷東小学校
勤務先 那覇市垣花小中学校
三島 勤

熊谷市は、武蔵野の北部に位し、秩父の連峰を遥に西に眺め、荒川の清流は近くその南を走つている。熊谷次郎直実を出し、埼玉県北部第一の商業及び文化都市として、市の中央に仲仙道が走り、東京より六十一粁。交通機関は四通八達し、熊谷堤の桜が有名であり、去つた桜祭りは、花見の人で一ぱいになつたほどでした。

本校はその東部に位し、市内小中校二十六校中第一の大きな学校で、在籍二〇〇〇余名、職員四十六名、事務職員三名、図書館専属職員一名、栄養婦八名、使丁二名を有し、創立明治六年で八十七年の、伝統を誇る学校です。

理科教育は、県北第一といわれ（校長新井久三氏理科）又学校給食は栄養婦八名が約四十五坪の調理場で働き、一年生の分は六年生が、二年生は教師と共に、三年生以上は児童の手で教室に運ばれ、給食が実施されています。学校給食について、文部大臣より表彰を受けたことがあります。

学校図書館経営も県北第一といわれ、坪数一三一坪の平屋建独立図書館をもつています。

司書室、閲覧室（常時三学級の児童が、週二時間、社会国語の授業に使用し、始業前、放課後は自由閲覧として、二〇〇余名を収容できる広さ。）職員室、ＰＴＡの研究室、幻灯室を有し、又必要に応じて映画教室、学芸会及び大集会場にも転用できるようになつております。

教師用図書一六〇〇冊、児童図書七五〇〇冊を保有し、図書館専属職員が一名おり、理科教室、理科準備室、工作室、音楽教室、教材用実物骨組自動車、教師用自動車（教師運転練習用）映写機等があり、うらやましいかぎりです。

（学校経営組織図表省略）

赴任校の紹介

配属校　東京都中野区立第四中学校　砂川淳一

四月四日といえば東京では桜の満開の時です。その満開の桜の花、りつぱな校舎広い運動場に歓迎されて、初めて全校生徒に接し赴任のあいさつをする。沖縄も内地の一部であるが今度の戦争で切り離されており一日も早く本土に復帰する日を待つているとあいさつすれば緊張の度を深くする。

中野区は東京で有名な教育区であり、中でも本校は区内十一の中学校でも自他共に許す名門の学校とされています。家庭環境は住宅地帯でほとんどの父兄がサラリーマンで、生活もわりと落着き教育も熱心なところである。

職員数は校長、校務主任の外三五名で時間講師四名、事務員二名、用務員二名、警備員三名、学級数は二四、在籍一二〇〇名です。

本年度の重点目標は、ホームルームを基盤とした基礎学力の充実　(1)学習指導　(2)生活指導　(3)進路指導に力を入れています。

職員の研究としては教務主任の葛巻政男先生が教育技術中学教育の昭和三十二年四月号から昭和三十三年三月号まで、「ホームルームを生かす指導技術」十二講を執筆され、昭和三十二年三月号には「ホームルーム指導の隘路をひらくために」の講師として静岡県清水市第二中学校（研究教員として上山中校武島辰男先生が配属された学校）へ出席され、その記録が紹介されています。昭和三十三年三月発行（東京都教育委員会）の「道徳教育」の編集委員であり、道徳教育の「わたくしたちの生き方」一、二、三年用執筆も一名を除き五名は本校よりでている。

生徒会活動、クラブ活動も活発で特にスポーツは有名です。運動場と校舎とは川を境にして運動場は都内でも珍しい程広いとされています。

りつぱな体育館があり、入学式始業式、父兄会すべて体育館でやつています姿は沖縄の小、中校では想像できない風景です。放送設備、図工室、職家室、音楽室、理科室、図書室等々あらゆる設備は充実して沖縄の生徒がかわいそうでなりません。先生方の身分は保障されるし、そういう環境からきた教育熱は自然的なものです、生徒は特別なスポーツクラブを除いては五時で下校させ、先生方も五時になると家庭執務の名目で退出となつています。

生徒は礼儀正しく、職員室、教室の出入、廊下で先生とすれ違つた時の会釈等はりつぱなものです。運動場と離れているため午後授業開始五分前に予令のベルを鳴らしていますが今まで夢中に遊んでいた生徒もすぐ中止して手を洗い入室している規則正しさ、道を歩く時でも競歩のつもりで歩き、私などは女生徒にも追い越される状態です。これも電車に乗る時でもぐずぐずしていると乗り遅れるし、道をゆつくり歩くと押しつぶされるし、横断でも急がねばならないので老若男女を問わず忙しく、時間で動いているのでそういう生活からきているだろうと思うが実に気持のよいものです。特に沖縄から来てだれも直感することのようなりつぱな学校で生活することを幸福に思い一日も早く学校、地域社会に馴れて、職員と協力し、生徒と一しよに楽しく学習しようと心がけております。以上簡単に学校を紹介して後日内容を具体的におしらせいたします。

末筆、研究課題について書き添えます。

研究課題

ホームルームの計画と運営を沖縄で研究し、実践記録の研究レポートも提出してきましたが、自分の計画はどうであつたか。また運営面でも隘路があり、その面も実際に見たり、聞いたりして参考にし、今後の実践に役立てたいと思います。

四月　学校、地域社会の実態を知る

五月　ホームルームの時間配当とその

指導計画について

六月　道徳教育の計画と実際
　道徳教育特設によつてホームルームの内容がどのように変つてきたか

七月　特殊生徒（精薄、非行等）をホームルームでどのように指導し、学校の生活指導係でどのような対策をしているか（二中、七中八）ガイダンスとカウンセリング面について

八月　校外指導はどうやつているか

九月　社会科、保健体育科の教科指導について（暇の時はいつでも）

十月　学校内外の行事について

十一月　クラブ活動について

十二月　生徒会の組織運営について

一月　進学ならびに職業指導（進路）について

二、三月　研究課題の総整理

研究課題についての月計画

上旬　本校の指導内容の研究

中旬　区、都、隣県の研究校へ訪問教育委員会（区、都）文部省の指導

下旬　その月の研究物整理

—信濃教育から—

行動の再現をとおして

長野市城山小学校　大城雅俊

生活指導のために（道徳指導といつてもよい）とられる演劇的方法の一つとして、〃行動の再現〃の試みは、すでに先輩たちによつて実践や理論化が進められている。この〃行動の再現〃については、私は子どもたちの話し合いをより客観的にするために部分的な実証の意味で試みた程度で十分にその教育的意味を理解することができなかつた。それで私が始めて本土の子ども達を通して〃行動の再現〃をやらせてみて、実感として得た私なりの実践をまとめてみたい。

（子ども達は三年生、四月十四日（土）の朝の時間）

朝の話し合いの時間は、仲幸君と和広君が、きのうの帰りがけにかさがなかつたので文雄君に「入れてくれ。」と言つたところ、入れてくれなかつた、というところから始められた。この話が出て、皆の話が文雄君に注がれると、文雄は思いがけないことが出たという表情で、ちよつとまごついたが、すぐニヤニヤしながら手わるさを始めた。私はさつそくそのわけをききにかかつた。「文雄君はどうして入れてやらなかつたんだ」「ぼくのかさは小さいもんで。」「そう、ぬれるのでいやだつたんだね」「そいだつて、文雄君なんかカツパも着とつたじやないか。」と和広君が口を出した。「文夫君はカツパも着とつたの」「うん」「じや、いれてやつてもぬれなんだわけだね」そのうちに話の焦点は文雄からそれて、仲幸「そいからなあ、先生。勉君もいれてくれんのな。」和広「そうな。勉君も意地悪だに。」勉君は話が自分のことになると困つた顔をして、忙しくからだを動かし、後を見たり、私を見たりしはじめたが「つとむくんもかな。」と私にきかれると、「うん、おらあ入れてやりたくなかつたもんでな。」と言う。

〃入れてやりたくなかつた〃というのは文夫もまつたく同じことだ。「じや和広君や仲幸くんは、ぬれてもいいだな。」と、いつてしまつて、私は脅迫するみたいに道義を押しつけるような気がして、まずいと思つたが、勉も文雄も黙つているので、「勉君は、仲幸君たちみたいにかさがなかつたら悲しくないかな。」と続けた。「おら、かさなんかいらんもの」「そう、じやかさのない時に人に〃入れて〃つて言つたことないの」「おらないよ。ぬれたつて平気だもんで、とんでちやうよ。」

まつたく手のほどこしようがない。子どもの中には「入れてくれ」と頼んだりする前に、がむしやらにかさなしで走つてしまうことは往々あることだ（おそらく「入れてつて」という社会性もないのだろうし、少々ぬれることなどかまつていない日常の生活がそうさせるのだろうが）。〃だからかさがなくたつて、大したことないよ〃というのでは、自分の身にひきくらべて考えさせるわけにはいかない。そこで文雄の方に「文雄くんは、かさがない時入れてもらつたことはないの」ときいた。

「おらあんまりないよ。」自信なさそうに言う。「うそいえ！こないだおれがいれてやつたじやないか」「おおあれ一度だけだな。」「一度でも文雄君は入れてもらつたんだね。文雄君も勉君みたいにかさのない時、入れてもらわんでも平気かな。」文雄は黙つている。

私はここで困つてしまつた。相手の困つていることを自分の身にひきく

らべて反省させるわけにいかなとすれば〃人が困つている時は、親切にしなさい〃という高びしやな道義の押しつけしかしかたがないのかなと思う。

だが、〃かさがなくて和広と伸幸が困つていた〃ということが、勉には自分の身とひきくらべて本当にわからないのか、今は入れてやらなかつたいきがかり上、意地をはつているのか、そのへんのほんとうの気持は、なかなかつかめない。また和広と伸幸と別々に行つて「かさに入れてくれ」と頼んだのか、ふたり一しよなのか、〃勉のいれてくれなんだ〃というのも話のついでに以前あつたことがあばかれたのか、またその日のことなのか、入れてくれなかつたのにはその理由や、その場のなりゆきがあるのではないのか。そのへんがはつきりしないままでは、この問題を正しく解決することはできない、子どもたちに本当に考えさせるためには、正確なその場の再現がなんらかのかたちで必要である。

そこで私は、「どうもみんなの話はよくわからんから、ここえ出て来て、きのうの通りやつてみせてくれないか。」というと「それがいい。」と伸幸と和広がとび出して来た。私は「かさやなんかいるものかあれば持つといで」というと全員かばんをしよい文雄と勉はかさをさし、和広はかさをかかえて出て来た。「ちよつと待つて！和広君はどうしてかさをもつとるの。」「うん、おれのかさは破れてだめになつたもんで持つとつたんだ。」

下手より文雄カバンをしよい、かさをさしてでて来る。（この時伸幸が「きよしちやんもおるんだに。」

きよしは精薄児である。「そうきよしちやんもおつたんだね、じやきよしちやんも出てきて。」とうながすと喜んでかさを持つて出てくる。きよし、ぐにやぐにやしながら、でもうれしそうに出てくる、後から和広と伸幸走つて来て、きよしの両がわにとびこむ。ふたり「きよしちやんいれてな。」きよし黙つたままうなずき、しばらく歩く。前方を文雄が行く。和広「やい文雄君が行くわ。文雄君に入れてもらわないか。」伸幸「おお。」二人走り出し、文雄においつく、きよしはおいてきぼりをくらつたかたちで、そのままその場に立つている。

ふたり「文雄君いれてな。」文雄、黙つてにやにやしている。（文雄がにやにやしていることの中には、すでにその時のようには、やり得ない自己批判も含んでいるかもしれないけど、やはり自分の不都合をごまかして対処させている。ごまかしは許してはならない。行動を再現させる過程では、それは事対に対する誠実さを要求すれば解決される。そこで私は「文雄君は、そう云われた時、今のようにわらつていたの。」と追求するとしんみようになる。「文雄君はなあ、こんな顔をしとつたじやないか。」と和広は、下唇とあごを突き出してにらむまねをする。「じやその時のようにやつてごらん。」

（あらためてやりなおし）

文雄はぶつちようずらをして通りすぎる。下手より勉登場。二人は、もと来た方へ走つて勉の前に来る。ふたり「つとむくん入れてな。」勉、ひじを張つてあごを突き出し二人を突きわけるようにして足ばやに通り過ぎた。ふたりは後を追いかけ、戸口から廊下にとび出し二人「やーい文雄に勉ー。いかんわ、いかんわ。先生にいつてやるぞ。」

ここで全員座席に戻つた。「さあ、こんどはよくわかつたな。」文雄も、勉も含めて、みな満足そうにうなずいた。「先生。きよしちやん、入れてやつたでえらいな。」「そうだつたな。きよしちやは意地悪しなかつたな。」はじめ、きよしのかさに入れてもらつたのに、ふたりはなぜそこを出て文雄に「入れてくれ」といつたのか。

きよしが精薄児だからなのか、それとも文雄がカツパを着てかさをさしていたからなのか。今までの状態からすれば、きよしに対しては問題はないが、もしきよしが精薄児であり、不潔であるということが原因だとすれば、人を自分と同じかけがえのない人として尊重する今日の教育の中では大きな問題として残るけれども、文雄も勉も、人に見られながらもこの行動を再現する中で、ほんとうの時には意識しなかつたことを、自己批判したにちがいないし、見ている子ども達も、単に理くつや道義を押しつけられるのでなく、「きよしちやんは入れてやつたで、えらいな。」という感性的、身体的なものを通して理解したにちがいないと思い〃きようはこれでいい〃と思つた。

（追伸）

桜の花が咲きみだれている信濃教育も又楽し、安里先生、私の第一回目の経験をまとめてみました。小学校の三年生ともなれば実にスムースに自分の思つている通りやつてくれるので授業もまた楽しいです。

次は私の研究から少しかけはなれているかも知らないが道徳指導における実践上の諸問題について書くことにいたします。

× × ×

東京の印象一つ

配属校　東京都葛飾区立金町中学校
本成善康

東京都内の学校に配属され赴任をしたのが四月四日でした。出勤時のラッシユアワーでホームは混雑していた。電車がやつて来た連結されたいくつかの電車が僕の前を疾走するどれを見ても満員だ稍々すいた車に割り込もうと思つて躊躇している間に自動式にドアは閉まつた。呆然と見送る田舎者ののろさ、自分でもあきれてしまう。次からは満員の車内に無理に割込むことにした。それは私にとつて無理だと思つたが東京の出勤退勤時のラツシユアワーでは普通であることがわかりました。多ぜいの人々が電車にすしずめするわけで触れ合う体と体には異様な感覚さえ起きてくる。そして東京の人は色が白い本当に白いその白の中に僕一人が黒く落ちつきもなく窓越に駅名を確認するためにじろじろ外を見ているおまけに背が低いので外の覗は容易でない、東京の人はなぜそんなに白いのかと考えて見た。白いだけでなく肌もきれい。東京の空は曇つている、すきとうた快晴はめつたに見えない、煙突のや車の飛ばすごみ、塵垢が多いからだと考えて見た、そしてその塵垢が紫外線を吸収してしまう、それで白くなる、その理窟は当るでしようか？もし当ればわれわれの色も東京にいる間は白くなる。私は夜の酒場に螢光燈の下に行く機会が幾度がありました、きまつて「旦那は随分おめし上つておられるわねー」と先手を打たれる。同校の先生方（同行の）は顔を見合せて必ず僕を見る、素面で行つた筈の僕にそんなに黒いのだから、いや僕は沖縄では白い方だというと、彼氏や彼女たちは「ほら、いつだつたけーあの人沖縄といつていただろう、あの人本当に黒かつたねー等と、私は動物園の人気物白鳥の群に一羽のペンギン。うちの校長は僕をも早ニツクネームで呼びます。「沖縄」ーと、私はその校長の「沖縄」という声を限りなく歓び慕う。配属校の紹介一つ。

都の東北葛飾の緑にもゆる野の果てに世紀の文化索めんとわが学びやは拓かれぬ。これは校歌一番の歌詞であります。街は住宅街で教育環境は上々、保護者は会社員が半数を占め、旧制の中、大卒が約半数を占めています。施設を見せてもらつた。赴任初日N先生に案内されて、校舎は総二階で普通教室二〇、特別教室九、独立の図書館が主でその他付属の建物があります。

特別教室は理科実験室、同準備室、保健室、校長室、職員室、職業家庭科兼図工の技術室、同準備室、音楽室があります。校舎は木造のモルタル建で一見コンクリート建に見えます。沿革誌を覗いたら昭和二五年に火災を受け復旧したことがわかりました。モルタルは火災予防用の建築方法であるが台風の沖縄には余り採用できない建築方法ではないかと思いました。内容の設備がとても整つています。各教室に電気水道が引き込まれていて手洗い清掃の便がよいこと、便所は男女別に使用するようになつており、各便所に水道が引き込まれていて手洗い清掃保健保清の習慣が出来ています。特に女子の便所には自動式脱脂綿機が備えられ十円銅貨を差し入れて落せば一人でに脱脂綿が出てきます。保健教育設備が完備していて一日二回も清掃の時間を設けてあります。理科実験室には実験用の器具薬品が完備され、見本、標本、掛図類が整然と備え付けられています。顕微鏡で細胞の実験学習をしていましたが五人組一台を割当てて学習していました。理科の先生は朝から白い服を着ていて最初はお医者が四名もおられるが身体検査を始業式の日にするんだろうかと思つたのです。理科担任である事がわかりあの服装からして実験重点の学習をしていることがわかりました。教科書に出る教材内容は一つも漏らさず実験学習が出来るように完備されているとその先生は話していました。ところが実験に重点をおくと進度が遅れるのでそう思うようにもいかないんだと話していました。実験室の設計を工夫考察し改善してもつと能率を上げるようにして見たいと今後の対策を話してくれました。それから写真の暗室をもつていて記念アルバム等学校で作製しています。入学記念の写真焼増しでその先生は嬉しい悲鳴をあげていました。職家の設備、音楽の設備、体育の設備も同様完備しているし、先生方は週二十時間の担当時間をもちのびのびと着実に学習の効果を上げておられる点特別うらやましく思いました。登校と下校も門戸の開閉でけじめがつき、先生方は五時かつきり退勤です、空きの時間はノートやテストの点検処理採点で余念がなく、放課後はきまつて面接をしている先生も見受けます。運動場は狭くごみつぽい。体育館兼講堂の建築が着手されている。

私の研究計画

配属校　東京都武蔵野市立武蔵野第三中学校
勤務校　沖縄北中城村北中城中学校
下地清吉

中校理科実験観察の望ましい指導法

研究教員だより

㈠ 設定の理由

理科教育の目標達成のために、学習を合理的にまとめ問題を的確に把握解決する手段として実験観察学習のすぐれていることは今更述べる必要もないことである。然かし乍ら沖縄の多くの学校に在つては実験観察学習が充分行われて成果をあげている学校は少い現状であり、科学教育振興のためには現場教師、文教当局、地域社会が一体となつて多大の努力を払わなければならない立場に立つている。教育財政貧困から来る施設々備の極貧、教師の指導技術、地域社会の科学教育に対する関心、教科書上の問題、児童生徒の基礎能力……の問題から究明せねばならんと思いますが、特にその中で指導技術と、教科書上の問題をとり上げ凡百角度からこれを検討し、過去の経験を生かして沖縄の実情に即する、すつきりしかカリキユウムを設定し実験観察学習を強力に押し進めたい目的でこのテーマを設定したのであります。幸い研究期間も一年与えられその上研究の成果を期すのに適した学校に配属されています。研究を進めるための参考資料、文献、研究所、専門家、指導主事にも恵まれていますので、教壇実践を通して研究を積み重ね、今後の理科教育に役立てたいと思います。

㈡ 研究の内容

御承知のように、中校の教育課程は昭和三十七年度から全面的改訂されることになつたし来年度から移行措置が始まるわけだが、文部省の話では新指導要領の教科別指導書を八月頃発行するようであります。そしてその趣旨徹底の講習会が全国的に開催されることになり、既に指導主事の講習は始まつています。（日教組は反対しているが）尚科学教育振興のために昨年度から各区毎に科学教育センター校を設け、設備の充実と共に教師、生徒の共同研究をさせてその成果をあげています。更に昨年度から五カ年計画で、理科実験講座を開きテキストによつて、現場教師の実験観察指導技術の向上に寄与していますが今年も八月に約一週間開くことになつています。その他理科研修会、同好研究会、発表会等に参加して研究を深める方針であります。主な研究内容としては、

1 理科実験観察の最低必要量の選定（ミニマムエッセンシャルズの選定）
2 最低実験カリキユラムの設定とその具体的指導法（新指導要領の内容関連の上）
3 実験に要する資材（機械器具、薬品、その他）の具体的調査
4 実験観察学習を進めるための小中校関連の具体的な調査研究（系統性）
5 新指導要領の内容研究
6 昭和三十五、六年度移行期の指導方法研究

以上の研究は中校教科書、新しい科学（東書）を基準にするが飽くまで新指導要領との関連で研究を進める。

㈢ 研究計画

◎授業は週単位で一学級継続四時間担当し三学年にまたがるようにする。

前期（第一学期）

○文部省、都指導主事と研究方法の相談
○所属関係当局の訪問挨拶
○配属校の教育概要研究
○教育研究所東京教育大学、附属中、学芸大附属中、横浜国立大、化学教育研究所（津田栄）を訪問して指導を受ける。
○授業参観及び実施（随時）
○研究に資する参考図書、資料、文献の蒐集（随時）
○都内有名校を設備と活動に分けて参観
○科学センター校への継続参観
○研修会、発表会、講習会への積極的参加
○基礎的実験観察選定資料の研究
○指導要領内容の研究（八月ー九月）
○各種理科学習の標本蒐集

中期（第二学期）

○千葉、神奈川、埼玉への出張研究
○前期研究内容六項目の具体的研究（中校で取り扱われる実験全体について実験室で直接実験して記録する）
○研究授業実施に依り指導主事の実際指導を受ける
○施設設備、備品、消耗品についての調査研究

後期（第三学期）

○六項目の研究継続（特に移行措置について）
○長野、静岡への出張研究
○研究の整理印刷

その他、学校学級経営、学校行事、校務分掌、研究組織、特活（特に生徒会）道徳教育、進路指導、教育予算、PTAその他教育活動全般については随時研究することにしています。

以上の計画は概略であるので実際には更に、月別計画、週計画を詳細に樹て、期間を有効に利用することにしています。

以上

本土みたまま感じたまま

配属校 千葉県千葉市立緑町中学校
新城繁正

このたびはしなくも研究教員として、長い間の念願でありました本土研

研究教員だより

修の機会を得まして、この上ないよろこびを感じております。この願いが久しく、切なるものであつただけに、みるもの、聞くものすべてが異様に童心をかきたてるのです。三月二十四日、快く晴れわたつた小春びよりに盛大なお見送りをうけ、はずむ心はしばしわが身のおきどころすらしらない。やがて港内にひびきわたる汽笛とともに五色のテープの波がしだいにながく尾をひくころはさすがに惜別の情おさえがたく、しばらくはただぼうぜんと上下左右にうごくハンカチをみつめていた。そうしている間にも船は先をいそぐ、やがて人影もしだいに消え失せて、船はしだいにピツチングをましてきた。沖からながめる沖縄は実にすばらしい。入江の多い海岸線、変化にとんだ山々、そしてその色、外観はまさしく南国の楽園だ。はやくも船が伊江島を左に通りすぎるころからはすべてを船あしにまかせて船室にもぐりこみ出発第一夜をむかえた。翌二十五日は鹿児島で一泊、あけて二十六日、船旅の疲れもいやすいとまもなく長い汽車の旅へと向つた。汽車の旅をはじめて味うわたしには窓ガラスをとおしてつぎつぎに展開される本土自然の姿が旅のみちづれとなつて目を楽しませてくれる。各駅でまちかまえている駅弁やお茶などが広い本土を思わせるに十分だ。いよいよ汽車での夜をむかえた。いつぱいつまつたお客さんはみなそれぞれのポーズでしごく平然と眠つていく。中には通路に前もつて用意したらしい古新聞紙をしきならべてぽつんとすわりこみ、そのまま うとうととねいつてしまうのもいる。その情景がわたしには不思議にさえおもわれた。ところが、満員だからそのつぎにしようなどというのんきな考え方ではとおらないのだ。もちろん交通の問題もあるであろうが、わたしはそこに躍進する日本のすがたを見出したいのです。いわば時計の針のきざみと共に日本の社会が新しく生まれ変つていくのである。東京についたときにはいつそうその感を深くした。二十七日、東京について四日間は文部省、駐日代表事務所、文教図書東京連絡所、二葉書籍、東京書籍訪問、皇居拝観と毎日電車を利用しての生活だ。一分たがわず動いている電車、それを合理的に利用する東京の人、そこにこそ時間が最も大切にされ、完全にそれが生活に活用されているのです。またそのことが本土の著しい発展に結びついているのだと思うと、自分のわがままを自省し、そのことをわきまえなかつたおろかさをはじずにはいられない。思うにわれわれの生活は計画性を欠き、あまりにもその場主義におちいつているのではなかろうか。もちろんそれも一面大事なことであろうが、せめて一日の生活設計は常に用意されていなくては「はたらけどはたらけどわがくらし楽にならず」でそこには生活の向上ものぞめないし、沖縄の発展も遅々としてすすまず、めまぐるしく変りゆく世界の流れにとりのこされてしまう結果ともなりかねないのではなかろうか。ところでそこで考えおよばねばならないと思うことは、そのために人間が社会生活をいとなむ上に基本的要件と思われる思いやり、いたわり合うという心情が忘れられてはならないことです。沖縄を発つ前に一先輩から「乗り物などで席をゆずろうものならすぐみやぶられてしまうぞ」ということを聞かされたことがある。意外にもそれが現にしごく当然のことのようにごく平然と行われているのだ。ラツシユアワーの乗り降りなどとてもたまらない。そこにはいろいろな事情があるであろうが、かといつてそれが百パーセント肯定されては正常な人間関係は生まれてこないのではなかろうか。それをもつと身近なものにおきかえて考えますと、沖縄でも那覇あたりでは自分のとなりで生活して人すらわからないといつたことがよくあるものですが、それが社会不安の大きな原因をなしているのではないかとさえ思うほどです。もつとお互に接し合い、ゆずり合い、心の窓をひらいて、正直にうけこたえのできるようになれば、そこにおのずと理解が生まれ信頼感がわいてきて正しい人間関係がきずかれ、それが人間社会におこるすべての問題を解決するかぎになることと思うのです。全くとりとめのないことを申し述べましたが本土生活の日が浅い故、全く私見におわつてしまいましたこと相すまなく思つております。みなさんの御健闘を心からお祈りいたします。

四月二十七日

編集子より

※五四号の学力テスト報告にひき続いて〃現行法規集の五五号〃更に五六号を発行した。

※特集計画から大部それてしまつたが、それだけに予定の〃教育課程改訂に伴う移行措置〃の問題で関係主事は連日研究を続けており、問題はなかなかに困難である。

※教育大鈴木清教授の講演を本号に収録する予定であつたが、長文のため改めて広報する機会をもちたい。

※五七号教育研修・五八号青少年問題・五九号実験学校紹介を予定しております、貴重な資料や玉稿をおまちします。

みどり音頭

平良健・振付

振付解説

◎隊形…人員に応じて一列或は二列の円陣をつくり、二列の時は内円、外円の進行を逆にしたり、男子は適当に女子の間に入る。

◎服装…特に定めないが、盆踊りとして踊る場合には浴衣を着るとよい。

◎前奏…（二十四呼間）…手拍子をうつて調子をとる。

一、みんなで植えよ…

(イ)

左足を前に出し、左手側右手顔の前でかざす様にして…(イ)図左右にくりかえしながら前進。（二拍子一歩の割）

二、この丘に…

(ロ)

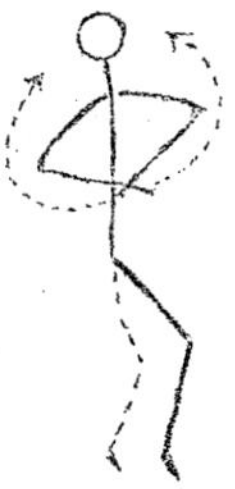

左足を約十糎側に出し、両手は体前交叉…(ロ)図から側に開きながら、顔の前稍々上方に手の平を前方に向けて挙げ、右足は左足の踵に近くトウ、タッチ……

(ハ)

(ハ)図右側に同じ動作をくりかえす。

三、みどりの森をつくるのだ…

(ニ)

左足より後退、両手は揃えて左後方へ流す様にして…(ニ)図左、右交互に…四歩さがる。

四、小川の岸へつづくのだ…

(ホ)

左足より前進、右足は左足を追う様にして左足踵の近くでトウ、タッチ、左袖を右手でしごく様にする…(ホ)図…四歩進む。

五、春は小鳥もとんでくる、ホラ…

(ヘ)

左足を斜前出して右足をひきつけて揃え、両手は体前交叉より側に開いて足を揃えると同時に拍手二回（チョンチョン）…

(ト)

(ヘ)図(ト)図…四回

六、苗木が芽をふいた、ホラ芽をふいた。

この丘に…(ロ)図、(ハ)図…と同じ動作を左方より三回

◎間奏…（八呼間）　拍手しながら右、左、右と三歩出てとまる。

◎以下二章、三章くりかえし行う。

◎注意

(イ) 男女とも同じ振付で踊る。

(ロ) 人員に応じて（特に運動会の場合）隊形、配列行進方向等変化に富む方がよい。

(ハ) 間奏の八呼間はゆつくり歩きながら手拍子で調子をとることになるが、なるべく間奏のメロディーをタラ、ラ、ラ、ラツラと唱いながら気分を盛り上げるとよい。

「新生活の歌」
懸賞募集一等当選歌曲

新生活の歌

友寄 景勝 作詞
伊志嶺 朝次 作曲

新生活の歌

作詞　友寄景勝
作曲　伊志嶺朝次

一、見栄の上衣を　さらりとすてりや
笑顔あふれる　わがくらし
新生活だ　希望の門出
ちかう心に　はげみたつ
そうだみんなできずこうよ
平和な家庭　あかるい街を

二、無駄や虚礼を　さらりとすてりや
いつも愉快な　となりぐみ
新生活だ　手をとりあつて
ゆけば住みよい　あすがくる
そうだみんなでつくろうよ
平和な家庭　あかるい村を

三、古いならわし　さらりとすてりや
のびる郷土に　春がくる
新生活だ　声たからかに
唱え文化の　花が咲く
そうだみんなでおこそうよ
平和な家庭　あかるい島を

四月のできごと

一日　ブース高等弁務官主催の奨学金付「高校論文テスト」に辺土名高校生知念亀勝君に決定、琉大奨学資金四年分贈らる。

琉球政府創立七周年記念日。

二日　学校始業式。

第三海兵師団第一連隊第一大隊九六四人（マリン隊）米国カリフォルニヤから移駐。

中央教育委員会で嘉数学園沖縄短大の初等教育科設置申請を可決。

三日　朝日新聞運動部員織田幹雄氏陸上競技コーチのため来島。

世界一周の豪華観光船コロニア号（三万四千百八十三トン）が三百七十余人のお客さんを乗せて那覇港に入る。

沖縄官公労協、生活安定給の支給要請で第一回職場大会開く（於政府第二庁舎前広場）。

夏の講座開設について琉大、文教局教職員会三者合同協議会（於琉大）

四日　沖縄タイムス社主催「古美術工芸展」（於タイムスホール）。

文部省大臣官房会計参事官天城勲氏外沖縄の教育事情視察のため来島。

五日　当間主席、安里立法院議長夫妻は皇太子の「ご成婚の儀」に招待されてノースウエスト機で上京。

六日　ハワイからの観光団第三陣宮里観光団（団長宮里昌平氏）の一行六二人来島。

七日　「皇太子のご成婚の行われる四月十日を休日とする立法」公布。

バージャー首席民政官七月一日付で米国オクラホマ州シル基地の陸軍野砲ミサイル・センターに転勤する旨発表あり。

文教局で来島中の田中教育研究所理事茂木茂八、同所員東京教育大学教授鈴木清の両氏を囲んで教育評価問題について話会い。

八日　田中教育研究所理事茂木茂八、東京教育大学教授鈴木清両氏による教育講習会（南部地区）始まる。

九日　人事委員会は行政主席、立法院議長に対し政府公務員の年金制度を実現するよう意見書提出。

定例教育長会（於辺土名連教委）。

全琉高校長、教頭連絡会議（代表岸本本秀氏）は教員の認定講習実施方について文教局に陳情。

上訴検察庁は検事の上訴可否をめぐる「池間事件」を民政府上訴審裁判所へ上訴した。

十日　皇太子殿下、正田美智子さんとご成婚（公休）。

大相撲沖縄場所開幕（波上相撲場）

十一日　米陸軍省民事軍政局長C・K・ゲーリー少将朝鮮から来島。

十二日　宮古高校二年M子さん（一七才）農薬飲んで自殺。

十三日　結核予防週間運動始まる。

集団検診始まる。

十四日　琉大女子寮起工式、

当間主席安里立法院議長の両氏は愛知法務大臣、岸総理大臣、藤山外務大臣を訪問し沖縄の施政権返還、国土開発援助を訴えた。

立法院本会議で電々公社経営委員を承認。

十六日　米陸軍省参謀次長レムニッツア大将夫妻来島。

十七日　立法院本会議で現年度補正予算案を可決。

十八日　マッカーサー駐日米大使来島

十九日　第七次ボリビア移民団四七世帯二百四十四人オランダ船ルイス号で出発。

観光バス（東陽バス）横転、乗客十余人重軽傷（羽地で）。

日本書道連盟沖縄総支部発会式（タイムス・ホール）

二十日　マッカーサー駐日米大使、大田主席代理と会談（於主席室）。

中国（台湾）貿易視察団一行九人来島。

ペルー金城観光団第二陣十一人来島

二十一日　バージャー首席民政官琉球政府六〇年度一般会計予算案について立法院に送付することを承認した。

二十二日　沖縄ユネスコ協会第一回理事会（於政府第二庁舎会議室）。

行政府は新年度予算案を立法院へ送付した。

二十三日　香港観光団十七人来島。

二十四日　琉球国際美術家連盟（RIAL）主催民政府、沖縄タイムス社後援のアメリカ絵画展（タイムス・ホール）二六日まで。

企画統計局主催第三回統計展示会（於昭和会館ビル）。

那覇地区歴史教育研究会誕生。

日本政府貸付移民一行十四世帯八十四人が神戸移住斡旋所に向つた。

沖縄ライオンズ・クラブ（会長稲嶺一郎氏）のチャーターナイトリクラブ認承伝達式（ハーバービュークラブで）。

二十五日　文教局指定兼城村字武富公民館研究発表会。

今朝、桜坂観楽街で大火、十四棟二十四軒焼ける。損害額十万ドルをこす。

二十八日　当間主席立法院で施政方針（ゼネラルメッセージ）を演説。

沖縄教職員会で通知表研究委員会開催。

今年第三回目の集団就職少年少女一行八十一人那覇出港の白山丸で出発

二十九日　琉球法曹会試験局の司法試験始まる。
日本陶芸界の権威者浜田庄司氏夫人同伴来島。

五月のできごと

一日　琉球電信電話公社発足　四局十一課。
メーデー
第六回児童福祉週間始まる。
三日　全沖縄陸上選手権大会（於名護町営グラウンド）
四日　待望の沖縄水産高校実習船「海邦丸」けさ泊港に郷土入り。
立法院予算委員会（全委員出席）で新年度予算案に関し大田副主席以下各局長出席の下総括質問はじまる。
五日　こどもの日
五九年度東京国際見本市に沖縄物産も肩を並べる。（於東京）。
六日　那覇国際空港ターミナル店開き
沖縄教職員会第二回通知表対策委員会。
七日　軍民共同の夏季清掃週間始まる
八日　コザ中校、感冒で八十人欠席と報告さる（タイムス夕刊）
松川小校五年佐久真曙美さん真和志中校一年東金城徇一君の作文が国語の教科書にのると発表（沖縄タイムス）。
沖縄教職員会第五回連合分会青年部長会（於教育会館ホール）。
十日　母の日。
沖縄タイムス、沖縄陸協共催第九回リレーカニバル（於那覇高校）。
十一日　沖縄タイムス社主催「浜田庄司近作陶芸展」（タイムスホールで）
十二日　ＤＥ代表Ｈ・Ｗ・フイッシユ大佐と伊礼肇氏以下五人の軍用地訴願代理人との間に百五十六万ドルにのぼる軍用地地料増額支払いについての契約が調印された（於キャンプ桑江内のキャッスル・テラスクラブ）
九州ブロック教育長研究協議会に参加の阿波根朝松（那覇）大城知善（名護）平田善吉（知念）の各教育長上り日航機で出発。
十四日　第七回那覇商工祭前夜祭（ちようちん行列）。
陶芸家浜田庄司氏の「講演と映画の夕」（タイムスホールで）。
立法院予算委文教局関係才出質問。
十五日　詩人故佐藤惣之助氏の詩碑建立除幕式（於琉大構内クンダ城跡）
南米移民百六人出発。
十六日　第十回米軍記念日（那覇航空隊、牧港、ズケラン、那覇港で多彩な行事あり）
沖縄水産高校実習船「海邦丸」ニューギニア北部の漁場めざして四十日に及ぶ初の実習航海へ出発した。
十七日　波上祭、商工会議所主催の広告カーニバルが行われた。
十八日　立法院予算決算委員会で文教局関係才出面について質問。
高等弁務官布令第二十三号「集成刑法」改正公布。
十九日　中教委学校教育課長に大城真太郎（沖縄ろう学校長）を発令。
学校教員調査説明会始まる。
二十日　中教委、特殊学校視察（盲ろう学校、澄井小中校）。
二十一日　民政府布告第十二号（民裁判所制）を改正公布
福祉三法施行五周年記念第三回全琉福祉大会（於教育会館）
中教委那覇教育区立那覇教育研究所（神原小学校附属）設置認可。
二十二日　中教委五七年度高校敷地借料補助金算定規則可決。
二十三日　恒例の本年度（第七回）米琉親善週間第一日目。
文教局指定屋我地村済井出公民館発表会。
二十四日　文教局指定具志川村赤野区公民館研究発表会。
二十六日　琉球放送会館落成式。
二十七日　全琉高校長会始まる（於商高校）。
文教局指定のミルク給食研究学校発表会（於石川高校）。
二十八日　沖縄教育委員協会、沖縄教育長協会、沖縄教職員会、沖縄市町村長協議会、沖縄ＰＴＡ連合会主催の教育税完納運動始まる。
文教局指定宜野座村松田青年学級研究発表会。
二十九日　全琉高校長、琉大各部局館長及び事務局職員と懇談（於琉大会議室）
中教委の佐久本委員長、国吉副委員長、小波蔵文教局長の三氏は民政府にクロフォード教育部長を訪れ、九月一日付で任期満了するク氏の留任要請をした。
三十日　仲西小学校対牧港米人小学校対抗米琉親善陸上競技大会（於仲西小学校グラウンド）。
沖縄教職員会第二回婦人部大会（於タイムスホール）。
三十一日　島根大学教授溝上泰子女史を講師に迎え新生活運動講習会（於タイムスホール）

一九五九年六月八日　印刷
一九五九年六月十日　発行

文教時報（第五十六号）
（非売品）

発行所　琉球政府文教局
研究調査課
印刷所　星印刷所

文教時報

NO.57

57

1959. 7

琉球

文教局研究調査課

巻頭言

教育を生かすもの

大城眞太郎

教育の思潮ならびに制度方法等が戦後根本的にかわつて来た。教師は勿論一般の人々も早急に頭の切り換えをしなければならない必要にせまられた。それ故教師の再教育とか父兄の教育が真剣に考えられるようになつた。教師は教育にたずさわる専門の教師である。はげしい時代の進歩に応じ成長発達の過程にあり、常に伸びつつある若い世代を作りあげるかけがえのない、やりかえのきかない重大な仕事にたずさわるものである。やりかえのきかない仕事にたずさわるために教師という仕事は外の仕事と同じようには考えられない。

しくじつたからといつて計算して損害を物でうめあわすという事もできない。それをうめることのできるものは教師の誠実さと子弟愛教育愛のみである。教育者の絶えざる研修と努力により戦後の教育の技術は格段と進歩して来た。科学的に教育を計画運営し、指導技術においては特に時代の進歩と共に教師がついて行けない位の速さで進みつつある。

単なる「勘」や過去の経験のみにたよつて新しい教育を進める事はだんだん不可能になり、教育科学の知識と技能の低い教師は早晩教育の第一線から脱落せざるを得ない状態になりつつある。

単なる単位かせぎでなくほんとに力をつける自己研修が職場人として技術人としての立場からも否応なしに要求される以所である。

併し教育が如何に科学的方法によつて行われるとしてもそれがすべてではない。教育の根本精神である子弟愛、教育愛、人命尊重の精神を忘れては教師の資格はないと思う。科学的技術をほんとに教育に生かすものはこの精神である。

目次

夏休みの学校管理と生活指導について

学校教育課

一、学校管理

(一) 校地

1 校地の美化、清掃は具体的な計画を立てて実施し、休み前のふだんの状態を維持するように努力する。

2 学校生活に支障を来たすと思われる大がゝりの整地作業校舎修理等は休み中に行うように計画する

3 校内の樹木は適当に剪定するなどして常に風致を保つようにする

4 庭園は学習との関連が深いから休暇中であつても、計画的に継続的に肥培管理を怠らないこと。

5 校地内に土砂が流れこんでくるような所では、土どめ、排水などをつくつて対策を立てゝおくようにする。

(二) 校舎、校具、教具

1 校舎、校具の管理は具体的な計画を立てゝ行うようにする。

2 机、腰掛の管理については、地域社会の状況、児童、生徒の休み中に於ける活動計画を考慮して具体的な方法を工夫する。

3 危険のおそれある建築物については予め補強して、児童生徒の安全をまもるようにする。

4 校舎、校具、教具を保護することにとらわれて、休み中、児童生徒を学校からしめ出す結果にならないよう特に運動用具については十分に活用せしめると共に、その管理の方法を工夫すること。

5 便所の保清管理は、おろそかにならないように特に暴風後の汲み取り、扉の補強、修理に意を払うようにする。

(三) 農場、畜舎

1 農場は休み中であつてもふだんと同じように肥培管理を怠らないようにする。

2 二学期の植えつけができるように休み中に準備しておくこと。

3 休み中の家畜管理は、やゝもすると不行届きになりがちであるから予め具体的な計画を立てておくようにする。

4 家畜当番はたんに飼料を与えるだけでなく、家畜畜舎の保清管理にも気を配るように指導する必要がある。

(四) 暴風対策

1 運動場の移動可能な設備については防風前に充分な保護対策を考えておくようにする。

2 仮校舎、便所、炊事室、樹木等についての暴風対策を充分に立てておくこと。

3 暴風時の家畜の管理に充分意を払うようにする。

4 暴風後の後しまつは早急に実施すること。

二、生活指導

1 生活指導の計画は、学校側の注意事項とか、父兄に対するお願い程度にとどまらず、これを生徒会や部落生徒会、あるいは学級個人としてどのように実践するかについて具体的計画を立てるよう指導していくこと。なお教師は、休暇中の児童、生徒の動向を充分に握っておくことが大切である。

2 ふだんの指導においては充分なし得ない面を夏休みの計画の中に取り入れるようにする。

3 村又は、地区単位の校外補導組織を強化し家庭や関係団体と緊密な連けいを保ち、児童、生徒の補導に万全を期すること。

特に映画観覧、夜間外出、アルバイトについては積極的な対策を立て、強力な補導を行うようにする。

4 自主的自発的な地域子ども会の活発な活動を促進し、余暇を善用するよう指導すること。

5 健康の保持増進、生命の安全については具体的な対策を立て災害を未然に防ぐようにする。

6 学校作業は過度にならないように考慮すると共に家庭における生徒の労働が、遊び健康等と調整されるよう父兄に呼びかけること。

7 アルバイトについては教育的見地から充分な見通しを立て、確信のもてる対策を立てて指導すること。

8 学校の計画外で行う、生徒の自由なグループの旅行、遠足、キャンプについては予め計画書を添えて届出させ終了後は報告を提出させる等深重に取扱い、行き過ぎた行動や事故を未然に防ぐよう配慮すること。なお宿泊を要する男女合同の計画には、必ず教師が参加すること。

三、学習指導

1 学習面の計画は児童生徒の能力、

興味、生活環境に応じた自主的な個人計画を立てるよう指導し、なるべく何か一つ、児童、生徒にふさわしいプロゼクトを持つようにすること。

2 課題を与える場合には、個人として不充分な点を重点的に取り上げ二学期以後の学習が円滑に進められるようにする。

3 「夏休みの友」は以上のような個人計画を助ける補助的なものとして利用することがのぞましい。

4 中・高校の課題については各教科担任間で調整を行い、生徒に過度の負担をかけることがないようにする

四、二学期を迎える計画

1 夏休みの後期においては学校環境を整備し、児童徒の生活を徐々に引きしめ、二学期の学校生活に無理なく移行できるような体制を整えるようにする。

2 休み中の児童生徒の活動の成果を処理する具体的な計画を立てておくこと。

3 休中の個々の子どもの健康状態の推移を見て、二学期の指導対策を立てること。

4 学級や、生徒会の休み中の活動についての自己評価、協同評価の機会を持つようにする。

夏休みの計画の立て方

各学校の具体的な計画の立案に当っては一九五四年各学校に配布しました左記の手引書を充分活用して下さい。

。情報第二十六号「夏休みの生活指導の手引」文教局指導課編

六、TPAの地域組織の強化

PTAがそれぞれの地域において、子供達の生活指導を強化する為夏休みの機会を利用して教育隣組を組織する。

〔参考〕—組織の為の手引—

▲ 教育隣組の組織とその活動

(一)目的　PTA活動本来の使命を自覚し地域社会における教育活動の基礎単位として環境を浄化し、児童生徒の正しい成長発達をはかる。

(二)目標　1環境の浄化をはかる　2子供を悪から守る　3民主的教育の確立に協力する。4子供の学習と健康を援ける。5皆が助けあっていく。6会員が相互に研修し教養を高める。

(三)組織　1小中高一緒にする。2小学校の区域を一円として組織する。3小学校の学区域をいくつかのブロック(班)に分けて、更にその中にいくつかの組(教育隣組)をつくる。4教育隣組の構成数は六軒から十軒位にする。5班には班長組には組長をおく。

(四)活動　1組の子供達の名簿をつくる(下宿学生も)。2毎月一回会合をもち相互の研修並に子供達の事に関する情報を交換し対策をはかる。3学校は隣組係職員をきめてその活動を促進する。(月一回の組長会や年間計画をつくることは必要である)

4組の年間活動計画の内容例

(イ)遠足　(ロ)よい映画を見る　(ハ)教育税完納運動　(ニ)組を単位とする班の運動会　(ホ)学事奨励会　(ヘ)時間をきめての学習外出の指導　(ト)標準語励行　(チ)組の子供会を組織させその活動を指導する。

5事業をする

(イ)子供達の為に遊び場をつくる　(ロ)清掃植樹　(ハ)講座をもつ

(五)その他　教育隣組の歌をつくる。

夏休みの健康、安全指導について

一、夏休みの趣旨に基づいて計画する。

二、規則正しい生活を営むことのできるように指導し、計画実践させる。

三、夏季に多い伝染病に対して特に注意し、その予防、心得等について十分に指導する。

四、飲食物に十分注意し、偏食にならぬようにする。

五、午睡を奨励し体力の消耗を防ぐようにする。

六、トラホーム、寄生虫、その他疾病にかかっている者は休中で治療しておくようにする。

七、合宿練習等をする時には特に、健康面に留意し無理のない日課表を作成して教師の指導の下に実施する。

八、宿題を課す場合は一人一人の健康や能力、家庭状況等を考慮し、無理のないのを課す。

九、運動用具の保管については、ゴム製革製、木製、繊維の種別に始末し、第二学期からすぐ使用されるように保管する。

一〇、皮膚の鍛練面から、冷水マサツを奨励し、積極的に健康増進を計るようにする。

一　水泳の安全

(一) 指導計画を適切に樹立する。

1、児童、生徒の健康状態及び水泳能力を考慮する。

2、気候、地形、環境等を考慮して計画する。

3、指導の能力や人数等を考慮に入れて計画する。

(二) 水泳場の選定

1、水泳場の選定にあたつては必ず事前調査を行い、危険な場所は、さけるのはもとより非常の場合に連絡のとりやすい場所を選ぶこと。

(三) 管理について

1 水泳区域の明示と監視を厳重にする。

(イ) 標識旗や「たる」等で水泳区

域を明示する。

(ロ) 水泳期間中は、教師は指導班と監視班の両方に分けて監視を厳重にする。

(四) 水泳指導

1 実際をはなれた空な指導は効果がない、それぞれの場の条件と方法を兼ね合して、実際に指導することが生きた指導である。水泳場に行つて基本的な練習から十分指導していく。

2 すべての児童、生徒が泳げるように指導する。児童、生徒が泳ぐ能力を身につけることが、自分の生命を守る第一の条件である。

3 帰宅後の水泳に当つては教師の直接の注意と同時に、児童、生徒会等において左記の事項について話し合いをもたせ徹底をはかる。

(イ) 家族の許可を得てから行くこと。

(ロ) 必ず、上級生の泳げる者等、数人グループをつくつて行くこと。

(ハ) 学校から示された危険な場所へは決して行かない。

(ニ) 泳ぐ前の注意を十分守る。

(ホ) 健康上から水泳を禁止された者は決して泳がない。

(ヘ) 万一、事故が発生した場合の措置について徹底させる。

(五) 水泳の注意事項

1 入水前

(イ) 入水前は必ず点呼し、人員の把握を確実にする。

(ロ) 入水前健康観察を行い、熱のある者、身体に異状のある者、月経期間中のものは水に入れない

(ハ) 準備運動を適切に行う。

(ニ) 入水は足、手、頭、胸というように心臓より遠い部分から水にひたす。

(ホ) 能力別にバディ、システムをつくつてから入水する（人員把握のため）

2 入水中

(イ) 指導者は常に深い側に位置して指導する。

(ロ) 全職員はすべて水泳のできる服装でいること。

(ハ) 水泳中、無断で上陸をしないよう特に注意する。

(ニ) 入水中、時々頭部を水にぬらし、日射病にかゝらないようにする。

(ホ) 定められた場所以外では泳がせないようにする。

(ヘ) 水泳練習中、他人に悪ふざけをしないようにする。

(ト) 水中で目を明け、また顔をふかないように習慣づける。

(チ) 飛込の場合は水深、その他危険予防に十分注意して行う。

(リ) 入水時間は子供達の発達段階に則して決定する（十五分以上はいけない）

3 水泳後

(イ) 水泳後は速かに点呼を行う。

(ロ) 適度な整理運動を行う。

(ハ) 清水で身体や、目を洗い、うがいをする。

(ニ) 耳に水が入いていないかをたしかめ、入いていたら速くとらせる。

(ホ) 水泳した後、冷たい飲物や暴飲暴食をさせない。

二 交通の安全

(一) 交通安全教育計画を樹立する。

1 交通事故の実態を肥握し、且つ事故発生の場所及び事故の原因等を分析研究し、防止計画をたてる

(二) 交通安全管理

1 危険な道路及び場所を全生徒に知らせて歩行をさせないようにする。

2 ＰＴＡの下部組織としての教育隣組を組織し、児童生徒の交通安全について協力を求める。

(三) 交通安全教育の指導

1 交通安全の重要性について理解をはかる。

2 指導は実際に即して、できるだけ具体的に行う。

(イ) 路上に於ける安全

(ロ) 乗り物に乗る時の安全

(ハ) 車内での安全

3 危険のない遊び場の選定（校外指導の一環として）

三 毒蛇、爆発物についの安全

(イ) 演習地、立入禁止区域、ヤブ等に近寄らない。

(ロ) 爆発物らしきものを発見したら決してふれない、警察や学校に連絡する。

(ハ) 部落Ｐ・Ｔ・Ａや関係団体との協力によつて取締の徹底を期す。

四 サイクリングにあたつては、健康、安全の面から綿密な計画のもとに実施する。

五 臨海、林間学校の実施にあたつては適切な指導計画を樹立し、特に場所の選定にあたつては、気候、地形、環境等を考慮する。

休暇中に於ける教員の服務について

(一) 夏季休暇は児童生徒の保健上、教育的考慮から学校が授業を行わない休業日として設定された期間であつて、児

童、生徒にとつては、休みであるが教員（教育公務員）にとつては通常の勤務である。

ところが教員はその職務の性格上、絶えず研究と修養が必要であるので、児童生徒の校外指導のほかは、特に自己の研修のためにこういう期間が活用されるようその特殊性が認められていると思われる。

従つて、各種の講習会、研究会同好会、講演会等には努めて積極的に参加し自己の研修については、この期間を通じて十分にその成果をあげるよう努力することが必要である。

㈡ 講習会、研修会への出席、あるいは視察のための旅行や、出張等の手続きについては次のようになつているので留意されたい。

日数が七日以上の場合には、学校長を通して教育委員会の許可を受けるものとす、六日以内の場合はそれぞれの教育委員会の規則で教育長又は校長の許可を受けるようにする。

帰任後は直ちに学校長に報告し、学校長は教育委員会に報告する。

㈢ 休み中において教員がその住所を移転、又は変更した場合には直ちに学校長に報告する。

学校長は休み中における職員の動向については明確にこれを肥握し連絡、通報等がじん速確実にできるようにする。

㈣ 休み中の日直宿直については、特に次の点に留意する。

(イ) 交代引継ぎ時間を厳守し勤務に空白が生じないようにする。

(ロ) 学校の保護安全をはかり、特に盗難、火災、事故の防止に努める。

(ハ) 外部との連絡、公文書の収受についてはそれぞれ適切な措置を講ずる

(ニ) 部外者の学校使用については、学校が教育の場として又、児童生徒への影響等を十分考慮して適切な措置を講ずる。

又、児童生徒の在校下校時間を厳守せしめる。

㈤ 休み中における児童生徒の校外指導や補導が、この期間における教員の重要な任務であるので、家庭や関係団体との連けいを密にし又は適当な出校日を定めるなど適切な方策を立てて実施することが必要である。

㈥ 修学旅行又は夏季施設（たとえば臨海学校、キャンプ、水泳訓練など）を行う場合は綿密周到な計画を立てこれを実施し、事故防止については特に細心の注意が必要である。

㈦ 生徒の校外におけるグループ活動に対しては事前における指導を十分に行い、この活動が旅行などで他校を借りて行う場合には検討の上学校長の証明書を発行するなど適当な措置を講ずることが必要である。

宿泊を要する場合には貸した学校も共同の責任のもとに、特に事故防止や風紀上のことについては適切な助言と指導を与えるように積極的な協力が必要である。

※　※　※

沖縄に対する文部省からの教育援助費

○国費による沖縄学生招致数

昭和	28	29	30	31	32	33	34	計
人	33	38	50	50	50	50	50	326

選択された学校卒業生を各大学に無試験で定員外に入学させ、学生給与月額五四〇〇～六二〇〇円を支給し授業料等は免除している。

○自費による沖縄学生招致数

昭和	30	31	32	33	34	計
人	56	81	83	84	87	391

選抜された高校卒業生を、各大学に無試験で定員外に入学させる。

○研研教員の受入れ数

昭和	27	28	29	30	31	32	33	34	計
人	50	50	50	50	50	41	41	29	361

○夏季講習会の講師として推せんした数

昭和	28	29	30	31	32	33	34	計
人	14	20	30	30	32	33	33	159

経費は琉球政府負担

○指導主事の派遣

本年度新規の計画で、各府県の指導主事を二十四名派遣期間は半年とする。経費は文部省の負担。

○その他

※沖縄教職員共済組合に対する援助として、沖縄宿泊所建設資材等の提供。

※琉球大学への講師あつせん

（毎年五～七名）

※琉球大学卒業者の内地大学院への入学あつせん。

発達研究方法上の二・三の問題

文沢義永

　我々が児童心理学や青年心理学などに於て発達的変化を研究する場合の主要課題は、夫々の分野に於る実証的、理論的諸研究が明らかにして来た資料や成果に照して、夫々の発達時期を論究、記述することである。如何にして此等の研究が進められたのであるか、如何にして此等の事実が得られたか、此等の疑問は学問的に極めて興味深い問題である、何故ならば、使用された特定の方法や研究された特定の対象は、そこに見出された「事実」の如何を決定する上に極めて重要な役割を演じているからである。若しその研究法が現前の目的にとつて偏向（bias）されていたり不正確であつたり、又は不適当であつたりする場合、或は研究対象であるグループが大母集団の代表者でないとか比較され得ないものであつた場合にはそこで発見された事項は制約された価値を持つものとなるであろう。他方、母集団の代表的なサンプルを得て而もその問題にとつて適切な方法を用い妥当な注意を払つて実施されるならば、一層健実な法則性を得ることが請合えるであろう。

　もつと詳しく述べる前に、十全に適切な研究法というものは極めて困難であり之に到達することはあり得ないことを指摘すべきであろう。容易に研究され得るような母集団の代表者を取出すこともむずかしい。現行の凡ての研究法は近実性の度合（degree of Seriausness）が異なり夫々短所があるけれども、若し或る特定の問題について種々の研究法が併用されるならば、かなり健実な法則性に達することが出来よう。之は、夫々特別の長所や短所を有する各種の方法や手続きが相互に補足し合うために可能であり、又或る特別の対象グループは偏向された姿に描写されても、この偏倚は、他の点で「特殊」である他グループに対して為された同種研究によつて、平衡化されることがある。更に又別の方での発見事項と組合わされて一つの健実な結論が引き出されることになろう。

A、研究される集団

　普通の人々が自分の経験を発達心理研究に関係づける際に陥いる最も困難な事の一つは、自分の日常生活の道程に於て彼自ら為した特殊的な観察事項から一般化しようとする傾向のあることである。彼は、自分が日常接触している人々の特定分節に制約されて観察したのであるから、そこには偏向されたものが多く存在することに気が付かないことがしばしばある。若し自分が大学生であると、友達とする人や交際する人々の多くは矢張り同様に大学生である場合が多い。従つて、彼等が「普通」であり、彼等の在り方が当然で定型的なものであると考えがちであり、彼等は一般の人々よりも知性的であり比較的に高い社会的経済階層の家庭から来ていることに気付かない。この制約はそれ自体が人々の常識的汎化作用を偏向させるのであるけれども、有りふれたもつと大きな偏向は、自分の観察事項がその分節の公正な見本を代表していないという事実から生ずる。実際に、我々に注目され思い出される事例は何れも、我々の注意を捉えるような例外的で劇的なものばかりである。個別化された理解の誤謬が遍く見られ油断できぬものであることは、我々の予想以上である。

　発達の体系的研究に於ては、たとえ代表的な人々を対象としていると考えても、上述のようなバイアスを避けねばならない。不幸にして実際的な状況に於ては、特別の非代表的グループからデーターを集収せねばならないようなことが度度ある。だから或る教師は自分の担当する特定学級の読書興味に深い関心を持つであろう。補導教師は自分の学校の生徒たちの職業的興味を研究するであろう。かかる特定グループについての研究は、そのグループに関連のある人々にとつては重要な特別の意味を持つている。というのは、学習指導計画や補導計画は夫々特定の生徒集団に対して適用されねばならないからである。此等の目的のために基本的な考え方があつても、同一の研究成果を全般的な青少年に当てはめると当を得ないことがあるであろう。現場の実際的な問題に直接関係のない研究者たちでも、基本的な発達側面を研究しようと意図して、特定グループを被験者とする場合もよくある。真実に適切な母集団を得ることはその困難性と費用の点から到底望めないであろう。従つて、研究成果の普遍性については充分に用心して比重を加味すべきである。

　青年期の研究に於ては、主に都市の中

流階級の青少年の心理について進められるのが適当であろう。都市の青少年と田舎の青少年との比較、各種社会階層の青少年間の比較、更に学校内青少年と学校外青少年との比較などから資料が得られることは割合に少ないと言つてよいであろう。従つて、我々は、何れの研究成果を読んだり検討したりする場合にも、このような了解上の不充分さがあることに留意すべきである。特に、或る研究に表われた法則化が凡ての下位文化に属する青少年に適用されるかどうか、と批判的な疑問を持つことは必要であろう。

多くの資料は横断面的研究に基づいている。このような研究では、異なつた年令又は異つた学年の子供たちが或る特性について、ほぼ同じ日にテストされ観察される。そして、年令別集団の間又は学年別集団の間で比較が為される。そこでその結果としての年令的傾向又は学年的傾向が、その特定の特性の発達曲線に表わされる。例えば、凡ての小学校や中学校の子供たちが身長を測定され、そして六才児、七才児、八才児、九才児、……十四才児、十五才児、十六才児などの平均身長が算定される。比等の平均身長が図表の上にプロットされその点を結んで線を引いて、そこに出来た曲線が身長の平均発達曲線と見做される。異なつた年令の大多数の子供たちについてこの方法で同時に為された測定は、研究者が六才児の測定から出発してその子供等が成熟するまで六ヵ月又は一ヵ年毎に継続的に実施する場合よりも、遥かに便利であり時間及び経費を大いに節約することができる。多大の便利の故に、多くの横断面的研究が実施されてきて、児童青年が如何に発達するかを理解する上に測り知れない貢献をして来た。

然し乍ら、この横断面的研究には我々が心に留めておきたい或る種の欠点がある。先ず第一に、高校三年まで学校生活に残り（而も都合よく測定された）子供たちは、小学校五年当時に見られた子供たちと異なつた集団であり、増大する成熟によつて生ずる変化も全く異なつている。年々中退者がいるし、その中退者は大抵学習技能が劣り社会経済的な状態が貧困であり社会的階層が低いというのが一般的な傾向である。中退者の特徴を眺めて見ると、高校三年の平均児は（たとえ中間の七年間に他の変動は全然なかつたにしても）小学校五年の平均児とは異なることが分るであろう。

横断面的研究のもう一つの欠点は、かかる方法によつて、重要な発達傾向の型の精密な研究をすることができないという事実にある。例えば、不適応の児童は不適応の青年になるのか。或は成長するにつれてその不適応状態が無くなるのか。かかる重要な質問は、異なつた子供等に異なつた年令集団を代表させて解決されるものではない。又、横断面的研究は研究者をして、各種発達側面間の相互関係を厳密で而も望ましい方式で研究することを許容しない。例えば、行動に重要な効果を有すると思われる或る種の生理的変化は、凡ての個人の同一年令に生起するのではない。或る子供たちは十才か十一才で思春期に達するし、又或る子供たちは十六才か十七才で到達することがある。年令や学年によつて平均値を算定する手続きは、思春期の影響及び関連する諸変化を数年間拡げる効果を有し従つて思春期的変化に相伴する諸変化を不明瞭ならしめる。

縦断面的研究（即ち継続的研究）は、横断面的研究法の不足を補正してくれる。この研究法に於ては、同じ子供たちについてその成長に従つて規則的な間隔で測定が繰返され、彼等の成育経歴に関する種々様々な資料が得られる。明らかに此の種の研究には多大の経費と年数が必要であり実施者は子供等が充分成熟するまで待たなければ之に関する記録を完成することが出来ないから、研究の進度は遅々たるものである。同じ個人についての縦断面的なデータには多くの利点がある。第一に、年令的比較に於て同じ子供が用いられているから、十二才の時のデータと十六才の時のデータとを較べることは、比較可能な年令集団の比較を代表していると言うことが出来る。第二に、特定の個人が成長するにつれて現われる各種発達側面間の相関関係を研究することが可能である。第三に、子供が成長するにつれて適応状態を次第に良くし又は悪くするような条件或は事情の種類を一層正確に研究することが出来る。更に、継続的なデータに基づいて発達曲線を描くのであるから、発育と特殊の発達との関係をかなり精確に検討することも可能である。要するに、継続的研究は個人の発達状況を一層真実に描写し、発育の特質及び相関関係を一層明白に分析することができる。

B　「事実」決定における研究法の役割

人々について資料を集めるのに如何なる方法を用いるかは、発見される「事実」と重要な関係がある。採用する手続きやテストは研究成果に影響することが多いから、用心深い実施者は何れのやり方を採るかに充分配慮せねばならない。人間の発達を研究する際の様々な問題や此等の諸問題を研究する方法の多様性は、多くの学術的研究で例示されている。身長や体重その他身体的諸側面の測定がなされ、化学的分析は或るホルモンの有無についてデータを出し、X線写真により骨格の発達に関する事実を明らかにしている。子供たちの活動が映写機やテープレコーダーで慎重に記録され、質問紙法が綿密に作成、実施され、巧妙に考察された「生活場面」（life situations）を使ってその場面に於る子供たちの行動が記録されている。人格性検査、面接法、逸話記録、青少年の日記などが更に多くの事実を提供している。

かくて得られたデータは家庭・学校・友人・地域社会などの背景的要素に関連づけられる。そして此等の結果として、人間のパーソナリティの発達に関して一層妥当な認識と知性とが得られるのである。

かように研究法の種類を並べる所以は人間の発達に関する諸事実は的確であり厳密であるべきを指摘するためである。不幸にして、「事実」は微妙な諸条件によって容易に認められたり偏向されたりすることがあるので、慎重な研究者でもその解釈に惑わされる場合がある。真剣な研究者は、此等の条件の幾つかに細心の注意を払うべきは当然である。最初に配慮すべきことは、取得「事実」を決定する際の測定器具即ちテストの特徴の役割である。若し、子供の興味検査に於て元来小さい子供がやるような遊びを数多く列べた、質問紙（又はチェック・リスト）を使用するならば、年長の子供たちは少数の遊びにチェックするのが見られるであろう。そしてその調査は、年令が増して青年期に至るにつれて遊びの数は次第に減少すると結論するかも知れない。之は年とった子供たちに彼等の特有な興味を表現する機会を与えなかったテストから生じた特定の「事実」である。又、推理能力の発達を研究しようとする人が、比較的に容易な問題で構成されているテストを用いて、推理力は小学校六年以後実際的に発達しないとするならば、その理由は唯テストがそれ程やさしいので六年以上のの子供たちは大抵の問題を正解できると言うだけである。極度にむずかしい問題で構成されている別の推理テストを用いるならば、大学年令に至るまでの連続的な発達を知ることが出来よう。此等の例に於て、或るテストの特質は、発見される「事実」を決定する際の重要な要素であることが明らかであろう。下図は、取得された発達曲線が如何に使用テストの特質を反映してをりその特性の真実の発達傾向を示していないかを説明している。「検査知能」（〃testi ntellig ence〃）即ち「特定のテストで測定された知能」という語句は、報告されている特定事実がそれを決定するのに用いた方法に依拠していることを認めている知能検査、パーソナリティ・テストなど凡てその実施方法を述べてから、結果の考察をなすことが必要である。

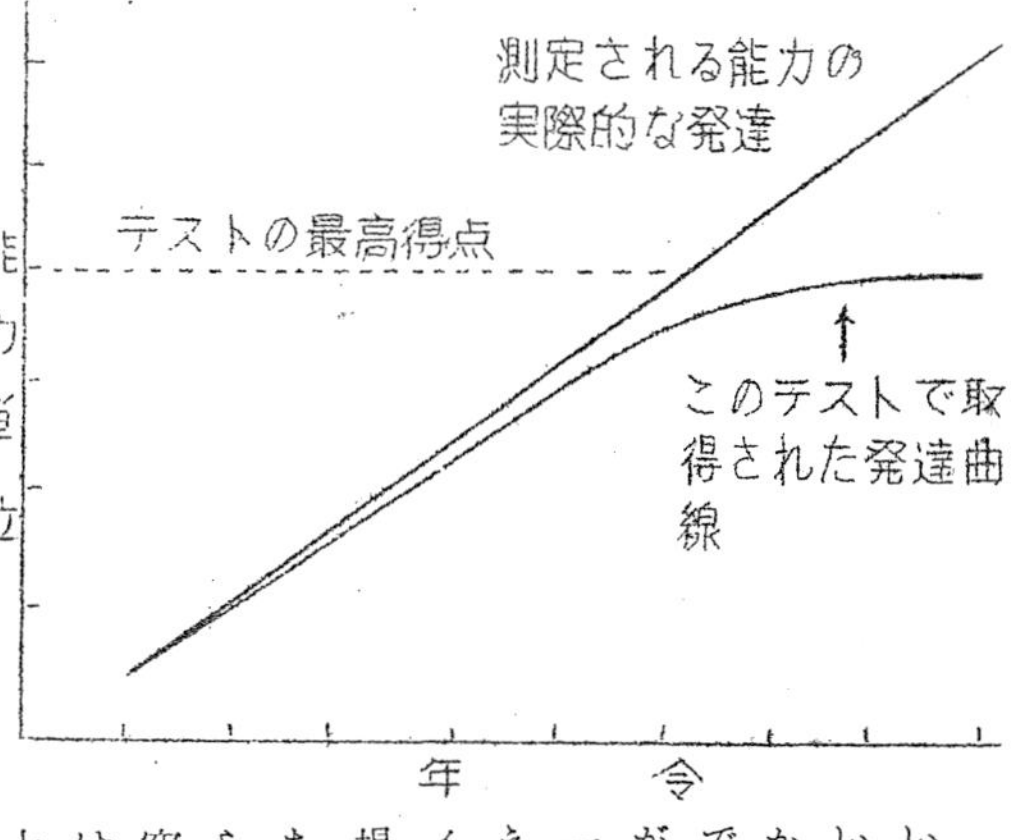

第二に（バイアスの源の）、資料を提供する被験者は、或る特定の方向に行動し或は応答するように無意図的に影響されることがある。誘導的な発問は、法廷供述や世論調査に於てはそれが事実をゆがめるためにいけないとされているけれども、販売事業に於ては高く望ましいとされる。心の構えが如何に行動に影響するかについてよく実験されているが、その一例に、一つのグループには静寂な条件で別のグループにはジャズ音楽を聞かせ乍ら、精神作業（例えば算数の問題）を課して、この二条件下での作業効率をテストすることが為されている。音楽が良い精神作業を促進することを仄めかしていたグループはその条件の下で作業が良かったが、別のグループでは静寂な条件で旨くなされていた。時には、同じ教示が不注意にも、偶然的な発言により或は一方向にのみ必要以上の熱意をこめて与えられる場合がある。又時には、このバイアス（偏向）は、実験場面又はテスト場面の全体的な事情の産物であることもある。だから生徒等は、その課程で考えられている問題に対する態度について研究されている場合に、その課程を特徴づけると彼等が了解している態度を質問紙上に表わすことがある。又、検査（或は調査）に正直率直な反応をして凡て得をし、何でも損をしたくないと思う人は、自分の解答を枉げた方が個人的に望ましいような場面に於てなすのとは異なった反応をなすこともあろう。

バイアスの第三の源は、実施者自身の態度や見解に見られ、それが或る資料や行動は取上げて記録し他は顧みないように導く。この要素は、凡ての研究の計画や資料の解釈に於てその役割を演じているけれども、慎重な考慮をなすならば、バイアスの源たることを最小限に留め得る。例えば、臨床的事例研究の資料の検討や「自由場面」（〃free situations〃）に於る観察の場合、他の研究方法の時よりもこの困難性は深刻である。凡ての行動異常の背後には性問題があると信ずる人は、殆んど凡てのケースに性的関連性を見出すことができる。青少年は不安動揺が激しいと信ずる人は、その不安動揺の徴候を発見することができる。かかるバイアスを避けるためには、当該問題行動を評価するのに用いた方法や手続きを詳細に検討する必要があり、それから数名の研究者の評価が一致しているか否かを決定する必要がある。之を「観察者側信頼性の決定」(determination of observer reliability)と名付けられる。科学的研究の成果を公表する根本的な理由の一つは、研究解釈の正確さと個人的バイアス排除の程度とを他の研究者たちに判断して貰うことにあると言える。

心理学的研究に於る粉糾とバイアスの源は、心理学で研究される問題の複雑性と重要な変量(variables)の統整(更に同一性確認)の困難性から生ずる。例えば、健康と知能との間に見られる関係は少くとも幾らかは、社会経済的地位が健康にも知能にも関連があるという事実の産物である。思春期と行動成熟との関係は直接的には血管のホルモン構成の変化によるのではなくて、他の人々から異なつた取扱いをされるようになる身体的大きさの差異によるものと思われる。かかる変量はよく統整されることもあるが、多くの研究では之が充分になされないでこうして得た事実を認めその発見事項解釈を適切なりと思い込むのが普通である。或る場合には、重要な変量を恒常に保つことができないこともあり、又或る数量化は統計的方法によらねばならないこともある。更に、データーから出された推論(inferences)に適切な修正をなすために、或る特定の研究で分析されているような要素を特殊化することも必要な場合がある。

以上述べて来たような、取得事実の決定に於る研究法の役割は、述べると限りがない。然し、心理学的研究に於る問題点を以上のように略述することは、提供される事実や青少年の個人的な経験に関する資料を用心深く吟味する必要のあることを示唆するであろう。

c　規準的研究と個別的研究

児童期や青年期の発達の多くの研究は大多数のグループについてなされて、発達は平均的にどう進行するかについて重要な資料を得ている。他の研究は、一人又は限られた人数の対象についての綿密な研究に基づいている。かような両種の研究は、発達の全体的な理解に如何なる貢献をしているであろうか。

一人の人間を叙述するのに用いられる大抵の文章や語句は、他の人々との関係に於る彼の地位に言及している、即ち「規準」との比較を表わしている。或る青年を身長が高いとか低いとか頭が良い・悪い、よく適応している、容貌が良いなどと述べている。此等の語句は、彼は平均よりも高い・低い、平均よりも頭が良い悪い、平均よりも外貌が良い平均よりもよく適応しているということを意味する勿論、此等の語句が普通に意味するよりも一層正確にその人について述べるのは望ましいことである。どれだけ正確にその人に関して述べられているかは、種々の面に評定尺度やテストなどに於る彼の地位を評価する妥当な方法がどの程度用いられるか、又彼の相対的な地位を判定するための関係枠(frame of reference)として用いられている大多数の人々に基づいた比較可能な数量が存在するかどうか、に関わつている。大グループの研究は全般的な人々の発達傾向を描き出す目的に沿うているし、従つて一個人の発達を比較するための backdrop として使用される。同様に、多数集団の統計的研究から得た各特性間の関係や後背条件間の関係は、発達現象を一層よく理解するためにも又その集団の他の事実が分つている場合にこれから先どうなるかを予測する根拠を得るためにも役立つ。勿論或る所与の事例に於て明確に何が生起するようになるかという点ではなく(今日の心理学に於ては何でも正確に予測できる程に充分発達していない)、或る特定の状況が存在するようになるだろうという蓋然性(probability)の点で。集団の研究は、特定の個人を取扱う際に役立つような豊富な仮説の源を提供する。又実際生活に於る諸作業(運動競技、学業、校外活動など)では児童青年の集団を扱うのであるから、大集団又は特定集団に関する諸研究は(彼等は全般的な平均像を示すだけでなく予想される個人差の範囲(range)をも示すために)その作業の根本方針を樹立するのに役立つであろう。

児童青年に関する上述のタイプの研究は、全般的な人間理解に大いに貢献して来たし、又個々人を研究する方法を示して来たけれども、これら諸研究の性質上特定の個人に関して「異なるもの」を考察することを怠つて来た。本来個人的である諸事実は、同種事実について他の多くの人々から平均化される時に、その個別性(indiuiduality)を失つてしまう。従つて、データの個別性が保たれている個々の事例研究を通して、又個人内での各種要因の比較的ユニークな相互作用を通して学び取るべきものが多い。或る個人を理解するには、彼の背景・現在の状況・能力(capacity)・動機づけ状態(motiuations)・態度・経験・葛藤状態(frwrration)・成功性(success)などの理解からのみ生ずる。行動や適応状態を決定する種々の要因が個々の事例に於て如何に相互関連しているか、又種々の経験や行動はその個人にとつて如何なる意味があるかということは、その個人を理解する場合に当然解決さるべき根本問題である。この種の資料は、細心の注意と洞察力を以てその人を研究してこそ得ることができる。

従つて、個々の児童青年をよりよく理解しようと望む者は、諸文献に要約された法則性（特に集団の研究から得た法則性）を直接的に適用してその個人を理解しようと試みるのではなく、之に加うるに、種々の有意味な要素が比較的ユニークな方式で結合してをり根本的にユニークな意味を持つている一個体として彼を吟味すべきであろう。同様に、一般的な児童青年を理解しようと望む人は、一人または数人の個人を夫々個人的な行動の力動性（dynamics）の幾つかノートしながら数年間に亘つて注意深く研究する試みが望ましい。info'ma な観察や数カ月間に亘る一児童の研究は、教科書の記述からだけ得られる理解を一層広くするであろう。若し子供を研究する際に一人の「児童（又は青年）」としてではなく一人の人間として研究するならば、一層よく全体的な理解が現われるであろう。

要　約

1　人間の発達を研究する者（特に教師のように専門的な文献を批判的に読む能力を持たねばならない人）は、児童期青年期を研究する各種研究法の長所と短所と敏感な注意を払うべきである。ここでは、児童青年の代表的なサンプルを得る問題点と、特定サンプルから得られた結論に於て生じやすい誤謬を指摘した。横断面的研究と継続的研究との長所と短所について述べ、また資料蒐集に用いられる方法が結果の性質を決定する働きのあることを論じた。

2　集団の統計的な研究は、爾後の考察の基礎となるデータを提供してくれる。かかる研究は、児童青年期に関する全般的な知識に重要な貢献をなし、一般的発達規準を描き個体的変異の範囲を表示するという点で大きな価値があるけれども、更に重要なことは、児童青年に関する満足な理解が達成されるためには、個体的な行動のダイミナツクスが研究考察されるべきである。

3　青少年の諸問題点を決定する環境的要因の役割を展望すると、彼らの諸問題点を最小限にし（場合によつては排除する）ために、教育的な手段や環境的な取扱によつて為さるべきものが多いようである。学校に於ても家庭に於ても教育を効果的ならしめるためには、何を教えるべきかについての示唆を得る源として青少年の理解に努め、彼ら学習者の興味・能力・技両などの成熟度という点から教育上の努力点を計画し、個人差を充分認知し、考え方の重要性や総体的な一児童を教育することの重要性を認識する必要がある。

◎雷の力はどのぐらいのものか。

答……雷雨のさい、ひかりかがやいて見えるいなづまは、雲と雲のあいだ、および雲と地面とのあいだにおこる瞬間的な、強烈な放電現象であることは早くから知られていた。いなづまが、あのように強い閃光をはなつのは、その放電路が非常に高温であることを示している。雷の放電作用についやす電気量は莫大なものであつて、その強さは1～10万アンペアで、エネルギーは10^{16-18}エルグ（2,5×10^{18-10}カロリー）に達するものと考えられている。これをもつとわかり易くいうと、摂氏零度の水二五〇トンを摂氏百度まであたゝめうる熱量にあたる。

◎かみなりはどうして起るかその原因を。

答……強い電流が瞬時に流れるので、放電路に莫大な熱を生じ、この放電路にある空気分子の加熱は三千度（C°）に達するといわれている。そのため放電路の空気は爆発的に膨張する結果となる。そのわりあいは1,3×10^5cm／Secと見積られている。雷鳴はこのような、空気の急激な膨張によつておこる一種の衝突のために生ずるもので、その音は近距離では鋭い破裂音にきこえるが、遠くなるにつれてゴロゴロととどろくようにきこえるのは既に経験ずみのことと思う。

◎雷鳴はどの範囲まできこえるか。

答……遠方の雷はピカピカ光るだけで、音はきこえないことがある。このことは雷鳴の伝播距離が案外せまいことを意味する。雷鳴のきこえる距離は、ふつう十粁ぐらいで、最も条件のよい場合でも二十粁をこえることはまれである。これに対し、たとえば大砲の音などは二十五粁ぐらいのとおさまできこえるというから一寸意外です。これは雷の発生するような条件におかれた大気の温度分布や、風の分布状態のもとでは、大気の層構成が不安定なかたちであるために、音波が上の方へ屈折してしまい遠くまで音が伝わらないからである。また他の説では、大気の状態が非常に乱れていること。雷鳴の音源付近に濃密な雲があること。音のエネルギーが速かに吸収されること。があげられておる。雷鳴の音波を記録してみると、部分的には一つの調子をおびているが、全体としては不規則な振動の集合である。音としては騒音の部類に属する。それから雷鳴のエネルギーを推定してみると、$2×10^{12}$エルグ（$5×10^4$カロリー）、すなわち摂氏零度の水一リツトルを五〇度まで温める程度である。これは雷の放電についやした全エネルギーに較べると10^{4-6}分の一にしかあたらない。その意味するものはあの広大な天空を引き裂くような音も、実は雷公様の一回のセキばらいぐらいにしかあたらない。

本地区の教育研修の動向

八重山
指導主事　伊良皆　高成

求められたこのテーマに対して遺憾ながら充分な調査検討の余裕をもち得なかつたのでこれから述べることは、あくまでもその概観であり又個人的見解に基いた考察であることをご諒解いただきたい。先ず最初に「教育研修のあり方」について、次に「本地区の教育研修の現況」を、そして最後に「本地区における教育研修ののぞましい方向」という順に述べたい。

一、教育研修のあり方

(一)　その必要性　日本においては教育公務員特例法第十九条で「教育公務員はその職責を遂行するために絶えず研究と修養に努めなければならない」と明確にその研修の義務が規定されている。

しかるに一方地方公務員法には「職員にはその勤務能率の発揮及び増進のために研修を受ける機会が与えられなければならない」また、国家公務員法にも「……増進のために教育訓練の計画を樹立」しなければならないというように、いずれもその研修の必要なことは法律によつて認めていながら、公務員自体の立場からはあえてこれを義務付けしていない。

要するに教育公務員に関する限り、研修を行わずしてはその職責を遂行し得ないという考え方に立つているといえよう。

ここに他の一般公務員に比べて教育公務員の職責の特殊性と重要性、及び研修の重要性があることを知らなければならないと思う。琉球においてはもちろんまだ教育公務員特例法は生まれていないが、琉球政府公務員法第四十七条に日本の公務員法と殆んど同様な規定がうたわれているにすぎない。最近琉球においても特例法化が進められつつあると聞くが、研修の法的根拠やその他の面から考えて、一日も早くその立法化の実現がのぞまれる。

(二)　研修の必要性の理由

ではこのように教育公務員のみに研修の義務付けがなされなければならない理由はどこにあるか。そのことは今更述べるまでもないが、一応ここに認識を新たにしたいと思う。一言で云えば教育という仕事の特殊性、重要性によるものではあるが、

(イ)　絶えず不断の研修を必要とすること。

免許制度によつて必要な一定資格を具備しているとは云え教育の実際に当つて必要な知識、技能、態度などのあらゆる領域にわたつて決して充分とは云えない。教育が社会的変化に即応して行われ常に進歩向上しなければならない事業である以上、教育者の停滞が許されないことは当然である。

教育者としての職務を全うするためには、新しい社会が要求する新しい知識技能、態度を常に質的に補充していかねばならない。しかも教育の素材として取扱われる「文化」は無限の広がりと深さをもつているものであり、われわれの知識と経験の範囲には限りのあることを思えば教育者の研修がいかに重要であるかを通感させられる。

(ロ)　児童、生徒を知ること

教育は先ず被教育者である児童生徒を知ることからはじまると云われている。およそ「人を知る」ということ程容易のように見えて、その実困難なことはない。おそらく無限の課題ではなかろうか。そのために教育科学の学問的分野の進歩は著しいものがあり、更に現在もなおあらゆる角度から次々に新しい学問的研究が続けられている実情である。そういう中でただ現在の資格と知識技能に安んじて、十年一日の如く同一軌道の廻転を続けるならば、もはや教育者としての生命を消滅したものに化するであろう。

(ハ)　人格の養成につとめること。

教育という作用は、いかなる場合でも人格と人格の接触交流であるといわれている。単に知識技能を注入することではなく、彼等の内部的生命をよびさまし、彼等の自己形成作用である。特に人格育成期にある児童生徒の教育にあたる者の人格は最も大きな影響力をもつている。

教育者としての権威と正しい愛情を備えて児童生徒に接してこそ人格と人格との接触は火花を発しその交流は実を結ぶであろう。この厳存する教育者の倫理を忘れ果てた時教育は生命のない死んだものとなつてしまうであろう。教育者が絶えず修養を要求され、また努めねばならないのはこのためにほかならないと思う。

(三)　研修の型態と方法

研修の型態は概ね次のように分けられると思う。

●教育行政機関の行うもの
教育行政上の必要から政策的に行われるものが多い。資格を附与したり又は更新するために行う研修（単位修得講習）、教育改革に伴う新教育理論や技術方法等を習得させるための研修。平常の指導技術や学校運営の知識技能を向上するための研修。等が考えられる。

●教職員自体の自発的に行うもの。
いわゆる自己研修である。それは更に個人的研修と協同的（団体的）研修の二つに分けられる。あらゆる個人研究をはじめ校内研究会、校外研究会、研究集会等。

普通現職教育というと主として前者の教育行政機関の行う研修を意味する場合が多いが、教育研修の本旨からすればかえつて後者が重要視されなければならないと思う。

単位修得講習や免許講習は教育研修のあり方からすればその範囲から除外すべき性質のものと考えることもできる。つまり現職研修の必要性は上級免許を取得するため、または免許更新のためではないと云える。

しかしそのことは厳密な考え方でそう一概に割り切ることのできない種々複雑な情態にあるのが実情である。そのためには文教当局やその他の教育機関の教育研修計画が一日も早く真の意味の教育研修の方向に集中されていかなければならないと思う。

それと共にいやそれより以前に各職場において真に自主性、具体性をもつた研修計画が樹立され、学校の教育計画と表裏一体となつて活発に実施されなければならない。

二、本地区における教育研修の現況

教育行政機関の行うものは別として、ここでは「地区内での自発的に行うもの」について迷べたいと思う。

（一） 同好会組織の発展

ここ数年来同好会組織の研究体が次々に生れ、現在その数は七つにのぼつている。

特に五八年から五九年にかけて相次いで生れ急に活発化してきている。現在までにできた組織を年次順に記すと、

●教育音楽協会　これは全琉的組織として早くから結成され、八重山支部として長い間活動しつづけてきた。

●図工教育研究会　五六年夏、図工科担任教師が中心となり、特に日留研究教員を主体として生れ、児童画の見方取扱い方などを主研究テーマとして発足した純粋の同好会組織である。

●へき地教育研究会　五七年夏、文教局指定の実験学校、川平小中学校の研究発表会を期して発足。数年来よりへき地教育振興が叫ばれその機運が起りつつある時、実験学校の川平校が主体となつて、へき地教育の実態の検討、その不振の打開策が直剣に研究調査されることになりその緒についた。

なおこの研究会は日本全国へき地教育研究会と連繋を保ち、相ていけいして活動していく所にその特異性がある。

●気象教育研究会　全琉的組織としての八重山支部、当地の測候所の熱心な援助により各学校が気象教育の特殊性を痛感し積極的に賛同して他地区に先がけて五八年十月支部結成。各学校にある気象クラブや観測所の活動と相まつて今後大いに興味ある活動を展開するものと思う。

●英語教育同好会　文教局吉浜主事の助言もあつて、中、高校英語科担任教師を中心として五九年一月に結成され英語教育の問題点について相互研究がとりあげられ、又外人指導による英語（会話）講習会を開催し活動を始めている。

●自然科学研究同好会　今年始め頃から、文教局指定実験学校（理科）宮良小学校の研究と相呼応して、その機運が醸成され、文教局金城主事の助言を得て、各学校理科担任教師を主体として五九年三月結成され自然科学全般に亘る研究調査が進められている。これには教員のみではなく他官庁の職員や民間の関係者、技術者等も広く網羅して巾広く推進されていることが注目される。

○中学校職業教育振興会　全琉的組織五九年三月八重山支部として結成をみた。

この結成に当つては、当地より派遣された琉大研究教員三名（職業科担任）が主体となつて力を注いだ。今後の職業教育の重要性は論をまたないが、特に当地区の産業の実態や開発政策の特殊性からみて切実な問題として真剣に検討されなければならないものがありその活動が期待されよう。

（二） その問題点

自主的研修体として各種の同好会組織が七つも生れたことは、地理的に不遇な立場にある当地区としてまことに心強く喜びに堪えない。反面このような組織の陥り易い弱点として次のようなことに留意しなければならないと思う。

●竜頭蛇尾に流れないこと。
えてして流行的波にのつて華々しく開幕はしたが、何時の間にか火の消えるように自然消滅し易いものである。離島へき地が多く連絡集合に不便を感ずる本地区のような環境では一層この傾向が強い。

●限られた幹部の活動のみに終らぬこと。

組織には中心的な、リーダーは必要ではあるが、これらの限られた者のみの活動に終始し、一般会員はただ他人まかせになり時には無関心な状態にさえなりがちである。同好会組織の場合はその示すように、みんなが共同の立場で互いに話し合い親しみの中で相互の問題を解決していく形にもつて行き、強いて固苦しい役職名や煩雑な機構など設けないでもよいと思う。

その他「経費」の問題もあるが余り負担のかからない程度の事業を計画すべきである。勿論教育委員会や教職員会よりの研究費補助はのぞましいことではあるが、現状はあまり期待できない。将来はその実績によつて大いに奨励補助してもらいたいと思う。要するに、機構倒れになることとなく、真に同志同好的な集結を固め、そして現実に即して平常の教壇実践や共同の問題などを研究調査していく方向にもつていくべきと思う。

三、本地区における教育研修の望ましい方向。

本地区のこれまでの状況と地理的環境から考察して教育研修の方向を次のように考えたい。

(一) 校内研修の充実

十一の島々から本群島には三十六校の小学校、二十九校の中学校が設置され小校児童在籍一〇七〇〇、中校生徒在籍二一九〇を有し、一校平均小校二九〇、中校五七となつている。児童生徒に対する学校数の比率はおそらく全琉一であろう。

このような地理的条件下においては或程度学校自体が孤立化してしまう。殊に竹富区では一島一校の形をなしている。必然的に他との連繋交流を欠くので、どうしても校内の研修計画が適切周到に立てられ、意識的に活潑な実施がなされなければならない。その他の学校においてもそれが最も効果的であると思う。

(二) 学校ブロックによる研修の促進

離島地域の中にも或一定地域毎にブロックを形成、いわゆる隣校研修会の形で組織している所があるが、これは環境の欠点を補つた最もよい方法と思う与那国教育会（四校）、西表西部地区研究会（六校）がそれである。石垣市大浜町、移民地域、東部西表地域などにもおしひろめて地域単位隣校単位の研修機構を促進することによつていくぶんでもへき地の孤立化が解決され得たら幸いである。

(三) 文教局主催の講習、研修について

例年他地区にも比べてその機式が少い傾向にある。また機会があつてもそれを地区全体に有効適切に利用され得ない憾みがあった。多数の参加ができるように、時期、期間、経費などの面にもつと考慮されたい。

(四) 免許（単位修得）講習について

小中校四一二名の教職員のうち一二五名、約三〇％の無資格教員を有する本地区の教員組織の強化をはかるにためには、止むを得ないが、現状としてはどうしても免許講習に或程度の重点を注がねばならないであろう。仮教員の臨時養成機関の特設、琉大講座の増設単位修得試験の与那国区での実施。などを強く要望する。

(五) 同好会組織の強化育成等

次に研修の内容面からみた本地区の研修の方向を述べると、

●へき教育の研究、複式指導法の研究へき地学校の運営法の研究。実施を通して、強力にそして継続的に根気強く調査研究されねばならない課題である。

●学習指導法の研修。平常の指導実践に直結する学習指導法の不断の研究。特に臨時免新任教師を対象とした計画的究修会の実施。

●改訂学習指導要領の分析研究

新しい教育方法、理論などにおくれがちの本地区として、この面の研究は個人的にも共同的、全体的にも意が注がれねばならない。そのためにも本土指導主事の派遣配置を早急に要望したい。

以上とりとめなく述べてきたが、結局は教師その人の問題であり、いくら綿密周到な研修計画を樹立しても、上からの強制的な方法をもつてしても、どうにもならない。

教師個人の研修意欲がすべてを決定する。「常に進みつつある教育者のみが人を教える権利がある。」われわれのモットーであるこのことばを、今一度じつくり考えよう。

本地区教育研修の動向

宮古

指導主事　砂川恵保

一、はじめに

私たち教師は、今日、多くの課題の中にその身をおかれている。平和教育、生産教育、道徳教育、教育課程の問題学力向上の問題その他私たち教師に解決を迫られている課題は数えればきりがない。

もちろん、教育はその根本において、政治や経済の規定性の上に立っているのであるから、これらの課題が教育の中だけで解決されるものでないことはいうまでもないことである。だからといって、政治力や経済力の進展をまつことによつて教育の進展をはかろうとすることは許されないし、私たち教師は可能な限りにおいてこれらの課題と取り組み教育をあるべき姿におくための努力をしなければならない。

ところで、この「可能な限りにおいて」ということで、私たち教師には、全く自由な決意性による主体的な研修活動が要請されることになる。なぜかなら、「可能な限り」は問題意識の稀薄な教師にとつては低い水準のものとなろうし、えい智に富み高い技術性を身に具えた教師にとつては高い水準のものとなるからである。

今日、現場の教師にとつては、応接にいとまない程数多くの研修会がもたれている。それには教育行政上の措置としてのものもあろうし、教職員の会活動としてのものもあるし、あるいは校内でもたれるものその他いろいろなものがある。しかし肝心なことは教師のひとりびとりが自己の設定する教育目標に向かつて有効な方法を展開するためのものとして、これらの研修会を主体的にうけとめるかどうかということである。

そう考えますとき、現場教師を受身の立場におくような研修会はなるべく整理して、自己の深い沈潜とたゆまざる努力とを伴うような教師の自由な立場における主体的な研修活動を育てていきたいものと思う次第である。

二、本地区教育研修の動向

㈠「つどい」

宮古水産高等学校の教師たちによつて「つどい」という冊子が刊行されているこの「つどい」刊行の動機は、創刊号の冒頭の言葉―「時代なのだ。」生徒のいろいろな問題をこのことばでかたづけたくたくない。吾々は「どうしてか」を試みたいのだ。―によつてうかがうことができる。つまり彼等は「つどい」という共同の語り合いの場を設定してその中で生徒のいろいろな問題に焦点を当てて「どうしてか」を究明しようとしているのである。そして彼等にそういう決意をさせたのは、彼等がいつている通り「時代なのだ。」式で教育の問題をかたづけようとする問題意識の稀薄さや、妙な世俗的な歴史感覚が現実社会には充満しているからであり教師ひとりが独立していては、こうした環境に感染したり押し流されたりする不安感を彼等が身をもつて感じとつているからであろう。

こうした水高教師たちのこころみは、教育の課題と真剣にとりくもうとする教師たちの深い共感をよぶものとして期待している。

戦前にもこの「つどい」に似た校内報ともいうべきものが、ある学校の職員間にもたれていた。これは週刊になつていて週番教師が編集してその週その週の教育的話題を全職員に提供するしくみのものであつた。ザラシ四枚大の一枚の校内報ではあつたが、これによつて職員室の雰囲気がいかに視密化され情熱化され知性化されたか、はかり知れないものがあつたように思う。

戦後、江湖に訴える式のＰＲ活動は活発になつたが、同校職員というサークルの中で、ひそかに悩みを訴え合うというこの種のものがあまりみられなかつたように思う。

幸に水高の教師たちによつてこうした望ましい息吹を示してもらつて、ありがたいことに思つている。

㈡サークル活動

宮水高の教師たちが「つどい」を媒体としての研修活動をこころみているのに対して、小中学校の教師たちの間では教科指導の面でのサークル活動の展開が各所でみられるようになつた。数学研究サークル、道徳教育研究サークル等である

これは研究教員かえりの教師たちを中核にしたもので隣校の教師たち数名のメンバーで構成されているようだ。勿論教職員会の研究部組織とも無縁に全くの自由な決意によつて結び合つたもので、何者にも拘束されないといつた強さと情熱を彼等はもつている。

集会もメンバーの家庭輪番でということになつているようだが、夜間のことではあるし話が嵩じたりすると酒を酌みかわす親睦会に変ずることもあるとはメンバーの一人の述懐であるが、共通の課題を胸においてのことであるので、そういう風景もまた美しく楽しいものに想像される。

㈢実践記録活動

サークル活動は共同の研修によつて教師としての自己を高めようとする形態であるが、これは日々の教壇実践を反省し記録化していこうとするもので自己の深い沈潜による自己変革の過程である。

これも研究教員かえりの教師たちの間にみられる動きであるが、彼等は半ケ年間本土の教師たちと生活をともにしてきて何よりも彼等に学ぶべき点として、この実践記録活動を強調している。

もちろん、実践記録といつてもそれには記録の程度にいろいろの差はあろう。指導案の末尾の反省欄に書く程度の簡単

※六一頁へつづく

本校における教育研修

粟国小中学校
山城幸吉

一、本校の努力目標

1 道徳教育の振興
2 基礎学力の向上（国、算）
（学校研究テーマ）
3 生産教育、重視
4 教育環境の整備

二、教育研修の方針

1 目標

A 現職教育の推進を図ると共に研修体制を確立し教職員の教育技術の向上と資質の向上に努める。

B 現場の教師としての基礎知識の修得に努め、研究発表、研究授業を効果的に実施する。

C 学識教養を高深し品性の向上を図り、自己の長所に基き一人一研究と各教科部の研究を推進する。

D 改訂学習指導要領の研究に努め学習指導法の改善を図る

2 研修推進の具体的方図

㈠ 望ましい人間像の育成と各教科との関連

◦全人教育の立場から基本的な人間像を考え、各教科のもつ本質を充分に生かしながら努力目標を成したい。

A 自主的学習を進め自らよく考え進んで意見を発表しえる人間、（国、英）（社）

B 知識技能を身につけ合理的な物の見方、考え方にめざめた有能な人間（数、理社職家）

C 健康で情操豊かな創造的な人間（保体、音、図工）

㈡ 研修運営委員会を設け、計画案の樹立、実施を推進して目標達成に努める。

㈢ 具体的方策とその観点

A 教育技術の向上を図る為に月一回ないし二回の研究授業と各教科の部会研究会、週一回の研究会、反省会を定期的に開く（水曜日）

イ 自主的に教材、教授法を自己研修することは言うまでもないが、公開授業や相互参観によって学習指導法の技術や新しい教授形態や方法を修得するのに効果的である。

ロ 研究会や反省会は全職員の学識経験を交換することによって各自の専門的知識を向上させ、新しい問題の発見と次の問題への展開が得られる利点が多い。

ハ 従って、研究授業を始め、学校経営、教科経営、学級経営、学習指導、生活指導、職業指導図書館経営等に関する研究会と各種行事後の反省会等を定期的又随時実施催すことによって事上研修を深めていく。

B 教師としての基礎知識の修得に努める為に職員図書の充実と講習会、教研大会又は視察によって攝取した新知識を伝達発表し、座談会を開き現場の諸問題を討議し解決策を得る過程において、相互に基礎知識を修得出来又PTAとの教育座談会も催し地域の実態を充分に把握しつつ研修を推進していく、

イ 最も広汎な研修は読書によってなされる。従って教職教養に必要な書籍を揃え、充分に活用することによって各自の知識を広め又読後感想とか批判を発表し合うことによって精神的にも共同研究に参加していると言う親愛感を深めたい。

ロ 又学校運営上支障のない限り各種講習会、教研大会に参加させて新知識を得ることに努力しその結果を研修会や機会あるごとに発表し参考資料を提供することによって相互に資質の向上が図れる。

C 学識教養の高深に基づく一人一研究の専攻を行うと共に教師の品位の向上を図っていく。

イ 一人一研究への努力は現職上の実力を次第に養ってゆくと共に研究の完成は教職員に歓喜と愉悦を与え、それが契機となって更に他の研究への意欲をそそり、ますます深い知識と教養が培われてゆく。

ロ 一人一研究の意義と価値を認め一つのテーマの下に継続的に研究してよき成果を挙げるべく努力し、その尊き結唱を、集録することによって互に啓発し、尊い実験記や報告を分かち合うことによって自他共に資質の向上を図りたい。

ハ 品性は生徒の上に及ぼす感化が実に深いものがある、と言うのは教育は人が人を教えるもの

で教師の学識や指導力が生徒に深い影響を与えることは言うまでもない、教師自身が常に服装態度、言葉遣い、挙動によく留意し、自己反省をなし、相互に矯正しあつて明朗で品位のあるものにしたいものであり、それが教えざる教育の真価を発揮するものである。

三、計　画

1　各部の努力点と研究授業（小中）

国語科	基礎学力（読書）の向上	六月
算数科	基礎計算の向上	五月
社会科	読図知識技能	一〇月
理　科	基礎的な実験観察の指導	六月
音楽科	読譜能力を高める	十一月
図工科	創意工夫	九月
保体科	施設用具の拡充と其の管理活用	一〇月
職家科	職業技術	二月
英語科	基本文型指導	一月

2、研修会

A　研修運営委員会

・研修運営上の諸問題について研究、協議し各教科、各部、各学年の歩調を揃え運営の効果向上に努める。

B　職員会（研修会も兼ねる事あり）

イ　小中校統一の為の各種の連絡打ち合わせを行い、意見の交換を行う。

ロ　現職教育の場とし、職員の学識経験の発表により互に資質の向上に努める。

ハ　各種の計画と運営、各種行事の反省と討議をなす。

C　研修会（水曜日）

イ　講習受講の事項の伝達と新知識の発表と各自の研究発表を行う。

ロ　学校経営、教科経営、学級経営、図書館経営、生活指導、学習指導、職業指導などについての相互研究をする。

ハ　研究授業の相互参観と反省会の実施

ニ　司会者を輪番制とし、会議運営の中枢者としての経験を積む

D　教科主任会

イ　教科横の連絡諸行事企画の打ち合わせ

ロ　評価方法の打ち合わせ、

E　教科部会（月一回以上）

イ　各部の運営計画、伝達講習、各行事の討議及び反省

ロ　努力目標の反省及び実施企画

ハ　指導技術の交換、連絡打ち合わせ

F　反省会

。運動会、学芸会、各種行事の後に反省会を行う。

3　教科研究組織

部員 教科	主任 小校	主任 中校	部員 小校	部員 中校
国語		伊良皆	末吉、上原	伊佐
数学		安里	内嶺、当銘 安谷屋	
社会	上原		伊佐	伊佐
理科	兼浜		伊佐	安里
音楽	屋宜		兼浜、屋宜	末吉
図工	内嶺		上原	伊良皆
保体		浜川	屋宜、上原	
職家		伊佐	山城、当銘	
英語		末吉	安谷屋 山城	浜川

4　一人一研究

。各人は自己の定めた研究テーマに基いて継続的に研究する。

四、おわりに

研修を効率的に運営推進する為の留意

A　本年度は何を重点におくかの研究テーマをはっきり決め、校内におこる切実な具体的課題を取り挙げ現場からの理論的なものにはしらない。

B　年次計画を立て研究を計画的継続的にすすめ、定期日に研修日を定め予定を変更せずできるだけ実施していく。

C　教師の個性と長所、興味に応じ研究分担が一定の教師にかたよらないように各人の責任を平等にして全職員が協力して行うようにする。

D　研究活動が大きな負担となり、そのために家庭生活や個人生活をあまりにも犠牲にするような計画は長続きしないので適度になす。

E　小中校を一貫とした研究体制を確立して研修会を推進する。

（粟国小中学校長）

校内の自主的研修を高めるために

島袋小中学校長　具　志　幸　善

教師のひとりびとりが、教育の理想を確信しつつ、毎日の教育をとおして、自主的に判断し、研究的に実践しなければならないことは、今更いうまでも

ない。

教師は絶えず問題をもち、着実に研究し、教育の諸問題を解決し、各人の特徴を生かしつつ、それぞれの面から沖縄の教育に寄与する気概を、もちたいものである。

教研集会も回を重ねるにつれ、個人の研究発表も多くなり、その内容も充実したものになつていることは、発表者に敬意を表したい。

学校の自主的研修を育てるには、教師各自の研究意欲を高めるにあるが、それには、特別な方法とか、効果的な組織とかがある訳ではない。沖縄教育の希望と期待は、教師の個性的な研修にかけられている。

一人一研究

数年前から一人一研究がずいぶんすすめられているが、それに継続的な研究としての問題性をもたし、教壇実践と密接な関連を保ちつつ、結果的には、生徒の学力向上にまで、持ちこまなくてはならないと思う。

たとえ、校内年間研究発表会の予定を決めても、個々との発表が義務的で、その場限りのものであつてはいけない。なおざりになつたり、形式的で学校の宣伝型にでもはまつたら、困りものである。

一人一研究も、テーマの関連から、共洞研究に発展するのがままあるが、各教師が相手の立場を理解し、互いに援けあい、その研究の成果が、学校自体の教育向上を目ざす、協同の所産となるように、心がけたい。

一人一研究のテーマを決める前に、全職員の討議の上で、学校テーマを設定し各自はその学校テーマに基いて、それに関連あるテーマを決めたら、全職員のテーマ意識が高まり、相互の指導協力も得られるし、授業研究を行うのにも、互に関連性があつてよくはないかと思う。

教師が自己に問題意識がなく、唯一人一研究に流されるままに、発表までの数ケ月を、義務的に責任を果すという型で過したら、本人の精神的、肉体的苦労もさることながら、生徒に及ぼす犠牲も、大きなものである。

発表の方法には、教壇での発表、プリントによる発表、教育機関誌上での発表等々があるが、それは各自の希望によつた方が、研究計画をスムースに進めるにもよいと思う。

教育の実践的研究を重視し、理論を実践に応用し、実践によつて理論の修正が行はれて、教壇改善への道を進むことが出来たら、一人一研究のもつ意義も、充分に果されたものといつてよい。

ここで、自分は一人二研究はどんなものか？と考えておすすめしたい。（特に小学校において）。それには二教科を研究してもよいし、研究テーマの内容から時間的に許されないならば、主研究に対する、副研究という意味でもよくはないか。尚それが関連性がある時には、結果的にも、さして負担にもならないで、大きな効果が得られるのではないか。

公開授業

実験学校の発表会や、教研集会の公開授業には、それこそ多数の現場教師が、非常な関心をもち、立すいの余地のない位盛会であるが（その時に傍観者がいることはないか？）午後の研究発表、研究討議の時には午前の授業の時に比して、極めてりようりようたる場合が多い。これは授業の流の巧拙等にのみ、研究の対象をおき、授業以前、授業以後の研究に内包される諸問題については、余り関心が寄せられていない感がする。

又研究討議の場合にも、核心を求める意見が少いのも一考を要する所であろう

授業研究会

学校内での授業研究会（研究授業ではない）の機会を多くもつことも一方法ではないか。研究授業となると、その語感から、何か大きな責任を感ずるようであるが、学校の職員が気軽に、教壇実践を通して、理論を解決し、教壇実践に理論を生かすことによつて、教育技術をせつさたくましくしていくという意味から、授業研究会を考へたらどんなものか。

学年会

毎週行はれている学年会等も、進度打合せや、教材研究より一歩進めて、お互いで授業を公開する所までいつたら、公開授業に対する観方や考へ方も洗錬されることだろう。

学年会にも校長が随時出席して、共同研究をすることは、問題を深く掘り下げるのに、最もよい機会であり、これが度重なるに従い、学校の研究雰囲気をもり上げるにも、大いに益することだろう。

同学年に研究心の旺盛な教員がいる時には、研究会も大きな期待がよせられるが、さうでなくても、各自が他人の発言を尊重し、耳を傾け、その中に自分の立場での問題の解決点を見出して行かうとする努力が大切である。

よく発言の回数が多いことを、過大評価する傾向が見られるが、各自が信念をもつて、具体的な実践を、正確に報告し合い、各自の立場からの批判を各自の内に求めることが、最も大切ではないか。

諸資料の活用

学校には数種類の教育雑誌や、パンフレット、文教時報、教室の窓、学図、職業教育、英語教育、研究物等々が送られてくるが、その何れも極めて読み易く、貴重な研究や資料が記載されている。これらの小論は実践記録、意見等に、参考になるのが多く、直ぐ教壇や校内研修、

に、取り上げられる問題が多いので、教師の研修に大きい役割を果している。

何かの機会に数年前の小論を読むのも又新しい感覚を刺激するのにも役立つている。

今後への期待

研修の方法としては、実践的、共同的継続的に行われるのが望ましいが、校内や地域の同志との共同研究が、自主的に進められる研究サークル、仲間づくりの機会を与えたいと思う。

実験学校にあたつたからとか、教研活動主任をいいつけれたからといつて「さてテーマは何にするか」というふうではただ苦労の増加であり・この様な現象は教壇活動の中正又は犠牲にしかならない。平素から継続的な問題をもち、実践即研究、研究即実践の研究態勢ができていたら、豊かな研究成果が期待されよう。

※　※

校内研修については、効果的な方法、組織というのはなくて、そこには各自の研究意慾の集積が、大いにその成果を左右するもので、教師にあり勝ちな精神的封建性をなくし、民主的な職場をつくり自主的研修を高めるには、次の諸点を考慮にいれたらどんなものか。

1　時間割編成の操作によつて、週の或一日の午後を全部研修時間にあてる。放課後からの研修会は下校時まで、せい／＼一時間位しかなく、精神的に時間の制約をうけ、落付いた研究討議は出来ない。校内研修会を夕刻までも延長することは、永続性を失う原因になり、感心できない。

2　一般の職務会と本質的な研修会とは、同日には行はない。

3　研究話題は、数日前に発表し、各自の事前研究を充分行はせ、討議を活発にさせる。

4　会議の議長は輪番制にはできないものか?

5　民主的な発言の自由は与へられているので、消極的発言をなくする様に努める。

6　特に校内研修会においては、各自の知識経験を裸にし、先輩、後輩、男女の差別辭等の精神的封建性をなくする。

7　指導主事や校長の意見が、皆から遊離しないように努める。

8　学者の研究から出た理論と、教師の実践から出た理論とは、自ら相違のあることを意識する。

※　※

学校の研究組織をいかに云々しても、要は各自の研究意慾の有無による。仕事の上からも、生活の上からも、殆んど余裕がなくて、教師個々の教養の高まりさえも、研究機会さえも持てないと考へるならば、全く情ないことである。解決方法は自らの内にしかない。

附

学校における研修といつたら「教育」に範囲が限定されるのが普通であるが、教師の一般教養を高める意味からも、趣味、専攻の面からも、教育関係以外の部面の社会、経済、法律政治、工学、商学……等について深さ、広さを求めてゆくために、校内研究発表会の枠組を広めてやるのもよくはないか。

これ等の研究発表をする教師が続々輩出することを期待したい。

高等学校における教育研修

中部農林高等学校
町田宗吉

はじめに

教育研修ということは教育目的を達成し、教育目的を実現するための教育目標に到達する技能、技術を身につけることにある。

この教育目的の実現、教育目標の理想に到達するための手段、技術の根本的な推進力となる力を把握するための活動が教育研修の目的である。従つてよりよい教育の技術や技能を研修によつて身につけることが教育の理想を実現する手段であり道である。この意味においてここではとくに高等学校の分野においての教育という狭い範囲に根つての教育研修の一ぱんについて言及することにする。

教育ということを論ずるときは先ず教育基本法と学校教育法に一応触れなければならない。教育基本法についてみるとその前文には「民主的で文化的な国家を建設して、世界の平和と人類の福祉を全うする理想の実現は教育が根本である」とうたわれているのである。そして又その後段に「個人の尊厳を重んじ、真理と平和を希求する人間の育成を期するとともに普及的にしてしかも個性ゆたかな文化の創造をめざす教育を普及徹底しなければならない」とされている。

その第一条には教育の目的について明示され「教育は人格の完成をめざし、平和的な国家及び社会の形成者として、真理と正義を愛し、個人の価値をたつとび勤労と責任を重んじ、自主的精神にみちた心身ともに健康な国民の育成を期して行われなければならない」とされている。

また学校教育法にはその第四十一条に高等学校の教育目的がうたわれており、即ち「高等学校は中学校における基礎の上に心身の発達に応じて、高等普通教育及び専門教育を施すことを目的とする。」とある。即ち高等学校は普通教育であるとともに一面専門教育であり、完成教育でもあるわけである。

この目的を実現するため第四十二条においては

一、中学校における教育の成果をさらに発展拡充させて、国家及び社会の有為な形成者として必要な資質を養うこと。

二、社会において果さなければならない使命の自覚に基ずき、個性に応じて将来の進路を決定させ、一般的な教養を高め、専門的な技能に習熟させること。

三、社会について広く深い理解と健全な批判力を養い、個性の確立に努めること。

とその教育目標を示してある。

この教育目標にかかげられた理想を実現しそれに到達するにこれを推進し助長していく教育の方法、原理、技術をふだんに充分身につけ自己を広め深めていくことが教育研修の目的でありねらいであると思う。研修するということは教育目的達成のため最も効果的で合理な教育活動を推進していく原動力を身につけようということであるから教師はこれによつてたえず前進、自己深化をはかつていくことが必要であり、組織的な研修と燃えるような、たゆまざる自己研修の意欲が豊富であることが必要である。ことに高等学校の教育は個性確立の教育であり、自己実現の教育であり、社会人を育成する教育であり普通教育である半面専門教育であり、完成教育でもあることは前に述べた通りであるから、教師は教科の知識が豊富であると共に教育の技能技術にもすぐれなければならない。

一方この時代の青年は人間的には心理的に最も動揺している不安定な時期であり危険な時期でもある故、その教育は一番重大な時期である。ここで高等学校の教育に従事するものは、この危険期の青年の教育に従事しているという正しい自覚と認識の上に立つて熱烈な教育愛と、強い推進力と実践力とをもつことが極めて大切であると思う。

ややもするとただ知識の切り売りをすることをもつて教育の全使命を果しているかのような誤つた観念を抱いているのではないだろうか。高等学校においては一般にそういつた傾向があるように思われるのでそういうことでは高等学校教育の使命は果されないから、教育の推進力となる技能、技術を身につけるべく教育研修を盛んにすることが痛感される。

そこで高等学校における教育の重点は何か、又高等学校生徒の現実の問題点は何であるかということを知る必要があると思う。そして教師は生徒のもついろいろの問題や教育の重心点に対応して彼等の問題を解決し、正しいよい方向へ向わしめるだけの実力を教師は把持していなければならない。

高等学校生徒の問題点の解決

高等学校の生徒は青年期の中期及び後期の初期にあり、情緒的には所謂疾風怒濤の時期といわれ過敏、動揺、興奮の特徴をもち、情緒は強烈で、怒りやすく、反抗しやすく、しかも執拗であり集団的な破壊的行動があらわれたり、自己劣等感に陥ることが多く情緒の安定感を欠くため多くの悩みをもち、問題をもつているもので動揺もはげしい。一方身体的発達の急激な時期であり過渡期の不均衡の生じやすい時期でもある。知能の発達においては個人差があるとはいえ頂点に達する時期であるといわれる。あらゆる面において発達の段階の中途にあるこの頃の生徒はいろいろの悩みを多くもつているので教育も又それに対応して行われなければならない。教育は対象たる生徒をよく理解しなければならない。彼等をよく理解して、適切にして正しい方向に導いていくためには教師は自己を深め広めていかなければいけないだろう。そしてたえざる研修を積み自分自身を深め生徒をよく知り正しく理解して自分もまた研修をつんでたえず前進することによつて自信に充ち迫力に富む強い実践力を養うことができその力によつて効果が大きく期待されよう。

今生徒の悩みとする事例をあげてみよう。この調査は一九五六年六月コザ高等学校における調査である。(1)健康及び体について。(2)学業について。(3)経済について (4)家庭について (5)性の問題について (6)宗教の問題 (7)道徳の問題について (8)対人関係 (9)国際社会問題 (10)性格について (11)校内問題 (12)進学就職 (13)その他一三項目九一事例について調査されたものである。

高等学校教育の問題点

高等学校は教育上の問題が多い。沖縄の現状を分析してみると学力水準の問題が考えられよう。今一九五七年四月研究調査課発行「学力調査のまとめ」から高等学校について日本平均と沖縄の平均とを比較してみると数字において全日制日本全国平均三一、九に対し沖縄の平均点二〇、一その差一一、八定時制において全国平均一五、九、沖縄の平均九、三でその差六、六

国語の平均点、日本の平均六二、一に対

なやんでいることの調査状況図（コザ高等学校　1956.6）

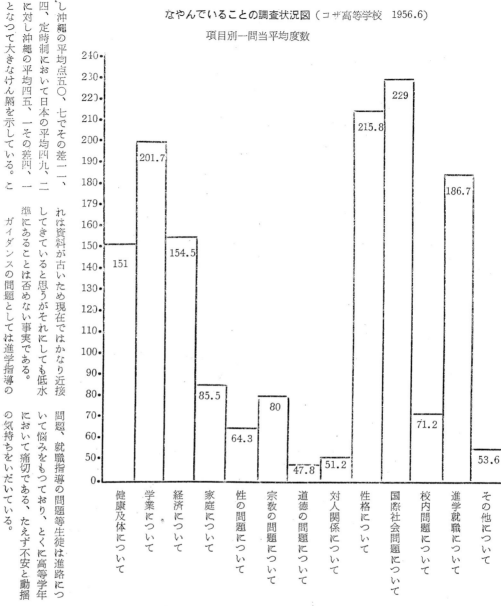

項目別一問当平均度数

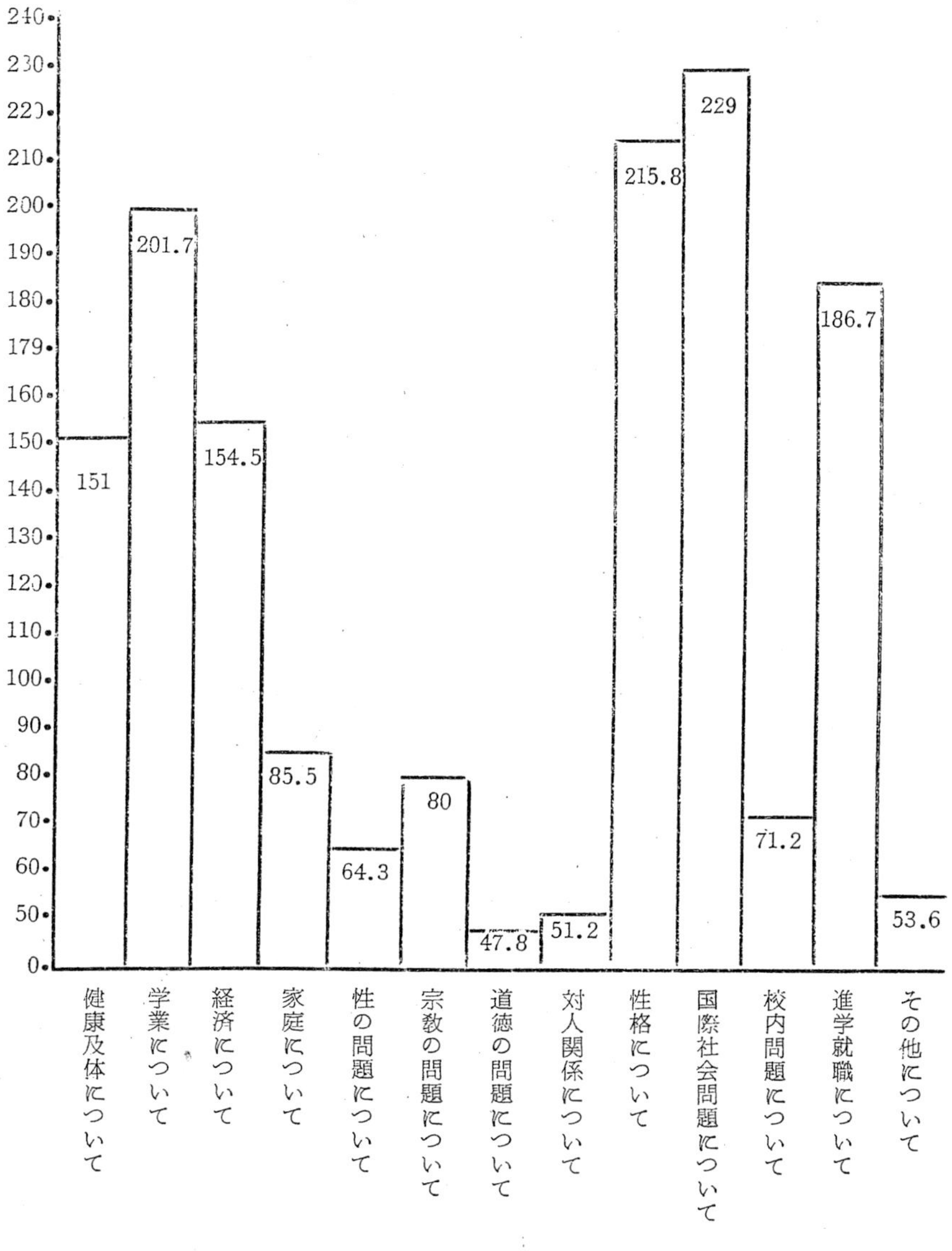

し沖縄の平均点五〇、七でその差一一、四、定時制において日本の平均四九、二に対し沖縄の平均四五、一その差四、一となつて大きなけん隔を示している。これは資料が古いため現在ではかなり近接してきていると思うがそれにしても低水準にあることは否めない事実である。

ガイダンスの問題としては進学指導の問題、就職指導の問題等生徒は進路について悩みをもつており、とくに高等学年において痛切である、たえず不安と動揺の気持ちをいだいている。

余暇指導の問題、道徳の問題、男女交際、健康指導の問題、社会集団としてホームルーム、生徒会、各種のクラブ活動で広範多岐にわたつて問題伏在するので片時もゆるがせにできない。なかでも人間形成の面が教育の最大の目標であるが、殊に高等学校においてはこの面に対しホームルーム運営管理が重要であり、ホームルームにおける運営指導がうまくいつておれば教育の大半は成功していると思つても過言ではない。この時代の青年は多感であり、危険をはらんだ時代であり、最も脆弱であるから指導に当を得なければ脱線して非行化するのも多い。したがつてかかる問題の研究を充分になし、その指導法について研修をつまなければいけない。生徒はいろいろ悩みはもちながらも社会に、おとなの世界に順応しようとあせつているからそれに十分答えなければならない。ただ知識の切売をするだけで教育と考えるならば空中楼閣を築くに等しい。

教育研修の組織機構

教育研修を最も効果的に実践し、有機的に運営するには組織機構を有機的にすることが大切である。その実践運営に当つては学校行事プログラム中に織込み、根気強く推進していかなければならない。そしてその計画が机上プランに終らしめないためには学校全体として統一のとれた組織でなければならない。その機構は有機的でなければいけながい。しかし複雑化するとかえつて活動を鈍化することとなるので、できるだけ簡単純化することがよい。

今組織機構の私案を別紙にかかげる。

教育研修組織機構（試案））

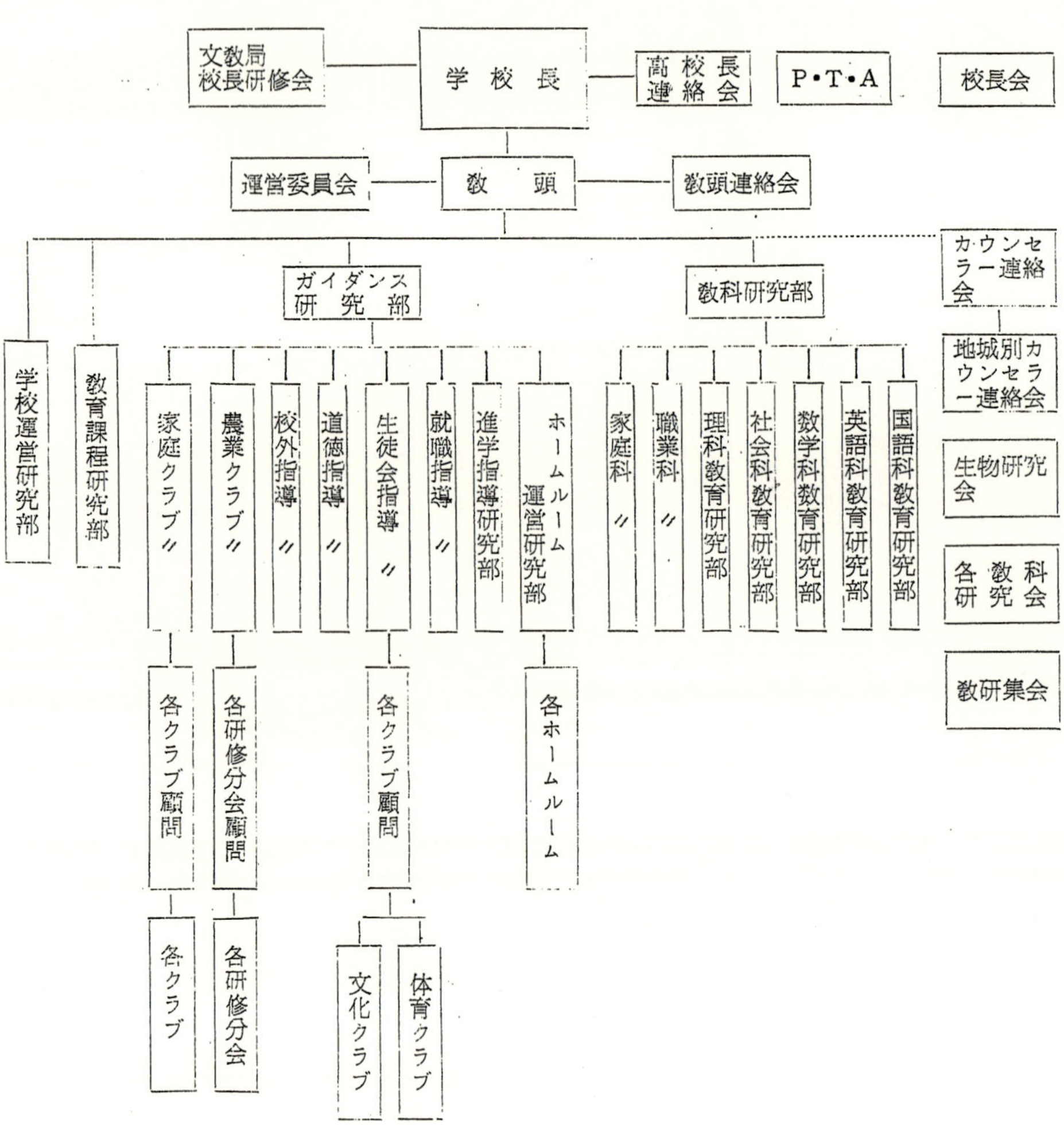

結び

研修は自分自身を深め広めて教育の対象である被教育者によりよいサービスをするための全体又は自己研さんであり、相互研さんである。従つてよりよい教育を実践するためにはよりよい教育研修をつまなければならない。どんな制度も、りつぱ組織機構ができ上り、卓越した計画を樹立しても実践しなければ意味がうすいし、卓抜なる個人も多数に及ばない。まして学校は小社会であり集りである。従つてすぐれた計画もよい組織機構があつても一人の異端者が内在すると推進は阻害され困難となる。りつぱな教育の成果をあげるには極力人の和をはかり全員が一致協力して問題の解決に当ることが肝要である。一致協力の体制がある所には困難な問題も氷解するものである。また人の和ができているところは必ず優れた個人個人で構成されている。その個人個人はきつと旺盛な教育熱と研修意欲の把持者で、自分一人でも問題解決に努力しているし、自己研修深化につとめているものである。そこで運営者は明るい環境楽しい雰囲気をつくるよう心掛けなければならない。そうすれば自然に全員よく協力して同じ目標に向うものである。職員みなの研修意欲を盛んにして高等学校教育の目標を達成することはよい自己研修相互研修によつてなされよい教育研修よい環境とよい雰囲気から生まれる。

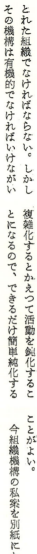

へき地の教育研修におもう

伊平屋村野甫小中校
金城哲雄

父母を失つて始めて父母のありがたさを知るものである。誰でも恵まれている中は余り苦しみの味を知らないのが常らしい。潜水艦の水兵さんが潜航中最も欲しいものは新鮮な空気らしい。しかし私たちには空気のありがたさがどんなものか知らない。

戦時中北支から中、南支と一ケ年を要して縦断した際私たちが欲しかつたものは日本内地にあるような渾々と湧き出る泉でであつた。それは、一ケ年もの間飲料水から用水までほとんど池の水という不自由さだつたからである。仏印に進駐して始めて清らかな泉に出逢つたときは戦友の誰もが恋人にでも逢つたように喜んだものである。へき地の教員がたまに本島に出るときは彼の泉を発見した時のような喜びを感ずる。それは刺激の少ない孤島にいる自然の反動であろう。今更孤島の苦しみを綴つて見たくもないがへき地教員がどんな日常を送つているか綴つてみて皆様に知つていただきたいと思うので敢えてここにその一端を書いてみます。そこには自動車を知らない子ども達が大勢いるということである。おとなの我々でも休暇になれば本島に出て深呼吸しなければちつとしておれないのに子どもたちの心はどんなであろう。一度でもよいから那覇を見たいとねがつているのが子どもたちの切実な願である。当校では彼らの願いをかなえてやるべく中学在学中に一度は那覇見学ができるよう三ケ年に一度の修学旅行を実施していますこの行を読まれる方は三ケ年に一度とびつくりされると思いますがへき地とは地理的に恵まれぬのはもちろんですが経済的に恵まれぬのがそのほとんどであると思います。去年も旅行の年でもあり旱魃の年でもあり、食糧難に悩む父兄を数回にわたつて集め話し合いやつと実施することができたのであります。このように集団で子どもたちを本島に出すということは容易ならぬ努力が必要であります。しかしこの悩みの解決策はないものか一考してみまするに政府教育関係の諸生先方が足しげくこの孤島にご来島なされお互いに励まし合いご指導下さることも子どもたちにとつて大きくぷらすになることである。そして本島からは何時でも気軽にご来島なさることが容易であるからである。次に水の問題であるが昔は往復一粁もある井戸に行つて水をかついで来たものである。現在はタンクの水があるけれども夏と冬の旱魃期になると部落の若者子どもは朝と晩は水汲みである。夏など一つの井戸に部落中の水くみ水浴びの人で全くお祭りさわぎである。気の弱い者や小さな水汲みたち（小学五、六年生）は帰りが夜の十時になる場合もしばしばである。この水の問題もやがて解決しそうである。我々は「先ず環境から」という立場からこの問題もやつきとなつて関係各方面へ部落有志役員と共に働きかけています。医療設備がないためにけがでもすればすぐ学校へ飛んで来るのです。ここにもへき地らしいところがあります。文化の中心は学校であり、何かあれば学校職員に依頼するというぐあいですので父兄との親密度は深くそのかわり子どもの教育も学校まかせの放任主義があり、この点困つており婦人の啓蒙運動に乗り出しています。

彼等も毎日の生活に追われ子どもの教育にまで手がとどかぬのでありましょう。しかし彼等としても人の親であることに変りはないが無い袖は振れない悲しさであろう。しかしこのように書いてみますとへき地の教員はいかにして毎日を送つているだろうと思われるでしょうがへき地であれば又そこでの教育の方法も生き方もあると思います。校長を先頭に〃先ず家庭から〃を合い言葉に環境の浄化に努めているのです。

次に燈火の問題は近い将来に解決されると思います。これは一昨年来の政府電力課の風力発電試験地に指定され係の池間氏の深い研究心と努力とへき地に対する同情とご理解により完全点燈を約束されているからです。このように部落民と共に考え共に環境の浄化に努めつつへき地の振興に馬力をかけている訳です。住めば都でへき地とても楽しいことも亦数あることです。釣あり、夜のいか釣あり夜の漁、昼の漁ありで周囲五粁に四百五十の生命が活動しているこの島にも楽みも多いものです。

最後にハンタ毛節の一節を紹介して拙ない文を終りたいと思います。

1　ハンタ毛の月や
　月影ん美さ
　りちやようしちりて
　眺みやい遊ば
　四方の景色のつらさ
　りちや早くな　ドンミカセ
　野甫の島やバチクワイやさ

2　風力発電の風車《かじまや》のつらさ
　電燈あか〳〵と
　文化世やあけて

じんと昼の如くやさ
はやし同じ
3 具志川流ん与根ん
朝どりと夕どり

伝馬機械かきて
思い立ちば一歩
いもり互に語り
はやし同じ

教育研修に望む

波照間中小校
黒島廉智

へき地で二年目を迎えた。顧みると、すべてが荒鉋にかけられたままの柱のようで磨きが足りない。施設の問題、教具の問題、保健衛生の問題、待遇の問題、住宅や経済の問題、そして教育研修の問題……等々数えあげれば限りがないが、その中からへき地の教育研修について「研修の機会はどのようにして作り、どのようにして均等に得られるか」という自己反省とも要望ともつかないことを二、三列記してみたい。

元来教育が中央、へき地と差別されて(ことばの上では均等であつたが)いた所からいつまでもへき地には道具不足の大工が配られたり、又せつかく道具は持つていても仕上鉋を忘れて来たり、歯のこぼれた使いものにならない鉋を大事にかかえて来たりして、たださえへき地という悪条件に輪をかけてこれが真の環境に則した教育であると自他共に許していたわけでもあるまいが、とにかく何もかも荒削りの柱にしてしまつたのはこの辺にも大きな原因があつたのではあるまいか

何か奥歯に物のはさまつたような言い方をする奴だと怒られるかも知れないがこんなことから書き出さないと本論には入れそうにない。いわゆる導入というものだなと賢察くださつてお許しを乞う。

さて、教育が環境に影響されたり、環境に則したり、環境を作り上げたりするということは私の作つたことばでもなく考え出した原理でもない。これは我々が無意識、無反省の中にあつても否応なしに人間形成を目標としている限り、教育者として日日体験している事実である。

環境にも自然環境、社会環境、文化環境といろいろあろうが、それはさておき教師自身も環境であるということから話をすすめたい。荒鉋も仕上鉋も環境であるなら大工も環境でなくてはならないはずだ。

進みつつある者のみが人を教える権利があるとはよく言つたもので自然も社会も文化も、教師自体も旧態依然とした姿では教育には前進はあり得ない。ところで自分を磨き日日一歩前進するには、どうすればよいか。へき地の教師として何がつける妙薬でもあるだろうか。そんなものがあるはずはない。唯自分自身の中に教育者としての斗志と良心があるかないかに係る問題だ。研究せねばならない。話し会つていかねばならない。数多く受講せねばならない。又通信教育で苦しんでもみたいというように教育者としての斗志と良心の持主はどこにいても、このことに精進するのに逡巡しないだろう。特に今度新しくへき地に赴任された新卒の先生達にはより以上の斗志と良心を持ち合わしていただきたいと希望する。

しかしいくら斗志と良心を持つていてもへき地にはやはりいろいろの問題がある。へき地の小規模の学校では中央の大きな学校に比して時間的な余裕はいくらかある。斗志と良心の持主はこれを大いに利用する。現に当校でも昨年度通信教育の研修にこの時間をよく利用した者が延十一人、与えられた単位が二二単位もあつて、自己研修の機会はへき地に限ると痛感はしたものの、その反面参考書が少い。他校職員や同好クラブから受ける刺戟に恵まれない。等の悪条件のため研究に深みが足りないという憾みがないでもない。又従来やつて来た琉大講習やその他臨時に開かれる教育講習の機会に至つては全くお話にならない程の不便と不利益を蒙つている。例えば先日石垣で開かれた茂木、鈴木両先生の講習にも僅か二人しか出席できず、残りの職員は帰つて来た二人から講議の又聞きをするという具合であり、又琉大講習も大いなる斗志を燃やして遙々海を渡つて行つたものの条件に副わないとか定員の問題で受講できず空しく帰つて来た教員も多々おつたと聞いている。あれもこれもみんなへき地教員の教育研修を阻む癌である。

しかし又「機会は作るべきで与えられるものではない」ということばも折々聞くし「敲けよ然らば開かれん」とは聖書のことばであるが、いずれも問題によりけりだと思う。校内研修や自己研修グループで同好会をつくつて研修し合うのに他からの干渉を受ける必要は毛頭ない。その機会は職員一人一人の力で作り出すべきものである。教育は環境に順応してしかも進歩せねばならないと言つたが、へき地という自然環境、へき地という社会環境、へき地という文化環境の中の教師という生命のある環境が唯何時か、誰からか与えられるかも知れない研修の機会のみを腕をこまぬいて待つているよう

では今に歯のこぼれた鉋を持つて渡つて来て研ぐことも知らず無為に過ごしたかつての頼りない大工の姿になつてしまうだろう。

何はともあれ、教育研修には中央、へき地という条件で目的、方向、方法に差があつてはならない。唯望むことはわれわれの持つ教育に対する斗志と良心によつて数多くの自力研修と他力研修の機会を求めることにある。幸い来る夏季講習からは各人の持つ免許資格や個人の要望に応じ各種のグループ制で受講できるようであり、又教壇実践による現場指導等も含まれるようだと聞いて大いに期待している。ついでに一つ望みたいことは唯単に免許切替のための講習でなく、それこそ免許とは関係なく研修のための講習も同時に開いてもらつて翌日から教壇に直接役立たせていただきたいものである。

最後に都塵を離れたへき地の空気はこの上もなく新鮮でおいしいものではあるが、時々は香しい空気が吸いたくなる。遠くからへき地…へき地と情深い声だけおかけになつてもへき地は途遠くその声は全く聞えない。たまにはその衝にあたられる指導者達は直接へき地にも足をのばしてもらつて飢えている私達に「よき香り、」「よき研修の機会」を与えてくださるようお願いして筆をおく。

私の当面している課題

―移行措置について―

仲松源光

一、移行措置の必要

当面している課題はたくさんあつて、軽重の区別をつけることはむつかしいがここでは「小学校教育課程の移行措置」を重要課題として、その輪郭と対策について考えているところを述べてみたい。教育課程移行措置の問題が取り上げられつつあるか、適切な移行措置をするには先ず、何故に移行措置をする必要があるかということを理解することが大切であると思う。

文部省は昨年、学校教育法施行規則の一部を改正し、それに従つて教育課程の基準をなす学習指導要領の大改訂を行つた。この仕事は昨年、突然やつたものではなく、数年前より着々と研究準備を進めていたもので、法的手続が昨年完了したという意味のものである。

旧来のものに改善を加えたのであるから善は急げで、直ちに実施してもよさそうであるが、事はそんなに簡単にはいかない。新しい指導要領に則つた教科書が編集―検定―採用の経路を経て現場に届くのは昭和三十六年で、新課程の研究や受け入れの準備も必要である。

そういつたような関係で新しい教科書を使つて新教育課程を全面的に実施するのは昭和三十六年からである。その年に小学校一年から六年まで同時に切り替えることになつている。

昭和三十六年の一年生は問題ないとしても、二年以上は旧課程から系統の異つた新課程へ移行するのでその間で、教材内容の脈か断たれたり、無駄な重複があつたりしてはいけないので移行が円滑にいくよう措置する必要がある。

今回の改訂で教材の程度か引き上げられた教科や教材内容が特に精選された教科にあつては一層その必要かある。

移行措置をしないで新教育課程に乗り移つた場合には、基礎を積まないでビルを建てようとするようなものでそんなビルは建つはずがない。

そこで文部省では昭和三十四、五年の二ケ年を移行措置の期間として関係方面へ通達を出して対策を進めている。

二、教育課程改訂の理由と要点

教育課程が改訂されたために移行措置の必要を生じた訳であるがどんな理由で改訂になつたか？又改訂の要点はどうなつているか。これ等の点を明らかにすることは新課程を理解し、移行措置を講ずる上にたいせつであると思う。

これまで度々、教育課程の改訂が行われたかが。今回のような大改訂は戦後始めてである。

基礎学力が足りない、しつけがなつていない等といろいろ批判された戦後の新教育に対して文部省では数年前より関係機関と協力して検討を加え改善策を講じつつあつたが、その結論として生まれたのが今回の学習指導要領である。

昨年十一月の長崎市における小学校改訂教育課程趣旨徹講習会で文部省は改訂の理由として次の二点をあげて説明していた。

1 社会情勢の変化に即応する

特に最近における世界の科学、産業の進歩は目ざましいものがあり、日本のそれも世界の水準まで引き上げ、更にそれを越えて進展させるためには義務教育の改善充実を図らねばならない。

2 現行学習指導要領改善の必要

凡そその国の歴史的社会的事情に即しないで教育改革をするということは考えられない。現行の学指導要領は日本が遅合国軍によって占領支配されていた時にできたもので当時の特殊事情下、日本の国情に即するように改革する余裕がなかつた。基礎学力、道徳教育、地理歴史教育の問題をはじめとして戦後の教育に対してなされた論議は現行の指導要領に起因するところが大きい。

改訂の要点としては次の八項目があげられている。

1 道徳教育の徹底
2 基礎学力の充実（特に国、算）
3 科学技術教育の向上
4 地理歴史教育の改訂
5 情操陶冶、身体健康の安全の指導
6 小中校教育内容の一貫性
7 教育内容の精選
8 教育課程の基準の明示

文部省が特に力を入れて説明していたのは基礎学力の充実と道徳教育の徹底であつたように思う。学習内容の精選、各教科年間授業時数の明示、道徳時間の特設といつたようなことを明確に打ち出したのは改訂の要点を見ればうなずけることである。

三、移行措置についての通達

小学校の教育課程に関する移行措置についての通達は去る二月六日文部省から各道都府県教育委員会に出されている。

通達の内容をみると。別紙一「小学校教育課程移行措置要項」と別紙二「移行措置期間における指導上の留意事項」の二つに分れている。

別紙一「措置要項」には昭和三十四、五の二ケ年を通じて移行措置を行うこと並に移行措置期間の授業時数について規定してある外、国語、社会、算数の三教科について措置すべき事項を明示してある。特に算数については別記として「算数の移行措置に関する参考資料」を提供して詳しく移行のし方を示している。

文部省の説明によるとこの別紙一「措置要項」は文部省令を受けたもので法的な力―基準性をもつている。

別紙二「留意事項」は別紙一とは幾分趣を異にする。昭和三十六年の全面実施まで教育課程の基準は現行の指導要領であるが、各教科書の取り扱いに当つては新指導要領の精神を体して進めてもらいたい。これを示したものか別紙二の「留意事項であつて、国語以下各教科以外の活動について移行措置期間における指導上の留意事項が記されている。

四、移行措置をどう進めたらよいか

当面する課題―移行措置―について問題の輪郭を考察したが、今度は筆を問題の内部に向けて、移行措置をどう進めたらよいかという具体的なことに触れてみたい。

1 別紙一「措置要項」をよく研究して具劣的な措置計画を立てること

昭和三十四、五年の措置期間中は現行の教育課程を基準としてこれに別紙一『措置要項』で指示された事項を加えて（軽、減もある）指導しなければならない。そこで学校においては国語、社会、算数の三教科について各学年にわたつて昭和三十四年はどうする、三十五年はどうするという指導計画を立てる必要かある。

2 算数科の移行措置については特に配慮すること

今回の指導要領の改訂で目に見えてレベルの引き上げられたのは算数である。基礎学力の充実、科学技術教育の向上という改訂の観点から教材内容を充実させ程度が引き上げられている。文部省でも算数科には特に参考資料まで準備してあるからそれをよく研究して計画を立てるとよいと思う。

算数科はその教科の性質上特に系統性がだいじであり、又従来とかく算数の力は低いと言われていたのだからその移行措置には一層綿密な計画を立てて努力することがたいせつである。

3 授業時間数について研究措置する

移行措置期間における各学年、各教科の授業時間数の配当は必要ある場合には新規定の時間数を参考にして定めることができるようになつている。そこで必要ありや否やということであるが大いにあると考えるのである。特に算数の場合はレベルの高い課程へ移行するのだから時間数を増加しなければならないことは言うまでもない。

第三学年まではそれほどでもないが、第四学年以上においては一週当り七ないし八の授業時数を配当することが考えられると通達にも述べてある。

そうすると新規定の時間（六時）よりも一時ないし二時の増を見込まねばならないことになる。その増のため他教科の時間をさく訳にもいくまいし、結局は総時数を増すより外に方法はないであろう。

4 新指導要領を研究しその趣旨を体して教科の指導に当ること

新教育課程の全面実施は昭和三十六年からであるか、移行措置期間においても各教科を指導するに当つては新指導要領の趣旨を体して進めることになつている。それで学校では全職員が新指導要領並に移行措置についての文部省通達その他解説書等を揃えて、個人で或は同学年担任や教科研究の組織を活用して進めるようにしたもいのである。

五、結　び

改訂教育課程は当分、日本教育の骨組として確立され、これまでのように頻繁に改廃されることは恐らくなかろうと思われる。これから二ケ年の移行措置に十分力を注ぎ、三十六年から全面実施する新教育課程へ円滑に移行できるようにしなければならない。移行措置が不十分の時は新教育課程と当該学年の児童の学力の間に大きな落差を生じ或は無駄な重複をして学習能率を低下させ、再び学力低下という現象を将来するであろう。

この意味において移行措置は小学校の当面する重要課題であると思う。

（伊江小学校長）

私の当面している課題

開南幼稚園　渡慶次　ハル

たしか昨年の六月頃だつたと思います。四五人の代表の先生方と一緒に幼稚園教師の身分保証、待遇問題等の諸要請をかかげて関係当局の係の先生のところへお願いに行つたことがありました。いろいろと私達の不遇な点を詳細にお聞きになつた後、先生はこんなことを申されました。待遇が小学校に比較して大分差のあるようなことも前から気の毒に思い何とかしてあげなければいけないのじやないかと常々考へていたことですが、かと言つて小学校並びにベースを上げるということはどうかと思います。第一あなた方は小学校と同じように仕事をしておりますか、というような意味のことだと思います。それに対して異口同音に勤務の状況は小学校と少しも変らずひたぶるに教育の研修に努めていることを強調したのでしたが、私はその時はつと胸に強くひびいたものがありました。

なるほど幼稚園は小学校に比べると雑務が少なく、諸会合が小学校ほどないので、直接教育に関係する仕事に没頭できる機会に恵まれていて、教育に対する情熱は小学校の先生方と変らぬものを持つているつもりでいても実際にはどれだけのことをしてきたか、保育の効果がどれだけ明確にされているか、現場でははつきりしていても事実として示すことができない。

小学校ではどれだけの事をして来たかと言へば、はつきりとその功績を事実として明確にするような組織と方法がなされていますが、幼児教育は文字とか数字とか具体的なもの少ないだけに事実の示しようがありません。

幼稚園本来の目的集団生活に参加して社会性をやしない、基本的な生活習慣を身につけるということに対しては、むしろ小学校以上に気を配り、その効果も上げつつあることも事実でありながら、それを数的に示す事務上の仕事がないのは否定できないことなので、先生にそうはつりつきつめられると当惑してしまいました。

学年末が近づくと小学校入学のための準備として、よく文字や数字を教へている幼稚園があるということを時たま耳にすることがありますが、もしそれが事実だとすれば、それは文字を教え数字を教えこむ幼稚園が進んだ幼稚園だと思いこみ誤つた方向へ先走りしているが、あるいは父兄の要求に迎合してなされているか、いずれにしても幼児教育の誤つた見解だと思います。（もちろん真正面から取り上げて、教育活動の中必的な位置においてなされているのではないと思いますが）このような方向へ迷いこむのも結局は何とかして幼稚園教育の効果をとらえたいというあせつた気持からなのでしよう。

そこで考えてみたいと思いますのは、このま違つた考えから正しい幼稚園本来の使命の上に立つて幼児教育の効果と評価の方法の究研をしていくのが大きな課題になるのでないかと思います。それは非常にむずかしいことで、保育効果ということを社会一般に知つてもらうためには、数量的に数学的に表わすということになると思います。そのために、現場の教師はもつと真剣に燃え立つ意欲がなくてはならないと思います。

かつての幼児教育機関は単なる子守的な見方で軽視され、戦前幼稚園の先生は高等子守の役ですよ、と父兄会の席上で校長から紹介されて苦笑したのを覚えておりますが、今その幼児教育が重視され特種教育から普通教育に変つて来た現在子守ではいけないということも確実になつてまいりました。じやあどうすれば子守でなくなるか、それは、ほんとうの教育者として保育技術を身につけていくようにお互の努力と自覚が必要になつてくるでしよう。

私達は今たしかに小学校より給料も安いし身分の保証もありません。しかし平素、世の親達が吾が子のために身を粉にしてつくしておられるようすを見るにつけ責任の重大さを痛感せずにはおられません。それは何時かの幼稚園廃止論がうんぬんされた時、多くの父兄の熱意と世論が今日まで支えてくれたことでもうなずけることですが、結局私達の今後の問題として残されていることは、幼児教育は重要視され、発達して量的な面ではめざましい飛躍を見せておりますが、質においてどれだけ発展し効果を上げてきたか数的に表わす方法を生みだすことはできないかと思います。それは困難中の困難で私達の手では及ばないものでありましようしかし何とかしてこれを極めていきたいと思います。そうすることが子ども達の幸福のためであり、私達の地位の向上にも反映してくるのではないかと思うからです。

体育施設　用具の充実と活用

南風原小学校教諭　大　城　道　吉

まえがき

戦後の教育の方向が時と共に転換し、目標も到達方法もおのずと変つてきたのであるが、それに伴つて体育科においても以前の体育施設用具を持たざる体操から、使う体育に立脚するようになつた。従つて施設用具の準備ということが体育指導上の先決課題となつてきたであろうし、特に戦災をうけた本校の状態において体育施設用具をいかに充実させ、どう管理活用させるかについて本校は三人のグループワークを続けてきたが限られた紙面の都合上、その一部をのべ広く同志のご批判をいただきたいと思います。

大城　道吉氏

一、施設用具の必要性

(1) 環境を設定する。

体育指導を効果的に導くためには良き施設、良き指導技術と児童との力動的な教育作用によつてなされるべきであり、特に施設設定は彼等の環境づくりに大きな役割を果たすであろう。

(2) 個性を伸ばす

施設用具は直接に彼等の活動を決定づけるものであり、多種多様な用具環境は、個性に適する選択使用を通して個性を伸ばしていくことがより可能となつてくる。

(3) 学習意慾と能率を高める

学習意慾をもたせ学習能率を高めていくには常に準備された施設用具であり、児童自ら、自由に使える用具ということが条件となる。このことは、子ども用具との連関作用によつてのみドリルされ形式化され、運動技能として身につき生活技能として向上されてはじめてできるものである。

(4) 合理的学習指導ができる

正課時の少ないのに比して児童の自由時において活動欲の九十パーセントを満たすことから考えて、課外時に満たされる活動は用具によつて正しく位置づけられると思われる。

(5) 社会性を培う

用具の不揃いで児童の非行を責め禁止する消極的指導よりも、与えて初めて当面する社会的な規則を、用具を通して経験させる。

(6) 道徳指導の場となる

時代と共に健康施設を使用する機会が増す時、均等に又公徳倫理を正しくもつことを施設を通して養う即ち、自他ともに許し許されながら用具を使うという道徳性を体得するものである。

(7) 自主性の確立

教授から学習への転換に伴い、学習の中心は児童であつてみれば多くの施設を与え、自ら管理活用して始めて自主的な参加があつて自主的に行動できよう。

其の他施設用具は余暇の善用として価値があり、教具教科書、そして参考書的代物として不可欠なものとなる。更には抽象理論的な指導よりも、具体的に真に述る指導としていくために、施設用具は高く評価され貴重さを感ずるものである。

二、施設設定と管理活用の基本方針

(イ) いかにして教育の現状に即し、施設用具の研究に基き、体育学習のためのよいお膳立てができ、体育の学習指導がうまく効果を上げるかということから出発する。

(ロ) 学校の特性、予算、自然条件、児童の実態から導かれた目標を明確にして、既成のものに満足せず常に研究し改善し、選択、製作整備に努める。

(ハ) 教科時の活動のためのみならず、時外の組織的な学習や自由な活動のために、又は身体の矯正のためにも施設することが大切である。

(ニ) 経済的で実用的であるために創意くふうし、可能なだけ労作自作に努めること。

(ホ) よく利用され活用されるにはどうすればよいかという使用本位の態度で実行する。

(ヘ) 公平に、いつでもだれでも自由に気軽に利用できるよう整備し手入れをする。破損をなくするためにも組織を作つて永続的に管理できるように努める。

(ト) 正しい使い方、取扱い方、管理の仕事を身につけ公共物を愛護するという態度を重視する。

(チ) 使用の禁止、用具の陳列でなく正しく使えるようにし、公共物の意味を理解させ、管理に努力し、積極的に作つて使い生活化を計る。

(リ) 紛失破損を避け、生命を護る根本態度を堅持し、危険でないよう監視をおこたつてはならない。

三、研究施設計画

△小道具の教材と異なりこの種の仕事は範囲が広く、複雑で労力を多く必要とするので綿密な計画が必要となつてくる。

△施設を充実させるまでの労力はその面の三人でする。

△施設計画立案の際、先ず理論の研究と共により具体的な指導上におこる問題にまで考慮を払つた。

△必要に足る予算は、獲得できるメドがついてから工事に着手する。

△施設は一括して夏季休暇を利用し完備を期す。

△施設直後に管理活用指導が伴うよう立案する。

△完成をあせらず常に反省を加え製作期限を多くとる。

△施設用具の目的と管理の目的を常に明かにして計画する。

△児童の管理者も平行して仕事をすすめる。

△材料の蒐集や注文が多いため校外交渉を多くもつよう立案し計画する。

研究計画十頁へ

四、施設用具の数と種類

何がどれだけ必要であるかということは学校の地理的条件や在籍、予算、クラブ教材、学級数の問題に関係してくるが単に学級数の立場から考えると本校では毎時間四学級が体育の時間を持つものであるから同種用具が二つ以上必要だし、五人クラスの人員からして縄跳縄類の数も五〇なければならない。クラブにしても九クラブに足る人員から割出した必要数を確保すると言うふうに、即ち其の学校の特性に応じた望ましいと考える必要数を満たすべきである、それで本校では以上のことを考えながら児童は何を欲しているか教科書にはどの用具、カリキュラムの要求など更に児童の遊びと体力体格を参考にして種類と数を決定した。

五、児童と施設用具

A　用具の色感からの好き嫌い

児童は黄色、青、桃、白の順に好み、黒、茶、赤色を好まない。

ボールの形態と色からの好き嫌い

模様づきの水泳ボール、バレーボール、ピンクのドッヂボール、野球ボールの順に好み、大のバスケットボール、茶色のソフトボールや、茶色ドッジボールは好まない。

C　こわがられた用具

野球ボール、跳箱、雲梯、鉄棒、ブランコ、シーソーの順にこわがる

D　施設用具の使用法の理解

スベリ台、雲梯、マット、紅白球ブランコ体重計の順で理解され、吊輪はん登棒、キャッチミット、バトンの順に理解が困難である。

E　使いたがる用具とこのむ種目

〇バレーボール、縄、競走、水泳、すもう、籠球、遊ぎ、鉄棒の順

〇まりつき、野球、跳箱、ぶらんこドッヂボール、砂場遊びの順

F　どの遊びの用具が良いか

〇のるもの、まわるもの、滑べるもの上下に動くもの、さがるもの、登るものの順

〇わたすもの、わたるもの、まわすもの、打つものの順となつている

G　用具の構成

鉄製、ゴム製、木製、円いものの順に好み、四角と細製を好まない。

H　用具使用中の不快

「わざわざ人をころばそうとする」

「男生徒にボールをとられる」

「いつも強いものが乗る」

「上級生がボールをとりあげる」

「順番を守らない」「遊び道具が無くて遊べない」の順で児童は不愉快を感じている。

六、設置上の留意点

(1) 教科活動としての体育の時間の組合わせを考え、同時間になるだけ四学級が無理なく学習ができること。

(2) 体育クラブの活動がまさつなく行われること。

(3) 競技会等や運動会等の行事の際不便のないこと。

(4) 教室に接近しないところに設置する。

(5) 低学年の遊戯遊具施設はまとめて一区域にしておく。

(6) 上学年の体育器機場をまとめて更にボールゲーム場もまとめて区分する。

(7) 固定設備は、安全性から校舎に近くなければならないものと遠くてもよいものとに分けておく。

(8) 排水の状態に適する配置。

(9) 雨降直後に使える場所。

(10) 用具室を近くし、さらに出し入れの便利のために集積所を分散すること。

(11) 手足洗い場を校舎に近く設ける。

(12) 周辺の植樹に気を付ける。

七、本校の自作した用具

「写真の頁参照」

(A) 巧技用具

ブロック跳躍台(三場)低鉄棒（九）桃跳板（二）平均台（六）簡易マット（三）すもう場（一）

研究計画

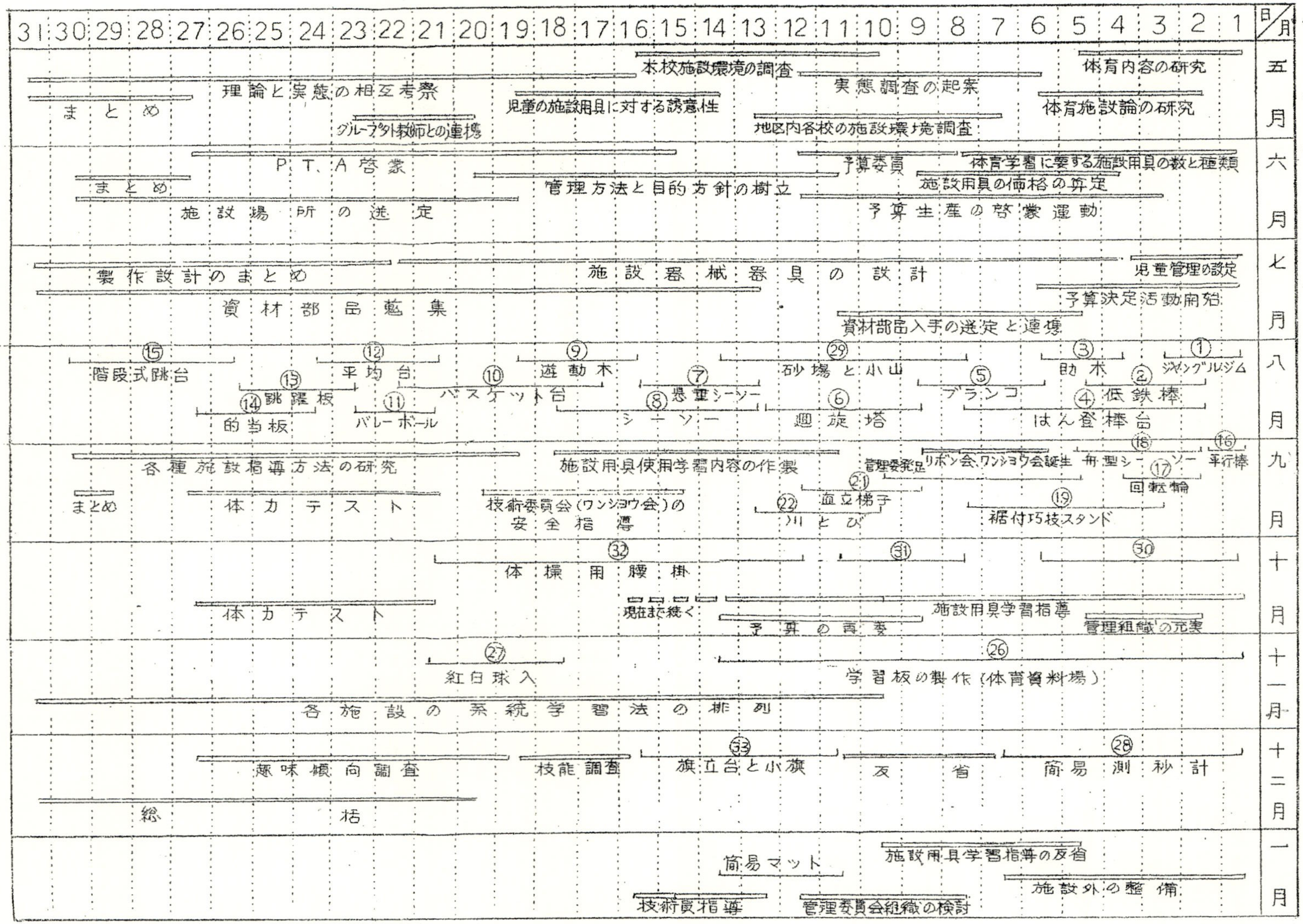

日 月
31 30 29 28 27 26 25 24 23 22 21 20 19 18 17 16 15 14 13 12 11 10 9 8 7 6 5 4 3 2 1
五月
体育内容の研究
体育施設論の研究
実態調査の起案
地区内各校の施設環境調査
本校施設環境の調査
児童の施設用具に対する誘意性
理論と実態の相互考察
グループ外教師との連携
まとめ
六月
体育学習に要する施設用具の数と種類
施設用具の価格の算定
予算委員
予算生産の啓蒙運動
管理方法と目的方針の樹立
P.T.A啓蒙
施設場所の選定
まとめ
七月
児童管理の設定
予算決定活動開始
資材部品入手の選定と連携
施設器械器具の設計
製作設計のまとめ
資材部品蒐集
八月
① ジャングルジム
② 低鉄棒
③ 肋木
④ はん登棒台
⑤ ブランコ
⑥ 廻旋塔
㉙ 砂場と小山
⑦ 懸垂シーソー
⑧ シーソー
⑨ 遊動木
⑩ バスケット台
⑪ バレーボール
⑫ 平均台
⑬ 跳躍板
⑭ 的当板
⑮ 階段式跳台
九月
⑯ 平行棒
⑰ 回転輪
⑱ 角型シーソー
リボン会、ワンショウ会誕生
管理委発足
⑲ 据付巧技スタンド
㉑ 直立梯子
㉒ 川とび
施設用具使用学習内容の作製
技術委員会(ワンショウ会)の安全指導
各種施設指導方法の研究
体力テスト
まとめ
十月
㉚
㉛
㉜ 体操用腰掛
施設用具学習指導
管理組織の充実
予算の再考
現在まで続く
体力テスト
十一月
㉖ 学習板の製作(体育資料場)
㉗ 紅白球入
各施設の系統学習法の排列
十二月
㉘ 簡易測秒計
反省
㉝ 旗立台と小旗
技能調査
趣味傾向調査
総括
一月
施設用具学習指導の反省
施設外の整備
簡易マット
技術員指導
管理委員会組織の検討

（B）　体育器具

体操用腰掛（五五）跳縄（六五）ろく木（四）はん登棒（一七）吊輪（二対）遊動鉄棒（一）吊棒（一〇）登り綱（四）

懸垂シーソー（二）吊梯子（二）廻旋塔（二）川とび（一）回転輪（二）よじ登り棒（一）障害台（二）平行棒（二）高跳台（一）

（C）　遊　具

ブランコ（四人）ジャングルジム（一）シーソー（四）舟形シーソー（三）的当板（一）コマまわし（一）遊動木（一）紅白球入（二）砂場（三）滑り台（一）雲梯（一）大山小山（二）

（D）　球技その他

バックネット（三）紅白球（一五八）テニスバックネット（一）卓球台（二）バトン（十一）鉢巻八種、小旗（二〇）旗立台（二〇）測秒計台（二）信号旗（五〇）バスケット台（一対）バレーボール（一）観覧ベンチ（二五米）信号台（九）体育用具室（一）ボール箱（二）体育学習室（一）

八、経済的予算の活用

限られた予算を合理的に活用することに努めた、

体育施設は一種二万円（B）が普通で六万円の予算では六個の設備しかできない、従つて夏季休暇の四十日を創意による自作の期間にして少ない予算で多くの施設を生産した。その経費を「本土購入」「大工請負」「本校での自作」の比較をして見ると

施設費

施設名	直輸入	大工請負	本校自作
ジャングルジム	一四〇〇〇	四四二五	三五四五
的当板	四五〇	四五〇	二一〇
跳躍板	八二〇	八二〇	四六〇
ブランコ	六一七〇	五一六	二四六
シーソー	二五〇〇	一三三〇	三三〇
ツキ山	一〇一五	一〇一五	一二五
低鉄棒	一〇六〇〇	一三二七	六五七
障害競争	二一八五	一九〇〇	九二五
懸垂シーソー	二〇三〇	五一〇	一六〇
コース	九四六	九四六	九四六
跳躍台	二〇五〇	二〇五〇	一六五〇
廻施塔	一四〇六〇	一九五〇	一五〇〇
ベンチ	八五二	八五二	二五二
信号台	四四二	四四二	一九二
はん登棒台	二一〇〇〇	六七二五	四四七五
ろく木	八〇〇〇	二一三八	一二八八
はん登棒付吊輪鉄棒	九〇〇〇	二六四七	一九〇〇
相撲場	一一七〇	一一七〇	一二〇
平均台	六〇〇〇	一七五〇	一三〇
廻転輪	六六六	六六〇	五一六
ボール塔	八九七	八九七	一九七
高跳スタンド	一二〇〇	四八〇	二八〇
縄跳縄	二九二五	九六〇	六六〇
体操用腰掛	九三五〇	四三四三	二一四五
卓球台	一一〇〇〇	三二〇〇	二五〇〇
合計	計 一二九三二八（B円）	四三五一二（〃）	二六五七九（〃）

作製上の留意点（一例）

名称	材料	留意点
ジャングルジム	三×三×一〇　一六本 握棒　二・五尺×一〇三本	大筋運動を大きくする為と障害と抵抗を少なくするために二尺間と二尺段にすると共に高低に変化をつける尚握棒は丈夫なものが要るのでクワの柄を作る所に十五円で注文
的当板	三×三×一三　一本 一・五×一〇　一本 ベニヤ板　一枚	的の中点が四年児の平均身長にあてた高さ数字の記入はまぐれでなく意図的にねらいを集中されるように記入する。
跳躍板	三××一三　一本 三×四×一三　一本 三分板　一坪 縄　一〇尺 ソフトボール　五	跳ばせることに興味をもたせるためだからリンゴの木等に着色し、それを跳んで取らせる仕組みボールの高さに変化をつけること
ブランコ	アエン鉄パイプ　二二尺 ワイヤー　三〇尺 留具　四	高さは七尺でパイプの中にセメントをつめて固定させる。座面は地面より三〇糎、滑点に注意する。縄掛けはワイヤーしめ具を二分して使用
シーソー	三・五×三・五×一三　一本 一・五×一・五×一三　二本 ボールト　四本 滑面板　一	にぎりの点と滑点は磨擦を小にするようにパイプ式にすることに注意する
低鉄棒	パイプ	できるだけ高低自在式のもので高さは八〇センチから一米二〇糎程にしてセメンで埋めて固定させる。

懸垂シーソー	五×五×一〇 三×三×八 ボールト 滑具板	一本 一本 一八本	高さは五尺五寸　長さは六尺ー七尺にする　磨擦点を大きくする
廻旋塔	ジープ車 リーム ロープ パイプ	一対 一 五〇尺	高さは九尺にしてジープの車を中間から切断して二分し、各パイプ支柱に接続し、支柱にはセメントを流し地下深くセメントで固定
吊棒	テントの支柱を金具と共に利用し円くして直接使用し掛ける所に抵抗がないように留意する。		
はん登棒	三×三×十三 三・五×三・五 竹棒 留具	三本 五本 一二本 一二本	高さは一〇尺で竹は心をぬき地点は固定させる。間一尺五寸から二尺
平均台	並列で多くがよい、円型も方形もよい 高さは一尺位で自在式もよい		
塗装	よく乾燥した日を選んで木材の乾燥期を調べてから		
熔接	ガスは絶対に避けて電気溶接でする		

九、管理運営

本校の体育部委員会は二委員（実行員であり協議もする）で構成されている。その一つは技術委員（腕章会）でいま一つを管理委員会（リボン会）である。前者は五、六年の各クラスからその面の指導力のあるものとして三名ずつの二十一名で作られ、後者は、三年以上男女各一名ずつがそのクラスの体育部長として学校の管理部三十六名で構成している、合計五十七名の学校体育部を作つて施設用具の管理活用が実践されているが、両者委員の仕事の分担は技術員が用具の安全指導、使用態度の指導、技術指導のため中心となつている二十一施設場に配置され、管理委員は用具と施設に分けられ、用具担当者は体育部屋係（部長を含む）を中心にして用具が配られていくようにし施設担当者はその使用数を調べたり使用上に起る児童の意見を聞いたり、その施設の状況（例えば破損箇所の発見や用具紛失等）を報告していて両者協力して管理活用がスムースに行えるようにしている。

その他、雨天信号をしたり毎日の指定信号を司る信号係がいて毎朝早く信号を続けている。委員会の会合は必要に応じて一しよに週一回或いは交互に行うようにして反省がなされ、新しい取りきめがなされる、その中の体育記者が体育版の新聞を発行し、啓蒙と趣旨の徹底につくしている。管理委員は使用者数を検討したり用具の点検をして反省し技術員はその週の優勝者として優勝クラスを決定し信号係に知らせ、信号係は直ちにそのクラスの前に優勝旗を揚げ優勝台にその組の旗を揚げて信号を行う、各部とも用具の借出しは個人借出カードに記入して、それと交換して借出し、返済を行い都合により取り上げることもできるようになつている。

彼等は又、各自で学習掲示板を持つて皆の活用への動機づけをしている。

十、運営規約の一例

体育部委員会で可決された運営規約の一部を示めすと

(1) 休み時間は、個人カードを持つておれば何でもいつでもかり受けできる。

(2) ひとりで二つ以上は借れないが、なるだけチームをつくつて代表がまとめて借受ける。

(3) クラブや体育の時間は部長が代表してカードを出して借りる。

(4) 返す時はカードを受け取る。

(5) 信号旗によつて場所を分けるがその時は用具は借れない。

(6) 用具は、運動場とその他の場合に借りることができる。

(7) 二、三区では、野球をしない、赤旗の場合は室内で遊ぶ。

(8) 始業の鐘が鳴るとすぐやめて教室に入る。

(9) テニスの用具は借りない。

(10) 体育部用具部屋には入らない、部員も用事外は入らない。

(11) 良くないことをした時カードを取り上げられる。

(12) 上級生は下級生のカードを借りて用具を借りないこと。

(13) 用具は使つたらもとの場所に返えすこと。

(14) 登校後、朝の自習時間までは借りられない。

(15) 四時半の四点鐘で止めて家へ帰る

㊞　かりうけカード

年　組　名前	
用　具　名	数

遊び場割当表

区域	月	火	水	木	金	土
1	5.6年(男)	5.6年(女)	3.4年(女)	3.4年(男)	1.2年(男)	1.2年(女)
2	3.4年(女)	3.4年(男)	1.2年(男)	1.2年(女)	5.6年(男)	5.6年(女)
3	1.2年(男)	1.2年(女)	5.6年(男)	5.6年(女)	3.4年(女)	3.4年(男)

信号旗　（赤色は使用禁止）

区域	男の代表色（赤） 女の代表色（白）		緑旗 （1.2年）	黄旗 （3.4年）		赤桃旗 （5.6年）
1	桃　赤	赤　白	黄　白	黄　赤	緑　赤	緑　白
2	黄　白	黄　赤	緑　赤	緑　白	桃　赤	赤　白
3	緑　赤	緑　白	桃　赤	赤　白	黄　白	黄　赤

十一、施設管理

管理をするグループの組織や取扱いをする者の技術ということによって用具の寿命が決定されるもので、特に手入れ修理、保管によって直接に開係するので正しい使い方を通し施設用具を愛護させるようにすることが条件となろう。

正しい使用法は正しい名称の理解から始まる紛失を避ける点から記名して用具をより長持ちさせるように努め、保管の際は分類、雨天制限、色分け、道具の特性をよく理解して扱う。

記名の際はシゲラックニスでボールに記名しておくと四十一日間は残るしクレオソート油、マジックインキ、エナメルの順ですればよい。

購入番号
学校名

分類番号
学校名

製作番号
月日
学校名

十二、指導

製作された用具はカリキュラムにおり込まれ指導されるべきである。その指導計画も施設に開係するもの、用具に開するもの、学習内容に開するものとがあるがその中、施設に開する指導計画だけをのべてみると次のように学年別、種目別、発展的に子どもと用具を正しく結び付けるようにした。

学年＼科目	平行棒	ろく木	縄跳び	すべり台
1	腕立て足振り 腕立て前移り ぴょんぴょんとび 前後まわりおり かにわたり	横わたり 一段上り下り 回わりうつり	片足前とび 両足とび 大波小波	一人すべり 二人すべり 逆のぼり リレー
2	腕立て足ふり（連続） 水泳 前後まわり（連続） 前とびおり こうもり	横わたり競争 ひじかけ上がり 二段上り下り 大の字	かけ足とび 両足とび 回旋とび	連続すべり 座りすべり 腹ばいのぼり リレー
3	一本足平均 水泳 こうもり 横ころがり	あやのぼり 腕立てふせ けんすい 背向きあがり 大の字	連続とび（かけ足） 連続とび（両足） 同前	四つばいすべり 横すべり
4	歩行 半ば転回 前横開脚とび 平均とび 後横閉脚とび	くぐり抜け ぶらさがり すべりおり	あやとび 二人とび ボール渡し 同前	膝すべり 逆上がり
5	歩行 横ころがり 腕立て前転 うで立て前進	直角さがり けんすい 横あるき 後そり	あやとび 二人とび 同前	スキー
6	横ころがり 振腕立て転回 腕立移動 腕立倒立前おり	直角さがり（懸垂） 倒立 横あるき	あやとび 二人とび 同前	スキー バランス ジャンプ

種目＼学年	1	2、	3	4	5	6
ブランコ	一人のり 二人のり	二人のり 立のりブランコ				座から跳びおり 立のりから跳びおり
シーソー	二人のり	二人のり 四人のり	四人のり 大人のり	四人のり 六人のり		
懸垂シーソー		向き合って	向き合って 後向き 横向き	向き合って 後むき 横むき	フォーム	フォーム
登り棒	クルクル廻り ピョンピョン 棒のぼり 棒わたり ちどり歩き	棒のぼり ぶらさがり 棒わたり ちどり歩き	棒のぼり 前まわり さか立ち	棒登りリレー 前まわり さかだち 二本のぼり	棒のぼり 棒のぼりリレー 途中前後廻り 横わたり	棒のぼり 棒のぼりリレー 腕上り下り 逆おり
ジャングルジム	まねあそび トンネル 登りおり競争	鬼あそび 登りおり競争 横うつり	大の字 背むき 回り移り	くくり抜け 腰掛け ぶらさがり	さか上がり 平均	
雲梯	一方渡り さがりつこ ぶらんこ	二方渡り 棒振りブランコ 後そり 足かけ後そり	わたり競争 横わたり こうもり	台上渡り 逆上がり 前移り	片手さがり 横移り 後おり	片手さがり 同時前移り 逆上がり
円木	一本橋 とびこし	一本橋 とびこし	渡りつこ とびこし	横ばいあるき 前あるき	平均くずし バランス	バランス
平均台	一本橋 横歩き おとし合い 仲良し　横前	歩く わたる 坂道 熊わたり	歩行 とびこし 膝を曲げてあるく 腕をまわしながら歩く トンネル	歩行 とびこし ボールをパスし打ちながら渡る とび上がり	平均運動 歩きながら向きを変えジャンケン リズム	平均運動 まわり渡り バランス ボール渡し
鉄棒運動	腕立てとび上り 足かけふり 後おり 中ぬきまわり	腕立てとび上り 足かけふり 前まわりおり 中ぬきまわり（前後連続）	さか上り 足かけふり 前まわりおり	さか上り（連続） 足かけ上り（振） ふみこしおり 腕立後まわり 足かけ後まわり	伸膝さか上がり 足かけ上がり 腕立後まわり 足かけ後まわり	さか上がり 足かけ上がり 腕立て前まわり 足かけ後まわり 足かけ前まわり けあがり
跳箱運動	またぎこし（中一段） ふみこし（中一段） 腕立とび上り（中二段） とびおり（中二段）	またぎこし（大一段） ふみこし（大一段） 腕立とび上り（中二段） とびおり（中二段）	ふみとび（大三段） 腕立とびあがり おり（縦大三段）	開脚腕立てとびこし（縦中三段） 閉脚腕立とびこし（横中二段） 前まわり（中二段）	閉脚とびこし（縦大四段） 閉脚腕立とびこし（横大三段） 前まわり（横大三段） 背持腕立前転（横大三段）	閉脚腕立とびこし（縦大五段） 閉脚腕立てとびこし（横大四段） 腕立横とびこし（横大四段） 前回わり（縦大四段） 背持腕立前転（横〃）
マット運動	横まわり ゆりかご ひざ歩き 仲良とび（横）	二人組横まわり 前まわり トンネル 仲良しとび対面 背向	前まわり連続 ジグザグとび 開脚前とび むかでとび	前まわり連続 後まわり 背面倒立 閉脚後とび 足うちとび	とびこみ前転 前まわり（開脚） 後まわり（開脚） 腕立側転 倒立（補助）	前まわり 後まわり とびこみ前転 腕立側転 倒立（補助）

＝自作体育施設の紹介＝ ＜南風原小学校提供＞

夏休みの共同製作

管理は我等の仕事

施設前の全景

共同製作

施設を使つて自由時活動

搬 入 も 我 等 が 手 て

集積場は階段を理用して分散

バスケツトリング　高低自由
（自作）

簡易リングとボールゲーム場
（自作）

遊具の一角と校舎

体育機械場全景（自作）

巧技台の利用

低学年遊具場中心部（自作）

遊動器具と平行棒（自作）

地下の廃管て低鉄棒へ（自作）

体育器械場（自作）

的当板と跳躍台（自作）

吊輪遊動棒とはん発棒（自作）

ブロック跳躍台（自作）

廻旋塔と子等（自作）

ジヤングルジムと遊動木（自作）

吊はん登棒台とろく木（自作）

日本音階からみた君が代の研究（一）

崎　山　　任

日本の音楽には雅楽と俗楽との二種類かあり、これを総称して邦楽といつております。雅楽はさらに律音階と呂音階からなり、古代から今日に至るまで宮中における公の儀式や神社の祭祀の時に用いられているものであります。

又雅楽は長い伝統をもつ間に外来の影響も受けて同化発達してきました、俗楽はいわゆる世俗の音楽といわれ庶民の音楽というものであります。その内容に陽音階と陰音階の構成をもつております。

日本音階を研究することは結局同種（五音音階）系統にある郷土音階を研究する土台となるものでありまして、西洋の七音階に対して東洋音楽に共通な五音階を知る最も手近かな研究とも得るのであります。

日本の昔からの伝統的な音楽いわゆる邦楽というものは、現代の若い人々の生活にはあまり縁が遠く交渉がないかのようにみえています。しかしその伝統的な感覚は日本人の血の中に働いているのでありまして、そのことは否定できないところであります。とかく邦楽はそれについてなんらの素養なしに理解を深めることは困難でありますが、洋楽についての歴史や理論などを知つたうえで接してみますと、意外にその特徴がはつきりし、得るところが多いのであります。明日の日本の音楽を発展させる意味からも同一系統にある郷土音楽をよりよく知悉する意味からも進んで五音階を研究し一層理解を深めるようにしたいものであります。

〇日本音楽とその歩み

君が代は雅楽の律音階で構成されている関係上ここでは雅楽のことについてのみ申し述べます。

a　雅楽の起り

神話時代にも日本人が歌つたり踊つたりしていたことは、古事記や日本書紀などによつても想像できます。既に笛や琴の楽器があり、歌は感情の高揚で時の言語である曲節風なものが歌われていたと伝えられております。五世紀のなかばから朝鮮及び中国の楽人たちがだんだんに渡来して、アジア大陸の芸術的な音楽を伝えたので一層発達し、八世紀頃は宮中、神社、仏寺等の儀式や集会には雅楽か奏せられるようになりました。これが雅楽の起りであります。

b　雅楽の発達

雅楽は、アジア大陸の古い音楽（笙(しよう)、ひちりき、笛、琵琶、琴、太鼓等で合奏する器楽で舞がつく。ただしこれらの原曲は大陸では滅亡した）のほか、日本古代の歌や舞を芸術化したもの（神楽(かぐら)、大歌(おうた)、東遊(あづまあそび(等）や日本で作られた声楽曲（催馬楽(さいばら)、朗詠等）含み、今も宮内庁や社寺で行われています。平安時代の始め（九世紀）には弘法大師と慈覚大師が中国から声明(しようみよう)を輸入し、今日の仏教声楽のもとを開きました。

こういう外来音楽の影響を受けて日本の民間音楽も次第に発達し、室町時代（十四、五世紀）には能楽（歌と舞と対話とによる劇で笛、つづみ、太鼓の囃子(はやし)がつく。尚その声部の部分は謡曲といつて独立しても演奏される）が完成されました。

三味線は室町時代の終り（十六世紀）にわが琉球から伝えた楽器であるが、その頃から各種の産業が盛んになり都市が発達して庶民の経済力が増進したので、庶民的な新しい声楽である唄や浄瑠璃がおこり、その伴奏として三味線が愛用されるようになりました。これはいわゆる俗楽の発達であります。

c　雅楽の音階

雅楽の音符（旋法）は律と呂と別に中国から伝来した二つの音階がありますが、呂は殆んど用いられていません。それは律の音階の方が日本の古来音階に類似しているために大衆に喜ばれ、自然、呂の方が用いられなくなつたからだといわれています。※

※ 次にその音階を図示します。

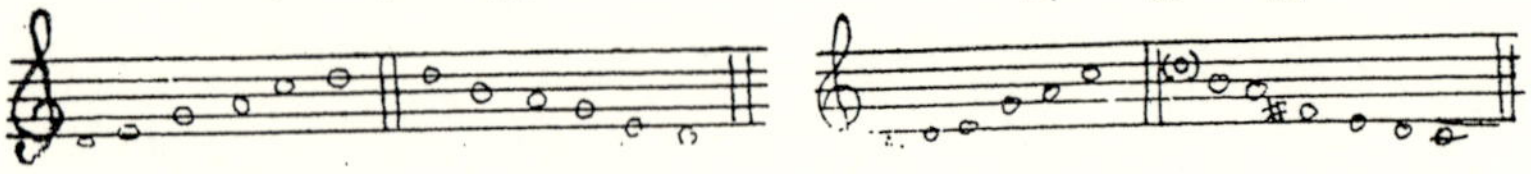

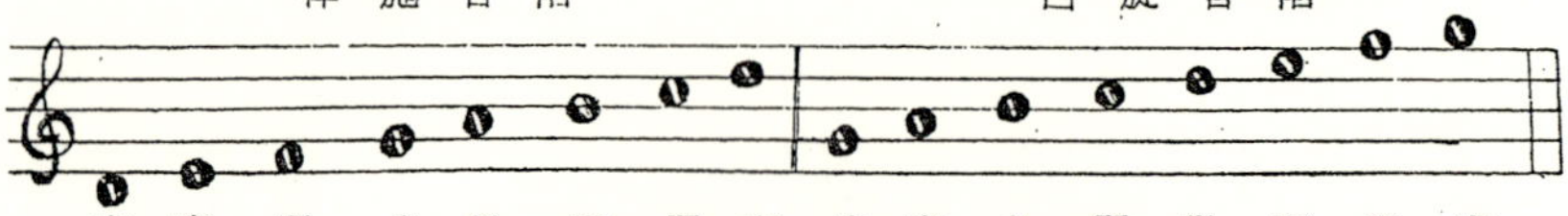

近代の西洋音楽ではオクターブを十二等分したいわゆる平均律が用いられ、各音の絶対高度（絶対音）が与えられています。日本でも古くからそれと大体同じようにオクターブを十二分した各音が定められています。但平均律に示された音高とは必ずしも一致はしていませんが、それに近いようであります。

次にその十二律と音名と図示します。

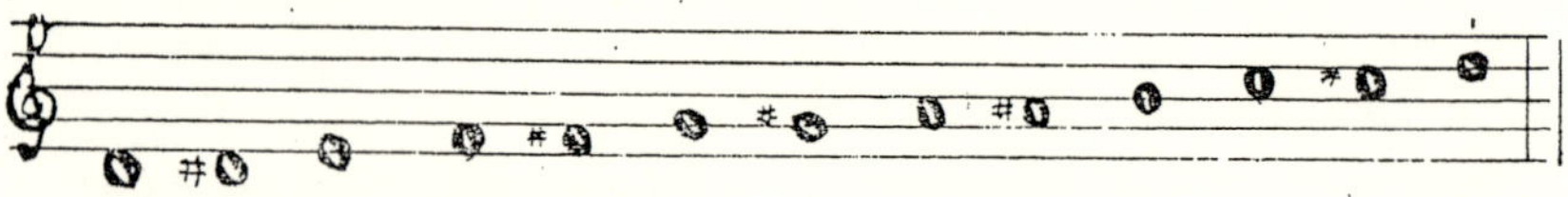

d　律旋の特徴

奈良時代には種々の外来音楽が存在したので音階もまた多種になり、かなり複雑なものがあつたのですが、平安時代になつて雅楽は比較的簡単に統制され日本的なものになつたのであります。

呂旋の根源は中国の七声七段音階）に基くのでありますが、日本の雅楽ではこの音階はきわめてまれに行われるだけでありまして、雅楽といえば律旋がその中心となつております。

律旋は大体俗楽の陽旋と似ていますが陽旋は元来五段旋法であるが。律旋は元来七段旋法であります。又俗楽では絶高度は問題にせず、同じ曲を歌者の声音の高低に応じて自由にその高さを定めますが雅楽では各楽器のピッチが定つているので調性が厳格に保たれているのです。洋楽で申しますならば俗楽では移調は自由に行われますが、雅楽では簡単には出来ないのです。もし移調するとすればその調の関係調のようなものへ移調が許されるのです。但しその場合は楽器に多くの制限がある関係上旋律が異つてくるというところに特徴があります。

俗楽の音階

※○雅楽の原則

雅楽は学者の説によりますと中国から伝わつたものともいわれています。日本の楽人たわは雅楽の根本原則をたてるのに中国の古い理論を借りているのですが、中国では音階の原則を得る方法として「三分損益の法」という方法をとつております。これは「史記」にあらわれているようで最も古い文献だといわれています。この方法はある音に対して完全五度の音程の音は初めの音の発音体の長さを三分の一だけ除いた残りのもの、即ち三分の二の長さのものを鳴らした音であるから三分損をした音だというのです。反対にある音よりも完全四度だけ低い音（これは完全五度高い音の八度下の音である）は初めの音の発音体の長さに三分の一を加えたものから発せられる音でありまして三分益した音だというのであります。このようにして順次音列を得るのであります。

これを図示すると次のようになります。

三分損益の法

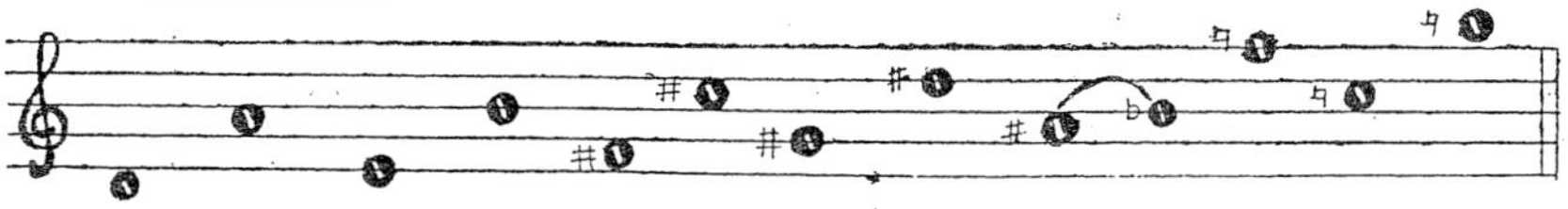

このようにして得られた音をオクターブの中に順次に並べてみると、次のような十二の半音の段階に分けられます。

12　律

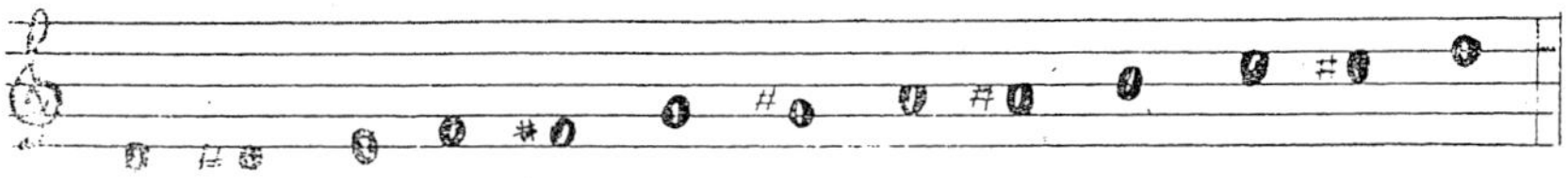

これが十二律というものであります。バツハのピアノの平均律の十二律とは同名でありますがけつして同音ではありません。厳密にいうと全く違うのであります。

○五音音階について

十二律のうち実際に旋律音として使われるものはこの半音階の全部ではなく五つの音であります。五音音階はＢＣ二六〇〇年頃（今から四千五六百年）三皇時代の黄帝時代に決定されていたといわれます。この決定について中国では神秘的に象徴されていますが、天理の法則を備えている点興味あるものであります。「史記」によるとそれらの五つの音は五つの方位即ち中心（主音）があることによつて東西南北が存在するものでありますので五音の母台が出来たのであります。又すべて森羅万象を形成する五行（土 水 火 木金）を象徴しています。人体を五体といい、感覚を五官といい、色彩を五色という等皆それぞれに関係があるもののように感じられます。

この五音音階には宮、商、角、徴、羽の五つの階名が付けられていますが、宮が主音であり徴が属音にあたる役をするようになつています。中国ではこの五音音階を「三分損益の法」の法則で得ますが、日本では「順八逆六の法」という法則で現わされます。この方法はある音を定めてその音から順に八つの半音を辿つて上行し、さらにこの音から下行して六つ目の半音に辿り、これをもう一度くり返して音階をつくつていくのであります。

次にそれを図で示します。

（呂）順八逆六の法

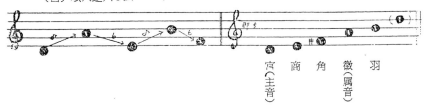

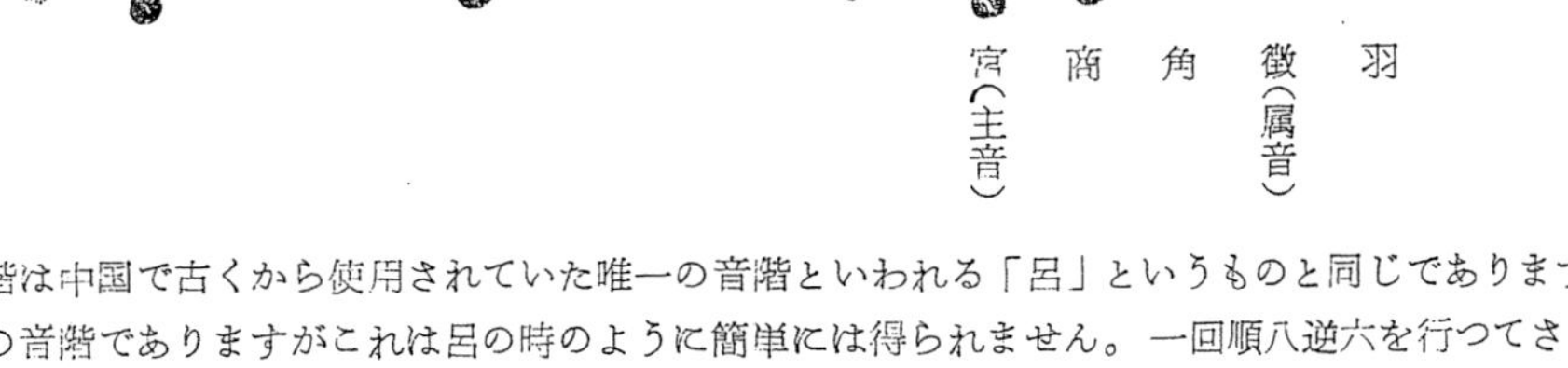

この音階は中国で古くから使用されていた唯一の音階といわれる「呂」というものと同じであります。

次は律の音階でありますがこれは呂の時のように簡単には得られません。一回順八逆六を行つてさらに　※

※　順八をやり、次に最初出発した音（宮）に戻りさらに又順八を行つて音階をつくるのであります。

順八逆六の法（律）

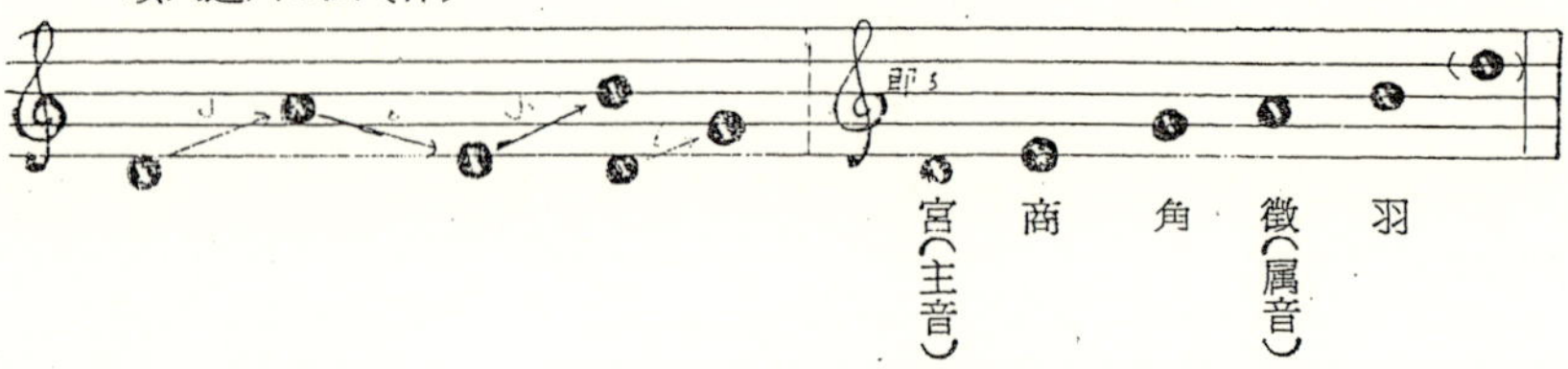

律と呂を比べてみますと第三音（角）の違いがこの二つの音階の大きな 差異であることは興味あることであります。

○律音階が七音となることについて

五音音隔は雄健で素朴なものでありますが感情の細かい表現には適しないので、五音にさらに二音を加えて七音とすることが考えられました。これは西洋の七音音階と同一ではありません。西洋のそれは四音列の合計（完全四度の二個の和によつて構成）であるのに比して 律の階音音階は根本的に組織の違う五音音階から変化してきたものであります。

西洋の七音音階構成

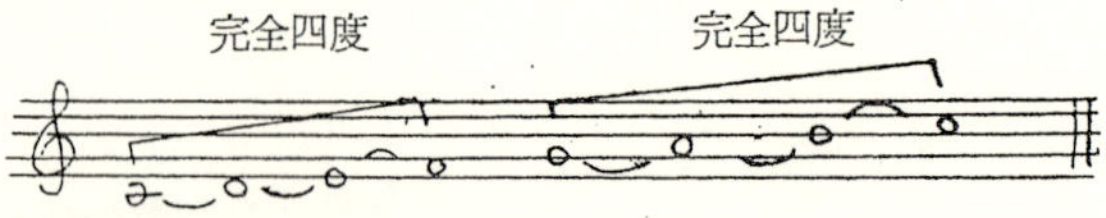

律の五音音階から変化した七音

君が代の旋律

君が代は律音階で壱越調即ち二の音が主音（宮）となつております。厳密にいうとハ長調の音階の第二度から始まつている曲ではありません。ハ長調と壱越調で音高に音のずれがあるからです。即ち五音階の第五度の羽（・シ音）の音から主音宮（：レ音）の音に進むときは半音上げられて嬰羽即ち嬰ロ（：ド音）となるのです。これは平均律の楽器及び楽譜では「ハ」の音に書きかえられています。（楽譜参照）

君が代は五音音階の曲でありますが、さらに二つの音（ここでは嬰羽のみ使用）を加えた七音で構成されております。君が代の最初の旋律の動きは主音から導音に行きさらに主音にもどつた形であります。これも厳密にいうと短音階の動きに比べてよく似ている曲であります。西洋音階では導音（シ）と主音（ド）との距離は半音の音程になつておりますが、日本の律音階の導音は主音に対して決して半音の距離ではなく全音即ち二度で上行して主音に進んでおります。（君が代の曲では四ケ所にこれがある）君が代は五音音階の七音が構成されておりますが、第二音の商（ミ）が半音上がつた嬰商（ファ）が使用されていないことに留意すべきであります。これは日本の律音階には殆んどみられないそうですが旋律上の重要な音でもないので、ほんの経過装飾音として使用される程度であります。嬰商は音階の理論としては認められていますが旋律音としては認められていないということになるのではないでしようか。

次に君が代の楽譜を示しますからそれにより主音と導音の関係（宮と嬰羽）を了解されたいと おもいます。

君が代の曲

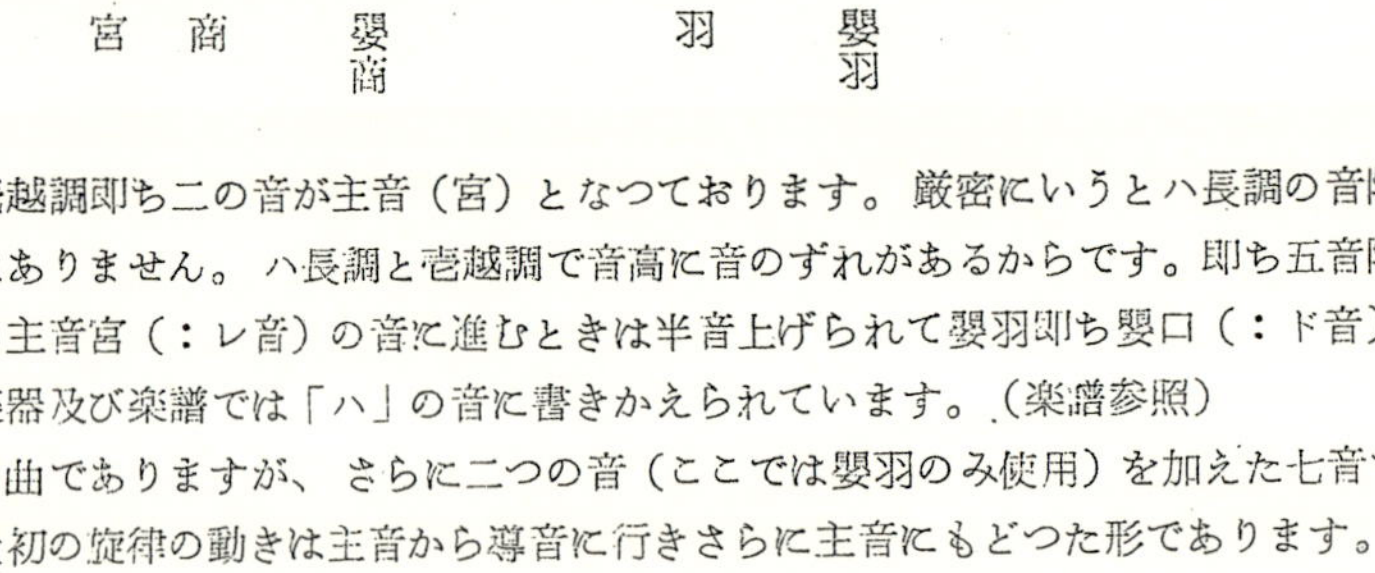

（以下次号）

沖縄の民家史（一）

饒平名浩太郎

原始文化時代の人々は、雨風をしのぐ所、夜寝る所だけに住宅を使つているようである。即ち生活のほんの一部だけが住宅の中で行われていた。

一四七七年朝鮮済州島民たちが、沖縄に漂着して見聞した記録によると、

「家はたいてい一室で前面は高く、後方は軒か地にたれるような掘立小屋で、芽で葺かれていて瓦葺はない。垣はなく寝るには木床にねて、しとねはなく蒲莚を敷く、前には穀物を収蔵する倉が建ててある。人が死ぬと崖下におき、土で埋めることはしない。崖の広い所では五、六棺をおく、家に灯燭はなく夜は竹を束ねて灯として明りをとる。地を掘つて小井を作り水を汲むに ひさご を用いる。便所はなく、野に出て用を便ずる」。

この見聞記は所乃島（与那国島）における見聞であるが、十五世紀後半における住家の状態もこのとおりであるから、恐らくこの島にわれわれの先祖が住みついた頃の住居は、極めて粗末なものか、あるいは自然の洞窟などを利用して生活の一部だけに使用していたのであろうと想像されている。

十五世紀の始頃尚巴志王の冊封使として渡来した柴山の記録にも

「按司の邸宅は茅葺で篠竹を編んで囲み縄を以て繋ぐ」とあり、尚真王時代の陳侃もその使録に、「王宮寺院以外には瓦葺は二三軒で、他は茅茨土階で風にもたえがたい建築である」。といつている。

元来古代人の考えでは、死者は黄泉の国の殿舎に住んで、現世と同じような生活を営んでいるという来世思想があつたから、黄泉の国にも家があり、死者はその中に住んでいると考えたから、墳墓の状態でも、古代人の住居の形態が想像されよう。

考古学的に考えても墳墓の中に室があり、入口があつて、ここに大きな石をふさいだり戸を立てたりしておく千引の磐

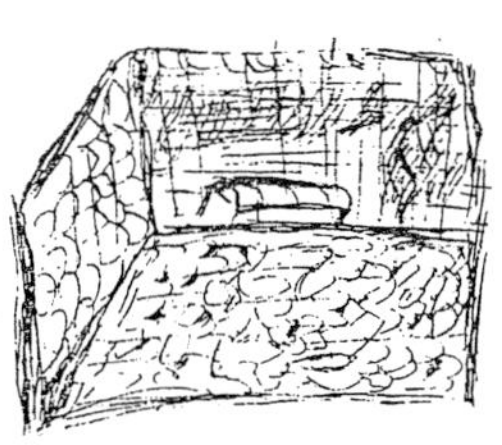

原始的な水納島の墓（風葬）
石垣の囲を作つて棺を入れ上から簀を蔽う。

石があることは、現世の国と隔てたという考え方で、日本建国説話のいざなぎの黄泉訪問も、この墓の構造や、民俗の信仰から考えついて作られている。

墓所は今日のような漆喰作りの堅固なものになる以前には、専ら天然の洞窟※

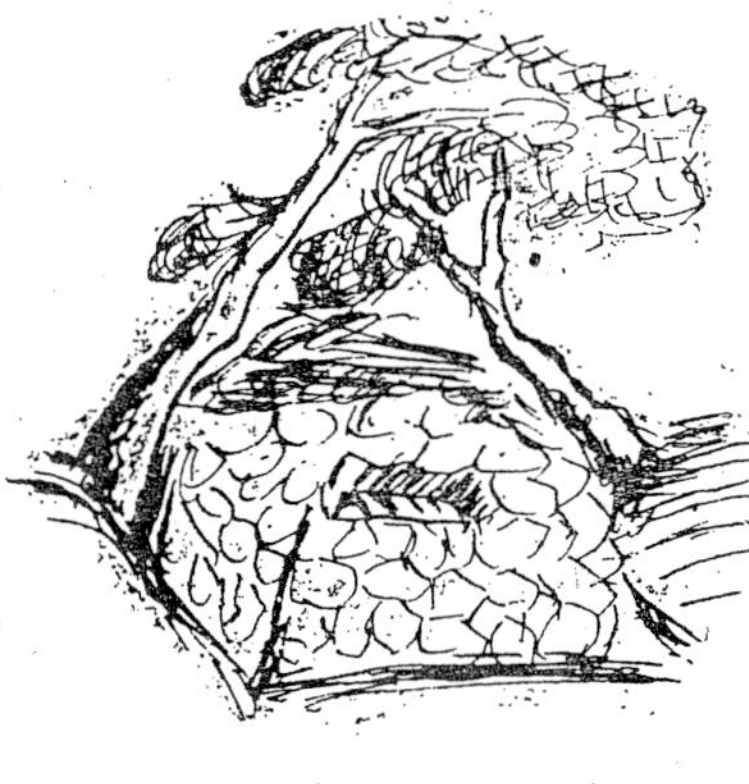

池間島の墓（風葬）
原始的な墓小高い岡の下に石垣をつんで囲い中に棺桶を入れる。

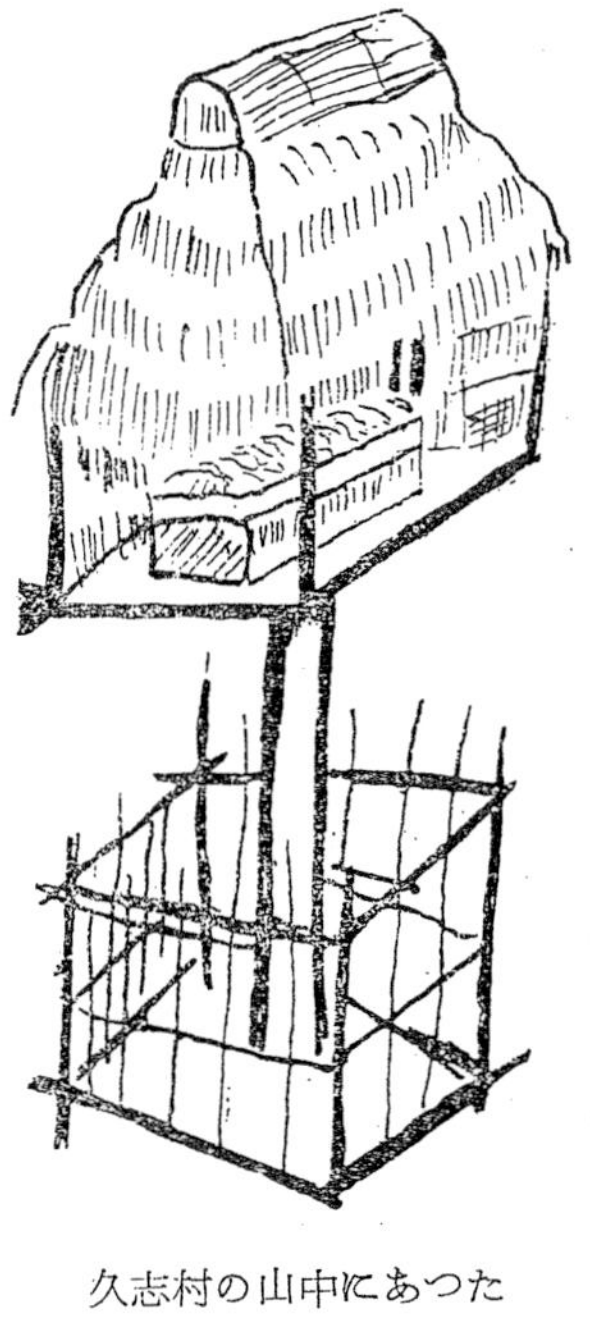

久志村の山中にあつた墓一風棟の形式棺桶が見えるように片側の壁をあけてある。

むしろで纒うて放つた原始的形式から、棺柩式となり、モヤ（野屋）式となり（一本の大棺の上に小屋をしつらへる）それから巌窟式となる。次に堅固な近代な墓となる

※などを利用してその中に設けられていたから、古人の住居も、天然の洞窟を先ず最初に利用していたであろうと想像されている。

このような旧習は現在一部にはその根跡をとどめており、先島の旧い墓地はすべてこの形跡であり、本土にも実例が伝わつている。家々の祖霊があの世から帰り休ろう処から、家々には、その居室といわれるところがあり、子孫がこれを愛慕する如く信じていた時代があつて、それが沖縄にも多く保存せられている。

天然の洞窟を利用した人々の次にムラという特殊な血縁集団の集合体が作つたものは、山腹や高地にあつて、外敵の襲来するのを防ぐため、地の利を得た場所を求めて住家を作つたであろうと思われる。この場所は海岸段丘にあり、即ち歴

史以前の人類はここに住んでいて海岸や干瀬からの獲物をとつて食べ貝塚を残すようになつたのである。この貝塚からで

崖端を横掘りにして入口をつけ千引の岩をたてるか戸をつけた（横穴式）

る琉球式縄紋土器はすべて密接な関係があり、彼等の石器材料は火山岩が用いられ、特殊な例としては遠く南洋群島の石器が持込まれている。

このことについて多和田真淳氏は「この島の人々が相当の航海技術と造船術が発達していたと見なければならない」といわれ、更に氏は「これなくしては弥生系文化への移行即ち農業技術特に稲その他の種子移入は考えられない」。と発表されたが、これはむしろ逆に考えたがよいと思われる、つまり南方や大陸からの人々による文化の移入とみることが妥当のようである。これらの人々の住家は茅で葺き篠竹などを編んで壁とした堀立の小屋であつたであろう。垂木に竹が細い木を横にして垂木にしばりつけて、屋根小舞を作つて、その上にカヤ、ススキなどで屋根をふいた。垂木の端は一所に集るからさきの尖つたとがり丸屋根が作られた。これから更に生活に便利なように短形にして四側に垂木を垂れてとがり方形に代つていつたと思われる。

山原や先島の農家のトウグアや開墾地番小屋にその原形を留めているものが多い。とがり方形の屋根は平ひらの二側面だけ止めて、すぐ切妻屋根とすることもできるから、とがり屋根から切妻屋根へと進んだことは疑いない。切妻屋根もいろいろの変化をとげたらしく、棟が軒よりもずつと長いものとなるような屋根ができただろうと思われる。これを妻がころんでいるというが、蓄舎や豚舎には※

久高島の墓　盛上墓（塚）—家形式

※その原形が残されている。形式は雨の多い南洋の諸島に多い形式であるが、弥生系文化の時代に南方から渡来し

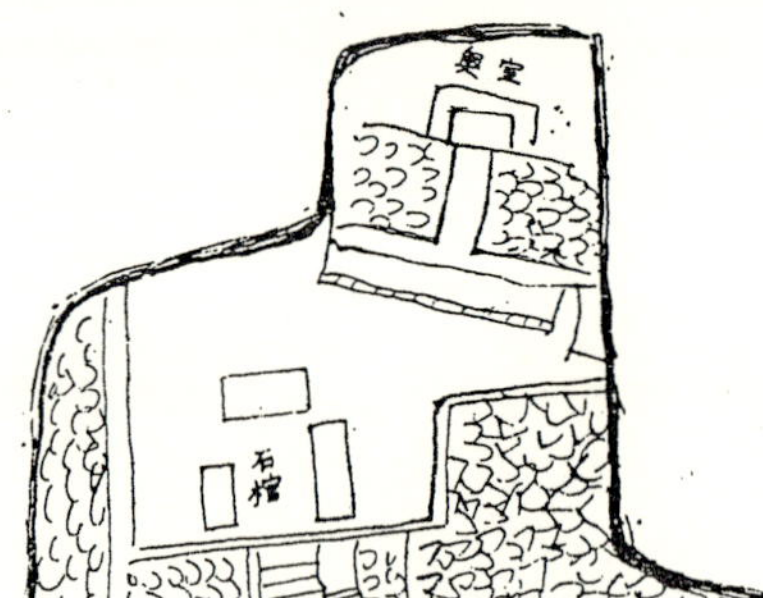

平面図（ようどれ）

た人々によつて、民家にも著しい革命をもたらしたと考えることも無理ではないようである。

ころびが甚しい時には棟木に屋根の重味がかかりすぎるので、それを支えるために妻の両端に柱を立てたこれを棟持柱と呼んでいる。その確証は貝塚の分布や元島という住居跡から察することができる。

貝塚の分布から判断されるのは最初のムラが血縁集団の部落であつただろうということである。「タイラー」が説明するように、人間の住居の平面形は円形から方形に発達するものだ」ということであれば住家の発達はいわゆるとがり屋根の円形から次第に方形へと発達したであろうと思われるのである。

その発達の順序を列記すると次のようになろう。

一、自然の洞窟
二、六本の丸太の柱をもつ円形のとがり屋
三、八本の丸太の柱とY字形の中大柱のある四注
四、ころびのある切妻屋根（掘立）

断面図（ようどれ）

五、角柱と礎石をもつ寄棟屋根
六、和漢混用の総合住家（王城寺社）

真境名安興氏は古代住居は恐らく南九州と同一の型をもつていたであろうと想像されたが、それに、伊波普猷氏の海人部の南下定住説を信奉された仮定であろうと思う。なる程先住の人々が九州から渡来したであろうということは、彼等の縄紋型文化から説明されそうであるが、稲作文化や風習、人類学から南方系文化が多分に認められるとすれば尙疑問が多い。

いずれにしてもわれわれの祖先達が最初住居として住みついのは、自然の窟窟

亀甲式墳墓（近代式）

古くは一般に乾燥したどくろは、自然の洞窟などに合葬され、後に崖の中腹の横穴などに収め、厚い板の戸を入口に立てることが始つたらしい。風葬がすたれて後は屍を墳墓の中に運んで乾燥するのをまつて洗骨した。

を利用し敵の襲来を防ぐために敵を見張するのに部合のよい丘や山腹等に住居があつたであろうと思われる。即ち居住跡や貝塚の分布によつて察せられる。しかしながら沖縄の自然環境から考えると海浜に近い丘陵がその地域として利用されたであろう、というのは既に石器を用いた頃から、漁撈用の石器骨器があつたことによつて知られるのである。

　このように自然の洞窟などを住居として利用したのがかなり長期にわたつたのであるが農耕が始まるようになると、平地に移つて（紀元前後）住家を造るようになり、その位置は水田の近くにある小高い丘陵などに占めるようになつた。

この頃から按司部が出現したのであるが、按司たちはそれぞれ城塞を築いてそこに居所を占めるようになつた、城塞は山砦に属するもので最初はここが関係部落民の共同避難所ともなり、按司の勢力が次第に強くなると、専ら按司の居所、城を意味するものとなつてしまつた。

　歴代宝案宣徳九年（一四三四）尚巴志の咨に「卑爵山往山比賽、海神祭処」とあるところからすると、按司の山寨は又部落民の祭祀の場にもなつたものらしい。

　部落民はとがり屋根の茅葺を造つて血縁のみが集団をしていたのでムラという環境は父母や兄弟伯父伯母といつたようなごとく血の近い、しかも同一の先祖から出たと信ずる人々によつてできたものであつた。そのうちに高地部落のマキヨは神に仕えて長くその加護を受けようと考え、草分本家の根所の戸主の娘か妻を根神とし、神に奉仕させ、戸主自らは根人（大ころ）として、マキヨの男（ころ）の先頭に立ち、共に神々の守護のもとに生活を展開させていつたのである。

　ところが神々が人と常住するというにしても畏れ多いことであるから隠身の神は一段と高い尊貴の場所に奉祀するようになり、神家も円形の住居では奉斎するのに不自由となるので、次第に方形となり間仕切もでき、室もできるようになつた。

　按司は互に城さいを構え八尋殿、十尋殿などという広い構の住家をもつようになつた。按司と村の人々との間は、決して受命者や被征服者といつた間柄ではなくムラの人々は彼等の敬愛する按司加那志のために進んで耕作を行つてその収穫物をささげたり、農民は彼等の生活を擁護するために按司を頭に戦にも参じたのである。

二、三世紀頃の住家
（現在も開墾地番小屋に使う）

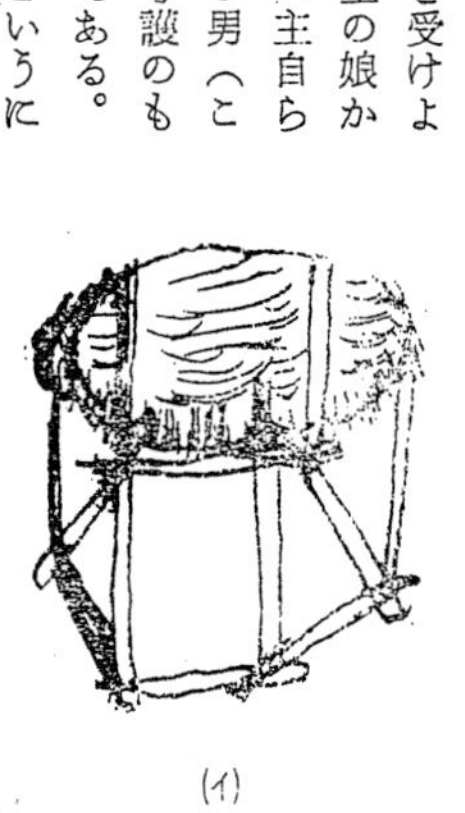

とがり円屋根

(イ)

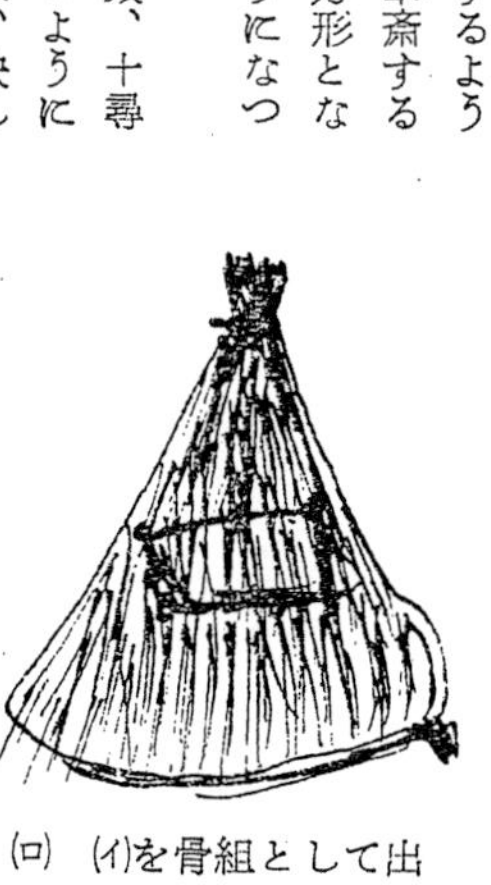

(ロ)　(イ)を骨組として出来とがり方形

梁と桁の区別がなかつた、つるかアダンの気根を利用して結んだ

　兼城のクエイナにあるように八尋殿とか十尋殿というのも庶民の住家を拡張したようなものであるが、それに間仕切が作られ間取ができ、丸太を横に並べ壁として利用し、低いながらも床もできるようになつた。（細い木を編んで床とした）円柱を用い、つとめて堅固に作つた殿舎は庶民達の手でできたものでありながら彼等の尊敬する按司加那志への奉仕で

あるから、信仰から生れた傑作でもあった。

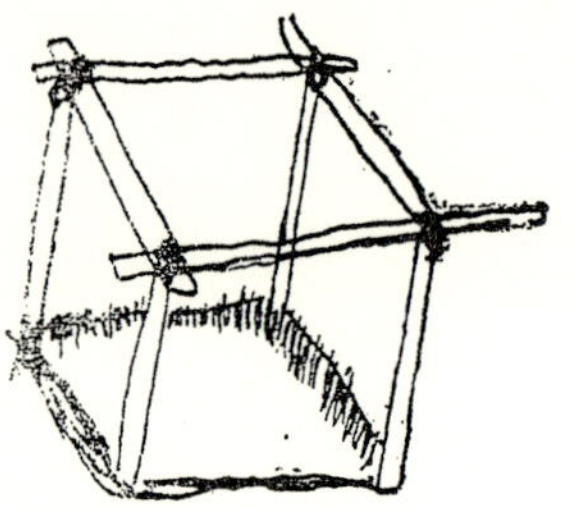

(ハ)

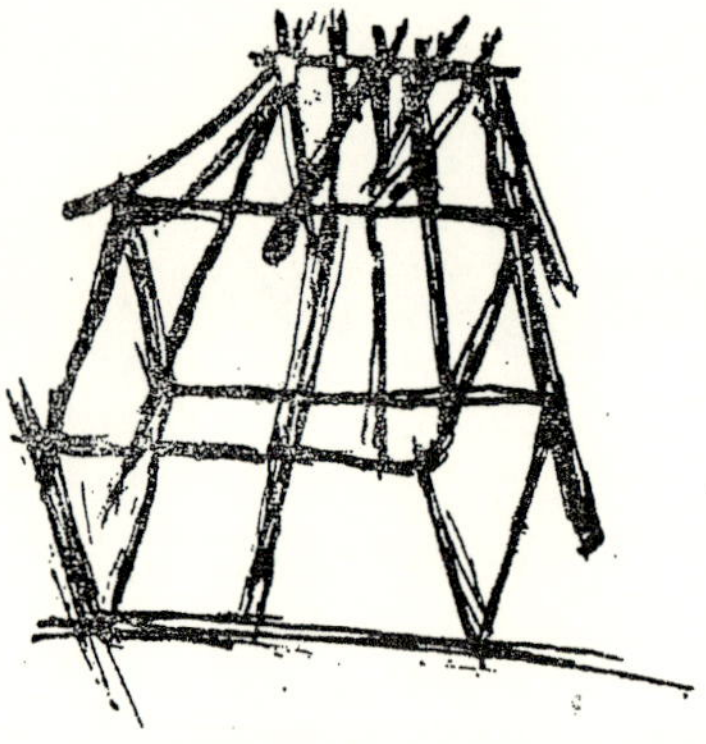

(ハ) 1（建物の真中に大きな二叉柱をたて（中柱）棟木をとりつける

しかしながら庶民のとがり屋は土間のままで床板もはらない、間仕切もしない戸障子もない、土間の上に草を敷いたり蒲莚などを敷いて土面の湿りを防いだ。夜具もないから茅か蒲を編んでかぶり、ごろねをした。もつとも庶民の住居は雨風をしのぎ夜ねる所だけに使われたのであるから、けつこうそれでも充分役立つただろう。

彼等は野山に鳥獣を狩り海岸にでて魚貝をとり、野山で草木の若芽や根、木の実などを集めて食糧とした。食物も家の外で共同食をとり、生活のごく一部が住家の中で営まれたらしい。（沖縄には地下住居竪穴の構造がわかるような遺跡発見されていない、恐らく湿気の多いため竪穴家はできなかつたに違いない）

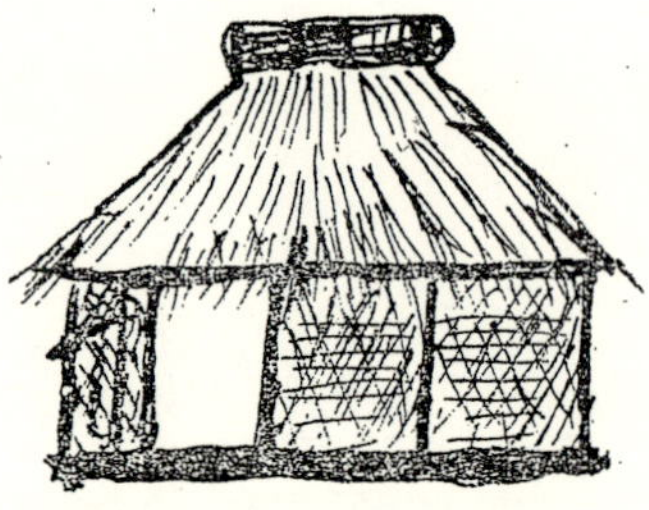

(ニ)　(ハ)から組立てられた寄棟屋根

(ホ)

(ヘ)　ころびのある切妻屋根
高倉に用いられるお嶽に附属するもの、六つ股、八つ股ともいう、又よりたちともいつた。

やがて按司たちは本土から入る船が持つてくる鉄器に着目し、農具や工具を入手し、部落民に分ち与えて、農民の信望をかちとつた。稲や粟麦豆が栽培され農業本位に切り替える四世紀頃から農家の住居にも大きな変革が行われた。即ち住居に床を張り間仕切も考え、これまで山原竹を編んで、中に風が入らないように茅を挟んで作つたみすぼらしい壁も板をくふうして作るようになり、部屋も一室しかなかつた小屋が、按司の殿舎で見るような切妻の家を考えた。又別に床張りのない土間を作つて、これを農具や収穫物の置場に利用するくふうもした。ところが土間では収穫物が鼠に喰い荒されるので別に倉を造ることもくふうした。

高倉は本来彼等の氏神に奉仕する米穀を奉納した倉であつたが、農民はこれから示唆を得て床の高い梯子を利用して上り下りするとがり屋の高倉を考えついて、鼠返しなども備えるようになつたために、収穫物を鼠の害から守ることもできた。それから床下を利用して穀物の調製

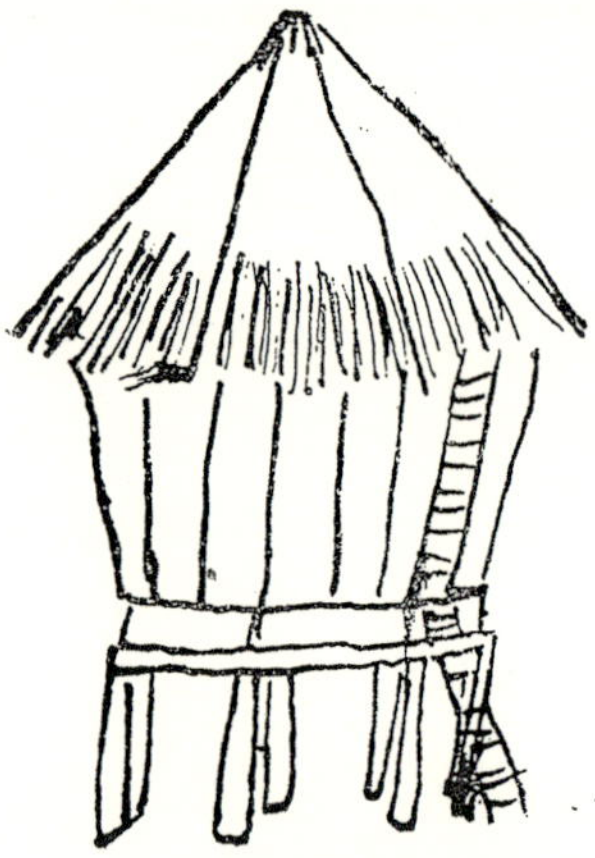

(ヘ)　農家の倉

稲を貯える倉で柱は6本が普通で時には四柱八柱九柱もあり又十六柱もあつたという、柱は丸又は角で、床は地上五六尺に設け、壁は外方に傾斜し、板又は竹の網代組み屋根は茅葺で、両開きの板戸も傾斜面に作り門をさしそこに梯子をかけて上る。

もできるようになつた。ここでは涼風があつて憩いの場ともなつた。もつとも高倉様式の倉は按司の殿舎の隣りに作つたのが最初であつたらしい。

倉の作り方は柱が六本あるのが普通であつたから六つ股と唱えたが、時には四柱九柱十六柱もあつたから八つ股ともよりたちともいつた。柱は丸太のままか又は角材で、床は地上から五、六尺に設け壁は外方に傾斜し、板又は竹の網代ぐみでとりつけ、屋根は茅葺で、両開きの板戸も傾斜面につくり門をさし、そこに梯子をかけて上るようにしていた。

(ト) 按司の邸宅であつただろうと思われる住家～妻入

倉ができると穀物を乾す広場もできるようになつた。ところがこの広場の土面をそのまま利用すると湿りがあつて、穀物の乾きがおそいところから莚も考えついた。あだん葉の莚から、それよりももつと長もちするねこぶくも案出した。余程後世になつて封建制度が確立したときでも、あだん葉の莚やねこぶくは百姓の住家の敷物として長く使用されたし、

十七世紀以後はようやく本土から伝わりかけた畳も農家には使用法度となつてしまつたのであるから、農家の敷物としてはアダン葉や藺で作つたござが長く使用されるならわしとなつた。

〃山原のなれやアダン葉莚
　しかば坐れみしようれ首里の主の前〻

この島では毎年きつと襲来する暴風に悩まされ続きで、どうしても高い住家ができない。思い余つて住家は低くした。それでも被害がまぬかれないので屋敷林を仕立てた。竹、福木、樫、雑木、がじまるを生垣として又防風林ともした。その外面に石垣を高く積んだ。

しかし十八世紀にもなると、その石垣も農家には法度となつたので、風に屈しない硬木の福木や樫槇を仕立てて防風林として、長く住家の保護をするようになつた。これが又農家にとつては幸をして成長した福木が建築用材として利用されるようになつた。

一七三六年頃から樫や槇のような硬木の生垣も思うように利用できず、蔡温の林政によつて農家は屋敷林でも樫槇などはすべて登記され、私用に利用されないようになつた。住家の前面は高く作つた方が光線の具合もよく、明るくなつたが後方は依然として地面に垂れる位葺下していた。住家の用材として利用したのは山々のイーク、杉、椎、樫を用いた。しかし床(ゆか)は木を編んで用いるのが普通であつたらしく、十五世紀頃朝鮮の漂流民が先島の島々で見聞した記録には、木を編んでゆかを作つてあることが記録せられている。

十七世紀以後あらわれた町屋縁だけ出した瓦葺～平入

民家の状態はこのようなもので、しかもこれが余程長期にわたつて進歩をみせず、明の宣徳五年柴山の碑記にも巣居穴居の民といつているところからすると田舎の住家ははなはだ幼稚であつたらしい

これからおよそ七十年程前十四世紀始察度王の時代にようやく王城も高よそうりという高楼を築造しただけで、それ以前は王城といえども民家と余程かけ離れた豪奢なものではなかつた。

察度王が若い頃勝連按司の娘をめとつた当時、彼の家は草葺の掘立小屋で、垣は破れ屋根は傾いて風さえ通り、雨漏りのはなはだしいあばらやであつた。

尚巴志が三山を統一してから首里城郭の結構を壮麗にし、竜を作り華木を植えて始めて城廓らしくなつたといわれる位であつたが、柴山が大守寿や千仏閣を作つて模範的な唐様建築をするようになつて、名実共に王城として讃えられるよう

☆六一頁二段へ続く

随筆

形見の哀傷

比嘉俊成

未開時代の物資の欠乏や、不自由は発達的次順から或種の馴れた自然でもあろうが或程度の文化生活を経験した現代人には戦争などによつて一朝にして来たつたそれは相当な苦痛であつた。従つて知性と考え方(貞操観)から備つた形体上の一部機関を使用する（春をヒサグ）のもまたあり得ることではあると思う。

戦争の結果は色々の悲惨な事が後からも現れて来ることは云うまでもないが、中でも後々まで尾を引く原爆症や毛色の異つたものゝ現われて来ることで、棕梠色の毛の子を見て、この児は煙草一ボールか、缶詰一かんだつたろうかと聞くからに涙をそそられるが、しかしこれは前述の如く生活の方法や能力によるいわば一種のバーゲン（商取引）でまだしもであるが、中には脅迫、拉致掠奪による、いわゆる意志によらない結果のものゝあることである。

尾崎咢堂も奥さんは外人だつた由だし、反対に男が外人だろうと相互の意志による（正式?）結合の結果であれば毛色が異つた子だからといつて凡てが問題ではない。

終戦となつてしかも落着いてから後は襲来掠奪は少なく、或は食糧自給の田畑作業や用事等で群（人里）離れた為めか、或は不注意や知性の差で被害ー生理的?動物的爪牙にかゝつたもの等々であろう。こんないたましい予想施策の貧困から副作用?した悲惨な諸相が其の時代々々の文学に現れたものは、歴史的にも?或意義をもつことになるであろう。

支那では各時代々々に異民族とされる。いわゆるエビスの侵入に悩まされたことは各時代の歴史に見え、特にあの王昭君のことは此等の代表的?なローマン化されたものとして余りにも有名であるが、外に又各時代毎にいたましい詩歌もある様で今それをあげて見ると、例えば晋の孝帝の永嘉六年の時に鮮卑が乱入し帝は殺され、ここに東西両晋ができるわけになるのだが、その時の惨事を詠んだのに張籍という人の「永嘉行」というのがある。その中に

永嘉行　張籍

黄頭鮮卑入洛陽
胡児執戟升明堂
晋家天子作降虜
公卿奔走如牛羊
紫陌旌播暗相触
家々鶏犬驚上屋
婦人出門随乱兵
夫死眼前不敢哭
九州諸侯自顧土
無人領兵来護主
北人避胡多在南
南人至今能晋語

「………
家々鶏犬驚いて屋に上り、
帰人門を出て乱兵に随う、
夫眼前に死するも敢えて哭せず」

といかにも騒乱の様があり〳〵見える夷人兵が乱入して来たので家々の鶏や犬が驚きの余り屋上に飛び上る様や婦女子が夷人兵に拉致され、その眼前で夫が殺されながら泣くことさえできぬ悲惨言語に絶する所である（実際はこんな時となるともう泣くとか云う状態は己に通り越した虚脱の状態かも知らんがそれが却て修羅場の悲絶の極である。

又劉商という人の胡笳十八拍の内の第十に胡人の赤毛の児を娠んだ苦悶を歌たつのがある。

胡笳十八拍（第十拍）　劉商

恨凌辱兮悪腥膻
憎胡地兮怨胡天
生得胡児欲棄捐
及生母子情宛然
貌殊語異憎還愛
心中不覚常相牽
朝々暮々在眼前
腹生手養寧不憐

「胡児を生み得て棄捐せんと欲す、
生るる及んで母子の情宛然たり、
すがたことなり語異にして憎み又愛す、
心中覚えずして常に相ひく
朝々暮々眼前にあり、
腹生手養なんぞ憐まざらんや」

というのである。

これは胡軍（夷人兵）に掠奪されて胡地（蛮地）に行つてから又郷里に帰るまでのことを歌つたもので、この詩の始めに無理な手籠めの凌辱を恨み、ナマ臭い体臭を悪み、胡地を怨み、この児が生れたら棄てゝやろうぞと思つていたが、さて生れて見ると母子の情が出てくる、目玉毛色も違い、やや長ずると語も異なるので、いやになつて憎むが、わが子と思えば愛情も湧き出て憎愛交々(こもごも)で心中に葛藤（かつとう）を生じて悶える、朝に夕べに眼前にあり、己の腹から生んだ子わが手で育てた児、どうして憐まないでおかれようかと、母子自然の情と胡人を憎悪する情とが胸中に錯綜懊悩する状態を描いている。

戦後殺りくにおびえ恐怖にかられて或は又春情の相催す所、求められるままにうつかり貸してやつたもののこう

なつてと悩む方はこの地にもあるであろうか。

　それから文化の今日までも国際間の問題はやゝこしくて思うようにならず今もつて留守家庭云々といつて未帰還者のあることも誠に歎かわしいことであり、又てつきり戦死とばかり思つて墓もたて何年忌と法要供養もやつて居たらヒョツクリ帰つて来たりするのもある。こんな人はほんとに夢かと思うであろう、又戦争にじゆうりんされて離散した一家が生きて再び会えるとも思わなかつたという類もあろう。

　詩人杜甫の詩に羌村（きようそん）という三首があるがその内の一つに、こんな事情を歌つたものがある。死んだとばかり思つていた家の人が帰つて来たので、妻子どももその生存さえ怪しむ、もちろん喜びの余り感激してすすり泣く、村の人々も生きてたそうだ、帰つて来そうだと生垣の所から覗く、家人は夜中になつて夢ではないかとももう一度灯つけて見るといつた実況である。即ち

羌村　　杜甫

崢嶸赤雲西　日脚下平地
柴門鳥雀躁　帰客千里至
妻孥怪我在　驚定還拭涙
世乱遭飄蕩　生還偶然遂
隣人満牆頭　感歎亦歔欷
夜闌更秉燭　相対如夢寐

「………
柴門鳥雀さわぎ
帰客千里より至る
妻孥(さいど)わが在るを怪しむ
驚き定つてまた涙を拭う
世乱れて飄蕩に遭い
生還偶然に遂ぐ
隣人牆頭に満ち
感歎またすゝりなく
夜ふけて更らに燭をとり
相対して夢寐のごとし」

　又留守家庭で妻君が夫君の帰りを待つ特に寒くなつて来た頃の有様を描いたのに唐の僖宗時代の方干(ほうう)という人の七言絶句に「君来らず」というのがある。即ち

君不来　　方干

遠路東西欲問誰
寒来無処寄寒衣
去時初種庭前樹
樹已勝巣人未帰

「遠路東西たれに問わんと欲す
寒来りて寒衣を寄する処なし
去る時初めて植う庭前の樹
樹己はに巣うに勝えて人は未だ帰らず」

と。出征した夫君は東行つたか西行つたか、それを誰に問うよしもない、寒くなつて来たのでセーターでも送ろうとするが、さて送り所はわからん、出発の時庭先に植えて行つた木はもう鳥が巣を作る位大きくなつて来たが、その植えた人は未だ来ない」という、身辺庭前の木を見て情を述べている。正に秋来閨怨の情、待つ身のつらさ、安否を気づこうたど〳〵しさ、疎開の間の数年でも苦しかつた、況んや十余年の今日の留守家庭をやでなかろうか。

わたり鳥の記

島本英夫

　渡りどりの研究は多くの人手を要するにもかかわらず、近頃はその報告が多くなつて来た。日本では以前から農林省の林野局鳥獣調査室が研究していて、はなれ小島や岬等にある灯台職員にも職を委託してひろく資料の集収に努めている。

　一方気象学者はそれらとは別個に、気象現象と結びつけて鳥類のわたりを調査研究しているが、それがちゝとして進歩しないのは何といつてもその観測の困難性にある。第一の障害は、わたりする鳥は一羽二羽に飛んでゆくことなく群をなして移動するから、その点は目につきやすく大変便利であるが困つたことには鳥らは夜間に出発するものが多い。したがつて渡る道中にあたる土地では割りに観測がしやすいが初めて出発する地点ではなかなかその正確な日時をとらえるには骨が折れる。鳥どもがわたるときに人目をさける習性は止むを得ないとしてもいくら大空を舞台に生きる鳥類とはいえ所詮は大地とつながつて生きているのだから、従つて半島や岬、あるいは島々の並ぶ上空を飛んでゆくのが普通である。しかしながら多くの人々は空とぶ鳥などには関心がうすく篤学な研究家でもないかぎり、鳥体のみとめ方（すなわち観測）がでたらめになりがちなのも、研究の大きな抵抗となつている。その点でイギリスのような専門家の協力を得ている組織とはその精度において日本の方はいちじるしく劣つているといわれている。

わたり鳥の分類

　わたり鳥はそのわたり方のかたちから分類して、留鳥、漂鳥、夏鳥、冬鳥迷鳥、旅鳥の六種類とされている。

　迷鳥とは、…台風その他の原因で目的地に行きつかぬうちに群団から落伍して迷い児となる鳥のことであり、離れ小島や無人島ではしばしば見受けられる現象である。筆者が台湾のアデンコート島で一カ年半気観測をしたときの経験によれば、台風やしけのためよりも鳥個体の弱体のために群団とついてゆけず、一種の自然陶汰のかたちで

——随　筆——

落伍するものと、今一つはワシ、タカ等の猛禽類におそわれて名残りおしくも同胞の列をわかれて不時着陸するのが多い。こうしたときの鳥の姿はまことに涙ぐましいもので、無人島は水が不自由であるので妻は毎日バケツに水を汲み庭つづきのススキ原におくならわしであつたが、或る日そのバケツの水の中に鴨が入つていた。も早抵抗する力はなくやすやすと捕獲できたが、その上の空には二三羽のタカがランランたる眼を光らせながら輪を描いてとんでいた。二三日も看護して元気がでたので放してやつたのだが、はたして仲間においついて行つたかどうか今でも彼女の壮行を祈つている。

冬鳥とは……冬のあいだその土地にいて秋になると北の国から日本あたりにやつてきて、そして春霞のたつと共に北国へ帰る鳥で、カリ、カモ、ツグミ等である。

旅鳥とは……夏は日本よりもつと北の国で新婚生活をいとなみ、冬になると暖いところを慕うて熱帯からさらに先の南半球までつばさをのばすといわれている。この鳥らは日本や琉球ではたゞ旅の骨やすめのために一時とどまるにすぎず、ロマンチックなその名もそこから出たのである。沖縄とも関係のふかい、夏鳥のわたりを日本を北限としてみた場合そのわたりの道すじは次のとおりである。

一、日本本州→九州→沖縄→台湾。

二、日本々州→八丈島→小笠原→沖縄→台湾。

気象官署では鳥類季節は→動物季節報告にふくまれていて観測の綱領には去来期、繁殖期、異常出現、異常移動それに異常群集等が毎月の気象要覧（気象庁月刊報告物）に公表されている。

気候とわたり鳥

わたり鳥も外の動物とおなじく気候の直接的なえいきようを受けて行動すると考えられている。ある例外をのぞけば食物の不足は第二次的なものとされ、北方に移動する冬鳥の渡来は日最高気温がその移動主因とみられている。食物に左右される例としてはカリ（雁）が気候のうつり変り早く進みすぎてシベリヤに到着した頃はこゝではまだカリの食物がなく止むを得ず元来た土地に引返すことがしばしばあるといわれている。

わたり鳥は一般に軽い追い風の日に出発するといわれていて、その飛行高度は割りあいに高く、普通四〇〇から一、〇〇〇メートルの高さを飛び、風の強い日、曇天の日は、比較的低い空をとんでいく。鳥類も大気中を飛行するのであるから流体力学的な抗束を受けるのは云うまでもない。例えば空気抵抗だけを取りあげてみても、鳥の飛行する相対速度は順風に乗つていくのと、むかい風にさからつて行くのとでは風速の倍だけの差が生じるわけになる。それだから候鳥は風をうまく利用する習性がつちかわれていて、中でも大洋をわたるのは尚更この習性が強い。

ある飛行機乗りが悪気流になやまされ不快な旅をつずけていたが、はるか彼方の空に一列のカリガネが飛んでいくのをみて、それの後を追つかけて飛行したところが、そこの気層には乱流もじよう乱もなく、きわめて楽しい航空ができたと或る座談会で披歴していたが、これは渡り鳥の調査上からもきわめて興味のある話と思う。

ツグミの渡来期は初期と最盛期とがあり、石垣島では不思議に早く九月なかばには既に姿をみせる。鹿児島の枕崎も早い方である。岐阜県ではこれよりもいくぶん早く、九月上旬となつている。わたりの終期は大体一月下旬である。もちろんこれは平均値であるから年によつていちじるしく差がある。はなはだしいのは最盛期が年を越すこともある。カモは東京では毎年秋になると皇居の濠におりて来て、さらでだに高雅な地域に風物詩をそえているので大変市民からしたしまれている。

鴨類は各地の海岸や湖沼、河川等に群集して生活し、そこで冬を越すのである。終戦前はカモの好きなような禁猟区とか共同狩猟地とか、とにかく保護区にかぎり見られたのであるが、最近はどうしたものかぼつぼつと、そうでない小さな沼沢などにも見られるようになつてきた。日本ではカモの渡来もカリ類同様に人々は一種の秘密主義をとり、各地からの報告が少いために詳しいことはわからないが大体九月上旬から十一月とみなされている。しかし種類により早いおそいがあるのは云うまでもない。沖縄でカモは名護以北でしばしば見られるようであるが、その詳しい報告に接したことがない。夏鳥のわたりは一般に目立たないことはよく知られている通りである。たゞツバメの南帰に関する調査はいくらかある。琉球列島ではサシバのわたりも、夏鳥としては顕著な方であろう。ツバメが南帰するさいにはその道中にあたるところでは、群をなして通過する。

帰去は一般に北へゆくほど早い。北海道が早くて、九月下旬にはすでに姿を消す。本州では大体、東北地方が九月下旬から十月中旬に移動が多い。八丈島では大変おくれて十一月上旬となつている。ツバメの場合も他の鳥類季節と同様に気候の状態の変化に応じて早いおそいがある。ツバメの渡来については一つの例外があげられる。と云うのは日本で冬を越すツバメがあちこちから報告されていることである。秋のわたりどりでは以上の外に、鹿児島のコムクドリの大群集の飛来。寒地ではハクチョウのわたり。青森県八戸港のウミネコ。山口県と九州の阿久根のツルの渡りなどが有名である。

——随　筆——

麦わら帽は涼しいか

北村伸治

五月に入ると新しい麦わら帽が夏の象ちようとして早くも街に畑に見られる。古来大衆に愛されて来たこのなじみ深い麦わら帽にケチをつけるつもりはさらさらないが、夏の日除けに手軽なこの帽子は、単に日よけの役目だけを充分にして、他面での欠点はないものだろうか。このような疑問を初めから持つたわけではない。ちよつとした注意から生れたのがこの疑問である。

夏の日中、部屋から出ながら例の麦わら帽をヒョイと頭にかぶつた彼は、日なたに出ると共にカツとした日射を体中に感じ、その目をまばゆそうに細めた。白い石粉道を歩きながら長ずぼんの中へ下から次第に熱気が昇つて来るような感じを先づ受ける。然しそれは膝小僧から上には上らない。風は殆んどない。この感じは両側甘庶畑の路上が甚しいことにも注意した。これは日射で暖つた地面かからの熱輻射であろうか。或は熱伝導で地面に接した空気の層が暖つたためであろうか。

道路の両側開けた所よりむしろ両側が甘庶畑になつたちようど空気の溜つたような所に著るしく感ずることから彼は、この後者の熱伝導により昇温した空気が溜つているのであろうと考えた。然しこの溜つた温度の高い空気の層が地面から何一〇センチメートルまでであるか、どのように温度が地面から高くなるにつれて変化しているのか測定して見なかつた。そのため本当のことは未だはつきり知つていない。

次に彼は額の汗をふくために左手で帽子をヒョイと持ち上げながら右手のハンケチを額へ当てようと上げかけた時スウーツと涼しさを感じた。涼しさと云うのか緊張感がとれたと云うのかはつきりしない。汗をふいて帽子をかぶると又額から目の附近まで何かしら熱さを感じた。帽子を一寸持ち上げ頭の頂上の高さ位にするとホツとした涼しさに変る。これは一体どうしたことか。彼は帽子より傘の方が涼しいことを思い出した。これは帽子が小さく影が少いこと、頭をすつぽり包むことのためだとてつきり思つていたが、その他に何か別の原因があるらしいぞと考えついた。そこで彼は早速実験を試みる計画をした。

(1) 何が分ればよいか

最終的には帽子をかぶつたときと、上に上げた時の熱さの差があるかが分ればよい。そしてその原因をつきとめれば充分である。

(2) 何を測るべきか

熱さの差を調べるには色々の方法があるが、先づ簡単なことは温度差を調べることに誰しも気がつく。熱さを知るにはその熱源により輻射を測定するか、つまり熱量を測るか、熱の他の表現法である温度を測定するか大別して二つに分けられる。温度計と云う手軽なものがあるから温度計を用いることにしよう。

(3) 温度計では何が測れるか

温度計で我々が普通測定しているものは気温である。気温とは空気の温度で、空気のもつている熱量の間接表現である。従つて気温を測定する時は空気そのもの以外の熱的作用をおよぼすものは全部これを除かねばならない。普通地上や室内では空気の温度以外の熱的作用は、色々考えられる。

戸外…第一に太陽の直射日光、これは太陽熱が地面附近の空気層ではどのように変化するかを考えねばならない。太陽の熱は空気層に入るとその一部（約三%）は空気分子に吸収され空気の温度をごく僅か上昇させる。他の大部分は空気層をつき抜けて地面に達する。地面に達した熱は一部は地表面で反射されその大部分は地面に吸収されて地面を暖める。暖つた地面はここに新しい熱源として空気層に熱を送りこむ。これが地面輻射と云われるもので、空気層を暖める最大の原因である。空気層が下は暖く上層に行くに従つて冷えるのもそのためである。この地面輻射が第二である。第三にはごく地面附近（約五〇センチメートル以下）では地面に接している空気は直接地面の熱が伝わつて来るために暖められる暖い層が出来る。これが第三の熱伝導である。その他建物輻射等地上物からの熱の出入、炊事の煙等第四の熱がある。

室内…外から入つて来る輻射（主に地面からで隣の建物の壁からのものなどもある）太陽の直射する部分と壁や屋根からの輻射があり、その他には炊事、電燈、ラジオ、火鉢等生活に要する熱が室内には一ぱいある。又人体から出る熱、呼吸による暖い息の放出もある。

そこで我々はどう云う状態の気温を測定すればよいか。その場合温度計はどのように使用すればよいかと云う問題に当面する。

気象台や測候所或は学校では気温の測定に百葉箱を用いている。これは(1)の何が分ればよいかと云う問に対し、答は自然状態の空気の温度が知り度い。つまり日射、地面輻射、熱伝導その他の影響のかきまぜられた熱で暖つた空気の温度を、それ等の影響のない状態においた温度計で測定しなければならないと云う(2)(3)の条件が相次いで考慮される。この温度計をおく状態として百葉箱が考えられたわけであります。

さて温度計で測定する場合に彼は何を測つているかと云う例を上げよう。

(イ) 裸の温度計を戸外で日光にさらした時

$T = t + S_1 + S_2 (+ S_3)\ S_4$

……$(+S_3)$は地面近くで

(ロ) 裸の温度計を小さい影に位置した時

$T = t + S_2 (+ S_3) + S_4$

(ハ) 裸の温度計を地上一メートル以上の所に小さくつくておいたとき

$T = + S_2 + S_4$

(ニ) 裸の温度計を百葉箱内においた時

$T = t$

ここで

T：温度計の示す示度

t：空気の温度

S_1：日射によつて温度計の水銀が暖つて膨脹したために上つた温度

S_2：地面輻射により温度計の水銀が暖つて上昇した温度で地表面の状態によつて異なる。

S_3：地上附近（約五〇センチメートル以下）で測定した時の地面からの熱伝導により暖つた分の温度

S_4：近くの壁、人体その他の影響による熱によつて昇温した分

以上で大体温度計の示している温度は温度計のおかれた状態で色々の要素の熱の合計を示すことが分る。従つて温度計で温度を測定する時はその目的によつてどの要素の熱を除いて測るべきかと云うことを常に念頭におかなければならない。

(4) 如何なる方法て測定するか

麦わら帽子をかぶせたまゝの人の頭の周りで測定すると、人体からの熱、呼吸による熱等が邪まになるから、（つまり先のS_4）標準になるようなモデルを考えよう。この邪まを除くためには色々あるが、あつさり帽子だけの場合を基本状態として、それについて測定することにする。

第一図のように十文字に組んだ細い棒の上に押ピンで麦わら帽を止める。地上一・五〇センチメートルの高さにする。風が強いと帽子が動揺するから出来るだけ強くない日を選ぶ。このような測定のしやい条件を列挙すると

(イ) 風の弱い雲も少い日射の強い日

(ロ) 帽子の上に達する直射日光が平等に帽子に分布する時刻の前後、従つて南中時頃（太陽が真上に来た頃）

日射の方向により温度分布が異なることが考えられるので(ロ)の時刻を選んだ。

(ハ) 帽子の下全部を測るのは時間的にも回数的にも大変である。そのうち日射の方向、量が次第に変つて来るから短時間に測定しなければならない。今の所、(2)の温度差があるかないかを知れば足りるから、帽子の中心から東西又は南北の方向（出来るだけ正しい方位）

第一図　取付け

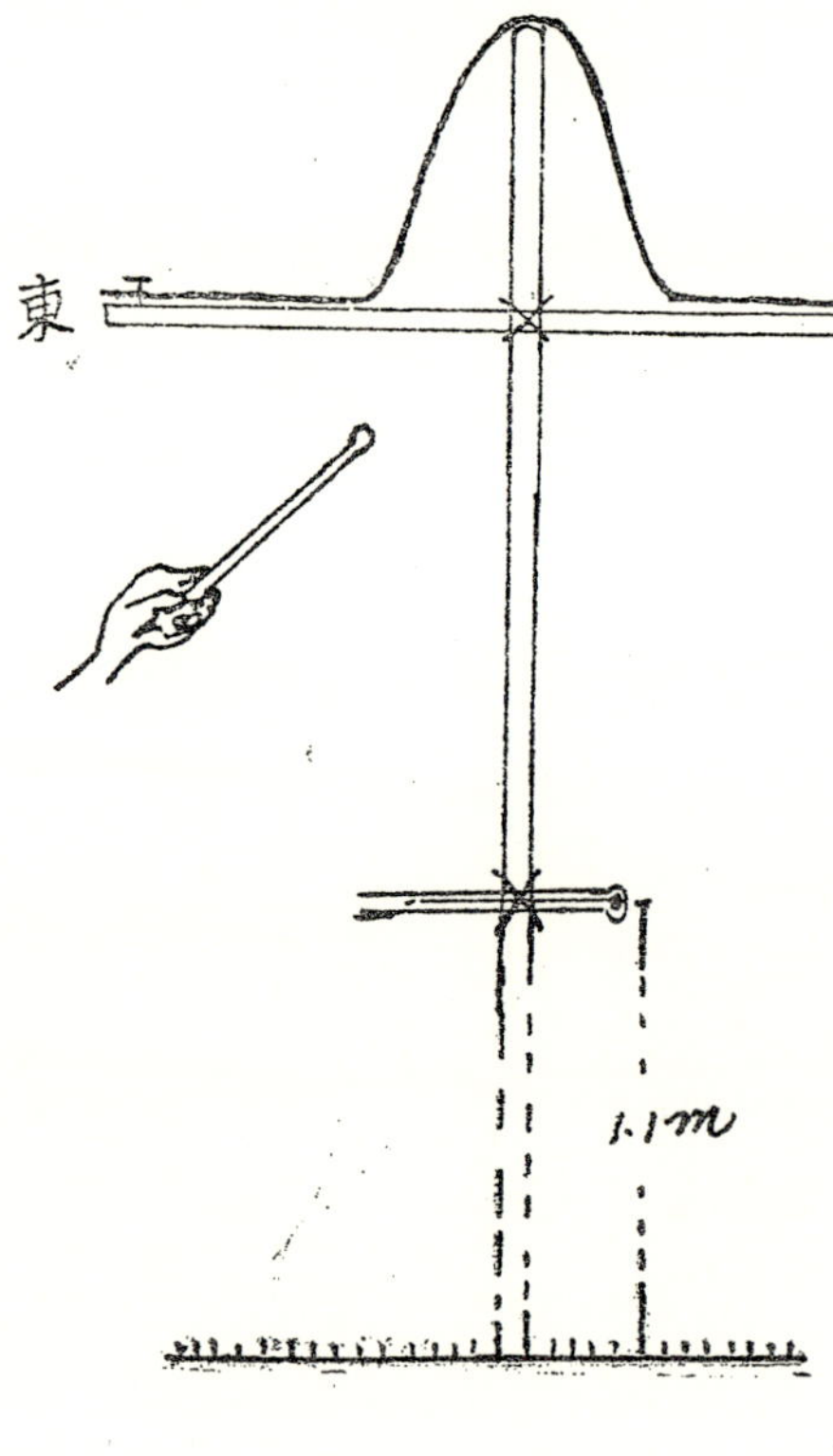

に測定すればよい。太陽は南より真上にあるから東西に測定することにする。

さて温度計であるが、温度計を十本並べたら温度計自体の輻射と通風の影響が考えられるし、又十本もそろえるのは大変である。ちょうど彼の所には二本あつた。これを最大限に利用しなければならない。空気中では〇・五度内外の瞬間的 気温変動 が多いことを彼は測つて見て分つた。これは風として流れる空気は地面附近で暖つたものや、、家の中を抜けて来たもの等色々な異つた経路を辿つて乱れて吹くのが空気の 実態で あるから 仕方がない。そこで

(ニ) 帽子をのせた木柱（熱伝導のわるいものとして選んだ）の地上一、一メートルの所に一本の温度計を水平に結びつけ、これともう一本の頭部を片手に持つて移動しながら両方を同時に読み取りその差を求めることにした。

(ホ) そこで十文字に組んだ枠に十センチメートル毎に目盛をつけておいた。そして二本の温度計を同時に読取る必要があるので応援に友達を一人連れて来た。鉛筆とノートもそろつた。

さあこれで用意が出来た。太陽は真上に来た。雲もない。風は東よりの風で四 m/S 位で少々強いが実行して見よう。

予めノートには第二図のような観測点を仮定しておくことも忘れない。観測開始。一寸待てよ。

(ヘ) 東側に観測者が立てば風上だから体熱が温度計に影響しやすいかも知れない。

第2図　観　測　点

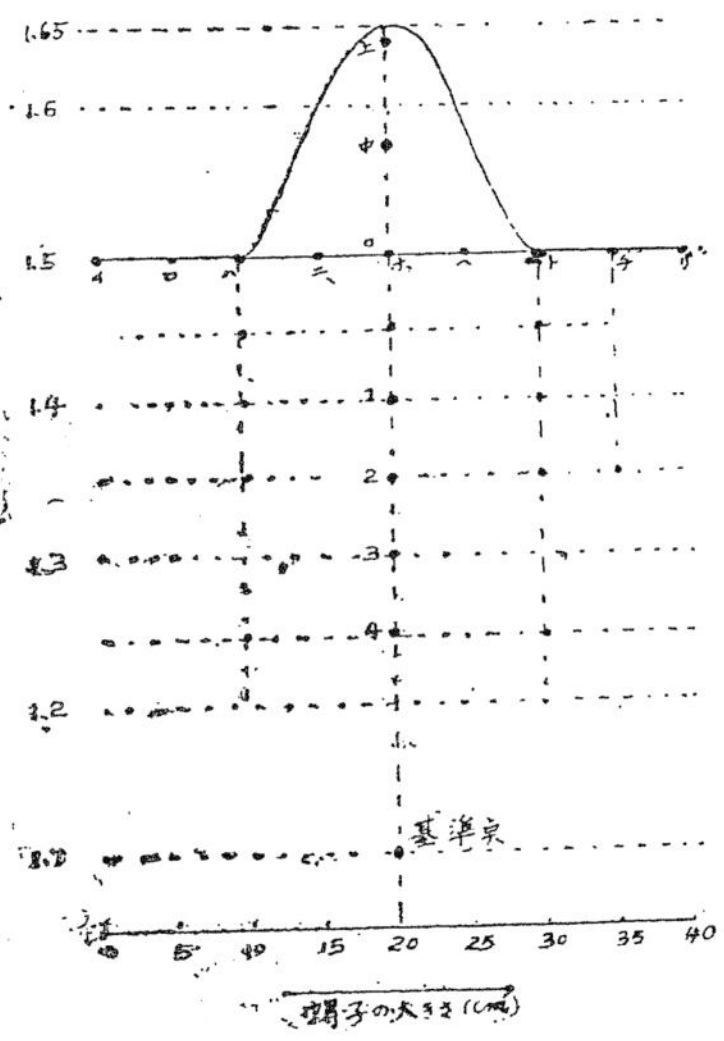

(ト) 南側になれば太陽を影するような位置になる。そこで二人北側からなるべく温度計から離れて測ることにすることにし。

さて観測開始だ。同時に読取つたら間違いないように観測した温度計の球部の位置と読み取つた値をすぐ記入する。

(チ) 水銀温度計の示度の上下する時の安定は二〜三分位とされているから、温度計をとりつけて五分位から観測開始した。

(リ) 又移動させたらそのまゝの位置で二分後毎に観測することにする

先にも云つたとおり瞬間的な変動があるからひととおり終つたら又初めから測定すると云うように三回位繰返して観測した。

滲み出る汗はひどく、さすがに暑い。

(ヌ) 温度計に汗が流れないよう注意する

(ル) 温度計にはゴミがついていないようにきれいな半カチでふいておいた。その後は手で球部にふれることは絶対にいけないと教えられた。これは手の油がついて感度が悪くなるとのことである。

(5) どうしてまとめるか

さて観測が終つたら先づ温度計を大事に片づけ、帽子をとり枠を片づけよう。涼しい部屋で彼等二人は今度は計算である。

(イ) 先づ固定した温度計と移動したものとの温度差を一気にそれぞれ引き算で片づけた。

(ロ) 次に同じ観測点での差を三つづゝ各々平均した。

(ハ) これを第二図の観測点にその値をペンで記入した。そして等温線を鉛筆で引こうゴムで消したり書いたり少々汚なくなつたがどうやら出来上つた。

(6) 結　果

でき上つた温度分布図を見ると全般に温度は低く帽子の中が低く帽子のツバの下面近くで一・五度、二〇センチメートル位の所で二度も低くなつている。どうもこれは温度差が予想に反した結果になつてしまつた。暑いと感じたのにどうもこれはおかしい。測定にあれだけ注意したのにどこか欠点があつたのだろうか。もう一度初めから検討して見る。観測方法 には 間違いない。記入にも混乱はない。計算も正しい。ハテ。

(7) 温度計の比較

二本の温度計を木影に吊した。球部

の高さは地上一・三メートル位。あれ片方は二七・二度、も一方は二六・〇度、両者に一・二度も差がある。分つた。温度計が悪いんだ。これで今までの観測は全部役に立たなくなつた。なぜ温度計にこうも差があるのだろう。何が本当の値なのか分らない。気象台で聞いて見ることにした。遠いから先づ先生に聞いて見よう。

(8) 温度計の検定

温度計は人間が機械を使つて造つたものである。従つてどんなに正しく造つたつもりでも僅かながらどこかに、例えば水銀の入つた細管が一様な内径でなかつたり、目盛線がずれていたりしている。特に街の店で売つている温度計や広告用の赤いアルコールを入れた温度計は安いが、いわゆる粗製乱造品である。中には〇度が狂つているものもある。それで正しい温度計を使用することが第一である。温度計の検査を温度計の検定と云い、検定合格品にはちゃんと器差表と云うのがついている。この器差表には正確な値と何度の場合に何度の差があるかと云う値を書いてある。こうして検定した正しい温度計を用いて測定することが大事です。又温度計の検定は気象台でやっています。

(9) 正しい温度計て測定した結果

悪い温度計で測定した結果は結局精密に念を入れて観測したのに役に立たなかつた。次の機会に同様な方法で正しく温度計を用いて測定した結果は第三図のとおりであつた。

第3図　麦わら帽下の温度分布

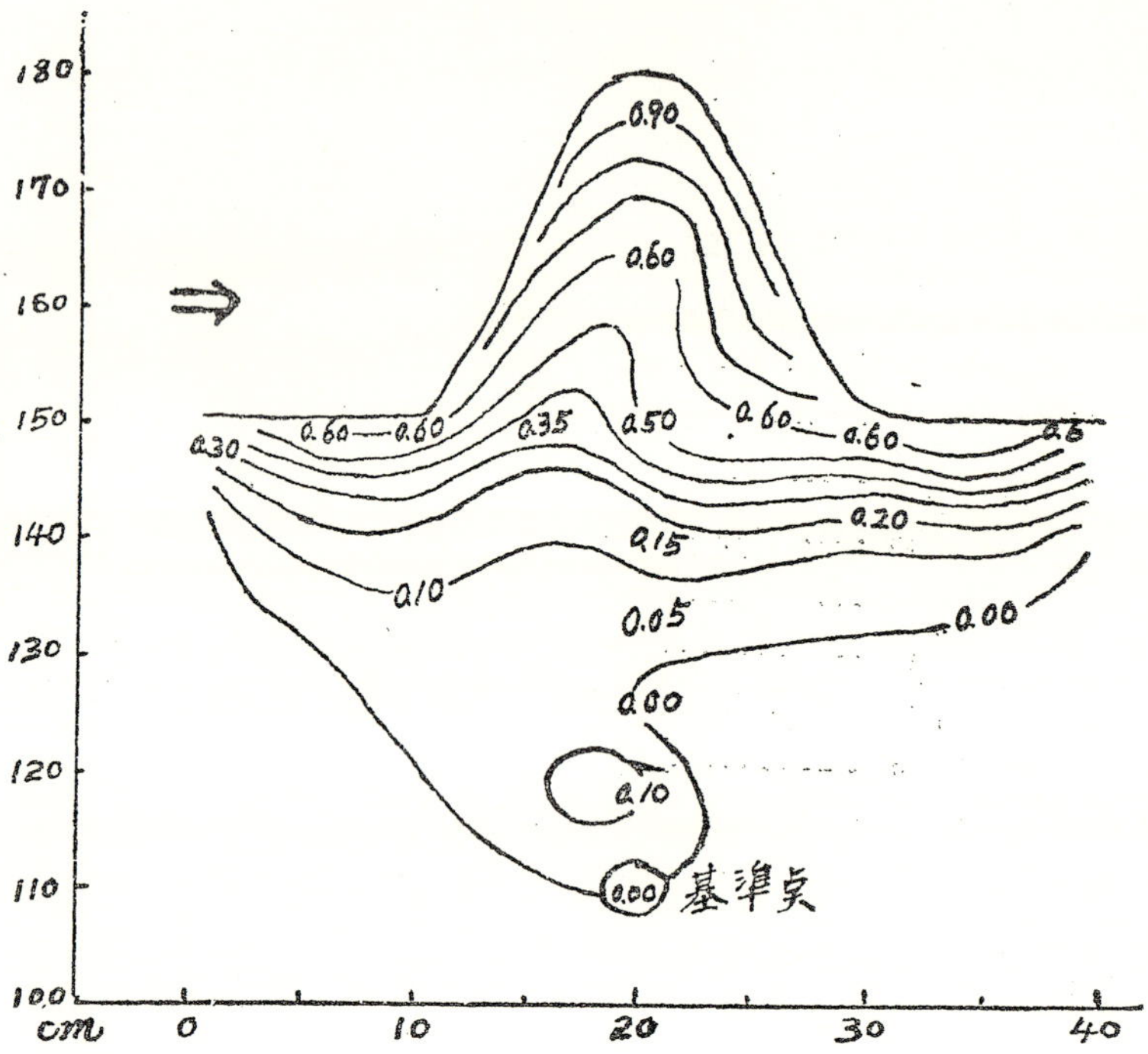

1958年5月31日　12時30分頃　芝生の上、基準点平均温度 26.5°C

これから帽子の中では〇・六〜〇・九度も高い。ツバの下面近くでは〇・五〜〇、六度でそれから離れるに従つて差は少くなり約一〇センチメートル以上では〇・二〇度以下となつている。

結局麦わら帽の下側で額から顔の半分位までの層の約一〇センチメートルの間は〇・三〜〇・六度高温で、初め経験したとおりの結果で、帽子をかぶつた時はこの高温部分に顔の大部分が入るので熱く、帽子を持ち上げると高温の層は頭の方になるので額から下は気温と同じになりいくらか涼しくなることが分つた。帽子より傘が涼しいのも同じ理由であろうと云うことも推定出来る。〇・五度と云つたら僅かのようであるが、これだけの熱を続けて顔に受けると非常に熱く感ずる。

(10) 原因の考察

この実験で温度計に入つた熱は、

(イ) 地上一・〇メートル以上で測定したから熱伝導による熱（S_3）は入らない。帽子自体からの熱伝導も風があるから考えられない。

(ロ) 帽子の影になつているから太陽の直射による熱（S_1）も入らない

(ハ) 地面副射（S_2）は入つている。

(ニ) その他の熱（S_4）は帽子自体がかなり高温になつているからこの輻射熱が考えられる。観測者の体の輻射（日射を受けているから）もあるかも知れないが注意して或る程度離れた所から観測したから無視される筈である。

従つて固定した温度計に入つた熱による温度T_0は

$$T_0 = t + S_2$$

☆（五八頁へ続）

配属校の概観

浦和市立大原中学校
又吉光夫

東京の都心から電車で北へ約五十分浦和市の大原中学校に配属されまして一ケ月たちましてどうやら学校の様子も馴れて参りましたので、断片的ではありますが、感じたことを二、三述べてみたいと思います。

先ず学区内の社会環境を考察しますと東京の衛生都市としての郊外住宅地の特色をもつて居りまして、父兄の殆んどが会社や公務員で占め、その中でも東京方面の通勤者が約四十%、次いで県庁所在地という浦和の特殊性から公務員が多いのが目立ちます。

生徒数は約八百、先生方が三十人で多からず少なからずと言う理想的な人数です。特に職員組織で目立つ事は女子職員がたつた三名だと言う事です。女子の職家、体育を除いた普通教科は男の先生方が受持つて居ります。従つて日直あたりも男女平等ということになります。

職務会の話し合いも要領よく予定時間内で切りあげ、予定をオーバーすることは殆んどありません。議論がながびきそうな時は委員会を作つてそこに廻し、次回に提案するなどうまく処理しています。

次に先徒のことについて

中学生になりますと男女の仲がなかなかうまく行かないのは何処もにていまして、次にかかげる二年の或るクラスの自治会の模様に耳を傾けていただきましよう。

—前　略—

司会「僕たちのクラスでは男女の仲が悪くて、当番のことや、その他のことでも別れてしまつていますが、どうしたら仲よくなれるか、話しあつてみましよう。」

司会「まず男子女子の短所をあげて下さい。」

A君「女子の短所、かくれてこそこそいう。」

B君「女子はちよつとしたことでもすぐいう。」

Cさん「男の人は物の取り扱いが悪い。特に当番の時のほうき。」

—中　略—

司会「えー今短所が男女とも多く出ましたが、長所の方はどうですか、Dさん」

Dさん「男の人はさつぱりしていいと思います。」

男子席の方から「うーん」とへんな声

司会「男の方、女の人に対してどうですか。」

男子「ありません。」「ないようなあ。」

—中　略—

Eさん「男の人は当番の時、服装も悪いし、「さぼつてばつかりいる。」

F君「女だつて、かたまつて話しをしています。」

男子席の方でがやがやいい出す。完全に対立。

Gさん「今ほうきは一本しかありません、二本どうしたのですか。」

H君「下にあります。」

Iさん「こう言う点も男の人はだらしがないからやめた方がいいと思います。」

—中　略—

司会「ただ今、こうしてとうろんしているうちに、男女はどうしたら仲よくいけると思いますか。」

JK「話す機会を多くしたらいいと思います。」

K君「男女ともすこしのこと位、ゆずりあつてたすけあつて行けばいいと思います。」

—後　略—

中学校の男女の仲については各先生方も頭を悩ますのが常ですが、しかし様子を聞いてみますと、クラブ活動、校内競技会の時には実に仲よく協力して奮戦する様です。

特に感心したこと

一、始業合図のベルがリズムにのつて鳴り出しますと、日直の先徒が「お願いします、何か持つて行くべきものはありませんか」と参りますので先生方も日直の生徒と一しよにさつさと教室に行きます。私みたいな時間割をまちがえたり、忘れたりする者でもその点安心です。

二、生徒の態度が実にいいことです。先生と話しをする時や廊下での会釈、実に感じがいい。

こう言つた生徒の態度については生徒会の申し合わせ事項によつて行なわれているとのことです。

以上まとまりのない文ではありますが配属校について感じたことを二三ひろつてみました。

本土の第一印象

配属校　東京都港区立愛宕中学校
宮城真英

陽春の候皆様には益々ご健勝にしてご発展のことゝおよろこび申し上げますお陰様で無事に本土での研修をすることができました。

さて二四日泊港出帆して以来、本土での生活を夢にえがきつつ東京についたのが二七日午後五時でした。東京、東京の合図に一昼夜の汽車の疲れもすつかり、皆元気をとり戻し、果してここが東京かと又本当に東京生活ができる喜びと不安も一層つのるばかり、一団二九名は文部省の高里事務官の案内で旅装を解き、翌日から団体行動のスケジエールにより息つく暇もなくあいさつまわり、都内観光、皇居拝観初めて二重橋の辺りに又皇居内、感無量のものがありました。

その間初めての者では東西すつかり方向を失い側に聳える高層のビル街を眺めては異郷の感にうたれ、一年間頑張るぞと自分の心をひきしめたものです。

四日間の団体行動もいろいろとたのしく過ごすことができ、いよいよ希望通り配属できるかと合格発表を待つような気持で四月一日を迎え文部省に足もかるがるとまいりました。文部省の受入れ式で直ちにプリントが配られ、躍る胸を押えじーとみつめる真剣の顔又顔、笑みをたたえ晴れ晴れとした気持でお互に地図を開き所在地について調べる。

いよいよ個人行動に移る、配属校の訪問、下宿探しと四散してしまつた。下宿が定まり旅館を引揚げる者、又旅館に止まる者で不安の日が幾日か続きました。

私も東京の中心都市に配属になり、内心不安と喜びで地図を片手に一日中下宿探し、とうとう探すことができず先輩の処に無理にお願いして、港南荘という教職員宿舎にお世話いただきました。現在電車にゆられゆられて通勤しておる状態で、何しろひとり旅で地図をポケットにしのばせ、できるだけ経験を生かしたく足をのばし地下鉄各ホームで人の波に押され流され人の行く方向に行くと出口と思つたら入口、入口と思つたら出口と六尺の体をもて余し、又その不安が体験をし、その不安が自信となつてくるその喜びは旅した者でなければ味えない都会の日々の生活です。或る時は沖縄人気質を撥揮して席譲つて最後まで立ちん棒又或る時は車内から押し出され危ふく乗り遅れる時もあつた。あれこれと体験する事によつて都会の人並みの日常生活がやや落着いた現状です。沖縄でのんびりした私の生活ではやはり違う処があり身も心も緊張の一日で帰宿して始めてほつと今日の反省を日記に記しつつ明日の準備に備える、すべての一日の生活いくら時間があつても足りないその中で一年間の計画を立て出来るだけの収穫を挙げたいと思う。愈々四月六日の壮厳な入学式、（本土では大きな行事）も済み、校長先生の紹介で遥か沖縄から研究教員と紹介され、中庭いつぱいの父兄生徒の視線が私に向いた時この陽焼した顔はますます異様に輝いていたと思い、一面不安が取除かれやるぞと心の中で小躍りしつつ親しい先生方と談笑、沖縄事情を話しつつ一週間も終りました。本土印象と思つても又感想と言つても面通りの高層のビル街、どんより曇つた煤煙の街、その中に動く色の白い人の波しか現在の印象で、沖縄の澄みきつた空、新鮮な空気を想い起しつつとりとめもない乱筆をおかせて戴きます。

では皆様御元気で。

信濃教育から

長野市城山小学校
大城雅俊

これは四年生の学級づくりを中心として、二年間四年生の担任をなさつたAという先生と、私の研究のテーマ「学級話し合い活動」、という点で、いろいろ話し合いをしA先生の実践記録などを基にして、まとめてみた。あえて題目をつけるならば「集団意識の中にめばえる道徳性の自律」といつた方がよいと思う。

A先生「私は四年生を担任している今度と二年目であるから何んとかして子供たちの自主性を高めつゝ、よい学級のふんいきを作り、集団的にまとまりのある言動ができるように努めている。」

私「受けもつた当時はどうでしたか」

A先生「組全体としても明るくのびのびしていて、ひとりひとりが個性的でよかつた反面、自己中心で何事にも口数が多く、学習がさわがしくておちつかなくて困つた。」

私「そうですね、四年生になると社会性が発達して来るし、少しは自他の区別もわかるようになるでしょう。」

A先生「そうです、そこでこの時期にいつそう集団的意識を明確にして、おたがいの立場を認め、何んでも話し合える学級のふんいきの中で、学級の仕事にも責任が持てるように、また皆んなが協力して学級社会を作れるように、毎日放課後グループ単位の反省会を持ち、毎週土曜日の学級会を通して学級全体としての反省会を持つて実践に努めてきた。」

私「先生これは私の学校が研究発表したときの研究集録ですがどうぞごらんになつて下さい。そこで先生の実践記録がありましたら私にもかして下さいませんか?」先生は直ぐには見せて下さらなかつたが、その翌日きれいに書いて私に下さつた。

次にその実践記録の一端をあげてみることにする。生活指導を通しての実践例

1、「個人の反省表」、毎日放課後の反省会には、まず個人の「反省カード」を作つて、個人の習慣形成の項目と、グループ、学級への協力事項について○×をつけて反省することにしてある反省カードは別紙に書くことにする。2、グループ日記について、グループ毎に係が個人の反省をもちよつて、自分たちのグループではどんなことがよく出来たか。またできなかつたか、どんな問題がおきたか記録して、話し合いの結果、あすの目標をたて、学級委員へ報告する。

学級委員は、毎日全体の問題について、学級日記につけさせ、大事な問題は土曜日の反省会で話し合うよう計画している。3、学級日記　毎朝始業前に学級当番が昨日の日記を読んで、日記の書き方や気のついたことや、きのう反省を読んで、話し合う。4、学級会（学級委員男女各一名、学級各係長六名）土曜日第三時は、学校で教科外活動「子供会」の時間として組んであるので、全校子供会の問題と、今週の反省と来週の学級計画をたてる機会とし、学級委員が司会して記録する。①各部よりの今週の反省と来週の計画の発表をする、学級には六つのグループの外に、六つの分担の部に分けて、各部長がそれぞれの仕事をしている、全員どれかの部に入る。これも別紙に書くことにする。②今週の問題について、学級の反省会を開いて、みんなで話し合いその週の計画をたて、各部、各グループで責任を持つようにする。

次に学級反省会の一例をあげてみる。

教「今週は、図工の展らん会や音楽会の練習でみんなおちつかなかつたようだからいろいろ問題があつたね」。

司「それではこれから反省会をします。始めに廊下でろうをひいてすべつていて、ころんだ人があつたことについて話し合つて下さい。

女「廊下にろうをひくとあぶないと思います」。

司「やつた人はその時のことを話して下さい」。

男「ぼくは家からろう持つてきて、めんこにぬるついでに廊下におとしてすべりました」。

男「ぼくは足でこすつてまねをしてすべりました」。

司「やつた人は手をあげて下さい」

男子数名手をあげる。女子ざわざわして人の名を呼ぶ。

司「どうしていけないですか」。

女「ろうをぬると外の組の人も知らないですべつてけがをします」。

男「足ですべつていると。くつ下がさばける」。

女「わたしのところえつきあたつてころびました」。

男「班長すべつた人がいます。学級委員も早く注意すればよかつたと思います」。

司「ぼくも早く注意すればよかつたと思いますした」。

教「みんなよくいけないということがわかりますね。いけないとわかつてもなぜ守れないでしようね」。

男「おもしろいのでわるいくせがついて、すぐやつてしまいます」。

男「学級委員や班長が先に立つて注意しないからいけないのです」。

女「ふく班長だつて同じ気持でやつた方がよいと思います」。

司「ぼくたちもいけなかつたが、みんな、なぜ守れなかつたか考えてください」。

男「ぼくは遊びにむちゆうになつて忘れます」。

教「くせがついていたり、むちゆうになる人は困つたね。そういう人はいけないことをしてもよいでしようか」

司「どうしたらよいか言つてください」。

男「ぼくたちは、みんのきめたことを大事にしないと思います」。

女「わたしたちは人のいう事をしんけんにきかないせいだと思います」

女「みんな組のことにまだ協力する気がないと思います」。

教「ちよつとまつて下さい。今女の人からきつい意見がでましたが、男の人はどうでしようか」。

男「ぼくたちは今あそぶことがないから、いたずらになつてしまいます」

男「女の人たちだつて、だんまをやつてめいわくすることがあります」。

教「人のわるいことをいうといろいろあるね。いいあいはやめて、やつた人に反省してもらつて、みんなにいえることがあつたら、いつてもらいましよう」。

男「ぼくはろうをひいて人にめいわくをかけました。これからきをつけます」。

男「ぼくもいけなかつたです」。「ぼくも」。「ぼくも」。

女「わたしたちもみていて、しんけんにちゆういしなかつたからいけないと思います」。

司「ぼくもよく注意しなかつたから

これからしつかりやります」。

教「よく自分で反省したことが言えたね。先生もよくみていなくて、いけなかつたです。これからみんなで気をつけましよう。今日のことでこれからどうしたらよいか、わかる人がありますか」。

女「どんなにおもしろくても、人にめいわくをかけないようにしたらよいと思います」。

教「今日はとてもよい反省会をしてみんな気持があかるくなつたようです。おたがいに仲よく助けあつていきましよう」。

司「今日の反省会はこれでおわります」。

以上のような実践例を私に下さり、いろいろ話し合いをしました。新学期で幾分なりとも学級経営に参考になれば、うれしく思います、

次に反省カードとグループ日記、各部の仕事を別紙に書きましよう。その前に私なりの感想を入れておきます。とかく今後の道徳指導は生活指導を基盤として教科および教科外行事を通じて判断を養い、心情を盛りあげて、より計画的により具体的に進めなくてはならないと思う。地域社会の要望をも考慮して、いつそう師弟同行、おたがいの自己反省のうえにたつて苦しみをともにして、指導に徹底しなくてはならないことを通感して、つたない報告とします。

例（反省カード）

四年　組　氏名

順	反省すること	○月○週 月	火	水	木	金	土	まとめ	○月○週 月	火	水	木	金	土	まとめ
1	忘れものをしたか	○	△												
2	持物のせいとんはよかつたか	△	○												
3	あいさつ、言葉づかいはよかつたか	○	○												
4	グループにきようりよくしたか	△	○												
5	学級に協力したか	×	△												

（グループ日記）

グループ日記　第○グループ長　氏名

1	今日、良く守れなかつたこと	1 わすれものをする人が多かつた（三人） 2 給食のときに大声を出して、先生に注意された 3 紙くずをちらして当番に注意された
2	みんなで話し合つたこと	1 だれでも注意したら、みんなよく守ること 2 グループ長は組の人にせわをやくこと
3	あすのけいかく	1 みんな忘れ物をしないように気を付けること 2 ちゆいされたらよくきくこと

1	学習部	毎日の学習の計画を先生にきいて、用具の準備をする。
2	図書部	学級図書の貸し出し、保管、学校図書館の本のしまつ、読書発表会の計画をたてる
3	保けん部	。えいせいけんさをする。給食の時間の注意をする、からだの具合のわるい人をみてやる
4	清美部	当番の仕事や放課後の清掃をみて表につける、教室に花をかざる道具のしまつをする
5	掲示部	。学級の図画工作の展らんをする • 社会理科の表や絵図をはりつける
6	会計部	。学級費や先生に出すもの、お金など、グループのものを集計して先生に出す

※三十二頁より

十三、活用の現況

附設された用具は児童のものであり常に彼等の関心や手近な行動範囲内になければ意味をなさない。従つてその後の状態はいかになつているか、附設設備後における児童生徒の行動はどう変りつつあるかについて具体的に次の項目に合わせて事後の修正へ進んでいる。

(1) 施設用具はいかに使用されているか。
(2) 大切な用具は何か。
(3) 施設後の趣味の傾向。
(4) 用途の理解と用具の名称理解。
(5) 施設場の設定選択。
(6) 好き嫌い。
(7) 体力体格の向上の進歩。
(8) 学校生活の変化と遊びの方向。

(イ) 一番多くの生徒に使用されている施設が回旋塔で一分間五名の児童が絶えず用いている、次にブランコ、鉄棒が一分間四名、さらに縄跳の順となつている。

(ロ) 縄跳では男子より女子が二倍、シーソー、平均台も同様、平行棒、鉄棒はその逆になつて、自然に女生徒は優美な活動へ、男子は勇壮活発な筋肉運動に流れていく。

(ハ) 女子も跳箱や、平行棒に多く使用し、むちゆうになつて長時間遊び過ぎそのため不健康化しないように注意している。

(ニ) 学年別性別に何を好んで使うかについては下級生では個性がはつきりしないので用具の数も数多にまたがり固定しない。

上級では好みがはつきりし種類数も少い。

下級では遊具が多く上級ではだんだん体育器具の使用へ移つている。

私の究研計画

愛知学芸大学付属岡崎小学校　比嘉初子

一、研究テーマ　学級児童会を通しての生活指導

二、研究目的

自由に伸びゆく子供達、次代の社会を背負つて立つ子供達が個性や力を自覚し、自分の特性を発揮しながらこの実際の社会の中において力強く正しく生きて行こうとする態度と能力とを高めることを助ける

三、テーマ設定の理由

沖縄での学級会活動、生活指導の問題点とその必要性より

社会環境が軍事基地化して、児童生徒の生活が不安全な状態にあり学校の施設が不充分で児童、生徒の生活活動に不自由をきたしている。戦後の教育の空白から教師の教育研究が遅れ、実践活動の面でややともすると、教科学習の面のみに力がそそがれ、子供の生活の指導、教科外学習までにゆきとどかぬ所があり、なおその技術が足りない。

このような現状の中で正しく強く生きぬく子供を育てるには、子供達の日常の生活をとりまく学級社会学校社会、家庭社会等の研究が必要である。子供達の生活の中で特に学校学級活動を通して何を感じ、なやみ何によろこびを見出しているか、しかもどのように成長して行くかを観察することによつてこそ生活指導の方法、技術が生みだされて行くと思う。

なお本校は三十年代生活教育研究で成果を上げており、そこで新しい指導原理、方法、技術を学び沖縄の現状に適した生活指導、ことに学級児童会を通しての生活指導の原理、方法、技術を見出してやがては、しあわせな本土の子供達のような沖縄の子どもに育てたい。

四、研究方法

月別研究予定表（下表）

項目／月	校内研究	校外研究	個人研究
四月	◎校内の学級会活動、生活指導の全体指導計画資料によつて校内の教育方針を理解する ◎学級会、児童会の役員選出について ◎研究計画書作成	◎研究計画について大学との連絡を密にする ◎最寄りの学校への連絡 ◎修学旅行、遠足における校外生活指導 ◎県内名所旧跡見学	◎研究計画資料集め ◎校内生活問題学習の単元表等の研究
五月	◎中学年の授業参観 ◎学級会、特に生活問題学習の場面の録音テープ ◎その他の部会への中学年の生徒の参加、活動具体的場面の観察、記録 ◎実施授業によつて指導をうける ◎家庭訪問実施についての教師の準備、方法について	◎週一回木曜日の午前中大学において相川先生の「生活指導の心理」講 ◎文部省主催実験学校研究会へ参加（東京） ◎全国教育研究所集会生活部会へ参加（大阪）	◎中学年における生活教育のカリキュラムの研究
六月	◎低学年の授業参観 ◎朝の会、終りの会、給食時お誕生会等の運営指導の方法 ◎学級、その他の活動面の観察記録 ◎実施授業によつて指導をうける ◎具体的場面の撮影並びに録音テープ	◎同上 ◎東海地区学校図書館研究大会（豊橋） ◎東京お茶の水大学児童教育研究会への参加（東京） ◎市内他校参観	◎低学年における学級会生活指導、特に話し合いの技術について
七月	◎高学年の授業参観 ◎各部の活動の状況、具体的場面の観察記録、録音テープカメラによる撮影 ◎学校児童会における高学年の活動分野 ◎実施授業によつて指導をうける ◎休暇の生活指導、家庭との連絡について	◎同上 ◎日本心理学学会、生活指導部会への参加（北海道） ◎東北地方学校参観（山形、仙台）	◎高学年における生活指導校内活動分野について
八月		●特殊教育施設見学並びに実習（伊豆大島藤倉学園） ◎カウンセリング講習（広島）	◎社会見学 ◎研究報告資料集め
九月	◎生活課程部会においてこれまでの研究の反省と指導をうける ◎まとめ報告書類作成についての話し合い	◎同上 ◎研究報告書類についての話し合い（大学）	◎まとめ

研究問題	研究内容	研究方法			備考
		校内研究	校外研究	個人研究	特に集めたい資料
学級児童会の指導計画	1 各学年の学級会の指導計画（目標、年間、月間 週間）はどのようになされているか。	学校の全体教育計画 全体指導計画の研究	◦校長、副校長、教務と連絡を密にして研究会や講習会、他校参観の機会を多く持ちたい。	生活課程資料の利用、 指導計画表などの分析	生活問題学習単元表 生活推導要素表
組織	2 各学年の学会の組織はどのようになされているか（低学年、中学年、高学年の留意すべき点）	学校の各学級の組織化の研究組織化の留意点 集団育成、個人育成をねらいとしての学級の仕事の分担の方法	◦大学との連絡を密にして指導助言を受け、他の研究会へも参加したい。 週一回木曜日午前中大学で受講「生活指導の心理」相川先生		学校、学級の組織表
運営	3 各学年の学級会はどのように運営されているか （運営上考慮すべき点）	具体的な場面の観察、記録テープ録音（問題解決の場面）等カメラによる撮影 学年、学級の先生と話し合う機会を持つて指導をうける	◦文化施設、名所旧跡などを見学して、社会的視野を広める		学級新聞、学級日誌係の記録、文集録音テープ、教師の記録
	4 その他の学級会活動はどのようにされているか	お誕生会、ショートタイム、ロングタイム等の運営について	◦派遣教員の集会をもち、各地の情報交換や研究について語り合う。	学級づくりの研究学級づくりのために必要な調査研究の原理と方法	学級会、その他の会活動のすすめ方 プログラム等
	5 学級づくりの目標と方法学級会活動、その他の活動、道徳などの基盤となる学級づくり	基礎調査の種類と方法 よりよき仲間づくり、親しみやすい対人関係 話しやすい学級の雰囲気にするための技術		話し合いの技術 集団相談 個人相談 の方法	調査資料 友人関係、知能、社会性等 個人指導票 児童指導要領補助簿
	6 学校児童会との関連はどうなつているか	学校児童会の組織と運営、とくに学級代表の位置と活動 議会の模様録音テープ ※生活課程部会との話し合い、指導をうける			児童会の指導計画運営の一覧表

※（五二頁より）

又、帽子下面の温度計に入つた熱による温度T_1は

$$T_1 = t + S_2 + S_4$$

従つて、両温度計の差ΔTは

$$\Delta T = T_1 - T_0 = S_4$$

それで結局帽子下面附近の温度の上昇は、帽子自体からの熱輻射によるもので、麦わら帽子自体の太陽熱による昇温に原因すると考えられる。

次に第三図の帽子の中の東側のふちは等温線が内側に入つて曲つている。これは風が吹きこんで小さな渦をつくるため、奥の方や反対側に空気の吹き溜りが出来、この溜つた空気は連続して熱せられるため、この渦の部分より高温になつたものと考えられる。

以上のように麦わら帽の下では〇・三～〇・六度位の高温層が出来て額をほてらすからツバは日よけにさえなれば小さいものをえらぶことであり、かつ顔に直射日光が当らなければツバは端を上に曲げて、この輻射が外向きに出て行くようにした方がよいことが分る。

この実験は中古帽子の実験であるが他の帽子や或は傘の色の差についても測定すれば面白い結果が出ることであろう。このような場合は色だけでなく生地の違い大きさ、形等による差も調べて見たいものである。

又地面輻射(S_2)は草地、赤土、セメント等によつて異なるから互に比較しようと思う場合は注意が必要であり、S_2による差を知ることもまたできる。

S_3の垂直分布も地表面の種類別に測定して調べておくことは農作物の生理とも関係して面白い。この場合は無風状態の日を選ぶことが大切である。

配属校の概観

東京都港区立三光小学校
中山俊彦

　四月一日文部省受入式にて配属校が決定され、赴任以来いつも頭の中にこびりついていた配属校が東京都にきまり、六ケ月の研究にプランを描きながら都教育委員会の挨拶を済まし配属校の調査をした。港区の三光小学校は私の研究テーマとする道徳教育の研究をなさつている所で特に校長先生は「中央教育審議会委員」「文部省教材等調査研究会小学校道徳委員会委員」「東京都道徳教育手引作製委員会委員」等の肩書きをもつて居られ、大いに研究が出来るものと思つて期待し喜んでいる。本校は明治四十二年に創立され、昭和十三年に鉄筋コンクリート三階建の校舎に新築され、先づ設備の充実さに驚く。教室の環境設備がよく、教具も充実し、職員数は学級数以上に専科教員が配置され、沖縄の教員が学級数定員でよく頑張つて居られるのに頭が下がる。

　先づ本校の教室一覧表と教員数を紹介しよう。

△教室数

番号	室名＼階別	地下	1	2	3	屋上
1	校長室		一			
2	職員室		一			
3	保健室		一			
4	放送室		一			
5	給食調理室		一			
6	更衣室		一			
7	用務、警備員室		一			
8	物置室（旧暖房室）					一
9	社会資料室			一		
10	図書室（含視覚室）			一		
11	会議室		一			
12～32	普通教室		五	七	九	
33	工作室		一			
34	音楽室		一			
35	家庭科室			一		
36	理科室			一		
37	図画室				一	
38	講堂 雨天体育場		一			
39	算数資料室			一		
40	学校新聞社				一	
41	風速計室			一		
42	水上 モーター室		一			
43	児童委員室		一			
44	体育倉庫		一			
45	屋外物置		二			
※	便所		四	二	二	
計			二五	一四	一三	一
合計		五十四				

※校地総面積一、三七四坪、運動場坪数五八六坪、校舎総坪数一、二三六坪、屋上体育場に使用され

其の他放送設備の完ぺきを期し、テレビ、幻燈機、映写機、視聴覚教具充実す。庭園や動物飼育も行い環境浄化に力を注いでいる。

　次に職員数は二十八名で、学級数二十一学級、児童数一、〇一一名に対し学級担任の教師の外に校長、教頭、専科教員四、事務主事一で計二十八名の外にP・T・A事務員一、用務員三、給食作業員五、警備員三名配置されている。教員の卒業学校は師範出身や大学卒が多い。

　学校の運営機関として、1教育会議（職員会）2職員朝会　3企画委員会　4議事運営委員会　5学年会　6研究部会　7職員週番　8日直等があり、特に教育会議は全職員を以つて構成する学校運営の最高諮問機関であつて、又職員研究協議の全体機関として教育の諸問題、特に教科の研究協議教育の理論、実践の研究その他一般の教養向上の施設となつている。運営法は定例日毎週水曜日にて議題提出は前日の午前中までに議事運営委員まで届出る。会議の司会は学年輪番に担当するが、但し議題の内容により校務主任が之を司会する場合もある。発言はすべて挙手して、自由に行い、会議終了後も記録（決定事項）を読みあげ確認を行い、夜遅くまで審議を行う。

　職員朝会の司会は日直が行い、当日の重要事項や緊急事項を五分間で終了し、授業準備を行う。此の場合週番日直一人は児童の看護に当つている。

　研究組織として第一研究部、第二研究部、第三研究部があり、第一研究部は各教科の研究をなし、第二研究部は道徳教育研究部と特別教育活動研究部行事その他の研究部に分かれている。第三研究部　学級経営研究部、視聴覚教育研究部、図書館教育研究部、調査研究部等があり、その他各種委員会として、企画委員会、カリキウラム委員会、校報委員会、新一年対策委員会、夏季施設委員会、学芸会委員会、運動会委員会が之に含まれ、又校外生活指導部があり、PTAと協力し親子協議会を初めとし、常時児童の校外生活指導の研究にあたつている。各教科の研究にあたつては昭和三十六年度より新指導要領が採用されますので、その移行措置による指導内容と方法の研究が盛んに進められている。

　PTAの活動状況は活発で毎月理事会、運営委員会が開催され、父母と教師の連絡が密接にされ、教育上必要な施設の改善や児童と教師の文化生活の向上や児童の福祉増進、会員相互の親睦修養研究がよく行われている。理事はそれぞれ庶務、経理、施設、生活、

文化、給食、保健体育、科学、映画、図書館、成人教育部等の各部に分かれその事業の運営に当つて居る。授業中も絶えず父兄の方々が教室にこられ、授業参観や教師との懇談が行われている。

道徳教育については、すべての各教科に関連をもたせ特設時間の「道徳」は勿論、特別教育活動の内容や行事面にも繰入れられ、その指導にあたつている。

其の他お知らせしたいことが多々ありますが、紙面の都合で次便にお知らせ致します。

研究予定

月	上旬	中旬	下旬
四月	始業式、入学式、企画委員会 学校議会参加	各部研究会、学年会へ参加 教科研究会、学年PTA参加	新指導要領、道徳について受講 道徳研究会参加 新任教員研修会へ参加　問題青少年の指導受講
五月	小運動会、校外学習へ参加 PTA運営協議会、教育研究協議会 都内研究教員受講（新指導要領）	道徳時間参観、第一研究部会参加 PTA総会、第二研究部会 企画委員会参加 校外学習参加	道徳時間参観、PTA各部打合会 児童会研究教授、学校議会 校外学習参加　道徳教育全国大会参加
六月	道徳教育参観並授業 校外学習参加 各校廻り	道徳時間参観並授業 各校見学	道徳時間参観並授業（中学年） 各校見学 夏季施設計画参加
七月	道徳時間参観並授業（高学年） 各校見学授業参観	各校、研究所講習廻り 授業参観並研究授業	（夏季施設）水泳講習受講
八月	公開学習（十日）各県廻り 教育施設見学（夏季施設）	地区子供会参加、遅進児指導 （夏季施設）	臨海学園参加 （夏季施設）
九月	始業式、道徳教育受講 各研究校廻り	道徳教育授業 各校研究授業廻り	道徳教育授業 各校研究授業参観 研究プリント提出

「研究教員」についての研究報告

東京都中野第十中学校
徳山三雄

第十五回研究教員二九名が本土に渡つて早四ケ月。各自の研究も一段落つき、半年組はそろそろ帰郷仕度ということになります。ところで、研究教員なるものが、自分のテーマについてどのように研究し、まとめているか。結論的にいつて大同小異であるが、矢張り各自各様のおもしろい進め方が見られます。よつてここでは、研究教員なるものの裏話みたいなところでそのタイプの分析類別を試みることにします先ず大別して、次の六つの型が主として考えられます。

(イ)学校訪問型、(ロ)パンフレット蒐集型(ハ)情報宣伝型、(ニ)研究会絶対参加型、(ホ)旅行たん能型、(ヘ)つち居型、これらについて説明を加えますと、

(イ)　学校訪問型

これは自分のテーマに関係ある有名校はいうまでもなく、どこかで話題にのぼつた学校は片つぱしから参観し、経営面の参考に供したいという意欲の持主、従つて計画も具体的な方で少々面の皮もあつく、将来の学校経営者としての資質を具備したものといえそうだ。これは後述するパンフレット蒐集型と共通点をもつており、両属的である。へき地教育振興等で敏腕をふるうことうけ合いではないだろうか。

(ロ)　パンフレット蒐集型

テーマに関係の有無にかかわらず、とにかく教育にいささかでも縁のある印刷物は何でもがむしやらに集めるという積極性と情熱をもつている活動的なタイプ。研究集会に参加したり、学校参観の回数も多く、学校要覧から指導案、時間割に至るまで関係者に請求して必ず持ち帰るというねばりや前で者にも増した鉄面皮「ころんでもただは起きない」ということを信条としている。そのうち教頭職にでもつけば上司の信頼はもとより、部下の指導や研さんに資して信望を得ることだろう。

(ハ)　情報宣伝型

研究会、講習会等についていち早く情報をキャッチし、その主旨、内容を具体的に、できる限り多くの人に伝える「博愛衆に及ぼし」型、だれでも必要に応じて問い合わせば問違いなく集会についての情報を得られるというもので、これまでその恩恵に浴した者は少くない。その面にうとい私などその明敏さに大いなる敬意と羨望をいだいており、「感心」という一語につきそ

うだ。職業的には現場よりも教職員会事務局の情報宣伝部あたりが最適のポストではなかろうかと思う。

(ニ) 研究会絶対参加型

前者の提供した情報に対して忠実であることは言うに及ばず、諸種の研究集会には距離の遠近、晴雨にかかわらず万難を排して参加せざれば止まずという特攻精神?にも似た研究心旺盛なもの。それだけに資料も豊富に集め、理論的研究にも精が出る。適性の上からいえばまさに未来の指導主事ですかな。

(ホ) 旅行たん能型

本土の風物に広く親しみながらテーマをほり下げて研究しようとするもの(否、広く浅くですかね)。金銭的消費も多くなる訳だけど水を失って干学に横たわる魚の如く、金まわりのよくない多くの連中からは全く羨よしい限り。特に後述のちつ居型とは全く対称的。現代版、水戸黄門的偉大さをつている。教員にしておくにはもったいないのでせめて教育委員にはなってもらいたいものだ。

(ヘ) ちつ居型

金欠病でそうのか。いや、さにあらず。「小人閑居して不善をなす」でもない。とに角あまり外出はしないが配属校にはきちんと出勤し、参考書、他の資料に基づいて、コツコツ研究物をまとめている沈思黙考の人である。自然、子どもとの愛情、親しみも一層増してくる。確かによきホームルームの経営者として、その手腕、力量を発揮し得るであろうことを推察する次第。

大変失礼を致して以上のように分けてみましたが、必ずしもだれもがいずれかに属しているというのでもなく、又他にも変った型が考えられる。(例えば、私などは至極怠慢型といった具合に)。又、時間と共に各々の特色も目立つだろうし変っていくものと考えられる。しかし、いずれにしても私達二九名の者はみんなばらばらでなく、お互いに連絡を密にしてつとめてチームワークをつくりながら、ピッチャーがいろいろの変化球をとりまぜてじやりじやり攻めてゆくのにも似た方法で各自の研究を進めている訳です。そうかといって余りぎようぎようしくも考えていません。右の事柄は漠然とした中から自分の主觀をつれずれなるままにまとめたもので、あるいは皆さんの怒りをかうかも知れませんが、その点、二十余名の諸兄には寛大にお許しをお願いしたい。今でこそみんな落着きを見せるようになりましたが当初は故郷の妻子のことで頭は一ぱい、はるか南の夜空を仰いで涙も流さんばかりに嘆息したのもあったであろうし、「研究教員なんてまるで自分一人で淋しがり、悲しむために来たようなものだ。すべからく妻子を持つ者は研究教員を遠慮すべきだなあ」等とつい本音を吐いてしまう者もある始末。全く悲壮なものでしたが、あれが人の世のあわれというものなのだろうか。ところが最近はそんなことも聞かなくなった「あきらめ」に到達した故か?書きたい放題、いささか誇張もありましようがご容赦の程を。

七月七日記

※十三頁より

なものから、生活史的記録つまり数学の教師なら数学の教師としての個体史を書き綴るつもりの堪念なものに至るまでいろいろであろうが、自己の教壇実践浄く反省し、その反省が胸から消え去らないうちに大事にして記録しておくといった仕事は、お互教師が教師として成長していく上に最も価値のある仕事である。

幸に研究教員かえりの一部の教師たちの強調によって、多くの教師たちが自己の生活史を綴っていくのだという強い意欲に支えられてこの困難ではあるが価値のある仕事を忍耐強く続けていくことを願っている。

三、おわりに

研究調査課の注文に応じて、以上本地区教師たちの二、三のうごきについて簡単に述べましたが、これだけで「本地区教育研修の動向について」という課題に答え得たかどうかはわからない。ただ私は教師の主体性に強く支えられた研修活動をとりあげたかったからである。

☆四十五頁より

になった。

当時の模様には「山を開いて地とし水を引いて池となし、百堵の室を設け四達の道を開き、石を積み泉を引き、井戸を掘り、花卉をつくり外に檜、杉を植えた」というから堂々たる城廓はこのときに始めて築かれたものと考えてよい。

その後宰相であった懐機によって盛んに土木工事が行われ、長虹堤が築造され首里那覇の交通が盛んとなり、尚泰久王の頃になると、仏教の隆盛と相俟って、広大な寺院建立が各所におこり、尚真王に至って、いよいよ建築技術が和様をとり入れ隆盛を極めるようになった。

即ち尚真王時代には丹塀石欄、竜柱を造り、工匠を召して、円覚寺を建立させたのであるが、開山芥隠禅師は、鎌倉円覚寺の規模構えをならい、禅宗七堂の伽藍の制を備えしめるようにした。その当時の名工として知られたのは武富島の西塘や徳島の掟大目などであった。

(以下次号)

六月のできごと

一日　文化財保護委員会「放生池」埋立てを委員の採決で決定。

ジャック・フォイシー氏以下六人の米人記者団来島。

二日　沖青協主催集成刑法（布令第二十三号）研究会、沖青協、中頭郡青協、婦連、教職員会、市町村会、土地連、官公労、沖交労、那覇市従業員労、社大党、民主党、社会党、民連など二十の各種団体が集つて開かれた。（立法院にて）

那覇市内各高等学校長ら民政府にクロフォード教育部長を訪れ、同氏の留任要請をした。

三日　文教局主催社会教育主事研修会（於岸本ホール）

四日　ブース弁務官布令第二十三号「刑法並びに訴訟手続法典」の布令変更第一号公布、即日施行、新集成刑法の施行期日七十二日間（八月十五日）延期する措置をとつた。

六日　沖縄遺族連合会第九回全琉遺族大会（於那覇劇場）

文教局主催第六回社会教育綜合研修大会（六日～七日、沖配ホール、那覇劇場）

七日　琉大安里学長全国国立大学学長会議出席のため上京

第十六回沖縄医学会（会長渡嘉敷一部）研究発表会開く（岸本ビル）

婦人公論連載「日本おんな系図」取材のため評論家大宅壮一氏来島

十日　評論家大宅壮一、NHKアナウンサー宮由輝の両氏を迎え沖縄タイムス社第二七回文化講座開く（タイムスホール）

第六八回中教委臨時会開く

十一日　琉球博物館の敷地交渉委員会（於博物館）

十二日　文化財保護委員会の専門審議会で放生池の埋立を反対す。

十二日未明五時四〇分フィリッピン、ミンダナオの南東ダバオ沖を航海中の水産高校実習船海邦丸の乗組員実習生本部絡謙（三年生漁業科）が海に落ち行方不明になつた。

十五日　第六十八回中教委で財団法人コザ学園の国際短大の設置認可申請を一部を修正して可決した。

十七日　教職員会の屋良会長らは立法院行政府を訪れ低物価府策の早期樹立に関する要請をした。

十八日　日本政府貸付けブラジル農業移民三百二十三人（五十五世帯）那覇出港のアルゼンチナ丸で晴れの壮途についた。

十九日　ブース高等弁務官中部地区市町村長十氏を招いて懇談（於ライカム）

教育課程政策問題審議のため文教審議会開く。（新庁舎会議室）

二十日　琉大第四回学寮祭

「郷土の文化を守る会」結成大会（於琉球商工会議所会議室）

第四十一回全国高校野球選手権沖縄予選始まる（於那覇高校球場）

「沖縄の歴史」の著者比嘉春潮氏来島

米本国オクラホマ州ホートシールに転任の前首席民政官バージャー准将帰国

二十一日　ひめゆり塔、建児の塔など第十五回慰霊祭

二十三日　教職員会婦人部主催幼稚園教師大会（於市民会館）

二十四日　琉球煙草株式会社（社長宮城仁四郎氏）ピンク発売三周年記念に謝恩学用品を全琉学童に贈る（鉛筆二十三万の目録を小波蔵局長に手渡さる）

移民問題と経済実情視察のため高岡大輔氏（南方同胞援護会理事、前衆議院議員）来島。

二十五日　一中建児塔慰霊祭

二十六日　名護地区PTA指導者研修会

二十七日　第三回沖縄タイムス賞「社会奉仕賞」に金城清松氏、「文化賞」に比嘉春潮氏決定。

二十八日　全島高校各種選打権大会（水泳、剣道、柔道、相撲、卓球、体操）

二十九日　文教局指定豊見城村婦人会研究発表会

一九六〇年度一般会計予算案可決。

三十日　米軍Z機が宮森小学校（校長仲嶺盛文）に落ち。職員生徒一般住民に百余人の死傷者を出した。

表紙に因んで

題　子供たち

私の表紙を見て、たいていの知人や、友人は、―もつと誰もがわかりやすいものをかいたらという。

いきなり私は―単に物を機械的に写すということと、人間そのものの心の働きによって、描くということはそのうちどちらがより忠実なのかと尋ねたい。

描くということと、写すということは全く同様ではないはずである、私はどこまでも描いている積りでいる、表現活動ともなれば、きまりきつたことをそのままに写すということに不満なのである。

描かれるものは、如何な形をしているか、描かれたものはどんなに見えるかということは問題ではなく、対象から如何に感じ得たかということが大いに問題なのである。

その意味で今度の表紙は次代を背負う児童生徒の素直で卒直で、若々しく希望に満ちあふれた彼等の生活を、そして彼等えの期待を即興的に描いたのである。即ち、中央部の四角形が生活の基盤をあらわし、倚曲線は大志を抱いて突走ることを、上部の斜線は、各自の方向へと進展していく導い姿を。下部の太線が慈愛深き教師を単的に表現したわけである。

読谷中学校

石嶺伝郎

一九五九年八月十七日印刷
一九五九年八月十九日発行

文教時報
（第五十七号）（非売品）

発行所　琉球政府文教局
研究調査課

印刷所　那覇市三区十二組
ひかり印刷所
（電話一五七番）

文教時報

NO.58

58

1959. 8

琉球

文教局研究調査課

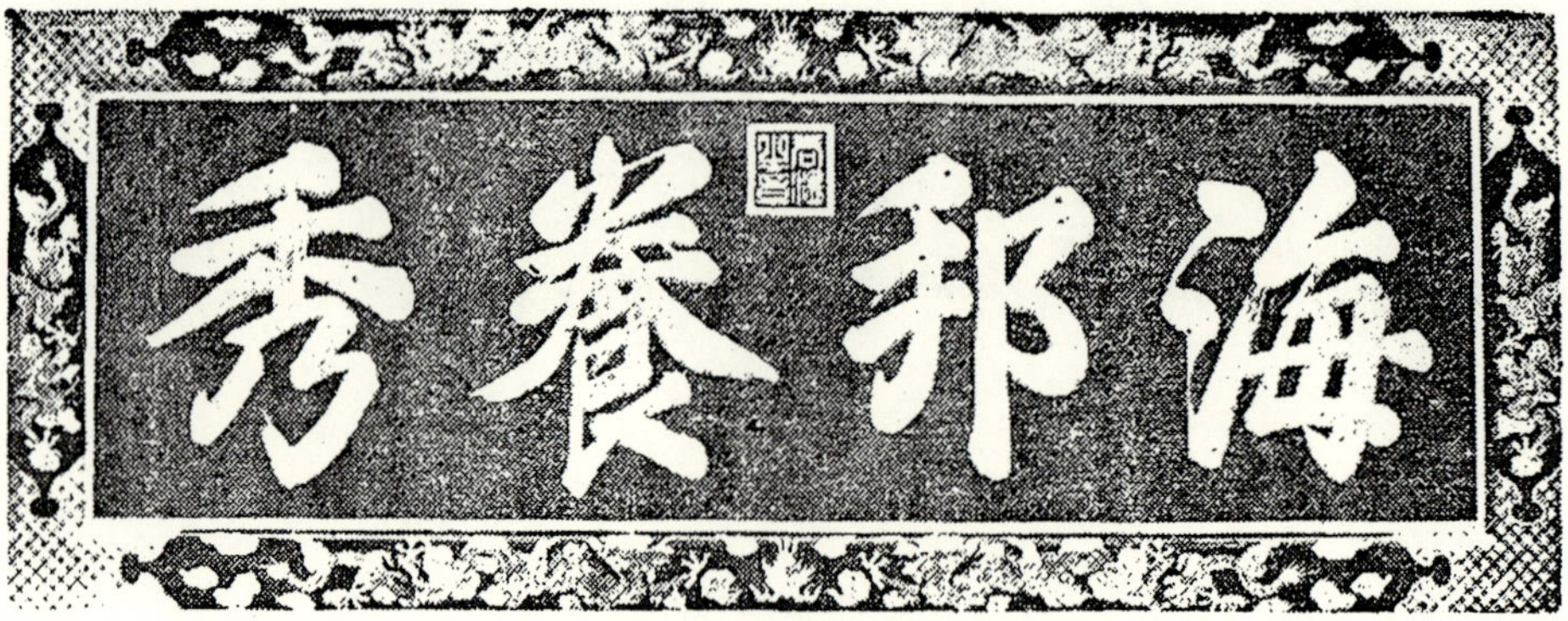

海邦養秀額は、国学創建の際、尚温自ら揮毫して、正庁に掲げたもので、一八〇〇年に、詩人として著名な李鼎元（墨荘）が冊封使として沖縄に来た。滞在中李大人の母堂の誕生日に、尚温は親筆の祝詞を贈ったが、李大人はその書簡を見て、国王の能書はかねがね耳にはしていたが、親しく接するのはこれが始めで、「松雪の筆意、この役第一の家宝を得た」とよろこんだ。李大人が尚温を評した言に、「世孫、年十七、厚重簡黙、儀度雍容白皙にして豊頤」とある。色白でおっとりした、口かずの少ない、福々しい人相が目に見えるようで而してその人柄が額面にも遺憾なくあらわれている。

冊封の式場で、李大人は「海表恭藩」四大字の嘉慶帝の勅額をもたらし、且つその題字の意義を敷衍して聖朝道を重んじ、文を右にし意を学校に加え、仁義礼楽を以て万邦を懐柔する」主意を述べた。この時から約二百年前の一五七九年に万暦帝は「守礼主邦」の勅額を国王尚永に贈った事があったが、海邦養秀の「海邦」と云う成語は、恐らく海表と礼邦とを組合せたものであろう。国学創建の時、尚温が学生を集めて一場の訓旨を与えた中に、「教化を興し、人材を育せば風教修明、賢才蔚として起らん」の語があるから、養秀と云うのは「人材を育する」意味であること勿論であろう。尚温は又同じ訓旨の中にこんな事も云っている。

学問はすべて実行にうつさなければ、何の役にも立たない。権勢におもねり、私利を営み、党派をかまえて、他人を陥れる如きは、深く戒むべき事である。

特に学問に精励し、実績をあげたものは、凡民の子弟であっても抜てきする、しからざるものは、名門の子弟であっても容赦はしない。

—東恩納寛惇先生「海邦養秀」に題するより抜萃—

目次

対策

児童生徒の不良化防止策
―学級担任教師への期待―

文沢義永

青年期は、親の側から見て取扱いにくい時期であるし、青年自身にとつて転落し易い時期であつて、不良化現象が急激に増加してくる人生の危機である。

一、青年期に不良化し易い原因

なぜ青年期に不良化し易いのだろうか。それは確かに青年期という発達史的生活適応の問題に起因していると考えられるが、之を更に分けると次のようになるであろう。

㈠不良化し易い性格が幼時より（時には成育環境の急変によつて中途より）つくられていること、㈡パーソナリティに対する自己意識と自己表現意欲が急激に増加すること、㈢青年の社会的文化的地位が劣弱であることなどがそれであつて、青年期にはこの三者の働き合いの結果が不良化となつて現われてくる。即ち、不良化し易い性格は先天的な精神病質や精神薄弱による場合もあるが、特に多いのは成育史上家庭における人間関係の異常に基づく性格の欠陥である。

二、不良化防止のための指導の要点

不良化防止の要諦は、積極的に好ましい生活に適応する能力とその機会とを青少年に与えてやることと、親・教師・各機関などの間に角逐と粗漏のない緊密な連絡が必要であることの二つにまとめることができよう。

このような点から、現在特に大切と思われる二、三の点を挙げて見よう。

(1) 校外青少年団体の拡充と強化
(2) 青少年の学習意欲を昂進させ、それによつて生活目標をしつかり把握させること、
(3) 不良化の初期徴候に注意してなるべく早目に治療すること
(4) 知能、学習習慣、道徳性、適応性及び性格などに関するテストを施行し、科学的に行動傾性を把握しておくこと、

以上のような点について資料集収の母体となり啓蒙的に呼びかけて、不良化運動の現実的な推進力となるのは、やはり学校教師であると言わねばならないであろう。

三、性格教育

性格とは、個人の習慣的行動と意志的行動との総和であると言うことができる。性格発達の目標は、より高い人格的社会的価値の方向へ進むことであり、そこにおいては、個人が緊張したりするときフラストレーションを生じたり葛藤やの感情がどのような価値を持つか、またどのような価値が個人を刺戟するかということが重要視され、適応の種類例えば正直性・協同性・自律性・責任感などが問題とされる。

不良行為や犯罪の心理的機制を考えると、このような刺戟感受性、フラストレーション耐忍度、緊張解消の方向判断などに基づく性格特性が之に作用していることが分る。従つて不良化防止の主要課題の一つは性格教育であると言うことができる。

性格教育は、幼児の頃からずつと家庭においてその精神機能の発達に応じて連続的になされなければならないが、就学以後は担任教師も之について重要な役割を持つている。教師の対人関係、無意識的行動、学習指導法、学級統率の態度などが極めて重要であるが、その具体的な提案は次の第五項に挙げることにする。

どのような性格特性を重視するかについては種々の捉え方があるけれども、次の十項目はその代表的なものと言えるであろう。即ち、時間観念、服従、正直、礼儀、協同、勤勉、公明正大、健康、自己統制、奉仕である。また、㈠自己評価の特性、㈡対人交渉の特性、㈢対人感情の特性、㈣自己の行動に関する特性、㈤感情生活の特性、㈥知的生活の特性、と大別することもできる。

何れにしても、強調すべき性格特性のカテゴリー沢定して、これらを促進し健全化を図ることが性格教育であると言える。最近は、知育偏重ではいけない、全人教育でなければならないと呼ばれておりながら、「全人教育」という漠然たる概念でボカされて、具体的に如何なる点を強調し如何なる方法で実践すべきかがはつきりされていない憾みがある。

四、道徳教育（東京都教育委員会編「道徳教育」より引用）

道徳教育は人間尊重の精神を基盤にして、個性を伸ばし、豊かな社会性を身につけた、人間を形成することである。そして特設時間における道徳教育は、児童生徒の発達に応じ、日常生活の基本的な行動様式の理解、道徳的心情と道徳的判断力の育成に努め、他の時間における指導とあいまつて道徳的実践力の涵養を図る。従来の「生徒指導」の目標もこの線に沿つて進められて来たであろうが、その実情は必ずしも所期の効果をあげているとは言えない。もつと現状を反省し

その欠陥を是正し、進んでその徹底強化を図ることが必要である。我々は、指導方法を体系化し一貫させ、重点的に指導内容を把握し、児童生徒を精神的に内容的に深めるよう努めるべきである。

道徳教育と教科学習及び特別教育活動との間にも考察さるべき問題が多々あり、これらは取りも直さず青少年不良化防止の対策と直接間接に関連することである。から少し具体的に述べて見よう。

五、学級担任教師に期待するもの

A　教科学習について

家庭生活の問題や健康に関する問題、更に団体競技の在り方などは、直接に生活態度の問題として毎日の生活に生かされなければならない。数学の計算や理科の実験などは、主に科学的判断を養うことによつて、やがて客観的合理的精神として心情を培うことになるであろう。また美に対するあこがれや創造への意欲を高めることによつて、情操を豊かにし人間性を高めるようになる。各教科及びその細部の学習内容は究極において、毎日の具体的な生活の中に何等かの形で反映し、正しい生き方を教え、望ましい人間関係の形成を助長し、豊かな人間性を培うという道徳教育の目標と結びついている。

次に教科の学習を通じて結ばれる人間関係も極めて重要である。学習活動の場を通じて結ばれる、教師と生徒、生徒同志の人間関係が、子供たちの人間形成に大きな影響を与えることは言うまでもない。学習指導に当る教師の考え方・態度・指導の方法、更に一挙手一投足が子供たちに影響を与えるであろうし、それに対する子供たち同志の同情・協力体制・学習方法なども重要な意味をもつであろう。

このように、教科の学習は一面において道徳教育の働きをもつものと考えられる。そこで教師が夫々の教科の指導目標に従つて熱心に授業すること、子供たちがそれに応えて助け合い励まし合つて一心に勉強することが、道徳教育の目的を果すことになるわけである。問題児や非行児の異常行動の発端又はその現実化を促進する働きが、学級内の雰囲気の中に多くあることを銘記すべきであろう。

B、特別教育活動について

特別教育活動について特別教育活動は、児童生徒の自発的自治的活動を中心として、個性の伸長と社会性の育成を目標としている。学級は子供たちの学校生活の本拠であり、子供たちの生活態度や人間性が最も多く最もはつきり現われる。そして、子供たちと教師とが共通して持つ時間は、子供たちを理解するのによい場所であり、また指導助言を与えるのに最も適した機会でもある。このような時間を通して教師と子供たち同志の間に望ましい人間関係が作られ相互の理解と愛情とに基く明るい自由な雰囲気が作られなくてはならない。そしてその中で、子供たちが活発に発言し、自主的に行動すること教師の側からの適切な指導と助言とがなされることが望ましい。

児童会・生徒会の活動や、校外の自治組織による活動は、子供の自主性を育てるのに最適の場である。こうした活動を通して、子供たちは夫々社会的存在としての自我を自覚したり、働くことの喜びを知つたりして自主性を育てていくのである。これに対し指導者は、できるだけ多くの子供たちに、できるだけ多くの機会を与えること、即ち全員が参加でき多くの子供たちができるだけ多くの経験を為し得るような体制を作つてやることが大切である。

また、クラブ活動は、子供たち各自が自分の個性に合い趣味に応じた活動をなし得るという点で重要である。子供たちは自分で自分の好きなものを選んだという点で、強い関心をもち明るい解放感を抱く。このような積極性と自由な雰囲気とは、相互の理解と親密感とを深め、明るい人間関係を築き上げるのに役立つと同時に、指導者の側に有効な助言と指導との機会を数多く提供する。

×　×

このように、教師の日常の教育実践中に道徳教育もあるし、不良化防止の積極的な具体策が伏在していると考えられる。

児童生徒の不良化防止について

那覇地区訪問教師　当山賀助

青少年の不良化は敗戦国の日本ばかりでなく、戦捷国のアメリカにおいても増加の傾向をたどつていると言う。この傾向はいずれの国にも起つている戦後の世界的傾向であると言われている。しかもその年令が低下してきたことや集団化したことや兇悪化したことは最近の著しい傾向である。なぜだろうか、二三指摘された要因について記してみることにする。

一、現在の青少年が放任の形で成長してきたこと　今次大戦中はいずれの国においても戦時体制がとられ、平時に比べて子女の養育が或る面で放任されていた。子どもを託児所にあずけたり、働けない家族や近隣にあずけたり終日職場で働き幼児の世話を見ることができなかつた。又幼稚園や小学校時代は疎開分散授業をうけ、中学校以上は学徒動員で職場に送られた。

このようにして生長した子どもは生まれてから今日までそれぞれの時期に薫陶さるべき人間がつぼみのままに止つてしまつて順調な発達をとげなかつたのである。

乳児期から幼児期までに善良な母親から学びとる多くの人間性や社会性が陶冶されなかつた。この間にできた性格は終生変ることがない。野生児アマラ・カマラの記事や西洋に「揺藍のことは墓場まで」の格言があるのを見ても人間形成の上に如何に重要であるかゞ分る。そのような遠因の上に尙敗戦の虚脱貧困頽廃と云う社会的近因がある。

二、身体の発育と精神の発達が伴つていないこと　戦後人間の寿命がのび、身体の発育がよくなつたことは誠に喜ばしい。身体の発達については小学校の全国統計を見ても分るし、又早熟であることは小学校の女子に初潮のあるのが戦前より多くなつていることで分る。このことは人間として行動する時の基礎条件ができたことを示す。しかし現在の青少年はその人間性が未だ社会性の陶冶不充分なために、集団的に苦痛を感じ、訓戒をすなおに受けず、自制心うすく、反抗的で奔放なことは子ども同然であることについて、教師や父兄がすぐ気が付く点である。

自制心忍耐心は社会生活をする上に重要な精神面であるが、手伝い共同作業遠足等や思いやりすなおさの点等今の中校三年でも戦前の六年に及ばない。情意の陶冶については出生から中校卒業するまで、身体の発育に応じて陶冶されなければならない大きな課題である。

三、文明社会内での生活には高度の知識技能と躾が要ること　単純な素朴社会ではおとなの生活様式や社会機構や精神内容が青少年のそれとは大してひらきがなく、青少年はすぐおとなの社会に入り易い。十三才にもなればたいていのことは大人同様に処理できるので成人層に加えられたものである。所が文明社会になると、それだけ多くの知識技能と人間性ができていなければならないので、満二〇才を以つて成人層に加えている。高度の社会になればなる程その年令は引き上げられる。それまでは是非保護者が指導監督して養育の責任を持たねばならない。そのように長期間育成しても尙青少年の理想や現実矛盾やなまの感情は社会に受け入れられないで、現実の社会生活に重圧を感じている。壁につきあたつた者は横道にそれ持ち前の英雄心がボスとなり類は類を呼んで集団化してくる。

以上不良化の要因について概説して来たが、更に家庭学校社会への要望について記して見たい。

一、家庭について　家庭は人間にとつて精神的に肉体的にいこいの場所であり、又青少年育成の重要な場所である。家族はそれぞれの家風の下に正常な生活をしている。性情育成の上からは老幼男女各年令層の人で家族が構成されているのがよい。家風は教育上特に不良化防止上重要視される。家族の和合の中に補導の緩急がなされていなければならないのは勿論である。ハーバート大学のシェルドンクリュック教授は幾千の犯罪者の家庭調査を分析して、犯罪家庭予知法という有名なクリュック方式を打出して世人の注目を浴びた。其の確率は九八・一％という高い率を示し日本の犯罪者の家庭にも適中しているので今それを左に掲げておく。

一、父による少年の躾
1　厳格すぎる或は気まぐれ　七一・八
2　ゆるやか　五九・八
3　確固かつ親切　九・三
二、母による少年の躾
1　不適切　八三・二
2　普通　五七・五
3　適切　九・九
三、少年に対する父の愛情
1　無関心或は敵対的　七五・九
2　温情ゆたか盲愛を含む　三三・八
四、少年に対する母の愛情
1　無関心或は敵対視　八六・二
2　温情ゆたか盲愛を含む　四三・一
五、家族の結合
1　結びついていない　九六・九
2　多少の結びつき　六一・三
3　結びついている　二〇・六

註　配点の合計が多い程大きい犯罪を犯し二五〇点以上は犯罪人の出る家庭とされている。

沖縄に於ても警察補導を受けた学童の家庭訪問をして見るとやはり此の表の示す家庭事情とよくあつている。

次にどんなことが不良行為として気を付けておかねばならないか、について記して見る。其れには刑法で云う虞犯行為の規定があるので其れを左に記しておく。

1　保護者の正当な監督に服しない性

癖があること。

2　正当の理由がなく家庭に寄りつかないこと。

3　犯罪性のある人、若しくは不道徳な人と交際し又はいかゞはしい場所に出入すること。

4　自己又は他人の徳性を害する行為をする性癖のあること。

又一般に人格形成の上から注意を要する性行について左に記しておく。これは映画を見る時の注意事項である。

1　著るしく残忍性のある行為

2　著るしく粗暴性のある行為

3　性刺戟をする行為

等で、これ等の異常行為は厳に戒むべきことである。其の他うそつき、出来心怠惰浪費、浮浪、外泊等注意を要する行為は非常に多い。尚アメリカの精神分析学者フリードランダは不良化の要因として次の五つを挙げている。

1　精神欠陥、先天的な者

2　欠損家庭、片親や家庭不和等

3　躾、　家風

4　経済面、　貧困

5　余暇の非行、ひまの時の非行

何はともあれ、青少年の非行は本人の努力と適当な方法によれば其の九八％までは更生させることが出来るので、家庭では常に父の慈恩と母の悲恩を以つて辛棒強い社会性のある子どもに育ててもらいたい。これは如何なる社会施設や補導組織にも優る永久不変のものであるからである。世界の犯罪統計は欧米より日本が少ないことを示しているが、日本の家庭生活の中に人間形成上何か欧米より優れたものがあつたのではなかろうか。この点学者の分析をまつものがある。

二、学校について

戦後になつて子供が其の天分をのばす新教育の方法で学習していることは実に喜ばしい。然しこれには人間形成上一層高い教師の人格を必要とする。この点では教師は善良な両親の肩代りをしている。親子の敵対視が不良化の原因となるのと同様師弟間の敵対視は注意されなければならない。褒たれ、鼻たれ、病気の介抱世話からよき相談相手となることまで等いやしくも嫌気なげやり嘲笑からかい等があつてはいけない。又補導の気構えについても一部専門職や施設に頼り過ぎて放任の形にあつては全般的の更生はむつかしい。統計上非社会児、反社会児は五％居ることになつているので、どの学級にも一、二名はいる。担任はいち早く此れ等を発見して細心の注意を以つて教育しなければならない。担任一人で出来ないことは職員協同で、尚悪い時は交番立合で、それぞれの時機に応じて保護者と綿密な連絡の下に対策を立てて補導に当るがよい。

次に学校教育法施行規則の児童生徒の懲戒規定であるが。水産高等学校では一層具体化して実施している。例えば暴行飲酒喫煙した者については初犯が一週間以上の停学、再犯は一ケ月以上、常習的累犯は退学となつている。このような審賞必罰はやがてよい校風を産むことだろう。又那覇中校では生徒手帳が全員に配られ写真入の補導簿が校長に保管され、職務権限を持つ者以外に他人が此の帳簿を見ることが出来ない。真和志中学校や寄宮中校でPTAが隣組まで細分化され学校と家庭とPTA並びに交番の提携によつて其の効果を挙げている。PTAを細分組織することは、他人をよく知り、他の子を守つて自分の子も守られると云うことに大へん役立つ。そこでは余暇の非行がすぐ目につき注意が行きとゞくからである。又よく知りつくしている所では不良行為は出来ないものである。

三、社会について

現在の青少年の非行が社会環境に影響されていることが余りにも多い。それは丁度悪い家風の家庭から問題児が出、不良校風の学校から不良学生が出るのと似ている。不良映画、エロ本や雑誌又は風紀紊乱のバーキャバレ業態、暴行温床のおでん屋、夜の女、暴力ボス等数え上げれば際限がない。又一方で犯罪への痲痺、道義の頽廃がある。「日本の民主々義は未だ八、九才だ」と言つて去つたマッカーサー元帥の言葉は吾々琉球人の悟性に何か深くさゝやいているものを感ずる。吾々琉球民族はかるはずみな浮華軽薄な享楽生活からぬけることが出来ない程低劣なものだろうか。強大な生産力を持つアメリカ人のように裕福であれば誰でもあのような経済生活をすることが出来ると云うことを知り尽くして居ながらそれが質実剛健な生活が出来ないのは、卑屈劣等感をカバーする虚栄の生活をしているように見えるが。余く入るを計つて出づるを制しない浪費生活である。だらしない気風の生活社会は多くの犯罪人をつくる。盗品は買はず、いかがわしい者は一一〇番へと云う気構が必要である。行いや業態に節操があれば自らよい社会が出来るはずだ。金におよいで手段を選ばない業態は最早社会には受入れられない。最近になつて、都市地区で、環境浄化運動が活発となり学校PTAが立上り、母親学級が結束して子供を守ることに乗り出したことは誠に嬉しい限りである。このような気運と相俟つて地域で補導網を強化することは重要なことである。吾々は単に行事だけに頼らず基本的な面に向つて継続的努力をしなければならない。

実態

児童生徒不良化の実態

コザ中学校　照屋正雄

ーはじめにー

児童生徒の不良化の原因についてはいろいろに考えらると思うが、特に生活の環境条件としての、社会的文化的環境、人間関係の環境がその要因となつているといえよう。本校は基地の街といわれるコザ市社会的文化的マスコミの影響は良かれ悪しかれ大きいことは、説明を要しないと思います。映画館が既に十指に余り更に建築中のものを含めて十数館というだけで足りると思います。では人間関係はというと、新興都市で全市町村から集り外人相手の商売が繁華街の中心をなしているところから、家庭生活における人間関係も複雑を極め、家族的前近代的労働条件による経営も多く、使用人との雑居生活が、不知不識に与える子供えの刺激も強い。更に都市地区に共通な事とは思うが、金が簡単に手に入るということ。

（照屋氏）

即ち不健全な生活様式の合理化というか子供によい環境をとの親心から子供に金を与えて宿泊させる。或は経済的に困つている家庭の子は、アルバイトとして他家の子守、洗濯等の駄賃仕事が相当多いということであります。ではそのような条件は児童生徒の不良化とどのよな相関係をもつものであろうか

ー事例（1）ーH子　一四才　三年

○家庭環境

父は戦死、母は行商、姉四人、生活中位

○問題行動

始春期の異性に対するあこがれがきつかけとなり学習成績が悪くなつた。

或巡査と戸籍調べで顔見知りになる。妹のつもりで、映画に誘つたり、食事をしたりした。大通りを二人で歩いているのを担任教師に見られ従兄だと答えた。手紙（本人の承諾で担任が見た）が四、五回来たので、姉が巡査にかけあつて以後御わびと後悔の便りで事は終つた。

○説　明

結果からして「何でもなかつた」ではすまされない。青春への喜びの陰にひそむ誘惑、一寸した事がその要因にならないとは断言出来ない。巡査は映画は無料で見られるという好奇心と、始めて親切にされた異性へのめざめはもつと関心をもつてしかるべきでしよう。

ー事例（2）ーT子、一三才、二年

○家庭環境

父母健在、姉二人（バーの女給、ホテルの女給）職業はバー

○問題行動

長欠がち、家出する、親は無関心

○説　明

同家はバーを経営しているが、経済状態は悪く、姉も自分のバーでつかつている。女給たちと雑居生活をしていたが、二人の弟（小校生）と勉強室を間借りした。家に近いところが袋小路で親の監視は不十分。生活費として家から相当額の金を毎月とつているが弟達に定つた食事も与えず殆んど食事は家でさせて生活費は自分だけで使用、姉の着物など借りて外出する時もある。次姉の働いているホテルに外泊して学校に来たこともあるが親は外泊のことさえ知らなかつた。女給のトランクと着物を借りて家出（父母に告げるとトランクや着物を返さないとの書置きがあつた）後で聞くと、読谷で喉自慢大会に出場するためだつたと答えたズゲード場などにも弟をつれて遊びに行き弟を早く帰し本人はおそくまで居残る事もあつた。異性との関係は確認されてはいないが、桃色事件としてあげられた不良グループの口から名前があげられ、警察のリストにあがつたが本人は全然知らないといつていた。どことなく淋しそうな目つきをしている。要するに親の愛情にうえているとしか思えない。

ー事例（3）ーS子、一二才、一年

○家庭環境

父母健在、姉二人、弟三人、生活中位

○問題行動

芝居狂、欠席欠課がち

○説　明

小学校の頃より芝居の役者と親しくなり子守、洗濯など手伝つて、無料入場するようになつた。次第に金遣いがあらくなり、家から金を取つて外泊するようになつた。（祖母の家に泊る）親は秘していたが、後で告白を聞くと「縄で縛りつけてしかつても駄目でした」という。知能は中位だが学業不振で、顔色も悪く、態度も大人びて、学級での友人関係も少い。

ー事例（4）ーC子一四才、三年

○家庭環境

父は戦死、実母は幼少時発狂、継母失明

実母と共に嘉手納の叔母の家にいたが叔母貧困で、小学校五年の時従兄にひきとられて現在にいたる。

○問題行動

家出癖、芝居狂、欠席がち

○説　明

全くみじめそのもので、正常に育つたら不思議な位、失明した母も被救済者、叔母も救済をうけている状態で、社会の温情にすがつて生活していた。現在従兄の同情で引きとられているが、精薄に近く、いたみつけられた童心には、親切はかえつてこわいかも知れない。少ししかるとすぐ家出して、名前も住所も知らない年上の女の人（19才位）と一しよに芝居をみにいくという。泊るところも変つている。芝居小屋の物干台にねる。那覇の義母の家を訪る。貸屋札のある空屋を利用する。時には便所の中に這入つて内鍵をかけて一晩明かしたこともあるという。一週間位絶食して放浪中パンをもらつて車に乗せられるところを従兄に発見されてつれもどされ事なきを得た。家からは学校へと出て映画を見る。嘘言がうまい。女中の金を三百円程とつたこともある。やはり芝居狂で無料入場も多く、学校も欠席がち、男の子がいじめるからと平気な顔している。

○以上女の子についてあげてみましたが共通する点はやはり、家庭的な雰囲気が悪いということでしよう。或は少女らしい夢やあこがれがみたされないという事も考慮されるべき点と思われます。

―事例（5）―K君、一四才、三年

○家庭環境

父母共に健在、資産家で生活程度は上位

○問題行動

友達いじめ、欠席欠課がち、農作物荒し

○説　明

父は社会的に信用ある地位にあるが、楽天的で放任主義、だが子供が悪い事をすると厳格になる。（別に女がいるので外泊が多い）経済的に恵れ金銭に不自由しない上に精神年令も若く暴力的腕白者友達をなぐつて入院させた事もあるが、母は父に知られるのをおそれて極秘裡に処理しようとした。暴力グループに仲間入りし、金銭的に利用されて酒、煙草を買い、映画を見、金に困つてとうとう万引までした。

―事例（6）―T君、一四才、三年

○家庭環境

父母健在、中流の普通の家庭

○問題行動

不良グループの親分格、早引欠課

○説　明

中学校二年から軍の新聞配達をして月五百円父に収めて喜ばれていた。配達実績がよく三年の頃には月千五百位の収入になつたが家には五百円収めて、残りは自分の小遣い、自転車、カメラ等買うた。映画、買喰いで不良グループに仲間入り夏休み中間借りしてグループと暮し、二学期になつてもグループで、仮小屋、ほら穴で自炊し、酒や煙草を喫うようになつた。遠く具志川辺りの連中も知つている。

―事例（7）―暴力グループの実態三年

○問題行動

映画狂、買喰い、飲酒喫煙　欠課　暴力

○説　明

一学期の終り頃から類は類を以て集りグループ行動をするようになつた。マキワラをつきグループの威をかりて君臨し徹夜で遊ぶこともあり欠席は少いが欠課ち刻が多く、街の不良連との関係もある異性への問題もあるが表面的で、仲間同志競争し服装も変つて来た。では次にその実態を解剖してみましよう。

○M君の場合

母は幼少の時亡くなり、継母と父三人で大阪より引揚げて来たが、祖父母と父母が不和になり別居後継母と本人がけんかして継母も出ていつた。家庭的に面白くないので映画を見、グループ行動をするようになつた。叔父の金をとつて家出他人の雑誌を借りはさまれていた五百円を盗んで警察につき出されたこ ともある。主謀格

○S君の場合

父はバス運転手で一日おきに帰宅するので、父の居ない日に金を持つて外出、映画館に近いのでじつとしていられないという。二重人格的行動で加つていた。

○A君の場合

父が継父で母のつれ子、義父は母に遠慮してタッチしない上に母が勝気で我儘で育つ、バーを経営しているので勉強のためとの理由で間借りしている。裕次郎が大好きで服装もまねる。仲間同志服を交換して着けていると母には答えている。母は信用して勉強の事だけやかましく言いつけていた。

○C君の場合

厚生園から来ている。父が道楽者で妻の死後は扶養の義務も果さず小校の頃に厚生園に送られた。父が後妻を迎えたので引きとられたが温い家庭ではなかつた。

○T君の場合

父死亡し、実母は再婚して祖母と暮した薬筒集めで暮しているのを継父（実母の夫）が引きとつた。欠課癖がなおらずグループに引きづられた。

○F君の場合

小学校の頃から暴力癖があつた。父健在だが母は二番目の妻、先妻の子が長男母が先妻の子のことを言うてしかつたのが原因というている「どうせ財産は長男のものだからよく勉強しなさい…と」。義兄に対する反抗心から家の金（店）を持ち出して遊ぶようになつた。金に困つて方引きをしたこともある。

―む　す　び―

男の子の場合をみると、暴力的で酒煙

草がその特色といえよう。男女に共通してみられる金残的な遊びはみたされないものを埋み合わせる方法となり、結果において盗み、万引きの泥沼に足を踏み入れ、抜きさしならない状態にはまりこんで行くといえよう。警察の世話になる頃は悪智恵も出来手の施しようがないといつても過言ではなかろう、その頃になつてやつと親がのり出して来るのが現状です。第二の反抗期といわれる年令だけに何かにはけ口を求めようとする感受性に富む彼等の一寸した心のすき（それは言いかえると青春へのあこがれや希望の盲点だとも考えられる）に乗じて起つて乗る問題を温く解決してやれないものか、以上挙げた例によつて何かの参考となり世の親教師の反省の一助ともなれば幸と思います。

児童生徒の不良化傾向の実態

諸見小学校長　山田朝良

児童生徒の不良化はいつこうに減少しない。それどころか益々悪質化していることを毎日の新聞は伝えている。政府当局もこの事態を憂慮し、その対策に腐心しているがその悩みはなか〳〵解消しそうもない。最近の児童生徒の不良化の傾向を見るに、今から三四年前私が訪問教師をしていた時とはその様相が一変しているのに驚く。あの当時の傾向は小中校にたゞ籍を置いているだけの長欠児が盛り場をはいかいするか、又は衝動から来る単純な盗みが主なもので、それもほとんどが貧困が原因であつた。それが最近の傾向を見るに

1　過去の単純な子どもらしい動機、原因から発生したのが、漸次巧妙大胆で悪質化している。
2　今まで余りみられなかつた高校生の犯罪が多くなつた。
3　不良行為も組織的で且つ集団化している。
4　性的犯罪が急増している。
5　在学生の不良行為が増している。
6　小中校生の集団桃色遊ぎのような不純交遊が目立つている。
7　女子学生の犯罪も増している。
8　保護観察中の不良児の累加犯の現象が多くなつた（四十二回も補導された例）
9　家出する児童生徒の増加（男九七、女子二一計一一八名）
10　生活の豊かな家庭からも不良児が出ている。

以上のように児童生徒の不良化傾向は全く憂うべき事態にあるが、それではそこに至らしめた根本原因は何であろう。

1、体と精神のアンバランス

戦后生活様式の変化、栄養の向上、心理の解放等で青少年の身体、特に身長は著しく発達を遂げている、何でも現代の十四才の少年の身長は明治時代の二十才の青年の身長と等しく、しかし人間のチエ道徳的判断力という面では今の小学校六年生は四十年前の四年生並だといわれている、殊に価値感情に於ては四年以上おくれているそうである。即ち身体は大人で心は子供のまゝ残つているということであろう。

2、親と子供の時代感覚のズレ

既成のモラルを守り通うそうとする親とそれに反抗しようとする子供の対立から常に家庭問題を引起し、その結果陽のあたる坂道からすべり落ちて大きな社会問題となる。

3、映画から受ける影響

青少年時代はヒマと金があれば映画をみたいというほどこの年代は強い欲求を持つている、ところが大人の商業主義的な打算的な無自覚さから最近の映画は、1性的感情を刺激する。2粗暴性を助長する　3残虐性をもつ等の不良映画が遠慮なく上映され加えて大部分が映画に強い欲求をもつ彼等は自我形成期に於ける自己主張が単純な暴力場面へのスリル感、たくましい行動力への共感となつてあらわれ、それが自制心のないまゝに行動を起すのである。

例、現金欲しさに高校在学生を含む集団自動車強盗事件

4、十代は集団で行動する傾向をもつ

青少年は集団で行動する特質がある、即ち両親や成人の監督からはなれて自分たちだけで共同生活を営もうとする強い欲求を表現するもので、その活動を通してお互に協力と秩序に従おうという精神が表われ、いわば健全な未来の社会生活の準備段階であつて、こうした健全な集団は大いに結構であり、このように育成してやることが望ましいのである。ところがこうした半面いろ〳〵な原因から家庭や学校が不適応におちいつた児童生徒たちが、それらの愛着を失つて街頭に飛び出しこうした者同志が集団をつくり、不良行為を重ねて遂には街のダニ、与太者となつていく、こうなれば最早その集団は健全な未来への社会生活の準備段階ではなく、社会から孤立した特殊集団となる。故に不良化が集団化している原因

もこの時代の傾向である。

5、家庭的欠陥

私は文教時報十二号に長欠児の実態とその対策というテーマで特に不良児の生育した家庭環境を調査し、その家庭の不整備について書いたことあるが、実際青少年問題の八九割迄が家庭にあることは論議の余地がない、ところが最近の傾向として一見健全な家庭からも不良児が出ている。これは思うにその父親に問題がある。仕事に熱中している父は子供を一切母親任せ、母親は日常子供と接してはいるが大きくなつた子供を理解し指導する力がない。即ち父母のチームワークがとれていない。子供と心から通じていない「あんなマジメな人の子が、」といわれる。子供から見れば健全ではないのであろう。

6、家庭経済の貧困ということ

「貧すれば鈍する。」で父母の教育的配慮と経済は密接な関係がある。貧困は児童生徒にとつてマイナスの環境を作り易い。特に欠損家庭では母子家庭即ち父なき家庭に問題が多い。母子世帯は一般にみじめである。こうした階層の子が比較的桃色グループをつくり易いとされている。特に母子世帯に対して当局も配慮すきである。

以上で児童生徒の不良化傾向の実態とてのよつてくる原因の一部を挙げたが、それに対してどんな対策が考えられるだろう。

1、児童生徒に夢をもたせる

昔の子供は大きな夢をもつていた。出世主義の誤つた思想かも知れないが、大臣とか、大将とか、博士とかの大きな夢を持つていてそれに近づくべく努力した。しかし現代の児童生徒は余りにも現実的でセツ那的な享楽を追つている。勿論これは青少年だけを責めるわけにはいかない、その以前に夢を持たせる施策が必要である。

2、職業教育の徹底

中高校とも昔と違つて上級学校への中間期でもあるが同時に又完成期である。従つて中高校とも就職する者の為に職業教育がなされなければならない。最近高校ではやや配慮されつゝあるが、中学でももつと真剣に考える時ではないか、特に本土就職、海外移民が実現されている今日、それに対処すべきであろう。

3、教師の愛情

教師が一人一人の児童生徒をしつかり掌握することが最も大切だ。子どもの生活の中にとびこみ、共に暮し指導することであろう。学校教育の場ばかりで如何に高遠な理想を云々しても無駄、校外生活の利用、余暇の利用の面の指導に努力すべきである。

4、夏季の指導に留意

夏季は児童生徒が解放され、教師は単位修得の為の講習、子供たちは全くの野放となり、生活も無軌道となる危険性がある。ここで悪が芽え、二学期に夏場の延長として持込まれる。家庭ではやれやれ休みもすんだと安心するが補導はこれからだということになる。怠け心のついた児童生徒は生活の切り替えはなかなか容易でない。学校を忘れた児童生徒は学力も振り出しに戻り個人差も開く一方、加えて二学期は運動会、体育会、修学旅行、バザー、パーティと回り灯籠の様な行事がひかえている。こうした中にハリのあつた生活態度ががらりと変つてくる。故にPTAの下部組織としての教育隣り組みを組織して夏季休暇中ハリのある生活の指導をなすべきである。

5、補導主任連絡協議会の設置

各学校の補導主任による連絡協議会を組織し、絶えず横の連けいを密にし地域毎に同一歩調の指導目標を設定し、社会父兄との共同責任に於て児童生徒の善導に努ある。

6、母親学級を強化して温い家庭生活の再健を図る

7、青年学級の普及強化

今の青少年は余りにセツ那的享楽的である。殊に都市地域は刺激が強過ぎる。この青少年たちに教養を高めさせ余暇の利用を健全ならしめる。特に農村地域の青少年は農村を捨て、都会に出たがる。これは由々しい問題で自信をもつて郷里に頑張り、その建設に努力させるべきである。

8、児童会生徒会の健全な育成

お互の問題はお互で自主的に解決するように指導する。

児童生徒に正しい集団づくりに努力せしめ一人の脱落者もないよう組織の力を通して問題を解決せしめる。

9、スポーツの奨励

勝負の世界のきびしさは、ごまかしも容赦もない。野球の一投一打、庭球の最後の一球。真剣で慎重で、また果断に勇敢に、そしてチームのために、常に犠牲が払われなくてはならない。これがくりかえされると知らず知らずの中に、好ましい人間が形成されていく。対策はあらゆる角度から考察されるのであるが私は主として学校教育の立場からその対策を考えたのである。

主張

不良化防止について思うこと

宮里信栄

「少年を悪から守っていこう」と年中さけばれ、いろいろと対策も立てられているが、どうした事か一こうに目立ってよくならない。ならないどころか悪質犯が毎日の新聞をにぎわわし、目をそむけたくなる。不良化の原因もいろいろ様々ではあるが、我々の周囲には直接間接青少年を悪に走らせる様々のものをもっているのではなかろうか？。

現在沖縄で不安のない、安定感をもって暮らせる人が一対どの位いるでしょう 土地はせまいし、人間はウヨウヨして蟻の大群がゆききしているように道にあふれ、仕事がなく、生活はアメリカをまねようとするし、賃金は安い、イライラした気持が昂じてどうにでもなれとすてばちになっていく連中もかなり多いのではなかろうか？

貧乏ゝ、これが我々を痛めつけている一番大きいものではなかろうか？

政府も、学校も、社会も、家庭も、みんなが一つに組んで我々の貧乏追放に取組んで行く事が先決問題でないかと思う。

政府に対して

(1) 生産を高める政策を打ち立て、みんな仕事につかせること

(2) 移民を大量に送り出すこと

(3) 軍とも折渉して賃金を引上げてもらう事

(4) 農産物を捨てうりしなくてもよいような方法を立てゝいく

(5) 特飲街の営業時間を十二時か十一時半までに打切るように対策する

(6) 好ましからぬ読物、あくどい映画については業者と相談して輸入を禁止する。

(7) 悪質犯に対しては相当の重罪を科していく事、加害者の人権ばかり尊重され、被害者の人権は余り尊重されていない感を強く抱く。

学校に対して望みたい事

1 校長は学校経営の具体的計画を信念と熱意をもって披歴し、真に全職員の協力を求めていく。

2 欠席したらすぐ督促する、生徒を通して「ちよっと見てくれ」ではあまり効果はない。

3 「チコク欠席は不良化の第一歩」中高校では特に熱意と実力が必要通り一ぺんの話にはのってこない、あゝ次は又〇〇先生か、と何回か欠課したのを覚えている。

4 公平に生徒に接していく、特に問題をもった子は、きわめて自然な姿で接し、目をはなさずに見守っていく

5 職員全体が同じ歩調であたっていく

6 明かるい中に帰宅せしめる、おそくなる事がわかっていたら必ず家庭に連絡する

7 全員がもっと生活指導に力を入れるべきと思う

8 生徒がよろこんで担任や、カウンセラーに相談をもちかけるように、工夫研究する事が必要
(秘密保持が絶対必要)

9 信念と熱意をもって、強く生徒にあたっていく、人気とりになったらおしまいだ。
(生徒を動かす事は実力と人間味から生まれてくるのでなかろうか？)

10 小中校では悪質な長欠児には、法を適用する事も必要、

11 家庭、学校、学校間の密接な連絡をとる事

12 永い一生を切り抜けるために「ねばり、づよい心と公共心を培う」工夫と研究

13 生徒だけが悪くない事を心にとめて常に反省していく。

(その一例)

むっとした顔して
先生が教室へはいって来た
朝の会のあと
『そうじが全然なっとらん』
今日そうじした子立ってみい
どこを何回ふいたんだ
「山本机の上であぐらかいとったろ」
先生はつゞけざまにいって
僕をグットにらみつけた
なんどい、朝っぱらから、あほめ！
と僕は心の中で言った

(五八年七月号 教育技術
神部小学校六年生)

家庭にのぞみたい事

(1) 転落した子の告白したのを読んで見ると、みんなに共通するものは。お母さん!!お母さんさえいてくれたらと言っているのが多く見うけられます。又一部の子たちは、けいさつにつかまったとき、もっとつよく叱られておけばこんなことにはならなかったのに。よい子だから又とこんな事をするのではないぞとかえされたので、たいした事はないなあ、と思ったと言っている。

(2) 父も母もつとめて健康に注意し、若死しないようにしてもらいたい。

(3) 貧しくとも子どもたちににがい顔暗い顔を見せないようにしたい。

(4) 金銭の取扱いに注意する

（だまされる事がある）

(5) 夜間外出は、できるだけ止めにしたい。家庭で何かたのしめるよう工夫ができないものか

(6) 父母も考え方をかえて行くこと
外観は従順に見えても、内面で反抗している事が多い。
大体のお母さん方は「言うことを聞かない、礼儀を知らない、」と言われておりますが
「今までの躾け方でよかつたかどうか」つまり今までの道徳的基準と言うものが正しかつたかどうかについても反省し、集会にもつとめて出席されてお話を聞くようにし、その面の本を読んで下さるなりしていただきたい。

(7) いそいそと元気よく我が家へかえれるように、明かるい雰囲気をつくつていただきたいと思います。

（或日の母と子の話）

てつかぶと

古いてつかぶと
　私がかぶつたら
女の兵隊と、母が言つた
母はまた言つた
学校にかぶつていけ
先生の　ゲンコツ　もいたくないぞ
私は　ワツ　ハツハー　と笑つた

（五八年教育技術一月号より）

街には不良がアミを張つてグループを増そうと待つている、自分の子に限つてと思つている中にいつの間にか取りかえしのつかない子になつている場合も多く聞かされます。

お互に気をつけ、自分の子も、他人の子も、みんなで守つていきたいものだ。

尚、子ども子どもとばかり言わずに、「大人の宴会も今の何分の一かに減らしてゆく事によつて、家庭も明かるくなつていくのではなかろうか？」

拙稿をおわります。

（コザ連合区教育次長）

青少年の不良化と家庭

嘉数正一

　青少年の不良化が激増の傾向にある昨今、卵が先か鶏が先かの因果の応酬はやめて、じつくり考えねばならない問題だと思う。学校教育に欠陥があるのか、法律そのものが手ぬるいのか、周囲の人々の無理解によるのかとその責を追及することにこだわることを止めてどのように進むべきかを考えていかねばならないことだと思う。

　考える事は進むために必要で、考えて立止つていても仕方あるまい。どちらをつついてみたところで、どうせ自分等の子ども達であることにはかわりはないし次第に住みづらくなつてきて歎息するようになるのも、ミルク世が風になつて生けることの喜びにひたるのも、ことごとく神ならぬ吾々の仕業に他ならないし、結局、琉球の社会という一つの集りの自業自得ということになるからである。社会は自分等の姿見―鏡―と思われる。社会がよいという事は、その中に住む人々の中に善良なる人々が多いという事であり、澆季混濁の世には、比較的に善人が少なく悪行がのさばつて呼吸困難だという事になるのであろう。

　対岸で火事だと思つていつたら思いもかけぬ自分の家が焼け果てたという事がちよいちよいおこる。そして、この確率は増加していくようである。殺人、強盗はアチラの事かと思つていたらすぐ近くで映画を地でいくすさまじい事がおこつたり、犬を飼いたくない嫌いな人まで飼育せざるを得なくなつたり、泰平の世をむさぼつていた村が、枕を高くして休めない世の中になつていくようである。

　昔と今とかなり生活様式もかわり大家族から小人数の家族成員となつていき、東西の生活慣習が激しく交流していくにつれ生活の道徳律がぼやかされていくようである。私達の期待する道徳的行為というのは、その属する社会の行動の規準に従つて行動する事であるから、その社会のおとなが等しく承認する規範があいまいである場合には、次の世代である青少年がりつぱに行動するであろうという期待が薄らいでいくのである。

　本来、無道徳である子どもにおとなである吾々の立場で青少年の不良云々と責めるのはあまりにも酷ではないか。白紙で生まれ出た子どもが色とりどりに染つていくのはそのように染めていく環境が問題なのである。

　青少年の不良化防止に思うとして那覇市内に住む主婦は「青少年不良化防止をとなえるより前に、大人の不良化防止をやつたらいかがですか。」と冒頭に述べているが、おとなの社会の混乱は時には幼い子どもの魂に傷をつけ、一体何が善なのか悪なのか、わからず迷わさせるのである。

　この頃イヤになる程大人の醜悪さを見聞する。心あたたまる話というよりは、世に生きる事が自信がなくなるような、嫌悪を持たしめるような、希望や楽しさをむしりとるようなニュースの多い昨今果はどうなるかと懸念されるような暗さ

が多い。
　暗い、じめじめしている中にあると素直で明るくあるべき子どもは世の中はこのようなものかと疑惑を持ち失望し、いぢけてしまうものである。
「どの家でも少々喧嘩はあると思いますが、私の家は他の家とかわつた暗さがあります。そういう所にいるせいか私の性格が陰気で人をさけるようになり、執念深い性質になつてきました。一寸なにかいわれるとすぐおこつてしまい、一カ月程も思いわずらいます。これではいけないと思いつつなおすことができないのです。このような自分が人から好かれる事もなく、友達もすぐはなれてしまいます。……」高校二年女子
「私が悩んでいることは、家庭が不和でいつも父母と兄弟との意見があわず口論ばつかりで溝ができ、私も家にいる事が面白くない。」高校三年男子
「母に反抗するのはいけないが、僕は母と話し合う時おこる時もあれば笑う時もある。しかし、僕を育ててくれた母に反抗なんかできるかと思うがあんまりおこられると勉強室にとじこもつて母と長く話をしようとしない。僕は、母が悪い時は反抗してもいい。だが、僕が悪かつたら僕は母にあやまろうと思う。」中学三年男子
「父は戦争で失い母と二人暮しです。学校から帰ると母は軍作業から帰つていないので勉強できますが、帰つてくるとすぐ水くみなさい、とか塵をすてなさい、とかで、机の前にむかつたかと思うと又、何かいいつけます。母は作業から帰つて疲れている事だろうと思うとそのようなんぎは何とも思いません。」中学三年男子
　家庭は、連帯的責任感と、個人主義と合理主義とに矛盾する全体的な宿命的な強い拘束力を持つている。吾々が多く悩まされるのはこのような点であるが、普通家庭が堅実なあゆみを続け得るのはこのような欠点に優位する愛情という強い力でおおわれた他の欲求をみたす要素が多いからである。が、一度愛情という家庭生活の本質的のものが軽視され、或は全く疎外されると他人以上におそろしいものに化してしまうのである。心中、暴力、殺生、口論、偏愛、不和、緊張等がそれである。青少年の家庭生活についてのなやみはすこぶる多いようである。
　私のささやかな研究「子どもの悩み」の調査人員五二三名中勉強の悩みについで家庭の人達との問題は第二位を占めている。この事は何を物語つているであろうか。
　家庭生活は社会生活の基本的な最小の単位である。社会生活でおこる様々の姿が縮図として展開される。権力があり、支配があり、依存があり、きびしさがあり、無理解があり封建性、自己主義というようないろいろな姿で制約を加える。このようなものの中には時には子どもの成長に必要なものもあるが適度に調節され、子供をのぞましい成長を促するという教育的意図で与えるという立場を見失う事なく考慮されねばならない。
　父が酒のみで暴行を加える、農耕手伝いが多く勉強がおくれるばかり、祖母が頑固で石油代で小言をいう。養豚や、アイロンがけ等で忙しくつかれがひどい、勝手に手伝いばかりいいつける、父が厳格すぎてこわい、ちよつとでも気にさわるとなんのかんのと他家と比べていう。兄弟は同じようにかわいがつてくれ、父が勉強した事を知らずに訳もわからない叱り方をする等々と不平不満は、絶えないようである。このような拮抗やフランストレーションは、家庭の愛情破綻の兆であり、青少年不良化のきつかけであるともいいえよう。
　「愛情のない家庭、親の監督のゆるんでいる家庭、しつけの多く行われていない家庭から、不良児を多く出す事は、いずれの国でも共通の現象である。放任型の家庭は、甘やかしの家庭のように保護の過剰ではなくて、子供への躾の欠如、適応への訓練不足から、問題児を作るのである。」鈴木清氏―しつけの心理と家庭教育―と述べているように、場合によつては青少年不良化の胚胎ともなりかねない。青年心理学者コールは、とくに家庭的な要因として

1 貧困の為、家族に比して家が狭い
2 親や兄弟に非行者や犯罪者のいること。
3 死別、別居、離婚、家出、服役等によつて家庭構成が破壊されていること。
4 家庭が情緒的な安定を欠いていること。
5 適当で、一貫した躾を欠いていること。
6 両親が子供を冷遇し、無視している。

をあげている。この事から、家庭上の欠陥が、青少年の不良化に大きな役割を演じている事が推察できるのである。

　私の娘が四才のよちよち歩きのときに、夏の炎天で祖母が近くの田に出て働いていた。娘は何を思つたか、炊事場の棚からちいちやなきゆーすをとりだして井戸のポンプをこぎ、冷い水を満し不器用な足どりで祖母の許にとどけてあつたということを祖母からきかされた。

　幼い子どもにも、祖母が水をほしがつているということがわかつていたのであろうか。かつ、祖母に水をもつていけば

心から喜んでくれるということが、分別のつかない小さな児にもわかっていたのだろう。

その児からそれだけ慕われるほどに、祖母は私共夫婦が学校にいっている間、心から守り育ててくれたのであった。別に、大きくなったら、この祖母に孝行しなさいよ、ということは、心にも口にも表わさないのだけれども正しい理解に基づいた愛情は、よき人間関係をはぐくんでいくということが、この私にもわかるようになってきた。

人はだれでも、自分の存在を認めてもらい度いとのぞみ、理解してほしいとねがっている。

青少年の不良化の防止は、ここから出発すべきではないのだろうか。私が、「こどもの悩み」に手をつけたのは、一九五三年で、一九五七年までの調査の中に、小学校上学年から高校三年までの児童生徒の小さなさけびに、数多く接する機会をもつことができたのだが、この中にうかびあがったさまざまな声、なやみ、うったえ・相談・迷い・希望・意見・よびかけ―と、看過せずには、おれない問題を多く含んでいる。

「あなたが最も悩んでいることは」という問に、自由記述法によって報告させその結果を、チェツクリスト法によって分類したもので、学習のなやみ・言語発表力のなやみ・私のくせ・学資の悩み・家庭およびその環境進学や就職のなやみ等々身体上の問題・交友についての悩み等々一見、何のなやみもなく、無邪気に振舞う子ども等に、さまざまな心の痛みをもっているのかと、驚かされるのである。

子どもの悩みというものは、他人にうちあけるのがむつかしいようで、血のつながりをもつ家族にも、話したくして話しえない種類のものが多いようである。小さな胸にそっとしまい込んで一人で困惑しているあどけない姿を想いうかべるとき、じっとしておれない或種のあせりにかられるのである。

孤独―これ程、人間にとって、さびしいものはないであろう。話し相手もなく仏のように一人坐し、いつともしれず死んでいった老人の、あのさびしさは筆で表わすことができない。「花ひらくとき」にある青少年が、何で、じっと考えこんでおれようか。善人であれ、悪人であれわかってくれる人や協力してくれる人がほしいのだ。「旅は道づれ、世はなさけ」といっているように、よき隣人たるべく努めていくことによって、脱線しようとする青少年を一人でも少くしていくことができると思っている。認めてほしいという、言葉なき叫びに、心から耳を傾けるとき、も早、そこにはにくしみはなくなるだろう。

この世に生を享けた者は、だれだって人間らしくいきていきたいねがいをもっている。この「ねがい」を正しく認められた方法に従ってかなえてやることが、私達の使命であることを、親や教師や社会の人々が心の中に持ち続けることができるなら、来るべき明日は、より希望にみちみちた明日になってくれるに違いない。私達は、明日にのぞみをかけているとりわけ、明日の世代に生きる青少年が、よき人々になってほしいと念じて止まない。

「今なおはなれえない悪友との交際をつくづく残念に思っています。これからぬけだすにはどうしたらよいでしょうか。」高校三年男子―私は、この児ののぞみを遂にかなえてやることができた。多くの教師から見捨てられ飲酒、禁煙、刑法犯人との交友という名で停学処分にまでされたのだが―。

人の心の自我愛・世俗愛・悪への愛を浄化して、善への愛へむこう芽をそだてやり、私達が住むこの社会を、住みよいものにしていき度いものである。

（小禄中学校教諭）

補導

問題児の家庭を訪ねて

嘉数芳子

某校五年男児M君（十一才）

（現在も補導中）

一、家庭状況と非行過程

M君は父Gと二人暮しで父の四番目の妻の子で、同腹の妹一人あり、父は前の三人の妻と五人の子を生み各々その母が養育している。長男には既に子どもがあるのでGは孫もある五十才をすぎた男である。

どの妻もGの酒びたりと女漁りに愛想をつかしてとび出して行ったのである。M君の母も辛捧強く二人の子どもを養育していたが、余りの不しだらに堪えかねて到頭女の子をつれて別れてしまった。

ところがGは相変らずの無鉄砲な生活振りでM君一人を置去りにして三、四日も家をかえりみない、したがってM君は三度の食事も満足に与えられず四年頃からは人様の物に手を出すようになった。時には隣に住む母方の親戚の情で食物を与えられる事もあったが毎日というわけにはいかない。たまたま近くにいる不良中学生に引連れられ古金あさりや空びん拾いを始めたが、知らず知らず他所様の物に手をのぼしていた。

僅か十才の少年が不良先輩とぐるになって学校のガラス戸のレールはずしをしたり、店先から掻払いをしたり大それた事までやるようになった。もちろん学校には出たり出なかったりで今学期になってからは学校にも全く出なくなり、担任教師の再度の家庭訪問も無駄であった。

このようにしてM君は悪の道へ突っぱしるのであろうか。校長からM君の補導依頼を受けたのは四月の十二、三日頃だった。

二、補導経過

四月十五日水曜日、現住所〇〇町〇丁目〇〇番地をさがしてもわからず泊、西武門両派出所で調べてもGの住所はない。学校で担任の先生に図解して貰ってやっとさがすことができた。

Gは住居も転々とかえている。間口一間半、奥行一間位の一間に家財道具が雑然と散らばっている。Gは不在でM君が一人古毛布にくるまっているので起すのも気の毒だから隣の人（一人はGの従妹一人は母の従妹）にいろいろと家庭事情を話して貰ったのが前述の通りである。

二人の話によるとM君よりも父Gを徹底的に指導する必要があるといっている。M君起きたので面接

□訪問教師　▲M君

□あなたM君ですね、▲無言

□どうして今時分ねていたの、▲無言

□あなた学校に行っていないの、▲首をたてにうなづく、□朝のごはんは食べたの、▲首を横に振る、□あなた自分でご飯炊けるでしょ　▲米ない、

□ああそうだったの、それでお腹が空いて起きられなかったのね、ご飯を食べないでは学校にも行けないわね、

隣の店でパンを買って与えたらよろこんでありがとうという。見たところ不良児らしい素振りはなく無心にパンを食べている所を見ると素直さが多分にある。可愛想なM君よ腹一杯食べておくれ。腹ごしらえができたので大分落付いてきた、

□おばさんはM君のような生徒さんのことを考えてあげるお仕事をしているのよだからこれからも度々来て一しよに遊びましようね、そして仲良くしましよう。

▲ハイ　M君とわかれて前記の二人の従妹と話合う。二人が語るにはGにはこれまでに幾度となく相当額の資本を出してやったけれども仕事は二ケ月と続かないし、飲代に化けてしまったので今更Gには一文の援助もしてやる事は出来ないがしかしMは何とか人間らしい人間にしてやりたい、先生お願いです、力をかして下さい、学資はGに内密にして先生を通し出しますから学校に出るよう導いて下さいと涙を流し、しんみりと話して下さった。

しかし現に父がある、どこまでも父としての責任をとわねばならないから、一応Gに合うて話合いの結果によってはお願いに上ることもありましようとわかれた。

四月十八日　土曜日

午前十時訪問、父子共に留守隣人も分らない。

四月二十一日　火曜日

父相変らず不在M君一人在宅

□M君今日わ、▲こんにちわ

□お父さんは　▲わからない

□お父さんいつからいないの　▲いつもいないよ。□今朝ごはんたべましたか

▲はい、□M君がごはん炊いたのえらいわね　▲ぼくたかないよ　□それでどうして食べたの、▲隣の姉さんがくれた

□そうよかったね、食物がない時はお隣の姉さんに云うて貰いなさいね。先生からもお話しておくから、決してこっそり人のものを取ってはいけませんよ、

▲ハイ　□M君はきっとよい子になれるいいえもうよい子になっているのよ、お父さんがいなくても一人でお留守番しているえらいわね、▲ハイ　□さあもう時間だから今日は帰ります、又まいりますからねサヨナラ　▲サヨナラ、

隣人に十仙渡してお昼のパンをやるようにたのむ。

四月二十四日　金曜日

父留守、M君一人しよんぼり坐っていた、本日はM君の学校に出る意志があるかを調べて見る。□今日わM君（声が大きくMびっくりする）

□あのねM君あなた学校に出たくないの

▲行かれないよ　□どうして　▲お父さんもいない、ごはんもたべない、□お父さんがいてごはんもいただけたら出るのね　▲うんでもいいよ　□お父さんに会えたら相談するんだがなあ　▲時々はくるよー　□それじや近いうちにきっとお父さんにあって相談しましようね。

M君とわかれて帰途につく、四、五十米行った頃後の方からGの従妹S子が先生先生只今Gが姿をあらわしましたから何卒とっちめて下さいと呼びもどしてくれた。

待ちに待ったGとの面接であるのに私はもう怒りが燃え上った。

□あなたがMの父親ですね　▲そうです度々先生が来て下さるそうですみません

□Gさんすみませんという口を持っていますか、あなたはそれでも人の親ですか一ケの男ですか、Mは一体どうして生きているか知っていますか、盗んだパンや缶詰と、隣人の情によってですよ、Mに物を盗まれた隣人が叱りもせず可愛想だというて却って施しをしているのです、私何回通うてもあえないあなたに若し合

う機会がきたら、思い切りビンタを張りとばしてから口をきくつもりだつたのです。どうですGさん私の言いすぎか、あなたがわるいのかどつちです。よく考えてみなさい。私今日はこれ以上はいえないから帰ります。

折角の機会ではあつたがこれ以上対面しているとほんとに手がビンタにとびそうでしたので止むを得ず引上げる。

四月二十七日　月曜日

M君の頭髪の手入れをして学校に出す考えだと隣人に話して親子で家を出たとの事だが三時間待つても帰宅せないのでしびれをきらして帰る。

五月七日　木曜日

父不在家を出てから四、五日なるとのこと▲先生こんにちわ、と本日初めてM君から口をきいてくれたのでうれしくなり、きたないごみだらけの居間に上りこみ持つて来たお菓子を食べながら二人でしんみり話合うことができた。M君大分したしみを感じているようだ、

□今日もお父さんはいないのね　△ハイあのなあ先生、お父さんはこの前先生がおこつたからMお前のためにおこられたといつて僕をたたいたよ、そし出て行つたがまだ来ないよ、先生もおこらないでね、□ああM君、悪かつたごめんなさいね、先生はねM君が良い子になるためにお父さんも良いお父さんにならなければならないからあなた一人ほつたらかしているお父さんにおこつたのよ、もう決しておこらない、M君あなたはお父さん好き？　△うん大好き。

私の負け。愚問であつた。やつぱり血のつながり？突然M君は「先生僕の話きくかあ。」ときた。□ああきかしておくれ、何でも話しておくれ　△僕はねえ先生、町小でミカン一つぬすんでにげたからそこの人に　とらわれて　尻をたたかれた、

□それからどんなことがあつたの。

△不良小と、四、五人学校のレールぬすんだ、僕は小さいから持つていつて草の中に入れた（はこんできて草の中にさしこんでおいたらしい）

□そしてどうした　△売つたから映画見ようといつた（映画を見たり食堂に入つたらしい）

□もうそれだけかね、△まちやから万年筆を取つて来た時にフタをとつたから何かわからなかつたが、不良小に見せたから「ウレーイナグヌマユカチユシヤサ」というて草の中に捨てた。（自分は不良という意識はない）

□M君ありがとうよ、正直に話してくれて先生うれしいよ、M君はもうほんとによい生徒になつた、やがて学校にゆけるよ。M君の顔に微笑が見られた、そしてM君の更生に希望が持てた。

五月八日　金曜日

昨日の喜びを持つて訪問したが父子不在

五月十一日　月曜日

父は今日も不在、隣人の話　G四、五日かえらないので近くの某氏が昨晩からMを自宅に引取つて食べさせ、今朝はその人が学校に連れて行つたとの事で、某氏宅を訪れると八十才位の老婆が一人留守居をしている。老婆は「チムグルサヌヤー、ワツターチヤクシヌソーテチ、ムンカマチヤクト、イエータイ、チヤーシガヤーサタラ三マカイ四マカイホーチクマビーサ、ユービヤトマラチ、チユウヤ学校カイソーテイチヤビタサ」「お婆サンニヘーデービル、学校マデイヂナービラ」学校への道々この親子に手を合わした。

校長の話　「今朝近所の人がM君を連れて来ましてね教室で勉強していますよ、とM君を校長室によんで下さつた。ダブついてはいるがさつぱりしたシャツを着て大変可愛らしい、M君を見た先生はたびたび来ますよと励ます。

五月十三日　水曜日

学校訪問M君激励

五月十五日　金曜日

M君昨日から欠席したとの学校の連絡

五月十八日　月曜日

家庭に尋ねて見ると今までの家は他人が入つている、住家を失なつたG父子は住むに家なく市場の屋台に家財道具を積んであるがGはそこで酒を呑んでいた。M君の二日間の欠席の件を話すと「毎日出しているのに不思議だなあ」という。対談中左手に酒茶碗を持ち酒を呑み呑み大言壮語して「Mができるなら大学までもやります」という。あわれなGよ遂に酒に呑まれたか。M君帰宅□どうして二、三日欠席したの　△「勉強がわからないから面白くない、」その不心得をさとし、担任の先生に特別に教えて下さるように頼んで上げるから毎日登校するようにと約束する。

五月二十一日　木曜日

学校に電話連絡、M君毎日登校す。

五月二十九日

又引こむ、即日訪問翌日から直ちに登校（頭痛のためだつた）

六月二十三日　火曜日

校長談「最近のM君は生まれかわつたように落付いて明るい顔しています。そして一生けん命勉強しています。」と大変なよろこび方で自分もM君でかしたと思わずさけびたくなつた。私の苦言がGの反省に役立つたか？

三、結び

M君の場合良い素質を持つて生まれていながら家庭環境と人間関係によつて以上のような道を歩んで来た、しかし問題があつたにせよ周囲にあつて愛情と誠実をもつて見守り導いてくれる人々があれば必ず更生させることができるということはM君のケースがよく物語つている。尚補導するに当つて何万言の教訓めいた言葉よりも接する機会を多く持ち、楽しく遊んでやつたり、室内遊ぎ等をしながら何時の間にか友人となり、信頼感を持たせることが最も有効であることが感じられた。

たるんゆしぐとやちちゆしがどちちゆ
るあまたゆしぐとやぢやくとなゆる。

（那覇連合区教育委員会訪問教師）

一九五九年夏季認定講習会招へい講師名簿

文教局

番号	講師名	所属	職名	前期 連合区	前期 科目	後期 連合区	後期 科目
1	春日和男	九州大	助教授	名護	国語学	那覇	国語学
2	峰村文人	東京教育大	〃	那覇	〃	コザ	〃
3	宮田俊彦	茨城大	教授	前原	社会	那覇	社会
4	井手三郎	北海道大	〃	名護	数学	普天間	数学
5	佐々木重夫	東北大	〃	那覇	数学	石川	〃
6	堀正一	群馬大	〃	普天間	理科	糸満	理科
7	宮田和《カノオ》	大阪学芸大	〃	那覇	音楽	名護	音楽
8	大島勲	岡山大	講師	コザ	図工	那覇	図工
9	荷見《ハスミ》秋次郎	文部省	事務官	前原	保健	〃	保健
10	松田武夫	宇都宮大	教授	八重山	国教材	八重山	国語学
11	四本《ヨツモト》建光	鹿児島大	助教授	宮古	社教材	宮古	社会
12	荒木文雄	大分大	〃	〃	算教材	〃	数学
13	上甲幹《ジョウコウカン》一	名古屋大	〃	糸満	国教材	那覇	国教材
14	沖野舜二《シュンジ》	徳島大	教授	石川	社教材	コザ	社教材
15	石堂豊《ユタカ》	広島大	助教授	名護	財政	那覇	財政

番号	講師名	所属	職名	前期 連合区	前期 科目	後期 連合区	後期 科目
16	加藤国雄	山梨大	助教助	糸満	算教材	辺土名	算教材
17	城多《キタ》又兵衛	愛媛大	教授	普天間	音教材	石川	音教材
18	筒井茂雄	佐賀大	〃	那覇	図工教材	前原	図工教材
19	鈴木政男	千葉大	助教授	コザ	体教材	知念	体教材
20	吉田博	富山大	〃	知念	教心	コザ	教心
21	塚本正三郎	福岡学芸大	〃	石川	原理	名護	課程
22	新谷《シンタニ》賢太郎	金沢大	〃	名護	〃	那覇	〃
23	松岡重博	長崎大	〃	那覇	児心	前原	児心
24	小山田《コヤマダ》勝治	東京学芸大	〃	辺土名	方法	読・嘉	方法
25	高久《タカヒサ》清吉	茨城大	講師	那覇	〃	名護	〃
26	田中鉄也	静岡大	助教授	〃	評価	糸満	評価
27	清水利信	横浜国立大	講師	コザ	〃	那覇	〃
28	広田輝雄	宮崎大	教授	那覇	理教材	名護	理教材
29	毛利昌三	熊本大	助教授	〃	青心	普天間	青心
30	渡辺唯雄	山口大	教授	〃	行政	那覇	社会学
31	安藤堯雄《タカオ》	東京教育大	〃	読・嘉	職指	〃	指主事
32	菅野誠	文部省	技官	那覇	建築	〃	建築
33	前野喜代治	弘前大	教授	〃	管理	〃	教育史

――随　想――

形見の哀傷

比嘉俊成

戦乱の世を反映し戦争の惨禍をあらわした詩歌の内から又幾つかを挙げておくことにしよう、それには魏の曹操の「寒苦行」唐の李白の「戦城南」や漢末の乱を哀しむ建安七子（建安時代の七人）の一人、王粲の「七哀」（しちあい）等がある、曹操（ぎの武帝）の寒苦行は氷雪の太行山の行軍の艱苦を詠じた五言の楽府体（がふ）で、李白の戦城南は唐の玄宗皇帝げんそうの元宝年間の二度の夷狄（いてき）との戦を詠んだものである。では武帝曹操の寒苦行から先ず

寒　苦　行

北の方太行山に上る
艱しい哉何ぞ高くけわしき
羊腸たる坂
何ぞゴツ／＼高き
車輪その為めに折れくじけ
樹木何とヒッソリたる
北風は声正に悲しく
熊ヒグマ我に向って蹲（うづくま）り
豹虎は路をさしはさんでなく
谿谷の地は人民少なく
雪の落つる何ぞ霏々（ひひ）たる
頸（くび）を延ばして長嘆息し
遠路は亦た所懐多し
我が心何ぞふさがれる
思一つに東帰せんことを欲す
水深くして橋梁（きょうりょう）絶え
中途にて正にはいかいす
迷い惑いて故（もと）道を失い
暮夕宿る所なく
行く／＼日も已に遠く
人馬共に飢う
袋を担（かつ）いで薪を取り
氷を斧（き）って粥（かゆ）を作る
×　東山の詩を思って悲しみ
うれえ我をして哀しましむ

×東山詩は周公が東征の時軍を労（ねぎら）った詩

こゝにシンガポール辺のジャグルを行く詩でもあるとよいが熊や豹虎が道を挾（さしはさ）んで吼（な）くというのは杜甫の「北征」にも似たのがある。

猛虎我が前に立ち
蒼崖（虎の）吼ゆる時裂（さ）く
山果（食糧）さ細なるもの多く
羅生ドン栗を雑（まじ）う
夜深に戦場を経れば
寒月白骨を照らす
年を経て茅屋に帰れば
妻子の衣百のツギハギ
平生驕（きょう）ずる子も
父を見て面をそむけてなく

これで「寒月白骨を照らす」は何たる悽惨であろう鬼哭愁々（きこくしゅうしゅう）岩かげに鳴く霊魂の声がどこからとなく聞えて来る気がする。こんな時「古戦場を弔う」文を思い出す。王粲の七哀には又

路に饑えたる婦人あり
子を抱いて草間に棄つ
顧み聞く号泣の声
涙を揮（ふる）って独り還れず

なお杜甫には「兵車行」という天宝十年頃出征兵士に代って当時の侵略戦争に抗議したと楽府の中に出征兵士を見送って道に号哭する妻子眷属（けんぞく）の有様や戦場の「流血海水を成す」とか兵に駆り出されて「犬鶏に異らず」とか働く男子は居ないで農作も出来ないのに県の官吏は徴税に来る「租税何処より出でん」と云い、最後に

信（まこと）に知りぬ男を生むは悪く
反（かえ）って女を生むはよし
女を生めばなお隣に嫁するを得るも
男を生めば百草の随（まにま）に埋没して了（しま）う
君見ずや青海のあたり
古来白骨人の収むるなく
新鬼は煩えうらみ
旧鬼は哭し
天くもり雨湿の時声愁々たるを

と結んでいる、女子がよい云々というのも戦争と徴兵の残酷さを語るものであるが古い歌や俗謡にも「女を生んで悲しむ勿れ、男を生んで歓喜する勿れ」とあり、兵士に取られるのはやはりいやだとみえて今も俗諺に

好鉄不打釘　好人不当兵
ハヲテンプタテン　ハヲレンプタピン
好鉄釘に打たず　好人兵に当らず

とシャレて釘兵と韻（ゴロ）など合わせたものがある。

では最後に李白の「戦城南」を

城南に戦う

去年戦う桑乾の源
今年戦う葱河の道
兵を洗う条支海上の波
馬を放つ天山雪中の草
万里長えに征戦
三軍尽く衰老す
匈奴は殺戮を以て耕作の如くにし
古来惟（ただ）見る白骨黄沙の田
秦家は長城を築いて胡に備う処
漢家は還（かえ）って烽火の燃ゆるあり
烽火燃えて息（や）まず
征戦已む時なし
烏鳶人の腸を啄み
銜（ふく）み飛んで上に挂（か）く枯樹の枝
乃ち知る兵は是れ凶器なることを
聖人已むを得ずして之を用う

去年今年云々は玄宗皇帝元宝元年のトツケケツと桑乾の源で戦い、同六年にトバンと葱嶺河で戦うた、条支はシリヤ辺で 条支海上は 地中海 だろうという、この詩は漢代の軍歌だといわれているが軍歌にも様々あるもので、士気を鼓舞するのでなく、戦場の屍が野曝（さ）らしにされ、それを烏や鳶が啄み野鼠野犬があらす悲惨哀絶の所を風刺したもので李白もこの題によつて天宝年間の戦争を誹きしたのだという、

——随　想——

　城南ということから私に特別な印象が一つある、私は一両年来首里城南の地に度々行く機会を与えられるようになり昔の御茶屋御殿の跡や今のキャソリック教会或はテレビ塔附近から南風原、大里の山野―島尻の山々を遠望して屢この城南に戦うを口吟した、

　この地方―南風原、大里は今次沖縄の学徒隊の悲劇の始まる所の地で私にも眼底に当時の光景の一部が残つている、それは子ども達を疎開させる為めに遥々島尻の村々に知るべをたよつて砂糖買出しに行き、生れて始めて遠路の荷担ぎをして馴れないばかりでなく担ぎ棒の竹が細くて肩にめり込み、肩骨の折れる位痛い苦しい目を味つて通つた地域で、そこいらに慰安所もあり当時已にそろそろあちこちに軍用の壕も準備されつゝあつた、それで戦後学徒の悲惨な手記を読む時いつもこの辺の光景を胸奥に再現していた、この辺から東風平糸満を経て喜屋武摩文仁―運命の戦後、終焉（えん）の地に通ずる旧島尻郡の要道があつたようである、

　今となつては健児姫百合の悲しき運命の近道となつたかと思い出すさえ眼が曇る、しかもも一つこの地方出身で先年教員希望だと来た青年が、はからずも家甥と同級生の学徒隊だつたが、更衣に帰宅してそのまゝになつて生き残つた者だと聞かされて、暫時家甥の生顔を思出し茫然とその青年の顔を見つめたまゝ云うことを知らなかつた、而し私はこの君に対し「君は戦争反対の偉大なる平和論者だつたね」と讃辞を呈したかどうかは忘れて了つた。

なお戦争の惨禍を風刺したものに「木蘭詞」といつて梁代の人の作といわれるのがあるようだが、これは使用文句に唐代の用具名などある点から或は唐代の作で、文人の加筆した民謡でないかという、

　それから戦争にはよく白骨云々という語があるが西洋にも Ten thousnd of sk:letons(bleached bones) whiten the field などあるそうだ、今次戦争でも喜屋武、摩文仁辺には戦後二三年までゲートルのまゝの靴穿き片足などが草叢の中にあつたり、白骨は瀬戸物屋の壊れ陶器見たいにゴロゴロしていた記憶がある、何でも夏分は数日で死体に―否生きて居乍ら薬もなく傷にウジが湧いたという、で時々休戦をして敵味方とも死体片付けをするとかいうように某陸軍中佐から聞いた覚え？であるが、この時の時代には片付ける休戦なんてもなく鳥獣のあらすに任かせた、十里風醒臭（なまぐさ）い戦場であつたであろう、われらはこの悽惨な戦争が過ぎても苦難の息の絶え間もなく断続する苦難はまだまだ思いがけない所に、思がけない時に起りつゝつづけている、曰く「ゼット機墜落」等々……昔から両属の運命の島、その運命の好転はさていつのことであろう、

　潜在というヌエの様な摑み所のない不明国籍の島となつたことも 知らない、死人は言（もの）いわず只安らかに眠らんと欲するも特に感情過多の島でもあり、生残る人々のやるせない心のやり場として、学徒隊の外にも何々塔何々像と年々歳々塔と像の名と数はふえ、慰安会慰霊祭ばかり盛大に赴きつゝあつて、これを又文にかき綴る人もあれば、哀愁に寄する涙、機に投ずる芝居映画、名所観光のと宣伝の声高らかに訪う人の足跡引も切らぬ様に英霊安らぎ鎮まりますそのいとまもあろうかと又涙滂沱、捧げ手（た）向けるものいつも滋き涙ばかりは限りがない。

かつては一将の功を築き上げた万卒の枯骨も敗戦となつてはその功を擁し支うこと能わず、齊しく空寂に帰して将卒なく、只吹く潮風と照りつける日の烈しさに萌（も）えん蘇（よみがへ）らんとする新芽もいつしか萎死（いし）に瀕しつゝ凡秀の差なき輸入民主々義は無尽の如き物光に懋々輝き一枚皮の乱雑喧騒の都市―新沖縄の繁栄を築き行くものゝ様である。

国☆語☆問☆答

問　絶たい絶命のたいは対か体か

答　体です。大言海、大日本国語辞典は、この絶体も絶命も、ともに古い星占いからきたことばだということが説明してあります。絶対も絶命も同じ意味のことばで、命に応ずるものは体のはずです。

問　くさかんむりは何画と考えたらよいでしょう。

答　新字体では三画です。書道の上で四画とするのはさしつかえありませんが、これからの辞典ではくさかんむりは三画のところにおくことになつています。

日本音階からみた
君が代の研究 (2)

崎山　任

(前号よりつづく)

「君が代」観

さて当地で「君が代」を歌うことについては余程考えさせられてきたのでありますが、思い切つて取扱うのがよいと思います。それについては次の理由によるものであります。

まず先だつて考えられることは、現在の沖縄では意識的に政治性をもつて歌うというのではなく、音楽としてあくまでも学芸の立場から歌うということであります。音楽に国境はありません。日本音階の研究をするのにこの曲は最も手近な教材であります。又広い意味で世界各国の国歌を理解することからも必要でありますし、現在の中学校音楽教科書に教材として出ていることや、やがて改訂される教育課程の中に君が代が小学校から正教材として登場するということ等から考えてどうしても君が代の正しい理解と内容の研究が要求されてくるのであります。日本の国の旋律について大方はそれがどんな音階で構成されているか、又郷土の音階はどうなのか、ということについては消極的に過ごすことが多いようでありますが、それは私達の生活にあまりにも近いところにあるせいではないだろうかと思います。郷土音楽や日本音階の研究は日本民族として生活を営むからには共通なことでありまして無関心で過ごすわけにはまいりません。君が代を通し、日本音楽を知り、さらにその変遷を辿つてくるならば必ずや現代音楽に充分寄与するところ大なるものがあると信じております。

君が代制定の根拠について

戦後消滅した君が代が沖縄の場合法的にどうなつているか詳しく知ることが出来ませんので明確に述べることはひかえますが、大体日の丸同様に考えてよいではないかと思います。又君が代が日本の国歌として法律的に根拠があるのかどうかについても本土では現在いろいろな説があるようです。

法的にも国歌であるとする人は、明治十五年に太政官よりの通牒で国歌として制定され、さらに明治二十一年にはこの楽譜を「大日本礼式」と題して海軍から各条約国に対し公文で通知を発したこと、また明治二十六年八月十二日付の文部省告示第三号の「祝日大祭日歌詞並楽譜」の公布の事実などを挙げています。

ところが、君が代が国歌としての法的根拠をもたないとする人たちは、明治以降現在まで「君が代」に関して出された通牒や公示には「君が代を国歌として制定する」という明確な法的根拠が認められないというのであります。その辺の解釈は法律的にはどうなるかわからないが、然し現行の君が代が作られた前後の事情やその後長らく現在まで慣例上国歌として親しまれてきている以上、法律的にどうあろうが国歌として認めてよいではないかと思います。世界の国々の中で国歌を法律で定めたという国は私の調べた限りでは知らないのですが、国歌はその性格上、法的に規定するより長い年月を経て慣例上国歌として親しまれているところに本当の価値があるのではないかと思います。

次に君が代を学習の中でどう取扱うべきかは前にも述べたとおりでありますが、この場合問題とされるのはむしろ歌詞だと思います。しかしこれも考えをしぼつてきますと一国の元首の幸運をお祈り申し上げることは何も民主国家の成り立ちと矛盾することはないと思います。イギリスの国歌にもそのよき例をみることが出来るのであります。詞の解釈も相当学年に応じてその大意をわかり易く説明すればよいことでありまして、無理に文法的なことまで話す必要もありますまい。「君が代」は日本音階の立場からも洋楽とのとけ合いからもすばらしい歌であると確信しております。

君が代の由来

「君が代は千代に八千代にさざれ石のいわおとなりて苔のむすまで」の歌は「古今集」の中の「我が君は千代に八千代にさざれ石のいわおとなりて苔のむすまで」から来ているといわれています。然しこの初句が「君が代」となつたのは、今様歌の中にもあり、又後に築紫流箏曲、薩摩琵琶歌の「蓬莱山」中にも出ているようでありまして、古くからあつたものと考えられます。明治二年に軍楽隊の教官イギリス人ジョン・ウイリアム・フエントンが日本に国歌のないことを惜しみ自ら作曲を申し出ました。このことが当時の砲兵隊長大山巌に告げられたので大山は奔走の結果薩摩琵琶歌の「蓬莱山」の中にある「君が代」の歌詞を選んでこれをフエントンに示しました。フエントンは通訳から聞いた君が代の歌の節に始めて日本の国歌の作曲をしたのであります。然しこれはフエントンがまだ日本語の組立等を完全に知らないで作つたために極めに不自然なものであつたようで、当時の楽長鎌田真平はこの作曲をみてその威厳のないのに大いに憤慨したというがやむを得ずこれを採用することになり、翌明治三年九月八日の陸軍観兵式の時に明治天皇の御前で薩摩の軍楽隊が楽長西謙蔵の指揮下にこの「君が代」を　※

※　吹奏したのがまず最初の君が代であります。

明治九年になつて海軍軍楽長中村祐庸はこの君が代作曲が不良であることに憤慨し、国歌の改訂を行うべきだと主張し「天皇陛下ヲ祝スル楽譜改訂之儀上申」という書面を海軍省に差出したのであります。そこで国歌改訂の議が世論となり、明治十三年七月になつて楽譜改訂委員（海軍楽譜長中村祐庸、陸軍軍楽長四元義豊、宮内省伶人長林広守、海軍省傭教師ドイツ人エッケルトの四名）が任命され、専心研究の結果、林広守の作曲した現君が代を採用することに決定したのです。

林広守は雅楽の壱越調律旋の音階で作曲いたしました。これが今日一般に行われている国歌であります。この曲は明治十三年十一月三日の天長節に宮中で始めて演奏されました。伴奏楽器は雅楽のものでありましたのでこれを一般の学校で用いるためには西洋風の和声をつける必要になり、エッケルトに依頼して和声をつけさせました。エッケルトはこの音楽を研究し、これを中世キリスト教音楽に行われてるグレゴリー式音楽とみて、一種の中世式荘厳な和声をつけました。これが今日の複音「君が代」であります。それから学校の祝祭日唱歌の一としてこれが公表されたは明治二十六年八月十二日の官報号外によつたものであります。今日ではその和声に対し音楽美学の権威者有馬大五郎氏はその著書で批判的なことを述べています。

日本音楽の指導についての困難点

音楽教育において西洋音楽史のことは教師も生徒もすべて西洋音楽というものをかなり理解しかつ身につけていますが、日本音楽史に対しては、殆んどというぐらいに日本音楽の実態をあまり知らないのであります。さらにこれを身につけている者は殆んどないという状態であります。それには次のような困難な多くの問題点が存在していたからであると思います。

1　日本音楽には西洋音楽にみるような組織的な理解がなかつたこと。

2　従来存在した日本音楽史の書には伝記的なものが多く史実としてはその真相を知るに困難であつたこと。

3　日本音楽には非常に多くの相異つた種類があつて、それぞれが長い年月の間に各自別々に精練され、みがき上げられていて、その一芸に対して通人にならなければその真価が理解されない。これを皮相的に観察するならばかえつて浅薄な感を与えるので、うかつに手が出せなかつたこと。

等があげられます。その他にも種々の特異性があるために、これを正しく学ぶには大きな困難があつたのであります。然しそうだからといつて無視するわけにはまいりません。いやが応でも国民音楽の立場としてどうしても理解感得しなければならないのであります。日本音楽を系統的に小学校の児童から指導するということはいろいろな問題があつて不可能であります。そこで小、中校では西洋音楽を通して理解する範囲にとどめ、高等学校に進んで日本音楽の変遷の概略種類及びそれらの性質の大要の程度からさらに進んでその音階や構造など理論上のことについて取扱うのがよいと思います。

われわれは一口に「日本音楽」と申しますが、今日の日本人が行つている音楽が日本音楽だというように端的にこれを言い切ることは出来ないと思います。それは今日のわれわれは平素から欧米人と同じように西洋音楽を扱つているものが極めて多いからであります。日本音楽とは、日本民族の過去の歴史の上に進展して今日に至つた音楽とでも定義を下すのが正しいかもわかりません。日本音楽を理解するにはまずその文化史を知ることが最も大切でありますが、その知識がなくては日本音楽を正しく理解することは出来ないということをついでながら付き加えておきます。

結　び

以上「君が代」を中心として日本音階のことについて研究をまとめてみたのですが、充分意を尽くすことが出来ません。私自身、日本音楽については鑑賞はおろか生活経験も足りないので、その多くは参考書を頼りに西洋音楽の立場から考察し、多忙な仕事のあい間から教材研究をかねてにわか勉強をしたので詳しいことや具体的な例示も出来なかつたのであります。尚日本音階の問題点には音程や和音上の事や旋律のこと及び俗楽に関すること等にも研究を進めると一層理解を深められたと思いますが、あまりテーマを広げると複雑化になるおそれもありましたし、私自身そこまで書く勇気も出ませんでした。他日不勉強の償いはいたしたいと思いますがこの拙論で多少なりとも音楽教育のために寄与するところがあつたとするならば、私の光栄とするところであります。この研究を進めるのに中心参考書として精読した書名を記し著者各氏に感謝の意を表します。尚最後まで本書をお読み下さつた篤楽の士に対しても衷心から感謝を申し上げます。

（名護高等学校教諭）

主なる参考書

日本人の音楽	有馬大五郎著	（名曲堂）
日本民謡と音階の研究	下総　皖一著	（音友社）
日本音楽とその特質	文部省編	（博文堂）
大百科事典		（平凡社）
琉球の民謡	金井喜久子著	（音友社）

沖縄の民家史（2）

=前号より続く=

饒平名　浩太郎

　陳侃使録によれば、王宮や寺院等は今日と余り変らないが、それにひきかえ民家は瓦葺が二、三軒のみでその他は殆ど茅茨土階などで風に堪え難い粗造な建築と記されている。道路も極めて粗末なものであつたらしく、同記録によると「俗朴にして忠、民貧にして倹、富貴の家のみ僅かに瓦葺、天使館より中山門までの道路は極めて険悪、僅かに中山門から歓会門までは路平担「九軌を容るべく、石垣よく石雉の制の如し。」とあり、首里城も茅葺であつたのを寛文十年（一六七〇）火災を防ぐために古式をすてて瓦葺とした程である。これがたまたま一般民家にも瓦葺を促進することとなつたのである

　ところが庶民の瓦葺はその後法度となつたので、瓦奉行(三八〇年前設置)はおかれていても王侯貴族の屋根葺用として作らせるに過ぎなかつた。もつとも瓦奉行設置以前は瓦買いにわざわざ本土に出向いたものであつた。（おもろ双紙）

　この頃から大工道具も進んで本土から直接移入したものや、沖縄の鍛冶職達が作つた番匠、曲尺、鋸、鑿、銷硯石などが使われるようになつた。瓦葺ができるようになると製瓦業も発達したが、もともと製瓦業は支那渡来の三十六姓の人々によつて伝えられたもので、その後尚寧王のとき渡嘉敷勢頭が祖父の業であつた製瓦業を広め、尚貞王のとき渡嘉敷勢頭の子が瓦大工に任ぜられて王城や崇元寺廟、寺院等を瓦葺とした。

　その功によつて彼は名島と位を賜つた尚穆王の頃宝暦十二年にその子孫に照喜名、安次嶺の二名工が出、新家譜を賜い功を賞せられた。その頃王府や寺院に使われたのは、牝、牡瓦で牡丹の紋のある花瓦まで使われたところからすると製瓦技術の進歩も著しかつたと思われる。

　〇封建時代の民家

　室町中期朝鮮の漂流民たちが（景泰七年二月）久米島から沖縄にきて仮泊中、琉球の民家を見た見聞録によると「島内に郡県をおき、石城を築き、官守人一人居り、里毎に各長あり、公私の家舎大小となく皆一字の如く、回（そりやね）なし、茅で葺いてある。

　元日には左縄の薬を門の上にかける。木を割つて束にしたものを沙の上につみ餅をおいて松木を束木の間にさし、五日までおいておく。

　又宮古島では稲米を食べ粟はあるが植えることをしない。釜鍋はないから土で鼎をつくり、火に曝して藁火でいぶした（はなれ焼）ものを使うから五、六日で毀れてしまう。皿や椀はないから飯は竹筒に盛り、拳大に丸めて小さな膳を各々の前におく。木の葉（右納(ユーナ)ヤラブの葉）を掌上におき飯塊をのせて食べる。塩、醤油はなく、海水を菜に加えて煮てあつものをつくる。

　酒は米を噛んで木桶に入れて醸し、麴は使わない。肴は乾魚又はなますを食べ野菜も用いる。米をづけて臼に搗き、餅をつくりシュロの葉に包んで煮たものを食べる。

　鍬はなく小さな鉡を用いる。十二月水田を牛にふませて種をまく。正月に苗を植えて四月に熟する。稲を束ねて庫におき、食べるとき竹枝でこき、臼でつく。

　宮古では水精の大珠を首にかけている宮古で始めて便所を見る。琉球では板葺の家があり、門戸、窓、壁もあり外に石垣もある。傍に官舎があつて守令二人監考二人の役人が居り、別に財物、衣料食糧を貯えた庫もある。

　人家は瓦葺で二、三ある以外は殆ど板葺である。寺もあるが板葺で内部は漆を施し、仏像は黄金である。」と記録している。

　封建制度が確立する頃から（十五、六世紀）大名はすべて王城の地首里に居宅を構へ士は首里と那覇に住んだ。百姓は町百姓と田舎百姓に分かれ、首里那覇に住んでいるものを町百姓といい、各間切島に住んでいるものを田舎百姓といつた。百姓は家を瓦で葺くことはできないから瓦葺の家は首里と那覇にあつただけである。

　しかし田舎でも番所や寺院だけは瓦葺であつた。だから田舎百姓たちがたまたま首里にきて「おやおやこんな沢山の番所は」と吃驚したという話さえあつた。住居は広さも身分によつて制限があり、屋敷の広さは総地頭が十五、六間角、脇地頭が十二、三間角と定められていた。

　家屋の広さも王子按司は部屋毎に二十二畳半以下、脇地頭は十六畳以下平士は八畳以下、百姓は六畳以下と制限されていた。しかし全体の坪数は家族の多少に応じて別に制限はなかつた。

　田舎の百姓住家は、四間に三間角の母屋と、三間に二間の台所一棟と限られていて、用材に樫木を用いることを禁じられていた。那覇では別に制限はなかつたが、これは那覇が唯一の開港場で内外人の集る所であり、又薩摩役人の駐在地で修交上必要な場所だつたからである。

百姓には屋敷垣としての石垣も許さなかつた。それで竹や木の生垣を仕立てていた。士以上の家屋の石垣も高さに制限があつた。垣の構造にも制限があり王子家には本門、中門、小門の三門があり、按司以下は正門と小門だけで、中門はなかつた。

平士は正門だけに制限されていた。用材に制限があつたことは前述のとおりであるが、王子家だけが樫木（チャーギ）を用い、平士は椎木(シイ)、百姓は雑木と定められていた。この制限や法度は尚敬王時代宰相蔡温の林政によつて愈々厳重を極めたのでした。（山原や中頭ではそれでも雑木が利用されたが宮古ではアダンの木を利用した。）

王子家の邸宅の本門は賓客を迎えるところで、中門は婦女子の出入するところで、小門を通用門とした。門を入ると供屋といつて賓客の従人の控所があつた。正客は玄関から入つて御広間という部屋に入る、その隣が二番座といわれ、仏壇が安置されている。次の部屋を三番座といい客室に充てられる。次が茶の間が男主人の居室に充てられる。これに続いて内原という婦人の居室があつた。その隣りに台所を設け、前座という居室は家従奴僕などの詰所になつていた。ここにも又台所の設備があり、正賓を接待するときに使用されたものである。

このような設備は王子家以下脇地頭までは部屋の大小と部屋の数の多少はあるが、略同様な構造であつた。按司以下は正門と小門のみで、部屋の茶の間に当るところは、直ちに裏座と称して男主人の平常の居室や書斎にあてられたものでした。

この間取は平士の場合も同様であつたが門は正門の外にはなく、部屋も二番座まであつて、次が家族の居室になつていた。従つて内原と前座の区別もなく、供居などもなかつた。

農家の製糖小屋（方形のとがり屋から発達した形式）

農家は草葺の小屋で最下級のものは垣もなく壁代用に泥をつみ重ねて塗つたものもある。やや進んだものが竹を編んで中に茅を入れて壁とした。柱は不定の形に切り欠いたもので鋸をかけない。柱の上部をV字形に切つて溝を作つて建てその切欠きの溝から溝に桁を渡しシュロ縄でからげるので釘を用いない。

床は地上一尺以内の高さで、丸太を地に並べて板を敷きその上に莚を敷く、入口には引戸をつけたり、すだれ（莚戸）をつけたりした。家には必ず大小の土間が附属する。又一方の土間には竈を据えて煮炊の設備をする。竈は大小二つあり、稍々広い家は二室を連続するがこの場合には一室が蓆敷で他室は板敷間である。別に物置用の納屋と豚舎が附属する、最下級の家には押入戸棚の設備もない。

一八一六年（文化十三年）バズイルホールはアマアスト郷を主班とする使節に加わつて、アルセスト号に従航し、中国、朝鮮、琉球を巡航しているが、その航海記によると「沖縄は一夫多妻を許さない。国王だけが法律で許されている唯一の例外で、多妻を非常に嫌悪する。上流婦人は一日中部屋にとぢ籠つているが、下級

水に不足する農家の水甕　大木から流れる水を竹樋で流し入れる ↑

母屋　壁は山原竹を編み中に茅を入れてつくる（近世の農家）母屋四間三間の六坪小屋、トウグヮは石積が多いが柱を利用するものもある。三間に二間下人の食堂に充てた ↑

の女たちは、はげしい農業仕事に従事している。

墓は下級のものは岩の洞穴を利用する骨甕は地上の家屋にうつされる。家屋は蔓草でおおわれ、茅で屋根を作り周囲を藤で組んである、垣根をめぐらしてある。一方の部屋には山羊を飼い、光線と空気とを入れる煙出しの小窓がある。

下級の農家の間取

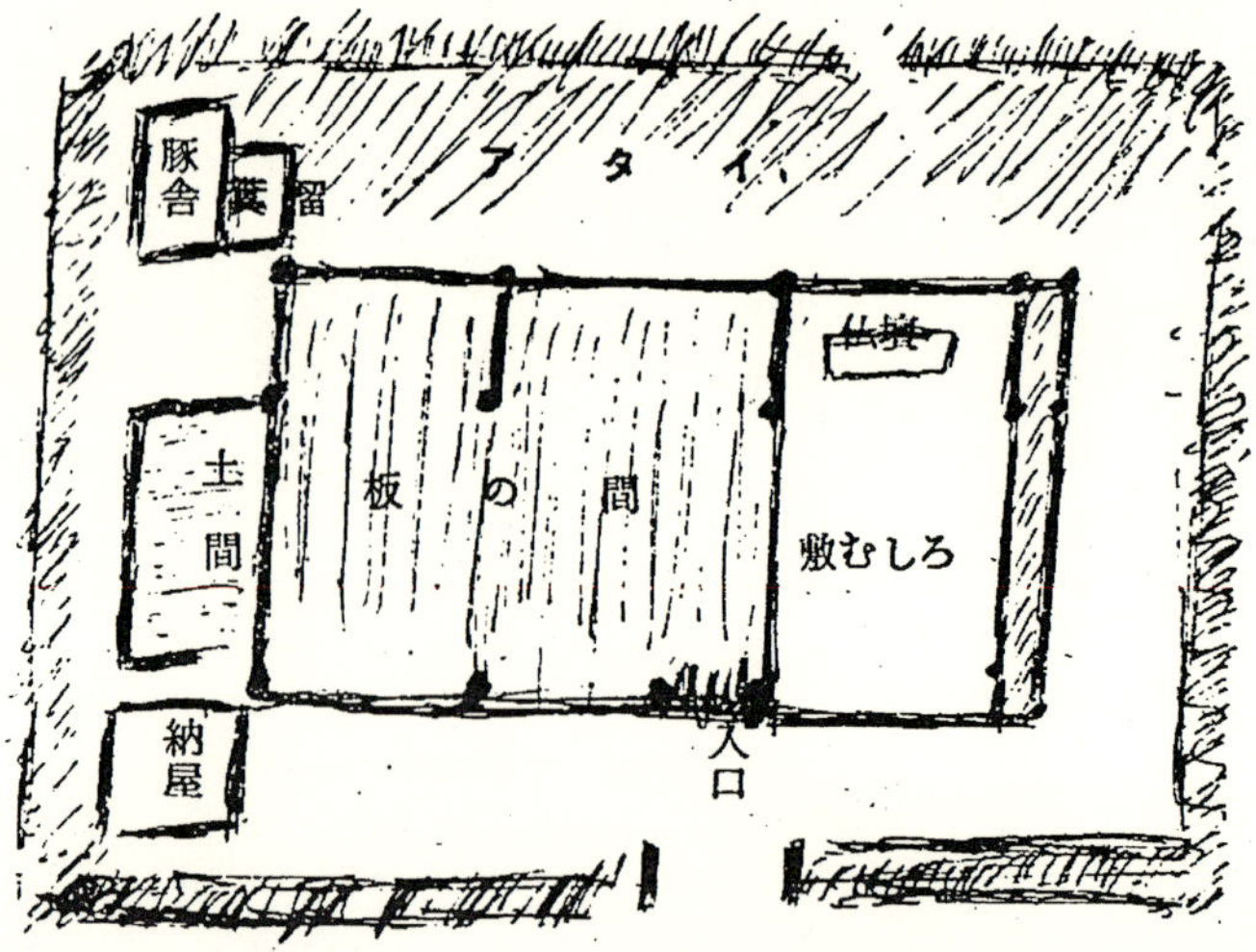

◎茅葺（封建時代後期—明治）

風をよけるために屋根が低く見すぼらしい。内部も藁莚を敷いた簡単なもの、土間を設けて農具や収穫物をおく方位は南向建築、井戸掘、家相をやかましくいう。

北部今帰仁の運天附近で見聞した民家では母屋と納屋があり、納屋には自由に入れた。厩舎もあり、豚小屋と家禽小屋もある。穀物の脱穀をする碉もある。部落の中央に穀物倉が立っている。壁は何れも藤ででき下部を蔽う。部落には鍛冶屋もあり、鉄床もある。部落の中央に寺院風の建物があり、床上に死者の遺骨を入れる壺が並んでいて、花束がさがっている。湾頭の部落は海浜に生えた一列の樹木で北風から護られている。北側は一続きの丘陵で庇護され、家々の間には樹木でうっそうと茂っている。家は四方の壁が甘蔗を編んでできていて、大きな龍のように見える。壁のあちらこちらに、絵や木彫、中国文字の碑文のようなものが掛けてある。戸口の前には芭蕉その他の樹木がみっしり茂って家の姿を蔽っていた。海浜に近く大きな家があり、多くの人が坐って書きものをしていた。（番所）道には並木が続いていた。

バズイルホールが記録するように、民家は前代と全く変革を見せず寧ろ粗造の小屋を住居としている。勿論働きのよい人々の家は暮しも楽であったろうが、どいって、暮しに苦しんでいる家とそのや

近世（上流）農家の間取

田の字間取

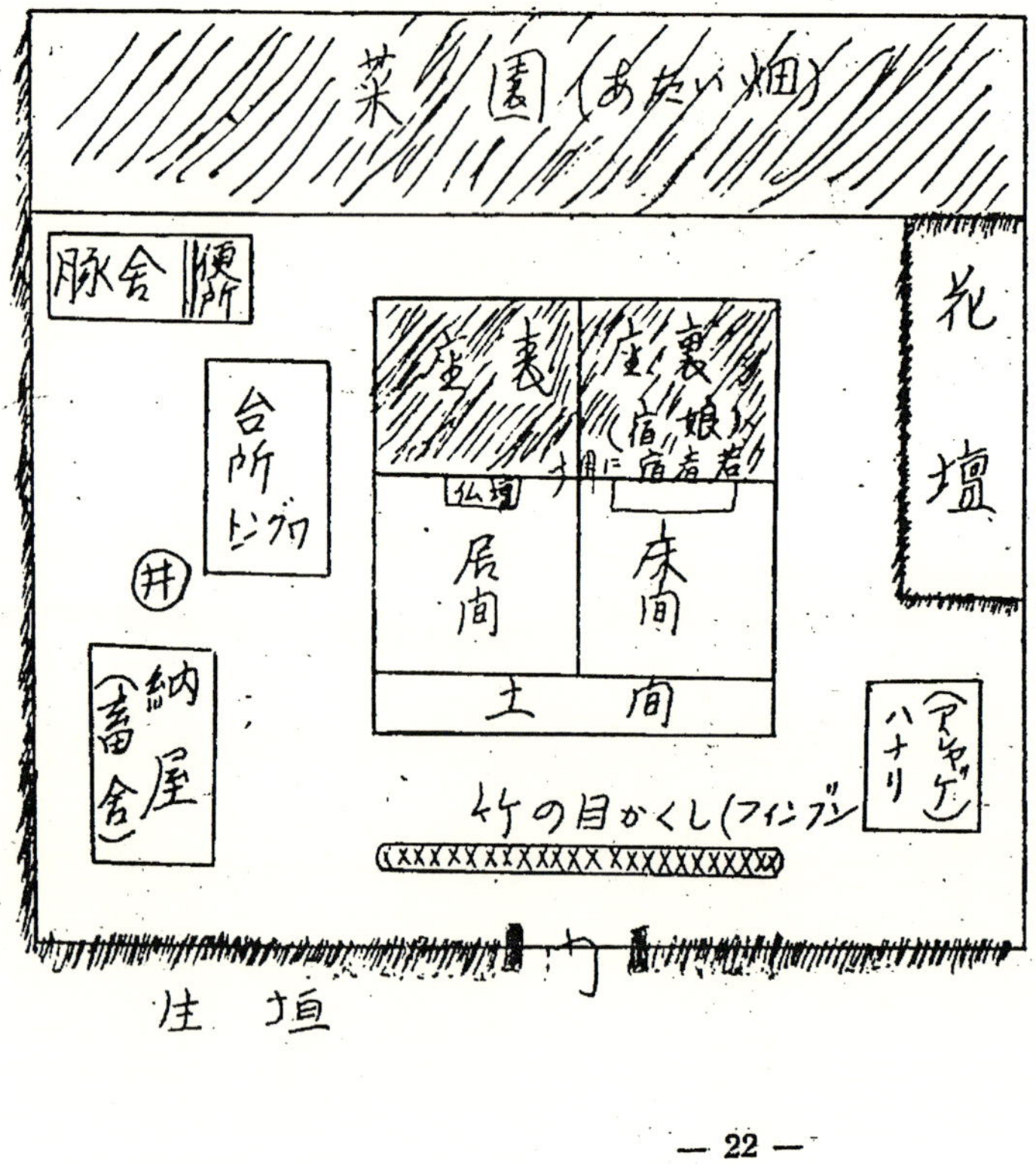

しきの外観はそう異なっていないだろう、外観は平等というのが農村の姿であると思う。そしてせまい村の道はその屋敷の脇を縫ってうねうねと通っていた。

こうして暮しに一向進歩を見せないのは薩摩の琉球入以後農家の経済がいよいよ苦しくなったからであった。

こういった経済の状態であるから十七世紀以来農民は上納が納められず、借米借財をなし、その利子がつもりつもって身売するものも多くなった。

身売とは胴代《どしろ》をかりて、その返済のため、或る年期の間貸主の下男下女になることである。それでも納税者が減ると公儀地頭の財政に影響するので、一六八〇年には百姓身売に関する指令まで発している。（尚貞王代向象賢）

一、身売りは両地頭の承認を受けること

二、身売りする百姓の上納分は間切村の百姓中で負担すること。

三、地頭の滞納の作得米の利息は二割五分とする。

四、なるべく間切内の暮しのよい者に身売すること。

五、代価は上男二百貫文、上女一五〇貫文、としその年期は十年とする。

六、間切内に買手がないときは公儀の承認を得て首里那覇泊村に身売すること

七、そのとき上男は四百貫文、上女は三百貫文とし年期を十年とすること。

即ち慶長以後農民は全く隷属民化して、納税のために生れてきたような有様で、それでも尚かつ税租が負担しきれないから、身売りするようなものが続出する有様である。だから住家の改築などは思いもよらず、建築面でも首里那覇以外の田舎においては旧態依然として掘立小屋のままの生活が続けられた。漁業地は割合に経済にはゆとりがあり、糸満や与那原などのように漁業を生業とする部落の人々は、漁業の外に進貢船の舟子となる者も居り、彼等は山原から身売りする者を入れて雇子（やといご）とし、仕事を教えると共に、家族同様に親切にしてやったので、もう再び年期が切れても生れ故郷に帰るようなことがなく、永く身売で生涯を終る者もでるようになった。

遠く先島に出向いて出稼漁業をする糸満の親方（網元）たちは、多くの雇子をつれてでかけたのであるから、雇子達の中には、先島で独立して漁業を生業とする人々もでた。漁業地の住家は経済の豊かさから比較的堅固にできるようになり茅葺の小屋にも板の壁を用いたり、間仕切に板を使い、床も厚い板で張って三、四の間取をもつという住家さえでるようになった。

それにひきかえ農家は寛文七年（一六六七）建築用材についての制限法度が出てから、住家建築が窮屈になって、住家の近郊の山野から禁止木以外の軟木利用をするようになって住家に対する関心は極度に低下した。

即ち法度によると「樫松木は用木にて候間奉行所の手形なく私に切取致し商売儀堅く停止の事、又諸在郷に於て、松樫木にて新築すること向後堅く禁止せらるべき事」とあり、これは王府の用材となり又は大船建造用の船材に入用であったため、農民は自己の屋敷内の樫松等と雖も皆登記せられていて自家用材として使用することが堅く止められたのである。

中山伝信録には家屋は樫木を用いて梁柱とす、樫木は大島喜界に出るを優とす茅を結ぶ」とあるところからすると、樫木が梁や柱として利用されたことは一般に知られていて、堅木として珍重されていたに違いない。

ところがこの樫木さえも使用法度となってしまったのであるから、農家はほとんど改められる方法とではなく、従来も屋根の葺下しは、地面に達する程の粗末さであったから、部屋の内部は暗く、普通人の家には書きものや針仕事家内副業をするさえ不便を極めていた。

明りをとるには

火きり、火うちいしで火を出した事は遺物や出土品によって容易に察知されるが、火は農家本屋になると一層大切となり、丸木の切端を入れて火だねをとった田圃にでて火をおこすのは容易でなく時間も余計かかったから、藁か萱がらを束ねて火をつけ、これを野良までもってでかけたものだ。だから主婦の最も大切なつとめは火種をたやさぬことであった。

明りをとるにはとぼし（琉球松からとった樹脂の小割木）や豚脂を燃やし、又松のとぼしの得難い地方では、竹を束ねて炊き明りを得るという始末であった。

今でも山村でヒデ鉢、ウツイ取などといって、円く掘り凹めた石の皿や破損した古鍋などにとぼしを燃やしたり、板切れに粘土を塗ってヒデ鉢の代りにしているところがあるのはその名残りである。

次いで豚脂などを皿に入れて火をつけて燃やして明りをとり、なお進んでは皿に油を入れて燈心をつけて燃やす方法も考えるようになった。

このように沖縄の住家がその建築様式を長く変えず掘立小屋の様式を利用していたのは、政治的な禁令や経済上の苦しみ、毎年きっとやってくる台風のせいでもあった。

それに引きかえ日本々土では農業時代に入る頃から住家に著るしい変革があり三、四世紀の頃から床を張り戸障子も壁も中仕切もできて間取することも行われ国造や県主のような豪族の家は大陸の住家を模して豪舎なものができるようにな

つた。

四世紀にできた鏡の裏には四棟の家の図の文様があり、五、六世紀になると埴輪(はにわ)の家に見るようにすばらしい進歩のあとを見せている。

農家でも母屋の外に副家、倉庫、納屋などをそなえ穀倉が特別に建てられ穀物を乾す屋根や広場も考えられていた。(銅鐸の紋様、登呂の住居跡、唐古の遺跡)奈良時代には葺代も檜皮葺、板敷屋、草葺等があり、その他藁、笹を使う屋根もできた

静岡の登呂の遺跡からわらのかたまりを発見したり、大和平野の唐古住居跡から杉檜の樹皮、竹や、よし、あし、等の遺物を発見したのはその証拠である。壁代には土壁が普通であつたらしく、それでも夏の湿気には随分悩まされていて、間もなく縁側や雨戸などもこの頃から盛んに作られるようになつた。

平安時代は公家や貴族の住宅として豪壮な寝殿造りが工夫され、その構造には涼殿などといつて露台も屋根をつけたものが、加えられるようになつた。庶民の住家でも間取は田字間取、四つ目建などがあり、床の間違い棚などもつけるようになつた。住家の構造も切妻型、寄棟(四注)入母屋がそれぞれ利用され、折衷型の屋根もできるようになつた。

鎌倉時代になると農家住宅、町家住宅武家住宅、公家住宅がそれぞれの様式で建てられ、武家の中でも地方農民から身を起したものは、農家住宅を本として武家として新しい生活をすごすに必要なものを加えるようになつた。

農家住宅は多く切妻造りと四注造りであるが、切妻造りは棟が軒より長いものになり、強く吹き込む雨を防ぐために工夫されたものであつた。

万葉時代の伏屋とか伏庵（いほ）というのは尖丸屋根でも切妻でもすべて屋根を地面まで葺下しているが、武家時代になると、この様式は次第に影をひそめて屋根の葺下しが短かくなり家も高くなつている。武家住宅は寄棟作りや入母屋作りが多く、屋根が四方に流れる真屋といわれるものとなる。

入母屋は切妻と寄棟と折衷したような形になつている。武家住宅の葺代は板、檜皮、瓦を用いているが、とじ葺、とり葺といつて板や檜皮でも釘を使わないでこれを順々に並べ上から横木で押え又丸太でおさえた。瓦葺は日本書記によると崇峻天皇の元年百済から瓦博士麻奴父奴が渡来して葺始めたことになつていて、瓦は専ら公家の住宅に用いられ、武家住宅は板葺や檜皮葺が多かつた。

沖縄では住家は十七世紀以来構造や用材まで制限せられていたから封建時代を通じて、二階建か瓦葺は首里那覇以外の田舎では瓦葺の作られるのは番所と寺院以外にはなかつた。明治以後になつて漸く田舎でも瓦葺ができるようになつた。

上流や中流の住家には石垣や生垣をめぐらし門を入るとフインプンといつて生垣か塗喰塗、石垣或は竹編の目隠しを設けた。目隠しを右に廻ると、母屋に接してアシャゲ(離)という離れ座敷があり、母屋は椽を廻らし、客間は床の間といつて、六畳から十畳位もあり、中央は仏間となり、段が設けられて、先祖の位牌を安置し、その左右に花瓶をおき、中段には湯呑を、下段には香炉煙草盆、酒器をおいた。

奥座敷は貴重品や所帯道具をしまつておく秘密室で、ここが病褥や産室にも充てられていた。

山原や宮古では奥座敷の一室が娘宿や若者宿（トンガラヤ）となつている。母屋の次には三間四方の台所があり、下男下女の部屋ともなり、又釜をすえて料理も作り下人の食堂にもなつた。台所の附近に畜舎豚舎があり、屋敷の後方にはアタイという余地があり、芭蕉を植えたり野菜を作つたりした。

下流の農家住居は掘立小屋で土を掘つて低い柱を立て屋根は茅で葺き、壁は山原竹の五六本を単位として編みその中に茅をはさみ冷い風が吹き込まないように工夫された。

用材は槇、イーク、杉、樫、椎等を用いV字形に切り込まれた穴に梁を通してシユロ縄で結びつけている。上中流の住居には畳を用いるが、下流は莚、猫ぶくを使つて一室に敷き、他は板の間にしている家の構造を普通とする。家造りは村の人が集つて材料を集め一棟の家を二、三日かかつて造つてしまう。ほぞを造つて木を組むこともせず、縄でしばるだけであるから大工専問の人に頼む必要もない。即ち結によつて隣保相扶の美しい寄合いで行われ、柱や梁桁の組立がすむと上棟式を行つて、夜通し祝う習わしであつた。

棟の上部の梁には板をつけてその表に「紫微鑾駕」の四字を認めて掲げその裏には「霜柱氷雪桁雨棟露之葺草」の十二字か又は「福如東海広」の五字を横書にする、落成のときは首尾祝を行い、三日目にはカヤバナといつて青年などが木やり歌をうたいながら、木の切れ端を川口まで曳く習わしがあつた掘立小屋を作るときには次の歌をうたつて一人は潮水を吹き一人は粟飯を噴き出す。

・此の殿内の四つの角柱八つの金柱植えて留めて、北の海鯨わいさば、徳は内鬼は外潮の吹ちゆる泡の吹ちゆるミヤーウーチャーウー、フーフー。

上流建築は十五世紀から十七世紀にかけて異常な発達をとげ、寛文十年（一六七〇）王城が瓦葺となつてから間もなく

天和二年（一六八二）に五彩の竜頭の彫刻甍が始めておかれるようになり、寺社も諸門も橋梁も王族の邸宅も豪壮な構えになり、唐式の結構を模して飛躍的に発達し、特に石造石彫は素晴しい作品を生み出している。それにも拘らずその感化は一部にとどまり、外面習俗なものに過ぎなかつたようである。

寺院は十三世紀後半からその建築様式が伝わり、道教も又中国から流入して固有の原始信仰とからみ合つて特殊な建築法が創案されている。

そもそも寺院の建築が著しい発展を遂げた背後には、それが王家の扶持によつて造営されたからであつた。

神社建築は本土の神社建築を模したものが多く、十五世紀中頃天照大神を勧請したのに始まり、いわゆる琉球八社が建立されたが、そのうち七社は熊野権現であた。（波上、沖、末吉、識名、普天間八幡、金武、天久）しかし住民の大多数は依然として固有信仰の信者であつたため神社建築も特に創意による意匠建築は見られなかつたが、一六〇九年の島津侵入後はその固有信仰も一大打撃を受けるようになつた。

波上の社殿は流れ作りで、本土の寺院建築と変るところはない。天久宮は三間二間の向配付の流れ造りで、入母屋の型をもち本土流の社殿と同型である。

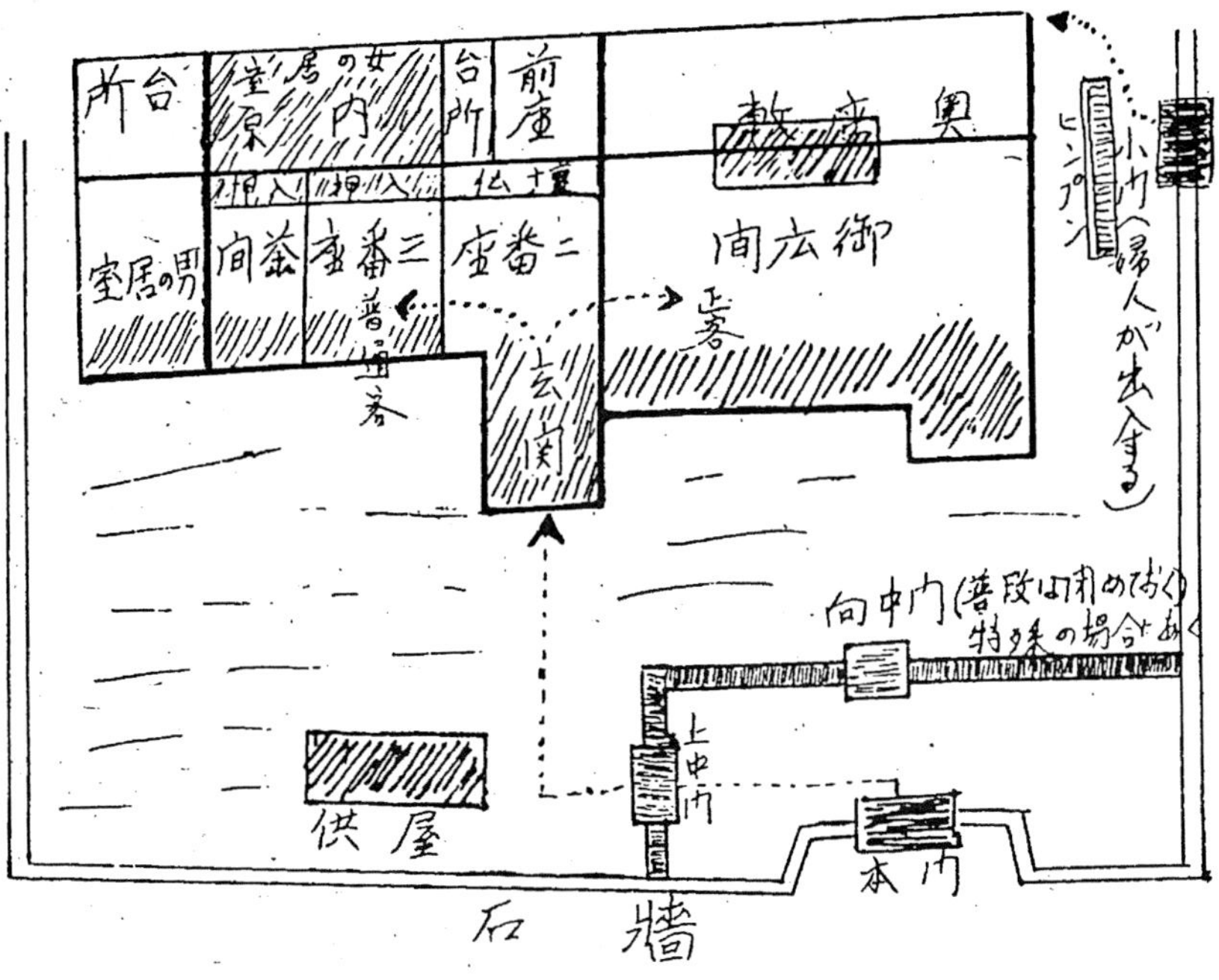

① 王子家（地頭一親方）
◎上流邸宅の構（主殿造と書院造の構造をおびたもの）
鎌倉時代の遺風を伝えるもの

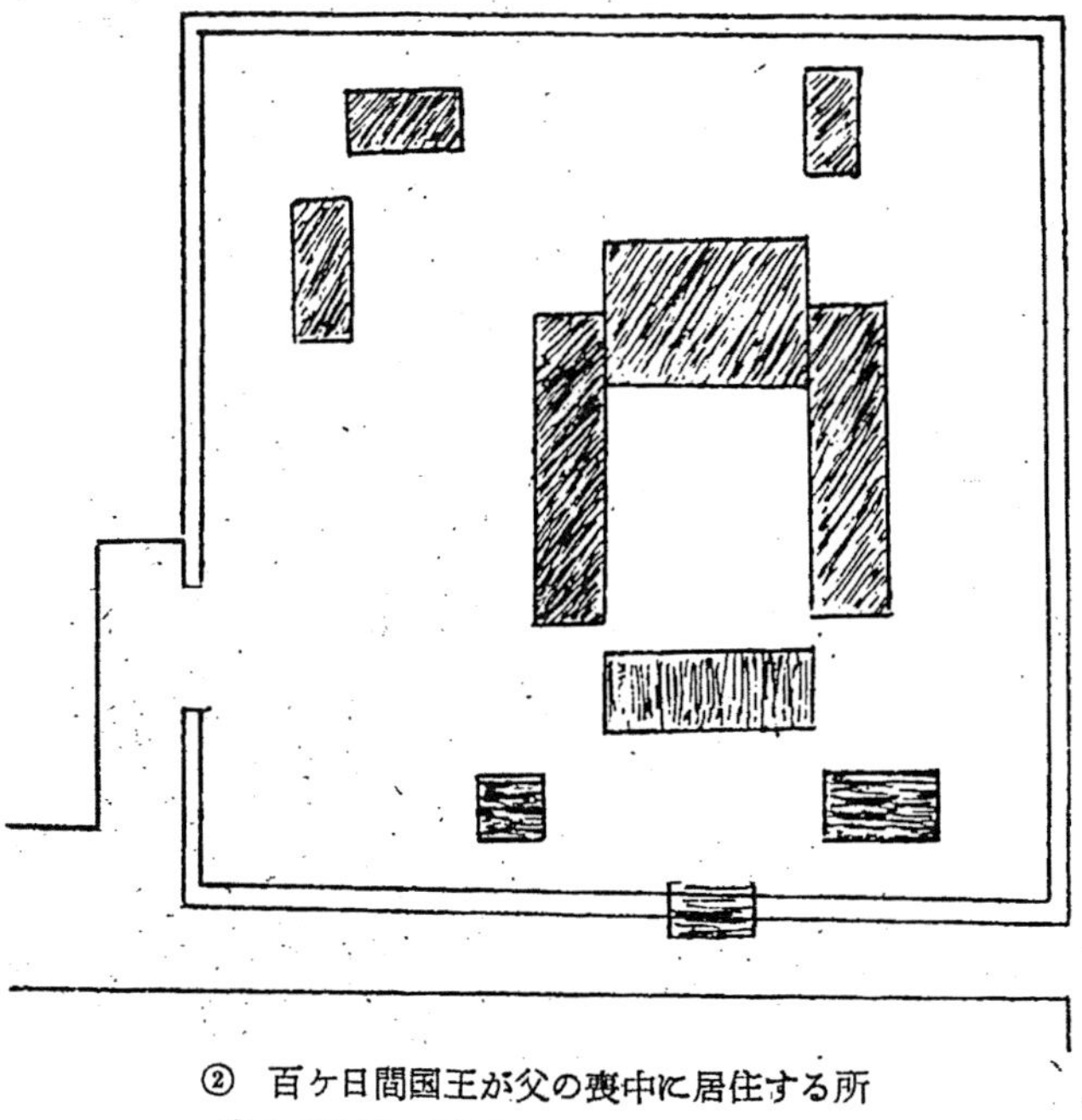

② 百ケ日間国王が父の喪中に居住する所
◎大美御殿の平面図

屋根の曲線は淳朴で特殊な味わいがあるといわれている。蟆股の形やその中の獅子や虎の彫刻は室町時代の様式である。

八幡宮は天久宮と殆ど同型式の向配で頭貫鼻の竜の

の彫刻は室町時代の様式である。

　沖宮はもと臨海寺にあつたのを、八幡宮の隣に移転したもので、形式手法も八幡宮と同様式である。この建築は向拝頭貫の鼻の彫刻が文様化された竜で室町以前の様式で嬪殿の意匠も悠揚として迫らざる温かさがある。

　末吉宮は長禄寛正の間になつたもので八幡宮や沖宮などと同型式である。仏寺の壁はなんといつても円覚寺であろう
円覚寺は弘治五年の建築で八脚門式によつたもの唐様作りで、金剛垣が下から上の貫まで通つているのに特長がある。鎌倉円覚寺の規模構造を倣つたものであるといわれている。従つて禅宗七堂伽藍の制を備えている。

　総門放生池、山門仏殿、万丈(竜淵殿)が一直線に配置されていて総門の左右には両脇門、山門の東南に鐘楼、東北に獅子窟御照堂があり方丈(竜淵殿)の南に接して庫裡があり、南西に便房、厨庫、浴室を備えている。

③・平士の住居の間取

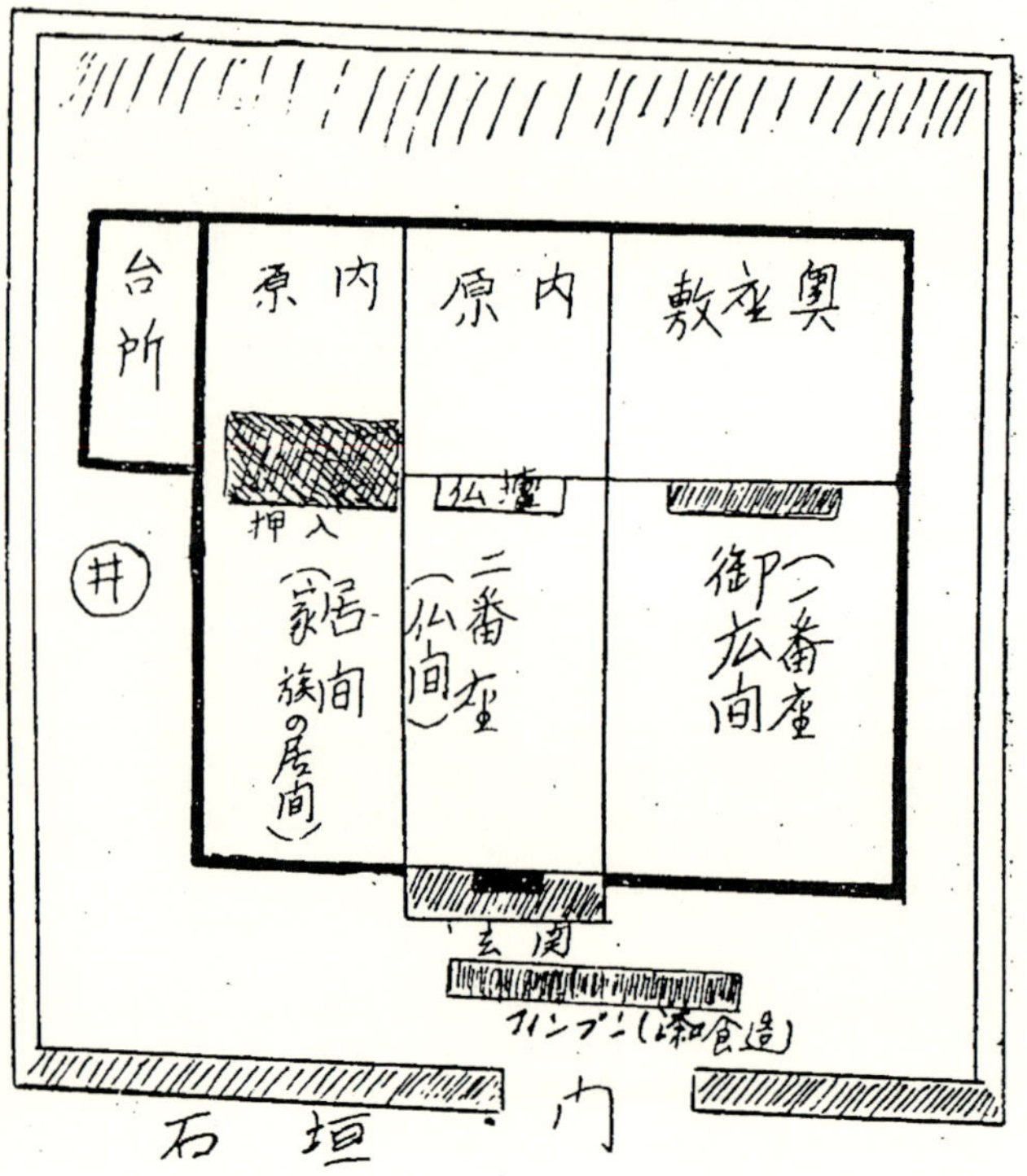

方丈竜淵殿は享保六年尚敬王が建立したものでその手法は鎌倉室町期の間に行われた唐様そのままである。円覚寺と並び称せられるものに天王寺、天界寺があつたが、円覚寺にくらべると規模も小さく七堂伽藍の体裁を備えたものではなかつた。
　琉球王家の廟所崇元寺は琉球随一の建築美をもつといわれていた、規模が大きく手法は簡単であるが左右翼の取合せが極めて自然であり、相互の広袤幅員が権衡を得ているといわれている。(伊東忠太氏)
　第一門の次に入母屋の第二門があり、門を過ぎた左に禅堂右に庫裡を見て本堂に到る。本堂は七間に五面の入母屋で、内部中央に竜柱といつて竜を画いた一対の柱がある。奥に壇を設けて歴代の位牌が安置されている。
　天井は奇巧な構造で一面に彩色文様が施されている。外部の手法も半漢半和で妻飾に日本流の木連格子があり、窓は純支那式の花狭間がある。柱の上には純日

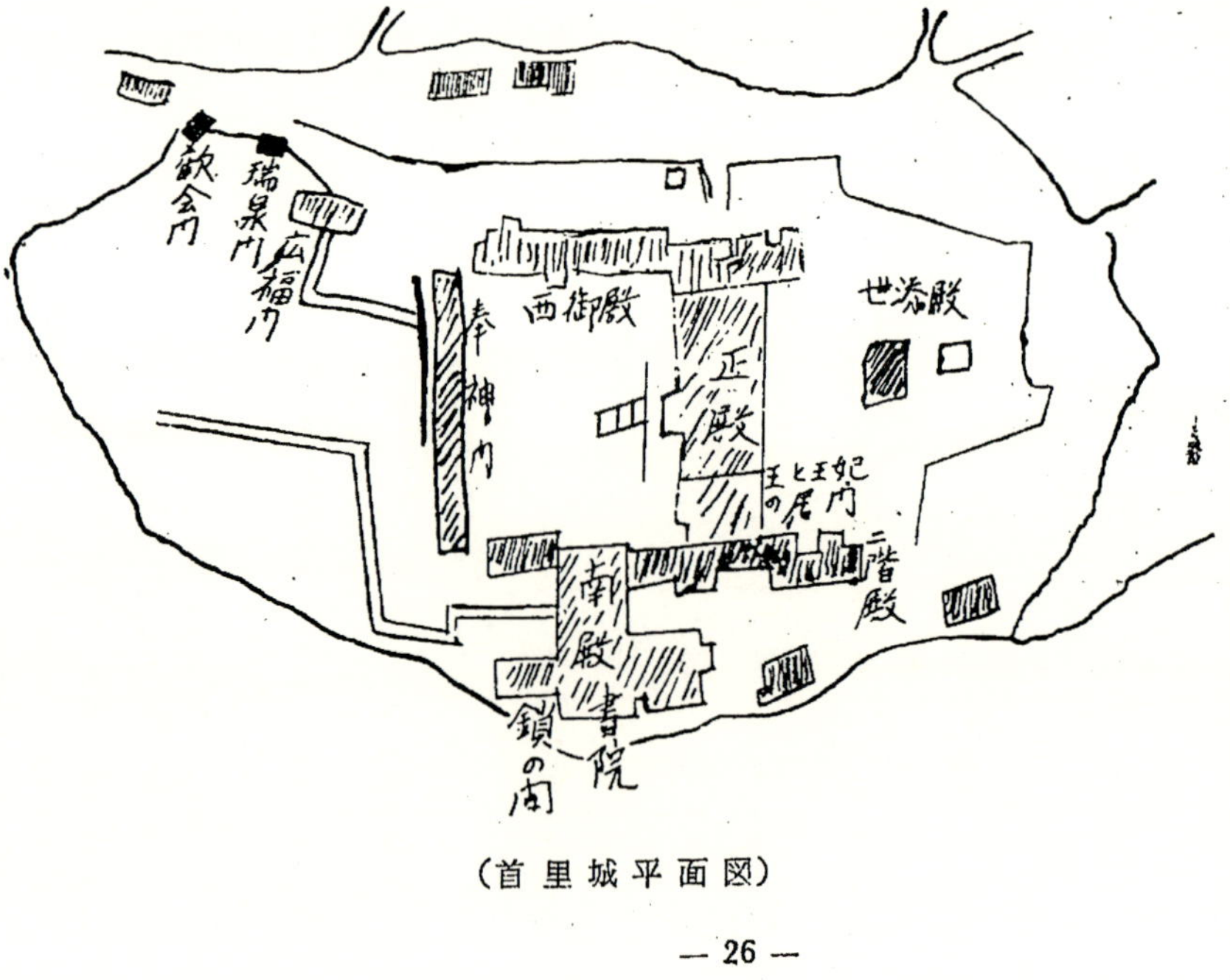

（首里城平面図）

本式の舟肘木を用い、礎盤は漢式の手法といわれている。

首里城正殿（百浦添御殿ムンダスイ）は国王が政をとり重要な儀式を行うところである。屋根は最初板葺であつたものを、寛文十年（一六七〇）尚貞王のとき瓦葺にふきかへ、天和二年（一六八二）五彩の竜頭の彫甍をおき、与那城筑登之（久米聖廟孔子像製作者）等の努力によつて装飾意匠を加えられた。

往古は二十年毎に改築されたが、後に四十年毎の改築の制をとつた。正殿は向拝屋根の形式にならつて、唐破風ともいい、三層からでき、下層二重珊疎割となり、上層は疑割扇棰となり、屋根は入母屋造り赤瓦の本葺にしている。

大棟の両端と向拝唐破風、正面中央部の棟には竜頭形の吻が蟠り、柱は直径一尺三寸の円柱を使い、向拝部の意匠は上下二個の礎盤がおかれ、下部は支那風の意匠になる入葉の蓮弁を彫刻した礎盤が伏針状の形になつている。

柱上部には頭貫大輪の手法が用いられ唐様式の三斗出組によつて桁と梁が支えられ台輪との間は透彫、唐草彫刻をはめ正面 唐破風 で、中央部には一種の大蟇股と、その左右に竜の彫刻があり、壁は内外共板張で、外部は目板張、前面は無良欄、窓と出入口上部は跳板張りと称する手法、両押をかね、斜に竪板張を用い

床は三層共に床板張、左右に木階を設け上層に登るようになつている。一二階共に中央は御差床四本の柱は朱漆塗金碧押の上竜がえがかれている。支那の宮室の制度を模して殿前の石欄干及石竜柱は造られている。

意匠は支那要素と日本要素とを取入れた和漢混様である。

民間は明治になつても封建時代の民家の制限に囚われたものが多かつたが、日清戯役頃（一八八五）からこの制限は忘れられて、都会地でも田舎でも財力に従つて瓦葺も石垣も作るようになり、今では僅かに古い跡が残つているだけである。

青年学級の教育構造と振興策

文教局主催　社会教育主事講習会

社会教育主事 講習会 は、青年学級についての研修を行い主事の資質の向上を図ることを趣旨とし、九月一日〜三日まで那覇連合区教育委員会会議室で全琉四十名の主事が参加し開催された。三日間午前十時から十二時まで講義、午後一時から三時まで熱心な質疑応答及びデスカッションが行われた。講師には石堂豊氏（広島大学助教授、県社会教育学会理事長）を迎え講義及び指導助言を受けたのは大きな収穫であつた。

第一日目　青年学級の性格とその課程

1、性　格

・青年学級は終戦後東北地方の貧農村地帯から発生し、勤労青少年が時代の転換期に、自分達の学力の不足、更に民主的な傾向に対する地域社会の前近代性の発見による新しい話し合い、仲間、村づくりの新しい方式学習が誕生し、急速に普及した。

・昭和二十八年八月「青年学級振興法」の制定を見て行政的にも普及策が講ぜられたが、学級生徒数には著しい延び悩みがあり、今や行政的に地域総合教育計画の問題に直面し、定時制、各種学校、職業補導所、四Hなどと独自な貢献性と補学習方式や領域をもつ「魅力ある構造」を考えねばならない。

2、課　題

・使命を再確認するために、社会教育の課題より教育構想を考える必要がある。この課題は「伝達性」「改革性」「救済性」「生産性」「再生産性」よりとらえこの課題も青少年自体が若い産業人として生活に直面し、生活の中で気がついてきたものを中核としてとりあげる。

第二日目　青年学級の教育構想

・青年学級を、運営や構想の重点から分類すると (1)教養講座型 (2)定時制高校型 (3)学力補習型 (4)技術習得型 (5)趣味クラブ型があるが、学習の場合や仕組みは固定せず、全村学校的な仕組とし地域の施設、機関が活用され、動く教室の構想として学習援助の体制が必要である。

・教育構想の基本原理とし、学習援助の方面で (イ)総合学習の原理（生活に遭遇する問題）(2)職業補導の原理 (3)生活改善の原理（新生活、趣味、レクレーション等）が上げられ、実生活に直結する「生活学習」の原理にしぼられるべきである。そのために (イ)学級生活の欲求の多様、雑多性に合う編成 (ロ)多彩で機動力ある講師団 (ハ)魅力ある学習指導法 (ニ)学習の対象の見つけ方ととり上げ方

第三日目　青年学級の振興策

青年学級の基本性格、社会教育の課題、教育構造の独自性から振興策が考えられねばならない。

(一) 青年学級自体の努力とくふうに負うべきもの

A　経営面から　B学習の形態面から

C　教育内容面から

(二) 地域教育委員会の努力と責任に負うべきもの

A　青年学級費として予算項目の独立と増額　B常任指導者の設立　C教具、学習面の充実　D学校教育と社会教育の適切な連携　E市町村当局の理解、父兄の理解のために連絡協議会や広報や啓蒙宣伝活動を充実すること。

道徳指導における実践上の諸問題

付属長野小学校研究会に参加して

大城雅俊

道徳指導の特質がどういう点にあるかを考えてみると、理科が自然の事物や現象についての理法を追求させたり、図工が造型的な真実を求めさせるのに比してこれは自己自身のありかたを、どこまでも行為を介して考えさせていくところにあるといえよう。ここで、行為というのは身体的な行動はもちろんのことであるが、これにともなう心情や判断などを含むものであることはいうまでもない。そして、これらのはたらきが、自己のおかれている状況下にあって、どのようにあつたらよいかの選択をするところに意味がみい出せよう。自己自身のありかたが個人的に、あるいは対人関係においてどのようにあつたらよいかを考えさせるところに、この指導の内容的な特質がみいだせよう。したがつてこの指導の中核は実験の技術を身につけさせたり、計算能力を習得させることとは違つて、どこまでも行為のよいあり方を問題にさせることにあろう。どんな判断や心情のありかたがよいかといえるか。道徳指導では、自己のおかれた場においてのこのはたらきのよさが問題にされる。

このように考えると、道徳指導においては実験の技術や計算の能力を習得する場合いとは、おのずから異なつた方法上の問題に当面する。判断や心情を生気あらしめるにはどうしたらよいか。またこれにともなう決意を強固なものにはどうするか。おかれた場に即しての判断や心情のよさを感得する感受性を新鮮なものにはどうしたらよいかなど、子どもの真底に触れて、これらの問題に対処していくことが、道徳の指導においては日常的なこととなる。

ここに、指導のやりがいと困難さを同時に感じている。以下、これらの問題に関して当面していることのいくつかを述べる。

実践上の諸問題

1、場の構成

一　資料としての問題場面

交通の安全について指導しようとする時、一年生と五年生の場合、これを考えさせるに、どういう場面と、資料とを示したらよいか。考えさせたい場面は、学年の子どもの経験しているものからとりあげることがまず考えられる。

一年生では、学校よりの帰宅時の場面を二枚の絵話にした。横隊で歩いて行つたら、前後からオートバイ、ハイヤー、自転車などが来て危険であつたこと、十字路でトラックや自転車に出合つたことなどを内容にした。五年生は交通事故の件数を示したグラフや、自転車に乗つた子どもの遭遇した事故（追越しをして転倒し負傷した）事例や、運転手の感想文などを資料にした。

こういう資料をつくつたり扱う場合につき当る問題の一つは、資料として考えさせたい問題の場面をどれだけの内容にしたらよいかということである。一年生の場合数人が歩行するよいし方と、十字路横断のし方を、安全にさせようというのであるが、その時の道路や十字路のようす、また歩行している仲間の状態などの出し方によつて考える点がいくつも出てきたり、子どもの関心がちがつたりする。これは当然なことであるし、みる程度は、そうあることがよいことでもあるが、あまりばらばらになつては収捨がつかなくなつたり、焦点がきまりにくい。ここに適確な内容のしくみ方と扱い方が必要になる。五年生の場合も事故発生の緊張した場面であるだけに、場面の状況の解釈がいろいろになりやすい。

また資料について別な問題としては考えさせる場面を、子どもに必然的にするために、どういう形態で示すがよいかとがある。絵話の場合に子どもを方向付けるために、ある場面をピックアップして大写しに出すとか、また運転手の願いをうつたえるなど、資料が子ども自身のものとなるための考慮が必要となる。

二　学習指導の過程

道徳が問題になる場面に、子ども自身がおかれること（導入）から、その場面をどう考えさせるか、この指導の過程の問題がある。この過程が形式化しないで実感的であり、子どもがその場におかれ、じかに問題に対処しているようにありたいが、そのために、一つには子ども自身の経験背景を重視する必要がある。

これについては、子どもの生活内容に合うことと指導の機会のよいことであるが、これを前提にして、時間の中での過程を考える場合、主として基本的な生活の行動様式を問題にするときあるいは心情につちかうことを主とするとき、また道徳的判断を中心にするときなど、その時に応じた過程を考えることが必要である。これについては子どもの生活内容に合うことと指導の機会のよいことであるが、これを前提にして、時間の中での過程を考える場合、主として基本的な生活の行動様式を問題にするとき、あるいは心情につちかうことを主とするとき、また道徳的判断を中心にするときなど、その時に応じた過程を考えることが必要である。

学級文庫の扱い方を低学年で指導するとき、書架の乱雑さにじかに目を見はらせて、これでは困るということに実感をもたせてはいることもあろう。毎日、親が子どもの世話をしていることを事前にことさらに扱わずとも、「杜子春」を読むことによりおのずから親の心情に目が開けて、改めて親を知ることもできよう。また時間に扱う中心問題に類似する経験を想起させて、そこに問題を感じさせてから、同様な場面をみんで考えていく場合もあろう

道徳の指導が子どもの生活の方向付けであることから、いつもきまつて、導入で類似した生活場面の幾つかを、想起させる型ができることは危険である。また時間の終末において類似した生活場面をとりあげて、共通点を知らせることも同様で、道徳が心情や感覚を重視するだけに、過程が形式化することにより、子どもの心が自由でなく型にはまることをさけたい。このような問題は、指導の過程を、どこまでも子どもの学習の過程としてなりたつようにしたいもので、そのために時間の中での過程のあり方が今後大いに究明されなければならない。この過程は、とりあげられた問題の場面の内容や性質からも考えられるが、また学年的な子どもの発達からも考慮されるべきで、低学年などでは判断や心情のよさに触れたり自分で何かに気付くことが、ほんの瞬間的なことである場合が多い。

低学年ではこの瞬間をどう成立させるかが過程上の問題として重要になる。くどさと、それから生ずるたいくつさは、この瞬間をなりたたせるのにじやまになるし、またこのやまになる機会を熟させていく方法上のくふうが重要なこととなる。

高学年においても、この点は共通な場合が多いが、高学年では比較的持続して考え得るようになつてきているしまた合理性をもち得るようにもなつているので、このようなことも、指導の過程を考えていくうえに必要なこととなろう。

指導の過程が、子ども自身のものであるためには、扱う内容に応じた時間がどれだけで、ちようどよいかも問題になる。終末において、子どもが安定感をもちはげみを感じている状態をなりたたせたい。

三　ねらいの果される機会

一年生で、組のボールのなくなつたことから、ボールがみんなものであることや、あとしまつに関心をもつことなどを指導した。ボールのなくなつた時の経過や、それで困つたことなどを四枚の絵にして話したり、考えさせた。ここでボールがみんのものであることを実感的に（ことばや観念でなく）気付かせるのに苦心した。

低学年の子どもは、困つた結果からものを考える。そうして、さつき昇降口で気付きながら、拾いに行かなかつた、「まさおちやん」を責めたがる。ここで「まさおさんだけがこのボールの心配をすればよいのか。と問えば「そうではない。」と答えるだろうが、それでは「ボールはみんなのものですよ。」と教えたことと変わりない。ほかのみなさんが、ひとりひとり、このボールに関心をもたなくてはいけないことを、どこで気付かせたらよいかに骨を折つた。それで投げ上げられた大きなボールを中心にし、みんなよろこんで遊んでいる内容の絵にし、また困つて捜している場面の遠景に、ほかの組がボールで喜々としているところを入れた。これはまさおちやんを責めたあとで、このボールは、まさおさんもそうだが、ほかの子どもたちのものでもあることに、絵から感じさせようと意図したのである。場面をここまで考えるのに、相当時間をついやし話し合つた。ところが実際の扱いはなかなか意図したようにはいかない。

気付かせようとすることへ子どもを追い込むのに、子どもがそう向いてくれるように、資料をどう用意したらよいか。また先生が、この資料と組打ちしている子どもにどうタッチしたらよいか。これらは子どもの勉強の場を適切なものにしていくうえに痛切な問題である。この事例にかかわらず、子どもの考え、気付く方向を決定的にする三、四枚の絵のあらわし方や、先生の一言が、いかに困難であるかにしばしば当面し、こういうことをよく考えなくてはならぬ必要をつづく思わせられる。

一方、この困難さが子どもをほんとうに知らないことからくることでもあるのを思わせられる。子どもの傾向を大ざつぱにしかつかみ得ないでは、このぎりぎりの問題を処理することがとうていできない。子どもをとらえる先生のかんのするどさと、ちみつさの必要を感じさせられる。道徳の指導が、

子どもの内面性をつちかうことを重視するからには、この内面性にふれるための場の条件の適切さと、子ども自身の主体的な傾向性を見ぬくことが必要である。

四　道徳指導の基盤

道徳の指導が単なる知的理解や技術などの指導と内容的に異なつた特質をもつていることに、この指導の方法的な特質が大きく見いだされる。この指導では人と人とがほんとうに通じ合い心底において触れ合うことが必要である。このことができるためには、通じ合いや触れ合いのなりたつ間柄のできていることが、なによりであろう。学校の道徳指導において、先生と子どもたちの間柄と、子ども相互の間柄が問題にされ、級風や校風が重視されていることは、当然であるとともに、また改めて、道徳指導をほんとうのものにするために、この点を考えていくことが必要であろう。

人から借りた本を約束の日に返さず兄に見せた子どもが、組の中で話題になつた。借りた当事者である子に、ほかの子どもたちが、どうしてそうしたのか、その時ほかにやりようがなかつたか、また貸した子は、そのために困つたかなど聞き合い、話し合つた。三年生のこういう場面に直面して、その時のことばのやりとりに、約束を果し得なかつた子を、みなささえあいながら考えているふんいきを感じたことがある。貸した子も責めるような出方をしていなかつた。

終りごろに先生が、約束を果し得なかつた子に、「いま、みんなからいろいろいつてもらつて、その時どうすればいちばんよかつたと思うか。」と質問した。当事者であるその子は、立つてうつむいたまま、困つたようないい方で「よくわかりません。」というようなことを答えた。この時、この子にたいへんすなおなものを感じた。いろいろいつてもらい、本気に考えていただけにわからないと答えたことが当然に思われた。しかし、このあと、これまで考えてくれれば、当事者はもちろん、ほかの子どもも、今後こういう場合に出あつたとき、本気で考えてくれるだろうという期待を強く持たせられた。

考える資料として出された問題の場面にとつ組む子どもの、相互のとつ組み方に、道徳指導では考えなければならぬ問題があり、この問題が、また、みんな（先生も含めて）で考えるべき資料でもある。

組の中に起きた問題が資料となる場合には、まま当事者が攻撃されることが出てくる。そこをささえ合いながら考えるべきことを考えていく間柄をつくることが、道徳教育のねらうところであり、またこれができていることによつて指導がなりたつといえよう。子どものとらえ方とその指導については略しまして、次に基礎研究のあり方について書こう。

2　基礎研究のあり方

一　基礎研究の必要

どんな指導にも基礎研究がいらないということはないが、道徳指導の場合は、特にこの必要を感ずる。その理由の一つは、道徳の場合、特に何を指導したのかわからぬことに終る危険がありやすい。また別な理由としては、子どもの真底にふれて、いかにその魂を左右していくようなことであるから、よほど考えてかかる必要となる。これをどのようにしたらよいか。このやり方に妥当さを欠くと、ことをゆがめることになるから、このやり方の妥当さを見いだすことが問題である。当校では、指導の内容をどうとらえたらよいか。子どもの実態のとらえ方、それに指導方法の吟味という三つの点からしている。以下概要について述べる。

二　内容　指導する内容がどのようなものであるか。これを分析的にあるいは関係的にとらえ、生活内容（問題場面）に即してはつきりさせようとしている。

「忘れもの」について指導する場合を考えてみると、まず「忘れもの」について指導でとりあげる内容に、次のようなものがある。

〈忘れものをしないようにさせるために〉

。身のまわりの整頓、。きまりよい生活、。登校途上気付いた時の処置

〈忘れものをした時〉

。正直に家人や先生にいうこと。友だちに見せてもらつたり見せてやること、

ここに指導される内容として、いろいろな面が関係的にとりあげられてくる。またこの忘れものを通してねらわれているものは、行動的時間的に規律のあるしつかりした個人のたち方であり、対人関係において、このことが考えられるようになることである。

「忘れもの」を指導する意識をこのようにとらえ、これが子ども相応に果されていくような、方法的に考えるのである。ところで、このような内容のとらえ方をすることが、取り扱いの実際場面で、子どもを見ていくのに役だつのには、先生自身の実感的な主体性感覚がはたらかなければならない。そ

のためには、自身のしくじつた体験などが、どのように反省されているか問題となる。道学者的な説教のためにではなく、子どもの新鮮なものを、新鮮に感じ、子どもといつしよに考えていくうえに、このことが特に必要であるように思われる。

人に借りた書物を忘れて持参せず肝心な時に迷惑をかけたこととか、金を忘れてバスに乗り、気恥ずかしさを感じたこととか、自身の体験的な反省が生ていることによつて、授業の場では子どもの感受性に通じ共感を呼ぶことが多い。子どもの感じたり考えることにすばらしさを見いだし、きまりきつている平凡なことと片付けないで、相手になつていけることは、自身にとつても愉快なことであるし、子どもも生き生きとしていくことになろう。指導の内容が分析されたり関係的にとらえられて、その意義が自覚されていくことに、先生自身の体験的な実感のともなうことが、基礎研究においては、きわめて重要なこととなる。方法としては、道徳を子ども自身のものにするために、また、ポイントが子どもの内部に見いだされる瞬間的な機会を熟されるために取り扱いの方法を吟味し、急所を知つておくことの必要が痛感させる。この吟味は、次の三点を主にする。

(1) 考えさせる問題の場面を、どんな形態で子どもの前に出したらよいか。ある形で出した時の長短、特質は何か。取り扱い上の留意点。

(2) 指導の過程をどのようにしくんだらよいか。きめられた過程のどこが効果的か。方法上留意すべき問題は何か。

(3) 子どもの評価はどこでできるかとらえられるもの、その機会方法などにつき、場を見つめて(予想して)できるかできぬかの吟味をする。

これらのことについては、一般的なこの追求に終らず、ぎりぎりの機会やよさ、問題を発見するようにし、事前研究としての意味をはつきりさせていきたい。二年生で「遠足のきまり」を取り扱つた時、絵話の中で一枚の絵(町の人が夕涼みに池のそばへ来たが、紙くずで、すわる気になれず困つた。)がかぎになつた。きまりの必要を実感的につかませるのに、この一枚の絵のあらわし方と、八枚のつづき絵の中で、いつ出したらかぎになるかという問題がここにある。次にこの主題を、遠足の前後あるいはその日にするがよいかどうか。それがこの主題の内容のどの点との関係でいえるか。問題にして考える子どもの切実さ、内面化との関係はどうか。導入をどこまでしておくことが、この絵話を生かすかなど、(2)の点について考えられた。評価については、きまり守れなかつた時のその場の処置、きまりと対人関係などの子どもらしい考え方が問題だが、またくだものくずを散らした子が、魚取りの好きな子であることから、その興味とのからみ合いが問題であつた。また指名して話させる子どもの選択や順序なども、評価、誘導に重要な問題であつた。

結び

道徳指導における実践上の問題は、その中心に、「何か子どもを道徳的にするか。」という問題をもつている。ここではそのすべてにわたつて問題をとりあげてはない。私が付属長野小学校の研究会に参加して、ここにあげた問題が道徳指導の正面の問題であると感じたことと道徳においてこれらの問題を究明することの必要を痛感しているものである、

一枚のセーラー服からも

「六年七組の授業参観をして」

三時限目の授業終了のオルゴールが「エリザのために」の曲を静かに流している。次は体操だというので私は三時間目の終了後そのまま教室にのこつて子供たちの様子を見た。

それは金曜日のよく晴れた日のことです。「次は体操ですから準備をして下さい。」といつて教室を出てゆかれる先生の後姿を見送つた。

教室の中は急にざわついた、口々に何か叫び、小おどりして四九人の子供等は春の陽光をほしいままにしている運動場へかけ出した。

子どもたちを吐き出して後教室にいた私は何かを求めて雑然とした室内を一通り見渡した。心の中に何かを秘めて教室を出ようとした、そのとき山崎先生が教室に入つていらした、脱ぎすてられた上着やズボンが、さまざまの色や形で散乱していた。なにはともあれ広いところにとび出すことに夢中で腰掛は出し放し、着るものはほうり投げてあるといつた雑然さを、ひとわたり目でなでまわした先生は、つかつかと四班の方にいらした何か意外なものを見たとでもいうのか、

私も先生の方に視線を投じた机の上に、黒いセーラー服がきちんとたたまれておかれている。私はその子について先生にいろいろ話しをきいた(給食時の休み時間を利用して)平素はあまり発表もなく無口の方で成積も劣等児でもなければ優秀児でもない、ひそやかにて目だたない子だという。うつかりしていると、この子のよさも短所も

拾いあげらないままに過さなくてはならないのかと思う程の子である。」と先生はなかなか得られない、この子どものよい一面をとらえた喜びをかくしきれないままに話をして下さつた。

「自律的、」協同的実践人を標榜して子どもらを育てようとしているかぎり、たとえ天気はよくても砂ボコリがもうもうと舞う日に窓をいつもなみにあけて平気でいたり、体操でとび出したあとの教室の中が、腰掛は、はみ出し、服は乱雑に投げ出され、といつた状態であつても、何んとも思わないような子どもにはしたくないもんだ」と私も考えた。山崎先生は、私を見て顔を赤くして無言のままに一笑して出てゆかれた。

私は体操はみないで事務室に入つていつたが山崎先生がどんな指導をなさるか好奇心にかられていたし、又今日一日は六年七組の授業参観と、学級生活を見る事になつていたので散歩をしながら運動場に行つた、体操の時間は終るところだつた「みんな教室に入らないで廊下で待つておくように」と話された、私は教室の中の様子を思い浮べたが子どもたちは不思議といわんばかりに目をきよろきよろさせている。

みんな廊下で待つていた、私は先生に給食状況も見たいといつて先生について教室にいつた。廊下で待つていた女の子どもが「何んね先生」と問いかける、先生は無言のままで教室の戸を開けた「さあみんな教室の中を見なさい、どんな感じが致しますか。」

しばらくしてから「先生腰掛が入れてありません。」「先生洋服が机の上にホッタラかしてあります」とが気がついた様子である、それでもみんなまだ小林さんの机の上に気がつかないらしい「みんな小林さんのとこを見て下さい。すると一人の男の子が「ああ小林さんはきれいにたたんであるよ」といつた。小林さんにみんなの視線が投じられた。小林さんはもじもじしながら、てれている、「先生小林さんはいつもきれいにしておいてあるよ」と女の子がいうと、やつと小林さんを賞賛した。次は帰りの反省会だ。

この問題が帰りの反省会に出ないはずはない。「私は今日小林さんがきれいに洋服をたたんで教室から出たことはよいと思います、次の体操の時間からはみん小林さんのようにやつたらよいと思います。」先生が司会者に手にあげて発言を求めている「運動場で元気よく走つたり、ボール投げをしたりするのも大事なお勉強だが、使つた運動具のあたかたづけがちやんとできていたり、手や足をきれいに洗つてから教室へはいつたり、脱いだ服をきちんとたたんで体操に出るという事も忘れちやいけない大事な勉強の一つだね。」と話された。その問題から家に帰えつてからも着換の整理整頓、寝具の整頓まで発展して話し合いが活発にもたれた。

このように一枚のセーラー服からも生活指導がなされる。直又学校での生活と家庭での生活を結びつけて話し合いされた事などはよいと思う。

六年の学級会に参加して
「時の記念日」―座談会―

今朝学校につくとまもなく六年六組の女生徒がきた「先生今日私たちの組で時の記念日について座談会をしますからいらして下さい」と告げた、私は早速朝の話し会いの時間から六組の方にノートを持つて出かけた。さてどういう座談会をするのかと思つて興味深く見ていた。司会者、柱時計A―男柱時計B―女、置時計C―男、目覚時計D―女かい中時計E―男、腕時計F―男、腕時計G―女、等八名の子どもたちが出てきた、

場所は教室の中央部にステージを作つている。そして円座し、各々の時計の面をかぶる。そして時計の名前のプラカードをもつかあとに立てゝおいてある。

司会「おいそがいしいところ、皆さんに集つていただいたのですが、今日はどういう日でしよう。」時計たち「私たちの日で時の記念日です。」

司会「そうれす。時の記念日、今日はみなさんにとつては御主人がみなさんを改めてありたがつてくれるうれしい日ですね」 時計たち「時計の歌を歌いましよう。」 司会「それがいい、さあ元気よく歌いましよう。」

大きい時計がカッチン〳〵
小さな時計がカチカチカチカチ
かい中時計がチチチチチー

司会「大変上手でしたね、つぎに自己紹介を私のとなりから右の方へおねがいします。」

A「ぼくはT会社の事務室にいる柱時計ですどうぞよろしく。」

B「私は太郎さんの家におります柱時計です。」

C「ぼくは三郎さんの家にいる置時計です。」

D「私は花子さんの家にいる目覚し時計です。どうぞよろしく。」

E「ぼくは二郎さんのお父さんのポケットにいるかい中時計です。」

Fぼくは正男さんのお父さんの腕にいる年とつた腕時計です。」

G「私はよし子さんのお母さんの腕に

いるハイカラ時計です。」
司会「では次に皆さんの御主人のようすなどお話ねがいましよう。」
D「この頃こんなとがありましたよ、それは私の家の花子さんの修学旅行で朝四時に私のベルがなるようにしてありましたよう。ところが私が三十分おくれていることを家の人は気がつきません。私は花子さんが旅行におくれればせぬかとはらはらしていました。四時にはベルをならしました私は三十分おくれているよといえません。花子さんは出発まざわに駅にすべりこんだことでしよう。」
F「そういえばそう、ぼくもついひと月程前に正夫さんのお父さんが旅行している時に途中でとまつてしまいました。お父さんは僕の顔をみずにゆつくり町の見物をしてえきへいきました。」
司会「それでどうしましたね。」
F「そしておじさんは『あれへんだぞまだこんな時間かしら。』と首をかしげて時刻表をみていました、とまつている、うつかしていて五分のちがいでまに会わなかつた。ああゝゝ、一時間またねば』といつてぼくの顔をたたきました。」
A「ぼくの会社ではぼくの顔をみてはおひる休みの合図をします。給仕さんが五日に一度ずつ必ず僕にねじをくれます。」
G そうそう私は毎朝よし子さんのお母さんのおつとめ前にねじをいただくはわ。」
C「私はだめ、五六日ねじもいただかないですみの方のほこりの中にとまつたきりよ、だまつて三郎さんの家は三つも時計あるので私はほんのかざりものよ。」
B「私たちのなかまはふえましたね、電気のも電池のものありますね、世の中もすすんだものだね。」
A「でもぼくの柱たたかれたり、そばにラジオをおかれるとぼくはこまります。」
E「この頃みんなぼくたちをかわいがつて、くれて、ほひとうにうれしい会など時間を正しく守つてくれるようになつたね。」
D「子供たちはよく会の時間を守つてくれるね、夜七時から子供会だというとみんな早めに集つていますよ。」
A「でもおとなの人の中や、子どもたちでもごくわずかな人がまだ会の時間などよく守れない人がいるようですね。」
司会「いろいろおもしろいお話をおききしましたが、時間を正しく守ることは大切ですね。とくに五、六人の会の時一人でもおくれるとまつている人に大変めいわくをかけると思いますね。」
B「私たちもお互いにできるだけ、すすんだり、おくれたりせず、正しく働きましようね。」
司会「さいごに一つききますが昔の人は時計をもつていたでしようか。」
E「ぼくのおじさんは、七、八十年前に外国製だ、はくらい品だといつてほめられたといつていましたよ。」
C「むかしは今の私たちのように便利なものでなくて、もち歩きはできなくてお金持のさむらいや貿易商人の家にオランダ製の時計があつたようですね。」
G「それより前の大昔は、あんどんの油やしんのへりぐわいで夜の時刻を考えたり、太陽のかげの長さでひるまの時刻を知つたりしたそうですね。」
司会「この位で終りにしたい思いますが、みなさんで一諸に時計の歌を歌いましようよ。みなさんもどうぞ御一諸にでは。」
大きい時計がカッチンカッチン
小さな時計がカチカチカチカチ
かい中時計チチチチチー 、
以上で話し会い座談会は終つた私は有りがとういつて出た、とかく面白い方法なので紹介したいと思つて書いてみました。

以上

温泉猿ヶ京に旅して

配属校　千葉市立緑町中学校
新城繁正

六月の山はもうすつかり夏化粧で山を求める人々をこころよくむかえてくれる。渡日二ケ月をむかえてやつと落着きを得、日々の生活にもようやく張りが出てきた頃十三、十四日の一泊二日にわたる職員旅行があつてわたしも同行させてもらつた。もちろんそれは学期初めに予定されていたことなのであつた。幹事のめんみつなスケジュールにしたがつて、かつてみる温泉宿を頭にえがきながら、一時十五分発長岡行で上野を発つた。

土曜日とあつて列車は超満員、お客のほとんどが旅行者で、リュックを背負つた登山組もあれば仕立てたばかりの洋服で身を装つたサラリーマン族、二人きりで老いたる春を温泉で楽しもう?と意気込む老夫婦組といろいろでまるで週末列車の原型をうきぼりにしたかつこうだ。定刻たがわず列車はホームをすべり出した。

広い関東平野はおよそ二時間もつづく。小麦の刈入れでいそがしくはたらいている農夫のすがたはそのまま故郷の山野にむすびつく。東京とは全く対照的に広大な土地にてんてんとちらばつている集落はむしろ上品にさえみえる。やがて列車が高崎にさしかかるころからいただきを雲にかくした山々が左右にのぞまれた。

かれこれ二時間もすわりつづけてみればなかなか楽なことではない。シートも底をついてしまうし、向きあつているお客が貴賓とあつては身のふり方にも必要以上に気をつかう、ようやく疲れをおぼえてきた、その間にも列車はすすむ、はるかにみえた山々はやがて列車をおしつぶさんばかりに窓外にせまつてきた。山々の谷間をぬつて走る列車の旅はヤンバルで育つたわたしには快い限りである。ときどき車窓に現われる人家や農夫のすがたは関東平野のそれとはちがつてのんびりした明かるさはよみとれない。それにしても木々の間につつ立つている鉄柱には数本の高圧線がとりつがれていて、生活の電化がうかがわれいまさらのように本土の発展におどろいた。駅には種々のかん板が立ちならんでいて温泉地にはいつたことを思わせるに十分だ。ぎつしりつまつていたお客さんもいつしか姿を消し下車駅後閑につく頃は紳士族はほとんどみられなかつた。

列車をおりたときは四時四十三分、実に三時間半にもわたる長い列車の旅であつた。それから待ち合わせのバスで目的地猿ケ京へと向つた。

ヤンバル道を思わせる細いガタガタ道を五十分も行くと山の斜面をきりとつて建てられたすばらしい建物が数軒白くお化粧してたちならんでいる。そこが温泉宿猿ケ京だ。なるほどせまい道路のわきには観光バスが四、五台車体をやすめていた。停留所には旅館からのおむかえが小旗を高くかかげて待つておりバスをおりるとそのまま段々道を旅館へ案内され、外観におとらずすばらしい設備である。

幹事から部屋の割当てがありそれぞれの部屋にはいりほつと一息、お茶でのどをうるおし休んでいるうちに肌寒くなつてきた。きくところではここは海抜千米もあるという。用意されたゆかたにたんぜんを重ねてきてお湯場にはいつた。そこでちよつとためらつた。ほかでもなく自分のからだに気がついたのだ。みんなの肢体はそれこそ真白で豚の毛をそりとつたようだ。それなのに自分の肢体はあまりにも毛が深い。しかもたつたひとりなのだ。でもそこまできていまさらどうしようもない。思いきつて湯にとびこんだ。初めてたしなむ湯泉の味もなんのその、自分のからだをカバーするのにせいいつぱいだつた。でもそれはつまらない気苦労だつたことは後でわかつた。

さていよいよ待望の一杯会の時間だ。会場は一階のステージ付大ホールがあてがわれた。幹事のあいさつがあつて、まずはかんぱいでスタート、それからはお隣同志でさしつさされつ場を楽しむ段取りなのだが、わたしにはさかずきが小さすぎててんできめがない。やがて幹事がカンビンを三・四本もつてきて「先生にはまことにお気の毒ですが。」とさかずきをさしカンビンをおいていつたものの一時間もたたないうちに座席をはなれいつにない道化者ぶりを発揮するものもいる。自分も早くそれにおいつこうと努力してみたがだめだつた。

やがて今も最高頂に達しつぎから次へと十八番がとび出した。中でもごつごつした男性美をさらけ出したフラダンスは最も人気をよんだ。そこに至つては学校での雰囲気とはうつてかわつて、それこそ与えられた時間と場を心ゆくばかり楽しもうとする気分が十分によみとれた。わたしにはうらやましく思われてならなかつた。さすがのフラダンサーも踊りつかれたとみえ、スローモーションにかわり十時すぎ散会した。もの足りない思いで三階の部屋にもどつたときは、すでに二次会が始まつていた。今度はビールである。一人ふえ二人ふえして六畳の間はいつぱいになつた。つい先まで会場をわがもの顔にふるまつた裡族?も道徳意識よろしくお互にのどを競うという静かなアクションを忘れない。はこばれたビールはなかなか入らない。しぐさはそれほどでもないがだいぶまいつているようだ。これ幸とそそがれたコップは一滴もらさずかたつぱしからのみほした。ようやくふわついてきた。

これからだと今度は積極的に立ちあがつて即興「沖縄育ち」を三節美声?をふるわせて披露した。ところが子守唄ときとつたらしくそのまま眠りにさそいこんでしまつた。全く皮肉なことだ。それもそのはず時計はすでに午前一時をまわつていたのだ。かくしてあれほどにぎわつた温泉まつりも美声おりなす子守唄によつてしずかに幕をとじたのであつた。

翌朝は八時二十分発のバスで更に奥深い法師まで足をのばしハイキングの予定であつたが二分ほどおくれてしまいその機会をいつしてしまつた。帰るにも早すぎるので みんなとわかれてすぐ近くの丘の上にある学校をたずねてみた日曜日なので全く人気がない。玄関にぬかずいて声をかけてみた。奥のほうから日直の ※（次頁下段へ）

文教審議会答申第十二號の内容（原文）

教育課程改訂に関する答申

一、時代の進歩と、これまでの反省研究にもとづき本土の教育課程は大巾に改訂された。

次代の日本国民を育成する教育基本法の理念に立ち、同じ学制、同じ教科書を使う沖縄として教育課程の改訂はさしせまった問題である。文教審議会としては基本的には本土の教育課程改訂に準じて、小学校においては一九六一年度より、中学校においては一九六二年度より沖縄の教育課程も改訂されねばならないとの結論を得た。

但し、本土の教育課程改訂についてはまだいろいろの批判もあり、又沖縄の現状からそのまま取り入れる事については今後充分研究検とうさるべき点もあると思われるので、教育課程の改訂を本土に準じて行うに当っては特に左の点に留意する必要がある。

(1) 道徳教育は従来学校教育の全体を通じて行われ、昨年六月の文教審議会においてもこの方針を確認してきたのである。しかしながら広くその実情を見ると必ずしも充分な成果をあげているとはいえない。

そこで今回の全面的な教育課程の改訂に伴い、各教科、特別教育活動、学校行事等における道徳教育を一層充実し、更にこれらと密接な関連を保ちながら、これを補充し、深化し統合しまたはこれらとの交流を図る必要がある。

しかしながら道徳教育についてはいろいろの批判もあるので左記事項に留意して充分な検とうを要する。

イ 概念的な徳目のおしつけにならないようにすること。

ロ 道徳教育の内容については、沖縄独自の立場で充分な検とうを加えること。

(2) 中学校の進路特性に応ずる指導については、本土では外国語は選択教科として取扱われているが、沖縄においてはその地域の特性から必修を原則とする。

中学校三年の数学科と職業科の選択については、実質的にコース制のような感じを与え、義務教育として望ましくない結果を生む恐れがあるので、その取扱いについては充分注意し、差別感を与えないようにすべきである。その為には職業科教員の養成に力をいれると共に、施設、設備を早急に充実して生徒が喜んで職業科を選択し、進路特性に応ずる指導が充分される必要がある。

(3) 科学技術教育の振興については、特に理科教育振興法を早急に立法し施設、設備の充実を図ると共に、理科、技術家庭科の教員養成と資質向上のための方途を速かに講ずる必要がある。

(4) 本土の教育課程の改訂にあつては「人間像の問題」「詰めこみ教育の問題」等種々の批判もあるので、各教科やその他の具体的な問題については、教育課程審議会で慎重に検とうする必要がある。

(5) 本土では教育課程の改訂に伴い法的財政的に種々の裏付がなされているが、それですら教員の過労、児童生徒の身体的能力的負担の過重、優劣がひどくなる事など厳しい批判がなされている。

この面の解決が早急にはかられなければ、そのしわよせはすべて教員と児童生徒の上にくる。よって政府は一九六一年、一九六二年の改訂までに是非すべての面で本土なみの教育基準に到達するよう行政措置を講ずる必要がある。

※ 先生が出てこられた。おせんたくをしておられたらしくひじのあたりに石けんのあわがついている。名刺をさし出すと、おそれいったとばかりすぐ職員室へ案内された。応接間はなかった。

いろいろ話し合っているうちに三年ほど前に下の谷間からひっこして改造されたものであり、各学年一学級で在籍は百七人、職員は総勢八人であることがわかった。職員室は校務分掌や教育目標、種々の統計表などがところせましとばかりはられている。テーブルもきわめてきちんと整理されている。教室もよく整備されており体育館も建っている。ところが都市の学校ほどはなく特別教室などは十分でなく音楽などは体育館を利用しているとのことだった。

山奥なので交通の便もわるく、人家も点在していてまとまりがなく経済的にもゆたかではないようだ。そのうえ冬ともなれば雪が三十センチほどもつもり通学にもずいぶん危険があるらしい。窓ごしに山をながめながら「でもここはまだいいほうですよ。」と声をにごらせて語る先生の顔は意外に明かるかった。

一時半も話し合ったろうか時計は十時半をしめしていた。十一時のバスにおくれてはとおいとまをこい、玄関まで見送られて学校を去った。このように数々の思い出をのこして猿ケ京をひきあげた。後閑の駅に出ると話題の谷川岳が白い頂をのぞかせているのがみえた。そのすがたにはさわがれた惨事の影は全くみられなかった。帰りの列車も昨日におとらぬ混雑ぶり、でもちっとも苦にならなかった。それは昨晩のビールが目にちらついていたからなのだ。

七月のできごと

一日　Z機墜落事故による死亡者十六人の石川市合同慰霊祭（於宮森小学校）
沖縄タイムス賞贈呈式（タイムスホール受賞者金城清松氏、比嘉春潮氏）
今次大戦における沖縄出身戦没者の遺骨百七十八柱帰る港で慰霊祭挙行
新首席民政官ジョンGアンドリック准将家族とともに着任
四日　米国第百八十三回独立記念日
全島高校教頭連絡会（於普天間高校）
五日　琉球商工会議所の韓国経済視察団一行十四人上京
六日　比嘉春潮氏「沖縄の歴史」出版記念並びにタイムス文化賞受賞祝賀会（タイムスホール）
第十四回立法院議会閉会
南九州沖縄予選野球大会中農優勝
石川市のジェット機墜落事故についてブース高等弁務官石川市長と会談（弁務官室）
七日　沖縄教職員会総会（教育会館ホール）アンドリック首席民政官行政府を正式に訪門、主席室で当間主席以下各局長と会見、就任のあいさつを述べた。
八日　小波蔵文教局長、今夏期教員講習講師の契約と本土指導主事の早期派遣の折衝を終えて帰沖
九日　沖縄タイムス社主催全琉小、中学校児童生徒図画コンクール授賞式（タイムスホール）
一〇日　六〇年度一般会計予算、民政府の承認があり、当間主席即日署名公布
新民政官アンドリック准将、教職員会を訪れ、校舎、備品の援助を約す、
十一日　琉球放送と、ニッポン放送共催文教局、沖縄教育音楽協会、沖縄タイムス、東京都教育委員会後援の第十九回並びに第二十回学校音楽コンクール沖縄地区予選大会（於R、B、C第一ホール）
十四日　沖縄イタムス社主催、文教局、教職員会後援全琉小、中学校図画コンクール（タイムスホール一六日まで）
奥武山スポーツセンター野球場の起工式
出入管理部警察局新庁舎へ移転、警察局新庁舎へ移転、
爆発寸前の硫黄鳥島三二人島を引揚げる
文教審議会の最終会で教育課程は本土に準じ改訂すると結論答申する。
十五日　台風ビリー八重山を襲う。瞬間最大風速四十米
十六日　全琉教育長会（十七日まで、那覇教育長事務所で）
十七日　警察局新庁舎落成式
台湾政府特別経済視察団一行六人来島
十八日　沖縄創作音楽協会主催第一回創作音楽発表会（タイムスホール十九日まで）
ブース高等弁務官南部市町村長を招き懇談（ハーバービュークラブ）
十九日　第七回ボリビア移民（三十四世帯）ブラジル呼寄移民十四人、アルゼンチ呼寄移民七人計二百二十九人チシヤダネ号で出発
日本生物教育大会参加本土側代表の第一陣として三重大教授岡田弥一郎博士ら十人沖縄丸で来島
二十日　海邦丸（水産高校実習船）再び南海へ出発
二十一日　立法院行法委員会で、民政府法務部、琉大、行政府からそれぞれ関係者を招いて集成刑法について研究会開く。
二十二日　松竹グラウンド、スコープ作品「海流」沖縄ロケ終る。
日本生物教育全国大会沖縄大会に出席のため各県代表百七十一人来島
全日本高校選手権九州予選に出場する中農チームを始め男女高校庭球チーム（辺土名、商業）ボクシング（中央）水泳（中、高校混成チーム）など各種スポーツ選手総勢五十人出発
第六十九回中教委で六〇年度高校選抜要項決定。
二十三日　日本生物教育大会（於首里高校二十七日まで）
二十四日　学校第一学期終業式
硫黄鳥島調査団一行六人ヘリコプターで出発、
第六十九回中教委六〇年度公立学校校舎建築補助金交付に関する規則可決
二十五日　第六十九回中教委六〇年度公立学校校舎第一次割当、高校寄宿舎割当を可決
二十六日　文部省初等中等教育局長内藤誉三郎氏空路帰任
二十七日　全国生物教育大会沖縄大会終る、沖縄の教育援助を約束
石川のジェット機事故十七人の児童、一般の合同慰霊祭（於宮森小学校）
二十九日　夏季講習の本土講師団三三人けさ来島
沖縄ユネスコ協会の理事会（新庁舎会議室）
三十日　硫黄鳥島の住民五十人引揚げ泊入港
第四十一回全国高校野球南九州予選で中農、高鍋高校（宮崎）と対戦、健斗空しく十対一で敗れた（鹿児島鴨池球場）
三十一日　嘉手納航隊主催第四回米琉カーニバル（三十一日～八月二日）

八月のできごと

一日　教員夏期講座前期開始
教育財政確立期成会では六〇年度教育予算削減対策について協議（於教育会館）
二日　郷土の文化を守る会（会長山田真山氏）が主催し、琉球発祥の地めぐり
三日　アンドリック首席民政官就任初の琉球政府から一般行政について説明をきいた（於主席室）
四日　台風第六号エレン発生
五日　台風第六号エレン沖縄北部をかすめる。最大風速二三米
当間主席は与儀民主党顧問、長嶺同党総務会長、および新政会代表の山川泰邦氏を招き「四原則に基づいた保守合同実現に積極的に参加する」との正式回答を手交した。
六日　原水爆禁止沖縄県第二回大会（那覇市内バスセンターに於て）
知念官房長文部省に北岡調査局長を訪問、沖縄への教育関係技術援助について協力を要請した。
七日　ブース高等弁務官は集成刑法施行期日の再延期を承認した。
八日　全国高校剣道大会に於て那覇高校は水戸高校に惜敗す。
九日　カン国親善水産視察団（団長リー・スン・ヒ氏）一行六人来島
十日　那覇開放性病院患者収容始める肺外科の第一号入院
沖縄の民族歴史の研究者故伊波普猷氏の遺骨帰る。
十一日　早稲田大学第一次学術調査団一行十二人来島
ブース高等弁務官は当間主席に、新土地計画実施に伴う第一回交付金百万ドルの小切手を交付した。
教員夏季講座前期終了
十二日　立法院議員選挙第二十区（久米島その他の離島）における一部再選挙（久米島仲里村、具志川村）田原秀忠氏当選
十三日　教員夏季講座後期始まる。
沖縄連主催による沖縄弾圧布令集成刑法撤廃要求国民集会（於東京）
十四日　那覇造形研究会では佐賀大学教授筒井茂雄氏を招いて図工科教育について講演会を開く（於開南小学校）
新聞教育沖縄視察団一行三人来島
大田副主席ギリス副民政官との定例連絡会議で自由貿易地域の実現促進について民政府の援助を求めた。
十五日　早大学術調査考古班波照間島の下田原貝塚から石斧や獣骨などを発掘
座間味労働局長労働行政の視察研究のため上京
立法院行法委では集成刑法について、沖縄現地事情調査のため来島中の法務省高橋参事官の見解をきいた。
仲吉良光氏（沖縄日本復帰期成会長）ギーリス副民政官を訪ね日本復帰促進のため「米琉懇話会」を常設してもらいたいと要望書を提出した。
十八日　国際人権連盟議長ロージャー・ボールドウィン氏来島
十九日　来島中の国際人権連盟議長ロジャー・ボールドウィン氏立法院委員会室で社大、民主、人民、新政会の各派代表と懇談
カン国親善水産視察団（団長リー・ストン・ヒ氏）一行五人帰国
二十日　愛知県から遺児六人那覇市に贈る観音像携え来島
国際人権連盟議長ボールドウィン氏「人権の展望」と題し講演（於教育会館ホール）
沖縄交響楽協会主催の沖縄交響学団第一回演奏会（於国映館）
二十一日　沖縄教職員会主催、離島教員の懇談会（於教育会館ホール）
二十二日　参議院議員島清氏（日本社会党）パイン産業の実施検査のため来島
小桜の塔慰霊祭（疎開船対馬丸遭難学童慰霊祭）（於波上護国寺）
沖縄学校農業クラブ連盟の幹部講習会（南農、二十四日まで）
二十三日　東洋大学沖縄県学生会主催高校弁論大会（タイムスホール）
沖体協主催第十二回夏季球技大会（排籠球、庭球、卓球）
防犯協会主催第三回少年水泳大会（於首里淡水プール）
夏期講習の本土講師三十人と琉大教官の懇談会（於琉大図書館）
二十四日　早大学術調査団西表で日本の歌（新築祝の歌ヤータカビー）を発見
二十五日　沖縄ユネスコ協会では東京教育大教授安藤堯雄氏を招いて研修会（於那覇教育長事務所会議室）
東洋大学沖縄学生会と沖縄タイムス共催による書道展タイムスホールに於て（二七日まで）
二十六日　教育団体の八友会主催クロフオード民政府教育部長一家の送別会（於教育会館ホール）
文化財保護委員会の専門審議会放生池問題について現地調査
民政府「改正所得税法」を承認
二十七日　アンドリック主席民政官、新聞、ラジオ報道関係者と初の会見（民政府会議室に於て）
文教局学校教育課では東京教育大学教授安藤堯雄氏を招いて教育課程改定について懇談（文教図書三階会議室）
早大学術調査考古班石垣島の山原貝塚にて古代住居の跡を発掘
二十八日　柔道国体派遣選手決まる。
二十九日　台風第九号ジョーン先島方面を襲う　与那国は突風三七米
琉球郵趣会、那覇琉米文化会館共催第八回切手展（那覇琉米文化会館にて三十一日まで）
初の教員夏季認定講習終了
三十日　沖水連、中体連共催の第五回全日本中校水泳通信競技大会（糸満プールに於て）
三十一日　文教局では本土講師三十人を招き夏期講習反省会開く（教育会館ホールにて）
庭球団体派遣選手決まる。

文教時報（第五十八号）（非売品）
一九五九年八月二六日印刷
一九五九年九月一四日発行
発行所　琉球政府文教局　研究調査課
那覇市三区十二組
印刷所　ひかり印刷所（電話一五七番）

文教時報

NO.59

59

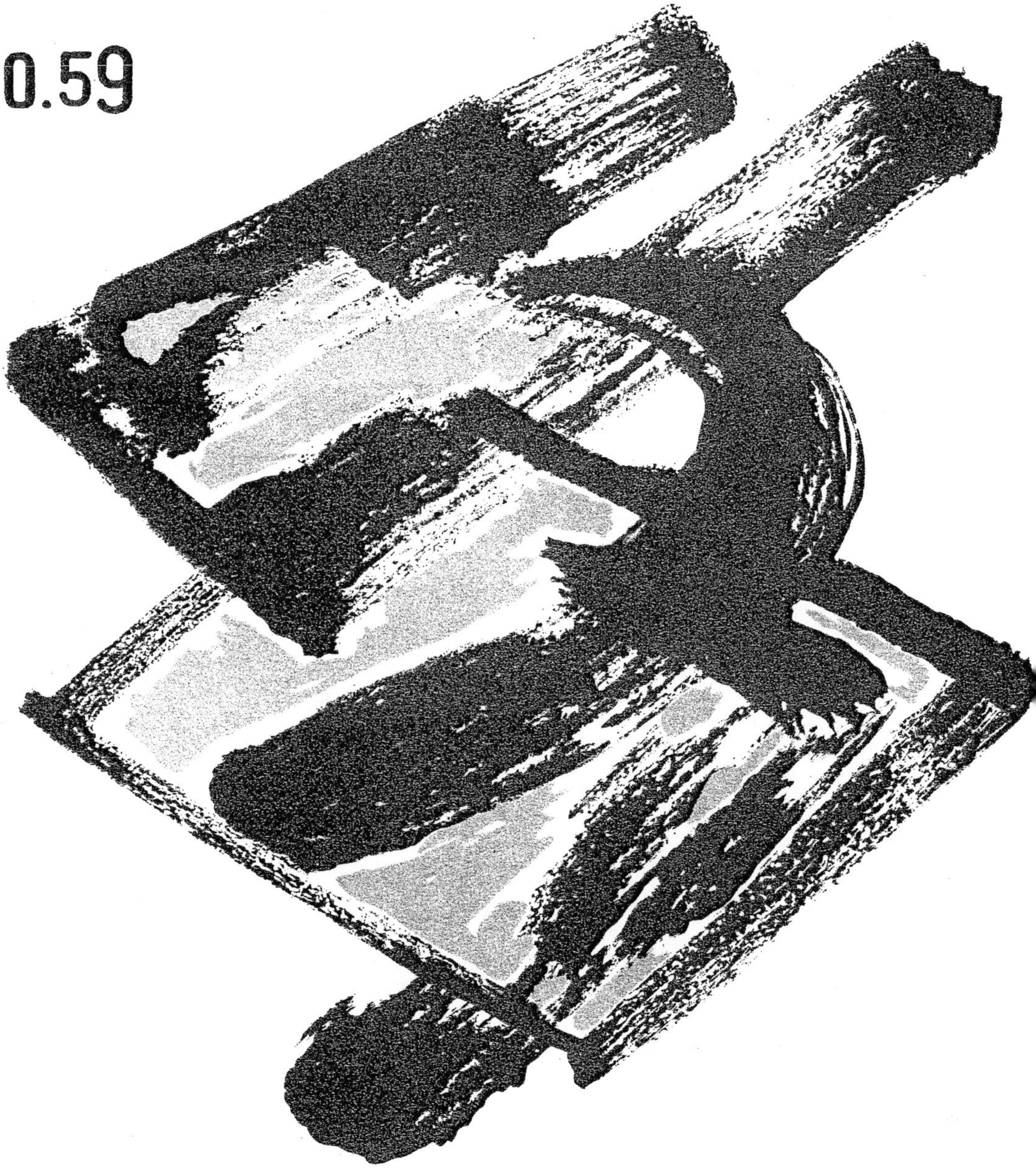

1959. 9

琉球
文教局研究調査課

巻頭言

実験学校の歩み

仲本朝教

実験学校、研究学校の制度ができたのは一九五一年であつた。当時は一般の生活も安定せず、教育においても校舎、校具等、その他いろいろな面に多くの困難な点があつた。しかし琉球の将来を想う多くの教師たちは、あらゆる困難と戦いながら或る研究テーマと取組んで真剣に研究を続け、之を発表し全琉の教育推進に大きな力となり、研究熱を高める導火線となつた。

社会がすべての点で着々復興し落付きを取戻すに従つて、この研究もいよいよ軌道に乗り深さと広さを加えて来た。

五六年度より「実験学校研究集録」が編集発行され、その研究記録を広く全琉の学校に頒つたことができるようになつて、ますます教育界に示唆と刺戟を与え、その教育発展に及ぼした影響は高く評価されてよいものである。

五九年度より過去六ケ年間に指定された学校数は、小、中、高校を合わせて、一四八校に及んでいる。最近は、毎年度実験学校二十校、研究学校十五校計三十五校の目標で指定が実施されている。六〇年度より、落付いて地についた研究を進めて貰うために二ケ年継続の指定校も考慮に入れている。

六〇年度指定に対して、各校にその希望を募つた所、二十一校の希望校があり、教育界における積極的研究熱がいよいよ旺盛になつてきつつあることを、まことに喜ぶ次第である。

尚、この制度の運営については、広く現場教師の声を聴き、ますますこれが効果ある適切なる運営を図るよう共に努力してゆきたい。

（学校教育課主事）

目次

実験学校の歩みから

金城順一

最近（六月上旬）までに発表会を終了した、理科関係の実験学校や研究学校の一ヶ年の歩みの中から、特色の二、三を取りあげて将来の参考に供したい。

一、読谷小学校（校長比嘉良正氏）

　実験学校としての研究テーマは、「理科学習環境の整備と学習指導法」で、このテーマをとりあげた理由を、「……児童の科学への関心を高めさせ、合理的な生活態度を養つていくためには学習環境を科学的に整え、その上に最も効果的な学習指導法を研究しなければならない。」という基本的立場の確認におき、具体的な研究に進んでいつた。

　先ず研究方針を明確にして、研究の方向や基礎調査に基づく施設設備の充実計画の必要を確認し、年間指導計画の作成に重点をおいて研究に着手した。研究組織を、低・中・高学年の三グループに編成し、それぞれ研究テーマを次のように定めた。

○低学年における継続観察　一・二年
○中学年における飼育栽培　三・四年
○高学年における実験観察　五・六年

理科の学習活動の多様性については、衆知のとおりであるが、理科学習の本質から、特にその中核をなすと思われる前記の分野について、具体的に研究が進められた事は賢明であつた。

　班別研究の成果の詳細については、一一〇枚にわたる同校の研究集録「理科学習指導法」にゆずることとして、研究全般の特色の二、三についてふれてみたい。

1、毎月の研究授業やグループ別の研究討議の成果と、日々の教壇実践の経験を基底として、研究がまとめられている。

　従つて、理論的な体系の面では多少の不備も認められるが、研究そのものが具体的、且つ実際的で、現場教師の研究としては最も適切なものであつた。

2、諸施設や学習環境の整備の面にも一段と研究、工夫がなされている。

　即ち、従来やゝもすると、学校内外の諸施設や設備が、その学校の教育計画との関連を充分考究することなしに設定される場合が多い昨今、同校では管理や、活用の面から、最も効果的に考慮されている点よい。

　ただ、校地拡張の難事業に多くの時間と労力が払われたため、計画の一部が今後の仕事として残された点は惜しいことであつた。しかし、低学年の観察材料が豊富に揃えられ、基本的施設に将来の見通しがついた点はよかつたと思う。

3、研究成果の最も重要な基底をなす職員の態度が実によかつた。

　校長自ら陣頭に立つて鍬を手に、額に汗して働くあの雰囲気の中で、研究の実らぬ筈はないことを充分知らされた。研究主任の新崎教諭の計画と指導振りも適切であつたことを記したい。

二、糸満中学校（校長　新垣助次郎氏）

研究学校としてのテーマは「小中校における物理化学実験の基礎技術の指導」で研究者は同校の大田潤教諭であつた。

　大田教諭の研究は、日々の実践活動の反省の上に立つて、学習環境のもつ教育的価値を明確に把握し、普通教室を特別教室化することから始められた。同校は十五学級で、各学級が週二時間ずつ特別教室を利用できるよう時間割編成に工夫がなされている。

　研究の主なる特色を記すと、およそ次のとおりである。

1、理科教室の経営に努力が払われている。

イ、薬品の分類と、ラベルのはり方が合理的である。

ロ、器具の管理は利用を主体にして工夫がなされ、黒板の下側等も備品置場として生かされている。

ハ、理科担任の事務室を教室の一部に設定し、管理と同時に常時生徒の指導に当ることができるようにした。

2、日常生活との関連の面から、単元の展開に留意している。

例えば、女生徒にとかく嫌われ勝ちな電気教材を、アイロンの修理や安全器のヒューズの入れかえ等の指導をすることによつて、興味をもたすように工夫した点等がそれである。

3、小中校の物理、化学教材実験の基礎技術の指導に特に意を用い、指導系統表を作成して指導の合理化をはかつた。

　即ち、計器の使用、熱源、電源の使用、化学器具の使用、薬品の取扱い方、工具の使用、物理器具の使用写生、作図記録等の諸分野についてそれぞれ基本操作を選定し、小学校一年から中学校三年までの指導の力点を一応明らかにしてある。

なお、大田教諭の研究を側面から援助してくれた、同校の大木教諭（主任）の存在も、その成果を高めた一因であつたと思う。

三、兼城小学校（校長　山城清俊氏）

研究テーマは「小学校における植物教材の取扱いについて」で、同校大城勲教諭の個人研究である。

研究の主なる内容は大体次のとおりである。

1、観察を中心とした生物教材の指導、特に植物教材の取扱いを容易にするため、教材にでてくる植物や、それと関連深い沖縄の植物についての研究を主眼にまとめあげた。

従来、生物教材の指導で一番困難を感ずる点は、教科書にでてくる植物と、地域の植物との間に種類、生態等に大きな差があり、しかも、沖縄産植物に対する分類学的、生態学的な研究が、小中校の理科担任者に適するよう、まとめられたものが少なかつた。したがつて、現場における指導がとかく観念的、抽象的になり、本土の教材をそのまま教え込んでしまうというきらいが多かつた。

この面の隘路を打開するため、単元にでてくる植物教材や、それに近い地域の植物を採集し、小中校向きに人為分類法によつて五百種に近い標本をまとめた。

これを中心にして、小学校全学年の植物教材について

○指導のねらい
○栽培材料としての植物
○観察のための植物
○指導上の留意点

等の項目に従つて指導計画案を作成した。

今後の研究によつて、生態学的な事項が各植物毎に明らかにされれば更にその価値は高められることと思う。

2、新しい指導要領の分析を行ない、旧指導要領や、現行教科書との差異を究明することによつて、植物単元の移行措置が容易になつた点もよかつた。

しかし、この面については、具体的な取扱いの方法、学習活動の想定等がもつと研究される必要がある。

今後の研究に期待したい。

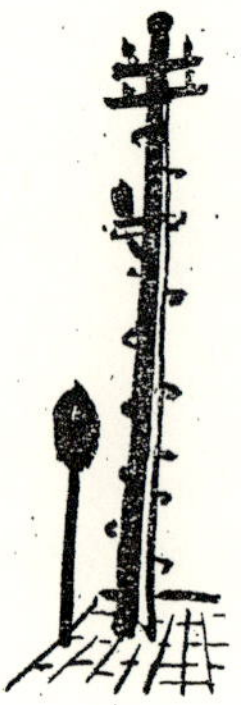

①送りがなのつけ方

—文部時報より—

まえがき

1「この送りがなのつけ方」は、現代国語文を書く場合の送りがなのつけ方のよりどころを示したものである。

2 この「送りがなのつけ方」は、

①活用語およびこれを含む語は、その活用語の語尾を送る。

②なるべく誤読・難読のおそれのないようにする。

③慣用が固定していると認められるものは、それに従う。の三か条を方針として定めたものである。

3 この「送りがなのつけ方」の通則は、便宜上、品詞別に配列した。

なお、用例は、送りがなのつけ方を示したものであつて、その語を書くのに漢字を用いるかどうかを示すものではない。

通則

第一 動詞

1 動詞は、活用語尾を送る。

例 書く 読む 生きる

ただし、次の語は、活用語尾の前の音節から送る。

表わす 著わす 現われる
行なう 脅かす 異なる
断わる 賜わる 群かる
和らぐ

2 活用しない部分に他の動詞の活用形またはそれに準ずるものを含む動詞は、含まれている動詞の送りがなによつて送る。

例 浮かぶ（浮く） 動かす（動く） 及ぼす（及ぶ） 語らう（語る） 聞こえる（聞く） 積もる（積む） 照らす（照る） 計らう（計る） 向かう（向く） 起こす・起こる（起きる） 終わる（終える） 悔やむ（悔いる） 定まる（定める）

3 活用しない部分に形容詞の語幹を含む動詞は、その形容詞の送りがなによつて送る。

例 近づく 遠のく 赤らめる
重んずる 怪しむ 悲しむ
苦しがる

4 活用しない部分に形容動詞の語幹を含む動詞は、その形容動詞の送りがなによつて送る。

例 確かめる

5 活用しない部分に名詞を含む動詞は、その名詞の送りがなによつて送る。

例 黄ばむ 春めく 先んずる
横たわる

本校における生活指導

真壁小学校　砂川玄公

本校においては、昨年(一九五八年)文教局指定実験学校として「一日の場を通してどのように生活指導を行い、効果をあげるか」というテーマをかかげ、三分科に分かれて研究を進めた。

第一分科―学級経営と問題児

第二分科―教科外活動(学校児童会クラブ活動、校外生活指導)

第三分科―教科学習における生活指導

となつているが、紙面の都合により、今回は第一分科を中心に「学級経営における生活指導をどのようにやるか。学級児童会と学校児童会とをどのように位置づけるか。学級経営における問題児に対して、これをどのように考察していつたらよいか」という三点から述べてみたい。

※学級における生活指対の組織

生活指導では教科外活動を含めて、児童にその主体性と責任が求められる事が強いことから、積極的に児童相互の間でその自主性、自律性を求め合いつつ、育てられている事が何よりも重視される。しかし、この活動はそれ故により適切な管理が必要になつてくる。教育の目標に合致するような指導を評価により、児童を勇気づけてやることが必要である。

(1) 経営活動

四年以上の高学年においては、校内経営活動の母体を学級に置き、校内活動と関連を持ちながら学級経営を自主自律的に運営していくようにする。学級の仕事を分担して行うために、学級独自に児童をいくつかの係に分け責任を持たせるようにする。各学級で設けられている係は、図書、整美、生活、放送、会計、学習、保健体育、園芸、けい示係等である。

この場合、児童に言葉のもつ意味をしつかり把握させ、各係の仕事の限界をはつきりさせる事が大切である。

三年以下の低学年においては、高学年に進んで各係に所属した際、自分の仕事を理解し、積極的に運営していく事ができるよう、簡単な仕事から分担して責任を果す練習をすることを目的として、自分達でできる学級の仕事をさせていく。

係としては、お花係、机、腰掛係、そうじ係、黒板係、ミルク係、お天気しらべ係、花園係、おべんきよう係、オルガンたいこ係、しゆうぜん係、しゆくだい係等を学級独自に取り入れ、実施している。又、係の交代も学級によつて、年間を通して、学期ごと、一ケ月等となつている。

(2) 学級児童会

高学年においては、学校児童会と連絡をとり、学校の問題を自律的に解決していくと同時に、唯、単に学校児童会の問題を流される下部組織的なものにならないように、学級独自の問題をも解決していくようにする。児童会で最も大切な事は児童の申し合わせは何のためにこのような申し合わせがなされたか、その事情を理解しておく事です。そして、常に反省し、何故実行出来なかつたかを確かめ、一段一段とより高い生活をめあてに経験をつむようにしたい。

低学年においては、きまりを生かすために、時には遊びについての必要なきまりを考えさせ、実際の遊びを通して、その必要性を認識させたり、学級園については、実際に草花を植え、それを育てていく上において道徳的心情を体験を通して育むようにしたい。

児童会の第一次研究会として、九月に六年生、十月に五年生と三年生の各一学級の実際指導を中心に研究会をもつた。その時の先生方の意見をまとめてみると、

○話し合いの指導は児童会ばかりでなく各教科の時間や、朝の会、反省会の時間などを通して計画的に指導する。

○話し合いを具体化していくために、参考資料を準備しておく。

○具体的な問題を議題としてもつてくる。

○発表力の弱い児童には、一応紙に書かして発表させる。

○会議は、時には運動場や野原で行う事もよい。

○児童会という会議形式ばかりもつ必要はなく、時には読書による指導、時にはレクリエーションというように変化するものでありたい。

○児童会の形式については、低学年ではグループ指導から入り、時には児童会ごつこぐらいの話し合いを持つ

○学級児童会は、週一回は必要である。

以上の通りとなつている。

次に学級児童会運営上の問題点としてあげられた事項を学年別に示すと

三年生では　。司会の仕方、　。発表が

思いつき、突発的である。。ことばづかい（方言をまぜないと最後まで言えない）。積極的に発表しようとする者、だんまり屋の処置。。聞き方について。

四年生では　。発表力に乏しい（特に女児）。議長の運営の仕方、。発表が思いつき、羅列的で関連性に乏しい。。問題に対する突つ込みが足りない。

五年生では　。議長の運営の仕方、。発表者が限定されている。。一つの問題に対する突つ込みが足りない。。議長の許可なくさわぐ。

六年生では　。よく発表するが語いが豊富でない。。発表内容のまとめが足りない。。問題意識を高めるための指導。。決定事項の実行面について。

以上の通りになつているが、分科会としては、低学年の頃より児童会の形式に馴れさせておけば、高学年に進んで学校や学級の問題をほんとうに自分達の問題として、自律的に解決していく事は容易でないかと考えている。無論、そこには教師のたゆまざる継続的な指導が必要であることは論をまたない。

(3) 学校経営における問題の実態調査とその考察

最近、教育界は勿論一般の間にも、問題児に対する関心が高まり、各種の指導書や実践記録などが発表される一方、実態調査の方法もずい分進んで来ている。しかし、この問題に対する認識や学問的裏づけの歴史は未だ浅く、他の分野に比べて研究成果も少く、多くの未開拓の問題を今後に残している。このような段階におかれている問題と取り組んで、今年は、「問題児の実態調査」に焦点をしぼり、問題児という言葉の持つ意味を本校独自に明確に認識して行うことを考えた。

第一次の実態調査として、問題行動児と思われるもの。②知態テストの結果による問題児（精薄児、学業不振児）の調査を行つた。

問題行動児と思われる者は、反社会性児童が一二二人（一七%）、このうち男一〇二人（一七%）、女二〇人（六%）で、非社会性児童は二八人、このうち男一〇人（一%）、女一八人（五%）となつている。（詳細は紙面の都合で略す）

この結果が示すように、非社会性児童の人数に比べて、反社会性児童の数は約四・三倍でずつと多く、又、女子に比べて男子に多い事は重要な傾向である。又、非社会性児童に関する調査の結果が、これに対して対称的な結果を示した事も、その中に、多くの問題を語つているように思われる。

その第一として、この段階における実態調査では、真に科学的な結果は得られないという事です。即ち、問題行動児といわれる者に対する考え方が主観的になりやすく、実際の判定の場面においても単にその児童の表面にあらわれた行動の一部だけをとらえてしか判断できないという事である。こうした考察の主観性から、児童を必要以上に問題化してしまう場合と、反対に忘れられてしまう場合が出てくる。

第二に、今の場合とも関連して、反社会的行動をとる者は目立つた行動をしその多くが他人に迷惑をかける行動をとるので問題として取り上げられやすいが、非社会的行動をとる者は、その行動が一般に表面にあらわれてくるのが少ないし、たとえ、表面にあらわれたとしても人の迷惑になるというより、その児童自身の問題としてとどまつてしまうので、教師としては手がかからず、むしろ、おとなしい存在がありがたい場合があるのも事実であろう。そうすると、消極的であるがために問題とされねばならない児童がそのために見逃されている傾向がある。この調査でも、反社会性児童数に比べて非社会性児童数はずつと少ない。少ないことは喜ばしい事ではあるが、果してこの結果を信用してよいか疑問の余地がある。

第三に、知能テストの結果から判定する事の危険性が考えられる。知能テストは児童理解の一つの方向を指し示すものではあるが、これのみで児童の実態を把握する事は危険である。生活能力というものは、その生活環境によつて規定されるものであると同時に、教育の力によつて練習され得るものであるといわれている。

以上のような問題児把握の上に立つて実態調査を実施した選択の目やすとして「学級を生活指導という立場で経営している時、普通以上に手がかかつたり、特別の考慮を払つたりしなければならないというように、学級運営上障害となる児童」という事にし、一人一人について指導上の悩みも書いてもらつた、それと同時に、ソシオグラムを作製し、その子の学級集団内での位置をも調査した（集計結果は略する）

自由な立場で、自由な表現で、生のままの実態を書いてもらつて、最も指導者が切実に問題として持つているものは何かを知るのがこの調査の目的であつたが、集計結果をみて、目的が大体達成された感がある。頻数表からみて、児童の学力能力の程度によつて、ある程度、問題の起り方に一定の範囲を与えていることが分つた。そこに、児童の持つ問題の一端が学力や知能の程度によつても影響されることが物語られていると思う。勿論、このほかに、心身の問題、家庭的問題等種々の要素が含まれているわけで、これですべては理解されない。そこで、今後は、ここに提示された児童を中心にした個人カードを作製し、更に具体に、より科学的に児童の一人一人の問題を究明していく方向に持つていきたいと思う。

この調査及びソシオグラム作製を通じて、教師の間でお互いに問題のある子どもや担任の悩みについて、自然の会話で日常の話題としてのぼり、語り合わされたことは、それだけでも尊い成果であつたと思う。

研究後の考察

金武小学校長　新里孝市

実験学校の研究課題を学校経営全般という立場から設定してきた本校として切実に感んずる問題として、全職員が共通な悩みと、またそれぞれの個性というのが充分に発揮し得る段階にこぎつけられたのではないかということである。そこには矢張り一教科指定と違つて広いところにややもすると浅い欠点もあつたのではないかと思う。しかしながら一つ一つを解決していくことに真の教育者としての新しい喜びがあつた。それはたまには大きな壁となり吾々の前進をくいとめるものもあつたのである。

それ等の問題をとりあげて深く反省し今後の課題の考察をすすめていきたいと思うのである。最初にとつくんだ問題は学校環境の整備を如何ようにするかと云うことでした。花園の花がちぎられて運動場にちらばつていたり、本村の名物である鉄筋コンクリートの校舎は戦災でいためられ幾度か補修するが少い予算ではまたすぐいたんでしまうと云つた調子でした。

特に本校のような鉄筋コンクリート建ばかりの学校環境ではやわらかい落着いた色彩が配合され植木や草花が四季の変化にマッチし全体としての調和が必要である。子どもの心情を豊かにするためには育てる学校でなくてはならないと思つた。

育てるということは子ども達が自らゆたかな感覚からでてくるもので自ら育つていくことだと考えたのです。このような観点に立つてわれわれはあらゆる努力、協力のもとに現在の明かるい校舎にすることができました。

現在では学校の飼育ハトに対する子どもの愛情はいくつかのエピソードをのこしています。或る大雨の日でした。ちようど日曜日だつたので学校には日直の先生と用務員だけでした。日直の先生はふと給食室に入つてびつくりしました。それは日頃から問題児と云われているK君でした。頭から全身ずぶぬれになつたK君の手には矢張り毛並みのぬれたハトがだかれていた。彼はハトをかまどの火でかわかして呉れているのだつた。

このように生物に対する子どもたちの関心はだんだんと深まつてきたように思える。今では数年前にあつた花ちぎり樹木をきづつけること等はほとんどみられなくなつた。T学級では研究発表後、児童が掲示物に対する批判もでてきたというのである。つまり児童が自ら研究会の為の掲示でなくぢかに学級生活のよりよき資料を考えなくてはと云う声がでてきたのである。これなどは学校生活に対する児童の視野が広がつたということが云えるかも知れない。さらに日記指導では児童の悩みや個性も知ることができた。

このようなことは単に教師の成功感だけではなかつた。色々な問題が出る度毎に、教育のむつかしさをしみじみと味わつたのである。環境を整美したりいろいろ施設をしたからこのような心情が育つたと考えるのはあまりにも甘い考えかも知れない。しかし職員の熱が子供を刺戟し子供たちの内面から自覚をゆさぶり起すことができたのではないかと考えている。一括して云うならば、十あるものが十一に前進したのも一あるものが二に前進した同じように前進と考えたいからである。

「豊かな心情をそだてたい」と云うこの職員全体の共通な気持は、P・T・Aも非常に協力してくれて同じような気持になつてくれた。これが研究を進めていくために大きな基になつたのである。軍のすて場が学校の資金源になり備品をととのえるばかりでなく、会費の徴集はやらなくてもやつていけるようになつた。軍のすて場は単にはい品の活用だけでなくそれ等にたかる不良化の防止にも役立つたのである。

また施設をととのえるばかりでなく教科の診断による個人指導の徹底。教科外（特活）の改善に努力してきた。

こうしたすべての面から豊かな心情を育てていこうとする気持は次第に道徳時間の設置というところに目をむけらされていつたのである。

日記指導にしても、ちぎられた花に対する問題、ガラスがよくワレル問題美しく正しい言葉の問題数えても数えきれない多くの諸問題をまとめて話し合える時間がほしかつたのである。

われわれは従来までの児童週番を奉仕経営部の週番に変えることができたのと同時に朝礼のあり方も研究したのである。口からあわをとばして一生懸命話して聞かすがなかなか児童はわからないといつた欠陥、もつと効果的な話し合いや考える時間がとにかく必要であつた。これが道徳時間の設置に対する足がかりになつた。したがつて戦前の修身科とは根本的に角度のちがつた概念の上で考えているのである。

ただここでその時間内だけで道徳教育をするのでなくて従来の学校教育全般において行つていこうと云う点は全職員が一致していた。これからもなおいつそう批判をあおぎながら研究を進めてきたい。

今後の課題として特にP・T・Aの運営に力を注いでいきたいと思つている。すでに各部落小単位に教育を育てる隣組というのを組織し、父兄と学校の関係をより密接にしていくことがねらわれている。これからもうかがわれる通りわれわれの努力や研究は学校教育がぜひやらなくてはならないもので一つの課題をとりたててやつてきたのでもない。だから学校教育活動全般の一ミリの前進を重要視したのである。

だいたい経過をたどつてみると環境整備美化、教科学習の系統的指導と診断による個人指導の徹底、特活改善、道徳教育、P・T・Aの良き運営、今後の課題として学校行事の研究等があげられている。特に学校行事はP・T・Aの運営と結びつけ教育効果を深めていこうと考えているのである。

今後特に反省していかなければならないことは過去の研究をいかに永続的にならしむるかということで、切角芽ばえたものを育てていくためには矢張りそこにあるようだ。新しいことを次々ととり入れてやつていけば何か効果があがつたような観念をかなぐりすてることである。これは沖縄全般に云えることではないかと思う。次から次と新しい分野と方法をとり入れることは望ましいことであるかも知れないが、地につかない段々畑のような研究では真の効果は期待できないであろう。

新しいものを受容する場合はそこにするどい批判力と現状をしつかり把握していく態度とその反面措置の態度というのがわれわれ現場のものにとつては重要なことだと思うのである。

過去の教育研究を分析してみるとややもすると何んでも新しいものを無批判にとり入れる傾向にあつたのではないかと考えるからである。

以上のように新しい課題への出発と研究表後の職員の態度などをとりとめもなくつづりました。

一九五九年度前・後期招へい教育指導委員の配置計画

(文教局)

連合区	期	職名	氏名	担当教科
知念	前	大阪府教育委員会指導主事	竹村 正一	中・数
〃	後	愛媛県教育委員会指導主事	高智 四郎	小・図工
糸満	後	兵庫県教育委員会指導主事	嵯峨山実治郎	中・理
那覇	前	千葉市立稲丘小学校 教頭	川島 茂	小・数
〃	〃	熊本県教育委員会指導主事	久佐賀種一	中・理
〃	後	埼玉県教育委員会指導主事	尾崎馨太郎	中・数
普天間	〃	栃木県教育委員会指導主事	下山 兵衛	小・理
コザ	前	広島県教育委員会指導主事	梶山 逸夫	小・音
読、嘉	後	福岡県教育委員会指導主事	才所 敏男	中・数
前、原	〃	山口県教育委員会指導主事	原田 彦一	中・理
石川	前	東京都教育庁 指導主事	山川岩五郎	小・理
宜野座	後	秋田大学学芸部附属中学校教諭	安保 宏	中・数
名護	前	愛知学芸大学附属岡崎中学校教諭	中島 彬文	中・理
〃	後	静岡大学教育学部附属浜松小学校教諭	富永 忠男	小・音
辺土名	〃	山形県教育委員会指導主事	菅井憲太郎	小・数
久米島	前	東京教育大学附属小学校教諭	長谷喜久一	小・図工
宮古	〃	宮城県教育研究所嘱託	高橋 章	小・数
〃	後	東北大学教育学部附属小学校教諭	秋葉 和夫	小・理
八重山	前	長野県教育委員会指導主事	太田 五六	小・理
〃	後	和歌山県教育委員会指導主事	坂上 昇一	小・数
沖工高	前	岐阜県立岐阜工業高等学校教諭	堀江 嘉進	高校機械
沖水高	〃	三重県立水産高等学校教諭	岩城 彪二	高校水産
南農高	後	東京教育大学附属駒場高校教諭	金井 金雄	高校園芸
沖工高	〃	東京都立小金井工業高校教諭	内山 一正	高校電気

社会科における道徳指導

宜野座小学校　中　山　興　健

㈠　研究経過の概要

1、道徳教育の目標をしつかりつかむ。

指導要領、道徳教育実施要項の読み合わせを全職員でやる。

2、社会科における道徳教育の役割はどういうものか。

3、社会科における道徳指導はどのような場でなされるかについて。

(イ)　学習活動と結びついた場面

(ロ)　学習内容と結びついた場合

この二つに分けて考え、更に具体的にそれぞれの学習内容、学習形態ではどのような指導がなされるかを研究。

4、カリキユラム作成

学年別に道徳的要素をぬき出し指導のめやすとした。

5、学年部会と話し合い。

低・中・高学年に別れて研究授業を行いその反省会をもつた。

このようなやり方で研究を進めて来たが紙面の都合で実践記録（四年生）の一、二をのせ諸先生方のご批判を仰ぎたい。

㈡　実践記録

四年生になると発達も著しくなり、活動性がまし、また精神的にも自己中心的から進んで行動の範囲がひろがり自我と他我をみとめるようになり、自分は集団の構成員であるという集団意識がかなりはつきりして来、興味が外部にむけられるようになり、自分の属している社会にも多くの関心をよせ、対比のしかたも一つのまとまつたものを対比するようになる時である。町や村ひろくは県郷土の問題に対して現状から問題点を見出し、「なぜだろう」と原因をつきとめようとし彼等なりの解決策を考えようとする態度が見られるようになる。

ここで他にたよらないで進んで事実について調べ比べて質問する探究的態度と批判的芽を養うように導き、発言に際しては自分の思つていることを勇気を出して自信に満ちた態度でやるように指導する。

グループ学習

休み時間にはよくはねまわつて遊んでいるが授業時間になると活気が乏しく発言もあまりないので何とかして自分の言うことに自信をもたせてやろうと思いグループ学習を通してこの指導にあたつてみた。グループ別になると小人数になり発言も活発で思つていることを方言まじりで発言するし、グループの協力の効果があるのでこの学級としてはよりよい指導の機会が得られることを望んで次のような段階で指導した。

(イ)　全体的計画によりグループ別の問題をきめ、それをグループ別にどのように研究するかを話し合い、計画、分担をきめる。

(ロ)、教科書、図書、年鑑、地図帳等で個々に調べる。

(ハ)　調べたものをまとめる。それを図表等に整理作成し、発表の準備をする。

(ニ)　発表会をもつ、代表者による発表。質問　代表者は質問を受けたら自分のグループの一員を指名してその質問に答えてもらい発表者は足りない時にその補いをやる程度。

(ホ)　整理、各グループの研究不足なもの未解決なものを全体の話し合いで解決。

(ヘ)　反省会をもつ、自己評価、グループ評価をする。（人の悪口や他のグループの欠点さがしにならないように。）

これはよくとられている方法であるが、質問を発表者が受けてその質問を同じグループの一員に指名して発表させると、そのグループ全員の責任であるという自覚を持ち発表者まかせにならず調べ活動においても真剣に自分の持場を考えようとする態度が養われていく。また指名された時の態度、わからない時はだまつていないで「わかりません」「しらべてありません」とはつきり答えるような指導が十分なされ、答え方の悪い児童に対してはお互に注意し合う雰囲気が生れてくる。

単元　暮しのくふう

教科書をもとに我が国の衣食住のうつりかわりについてグループ別に調べて図表を作成して代表が発表し質問を受けている時。

A「武士の時代書院づくりや武家づくりの家にみんながいたんですか。」

発表者　自分のグループC君に指名

C「いいえこれは武士だけで百姓や一般のびんぼう人はかやぶきのまずしい家に住んでいました。」

D　はずかしそうに「貴族の時代には、しんでんづくりの家にみんな住んでいたのですか。」

発表者　F君に指名、Fまごまごして

下をむいて何も言わない。同グループの者、また発表者から注意されてやつと

F「わかりません。」

C「いいえそれは貴族だけでその外の人は、まずしい家にすんでいました。それは絵にもかいてあります。」

このような同じ質問だけ繰返している。

これで大体昔から今までのうつりかわりと昔の人たちが自分達に合うように工夫して生活して来たことを理解出来たと思うがただうわすべりになるのではないかと考えもつとつゝこんで現在の私達との生活とはどうかということを考えさせ、また身分によるくらしのしかたについて考えさせたいと思い。

教師「今いろいな質問が出ましたが今と昔とどちらがよいですか。」

児「今です。」「じようい今です。」注（ずつと）

教「どうして今がよいですか。」

児「今は鉄筋コンクリートの家も五階六階の大きな家が出来ているからです。」

教「昔は貴族もこんなきれいな家に住んでいたのですからいいじやないですか。」

児「それより今がいいです。今の方が便利です。」

児「貴族だけで他の人はちがいます。」

教「先生もそう思いますね。今S君が言つたように貴族、武士だけがいい家に住んで他の人はいい家に住めなかつたことを考えると今のほうがいいですね。」

教「しかし今でもわるい家に住んでいる人とよい家に住んでいる人がいるのではないですか。」

児「はい」「わつたあ、やあは、やなやあです。」（笑声）

教「なぜ今でもよい家に住んでいる人と悪い家に住んでいる人がいますか。」

児「金がないから。」

教「その人たちは働かないのですか。」

児「働いているけれどもお金がありません。」

教「なぜでしようね。みんな一生懸命働いたらいい家に住めるようになればいいですがね。」

みんなだまつている。一人の子が「じようい住めない、お金がないから。」みんな笑つているけれどもいつもの笑いがない。これは四年生では無理でまた行き過ぎかとも思いましたが児童なりに現在の社会に対する目を開かせようと思いこれだけで打切つた。

教「家のいい悪いだけが問題ではないですねそこに住んでいる人が自分の家を住みよいように工夫することが大切ですね。」

その他くふうされた家のことを話して次の学習へ移つた。

教「次のグループ発表して下さい。」

そういうとみんなうつむいて誰も声をたてない。机の下で指をさして君やれというようにうながしている。

教「どうしたんですか、発表者は誰ですか。」

児「K子です。」「Yさんです。」と口々に言つている。

教「誰が発表するのかわかりませんね。」

一人一人発表者は誰かと聞くと男性は女姓のK子というし女姓はY君というし責任のなすりあいをしている。

教「誰が発表するかわからないでこの家ではけんかをしているようですね。けんかをしてはよい発表ができませんので仲なおりしてから発表してもらいましよう。」

とやわらかく云つてすぐ次のグループに発表してもらつた。先のグループは全員がだまつてしまつて何か考えているようである。

その翌日の社会科の時間にこのグループに発表をして下さいというと仲なおりしたらしくFさんが発表で男の子たちも図表をはる手伝いをしている。

このことから考えて、発表者が出ないその場で何もできないとそのグループをしかりつけ無理に指名して発表させられないこともないが、このようにやわらかくそして強さのある言葉で言つてやると案外児童は進んでやるものだということを強く感じた。

その場で無理に発表させたとしたらそのグループは終つてあともいざこざが起つたのではなかろうか。今までに私もよく児童におこりちらし、おさえつけたこともありましたが効果があがらないことが多いようでした。だから指導もその場の空気と児童の心持ちをよく考えて、やわらかい言葉の中にそうせざるを得ないような力をもつた指導を考えなければならない事を深く反省させられました。

道徳教育の問題は実践してゆくうちに問題にぶつかり、どうしていいものか迷つてしまつたことも多くこれからも研究を進ゆてゆかなければならないと思つています。

学校、家庭、社会において道徳教育をはばむ原因を考えそれを取り除くとに教師も家庭も社会も強力していか

※（三十五頁へ続く）

純漁村における職業教育

宮古地区　池間小中学校

A

一、研究内容

テーマ設定の理由

(1) 漁業生産が琉球経済の全体的構造の中での地位と役割を認識させ、将来漁業生産人としての誇りを持たせる。

(2) 地域社会の食生活に関係深い漁貝類海草類等を対象としてこれらの水産物を採捕、加工、繁殖させる技術体系を、部落の漁業の技術段階を明確にさせつつ訓練し、それを支える自然科学の基礎や流通、資本、経営に関する社会科学の基礎を充分養う。

(3) 漁村における現実に立って考え、その生産に正しく対応できる人間を作る。

(4) 勤労漁民の協同組織化による漁村民主化の道を培いたい。

(5) 以上のことを通じて予想される他の産業への適応力ある人間を養う。

(6) 部落の父兄と提携して漁村問題を解決したい。

B **実態調査**　以上の理由と職業教育が地域と生徒の実態調査、学校の実情に則した実践でなければならないとの観点に立って、本校では地域社会、生徒、その家庭の実態を調べ、その成果と学校の施設々備を考慮して実践に移すことにした。（紙面の都合で一部分だけにとどめる）

(1) 池間島の概況

(イ)島は周囲五、一粁、面積一五、五平方粁丘陵と砂地から成る。西北に八重干瀬があり、四面黒潮に洗われる好漁場である。

(ロ)人口総数二三七二人で夏の鰹漁期における移入者を除いては、殆んど他地区からの移住者はなく、同族縁者で社会をつくる。海外移民のできない現在、人口密度は一平方粁一五五人強の高い密度を示す。

(ハ)人口構成は生産年令の男女構成において戦争の影響で男より女がどの年令層とも多い。未亡人の多くは行商や小間物店経営で生活を支えたり、救護家庭として保護されたり、遺族年金によつて生活したりしている。

(ニ)家族構成では四から八人の構成が六四％を占めている。早婚と豊かでない経済生活の結果だと考えられる。

(ホ)産業

○父兄の年令人口では男の七三％は漁業、女子の七七％は農業（第一表）

○池間島においては漁業は生活の基盤であり、これが盛衰は島の況、不況と関係が深い。女子は農業に集中しているが九〇町歩の畑に可働農業人口四四〇名以上では勢い集約的経営となる。これら女子人口は夏の鰹節削りに向かうので低賃金制の原因を作る。冬期多くの漁船が出漁しないので、冬は完全失業者や潜在失業者を増加させ雇傭関係を悪化させ、部落の生活を窮迫させる。（第二三四五表参考）

○漁船の大部分は三〇七前後で沖合漁業を主とする。刳舟は五七隻以外は無動力一人乗りで冬の一本釣をするが天候の関係で出漁日数は月に七ー一〇日位となる。冬期船主よりの前借りで生活をなす。そこから船主ー船長ー船員という家族擬制の社会構造が生まれるだろう。共同経営と資本の蓄積、その方法は重要な問題と考える。（第六七八九表参考）

○三十五才以上の人々の移民希望者が少ない。主として移民の経験も少なく、戦後漁業移民地を失なつていることに最大の因があると思われる（第十、十一表）

(ヘ)家庭における食物、被服に関する調査（削除）

(ト)生徒に関する調査…削除

○四群関係の能力調査
○知能検査
○学力検査
○クレペリン精神作業検査
○職業興味検査
○家庭環境調査
○一般職業適性検査

C **各群内容と時間数**　職家科の広範囲な領域と内容を中学の課程で、他教科と密接に結びつけて実践するためには内容の精選が必要である。十名の関係職員の数回に亘り研究の結果をまとめられたのが第十二表である。これは必修項目は三五時間を最少とし地域と学校、生徒の実態の上に立つて計画した。

D **カリキユラム**　第四群以外の各群

は適当な参考書や指導書があつてカリキユラム構成に裨益すること大であつたが、第四群にはかゝる有益な資料と指導書がなく、又教師も全くの素人ばかりだつたので、カリキユラム作成には全く暗中模索の状態であつた。再三再四基準課程の読み合わせ性格、内容、仕事例などの検討と審議委員会との話し合いの結果、ようやく不安全ながら第十三表の第四群関係のカリキユラムができた。

E　**指導案の研究**　継続的な作業を通し技術の向上を目標とする職家科の指導案は知識の理解を主とする他教科のそれと同一のものであつては実践上難点が予想された。そこで職員会議で検討され、大庭主事の助言を得てまとめられたのが第十四表省略のような作業中心の指導案である。

F　**指導個票の作成**　「良き職業人」を作ることが職家科のねらいなら、生徒の将来の進路指導は欠くことのできない教育活動である。それで個人を綜合的に分析し進路決定の資料とするため個票の必要を感じた。六群関係の教師と学校評価部の努力によつて作つたのが第十五表（省略）である。これにはもつと改善の余地がある。

二、研究の組織と経過

（A）組　織

(イ)各領域担任…五名の中学校の教員や、まして一人や二人の職家科教員では、その目標が充分達成できるとは考えられない。そこで小中十名の教員が自分の興味と成功度の高さに応じて協力して分担して受持つてもらうことにした（第十六表省略）

(ロ)職員及PTAカリキユラム審議委員会組織

カリキユラム審議委員会は

○地域社会における啓発的経験指導を行う。

○教師作成のカリキユラムを地域社会の要求から検討する。

○担任教師の技術的指導を補うため講師として招へいされる。

○学校における職家科技術の向上について指導し助言する。

などがその任務である。第十七、八表（省略）

（B）経　過

(1)研究テーマの研究と実態調査

(2)職家科研究組織及群別内容の研究

(3)カリキユラム審議と決定

(4)職家中心のクラブ編成

(5)施設設備の整備と教科

(6)指導案と指導形態の研究及研究会

三、研究後の考察

（A）研究の成果…教師生徒の感想録から

(イ)学校全体に毎日の各教科の学習に生気が出た。

(ロ)職員組織、校時表、時間配当等から他の教科に圧力をかけず、職家科にウエイトを余計にかけることなく正規の指導体系が確立された。

(ハ)生徒一人一人が自分の職業的興味、特性を知り、そしてそれを生かす道をみつけつゝある。

(ニ)全職員が協力して仕事をしていくうちに、職家科の正しい理解と知識とそれに対応する正しい態度を持ち得たばかりでなく、お互の協力がすべての教育を推進させる原動力であるという意識を昂めた。

(ホ)道徳教育の場としての職家科の重要性を認識した。

(ヘ)父兄が職家科に対する従来の考え方を替え、カリキユラム作成に、技術援助に又施設々備の整備強化に力を尽し、発表を契機に益々学校教育へ関心を深め協力体制を高めた。

(ト)生徒の関心が高まつた。

(チ)部落生徒の実態が把握でき、教育の正しいオリエンテーションができた。

（B）今後の問題点

(イ)実習日誌の形式とその記録法の研究

(ロ)半農半漁の部落づくり

(ハ)カリキユラムの再検討

(ニ)学校を教育博物館につくる

(ホ)漁師のもつ卑屈感をなくす

(ヘ)農場の拡張…生産、流通、経営の面から考えて

(ト)機械設備の強化

(チ)調理実習費の生徒負担の軽減

負担できないために欠課したり、興味を失つたり非協力な生徒が出る。特に第五群関係に多い。

四、研究の模様

第四群関係のみにとどめることにする。

(イ)図表作成……○結索図　○各種漁族回遊図　○各種魚類の水揚高統計

(ロ)見本……○結索見本　○各種網とその入れ方の見本　○船の見本　○各種釣具とその使用模型

(ハ)魚具藻類標本作成

(ニ)つけ物の各種

五、教育研究の進め方

(1)職業を調査分析し、各生徒の適職指導を充分考慮したい。

(イ)職業の分業化に伴い、その技術の修練と融通性をもつようにする。

(ロ)職業において職業的技術及生徒の適性並びに興味の多様性が見られる。

(ハ)郷土の産業構造が従来の漁業一点張りから、多方面になりつゝある。

(2)職業家庭科との連繋を密接にして、合理的科学的な基礎の上に該科の充実を図る。

(イ)前職業的指導であるから、技術偏重にかたよらず、職場における人間関係のあり方についても指導する。即ち職場における生活指導の強化をはかる。

(ロ)生産日を設けて物をつくり、管理し愛用する機会を得て、生徒の生産意慾を高め、なお職業家庭科における読書指導も充分はかりたい。

(3)指導にあたつては生産分配消費など経済現象の過程に一致させ、経営の合理化を発見させる。

(イ)生産物の実用性と芸術性を高め学年相応にその発展過程を見通すようにする。

(ロ)労務の分配とその管理に充分留意するようにする。

○生徒の作業能力の調査
○生徒の時給の割り出し方の研究
○作業単元の労力の配分の研究
○管理経営の研究

(4)施設は合理的能率をあげるものを計画し、なお社会教育と直接させて、生産技術を高めるものを得て、その技術指導をする。

(イ)家庭生産の科学化を向上せしめるもの。

(ロ)生産物を合理的に処理し得るもの

第1表　父兄の職業調

	農	漁	工	公務	製造	運輸	商	サービス	家事	無	計
男	三三	一四三	五	一二	一七	七	一	—	—	一二	二三〇
女	三〇九	—	—	九	—	—	三八	三	一六	一六	三九一

第2表　畑の規模別調

反別	〇～〇・五反	〇・六～一	一・一～二	二・一～三	三・一～五	五反以上
戸数	二三	二一	五四	四六	三二	一九

第3表　作付規模調

反別	〇～〇・五反	〇・六～一	一・一～二	二・一～三	三・一～五	五反以上
いも	四三	二四	八〇	三一	一〇	四
きび	二九	一四	一九	四	五	〇

第4表　造林規模別調

反別	〇～〇・三	〇・三～〇・五	〇・五～一	一反以上
松	三	三	三	二
木麻黄	三	—	—	六
その他	一三	七	二	一

第5表　家畜調

家畜家禽	馬	豚	山羊	うさぎ	にわとり	あひる
数	三	一六二	二三	五一	七九六	七〇

第6表　漁船調

業態別	五屯以下	五～一〇	一〇～二〇	二〇～三〇	三〇t以上
漁船	六	—	—	七	六
運搬船	一	—	—	一	—
刳舟	一二七	—	—	—	—

第7表　漁具保有調

漁具名	家にある者	作つた経験のある者男のみ	取扱つた経験のある者男のみ
雑魚竿釣　釣具	七〇	三〇	三二
いか釣具	九二	三六	四一
アングンニヤ	八	九	一六
引網	三〇	六	二三

投網（ウチャン）	四	四	九
延縄	一一	二六	二六
のぞきめがね	三三	三	二一
もり（トギヤ）	八三	四〇	四一
トバスナー	二八	二六	二九
一本釣具	八一	一三	一六
いわし網	四	一	六
たこつり具	二七	一	五
ナイロン三枝網	八	二六	三四
ウズン網	一六	一三	一五
マチヤン	九	七	一六
引き網	一八	七	二一
サバ釣具	二五	三	五
たぶ	四八	一二	三四
くり舟の帆	三一	四	八
ふたから	二七	一	三

第9表　鰹節加工高及気象調

年度別	加工高		金額
一九五一	二二九、六二二斤	一、三七七、七二六K	一九一、三五一・一三$
一九五二	三〇〇、四一三	一八〇、二四七・八	一六二、七二三・七一〃
一九五三	二五二、九七一	一五一、七八二・六	一二九、一八七・〇八〃
一九五四	三五八、七八五	二一五、二七一・〇	二九八、九八七・六四〃
一九五五	二〇七、一一二	一二四、二六七・二	一一二、一八五・六五〃
一九五六	二八〇、二四一	一六八、一四四・六	一九八、五〇四・〇四〃
一九五七	三五三、二二五	二一一、九二九・〇	二九四、三四六・〇一〃

月	曇天日数
一九五八 二	二〇
三	二一
四	一四
五	二二
六	一五
七	九
八	九
九	八
一〇	一七
一一	一九
一二	二二
一九五九 一	二三

第10表　移民調

戦前の出稼地	人員	出稼希望地	人員
トラック	四三	トラック	二四
ボルネオ	二七	ボルネオ	四
ポナペ	四二	ポナペ	一三
ダバオ	一	台湾	二
ラバウル	一	オーストラリヤ	一
台湾	二七	サイパン	一
内地	七	ブラジル	一
満州	二	ラバウル	一
計	一五〇		四七

第11表　免許状所持者調

甲板		機関	
操縦士	三人	丙種機関士	八人
丙種航海士	一一	〃機関長	九
丙種船長	二三	乙種二等機関士	八
乙種二等航海士	六	〃一等〃	三
〃一等〃	四		
乙種船長	一		
甲種一等航海士	一		
計	四九人		二八人

第12表　内容と各学年配当の時間数

群	第一			
分野	栽培		飼育	
項目	農耕園芸	造林	養畜	養蚕
共通性	◎			
一年 男	35			
一年 女	35			
二年 男				
二年 女				
三年 男	17			
三年 女	17			
合計 男	52			
合計 女	52			

第一群	第二群				第三群				第四群			第五群					第六群	
農産加工	製図	機械	電気	建設	経営	簿記	計算事務	文書事務	漁業	水産製造	増殖	食糧	被服	住居	家族	家庭経営	産業と職業	職業と進路
加工 醸造	機関製図 電気〃 建設〃	金属加工 操作運転 整備修理	機器製作 保守修理	測量 木材加工 コンクリート	売買 金融 経営組織	記帳 財務諸帳 税務	珠算 計算器操作	文書作成処理 印刷事務	漁撈 操船 漁場調査	加工 貯蔵	魚類増殖 貝そう類増殖	食生活 調理	衣生活 被服生活 被服整理	住生活 設備	保育家族 家庭看護	家庭経済 家事労働	産業とその特色 職業とその特色	学校とその職業 個性と職業
	◎	◎	◎		◎◎							◎◎	◎	◎			◎◎	◎◎
第五群の食物で行う				35 18					35			17				第三群で行う	35	
				18								35 17	35				35	
	17		35		35				35				17				35	
	17				35							35	35 17				35	
		35							55	35								
										35		35	35		20			
	17		139		35				160			34					105	
	17		35		35				35			264					105	

群	
職業生活	
能率と安全 職業生活と適応	
◎◎	時合数計
	174
	174
	174
	174
35	177
35	177
	525
	525

第13表　第四群　漁業　第一学年

月	四～五	六	七	八
時間	七	四	三	
単元	漁業―漁			
小単元	漁業の発達	漁具の選択	漁業実習（雑魚）	鰹漁業実習（委託）
目標	1、池間島を中心とした漁業の発達を知る。 2、近海の漁場を知る。	1、漁具（雑魚）の選択作製になれさせる。	1、漁具の取扱いに馴れる。	1、鰹漁業等について知識を広める
仕事	1、漁具を集める ・竿釣具　・手釣具　・引縄釣具　・延縄釣具 2、古老の話をきく。 3、全上の発表整理。 4、沿岸から一〇里以内の漁場を実際に見る。	1、材料をあつめる。 a 刺突具 b 竿釣具 2、作製 3、漁網作製具を作る。 a 網針 b 目板	1、魚突き 2、魚釣り 3、遠泳	1、長時間乗船 2、鰹釣上げ見学 3、鰹節製造工程見学
知識、理解	1、漁具の発達 2、魚法の発達 3、各種漁具の長短を知る。 4、漁場について a 潮流 b 海底の状態 c 深さ	1、各種漁具材料の性質特徴の理解 2、作製法 a 釣針の型 b 釣針の結び方 c テグスの結び方	1、潮の干満の計算法 2、各漁場の潮流を知る。 3、餌のかけ方を知る。	1、漁船各部名称 2、鰹釣具の知識 3、鰹の習性 a 活餌 b 水温と潮流 c 通称「つく」の理解
備考				

九	三	漁業—操船	漁船の種類	漁船の漁船の種類を知る	1、池間における漁船の型を調べる。 2、船の保存手入れの見学。 3、図鑑などから漁船の型を知る突棒漁船、捕鯨船、マグロ漁船工船	1、漁船の型—和洋木、鋼動、無動力 2、船体の構造と設備 船の長さ、巾深さ、屯数 3、防腐染料の種類ペンキ、ドクチヤン、コールタール
一〇	四		操船	小型船の操船について理解する。	1、操ろ　天馬船 2、漕櫂　くり舟 3、操帆　くり舟天馬船	1、操帆の基礎知識（帆の大きさとの関係）・風向進路の関係
一一	四		通信	手旗信号になれる。	1、手旗信号をおぼえる。	
一二—一	六		結索	1、甲板で普通使用する結索法を知る	1、各種の索を集める。 ヘンプロープ マニラロップ カイヤーロープ サイザルロープ 2、簡単な結索作業 a一結び　b二結び　c返結び d戻索結び eまき結び f錨むすび g枝結び h掛結び	1、索具 a索取扱上の基礎知識 b麻索類の種類 c細索類 d索の取扱い e索の強度 f保存手入法
			気象	1、気象についての基礎知識を習得する。	1、雲を見分ける 2、天気旗の種類を見分ける。	1、天気図の記号を理解する ・風向 ・風力 ・晴雨

氣象談話室

伊志嶺　安進

◎空の色の青いわけは？

答……空気自体は色はないが、太陽の光線が空気の分子によって散乱し、そのとき散乱する青い色が目に入って空が青く見える。太陽の光それ自体色はないが、プリズムで分解すると、赤、橙黄、緑、青、紫が、それぞれの持つ波長の長短の順にしたがつて並列してみえる。これを太陽スペクトルという。太陽の光線は空気の分子等によつて散乱するが、そのとき波長の短いものほど強く散乱する。青い色は多く散乱を受けるので空の色は恒に青くみえる。青と紫は波長が短い）赤、黄は波長が長いので散乱が少い。太陽自身の色が赤味をおびえるのも、光が太気中を通つて来るうちに、青い色は散つてしまつて吾々の目に「直進」してくるのは赤や黄が多いからである。光はどんなものによつて散乱を受けるかというと、a空気の分子、b水蒸気の分子、c大気中に浮ぶ微小な塵埃（これを研究するのが、いわゆるColloid meteorogy である）いま光の散乱の現象を、水面の波の散乱するすがたで説明してみると水面の波が行くところに一本の棒くいがあつたと仮定すると、水波の一部はそのくいのために散乱されてくいから四方へ波が散らばる筈である。そしてくいが非常に細いと乱れも少く、くいが太くなるにつれて乱れも多くなる。つまり波の波長と障害物（いまの場はくい）との大きさの割合によつて散乱の度合がちがつて来る。散乱は波長の方が障害物よりもずつと大きい場合に起るものを指していうのだが、一般に障害物が大きい程散乱は強くなるといえる。今もしこのことを障害物の方が大きさが一定であるところへ、色々な波長を持つ波が来たとすると、（もちろんどの波長も障害物よりは大きい）波長の短い波ほど強く散乱をうけるわけである。以上の説明で光を散乱させる媒介物質の大きさによつて散乱の現象（つまり空の色）が千変万化することがわかつたとおもう。塵埃は大都市ほど多く、山間へき地は少いから、都市と田舎の空はいちぢるしくちがつている。また低い処ほど塵埃は多く、高い山にのぼる程空の色が美しいのも理解できるとおもう。水蒸気の多少も空の色を左右するから、冷い空気と温い空気とでも空の色が変る。寒い北の方からくる空気は鮮明な青空を見せ、南の海からやつてくる暖く湿つた空気は空を白つぽく、またはウス青色にみせる。つまり一口に空は青空といつてもその青さの度合は千差万別であることがわかつたと思う。

健康生活の習慣化

コザ小学校長　知花俊吉

一　主題設定の理由

心身共に健康であることは人間生活の根本問題であり児童生徒にとってもその学業の習得はもちろんその他の全生活の基盤であることに相違はない。

小学校における健康教育の目標では特に健康生活の習慣形成に重点がおかれなければならない。すべての教育活動がそうであるようにこのような健康習慣の形成についても計画的指導がなされなければ充分その目的を達成することは困難であろう。しかも「苗代半作」といわれるとおり小学校は家庭とともに彼等の将来の健康の素地を作つてやらねばならない大切な場である。以上のような認識の上に立つて教師全員の意識的教育実践の必要性に鑑みて本テーマを設定した。

二、主題解決の方策

1、主題の範囲が広いためと学年相応の効果的方策を考慮に入れて次のような小テーマを設定して研究を進めた。

一年＝健康観察はどのように行つたらよいか。

二年＝みんながよろこんでミルクをのむようにするにはどうしたらよいか。

三年＝正しい姿勢を習慣づけるようにするにはどうしたらよいか。

四年＝身体検査の結果の活用

五年・六年＝保健自治活動を高めるにはどうしたらよいか。

2、研究組織及び協力機関

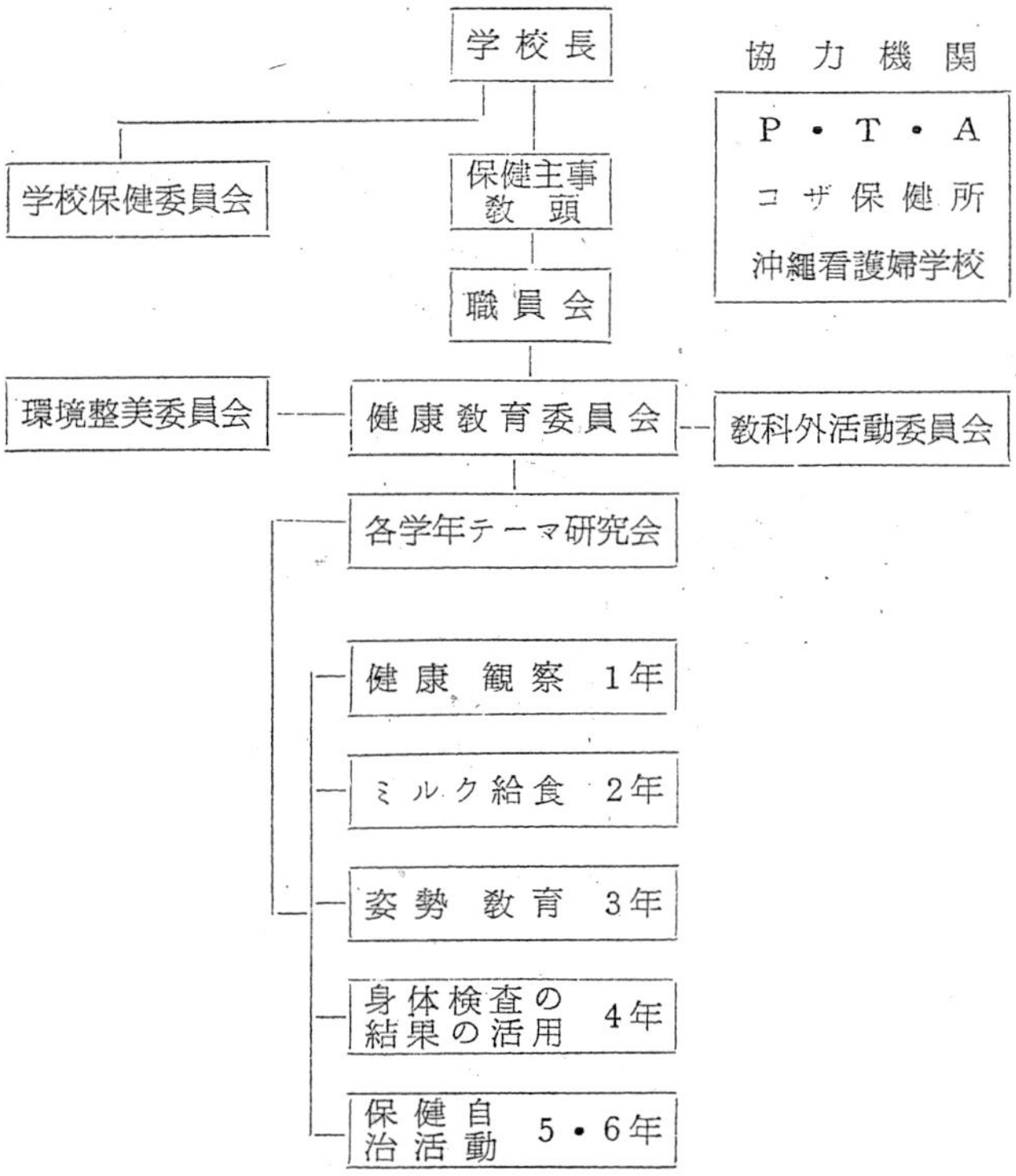

三　健康観察

(1)　場

・健康相談（朝十分間）特設
・集会
・授業中
・休み時間

・ミルク給食及弁当時間
・反省時間
・掃除時間

(2) 種類

・出欠時の状況及び遅刻の理由調査
・異常者の発見
・全体の傾向の把握

(3) 方法

個人の健康生活調べ記入　（児童）

しらべること／月日	からだのぐあいはよいですか。	つめはみじかいですか。	ちりがみをもっていますか。	はんかちをもっていますか。	あさごはんをたべましたか。	てあしはきれいですか。	かおをあらいましたか。	はをみがきましたか。	あさべんじよへいきましたか。
1									
2									
3									

健康生活調べ学級日誌の記入（教師）

項目／月日	からだのぐあいはよいですか。	つめはみじかいですか。	ちりがみをもっていますか。	はんかちをもっていますか。	あさごはんをたべましたか。	てあしはきれいですか。	かおをあらいましたか。	はをみがきましたか。	あさべんじよへいきましたか。
月日曜									
計									

個人健康観察表（教師記入例）

月日	観察記録	質問事項
6.1	あお白い	お腹が痛いか、下痢は、熱はないか
6.2	元気がない	疲れているか、はきけは、よくねむれたか

(4) 観察結果の処理

健康異常者を発見した場合は、養護教諭に連絡し適当な処置をとる。養護教諭は担任の記録を参考に健康異常児童の状態をよく観察し次のように区分する。

(イ)養護教諭応急処置の上休養室で休養させる。

(ロ)病院に連れていつて診断をうける。養護教諭がつきそう。

(ハ)家庭にかえす、養護教諭又は担任教師と

(ニ)其他、休養を必要としないものは処置をして学習させ絶えず注意して観察する。

即ち以上の事を表にすると次の如くである。

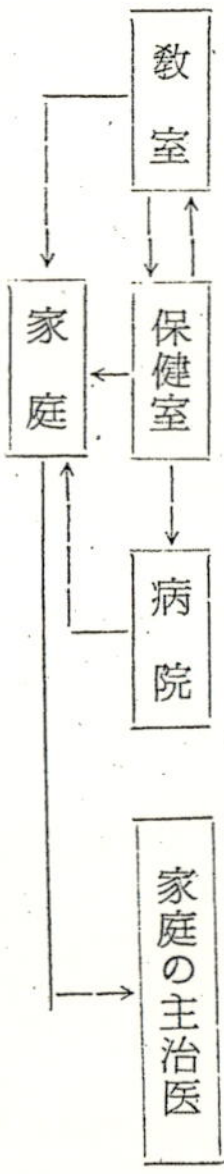

(5) 家庭との連絡

(イ)連絡帳を使う。

(ロ)家庭訪問

(ハ)父兄との面接の機会をつくる。

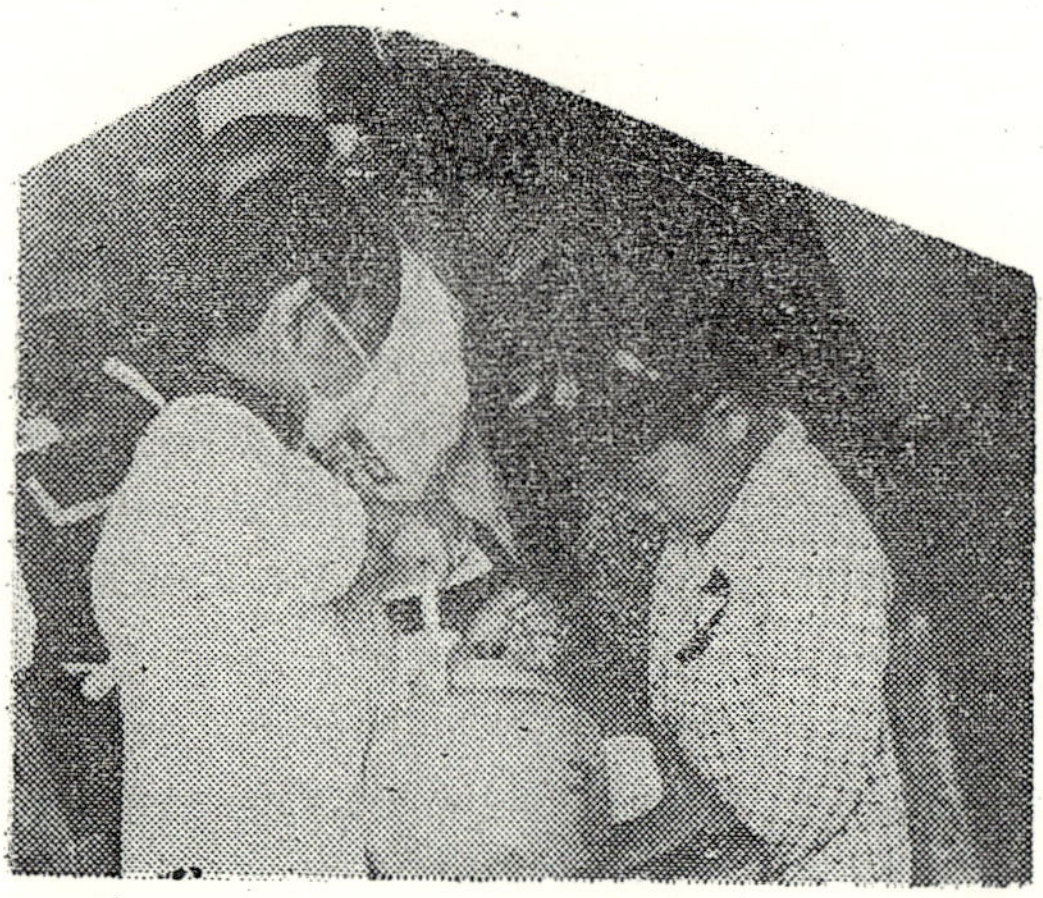

四　ミルク給食

1、目標

(イ)ミルクの栄養価を理解させミルクに親しませる。

(ロ)家庭の食生活の改善と衛生観念の普及

(ハ)食前体育後作業後用便後の手洗の習慣化

(ニ)ハンカチ塵紙の所持の徹底

(ホ)食前後の挨拶

(ヘ)ミルク当番を通しての自治活動

(ト)物ができるまでの人々

の苦労を理解し感謝の念を育てる。

五　食生活の実態と基準量との比較

※食生活中位と思われる本校K君の

栄養分折表

栄養＼数量	熱量	蛋 g	脂 g	炭 g	カルシウム g	燐 g	鉄 g	ビタミン A IU	B1 mg	B 2
基準量	1,800	65	3)	380	1.0	1.5	9	3,000	0.9	55
攝取量	1,784.3	65	28.95	3,255	0.31	1.02	4.4	2,314	1.35	50.2
過不足	—15.7	0	—1.04	—545	—0.64	—0.48	—4.6	—686	+0.37	—0.48

七月一日の家庭の献立を分析してのぞくと次のようであった。（献立表省略）

八才児の必要量とミルク給食

	熱量	蛋 g	脂 g	カルシウム g	鉄 g	ビタミン A IU	B1 mg	B2 mg	ナイアシン	C
八才児一日必要	1,800	65	30	1	9	3,000	1.0	1.0	1.0	70
ミルク28g中	100.52	9.96	0.28	0.364	0.288	11.2	0.098	0.549	0.308	1.96

※　不足した栄養素の中でもカルシウムは必要量の三割しか攝取してない。
給食のミルクはカルシウムに富み28g中に必量の三割も含まれている。

六　指導計画

ミルク日誌

調査項目	男	女	計	当番氏名
出席人員				
全部のんだ者				
残したもの				
全然のまないもの				
ハンカチ塵紙				年
手を洗わないもの				
こぼしたもの			作業態度	月
後始末	よい	わるい	A、B、C	
			所要時間	日
ほしくない理由			分	曜
			ミルクの温度	
			・	天
備考				気温

月	内容
4	身長　体重測定　ミルク当番編成
5	テーマ設定 身長　体重測定　グラフ作製
6	体重測定　基礎調査項目の打合わせ
7	身長　体重測定　基礎調査　食事調査
8	ミルク日誌作製　手洗い準備　連絡簿作製 ミルクを飲まない子の家庭訪問
9	個人カードの作製
10	ミルクに関する標語　作文　ポスターのコンクール ハンカチ所持の賞与　身長体重の測定
11	ハンカチ所持の賞与　学年PTA　体重測定
12	身長　体重の比較　検討　体重測定
1	自治活動の強化　身長　体重の測定
2	まとめ　発表

七　効果

項目	基礎調査（7月）	4ケ月後（11月）	6ケ月後（1月）
手洗い	57.6	75.9	78.8
食前食後あいさつ	69.1	82.6	79.0
ハンカチちり紙	13.3	53.2	55.8
家庭でミルクを　毎日のむ	11.9	12.4	11.7
家庭でミルクを　時々のむ	50.4	52.4	48.1
家庭でミルクを　全くのまぬ	37.7	34.8	40.3
学校でミルクを　毎日のむ	62.6	95.8	98.3
学校でミルクを　時々のむ	35.6	4.6	1.7
学校でミルクを　全くのまぬ	1.8	0	0
ミルクが　すき	77.7	83.0	87.1
ミルクが　きらい	12.9	1.4	1.7
ミルクが　ふつう	9.4	15.6	11.2
調査人員	278	282	279

八　正しい姿勢を習慣づけるにはどうすればよいか（第三学年のテーマ）

1、目標

(イ) 正しい姿勢を保つ習慣をつける。

(ロ) 正しい姿勢についての理解

(ハ) 正しい姿勢を保つ必要についての理解

(ニ) いつも正しい姿勢を保つ心がけ

2、本学年の実態

背柱の調査

性別	検査人員	正常	側彎 右彎	側彎 左彎	前後彎 丸背	前後彎 亀背	前後彎 平背
男	114	82	17	15	22	2	—
女	133	100	12	21	18	2	—
計	247	182	29	36	40	4	—

足の調査、坐高、下肢の実態、環境調査省略

目の調査

性	検査人員	正	近視	弱視
男	120	110	8	2
女	136	120	16	0
計	256	230	24	2
%		89.8	9.4	0.8

備考　○・二以下を弱視　○・三〜○・九を近視

3、対策

(イ) 各自の身体発育に適した机、腰掛の適正配置

(ロ) 授業中の教師の注意

(ハ) 矯正指導

(ニ) 環境の改善

(ホ) 姿勢に対する関心を高める。

九、身体検査の結果の活用並びに保健自治活動については字数の制限がありますのでここでは略したいと思います。

本校寄生虫、結核検査結果状況

一、結核検診

イ、検査回数　年二回（一回は政府負担、一回はPTA負担）

ロ、検査方法及び結果の処理

1　陰性児童及職員に対するツベルクリン反応検査

2　陽性者（既陽性、新陽転者含

む）の間接撮影

3　間接撮影の結果必要ある児童に対する精密検査

4　精密検査の結果要注意者に対する健康相談

5　発病児童に対して出校停止（医師父兄と相談の上休養させる）

6　家庭訪問

二、寄生虫検査及駆除方法

学校医により年二回（五月と十一月）検便が行われる。期間は一月間続行し虫卵保有者はその日その日に校医の指示により駆虫薬を学校で投与し、家庭へそのむね連絡通知する。

年度別寄生虫検査結果表

年　月＼項目	検査人員	十二脂腸虫	蛔虫十二脂腸虫	鞭虫十二脂腸	糞線虫十二脂腸	蛔虫	糞線虫	鞭虫蛔虫	鞭虫糞線虫	鞭虫
1955　11	937	146	17	4	1	82	4	9	21	0
56　2	824	13	0	2	0	40	1	6	5	13
56　7	694	9	1	0	0	18	0	4	0	7
56　12	688	2	0	0	0	4	0	0	0	7
57　5	993	1	0	0	0	5	0	2	0	1
57　11	976	2	0	0	0	26	1	8	0	2
58　5	1,014	1	0	0	0	13	0	6	0	10
58　11	1,251	14	0	0	0	10	0	2	0	5
59　5	1,040	24	1	1	0	12	0	0	0	18

年度別結核検診結果表

年　月＼項目	検査人員	陽性者（既陽性者含む）	精密受検者	要注意	要休養者
1955　9	1,182	203	30	12	17
56　3	968	242	16	19	0
56　10	1,037	240	2	2	0
57　5	1,290	222	9	5	4
57　11	1,198	268	9	7	1
58　5	1,141	245	10	7	1
58　11	1,112	272	10	4	2
59　5	1,236	273	14	2	0

枚数に制限があり中途半端の記録になつてしまつたようです。尚本校は今年度も実験学校として研究を続けることになりましたのでよろしくごべんたつご指導下さい。

身体検査並体力テスト実施と結果の処理活用展開

下地小学校長　友利完一

設定の理由、職員の研究組織機構、児童の自治活動機構、学校保健委員の組織活動、主題の計画研究構想等は今日までの健康教育、実験学校、研究校で研究しつくされているので省略して当校の主題研究の中心である結果の処理活用展開の分野を記述してみたいと思う。

一　身体検査の結果と処理活用

○結果の処理

名称	摘要
職員会	○実施結果の発表及反省（学級単位） ○処置についての協議担任決定
学校保健委員会	○結果の発表 ○事故処理について
児童保健委員会	○結果に基く申し合せ ○検査結果の発表
児童指導	○異常児の注意と座席の考慮
家庭連絡	○健康児に対して……発育状況について ○異常児に対して……取扱処置について
備考	1、健康相談の実施 2、保健委員会を開き結果より見た施設の改善、異常児の処置の状況について反省並に実施

二　体力テストの結果と処理活用

平田博士は身長（＋1）以上体重、胸囲共に（＋1）以上で運動能力は何れも（＋2）となるような疾病異常がなく病欠日数も少く、知能性格ともに良好で健康の生活習慣態度も良好な人物を理想的な健康体といっておられる。体育の目的が理想的な健康体を育成することにあるならば身体検査の結果とともに体力テストの結果は児童の発育健康増進のために大いに活用されねばならないものである。自分の受持児童の体格体力を把握して体育指導がなされるならば児童の発育増進には期して待つべきものがあるのではなかろうか。

人間の発育発達は後天的な要因として運動、栄養、休養の三要素によつて支配されるといわれている。即ちすくすくと発育するには十分な食糧を中心とした良い生活環境が重要であり、根強いがつちりとした身体を育成するには適当な刺戟（鍛錬）が必要である。故に体育は重要でありその体育指導の手がかりは体力テストの結果によるのが適切ないき方だと思う。

体格の遺伝率は三三％で残りの六七％は環境によつて支配されると言われているのでその環境を作るのが教育であるならば身体検査、体力テストの結果の処理と活用が保健教育上最も重要な地位を占めていなければならないと考える。然らば如何にしてその「処理と活用」を展開すべきか本校の研究の結果を次に述べてみたい。

1、判定結果

◎担任は体格体力判定器を使用してクラスの個人の判定結果を知り（個人指導）クラス全体をまとめて学級としての位置を知る。（カリキユラム）

◎学年主任は学年としての位置を知り（カリキユラムの修正をする）

◎体育主任は学校としての位置を知り（カリキユラムの修正）各学級の判定に誤謬がないかを検閲する。

◎保健主事、校長は学校全体の体格体力を知り指導助言を行う。

2、結果の処理

(イ)職務会で判定結果の発表実施の反省

(ロ)児童保健委員会で実施についての反省判定結果の発表と説明その次にくるべき問題の話し合い。

(ハ)学校保健委員会に判定の結果発表、家庭として留意すべき改善事項、学校としての施設用具や結果の処理対策等について話し合う。

(ニ)児童の指導、個人別にテスト反省並に判定結果を知る、個人別に遊びや運動、食生活、休養等の努力すべき点を確認する。

▲テスト反省の一例

①きめた約束はうまく守れたか

②みんな十分実力を発揮したか

③よく練習したか

(ホ)家庭連絡、体格点、体力点その他詳細に通知し各児童の特質傾向に応じてその向上策を講じ実践して貰うよう具体的に提案する。（文書又は家庭訪問）

三、活用展開

(1) 教師の処置

(イ)体育指導への考慮（反省に基き）

(ロ)保健指導　a、自己の身体状況をよく知る。b、健康生活に必要な健康習慣態度の錬成　c、どんな運動を選んで遊べばよいかを知り選択するようになる。d、用具使用と安全教育。

(ハ)検査や判定結果に基く指導方針。

a、身長発育不良の者を良好にするには、

(イ)動物性蛋白質を主体とした食物（牛乳、ミルク、獣肉）などを多く攝るようにする。このためにミルク給食の奨励、家庭における食生活の改善（部落懇談会や婦人学級を通じて行う）農村においては動物性蛋白質の攝取が困難であるので、植物性蛋白質（大豆豆腐）を多く攝取するようにする。

(ロ)日当りや風通しのよい窓際に座席を与え、教室の通風採光について考慮する。

(ハ)跳躍運動、弾性運動を主として行わせる。

b、痩せた者を太らすには、

(イ)含水炭素を主とした食物を多く

攝取するようにする。
(ロ)強力運動を主として行わせる。
(ハ)日当り、風通しのよい窓際に座席を与える。
c、胸郭の狭いものを広くするには
(イ)強力運動、持久力運動を行わせる。
(ロ)日当り風通しのよい窓際に座席を与える。
d、走力の不足している者を良くするには
縄跳、かけ足、ラグビー等を主として行わせる。
e、跳力の不足している者を良くするには
縄跳、走巾跳、かけ足、排球、徒手体操等を主として行わせる。
f、投力の不足している者を良くするには
ボール投げ、ソフト、野球、鉄棒等を主として行わせる。
g、疾病異常のある児童は
(イ)疾病の原因調査
(ロ)学年別、部落別、性別に調査する
(ハ)疾病の種別調査
(ニ)疾病と父兄の職業調、(ホ)家庭における保健衛生的生活調査
(ヘ)他校との比較
(ト)判定結果と疾病異常児との関係調査
(チ)治療
(リ)家庭への連絡又は訪問
h、身体虚弱児とその取扱い。

該当児童は学校医の助言と養護教諭の担任教師保健主事の意見を聞いて学校長が決定し、その取扱いについて担任教師に助言する。

(2) 家庭の処置
a、児童身体状況の理解
b、児童の体力に応じた仕事を与える。
c、作業時の安全に注意する。
d、弁当の副食物について考慮する
e、偏食をなくす。食生活の改善
f、休養と睡眠の考慮

g、学習室明度の考慮

(3) 学校保健委員会
a、疾病の程度の了解
b、治療方法について
c、疾病予防と安全指導について
d、検査結果、テスト結果に対する質疑応答
e、児童の体位と体育施設の関係展開の実際

(4) a、保健指導
(イ)毎朝十分間健康習慣の指導をかねた健康観察を行う。
(ロ)三年以上昼食後引続き十五分の保健時間を特設し指導を行う。(年間計画で)
(ハ)手洗いの励行
(ニ)疾病の理解
(ホ)治療についての指導
(ヘ)休憩時の遊びと安全保清
(ト)学習時の姿勢
(チ)通風採光
(リ)教室の保清と掃除の方法指導
(ヌ)登校下校の左側通行と安全
(ル)冷水摩擦とタオルの保清
(ヲ)ミルクの飲み方と栄養
(ワ)基本的健康習慣の育成
b、家庭訪問
(イ)、家庭訪問の際、健康習慣指導に対する協力、弁当のおかずを持参させること、遊びや仕事中の安全について話し合う。
(ロ)、そのつど必要に応じて行う。病休児の家庭訪問。異常児の保健指導のため。
c、養護教諭として。
(イ)健康相談
(ロ)疾病児の治療と指導
(ハ)怪我の手当と予防教育
(ニ)長期欠席児の訪問
(ホ)伝染病の予防
(ヘ)寄生虫予防と寄生虫駆除
d、朝の健康観察、健康観察は児童の全身的の状態と、顔色、顔貌、皮膚、発疹等身体の外見にあらわれたものに注意して行う。
▲項 目
○全身的な状態について観察
○顔貌、顔色などについての観察
○耳、目、口、等についての観察
○皮膚についての観察(事例は字数の関係で省略)
e、一日の観察
(イ)学習時の姿勢が正しく保たれているか。
(ロ)休憩時の観察(遊びの観察)元

気があるか。否か顔貌、顔色。
(ハ)疲労防止について
f、観察の処理
○担任、○養護教諭、校長。
g、栄養に対する指導
(イ)栄養不良の原因を調査し原因除去に努める。
(ロ)家庭での食生活の調査を行いバランスのとれたものを摂るよう家庭に指導助言する。
(ハ)ミルク給食を 効果的に 実施する。日本人の身長が低いのは特色を示しているのではなく、食生活の改善によつて身長が高くなる天分があると言われます。小学校の時代に身長を伸ばすためには、脚とバツクボーンが伸びなければならない。その骨の主成分であるカルシウムを主要給源として採用された脱脂ミルクを連続飲用することは重要なことである。
(ニ)栄養と病気の関係を指導する。
(ホ)偏食調査をなし、矯正指導をする。
h、脊柱異常者について
(イ)机、腰掛を身体の発育に適したものを与える。
(ロ)体育時によく注意し、矯正体操を行う。
(ハ)良い姿勢について ○学習時の指導 ○よい姿勢についての理解、○悪い姿勢の健康に及ぼす影響(害)について
(ニ)鏡による矯正指導及正しい姿勢図の展示
(ホ)家庭学習時の姿勢と机、腰掛の適正指導
(ヘ)食事時の正しい姿勢と作法
i、近視及び視力障害者について
(イ)眼鏡の使用
(ロ)照明度と読書についての指導
(ハ)読書学習時の姿勢をよくして、小さい字を長時間読む事をさけさせる。
j、眼疾者について
(イ)トラホーム児童には、学校家庭における感染予防の生活指導をする。
(ロ)トラホームのような伝染性のものは、家庭に連絡して治療を受けるよう助言する。
(ハ)手ぬぐいの専用と手指顔面の清潔指導
k、皮膚について
(イ)皮膚病を治療するには先づ調査して予防治療する。
(ロ)冷水摩擦による皮膚の鍛錬
(ハ)タオルの保清と専用
l、聴力障害者について
(イ)座席の考慮
(ロ)疾病児は家庭に連絡し治療するよう助言する
m、歯牙について
(イ)当校にはむし歯を持つ児童が多いため、はみがきを奨励し習慣化への指導を行う。
(ロ)口膣衛生指導をする。歯の健全を保つには、歯の清潔について歯の役目と健康について、スライドによる歯の衛生指導むし歯と全身疾病の関係について。歯の構造と、う歯の発生について指導。むし歯と栄養摂取について指導。
n、結核の予防
(イ)全員ツベルクリン皮内反応検査を行い、陽性者に対してはレントゲン検査を行う。
(ロ)自然陽転の児童は一年間要注意児として取扱い、運動、作業を軽減し過労をさける、そのために教師は児童をよくおぼえておく
(ハ)家庭調査と感染源の調査をする
(ニ)「結核とはいかなる病気か」について正しい知識を与える。
(ホ)結核の早朝発見と感染及予防について指導する。
o、寄生虫感染者が多く、特に十二脂腸虫保有者が目立つている。
(イ)検便の実施と駆虫剤の服用、本校においては検便三回、服薬二回を実施しその成績は次のとおりとなつている。
(イ)検便(塗沫法)を一日百人宛行つた。その結果は、全児童もれなく検便するよう家庭に連絡、父兄の協力を求める。

年度別＼虫別	蛔虫	十二脂腸
1956年	45%	31%
1957年	31%	23%
1958年 6月	15%	59%
1958年 9月	13%	33%
1959年 1月	5%	24%

(ロ)、服薬寄生虫保有児童に対しては保健所医の指示により学校において一斉に服薬させる。
蛔虫保有児にはサントニン、十二脂腸虫保有児にはオーミンをそれぞれ学年(年令)相応に午前十時と十二時の二回に分けて各学級において二日間つづけて服用させる。蛔虫、十二脂腸虫両方を保有している児童にはオーミンを先に授与し一週間後にサントニンを授与する。

このように検便服薬とくり返した結

果蛔虫保有児は十五%より五%に、十二脂腸虫保有者は五九%より二四%に低下している。

しかし寄生虫予防は学校だけで力を入れても家族に寄生虫保有者がいた場合は再び感染してゆくというように悪循環してゆき寄生虫撲滅は困難である。伝染病である寄生虫症の予防は感染源をなくすことである。即ち便所の三層式改善、用便後、食前の手洗いの習慣化履物の奨励、食物の取扱い等に注意し寄生虫感染予防に努力すべきであると共に家族全員の寄生虫に対する理解と駆除に努めるべきである。尚児童各家庭はもちろん町内全戸の便所が三層式に改善されてこそ寄生虫の予防徹底は期せられるのである。

学校の便所も不完全な構造で職員の工夫と共同作業により一棟は完全に三層化した。残る一棟も早急に改造の必要を認め次年度の課題として残されている。尚町当局の補助予算計上による奨励策と相呼応して大いに啓蒙宣伝に乗り出し世論化して寄生虫の皆無の域に達せしめたいと念願するものである。

むすび

研究を進めてきた身体検査体力テスト実施と結果の処理活用について

(イ)学校、家庭、社会の協力なしにはその徹底は期せられない。特に部落懇談会を強調よびかけが必要である

(ロ)事前、事後の家庭連絡が必要である

(ハ)基礎調査と日常観察は最も重要なことである。

(ニ)実施前に研究を深めることが大切な事である。

(ホ)、全教師がすべてに研究し、周到な計画がなされると共に相互の協力も重要であることを痛感する。以上の当校の日常の研究と実践の跡を記述してみたのであるが、紙数に制約されて言い尽くされない点等もありますが、私達の研究不足の分野が大きく残されていることに違いありません。読者各位の批判教示を仰ぐことができれば幸であります。

全国学力テスト終わる

昭和三十四年度

国語・算数（数学）

去る九月二十九日（土）全琉一斉に本土と期を一にして全国学力テストを実施した。今回の調査は第一回のテストの結果と比較し、その間に児童・生徒の学力がどのように発展、向上したかを明らかにすることもねらいとされている。

学習指導要領に掲げられた目標に対する児童、生徒の到達度を見るための調査であるが、同時に個々の学校や教育委員会にとって日頃の指導状況を考えて、学力の問題点を発見し、反省を加える絶好の機会であるともいえる。

今回の受験者は全琉児童生徒百%を対象にしたので

小学校　二四、六一六人（六年）
中学校　一四、一四三人（三年）
高校（公立）　四、九三二（全日三年・定時四年）
高校（政立）　二、六三五人（〃〃）
私立　四〇〇人
計　四六、七二六人

となつている。

学校で答案の処理・テスト結果の集計を終えて文教局へ報告するのが十月二十日までとなつており、全琉の調査のまとめを文部省へ提出する期限が十一月十日になつていることから、全琉学力の実験の概略がその前後にはつかめるものと思われる。

昨年度の音楽、英語のテストに引き続いて、今回も実施をみた国語における放送によるテストは、この種の調査の新しい分野を開拓するものとして極めて意義があるといわれているが、同時にこれまでの国語学習のあり方、指導法についても多くの示唆を得たとの声が高い。

折角の機会に放送施設の不備や故障のため、放送によるテストが十分実施されなかつた学校の場合も、調査結果をまとめて報告してもらうようになつている。

研究テーマと主なる研究内容

仲泊中学校　伊　波　　忠　子

1、テーマ

「併置校における英語科の新指導法」

2、テーマ設定の理由

〃Oral aproach〃〃Rattern practice〃や〃Oral drill〃等々の新しい言葉が単なる語として遠くに聞えていたのが次第に身近かに響きを以つて聞けるようになつてきた。

これ等の言葉が次第に多くの人々の口から生きた言葉として聞けるようになつてきつつある事は英語科の新しい指導法が多くの教師の手に渡りつつある事を表わすものと思う。それは古きを捨て絶えず新しいものへ飛びつく(流行を追う)と云う単なる興味本位な態度からでなく現在の立場から One stepでもふみ出すことによつて生徒のより良き教師にならんとする試み、努力の表われであると思う。特に従来の外国語の指導法が非能率的であつた事を反省し新教授法がより効果的な方法であることを認める教師ならば潔く古き方法を改め新しき方法を取入れるべく努めることと思う。が理解の上では成程と思つてもそれを日々の教室で Smooth に実施すると云うことは仲々難しい。

特に併置校の場合に特殊な立場（一人で三教科以上を受持ちしかも三学年に渡る場合が多い）にあるので増々その困難さを感じる。従つて私がこの併置校において新指導法なるテーマをやつてみる気になつたのもその困難さを忘れ研究の成果を夢みたからでなく英語に興味を失つた生徒の多くの顔々を見た時何らかの方法を試みなければならない事を強く感じたからである

3、主なる研究内容

(1)　英語科に興味を失つた生徒(二、三年生)への対策

一年生は例外として二年、三年となるに従いテキストの内容が一年の場合とすつかり異り文型が復雑化してくる。各課毎に興味ある内容があるとは言えやはりその内容を理解する前に復雑な文型につまづき結局英語はつまらない科目と云うことになる。

その内に一年の時に興味深く一生懸命学習した基礎文型も次第に頭から消えていくのではないかと思われる。この場合思い切つてテキストを離れた指導法も考えられるかと思うがその方法を実施するとなると非常な困難がある。

先づ教師の準備が大きな仕事となつて来ること、又受験生の入試問題を考えた場合三年までのテキストは一応終えていなければならない事等々考えると到底そのような大担なことはできない。

結局テキストによつて生徒の負担をできるだけかるくしながら、生徒にやればできるのだと云う自信を持たすような指導をして行かねばならない。そこで二、三年の場合一年生を対象によく用いられている。Orel method 等のように一貫したまとまつた指導働ではなく、生徒の英語に対する興味を取戻すための消極的な小さな試みとして次のようなことを実施してみた。

A　文法用語をできるだけ用いない。

新しい文型が出た場合これを文法用語で説明して終ると簡単であるがそれをせずにできるだけ多くの例文を既習単語を用いて生徒に考えさせながら板書する。即ちその文型をくずさずに置換え作業のようにする。また各Unit毎にGrammer のまとめが出ているがそこは特別時間を掛けて取扱はない、しかし中には参考書に依つて文法を自ら学んでいる生徒がいて良く文法的説明を要求するが止むをえない場合（その生徒の意欲を損う恐れもある）以外は個人的に授業を終えてから説明するようにした。

B　実際の場等を充分利用する

教室に入つての挨拶等その時の天気の状況、生徒の状態に依つて変化のあるものにする。また例文を上げる場合はできるだけ目に見えるものあるいは皆が良く知つている（日常生活に結びついている。）事柄を選ぶ。例えば地名を必要とする場合は自分達の住んでいる村あるいは近くの地名を用い、人名を用いる場合は学校の先生方の名を借りたり、級友の名を上げたりする。あるいは生徒の考えている事、関心事になつている事等その時の状況をつかんで例文を作る。

C　出来るだけ実用語（教科書に出て来る日常会話）は覚えさす。

これは生徒も興味をもつているしまた文が短いので覚え易い点もあつて良い。

特にこの地域は軍作業よつて生計を立てている所が多いのと貝殻細工を外人相手に売つている（生徒も多く手伝つている）のである程度は必要性を感ずる所から関心を以つて覚えようとする。それも只意味を説明させるのではなく実際に外人と対面している時の状況を想像させるために自分で一人二役（外人と生徒）

を演じて見せる。この時はどの生徒も目を輝かして見ている。

(2) Readingを向上させるためにFrash Cardを用いる。

二、三年のクラスはReadingが非常に劣つていた。特定の数名の生徒以外は実際本を読むことができなかつた。何かReadin.の助けになる方法はないものかと思案している時指導主事に依つてFrash Cardの効果を教えていただき二学期より二、三年に試みた。先ず既習単語を復習の意味で15枚ずつを授業の初めの3分間を取つてreadingの練習をし週の最後の時間にテストをする。これは初めての試みでFrash Cardの利用法を十分知つていなかつたため大きな効果は見られなかつたが確かにReadingの助けにはなつたと考えられる。

テキストのページをめくつても何一つ読める（正しく）語がないから読まないと云つた状態からは脱ける事ができたと思われる。特にFrash Cardをめくつて皆でreadingをする3分間はどの生徒の目もCardに集中し劣等児の口をも動かしめる効果のあつたことはうれしいことであつた。またテキストの結果は0点を取る生徒がほとんどいなかつたことは注意すべきであると思う。

3、結　び

併置校における英語の新教授法と大きく題目を上げましたが新教授法らしきまとまりのある一貫した方法を実施する能力と余裕のなかつたことは残念である。この小さな試みは強いて云うならば従来の方法から少しでも脱皮しようとする小さなもがきである。一学年だけを対象としてもその指導法において多くの研究しなければならない問題があるが併置校の場合三学年に渡るのだから手の付けられない程の問題が実際たくさんある。Frash Cardの利用法だけでも研究の余地が未だにあることに気付いている。

種々考えて行くと問題が大きく拡がり結局併置校においては新しい指導法に手を伸べようとしながらも併置校そのものの持つ特殊事情が目の前を大きく妨げているので伸ばした手も引込めざるを得ないような状態にあることを感ずる。しかし教師の立場がどうであろうといずれの教科(教師の専門でない教科もある)でも他の独立校の場合と同じように指導してくれる事を期待しまた要求している生徒の立場を考える時それに答えたい気持と答えなくてはならない責任を感じる。

全國学校・先生・生徒の数

—文部統計速報より—

本年5月1日現在による学校基本調査の結果の一部が、このほど「文部統計速報88号」に公表された。以下はその中から取材したものである。

学校数（全国・国公私立の合計）と児童生徒数

小学校　(26,916校) (13,374,700人)　　中学校　(13,134校) (5,180,319人)

高等学校　(4,615校)　(3,216,152人)

小　学　校

- 年々小規模学校（11学級以下）は減少し適正規模といわれる12～24学級の学校および大規模学校は増加の傾向にある。
- 特に単級学校は前年度（301校）の約4分の1の80校となつた。
- 3000人以上収容する大規模の学校が19校ある。
- 学級数は約2,300の増加で306,574学級となつているが児童数約11万の減少でそれは51人以上収容する学級の解消に対する努力の表われである。
- それでも2部授業学級はまだ2,544学級を数えている。
- 教員数は本務者367,932人、兼務者2,129人であるが職名別にみると　校長6.0%　教諭87.7%　助教諭3.5%　養護教諭、同助教諭1.9%　講師0.9%となつている。

中　学　校

- 中学校も小学校と同じく「すし結学級」解消の傾向で学級数117,789は前年度より824学級の増加になつており逆に生徒数は約3万人減少している。
- 中学校の生徒数は、本年度が最低で、来年度より増加し、37年度が最高となる見込みにある。これは現在の小学校4.5.6学年が中学1.2.3.年となる年度にあたる。
- 教員数は、本務者183,725人、兼務者9,603人である。職名別にみると　校長5.5%　教諭90.8%　助教諭1.5%　養護教諭、同助教諭0.9%　講師1.3%となつて教諭の比率は小学校、高校のいずれよりも高い。

高　等　学　校

- 本校は3,509校で内訳は　全日1,674校　47.7%、定時は369校　10.5%　併置1,466校　41.8%となつている。分校は1,105校
- 全日、定時別にみると、全日制83.0%　定時制17.0%となり全日は昭和30年度以来年々増加している。
- 教員数は本務者128,402人　兼務者21,409人で、職名別にみると、校長2.5%　教諭89.9%、助教諭1.5%　養護教諭、同助教諭1.4%　講師師4.7%となつている。
- 全日、定時の職員の割合はそれぞれ82.4%、17.6%となつている。

読解指導をどのようにするか

豊見城中学校　上原政勝

一　主題の想定

農村における国語指導で最も通有性のある問題としてあげられるのは「読解力の指導」である。

文化的な社会環境に比較的恵まれていないことが、読解力低下の大きな一因をなしていることは言を待つまでもないが、しかし、それがそのまま放置されてよいという理由にはならない。

本校の昨年までの状態はどうだったかというと、読解力の養成ということの必要性は大いに認めながらも、本格的に掘りさげた研究がなされず、ただ与えられた授業時間を無事に何とか終えたいという得体の知れない安ど感をもつて、それに甘んじそして過ごしてきたのであつた。

このことが相まつてかどうかは知らないが、生徒個々の実態調査の結果には標準線を上まわるものはわずかで、あとは大部分がそれ以下で、最下位線のあたりに集まるものも多かつた。せつかく、研究によつて一段の進歩を見ようと張り切つていた私も、このテーマの前途に容易ならないものがあることを察知し、正直なところ、このテーマ選択にいささか後悔めいた気持も起つたりしたものである。

しかし、現状をまざまざと見せつけられては、ここで眼をつぶることはできない。何はともあれ、ぶつかつてみるまでのことだと、小さな革命者みたいに気負いこんで着手に及んだ次第である。

二　読解指導不振の理由

さて、読解指導と一口にいつても、教科書を一通りめくつてみると、そこには題材、教材とよばれるものには、物語りやシナリオ、詩、日記文、随筆、生活文、記録等々、非常に形を異にしたものが数多く入り混じつている。これら多くのものをとりあげ、一様に読解指導の重要な要素をして研究を進めるということは、私の浅学菲才の身をもつてしては、とうてい力の及ぶ限りではない。そこで、手初めとして国語科の中でもつとも固有の領域である「物語読解指導」を改善しようと思いたつに至つた。その理由は、物語りと詩以外は、他の教科とも関連性が深いし、詩はさておき、物語りとなると比較的その効果が望め、とりあつかいがたやすいと考えたからである。

このことは、日頃、国語教育に携わるものがちよつと気をつけて、生徒の日常生活を観察すれば、物語りというものが子どもにとつても、おとなにとつてもいかに親近感があるかがわかる。どんな遅進児でも、また優秀児でも、物語りに対しては興味の度合が一層高いものである。

しかるにこの「物語読解指導」までもなぜ不振をかこつようになつたのであるかというと、それには種々の原因があると思うが、第一には私たちの教場に臨んでの方法、すなわち

「通読—筋をつかむ—部分部分の意味を細かく調べる—一通り終つたら、漢字の反復練習、語いの活用及び方法—最後のまとめとして読む」

このような旧態依然とした方法を唯一の珠玉でもつかんだかのように、なんらの反省的研究もなさずに安心しきつてやつてきた結果からである。

日進月歩ということばのように、国語の指導観も時代の推移とともに、その時代に移乗するようにうちたてられ、また改革の必要もでてこなければならない。日本の国語教育界で著名な輿水実先生の「国語学力観の近代的傾向」と題する一文は新時代にあつての指導観の立て方に重要な示唆を与えている。

新指導要領の学力観を吟味したいとして、

(1) 国語の学力を社会で実際に働く能力として見る立場が強くなつてきた。

(2) 国語科で養成しようとする能力の技能、技術の面に注意が向いてきた。

(3) 能力の分類や分析が進んだ。国語能力を具体的な経験の形でとらえていこうとする体制になつてきた。

(4) 能力の発達的なとらえ方が進んできた。

(5) 能力の機能的なとらえ方が要求されてきた。

以上、五つのみ方はいわば生活主義、経験主義であり、それに発達の考え、内容的価値の強調である。このほかに個人差の考慮とか、国語学力を規定する諸要目に明らかになつてきたことも近代的傾向というべきであり、これらは相互に活用して、新しい国語学力観を形造つているもので、その一か条に徹すれば、他の方にも自然影響してくるようになるものである。といわれている。

とにかく、新しく思い切つて改革を必要とするものには、そだけの研究を積んでぶつかつていくべきであると考える。

三　物語読解指導への考察

前述したように物語読解の指導がいかに教師の指導上必要とされるいろいろな面にわたつて、綿密な指導計画をたてたにしても、それが旧態依然の領域から外に出なかつたとしたら、与える者としての自己の愉悦という極めて不確かな満足感が残るだけで、与えられた生徒にとつては迷惑以外何ものもないのである。そういう意味で教材中心的な考え方が濃厚過ぎては読解指導は困難であり、不可能に近いと断言してもよいと思う。

われわれの対象は生徒であり教材ではない。生徒の求めたいという欲求は各人各様で、ある生徒は物語をよんで一人静かに人生を考えたいという潜在意識をもつているだろうし、また、そこまで到達し得ない生徒は漫画に興味をもつて、物語りには一向、関心を示さないであろう。このように異なる生徒達へ、画一的に物語教材を教えこもうとするのは根本から誤つた考え方である。

そのようなことから起る弊害を除去する為には、根本的な指導観の改革、すなわち、教師は与える者の立場に立つのではなくて、受ける側の立場に立つということが物語読解指導の絶対的前提条件となつてくる。

四　学校図書館と読解指導との結びつき

物語読解指導が「受けとる側に立つ」という指導理念をもつて望む時、そこには必然的に図書館という場が大きくクローズアップされてくる。

生徒の「読む」という場は学校と家庭にあるといわれているが、本村の現状は全く放任という悲しむべきもので、期待をかけることは至極困難である。従つて学校では家庭の分までも負担を重くして読むことの機会と場と指導をせねばならない。

◎本校図書館はどのようにして、物語読解指導の場として活かしたか。

本校が一年間、主題の発展の場、解決のキーポイントとして、もつとも関心をもつて育ててきたのは図書館である。

他科への結びつきについては、紙数の都合もあり、主題との関係もあるので、説明を省き、ここでは「物語読解指導」との結びつきだけにしぼつて実践経過を報告し、斯道の各位からご批判とご指導を望みたい。しかし、前もつてお断りしておきたい。この論文は中間発表であるので、統計的グラフ一切を省略して項目毎に指導要点のみを記載した。

（A）図書館の位置づけ（多読奨励の立場から）

『国語科における読みのあらゆる題材と結びつけて、図書館を体系的に有機的に生かすにはどうすればよいか、図書館における多読が国語科と相まつて、どのように子どもの読みを発展させ、それがどのように子どもの読みの態度を作るもとになるか』以上を国語科における図書館利用の目標として位置づけている。

（B）精読の基礎づけとしての多読の奨励

教科書の文章をよく読むためには、前もつて、多くの本を図書館でよんでおく、すなわち、読みの経験を幾分でもよけいに積み重ねておく必要があるので、本校では、理想どおりの体系的な図書はそろえてはないが、できるだけ数多くの図書に親しみ、それを読破するよう奨励してきた。現在では物語図書は、週一度は修理を要する程、多くの生徒によまれている

（C）読みの中への位置づけ（図書を）

(1)、読書ノート

本校では年間二冊の読書ノートの利用を企画し、ノートもできあがつてみなもつてはいるが、これは、まだ手をつけたばかりで、その結果については説明できないが、そのねらいは、ノートに感想を書かす作業と結びつけさせて、単に読むだけでなく、心にしつかりと刻みつけるような読みをさせることである。

(2)、**良書をよく選択させ**、教科書にでてくる作品や作家にも適応するような読みの指導をつとめてやつたが、体系的な本の整備が不完全なので、一部分の生徒しか強い関心を示さなかつた。

(3)、書物を生涯の伴侶と考えさせ生きるためにはなくてはならない大事な資料と考えて、**読む習慣**をつくるように心がけた。

(4)、単元学習の際に、関係書物を挙げさせ、または教師が挙げて、**学習活動になくてはならないものとしての位置づけと価値観**をはつきりもたせるようにした。

(5)、少ない**資料の利用法**について指導した。

(6)、読みものには**精読すべきものと**、楽しみ読みをしてよいものとの二つがあることを**認識させる**よ

うにした。

以上三項目を読解指導の根本的なものとし、具体的展開は次のようにしてきた。

一　興味を起させる方法

1、話をして聞かせる方法

この本はぜひ子ども達によませたいと思う本があつても、子ども達が実際に図書館へ足を運んでくれなければ、どんな良書であつても意味はない。かといつて指導意識が濃厚すぎても困りもので、どうしても読書するということは、子どもの主体性が先にでてくるのが望ましい。そこらへんをよくコントロールして、よませたい本についての興味をもたせる意味でその本の内容について話して聞かせる方法をとつてみたが、その結果は、純に過ぎる程、興味の度合いが高まつた。

この話す時間だがこれは、S・H・RかL・H・R国語の時間を利用する方法と校内放送を通しての二つの方法が考えられるが、本校では放送設備の都合で前者のみを利用した。

話し方の方法には、大体、次の三つの型を採用した。

。その本を読むのに背景となる情報

。あらすじを話す方法

。一部分を抜き出す方法

2、発表させる方法

本校では主として三年生は読書サークルをもち、読後感の発表会を行つているが、単元学習の中に織りこんでいるため、少々発表者の学習意識?が濃厚すぎるので、将来は、H・Rやクラブ活動等にもつていきたい。

この発表という営みは、次の読書への足がかりになり、まだその物語の本に接していない子は啓発されるところが大きいように感ぜられる。

3、読み聞かせる方法

。部分よみ—いわば映画の予告編的取り扱いで、要は部分読みをすることによつて、よみたいという気分を醸成するようにした。

。特徴読み及び指摘—これはその本の最も印象的なところをよんで聞かせ、心に深くきざみつけてしまう。指摘というのは、個人指導の場合によく用いられているが、この子ならばとびつくに違いないと思う本を選定しておいて、しおりなどをはさんでおいて、図書館前の廊下に設けてある読書相談室へ呼んでよませる方法である。大方の生徒は喜んで家まででも借りていく。

この二つはともに、全部をくわしくよみたいという意欲を盛り育てる方法である。

4、経験による方法

遠足、特に修学旅行前になると、図書館は混雑を極める。それは予定コースにそつて子ども達は懸命になつて、それにちなんだ偉人物語や伝説その他についてくわしくよみそして書き写し、プリントにして、車中では観光ガイドの態よろしく朗々と説明している。

5、コンクール

本校では読書週間中の定期的な行事として毎年「読後感想文、書評、標語、ポスター」などを行つており、優秀なものは、全体集会や掲示板などを利用して発表し表彰している。またそれと並行して週間中は多読競争ともいうべきものをもち、閲覧個人カードから調べて一冊でも余計よんだものは表彰している。昨年は四十日間の期間を通じての多読の最優秀者は一日につき一冊であつた。

6、漢字書取競技会

みたいという意欲はあるが、漢字が障害となつて、せつかくの興味をそがれる生徒が大部いる。そこで本校では過度な競争意識を助長せしめないように競技会を催おしている。方法は、学年単位及び全学年という工合に、問題作製から採点、評価、反省に至るまで、すべて学習部の生徒が自主的に行つている。

文字に対する学習意識を高めることはとりもなおさず読解力を高める大きな素因となると信じている。

二　読書の必要を感じさせる方法

①　参考図書の必要

つめこみ主義の指導は、極端にいえば参考書の必要はなく、教科書のみで事足りる。

しかし、本来の読解指導はよみ手の側に求める学習があるのであるから、自然教室においては、参考書の指示をして、常に読み手に参考書の必要を感じとらせることが大切である。そのような参考書を提供する場としての図書館の使命はいうまでもなく大きいのである。本校では各教科を通じて、この面の指導に全職員がのりだしている。

(2)　読書に関するエピソードをとりあげる

この逸話は本の内容に関しても、また読み手である生徒自体についてもいろいろ取り上げてみたが、この方法は、割合、興味深いものであり、効果も相当あがる。方法は簡単で、前者即ち本の内容ならば、教師が本の挿話を暗記しておくか、またはその本を直接手にしてよみ聞かせると、読む順番まで子どもたち同志できめて争ってよむ。

後者の場合は、図書館に常時備えつけられている個人カードによって読書傾向を知ることができるから、それによって、個人の特徴をつかみ範になりそうな個人の読書生活をテーマにして、発表させたり、教師が話して聞かしたりする。そうすると、自然に無関心なものも、関心度の強い者も、生活を反省し、今後の読書の足がかりとする。

(3)　読書による満足感を与える

お昼時間、放課後等、木蔭で本に読みふけり、時々、つぶらな瞳で青空を仰ぎ見る子どもの顔は幸福感で満ち足りているかのようである。何ものにも代え難い満足感に違いない。このような子どもが一人でも二人でも増えていった時、本当の意味での生活に根ざした読書というべきではないだろうか。

とにかく一冊でもよけいによむ習慣をつけることから、また、一冊毎に満足感を味わうことから、生涯、本とは縁のきれない人間が生れでると思う。

三　図書館に誘引する方法

「読解指導」というテーマをうち出してから、中核的存在としての「図書館」に対する認識は、従来にくらべて、はるかに高まってきてはいるが、しかし、生徒の中には、依然として「よむ」ということに苦痛を感じているらしいものも大分おり、これの解消の方法として、次のようなことを心がけてきた。

①　図書館行事の主なもの

○読書週間

秋になると全国的にくりひろげられる読書週間は、絶好の読書指導の機会である。この時期は少々総花的ではあるが、平常の二・三ケ月と関心度は比較できる。

雰囲気は充分、醸成されているので、週間にちなんだ行事（例えば読書会、読後感想文のコンクール）をもつのに最も適した時期といえる。統計的に見ても、この頃が最高位を示し、雰囲気にすっかり溶けこんだ遅進児なども図書館通いが始まって好ましい限りである。

○幻燈会

月三回程度もっているがスライドが全部琉米文化会館やその他からの借り物で、思うにまかせぬ点もあるが、視聴覚教育の一環として、図書館誘引の方法として、今後も続けていきたい。

―結　び―

あれも述べたいこれも述べたいと、書いているうちに、全く支離滅裂のまとまらない文に終ってしまって、誠に申し訳ないが、結局、私の歩んできた一年も幼児の歩み同様、系統だった何ものもつかみ得なかった。一つ一つのことを深く掘り下げようとすればする程、地上にあっては夢想だにしなかった障害が多く、困難を感じた。

しかし、その反面、私にとっては「読解指導」という前途にかすかな光明を発見した。これはかすかではあるが、まだもって私の胸からは消えないのである。

今年の研究を足場にして、今後も精進を続けたい。そして、沖縄においては、未開拓の読解指導にいささかなりとも、貢献したいと念じつつ、ペンをおく。

②　送りがなのつけ方

6　動詞と動詞とが結びついた動詞はそれぞれの動詞の送りがなによって送る。

例　移り変わる　思い出す　流れ込む　譲り渡す

第二　形容詞

7　形容詞は、活用語尾を送る。語幹が「し」で終るものは、「し」から送る。

例　暑い　白い　高い　低い

ただし、次の語は、活用語の前の音節から送る。

明るい　危うい　大きい
少ない　小さい　冷たい
平たい

8　活用しない部分に他の形容詞の語幹を含む形容詞は、含まれている形容詞の送りがなによって送る。

例　重たい　憎らしい　古めかしい

9　活用しない部分に動詞の活用形またはそれに準ずるものを含む形容詞は、その動詞の送りがなによって送る。

例　勇ましい　輝かしい　頼もしい　喜ばしい　恐ろしい

10　活用しない部分に形容動詞の語幹を含む形容詞は、その形容動詞送りがなによって送る。

例　暖かい　細かい　柔らかい　愚かしい

11　動詞と形容詞とが結びついた形容詞は、その動詞と形容詞との送りがなによって送る。

例　聞き苦しい　待ち遠しい

——研究教員——

道徳における具体問題とその対策

大城雅俊

私は首題のことについて考えてみたいと思う。

各教科および特別教育活動、道徳学校行事等は、教育課程上における四領域として一応劃然とわけられてはいるが、教育活動として展開された場合は、ひとりひとりのこどもの中に、当然これらは渾然と融合されるべきものである。であるから四領域は相互が相反したり矛盾しあつたりすることのないよう、緊密に関連させることによつてその効果が一そう期待できるように全体計画がなされ、また指導がされなければならない。その反面そうであるためには、それぞれの領域には、他の領域にない独自のものがなければならない。いまこれを、四領域中の道徳についてみるならば「道徳」の時間における独自の目標は、端的にいえば、内面化の問題、すなわち道徳性を子どもの内面から自覚させるということにあると思う。(他領域においても道徳指導はもちろん行われているであろうが、それぞれ独自の目標を待つ以上そこには一定の限界がありまたこれには 系統化、組織化の 問題があるが、ここではふれない)このことを具体的に考えてみよう。

A先生は小学校の五年生担任で学級経営についてはきわめて熱心でいらつしやる。A先生の学級の子どもは自主的で、自分たちの日常生活中における問題は、自分たちの手で解決しようとする態度がかなりできている。しかし学級の中で時々男女が対立しあい、一つの仕事をするにも女子なるが故に反対するとか、男子なるが故に反対するとかいうようなことが絶えない。これはA先生の悩みの種で、話し合いをさせたり、話をしてやつたりするけれども本当の協力が仲々できない。

ちようどこの時に道徳の時間が設けられたので、この時間にこの問題をとり上げようと考え、つぎのように考えた。

1、抽象論のやりとりでなくて、生活の中にある具体的な問題場面をとり出して、それについて考えさせる。

2、子どもたちの生活中の問題であるから教師の一方的な説話によることなく、子どもたちの手で自主的に解決させる。

3、話しあいの中では、意味のない対立が起る心配があるので、教師の助言の機会と内容を適切にし、本時の目標からそらせないようにする。

4、他を互に批難しあうような形でなく、もつとお互がどうしたらよいかについて内心の真実の声を出させるようにする。(A先生の学級は教師の指導によつては、この点はある程度まで可能である。)

5、単なる話し合いに終ることなく、今後どのようにしたらよいかについてきめる。を規定し、目標、場面、展開をおおよそつぎのようにした。

(A先生のこの考え方の中、1と4は「道徳」としてきわめて大切な教師の態度であるけれども、2と3と5は多分に「学級活動的」であると思われる。)

一、目標　男女が相互に理解し合い、互の責任を果してたすけ合つて仕事をしていけるようにする。

二、場面　庭掃除が終つて、先生に見てもらつた後、みんなで今日の掃除について反省した。その時に、当番のB子さんは男子がなまけていてあまりやらなかつたことを批難したのに対して、C男君は女子の中でもやらなかつた者がいるということを主張し、男女対立して言い合つた。

三、展開　1、このごろの男女間の仲はどうであるか話し合う。2、問題場面を提示する。3、男女一名ずつ司会者として選出する。4、みんなで話し合う。

◎女子側の代表としてA子さんの意見発表をさせる。◎男子側の代表としてB男君の意見を発表させる。◎どちらが正当であるか決定。

5、問題の解決策を決定する。

四以下略す。

指導の経過については省略するが大体指導案通りに活発に進行し最後に、①男女仲よくするためにお互に注意する。②男女がけんかをしている時はみんなでとめる。③けんかが起きた時はすぐ学級会へ出す。④けんかをした者には○印をつけておく、などが決定されてこの時間は終つた。以上、立案から指導の経過、結果を道徳の持つ独自なねらいという観点から限定して考えてみれば、次の諸点が問題としてあげられるのではないかと思う。

一、「道徳」の指導は、前述したごとく道徳性について子どもが内面から自覚することである。A先生の指導は全体からみて問題対策的(解決ではない)であり、また一面特別教育活動的である。「道徳」において子どもが司会者となつて進行する場合もももちろんあるけれども、この場合それがわざわいして解決のための対策を求めることに急いで、深化していないのではないか。

二、教師はこの時間にどんな道徳的な判断、道徳的な心情、態度をねらつたのであるか、それ自体が教師自身につきとめられていない。だから場面も、ねらいがその場面を通すことによつて内面化されるというように組立てられておらず葛藤もなく漠然と争いの場面が述べられているに過ぎない。

協力しようとするのであるけれども仲々協力できないという各自の内なる声が、この問題を深める基底となるものであり、この矛盾したところに真の協力がつかまれるのではなかろうか。

三、このような男女対立の具体的な問題は、こどもに身近な問題として具体的につかまれ考えられる反面学級内の特定のB子さんとC男君がその中心となるので、二人の人柄や、学級の個々のこどもとの特殊関係が純粋にそのことを追求していくためにはかえつて障害となるおそれがある。

そのための一つの方法として、学級の生徒と特殊な関係のない資料を用意し、全体が共通の立場に立つて考えさせる考慮が必要ではないか。

現在の段階における道徳指導の一つの問題は、計画性と内面性の問題である。前者は日々の指導を通し、またこれを積み上げることによつてだんだんに形成されていくものである。実践をはなれた計画は画餅に終るおそれがある。計画と実践は共に進められなければならない。後者は毎日毎時の指導の問題である。道徳指導の中核となるべきものである。これがともすると特別教育活動における道徳指導と全く同一視され易いので、この点に限定して具体的に考察してみたのである。

おことわり（中山）

次の資料は今年の三月東京都の各小中学校を対象として学級指導の実態を調査したものである。特に学級編成の部で沖縄では毎年学級編成を実施している学校が殆んどであるが、東京都においては学級はそのまま担任も持上りが多いという事は沖縄においても研究すべき所があると考慮されますので資料をかかげみなさんのご批判をあおぎたいと思います。

学級指導の実態

東京都港区芝白金三光町
区立三光小学校
中山俊彦

1 調査の概要

児童生徒の一人一人の豊かな人間的成長をはかるには、学級における教師と児童生徒の間や、児童生徒相互の人間関係をないがしろにすることはできない。民主的生活態度というものも、民主的な人間関係にあやなされた学級集団を育てる実践（学級作り）過程のなかで育成されることが多い。

このような視点から、望ましい教育の効果を期待できる集団指導の方法や、技術を究明するために、都内小、中学校における現場の実態を把握すると共に、貴重な経験を集めて指導上の有効な資料を提供するために、次のような内容により調査を行つている。

2 調査内容と方法

㈠ 調査内容

本調査は、学校調査と学級調査の両面から行い、その調査項目はつぎの通りである。

A 学校調査について

(1)教育目標
(2)学級編成の仕方と時期
(3)学級経営
(4)道徳の教育課程の実態
(5)道徳の時間実施にあたつての困難点、障害点

B 学級調査について

(1)級訓とその作成過程と指導法
(2)情緒的解放の実態とその成功例と問題点
(3)個の真実化の実態とその成功例と問題点
(4)個の問題の集団化の実態とその成功例と問題点
(5)組織的活動の実態とその成功例と問題点
(6)教科と学級作りの関連の実態とその成功例と問題点
(7)道徳と学級作りの関連の実態とその成功例と問題点
(8)学年で指導しておきたい道徳上の問題点
(9)学級作りを進めていく上での問題点

㈡ 調査の対象と方法

全都内小、中学校を対象とし、各学校に学校調査一部、学級調査は学年の数を配布し、学校調査は、この面について、全校的に理解している人が中心になつて記入し、学級調査、各学年より一学級あて、この方面の実践を積みあげている学級担任をきめて、記入することを依頼させたものである。

3 調査の結果

此の調査のねらいは、現場の実態と貴重な経験を集めて、望ましい学級

指導の資料を提供することにあったので、本年度一ケ年間の経験を充実した時期とみられる、第三学期の二月に行ったものである。紙面の関係上学級編成の仕方と編成替えの時期、児童会、ホームルーム、道徳の時間、学級経営のための組織、学級の組織活動の実態等についての資料を提供する。

㈠　学級編成の仕方と時期

(1)　学級編成の仕方はどう行われているか。

a　学級編成の仕方について、学年をどうとりあげているか。
イ学年別に行う場合
ロ通年制としておこなう場合
ハその他の場合
について調査を行い、その結果の割合はつぎのとおりである。

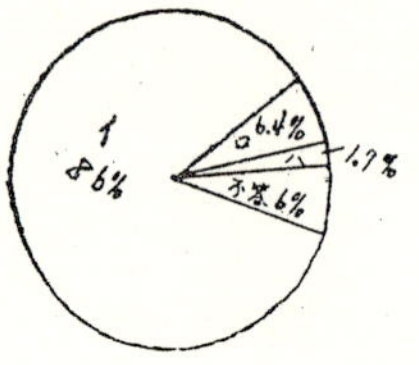

小学校

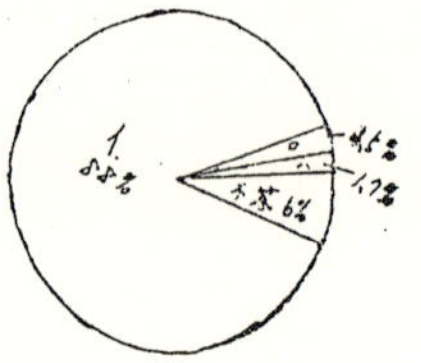

中学校

此の結果からみられることは、都内の小、中校における学級編成は学年別に行う場合が八六～八八%を上まわり、通年制即ち複式学級等の編成方法は六、四～四、五%であることが明らかにされた。

b　学級編成について、児童生徒の組合せをどうとりあげているか。

①異質編成の場合と、等質編成の場合について、調査の結果は次の通りである。

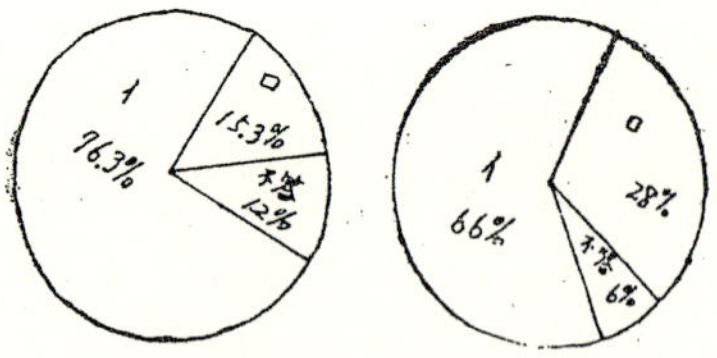

小学校　　中学校

イ異質編成
ロ等質編成

②異質編成の場合、次のどの方法をとりあげたか。
ア、五十音順　イ、能力別
ウ、学年別　エ、その他

異質編成の場合

中学校	ア 23%	35%	36%	6%
小学校	ア 26%	イ 20%	ウ 30%	エ 24%

③等質編成の場合、次のどの方法をとりあげたか。
イ、能力別　ロ、課程別
ハ、クラブ別　ニ、地区別
ホ、男女別　ヘ、その他

中学校	イ 66%	ホ 8%	ヘ 26%		
小学校	イ 40.4%	ロ 4.3%	ニ 17.3%	ホ 16%	ヘ 23%

この調査の結果によれば、学級編成の際、小学校は異質編成をとる場合が多く、中学校では等質編成をとる場合が小学校よりも割合が多い。学級集団が、能力、性格、性別などの相違する児童、生徒によって編成されている異質編成の方法は、五十音順をとる場合が、小学校では二六%、中学校では二三%である。能力別をとる場合が小学校は二〇%であるが、中学校では三五%とりあげているようである。能力、性格、学力、性別などについて、一、或は二以上の点で等質な児童生徒によって編成されている等質編成の方法をとりあげているのは、小学校に比べて中学校が多いが、その場合、能力別の方法をとりあげていることが大そう多いようである。従って、小学校入学の際の、能力の明らかでない場合は別として、他では能力別に重点をおいた異質編成が多いと考えてよいようである。それは、異質編成中の学年別によるという%には、一箇学年一学級というものが多いと思われるからである。次に等質編成で能力別というのは、能力別学級編成の意味になるから、我々の見聞している所とは%が開きすぎてい

る。

この中には各学年で、どの学級も能力的に同等であることを目標に配分した編成がかなり含まれているのではあるまいか。

(2) 学級編成の時期

左の項目について調査したもので、その結果は次の図の通りである。

イ、毎年編成替え　ロ、途中一、二回替える。ハ、替えない。

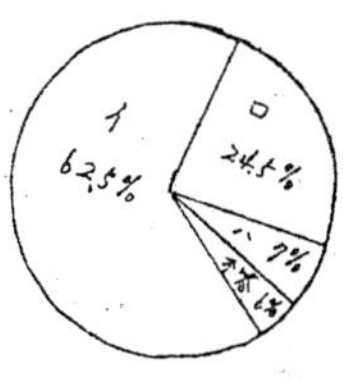

中学校

小学校

学級編成の時期については、小学校では六ケ年間の途中一、二回替える場合が六七・三%であるが、中学校では毎年替える学校が六二・五%であることは、発達段階と学級編成の問題として、特徴がみられる。またこれは、小学校では担任の持上りが一つの観点として重視されるが、中学校は教科担任制に近い実情にあるところから、余り持上りにこだわらないという理由もあるのであろう。

(二) 学級経営

(1) 児童会、ホームルーム、道徳の時間について、どうとりあげているか。

イ　ロング（児童会、ホームルーム）一時間と、道徳の時間一時間、その他ショート。
ロ　ロング二時間とショート
ハ　ロング一時間とショート
ニ　道徳の時間一時間とショート
ホ　道徳の時間のみ
ヘ　その他

調査の結果は次の通りである。

中学校

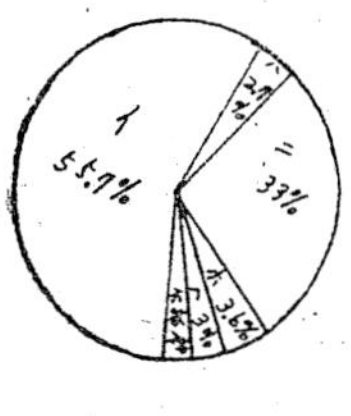

小学校

児童会、ホームルーム、道徳の時間については、小学校がイの方法を五五・七%とりあげているのに対し、中学校では一三・五%であり、中学校に多い二の方法は小学校では三三%程度であることが、この調査の結果から明らかにされた。

(2) 学級経営のための組織

a　奉仕経営のための委員又は係の編成について

このことについては、つぎの項目によって調査がおこなわれている。

イ、全員参加　ロ、一部参加
ハ、全員参加の学級もあれば一部参加の学級もある。

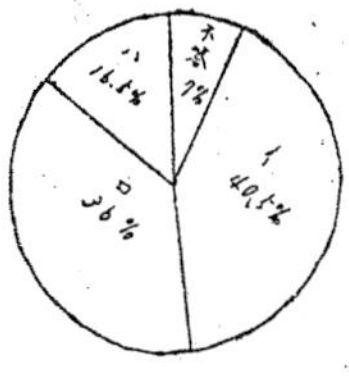

中学校

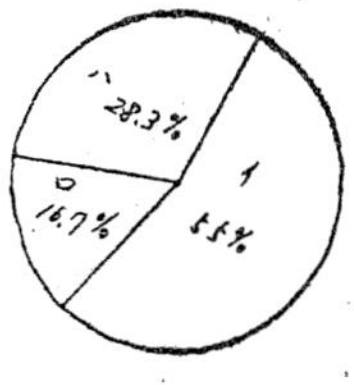

小学校

b　生徒班の編成について

生徒班の編成状況については、次のような項目によって調査がおこなわれた。

イ　全学級でやっている。
ロ　全然やっていない。
ハ　一部やっている学級もある

調査の結果は、次の通りである。

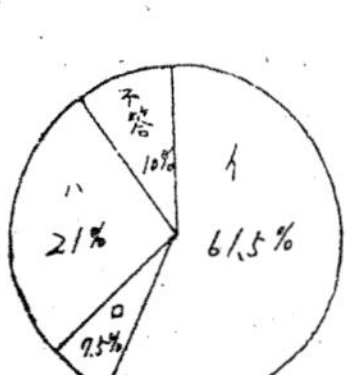

中学校

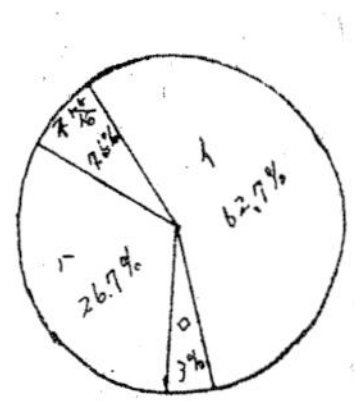

小学校

(3) 学級の組織活動について

a　グループ指導をどうおこなっているか。

これは色々な面からとりあげられるがここでは、学習の場合のとりあげかた、とグループの作られている場、グループの組み合わせ、の三つの面についてつぎに示すようなそれぞれの項目について調査がおこなわれたが項目と調査の結果は次の通りである。

・学習のとき

調査の項目と結果＼学年	小1	2	3	4	5	6	中1	2	3
	調査の結果（％）								
イ　常時グループで	3.0	2.0	1.3	2.7	3.7	3.0	2.0	2.5	2.5
ロ　時によりグループで	88.0	92.0	96.0	92.6	95.7	77.0	77.0	71.0	64.5
ハ　グループを使わない	5.0	1.7	2.0	2.7	0.3	16.0	15.5	21.0	24.5
ニ　不答	4.0	4.3	0.7	2.0	0.3	4.0	5.5	5.5	8.5
	100%	100%	100%	100%	100%	100%	100%	100%	100%

・できているグループについて

問　学級で、できているグループは、次のどれとどれですか。

・学習班　・生活班　・奉仕班

番号	できている班の％＼学年	小1	2	3	4	5	6	中1	2	3
		学級でできているグループの割合（％）								
1	学習班・生活班・奉仕班	20.0	26.0	17.0	28.0	34.6	36.0	20.0	26.0	17.0
2	学習班・生活班	2.5	7.0	2.5	8.4	7.4	6.7	2.5	7.0	2.5
3	学習班・奉仕班	7.5	5.0	5.0	16.0	15.7	15.0	7.5	5.0	5.0
4	生活班・奉仕班	13.5	16.0	12.0	10.4	10.0	6.0	13.5	16.0	12.0
5	学習班だけ	7.0	7.0	11.0	8.7	8.7	11.0	7.0	7.0	11.0
6	生活班だけ	15.0	15.0	12.0	7.0	5.6	9.4	15.0	15.0	12.0
7	奉仕班だけ	16.5	12.5	21.0	9.5	8.0	6.7	16.5	12.5	21.0
8	不答	18.0	11.5	19.5	12.0	10.0	9.2	18.0	11.5	19.5

・グループの組合わせ

グループの組合わせをどうおこなっているかについては、次の項目について調査されている。

イ　学習、生活、奉仕とも一緒の場合

ロ　生活と学習が一緒、奉仕は別の場合

ハ　生活と奉仕は一緒、学習は別の場合

ニ　学習と奉仕が一緒、生活は別の場合

調査の結果は次の通りである。

グループの組合わせ（％）

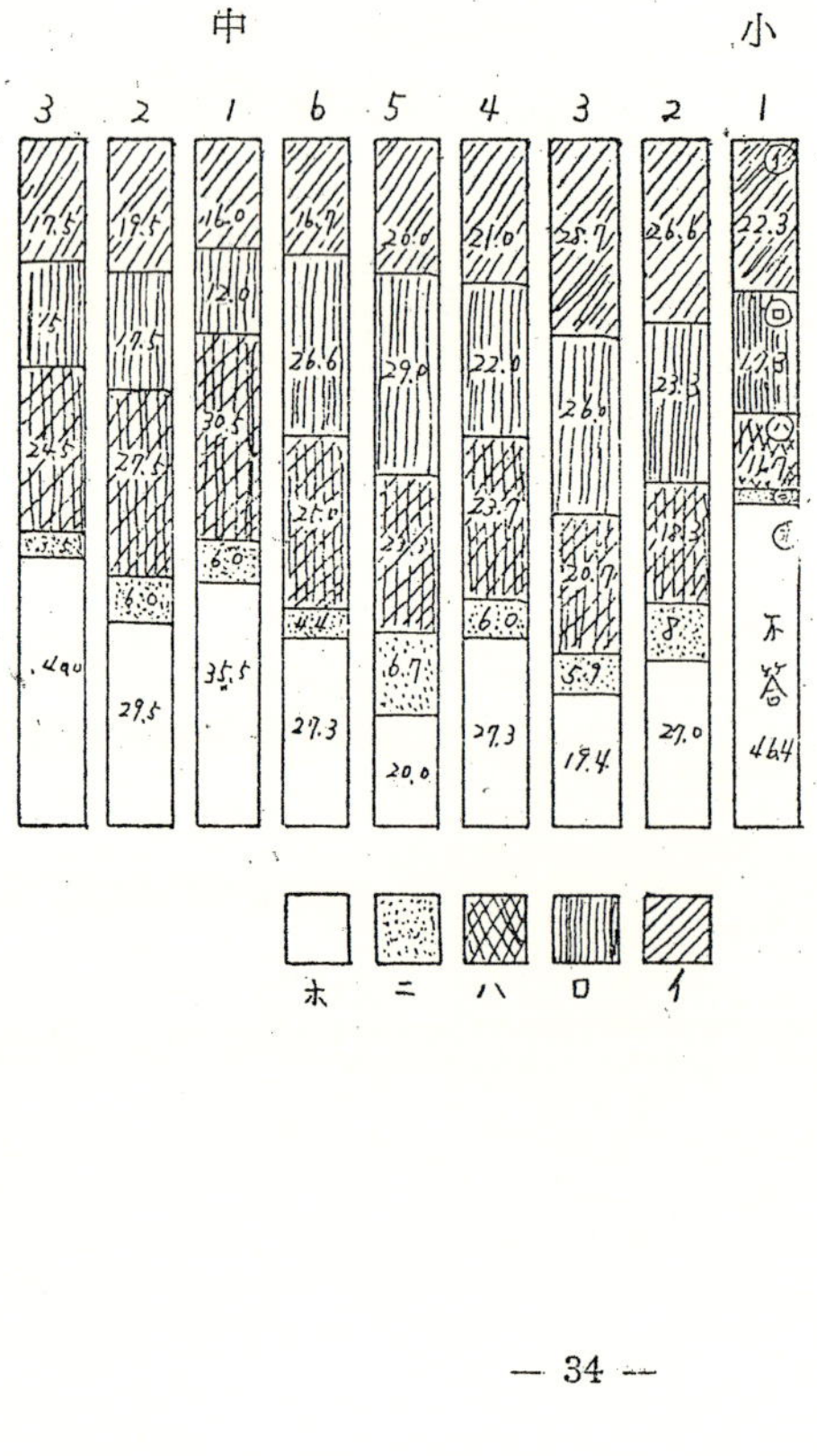

b　学級での役割はどのように分担しているか。

この調査については次の二項目について行っている。

イ　一人一役
ロ　一部参加

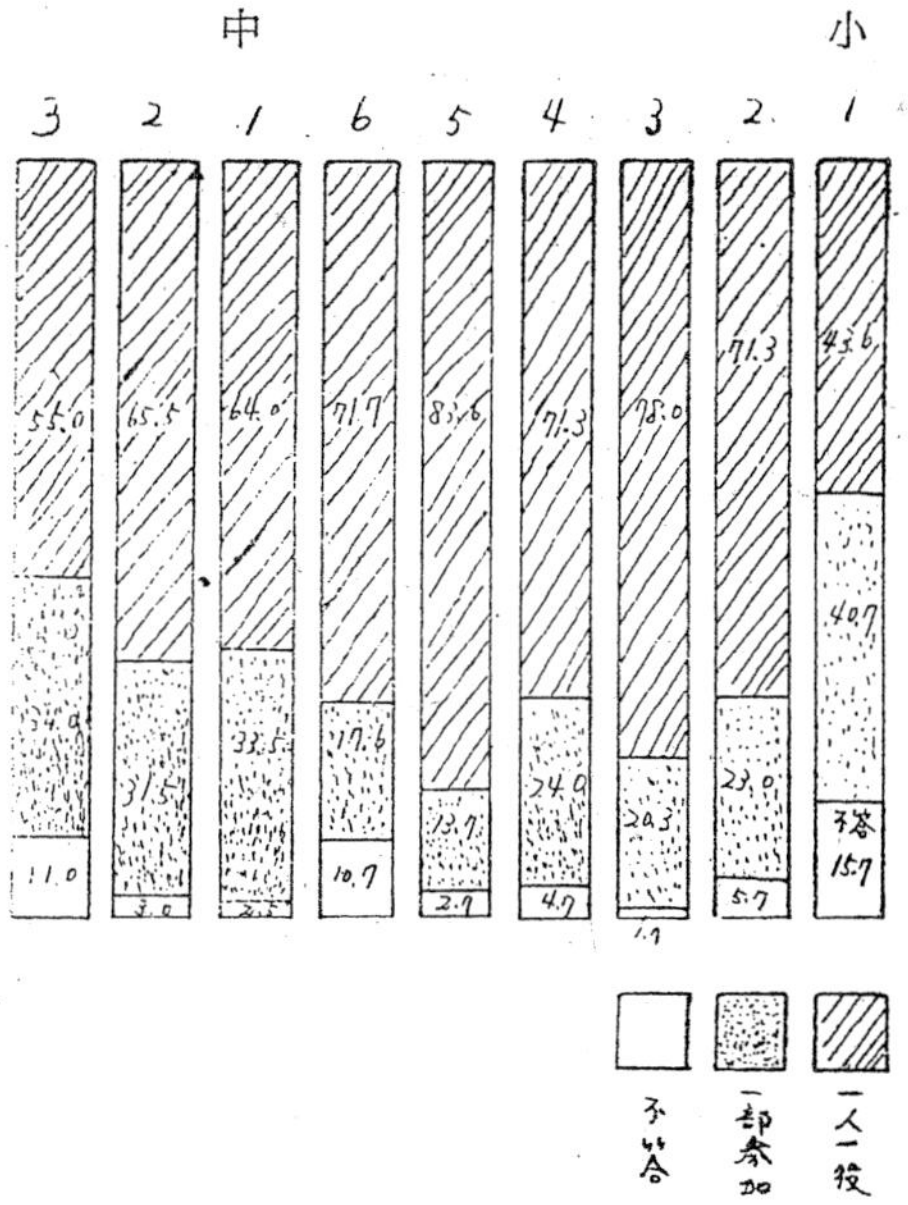

c　学級での組織的活動の状況について

学級での組織的活動がどのようにおこなわれているかをみるために、次のような問によつて調査された。

問　学級の組織的活動は活発ですか。

イ　はい　　ロ　いいえ

調査の結果は次の通りである。

学級の組織的活動の状況

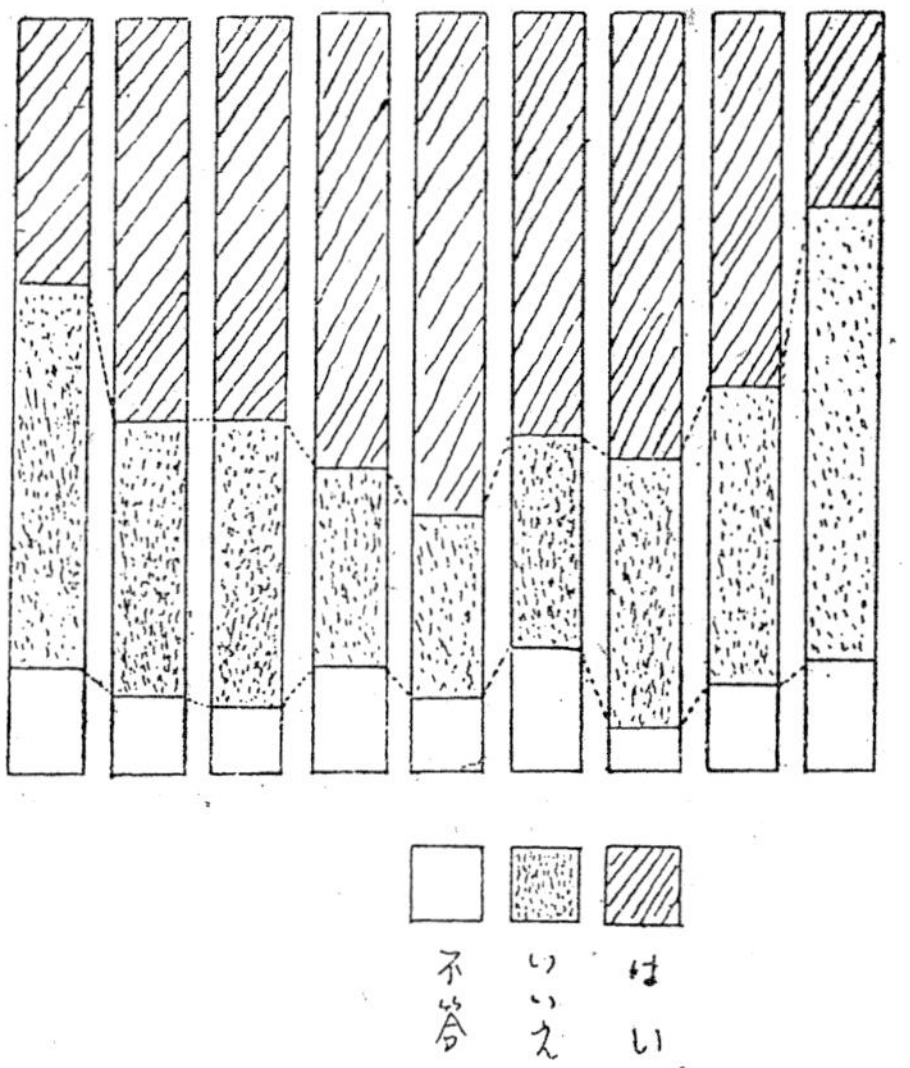

学級の組織的活動が最も活発であるという段階は、この調査によれば小学校の五年生のようである。このことについては、いろいろの理由もあろうが、さきに述べた、組織活動のための時間のとりあげが中学校に比べて小学校が多いことなども、その一つではないかと推測することができる。

※（八頁より）なければならないと思います。特に教師は児童に根気負けすることなく、結果をあせらずに日々の指導にあたりながい目をもつて児童を見守るようにしていきたいものです。

最後に現在の社会環境また児童の実態から道徳教育の強化は是非必要であり、また社会科を中心にして道徳教育をおし進めていくこともよいことであるが、道徳教育の事を意識し過ぎ社会科本来の目標を達成しかねることも出て来はしないか、また時間的にも無理が生じると思うので道徳教育はその方法と内容さえ考えれば時間を設けた方がより効果的でないだろうか。

――研究教員――

楽しみを求めて

配属校千葉市立稲丘小学校
島袋晃一

教職にある者は子ども達の学習の効果をより上げるために、夜に日をついで研さんしている事は今さら申すまでもない。要はわれわれ教職者はどうすれば子ども達のためにより働けるかを研究し、実践する事にあると思う。学習指導により子ども達に幸福をもたらすためには、学習指導のためのいろいろな研究が必然的に必要となり、この研究なくして子ども達のためにと思つても車の空回りで学習効果を上げるには程遠い感じがする。

学習指導においても、またその研究にしてもより効果的という事を念頭において進めてゆくことが最も重要なことだと思う。現在沖縄でも学習指導の研究は個々による研究、同好会による研究、その他いろいろの方法でなされ、年々効果を上げつつある。研究の方法、組織によつて楽しく能率的によりよい研究が行われるのではないかと思う。

同好会の組織による研究もそう多くはないと思うし、その他のグループ研究もあまり行われていないような感じがする。従つてこのような研究は限られた一部の教科または少数の人々だけが参加し研究が進められている。その他の多数は、個々の研究より進められているが、両者とも利点欠点はあるかも知れないし、どちらがより効果的で理想的かは私には分らない。ただ、あきずに、効果的に、楽しみつつ持続できるのが最も好ましい方法ではないかと思つている。

そこで東京近郊で行われている方法組織の一例を私の知る範囲でごく簡単に紹介したい。

このグループは、東京を中心とするある教科の同好会風な組織で、その教科の学習指導の権威の先生ともたえず連絡を密にしていて、参加メンバーは一校から一人または二人で、広範囲なせいか参加していない学校もあるようだが、支部的なグループが地方に置かれている。

個々による研究なら、自分を中心とする研究で、研究の領域もせまく深くほり下げていくにもなかなか容易でないが、グループのメンバーが、週一回とか、月二、三回程集まつて専門の先生のお話を聞いたり、各自の研究した(実践してみた)のを公表したり、難点を持ち寄り、グループで研究したり、習つたり、または文書交換により知らせ合つたりして難点解決を容易にし、効果的研究が行われている。グループで共同研究することにより、ごく困難な問題だとされていたものでも、共に苦しみ、解決に近づけ解決し楽しみを分かち合うようである。

休暇となれば、家、学校を離れ湖畔など静かな所に会場を移し、四、五日間、合宿しそのグループのメンバーの話し合いにより、または権威の先生の指導助言により研究計画を立て、班別研究、学年別研究、全体研究、レクリエーション、自由の時間などで早朝から晩まで、共同研究がなされ、共に苦しみ共に楽しみながら研修が重ねられて、愉快でかつ有意義な研究が行われるようである。

共に苦しみ、その中から生まれ出る楽しみこそ真の楽しみのようであり、これを重ねることにより、より効果的な学習指導の方法が生まれ、明日からの子ども達の学習指導に役立つ。またその共同研究をしている中に教師間の人間的ふれあいにも意義がある。

想像するだけでもこの上ない研修だと思いうらやましいばかりである。楽しみを求めるのは人間の欲望なのだろうか。

本土では、このような事が行われているためか学習指導が急速なピッチで日進月歩を示し楽しい学校生活を送つているようである。

沖縄のような本土の中心部から遠隔の地にある現状では、特にこれらの組織の支部なりを組織し、たえず本土の中央部と連絡をとり、交流を盛んにすることにより、本土の水準に近づけ、やがては肩を並べ共に進める日がくるのではないかだろうか。

―原稿募集―

○主題自由
　月ごとの特集題は文教時報五三号四七頁掲載
○月初め十日までに当課へ到着すれば翌月号へ掲載
○原稿用紙使用のこと
　二、〇〇〇字以内
○宛先　文教局研究調査課広報係
　(表紙画も同じ)

―表紙画募集―

○主題自由　ただし題字を含めて三色以内
○大きさ　18cm×25cm
○締　切　十一月末日まで
○採用は二点　一月より三月まで
　四月より六月まで

＝廣報＝

中央教育委員会規則第二十八号

一九六〇年度地方教育区に交付すべき教育補助金の交付額の算定に用いる測定単位及び補正係数に関する規則を次のとおり定める。

一九五九年九月十六日

中央教育委員会

一九六〇年度、地方教育区に交付すべき教育補助金の交付額の算定に用いる測定単位及び補正係数に関する規則

一九六〇年度地方教育区に交付すべき教育補助金の交付額の算定に用いる測定単位の種類、数値の算定方法及び表示単位並びに、補正係数の種類とその算定方法については、特別に定めるものを除くほか、別表1、2、3、4の定めるところによる。

附　則

この規則は、公布の日から施行し一九五九年七月一日から適用する。

別　表　一

一九六〇年度地方教育区に交付すべき教育補助金の交付額の算定に用いる測定単位の種類、数値の算定方法及びその表示単位

測定単位の種類	測定単位の数値の算定方法	表示単位
小学校、中学校高等学校の児童生徒数	最近の調査による公立の小学校、中学校、高等学校に在学する児童生徒数	人
小学校、中学校高等学校の教員数	最近の調査による公立の小学校、中学校、高等学校の政府補助金よる教員定数	人
小学校、中学校高等学校の学級数	文教局長が認定した最近の公立の小学校、中学校高等学校の学級数	学級
小学校、中学校高等学校の学校数	最近の調査による公立の小学校、中学校、高等学校の学校数	校
連合教育区及び教育区の数	最近の連合教育区及び教育区の数	区
人口	一九五五年一二月一日現在の国勢調査による確定人口数	人
校舎の面積（構造別）	一九五九年六月三十日までに政府補助金（民政府補助金を含む）によつて建築され、または建築着工された建物で文教局長が認定する面積	平方米

別　表　二

一九六〇年度地方教育区に交付すべき教育補助金の交付額の算定に用いる補正の種類及び補正係数の算定方法

補正の種類	補正係数の算定方法
一　財政能力補正	前年度市町村基準財政収入額を当該市町村の人口で除して、人口一人当り基準財政収入額を算出する。 人口一人当り基準財政収入額に対して次の段階補正を行う。 1　前年度人口一人当り基準財政収入額が 〇弗七一仙八四 以上のもの 弗　仙 〇・七一・八四……………………一・〇〇 〇・七一・八四をこえる数………〇・六二四六 2　前年度人口一人当り基準財政収入額が〇弗七一仙八四に満たないもの その団体の数値…………………一・〇〇 弗　仙 〇・七一・八四に満たない数……〇・三〇二八 上記の段階補正によつて得られた各市町村の数値で〇弗七一仙八四を除して得られた数値をその市町村区域の教育区の財政能力補正係数とする。 但し、小数点第五位以下は四捨五入して、小数点第四位までの数値とする。
二　人口段階補正	1　人口の数値が一三、〇〇〇人以上のもの 一三、〇〇〇人…………………一・〇〇 一三、〇〇〇人をこえる数……〇・七三 2　人口数値が一三、〇〇〇人に満たないもの その団体の数値…………………一・〇〇 一三、〇〇〇人に満たない数……〇・〇二一
三　人口密度補正	1　一平方粁当り人口数六三二人以上のもの 六三二人…………………………一・〇〇 六三二人をこえる数……………〇・〇二三〇五 2　一平方粁当り人口数六三二人に満たないもの その団体の数値…………………一・〇〇 六三二人に満たない数…………〇・八二五七五 上記の段階補正によつて得られた各教育区の数値で、六三二を除して得られた数値を、その教育区の人口密度補正係数とする。

	但し、小数点第四位以下は四捨五入して小数点第三位までの数値とする。
四 交通地理的条件補正	別表三、四による級地の分類基準による。

別 表 三

◎連合教育区に対する補助金の算定に用いる交通、地理的条件による級地の分類基準

五級地　　補正係数　　一・二
当該連合教育区の教育行政中心地より船舶で往復一泊以上を要する離島教育区

四級地　　補正係数　　一・一
琉球政府所在地（那覇）から、当該連合教育区の教育行政中心地まで船舶で往復一泊以上を要する連合教育区に属する離島の教育区

三級地　　補正係数　　一・〇
当該連合教育区の教育行政中心地より船舶で往復一泊を要しない離島教育区及び立地条件又は広大なる公的施設等により隔絶され他の連合教育区との連合することが困難と認められる教育区

二級地　　補正係数　　〇・九
バス路線が著しく不便と認められる教育区、児童生徒の在籍一〇〇人をこえる学校を離島に二校以上有する教育区及び当該教育区の各学校と連合教育区の教育行政中心地までの陸路交通において著しく不便であると認められる教育区。

一級地　　補正係数　　〇・八
前項の各級地のいずれにも属しない教育区
同一教育区が二種類以上の級地に属する場合は係数の優位な級地に属せしめるものとする。

別 表 四

◎教育区に対する補助金の算定に用いる交通地理的条件による級地の分類基準

五級地　　補正係数　　一・二
当該連合教育区の教育行政中心地より船舶で往復一泊以上を要する離島教育区

四級地　　補正係数　　一・一
当該連合教育区の教育行政中心地より、船舶で往復一泊を要しない離島教育区、児童生徒一〇〇人をこえる学校を離島に一校以上有する教育区、陸路の交通が著しく不便又は道路の狭隘なる教育区

三級地　　補正係数　　一・〇
当該教区内のバス路線が著しく不便な教育区及び連合教育区又は教育区の教育行政中心地の会合に出席する教育委員又は学校職員の一部が宿泊を要すると認められる教育区

二級地　　補正係数　　〇・九
立法条件又は広大なる公的施設等により隔絶され、各部落から、その教育区の教育行政中心地までに交通の不便又は、困難と認められる教育区

一級地　　補正係数　　〇・八
前項の各級地のいずれにも属さない教育区
同一教育区が二種類以上の級地に属する場合は係数の優位な級地に属せしめるものとする。

中央教育委員会規則第三十号

一九六〇年度公立学校単級複式手当補助金交付に関する規則の一部を改正する規則を次のとおり定める。

一九五九年九月十五日
中央教育委員会

一九六〇年度公立学校単級複式手当補助金交付に関する規則

（目　的）

第一条　この規則は、公立の単級小学校及び単級中学校における教員（校長を含む）に対する単級複式手当補助金（以下「補助金」という。）の交付に関し必要な事項を定めることを目的とする。

（定　義）

第二条　この規則において、単級複式学級とは、全校の児童又は生徒が二十五人以下にしてこれを一学級に編制する学校（以下「単級学校」という。）をいう。

（単位費用）

第三条　補助の交付に用いる単位費用は、次のとおりとする。

一　単級小学校の場合は、教員一人当り月額三ドルとし、単級中学校の場合は、一ドル七四セントとする。

（補助金の交付）

第四条　教育区に対する、補助金の交付額は、前条の単位費用にそれぞれ当該教育区の単級小学校及び単級中学校の教員数を乗じ、さらに十二を乗じて得た額の合計額とする。

第五条　児童及び生徒数の増減により、多級学校が単級学校に、又は単級学校が、多級学校になつた場合の補助金交付の適用に関しては、それぞれその変更になつた月の翌月からとする。

附　則

1　この規則は、公布の日から施行し、一九五九年七月一日から適用する。

2　一九五八年中央教育委員会規則第八二号一九五九年度単級複式手当補助金交付に関する規則は廃止する。

中央教育委員会規則第三十三号

学校運営補助金交付に関する規則を次のとおり定める。

一九五九年九月十七日

中央教育委員会

学校運営補助金の交付に関する規則

第一節　総　則

（目　的）

第一条　この規則は、一九六〇年度における地方教育区に交付すべき学校運営補助金（以下「補助金」という。）の交付に関して必要な事項を定める。

（補助金交付の基本）

第二条　この補助金は、教育委員会法（一九五八年立法第三号）第百十三条の趣旨に基き、地方教育区に平衡に交付するために（一九六〇年度地方教育区に交付すべき教育補助金の交付額の算定に用いる測定単位及び補正係数に関する規則（一九五九年中央教育委員会規則第二十八号）以下「規則第二十八号」という。）の定める基準によつて算定して交付する。

（補助金の内容）

第三条　この補助金は、次の各号の事項に対する補助を内容として、それぞれについて交付類を算定する。

一　単位登録料補助（公立学校職員が現にある職の上級免許状を取得するために修得する大学単位及び文教局長が特に指定する大学単位に対する補助である。）

二　旅費補助（公立学校職員の研修、赴任その他公務のための旅行又は文教局長が認める旅行に要した旅費の補助である。）

三　備品費補助（公立小、中、高校の備品購入に対する補助である。）

四　教科書費補助（政府から扶助を受けている世帯及びそれに準ずる世帯における公立小、中校の児童生徒の教科書費に対する補助である。）

五　修繕費補助（公立小、中、高校の校舎の修繕に要する経費の補助である。）

六　校医手当補助（公立小、中、高校の校医手当に対する補助である。）

七　検便費補助（公立小、中校児童生徒の検便のために要する経費の補助である。）

八　職業備品補助（公立中学校の職業備品購入に対する補助である。）

九　敷地賃借料補助（公立高等学校の校地の賃借料に対する補助である）

（交付額の算定）

第四条　この補助金の交付額は、補正された測定単位の全教育区の総数で予算額を除して得た数値を単位費用とし、この単位費用に各地方教育区の補正された測定単位を乗じて得た額を当該地方教育区について合算した額とする。

第二節　単位登録料補助

第五条　公立学校職員の単位登録料補助の交付についての測定単位、補正の種類及び補正係数は次の表のとおりとする。

測定単位	補正の種類	補正係数
単位数	財政力補正	予算の範囲内で一単位八十仙を限度として規則第二十八号に定める財政能力補正係数を段階補正した数値

（単位費用の算定）

第六条　測定単位にかかる単位費用は、次のとおり算定する。

$$\text{単位数にかかる単位費用} = \frac{\text{予算補助額}}{\text{財政能力段階補正した単位数の総和}}$$

第三節　旅費補助

第七条　公立学校職員の旅費補助の交付について、予算額における補助額の区分、測定単位、補正の種類及び補正係数は次の表のとおりとする。

補助額の区分	測定単位	補正の種類	補正係数
普通補助 百分の七四・三 （教育区六九・三％） （連合区五〇％）	教員数	◦財政能力補正 ◦人口段階補正 ◦交通地理的条件補正	◦規則第二十八号による。但し、連合区の場合は構成教育区の加重平均係数。 ◦第九条による。
特別補助 百分の二五・七	第十条による		

（単位費用の算定）

第八条　各々の測定単位にかかる単位費用は次のとおり算定する。

$$\text{教員にかかる単位費用} = \frac{\text{区分された予算補助額}}{\text{財政能力・人口段階・交通地理的条件で補正した補正教員数の総和}}$$

（交通地理的条件）

第九条　補助金の算定に用いる交通地理的条件による級地の分類及び補正係数は次表(一)による。

表(一)

級地	点数	補正係数
A級地	十五点以上	四・〇
B〃〃	十点から十四点まで	二・五

級地		
C級地	八点から九点まで	一・五
D〃〃	七点	一・三
E〃〃	六点	一・一
F〃〃	五点	〇・九
G〃〃	四点	〇・七
H〃〃	三点	〇・五
I〃〃	二点	〇・三

前掲の表(一)の中欄の点数は、各教育区を次の表(二)における上欄の事項及び中欄の条件によって評価して得た点数（以下「評点」という。）を合計したものである。

表(二)

事項	条件		評点
連合教育区の行政中心地より教育区までの巨離	連合区教育委員会事務局の所在する教育区		二点
	四粁以内の教育区		三点
	四粁以上の教育区		四点
連合教育区の行政中心地まで船舶を要する教育区	一泊以下		三点
	二泊		四点
	三泊		五点
	四泊以上		六点
同一教育区内で船舶を必要とし、又は陸路不便な学校を有する教育区	当該学校の教員数のその学校の属する教育区の教員数に対する比率	一〇%以内	一点
		一一%から二〇%	二点
		二一%から三〇%	三点
		三一%から四〇%	四点
		四一%以上	五点
へき地指定の学校を有する教育区	当該学校の教員数のその学校の属する教育区の教員数に対する比率		
	1級地	三〇%以内	一・二点
		三一%以上	一・五点
	2級地	三〇%以内	一・五点
		三一%以内	二・〇点
	3級地	三〇%以内	二・〇点
		三一%以上	二・五点
	4級地	三〇%以内	二・五点
		三一%以上	三・〇点

（特別補助）

第十条 文教局長は、研修、講習（春季冬季の講習を除く。）その他これらに類する目的のための旅行又は特別の事由により旅費の需要度が著しく増加したと認める地方教育区に対しては、予算の範囲内で人員、会場、日数等を勘案して特別補助として交付することができる。

2 特別補助は、職員の管外旅行及び管内旅行については、次の基準による。

管外旅行については琉球政府公務員等の旅費に関する立法（一九五三年立法第七十八号）以下「旅費法」という。）の別表第三における十級から十二級までの職務にあるもの（以下「相当職にある者」という。）の一日分の旅費額の五〇パーセントに相当する額以内とする。

管内旅行については、在勤地（在勤官署から八粁以内の地域をいう。）以外において宿泊を要する旅行で、同法別表第一における相当職にある者の一日分の宿泊料の四〇パーセントに相当する額以内の額と往復の船車賃の実費を合計した額とする。

ただし、滞在日数が二十日を超え三十日未満の場合は、一日分の宿泊料の三〇パーセント、三十日以上の場合は二十パーセントに相当する額以内とする。

第四節 備品費補助

第十一条 公立学校備品費補助の交付についてその予算額における補助額の区分、測定単位、補正の種類及び補正係数は次の表のとおりとする。

補助額の区分	測定単位	補正の種類	補正係数
普通補助 百分の九九のうち（学校二五%）	◦学校数（小、中、高校別）	◦校種別学校数補正	小校一・〇 中校及併置校一・三 高校二・〇
	◦学級数（小、中、高校別）	◦学級数段階補正	別表(一)による

（学級五〇％）（生徒二五％）	◦生徒数（小、中、高校別）	◦生徒数段階補正 ◦教育区財政能力補正 ◦連合区財政能力補正	別表㈡による 規則第二十八号による 規則第二十八号 連合区を構成する教育区の補正係数の公立高校生徒数による加重平均値
特別補助 百分の一	第十二条による。		

◦小、中校の併置校及び分校は一校とみなす。
◦定時制課程の生徒数、学級数は三分の一（端数切捨）として算定する。

（単位費用の算定）

第十二条 各々の測定単位にかかる単位費用は次のとおり算定する。

予算額から特別補助金を差引いた額をAとする。

1 学校にかかる単位費用＝$\dfrac{\frac{25}{100}A}{\text{校種別の補正、財政能力補正で補正した学校数の総和}}$

2 学級にかかる単位費用＝$\dfrac{\frac{50}{100}A}{\text{学級段階補正、校種別補正、財政能力補正で補正された学級数の総和}}$

3 生徒にかかる単位費用＝$\dfrac{\frac{25}{100}A}{\text{校種別補正、財政能力補正、生徒数段階補正で補正された生徒数の総和}}$

（特別補助）

第十三条 特別補助は、補助額の百分の一以内とし、学校の新設又は災害等、その他特別の事由により、文教局長が必要と認めた場合に交付するものとする。

別表一

学級数	補正係数	学級数	補正係数	学級数	補正係数	学級数	補正係数	学級数	補正係数
2	0.500	18	0.183	34	0.135	50	0.109	66	0.090
3	0.400	19	0.178	35	0.133	51	0.108	67	0.089
4	0.350	20	0.174	36	0.131	52	0.106	68	0.088
5	0.320	21	0.170	37	0.129	53	0.105	69	0.087
6	0.300	22	0.166	38	0.127	54	0.104	70	0.086
7	0.280	23	0.163	39	0.126	55	0.103	71	0.085
8	0.262	24	0.160	40	0.124	56	0.101	72	0.084
9	0.250	25	0.156	41	0.122	57	0.100	73	0.083
10	0.240	26	0.153	42	0.121	58	0.099	74	0.082
11	0.231	27	0.151	43	0,119	59	0.098	75	0.081
12	0.225	28	0.148	44	0.118	60	0.097	76	0.080
13	0.215	29	0.146	45	0.116	61	0.095	77	0.079
14	0.207	30	0.144	46	0.115	62	0.094	78	0.078
15	0.200	31	0.141	47	0.113	63	0.093	79	0.077
16	0.193	32	0.139	48	0.112	64	0.092	80	0.076
17	0.188	33	0.137	49	0.111	65	0.091		

別表二

生徒数	補正係数	生徒数	補正係数	生徒数	補正係数	生徒数	補正係数	生徒数	補正係数	生徒数	補正係数
25	5.598	164	1.487	368	1.067	551	0.879	976	0.614	1,424	0.505
29	5.012	168	1.469	373	1.062	559	0.870	1,013	0.601	1,472	0.498
30	4.870	170	1.460	376	1.060	587	0.837	1,026	0.597	1,497	0.494
35	4.278	171	1.456	390	1.048	613	0.817	1,031	0.594	1,543	0.487
47	3.372	180	1.420	392	1.046	618	0.813	1,042	0.592	1,561	0.485
53	3.073	206	1.332	398	1.042	659	0.779	1,043	0.591	1,636	0.475
55	2.988	215	1.307	401	1.039	707	0.744	1,049	0.590	1,690	0.468
58	2.871	235	1.258	405	1.036	725	0.733	1,073	0.582	1,731	0.463
59	2.835	254	1.218	406	1.035	730	0.730	1,133	0.566	1,776	0.459
62	2.733	263	1.202	416	1.028	739	0.724	1,146	0.563	1,791	0.457
64	2.670	267	1.195	419	1.026	743	0.721	1,166	0.557	1,883	0.448
69	2.530	270	1.190	424	1.022	755	0.714	1,184	0.553	1,924	0.444
73	2.431	273	1.184	429	1.019	784	0.698	1,193	0.551	2,188	0.423
76	2.364	278	1.176	433	1.016	787	0.696	1,239	0.541	2,315	0.415
80	2.282	289	1.159	444	1.009	792	0.688	1,300	0.528	2,564	0.400
105	1.912	298	1.146	477	0.973	820	0.679	1,315	0.525	2,763	0.391
120	1.765	318	1.120	487	0.959	836	0.671	1,335	0.521	2,820	0.389
134	1.656	328	1.108	502	0.938	839	0.670	1,353	0.518	3,056	0.379
142	1.604	334	1.101	510	0.928	937	0.628	1,377	0.513		
143	1.598	340	1.095	515	0.922	957	0.620	1,397	0.510		
156	1.526	353	1.081	532	0.901	970	0.616	1,403	0.509		

第五節　教科書費補助

第十四条　公立の小学校及び中学校の児童生徒の教科書費補助の交付についてその予算額における補助額の区分、測定単位、補正の種類及び補正係数は次の表のとおりとする。（本節中「扶助世帯生徒」とは政府から生活扶助を受けている世帯の児童、生徒を「準扶助世帯生徒」とは、扶助世帯生徒のほか生活困窮世帯の児童生徒をいう。）

補助額の区分	測定単位	補正の種類	補正係数
扶助世帯生徒	扶助世帯生徒数	財政能力補正	規則第二十八号による
準扶助世帯生徒（予算額から扶助世帯生徒の分を差引いた額）	準扶助世帯生徒数（小、中校の児童生徒の総数から扶助世帯生徒を引いたものの一〇パーセントに相当する数）	財政能力補正	規則第二十八号による
	教科書代		当該学年度の教科書代

（単位費用の算定）

第十五条　各測定単位にかかる単位費用は次のとおり算定する。

扶助世帯生徒にかかる単位費用＝教科書代×$\frac{50}{100}$

準扶助世帯生徒にかかる単位費用＝$\frac{\text{予算額から扶助世帯生徒の分を差引いた額}}{\text{財政能力で補正された準扶助世帯生徒数の総和}}$

第六節　修繕費補助

第十六条　公立学校の修繕費補助の交付についてその予算額における補助額の区分、測定単位、補正の種類及び補正係数は次の表のとおりとする。（本節中「大修繕建物」とは、壁体が鉄筋コンクリート造、屋根瓦葺の建物をスラブ屋根に改造するものをいい、「普通修繕建物」とは大修繕建物以外の建物で維持、修繕を要するものをいう。）

補助額の区分	測定単位	補正の種類	補正係数
普通修繕建物 （大修繕建物の分を予算額から差引いた額）	建物面積	財政能力補正 交通地理的条件補正 建物面積段階補正 屋根構造別補正	規則第二十八号による 規則第二十八号による 別表一 屋根スラブ建物　一 屋根瓦葺建物　二
大修繕建物			

表中、建物面積は一九五九年六月三十日までに政府の補助金によつて建築並びに修繕又は建築中の建物で文教局長が認定する面積をいう。

（単位費用の算定）

第十七条 各測定単位にかかる単位費用は次のとおり算定する。

大修繕建物にかかる単位費用＝文教局長が定める1平方米の見積額

$$普通修繕建物にかかる単位費用=\frac{予算額から大修繕建物分の額を差引いた額}{財政能力、交通地理的条件、建物面積段階屋根構造別補正で補正した建物面積の総和}$$

別表一

教育区に交付すべき修繕補助金の算定に関する学校別校舎面積段階補正

1 一、一八四平方米以上のもの

一、一八四平方米　一・〇〇

一、一八四平方米をこえる数　〇・七二

2 一、一八四平方米に満たないもの

その団体の数値　一・〇〇

一、一八四平方米に満たない数　〇・〇八一

連合教育区に交付すべき修繕補助金の算定に関する校舎面積段階補正

1 二、九八七平方米以上のもの

二、九八七平方米　一・〇〇

二、九八七平方米をこえるもの　〇・六九

2 二、九八七平方米に満たないもの

その団体の数値　一・〇〇

二、九八七平方米に満たない数　〇・一一

第七節　校医手当補助

第十八条 公立学校（小、中、高校）の校医手当補助の交付について、その予算額における補助額の区分、測定単位、補正の種類及び補正係数は次の表のとおりとする。

補助額の区分	測定単位	補正の種類	補正係数
教育区補助 百分の九五のうち （学校五〇％） （生徒五〇％）	◦学校数 ◦児童生徒数	◦財政能力補正 ◦児童生徒の段階補正 ◦交通地理的条件補正	規則第二十八号による 規則第二十八号及び別表(一)による。 規則第二十八号による。
連合区補助 百分の五のうち （学校五〇％） （生徒五〇％）	◦学校数 ◦生徒数	◦財政能力補正 ◦生徒数の段階補正 ◦交通地理的条件補正	規則第二十八号及び構成教育区の加重平均額 別表(一)による 規則第二十八号による

（単位費用の算定）

第十九条 各々の測定単位にかかる単位費用は次のとおり算定する。

教育区の場合

1 $$学校にかかる単位費用=\frac{教育区の補助額\times\frac{50}{100}}{財政能力、交通地理的条件で補正された学校数の総和}$$

2 $$児童生徒にかかる単位費用=\frac{教育区の補助額\times\frac{50}{100}}{財政能力、児童生徒数の段階及び交通地理的条件で補正された児童生徒数の総和}$$

連合区の場合

1 $$学校にかかる単位費用=\frac{連合区の補助額\times\frac{50}{100}}{財政能力で補正された学校数の総和}$$

2 $$生徒にかかる単位費用=\frac{連合区の補助額\times\frac{50}{100}}{財政能力、生徒数の段階で補正された生徒数の総和}$$

別表一

補正の種類	補正係数
財政能力補正	規則第二十八号による。 但し連合教育区の場合は構成教育区の生徒数による加重平均額とする。
児童生徒の段階補正	一　教育区の児童生徒数の段階補正 測定単位の数値が平均以上のもの (1)　測定単位の数値の平均　一・〇〇 (2)　測定単位の数値が平均をこえるもの　〇・一九二一 測定単位の数値が平均に満たないもの (1)　測定単位の数値の平均　一・〇〇 (2)　測定単位の数値が平均に満たないもの　〇・〇二七九 二　連合教育区の生徒数の段階補正 測定単位の数値が平均以上のもの (1)　測定単位の数値の平均　一・〇〇 (2)　測定単位の数値が平均をこえるもの　〇・一四八 測定単位の数値が平均に満たないもの (1)　測定単位の数値の平均　一・〇〇 (2)　測定単位の数値が平均に満たないもの　〇・〇二七九
交通地理的条件の補正	規則第二十八号による。

第八節　検便費補助

第二十条　公立学校（小、中校）児童生徒の検便費補助の交付についてその予算額における補助額の区分、測定単位、補正の種類及び補正係数は次の表のとおりとする。

補助額の区分	測定単位	補正の種類	補正係数
（学校一〇％） （生徒九〇％）	◦学校数 ◦児童生徒数	◦財政能力 ◦交通地理的条件補正	規則第二十八号による 規則第二十八号による

（単位費用の算定）

第二十一条　各々の測定単位にかかる単位費用は次のとおり算定する。

1　学校にかかる単位費用＝$\dfrac{補助額 \times \frac{10}{100}}{財政能力、交通地理的条件で補正した学校数の総和}$

2　児童生徒にかかる単位費用＝$\dfrac{補助額 \times \frac{90}{100}}{財政能力、交通地理的条件で補正した児童生徒数の総和}$

第九節　職業備品補助

第二十二条　公立学校職業備品の補助の交付について、その予算額における補助額の区分、測定単位の種類、補正の種類及び補正係数は次の表のとおりとする。

補助額の区分	測定単位	補正の種類	補正係数
普通補助 特別補助を差し引いた額の 学校　五〇％ 学級　二五％ 生徒　二五％	◦学校数 ◦学級数 ◦生徒数	◦学級数段階補正 ◦生徒数段階補正 ◦教育区財政能力の補正 ◦連合区財政能力の補正	第十一条の別表(一)による 第十一条の別表(二)による 規則第二十八号による 規則第二十八号による
特別補助百分の一以内	第二十条による		

（単位費用の算定）

第二十三条　各々の測定単位にかゝる単位費用は次のとおり算定する。

予算額から特別補助金を引いた額をAとする。

1 学校にかかる単位費用 $=\dfrac{\frac{50}{100}A}{\text{財政能力によって補正された中学校の総和}}$

2 学級にかかる単位費用 $=\dfrac{\frac{25}{100}A}{\text{学級数段階補正財政、能力補正で補正された学級数の総和}}$

3 生徒にかかる単位費用 $=\dfrac{\frac{25}{100}A}{\text{生徒数段階補正、財政能力補正によって補正された生徒数の総和}}$

（特別補助）

第二十四条 特別補助は、補助額の百分の一以内とし、学校の新設又は災害等その他特別の事由により文教局長が必要と認めた場合に交付するものとする。

第十節 敷地賃借料補助

第二十五条 公立高等学校の敷地賃借料補助の交付について、その予算額における補助額の区分測定単位の種類及びその数値は次のとおりとする。

補助額の区分	測定単位の種類	測定単位の数値
基準面積をこえない借地面積百分の九十 基準面積をこえた借地面積百分の十	◦借地面積 ◦賃借料（坪当り） ◦生徒数	◦一九五九年六月三十日までに連合教育委員会が公立高等学校のために賃借契約した敷地面積（以下「借地面積」という。） ◦連合教育委員会が契約した賃借料及び「土地借賃評価委員会事項」（一九五九年七月三十一日付公示）により中央教育委員会が別に定める賃借料を参考にして、中央教育委員会が別に定める賃借料（以下「賃借料」という。） ◦当該高等学校の全日制の生徒数

表中「基準面積」とは高等学校設置基準（一九五八年中央教育委員会規則第二十三号）に示された面積をいう。

（単位費用の算定）

第二十六条 各測定単位にかかる単位費用は次のとおり算定する。

基準面積を超えない借地面積にかかる単位費用 $=\dfrac{\text{予算額}\times\frac{90}{100}}{\text{坪当り賃借料}\times\text{基準面積を超えない借地面積の総和}}$

基準面積を超えた借地面積にかかる単位費用 $=\dfrac{\text{予算額}\times\frac{10}{100}}{\text{坪当り賃借料}\times\text{基準面積を超えた借地面積の総和}}$

附　則

1 この規則は、公布の日から施行し、一九五九年七月一日から適用する。

2 この規則の施行に伴い、次の各規則はこれを廃止する。

◦一九五九年度公立学校職員単位登録料補助金交付額の算定に関する規則（一九五八年中央教育委員会規則第六十五号）

◦一九五九年度公立学校職員旅費補助金の交付額の算定に関する規則（一九五八年中央教育委員会規則第六十三号）及び同規則の一部を改正する規則（一九五九年中央教育委員会第規則第十四号）

◦一九五九年度公立学校備品補助金の交付額の算定に関する規則（一九五八年中央教育委員会　規則　第七十五号）

◦一九五九年度公立学校教科書補助金の公付額の算定に関する規則（一九五八年中央教育委員会規則第六十六号）

◦一九五九年度公立学校校舎修繕補助金の交付額の算定に関する規則（一九五八年中央教育委員会第七十一号）

◦一九五九年度公立学校校医手当補助金の交付額の算定に関する規則（一九五八年中央教育委員会規則第七十三号）

◦一九五九年度公立学校検便補助金交付額の算定に関する規則（一九五八年中央教育委員会規則第七十四号）

◦一九五九年度公立学校職業教育補助金並びに職業学校備品補助金の交付額の算定に関する規則（一九五八年中央教育委員会規則第五号）

中央教育委員会規則第三十四号

へき地教育振興法施行規則（一九五九年中央教育委員会規則第四号）の一部を改正する規則を次のとおり定める。

一九五八年九月十八日

中央教育委員会

へき地教育振興法施行規則の一部を改正する規則

第二条第九条及び第十条を次のように改める。

（へき地学校の指定）

第二条 法第二条によるへき地学校及び

その級別区分は別表のとおり指定する。

（へき地勤務手当）

第九条 法第四条第二項によるへき地学校に勤務する教職員のへき地勤務手当支給については、へき地教育振興補助金交付に関する規則（一九五九年中央教育委員会規則第三十五号）による。

（単級並びに複式手当）

第十条 法第四条第二項により、へき地学校の単級学校及び複式学級を担任する教員には、別に定める中央教育委員会規則により、それぞれ単級手当又は複式手当を支給する。

附　則

1　この規則は、公布の日から施行し、一九五九年七月一日から適用する。

2　第二条別表中、鳥島小学校、鳥島中学校は、一九五九年八月三十一日付で削除する。

別表

所在地	学校名	級別区分
沖縄群島		
国頭郡字楚洲	楚洲小学校	二級地
〃	楚洲中学校	〃
〃字安田	安田小学校	一級地
〃 〃	安田中学校	〃
〃字安波	安波小学校	二級地
〃字安波	安波中学校	〃
東村字高江	高江小学校	一級地
〃 〃	高江中学校	〃
伊平屋村字我喜屋	伊平屋小学校	〃
〃	伊平屋中学校	〃
〃字島尻	島尻小学校	〃
〃字田名	田名小学校	二級地
〃字野甫	野甫小学校	〃
〃 〃	野甫中学校	〃
伊是名村字仲田	伊是名小学校	一級地
〃 〃	伊是名中学校	〃
〃字具志川	具志川小学校	三級地
〃	具志川中学校	三級地
座間味村字座間味	座間味小学校	二級地
〃 〃	座間味中学校	〃
〃字阿嘉	阿嘉小学校	三級地
〃 〃	阿嘉中学校	〃
〃字慶留間	慶留間小学校	〃
〃 〃	慶留間中学校	〃
粟国村字東	粟国小学校	〃
〃 〃	粟国中学校	〃
渡名喜村字渡名喜	渡名喜小学校	〃
〃 〃	渡名喜中学校	〃
仲里村字儀間	久米島中学校	一級地
〃字比嘉	仲里中学校	〃
〃字謝名堂	仲里小学校	〃
〃字宇江城	比屋定小学校	二級地
〃 〃	比屋定中学校	〃
〃字真謝	美崎小学校	一級地
〃字奥武	仲里小学校奥武分校	三級地
具志川村字嘉手苅	久米島高等学校	一級地
〃	久米島小学校	〃
〃字西銘	具志川中学校	〃
〃字仲泊	清水小学校	〃
〃	大岳小学校	〃
渡嘉敷村字渡嘉敷	渡嘉敷小学校	二級地
〃 〃	渡嘉敷中学校	〃
〃字阿波連	阿波連小学校	〃
〃字前島	前島小学校	三級地
〃 〃	前島中学校	〃
本部町字瀬底水納	水納小学校	〃
〃 〃	水納中学校	〃
勝連村字津堅	津堅小学校	二級地
〃 〃	津堅中学校	〃
知念村字久高	久高小学校	〃
〃 〃	久高中学校	〃
与那城村字宮城	宮城小学校	〃
〃 〃	宮城中学校	〃
〃字宮城桃原	桃原小学校	〃
〃字伊計	伊計小学校	〃
〃 〃	伊計中学校	〃
南大東村在所区	南大東小学校	四級地
〃 〃	南大東中学校	〃
北大東村中之区	北大東小学校	〃
〃 〃	北大東中学校	〃
久米島具志川村字鳥島	鳥島小学校	〃
〃 〃	鳥島中学校	〃
宮古群島		
平良市字大神	大神小学校	二級地
〃 〃	大神中学校	〃
〃字池間	池間小学校	一級地
〃 〃	池間中学校	〃
下地町字来間	来間小学校	二級地
〃 〃	来間中学校	〃
伊良部村字前里添	佐良浜小学校	一級地
〃	佐良浜中学校	〃
〃字国仲	伊良部小学校	〃
〃	伊良部中学校	〃
多良間村字仲筋	多良間小学校	三級地
〃	多良間中学校	〃
〃字水納	水納小学校	四級地
〃	水納中学校	〃
八重山群島		
竹富町字黒島	黒島小学校	一級地
〃 〃	黒島中学校	〃
〃字新城	上地小学校	四級地
〃	上地中学校	〃
〃字西表西市	島小学校	三級地
〃	島中学校	〃
〃字西表大原	大原小学校	二級地
〃	大原中学校	〃
竹富町字西表古見	古見小学校	二級地
〃	古見中学校	〃
〃字西表船浦	船浦小学校	〃
〃	船浦中学校	〃
〃字西表上原	上原小学校	〃
〃	上原中学校	〃
〃字西表租納	西表小学校	一級地
〃	西表中学校	〃
〃字西表白浜	白浜小学校	〃
〃	白浜中学校	〃
〃字西表船浮	船浮小学校	四級地
〃	船浮中学校	〃
〃字西表網取	網取小学校	〃
〃	網取中学校	〃

〃	字西表鳩間	鳩　間小学校	二級地
〃	〃	鳩　間中学校	〃
〃	字　波照間	波照間小学校	三級地
〃	〃	波照間中学校	〃
〃	字小　浜	小　浜小学校	一級地
〃	〃	小　浜中学校	〃
与那国町	字祖納	与那国小学校	一級地
〃	〃	与那国中学校	〃
〃	字久良部	久部良小学校	四級地
〃	〃	久部良中学校	〃
〃	字比　川	比　川小学校	〃

中央教育委員会規則第三十五号

へき地教育振興補助金交付に関する規則を次のとおり定める。

一九五九年九月十八日

中央教育委員会

へき地教育振興補助金交付に関する規則

第一節　総　則

（目　的）

第一条　この規則は、へき地教育振興法（一九五八年立法第六十三号）以下「法」という。）並びにへき地教育振興法施行規則（一九五九年中央教育委員会規則第四号）以下「施行規則」という。）の趣旨に基ずきへき地教育振興補助金（以下「補助金」という。）の交付に関して必要な事項を定める。

（補助金交付の対象）

第二条　この補助金は、施行規則第二条の指定を受けたへき地学校及びこれに勤務する教員及び職員を対象として算定し、教育委員会に交付する。

（補助金の内容）

第三条　この補助金の内容は、次のとおり区分される

一　へき地勤務手当補助

二　へき地教材教具補助

三　へき地教員住宅建築補助

第二節　へき地勤務手当補助

（へき地勤務手当補助の月額）

第四条　へき地勤務手当の月額はへき地学校に勤務する教員及び職員に対し、施行規則第二条別表による級別区分に対応する左の各行に掲げる額とする。

一　一級地　一ドル七十セント

二　二級地　二ドル五十セント

三　三級地　三ドル四十セント

四　四級地　四ドル二十セント

（補助の交付）

第五条　文教局長は、へき地学校に勤務する教員及び職員に対し前条各号の級別区分に対応する額を毎月補助として、当該教育委員会に対するものとする。

（交付及支給）

第六条　補助の交付及び手当支給の方法は給料補助金の例による。

第三節　へき地教材教具補助

（予算額の区分）

第七条　へき地教材教具補助予算額（以下「予算額」という。）を左のとおり区分する

学校数にかかる予算額　百分の六十

児童生徒数にかかる予算額　百分の二十五

学級数にかかる予算額　百分の十五

（測定単位）

第八条　測定単位は左のとおりとする。

測定単位の種類	算定方法
学校数	最近の調査による数値
学校別児童生徒数	
学校別学級数	

（補正係数）

第九条　へき地級地別補正係数は次のとおりとする。

級地	補正係数
一級地	一・〇〇
二級地	一・四七
三級地	二・〇〇
四級地	二・四七

（交付額の算定）

第十条　それぞれの測定単位にかかる予算額を補正された測定単位の総和で除した額を単位費用とし、それぞれの単位費用に補正された測定単位を乗じた額の合計額を学校に対する交付額とする。

第四節　へき地教員住宅建築補助

（補助交付の対象）

第十一条　へき地教員住宅建築補助はへき地学校の級地の高い順に教員住宅の建築を必要とする教育区に交付する。

2　前項の教員住宅の建築は、教員及び職員のうち、著しく住宅に困窮していると文教局長が認める所を優先する。

（工事費の範囲及び算定）

第十二条　教員住宅の工事費は施行規則第六条により文教局長が定める設計による一平方メートル当りの建築単価に、当該住宅の延面積を乗じて算定する。ただし、その延面積は、家族住宅三九・六平方メートル独身住宅十三・二平方メートルを標準とする。

（補助額）

第十三条　文教局長は前条の規定により算定した経費を補助予定額とし、当該教育区の教育委員会が行う工事入札における落札額を補助額として交付するものとする。

2　文教局長は、前項の入札の場合は職

員を立会させることができる。

(補助交付の申請)

第十四条　前条による補助の配分通知があつた教育委員会は別記様式一により補助金交付申請に住宅建築の敷地の見取図、設計図、内訳明細書、仕様書、入札報告書及び契約書写各三部を添えて文教局長に申請しなければならない。

(補助額の交付)

第十五条　文教局長は前条の申請のあつた場合第十四条第一項に規定する交付額を決定し交付の目的となつた事業(以下「補助事業」という。)の基礎配筋完了したとき補助額の百分の三十屋根コンクリートスラブ配筋又は屋根ふきを完了したとき補助額の百分の四十を、竣工後残額を、それぞれ交付するものとする。

(設計の変更工事追加)

第十六条　地方教育委員会は、特別の事情のある場合は、文教局長の許可を得て工事の一部を変更し、又は追加することができる。

2　前項の許可申請をしようとする場合は、変更又は追加しようとする工事の設計図、見積書、工事費の負担方法等の関係書類を添えてしなければならない。

(調査指示等)

第十七条　文教局長は補助事業についてその実施状況を調査し、及び検査を行い又は、当該教育委員会に必要な報告書を提出させることができる。

附　則

1　この規則は公布の日から施行し一九五九年七月一日から適用する。

2　公立学校教育職員のへき地勤務手当補助金交付に関する規則(一九五八年中央教育委員会規則第十二号)へき地学校に勤務する教員及び職員の住宅建築補助金の交付に関する規則(一九五九年中央教育委員会規則第二十四号)は廃止する。

様　式　一

へき地教育振興補助金(教材教具補助・教員住宅建築補助)**交付申請書**

一九五九年　月　日　文学　文施第　号

により通知がありましたへき地教育振興補助金(教材教具補助・教員住宅建築補助)を交付して下さるよう別紙関係書類を添えて左記のとおり申請します

年　月　日

区教育委員会

文教局長殿

記

(教員住宅建築補助の場合)

一　へき地教員住宅建築計画概要

年度	工事名	工事場所(又は学校)	工事費	工事概要

二　今年度予算に計上されているへき地教員住宅建築費

中央教育委員会規則第三十八号

一九六〇年度地方教育委員会行政補助金交付額の算定に関する規則を次のとおり定める。

一九五九年九月十九日

中央教育委員会

一九六〇年度地方教育委員会行政補助金の交付額の算定に関する規則

(目　的)

第一条　この規則は、地方教育委員会行政補助金(以下「補助金」という。)の交付額の算定に関して、定めることを目的とする。

(補助金の区分及び振割)

第二条　補助金予算額の百分の八十三を連合区教育委員会補助金、百分の十六を教育区教育委員会補助金、及び百分の一を特別補助金とする。

(測定単位)

第三条　補助金の交付額の算定に用いる測定単位の数値は、次の表の上欄に掲げる単位について、それぞれの中欄に定める方式によつて、下欄に掲げる表示単位に基いて算定する。

測定単位の種類	測定単位の算定の基礎	表示単位
連合教育区及び教育区の数	一九六〇年度地方教育区に交付すべき教育補助金の交付額の算定に用いる測定単位及び補正係数に関する規則(以下「規則第二十八号」という。)による	区
小学校、中学校、高等学校の学校数	規則第二十八号による。但し、小学校、中学校の併置校は一校とする。	校
小学校、中学校、高等学校の教員数	規則第二十八号による。	人
小学校、中学校、高等学校の児童生徒数	規則第二十八号による。	人
連合教育区を構成する教育区数	最近の各連合区を構成している教育区の数	区

（補正及び補正係数）

第四条　補助金の交付額の算定に用いる補正係数の種類と、その算定方式は次に定めるところによる。

種類	算定方式	
財政能力補正 人口段階補正 人口密度補正 交通地理的条件補正	規則第二十八号による	
連合教育区構成教育区数段階補正	三区にみたない数 三区から七区までの数 七区をこえる数	一・二〇〇 一・一〇〇 〇・七〇〇
連合教育区学校数段階補正	十校にみたない数 十一校から三十五校までの数 三十五校をこえる数	一・一〇〇 一・〇〇〇 〇・七〇〇
連合教育区教員数段階補正	二〇〇人にみたない数 二〇一人から五〇〇人までの数 五〇〇人をこえる数	一・〇〇五 一・〇〇〇 〇・八〇〇
連合教育区生徒数段階補正	一、〇〇〇人にみたない数 一、〇〇一人から二〇、〇〇〇人までの数 二〇、〇〇〇人をこえる数	一・〇〇五 一・〇〇〇 〇・八〇〇
学校数加重平均補正、教員数加重平均補正、生徒数加重平均補正	各教育区の財政能力補正係数、人口段階補正係数、人口密度補正係数及び交通地理的条件補正係数の相乗積を連合教育区単位に、それぞれの構成教育区の学校数の比、教員数の比、生徒数の比によつて加重平均した数値	
加重平均補正係数の平均値補正	連合教育区単位にそれぞれの学校数加重平均補正係数、教員数加重平均補正係数及び生徒数加重平均補正係数を算術平均した数値	

（各測定単位にかかる補正の種類）

第五条　連合教育委員会補助金及び教育区教育委員会補助金の交付額の算定に用いる測定単位の種類とこれらにかかる補正の種類は、次の表の上欄に用いる測定単位の種類とこれらにかかる補正の種類は、次の上欄について、それぞれ中欄と下欄にかかげるものとする。

補助金の区分	測定単位	補正の種類
連合区教育委員会補助金	連合教育区数	補正なし
	連合教育区構成教育区数	加重平均補正係数の平均値補正 連合教育区構成教育区数段階補正
	小学校、中学校、高等学校の学校数	学校数加重平均補正 連合教育区学校数段階補正
	小学校、中学校、高等学校の教員数	教員数加重平均補正 連合教育区教員数段階補正
	小学校、中学校、高等学校の生徒数	生徒数加重平均補正 連合教育区生徒数段階補正
教育区教育委員会補助金	教育区数	規則第二十八号による 財政能力補正 人口段階補正 人口密度補正 交通地理的条件補正
	小学校、中学校の学校数	
	小学校、中学校の教員数	
	小学校、中学校の児童生徒数	

（単位費用の算出）

第六条　各々の測定単位にかかる単位費用の算定方式は、次に定めるところによる。

(1)　連合区教育委員会補助金の単位費用

予算額の$\frac{83}{100}$をAとする。

連合教育区にかかる単位費用 $= \dfrac{\frac{3}{8}A}{\text{連合教育区数の総和}}$

構成教育区数にかかる単位費用 $= \dfrac{\frac{1}{8}A}{\text{補正された教育区数の総和}}$

学校数にかかる単位費用 $= \dfrac{\frac{1.5}{8}A}{\text{補正された学校数の総和}}$

教員数にかかる単位費用 $= \dfrac{\frac{1.5}{8}A}{\text{補正された教員数の総和}}$

児童生徒数にかかる単位費用 $= \dfrac{\frac{1}{8}A}{\text{補正された児童生徒数の総和}}$

(2)　教育区教育委員会補助金の単位費用

予算額の$\frac{16}{100}$をBとする。

教育区数にかかる単位費用 $= \dfrac{\frac{5}{10}B}{\text{補正された教育区数の総和}}$

学校数にかかる単位費用 $= \dfrac{\frac{2}{10}B}{\text{補正された学校数の総和}}$

$$\text{教員数にかかる単位費用}=\frac{\frac{2}{10}B}{\text{補正された教員数の総和}}$$

$$\text{児童生徒数にかかる単位費用}=\frac{\frac{1}{10}B}{\text{補正された児童、生徒数の総和}}$$

（交付額の算定）

第六条　連合区教育委員会補助金及び教育区教育委員会補助金の交付額は、各々の測定単位の数値を、第五条の規定によつて補正し、これを当該測定単位ごとの単位費用に乗じて得た額を当該地方教育区について合計した額とする

２　特別補助金は、次に掲げる特別事由が生じた場合に交付する。

一　当該年度中に教育委員の選挙を行う場合は関係教育区又は連合区に対し、予算の範囲内で選挙に関する費用の全部または一部とする。

二　連合区教育委員会補助金及び教育区教育委員会補助金の算定に用いた測定単位の数値が当該年度中に著しく増加した場合は、予算の範囲内で増加した数値に相当する金額の全部又は一部とする。

三　当該年度中に地方教育区がやむを得ざる事由により、文教育局長の測定する教育財政収入額に著しい減少を生じ、教育行政が困難であると文教局長が認めた場合は、予算の範囲内でその減少額の全部又は一部とする。

四　当該年度の六月一日までに特別の事由が生じないときは、各地方教育区に対し、財政能力に応じて交付することができる。

（特別補助金の振割）

第七条　前条第二項各号に対する特別補助金の振り割りは需要度の緩急軽重を考慮して文教局長が定めるものとする。

附　則

１　この規則は、公布の日から施行し、一九五九年七月一日から適用する。

中央教育委員会規則第二十七号

公立学校教職員の退職手当補助金交付に関する規則の一部を改正する規則を次のとおり定める。

一九五九年九月十五日

中央教育委員会

公立学校教育職員の退職手当補助金交付に関する規則の一部を改正する規則

公立学校教育職員の退職手当補助金交付に関する規則（一九五八年中央教育委員会規則第三十六号）の一部を次のように改正する。

第三条中「給料月額（休職、停職、減給その他の事由により、その一部又は全部を支給されない場合においては、それ等の事由がないと仮定した場合におけるその者の受けるべき給料の月額とする。以下「給料月額」という。）」を「給料月額（休職、停職、減給その他の事由により、その給料の一部又は全部を支給されない場合においては、それらの事由がないと仮定した場合におけるその者の受けるべき給料の月額給与が日額で定められている者については、給与の日額の二十五日分に相当する額、給与が時給で定められている者については、給与の時給の百七十六時間分に相当する額とする。以下「給料月額」という。）に改め、同条第一号中「三年以上」を「一年以上」に改める。

第三条の二及び第四条中ただし書きを削る。

第六条第五項中ただし書きを次のように改める。

但し、在職期間が六月以上一年未満（第三条の二又は第四条の規定による退職手当を計算する場合にあつては、一年未満）の場合には、これを一年とする。

第七条中「及び臨時的任用の職員」及び「及び臨時的任用の期間」を削る。

第八条に次の二項を加える。

２　常勤を要しない職員のうち勤務形態が常勤を要する職員に準ずるもの（常勤を要する職員について定められている勤務時間以上勤務した日が月平均二十二日以上の者）で算通して六ケ月以上勤務した者に対しては、前項第四号の規定にかかわらず前項第一号から第三号までの一に該当する場合を除き、第三条及び第三条のこの規定による退職手当、又は公務のため負傷し、若しくは疾病にかかり、職務の遂行に支障があり、これに堪えないで退職した者又は公務のための死亡により退職した場合における第四条の規定による退職手当を支給する。

３　前項に規定する職員の範囲については法令に定めるもののほか文教局長が定める。

第十一条中「前条」を「第十条」に改める。

第十四条第一項第三号の次に次の一号を加える。

四　第八条第二項の規定に該当する者、別記様式第一号による証明書

別記様式第一号を次のように改める。

附　則

この規則は、公布の日から施行し、一九五九年七月十五日から適用する。

（様式五一・五二頁）

別記様式第一号
規格　8×13

公立学校教育職員
退職手当請求書

……区教育委員会殿

下記の退職手当を証拠書類を添えて請求します。

1．所属学校名

退職者の退職当時の職氏名

2．退職年月日　　年　月　日

3．退職の事由

4．請求年月日　　年　月　日

5．請求者又はその遺族の住所

氏名　　印

6．退職当時の給料又は俸給月額	$　¢
	級　号
	日給　×25日分
	時給　×176時間分

7．1958年中央委員会規則第36号第2条第2項但書第3条、第3条の2第4条 及び第11条の規定による退職手当又は第8条 の規定による退職手当	
7.1※ 支給決定額	$　¢
7.2※ 税　額	$　¢
7.3※ 差引金額	$　¢

8．1958年中央教育委員会規則第36号第6条又は第7条の規定による在職年内訳

実在職年		除算年				差引在職年月日数	※認定年数
始終期	年月数	始終期	除算の計算(その月数の1/2)	年月日数	理由		
年　月　日から 年　月　日まで	年 月	年　月　日から 年　月　日まで	× 1/2	年　月　日		年　月　日	年
		年　月　日から 年　月　日まで	× 1/2	年　月　日			
		年　月　日から 年　月　日まで	× 1/2	年　月　日			
		合計		年　月　日			

9．昭和28年法律第182号第7条の規定による在職年内訳

実在職年		除算年				差引在職年月日数	※認定年数
始終期	年月数	始終期	除算の計算(その月数の1/2)	年月日数	理由		
年　月　日から 年　月　日まで	年 月	年　月　日から 年　月　日まで	× 1/2	年　月　日		年　月　日	年
		年　月　日から 年　月　日まで	× 1/2	年　月　日			
		年　月　日から 年　月　日まで	× 1/2	年　月　日			
		合計		年　月　日			

（記入心得）

イ、この表のうち請求者は※印の欄には記入しないこと。

ロ、3 の欄には、自己便宜による退職、任期満了による退職、整理による退職及び死亡による退職等と記入のとと。

ハ、5 の欄にはその遺族が請求することになつている場合は、氏名の上に遺族（妻、子、父、母、孫等）と記入のこと。

ニ、6 の欄には、常勤の教育職員であつた者は、給与法に規定する給料表又は俸給表の額と本人の履歴事項に記載された額と相違しないこと。
常勤的な非常勤の教育職員であつた者は、別記様式第三号の証明書の 7における退職当時の給料月額に相違しないこと。

ホ、7 の欄において必要以外の条項は所属局の担当者が斜線を引くこ。

ヘ、8.及び9.の欄にはその者が1956年立法第 3号第2条第2項但書の規定の適用を受け退職手当が計算される場合は、8.及び9.の欄ともいずれも記入し、それ以外の場合は8 の欄のみ記入のこと。常勤的な非常勤の教育職員であつた者は、別記様式第三号証明書の8における在職年と相違しないこと。

ト、この表のうち記入を要しない箇所は斜線を引くこと。

チ、退職者が請求する場合は、本人の履歴書及び施行規則第5第1項第2号、第3号又は 第4号の規定により必要な書類を添付すること。

リ、遺族が請求する場合には、退職者の履歴書の外施行規則第5条第1項第1号、第2号、第3号又は第4号若しくは第2項の規定により必要な 書類を添付すること。

※受理年月日	※決定年月日	※支払年月日	※
年　月　日	年　月　日	年　月　日	No.

別記様式第三号　規格 8×13

証　　明　　書

退職当時の所属機関名

職名　　　　氏名　　　　　　　　　　　　　　　　　　　　印

1．1 週間の正規の勤務時間	時間
2．退職の日以前 6月以内の期間における1月の平均勤務日数	日
3．退職の日以前において 1月につき22日以上勤務した月の通算月数	月
4．一般職の職員の職務と責任の特殊性に基く特例に関する立法(1957年立法第54号)第2 条第二号に掲げる公務員に準ずる教育職員の有無	4.1 有□　無□ 4.2 無の場合の身分関係事項

5．退職年月日	年　月　日	7．退職当時の給料月額	7.1 日給　日給×25日分　$　¢
6．退職の理由			7.2 時給　時給×176時間　$　¢

8．在職年内訳

8.1 実在職年		8.2 除算年			8.3 差引在職年
始終期日	年月数	始終期日	理由	年月数	年月数
年　月　日から 年　月　日まで	年　月	年　月　日から 年　月　日まで 年　月　日から 年　月　日まで 年　月　日から 年　月　日まで			年　月

出勤簿
取扱者認印

上記のとおり相違ないことを証明する。　　　　教育長

年　　月　　日　　　　　　　　職氏名　　　　　　　　　　　　印

〔記入心得〕

イ、所属機関名は何々教育区、何々学校と記入のこと。

ロ、職名は、給仕又は用人等と記入し、死亡による退職の場合は、氏名欄に捺印しないこと。

ハ、1の欄はその者に割振された1週間の正規の勤務時間であつて44時間又は48時間と記入のこと。

ニ、2の欄は、その者が退職の日以前6月以内の期間における 1月の平均出勤日数であつて、法定休日又は有給休暇は出勤したものとして計算し記入のこと。

ホ、4.1 の□欄の適当のものに✓印で示すこと。

ヘ、4.2 の欄に記入する必要が生じた場合は、法令に基いて設置された委員又は審議会若しくは協議会に属する非常勤の委員等と記入のこと。

ト、6 の欄には、自己便宜、死亡又は予算の減少による退職等と記入のこと。

チ、7 の欄の給料月額とは、その者の給与が日額で定められている場合は給与日額の25日分に相当する額、給与が時給で定められている場合は給与の時給の 176時間に相当する額を記入のこと。

リ、8.1欄は、引続いた実在職年であること。8.2欄はその者が病気その他の理由で無給休暇をとり現実に職務に従事することを要しない期間でその月数の2分の1に相当する年、月日数を記入のこと。

ヌ、8.3欄は、実在職年から除算年を差し引いた年月日数を記入のこと。

ル、記入を要しない箇所は斜線を引くこと。

新しい教育の目ざすもの

ラジオ 政府の窓

—文部公報より—

◎…これは、九月十二日から東京の文化放送など全国三十七の…◎
◎…民間放送局で放送された「新しい教育の目ざすもの」の要…◎
◎…点をまとめたもの。お話は別掲のかたがたによるものです。…◎

文部大臣	松田竹千代氏
東京都誠之小学校長	椎野　開蔵氏
八王子市の一母親	長里　静子氏
評論家（司会）	今村　武雄氏

対談

日進月歩の社会に備える 施設・設備の充実が重要

司会　まず順序としまして松田文部大臣から新しい教育課程の内容についてお話しいただいて、それからわたしたちの意見を申し上げてみたいと思います。

大臣　今までの教育課程は、占領下という混乱時代にできたものでありまして、日本のほんとうの社会にぴつたりあてはまるようにできていたかどうか。今日では、落ち着いてきた日本 の社会 に備えて、適当な教育課程というものを作りあげねばなりません。こういう趣旨で文部省は、かねてから長い期間—二か年—にわたつて、これを作り上げました。

官制といわれるが

これを日教組は官制であるとかなんとかいつて、反対し続けているわけでありますが、その内容にわたつて、ここはいけない、あすこはいけないという反対はあまり聞かないのであります。初めから絶対反対を唱えて、これは官制であるからいかんということなのです。ところが文部省としては、教育のことを文部省の事務当局でかつてにやるという考えは、むろん持ちませんし、また、そういうことはできるものではない。したがつて、これを作り上げるには、あらゆる方面の人、しかも公正な見地から物を考え、物を言いうる立場の人、そして現場の校長先生や先生、さらに大学の教授でその道の大家、あるいは言論家、人徳ともに高い学識経験者等三十二名も集めて二か年にわたり四十二回の会合を重ねて、そして慎重に検討したものであります。

また各教科につきましては、三百数十名という多くの人々、専門家を集めて、それぞれの教科についての小委員によつて数十回—五十数回ですか—検討し作り上げたものであります。

司会　官制だとか、中央集権だとかいいますが、わたくしどもに言わせれば、基本は全国的なものが一本通つて、現場においてそれに基いていかようにも、独創性といいますが、イニシアチブというものが出てくるだろうと思うのですが…その点で非常に長い体験をもつておられる椎野先生にご説明いただきましょう。

学校差は少なくなる

椎野　従来、法律・省令・教育委員会規則といろいろの面で、基本的方針というものは示されていて、その基本的方針に基いて学校が、地域の実情に応じ、教育をしてきました。今までの法律や省令というものは大綱を示されたもので、現場において相当の自由性があつたわけです。その結果、われわれが想像のできないほど学校差というものができてしまつたのです。義務教育である以上は、学校により地域によつて非常に大きな差ができるということは思わしくないわけなんです。

そういう面を考慮して、今度は学習指導要領では、相当細かい面まで指示されています。この結果がどういうふうに現れるか、まだはつきりわかりませんが、おそらく従来のような大きな学校差というものがなくなるだろうということは考えられます。

司会　もう時期的には地ならしといいますか、移行措置といつたものはどんどん進められているのですか。

椎野　学校教育は、もちろん文部省の指示に従わなければなりません。前の指導要領が生きている間は、学校がかつてに教育課程を動かして指導することはできないわけです。文部省では、省令なり学校教育の規則の改正を、昨年八月に行い、十月の官報で公示されたと思います。そして、小学校は昭和三十四、五年度において、中学校は三十五、六年度にその移行措置を講ずるよう指示されたと思います。これが出まして教育課程の指導要領の内容を多少くずすことになり、小学校は四月からくずしながら移行措置にはいつています。

レベルを上げる

司会　大臣にお尋ねしたいんですが、内容のレベルが高くなると聞いていますが—特に数学など進んだ面が出てくるのは結構なことだと思います。が、科学教育・技術教育などは先生の勉強も必要となるのではないでしょうか。この点だいじょうぶでしょうか。

大臣　椎野先生のお話のように学力の差があまりにもはなはだしいので、ここで一定のスタンダードを示して、その幅をせばめるようにしようと考えられています。また科学・技術を強力に進めなければならない時代になってきているので、数学の時間数を多くして、レベルを上げるように努める方針であります。

無いそでも振って

司会　長里さん、婦人の立場から、この新教育課程についてご意見やご感想を直接大臣におっしゃっていただけませんか。

長里　施設をよくしていただきたいと思います。せっかくこんなりっぱな中身がありますのに、入れ物がないのでは困ると思います盛り上げるのにふさわしい器の用意がないのでは、「六三制野球ばかりがうまくなり」をくり返すといったようになるのではないかと心配でございます。

政府では気前よくお金を出してくださるでしょうか。理科教育振興法だとか、産業教育振興法で出していただくだけでは、まかないきれないと現場のほうでは言っておりますが、ほんとうでしょうか。ＰＴＡの寄付だとか、生徒の頭割りの負担だとかでは、井戸端会議がうるさいにちがいないと思います。早く施設の基準を示していただいて、公費で完備を急ぐように進めていただきたいのでございます。無いそででも振っていただきたいと、こういうことになってまいります。

大臣　ごもっともだと思います三十五年度の予算の要求も第一には義務教育、特にすし詰教室の解消これは五か年計画に基くものでありますが、このすし詰状態を解消するために、大きな金を要求しています。

理科教室、またその備品・設備というようなものの大きな欠陥のあることはわれわれも認めております。戦前のピークの五〇％までは実質的に行っていない状態です。はなはだしいところは三〇％あるいはそれ以下で、理科教室にはなんらの備品もなく、これでは先生が教えようとしても材料なしでは教えられないというようなことで、陳情もたくさん受けておりまして、この方面にも大きな力を入れております。科学技術関係は義務教育に次いで大きな要求をしております。

またＰＴＡの負担も大きいので、全額まではいかないが半減するというねらいを持ってやっております。

司会　自民党の文教調査会では五か年計画で二百五十三万坪の学校整備を完了するという計画だそうですが、来年度はぜひがんばっていただきたいと思います。

大臣　極力、力を入れたいと思っております。

司会　新教育の制度を実行していく上に、いろいろな障害が起っているようですね。講習会をやるといえばああいうわけだし、これがどういうふうに行われていくものでしょうか。

大臣　これは当面のいちばん難問題です。しかし、そのよしあしに対する批判は別として、じゅうぶんな準備をととのえて、あらゆる方面の人たちの力をかりて作り上げたものであり、どうしても実施していかなければならないものであります。それに対する反対や妨害は、文部省としても困ったものですが、これらの点については政府の意のあるところをじゅうぶんに世間に訴え、一般の国民の良識というものにご加勢願って、日教組の反省をうながしたいと考えております。

司会　椎野先生、戦後の教育内容は欠陥があったし、アメリカのカリフォルニア州の制度をそのまま移入したんであって本家本元のアメリカでも学力の低下がひどいというので、今検討の時期にはいっているということを聞きますし、その辺のことをよくＰＴＡなり親たちが理解するようにすることがいちばん大事なことですが、現場においてどうしたらそれができますでしょうか。

学力低下の実例

椎野　学力の低下した実例と申しますか、義務教育が六年が九年に延長されたということは、形の上で向上したとか、程度が上がったように思われるんですが、実際の内容は上がっていない、むしろ基礎学力は非常に低下しました。これは算数で申しますと、ＰＴＡのおかあさんがたが小学校のときお習いになったことを頭に浮べていただけばわかりますが、小数・分数の掛算・割算は小学校のとき全部終ったはずなんです。それを分数の掛算・割算の大部分が中学校へ送られているわけなんです戦前は小学校で完了していたものが中学校に送られています。

また、学校で作文など書いたのを持って帰ってくるかどうか、国語の時間には読むこと、書くこと話すこと、聞くこと、内容の読解などあるんですが、先生は作文など書かせる時間がじゅうぶんにないとよく言います。だから宿題にしないとできないということです。防火週間とか交通安全旬間とかいうときこどもの作文や図画の募集があるんですが、作文だけはどうしても目を通してやらなければ出せないんです。

基礎学力の向上と科学技術教育の振興とあいまって、どうしても国語・算数の基礎強化については、時間数を増してこれをしっかりやらなければならないと思います。

司会　やるにしましても、われわれは斗争とか実力行使とか摩擦とかはまっぴらでして、そういうことなしでやりたいのですが、長里さんの方に名案はないものでしょうか。

長里　文部省で作られた新しい教育課程の説明書を広くおかあさんの手に渡るようにしていただけないかと考えます。また、ラジオやテレビを利用して教育課程をこう改めて、ここを新しくして、教育はこんなに進歩していくのだということを、教えていただけないかと思うんです。

おかあさんたちは自分たちが受けた教育よりも、こどもたちが受ける教育が正しいものだと信じているんです。せっせと廃品回収もしましたし、給食当番にも協力しましたし、PTAも育ててまいりました。こどもの教科書の勉強会もしました。教育漢字や現代かなづかいの学習もしたわけですが、それはおかあさん自身にとっても大きな成長だったと思います。この協力と成長とを、教育課程の改正にも役だてる必要があるのではないかと思いますが、大臣いかがでしょう。

大臣　それはぜひ必要なことでありまして、おかあさんがたはこどもと密着した関係、いちばん強い影響を及ぼすかたがたですから、そのおかあさんたちにマスコミのラジオ・テレビなどを通じて平易な方法で、文部省のやっていることがら、教育課程の内容はどうだというようなことをわかっていただくように努め、また、だれにでもわかっていただけるような方法で周知徹底することにいたしたいと考えます。

司会　大臣は骨の髄から政党人でいらっしゃるから、ぜひ日教組と話合いをつけて、オープンに国民の前で話合いをなされば、どちらがまちがっているか、はっきりすると思うんです。

大臣　一昨日の新聞にも出ていましたが、アメリカの人権養護連盟会長ラーザー＝ゴールドウィン氏が沖縄へ行きましたが、ジャパンタイムズ紙に、国会におけるテロ行為はいかに民主義を低下させるものであるかということをうたっていて、特に日教組がこどもに民主主義を教える立場にありながら、いろいろの手段を用いて、これを低下させていることはけしからんと言っていますね。外国の学者が今、日本とアメリカの教育の比較研究ということで日本に来ているんですが、わたしは日本の実状をその人たちに訴え、これも占領政策の残がいから来るものが多いということを露骨に話したところ、日本の現状を聞いて驚いていました。

もっとPRがほしい

椎野　さきほど長里さんがおっしゃった文部省のPRですが、これは一般の世論も要求していますし、校長先生もそれを念願しております。文部省のかたがたと話しましても、文部省が足りないと自覚しておられるようですから、ぜひPRをやっていただきたいと思います。

大臣　わたしは就任以来強くそれを推し進めて、こういう問題に対する金は、大蔵省はなかなか出してくれないんですが、ラジオ・テレビの時間をもっととるようにしています。

椎野　最後に、新しい教育課程について入れ物をというお話がありましたが、この施設・設備については大臣がいちばんお苦しみになるところだろうと思いますが、これができまして、ほんとうに教育ができていくのではないかと思います。どうぞよろしくお願いします。

司会　その点、今度の大臣はいちばん適任でないかと思われますので、大いにやっていただきたいと思います。

大臣　就任した以上は、極力この方面に力を入れて実績をあげたいと思います。

一同　どうもありがとうございました。

---

③ 送りがなのつけ方

第三　形容動詞

12 形容動詞は、活用語尾を送る。

例　急だ（な）　別だ（な）　適切だ（な）　積極的だ（な）

13 活用語尾の前に「た」「か」「ら」「やか」「らか」を含む形容動詞は、その音節から送る。

例　新ただ　静かだ　確かだ　平らだ　穏やかだ　明らかだ　朗らかだ

14 活用しない部分に形容詞の語幹を含む形容動詞は、その形容詞送りがなによって送る。

例　清らかだ　高らかだ　同じだ

15 活用しない部分に動詞の活用形またはそれに準ずるものを含む形容動詞は、その動詞の送りがなによって送る。

例　晴れやかだ　冷ややかだ

第四　名詞

16 名詞は、送りがなをつけない。

例　頂　帯　趣　畳　隣

ただし、次の語は、最後の音節を送る。

哀れ　後ろ　幸い　互い　半ば　情け　斜め　誉れ　災い

17 活用語から転じた感じの明らかな名詞は、その活用語の送りがなをつける。

例　動き　戦い　残り　苦しみ　近く　遠く

ただし、(1) 誤読・難読のおそれのないものは、かっこの中に示したように送りがなを省いてもよい。

列　現われ（現れ）　行ない（行い）　断わり（断り）　聞こえ（聞え）　向かい（向い）　起こり（起り）　終わり（終り）　代わり（代り）

(2) 慣用が固定していると認められる次の語は、送りがなをつけなくてもよい。

卸　組　恋　志　次　富　恥　話　光　舞　巻　扉

一九六〇年度　年間行事計画

文教局

月別＼課別	庶務課	学校教育課	職業教育課	研究調査課	保健体育課	施設課	社会教育課
七月	中央教育委員会（第三火曜）	全琉教育長会 教科書展示会 全目録設定 研究教員選考 夏季講習者決定 講師来島	実験学校、研究校指導 校長会 家庭クラブ日本派遣（下旬） 六〇年度高校入学者選抜要項決定 高校総合指導（首里、知念、糸満、久米島） 職業教育備品充実計画	諸調査結果の集計処理（継続） 文教時報第五十七号 教育要覧、琉球史料第五集印刷 卒業後の状況調査（中校、高校）	青年団球技大会 教員バレーボール大会 全島中校野球大会 職域野球大会		青少年、婦人職業技術講習 各連合区 職業高校
八月		夏季講習開講 教育長定例会 行財政研修（宮古、八重山） 訪問教師協議会 学校管理指導 教科書採択 道徳教育資料及研究集録編集	夏季休暇学校管理指導（上旬、北中部地区　中旬－南部地区） 大学入学資格検定試験 八重山及北部開拓実習（上旬）	文教時報第五十八号印刷 学力調査用紙発注	中央排球大会 水泳競技大会（一般） 夏季体操競技大会（一般） 中校水泳放送競技大会 中校陸上放送競技大会 夏季大会（一般）庭球、卓球、剣道、柔道、相撲、バレーボール、バスケットボール	校舎建築工事研修（宮古、八重山）	中央青年指導者講習 中農（三日間） 研究指定 青年学級　公民館　青年会　新生活　婦人会 視聴覚教材推せん協議会
九月	中央教育委員会（第三火曜） 委員会計事務研修（宮古、八重山）	教育長定例会 行財政研修（辺土名） 中学校総合指導（那覇） 校長研修会（中央－三日間） 研究教員連絡会 教育指導委員来島	校長会 琉大研究教員選考 教育課程研究会	文教時報第五十九号印刷 全国学力調査実施 小校　六年 中校　三年 高校　三年（全日）四年（定時）	青年陸上競技大会 総合バレー大会（協会） 中校卓球大会 水泳大会（高体連） 給食物資配布 体操選手権大会 定時制陸上大会（体協）	校舎建築工事研修（辺土名） 校地校舎配置区分研修（中央）	社教主事研修会　三日間－那覇 カリキュラム委員会　十日間－那覇 ブロック別指導者講習　青年会－三日間（北、中、南、宮、八）婦人会－二日間（北、中、南、宮、八） 公民館職員研修　各連合区　一日間　中央 婦人指導者講習－二日間－ 移民斡旋所　新生活指導者講習－各連合区－一日間 本土研修派遣（青年、婦人）
十月	委員会計事務研修（北、中、南部、久米島）	行財政研修（久米島） 中学校総合指導（糸満、知念） 教育課程審議会 作品展募集要項決定 学校音楽コンクール（合唱）	教頭会 家庭科クラブ大会（那覇） 農業クラブ日本派遣 事務職員研修 高校入学希望調（北、中、南部） 中校進学指導主任会 通信教育試験	文教時報第六十号印刷 五九会計年度教育財政調査（各学校、教委）	トラホーム予防週間 国体選手団派遣	校舎建築工事研修（久米島）	教育区指導者講習　青年会－三日間（各教育区） 婦人会二日間（各教育区） 青年学級指導者講習会（北、中、南、宮、八）
十一月	中央教育委員会（第三火曜） 高校会計事務研修会（北、中、南部）	行財政研修（糸、知） 中学校総合指導（名護） 教育課程審議会 校長研修会（北部）	学力検査問題作成 校長会 日留試験	文教時報第六十一号印刷 へき地教育調査（へき地の各学校）	陸上競技大会（一般） 青年大会選手団派遣 陸上競技大会（高体連） 中校陸上競技大会 駅伝、相撲大会（高体連）	校舎建築工事研修（糸、知） 校地、校舎配置区分研修（北部）	PTA指導講習　各連合区－一日間 視聴覚指導者講習（北、中、南、宮、八）二日間 本土研修派遣 新生活　公民館
十二月	委員会 会計事務研修	行財政研修（石川、宜野座） 中学校総合指導（読、コザ、普） 教育課程審議会 校長研修会（中部） 研究教員選考 実験学校発	学力検査問題印刷 産業教育大会 教頭会	文教時報第六十二号印刷 五八会計年度教育財政調査報告書、五九年度学校基本調査報告書印刷	下地小校研究発表 コザ小校　〃 全琉相撲大会（体協）	校舎建築工事研修（石川、宜野座）	

月						
月		表（八重山）全琉作品展　学校音楽コンクール　学令児童報告　認定講習　訪問教師協議会			体育実技研修会　中校籠球大会　給食物資配布	校地、校舎配置区分研修（中部）	
一月	中央教育委員会（第三火曜日）　高校会計事務研修	中学校総合指導（宜野座、前原）　教育課程審議会―校長研修会（中部）　中卒認定試験　教研中央集会	農業クラブ大会　高校入学選抜講習（北中、南）　校長会	文教時報第六十三号印刷　琉球史料研究会　全国学力調査のまとめ	スポーツ人口調査　冬季体育大会（高体連）　社会体育指導者講習会（一月～五月）		レクレーション指導者講習　名護、石川、普天間、那覇、宮古、八重山（一日間）
二月		中学校総合指導（辺土名、久米島）　校長研修会（那覇、久米島）　実験学校発表　研究教員選考　異動方針決定	教頭会　高校入学選抜学力検査実施	文教時報第六十四号印刷　琉球史料研究会	大里小校発表会　安ケ田小校〃　平敷屋小校〃　普天間小校〃	校地、校舎配置区分研修（那覇　久米島）	公民館職員研修各連区―一日間　青年学級研究協議会―一日間（北、中、南、宮、八）　本土研修派遣　青年会　婦人会
三月	中央教育委員会（第三火曜日）	全琉教育長会　行財政研修（普、読）　中学校総合指導（石川）　校長研修会（南部）　研究教員連絡会　実験学校発表　認定講習	校長会　高校卒業式　実験、研究校発表会　高校選抜法反省会（北中部）	文教時報第六十五号印刷　琉球史料研究会　長欠児童生徒調査（各学校）　へき地教育調査報告書印刷	青年健康検査　兼城中校発表会　有銘小中校〃　健康優良部落選定　健康優良校選定　給食物資配布	校舎建築工事研修（読、普）　校地、校舎配置区分研修（南部）	
四月		行財政研修　コザ、前原　中学校総合指導（宮古）　校長研修会（宮古）　在籍調査	教頭会　高校総合指導（北部）　高校選抜法反省会（南部離島）	文教時報第六十六号印刷　学校基本調査実施説明会（各学校、教委）	学校保健研修会　安全教育研修会　結核予防週間	校舎建築工事研修（コザ、前原）　校地校舎配置区分研修（宮古）	研究発表　青年会　青年学級　婦人会　婦人学級　ＰＴＡ　公民館　新生活
五月	中央教育委員会（第三火曜日）	行財政研修（那覇）　中学校総合指導（八重山）　校長研修会（八重山）	通信教育試験　校長会　高校総合指導（中部）	文教時報第六十七号印刷　学校基本調査（各学校教委）　知能検査―小校五年中校二年　高校一年　教育要覧編集委員会	寄生虫予防週間　米琉親善体育大会	校舎建築工事研修（那覇）　校地校舎配置区分研修（八重山）	社教主事研修那覇―二日間　社会教育総合研修大会　那覇―二日間　本土研修派遣（青年会）
六月		行財政研修（名護）　校長研修会（南部）　訪問教師協議会　年度末補助金調整	教頭会　高校総合指導（南部、離島）　実験、研究校発表会	文教時第六十八号　道徳性診断テスト（サンプル調査）　琉球史料第六集、六十年度教育要覧の編集	むし歯予防週間　夏季体育大会（高体連）　陸上選手権大会（高連）　各種選手権大会（〃）　給食物資配布	校舎建築工事研修（名ゴ）　校地校舎配置区分研修（南部）	

一九五九年一〇月 八 日印刷
一九五九年一〇月一〇日発行

文 教 時 報

（第五十九号）（非売品）

発行所 琉球政府文教局
研 究 調 査 課

那覇市三区十二組
印刷所 ひかり印刷所
（電話 一五七番）

文教時報

NO. 60

60

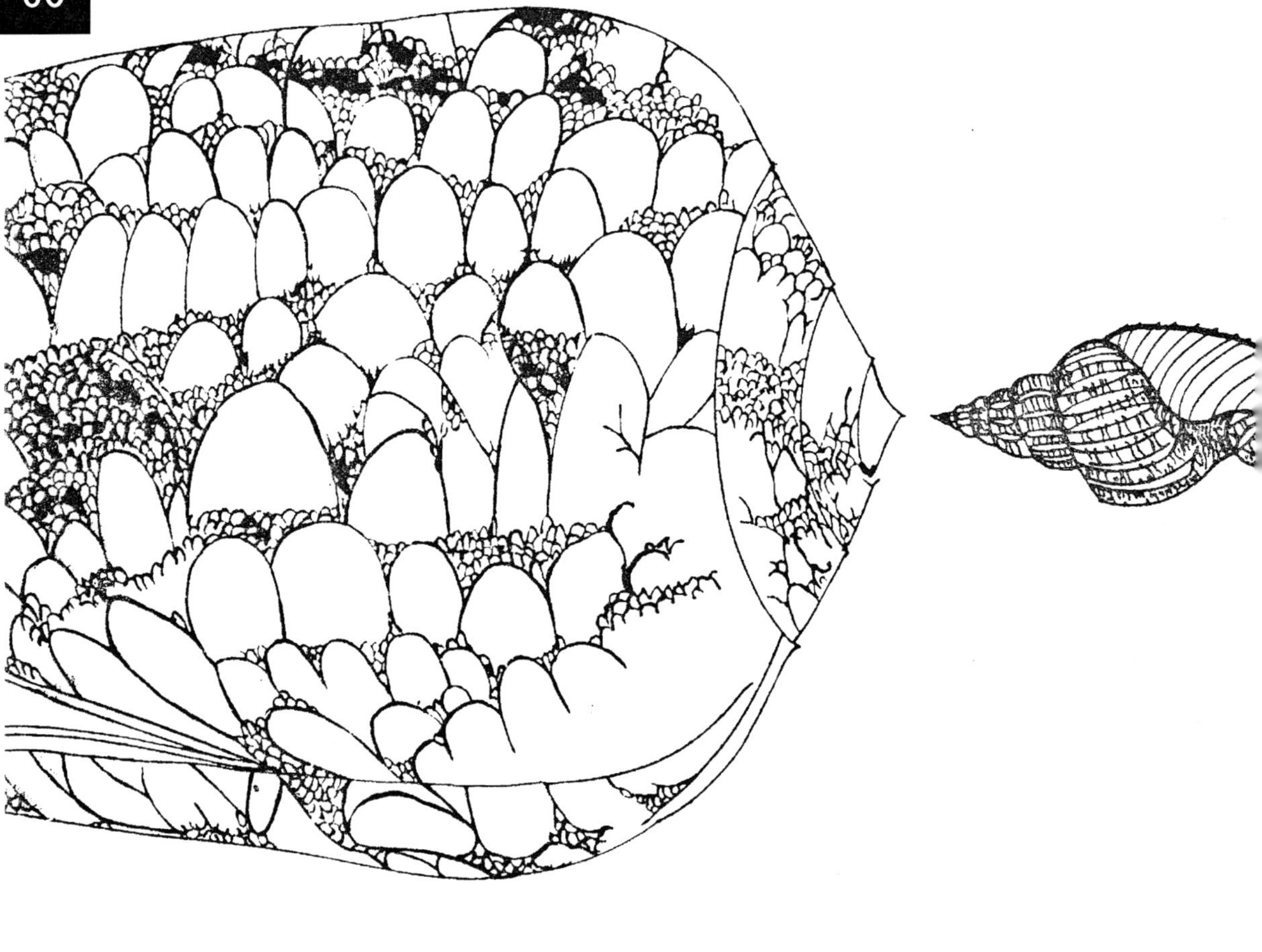

1959.10　琉球　文教局研究調査課

巻頭言

大田新主席に期待する

石川盛亀

十月二十一日、ブース高等弁務官は「次期主席に大田政作氏を任命する。」と発表した。

つづいて十一月十一日には、大田氏の主席就任式が那覇市内国映館において盛大にとり行われ、ここに第三代の新主席の誕生をみることとなつた。

新聞の報ずるところによると、若くして政治的手腕にすぐれ、また過去における行政官としての経験者でもあるので、各界各層それぞれの立場から、氏によせる期待も大きいようだ。

そこで、教育の面からも、新主席に一応の期待をよせてみたい。

まず、新主席の誕生で青少年学徒に大きな影響があると考えられることは大田氏が早稲田大学在学中に高文行政科にパス、翌年同じく司法科に通つた氏の勤勉努力に対してであろう。さきに「大浜早大総長」の就任によつて郷土の若い後輩に大きな刺激を与えたが、このたびの氏の就任もきつと若い世代をわきたたせるに違いない。機会あるごとに学校を訪問して児童生徒に激励の一言でも与えてほしい。

次に政策の面では、当面の六大政策の一つとして「教育施設の早期完成」を掲げているが、これこそ沖縄の全教育者のひとしく望むところであり、まことに時宜を得たものである。文字どおり早急に是が非でも完成させてもらうことを期待する。

なお、当面の問題として高等学校の政府立への移管がある。教育の機会均等の立場からこれの実現も要望したい。さらに新主席が国頭村奥間の出身であるので、幼時身をもつて体験されたであろうへき地のつらさもじゆうぶん承知のことと思われるので、へき地教育の振興についても大いに努力していただきたい。

以上二、三の例をあげたが、本土なみの教育水準に引きあげるために要望し期待したいことはきりがない程多い。しかし新主席にとつては、この外にも目前にせまつた台風災害対策という難問題を始めとし数多くの問題を控えている。この際、貧しい琉球財政でどうにもならないものは日米両政府に訴えて大いに援助を仰ぎ、幾多の政策の実現に邁進されんことを最後に期待したい。

（研究調査課主事）

目次

へき地教育振興について

知念　繁

一、へき地教育振興法の立法化

教育の目的は、あらゆる機会に、あらゆる場所において実現されなければならないし、住民はひとしくその能力に応じて教育を受ける機会が均等に与えられなければならないとは教育基本法の示すところである。

　ところが、交通困難で、自然的、経済的、文化的諸条件に恵まれないへき地における子弟の教育は、他の地域に比して遥かに低位不振の状態にある。これが振興については、戦後その必要性が各方面から強調され、特に教育四法の民立法化によっていよいよ強力な世論となった。

文教局においてもつとにこの振興策については検討をつづけていたのであるが、何しろ無から同時出発という戦後の負債があまりにも大きかったのである。たとえば戦災校舎の復旧、新教育制度の実施、教職員の確保並びにその資質の向上等々とにかく戦後十年の沖縄教育は制度的にも財政的にもあるいは実践指導の面にも幾多困難な課題を余儀なくされ、あえぎあえぎやっと今日の状態にまで至ったのである。

こうした困難な時代であったので、へき地教育の振興の必要性は痛感しながらも積極的にじゅうぶんなる施策を講じ得なかったことは甚だ遺憾であった。幸いにして、昨年一九五八年一月教育基本法を始め、いわゆる教育四法が民立法され五八年四月一日から施行になり、次々に教育関係法の民立化の機会が到来したので早速へき地教育振興法案の立案にかかったのである。年来の宿望であり関係方面の要請するところであったので、幸い世論の支持を得て、立法院議会においてもほとんど原案のとおり可決され一九五八年九月二六日公布、五九年七月一日から施行となり、ここにやっと戦後十年の懸案であった振興法の成立をみたのである。

これにつづいて、その施行規則が中央教育委員会規則第四号として制定され、同じく七月一日から施行されている。

　こうして、へき地教育に関する法規が一応でき法的裏付けがなされたわけである。

二、現　状

へき地教育振興法および同施行規則はできたが、果して現状はどうなっているであろうか。

1、学校、学級、児童生徒、教員数

全琉の小、中学校数三八八校（うち併置校九四校を含む。）

へき地学校一〇五校（全体の二七％を占めている。）

一〇五校のうち併置校は四〇校これを級地別に表にすると次のようである。

級地＼項目	学校数	教員数	学級数	生徒数	事務職員
1	31	310	259	10,434	16
2	37	162	130	3,960	14
3	22	118	96	3,295	6
4	15	63	53	1,662	4
計	105	653	538	19,351	40

2、単級学校（全学年の児童数が二十五人以下の学校である。）これを小、中校別にみると次のようである。

校種別＼項目	学級数	教員数	生徒数
小　校	2	2	39
中　校	20	48	231
計	22	50	270

3、複式学級（単級を除く。）は、次のようである。

校種別＼項目	学校数	学級数
小　校	43	88
中　校	33	33
計	76	121

4、教員の資格別を級地別にみると次のようになっている。

資格別 / 級地	有資格者	無資格者	計
1	276	34	310
2	124	38	162
3	98	20	118
4	47	16	63
計	545	108	653

この一〇八人の無資格者数は、全地区の無資格者総数五八一人の二〇%に当つている。

5、文教局予算を、現年度（一九六〇年度）と前年度と比較すると次のようになつている。

へき地教育振興補助費

年度別 / 項目	現年度	1959年度	増減
へき地手当	$ 20,500	$ 12,380	8,120
へき地教材教具	5,500	0	5,500
へき地教員住宅	23,000	114,166	△91,166
単級複式手当	1,150	1,150	
計	50,150	127,696	△77,548

・単級複式手当は、小校教員一人当り月四ドル一七セント
中校一人当り一ドル八七セント
・へき地手当の級別額は、次の通りである。

一級地　一ドル七〇セント
二〃　二ドル五〇セント
三〃　三ドル四〇セント
四〃　四ドル二〇セント

・教材教具費は、振興法の趣旨にそつて今年度から始めて計上されたものである。これが配分は、級地別に補正されて学校数、児童生徒数、学級数等によつて計算される。

このほかに、一般備品費としては財政能力その他の補正によつて交付されるので、へき地が一般に財政能力が貧困であるから他の地域の学校よりは補助金の額は実際的には多くゆくことになる。

・教員住宅建築費は、前年度は四級地に八棟建築し、今年度は四級の残りと二級の一棟で六棟建築の予算がとられている。

これは、ブロックの恒久建物で、建築費全額を補助するものである。

ところで、借家や間借している教員に対しては、借家料として文教局予算原案には編んでいたのであるが最終的に可決された予算に表われてこなかつたことは残念であるが、これが実現にはぜひとも努力しなければならないものと思つている。

三、今後の問題点

1　へき地教育振興費の増額

へき地は例外なしに経済貧困である。これがためにあらゆる面において不振である。この経済貧困を自力で克服することはいたつて至難である。どうしても他からの援助が必要である。

へき地教育振興法のねらうところは主としてこの経済援助ということに集約されている。

せつかく振興法はできてもこの経済援助がなされなければ何の意味もない。政府の予算立法には、この法の趣旨に基いてぜひとも大巾な額が計上されなければならない。

これが獲得には、関係方面の積極的な、しかも絶えざる要請が必要である。

2　へき地教員の待遇問題

現行の給与関係立法においては、戦前のような特別措置つまり本俸への加増ということは困難であるので、これの改正は今後の問題として、現在できることは、へき地勤務手当の増額、単級複式手当の増額、教員住宅、借家料の支給等を積極的におし進めることである。なお、へき地においては教員の研修機関や機会に恵まれないので教員の研修用の図書費の支給等も考慮されなければならない。

3　保健管理

へき地は、一般に医療機関も貧弱である。へき地の一般住民ももちろんであるが、特に児童生徒や教員の保健衛生面においてもじゆうぶん考慮が払われていないのが現状である。巡廻診療や集団検診ができるような措置を講ずる必要がある。

4、教材教具や設備拡充

文化的に恵まれないへき地にあつて一般なみに教育水準の向上をはかるということはなみたいていの苦労ではない。むしろこれを望む方が無理かも知れない。

教材教具は、文化に恵まれた地域よりもその種類においてより多く与えられなければならないであろう。今年度この予算が計上されたが次々にこれの増額を期すべきであり、教育区自体もこの面に予算を計上すべきである。

その他の設備においても同様であ

る。

5 集会所の設置

へき地における文化センターとも称すべき所は学校である。この学校に文化的施設を施すことももちろんではあるが、その他にも集会所を設置して、社会教育面の施設として住民の文化的生活の向上に活用できるようにしたいものである。

6 教員の人事交流

へき地には教員は行きたがらない。へき地から出たい。また、無資格教員もまだ多い。など不利の点ばかり多い。

現行の教育委員会制度下においては教員人事の交流は至つて困難である。だからといつて人事権を中央に移すというと直ぐに中央集権だと批難される。人事権の中央移管はへき地関係者の切実な問題である。現行の制度下でできることは行き易い条件を作ることである。すなわち、教員給与、教員住宅、文化施設等の整備である。

また、各教育区が大乗的な見地に立つてへき地との人事交流、とくに長年へき地において苦労した教員を優遇し迎えることである。

管内交換研究制を今年度から打出したのであるが拡充と協力もぜひ必要である。この面の予算獲得にも努力すべきである。

7 へき地教員の資質向上

へき地から研修場所への交通費が多くかかる。へき地の適当な場所において研修、認定講習等が行えるように振興法の施行規則にもうたわれている。これが実施を図るべきである。へき地の複式カリキュラムの編成、複式の指導技術の研修等も実施されるべきである。

なお、数年前から実施している琉大における奨学生制度の拡充、―人員の増―現在一二〇名づつをもつと増すことなども必要である。

8 へき地教育振興法の完全実施

結論的に、へき地の教育を振興する方策は、振興法の完全実施ということになる。

そのためには、政府の援助とへき地教育区の積極的な努力が必要である。

ただ、与えられるのを待つてばかりではならない。第一次的な責務は教育区自体にあるということが法の精神である。

9 他の立法化

へき地の教育の振興は、単に教育関係のみの力では不十分である。

教育は、産業、経済、交通等と切りはなしては振興できるものではない。教育振興法とともに、「へき地振興法」の立法化をはかるべきである。これによつて、へき地の悪条件―たとえば道路、航路、産業、経済等―を克服し、相まって教育の真の振興が期せられるからである。

（学校教育課主事）

④ 送りがなのつけ方

―文部時報より―

18 形容詞、形容動詞の語幹に「さ」「み」「げ」などがついて名詞になっているものは、その形容詞、形容動詞の送りがなによって送る。

例 大きさ 正しさ 明るみ 惜しげ 確かさ

19 活用語を含む副合名詞は、その活用語の送りがなによって送る。

例 心構え 日延べ 物知り 山登り 教え子 考え方 続き物 包み紙 大写し 長生き 早起き 歩み寄り 見送り 読み書き

ただし、誤読・難読のおそれのないものは、かつこの中に示したように送りがなを省いてもよい。

例 帯止め（帯止） 気持ち（気持） 綱引き（綱引） 封切り（封切） 金詰まり（金詰り） 心当たり（心当り）身代わり（身代り）大向こう（大向う） 編み物（編物） 受け身（受身） 掛け図（掛図） 死に時（死時） 合わせ鏡（合せ鏡） 打ち切り（打切り） 売り出し（売出し） 落ち着き（落着き） 申し込み（申込み） 取り締まり（取締り） 果たし合い（果し合い） 向かい合わせ（向い合せ） 書き入れ時（書入れ時） 打ち合わせ会（打合せ会）

（備考） 「置きみやげ」「払いもどし」のようにあとの部分をかなで書く場合には、前の動詞の送りがなを省かない。

へき地における学校経営

与那国中学校長　前新　加太郎

研究調査課からの要望もありましたので、三級へき地校の指定を受けている当校経営の概況をご紹介して、ご批判とご指導をいただき、当校教育向上のためのよき資料たらしめたいと思います。

与那国島の概観

日本のさいはての島（与那国島）

「与那国島の与那国中学校」というと多くの人々が、沖縄の南の果ての島、そうして、波浪逆巻く東支那海の交通不便なわびしい島の学校という印象的な点からどなたも、そこに勤務する吾々教職員の生活に同情を寄せて考えられることだと思います。

日本の南西諸島のさいはての島、与那国島と波照間島は、へき地ということばの上で、あまりにも有名です。

島は、東支那海の中で八十三浬隔てて、台湾に隣接していて、秋の澄みきつた夕方の空に台湾島が遙かに眺められることもあるが、その他の季節には年中島影一つ見えない大海の中の孤島である。

夏分の天気のよい時期には石垣島や沖縄本島との間の交通もよく、沖縄汽船の国幸丸の就航によりたいへん便利になりましたが、冬の航海は風波が荒くて、小型運搬船の交通は絶えがちとなり、大型船も港湾設備の不完全なため予定どおりの就航ができない状況である。それでこの島に住んでいる人々以外の者には、ひとしくさいはての島のわびしさを、思わしめることだと思います。

島の若い人々でさえ、一度島を出て沖縄本島や日本本土の都市で生活をするようになると、故郷与那国島のさびしさを想起して、もう一度島に帰つて生活しようなどとは思えなくなるということである。

このような自然の然らしめる事実については今更致し方のない島のもつ宿命だとして、このことをかこつてみたとて何になりましよう。しからば、この島のもつよさというか、すばらしさというか、そういうものはないだろうかを考えてみることは、教育者という立場から極めて大事なことだと思います。

島のよさがあるか?

（島のよさを求めて孤島の教育のよろこびとしたい。）

そもそもこの島には昔からこの島に住む人々の社会生活の中からにじみ出た生活上の慣習や民芸などがあり、それが衣食住の生活面に或は精神生活面に美しく伸ばし伝えられて来ています。それはこの島の人々の祖先が残した尊い文化遺産であります。この文化遺産を母体として新らしい社会における学問の力や、技術をもつて島の自然を開拓し、新らしい政治のあり方によつて、平和で住みよい社会建設へと希求し続けて止まない島の社会の尊い姿を見逃してはなりません。

十年一日の如く変化に乏しい島の姿だ。と言えばまたそのようにも考えられるけれども、それは、島の美しい自然とおちついた社会の姿という方が適切であつて、人々の物の見方や考え方、そうして生活面でも年々著しく進歩し向上しつつあることをうかがい知ることができます。このよき教育的な伝統を伸ばしてりつぱな社会建設へと意気込む日本国民的な意識や感情に燃えた五千の住民とその子ども達がすくすくと伸びつつあることにこの島のよさを見出し、へき地の教育とは言え、大きな希望とよろこびを見出すことができます。

「このことは何処の社会でも同じことではないか。敢えて与那国島民のみの特異なよさだと言うべけんや－」と考えられるだろうが、特にこの島ではこうした感を深くします。

それは、

(1) 島の人々が慣習上の伝統を尊重する反面また新らしい学問や技術を受け入れても生活を豊かにしようという意慾に燃えていること

○例えば、おとなも子どもも日常島独特の方言を思う存分に使つて議論しあいまた和やかに語りあつているが、共通語も普及していて八十才以上の老人だつて共通語を話し、五六十才の婦人のなかには石垣島や沖縄本島のことばも自由に話し、なかには英語をしやべる者さえもある。

○人情細やかで喜怒哀楽の情をそのまま言動に表わし、至つてそのままで敬愛の情にみちあふれ柔和な気質そのものかと思うと、大胆率直で思いきつたことを敢えて行い人々をびつくりさせるような大まかなところもある。

○新らしいデザインの服装が流行して変化のはげしい衣生活の面で、島独特の誇りをもつドタテは男にも女にも通用される美しい与那国独特の伝統をもつ被服である。

そうして作業着にもなれば又町民あげてのお祭の晴れ着でもある。

その反面、沖縄や日本本土から持ち込まれる新らしいデザインの洋服もまた多いし美粧院で身装を整える島の娘たちも美しい。

○負けじ魂が強くてよく働く。
○無線電信、電話、ラジオの普及、港湾開さく、海陸交通機関の充実と発展、水道施設、教育施設の充実、健全娯楽の普及などについての意慾は高い。特に都市の学校の校舎や教育施設を見ては現在の校舎や教育施設の乏しきをなげきかこつ気持も大きい。

(2) 島の自 然は 美しく、島のもつ資源は、新らしい開拓の手を待つている。

。まず陸上資源について申せば、周囲三十キロの小島と言つても八重山群島の島々の中では、西表島、石垣島に次ぐ広い面積をもつ島であつて、山もあれば川もあり、山地に沿つて、台地も展らけ、川に沿つて、水田もひらけていて年にお米が二度もとれるという豊富な土地資源をもつている。

宇良部山地から島の中央を西に伸びる山地は、緑の雑木林で覆われているが町民の計画造林熱も高いのでみごとな山林ができることが期待される。なお山地には琉球内でどこの山にも見られないクバの美林が山を覆うていて、最近日本本土でも米国でもクバの葉製品が琉球の特産品として高く評価されつつあるので、その資源開拓にも大きな期待がかけられる。

。海の資源については更に大きい。島の近海は正に琉球一の漁場ということができるのであろう。カジキ、マグロ、トビウオ、ムロアジ、カツオその他の魚の漁獲高も実に大きく那覇市場の鮮魚の需要を満たしている。「ただし沖縄本島、宮古島の漁船等の進出するものが多い。」

それで更に装備の整つた漁船や高度の技術による漁場開拓に期待されるところが大きい。

こうした事実は、この島の自然界の位置づけによつて生じた島のもつ特異性であり、その島の社会生活の中から生まれた必然的な生活上の慣習や伝統であり、そうしたことを敢えて島のよさと言いすばらしさということができるのではないでしょうか?

そうした中にあつて、島の人々は教育に期待する心が大きい。

学校教育は、この地域社会の切ない要望と、地域の自然的、社会的、環境に止揚されながら伸びつつある段階における子ども等の慾求や興味と相まつて、子ども等を正しく教え導く教職員の絶えざる指導激励によつてその成果が期待できる。

それでこの理念のもとに過去二か年当中学校の経営に当つてきましたがこれというすばらしい成績をあげることはできなかつたけれども、九人の教職員が一六〇人の生徒の伸びゆく、育ちゆく将来を期待しつつ毎日の学校経営を楽しく進めているということだけはへき地の学校とは言つても誇らしい思いがする。

学校経営のあらまし

。現在の学校の所在地の状況
。校舎やグランドの配置および施設概況
。学校の教育活動の組織機構とその概況
(1) 生徒の生活指導、教科学習指導および各種の生徒に関する調査研究
(2) 生徒会の組織とその活動概況
(3) 生徒の校外生活指導についての組織とその活動概況
(4) 生徒の日直、週番勤務
(5) 職員の校務処理分担
(6) 社会教育についての組織と社会教化団体との連携
。本学年度における重点的な学校経営目標。

これらについて一々詳 述 したいと思うが、別に取上げて新らしい試みをやつているのでもないので学校要覧を一部添付(省略)しておきます。

日常に感ずる諸問題

次に現在事務職員および給仕を合わせて九人の教職員が互に責任を分ちもちつつ嬉しいことにつけ、心配ごとにつけ、家族のように親しく語りあいつつ学校経営を進めているが日常感ずることを摘記して稿を終りたいと思います。

1 生徒の学習意慾と学力はどうか?

学習意慾は年々高まりつつあるが、各教科の成績は遅々として進まないのを遺憾に思つている。

特に英語、数学、理科、国語などの成績は、一般にわるい。これらの教科については、生徒のこれに対する刺げきも乏しく、興味も大きく湧いてこないようだ。したがつて学習活動にしても、念入りに研究し、反覆練習を重ねてよくわかり、またできるというよろこびを持たしめるためには、よほどの努力が必要だと思つている。生徒は、これらの教科学習よりも、戸外運動に対する興味が大きい。

文教局では理 科 職業科の振興を期し、一般教育備品の充実を期して、年々多額の補助金を交付し、おかげで各学校とも教育備品が次第に整いつつあることは実に力づよいところであります。

それにしても、その活用についてはまだ充分だとは言えません。即ち理科備品で言えば、器具はあつても薬品類がないとか、その 補 給ができないため、実験が思うようにできないということや、職家備品の活用についても多大の材料費を伴うことなどからして教育予算の乏しい当校ではこの点特に感ぜしめられるところである。

なお私達教師の指導技術の修練が充

分でないために、その活用が充分でないということも言えるでしょう。

数学では、基礎的な概念や計算能力が劣っているし、英語や国語ではやはり読み書きなどの基礎的な力がまだ乏しいと見るよりほかはありません。

よく地域の関心の高い人々から聞くことだが「子どもたちは家庭で担当する家事の負担もあつて家庭学習の時間もあまり持ち得ないのだ。」ということである。しからば学校における学習時間の充実が最も大切だが、学用品も乏しいため学習意欲も自ら減殺されてしまうという実状である。

2 生徒の体育運動競技に対する興味と練習意欲は高い。

身体の発育状況は 男 女とも優秀だし、競技愛好精神は伝統的に高く、特に昨年の全国放送陸上競技大会に出場して女子二〇〇米に琉球における中学校の新記録をつくつた嵩西幸江さんの刺げきは大きいものでした。

3 なお高校進学希望者は年々多くなりつつある。このことは、生徒もさることながらむしろ父兄のこれに対する関心がより高くなりつつあることとして喜ばしいことであります。

4 生徒の素行についてはどうか？

一昨年も学校内で学用品や金銭が盗られたということや、上級生が下級生を叩いたとかいうこともあつて、そのつど、全校職員がその補導のために心を痛めたこともあつたが今学年度になつて学校内が明るく楽しい雰囲気に包まれていることは実によろこばしいことであります。

どなたにも迷惑をかけず、どなたからも好感のもてるような、よい生徒になることを目標に自主的な活動をすすめてゆきたいと思います。

5 生徒の個性や特長を伸ばしていくために。各種のコンクール、発表会、競技会にはつとめて参加したいが、それには莫大な経費を伴うので沖縄や、石垣まで出かけていくことはなかなかできない。それで与那国職員会の行事として別な計画のもとに実施しているが年々よい成果を収めている。

今年八月夏休中に名護グラウンドで全国放送陸上競技大会が開催されたとき、当校から六人の選手を参加させることができた。

沖縄本島の中学校ならバス賃と弁当代だけあればどこの中学校だつて参加できることだが、こちらではなかなかそんなことは容易なことではない。幸に昨年も今年も参加できましたが、那覇市を中心に沖縄本島至るところに与那国出身の、これら選手の親類縁者が進出しており、当校出身の先輩や、さらにこの島に関心を寄せられる有志の方々のおはげましの賜であります。

これらの選手は出場ごとに、よい刺げきを受けそれによる自覚や自信を高めて帰り、全校生徒の関心を高めております。

それにしても、父兄の負担、学校の負担、その他それに要した経費を調査して見ると一人当り最低二十ドルを要しているということから、へき地の学校の子ども達がかかる競技会へ参加するということはなかなか難かしいことだということがわかります。

最後にへき地の当校教育をもつとよくしていくために。

これまで述べきたつたように、当校経営の実情は、校舎や、設備、備品の不備はもちろんでありますがへき地という自然的社会的なハンデーキャップを持つているため都市の中学校とは比すべきものではないと思います。

これを要するに教育予算が至つて貧弱であり、校舎といい教育設備といい備品や教具も乏しく、生徒や職員も新らしい刺げきを受ける機会に恵まれないということに尽きるでしょう。

へき地教育振興法ができて、あらゆる面から当地区に対する教育補助金もご配慮をいただいております。それでも、永久校舎の建築問題や教室の基本設備の問題、その他直接生徒の学習指導設備や新らしい指導技術向上の面などについてのたくさんの問題点が残されています。

地区の教育長や指導主事の先生方のご来島の 機会は 年に一、二度はあるが、文教局の諸先生方をお迎えする機会がなかなかありません。文教局の先生方が直接にこの島まで足を伸ばしていただき、これらの諸問題について実情を詳しく調査研究され、更に職員や生徒にも親しく指導激励の機会を多くつくつてくださいますようお願い申上げます。

へき地教育を語る

渡嘉敷中小学校長　糸数昌吉

　課題の「へき地教育を語る」となれば自然その苦境、不振、困難性等々憂うつな面にペンが走りそうであるが、その面については、新聞やその他で公開され、又去年の教研大会でも大いに論議検討されたのであるし、すでにへき地教育振興法も制定されたのだから、今更不遇をかこつのも心ないことなので、私は観点を違えて、へき地なるが故に都合のよい点、へき地の良さ、そして本島人の考えている程に悪くないということ等を語って明朗編にしたいと思う。

　先ず第一に問題になる教員についてですが、なぜにへき地行きを教員は嫌がるのか、でその答はすでに検討ずみである。

　いわく「自己研修ができない」いわく「淋しい」、いわく「生活が不自由」、いわく「医療上不安」、いわく「交通不便」等々の悪条件が挙げられている。

　右の悪条件については一応私も肯定はする。しかし私が語ろうと思うのは異った観点からのそれである。

　その前にへき地と言っても一級地から四級地まであるので、その実状に差異があると思いますので、私の現職地は二級地であることを断っておく。

　さて話を元に戻して、いわく「自己研修ができない」ということについて考えてみよう。

　自己研修にもその方法は幾らもあるでしょうが読書による研修はその最たるものと思う。

　若い男教員が二、三名集れば、教育を論じ、処世論、恋愛論と花が咲き、夕方にもなれば誰言うとなく、一杯やろうかで冷たい物が出る、いよいよ話に油が乗って、三合から六合となり、天下を取った気持になって、さあ行こう、ハイヤを呼べ、そして翌日は頭押える。

　これは私の若い時の思い出で、現在の教員には当てはまらないかも知れないがしかしこれと似たりよったりのことはありそうである。

　「面白い映画がきたそうだ見に行こうか」と連れ立つ、帰りは「さあ一杯いこうか」

　もちろん筆者は、これが悪いと言うのではない。只言わんとするのは、へき地ではこんなことができないから、その時間は読書しているんだと言いたいために書いたまでである。

　娯楽場の無い、飲場の無いへき地では結局読書以外に楽しめない、職務以外に楽しめないからである。

　どんなに読書嫌いの者でもへき地に来たら自然に読書好きになりますので読書による自己研修はへき地にしかずである。

　又教育者の生命とも言える、「子どもずきの教師」そして「真の教育愛」を身につけるということは、教育者としての自己研修の一つであると思うが、これは理屈や理論でできるものではなく、子どもと遊ぶ機会を多く持つということによって自然に培われるものである。

　午后五時の退散時鐘を待ち兼ねる教員は、へき地には一人も居ないのである。バレーをしたり、キャッチボールをしたりで、七時、時には点燈時まで子ども等を相手に楽しく遊ぶのである。

　それからへき地住民は、教員を信頼し尊敬する度合が、本島より濃厚である。それで教師の一挙手一投足は、住民の目に写り易く、そして、その居動は大きな批判の的になるのであるから、うかつなことはできないのである。教員の教育者としての信念や教育的良心等は、かかる環境では、これまた自然に培われて、大きな自己研修になるのである。

　私の学校の若い教員は、夕食後おそくまで教室で読書をしたり、児童の成績物の処理等をしている。そして日曜日などは教え児と一緒に、海に行ったり、山登りをしたりして、子ども等の良き師、良き友として親まれている。へき地教育の悪条件を克服しながら、一言の不平不満をもらさずその日その日の教育活動に、自己研修にと励む若人達の姿を見た時、私は「これがほんとの教育者の姿だ」と感嘆せざるを得ないのである。

　それから単位取得のための研修にしても、通信教育で、年六単位はこちらで受験ができるのである。決してへき地だからといって、教育者としての自己研修ができないことはないのである。

　本島の読書嫌いの若い氏よ、二、三年へき地勤務してはどうです。読書好きになれること受合です。それから好きではあるが、そちらで雑事に追われ、思うように読書ができない氏よ、きたれへき地へ。

　次にいわく「淋しい」ということ、もちろん淋しい、だが前述の生活の中では淋しいという時間は持てません。それに人情深い島民の温情に接して居ては、淋しさ転じて楽しさになるのも時が解決してくれます。

　次にいわく「生活が不自由」何の何の

不自由どころか本島の田舎に比べて総ての面で自由だと、私は言いたい。ラジオあり、電燈あり、水道あり、そして、食べ物、日用雑貨お望み通りあります。

本島在住の人は観念的に離島と言えば何も無い島、何から何まで劣ると考えがちです。甚しいことには、離島に住む人間まで劣等視しがちです。だが私は、前任地と比較して、住民の常識、生活程度生活様式等々優れてはいても決して劣りはしないと見ている。殊に青年層に至つては、その思想、学識、体格等、断然優れていると言いたい。

一つ例を挙げましよう。

一昨年、某村青年団が一泊旅行で来島した。島の青年団と交換会の夕を催した私と教頭は屋外でそのうるわしい情景を見守つていたが、やがて討論会が始つた。理路整然たる島の青年団員の論議に彼等は威圧された格好であつたのには、内心快哉を叫んだくらいだつた。レクレーションに移つた。「あなた方何か知つていますか、知つているダンスを踊りましよう。」と先方からきた。「あなた方ができるのは何でもやれます」には先方たまげたことでしよう。こちらの青年団は毎晩、会館に集つて、読書会、討論会、ダンス等をやつていることを知らなかつたのです。

とんだ横道にそれましたが、とにかく本島の教員は、食わず嫌いです。先ず二、三か年こちらで生活してごらん何の不自由もありません。ただしお断りしておきますが、映画やバー好きの教員にはほんとに不自由な処ですから。

次にいわく「医療面、交通面」でも本島人の考えている程ではありません。診療所があつて、重患以外は心配ありませんし、運搬船が就航しており泊港から二時間ではこられます。

第二は教育環境についてですが、学童の不良化の因ともなる、特飲街や不良映画や基地等とはもちろん縁遠く、彼等の周囲は無言の教育者大自然である。この大自然の温い懐に生まれ育つてきた彼等には、近時叫ばれている、不良化防止運動等、どこ吹く風かである。

住民の教育に対する理解と熱意は、これ又本島の比ではない。学校のことならどんな無理も喜んで協力するのである。

殊に青年会、婦人会、四・Hクラブ等の教育に及ぼす影響は大きく評価されるものがある。

彼等を主体とする生活改善は徹底しているが、特に他に例の少ない、酒の配給制は、経済面だけでなく教育に大きなプラスである。

犯罪の裏に酒と女があると言われるがこちらで殺傷、窃盗事件等皆無であることは、島民の善良さにもよるであろうが一つには酒が少ないからではないかと考えられる。

又酒は家庭争議の基にもなることが多いようだが、こちらではそれも滅多になく、家庭は常に明るい楽しい我が家である。そのような環境に育つ子ども等は、純心そのもの、明朗そのもの、健康そのものである。

次に共通語使用村であることも、教育環境の良さの一つに数えたい。

こちらではおじいさん、おばあさんを始め、二、三児までが共通語である。本島内田舎の学校のように、年から年中週訓に「共通語励行」を挙げる必要なく、「言葉の醇化」がこちらの週訓である。

第三番目に教育の実体を述べることにする。

私のへき地教育の大眼目は、子ども等に劣等感を抱かせないようにすることである。なるべくへき地の優れた点を知らし、やれば決して本島の子ども等に劣らないということ、先輩方には、本土や本島で大いに活躍し、世人から信望厚い実例等機会ある毎に話し、又教員諸氏もその面には常に意を用いている。

そうかと言つてへき地謳歌の教育で慢心させてはならないのはもちろんで、短所、欠点の矯正打解に努力することは忘れない積りである。

真先に自主的活動を挙げよう。

新聞の地方版に、某校の児童の朝の道路清掃に励む姿として写真入りで紹介されていたが、こちらでは三十年来の伝統として、朝のラジオ体操、班別学習会が雨天以外続けられている。

これは学童の身についた自主活動であつて、朝六時に学校に集つて、ラジオ体操をし、それから、班別担当区域道路の清掃をするのであるが、校地内に住宅を持つ私は毎朝子ども等のラジオ体操で目を覚まし、ようじをくわえて、彼等の体操に見入るのである。洗面を終えて一歩道路に出たら、あの班この班で、一生懸命清掃に励んでいる姿、塵一つ無い道路を見たとき、ほんとの朝の清々しい、明るい気持ちを味わうことができ、今日の勤務の活力が生まれる思いがするのである。この三十年来の伝統になつた自主性は、校内でも発揮されている。というのは、一例を挙げれば、学芸会や運動会等おそくなつて、その日で片付けができない場合等、彼等は言付けられなくとも、翌朝きれいに片付け、不断通り朝の自習に支障きたさないのである。本島の学校では、一々教師の指揮を受けねばやらない処もあるようだが、こちらでは、この面、教師無用である。

もつと語りたいことがあるが、与えられた紙数が後一行しか残つていませんので、ここでペンを止めます。

へき地教育で健斗する

先生方の声

へき地指定を受けた小中校の先生方へつぎのようなアンケートをお願いしました。

> アンケート
> 一、本校教育の当面する問題
> 二、現在特に力をいれている教育内容
> 三、へき地教育振興のための要望

久高中小学校長
與那嶺 義孝

一、

新しい教育の理念を実現するに当つて、体験の重視と、実践を基礎とする教育方法、即ち視聴覚に訴えるいろいろな道具を使つて、教育の効果を、今より一そう高めることが要請されている今日、本校の環境は、官署、文化施設、娯楽機関、金融機関工場、会社、自然環境等、視聴覚教育の資料に乏しく、又教具も貧弱である。こうした環境にあつて、いかにして、視聴覚教育の効果をあげるかということが当面する問題の一つであり、尚、島の方言は、発音、アクセント、抑揚等、大分、本島のそれと異なり、これが共通語の面にも影響している。発音、アクセント、抑揚等、正しい共通語の指導も、今後の努力に待つ点が多い。

二、

1、視聴覚教育の重視
イ、学校放送 ロ、図書館の充実と活用 ハ、資料の蒐集と教具の整備

2、医療施設なく、また、子ども等は、年中、海を友として生活している。生命尊重の立場から、健康教育安全教育を重視

3、礼法指導と、共通語の指導

4、信仰心は篤いが封建性の強い島である。これを克服するために、共同で考え、実験し、問題にぶつつかる勇気と、組織と、実践方法等を、学校集団の中で芽生えさせる。

三、

1、へき地教育振興法にうたわれている、教材、教具、(特に視聴覚教育)の整備のため、政府の特別の補助を切望する。

2、へき地に生まれ、成長していく子ども等は、悪条件下で、教育を受けている。地域の閉塞性による偏見の中で、子ども等の幸福を念願し、努力と悩みを続け、なお、本島より物価も高く、物心両面に恵まれざる教員の待遇面の改善と研修面の特別の便宜をはかつてもらい、安んじて、教育に精進できるよう、措置を講じていただきたい。

伊平屋中学校長
中村 正巳

一、

㈠ 学校と社会とのむすびつき……古い因習や封建的な面がまだそうとう残つていて成人教育に力を入れなければならない。PTA活動と部落単位の母親中心の母親学級を通して学校教育、家庭教育、社会教育の密接な結びつきをはかる。

㈡ 視聴覚教育の充実……文化施設に恵まれないへき地では特に大切な問題と思う放送教育と読書指導に力をいれているが、N・H・Kの学校放送の中継放送を熱望している。

㈢ 健康教育……衛生医療施設に恵まれないへき地で在籍の約三五%が十二指腸虫の保虫者である環境整備と生活指導をとおして明かるい健康な生徒に育てたい。

二、

㈠ 進路指導……卒業後村内に残る者は極めて少ない、各種の職業に活躍できる職業人の養成。

㈡ 生活指導……生活指導を一層深めることによつて生徒の道徳性を高めていく。

三、

㈠ へき地こそ優秀な教師を配置して啓発すべきである。へき地の教員の待遇をもつとよくし教員組織の強化充実をはかつてもらいたい。

㈡ 契約通りへき地に勤務した教師は優先して希望校に転任できるようにしてほしい。

㈢ 宿日直費を政府で補助してほしい。貧弱な教育予算で僅か一七仙では夕食代もない。

㈣ 完全給食を一日も早く実施してほしい。

㈤ 高校入試の出張試験を今年も昨年通り実施してほしい。

㈥ へき地教育振興法に職員研修について十分な機会が与えられるよう、うたわれているが旅費の補助が少なく研修会、実験学校発表会等への出席はほとんど自費である。研修旅費の増額を望む。

㈦ 中学校のS科目も通信教育で単位

修得できるようにしてほしい。

(八) ＮＨＫ学校放送の中継をしてほしい。

(九) 保健所のへき地巡廻健康診断を毎年実施してもらいたい。

与那国中学校教諭 川崎富子

一、

ことにへき地として、琉球の最西南端の一孤島与那国島は、山紫水明風光明眉で、周囲七里の小島とは思えない程景色のよい平和な島です。子ども等も明るく素直で、父兄の教育熱も盛んで理解もあり、ある面からいえば教育的環境のいい所といえましよう。しかし文化の中心地から遠く離れ交通不便（冬便は一月一回位）等からくる種々な影響で、子ども達の経験領域がせまく、近代的社会生活を理解するのに、いろいろ困難を生じてきます。それで修学旅行や競技会、学生大会や球技大会を利用して沖縄や石垣島に出られる機会をなるべく多くして、生徒を送るようにしているが、多大な費用がかかるので、学校も父兄も共に頭を悩ましています。幸に、行く先々で先輩や有志の尊いご芳志によつて、これまでは処理してきたが、いつまでもたびたびその方々にご迷惑をかけてはならないと思います。

また教育予算が貧弱で施設、設備も不充分で思うように、学習の効果をあげ得ないことがあります。例えば、学習用参考図書、理科実験器具工作用具の不備等です。その他雨もり校舎、机腰掛の粗雑不備等、それからチョークの品切れすることもあり、あれはたしか一学期の半ば頃でしたか、赤いチョークだけで一月位授業したことがあります。このようなへき地ならでは味えないことで、手も服も赤くなり、「今に頭の中まで赤くなるぞ」って笑つたこともある。

二、

何といつても私たちの大きな悩みは学力の低下であります。それで今主に力をいれていることは、「基礎学力の伸長」です。ややもすると学習意欲が低調になりがちなへき地の通有性を克服するのに、全校一齊テストによつて意欲をもりあげるように努めています。方法は、一年生程度の問題をつくり各教科共一学期に一回行うようにしています。

結果は、教科別に問題別に学年別に分析し統計をとり、全職員で反省し、どの面の力が足りないということが明示されるので、その面に特に力を入れるというように、テストを利用しています。成績は、半分点まで氏名を発表問題によつて三年より二年、一年の成績がいい時もあるので、皆興味をもつて喜んで受けています。学力の向上という面から多分に効果があります。

三、

今年夏の文教局の認定講習は、すぐ教壇面に役立つもので私達現場の教師には大へんありがたいと思いました。このような講習を多く開催してほしいと思います。今度また文教局招へいの理科数学の指導委員の方がまつ先に、当地に見えるとのことで、私達は大きな期待と問題を準備して待つて居ります。このようなへき地には、再々こういう機会がもたれますよう切望いたします。

お願い
つぎの玉稿をお寄せくださつた方は研究調査課広報係あてご連絡ください。

一、

(1) 交通が不便（バスの運行がない）なため出張、研修の折など出費が多い。便利な所なら半日がかりの用事でも一日または二日を費やすことも普通である。

(2) 複式学級（中校は単級）経営で教師の負担が過重である。特に中学校のごときは一人で四、五教科も負担するのであるからその苦労も並々ではない。複式学級における「間接指導」をどのように行い、よりよい学習効果をあげることができるかは、与えられた大きな問題である。

(3) 医療施設の不備、診療所も八キロはなれた隣部落にあるのみで不時の病人の処理など全く困る。

(4) 有資格教員の希望者が少ない。したがつて教育に経験のない無資格の教員で補充しなければならない。

(5) 施設設備が貧弱なため、児童生徒の学習領域もせまく物の見方、考え方が浅い。

二、

(1) 環境の整備。(イ)施設設備を充実しそれを活用し学習効果を高める。(ロ)校具教具を作製し、それを活用する。(ハ)教室内外の美化と校地の緑化につとめる。

(2) 複式における学習指導の研究。毎月一回研究授業と研修会をもつている。（校内研修会）

(3) 自発的学習態度の育成。(イ)辞書、その他参考書の利用による学習 (ロ)グループによる共同研究

(4) 道徳教育の強化。(イ)生活指導に力を入れる。(ロ)生徒会、ホームルーム

の合理的な運営による強化。

三、

(1) 複式学級の定員を減らしてほしい。

(2) 政府補助により施設設備を充実させ、教育の機会を均等に与えてほしい。

(3) 学校看護婦を配置してほしい。

(4) へき地手当を大巾に上げてもらい教員が喜んで勤務できるようにしてほしい。

(5) へき地振興法は生まれたがその裏付をなす予算の獲得。へき地に山積する諸問題もこれによつてその大半は解決できるものと思う。かならず法の目的にそうべく早期に実現してほしい。

水納中小学校長
島袋盛愼

一、

(一) 学校予算が極貧で経営に苦しむ。小規模な学校であるため、学校予算が極めて貧困である。PTA負担金一月分で、原紙、チョーク代にも足りない。止むを得ず出張する時、大方、舟を雇用している。夏が三弗、冬が四弗、教師は個人負担をしている。この問題は行政的に解決されねばならない。

(二) 教材、教具が少なくて、学習指導に不自由をきたす。PTAの財力の弱少なへき地において、浄財や、労力奉仕だけでは、学校の教具の整備はできない。町内外の有志、都市在住の先輩に窮状を訴えて教材、教具を寄贈していただき学習指導をおしすすめている。いかに教師が献身的な努力を払つて、地域社会の人を動かし、協力を得てもそれだけでは、教育の根本的解決はできない。

二、

(一) 正しく、強く、明るく生きる人になる。

(二) 平和な、民主社会を建設する、協力的有能な人になる。

右の達成に重点をおき努力する。
- 自分のことは自分でする。
- 自分で計画をし進んで実行する。
- 物事をよく判断し処理する。
- よいことは進んで実行する。
- 人の立場を考えて助け合う。

三、

(一) 教師の優遇策と福利厚生上の措置をのぞむ。へき地であるため、交通費も多くかかり、日常生活品も高いので、私経済が悪い。早急に給与法を改正して二号俸以上の増額を計らい、手当、研修旅費、日宿直料も特別に増額する必要がある。オーバーワークが激しく、教師の健康に対しては不安をもつているのが実状である。

(二) 研修の機会に恵まれないので、講習、琉大通信教育を優先的に受講させることをのぞむ。

(三) 養護教諭兼事務職員の配置をのぞむ。医療施設皆無の現況で、保健衛生面の悪いへき地では殊に、破傷風患者があつて、ともすれば、死亡という恐ろしい事態におちいつている。多学級の学校には職員も多数いるので校務を手分して処理するごとも容易であるが、へき地の学校はそれを許さない。学校事務は大規模の学校と変らない。公文や、雑務の処理に多くの時間を費して、必然的に児童の学力低下をきたしてくる。教員数の少ないへき地の学校に優先的に配置するよう考えられたい。

(四) 複式教科書の編纂をのぞむ。単式学年の教科書を、複式の学級でそのまま使用するには大きな抵抗がある。編纂の時期はすでに到来している。

(五) 政府補助、区教委予算にのぞむ。政府補助を思いきつて増額し、一般教材、教具、職家備品の大巾な支給が欲しい。区教委予算は児童割にしないで大巾にし。百パーセント支払いをのぞむ。そうしなければ、へき地の学校は何時までもとり残されていく。

(六) へき地教育振興法にのぞむ。調整案で各項目とも、減額、削除されてしまつた。へき地文化施設費など、あれだけ要請が強かつたにもかかわらず、少しも認めてない。法の空文化である。当初案通り、各項目に予算を計上し、法の精神を生かすよう切望する。

宮古多良間小学校

一、

教師は中央におけるあらゆる研修会あるいはその他の集会に参加する機会が極めて少なく、また中央からの指導助言を受ける機会が乏しい。その上職員組織は固定的である。即ち中央で就職できない者が職を求めんがために希望するほか現職教員の希望は殆んどなく、又当地より中央に希望してもかなえられず永年同一区にとじこもつていて井の蛙大海を知らずの調子である。

児童は文化施設に乏しく孤立状態

にあるため、見聞する機会が極めて少なく視野が狭いため学校教育に困難を来たす。またすべての文化面に接する機会がほとんどないために文化的刺戟に欠けているので、自主性や競争意識が薄く消極的である。

教育財政が貧弱であるため施設備品に乏しいので教師の手をわずらわし教師の時間ゆとりがなく負担が重い。

交通が大へん不便なので中央からの公文書なども平均十日か十五日に一回しか受けることができない。そのため公文書の処理をするのに課業を犠牲にすることが多い。また校長が校長会に臨むことも殆んどなく封鎖された状態である。

二、

道徳教育、遅進児ならびに問題児の救済、自主的態度の養成、至誠勤労の精神の養成、判断力の養成、真実一路の精神の養成、和協一致の精神の養成、創意くふうの態度の養成

三、

1　へき地教育振興法に伴う予算を完全に計上されたい。

2　社教主事、事務職員、養護教員の配置

3　へき地手当の増額

4　校長教員の住宅を早急に建設し、住宅手当の支給

5　講習旅費の増額と図書購入費の増額

6　電話の架設、中央よりの緊急連絡は電報で

7　放送施設および視聴覚器具の充実

来間中小学校教頭　花城こし

一、

1　地域社会の状況

。交通が不便である。――定期船がなく、クリ舟に生命をたくして海を渡る。交通ということが、島の生活を窒息させているといえる。

。文化施設がない。

。生産物が乏しく貧困である。

。封建的な性格が根づよい。

。飲料水が乏しい――海抜四十余メートルの断崖下に、島で唯一の井戸があるが、かんばつが一か月以上におよぶと水がかれかかるので配給制によつて渇をしのぐような場合もある。

。医療施設がない――医師も公看もいない。島民の生命は常に危険にさらされているといえる。

2　学校教育面の問題

。学級が複式編制であること――複式学級自体がすでに児童にとつても教師のがわにも大きな問題をはらんでいる。複式学級学習指導の困難と苦労とは、へき地勤務の教師ならでは味わえない深刻さがある。

。在籍数が少ない――学級の在籍が少ないことは教える楽というよりいろいろな学習形態に応ずる指導が困難である。

。教育課程について――へき地の複式学級における教育課程編制は困難である。

。教員組織――へき地勤務を希望しない。一、二年で転勤するから長年にわたるまとまつた研究はむつかしい。少数教員で多くの教科を担当するから無理がくる等々。

三、

へき地教育振興法を空文にしないこと。

鳩間中小学校長　仲本正貫

一、

教員組織のこと、良い組織を阻むもの。

八重山には無資格の教員が多く各校共通の悩みとなつている。本校もその例にもれず教諭二、助教諭四計六となつている。無資格者の多い限り良い組織はのぞめない。無医村なるが故に優秀な教員しかも経験者は望みうすい。冬季ともなれば十日余も船便なく全く石垣市と隔離状態におかれることも優秀教員の望めない理由の一つであろう。現在助教諭の多くは本土大学の中退者或は近い将来に琉大への進学目当に席をおくもので一か年そこそこで復学或は進学をするもので地についた気持では勤めない。もちろん人によるが、そのため学校責任者としても三、四年後のことについてみつちり計画ができない憾みがある。学級編成について、在籍数がどの学年も僅少なる故、一・二年、三・四年、五・六年とすべて複式編成にならざるを得ない、編制は規定上止むを得ないが担任も未経験が多いためこまる。施設について、本町全体としてもそうであるが本部落も経済状態は豊でない。そのため各種税金の納付状況も悪く教育税の成績の悪いことは結局委員会の活動をして不活溌なさしめることになる。スライドや校内放送の設備もほしいが今のところ遠いゆめとしか考えられぬ。その他運動用具低鉄、高鉄、シーソー、すべり台等PTA

の活動に待つのが多い。

二、道徳教育の面、言葉づかいと礼法のこと。勤労を愛し働くよろこびを感ずる人間の育成、責任感の強い人間の育成、協調の精神に富む人間の育成。

三、1無医村の解消　2へき地手当の適正給与　3土地出身者の続出　4教員宿舎の設置　5各種団体の指導に指導性のある経験者の配置、等

波照間中小学校長
黒島　廉智

一、

1　児童生徒の面……純真素朴な生活の中で育っているので問題児はないが、反面覇気に乏しく一般に自発学習の意欲に欠けている。

2　学用品不足で学習に支障をきたす面もある。

3　他からの刺戟がなく、読物も少ないので対抗心や発表力が劣る。

1　教師の面……家庭を離れて来ている者が多く、経済的に不如意である。随つて研修用の参考書等入手するに逡巡せざるを得ない。

2　複式学級という教育の癌の中で、教師は奮斗しているものの、それに馴れないためその効果は他の学校の悩みにまさる。

3　文化に恵まれず心の糧を得る機会が皆無で、ややもすると永く留まろうという意志をくじかれるおそれがある。

1　教室教具の面……僅かずつ解決されてきてはいるが、最低の必要を満たすのさえいまだ途遠しの実状である。

二、施設面、指導面、職員研修面、対外面と努力はしているが、特に環境の浄化と情操教育という意味から庭園美化に力を注ぎつつある。また発表力の養成と共通語の奨励という指導面の一助として昨年来親子ラジオを通して毎週一回部落向け児童生徒放送をしてきたが、地域のレクレーションの場としても喜ばれ、一挙両得である。

三、へき地教育振興法が空砲（法）でないように要望する。……この一言につきると思うが具体的に申し上げるから実弾を打ってもらいたい。

1　奨学資金をうけた新卒とへき地勤務という条件は地域に即した教育という立前から必ずしもよいとはいえない。適材を適所にという意味から考慮してもらい、人材を多く送って教員組織を強力にしてもらいたい。

2　養護教員の配置、給水施設、職員宿舎建設は焦眉の急を要する問題である。

3　航路はへき地教育と直結する問題である。安心して往復できる船の就航方を促進してもらいたい。

渡嘉敷中学校教頭
吉川　嘉進

一、へき地として本校教育の問題点は、教育活動の各分野で当面するが、どの問題もすべて最大の原因は、教育財政の貧困であると思う。例えば、環境的刺激に乏しい児童生徒の経験範囲を拡大して、自発的学習意欲を向上させるにも、多教科指導による教師の負担過重をさけ学習指導の能率化をはかるにも、視聴覚教材教具や図書館資料の充実によつて、学習環境を多様化することが重要であるが今日の教育予算では、遅々としてはかどらない。それどころか、実験薬品、運動用具、クラブ活動、修学旅行等その最少限度の費用をどうするかに苦心している。

二、生活指導方面では、言語の醇化と生徒会指導に力をいれている。共通語は習慣化しているが誤用が多いので、実態調査と研究指導を行なっている。

生徒会活動では、校外の日常生活におけるよい習慣を養うこと。特に離島の子ども達の欠点である自主性、積極性を養うこと等に成果をあげつつある。

学習指導方面では、国語科における書字力、読字力の向上を目指して、調査研究と継続指導を行つている。

三、教育予算を大巾に増額してもらいたい。そして視聴覚教具をはじめ施設設備備品を早急に整備してもらいたい。又教員人事の交流を阻む幾多の問題を改善して、交流がスムースに行なわれ沈滞しがちなへき地の教育が希望と熱意に燃える教師達によって活気を呈するよう、対策を立てていただきたいと思う。

本校の現況

島中小学校長
仲盛清一

教育の基本は先ず「教える場」をもつことで、それはあらゆる施設に先行すべきでありますが、本校では教える場としての校舎が恐らく全琉一の貧弱さではないでしょうか。

本教育区で永久校舎をもたない学校は独り本校あるのみでしょう。現校舎は群島政府時代にできたブロック造瓦葺一棟（四六２m）と部落が造つた木造茅葺一棟（一〇２m）で、前者は小学校に充てられ一、二、三年と四、五、六年が衝立を隔てて、それぞれ収容されている関係で教師の声の交錯、音楽の時間の喧騒など学習上支障が多く、一方中学校の生徒を収容する後者は吹けばけしとぶような粗末な小屋で雨の日は雨漏り、風の日は砂塵が机席をおう状態で、備品等の保管についても悲鳴をあげております。

さらに台風襲来のつど当地特有の山風には相当いためつけられ、少数の部落民で学校の維持に莫大の出費を余儀なくされている現状なので校舎の割当方を政府に強く訴え出ましたが実現しなかつたことは、真に遺憾であります。

次に野原方面の七人の児童は大潮の満潮時には鞄や衣服を脱いで頭上にのせ丸裸となつて距離にして一五〇米、水深一米の流れを徒歩で通学している想像もつかない、いたいけな現実が本校では日々当り前 のように 行われているのです。夏季はまだしも向寒季の今後が思いやられて痛恨にたえません。

これらの障壁を除かない限り本校教育は百年河清を待つようなもので一歩の前進も望まれないことでしょう。へき地としての悩みは数えあげれば尽きないが本校は「よい校舎」の建設と「架橋」の二つが、当面する切実な要望で、本校教育の推進は実にこの二つの礎の上に築かれるものであることを確信し、「教育の機会均等」或は「へき地教育の振興」と呼ばれる言葉が単に空念仏に終らないで、本校のこの二大悲願が近く実を結ぶことを祈念しながら擱筆します。

（九月二十八日記）

私の好きな先生

与那国中学校一年　真田正洋

私の好きな先生は永賢先生です。

初めて会つた時僕は先生のお話になることばがあまりはつきり聞きとれませんでした。

三日程してはじめて社会科の時間に僕の目の前に 姿を あらわした時、心の中では、この先生は「ゴッツイなあ」と思いました。

さて黒板に向いて字を書かれた時、僕は内地にいた時も那覇にいた時も先生方は皆ていねいな字で書かれたのに、この先生は、ものすごくらんぼうな字で「東北地方」とお書きになり、県庁の所在地を〇で書き、きびがら細工のように線でむすんで、「ここはどういう名で何県の県庁所在地か」とみんなに聞いたので、僕はしばらく何かわからず、ポカンとしていました。するとまわりから、みんなの手が「ハイッハイッ」と上つたので、僕もあわてて地図に目を通しました。それに僕のきらいな筆記もせず、じよう談をいいながらその時間をおしえて下さつたので、「社会科の時間は大分おもしろいなあ」と思い、ゴッツイ姿に見えた永賢先生がやさしいオジサンみたいな感じの人に見え、すぐ僕は先生が好きになりました。

社会科は日本地理の事なのであまり学科に興味はもてませんでしたが、ついこの間からいよいよ待望の世界地理に入つた時いつぺんに学科も好きになつてしまいました。が、ついこの間、僕の親愛なるチビの徹ちやんこと徹男が、ビンタはられた時はすこし永賢先生がにくくなりましたが、すぐそんな考えはけしとんでしまいました。

さいしよ世界地理はあまり進まなかつたのでたいくつな時もありましたが、永賢先生が来るとたいくつというものから開放されたような感じにいつもなりました。

社会科のテストの時僕は少しびくびくしていましたが、先生がテストをくばりはじめると又もとのゴッツイ、オヤジに見えてきました配り終つて説明をやつている時胸がしよつちゆう「ドキリンコン、ドキリンコン」としていましたが、いざやりはじめると、むつかしくて、むつかしくて頭は前に進んだつもりでも実際には進んでいなかつたりして、自然に顔が真赤になつてきて、「こんなむつかしい問題を出しやがつて永賢のヘボ先生め」と思いました。一郎君が机に答案をおいてできたようすなのでよけい心があせつて試験を出したからは、何をかいたのかもわからない程でした。一郎君はゆうゆうとしているので心の底では心配でたまりませんでした。が返してもらつた点が九十四点だとわかつてホットしましたが、それと同時に、すこしうぬぼれが心の奥にめを出したのか、数日後の社会の時間に「お前はすぐ自分の意志を通そうとするんだなあ」とすこしおこられた時は、自分の好きな先生に叱られたので、オハズカしくてしばらくじつとうつむいていました。

だが僕は永賢先生はやはり社会科と共に好きです。先生のおかげで入つてすぐ「ミンブルブッター」（頭でつかち、頭がわるいこと）という方言もならえたんですもの。

以上

（川崎富子先生指導）

※以上原文のまま与中文芸部発行「どなんの子」第五号から取りました
本人は現在与中二年です。「川崎」

和久君

水納中校　三年
島袋候栄

卒業式の朝のことであつた。太陽は、山の上から照りはじめていた。

和久君は、お父さんにおぶられて、浜におりて行つた。入江の方では、渡船のエンジンの音がしている。

「どうしたんだろう。」

僕は不思議でたまらなず走つて行つてみた。お父さんの背中で、和久君は、苦しそうに泣いている。手と足のけいれんがはつきり見える。

「大変なことになつたな。」

僕は心の中で叫んだ。和久君のお母さんが毛布と風呂しき包みをもつてきて船の上の人へ手渡した。

船は岸を離れると、ふだんより速力を増して、岬のむこうをまわつて行つた。

その日

卒業式は、九時より始まつた。式辞の順序が進んで、在校生の代表が祝辞を読む順番になつた。もちろん、和久君はそこには居なかつた。

先生が立つて言つた。

「和久君は破傷風の発病で、今朝、名護の病院へ行きました。代りに、Tさんに読んでいただきます。」

父兄の席にすわつている和久君のお母さんはうつむいていた。賞状、賞品は、先生が、和久君のお母さんに渡した。

午後から、学芸会がはじまつた、和久君は劇の主人公をしていたが、その劇は中止になり、プログラムは、赤線で消された。

その一日は、寂しく終つていつた。

死亡

翌々日、荒い海を、警備艇が島の周囲を汽笛を鳴らしながらまわつている。白いデッキに、警官がたつて、こちらにむかつて、手まねきをして合図をしている。

「なんだろう。」

と、砂丘に立ちどまつてみていると、警備艇からボートがおろされて次第に浜辺に近づいてきた。

白い布でおおわれた人が、ボートからおろされた。和久君が、病気にまけて、死んでしまつたのである。

部落の人らは、大騒ぎをして海辺に集つてきた。息もたえだえ、知らせによつて、そこにかけつけてきた、和久君のお母さんは、思いがけない和久君の死に、

「わあつ」

と、声をあげて、泣きくずれてしまつた。

和久君のおばあさんは、病院での看病の疲れからであろう。かすれた声で、

「かずひさ、かずひさ。」

と、死体にほおをあてて泣いていた。

僕は悲しくて、たまらなくなつた。

恐しい病気

卒業式の前日まで、あんなに元気でいて祝辞を読む練習をし、学芸会の練習も一しょにした和久君は、発病後の三日めには、死んでしまつた。今、じつと考えていると、夢のようである。

三か年前に、僕の叔父も、この恐しい病気にかかり、入院のかいもなく、死んでしまつた。

以前にも、あるおばあさんが、この病気でやがて命をとられるところであつた。不幸なことには、毎年、この病気で一人か、二人は、病院のやつかいになつている。

戦後、生徒が二人、大人が三人も死亡している。村の人は、結核よりこわいと言つている。島に、病院のないのが残念である。

去年、遠足で、伊江島の高い山に元気よく上つて、楽しく、みんなと一しょに中食をした和久君の顔が、みえるように、まぶたに浮かんでくる。

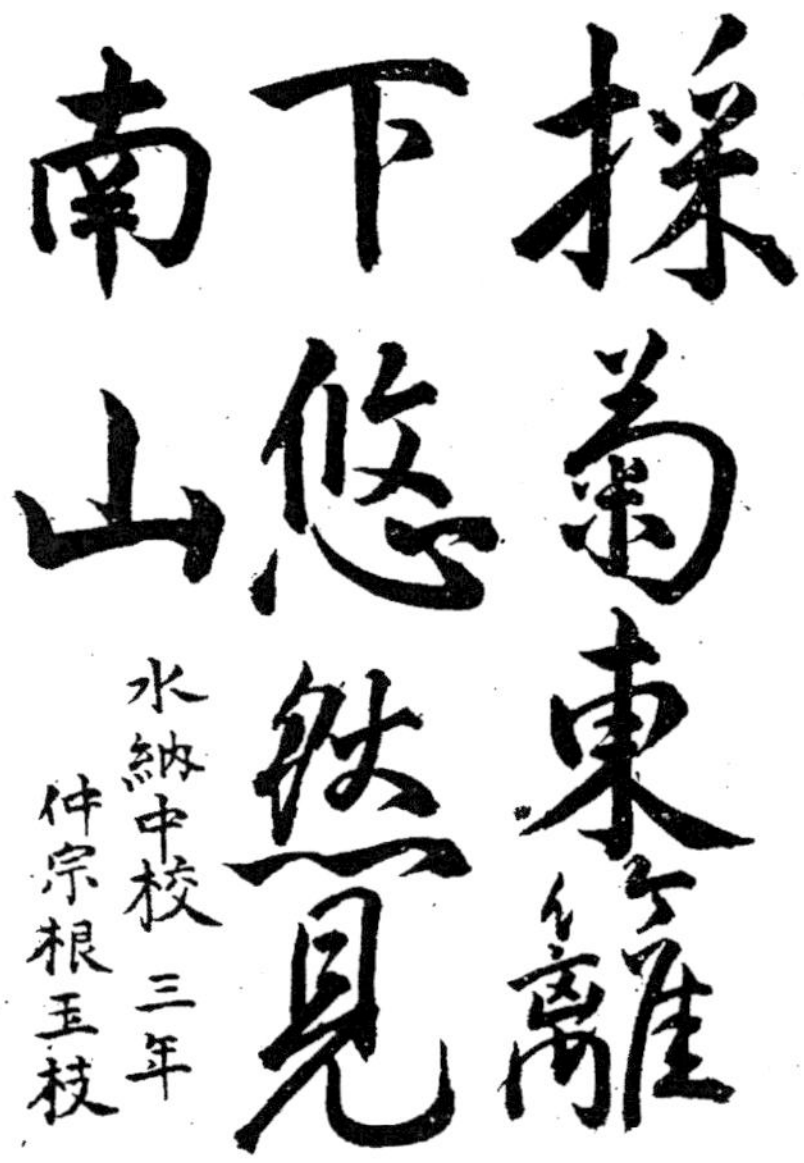
採菊東籬下
悠然見南山
水納中校　三年
仲宗根玉枝

「へき地教育」を刊行

文部省初等教育課では、へき地学校に勤務する教職員の心のかてともなり、また、その教育実践上の参考にもと、さる八月上旬機関誌「へき地教育」創刊号を発刊、ひき続いて十月、一月と回を重ねることになつている。創刊号の主な内容は、へき地教育とその振興方策、へき地教育振興方策について、へき地学校における理科簡易実験器具作成について、複式学級等教科学習指導についての研究等々になつている。

かわいいボスの目覚め

城岳小学校　松井恵子

帰路を急いでいる時「こんにちは」とあいさつする元気のよい声にハッとする。しかも直立の姿勢で、夏休みの後最も手こずつているボス的存在のH君である。

私は嬉しくて、先程のあいさつが頭を離れない。何かH君の心境に変化をきたす原因でもあつたのか知ら？と、朝からの授業を順を追うて記憶をたどる。もちろん小言を言つた覚えもない。成程、朝雨戸がひつかかつて動かないのをH君が直したのでほめてやつた。皆も喜んだ。彼の力量は全児が認めている。また、自習の書取の分量も平常より多かつたのでほめて検印を捺した。朝の一ときで二回もほめられているが、結局「朝がり」と言う事が適用されるのでしようか。私は「このチャンス」と思つた。翌朝皆の前で昨日のH君の見事なあいさつをほめてやつたら少々テレていた。

H君の態度は四月以来私の心労の種であつた。彼は学力は中位である。常にその側近には三、四人の子分格の児がついている。よく一緒になつて弱い者をいじめたり、遊びの邪魔をする。特にH君は級友から敬遠されている。それでも一学期末はよかつたが、二学期を迎えて後戻したようなものである。「室内では帽子をとるよう」友人や教師が注意をうながしても素知らぬ顔して、間をおいてから取ると言う悪いねばりがあり、その点多くの面に表われていた。

H君が大分よくなつた或日、こつそり呼んで「この頃喧嘩もなし、お勉強もよくなつたので先生はとても嬉しい。ただ、ちよつとだけ目立つていけない事がある。言つてみようか」と言つて頭上の帽子をとつてやつた。それ以後帽子のことは私も口にせずに済んでいる。たまに目で合図すると恥入つてすぐとつてしまう。

遊び時間にH君が手に怪我をした。私は「よしきた。ここが愛情の示し所だ」と走りよつた。触れさせたがらなかつたが、破傷風菌の事を話したら黙つて手を握らせた。その日はお掃除もしないで帰るよう勧めたが聞かず、片手であれこれ手伝つていた。翌日も手当をなし、絶えず「運動会練習に差支えないね」を必要以上に声をかけた。次第に彼の子分も分散し、親分の色彩もうすれてきた。

無事運動会は済んだものの、私は緊張感を覚えた。運動会終了後の児童の大きな弛緩、収穫の秋ではあるし、H君のボス的なるものが復活されては困る。絶えず先手を打つてその芽生えをつみとらなくてはいけない。まさに油断大敵である。H君さえ脱線させなければ後はどうにかできる。

先日お隣の老人から「クトバヤジンジケー」との文句を教わつた。「言葉はその使い方によつて金以上に価値のあるものである」との事である。児童等にかける言葉、特にH君にかけた言葉をいろいろ思出した時、成程うなづける節がないでもない。うつかりかけた言葉、又ねらいを持つてかけた言葉がH君にとつて大きな喜びとなつたのかも知れない。

H君がかくも簡単に靡きつつあるのにはめずらしい。過去において幾度か「よくなつたり、悪くなつたり」と言う事を繰り返えしてきたが、この度はその順風の期間が何時もより長い。もちろんこれまでも、長所を見つけてほめる事にも努めてはきたものの、言葉がもたらすキッカケも又大事である。

言葉が時には金を使う以上に価値があるとなれば、尚一層言葉に対して意識せざるを得ない。どの子に対しても。どうせエネルギーを消耗するからには最上の効果をねらうべきである。

「天高く馬肥ゆ」で子ども等は元気に満ちている。そのもて余す勢力を余暇の活動に向けるべく、放課後、フォークダンスを踊つてレクリエーションをするよう約した。清掃後H君はツカツカと寄つて来て言つた。「先生ダンスはしないだろう？」といかにも「するよ」と言われたそうな表情をして。思いきり振りまわされて、息フウフウしながらも大喜びだつた。又「猫の赤ちやんが生まれたら先生にあげるんだ」と友人に言つているらしい。以前H君によくいじめられたS君をH君のお隣りに移し、そのリードを頼んだらうまくいつている。又現在は級友の喧嘩の仲裁役でもある。この小さいボス公、一皮剝けば実にかわいらしい坊やである。もうここまできたんだものその目覚めは確実だろう。

おとなが職務上の事や、家庭内の事で気を腐らしている時、誠実を以つて口述巧みにケースワークされて胸がセイセイする事は、スポーツに一汗流してスッキリする時の気持に似て次の仕事へのエネルギーを旺盛にするものである。やはりこれも言葉による効果である。常に愛情と誠実に満ちた言葉こそ、子ども等に希望を持たし得るものであろう。

殊に新しい思いつきの教育のすべてでもないのに、深みゆく秋の故か、かわいいボスの目覚めに関連して「クトバヤジンジケー」と言う事に意を留めるこの頃である。

本土におけるへき地級別指定基準

—文部広報より—

諸条件を點数で示す

二百点以上の学校が五級地

へき地教育振興法施行規則が、さる七月三十一日文部省令第二十一号で公布された。さきに第二十八回国会では、へき地教育振興法の一部が改正され、へき地の小中学校の教職員に対するへき地手当が増額されることとなつたが、この省令はへき地手当の算出の基礎となるへき地学校の級別指定の基準などを定めたものである。これによつて、これまで各都道府県によつてばらばらに行われていたへき地学校の指定がはじめて全国的に統一され、へき地手当支給のアンバランスも一掃されることになつた。以下この施行規則によつて指定基準の概要を解説しよう。

へき地手当はへき地学校に勤務する教職員に対し特殊勤務手当として支給するものである。

この手当の月額は、給料と扶養手当の合計額を基礎とし、これに次のようなへき地学校の級別に応じた支給割合を乗じて算出する。

へき地学校の級別は、その学校のへき地条件の程度に応じて一級から五級までであり、へき地手当の支給割合は、へき地教育振興法に次のように定められ、各都道府県はこれを基準として条例で定めることになつている。

一級　百分の八
二級　百分の十二
三級　百分の十六
四級　百分の二十
五級　百分の二十五

今度省令で定められた級別指定の基準は、複雑なへき地の諸条件の程度に応じ、へき地学校の級別を指定する場合の基準を明らかにしたものである。

これまでは、各都道府県では国家公務員に適用される人事院の隔遠地官署級別指定基準によるか、あるいは府県の独自の基準で指定をしていたのが実情で、府県によつてその取扱が異なるため、いろいろの不合理が生じていたのである。

基準点数と付加点数を合計

へき地学校の級別の指定は、今後の省令によると、それぞれの学校についてへき地条件の程度を点数で表わし、この合計点数によつて区分する。第三条でこれを次のように定めている。

四〇点～七九点の学校　一級
八〇点～一一九点〃　二級
一二〇点～一五九点〃　三級
一六〇点～一九九点〃　四級
二〇〇点以上の学校　五級

この点数には基準点数と付加点数とがある。

基準点数の算定

定期航行の回数や郵便局までの距離

基準点数算定は省令第四条、第五条で定められている。これによると、学校が陸地にある場合と島にある場合とに分け、別表第1、第2のような点数表によつて、当該学校について各要素ごとの点数を合計して行うことになつている。なお各要素ごとの点数は、次のように道路や交通機関の交通条件が悪い場合は、さらに点数を加えて補正することになつている。（第五条）

1　交通機関のない部分の道路が積雪なだれ、でいねい、地すべり等で四十日以上交通困難となる場合＝交通困難となる期間の区分に応じて四十日以上五十九日以下は六分の一、六十日以上七十九日以下は六分の二というように点数を割増して加える。

2　交通機関の一日の運行回数が五往復か四往復の場合は十分の三、三往復か二往復の場合は十分の四、一往復しかない場合は十分の五を、別表一の交通機関のない部分の点数に乗じたものを加える

3　交通機関が積雪、なだれ等で六十日以上休止する場合は、六十日以上八十九日以下は六分の一、九十日以上百十九日以下は六分の二というように、別表第一の交通機関のない部分の点数に乗じたものを加える。

付加点数の算定

電気がない場合は二十点を付加

基準点数の算定方法によつて補足しにくい特別のへき地条件を測定するために第六条で次のように付加点数を定めている。人事院の基準に比較して改善されているのは、主としてこの付加点数の部分である。

1　電気が供給されていない場合は二十点。電気の供給が時間的に制限されている場合または電気が供給され

ていてもラジオ等の視聴覚教材の使用が困難な場合は十点。

2　電話が設置されていない場合（学校から、至近の距離に容易に利用される電話がある場合を除く）十点。

3　飲料水を主として天水または川水等から求めなければならない場合十点。

4　有害ガス等の発生する地帯、風土病地帯などで不健康地である場合十点。

5　船の乗降又は日常の交通ではしけ又は渡舟等を利用しなければならない場合十点。

6　在学児童・生徒の総数の十分の三以上のものの住所地が学校から六キロメートル以上にある場合十点。四キロメートル以上の場合は五点。

7　教科用図書や学用品等の購入地までの距離が六キロメートル以上の場合十点。四キロメートル以上六キロメートル未満の場合は五点

8　生活保護法による教育扶

別表第1　陸地用基準点数表

要素	細分	4Km以上6Km未満	6〃以上8〃未満	8〃以上10〃未満	10〃以上12〃未満	12〃以上14〃未満	14〃以上16〃未満	16〃以上20〃未満	20〃以上24〃未満	24〃以上28〃未満	28〃以上32〃未満	32〃以上36〃未満	36〃以上40〃未満	40〃以上44〃未満	44〃以上48〃未満	48Km以上
駅又は停留場までの距離	交通機関のない部分	9点	14点	18点	24点	29点	34点	40点	51点	64点	77点	90点	105点	120点		
医療機関までの距離	交通機関のない部分	3	5	8	11	15	19	24								
	交通機関のある部分	0	1	1	1	2	2	3	4	6	8	10	12	15	18	21
高等学校までの距離	交通機関のない部分	2	5	8	13	18										
	交通機関のある部分	0	1	1	1	2	2	3	4	6	8	10	12	15	18	
郵便局までの距離	交通機関のない部分	2	3	4	5	6	8	9	12							
	交通機関のある部分	0	1	1	1	2	2	3	4	6	8	10	12			
市町村教育委員会までの距離	交通機関のない部分	0	1	2	3	3	4	4	6							
	交通機関のある部分	0	1	1	1	2	2	3	4	6						

別表第2　島用基準点数表

数

10回以下8回以上	7回	6回	5回	4回	3回	2回以下
79点	96点	112点	127点	150点	173点	200点

150Km以上200Km未満	200Km以上250Km未満	250Km以上300Km未満	300Km以上
30点	40点	50点	60点

16Km以上20Km未満	20Km以上24Km未満	24Km以上28Km未満	28km以上32Km未満	32Km以上36Km未満	36Km以上40Km未満	40Km以上44Km未満	44Km以上48Km未満	48Km以上
40点	51点	64点	77点	90点	105点	120点	120点	120点
3	4	6	8	10	12	15	18	21

陸上交通する部分
別表第一によって算定する。
別表第一によって算定する。
別表第一によって算定する。
別表第一によって算定する。

助を受ける要保護者が、児童生徒総数の百分の三以上を占める場合は十点。

9　学校に勤務する教員が一人の場合十点。二人の場合は五点。

10　学校に勤務する教職員の住宅が不足しているため、半数以上の教職員が借家または借室によつている場合十点。

11　その学校が分校であつて、本校との距離が十二キロメートル以上の場合は十点。八キロメートル以上十二キロメートル未満の場合は五点。

39点以下のへき地校　暫定的に一級地扱い

附則で暫定措置

この省令は公布の日から施行されたが、適用は本年四月一日からとなつた。（附則第一項）

ところで、現在へき地学校として指定されている学校は全国で約八千校、へき地手当を受けている教職員は約四万人であるが、この新しい指定基準によつて新たに指定するとすれば、このうち若干の学校がへき地学校でなくなる。そこで、これらの学校についてどう措置するかがこの省令の制定について問題となつていたが、省令の附則第二項、第三項で次のように規定している。

1　この省令施行の際現にへき地学校として指定されている学校のうち、この省令の規定によつて算定された基準点数と付加点数との合計点数が三十五点から三十九点までのものは昭和三十七年三月三十一日まで、一級のへき地学校の指定を行う。つまり、これらの学校を暫定的に一級地扱いとするものである。

2　この省令施行の際現にへき地学校として指定されている学校のうち、この省令の規定によつて算定された基準点数と付加点数との合計が二十点から三十四点までの学校については、この学校に勤務する教職員のへき地手当に相当する特殊勤務手当の支給は、三十七年三月三十一日までは、なお従前の例による。

つまり、この学校については、各都道府県の従前の取扱が暫定的にそのまま行われることとなる。

その他の学校については、法律の付則第二項の規定により、条例施行の際へき地学校に勤務している教職員がその学校に勤務する限り従前の条例等の規定によるへき地手当に相当する特殊勤務手当が支給されることになつているので救済されるわけである。

要素	細分	点					
本土からの月間の定期航行の回数		60回以下 31回以上	30回以下 26回以上	25回以下 21回以上	20回以下 16回以上	15回以下 11回以上	
		20点	40点	44点	51点	60点	
本土からの距離		25Km以上 50Km未満	50Km以上 100Km未満	100Km以上 150Km未満			
		5点	10点	20点			
船着場までの距離		4Km以上 6Km未満	6Km以上 8Km未満	8Km以上 10Km未満	10Km以上 12Km未満	12Km以上 14Km未満	14Km以上 16Km未満
	交通機関のない部分	9点	14点	18点	24点	29点	34点
	交通機関のある部分	0	1	1	1	2	2

要素	海上を交通する部分					
	8Km未満			8Km以上		
	1日の定期航行の回数			1日の定期航行の回数		
	5回及び4回	3回及び2回	1回以下	5回及び4回	3回及び2回	1回以下
医療機関までの距離	8点	10点	15点	12点	16点	24点
高等学校までの距離	9	12	18	9	12	18
郵便局までの距離	3	4	6	6	8	12
市町村教育委員会までの距離	2	2	3	3	4	6

中学校の移行措置を通達

—文部広報より—

35年度は一年生だけ

数学は補充教材が出版される

中学校の新しい教育課程は、三十七年度から全面実施となるが、これを円滑に行うため、三十五、三十六の両年度にわたり、中学校で移行措置を行うこととなり、九月三日、その実施要項が稲田事務次官から関係方面へ通達された。

中学校教育課程移行措置要項は別掲のとおりで、昭和三十五年度は一年生だけ、三十六年度は一年生および二年生だけ移行措置を行うことになっている。

この移行学年では、各教科の授業時数は、従前の学習指導要領一般編の時間配当によるが、国語・社会・数学・理科などの教科では、移行措置を行うため必要な場合は、新しい教育課程による授業時数を参考として定めることができる。

（たとえば、第二学年の国語は従前の学習指導要領では週五時間だが、新教育課程では四時間となり、また二学年の社会は週四時間が五時間、数学は週三時間が四時間となる。）

また移行学年における各教科等の内容については「一般的事項」の6と7で次のような原則を掲げている。

①新学習指導要領の内容で、旧学習指導要領にないものは補って扱うこと。

②旧学習指導要領にあった内容で新学習指導要領にないものは省くことができる。

③旧学習指導要領にある内容でも新学習指導要領でその取扱のねらいが異なっているものは、新要領の趣旨を考慮して指導すること。

なお、右のような一般原則のほか各教科等で、特に注意すべき点が「各教科等に関する具体的事項」で述べられている。

このうち、数学については、各教科書発行者がこの移行措置によって自社発行の教科書を再検討し、たりない内容等について補充教材を作成し、文部省届出済として発行することになっている。なお高等学校の入試については、昭和三十八年三月にこの移行措置による指導を受けた中学生が卒業することになるので、同年の入試問題はこの移行措置からも出題される。

⑤送りがなのつけ方

—文部時報より—

20　慣用が固定していると認められる次のような語は、原則として送りがなをつけない。

例　献立　座敷　関取　手当　頭取　仲買　場合　番付　日付　歩合　物語　役割　屋敷　夕立　両替　…係（進行係）　小包　…割（二割）

植木　織物　係員　切手　切符　消印　立場　建物　請負　受付　受取　書留　組合　踏切　振替　割合　割引　貸付金　借入金　繰越金　積立金　取扱所　取締役　取次店　取引所　乗換駅　乗組員　引受人　振出人　待合室　見積書　申込書　浮世絵　小売商　代金引換

21　数をかぞえる「つ」を含む名詞は、その「つ」を送る。

例　一つ　二つ　三つ

第五　代名詞

22　代名詞は、送りがなをつけない。

例　彼　彼女　何

第六　副詞

23　副詞は、最後の音節を送る。

例　必ず　少し　再び　全く　最も

ただし、次の語は、その前の音節から送る。

直ちに　大いに

24　他の副詞を含む副詞は含まれている副詞の送りがなによって送る

例　必ずしも

25　名詞を含む副詞は、その名詞の送りがなによって送る。

例　幸いに　互いに　斜めに

26　活用語を含む副詞は、その活用語の送りがなによって送る。

例　絶えず　少なくとも

〔注意〕動詞と動詞とが結びついた動詞については、特に短く書き表わす必要のある場合、「打（ち）切る」「繰（り）返す」「差（し）上げる」のように、かっこの中の送りがなを省いてもよい。表に記入したり記号的に用いたりする場合、「晴（れ）」「曇（り）」「問（い）」「答（え）」「終（わり）」「生（まれ）」「押（す）」のように、かっこの中の送りがなを省いてもよい。

中学校教育課程移行措置要領（全文）

一般的事項

一、移行措置は、昭和三十五年度における第一学年ならびに昭和三十六年度における第一学年および第二学年（以下「移行学年」という。）について行うものとし、昭和三十五年度における第二学年および第三学年ならびに昭和三十六年度における第三学年の教育課程についてはすべて従前の例によるものとすること。

二、移行措置は、昭和三十七年度において中学校学習指導要領（昭和三十三年文部省告示第八十一号）による指導が円滑に実施できるようにすることを目途として行うこと。

三、移行学年における各教科、特別教育活動の名称は従前の例によること。

四、移行学年における各教科の授業時数は、従前の学習指導要領一般編（昭和二十六年版）の「中学校の教科と時間配当」によるものとするが、国語、社会、数学、理科および職業、家庭については移行措置を行うため必要がある場合には、学校教育法施行規則（昭和二十二年文部省令第十一号）第五十四条別表第二を参考として定めることができること。

五、移行学年における特別教育活動の授業時数については、昭和三十三年八月二十八日付文初初第四五三号文部事務次官通達「小学校および中学校における道徳の実施ならびに小学校における教科以外の活動および中学校における特別教育活動の運営について」により三十五ないし百四十単位時間とすること。

六、移行学年における各教科等の内容については、移行措置を行うため必要がある場合には、中学校学習指導要領に定めた内容で従前の学習指導要領にないものはこれを補って取り扱うものとし、従前の学習指導要領に定めた内容で中学校学習指導要領に示されていないものはこれを省くことができるものとすること。

七、移行措置を行うにあたっては、左記の事項に留意すること。

① 移行学年に係る指導については、それが円滑に行われるように各教科等の関連を密にし、学校全体としてまとまった計画を作成し、実施すること。

② 昭和三十五年度の第一学年および昭和三十六年度の第二学年については、移行措置を行う二か学年間を通じて指導計画を作成し、実施すること。

③ 従前の学習指導要領に定めた内容で中学校学習指導要領においてその取扱のねらいを異にするものの指導を行う場合においては、中学校学習指導要領の趣旨を考慮して指導すること。

各教科等に関する具体的事項

国語

ア 従前の学習指導要領に示された「聞くこと、話すこと、作文、習字（書写）」の指導については中学校学習指導要領第二章第一節国語の「第三指導計画作成および学習指導の方針」の二、四五によって指導するようにすること。

イ 従前の学習指導要領に示された文法の指導については、中学校学習指導要領第二章第一節国語の「第二各学年の目標および内容」のBによって指導するようにする。

社会

ア、昭和三十五年度および昭和三十六年度の第一学年においては、できるかぎり地理的分野について指導するようにすること。

イ 昭和三十六年度の第二学年においては、できるかぎり歴史的分野について指導するようにすること。この際、中学校学習指導要領第二章第二節社会第二学年の「一目標」の（四）「近代史の学習に重点をおき、特に民主主義の成立と発展、近代産業の形成、国際関係の推移、近代文化の成長などについて理解させる。」の趣旨を考慮し指導するようにすること。

数学

ア 昭和三十五年度の第一学年および昭和三十六年度の第二学年においては、次に示すところに従い二か学年間を通じて内容を配当し、指導すること。もとより内容の各学年への配当は実情に即し適宜でよいこと。

（ア） 従前の学習指導要領の「中学校数学科指導内容一覧表」の事項のうち、第一学年の

③分数の概念（真分数・仮分数・帯分数）

⑤小数とその四則

⑨実務内容（保険料、買い物をする、かわせでお金を送るなど）

⑪距離の概測や実測（目測、歩測、巻尺、地図上で長さを求めること、

磁針による方位）
⑭三角形や四角形の作図、周の長さ
⑯円、球、円柱、円すい、正六角形など

および第二学年の
①分数、小数の四則計算
③実務内容（株式、公債、社会など）
⑩三角形、平行四辺形などの求積

は原則として省くものとすること。

（イ）従前の学習指導要領の「中学校数学科指導内容一覧表」のうち、第一学年および第二学年の次の事項については、それぞれに示す要領によって取り扱うこと。

第一学年の②は、そのうち乗法、除法に関して概算することを取り扱うほかは原則として省くものとすること。

第一学年の⑧は、そのうち利率を表わす問題を取り扱うほかは原則として省くものとすること。第二学年の⑧は、そのうち地図に関することは原則として省くものとすること。

（ウ）中学校学習指導要領に定めた内容のうち、次の事項については、これを加えて指導すること。

第一学年の内容では

C（1）比、比例式のうち、ウの（比例式）に関すること。

D（3）図形の計量のうち、アの（球の求積）に関すること、イ（円の中心角と弧の関係、おうぎ形の中心角と面積との関係）およびウ（図形の分解、求積）

E（1）作図のうち、アの（線分の垂直二等分線の作図）、イの（四角形の決定条件）およびオの（三角形、多角形の角）

E（2）三角形、四角形の特殊一般の関係

E（3）平面図形と空間図形の関係のうち、イの（展開図）ウの（投影図、断面図）およびエの（回転移動、平行移動）

E（4）回転、対象第二学年の内容で

B（1）文字式のうち、イの（変数）およびウの（未知数）

B（2）文字式の計算

B（3）一次方程式、連立方程式

C（1）$y=ax$ $y=ax+b$ $y=a/x$ のグラフ、（2）比例関係、一次の関係一般の比例関係（2乗に比例など）、（3）公式における比例関係や一次の関係

E（3）論証の意義や方法（4）三角形や平行四辺形の性質

イ　昭和三十六年度の第一学年については、次に示すところに従い指導すること。

（ア）従前の学習指導要領の「中学校数学科指導内容一覧表」の事項のうち第一学年の
①概数（未満、以上など）
③分数の概念（真分数、仮分数、帯分数）
⑤小数とその四則
⑨実務内容（保険料、買い物をする、かわせでお金を送るなど）
⑪距離の概測や実測（目測、歩測、巻尺、地図上で長さを求めること、磁針による方位など）
⑭三角形や四角形の作図、周の長さ
⑯円、球、円柱、円すい、正六角形など

は原則として省くものとすること。

（イ）従前の学習指導要領の「中学校数学科指導内容一覧表」のうち、第一学年の次の事項については、それぞれに示す要領によって取り扱うこと。

第一学年の②は、そのうち乗法、除法に関して概算することを取り扱うほかは原則として省くものとすること。

第一学年の⑧は、そのうち利率を表わす問題を取り扱うほかは原則として省くものとすること。

第一学年の⑩は、そのうち、時間についての乗除計算をすることは原則として省くものとすること。

（ウ）中学校学習指導要領に定めた内容のうち、次の事項については、これを加えて指導すること。

第一学年の内容では

A（3）正の数、負の数（4）誤差近似値計算尺

B（1）文字式（2）かんたんな方程式

C（1）比、比例式（2）比例、反比例の特徴

D（3）球やすい体の求積

E（1）作図のうち、アの（線分の垂直二等分線の作図）イの（三角形四角形の決定条件）エの（図形の分解）およびオの（三角形、多角形の角）

E（2）三角形、四角形の特殊一般の関係

E（3）平面図形と空間図形との関係のうち、イの（展開図）ウの（投影図、断面図）およびエの（回転移動、平行移動）

E（4）回転、対称

ウ　数学における移行措置を行うにあたっては、小学校における算数の移行措置の状況をよく確かめその基礎の上に行うように留意すること。

理科

ア　昭和三十五年度の第一学年および昭和三十六年度の第二学年においては、この二か学年間を通じて内容を配当し、指導すること。この際、従前の学習指導要領に示された「中学校理科の単元とその展開例」における単元IV「生物はどこでどのように生育するか」について、生物と環境および生物の種類と形態に重点を置いて指導ずるようにすること。さらに、音および人体の構造とはたらきについて、従前の学習指導要領の該当学年の単元例には明確に示されていないが、これらをこの二か学年間の指導計画の中に加え、まとまつた指導をするようにすること。

イ　昭和三十六年度の第一学年においては、従前の学習指導要領に示された「中学校理科の単元とその展開例」における単元IV「生物はどこでどのように生育するか」については、生物と環境および生物の種類と形態に重点を置いて指導するようにすること。また、従前の学習指導要領の該当学年の単元例には示されていないが、燃焼と熱に関する内容をこの学年の指導計画に加え、まとまつた指導をするようにすること。

ウ　移行学年においては、中学校学習指導要領第二章第四節理科の趣旨を考慮し、内容を精選し、その取扱のねらいを明確にし、まとまつた指導計画をたてるように留意すること。

音楽

ア　従前の学習指導要領に示されている「理科」の領域は、移行学年の指導計画においては、これを一領域として取り扱うことなく、「表現」および「鑑賞」の中に含めて指導すること。

イ　昭和三十五年度および昭和三十六年度の第一学年においては、「表現」の指導に重点を置くようにすること。

ウ　昭和三十六年度の第二学年においては「鑑賞」の指導に重点を置くようにすること。

エ　中学校学習指導要領第二章第五節音楽において歌唱教材ならびに鑑賞教材に含めた楽曲については事情の許すかぎり各移行学年においてこれを取り扱うようにすること。

図画工作

移行学年においては、従前の学習指導要領に示された内容のうち、芸術性創造性を主体とした表現や鑑賞の活動に関するものに重点をおき「図法製図」および「工作」は、原則としてこれを省いて指導すること。

保健体育

ア　昭和三十五年度の第一学年および昭和三十六年度の第二学年における保健については、この二か学年のうちに中学校学習指導要領第二章第七節二内容のうち第二学年のB保健に示した事項を考慮して指導するようにすること。

イ　昭和三十六年度の第一学年においては保健に関するまとまつた指導は行わないようにすること。

職業・家庭（必修教科）

従前の学習指導要領に定める第二群の内容については、特に充実して取り扱うようにすること。この際男女とも原則として図画工作の内容のうち「図法製図」および「工作」を中学校学習指導要領第二章第八節技術・家庭の趣旨にそつて取り扱うこと。

外国語（選択科目）

ア　英語

（ア）昭和三十五年度および昭和三十六年度の第一学年については、聞くこと、話すこと、読むことおよび書くことの領域のうち、聞くこと、話すことの領域に比較的に重点をおくようにすること。

（イ）昭和三十六年度の第二学年については、聞くこと、話すこと、読むことおよび書くことの三領域をほぼ同等に取り扱うようにすること。

イ　ドイツ語、フランス語その他の外国語

ドイツ語、フランス語その他の外国語を履修させる場合は、中学校学習指導要領第二章第九節の趣旨にそつて指導すること。

職業・家庭（選択教科）

第一群から第五群までの五つの群の内容について、指導計画を作成してそのいずれか一以上を指導するようにすること。

特別教育活動

移行学年においては、ホームルーム、生徒会およびクラブ活動を主として指導し、このうち、ホームルームにおいては、学級としての諸問題の話合いと処理、レクリエーション、心身の健康の保持、将来の進路の選択などに関する活動について指導を行うこと。

なお、学校行事その他の教育活動の計画、実施にあたつては、中学校学習指導要領第三章第三節学校行事等に示すところを参考として行うようにすることが望ましいこと。

新しい教育課程

小学校の移行措置を計画し、実施する上に特に注意すべき点はどんなことですか。

昭和三十六年度から改訂小学校学習指導要領によって学習が行われた場合、むだな重複や未学習などが起らないように、昭和三十四、三十五年に、これに応じた指導計画を組むことが必要です。この場合、内容の精選、基礎的なものの確実な学習、観察実験による学習といった改訂の精神にそうことがたいせつで、特に次のような措置が望まれます。

①新しく加わった学習事項について

従来の学習指導要領のどの学年にも含まれず、改訂の指導要領に新しく加わった事項は、その学年で付け加えて指導することが必要です。改訂指導要領で、現在よりも下の学年に新しく加わったものは、現在の学年の内容と関連の深い事項について、できるだけ取り上げることが望まれます。

②省かれた学習事項について

改訂の学習指導要領のどの学年にも含まれていない事項は、それぞれの学年から省いて指導してもさしつかえありません。

③学年配当の変っている事項について

従来の学年配当で指導するのがたてまえですが、昭和三十六年度から全面的に実施した場合、重複や落ちのないように特に配慮する必要があります。たとえば「燃焼」に関する内容は、現在第四学年で指導しているところが多いのですが、改訂学習指導要領では第五学年になっています。だから昭和三十五年度の第四学年では、これを省いて重複を避けるようにくふうしなければなりません。

また「酸・アルカリ」を現在第六学年で学習する予定のところでは、改訂学習指導要領で第五学年に配当されているため、三十五年度の第五学年では、これを取り上げるようにしないと、学習しないで昭和三十六年に卒業することになります。

④温度・方位は原則として理科で指導することになり、また保健に関しては、家庭科、体育科との関係を考慮して、重複を避けるようにすることが必要です。

理科

重複や未学習がないよう

小学校移行措置の注意点

系統的な指導を重視するといわれますが、従来と大きな違いがありますか。

小学校の改訂学習指導要領では、「児童の能力や経験、児童が見いだした疑問や問題」を尊重することを指導計画作成の基本としています。この意味では、従来の学習活動の中で考えられてきた児童の興味や関心を発展させ、その生活や経験を重視する行き方を否定するものではありません。

系統性というのは教材内容の発展的な関連性であって、既成の自然科学の知識体系をはあくさせるように教材を配列し、指導することではありません。学習の展開が、児童の生活や体験の中から出発し、全体的、直覚的な問題の把握とともに、分析的、論理的追求が、ひとつの筋道をたどって進められることがたいせつです。この際、生活と関係があるからといって雑多な事項を互の関連なしに並べたて、学習が上すべりになることがないように、基礎的なものをしっかりおさえていくことがたいせつです。またともすると既成の観念を無批判に受け入れて、知識の記憶に終ることがありますが、得られた知識が児童の経験とどこかでつながり、その上に立って納得したものでなければ正しい理解にはなり得ないことも忘れてはならないことです。

実験・観察を重視したといわれますが、中学校の改訂学習指導要領で、それらの項目が示されていないのはなぜですか。

全体として内容を強く精選したので、基礎的な事項にはじゆうぶんに時間をかけ、実験・観察を行うことができるように配慮されています。個々の事項について実験・観察例を示さなかったのは、一部分についてだけ示すと、他は不要であるかのような誤解を与えやすく、また全部について示すと、学校の計画や指導、教科書を画一的に固定するおそれがあるからです。具体的な実験・観察項目は、将来作成される中学校理科指導書や理科実験講座指導書などに参考例として載せる予定になっています。

新しい教育課程

「絵をかく」内容を、小学校第四学年から「心の中にあるものを絵で表現する」と「外界を観察しながらそれを絵で表現する」の二つに分けた理由、ならびにこれらの実際の取扱についてどう考えればよいでしょうか。

新しい小学校の学習指導要領では第一学年から第三学年まで「絵をかく」という項で示してきた内容を、第四学年から「心の中にあるものを絵で表現する」と「外界を観察しながらそれを絵で表現する」という二つに分けて内容を示しています。しかし実際の活動をよく考えてみると、このような二つの面を厳密に分けることは困難です。

「心の中にあるものを絵で表現する」のは心象表現「外界を観察しながらそれを絵で表現する」のは写生表現ということができますが第一学年から扱ってきた心象表現的な内容は、第四学年ごろになると児童の心身の成長発達に伴って描写方法上行きづまりを感じ、新しい表現技術が必要となってきます。また写実的描写への欲求が現れたりします。このような児童の見方や表わし方の必要感にこたえるものとして、第四学年から二つの面にかけて指導のあり方を示したものです。

なお、このような印象表現的な面と写生表現的な面とに分けて考えるという指導の考え方は、単に絵をかくことだけでなく、粘土でいろいろなものを作ったりすることなどでも同様にいえることです。

図画工作

小学校のデザイン教育

きわめて未分化的な内容

小学校学習指導要領で使われているデザインということばは、どのように定義づけて解釈すればよいですか。

従来の学習指導要領の図案には、多分にデザインの意味を含んでいました。中学校の美術科でも、図案としないでデザインという項をたてています。小学校一、二年の段階でもデザインということばを使っても悪くないのですが、それにしてはあまりデザインということばの意味を狭くして使用することになるし、実際的には模様をかく程度の学習しか営むことができないので、一、二年では学習活動、そのまま「模様を作る」として取上げられています。

デザインといえば現在では、本質的には最初の計画から材料をあつめて仕上げるまでの一貫的な仕事、すなわち材料・形・色彩・構造・機能・価格など全体的な計画をすべて意味するものです。しかし、小学校でいうデザインは、きわめて未分化的なばく然とした内容をいうのであって、決して厳密な意味でのデザイン教育をさしているのではありません。

なお改訂学習指導要領では、色彩に関する指導内容もデザインの項で示していますが、色彩指導はデザインに関する学習活動だけでなく、絵をかく活動、版画を作る活動その他いろいろの活動の中で指導することが必要です。

小学校図画工作科の移行措置で特に留意すべき点は何ですか。

移行措置の手続としてまず第一に考えられなければならないことは改訂された学習指導要領と従来の学習指導要領とを比較し、どんな点が変っているかをよく研究することです。そして、移行措置を考える場合、その内容にむだな重複や間げきがないように、よく留意することが必要です。

本省の移行措置についての通達（本紙昭和三四年二月十三日第二三四号掲載）では、図画工作について次のように示しています。

（1）各学年とも表現の技能、創造的な力、実践的な態度をつちかうことを特に配慮して指導すること。

（2）特に上学年では、技術を体得し、これを実践する態度を養うよう留意して指導すること。

これは非常に抽象的で具体性に乏しい感を受けますが、新しい学習指導要領では個々の具体的な学習内容や活動は示していないし、また実際の各学校の教育活動の展開は個々の学校の教育計画に基いて行われるため、具体的な移行措置の手続や方法は、それぞれの学校の教育課程とにらみ合わせて計画をたてて措置をすることが必要です。

新しい教育課程

今度の改訂で小学校の家庭科は単なる技能教科となり、民主的な家庭をつくるというねらいがなくなつたというひとがいますが、どうですか。

民主的な家庭の一員を養成することは小学校教育全体のねらいであり、家庭科は、衣食住などの生活技能の習得を通して家庭生活の理解を深めさせ、実践的な態度を養うように位置づけられています。したがつて民主的な家庭をつくるということは、そうした意味で重要なねらいとして根底にあるのです。

ただ、三十一年度の学習指導要領では、当時の家庭科教育の現状や、時代的な要請もあつて、家庭における人間関係の面や道徳的な面をまつこうから取り上げ指導内容の示し方も家族関係、生活管理が最初にあげられていました。この家族関係・生活管理の扱い方はそれだけを単独に講義したりするのではなく、被服・食物・住居の分野と関連づけて扱うように説明がついていました。しかし、そうした説明をみないで内容の項目だけをみた場合に他と重複しているという意見がでたり、またこれの講義を長時間かけて行つたりすることが生じました。今度の改訂ではこれらの誤解が生じないように、

家庭科

根底に民主的家庭の建設

移行措置　指導計画に改訂の線を生かす

家族関係と生活管理とを合せて「家庭」の領域とし、表現を変えてまとめて表わすようにしてあります。また三十一年度の学習指導要領では、目標も内容も五、六学年を一本に示していましたが、今度は学年別に示していますので、三十一年度の学習指導要領の「家族関係」、「生活管理」の部分と、改訂の「家庭」との比較を、項目の上で単純にしてみることは無理です。また、特設された道徳の内容との関連についても、慎重に研究するのでなければなりません。

指導計画の作成について、時間配当などでどのような注意が必要ですか。

改訂学習指導要領の中にだいたい示してあります。従来の内容は五、六学年が一括してあつて、指導計画も二か年を通した案が立てられていました。改訂では五、六学年別に内容が示されているので、一見すると盛りたくさんのようですが、学年別にされた発展的系統などをじゆうぶんに検討することが必要です。

五、六学年ともに授業時数は年間七十単位時間ですが、各領域のだいたいの時間配当は、五学年で被服五十〜五十五％、食物二十〜二十五％、すまい二十〜二十五％、家庭五〜十％、六学年は被服三十五〜四十％、食物三十〜三十五％、すまい二十五〜三十％、家庭五〜十％のように考えています。

これらを参考に、各領域の主要な内容の時間配分を考えてください。

三十六年度から全面的に実施するために必要な移行措置の留意事項を述べてください。

家庭科は算数科などと違つて移行の措置を講じなければならない問題はありませんが、三十六年度からなめらかに全面的な実施がはされるために、移行期間中の留意事項として、改訂の趣旨を生かして指導することと、他教科との関連についてじゆうぶん注意することが必要です。だから、移行期間中はただ先を急がず、小学校教育における家庭科の意義をはあくし、学習指導要領の検討をじゆうぶん行うようにします。そして改訂の学年別の目標・内容によつて、これまでの指導計画を検討し、改訂の線を生かすようにすることが必要です。

内容が衣食住の技能に精選されましたが、この技能指導の望ましい方法を各領域の内容に即して研究するとともに、技能が身について生活に生かされ実践されるために「家庭」の領域と他の三領域（衣・食・住）との関係について、じゆうぶん研究する必要があります。次に改訂した他教科との関係や低中学年との関連、道徳との関係などについても研究を進める必要があります。

なお、実践的な学習が行えるように施設設備の整備充実を行うことも、もちろんたいせつです。

新しい教育課程

技術・家庭科における「基礎的技術」の意義およびその程度はどのように考えたらよいですか。

技術・家庭科は、中学校における科学技術教育の向上を図るという今回の教育課程改訂における基本方針に基いて設けられたものですその内容も、他教科との関連をじゅうぶん考慮したうえで系統的に取り上げられています。またその学習過程においても、考案設計・製図・製作・評価と一貫した体系が強調されています。

これらを指導する理念は、基礎的技術の学習を通して近代技術に対する理解を深めたり物を総合的に考えながら作り上げ完成するという創造的な能力の形成を重視するものですから、そうした教育的効果をもたらす内容を、この教科における基礎的技術と考えています。

しかし、その程度は中学生を対象としているものですから「実習例に見られるように、これまで実施してきたものと同程度と考えてよいでしょう。

技術・家庭科の内容を、男子向きと女子向きに分けた趣旨および「男女共学」の原則との関係はどうですか。

技術・家庭科　「基礎的技術」とは？

職業各教科　運営に弾力性もたせる

小学校はともかく、中学校の段階においては、男女生徒の心身発達の相違、将来における社会的役割の相違等を考えて教育課程を編成しなければならないことはいうまでもありません。特にこの教科のように、現在および将来の生活に密着し実践的活動を通して学習することをたてまえとする教科では、以上の観点はきわめて重要な要件であり、諸外国の教育課程でも同様の考え方がとられています。

このような考え方に対し、「男女共学」の原則を否定するという意見もありますが、上記の意味で男子向き、女子向きの設定は、この教科の目標達成の方法として考慮されたものですから、「男女共学」の原則に反するものではありません。

学習指導要領の各学年の内容で示してある「（実習例）」を取り上げる場合、どのような注意が必要ですか。

学習指導要領の「第三指導計画作成および学習指導の方針」にあるように、実習例は、それぞれの項目に示してある基礎的な事項を実習させるのに適当と思われるものを例示したものです。

したがってこれらの実習例は、いずれの学校においても取り上げなければならないというものではありません。各学校では、地域の事情や生徒の興味等を勘案したうえで、これらの例にならい、各項目に示してある事項の学習がじゅうぶん達成されるような実習を取り上げることができますし、またその必要も生ずることでありましょう。

選択教科のうち、職業に関する各教科の内容として示していない事項の取扱はどうすべきですか。

学習指導要領の「総則、第二、一、（三）」にあるように、職業に関する各教科の内容の取扱方については、特に考慮して弾力性に富んだ運営ができるように配慮してあります。したがって内容として示したものは、各教科について標準的なものですから、必要に応じてその一部だけを取り扱うことも、あるいは示されていない事項を加えることもできることになっています。なお、これらの場合は各教科の目標を達成するにふさわしいものでなければなりません。

新しい教育課程

小学校の体育で、年間の最低授業時間数を変更しなければ季節によつて週の授業時間数を変更してもよいですか。

法的には、年間の最低の授業時数一〇五を下らないかぎり、たとえば、春や秋のような好季節の場合週の授業時数を四時間とし、雨期や冬期には週の授業時数を一時間～二時間とすることもさしつかえないわけです。

しかし、児童の心身の発達を促進するという教科の目標からいつて週の授業時数は年間を通じて同じようにして指導することが望まれます。したがつて、季節によつて週の授業時間にするというのは特別の場合といえましよう。

体育と保健体育

設備のふじゆうぶんな場合　できるだけ方法をくふうして

施設・設備がふじゆうぶんな場合、指導が困難な運動は除外して、指導要領に示されていない運動を指導してよいでしょうか。

施設・設備がふじゆうぶんな場合でも、指導要領に示されている運動を指導しないで、示されていない運動を指導することは、適切ではありません。この場合は、まず指導要領に示されている運動が指導できるように施設・設備を整えることが重要です。しかし、なお、ふじゆうぶんな場合は、現在の施設・設備を最大限に利用し、できる範囲で指導の方法をくふうして実施することが望まれます。

小学校の体育で移行措置はどのようにすればよいでしょうか。

移行措置については、本年二月に出された「小学校教育課程に関する移行措置について」の通達の趣旨に沿つて行うわけですが、さらに次の点も留意してください。

(ア) 改訂学習指導要領に示されている運動で、現在学校で指導していない運動は、本年度の計画から取り入れて、昭和三十六年度から円滑に指導できるようにすること。

(イ) 現在指導している運動でも改訂学習指導要領からみて程度の低いものは、段階的に指導してその程度を高めていくこと。

(ウ) 保健に関する知識については、昭和三十四年度および昭和三十五年度では理科や家庭科で指導するので、体育では指導しなくてもよい。

中学校の保健体育では。学年目標や内容で「グループ」ということばが多く用いられていますが、これはいわゆるグループ学習という指導の形態を規制するのですか。

社会的態度の育成という教科目標の達成のため、組織的活動を行わせることによつて好ましい人間関係を育て、また自主的、計画的な態度や能力を育成する意味で用いるのです。必ずしも、指導の形態を規制しているものではありません。

中学校の保健体育では、運動能力の劣る生徒で、たとえばけ上がりや倒立などの運動がじゆうぶんできない場合でも必ずこれらの運動ができる程度まで指導しなければなりませんか。

身体虚弱者やし体不自由者でないかぎり、できるだけそれらの運動ができるように指導することが必要です。しかし、その指導の結果、他の生徒と同様にそれらの運動が完全にできない場合があつてもさしつかえはありません。むしろ生徒がその能力に応じてそれらの運動の習得に努力するように指導することがたいせつです。

中学校の保健体育で保健学習の履修学年を第二、第三学年とした理由は？

中学校の保健体育科の保健学習の授業時数は七十時間となっています。この授業時数を効果的に能率的に学習するために、次のような点を勘案して第二、第三学年で履修することにします。

(一) 理科の学習内容との関係(第二学年で人体の構造・機能を理科で学習する)。

(二) 計画的な指導を行うようにするため(年間三十五週以上にわたつて行うようにする)。

新しい教育課程

道徳の年間指導計画は、学年単位の計画でよいでしょうか。学級単位の計画を作成する必要については？

各教科では、学習指導要領に学年別に指導の内容が示されているのに対して、道徳では指導の全内容を各学年で指導することになつています。

したがつて道徳教育の全体計画に基いて、学年の進行に伴う道徳教育の発展性をじゅうぶん図られるような中身をもつた学年単位の指導計画を作る必要があります。

しかし道徳の時間の指導が、学級ごとに行われる以上、学級の実態に即した計画が当然考慮されなければなりません。ただ、学級ごとに個々さまざまな年間計画が作成されることよりも、学校としての年間計画を作り、これに学級の実態に応じて、指導の展開なり方法なりを適切に変更しうる融通性や弾力性をもたせておくことがよいでしょう。

道徳の時間の評価はどのようにして行うのがよいでしょうか。

道徳の評価には、指導方法に関する評価と、児童の道徳性の発達を知るための評価との二つの面があります。

道徳

廣い角度から総合的に

道徳の時間の評価方法

前者については、学級担任が自分ひとりで行うばかりでなく、全教師が協力してこれを行い、これに基いて指導計画や指導方法の改善を図ることがたいせつです。

後者に関しては、道徳的知識や判断力について、質問紙法やテスト法などによつて評価する面と、道徳的心情や態度について、教師の観察、友人、父母などによる観察自己評価などの方法で評価する面とがありますが、道徳は全人格にかかわりのあるものですから、広い角度から多くの資料に基いて総合的に評価することが肝要です。

したがつて、教科の場合のようにその成績に評点をつけることは適当ではありません。また指導要録の「行動の記録」は道徳性についての一種の評価であるともみられますが、この欄に記録するものは単に道徳の時間の指導の成果だけによるべきではないし、他方道徳の時間の指導の評価のほうも、この欄の記録という観点のほかにさまざまな要因を含んでいるものですから、単純に両者を同一視するようなことは戒めなければなりません。なお、児童の道徳性の評価が、教師の指導の評価としても役だつことは、いうまでもないことです。

中学校の道徳指導書には「指導の諸方法」として七種類の方法があげてありますが、これは単なる技術であつて、道徳指導書には真の意味の方法論がない、との批判がありますが、はたしてそうでしょうか。

七種類の方法を単なる技術であると考える人があつたとしても、なんらさしつかえはありません。なぜならば、そう呼んだとしても、それらが道徳の時間の「指導の諸方法」として重要なものだということは変りがないからです。むしろ重要なことには、はたして「道徳指導書には真の意味の方法論がない。」といえるかどうか、という点です。道徳の時間のための方法論は、一般的にいえば、道徳指導書の全体がそれに該当しているというべきでしょう。

しかし、それでは、あまりにばく然としているというならば、少なくとも道徳指導書の第二章の全体がその役割を果しているという点だけは、まちがいのないところです。なぜなら第二章の構成は「第一節　道徳性の発達と生活環境、第二節　指導の原理、第三節指導計画、第四節指導の諸方法、第五節評価」となつていますが、まさにこの全体は、一般に「教育方法」として考えられている領域と一致しているといえるからです。

なお「第三節指導計画」の中の「三道徳の時間の指導計画」において、学校の道徳の年間計画を立て、主題を設定していく手順について解説してありますが、これこそ方法論の中核といえましょう。

新しい教育課程

特別教育
学校行事等

児童会の部活動
指導しうる範囲内で

児童会の部活動やクラブ活動の種類について、児童の要求が非常に多種にわたる傾向があり、教師がそのすべてに応ずることができない状態ですが、このような場合どうすればよろしいでしょうか。

特別教育活動は児童の自発的、自治的な活動を基本とするものであるということから、児童の希望のすべてを受け入れる必要があると考えられやすいのです。

しかし特別教育活動での教師の指導の重要性を考えれば、部やクラブの種別決定にあたつても、まず第一に考慮しなければならないことは、指導力の問題です。常に、教師の側で指導しうる範囲内で、児童の希望をできるだけ生かすように計画が立てられるべきでしよう。

毎週一定の時間を学級会にあてることが望ましいとされていますが朝の相談の時間、帰りの反省の時間などを、学級会の時間と考えていけないでしようか。

学級活動を効果的に行うためには、毎週一定の時間に、継続的に話合いを行うことが必要と考えられるのであつて、その時間の長短を一律に決定することはできません。低学年の場合は、朝の十―十五分間（朝の相談）下校前の同じ程度の時間（帰りの反省）をもつて、学級会の時間とすることもよいでしよう。（ただその時間を学級会の時間と呼ぶことが必要です）しかし、中学年・高学年の場合は十―十五分間の学級会だけではじゆうぶんな効果をあげにくい場合もあり、三十―四十五分間ぐらいを必要とすることが多いでしよう。また話合いの問題によつては四十五分間以上の時間を継続して必要とする場合もあると考えられます。

なお、中学校における学級活動の時間は、毎週一単位時間（五〇分授業）以上を実施することとなつております。

小学校での特別教育活動で、校外における奉仕活動はどのように考えればよいでしようか。

校外での奉仕活動には、児童会の決定に基く場合、部落児童会の話合に基く場合、さらにまた学校行事として行われる場合などがありますが、いずれにしてもその活動に教育的意義があり、児童の健康安全に悪い影響を与えないものであり、しかも学校の全体的な計画を乱されないものでなければなりません。

したがつて、単に地域社会から要請されたからとか、児童の自発的な計画に基くものであるからとかいう理由だけで、校外の奉仕活動が行われるようであつてはなりません。常に学校側でよく検討し、しかも教師の指導がじゆうぶんおよぶ範囲のものであることが確かめられた上で、児童の自主性・自発性を尊重しながら実施される必要があります。

なお、行事に関して地域社会からの要請が強い傾向がみられがちですが、学校側は進んで地域社会に対する啓発を行い、学校の教育計画を乱さないようにするとともに、好ましい協力を求めるように努力すべきでしよう。

中学校の特別教育活動について、昭和二十六年改訂の「学習指導要領一般編」では、特別教育活動の領域として「生徒集会」をあげているのに、今回の改訂でそれを省いたのはどういうわけでしようか。

集会活動（生徒集会）は、生徒会活動クラブ活動および学級活動のようにそれ自身固有な組織をもつた活動ではなく、それを実施するには、生徒会とかその他の活動が主催して行うものであつて、他の三活動とは質の違う（いわば次元の違う）活動であるという見解に従つて、独立した領域としてあげなかつたのです。この点は「生徒集会」を独立した一領域として認めた昭和二十六年改訂の学習指導要領一般編でもその最後に、「生徒会は、生徒集会のプログラムの計画にあたつて重大な責任をもつわけであるから、生徒評議会が生徒集会委員会をつくつて、生徒集会の実行にあたらせるのが普通である」と述べて、その性格を認めています。

もしそうだとしたら、他の三活動と並列する一領域としてあげないほうが、いつそう合理的な措置であるといえましよう。

しかし、集会活動のもつ教育的価値そのものが軽減されたわけではありませんから、「指導計画作成および指導上の留意事項」の一〇で述べたような注意を払う必要があります。

学校行事の演劇化

配属校　長野市立城山小学校
大城雅俊

一学期の終業式で実際に演出したものを、そのまま記録してあるので紹介致します。おもしろいのは校長先生も児童も他の先生方も前から練習したのかと思うほど各人の立場で話している。

一学期終業式

・チャイムのコールサイン

校長先生登壇。

「今日は一学期のいちばんしまいの日で。四月、桜の花が咲いた頃、一年生の人たちが入学してきましたね。あれから五月、六月、七月とたつて一学期が終りましたが、一学期にはどんなことがあつたでしよう。二年生の人、どんなことを思い出しますか。（二年生の中から手をあげた児童二、三に発言させる。）この一学期の間、みんなしつかり勉強しましたが、一年生の人たちもいろいろなことを ならい ましたね。今日は一年生の人たちが勉強したことをみんなの人たちに発表してもらいましよう。」校長降壇。

一年生。歌とリズム遊びの発表をして代表者二人が（男、女）登壇した。

男「僕たちは一年生になつて、いろいろな勉強をしました。」女「歌もたくさんならいました」男「ちようちよの歌を歌いました。」女「チユリツプの歌も歌いました。」男「くつがなるの歌も歌いました。」女「めだかのがつこうの歌も歌いました。」と発表して代表二人は降壇した後、かわいい一年生の各組の発表がある。

一組　・ちようちよの歌とリズム

「ちようと花に分かれる。ちようは背につばさをつける。ちようちよの歌に合わせて、ちようは 花から 花へとび、花は輪になつてリズムに合せて動作をする。他の児童は舞台の前の席で齊唱する。

二組　ちゆうりつぷの歌と打楽器の合奏。

たいこ、タンブリン、すずをならしながら、ちゆうりつぷの歌を齊唱する。

三組　くつがなるの歌とリズム

くつがなるの歌を歌いながら、舞台一ぱいに歌詞に合わせた動作をする。

四組　めだかの学校の歌とリズム

中央に 水草の切り出しを 持つて出る。めだかのぼうしをかぶつて水草のまわりを歌に合わせておどる。他の児童は舞台の前の席で齊唱する。それぞれ各組が演出して終ると代表者二人（男・女）登壇。

女「もつともつとたくさん歌をおぼえました。」

男「かたつむりの歌も覚えました。」

女「ほたるのうたもおぼえました。」

男「またこのつぎやりたいと思います。」

代表二人降壇。次に校長先生登壇。

「一年の人たちは大へんじようずにできましたね。（具体的な感想を少し加える。）あしたから夏休ですが、夏休みのことについて、内山先生からお話をしていただきましよう。」といつて降壇。続いて内山先生、登壇。

「いよいよ楽しい夏休みですね。夏休みはいく日あるのですか。二年生のだれか言えますか。（二年生の一人あてる。）そうですね。一ケ月もありますね。この長い夏休みの計画はもうすつかりできたでしよう ね。勉強のこと、体をじようぶにすること、どこかへ出かけることなど。それから気をつけなくてはいけないことも組や子供会で考えたでしようね。どんなことに気をつけるのですか。これも二年の人に言つてもらいましよう。（二年の児童一、二にあてる。（そういうことをしつかりまもつてよい夏休みをすごしましよう。

これから 各学年の 人に 夏休みの計画の中の一つをお話してもらいましよう。三年生の人からやつて下さい。」壇のはしによつていすにかける。三年生代表登壇して書いてきた文章を朗読する。内容は夏休みに向上しようと考えていること。・水泳ができるようになる。・入院して体の悪い所をなおす。・毎日ラジオ体操会に出席する。・不得手な学課をうんと勉強する。教務主任の内山先生がそれについて感想を一こと言う。

以下教務主任の司会によつて、四、五、六年の代表が順次発表する。内容は四年五年―研究、観察、蒐集したいこと。六年―学校で引率していく登山海水浴などの計画、希望。（いずれも一人三〜四分以内）

「楽しいことがたくさんありますね。それでは体に気をつけて、二学期にはうんとじようぶになつて顔を合わせましよう。」

降壇。

音楽の先生登壇。

「今は夏のまつさかりです。草や木は深々と葉をひろげているし、動物たちは力いつぱい動きまわつていますね。私たちも気持よく夏の歌を歌いましよう。」

全校児童　夏の歌を歌う。それで全校退場した。このように学校行事も、校長先生や他の先生方の説教に終らず。子供たちも一緒に参加するよろこびを又、全児童の前で話をする機会を与えてやることも大切だと思い。チャイムのコールサインまで感心して見た。

次に二学期の始業式についての実際例を紹介します。

二学期始業式

やる人「校長先生、音楽の先生（指揮伴奏）

△話し合いの児童　一年男、二年女、三年男、四年女、五年男女、六年男女

△プラカードの児童、児童会長、展覧会、音楽会、遠足、運動会、水泳大会、読書週間、二学期の勉強

△全校児童

入場―レコード音楽（全員静かに整列してすわる）チャイムのコールサイン二回

校長先生…はじめのあいさつ…

この夏休みを皆さんはどんなふうに過したろうな。誰かにお話してもらいましよう。

各学年の代表の人出て来て話してごらん。

一同　はーい（各人、学年の席から元気よく出て来て壇に登る。さつと走つて出てくる。

低学年や男子は壇へ正面からとび上がつてもよい。）（校長先生の誘導で、自由に経験を話す。上級生は質問もして話合いになるようにする。大きな声で話せる児童がよい。話の内容は、遠くへ遊びに行つたことばかりでなく、お手伝いや勉強もあるとよい。話の材料となるもの―作品、道具等―を持たせる。）

校長先生…話合いをまとめる…夏休みの楽しかつたことを思い出して、みんなで歌つてみましよう。さあみんな立つて。（音楽の先生登壇。夏の歌。歌の途中で歌いながら壇上の児童は自席へ帰る。やさしい歌を練習してもよい。オルガンの伴奏をマイクで拡大する。）校長先生（すわらせる）……夏休みに経験した話から、二学期の出発へのはげましとなるようなことを短く話す……。

さて二学期にはどんなことが私たちを待つているでしよう。二年以上の人たちは、去年どんなことがあつたか思い出せますか。言つてごらん。全校児童の中からの声、運動会、展覧会…。

校長先生、児童会の会長さん。今年の二学期の行事をならべてください。

児童会長、はーい（走つて壇上にのぼる。）二学期の行事集れ。プラカードが思い思いの方角から壇に出てくる。ならぶ順番がわからずにごたごたする。

校長先生　ならぶ順序がわからなくて困つているようです。どうしたらいいでしよう。

プラカード、一せいに裏をかえして日付を出す。会長がさがして順序良くならべる。プラカード、表を出す。

校長先生、あそこに残つているのは？

読書週間、（壇の下のはじの方にいる。）読書週間です（壇上へ出る。）

校長先生、秋は気候がいいから、本を読むにも良い時ですね。読書週間は日付を見せて間へならぶ。

校長先生、さあそろいました。二学期はこんなに楽しい行事がたくさんありますね。みんなで読んでみましよう。

水泳大会（プラカード一歩前へ出る）

全校児童―水泳大会。

プラカード（大声で）八月二四日（ぐるりとまわして日付を見せる。表にかえして一歩さがり列に入る。（以下同じ）

校長先生、「この日までにうんとおよいでおきましよう。運動会。」全校「運動会」。プラカード十月一日（日付を見せる）

校長先生「つなひき、かけつこ、リズム一年生の皆さん楽しいぞ。遠足。」全校「遠足」　プラカード十月十二日（日付を見せる）

校長先生「体をじようぶにして、みんなで行かれるようにしましよう。読書週間。」全校「読書週間。」プラカード十一月のはじめ。

校長先生「たくさん本をよんで、読んだことをみんなに知らせましよう。音楽会。」全校「音楽会」。プラカード十一月三十日（日付を見せる）

校長先生「おとうさんお母さん方を呼んで聞いてもらいましよう。展覧会。」全校「展覧会」。プラカード十二月のはじめ。

校長先生「図画、工作、書き方、理科、社会、家庭。いろいろ勉強したものをかざりましよう」。（プラカード「二学期の勉強」をかかげる。）

校歌を歌つて出発しましよう。

音楽の先生壇に登る。歌いながら、プラカード、校長先生壇からおりる。

退場―レコード音楽。（すがすがしい感じのもの。）そのように二学期の始業式も児童中心に行われたのである。

お見えになられました……では

啓語として「お見えになりました」でじゆうぶんです。それをいやが上にもていねいな言いまわしをしたいという気持から「お見えになられました」という言い方が始まつたのですが、そういう必要はありません。

道徳主題と取り組んでの反省と自覚點

東京都港区立三光小学校
中山俊彦

本年六月の末、道徳教育の研究発表を行つた都内の西ヶ原小学校の道徳の「指導計画の作成」と「指導計画と取組んでの一か年の反省と自覚点」について資料を提供いたしますが、ご参考になれば幸だと存じます。

尙紙面の都合上「四年生」の道徳指導計画だけにします。

一、教育目標と学年の道徳目標との関連

「道徳」実施要項には「道徳教育は、教育基本法および学校教育法に定められている教育の根本精神に基く」とあるが、教育基本法は言うまでもなく、新しい日本の教育の基本を確立したものであり、教育全体の根本精神を示すものである。そして教育の目標である「人格の完成」は、また全体として、道徳的人間の形成にほかならない。したがつて、道徳教育は、学校の教育活動全般を通じて行なわなければならないものであり、あくまで、人間尊重、民主主義、平和主義の基本原則で、つらぬかれていなければならないものである。

道徳の時間もまた、この基本原則の上に立つて、反人間主義を排し、人間の真実、科学的心理をふまえた実践をすすめていくべきである。この基本的な考え方の上に立つて、学校の目標も設定されてきており、学校の教育目標を基底とし、東京都案の三領域（文部省四領域）を基本におさえて、道徳指導目標を設定してきている。そして更に具体的には、各学年の発達段階に応じで、目標の中に重点を確認し、学校教育目標の努力点を主題の中にもりこみ、地域の実態特性を生かすべく努力し、自由に研究的に、「道徳」の時間に取り組み、また、計画作成にあたつていきつつある。

二、昭和三十三年度指導計画作成の手順

先づ学校として、文部省実施要綱の研究会を全職員で持ち、道徳教育の諸問題について、種々討議を重ね、つぎのような基本的態度をきめ、指導計画を作成していつた。

(1) **指導計画作成の基本的態度**

(イ) 指導計画作成にあたつては、道徳教育の観点から、学校や地域の実態を具体的に調査し、その資料に基づいて、作成することが望ましいが、具体的に調査する期間を設けなかつたので、取りあえず、職員の話し合い、父兄懇談会等を通じて、地域の状況、学校、児童の実態を概括的におさえて方針をきめ、学校全体あるいは学年において、それを考慮して作成していく。

(ロ) 昭和三十二年度生活指導計画を参考にする。（児童会、奉仕クラブ活動、週番活動等）

(ハ) 東京都教育委員会編「道徳教育」（都案）を一応作成の基準とする。

(ニ) 児童の発達段階に応じて、低、中、高学年の指導の重点を参考とし、学校全体として、学年にわたる系統を考える。

(ホ) 実体調査を実施し、結果を考察して、指導計画を改善していく。

(ヘ) 父母との協力活動をおしすすめ、父母とたえず意志の交流をはかる。

(ト) 指導計画は漸時作成していき常に反省をつみ重ねて、指導計画に加筆し、訂正を加えていく。

(2) **学年別指導の重点**

小学校では学年差の大きいことを考慮し、発達段階から、低、中、高学年の重点を確認した。

○（低学年指導の重点）
必要な生活習慣の基礎を培い、仲間同志仲よくする。

○（中学年指導の重点）
社会性の芽生えを伸ばし、集団生活を通して、協力性を養う。

○（高学年の指導の重点）
集団の一員としての自覚を高め、正邪善悪の判断力や実践力を養う。

したがつて、主題設定に際し、第一の領域に属する目標は、低学年を中心に、中学年にかけて多くとりあげられ、高学年では少なくなつてくる。第二領域のものは中学年を中心として、多くとりあげ、低学年は、やや少くなつてくる。また第三領域のものは、高学年に最も多くとりあげられ、中学年これにつぎ、低学年では少なくとりあげられることになつた。

(3) **指導計画の作成**

指導計画作成の基本的態度、学年の

指導の重点によって、学年別に年間主題一覧表を作成し、指導内容、指導方法等については、学期毎に毎学年において反省しつつ検討を加えて作成していった。

(イ) 主題名のつけ方

主題名はその学年に応じてわかりやすい言葉や文字、内容をもったものをとりあげた。次の中、生活の問題のかたちでとりあげたものが最も多い。つぎの立場から選んだ。

○生活の問題のかたちから。
○学校の行事、社会的行事、国家的行事に合わせるようにした。
○ねらいを示唆した形のものから。

(ロ) 主題の配列

○学校行事、社会的行事、国家的行事に合わせるようにした。
○季節的条件を配慮した。
○全学年共通問題の指導を考慮して配列した。
　例　遠足、運動会、夏休み、もうすぐ○年生等
○主題は大体月三つのせることにした。

(ハ) 主題名、指導目標、指導内容、指導方法、資料、行事欄を設けた。

(ニ) 資料欄には、つぎのものを随時のせた。

○学校放送……生活番組、「とねこミー」(低学年)、「仲よしグループ」(中学年)、「明るい学校」(高学年)
○幻燈スライド
○図書(学校図書館の図書)
○その他掛図、作文、紙芝居等

(ホ) 指導方法は数種あげ、学級の実態に応じて、効果的な方法を用いる参考とした。

(ヘ) 指導計画の利用と生かし方

○実際指導にあたっては、柔軟性を持たせることとし、学級の実態に応じて、時期や内容も変更して取扱う。
○家庭との連絡を密接にし、毎月の懇談会を利用して、共通の理解を深め、具体的な児童の家庭生活や父母の意識をとらえ、指導計画にプラスしていく。―このため時々懇談会の際、道徳の授業を父母に公開した。
○指導後、随時指導計画に加筆しまた実践記録を素朴にとっていった。
○時期や季節的配慮の必要のない主題は学級の実態に応じて、時期を変更して取扱った。
○道徳の時間は、資料の関係も考え、学年毎に曜日を変え、クラスによって時間をずらして設定した。
○資料の研究の一つとして、自作八ミリ映画の製作に着手した。

(ト) 研究の組織

○学年会　指導後の反省、次時の相談、指導計画の訂正を行う。
○道徳研究委員会　各学年よりの代表一名の選出により組織し、指導計画の作成及び、学年会の反省、意見に基づく学校全体の連絡にあたる。
○PTA共同研究　PTA役員全員による研究機関を設け、「家庭における道徳教育」について研究協議会をもち、PTA会員で研究をすすめた。
○道徳研究分科会　道徳計画の反省と改善、実態調査による研究、視聴覚的教材の利用、図書作文の利用等の分科会を設け、分科会別に、絶えず全体会議を持ちながら研究を進めていく。

昭和33年度「道徳」指導計画年間主題名表

四年

月	一	二	三
4	学級児童会(学級のきまり)	奉仕活動	国の祝日
5	交通のきまりを守ろう	母の日	せいけつせいとん
6	時の記念日	つゆどきのくらしかた	人にものを聞くとき聞かれた時
7	でんせん病と予防	名作の感想を話し合おう	夏休みの計画
9	勉強と遊び	ノートのつかいかた	運動競技の勝負
10	あかるく美しい心	男女仲よく	学校図書の利用
11	あだな	私の尊敬する人	働くことの喜び
12	火のしまつ	たすけ合い運動	冬休みの計画
1	私のこづかい帳	もののかしかり	やくそく
2	放送や映画のえらびかた	校庭や教室をきれいに	学級学芸会
3	このごろのできごと	人間のいのち	もうすぐ五年生

三、指導計画と取組んでの反省点

(1) 一年間の反省点

昨年一年間道徳の時間を実践してみて反省された問題は大体次のようにまとめられた。

(イ) 主題名は具体的で児童に身近かな問題として考えられるようなねらいを持ったものがよい。主題設定の際考慮したものの主題が抽象的であつたり、理解されにくいものがあつた。

(ロ) 年間を通じて稍々主題数が多すぎた。

(ハ) 学校行事、社会的行事、季節的条件に関係しない主題は学級の実態に即して適切な機会に取扱うほうが効果的である。

(ニ) 指導目標が多過ぎると一時間内に無理にその目標達成を急ぐあまり押しつけがちになり道徳本来のねらいからそれる恐れがある。

(ホ) 資料の研究を更に進め具体的に記入する必要がある。資料が乏しいと児童の話し合いよりも教師の説諭的強制的におちいりやすい。

(2) 自覚点

道徳本来のねらいを達成するには今後何年かの研究と実践の積み重ねが必要であり、わずか一年間の実践で結論を出す事は極めて危険である。

しかしながら一年間の道徳の時間を実践してみて次のような事が考えられる。

(イ) 学級づくりが必要である。学級づくりは道徳の時間のみではなく教育全般に必要な基本的問題である。

(ロ) 学級づくりから学年づくりへ(共通の広場)

(ハ) 人間尊重の根本的精神を考えながら児童の自主性を常に伸ばしていくよう配慮すべきであろう。

(ニ) 個人を生かす教育でなくてはならない。生活指導でとられていた手法を充分にいかすべきである。

(ホ) 児童を教師が楽しく侚んでも話し合い考え合いながらどこまでも真実に忠実な道徳教育をおしすすめるべきである。

(ヘ) 教師中心の説話的な方法はさけ視聴覚的資料等を更に研究して楽しい時間にするように配慮すべきであろう。

今後の道徳教育にあたつては毎日の教育実践を通して個々の児童をみとりながら父母と手をつなぎ児童の正しい成長を助け自主的な人間へそだてる教育をおしすすめることではないだろうか。

(3) 「道徳」指導計画反省事例(四年)

(5 月)　　ゴジックは反省記録　　4 年

	主題	領域目標との関連	指導目標	指導内容	指導方法	教具・資材	備考	行事
一	交通のきまりを守ろう。	Iの3 IIの5	◦交通信号に注意し常に右側を通る習慣を身につける。 ◦電車バスなどの乗り降りには秩序正しくし人に迷惑をかけない。 **交通規則をよく理解させる必要がある。(地域性を考えて遊びとの関連を取りあげるともつと身近な問題となる)**	◦交通機関の正しい利用のしかた。 ◦他人に迷惑をかけない態度 ◦信号を守つて常に安全交通に心がける。	◦遠足等の前後に話し合う。 ◦自分の経験を通して乗物の正しい利用の仕方を考える ◦機会あるごとに指導をつみ重ねてゆく。 **○乗り物についてのみでなく遊び場所としても考える必要がある。**	**○資料が乏しいので指導上困難があるので資料を準備することが必要である**		
二	母の日 **(母のみにとらわれるので母のない子どもの立場も考える必要はないか)**		◦母の仕事を理解し、母に心配させないようにする。 ◦家族の一員としての自覚を高める。 **母の表面上の仕事にのみ目をむけている。もつと内面的な母を理解するように考える。**	◦母の愛に感謝し自分も進んでよい家庭をつくり上げるように努力する態度。 ◦父母に対する心づかい。 **母を通して父、子どもの存在家全体に目をむけて家庭をつくるような協力的態度を考えさせる。**	◦我が家のようす、母の仕事について話し合う。 ◦母について作文をかいて読み合う。 **家全体に目をむけさせ父母の仕事にかん心を向けさせる。**	学校放送 児童作品 **必要をみとめる。**	**条件に合わなければ聞かない。 児童のみた父母の姿を作文の中から問題点として話し合う。そのとき家庭の私的な面については教師で注意をはらうことが必要である**	

三	せいけつ せいとん	Iの2 Iの5 Iの6	◦身のまわりを整理整とんし環境の美化につとめる。 **ねらいをはつきりもつて指導しないと理科教材的授業となる。**	◦衣服の清潔、きちんとした服装。 ◦うがい、手洗いの習慣 ◦教室や自分の部屋の整理整頓。 ◦ハンカチ、はながみをもつ	◦実践を通して指導 ◦毎日のそうじ道具のせいとんのしかたや机の中などのせいとんについて反省し話し合う。 **実践活動を通じて習慣を身につけさせるようにする。**	幻燈 かみしばい 問題発見まとめ等に利用するのはよいが実践活動を主とした上で扱う。		

(4) 学年別主題の反省点

四年道徳主題の反省点

（四　月）

◎学級児童会、学級のきまり

○主題必要である。

○協力する態度を主として指導した。

◎奉仕活動

○よく働く人、怠ける人については人のあなさがしになるので注意しなければならない。それよりも係活動で困る問題はなにかなぜ困るのが、その原因などについて話し合うことが大切である。

◎国の祝日

○国の祝日についての意義を簡単に理解させる程度にした。

（五　月）

◎交通のきまりを守ろう。

○主題の必要は認めるがもつと具体的に地域に応じた指導を考えるべきである。

○資料が乏しい。

◎母の日

○作文を書かせて指導してみたが母のいない子どもの取扱いに注意しなければならない。母の表面だけの仕事をみている。もつと家全体に目を向けて母の存在を考えさせる。

◎せいけつせいとん

○実践を主として指導する方法がよい。

（六　月）

◎つゆどきのくらしかた

○雨の日の遊びについて話し合いにより扱つた。そのつど指導しなければ身につかない。

◎時の記念日

○主題名をもつと具体的な身近かに感ずるものがよい。

◎人にものをきくとき、きかれたとき

○劇的に扱うと興味をもつてやる

（七　月）

◎伝染病と予防

○ねらいをはつきりさせないと理科の指導になる。むしろ理科の方で指導するのがよい。

◎名作の感想を話し合う。

○名作範囲が広く目標がたてにくい。もつと具体的な主題名がよい。

◎夏休みの計画

○必要である。

○七月に三つの主題は多い。伝染病と予防は削除してもよい。

（九　月）

◎勉強とあそび

○学校を中心とした勉強に重点をおく。

◎ノートの使い方

○非常に学用品を粗雑に扱うのでノートのみでなく学用品全般について指導したい。又おとしものについても考えたい。

◎運動競技の勝負

○主題名をもつと身近かに感ずるものにした方がよい。

○見る態度についても指導する。

（十　月）

◎あかるい美しい心

○もつと具体的な主題名がよいのではないか。

◎男女仲よく

○自己主張の強いときであるので何事にも男女の対立が多いので非常に効果があるように思う。

◎学校図書の利用

○必要は認めるが学校図書の貸出し等で問題があり実際には利用されない。学校図書の運営をうまくしてもらいたい。

（十一月）

◎あだな

○教師に訴える問題の中であだなで呼ぶという事が非常に多い。身近かな問題として活発な意見が出された。人のいやがるあだなについて特に考えさせる。

◎私の尊敬する人

○主題名そのものが児童にはむずかしいようである。もつと具体的な主題名が取扱いやすい。

◎働くことのよろこび

○積極的に仕事に参加する事を重点に指導する。

（十二月）

◎火のしまつ

○教室にストーブがはいる季節なのでその取扱上の指導と安全をはかると共にたきびなどをして遊ぶ危険さを取扱う。

◎助け合い運動

○ねらいはよいが方法にむりがあるのではないか。助け合い運動の主旨を理解する程度でよい。

◎冬休みの計画

○休み中のくらし方について話合う。

（一　月）

◎私のこづかい帳

○内容の中に「意義のある所への献金」とあるがそこまでやる必要はないと思う。

◎もののかしかり

○劇として大へん興味をもつて学習した。

◎やくそく

○目標をはつきりさせる。

（二　月）

◎放送や映画のえらび方

○児童の実態調査により指導の必要性を認める。

◎校庭や教室をきれいに

○実践活動を通してやるのがよい

◎学級学芸会

○話し合いにより計画、進行等自分達の力で実施することができた。

（三　月）

◎このごろのでき事

○もうすぐ五年生の導入となるようにして一年間を反省的に取扱う程度でよいのではないか。

◎人間のいのち

○目標が理科の教材的なので扱うとすればよく考える必要がある

◎もうすぐ五年生

○児童なりに来年への希望を持ち意欲的な発表話し合いができた。

四、本年度の指導計画設定の方針

昨年度の基本的態度を生かしていくとともに、更に次のような点を本年度の指導計画設定の方針として進めている。

(イ) **実態調査による地域の特性を指導計画に生かしていく。**

昨年度指導計画作製の際把握した概括的な特性は実態調査の結果、更に明らかとなつた。

。指導計画に考慮する重点

地域の特性から次のような点を特に重点として考えていく。

a、交通安全、きまりの問題

b、誘惑に負けない態度

c、読書週間

d、無駄使いの問題

e、ラジオの聞き方、テレビの見方

。重点となつた目標の扱い方

a、他の目標よりふれる回数を多くする。

b、そのねらいを重点的に深める。

(ロ) **昨年度の反省点にたつて指導計画に改善を加えて設定していく。**

。各学年段階の反省から

。学校全体としての反省から

。資料欄の充実を図かる

。備考欄を設け指導上の留意点、実態調査による問題点を記入する。

以上のような点を基礎として漸次学期毎に反省を加えながら作成していき、実際指導後は学年会により反省を続ける。

4　年　　昭和33年度　　改訂「道　徳」指導計画年間主題名表

月	一	二	三
4	学級児童会	部　活　動	子どもの日
5	交通のきまり	私　の　家	せいけつせいとん
6	たいせつな時間	つゆどきのくらしかた	人にものをきくとき、聞かれたとき
7	きれいな学校	夏休みの計画	
9	勉強とあそび	学用品のつかいかた	運　動　会
10	思いやり	男女なかよく	学校図書の利用
11	あだな	わたくしの好きな人	働くことのよろこび
12	火のしまつ	冬休みの計画	
1	こづかいちよう	もののかしかり	やくそく
2	放送と映画	美しい心	学級学芸会
3	友だちの作品	もうすぐ五年生	

4 月　　「道徳」指導計画　（1部掲載）　4 年

	主題	領域目標の関連	指導目標	指導内容	指導方法	教具材料	備考	行事
一	学級児童会	IIの2 IIの3	○進んで意見を発表する。 ○人の意見をよくきき正しく批判する。 ○児童会できまつたことは守らなければならないことを知る。	○学校や学級における問題解決の方法 ○発表の態度、聞く態度、協力する態度 ○きまりや約束をつくること実行	○学級や学校での問題点や改善すべき点を話し合う。 ○学校以外のきまり今までのきまりや約束について話し合う。 ○きまりや約束の実行の方法を話し合う。	小学生全集 「子どもの学校」	話し合いにより協力する態度を理解させ実行するよう指導する。	みどりの週間
二	部活動	IIの2 IIの5	○すすんで仕事をする態度をつくる。 ○自分の責任や義務をはたし更に進んで他人の仕事を助ける。	○部活動で困つた問題 ○集団生活における奉仕と義務、係の責任 ○協力する態度 ○仕事のくふうと道具の上手な使い方	○毎日の係の問題を中心に話し合う。 ○係活動を円滑に行うためのよいくふう、道具の上手な使い方を考える。 ○実践活動	作文	集団生活の中で協力する態度の必要と責任を果すよう指導に留意する。	開校記念日
三	子どもの日	IIの1 IIの15 IIIの8	○国民の祝日を祝うその意義を知つて国民としての自覚をもつ。	○国民の祝日についての意義と理解（子どもの日） ○自分たちの祝日のすごし方 ○行事への参加のし方	○祝い方を話し合う。 ○教師の説話により祝日の意義を理解する ○新聞記事の利用（読みもの）	よみもの 新聞	国民の祝日の意義を理解させる。	天皇誕生日

〃参考〃

東京都案の三領域

I　日常生活の基本的な行動様式を理解し、これを習慣づけるとともに時と場に応じて適切な言動ができるようにする。

II　豊かな道徳心情と自主的に正邪善悪を判断する力を養い、実践的意欲を高めて、個性の伸長と創造的な生活態度の確立につとめる。

III　民主的な国家社会の成員として必要な道徳的態度を養い、よりよい社会の建設に協力する。

「施行」「世論」の読み方

問　次の語の読み方を教えてください　施行　施業　世論　博士

答　施行「施」は漢音「し」、呉音「セ」で明治時代にはすべて「セコウ」と読んでいましたが、今では法律でも「シコウ」と読みます。ただし、使う職場によって違うと思います。漢字の読み方としては、「施工」の場合は「セコウ」と今でも通用しています。

施業「シギョウ」世論「セロン」、博士は学位としては「ハクシ」に決まっています。

「へき地教育指導講座」東部会場から

配属校　千葉市緑町中学校
新城繁正

去つた九月九日から十二日までの四日間、新潟県南漁沼郡湯沢町の湯沢小学校を主会場として開かれた三四年度へき地教育指導者講座に千葉県代表の名で参加した。この講座は文部省がへき地教育振興の一環として毎年催しているもので今回は新潟県教育委員会と共催でひらいたものだが北は北海道をはじめ青森、岩手、山形、福島、秋田、茨城、栃木、群馬、埼玉、千葉、東京、神奈川、新潟、山梨、静岡、長野の十八都道県からおよそ二五〇名の先生方が参加した。参加者は (1)単級学校および複式学級をもつ小学校の校長および教員で、へき地教育についての指導的立場にあるものを主体に (2)都道府県および市町村の教育委員会の指導主事、教育研究所員、教員養成大学の教職員等でへき地教育について指導的立場にある者といつたぐあいに、ほとんどがへき地教育についてのオーソリティの集まりだけに終始活発な討議がつづけられ、へき地教育に疎いわたしは大いに啓発された次第です。このように大へんかりなしかも重要な催しだけに実施要項も右に掲げたように周到なものであつた。参加者はそれぞれ専門のもしくは得意な分科会に属し各自もしくは各格の研究資料などをもちよつて討議することになつていたが、わたしにはその用意もなかつたし、どの分科会も苦手なものばかりなのでいつそのこと無所属になろうかと思つたりしたがせつかくここまできてただのぞきみ、はしぎきするだけでは申し訳がないと思い

。指導者

分科会名	指導者	
算数科分科会	文部省初等中等教育局初等教育科教科調査官	中島健三
理科分科会	〃 〃	蛯谷米司
音楽科分科会	〃 〃	真条将
図工科分科会	〃 〃 東京教育大学講師	村内哲二 小池藤雄
家庭科分科会	〃 〃 初等教育課教科調査官	鹿内瑞子

。分科会名ならびに研究主題

分科会名	研究主題
算数科分科会	。文部省著「複式学級算数科学習指導計画例（第三、四学年）昭和三二年三月刊―についての指導上の問題点の検討 。改訂小学校学習指導要領に準拠した指導計画の作成についての研究
理科分科会	。文部省著「複式学級理科学習指導計画例（第三、四学年）」昭和三四年刊についての研究
音楽科分科会	。改訂小学校学習指導要領に準拠した複式学級学習指導法の研究……とくに器楽指導を中心にして
図工科分科会	。改訂小学校学習指導要領に準拠した複式学級学習指導法の研究……とくに「作ること」の指導を中心にして―
家庭科分科会	。改訂小学校学習指導要領に準拠した複式学級学習指導法の研究……とくに被服、食物領域の実技指導を中心として―

。日　程

第一日	開会式	講義（改訂学習指導要領、へき地教育一般について）	分科会	昼食	分科会
第二日	実演授業		分科会		分科会
第三日	分科会				分科会
第四日	分科会		閉会式		

。事前研究

（分科会参加者は「事前研究の手引」により、個別にまたは共同で事前研究を行い、その結果をまとめて資料とし、九〇部準備すること。）

算数部会に属して四日間をすごしたことだ、

さてそこで算数部会の模様を記録をおつて箇条書きに述べてみよう。

第一日　開会式、講義、分科会

。司会者のあいさつ

。指導者の紹介

。分科会の進め方についての話し合い

。資料の配布および説明

第二日　実演授業、分科会

。会場、棒野沢小学校（湯沢町から列車で約十五分）

。学校の規模　隣接二か学年複式で

一、二年、三、四年、五、六年の三学級で在籍およそ一二〇名、職員数四名（校長を含む）、図書室、体育館などの施設、テレビ、校内放送の設備あり、

。授　業
。一、二年　題材「いろいろなかたち」のかげえ
。三、四年　題材「時間と時刻」の時間と分の計算の理解
。五、六年　題材「小数(1)」の円周率

。分科会
。実演授業の反省、質疑応答
。問題の提示
1　入門期の指導はどうあるべきか
2　題材のとりあげ方について
3　同時同題材指導について
※同時同題材指導をしている学校が三五校（会員の約三分の二）

第三日　分科会
1　指導計画作成上の問題点
。同題材指導について
。上学年の内容を下学年に同時に学習させられる教材にはどんな領域の教材を考えるか
・時数の問題
。同題材指導でできない残された教材の指導はどんな形で指導すべきか
。同題材で組む場合の指導系列の問題
。移行期における指導計画
2　指導上の問題点
。間接指導と直接指導と一齊指導における位置づけの問題
。グループ指導
。学年差、個人差の問題
。教科書の問題（複式の学習指導用教科書を作ったらどうか）
。学習の資料の問題
。評価の問題
。転校した場合の問題
。複式の取扱いについて

第四日　分科会、閉会式
。文部省奥田課長補佐を交えて
1　複式学級に対する文部省の態度およびその解消策を質す
a　校舎増築のための補助
b　施設、設備費の分校への特別配分の件
c　屋内運動場（体育館）の建築費補助
2　児童定員数の基準
3　教員住宅建築費増額の問題
4　教科書の問題
5　諸手当の問題
a　複式手当
b　へき地手当
c　宿日直手当
d　住宅手当
e　旅費、通勤手当
f　分校主任手当、講師手当
6　教員配当の問題

右のようにざっとならべただけでも実に多くの問題をかかえており、それだけに各会員の発言も生きたものであり、中には声をふるわせながら泣きつかんばかりにへき地教育のなやみを訴えるものもあった。このように終始活発な討議がつづけられた分科会の模様をくわしくお伝えすることのできないのは残念なことだが問題が問題だけにそのほとんどが今後の研究課題としてのこされた形になったのだが、文部省の立場を中心にまとめてみよう。

イ　複式学級に対する態度
複式学級は正常なすがたではないのでつとめてその解消につとめているが、ただ特殊な学級（ろう、唖）などと混同しては困る。

ロ　同時同題材指導について
複式学級においては同時同題材指導が効果的ではないが。その場合理想としては学年を重く考えないで個々の能力に応じた指導がなさるべきであるが、原則として学年差を考えておいて同題材を学年差をふまえて指導することが大切ではないか。

ハ　教科書の問題
教科書のへんさんも不可能ではないが、複式学校の特殊扱いを要求することはのぞましくない。資料だけは流したい。

ニ　複式学級における児童数の基準について
小学校
二、三か年学年編成……三五名
四、五か年学年編成……三〇名
単級編成　…………二〇名
中学校
二か学年編成……三五名
単級編成　……三〇名

文部省令義務教育の学級編成の教員配当の基準で右のようになっているがその具体的実現は地方教育委員会施策によって異なる。なお文部省の学年計画は　①すしずめ学級の解消、②施設整備をうたっているが、それによって現在十三万の複式学級も解消されると思う。

※複式学級の定員については埼玉の二九名を最下に三〇名、三五名、四〇名などと県によってまちまちであるが、北海道などはなんと五八名ということだ。

ホ　複々式学級の指導について
ー三か学年の同題材指導は不可能だ、二か学年を同題材で残る一学年を別にしたらよいと思う。

ヘ　グループ指導の問題
学年のわくをはずして能力別グループにするか、あくまで学年のわくの中で行なうか、題材によってもちがってくると思うが研究問題だ。

以上四日の間にわたる分科会のもようをごくおうざっぱに述べて参りましたが、なにしろ算数に長じていないわたしのことであるので大事なところをおとしたり、要領を得ないところも多々あろうかと思います。四日間を通じて感じたことは本土にも程度の差こそあれ、われわれと同じようなやみをもって、あらゆる苦難を次代をになう純朴なこどもたちのひとみに忘れ、きびしい自然にあえぐ山の学校を守りぬいておられる先生方が、ひと一倍こどもたちの将来をおもい苦しい現実にかんぜんと挑戦しておられることだ。そこにいたってわたしは「苦しいのは自分たちばかりではないのだ。」と自分にいいきかせたことだ。

案外大事にされない貴重な資料

近時学習指導で資料を大事にする考え方が強まってきた。ことに社会科は教科の性格からしてその学習の発展や成功不成功を資料を見ただけで予想できる場合が多く、どんな内容の資料、その資料の使い方など考えることが、むしろ学習をすすめる以上の苦労と時間を必要とする場合さえ多い。

ところがそれほどに大事がられた資料の多くが実のところその末路必ずしも幸福ではないようである。

多大の執着と時間とによって形づくった資料はもちろん、児童の関心と能力とたまたますすめた学習によって解決を得たことがらをたんねんにメモしたのを添えてまとめたとき次時の学習の方向づけは言うに及ばず単元学習と名のつく学習が行える大きな準備ともなること請合いである。

それにしても学習すんで目の前にうず高く積まれた教師作、児童作また合作のこれらもろもろの資料の中に学習の全体的流れからながめてとっておける資料を〃整理する時〃をもちたいものであり、学校としてもせめて更に一年間その活用を考えることが望ましかろう。（M・N）

昔の姿なかりけり

昭和三十四年八月十六日　作詞　宮田俊彦

年はやすでに二十年《はたとせ》と
つもりつもりてなりたるか
今日帰り来る丘《をか》の上《え》に
紅《くれない》　緑　紫や
守礼門のみ美々しくて
　昔の姿なかりけり

思えば昔この丘に
集《つど》いし人は在りやなし
石にも木にもはた土に
同胞《うから》の血汐浸《し》み込みて
緑いやます夏草や
　昔の姿なかりけり

昔しのぶのよすがとて
胡差石川や普天間と
本部《もとぶ》半島めぐり見て
ネオン映画や質店の
基地の色のみ多くして
　昔の姿なかりけり

東西洋を望み見る
中城址《なかぐすくあと》遊園地
波上通堂《はじようとんどう》さびれはて
国際通り坦《たん》々と
栄華はここに集りて
　昔の姿なかりけり

思えば過ぎし十余年
沖縄戦の断末魔
追われ追われて南端の
摩文仁の岬花と散る
健児の思いいかにぞや
　昔の姿なかりけり

古き都はなつかしき
学びの庭の墓《おくつき》所ぞ
師範一中附属校
様《さぬ》改めぬ洋風に
文廟円覚跡なくて
　昔の姿なかりけり

昔の姿なかりけり

宮田俊彦作詞
田場盛徳作曲

♩＝69 なつかしく

九月のできごと

一日　社会教育主事研修会(於那覇高校)
城北小学校六年生座安正君の水彩画(静物)第十四回二科回ジュニア展最高賞に入選発表
本土一流紙十六社が加盟して「沖縄記者会」発足(東京)

二日　新総領事バイロン・ブランキンシップ氏着任

三日　ブース高等弁務官ジェット機事故による宮森小学校の被災賠償金として二万三千余ドルの小切手を石川市長に手渡した(弁務官室で)

四日　ヘメンデンガー氏(元米国務省東北アジア局長、南方同胞援護会と講和前補償獲得期成会の顧問弁護士)来島
宇都宮大学教授松岡武夫氏(文学博士)による四年生模範公開授業行わる(松川小学校)

五日　沖縄水産高校では缶詰工場ができあがり、ボイラーの点火式および各種機械の試運転を行う。
長嶺立法院副議長ブース弁務官と会見し本土政府の対琉援助に対し協力を求めた。

六日　国際自由労働組合連盟の沖縄駐在員として指名されたハワード・Tロビソン氏(米国電気機械労組執行委員)来島
大妻女子大講師瀬川清子女史約四十日間にわたり沖縄本島、先島をまわり民族学の調査研究を終え帰京

七日　早稲田大学八重山群島学術調査団は約一か月にわたる波照間、西表、鳩間、石垣の各島の調査を終え帰京

八日　那覇地区小、中、高校児童生徒補導連絡会(那覇連教委事務局)

九日　全島教育長定例会議(石川にて)
ブース高等弁務官次期主席問題について声明発表

十日　知念官房長の退職辞令と崎間法務局長の後任官房長辞令、久貝法務局次長の昇格、辞令交付式
文化財専門委員放生池の現地調査を行う。

十二日　沖縄高校野球連盟、沖縄タイムス社共催第九回高校新人野球大会開幕(於那覇高校)
集成刑法対策連絡会議主催による「集成刑法撤廃沖縄県民大会」開く(農連市場前)

十三日　高体連主催水泳連盟主管五九年度高校対抗水泳大会(首里プール)
与儀小学校の映画館建築阻止PTA総会

十四日　台湾派遣職業教育技術研修教員十一人台湾へ出発

十五日　神原小学校開校式(与儀小校、壺屋小校、開南小校より分離独立)
台風十四号サラ宮古島に上陸、瞬間最大風速六四・八メートル、戦前、戦後を通して最大の平均風速(死者七人)
中教委、久米島具志川教育区申請の鳥島小中学校の廃止を認可、公立学校単級複式手当補助金交付に関する規則可決

十六日　沖縄派遣指導委員第一班十一人来島

十七日　警本公安第一課台風第十四号サラによる各地の被害状況発表、死傷者八七、倒壊家屋一万二百十二棟
本土派遣議員団の知花、大浜両氏(文社委)松田文相と会見、教育援助を折衝す。

十九日　宮古の災害復旧について軍民合同対策協議会(民政府会議室)
当間主席官房情報課長東江誠忠氏を経済局次長に任命
養秀同窓会(会長仲井間宗一氏)では首里高校で扁額「海邦養秀」の復元式挙行

二十日　中体連、沖水連共催第七回全島中校泳選手権大会(首里プール)

二十一日　宮古の台風による校舎被害全壊合計十九棟九四教室、総額四〇万ドルにのぼると発表(沖縄タイム一〇)

二十三日　米国の議員団来島
本土指導委員第二陣十三人来島

二十五日　陶器、漆器、貝がらなど沖縄工芸品がアメリカ向初輸出第一陣

二十六日　商業高校体育館開き。

二十七日　中校剣道大会(警察学校体育館)
全琉体操選手権大会(商業高校体育館)
定時制高校陸上競技大会(中央高校)

二十八日　文教局による小中校長中央研修会(那覇連教委事務局にて、三〇日まで)
宮古島台風による被害救済陳情団一行七人宮古から来島

二十九日　文部省による全国学力調査(小、中、高、国語、数学(算数))
沖縄高野連、沖縄タイムス共催第九回新人野球大会優勝戦、中農校優勝

文教時報
(第六十号)(非売品)

一九五九年一一月一二日印刷
一九五九年一一月一四日発行

発行所　琉球政府文教局
研究調査課

印刷所　ひかり印刷所
那覇市三区十二組
(電話一五七番)

文教時報

NO. 61

61

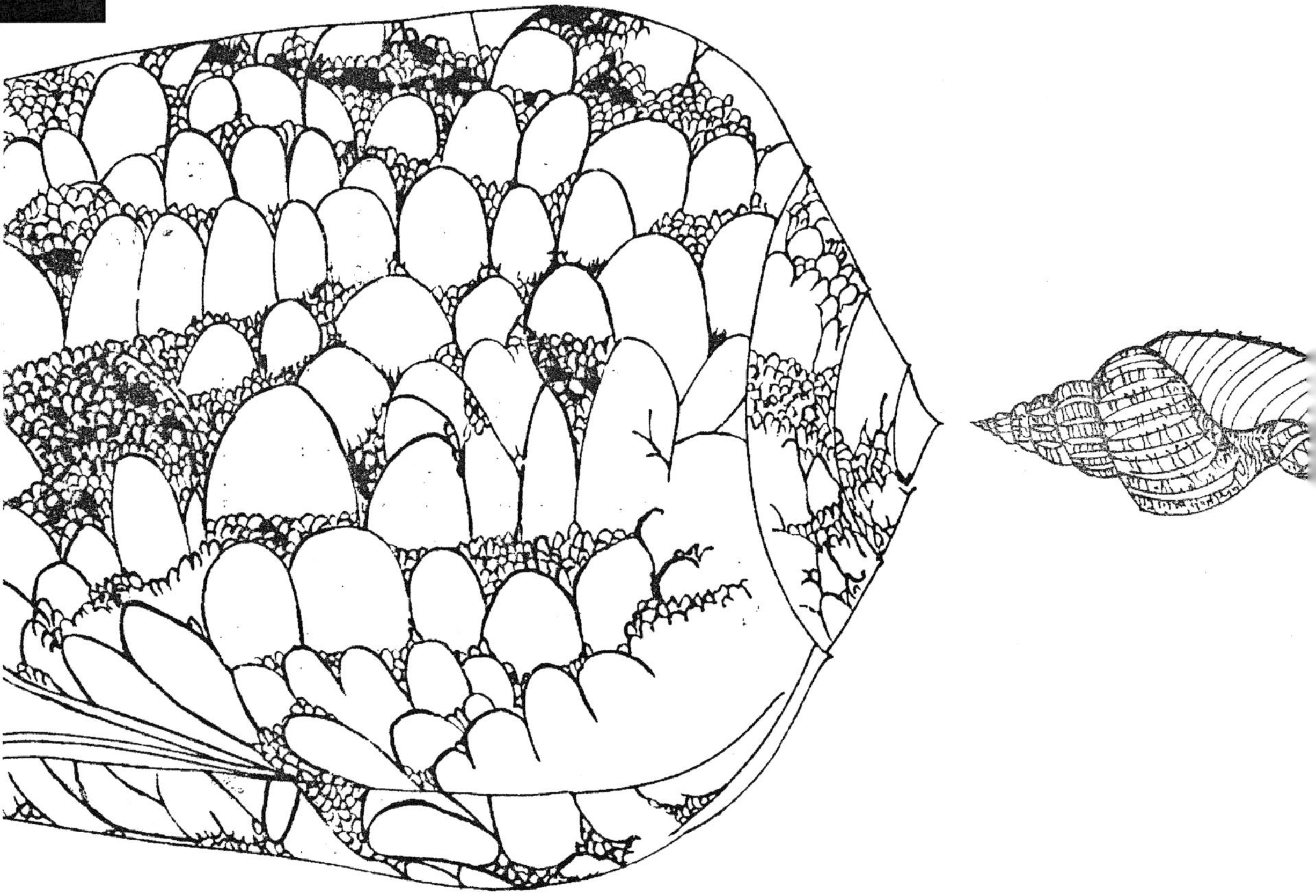

1959.11　琉球　文教局研究調査課

巻頭言

教育指導委員を迎えて

大城眞太郎

去る九月十六日と二十三日の二回にわたり、二十四名の教育指導委員が来島した。本土政府が沖縄の技術援助の一環として、教育指導のために派遣した人々である。各県の教育委員会の指導主事、大学付属の先生方や公立小中学校の優秀な先生方で指導技術の面における日本的な人々である。

本土へ派遣する研究教員の制度を設けて既に八か年になり、十六回、総員三五一名を数えている。これらの研究教員は現在各学校の中堅人物として琉球教育の大きな推進力をなしているが、今回更に教育指導委員を迎えて直接に指導を受ける機会を得たことは、画期的なこととして大きな期待がよせられている。

準備期間は過ぎて、指導の全体計画の下にその実践が進められ現場に与える影響は大きなものがある。指導委員の指導方法の中心をなすものは、公開授業をするということである。指導助言という形の単なる理論の指導でおわることなく自ら実践することにより、又作業を通し、製作することによって徹底した技術の訓練を行っている。

なお戦後の教育界にもの足りなさを感ずる教育的情熱と、ないものをないとあきらめずに、あらゆる物を利用し、自ら教具を製作して指導の効果をあげるくふうを無言のうちに教えている。

この制度は、将来回を重ねて多くの教育指導委員が沖縄を訪ねることと思う。

今年来られた二十四名の委員はその草分け時代の人ともいうべく、当初から種々の困難をしばしば体験された。しかし諸氏の活躍はこの制度の将来を支配すると同時に琉球教育の発展に光と大きな希望を与えるであろう。

（学校教育課長）

目次

指導委員にきく

沖縄教育の問題点

学校教育課

本文は、来島中の教育指導委員二十四氏を招いて、学校教育課指導主事との間でもたれた〃沖縄教育のために〃の話合いで伺い得た数々のご意見をもとに編集したものです。

時間の制約で十分満足できる話合いであつたと考えられないし、種々の都合から必ずしもご発言の通りは表現されてない。しかしせつかくいただいたお話は、指導委員の皆さんの忌憚ないお話であるだけに私どもに参考になるところが多かつた、ここに教職員の皆さんへ、その趣旨をお伝えすることにしました。

着実な教育計画がまず急務

教育計画

○努力されているが、うまくいつていない。特に教育計画がおろそかになつている。教育課程は文教局の作つたのが一冊あるが、校長も教員もその学校に即したカリキュウラムを持つていない

・結局教科書とその指導書だけに頼つているところが多い。

・授業時数の記録もなく、幾時間授業がなされたのか不明瞭な学校もある

・教科を尊重しているのはよいが、特活は教科学習の補習時間のようになつている。

○複式学級や併置校の教育課程や教育計画が早急に考慮されねばならないと思う。

・予算が少ないからやむをえないとか、生徒の数が少ないから一しよにしておけ、というようなことでは大変である。それなりの計画がないといけないと思う。

・現状はわれわれには考えられない状態である。

・教育問題が経済問題からくる悩みの大きいことはよくわかるが、それにしてもくふうが足りない。

○できることは自分の力でやることが、より一層教育的価値をもつものではないかと思う。それに、経済的に貧困ならばそれとにらみ合わせた教育計画をしつかり立てるべきである。

研究の組織化、育ては局、委員会、校長の努力に期待

教育研修

○個人的には優秀な教師は多いが、それがまとまつて指導性や教育効果をあげる組織性に欠けている。

・優秀なまじめな教師を組織化して全体的に向上させるには、文教局や教育委員会、教育長の責任は大きい。

・校内、地区内の研修会組織もほとんどなされていない。

・雑務に追われて忙しいというのが現状だが、校長がもう少し、教員の研修面に関心をもてば、或程度できると思う。今のままでは授業の中味が乏しい。

○研修組織を作つてもうまくゆかないことが多いが、それは指導者がいないからだ。指導者の養成をせねばならない。

・沖縄の教員の中には不必要な劣等感をもつている人がいる。本土にも沖縄より以下のところもある。

・留日派遣の研究教員が本土の一流校を見て来てそれと比較して自分達を卑下するのは当らない。

○本土へ研究教員として行つてきた教員は、帰沖後はもつと活躍してもらいたいものだ。自分一人得て来たものを抱いているだけではたいした効果はあがらない。

○校内研修会をもつと強化する必要があると思う。

○とくに複式学級担当の教師や、他教科の無免許運転（無免許教科の学習指導）の教師の研修、或は講習に力を注ぐべきである。

○それから更に一つ大切なことは、研修の内容が教壇に直接つながつているということだ。つまり研修と学習指導は密着していなければならないことが大切だろう。

教具の自作まずくふうせよ

施設

○子どもの遊びだが、ボールや縄とびはほとんど見られず、輪ゴムや玉投げをして遊んでいる者が多い。

○一般的に社会の消費生活面は華やかだが、教育面での用具に金を注ぐことは余り考えられていない。

・それで、地域社会を啓蒙する必要がある。

○何もかも、台風のせいにしてしまつて、くふうすることを忘れている。自作のもの、くふうしてできた教具は買つたものでは得られない価値がある。

学校行事の計画化

自主性を失うな

行事

○運動会など寄附金を集めて、それで校門を作つたり、テントを買つたりしているが、そのために、学校の自主性がかけて、地域社会に引づられ、運動会が歪められショー的になつている。
・確かに運動会は大変大げさだ。
・運動会のために授業をさくのを何とも思つていないかにさえ見える。
・見た範囲では、まるで地域社会が学校や子どもを利用して消費生活を楽しんでいるかのようであつた。
・こんなところに学力不振の一つの穴があると考えられる。
・運動会は確かにゆき過ぎている。教師はそれで疲労困ぱいしている。教師にもつと余裕を与えてやることだ。
○本島南部の地域で感じたことだが、地域社会が何事にも消極的でバラバラであるため動きがとれずにいることだ。このようなことを考えるとやはり教師として運動会など行事をとおして地域社会の精神作興面を考えることも必要だろう。
○それはへき地や離れ小島など地域社会に何もレクレーションのない所でことに強く感じる。
○街を歩いている人々は真剣な顔をしていて明るさがない学校行事でその点に働きかけることは望ましいと思う。
○学校行事の整理と計画性をもつて事に当る考え方は大切だ。

効果のある学習指導
一人一人を大事に

学習指導

○教師がもつと子どもにあたたかく接してほしい。「子どものために自分があるのだ」という気持を持つてもらいたい。
・一人一人の子どもを大切にすることを忘れている。もつと親切な心ずけが欲しい。
・教科書を持たないでぼんやり坐つている生徒がいても、教師がその生徒に関心して、一人の生徒も見落さないようなあたたかい思いやりが欲しい。
○現在の教育は、指導や伝達ではない。皆の協力によつて創造してゆくものである。
○知能テストの結果は全然といつてよい程使われていない。実験学校の研究集録なども戸棚の中にしまい込んだままであつたりする。
これでは学力向上は考えられない。

思いきつた人事交流が必要

教員と人事交流

○教員はまじめな人が多い。しかし静かなるまじめで、覇気が欠けている。
・気候風土のせいかどうか、モクモクとしてやつているのに取つ組んでやる気魄に欠けている。
○若い教師の中に腰掛的に教員をしているのが多いのは残念だ。
・それよりむしろ高校卒の臨免教員の着実な人の方がもつとよいのではあるまいか。
・若い教師で教育に捧げて生きるというような熱心な人を活用してほしい
・困つたことは教師として時間的労働者的考え方で割切つた人がいることだ。
○人的交流はぜひ必要である。今の状態では問題だ。
・都市とへき地をどんどん交流する必要がある。
・本土の場合、校長になる前にたいていへき地の学校での教壇経験をもつようにしている県もある。そんなところはどこへ行つてもうまくやつてゆける。

産業教育綜合大会

一二月二四日より
一二月二七日まで｝四日間

主催 文教局、農業教育研究会、水産教育研究会、商業教育研究会、工業教育研究会、中学職業研究会、F・F・O・F・H・O

目的…琉球における産業教育の現況とその成果を発表し、これを基盤として今後の充実振興を図る。

場所…商業高校　沖水高校
工業高校　南農高校

行事…催される大会とその主な行事、期間について

○F・H・O大会（一日）
①研究発表会　②演示発表会
③クラブ活動発表会
④技術競技会（測量、家畜審査）

○商業技術競技会（一日）
・しゆ算、タイプ、簿記競技会

○計算尺競技会（一日）

○F・H・O大会（一日）
①研究発表会　②演示発表会

○学校施設参観（三日間）
①沖水校の学校参観　②実習船海邦丸参観　③工業高校参観　④南農高校参観

○展示会即売会（三日間）
①学校実習品　②学校生産物
・参考資料

○機械備品（三日間）各校にて

○産業教育振興会（一日）
・各研究会（発表会と結成会）

○懇　談　会

沖縄の教育を現地に見て

沖縄派遣教育指導委員
東京都教育委員会指導主事　山川岩五郎

一　教育的環境

1、自然的環境

沖縄の自然的環境はすばらしい。その中にある学校はほんとうに恵まれた良い条件にあります。この点東京などはへき地でしよう。東京は何もかも揃つているように思うのは誤りで、当地のほうがはるかに優れています。幾つか例をあげてみましよう。

(1) 天体、気象について　当地の空は広くて澄んでいます。そのために太陽、月、星の動きの観察がよくできます。気象については現象の変化が激しいので特徴をとらえるのに都合がよい。

(2) 地質について　地形が変化に富み、海岸の状態、海水の営力、山、平地、地層、化石など、身近かにあつて自然のありのままをとらえることができます。

(3) 生物について　飼育、栽培が容易にできまた採集に便利であります。

○所見　小学校の理科はこれらの条件を生かすことによつて七割の成果が得られます。この恵まれた環境からそれぞれの現象をとらえさせることがまだ研究不足です。今後の大きな課題として提案いたします。

2、一般的環境

(1) 校舎教室について　殆ど鉄筋コンクリート建築で、地域から安心感があります。教室に余裕がなく特別教室がとれないのは残念ですが、これは時を待つより仕方がありません。

校舎は堅牢を主としていますから美しいものではありません。それで校舎内や教室を美化し、子どもの生活の場としてあたたかみのある豊かな感情を盛上げるような環境構成が欲しいと思います。特に空には爆音の絶えない特殊な社会状勢下にある子どもの学習にはさつぷうけいなひややかな環境はよくありません。安定感のある環境は情操教育の第一要件になるはずです。

(2) 校庭について　当地の学校の誇りであり特質であるのは校庭の樹木でしよう。日光の強烈なる当地において憩いの場所はぜひほしいと思います。また校庭は教場です。緑蔭をもつ広場を持つことは学校経営の重点になるはずです。当地の学校の大部分は老樹大木が繁つています。この樹木は学校全体に非常に落付をみせ、安定感を与えることになります。そして校舎の堅くるしさをカバーして美しくする効果を発揮しています。校庭の緑蔭作りは今後続いて強力に推進したいものです。さらに理科教育に直結する教材を兼ねた植樹や学校園、花壇、水棲動植物園が校庭に作られるようになれば幸いです。

○所見　わたしたちの学校は、きれいな学校、美しい学校であるという喜びをもつて楽しんで学校生活をさせたいものです。子どもの大部分は普通の家庭で生活をしています。せめて学校生活だけでも近代的文化生活ができるよう努力してやるのが学校経営の要点でしよう。無関心でおるのと、できないながらもそのイメージを頭に画いて日夜努力するのとではたいへんな違いです。また、教師や父兄も自分たちの学校にはりあいと誇りをもつようにしたいと思います。

一般的環境構成は、わたしたちの与えられた仕事の範囲内でできることとできないことがあります。校舎の建築などは今すぐに造ろうといつてもできるものではありません。わたしたちの手でできることをすればよいのです。植樹などは芽生えの幼木を児童生徒に一人一本ずつ持つてこさせても、子どもと教師の挿木によつてでもできることです。教室の整備も日常の授業と直結して子どもとともに教師のできることです。花壇も池もわたしたちの心がけ一つです。これらは子どものためばかりでなく、奉職記念にもなることでしよう。

二　教育計画と学校経営

1、教育計画を重要視すること

学校の存在を考えてみると、縦には地区教委、連合区、琉球、あるいは本土、米国、世界というつながりをもち、横には所属する地域の父兄やその他の人々、地域社会、各学校とのつながりその他などがあつて総て有機的連合によりうまくバランスがとれています。決して単独的で存在しているものではありません。

　改めてこのようなことをなぜいわなければならないかといいますと、学校経営の目標をどう定めなければならないか、今日の子どもをどのように教育し、どのような人間に育てあげなければならないかというい わば人間像をどのように画いたらよいかを是非とも考えなければならないからです。

　また学校にはそれぞれの学年の子どもがおり、しかも能力性格が異っております。これらの子どもをそれぞれ個性をもつた多くの教師が指導するわけです。しかも指導にあたつては教科外、あるいは総ての人間性の教育にあたるのです。その他学校経営には多くの要素が含まれているのです。

　これらのことを考えてみても教育計画の重要性が認められるわけです。はつきりした理念に基づく目標のもとに、具体的な計画がたてられ、科学的合理的な組織と運営化を研究の上実施に移すことが当地の教育にとつて緊急を要することがらです。学校長をはじめ総ての教職員が毎日忙しい忙しいといつてただ追いかけまわされていたのでは、結局伝統的な習慣的なその日暮しのゆきあたりばつたり式教育にならざるを得ません。受身になつた教育でどうしてはつらつたる生気に満ちた教育ができるでしょうか。近代社会は急テンポで進歩すればするほど複雑化するのがわたしたちの社会です。それにつれてわたしたちの生活は多忙になるのです。ですからわたしたちの仕事の計画もそうした多忙な生活を前提として、どうしたら能率化がはかれるかという立場で立案されなければなりません。仕事や行事が多すぎると歎くのはやめて合理化を計ることに知能をしぼつていただきたいと思います。歎いていることは困乱を増すばかりでしょう
　つぎに、教育計画が確立されなければ学校経営の母体となる学級経営の方法が生れません。学校長が教師の指導にあたるには学級経営を通してはじめて効果があがるもので、個々の場合を捉えてこづき廻しても有効な教師の指導はできないことを当地の教育のために強く指摘したいと思います。

2、教育課程を早期に作成すること

　教育計画の要素となる教育課程について特にここで考えてみましょう。

　沖縄というこんな小さな地域で、米国や本土（文部省）などの何等の制約を受けることなく自由に独自の教育課程が編成できるのは羨しい限りです。にもかかわらずこの特権を駆使していないのはおしいことです。当地の教育不振の原因の一つには教育課程が確立されていないことと教師の教育課程に対する無関心と理解不足にあると思います。具体例をあげてみましょう。

　沖縄には複式学級や小中併置された学校が非常に多いにもかかわらずそれについての指導計画が特設されていません。複式学級の指導は困難なものです。特に親切な指導計画が必要です。その指導計画は多くの教師の協力と政府の援助によつてよりよい案が生まれるもので、個人では容易にできるものではありません。幸い一九六一年度以降に直接役立てるため文部省が作つた数教科の案がありますから、これを早急に取り寄せて研究の上、当地の案を完成するように願います。

　小中学校と呼ばれている併置校も、規模の上から止むを得ず併置しておくという消極的方策をとらず、積極的に小中の一貫性をもつ義務教育とし、名実共に一つの学校にしたらどうでしょうか。そうした考えのもとに一貫した教育計画をたてるのです。これらの小中学校が全く一時的な現象ならば応急処置として今日のままでもよいが、当地の事情からみて、当分はこの形態が続くものと見なければなりません。それなら早く改善すべきものと思うのですがいかがでしょうか。幸いなことに校長は一人です。教員の組織と教育計画の問題だけであとは大きな障害はなさそうです。

3、指導法はしぜんに生まれるもの

　指導計画がなければ、結局教科書に頼る外はなく、しかも教科書を教えることに終始して、教科書内にもられた内容をくみ取つて生きた内容を子どもにつかませることはできません。このことは学習指導の面に大きく表われてきていますから、こちらの教育の実際を見たものは異句同音に指導法が問題であることを指摘しています。指導法は単なる指導技術の問題で解決されるものではないことを声を大きくして叫びたいと思います。

　生き生きとした指導は、理想性に富んだ学校経営のもとに、力動的な教育計画、それに生きた指導計画をもつた自信のある学級経営から消き出るものです。ここから生まれた信念に満ちた自分の持味をよく発揮した個性豊かな指導法が何にもかえ難い宝です。かくして施設々備の不備も補えるものです。指導技術などにそう神経質になることはないのです。他人の形を繰返えすだけでは、猿まねであつてまことにナンセンスです。

三　教師と子ども

1、教師は誇りと自信をもて

こちらの学校では、校長、教頭を中心にして、よく協力一致し円滑な学校運営がなされています。小さな学校などでは家庭的ななごやかな雰囲気さえ感じられます。父兄や一般市民も学校を大切にし協力しています。個々の教師はまじめで熱心でいっしょうけんめいに努力しています。これらの点について心から頭がさがります。惜しまれるのは気力に乏しいのではないかと思われることです。せっかくの能力を持ちながらその力を十分発揮することをためらっているように思われてなりません。自己の能力を社会に奉仕するためには聡明さと勇気が必要なのです。能力の問題ではありません。

本土には本土としての教育があるように、沖縄には沖縄の教育があるのです。本土の教育がこうだから沖縄もそうしなければならないことは少しもありません。

もちろん学ぶべきところは大いにそうする必要にあるでしょう。しかし本土には本土としての良さもあると同時に多くの欠点もあるのです。沖縄には問題点があるかもしれないが、多くの良さもあるのです。結論的には殆んど差はないのです。よそ目にはよく見るという錯覚に落入らないでほしいと思います。それよりも、沖縄の特質もその良さを理解し、右顧左弁することなく。沖縄の教育はかくありたいというイメージを画きつつわたしたちの手によってわたしたちがやるんだという自信を持ってください。自己を決して卑下することなく、誇りをもって体当りしてください。

資格資質の向上をはかることも自信をつける一つの方法かも知れません。しかしそのようなものは時が解決してくれます。形式的な認定より、日常の自己研究がより大切です。資格の認定資質の向上について政府が努力している点に信頼してよいでしょう。

消極的な受身の態度をいさぎよく捨てて、積極的な高姿勢になることを切望いたします。

2、子どもの将来を考慮せよ

沖縄には子どもが多いというのが町を歩いて最初に気づいたことです。学校にいってみておどろいたのは小さいと感じたこと、それからことばが違うことです。

子どもの多いことを念のため統計で小中高生徒を割出してみたら全島民の二十八%になりました。これは相当の高率になるのではないかと思います。この小さい島で将来どうなるのだろう本土をはじめ海外に大いに発展しなければ日常生活に支障がくるのではないかと思いました。当地には科学技術の教育を盛んにし多くの技術者を養成し島内の産業を自らの手で盛んにし経済化をはかるとか、多くの技術者が海外に発展するよう今のうちから努力する必要があろうなどと考えました。

子どもが小さいことですが、統計によると三十九年と五十八年では、小学校男子が約3cm中学男子5cm女子は約4cmほど身長がのびていますから食生活学校給食などによってその向上をはかることができると思います。

ことばについては、将来島外に出て活動することを期待するならばよほど真剣に教育する必要があります。事実各学校では重点的に共通語を取上げておりますが、そのためか子どの発表力が阻害されているようにみうけられます。このことは、父兄や社会一般の人々の協力と相まって効果があがるものと考えます。現在も将来も沖縄の人々は広く海外でも活躍する時代に進んできていることを一般の人々に理解してもらい協力してもらうべきでしょう。学校でだけ共通語を強制することは学習意欲をなくし学力低下の原因にもなり、人間育成の大きな欠陥となります。が多くの学校に話をしない子どもが相当おるのではないでしょうか。その子どもが共通語を強制されたためでなければよいのですが、研究してみる価値のある問題です。

沖縄の教育を現地に見て

沖縄派遣教育指導委員
山口県教育委員会指導主事
原田彦一

ちょうど二か月前の九月二十日、私が山口を出発したころ山口県の教育界はまさに嵐の前夜ともいうべき険悪な空気がただよっていた。それは、九月二十二日から三日間中、四国地区中学校教育課程研究協議会を山口市において開催するに際し、一部の人たちの強硬な反対運動を予想し県教委は総力をあげて万全の態勢をとりつつあったからである。果して三日間を通じて同胞が相争い合うという悲惨な事態を生じたとのことであるが、日本の教育界はいまきわめて厳しい試練に直面しており、教育行政や学校管理の職にあたっている人たちは想像以上の苦しみの中に、現状打開の努力を続けている。私はこのような上司や同僚たちの苦しみをよそに沖縄へ飛びたつたわけであるが、こちらに来てみると打つて変つたようなあたたかい姿、きわめて平穏な健やかな教育界のふん囲気にふれ、これは夢ではなかろうかと、自分を疑うほどであつた。過去二か月間所属の教育区内を視察していろいろなことを見させてもらつたり、また聞かされるたびごとに感激と感傷にそそわれるものばかりであつたが、何よりうれしくまた頼もしく思えることは、沖縄には本土のような教育界の悲惨な争いもなく、教育のことに純粋な気持で専念できることである。時折本土における勤評や教育課程の改訂に対する反対斗争のことなどについて、一方的な見方に立つ見解が述べられるのを聞いて大変心配することもあるが、沖縄の教職員の方々が、自分たちが築いている今日の教育界の気風のよさを再認識していただいて沖縄教育の健全な発達に一段と努力して もらい たいと 念願するものである。つぎに書いたことは沖縄に来て見たまま感じたままのほんの一端であるが、述べていることは歴史的現実を無視したほんの印象としてお許しを願いたい。

○学校管理にもつときびしい配慮を加える必要はないだろうか

校地の中に、また校舎の中にどこからでも自由に出入りできるというのは一見、してよいようでもあるが、施設の管理という立場からは大きな誤りをしているのではなかろうか。校地のまわりに築かれた土堤がくぼみ、芝生は踏みにじられ、壁板に穴があき、ガラス窓は割れすさんでいる。休みの日となると校舎内はこどもたちの遊び場となつて机や腰掛が遊びの道具として使いいためられている。

また物品の管理の点についても、戸棚や棚を利用して整理整頓といつたような配慮がみられない。物の使用に対して、その場その場で間に合えばよいという物の使い方、管理の仕方が多くなされている。学校は公共の施設であるということをもつと強く認識する必要があるのではなかろうか。

○教育計画の中に、地域や学校の実態に応じた配慮を加える余地はないだろうか

どんな離島の学校を訪れてみても本土と同じような教育活動が展開され、学校教育の画一化という現象に実のところ驚いている。このことは見方によつてはすばらしいことでもあるが、また反面ではこれでよいのだろうかと疑つてみたくもなる。ある学校を訪問したときのことであるが、この地域では非常に水利の便が悪く衛生的に悪条件である。子どもの体位も低く結核の罹病率も高いとのことであつた。そこでこの学校では健康教育をとりあげ、便所の新設、給食室の整備、児童に冷水摩擦の実行など着々と具体的な施策の手をさしのべておられる様子をみて非常に敬服した。このように地域や学校の実態に応ずる学校経営や教育計画の作成は少し自分たちの足もとをみればたくさんあるに違いない。

○考え方や実践の中に、創意とくふうを加える努力がなされているだろうか

沖縄は宿命の島だということばをときどき耳にする。私どもの僅か二か月の間の生活期間に おいてすら 三回の台風を経験し、確かに自然的には悪条件の環境にあることを見て、一面同情の念を禁じ得ない。しかしこの島の人たちの様子をみていると、まつたくこの悪条件を肯定し、順応し切つたように見受けられる。

こちらに来る前に沖縄には花が少いので日本から送つているということを聞いてびつくりしたのであるが、果して花が少いという印象だ。私の訪問した多くの学校で教室に花が生けてある風景はほとんどといつてよいほど見受けられない。そしてどの学校でも台風によつていためつけられた花園や学級園をこどもたちと一しよに先生方が手入れしておられる姿をみて、いじらしさで一ぱいだ。しかしその仕事のとき、毎度くりかえされる台風に対して、その被害を最少限にくいとめる努力、またこどもたちの幼な心にそうした気持を強める指導があまり見受けられないのはどうしてだろう。

校舎建築のわく組はなるほど立派ですばらしい。ところが多くの学校の出入口の戸は、戸車がいたみ、戸をあけるには一苦労をするという実状である。風雨のはげしさ、また潮風の強さ、こうした自然的条件のもとでのくふうの余地はないものだろうかと思う。

現状の早急の改善は認めないにしても少くともこどもたちの考え方や実践の仕事の中に、いつも創意とくふうをはたらかせる指導の努力は大いに必要ではなかろうか。

○すべての運営に能率化を考えてみることが必要ではなかろうか

先生方の勤務振りもよいし、授業時間確保のための努力も続けられていて、敬服のほかはない。しかしこどもの一日の生活のようすを見ていると、行動にすき間が多過ぎるような感じがする。生徒の下校時刻も非常に遅い。清掃をすませ、ホーム・ルームの会をして一応教師の手から生徒たちが離れるのがだいたい午後四時半前後ではなかろうか。クラブ活動の指導、生徒会の諸活動、個別指導、職員会議、翌日の指導の準備、あるいは教師の研修の時間などを加えてみると、午後四時半を過ぎた時刻ではどうにもならなくなるのではなかろうかと思う。じゆうぶん生活時間を切りつめ、指導能率をあげて、一日の中で自由に使い得る時間的余裕を見出す努力の必要はなかろうか。

○理科教師とともに、ふつうにできることを実践する努力を続けたい

過去二か月の間ほとんどの小、中学校を訪問して理科教育の状況をみさせてもらつた。私の担当のためでもあろうが、理科教育の振興に対する行政上の配慮、校長の理解といつた面で現状ではさみしい気持で一ぱいだ。しかし施設、設備の不足は程度の差こそあれ質的には本土においても同じ悩みを理科教師はもつている。理科指導のあり方を求めて指導法に検討改善を加えなくてはならぬということについても同様である。先生方の授業をみての感じとしては、授業振りは一般的にはうまい。また先生方の実力も内にひそめておられるように思われる。ただ施設がない、道具がない、必要経費がだしてもらえないという環境になれ切つてしまつたような印象を受ける。実験をしようと思うとき処方箋どおりにすればできないこともあろうが、処方箋にかわるものを探して目標を達することもあるはずである。実験観察の指導も大がかりに計画すればでき難いこともあろう。しかしそのような場面はそれほど多くはない。日頃の授業はもつと単調なはずである。その単調な授業の中に、いつでも事物現象に即した指導を展開していくことが理科指導の第一歩である。要は先生方の指導の考え方をかえることであり、やらなくてはならぬと思うことを実践にうつすことが大事なことだと思う。

（十一月二十六日）

沖縄の教育を現地に見て

沖縄派遣教育指導委員
愛知県学芸大学付属岡崎中学校教諭
中島彬文

一、理科教育について

第一には教師の理科教育観を確立することが急務である。教科書を唯一の手がかりとし、科学的知識の伝達だけに終つている現状はぜひ打破したい。『事象に即して自然を究明してゆこうとする科学性、科学的態度を養うことが、小、中学校の理科指導では特に大切なのだ。』という自覚を、一人一人の教師が身につけてもらいたいと思う。

第二には、工具、消耗品（薬品、ガラス器具等）の補充と、教師の実験技術の修得に力を注ぎたい点である。各学校を訪問してみると、かなり貴重な器具機械類が購入されているのに、使つた形跡のないものが相当目につく。薬品、ガラス器具等の消耗品の不足と、教師の実験技術の未熟に原因すると思われる。消耗品費の獲得は

・PTA会費の中に予算化する。
・毎月児童生徒から1〜2仙づつ実験費として徴集する。
・運動会の寄付を一部充当する。

等の方法で、あるていど解決がつくのではないだろうか。

第三点は、現状を肯定せず、広く世界の科学教育の水準に着目してほしいことだ。戦火に過去の遺産を失い、教壇の伝統も、有能な中堅層の教師も数多く失つた沖縄教育界の現状には深い同情を禁じ得ない。

しかし、校舎もようやく復旧した今日、『よくもここまで立ち直つたものだ。』という安心感と虚脱感が沖縄の先生方の胸に去来しているとすれば、さらにもう一歩の努力を望みたいのである。

経済的な悪条件を乗りこえて、くふう努力で解決できる問題も、かなり残されているように思われる。例えば

・動植物、岩石等の標本蒐集
・簡易器具の製作

等、まだまだやり得る道は残されている。

第四は、自主的な研究サークル活動を活発化したい。理科の各領域の中には個人研究ではどうしても解決できない問題がたくさん含まれている。例えば、名護教育区内のどこにはどんな岩石があるとか、どこへ行けばどんな植物の群落がみられるか、教材資料の分布図をつくつたりするようなしごとは、どうしても同好会のような組織の力によることが望ましい。

第五は、郷土に即した具体的なカリキュラムをつくる必要性を痛感する。本土でつくられた教科書をそのまま使つては教材の季節的ずれも多いし、又全然生育していない動植物もあろう。それらをよく検討し、沖縄に適した指導計画をつくり上げることが必要である。

二、体育行事について

運動会の盛大なこと、単にそれが学校体育の一行事ではなく、広く地域社会と密着したレクリエーションの場となつていることについては、長短相半ばする意見が識者でかわされている。いまここで運動会の功罪を論じようとは思わないが、陸上競技を主体とした体育行事のために、学校の授業がかなりけずられてい

る点に注目したい。
運動会の練習を含めて、年間優に一週間以上、授業がつぶされていると想像される。もう少し体育優先的な学校行事を整理する必要はないだろうか。

三、修学旅行について

現在宿泊している旅館で、私は十数校の中南部の修学旅行団の実態をみた。たのしい旅行をよりたのしくさせようと、いろいろ苦心をしておられる先生方の労苦に対しては、敬意を払いたい。しかしなおもう一歩努力していただきたい点をのべよう。

・旅行の目的と計画をはっきり立てること。

見学、集団訓練、レクリエーション、社会性の陶冶等、旅行にはさまざまな目的があろう。本土の修学旅行も多分にレクリエーション的な要素をもつていることは事実である。

たまたま今秋は相次ぐ台風でスケジュルがすっかり狂ってしまった学校が多かつたとは思うのだが、雨がふれば一日中旅館でごろごろしている学校を何校もみた。雨の場合はどうするかという計画も出発当初に充分もつているべきではないだろうか。一泊二日なり、二泊三日なりの修学旅行をもつと有効に使いたいものである。

・旅行引率者は、もつと生徒の掌握管理に意を配りたいものだ。

もちろん極端な例で恐縮だが、自由外出を許可し、映画館で半日遊んでくる子どももあり、町をぶらついている子どもありという現状をみていると、よく事故が起らないなと感心する。

自由外出など一時間ぐらいに制限し、常に生徒の掌握をすることを配慮したいものである。野放し状態になりがちなのは、一般に中学校の方が多かつたことを付記する。

集合、点呼、解散、食事、就寝、起床等のけじめをしつかりつけていくことが旅行目的の一つになるのではないかと思う。そのためには、引率教官全員が笛をもつて旅行に臨むことをおすすめしたい。唯一校、集合、解散、班長集会等を、笛の合図でキリリとやり、気持よく旅行生活を楽しんで行つた学校を見たが、傍観者である私自身何か楽しさを覚えた。

沖縄の教育の現状をみる眼が甘いままに、私は勝手気ままで卒直な意見を書きすぎたような気もするが、他山の石として下さるならば幸いである。無より立ち上り、苦斗を続けられて今日の状態まで教育水準を高められた、先生方の血と涙の歴史に敬意を表しながら、ペンをおく。

音楽科指導にあたつて

沖縄派遣教育指導委員
静岡大学教育学部付属浜松小学校教諭
富永忠男

沖縄に派遣されて二か月余になるが、その間、名護連合地区の四十数校の小、中、高校を訪問し、あと離島三島を残すだけになつた。

その中心地名護町は沖縄本島の北部に位し、沖縄本来の姿の町であり、緑と海の静かな美しい町である。家々からは昼となく夜となく、エキゾチックな蛇皮線の旋律が流れ、豊かな民謡と舞踊が温かく育てられている。それは決して新興の町でもなく衰頽の町でもない。

近代的なことと云えば、最近完成したと云われる。沖縄全島を一手に引受けるオリオンビール工場だろう。

各学校では校長先生の案内で各学校の備品や教具の状態、電気需要の状態などを観察したのであるが、台風の対策として建築、例えばどこの学校も鉄骨ブロック建築が徹底しているのに対し、教室経営の資料とか教具の設備は誠に貧弱である。例えば特別教室などは僅少の状態であるので、職員室の一隅に備品室などがあり、理科のセットやオルガンや太鼓、その他必要な教具が置いてあるが、それらがあまり活用されず、ほこりにまみれたり、さびたり故障したり、とにかく機能が停止と云つた状態であるが。従つて指導は教科書中心になりやすく、音楽においては唯、教科書の中の歌をオルガンの伴奏でうたうだけ……であり、感覚的、

楽しい音楽の学習　指導は伊礼政孝先生

意欲的な学習とはおよそ程遠い指導がなされている場合が多い。発電所が貧弱であり、昼夜線がなく、夜間線がそれも十一時までと云うところはよい方で、殆んどの学校は発電機を持っていて必要に応じて電気を起すのだ。従って理科教育で電気を必要とする教材や音楽におけるレコード鑑賞などは殆んどできない。今やレコードはLP時代ときくがそれは電気の充分な地区のことであり、ここではポータブルこそ必要品である。電蓄があつても電圧がひくく、廻転が不純であり、正常な音質では音楽が聴かれない。私は派遣に際してN楽器会社から特別に楽器を配慮していただき、立奏用木琴（テナー）一台、アコーディオン（十八ベース、スチールリード）一台、ハーモニカ（十五穴）五十本、スペリオパイプ五十本を演奏や講習会や学習に充分に活用して効果をあげている。生の音楽に対する感激性、鑑賞意慾は大したもので、スペリオパイプ、木琴、アコーディオンの独奏を機会ある毎に聴かせるのだが、驚歎の態で、〃ほーほー〃と感歎している。〃ラヂオで聴くような木琴の音がする……〃とかいかにも子どもらしい卒直な感想には嬉しくなつてしまう。四本ばちの木琴奏は、途中に何回も何回も拍手が湧き、戸迷つたことがある。

演奏をする私は決して名演奏家ではないのだが……

本土からついたばかりの楽器を前にして
うれしい音楽のおべんきょう

研究校…研究校名護小学校では、先生方と父兄のご理解とご後援により、アプライドピアノU3B一台、ハイファイ電蓄一式、小学校共通教材鑑賞用レコード一式（EP盤）オルガン二台、ソプラノ木琴一台、ソプラノアコーディオン一台、アルトアコーディオン一台、鉄琴一台、その他リズム楽器五十名分一式をどの学級でも学習できるように特別教室に設備してくださつた。本土の一般的学校の施設に決して劣らない充実した施設であると思う。

一つの教材でも、それがうたわれたり、楽器で演奏されたり、有機的、総合的な学習に展開されてゆく日も間近い。

沖縄には独特な民謡、舞踊など、大衆層にがつちり支えられているから、学校音楽もゆたかに育つて行くものと期待をしている。

音楽における指導計画について

沖縄派遣教育指導委員
広島県教育委員会指導主事　梶山逸夫

沖縄の先生は真面目だ。子どもと真剣に取組んで日々励んでおられる姿はうるわしい。

こんなことを感じながら来島当初あいさつ廻りをすませた。やりがいがある。半年間うんと頑張って自己の責務を果してみよう。先生方の熱心な態度に励まされながらこうした決意をいつの間にかかためることができた。

さて、地区の音楽教育を、どんな方針でどんな計画で、と考えてみた。そうした立場から私の指導計画の概要をのべてみよう。

▽こんなところにねらいを

1、音楽のことばを身につけよう

音楽の基礎能力である読譜力をもつともつと高めたい。そのためには、先ず音楽のことばである音楽語いを豊富にもたせることが大切である。とくに低学年における読譜以前の段階において、かな譜視唱や階名聴唱などを通して多くの音楽語いを身につけさせたいものである。

2、音楽の文字を身につけよう

音楽指導において最も抵抗を感ずるものは読譜の問題であろう。楽譜をみてすらすらうたえるところまで育てあげなくては楽しい学習にはなりえない。

○正しいリズムにのつてどんな音程でもうたえる子どもに

○各調の旋律がすらすらうたえる子どもに各教師が念願するところのものである。

が、決してじゅうぶんな能力がついているとは思われない。楽しい音楽学習の展開の中に基礎的なこの視唱力を高めていきたいものである。

3、楽器を扱うことの楽しさを味わせよう

音楽教育では歌唱がその中心であることは勿論であるが、反面器楽やその他の領域が忘れられがちになっているように思われる。児童は、楽器をもつよろこびに浸ってない。楽器を与えることによって、その楽しさ、面白さが湧き、音楽能力も一そう高まるものである。歌唱における劣等感も忘れて、児童すべてが同一線上から出発できる器楽教育は、ぜひこの際、振興させたいものである。

▽こんな実施計画を

1、学校訪問による指導

施設設備や児童の能力は学校によって種々異なるものである。各学校の実態の上に立って音楽教育を進める立場から、学校訪問による指導を計画した。地区内は小、中併せて十四校ある。週二回の月金に順次訪問することにしている。主な内容は

○訪問校においては適宜研究授業を行う
○楽教育の諸問題や学習指導の方法等音について研究協議会をもつ
○希望によって指導委員は授業も行う。

2、公開授業及び研究協議会の実施

具体的な指導法の研究は公開授業が最も効果的である。従って当地区では左の要領で実施している。

○毎週一回の公開授業を行う。各学年ごとに公開し低学年から順次実施する。
○参観者は当該学年の教師を中心とする
○協議会においては、当該学年の内容を中心とした指導法の研究をなす。
○実技的な練習も併せて行い資質の向上をはかる。

3、音楽主任会活動の推進

地区の音楽教育の推進母体をなすものは主任会であろう。この主任会を一そう強力なものにするために、同好会的な性格なものに発展させ、その活動を期待したいものである。主な行事内容としては

○年間指導計画の作成
　改訂指導要領の主旨を生かし、地区の実状に即したものとする。
○最低基礎能力表の作成
　必要最低の能力を身につけさせるために、各学年（小、中とも）に応じた能力表を作り指導のめやすとする。
○最低設備基準の作成
　各学校における最低の必要な施設設備の基準を作り音楽教育の標準化をはかる
○実態調査の実施
　とくに読譜の能力調査をなし、読譜力の向上をめざすとともに、指導の反省資料とする。

4、地区音楽会の実施

年間の総まとめとして、音楽会を開催し、地区音楽教育の向上と各校の親睦をはかる。

○期日は二月下旬とし、地区内全校参加する。（各校二種目程度）

5、その他

○認定講習会や改訂指導要領主旨徹底講習会を実施する計画をもっている。

指導計画

名護地区指導委員
中島彬文

一、九月第三週↓十月第二週
・学校訪問と各校理科設備状況の調査
・勤務校の理科備品調査
・理科備品材料購入計画立案と註文

一、十月第三週
・勤務校の理科教室環境整備
・授業計画の立案

一、十月第四週
・勤務校の理科教室環境の整備
・備品、薬品、材料の購入
・実地授業開始

一、十一月第一週
・実地授業
・勤務校における理科指導

一、十一月第二週
・第一回公開授業
・「水素の実験講習」
・「理科同好会の発会」をかねて

一、十一月第三週
・学校訪問

一、十一月第四週
本部町、上本部村、今帰仁村の小、中校を対象とした実験講習会（化学教材）

一、十二月第一週
伊平屋講習会、（公開授業と実験講習）

一、十二月第二週
伊江島講習会（公開授業と実験講習）

一、十二月第三週
羽地、屋我地村理科研究会
（授業を中心とした）

一、十二月第四週
認定講習（物理教材を主とした実験講習）

一、一月第一週
仝　右

一、一月第二週
実験講習会（化学教材）
名護、屋部、羽地四か町村を対象として。

一、一月第三週
名護、屋部理科研究会（授業中心）

一、一月第四週
伊是名島講習会

一、二月第一週
本部町、上本部村理科研究会（授業中心）

一、二月第三週
今帰仁村理科研究会（授業中心）

一、三月第一週
自作器具展示会及び研究発表会

数学教育の動向と課題

沖縄派遣教育指導委員
埼玉県教育委員会指導主事　尾崎馨太郎

一、学習指導要領の改訂と移行措置

本土では、昨年秋、教育課程の全面的改訂が行われ、算数数学科の学習指導要領も昭和二十六年度版（試案）がすつかり書きかえられて、小学校は昭和三十六年度から、中学校は昭和三十七年度から完全実施されることになつている。

この場合、昭和三十六年、昭和三十七年度に、小中学校それぞれ一齊に切り換えることは、教育という仕事の性質から考えていろいろ無理があり、施行すれば幾多の混乱を生ずることは火をみるよりも明らかであるから、

この切り換えのための傾斜をできるだけゆるやかにして、学習上の断層、不連続、飛躍がないようにしよう。

という、いわゆる地ならしが、切り換え実施に先だつて相当な期間行われる必要がある。これが移行措置で小学校では昭和三十四年、三十五年の両年度に、また中学校では昭和三十五年（第一学年）、昭和三十六年（第一、二学年）の両年度に、それぞれ必要な内容の経過措置を講ずることになつている。

移行措置は、原則として必要の最小限度にとどめる。というのは、これまでの算数数学の学習は、従来の学習指導要領の線に沿つて進められてきている（註）ので、その学習履歴を考慮し、一方では授業時間数ともにらみ合わせてむりがないようにプログラムを組まないと、せつかく切り換えを円滑にしようとして行なう移行措置のために、かえつて混乱を来たす懸念があるからである。

（註）実際には、今日の検定教科書で、昭和二十六年度版指導要領の水準そのままの内容にとどまつているものは一つもない。後に述べるような時の動き、各方面の要望を反映して、検定教科書はすでに新指導要領の線にかなり接近したものになつている。そしてこれが、移行措置の様相を複雑なものにしている。

二、数学教育思潮の転換

右のような制度上の大きな改変と関連し、並行して、日本の算数数学教育も大きく変貌しようとしている。その点について、以下簡単に見ておこうと思う。このことはおそかれ早かれ、いずれは沖縄における算数数学教育ともはつきり関連をもつてくると思われるからである。

終戦後の日本の算数数学教育はとくに義務教育段階において、かなり明瞭に対立する二つの思潮の中にもまれてきた。

その一つは、

○生活経験を基調として、学習を問題解決の形で組織していこうとするもので単元学習の考え方に代表され、

他の一つは、

○算数数学教材の系統的組織的発展を重視し、これを根幹として学習設計をしていこうとする考え方で、今日いうところの系統学習がこの思潮を代表する。

とみることができる。

大まかに言つて、戦後、今日までの期間の前半は生活経験を中心とする考え方が圧倒的であつた。ところが、昭和二十五、六年ごろから、算数数学の学力低下が問題になりはじめ、それが戦後における学習指導のなまぬるさ、つまり生活中心、興味本位の学習の所産であると考えられるようになるに及んで、しだいに後退しはじめた。そしてこのことを決定的なものにしたのが、このたびの教育課程改訂、つまり学習指導要領の全面的改訂である。

このことは、教育課程審議会が文部大臣の諮問に応え教育課程改訂の基本方針として答申した中にもはつきりあらわれている。すなわち、教育課程の全般にわたつて基礎学力の充実を強調し、ことに算数数学科については、小、中学校を一貫する系統発展させ、科学技術教育振興の基盤を強固なものにしなければならないとしているのである。

どのような学習方式によろうとも、窮極の目標が児童生徒の学力の充実伸張にあるべきであることは論をまたない。生活経験を中心として学習すると、はたして学力が十分につかないものなのかどうか－大方はそう思つているにしても、一部にはなお学力の概念規定に疑問があるとし、近代的な学力構造という観点から総合的な学力は（紙の上の学力に限定しなければ）決して落ちていないと主張するものもある。たとえ少数意見ではあつても、算数数学教育の健全な発展のために、この考え方も尊重されなければならないであろう。

しかし、大勢は系統に傾いている。ことにこのたびの指導要領改訂によつて、学習内容の水準が約一年分程高められた結果、悠長なことはしておれないというのが一般教師の共通の気持である。系統学習の主張は、このような情勢を背景として強くなりつつある。生活学習のいきかたにも推しておきたいすぐれた点があ

るが、やはり時勢は移っているのである。

三、当面する課題

沖縄の教育課程が今後どのように推移していくか、私にはよくわからない。いずれにしても事実の上ではすでにある程度新しい教育課程の線にのって仕事はすべり出している。というのは、いま使用している検定教科書自体が、すでに相当程度に新しい課程の精神を反映し、内容を盛りこんでいるから、実質的には新教育課程への道がすでに開かれ、広い意味での移行措置はもう今日の実践の中で進められていることになる。自覚するかしないかにはかかわりなく、また好むと好まざるとにかかわらず、今日の学習内容は、昭和二十六年度版指導要領のワクからはぬけ出してしまったのである。

それでは、このような成行にまかせておける、昭和三十六年（小学校）、昭和三十七年（中学校）の全面切り換えが支障なくできるように事態が推移するかというと、そうはいかない。参考のために本土の処置をみておこう。

1、文部省は……昭和二十六年度版と新しい指導要領とを対比して、これだけは移行期間中に、新しい配当学年で扱っておく必要があるという内容を、移行措置要項として事務次官通達で示した。

2、各都道府県は……右の通達にもとづき、それぞれの自主的な立場を勘案して、それぞれの都道府県の基準教育課程に所要の修正を施し、管内の教育委員会、学校に対して指導の処置を講じた。

3、各学校は……右の通達と指導により各学校の教育計画を「移行期体制」に切り換え、次に述べる補充教材を使用しながら、小学校はすでに移行第一年度の段階にはいっている。

4、教科書発行者は……自社の現行教科書と文部省の移行措置を比較検討し、必要な補充教材を編集し、小学校四年以上は文部省届出の手続をふんで、示された。（註）価額、ページ数のワク内で発行し、児童生徒が教科書同様に使用できるようにしてある。

（註）四十ページ以内、十三円以内

右のような段取りは、手おくれになっては意味をなさなくなる。昨年八月末の指導要領中間発表以来、短日月の間にこれだけの仕事を、しかも逐次的に進め、仕上げていくことはたしかに容易ではなかった。しかし、それは万難を排して進められ、完成された。現在は、このような仕事の上に、移行措置が、自然な「成行」でなく、意識的な努力として、順調に進められつつあるのである。

沖縄にあっても、教育実践の一環である教科書（註）は、本土と同じものを使う限り、右に述べたプログラムが進行することを前提として推移し、昭和三十六年には小学校の、昭和三十七年には中学校の全面改訂を迎えてしまうわけである。

（註）昭和二十九年、文部省が全国五百校を無作為に抽出して調査したところによれば、九十パーセントの教師が、「教科書どおりに算数数学を指導している」と答えた。

今日、沖縄の教育現場では、このことが手おくれにならないように進行しているのであろうか。どこかで仕事が渋滞していようとも、こどもは日々の学習を進め、進級し、卒業していくーそこには「待った」がない。

十一月六日の全琉教育指導委員連絡会議でも、当然このことが問題になった。そして残念ながら各委員のもたらした状況報告は楽観を許さないものがあった。前述の補充教材について「知らない」教師があるということや、移行期の授業時数について、たとえば四年以上は「状況により週当り七ないし八の授業時数を配当することも」考えられ実施されているのに（本土）、こちらでは上限も下限も了解に苦しむような時間数が配当されている事例があるという。本土の基準をそのままあてはめようとは思わないが、あまりにもまちまちであるという。とにかく、放任しておけないというのが、そのときの結論であった。（この小論も、その意味で書かれた。）

沖縄の教育には、あまりにも隘路が多い。施設設備はいうに及ばず、教師の研修のための書籍もなかなか手に入れにくいし、まして、都道府県の境界をこえた広い範囲で研究を交換する便宜にも乏しい。どちらを向いてもマイナスの条件ばかりが目につく。

この隘路をのりこえて沖縄の教育を再建しなければならない。沖縄の児童生徒の学力は本土に比較してかなり低いという。何とかして本土のレベルまで引き上げなければならない。それにはどうすればよいかーその解答は紙の上に書かれるのでなく、一人一人の教師が毎時、毎日の実践という形で書かねばならないのである。それだけではない。一人一人の研究実践が結集され、集成組織されて力強い推進力となるような仕組みー研究体制の確立も今日の急務であると考える。

とにかく、課題は足もとに山積している。

沖縄の教師のねばり強い努力により、それらを、除々にではあるが緊実に、解決しつづけていくことを祈念してやまない。

（小校算数指導要領改訂委員、
中・高校数学指導要領改訂委員）

安保先生を迎えて

宜野座地区連合教育委員会指導主事　奥間松蔵

今度文部省派遣の教育指導委員の一人秋田大学学芸学部付属中学校の安保宏先生を宜野座地区にお迎えしたが、秋田とは何か縁故があるような気がする。

当地区出身の宜野座通男氏も秋田の日新中学校で教鞭をとつているからである。安保先生は中学校の数学を担当されることになつた。先生は秋田県ではもちろん全国の数学教育界でも第一人者である。かかる先生を当地区におむかえして直接指導をうける機会を得たことを心から感謝している。先生は十月一日から地区内の学校訪問をなさつたわけであるが訪問後の感想を次のようにのべておられる。

一　学習指導について

1　こどもの実態の把握の方向で手ぬるい点がありはしないか
　イ　知能テストとその生かし方
　ロ　標準学力テストとその生かし方

2　興味化、必要性の原理がおろそかにされている
　(イ)　Readin ss の研究が必要である

3　作業化の原理、具体性の原理、直観の原理について
　(イ)　板書してわからせようとする

4　学校の施設を一二〇%に活用することが必要である
　例えば体重計、台秤の活用

5　小学校の低学年では学習の中に遊びの要素をたくさん取入れることが必要である

6　考える指導に真剣に取組んでいない
　(イ)　考える芽をつんでいるのは教師である
　(ロ)　考える楽しさをこどもがわかつていない
　(ハ)　練習の効果的方法がくふうされていない

7　能力別指導が真剣に考えられていない
　(イ)　能力別指導は形式ではない
　(ロ)　一人一人の能力が充分のばされていないような指導

二　その他の問題

1　自主性を育てるような教育にかけていないか
　イ　入学と同時におとなとしての待遇をする(中学校)
　ロ　先生が出すぎはしないか(生徒をこども扱いにしている)

2　こどもに学習意欲がかけているのは教師の責任と思うが
　(イ)　実態が把握されていない

3　若い教師の指導を校長がもつと積極的にやつてもよいのではないか

4　中学校では校内研究授業を余りもたないようだが—
　(イ)　他教科を見ることによつて学習指導の方法上のくふうができる

5　単級の解消

6　生徒指導(内面を培う人間教育)

7　学力不足の問題
　イ　授業時数の確保
　ロ　研究組織の強化(同好会等)
　ハ　学校行事の再検討

8　現状打破(マンネリズムの打破)

先生は以上のような感想を訪問後なされたのであるが、我々はもつと真剣になつて検討する必要があると思う、一応教育理論はわかつてきたようであるが、これを実際に活用できる段階まできていないという、沖縄教育の現実を指摘しておられるようである。これまでの教育界は本土とのずれがある。その原因はいろいろあろう。こうしたずれを一ぺんにとりもどそうとするわれわれ教育者はそれだけ苦しい努力をつづけてきたわけである従つて教育理論をのみこむだけでも精一ぱいであり、これを実際に活用していくまでの余裕がなかつたことはたしかである。その点大いに同情されていいわけであるが、それが安易なマンネリズムになつた場合は、それこそとりかえしがつかなくなる。先生はこの点を憂慮されたのでないかと推察するわけである。

去る十月二二日に先生を中心に地区内の小学校の算数、数学の主任会を開き先生から別表(次頁参照)のような、小学校中学校算数数学の診断テスト作成問題分類表(計算の部)を示してもらつた。その目的は一人一人の児童生徒の学力の実態を一層ほりさげて把握し、現在児童生徒はどこにつまづいているかその困難点とその原因を究明し一人一人の児童生徒を伸ばす指導法の研究に役立てるために実施するわけである。

このようにして診断テストを実施し、それを集計して指導法の研究をしながら村単位に研究会をもち来年三月まで先生を中心に地区内の算数数学主任と一緒に算数数学教育のあり方について究明しようと考えている。

小・中学校算数診断テスト作成問題分類表　（計算の部）

学年	番号	問題分類
二年	1	1位数＋1位数（くりあがりがある場合）
	2	2位数－1位数（くり下がりがある場合）
	3	2位数＋2位数（くり上がりがない）
	4	2位数－2位数（くり下がりがない）
	5	2位数＋1位数（くり上がりがある）
	6	2位数＋2位数（くり上がりがある）
	7	2位数－1位数（くり下がる）
	8	2位数－2位数（くり下がる）
	9	2倍　3倍、4倍
	10	2・3・4等分
三年	11	乗法九九5、2、4の段
	12	乗法九九3、6、8の段
	13	乗法九九1、7、9の段　〇の乗法
	14	2位数＋2位数＝3位数及び逆
	15	3位数±2位数（くり上がりくり下がり）
	16	3位数±3位数（仝）
	17	複名数（m・cm）の加減
	18	包含除の意味 } これは一つにしてもよい。
	19	等分除の意味 }
	20	2位数÷1位数＝1位数　〇についての除法
四年	21	1位数でわる（商1位余りある）
	22	検算
	23	時刻・時間の計算
	24	整数の乗法　1位数×10、1位数×2位数（或は3位数）
	25	2位数×1位数　3位数×1位数
	26	3位数4位数の加減
	27	概数の用い方
	28	$\frac{1}{10}$までの小数の概念
	29	$\frac{1}{10}$までの小数の加減
	30	$\frac{1}{100}$までの小数の加減
	31	2位数×2位数
	32	3位数（4位数）÷1位数
	33	分数の概念と分数の大小
	34	分数と小数の関係
	35	かつこの用法
	36	2段階の計算を1つの式にまとめてかく
	37	四則のまじつた式の計算
五年	38	大きな数の加減（万程度まで）
	39	加減の概算
	40	整数の乗法3位数×3位数まで
	41	整数の除法2位数でわる
	42	整数の除法、3位数でわる
	43	小数の加減$\frac{1}{1000}$まで
	44	小数×整数
	45	小数÷整数（整数÷整数＝小数を含む）
	46	除法で余りのある場合
	47	整数×小数
	48	真分数、仮分数、帯分数約分
	49	同分母分数の加減
	50	分数×整数
	51	分数÷整数
	52	割合の意味
	53	割合の応用
六年	54	通分
	55	異分母真分数の加減
	56	異分母帯分数の加減
	57	仮分数×整数 } これはまとめてよいかもしれない
	58	仮分数÷整数 }
	59	帯分数×整数 }
	60	帯分数÷整数 }
	61	比の意味と比の値の求め方
	62	歩合、百分率
	63	連比とその計算
	※64	小数をかける
	※65	小数でわる
	※66	小数でわり、余りある
	※67	分数をかける。
	※68	分数でわる。
	※69	帯分数の乗法除法
	70	末位の0を処理した乗法除法
	71	末位の0を処理した除法の余り
		※は中学校にゆずつてもよい。もし行うなら6年の3学期がよい。
		診断テストはまず1年下の学年の問題から行う。
一年	1	整数の加減（4けたまで）
	2	整数の乗法
	3	整数の除法
	4	整数の四則混合
	5	概数をとる（以上以下の未満四捨五入等）
	6	概算加減（註小39参照）
	7	概数乗除
	8	約数と倍数
	9	素数　素因数分解
	10	公約数と最大公約数
	11	公倍数と最小公倍数
	12	分数の意味と分数の変形
	13	分数の大小
	14	分数の加減 (小)49 } と関連
	15	分数の乗法 (小)67 }
	16	分数の除法 (小)68 }
	17	小数の加減 (小)43 }
	18	小数の乗法 (小)64 }
	19	小数の除法 (小)65 }
	20	小数と分数の混合した計算
	21	時間の計算（その他単位の計算）
	22	角度の計算
	23	比歩合、百分率分数の関係
	24	連比を求める。（5問でよい）

学年	番号	問題分類
	25	比例配分（5問でよい）
	26	比例式
	27	比例
	28	反比例
二	29	正の数負の数（符号のついた数、数直線を含む）
	30	仝　加法
	31	仝　減法
	32	仝　乗法（指数を含む分数も入れる）
	33	仝　除法（仝上）
	34	正の数負の数（四則混合
	35	文字の計算×÷を省いたり、つけたりする。
	36	単項式の加減
	37	かつこでくくる。かつこをはずす。
	38	単項式の乗除（指数を含む）
年	39	式の値
	40	方程式　文章を式で表わす。

学年	番号	問題分類
	41	方程式をとく $x+a=b$ $x-a=b$
	42	方程式をとく $\frac{x}{a}=b$ $ax=b$、$ax+b=c$
	43	方程式をとく $ax+b=cx+d$ $\frac{b}{a}x+c=\frac{e}{a}x+f$
	44	比例式をとく
	45	比例と比例のグラフ
	46	反比例と反比例のグラフ
	47	測定値の計算（四則）
	48	有効数字の表わし方および相対誤差など
	49	利息計算（日歩、単利）
	50	債券と株（利まわりの計算）（省いてもよい）
三	51	文字と式、単項式の計算
	52	多項式の計算
	53	簡単な因数分解（二項式の展開）
年	54	分数式の計算

学年	番号	問題分類
	55	点の座標（直線上、平面上）
	56	$y=ax$、$y=ax+b$、$ax=b$　$ax+by=o$ のグラフをかく
	57	仝上のグラフから式を求める。
	58	グラフに関する応用問題
	59	グラフに関する応用問題
	60	稍複雑な応用問題
	61	二元一次連立方程式
	62	方程式とグラフの関係
	63	平方と平方根（位どりなど）
	64	$\sqrt{\quad}$ のついた計算
	65	三角比の意味
	66	三角比相互の関係
	67	三角比を使つて問題をとく

氣象相談室

伊次嶺　安進

問…深い井戸水が夏は冷めたく冬はぬるいのはなぜでしょう。

答…真夏に深い井戸水を汲んで手を入れると冷たくかんずる、冬は反対にかんずる。このわけを知るには、深い地下の温度のからくりを調べねばならない。土の中の温度といえども地面にごく近い所では強い日ざしをうけると、非常にあつくなる。真夏のよく晴れた日に海水浴に行つて砂地をふむと足のうらが焼ける如くあつい。反対に夏であつてもよく晴れた夜は、はだしで地面をふむとヒヤリとする。このようにして土の温度も地面に近いところでは、気温よりも、はげしい変化を示すことが了解される。しかしながら、ずつと深くなると昼間と夜間の温度差がすくなくなる。更に深くなると一年中を通じて温度が変らないところに到達する。そこは大体二十米位の深さだがそこを不易層と言う。不易層までいかなくても、地面より深いところでは、夏の温度と冬の温度とがあまりちがいがない。

琉球の地中温度の統計でもよくわかるが、夏は地下の或るふかさでの地中温度の方が気温よりも低いことがあり、冬は逆に地中の方が気温よりも高いことがあらわれている。面白いことには気温は夏と冬とではたいへんちがうが、地中温度は夏冬の差が大きくない。さて本筋の井戸水だが、地下の深いところにたまつている水だから、井戸水の温度はその水のたまつているあたりの地層の温度に近い水温を示すことが容易にうなずかれます。したがつて井戸水の水温は気温にくらべて低く冬はたかいわけがわかります。

問…寒い朝は息が白くみえるわけは？

答…朝おきて息がユゲのように白く見えると今朝の冷えは相当なものであることがわかる。

寒い日ほど息は濃く白く見えるが、暖い日には見えない。そのわけは、吐く息は体温であたためられている上に沢山の水蒸気を含んでいるので、それが冷い空気にふれて水蒸気が凝結をおこすからである。

本土より指導委員を迎えて

—宮古教育の轉換期—

松川惠伝

宮城県から、遙々来島された秋葉、高橋の両先生に対し、心から感謝の意を表したい。ことに宮古はラサ台風によって学校といわず、民家といわず、あらゆる農作物にいたるまで、甚大な災害を蒙り台風の爪跡の生々しい現地に馳せ参ぜられて、災害復興のためにも、尽力下さいましたご好意に対しては、宮古教育史上特筆すべきご功績として残されるであろう。私は両先生をこの孤島にお迎えしたことは、宮古教育界にとつて、一つの転換期を画する好機だと信じている。

そして、この機を逸することなく、教育の重要性を改めて認識し、その実態をよく把握して、より具体的なものへの教育計画をすすめることを、今後の教育の課題としたいのである。この課題が、各学校において、どのような計画に基づいて具現されていくのか。今後の活動に期待しつつ、狭い視野ではあるが—私なりの断片的な感想を記してみたい。

一、郷土に対する新らしき認識

外来者の見たわが沖縄は、多種多様な自然界はもちろんのこと、文化、経済、政治、資源という幾多の分野が、未開発のまま、残されているようである。この分野の開拓のために、最近各界の知名士や学術の専門家が、次々と来島されて、専門的領域の立場から分析研究が盛んである。

今まで太平洋の孤児として、放置され、勝なこの島も、学者の研究対象として重要な地位におかれている。しかし、これと対蹠的に我々住民自身に映る郷土の姿は、どうだろうか。むしろ単調と、平凡と、困窮の累積した孤島として、映るのが共通的なものではなかろうか。

私はこうした郷土観をこの際払拭して、郷土に対する新らしき認識を求めて、郷土をより高くひき上げ、郷土の革新を目指す開拓への情熱と意欲の高揚が、つよく要望されることを痛感するものである。ことに次代を担当すべき青少年の教育に従事する全教師に対して、この感をつよくもつものである。

沖縄の教育は、十年後れているという言葉を聞かされるのであるが—これはいわゆる、進歩性のない教育としての汚名ではなかろうかと思う。この遅滞と進歩性を欠く教育の向上方策については、色々と考えられることであるが、私が特に強調したいのは、長い間の慣習からきた生活の惰性を勇敢にかなぐり捨てることである。即ち精神的なよりどころを基調とした責任の自覚に導かれた教育の作業なくしては、教育の進歩向上の実現を期することは困難ではなかろうか。そして清新な気分と、創造への情熱をもりあげて、郷土の姿を発見したいものである。

これも私の両先生を迎えて感じとつた一つの問題である。

二、鷹（サシバ）遊びに思う

うだるような夏の暑さも過ぎて、凌ぎよい秋の季節になると、秋晴れの空に飛翔する鷹の群が、南の方からあらわれてくる。この島は昔から、鷹の憩いの場所として好適地とされている。それで寒露の季節になると、鷹の群を待ち遠しさに人々は鷹狩りの準備に余念がなく、一週間の間は忙しい農耕の畑仕事すら休むという長い間の 慣習が、今でも 残つている。この季節にちょうど来島された秋葉先生は、鷹狩りの状況や、子どもらの鷹遊びのようすをごらんになつて、次のような感想を当地の教育時報に発表された。

宮古の人々は秋を告げる益鳥が翼を休めるとたん、捉えて子どの玩具にし、末は焼鳥にするとか。このような遊びの何が面白いだろうか。宮古の子どもは他の有意義な遊びを知らないだろうか。考えざるを得ない。道徳意識や、合理的精神は、お題目をなんべん唱えても、生ずるものでない。足もとの問題、身辺の生活から、極めて自然に成長していくものである。生物を愛する感情が麻痺し、惨忍性を育てるこのような光景は、心ある者の見るに忍びないものがある。生産や精神にマイナスをもたらす鷹遊びは、単に子どもの問題だけでなく、宮古の人々が自らの首を自ら締めるような、他の行動に転移することを恐れる。

聞くところによれば、鷹の数は年々激減しているとか。鷹のこない宮古の秋のさびしさを思い、あえて訴えるものである。

これは住民に対する提言だけでなく、むしろ教師に対する大きな示唆であり、頂門の一針としてつよく胸を打たれる思いがする。

学校においては、子どもらの情操育成のために、飼育教育が実施されている。学校の朝は子鳥の囀りから始まるという情景は、実にあかるいたのしいものである。山奥の学校の清らかさや、へき地学校の美しさは、自然の中にからみ合う、子どもの生活の中に見出される。愛情の世界には、いつわりもなく、ごまかしやへつらいもない。只抱き合う温い心の芽生えだけがすくすくと伸びていく。外からの威圧もなく自分自分の本性に従つて成長する喜びと希望がある。

この喜びの中から逃避し、愛情の世界から転移していく宮古の子どもらの飃遊びを思うと、寒心に堪えない気持になる。これもまた我々教師に提示された問題の焦点である。

三、もつと自信をもて

秋葉、高橋両先生は、校長会でのあいさつをかねて、学校訪問後の感想として次の点をあげられている。

第一に、宮古の先生方にもつと自信をもつていただきたいということです。へき地だ、環境がよくない。学力が低いなどということをよく聞きますが、本土と比較してそのような心配はありません。宮古で九十数戸しかない複式授業をしている学校の四年生と三年生の男子が、本土からきたその日、会つたばかりの私共に、正しい標準語で、堂々と話しかけてきました。このように本土のどこへもつていつても、決してひけをとらない子どもたちが、宮古にはたくさんいます。このようなりつぱな子どもたちを育てあげている先生方は、自信をもつて自分を大切にしていただきたいと思います。

第二に、児童中心に物を考えていただきたいと思います。先生方の指導は、たんねんに、しかも真剣です。更に一歩ふみこんで、一層子どもを見つめて指導されるなら、次のような明るい結果が生まれるでしょう。

(1) 学習目標と教材の混同がなくなり教えこむことに反省が加えられる。

(2) 教科書その他の学校用具のない児童が、親切な扱いを受ける。

(3) できる子、できない子、一人一人の子どもが平等な恩恵を受ける。

(4) 児童は過大な要求をされずに、いつでものびのびと成長する。

(5) 教育の効果について教師の反省が第一になされて明日の教壇に自信がもてる。

以上のことが実現されるならば、と念願しています。本土などでは、往々にして「これこれの注意があつたから、しつかりするように」といつた形になつて現われることがあります。私共は宮古の先生方におつきあいをする際の基本態度として、先生方の自主性と自発性を重んじ、いやしくも上意下達的な結果にならないよう、お願い申し上げます。

上意下達式の弊風をとり去つて、自信のもてる教師たれと、つよく要望されました。

自信のもてない教師は外部の威圧に極度に萎縮し、自己に対する卑下感を抱くものである。こうした心理的な現象が地域的な一つの欠陥だとすれば、これより派生する教育上の諸問題が、必然的にあらわれてくるのは、予期されることである。この共通的な欠陥をいかに是正し克服していけばよいか。

この現実の問題解決なくして沖縄教育の新興を叫んでみたところで、それはやりばのない悲命しかひびかないであろう。

自信のもてる教師としての心構を身につけることが教師に寄せられた課題である。

四、われわれの進むべき道

秋葉、高橋両先生の談話又は感想助言の中には、宮古教育界に対する多くの課題が残され、教師の進むべき道が明示されたと思う。

今まで教壇実践の歩みをふり返つて見ても、そこに多くの矛盾が錯綜して教育の進路を阻んだことであろう。子どもらの自主性の助長を強調しながら、教師自身のもつべき自主性は問題にされないという、矛盾をはらんではいないでしょうか。我々は身近な日常の教育事実の中にこの一つ一つの矛盾をとり除いて、一貫性のある教育実践の立てなおしが最も切実な問題だと思う。この残された問題を解決して明るい教育の建設ができますことを念願してこの稿を終りたい。

最後に、台風災害の渦中に来島されて困難と戦いながら献身的な努力をつづけられている両先生のご健斗を心からお祈りする。

教育指導委員を迎えて

名護小学校教科指導員　富名腰　義　幸

「もう一度研究教員になつたつもりで、六か月間頑張つてみたらどうだ。」と大城教育長から話をもちかけられた時、「これは大変な事になつてしまつた。」と思つた。本土全教育者の中から選抜されて沖縄へ派遣される教育指導委員に付添つて、指導技術を研修したり、活動のお世話をするなんて事が自分みたいな者にできよう筈はない。一体どうしたものだろうと重苦しい気持であつた。しかしもう一人の私は「お前の実力をつけて下さるために神様がよい機会を与えて下さつたのじや。尻込みせんでしつかりせんか。」と言つているようでもあつた。先輩や同僚もしきりにすすめてくれたりした。結局「好機逸すべからず。頑張ります。」と言う事になつた。

九月二十四日、富永忠男指導委員を双葉旅館に訪ねごあいさつ申し上げたのだが、「私が富永です。ごらんの通りの野人ですから今後よろしく。」との印象的な第一声であり、明朗かつ達竹を割つたようなご性格が伺え、遠慮なくご指導願える気がして不安を吹飛ばし楽しい一刻を過した。

あれから二か月。学校訪問、指導日程計画、備品整備、学習指導、研修会、公開授業等々めまぐるしい日々であつたが疲れを知らぬ先生のご熱情、懇切なご指導、円満なご人柄のかもし出す雰囲気の中で、実に充実感に充ちた生活を送る事ができた事を思うと感謝にたえない。先生の意欲的な活動振りにより、父兄や教師、児童生徒、地区の教育界に与えた刺戟はすでに実りつつあるのを見るにつけ富永先生はもちろんこの制度を実現して下さつた各方面の方々に深い感謝を捧げねばならない。この制度は今後共あらゆる困難を克服して実施してもらいたいものの一つで、現場教師はもちろん父兄一般も諸手をあげて歓迎し、感謝している事実は見のがせない。

次に二か月間のメモの中から二、三抜き出してみよう。

◎「民族芸能」の事

九月二十七日、名護の料亭新豊で、野村流全沖縄合同の大演奏会があると言うので富永先生をご案内した。三〇〇名に近い男女会員が奏する琉球古典音楽の荘重な響きは実に見事であつた。先生は「これは驚いた。民族音楽がこれだけ大衆に愛されているという事実は、本土では想像だにできない。生活の中に溶け込んだこの音楽愛好の姿は実に偉大な力を秘めているだろう。」とのべておられた。又旧九月の豊年踊りについても、「一般大衆の生活の中にあれだけの音楽や舞踊が直結している事はすばらしい。本土では民族芸能はプロの独占になつている実情だ。これだけ民族芸能が民衆の中に底辺をもつているならば、その上に築かれる学校音楽も実にすばらしく成長する可能性をもつているはずだ。」とも言つておられた。これについて私達は深く反省せねばならない。

現在の沖縄、特に一部都市地区を除いての農山村では芸術的に広い底辺をもつと言う事実だけではどうしようもないものをもつているような気がする。底辺の上に次々と積み重ねてゆく努力が忘れられているために、民族芸能が単なる型の継承に終つてしまいはしないだろうか。

学校音楽もその例にもれず、音楽教師がいない、やれ楽器が不足だ、経済力がない等とないないずくしの陰にかくれて安易な道をえらんだり、音楽より主要学科(?)の学習を充分やつておけば将来有利だ等と言つている状態では向上どころではないのではなかろうか。楽器がないのではなく、生み出す努力、少ない楽器を最大限に活用する努力が、私達教師にも、父兄にも足りなかつたような気がしてならない。冠婚葬祭の派手さ、酒、たばこ、分不相応な交際は棚にあげ、七十仙位の縦笛一本買つてやる金は出せないという家庭は案外多いのではなかろうか。富永先生のご指導によつて、意識的に継続努力する教師や父兄が一人二人ふえて、あちこちの家々の窓から笛やハーモニカや美しい歌声が流れ出してくる時、沖縄の民族芸能のもつ底辺の広さも真の意味をもつてよみがえつてくるのではないかと思う。

◎「みんなの音楽」の事

名護小学校の音楽教室には、音楽に関する二つの標語が掲げられてある。二つとも富永先生の発案で、その一つが

「みんなのがつき、わたしのがつき、あとかたづけをしつかりと」

というものである。

「本土で一五〇円のハーモニカが、沖縄では一〇〇〇円位に見えて仕方がない。「と先生はおつしやる。本土ではたやすく手に入るいろいろなものが、遥々と海を渡り、税関という関所を通つて沖縄へ入つてくる。しかも、高音多湿の沖縄は、楽器の性能維持には実に条件が悪い。楽器の管理には細心の注意をはらわねばならないとの意味である。尊い資金を出して購入した楽器が整理保管の不手際からホコリだらけになつて棚の中でアクビをしている事を考えるとたまらない。ちよつとゴムひもをつければつかえるカスタネット、ひもが切れてバーが一、二本不足した木琴、不注意で折つた笛、一、二か所弁がならなくなつたオルガン等、今一度楽器を見まわしてみる必要がありはしないだろうか。楽器が少ない上に機能保持上条件の悪い沖縄では公共物たると私物たるとを問わず、楽器の愛護管理には児童教師一体となつてあたらねばならない重大問題であろう。

◎「のどはがつき」の事

「この世の中で、金では買えない尊い楽器は人間ののどである。」と富永先生は常に児童達に教えておられる。音楽教育の標語のもう一つ

「のどはがつききれいなこえで」

というのはそこからきている。一見平凡なようであるが、私はそこに限りない清らかな泉を見出したような気がしてならない。

話す事ができると同時に美しい旋律を奏する事のできるのどの再認識は、私達にとつて実に重大な意義をもつものではなかろうか。

世の中で自分一人にしか与えられていない自分ののどという楽器を心から愛し大切にする生き方に徹する時、どなり声がなくなり、悪口、かげ口がなくなり、虚言が影をひそめ、そこからは常に美しいものが流れ出て来るに違いない。その時こそ美しい歌声や、親愛にみちた和やかな語らいが、教室の窓から、家々の窓という窓から町へ村へ流れ出し、平和な一日一日がやつてくるにちがいない。

◎「音楽を嫌いにしている」の事

富永先生の指導学級の楽しい授業の後に、学級担任の先生方から、次のような話が出る事が度々ある。

「今日、前に出て喜々としてトライアングルを打つていた児は、普段学級でも手をやく児です。」とか

「今日、選手になつて一生けんめい歌つていた児は言うことを聞かない児です。」とか

「あの子があんなにじようずに大太鼓がうてるとは思いませんでした。」とか。

指導の仕方によつては、乱暴な児も、目立たない児もなくなるという事実の具体例である。人間本来美しいものに感動しその中に溶けこみたいと言う心は持つて生まれているはずである。だからこそ音楽があり、絵画があり、花園や公園があり、詩があり、涙があるはずである。にもかかわらず。私達のまわりを見渡してみると「音楽は嫌い。」という児が相当数いる事はどうした事だろう。私やあなたが音楽を嫌う児を作つてしまつた事実はないだろうか。深く反省してみたいものである。

「お前の音程はくるつている。」

「六年になつてもドミソも歌えないのか。」

「この児は歌がまずいから2にしておこう。」

といつたような経験をもつている教師は案外多いのではなかろうか。授業が歌唱一辺倒にながれ六年を修了するまで、楽器に全く手をふれないで校門を出ていく児童の率はどれ位あるか知れないが、父兄や社会の協力と、現場教師のたゆまざる努力研修で救つてやるべきだろう。然しこれは単なる思いつきや便法を講ずる事では解決できないものであり、教育は偉大なる投資である事の認識にたち、計画的な音楽施設の充実や、施設の能力の最大限の発揮計画や、教師の指導技術の研修等総力の結果が必要である。

◎「うらやましい」の事

「富永氏沖縄へ行く」と言うのでN楽器会社ではすすんで十万日円位に相当するテナー木琴と十八ベースアコーディオンを講習会用として無料提供したとの事である。又沖縄側で準備してあると思つた縦笛とハーモニカがないので富永先生直接N楽器会社へ航空便で無料提供を申し込まれた。十日位たつた頃各々五十本宛品物が届いたのである。沖縄では考えられない事である。又本土での講習会には各楽器会社から全員へ楽器の無料提供があるそうである。誠にもつてうらやましい限りである。沖縄も、そのような音楽講習会が開けたらどんなに楽器の普及率が高まつていく事だろう。

終わりに、現在名護地区では、歌唱中心から器楽鑑賞を取り入れた楽しい音楽学習へ移行しようとする努力が見えはじめて来ている。現在一挙に楽器を揃える事ができないにしても、その努力がいつかは実を結び、活気に充ちた学習活動がなされる事であろう。それにしても、都市地区と地方農山村地区との音楽備品の落差は、他教科の落差に比して大きいのではなかろうか。安易に他力本願に依存する気持はないが、文教局予算の中に、音楽科振興の ための 予算を 組んでもらい、ただでさえ、文化的恩恵に恵まれない農山村の児等に、楽しい音楽学習をさせてもらえる日のくるのを祈るものである。

教育指導委員を迎えて

具志川中学校教科指導員　中　里　勝　也

前原地区では理科同好会が一九五九年三月二八日に結成されその事業内容も講習会、研究会、共同研修会と次々に実施されその収穫も多大なものであつた。このように理科同好会員は実践と理論の集積を通して理科教育の振興を図るべくたゆまない努力を続けいよいよ軌道に乗り出し本格的に活動しようと教育熱の燃えあがる矢先、招へい理科指導委員を本地区にお迎えできた。

このことは理科同好会員だけでなしに教育長先生始め各小中学校の校長先生方も同様に理科教育の向上に努めようと学校経営の重点目標の一つとして取り上げているところであつたが、今日までいろいろと講習を受講したものの直接小中学校に活用される研修はほとんどなかつた。すなわち教師の資格更新の義務的なものであつたに違いないこの意味においても実習を通して教師自体に肉となり血

となって明日からの教壇実践に役立てるような指導をなさるりっぱな指導委員が迎えられたことは書面を通して文教当局に厚くお礼申し上げる次第である。

さて指導委員のご滞在期間六か月中に多く学び理科教育の諸問題にわたって解決していこうと決意するものである。それには多くの協力的活動が必要とされる。学校当局はもちろんのこと教育委員の方々それに各父兄の深い関心と援助がなくてはこの解決を見ることはできないであろう。換言するならばその帰着点は教育行政面にある。しかし他に依存するだけを考えていては始まらない。現状の立場でいかにこの際の科学技術教育をどれ程把あくするか、実践を通してよりいっそうの理科教育の向上に努めるよう努力せざるを得ない。

それでは指導委員から何を学び今後の理科学習の指導に役立てるかが問題となる。早急に解決をしなければならない問題は次の点であろう。

科学技術教育

私たち現場教師として科学技術教育をいかに施すべきかをテーマとして指導委員の先生よりご指導を受け、その実際と理論の習得を基にして、生活中で本当に消化し身につけて、理科教育の計画を自主的に作成して今後の技術教育を現場に生かしていくことが大きな鍵となるであろう。しかしこの解決は、わずか六か月の期間ではある程度の礎石となるだけで、指導委員のご帰任後も忠実に一歩一歩と前進すべき容易ならぬ努力が必要である。

新指導要領

教育課程の改訂にともなって現場職員の直面している問題は、新指導要領の内容の調査研究が要求される。この機会にあらゆる角度から吟味し、指導委員の指導助言を受け、今後の学習計画に何んの支障もないように深い研修を積み無駄な労費がなく現場担当教師に大きな役立ちをするところまで細密な研究とご助言を受けるべく努力したい。

移行措置

教育課程の改訂によって教科書が変わると、現行教科書と新教科書との内容指導においていろいろと措置を講じなければ、今後の指導に無駄な時間と労力が消耗されることになる。そこで来年三月までには指導委員の指導の基にある程度の解決の糸口を見出していきたい。

理科学習指導計画

現行教科書にある実験観察は余りにも多く、年間時数では到底習得できない。それでミニマムの問題が考慮されなければならないはずであるが、現在学校での指導は指導書のみに基いた指導で、学校独自の年間計画がなく、また実験教具がないままに不満足な教壇生活を続けている。このような指導を一歩進めるには、簡易自作器具による実験の研究が肝要である。これらの実習と理論の指導を受け指導計画を確立したい。

理科学習指導法

理科学習指導にはいろいろな展開方法があろうが、実験学習においてそれらの方法が効果的であるか疑問をいだくことが多い、この際理科の研究授業などを通して指導助言を受け、実験学習指導の方法の研究を進展させたい。以上のような観点から研修し指導委員のご帰任後も科学教育の推進体となり努力していきたい

前原地区理科研究計画の概略

十二月　新指導要領の研究
一月　実験講習会
二月　指導計画の研究（移行措置を含む）
三月　研究発表会

第一回実験講習会を一九五九年十一月二八日（土）二九日（日）の両日にわたって指導委員原田彦一先生を講師とし、理科同好会主催で開講したところ、小学校三一人、中学校二一人の現場職員が参加して、熱心に簡易実験器具の製作に当り、その収穫はこれまでにない大きなものであった。

次の表がその実施内容である。

実験内容

	実験題目	製作	実験
小学校	乾電池と豆電球	乾電池ホルダー、スイチ	導体、不導体、つなぎ方と明るさ
	電磁石	電磁石	電磁石の性質、強さ
	電信機とブザー	電信機、ブザー	発信機、受信機ブザー
	モーターの仕組とはたらき	簡単なモーター	モーターのまわるわけ
	電流の発熱作用	電流の発熱作用実験装置	電流の発熱作用
	電球のくしみとはたらき	古電球の利用	電球のしくみと発光作用
中学校	電流、電圧、抵抗	抵抗実験器	オームの法則
	電流の化学作用	電気分解装置	水の電気分解 食塩の電気分解
	電流熱作用	電燈のつなぎ方 実験器 熱量計	電燈のつなぎ方 ヒューズ 電熱の法則
	電流の磁気作用	電磁石、円形マイル	電流による磁界
	電磁誘導	二重マイル	電磁誘導

――随　筆――

秋日断想

新城小学校長　上原良知

今年も秋が近づいてきた。新北風が吹き初め、鷹が渡りはじめるというのが、秋の前兆だと普通言われているが最近は前のような秋晴れの空を曇らす程の大がかりの鷹渡りも見られず、肌にしむ涼風の感触もなく蒸し暑い日々が毎日続いている。沖縄の季節感のないことがしみじみ感ぜられる今日このごろである。そう言えば沖縄の最近の事情がなんとなく異変を感ぜられるのは単に気象の面だけでなく、すべての面でそう思われるのは、あながち私ひとりの思い過ごしではなかろう。最近読谷残波の巌頭から静かな東支那海にむかつてナイキ・ハーキュリーズが発射されたのはその最たるものであろう。沖縄の吾々を含めて世界中の良民が平和を希求し熱望し、そして又相対立している両陣営の巨頭が平和のために努力せんと固い握手を交わし誓つたのもごく最近のことであるのに、このたびの読谷巌頭を震憾させたナイキの実験が気象の異変を感ずる以上に異変を感じさせたのは当然のことである。私達は十四年前の戦禍の爪あとを十分脳裡に刻んでいる。消せども消すことのできぬ衝激と、その爪あとを未だに癒すことができず今もつて抱えている。それで教育目標の真先にも平和を愛好する国民と謳つているのである。それだのに我が郷土の実感が、又私達が教育の対象としているものの基盤をなす環境がこのような異変の状態に取り囲まれていることは何といつても不可解であり、遺憾である。

※　※

私の学校で、このたび創立十周年を迎えるに当り、同窓生が記念事業として校門の寄贈を申し出た。同窓生といつても一番上の者が数え年二十三才の若者である。設計から資材購入、施工まで一切を引き受けるというのである。幾分危惧の念もあつたが、喜んで受入れることにした。愈々着工ということになるとその中には役所の吏員、軍の設計士、刑務官、短大生等様々いるので、土曜日曜を返上、工事日としてやろうということに相談がまとまつたのである。土曜日曜になるとショベル、鍬、セメンベラを持つた青年男女が集つて来て賑やかである。いま工事の最中であるが、在学中の思い出を語りつつ遠慮のない冗談をとばしながら楽しそうに仕事をしているその姿は見ていても気持よく崇高なものですらある。塀ができ、門柱が立ちほとんど八分通りはできている。私はこの同窓生による校門の寄贈をほんとに意義あるものと思つている。校門ができた暁、同窓生はこの門を出入する毎に学校との繋りを強く意識するであろうし現在本校で学んでいる学童達はこの校門を仰ぐたびごとに〃先輩に続け〃という意識を臆げながら抱くに違いない。校門が学校教育の面で果す役割を云々する意志はないが、私は年端もいかぬ同窓生がこの美挙を敢えてやつてくれたことに対して大きい意義を認めているのである。

※　※

糸満地区では教職員会、PTAの主催で毎年庭園の美化審査を行つているが、私の学校がここ数年成績が良かつたというので、たびたび客が来る。予算はどのくらいかけたか、労力は相当かかつたろうとか、いろいろ尋ねられる。しかし何のことはない。前にできていた原型にお化粧をしたり、運動場地均しの時に一方に寄せ集めた土塊をうまく生かして、利用したりしたに過ぎない。それに職員と子どもたちが例外なしに花ぎ好きで、たえず中耕除草したり施肥灌水したりして一生懸命だからだ。

休み時間や放課後、子どもたちが庭園の手入れをしている情景は花ぎを生き物として取扱い、愛情を以て接している姿は子をあやしている母親の姿に通ずるものがある。

日が強いため少しく元気がなくなつているなと思うと見た子どもはだれでも灌水をしていたわつてやるのである。しかし私は時々考える。

庭園や校庭を美しくするために巾広い教育活動の他の面をおろそかにすることがあつてはならない。私達にはやるべき多くの教育活動があるからであると。がしかし、庭園を美しくし花ぎをだいじにするという教育活動が（情操教育の一面と思うが）子どもたちの人間形成に資する所多大であり、他の教育活動の基盤をなすものであるということを言いたいのである。道徳教育とか、生活指導とかいろいろ言われているが、四角張つたことを言うよりは案外こんな所に現代の教育の病根が―或はその治療法が潜んでいやせんかと言いたいのである。

最近PTAと職員が協力して庭園内の通路を作つたり庭園の模様替えをしたりしている。

PTAの方も私達の方針をよく理解してくれ、援助協力を惜しまないのでこの点普段から感謝している。去つた台風で庭木の葉はすつかり落ち、花卉類もほとんど、枯れてしまつてみるかげもなくなつているが、今、秋まきの花卉類を播種してあるので、初春から学年末にかけて色とりどりの花が咲き満つであろう庭園を想像して―また子どもたちがいかに喜ぶであろうその姿を想像して私は収穫の秋を待つ農夫の心境に浸つて教育活動の収穫期を期待しているのである。

学級活動を通しての生活指導

ゲームをとりまく指導

伊野波小学校　比嘉初子

給食の時間のたのしいひとときにも

① しりとりつづき話

おひるの校内放送が、早くおわったり早く食べおわる児童が、時間をもてあましている時など、普通にしている、しりとり遊びを、しりとりつづき話に変えてするのはどうだろう。低学年と高学年とは、方法も、内容もずいぶんちがった形で、おこなわれるのが普通だし、学級独自のたのしいふんいきをもり上げていつたらよいのではないか、低学年の場合を例にとつてみる。

「こんどの給食の時間に、つづき話をしようと思うけれどどうでしよう。」

「先生だれがするんですか。」

「一班からじゅんがいいよ。」

「お話をしたい人がしてくれるといいな。」

「給食のおわつた人がいいな。」

「お話の好きな人がするといいんです。」

こうやってきまつた方法は

1　毎日ひとりずつできるだけ長い話をする。

2　自分で必ず作つたもの。

3　家の人に少しはきいてもよい。(お話の苦手な人に)

4　話をする人の給食がおわつてからする。

5　校内放送が、おわつてからする。

6　お話のきらいな人もいるから、家で作つたものを、紙にかいて見ながら読んでもいい。

7　つぎの番の人は絶体に忘れないようにする。

8　お話は、一週間でおわりにする。あまり長いと、前の方を忘れてしまうから。

以上のようなことがきめられて、始まつた。紙を見ながら話してもよいということをゆるしたためか、忘れたり、しやべれない児童がほとんどといつていいくらいいない。ところがやつてみると、お話のへたな児童、消極的な児童はやつぱり二・三分でおわつたりする。

「きようはつまらないよ。」

「うん、みじかいんだもの。」

「いろいろなことをしなくちゃおもしろくないよ。」

「そうだよ。あんなの話じゃないよ。」

「おつかいにいつた、だけだもの。」

話をする児童にとつて、これは、ひどすぎるくらい批評、批判をどんどんする。そこで教師が短かくても、たのしめるような、登場してくる人物の、気持の描写、心の変化を問題にして、質問をしたり、話し合つたりしてみた。すると次の話し番も内容をよく理解してくるし、しりとりつづき話しが、単なる話だけの連続でなく、理解力、話し方、聞き方など、すべての点で教育効果をあげることができる。話の内容、とくに、自分たちに直接関係のあることや、体験していることに触れると、関心が高まるのは当然である。

「よつちやんは、あの時どうして石を投げたんだろう。」

「たかしが、いじわるだからだよ。」

「だつて、石をぶつけるのは、あぶないし悪いことだよ。」

「じやきみだつたら、あの時、よつちやんのようにする?しない?」

「わからない。」

「どうしたらいいと思う。」

「たかしくんが、すぐあやまればいいんだよねえ。」

「けんかだもの、両方わるいよ。」

「お話だから、けんかした方がいいよ。」

「いつもいい子ばかりじゃつまらないもの。」

「あしたは、このつづきどうなるかな。」

「あしたはM君だからね。」

「ぼく困つたな、つづきどうしようかな。」

「もつと強い子を、いつぱいだすといいよ。」

「よつちやんがいじわるをして、けがをするといいな。」

「最後は、みんな仲よしになるのかな。」

こんな話し合いが、あとでなされるようになると、児童はつぎの番の人に、いろいろ注文したりする。大きすぎる無理な注文であつたりするなど、つづき話のすすめ方一つで児童の待遠しい時間ともなる。

つづき話の指導上の意味

1　みんなでたのしい給食時間をすごしたい。

2　話の題材に、児童の生活経験をあつかつたりして、校内外の生活指導を徹底させたい。

3　遅進児に少しでも話しかた、また話を理解するという自信を、知らず知らずのうちに身につけさせたい。

② くせのあてつこ

児童のもつている悪いくせをどうしたら早くなおしてあげられるか、遊びやゲームをとおして、給食時間を楽しく過す助けともなると考えて、毎日、五分づつ、給食時間や話し合いの時間、またはくふうして時間を設け、くせのあてつこをしてみた。

だれかが前にでて来て、友だちのくせのまねをする。「M君は、話の途中必ず手を頭にあげてははずかしがる。」それをH君がまねて

「Hくん、それM君だよ。」

「そう、大当り。」

「そんなのすぐわかつちやうよ。」

「先生こんどはぼくにさせて。」

A君のまねをした。A君のくせは、なかなかむずかしい。先生に叱られると、目をしよぼしよぼさせて、顔を赤くしてことばがでなくなる。

「今のはだれのくせだ。」

「I君。」

「T君。」

「ちがう、ちがう。」

「むずかしいね。」

「それぼくだよ。」

A君が急に自分で名前をいつたので、みんな大笑いした。一人で、いくつもくせを持つている児童は、何回も友だちにまねをされた。そのたびに、それが討論された。

「それは悪いくせだと思います。」

「どうして。」

「だつて話の途中に、下を向いてばかりいたり、エーエーと何回もいいます。」

「もと子ちやんは、エーエー、やね、ね、ね、をいわないとよく話せないのよ。」

「もと子ちやんはどう思うの？」

「少しずつ、直していきたいと思います。」

くせはあとから生まれてくる。ないようで、なかなか多い。時には、先生のくせをまねる児童もある。そんな時には、すぐわかつてしまう。

「上を向いてばかりいる先生だよ。」

「手をうしろにやるの先生さ。」

「いつたり、きたりするから先生でしよ。」

勉強中でも、遊び時間でも、よくみると、ひとり一人が、何かしら変つたくせを持つている。友だち同志で、直してあげたものが、いつぱいある。その児童の個性をのばしてやるためにも、悪癖は少しでも早く、なおしたい。学習中に机をはなれる児童がいた。それをM君がまねをした。あとであてられてから、それがよいかわるいか、話し合つた。始めは、人の前でまねをされて恥しそうだつた。その児童も二、三日たつてクラスの新聞投書箱にこんなことをかいていた。

> 恥かしかつたけれど、クラスの人たちが悪いといつたから、よく自分で考えました。席をはなれるのが、ついくせのようになつていたので、よく自分で知らなかつた。先生が、いつもおつしやるように、悪いと気がついたら、すぐやめるようにつとめます。

ゲームがゲームでなくなるような、真剣な話し合いが、されることがよくある。このほか給食時間を楽しくするためにはゲーム遊び、手品など、児童の興味をひくものが多くある。

それらが、ただ単なるゲーム遊びで、おわるのではなく、楽しさの中に、お互い同志が助け合つて、個性をのばし、のびのびとまつすぐに、進んでいけたらなあと、生活指導の技術のむずかしさと重要さをつくづく感じる。

くせのあてつこの指導上の意味

① お互いに、友だち同志のくせを直し合つていきたい。

② たのしみながら、みんなを助け合つていきたい。

③ 友だちの悪口をいわないで、話し合つて直していきたい。

（研究教員研究報告書中の一部を掲載しました。……編集子）

社会科学習スナップ

指導内容が豊富になると教師はつい説明や話合いで学習を進めがちである。社会科学習もいつとはなく筆者を含めて、教室内ですます学習に終始するような傾向になつた。

指導要領はもちろん、一般的内容や指導例を示した教科書ですら、低中学年はことに具体的事象に直接融れる機会を重視している。

高学年の学習が世界的視野にたつことや多角的角度からの学習を要請されるのに比べて、直接には学習内容を身近に求めて学習を満すことのできる低、中学年は、ことのほか、学習の場を教室のみに固定することは望ましくない。そこで

歩いてみてなつとくする社会科からやがて、いながらにして理解できる社会科へ進展する学習態度を学年の発達とにらみあわせて考える必要があるのではあるまいか？低、中学年でできるだけ、一人一人が、じかに現場で、意識的に学習し喜びも感激も、興味も疑いも、手数も限りなく湧き出すとき培われる社会科学習の態度は、そのまま高学年の、いながらにして理解できる学習の素地に通じると思う。

（M・N）

三年生の特性を考えた
道徳指導の実際
（主題　男女の交際）

宇都宮大学学芸学部
付属中学校

はじめに

中学校も三年生になると自我意識に目覚め始め、その指導も一、二年生のそれとはかなり異ならざるを得ない。

まず第一にその生活領域が学校や家庭から国家社会の一員としてのそれに拡大し、国際情勢や社会の変動に対して、極めて鋭敏な対応を示すようになる。第二に内面的には自己を深く見つめるようになり、自分の生き方に対して種々の疑問や悩みをいだくようになる。第三に性に目覚め始め、無意識の中にも性についての問題を感知し、不自然な行動をしがちになる。

この段階にある生徒の異性に対する興味や関心を中心としての生活行動を律することは、極めて大切ではあるけれどもまた、非常に難かしいことでもある。この問題は、生徒の生活行動の中で異性に関する問題を中心に取り扱いながら、究極的には自己をみつめさせ、国家社会の一員としての自覚を高め、望ましい生活態度を身につけさせることをねらうものである。けれども、中学三年という特質上、その指導の重点は必然的に知識、理解的なものにうつり、社会的な理想をいだかせ、高い見解を持たせるような指導にもっていくべきである。

従ってここでは、男女の特性を理解し相互敬愛の心情を養うことと、男女交際のエチケットを身につけさせることが主たる目標となるのである。問題が個々の生徒の行動に関することであるので、この場合、問題点を生徒のなまの生活から引き出し得たとしても、特定の生徒の心を傷つけることなしに討論させることは不可能に近いわざである。それ故に、生徒のなまの生活を取り上げることは取りやめた。その代り、それにじゆうぶん近似性を持った客観的材料を提供することにした。

テキストの効用はここにあると思う。生徒に適度の客観性と近似性を有する問題意識を持たせることも、ここにある。本実践例は「テキスト利用による話合の中心の問題解決学習」の一例である。

Ⅰ　指導計画

「男女の交際」一　　三年

○指導概案

主題名	男女の交際（二時間扱い）	
目標	○男女の特性を理解し、相互理解に基づく協力の精神を深める。 ○異性との交際のしかたを理解し、正しい感情や考え方を育てる。	
資料	中教出版「わたしたちの生き方」（三年用）男女の交際四六頁～五一頁	
時	指導内容及び方法	留意点
第1時（　月　日）	1 男女間のことで何か困っていることはないか。 ・清掃のとき ・当番のとき ・学友会活動のとき ・グループの学習のとき ・その他	（導入） ・軽く話合わせる。
	2 男女の交際について何か問題となることはないか	（展開）
	・テキストを読んで聞かせる ・テキストの要点をもう一度読んで聞かせる。 ・テキストの中から問題点となると思うことを話合わせる。 ・問題点をまとめる 3 抽出された問題点をどのように解決していったらよいか。 ・問題解決の計画をたてる。	・自由に気軽に話合わせる ・司会は教師で ・話合いによる
第2時（　月　日）	・問題点を再確認しよう。 4 問題点を話合いによって解決していこう。 ・解決しやすいものから解決してゆこう。 ・解決の手順を考える。 ・問題点の解決（話合い） 5 詩〃夢みたものは……〃を静かに味わう。 ・次時の予告	・教師が誘導する。 ・自由のふん囲気で話合えるよう配慮する （終結）

備考
（予想される問題点） ①横山君はなぜ遠慮して家にあがらなかつたか。 ②男女の交際にはルールや制限があるのか。 ③君子さんと石川君の態度はなぜ山下さんに不愉快な気持を起させたか。 ④なぜ男女がいつしよに仕事をしているとひやかされるのだろうか。 ⑤杉田君はなぜ消しゴムを投げ返したのか。 ⑥男子が女子をアイツとかヤツとか呼ぶのはなぜか。 （予想される解決の手順） 1　③について 2　④⑤⑥について 3　①②について

Ⅱ　指導の実際

次に、以上の計画に基づいた実践記録を提示したい。紙数の都合でその全体が提示できないのが残念であるが、この指導の骨子を重点的に記述して、指導の全体がほぼ察知できるように努力したい。

1　第一時

〈第一時のねらい〉

・男女間に存在する問題を意識させること

・共通の意識に立つて、それらの問題をみつめあい、考えあい、話しあつて解決していこうとする意欲を持たせること。

①　導　入

最近の学校生活において、友人関係殊に男女間のようすについて聞いてみた。その結果

・二年のときよりは協力的にやつている。

・殊に学友会（生徒会）の仕事は男女とも協力的である。

・しかし、一つの仕事を男女でいつしよにするときには、それを更に細分して行なうことが多い。連絡がじゆうぶんでない。

・清掃の場合などは男子がサボリがちである。

・休み時間は全く別々である。

・男女が協力して一つの仕事をしてみたいし、また休み時間などもいつしよにスポーツしてみたい意向は多分に持つている。

・しかし仲々うまくいかない。それは、異性の人とは話し難いので仕事がうまくいかないし、運動では力量の相違があり過ぎるからである。

というような意見が出た。だいたい想像していたことでもあり、また、あまり話したがらぬ様子だつたので、深く追求しないことにした。

②　展　開

次に、遠慮や気がねなしに徹底的に話し合うために資料を使用するのだということをよく理解させた上で、次の文章を読んで聞かせた。大切と思われる箇所はくり返して読んでやつた。

i　資　料

・ある日の教室で—

初秋の明るい日ざしを浴びて、ふたりの女生徒が窓ぎわに寄りかかつて話している。休み時間なので教室の中にはほかの生徒の姿はなく、ひつそりしている。

川村　ねえ山下さん。わたし、きのうおかあさんにしかられちやつた。おかあさんたち、へんに誤解するのよ、わたし、ほんとにくやしかつたわ。

山下　どうしたの、おかあさんがなにを誤解したの。

川村　わたしおとといおなかこわして休んだでしよう。そうしたら男子の横山さんが社会科の問題のプリントを届けに来てくれたのよ。横山さんが遠慮して家に入らないものだから、ちよつと家の外で話したの、先生のお話だの、テストのことだの、横山さんに聞いていたのよ。

山下　それで？

川村　おかあさんがね、横山さんにお上がりなさいつてすすめたのよ。わたしは「もうすぐすむからいいわよ」とおかあさんに返事をしたの。そうしたら、横山さんが帰つたあとでおかあさんから、横山さんも常識がないが、節子も節子だつておこられたの。

山下　そんなことあたりまえのことで、しかられたりするわけはないじやないの。

川村　けれどうちのおかあさんは、女は男と外で話していると世間から不良とみられるというのですもの、でもわたし、ちつともへんな話なんかしていないから横山さんに聞いていいつていつたのよ。

山下　そうしたら、

川村　だめなの、とにかくおかあさんのいうことを聞いていればまちがいはないんだ　というだけなのよ。

山下　おとなの世界つてずいぶんむずかしいのね……。

・学校からの帰り道で—

山下　さつきのあなたの話のつづき

――抜　　萃――

だけれど、わたしたちのクラスのなかにもいろいろ問題があるわね。

川村　問題ってどんなこと？

山下　このあいだ、わたしが放課後図書室の整理を終えて教室へ帰ったの。だれもいないと思って戸をがらっとあけると、君子さんと石川さんがつくえに向かいあって話をしていたのね。わたしが入ると、ふたりが急に話をやめて、目を校庭のほうへ向けて黙ってしまったの。わたし、なんともいえなくなって、不愉快な気持だったわ。

川村　そうね。わたしにはこんなことがあったわ。中央委員会が終ったあと、男子の委員の杉田さんとふたりで教室へ帰って、委員会の報告をまとめていたの。すると廊下を組の男生徒が三人ぐらい通りかかって、「仲がいいぞ」と聞えよがしにどなったり、わざとせきばらいをしたりするの。そんなとき、ひやかされないようにするには、どうしたらよいのかしら。

山下　杉田さんっていえば、このあいだ、わたしに消しゴムを借りておいて返すときわざと投げるのよ。みんなが見ているとそんなことするのね。

川村　わたしの一番いやなことは、男の人が話をしている時わたしたち女のことを、やつとかあいつなどということよ。

山下　わたしね。少しなまいきかもしれないけど、こんなことを考えるの。女の人ってなにかいわれても、いつもはっきりした答をしないでしょう。はっきりいわないことがなにか女らしいことのように考えているのね。女らしいことはいいけれど、いうべき時には、もっとイエスとかノーをはっきりいわなければいけないと思うね。そんなところにへんな誤解が生まれたり、女の人がばかにされたりする原因があるのではないかしら。

ii　問題点の抽出（その一）

以上の資料について自由に話合わせた。順序は逆になったが「学校からの帰り道で」の方が問題が多いというのでそれから話合わせた。生徒たちから出た主な意見は次のようなものである。

○男の人で、人を区別して「さん」をつける人がいるが、それは不愉快だ。

○「さん」をつけないで呼びすてにする人もいる。

○同級生の間柄だから「さん」はいるまい。

○男の人が「さん」をつけなければ女の人だって男の人を呼びすてにしたくなる。

○女の人を呼びすてにしたり、あだ名を言ったりするのは今のうちだけだからがまんしてほしい。高校生になったら決して呼びすてにはしないつもりだ。

○男の人で物を借りた時、投げ返す人はいないけれど、礼を言わない人がいる。

○物を借りたからって、同級生の間柄で、一々礼をいう必要はあるまい。

○男女がいっしょに仕事をしていると、ひやかす人がいる。特定の人だけれども。

○ひやかす人は反省してもらいたい。

○ひやかされても気にかけなければいい。

○気にかけないわけにはいかない。

○君子さんと石川君のようなことはこのクラスにはないけれど、ふたりの態度はいけない。

○友だちが来て急に話をやめるのはいけない。

○たとえ男どうしで話合っていたとしても、知らずにその部屋へ入っていってそっぽを向かれるのはとても不愉快なものである。

○その本に書かれていることは、わたしたちの学校やクラスで起ることと、とてもよく似ている。

○しかしぼくたちの方がもっとさっぱりしている。

右の意見は、この順序に述べられたわけではない。生徒の思いつくままに、順序不同に述べられた。それを、教師がイニシアティブをとって、重複をさけ、順序を考慮し、右のように整理させたのである。

次に、これを資料と関連させて考えさせ、問題点として次の四項目を抽出させた。

A　男子が女子を「アイツ」とか「ヤツ」とか呼ぶのはなぜか。

B　杉田君はなぜ消しゴムを投げ返したか。

C　なぜ男女がいっしょに仕事をするとひやかされるのだろう。

D　君子さんと石川君の態度は、なぜ山下さんに不愉快な気持を起こさせたか。

iii　問題点の抽出（その二）

教師「……ではね。今度は『ある教室で』の方で何か問題となるような点はありませんか。……川村

——抜　萃——

さんが病気で休んでいた。横山君がプリントを届けに来てくれた。ちよつと家の外で話をした。おかあさんがお上りなさいつてすすめた。横山君は上がらなかつた。川村さんはおかあさんから叱られた。……んでしたね……。誰か……。ハイ」

生徒A「川村さんは何も悪いことは話していなかつたでしよう。だから……親の理解が足らないんじやないですか。」

教師「なるほど、親の無理解ね。……ハイ」

生徒B「わたしはね、おかあさんの理解が足らないつていうよりも、世間の人の考え方が一般に古いんじやないかと思うんです。だつて男と女が話をしていると、すぐ変な眼で見るんですもの。……と言つてもわたくしまだ男の人と、夜話したことありませんけど。

（「ホントカナ?」という奇声ドッと笑声）

……ほんとうです」

生徒C「男女が話をしているとなぜわいわい言うか。つてのは問題点には……ならないかな。だめですか?だめですね、先生」

（再びドッと笑声）

教師（笑いながら）「馬鹿に気が弱いんだね。なるよ。なりますよ、でもね、それは前にあげたCの問題に含まれないかな。ハイ」

生徒D「ちよつと違うと思います、あれ（注、C）は仲間どうしのしつとみたいなものでしよう。しかしこれは、親や世間の無理解の問題だと思いますけど」

教師「そうだね。ちよつと違うようだね。ではそれを一応あげておこうか。」

生徒一同「ハイ」

（教師「親や世間はなぜ理解しないのか」と板書する）

教師「よしつと。他に何かないかね。……誰か……。」

（誰も手を上げない。しばらく間）

教師「そう。誰もない。「じやあ、よく考えてみてくれよ。君たちは今ね親や世間は無理解だと問題点を投げかけた。しかしだね。おかあさんは川村さんが横山君と話をしていたんで叱つたんだろうかE君」

生徒E「ハイ。えーと、ちよつと違うかな。えーと、外で話していたんで叱られたんです」

教師「そうだね。だつたら、川村さんはどうすれば叱られなかつたんだ。横山君と話をしなければよかつたんかな。……ハイ」

生徒F「横山君が上がればよかつたんじやないですか」

教師「うん。……ハイ」

生徒G「そうして川村さんが『上がりなさい』つてすすめればよかつたのよ。……でもね——」

（女生徒どうし、顔を見合わせてクスクス笑う）

教師「そうだね、（ニコッと笑つて）でもねーつてのはなあに。（教室中ドッと笑声）よしつと。そこだ問題は、誰か……ハイ」

生徒H「……すると先生は……問題は横山君が上らなかつたところにあるというんですか。」

教師「そう開きなおられちや困るがまあそうだ。暗いところでコソコソ話をしていないで、明るいところでゆつくり落着いて話をしたらどうだろうつて考えんかね。君たちはどうだ。ハイI君」

生徒I「でも——……あんまり上がりたくないでしよ。それに上がりにくいんじやないですか。上れないよ。なあ」

（男生徒たち、うなずき合う）

教師「そうかも知れんな、とすると…これはおとなから見た問題点かな。まあ何だ、解決はあとまわしだから、これも一応問題点としてあげておこう。そしてあとで討議をしよう。……いいね」

（生徒一同、うなずく）

（教師、黒板に「E横山君はなぜ遠慮して家に上がらなかつたか。」と書く。）

このようにしてどうやら五つの問題点をしぼり出した。「予想される問題点」（注、指導概要）中、結局②男女の交際にはルールや制限があるのか、は問題点としてしぼり得なかつたわけであるが、これはこう主題全体を通じて感知・理解せしめるべきことでもあるし、また後半における問題点の解決の指導において部分的に徹底できることでもあるので、生徒が全く気づき得ないこの段階では、無理に押しつけないほうがよかろうと思つて深く追及しないことにした。しかし、生徒が交際ルールや制限について全く無自覚的状態にあるという現実を認識することによつて、その後の指導のあり方の重要なる指標を得ることができるのである。

二　第二時

〈第二時のねらい〉

問題点解決の過程を通じて異性との交際のしかたを理解し、正しい感情を

――抜　　萃――

考え方を育てること。

(i) 問題点の解決（その一）

まず簡潔な質問と応答とにより前時の学習の要点を再確認した。そし抽出された問題点を前時の順序を追つて板書した。

次に見出した問題を限られた時間に解決するには、解きやすい問題、あるいは善悪のはつきりした問題から手をつける方がよいことを理解させてD（注、予想される問題点の③）から始めるように話し合いを誘導した。

教師「では　始めにDから考えてみようか。何が山下さんをそんなに不愉快にしたのだろう。……ハイA君。」

生徒A「山下さんが教室へ入つて行つたでしよう。その時ふたりが急に黙つてしまつたでしよう。それがおもしろくなかつたんじやないですか。

生徒B「はい、はい。」

教師「はい、B君。」

生徒B「はい。あのね、ぼくはやつぱり君子さんと……石川君かな、このふたりが悪いと思います。ぼくはね、山下さんが教室へはいつていつた時ふたりがそつぽを向いたその態度がいけないと思います。」

教師「そうね。そういう態度はいけないね。誰だつて気分を害してしまう。」

（生徒たちうなづく）

教師「ではね、ふたりはどうすればよかつたんだ。どうすれば山下さんを不愉快にさせなかつたんだろう？ハイCさん。」

生徒C「はい。君子さんたちが外を向かなければよかつたんじやないですか。そして山下さんが入つてきたとき〃今日は〃つて（教室中ドッと笑声）……じやない、〃いらつしやい〃つて（再びドッと笑声。しばらく笑声が続く）……でも変ね。（赤くなつて）変ね。何て言つたらいいんかしら……。）

教師（笑いながら）「そうだね。そつぽなんか向かなければよかつたね。そして……（また、生徒たち笑い出す。教師手で制して）はいまじめになつて。Cさんが言つたように、ここんところはうまい言葉が出ない。ふたりは話をやめるのが精一杯だ。話をやめて山下さんの方を向いた。これで山下さんは不愉快でなくなつたかな。「ハイD君」

生徒「はい、ぼくはそれでも山下さんはいくらか不愉快じやないかと思います。だいたい、話をやめるというのがいけないんじやないですか。」

（「そうだ、失礼しちやうよ。全くな」という声、生徒たちまた笑う）

教師「ふーむ。話をやめない。なるほど。そうして……どうするの。ハイE君。

生徒E「はい。話を続けるんです。前と同じように。そうすればいいと思います。」

教師「なるほど、話を続ける、ね。ハイFさん。」

生徒F「はい。それができれば山下さんも気分をこわさなかつたのじやないかと思いますけど……その本のようすじや、人前で平気で続けられる内容じやないですか。ですからそれは理想論でだめだと思うんです。」

教師「理想論でだめか。ではどうすればいいの。」

生徒F「まだよくわかりません。」

教師「ハイGさん。」

生徒G「はい。わたくしは、人前で話のできないようなことをコソコソ話をしていることがいけないんだと思います。やましいことでなければ平気だと思います。ふたりはやましいところがあるからいけないんです。」

教師「そうね。人前で話のできないような悪いことをコソコソ話すのは最もよくない。それはそうだ。しかし、ふたりがどんな話をしていたかは残念ながら書いてない。ハイ。」

生徒H「ぼくは悪い話だと思います。」

教師「そうね。山下さんもそうとつたらしい。しかしね、そう断定してしまつてはふたりがよくよく悪いようでかわいそうな気もするな。みんなと同じ中学生なんだし、そんな悪いことを話すわけがない、そう信じたいよ先生は。でないとね、みんなも時々何か悪い話でもしているんじやないかつて、うたぐらなくつちやならないことになるからね。」

生徒I「先生。ふたりが悪い話をしてないんなら、なぜ話をやめたり、そつぽを向いたりするんですか。」

教師「ちよつと待つてくれ。あのねここでちよつとみんなに考えてみてもらいたんだけど、悪くない話例えば宿題や勉強などのことね、今までふたりで話をしていた。それも男どうし、女どうしじやない異性とね。その時誰か入つてきた。

――抜　　萃――

例えば山下さんね、みんなだつたら平気で話を続けられる?」

(生徒たち真剣な顔つきになつてくる)

教師「J君、どうだ」

生徒J「はい。……多分……平気だと思いますけど……あの……話を続けられるかどうかは、その時になつてみなけりやよくわかりません。」

教師「そうね。誰か平気で話を続けられるという人はいる?」

(誰も答えない。多くは顔をふせている。)

教師「そうだね。だいだいにおいて話は続けられない。気がつかなけりや別だけど。……話が途切れる。そして眼のやり場に困る。まさか入つてきた人をにらみ返すわけにもいかないし、つい眼が外を向いてしまう。これは自然だ。まあせいぜいうまくいつて、ちん入者をふり返つて、何て言おうかしらつて考えて〃あら山下さんだつたの。〃そしてしばらくしてから〃いらつしやい。今おもしろい話をしてたのよ。〃だ。これなら山下さんはだんだん気分をなおすだろうけど、教室に入つたその瞬間の気持、それはどうだ。K君。」

生徒K「はい。相手が女の人なんですね。そうだなあ……ぼくならドキッとしますね。」

教師「ドキッか。そうね、うまい表現だ。仲々言い難い気持だけど〃ドキッ〃ならぴつたりする。で、それはよい方の気持かな。」

生徒K「よくなんかありません。」

教師「そうだね。よい気持のものではない。とすると、こうなるね。石川君と君子さんはかりに何でもない話をしてもだ。山下さんに不愉快な気持を与えたことになるね。……どうしてだろう。ハイ。」

生徒「はい。それは、君子さんが男の人と話をしていたからではありませんか。」

教師「なるほど。そうすると何だね、異性の人と話をしていると、他人に不愉快な思いをさせる。異性と話をするのはよくないと……こうなるね。」

生徒たち「……。」

教師「そうかなあ。ぼくはそれでは少し変だと思うけど……。M君、どうだ。」

生徒M「はい。ぼくもちよつと変だと思います。ぼくは女の人と普通の話をするのは、少し恥かしいみたいな気もするけど、少しも悪いとは思いません。だけど……。」

教師「そうだね。ぼくも悪いとは思わない。では、何が山下さんを不愉快にさせたんだ。」

生徒M「それは……。よくわかりません。」

教師「山下さんは話に入れてもらえなかつたんで、気分をなおすことができなかつた。いつまでも不愉快だ。従つて石川君と君子さんは何でもないかも知れないのに誤解されそうなんだよ。誰か助けてやれないかね。Nさん。」

生徒N「はい。……わかりません。」

教師「困つたね。あのね、山下さんだけじやない。君たちだつてドキットとさせられた。だから、石川君と君子さんには、何か足りないものがあるには違いないんだ。それもちよつとしたことね。ふたりが話をやめる前に。そつぽを向く前にさ。……それは何なんだ。O君。」

生徒O「はい……。」

教師「Pさん。」

生徒P「はい……。」

教師「困つたね。誰か。」

(生徒たち、難かしい顔をして考え込んでいる。)

教師「よくその情景を想像してみるんだ。いいかい。山下さんはだれもいないと思つて戸をあけた。ふたりがいたんで「ドキッ」としたんだよ。そしてそつぽを向かれたんで二重に不愉快になつたんだ。その「ドキッ」のほうだがね、どうなつていればそう感じないですんだんだ。もしも同性どうしが話し合つていたんならそれ程強く感じなかつたろうね。このように異性でもあつた場合にはどうなつていればよかつたんだ。Qさん。」

生徒Q「はい。……それは……もし山下さんがその教室に始めから石川さんと君子さんがいることがわかつていれば、そう強く感じないですんだと思いますけど……でも……。」

教師「そうだ。知つていれば感じない。……で、どうなつていればそれを知ることができたんだ。Qさん、もう一度。」

生徒Q「はい。……あの……例えば戸があいていたとか。……ガラス越しに見るとか……。」

教師「それだ。」

(「エ?」と生徒たち顔を上げる。)

教師「それだよ。(生徒たちけげんそう)それなんだよ。戸があいていればよかつたんだよ。ふたりがね、戸をあけておけばよかつたんだよ。みんなはね。こんなこと聞いたことないかい。男女がふたりで部屋の中でお話をするときには、ドアをあけておくべきだ、ということを。(何人かの生徒「アア」というように大きくうなずく。)知つている人もいるね。それね、おとなの世界ではエチケットになつているんだよ。石川君と君子さんはそれを知らなかつたんだよ。山下さんは知つていたかな。どうだR君。」

生徒R「……さあ、やはり知らなかつたんじやないですか。」

教師「そのね。知つてて気分を害したんじやないようだね。みんなもそうだつたね。たとえばそれを知らなくつたつて、エチケットにはずれた行為を見ると多少不愉快になる。ドキツとね。とするとエチケットというものは、単なる形式的なものではなくつて、人間の自然な感情を土台としてできているものだということがよくわかるね。だいぶ時間がかかつたから、Dについてはこれくらいで切り上げるけれど、このことについてはあとでもう一度よく考えてみようね。とにかくここでは、エチケツトにはずれたような行いをするとそれを知つている人からはもちろん、それを知らない人からだつて、ひどく誤解されることがあるということ。そしてしまいには人格までも疑われるようなこともあるということをしつかり理解しておいて下さいね。」

(生徒たち、深くうなずく)

(ii) 問題点の解決　(その二)

A、B、C (注、予想される問題点の④、⑤、⑥は紙数の都合で省略する。

(iii) 問題点の解決　(その三)

教師「…よーつと。次はEだ。『横山君はなぜ遠慮して家に上がらなかつたか』だね。おかあさんは上がりなさいつてすすめた。横山君は遠慮した。川村さんは〃もうすぐすむからいいわ〃つてお母さんに返事した。そしてあとで叱られたんだつてね。どうだろう。みんなだつたらどうするね。……誰か…ハ…イ、A君。」

生徒A「ぼくだつたら、すすめられてもやつぱり上がりません。」

教師「うん。どうして。」

生徒「どうしてつて……別にないけど……どうもうまく言えないな。けどやつぱり上がれませんね。(友達の顔を見て)なあ。」

(生徒たちはうなずき合う)

教師「そうかね。K君はどうだ。」

生徒K「ぼくも上がりません。……上がれないんです。」

教師「そうか。困つたね、おかあさんがすすめても、女の友だちがすすめても上がらんかね。」

男生徒たち「ええ。」

(誰かが「そこで上がつたら男の顔が立たない。」と冗談を言う。教室中ドッと笑声)

教師「困つたね。(笑いながら)男の人はああいうんだが、女の人はどうかね。ハイ。」

生徒C「そりやあ、お母さんがすすめれば私だつて一応は〃おあがりなさい〃つて言いますけど……無理にはすすめませんわ。ねえ。」

教師「そうか……で、その心は。」

生徒C「あまり上がつてもらいたくありません。」

教師「ほほー。Dさんは。」

生徒D「同じです。上がりたくない人を無理に上げる必要はないと思います。」

教師「女の人は誰もそう思うの。」

女生徒達「ハーイ。」(誰かが「意見一致、バンザイ。」と言う。ドツト笑声。)

教師「すると何かね。横山君が上がらなかつたのも、川村さんがすすめなかつたのも、それは当然だつた。それを叱つたおかあさんが無理解だつた……と、こう言うのかね。(『その通り。』という声、再び笑声。)E君、そうかね。」

生徒E「ちよつと違うかな。ぼくたちは上がりたくない。女の人たちは上がらせたくないんだけど……それが親が無理解というのはちよつと違います。……ぼくたちは、ほんとは恥かしんいです。な、そうだろう、みんな。」

(クスクス笑声)

教師「ハイ。」

生徒F「先生、おかあさんが〃お上がりなさい〃つて言つたのは、お世辞じやあないんですか。」

教師「さあ、どうかな。どうもそうじやないらしいね。あとで川村さんのことを叱つているからね。……いいことに気がついたね。ではね。みんなが上がらせたくない、上がりたくないのに、なぜおかあさんは〃お上がりなさい〃つてすすめたんだろう。あとで叱るくらい本気でね。それを少し考えてみよう。誰か。……ハイ、G君」

生徒G「お世辞つて程じやないけど

——抜　萃——

……軽く言つたのと違いますか。先生。」

教師「さあ、どうかな。みんなの家ではどうだ、こんなときは。ハイ。」

生徒H「わたしのおかあさんは、ほんとに何べんもすすめます。うるさいくらいに。」

（誰か、「だからおとなつて嫌いなんだ」という。笑声。）

生徒I「わたくしのうちでもすすめます。あまり何べんもは言いませんけど。」

（生徒たち、ガヤガヤと心当たりのことをお互いにしやべり合う。どうやらなつとくした様子）

教師「……じやあ、どうしてだろう。誰か。」

生徒J「親つて、殊に母親つてのは一般に心配性なのと違いますか。」

教師「うん。そうね。……では、何をそんなに心配するんだろう。誰か。……子供がうるさがるくらいに。……みんなはもう、半分おとなだつてのにねえ。……誰か。K君。」

生徒K「わかりません。」

教師「Lさん」

生徒L「わかりません。」

（生徒たち考え込む。「おとなの気持はおとなでなけりやわかりません」と誰かが言う。二、三人クスクスと笑うが、あとの生徒はちよつとふり返つただけで笑いもしないで考え込む。しばらく間）

教師「難かしいかな。ではね、先生がちよつとお話をしよう。

おかあさんの気持についてはね、おかあさんて何もかも知りたいんだよ。みんなのことについてね、みんなのじやまをしようなんて少しも思わない。できればみんなが困つているときは、みんなのお手伝いをしてやりたい。みんなの助けになつてやりたい。そう思つているんだがね。けれど、みんなはもう半分おとなだろう。子供の時みたいに教えたり、手を引つぱつてあげたりすることはもうできないけど、せめて子供のことについては、何もかも知つていて、いつしよに喜んであげたり、考えてやつたりして、万が一の間違いや不幸の前ぶれでもあつたら、それを取除いてやりたい、そう思つているんだよ。……先生も家へ帰ればおとうさんだ。みんなのおとうさん、おかあさんだつて親の気持にそう変わりはないと思うよ。

それでね、子供のことはよく知りたい。成績のことも、お友だちのことも何もかもね。そこでだ。みんなの年頃だ。異性の友だちだ。なお一層よく知りたいじやないか。それにね異性の人を訪問するときはね、まずその人のご両親にあいさつをして、それから本人は話をするのが礼儀なんだよ。礼儀などというとかたぐるしく聞えるけど、まあ、それがおとなの世界での常識なんだ。どうかすると礼儀とか、エチケットだとかいうものは、みんなの気持、この場合は恥かしいみたいな気持ね。それに反して無理におとなが作り考えたように感じられがちだが、よく考えてごらん。さつきもちよつとあげたように、どうもそうではないらしいよ。私の子供はよくあらせたい。「我が子よ永久に幸福になれ」つていう、その、両親の本能とでもいうような気持、それにぴつたりするような秩序、それを社会が長い年月をかけて創り上げてきたんだね。人間の感情に反するどころか、本能に近いような、人類全体の繁栄と幸福の為の基本的とでもいうような美しい人間感情、それが土台となつて社会の秩序というものが創り上げられてきたんだと思うよ。それがエチケットだね。あるいは礼儀だと思うよ。

そりやあその中には、強大な権力を背景にして、無理に作り上げられた礼儀もあろうよ。虚礼というやつね。しかし、それは決して長続きしない。江戸時代の武士の作法や軍隊の敬礼ね。ずいぶん長い間続いたようだが、長い歴史の眼からみれば、やはり一時的な現象さ。しかしそれだつて、何らかの必要、その時代の社会の存続の為の社会の要請から生れたことだけは確かのようだね。

そこをみんなに考えてもらいたいように思うんだ、先生は。でも考え方には色々あるから難かしいようだね。……さてと、そこでだ。問題の川村さんと横山君の態度、どうかね。誰か、ハイ、M君。」

生徒M「どうも、先生の話を聞いていると。おかあさんに叱られるのが当り前みたいな気持になつちやつたんです。どうも……。」

教師「ごめん、ごめん。こりやしやべり過ぎたかな。でもね、ぼくはぼくの考えをみんなに押しつけるつもりで話をしたんじやない。ただ友だちの間、あるいは男女間の交際などについてもいろいろエチケットがあるということ。それらの各々を、各自でよく考えて、その上で行動してほしということを話したかつたんだ。いいね。」

生徒一同「ハーイ。」

Ⅲ　指導の反省

1　テキストの利用は効果的であつた。

適度の客観性と適度の生活との結びつきであり、それが討議をたいへん活発にした。教師の話もよく理解しようとする真剣な態度がうかがえた。

2　そのかわり予定よりも時間が少し伸びてしまつた。まとめの段階は第三時まで持ち越してしまつた。(省略する)

3　生徒は思いのほか常識に乏しい。例えば〃男女が二人きりで話をするときはドアを開けておくべきだ〃とか〃異性を訪問したときはまず両親にあいさつし、明かるい部屋で話をすべきだ〃などの、自明な事柄にさえ全く気づかない。高学年では知識面からの道徳指導も必要であることを痛感した。

4　一般には生徒は、感情的に、自己中心的に物を考える。恥かしい、くやしい、しやくにさわる、などを出発点に思索を始めるようである。従つて、客観的に深く物事を考えることをせずに、安易な結論を下しがちである。例えば、川村さんが叱られた親の無理解、男女二人で話している部屋に飛び込んで、とてもいやな気分がした二人がそつぽを向いたからだ、などである。考え方の指導は、それが重要であると思つた。

5　以上のことから考えて、中学校三年生にとつて適切な主題であったと思う。

右の原稿は
「道徳指導の問題点とその解決」
宇都宮大学付属中学
代表　太田代　元彦
東洋館出版社
書価　一・三〇弗

むらしばい

みんな小校　二年

なかそね　かず子

わたくしは、にいさんと一しよに、せそこの、むらしばいをみにいきました。

四十ぷんほど、ふねにのつていると、やがて、せそこのはまにつきました。そのとき、せそこのわたしぶねも、おおぜいの人をのせてきました。

「どこからかね。あの人たち。」

と、にいさんにきくと、

「せそこの、むらしばいをみに、本島からわたつてくる人なんだよ。」

と、いいました。

おじさんの家にいつて、ごはんをたべていると、とおくのほうから、どらや、たいこの音が、きこえてきました。

「もう、はじまるよ。」

と、おじさんがいつたので、わたくしは、すこしたべて、にいさんに、てをひかれて、どらや、たいこの音のほうへ、いそいでいきました。

白い、ふくをきてあたまに、青や赤の、はちまきをして、ぼうをかたにかけた人が、一れつになつて、わたくしたちのまえを、はしつていきました。あついから

「ふう、ふう。」

している人もみえます。そのそばを、はたがしらをもつた人たちが、どらや、たいこの、りずむにあわせながら、やつてきます。おもそうに、上にもちあげたり、おろしたりするので、せなかは、あせばんでいます。

そのうしろから、ししがやつてきました。道のそばで、けんぶつしている人に、ときどき、かみつこうとします。みだれたかみ、おおきな、おおきな口をみていると、こわくなつて、わたくしは、にいさんのてを、つよく、にぎりました。

「こつちにこないかね。」

というと、にいさんがわらつて、

「だいじようぶさ。」

と、いつたので、わたくしは、ほつとしました。けんぶつ人が、道にあふれでないようにするために、ししは、かみつくまねをするそうです。

むらの、じんじやのひろばで、しばいがはじまりました。

おしろいに、べにをつけて、きれいな、いしようをきて、おどつている人は、みんな、うつくしくて、はじめはだれであるか、わかりませんでした。

げきのとき、はるおおじさんが、あたまもはげていないのに、はげたすがたで、でてきたので、けんぶつ人は、あつちこつちでおおわらいです。なかには、てをうつている人もいます。

はるおおじさんは、みんながわらつても、げきがおわるまで、すこしもわらわないでりつぱにやつたので、わたくしは、かんしんしました。

わが國の教育水準

——文部広報より——

▽…今日、世界の科学、産業、文化の進歩発達は目ざましいものがあり、国際社会におけるわが国の地位の向上を図るためにも、その基礎ともいうべき教育の振興について、さらにいつそうの努力が要請されている。このためには、ひとり教育関係者だけでなく、広く国民一般が教育の現状と将来についてじゆうぶんの認識をもち、ともに教育の充実発展に力を注がなければならない。このような見地から、本省ではこのたびの教育・文化週間にあたつて「わが国の教育水準」を発表した。これは約二百ページ、五章からなり教育の普及、教育内容、教育条件、機会均等のための施策、教育費などについて、諸外国特に世界の主要国であるアメリカ合衆国、イギリス、西ドイツ、フランス、ソ連のそれと比較し、そこにある問題点を明らかにしようとしたものである。ここにその概要を特集し、参考に供しよう。…▽

——広　報——

「わが国の教育水準」について通観して言えることは、わが国は教育の普及度の点では主要国とともに世界の最高に位するが、その質的水準においてはふじゆうぶんな点が少なくないことである。一方教育費の支出についてみるとわが国は主要国に比べ相当の努力をしているにもかかわらず、生徒一人あたり経費が少ない、これはわが国の国民所得水準が主要国にはるかに及ばないためであり、これが普及度の高さに比べて質的水準の低い一因となつている。教育は、国の富を高め、生活水準を向上させる大きな要因である。たとえ資源に恵まれない国でも教育水準が高ければ生産力を増加しうるのであつて、わが国は教育のために多大の努力をはらつて来ているが、さらにいわゆる教育への投資の問題について一段の考慮が必要である。

また、最近の科学技術の進歩などに即応するため多くの国が積極的に教育改革を進めているが、わが国の当面する教育上の諸問題を考えるにあたり、各国の教育改革の内容を念頭にいれることが必要であろう。

1　教育の普及度

主要国に劣らぬ普及
中学卒業者急増の対策が必要

文盲率　教育の普及度を端的に示すものとして、まず各国にどれだけ文盲がいるかをみると、アメリカ合衆国やヨーロッパ諸国では文盲の占める比率がおおむね一～四％程度であるが、アジア・アフリカ諸国では平均六〇～六五％に及んでいる。わが国の文盲率は二～三％で世界でも最も低い国に属する。

この文盲率を、国の経済的水準を示す「一人あたり国民所得」と比較すると第1図のようになり、文盲率の高いアジア・アフリカ諸国は「一人あたり国民所得」がきわめて低く、文盲率の低いアメリカ合衆国やヨーロッパ諸国はきわめて高い。わが国はアジア・アフリカ諸国の中では「一人あたり国民所得」が最も高い。これは明治以降近代科学・技術を導入し、少ない資源を開発して、工業化の努力などを急速に進めた結果である。そして教育の画期的な普及がこれを可能にしたのである。国民所得の低い割合に文盲がはなはだ少ないのは、教育に対するこれまでの努力のたまものである。

学歴構成　次に教育の高さを示す尺度として、成人が何年間教育を受けたかという割合を見ると、教育を九年以上受けた者が、イギリスでは九〇％、アメリカ合衆国では五〇％いるのに対し、わが国は三〇％にとどまる。これは米・英両国が三、四十年前から八年ないし九年の義務制をしているためである。

義務教育　以上は過去の教育の普及の結果を示すものであるが、次に現在の状況をみると、まず義務教育の年限は、イギリスが一〇年で最も長く、わが国はアメリカ合衆国・イスラエルとともに九年でこれに次いでいる。ヨーロッパ諸国では八年の国が多く、アジア・アフリカ諸国は四～六年であるが全国一律に義務制をしいていない国が多い。就学率は、わが国は主要国と同じく一〇〇％に近い。

就学前教育　わが国においては戦後著しく普及し、幼稚園の園児数は戦前の四・五倍となつているが、主要国に比べまだ少ない。三～五歳の幼児のうちフランスでは六〇％、西ドイツでは三〇％が幼稚園に通つているのに、わが国は保育所を合わせても二〇％にすぎない。

なお、義務教育開始の年齢は主要国のうちイギリスが五歳、ソ連が七歳で、他六歳である。

英、仏、西独では
定時制教育を強化

義務教育終了後の中等教育　義務教育終了後、上級学校へ進学する者の数は、わが国は戦前の二・七倍に増加し、毎年中学校卒業者の五五%前後が高等学校へ進んでいる。主要国の義務教育終了者の上級学校または上級学年への進学（級）者の比率は、アメリカ合衆国が九〇%を越え、ソ連の六四%、フランスの六一%がこれに次いでいる。西ドイツ(四九%)イギリス（三〇%）はわが国より低い。また上級へ進学してから三年の間に、わが国では約一割減少するのみでほとんどが卒業するに対して、アメリカ合衆国、ソ連は三分の一、フランスは二分の一、イギリス・西ドイツは四分の三が途中で学校を離れて社会に出る。（第2図参照）

これらのことは各国の学校の性格や制度の相違に基づくものであるが、またわが国では学校の卒業資格が就職に強く影響するのに対して、イギリス・西ドイツ・フランスでは職業人としての資格検定が就職に強く影響していることにもよる。これらの国では、全日制学校終了後の定時制教育訓練機関が広く発達し、働きながら毎週数時間ここで修学して資格を取る者が多い。特にフランス・西ドイツでは全日制義務教育終了者で上級学校へ進まない者に対しては、満一七歳または一八歳までこれらの学校への就学を義務づけており、イギリスでも同様の義務制の実施が予定されている。

なお、わが国の高等学校進学率は全体としては五五%内外であるが、府県によつて差があり、最高七四%、最低三六%という大きなひらきを示していることも注意すべきであろう。

高等教育　わが国では第二次世界大戦後高等教育機関の性格に大きな変革が加えられた。専門学校の切り替えなどによる大学の増加、短期大学制度の創設、一般教養の重視、女子に対する門戸の開放などがこれである。そして学生数は戦前の三・六倍に増加し、女子学生は七倍を越えている。主要国の高等教育機関在学者の該当年齢人口に対する比率を見るとアメリカ合衆国は二八%で最も高く、わが国は九%でこれに次いでいる。イギリス（五・五%）西ドイツ（四%）フランス（六%）は少ない。これは各国の社会経済・文化などの背景の相違にもよるが、アメリカ合衆国の高等教育機関が高い知性と専門的知識を持つ社会人養成の機関として広く門戸を開放してきたのに対し、ヨーロッパ諸国では学術研究をおもな目的とし、主として少数の選ばれた者の養成機関として発達してきたためである。わが国の高等教育機関の制度はアメリカ合衆国のそれに近い性格を持つている。

第1図　文盲率と国民所得の比較

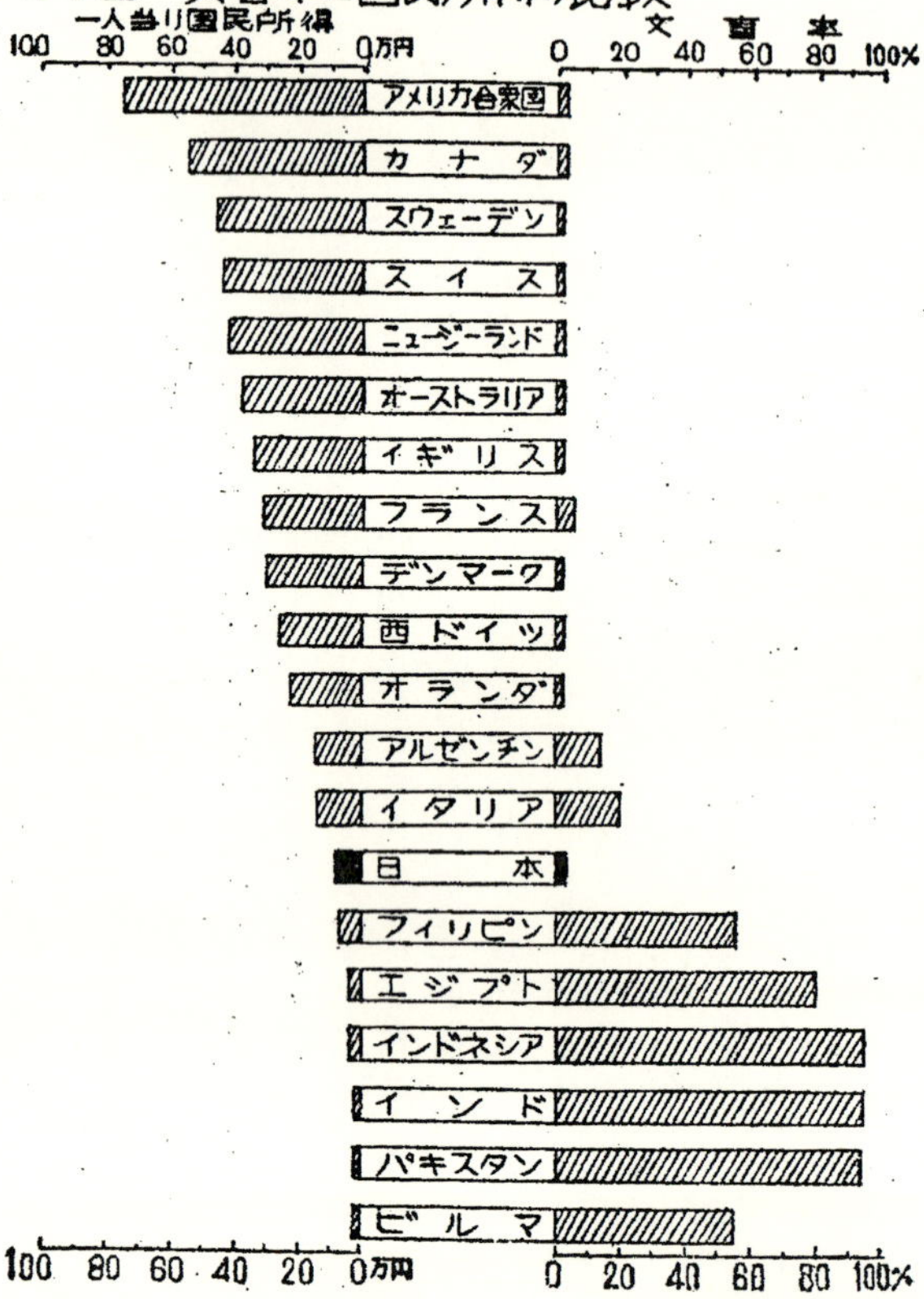

第2図　義務教育後の在学率（%）

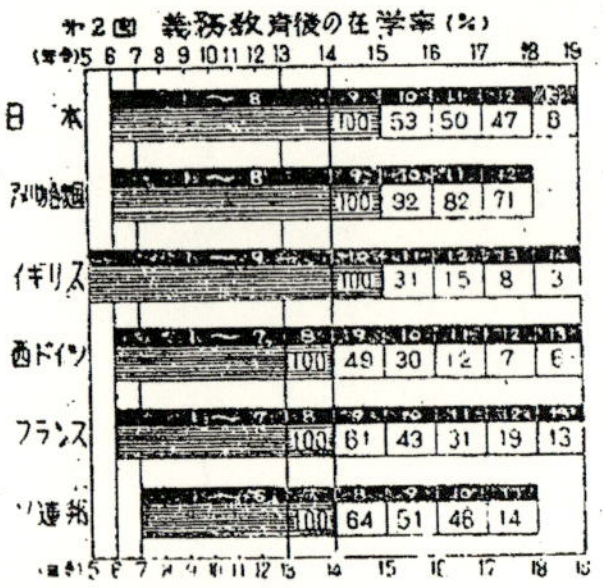

注＝黒地の部分の数字は学年を示す。
▤の部分は義務教育期間を示す。
在学率は、その国の同年令人口に対する在学者の割合を示す。

38〜40年度高校進学などの問題

わが国の教育人口の将来　以上教育の普及度についてみてきたが、教育人口は人口の推移によつて変動するので、教育の水準の維持向上のためには将来の教育人口を予測する必要がある。

小学校の児童数は今後減少の傾向にあるが中学校の生徒数はここ二、三年急激に増加しその後漸次減少する。これらと関連して現在「すし詰め学級解消」などの措置が講ぜられている。

高等学校については、昭和三十八年以降、中学校卒業者が急増するため、仮に高等学校入学者の数が現在と同数のままにとどまるとすると、昭和三十八〜四十年には高等学校進学率は現在の五六％から四五％近くにまで低下し、たいへんな進学難となる。また現在の進学率が変わらないという仮定、あるいは過去の進学率増加の傾向がそのままつづくという仮定に立つと、昭和四十年度には高等学校の収容力を八〇万ないし一〇〇万増加させなければならないことになる。

一方、高等学校へ進学しない者の数は高等学校入学者が現在と同数と仮定すると、昭和三十八〜四十年には現在より四〇万ないし五〇万人増加し、また現在の進学率が確保されても一五万ないし二〇万を越える増加となる。これらの者に対する中学校卒業後の教育訓練機関は現在でもじゅうぶんで大きな問題であるが、きたるべき一時の増加をも考慮に入れて施策をたてる必要がある。

高等教育機関の学生数は、経済水準の向上による進学希望者の増加、高等学校卒業者数の増加などにより将来さらに増加するであろう。

2　教育内容の水準

注目すべき学力の地域差

算数の学力を国際比較

学校制度とコースの決定　まず主要国が児童生徒にどのような内容の教育を与えようとしているかについて、学校制度と教育課程の面から比較する。

わが国とアメリカ合衆国は単線型、ヨーロッパ諸国は複線型の学制をとっているところに学校制度の大きな相違がある。

西ドイツでは初等学校の四年、フランスでは初等学校の五年で上級進学者と初等学校残留者とがふり分けられ、初等学校残留者は卒業後社会へ出るわけで、全日制教育はここで終わり、その後は勤務に従事しつつ定時制の教育を受ける。

イギリスでは初等学校終了者は全員中等学校へ進むが、その際各県教育局が行なう試験によって能力と適性に基づいてふり分けが行なわれ、それぞれ「進学基礎教育を行なう学校」「職業技術教育を行なう学校」「普通完成教育を行なう学校」に進学する。

なお、フランスでは各地方ごとに国の基準に基づいて試験によって中学校入学者が選抜され、西ドイツでは試験または観察授業によって選抜される。

これに対し、わが国・アメリカ合衆国・ソ連では中等教育前期ではすべての生徒がほぼ同種の普通教育を受け、中等教育後期ではじめてコースが分かれる。上級学校進学者以外は前期中等教育を終えてただちに社会へ出る。

わが国の教育課程　わが国ではこのたび義務教育学校の教育課程を全面的に改訂した。これは最近の科学・産業・文化などの急速な進展に即応し、国民生活の向上や国際的地位の確立を図るため、教育内容の充実が強く要請されるにいたったからである。改訂の基本方針としては道徳教育の徹底、基礎学力の充実、科学技術教育の向上、進路適性に応じた教育の徹底などをあげることができる。小学校は昭和三十六年度、中学校は三十七年度から実施にうつされる。

教育課程の編成　わが国とフランスは国が基準を定めており、西ドイツ・ソ連ではそれぞれの邦または構成共和国が基準を統一している。イギリスでは統一的基準がなく、校長・教師の責任で編成されるが、実際は視学制度や試験制度によって標準化が行なわれている。アメリカ合衆国では州または教育委員会が関与しているが、その程度はまちまちである。

教科の種類　初等教育の教科の種類は名称の差はあるが実質的には主要国のいずれもほぼ同様である。低学年では合科教授を行なつている国が多い。道徳教育はフランスが教科としており、わが国も時間を設けている。イギリス、西ドイツには宗教教育の時間があり、道徳教育の一つの形として考えられる。アメリカ合衆国は各州まちまちである。

科目選択制度　中等教育においてヨーロッパ諸国は各学校またはコースごとに一定の教育課程によって学習するのに対し、わが国とアメリカ合衆国の高等学校では、単位制であり、一定の必修科目以外は科目選択ができる制度を取っている。この制度は個人の必要に応じた教育を施すというたてまえから行なわれているが、生徒個人が安易を求め高い知能と強度の学習を要する教科を避けるということも考えられ、運営や指導にじゅうぶんな配慮が必要である。大学進学後の学力も問題でありアメリカ合衆国では現に科学技術者の養成を行なうにあたつて、大学入学者の理科や数学などの基礎学力の不足が大きな問題となつている。

授業時間数　授業時間数を初等学校の六年間について比較するとわが国の最低基準は五、八二一時間で西ドイツの六、二四七時間を除いては他の主要国より多い。教科別に見ると、わが国は国語を除いて他はすべて上位にあるが、各国の国語が多いのは低学年で社会や理科を国語に組み入れているためでもある。

西ドイツ・ソ連の数学がわが国より多いことや、イギリス・西ドイツが宗教教育に相当の時間をあてることが注目される。

初等学校から大学（理工系）入学までの総時間数を比較すると、この間の修業年数は、イギリス・西ドイツが十三年、わが国・アメリカ合衆国・フランスが十二年、ソ連が十年であるが、年平均授業時間数はイギリス・西ドイツが最も低い。わが国は中位にある。

教科別に見ると各国とも国語が多く、次が数学であるが、ソ連の数学は特に高い。理科はイギリスが最高で、わが国とソ連がこれに次ぎアメリカ合衆国が最も低い。地理・歴史を含めた社会科はアメリカ合衆国が最高で、わが国と西ドイツがこれに次ぎ、イギリスははなはだ低い。

学力の水準　以上は各国が児童生徒に要求している教育内容の面から見たのであるが、次に現実に児童生徒が到達した教育水準として、学力について述べる。

文部省では昭和三十一年度以来毎年全国学力調査を行なっているが、その結果を見ると小・中・高各学校を通じておおむね期待度に近い成績を示しているが、全般に数学が低く、また中学校の英語、高等学校の物理、化学、生物、地学、保健体育も期待水準に達していない。これは全国平均から見たものであるが、児童生徒の個人差や学校差が相当あり、また地域類型別に見てもひらきが大きい。すなわち大都市の住宅地域や商業地域と山村へき地とではかなり差がある。ただ学力水準の低い地域にも優秀な者が必ずおり、水準の高い地域にも特別の教育を必要とする遅進児などが相当存在することは注目すべきである。

数学の成績、英とほぼ同じ　学力の国際比較を行なうことは非常に困難であるが、一つの試みとしてイギリス・オーストラリア・アメリカ合衆国において同一問題について行なった数学の学力調査を、このたびわが国の児童にも実施してみた。これは各国の十一歳の児童を対象とするもので、わが国は小学校五、六年について行なった。種々の条件の違いがあるので、この結果をもってただちに学力水準の比較を行なうことは危険であるが、全般的に見れば、わが国の成績はイギリス・オーストラリアとほぼ同じ水準にあり、アメリカ合衆国を上回っている。

3　教育条件・機会均等施策等・教師の水準

まだ多いすし詰学級
精神薄弱し体不自由児教育の普及が低い

教育条件

教員配当と学級規模　教育条件の大きな要素として、教員配当と学級規模の問題がある。この両者を「教師一人あたり児童生徒数」によってみると、わが国の「教師一人あたり児童生徒数」は、戦前の五〇人から三六人と著しく改善されたが、主要国の二〇～三〇人と比べてまだ多い。わが国とイギリスとは学級あたり教師数はほぼ同様であるが、教師一人あたり児童生徒数はわが国が上回っておりこれはわが国の学級規模が大きいためである。

わが国では過大学級の数は漸次減少しつつあるが、まだ小学校の学級の三〇%中学校の学級の二〇%もある。主要国は標準を四〇人以下と定めており、五〇人以上の学級はきわめて少ない。この悪条件に対しては、昨年度から「すし詰め学級解消五か年計画」が立てられ、昭和三十八年度までに標準を越える五〇人以上の学級を解消することとなっている。

校舎面積　このすし詰め学級の存在する大きな原因の一つは校舎の不足にある。戦後、現在の公立学校建物の五〇%におよぶ大規模な校舎建築が行なわれたが、昭和三十四年度において不足教室数は小学校一五、〇〇〇、中学校四、二〇〇〇もあり、全学級数の四―五%である。今後の中学校生徒の急増は、この数学を飛躍的に増加させることになる。

主要国でも戦後の教育人口増加などのために教室不足に悩んでおり、その不足の内容範囲は各国まちまちであるが、それぞれ大規模の学校建築が進められている。

わが国も昭和三十八年までに不足を解消するため「公立文教施設五か年計画」が立てられているが、すし詰め学級解消のためだけでも三三〇万平方メートルの校舎を建てるため工事費四一五億円が必要である。

教科書　わが国の教科書は文部省が検定し、教育委員会が選択採用する制度で現在九四の出版社から一、三〇〇種以上が発行されている。アメリカ合衆国の一部の州と西ドイツは検定、ソ連は国定制度であり、その他の主要国はおおむね自由出版で採択も教師にまかされている。またソ連を除く主要国では教科書の無償貸与をたてまえとしている。

教材・教具　教科書以外の教材・教具は、戦後の教育方法の変化や教育技術の進展などによってその重要性を増したにもかかわらず、まだふじゅうぶんで、たとえば理科設備についてみると、基準に対する不足率が小学校七二%、中学校六六%に及んでいる。

機会均等施策と補助活動

特殊教育　心身に障害のある児童生徒で、特殊学校や学級で教育されている児童生徒の数は主要国に比べて少なく、学齢児童総数に対する比率は、アメリカ合衆国・西ドイツの一・七%、イギリスの〇・九%、ソ連の〇・五%に対して、わが国は〇・三%にとどまっている。種類別にみると、盲ろう児については各国に比べて見劣りがないが、精神薄弱児、し体不自由児の教育の普及は遅れており、養護学校や特殊学級の整備が必要である。

へき地教育　地域的に恵まれない「へき地」に所在する学校は全国の小学校の二一%、中学校の一七%に及ぶ。これに対してへき地教育振興法が制定され、種々の振興策が図られているが、まだふじゆうぶんである。

わが国のへき地学校とは多少異なるが、一教師学校の多いアメリカ合衆国やソ連などでは学校統合の推進、寄宿舎設備の増強などを行なつている。人口密度がきわめて低い地域に在学する者が全児童生徒数の一六%に達するアメリカ合衆国では、公費による児童生徒の輸送の強化に伴う学校統合が強力に行なわれ、過去二十五年間に一教師学校は四分の一に減少した。

なお、一教師学校の全学校数のうちに占める比率をみると、アメリカ合衆国三四%、西ドイツ二八%、ソ連五七%となつており、フランスでも寒村所在の学校を除いても三〇%に達する。これに対して、わが国は五・三%、イギリスは四・五%という少数である。一教師学校は、教育効果をあげるうえに支障が多いといわれているから、この点ではわが国は恵まれた環境にあると言えるであろう。

貧困児童の就学奨励　わが国の義務教育の就学率は、ほとんど一〇〇%に達するが、学校に在籍していても長期間欠席している者のあることを忘れてはならない。その比率は年々減少しつつあるが、現在なお小学校〇・七%、中学校一・七%の児童生徒が年間五十日以上欠席している。このうちには相当数の家庭の貧困による欠席者が含まれている。

これらの恵まれない児童生徒に対しては、現在生活保護法による教育扶助や教科書、給食費、医療費、修学旅行費の補助が行なわれているが、さらにその対策を進める必要がある。

育英奨学　国家的な育英奨学として、日本育英会は年間約二二万人の学徒を対象として、約四七億円の事業費をもつて学資の貸与を行なつている。これで現在高等教育機関在学者の二〇%が学資を貸与されている。イギリスでは高等教育機関在学者の六六%、フランスでは二〇%ソ連では八〇%の国が給費を出しているが、各国の高等教育機関在学者数には幅があるので、これを同年齢層人口に対する比率になおしてみると、わが国は一・九%、イギリスは一・五%、フランスは一・一%の受給率となる。ただフランスでは授業料免除者が、高等教育機関在学者の五〇%あることを考慮する必要がある。

またわが国では学資の不足を補う程度の貸費であるが、主要国では生活費を考慮して決定している例が多い。

わが国では能力あるにもかかわらず進学できない者が、まだ多く残されており、一般奨学を拡充する必要があるが、さらに大学院学生など少数の優秀者に対する生活費まで含めた給費制度についても実施すべき段階にある。

給費・健康管理　教育の補助活動として、たとえば給食の普及は戦後目ざましいものがあるが、現在学校給食の普及率は小学校全児童数の六〇%、中学校生徒数の七%で、農村部はふじゆうぶんであり、府県間の普及度にも著しい差があり中学校も遅れている。主要国では西ドイツを除いては、大幅な国庫補助が行なわれ普及率も高い。

健康管理についてみると、わが国では主要国に比べ健康診断の日数や受検率においてむしろまさつているし、学校医の設置状況も相当であるが、たとえば学校医の多くが兼任であつたり、学区内に居住しない地域が多いことなどでわかるように、実質的整備の点では必ずしもじゆうぶんでない。

教　師

教師の学歴・資格　わが国の教師の学歴はしだいに向上しているが、まだイギリス・西ドイツに比べて低く、また資格の低い助教諭の数が漸次減少し五%弱になつたが、まだイギリス・フランスに及ばない。

教員養成制度　ヨーロッパの主要国では、教員養成の専門教育機関を設け、また任用に際し国家的試験を行なつたり、試補制度を設けたりしているが、わが国やアメリカ合衆国では専門的養成の色彩が薄いことが注目される。

経済的地位等　教師の経済的地位は、主要国に比べ中位にある。週の授業時間数は主要国とほぼ同様であるが、勤務負担量はアメリカ合衆国よりもやや多くなっている。

教師の団体　主要国のおもな教師の団体の多くは、職能的団体として、「専門的職業」としての教師の能力の向上を目ざしており、闘争的政治的な色彩が薄いのに対して、わが国では労働組合的な行き方をとつている。

現職教育　主要国では教員の現職教育のために、短期講習や研修会などのほか、大学における補習教育コースや継続教育制度を設けたり、研修機関を設置している例が見られ、視学などの指導も活発であり、参考となる点が多い。

視学制度　最後に視学制度についてみると、国によつてその役割は同一でないが、視学が教師を指導・評価することなどにより、教師の水準を維持している。

わが国ではこのような視学制度はなく、アメリカ合衆国と同じく、教師の助言者としての指導主事制度をとつており、教師の評価はわが国では人事管理者による勤務評定によつて行なわれている。

4 教育費の水準

主要国を上回る努力
だが生徒一人当り教育費は少い

国民所得と教育費 各国が国民所得のうち、どれだけを教育費にあてているかをみることによつて各国の教育に対する努力の程度を知ることができる。

国民所得に占める公教育費の比率は、わが国は五・三％であるのに対し、イギリス・西ドイツは五％をやや下回りアメリカ合衆国は四％強、フランス、イタリアは三％に満たない（ソ連は八－九％と推定されているが、これは教育機関がすべて公営であること、教育関係費の範囲が広いことなどによる。）

公教育費だけでなく私立学校費を含めても、わが国は主要国を上回つており、わが国の教育に対する努力を示している。ただ戦後一貫して上昇してきたこの比率が、最近停滞ないし低下の傾向にあることは、主要国が上昇傾向にあることと比べ注意を要する。（第３図参照）

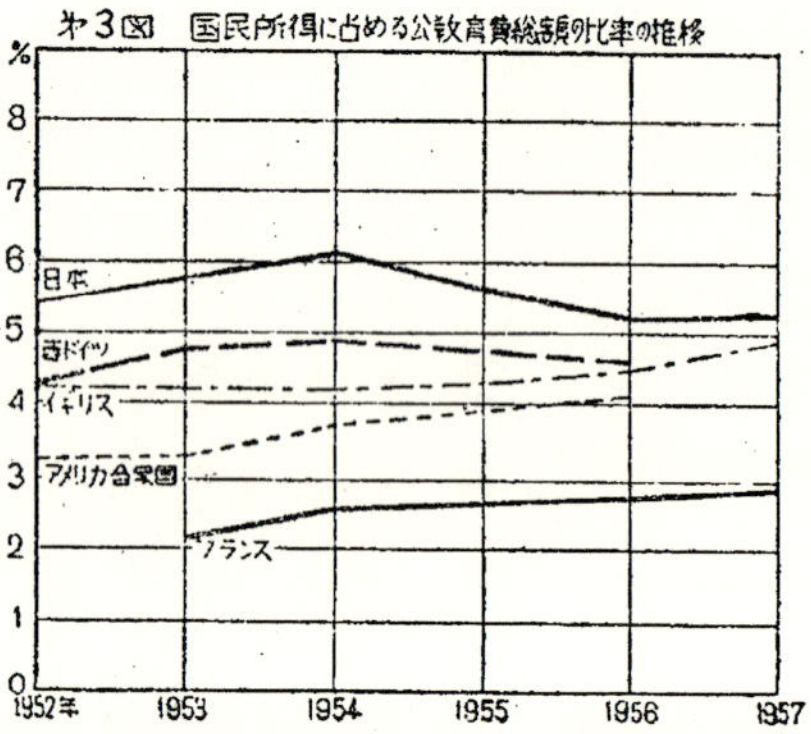

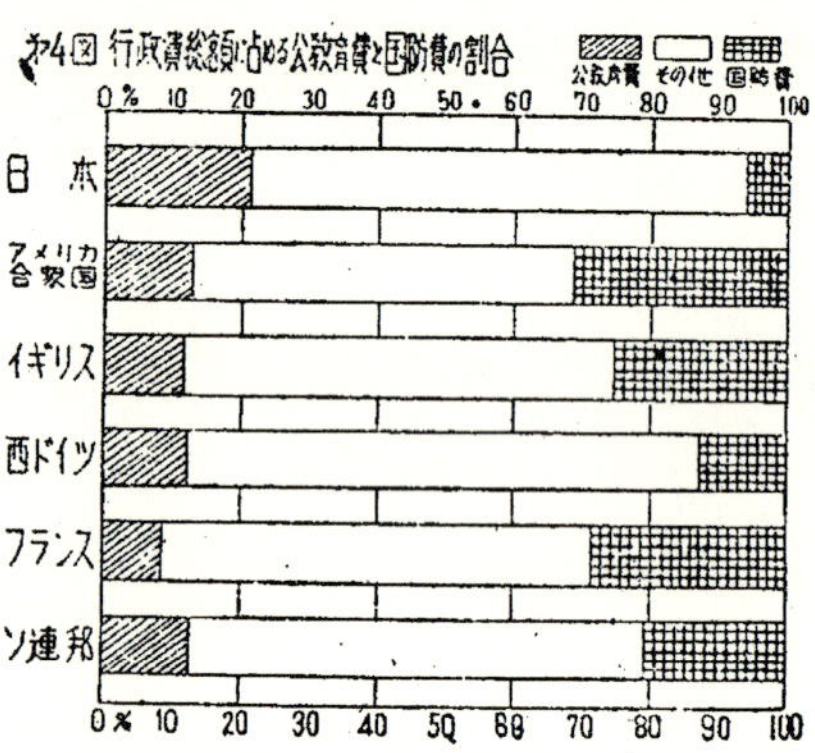

行政費と教育費 行政費の中で公教育費がどれだけの割合を占めるかを主要国と比較すると、第４図のようになる。わが国は二〇％を越え、各国の一二～一三％を上回り、わが国が教育行財政に対し大きな比重を与えていることを示している。

生徒一人あたり教育費 このような努力にもかかわらず、わが国の児童生徒一人あたり経費は主要国に比べて低く、アメリカ合衆国の七分の一、イギリスの四分の一 西ドイツ・フランスの三分の一ソ連の五分の三にとどまつており、高等教育機関の学生一人あたり経費も主要国の二分の一ないし四分の一である。これはわが国の国民所得の水準の低いためであつて、前に述べた教育条件などが各国におよばない一因となつている。

父兄負担教育費 最近父兄負担教育費の増大傾向が指摘されている。しかし昭和二十七～三十二年度の五年間の父兄負担教育費の増加率は、この間の一人あたり国民所得の増加率と平行しているにすぎず、また増加の大きな部分は父兄の任意支出による家庭教育費であつて、生活水準の向上に伴うものとみられる。

父兄負担教育費中の学校教育費の増加率は、一人当り国民所得の増加率を下回つているが、ここにはやはり問題がある。

わが国の学校教育費全体における公費負担と父兄負担の割合をみると、父兄負担がアメリカ合衆国に比べて高い。これは施設設備などのための寄付金など当然公費で負担すべきものが、わが国では父兄負担となつているためである。これら当然公費で負担すべきものについては、財政事情の許すかぎりすみやかに公費負担に切り替える必要がある。

5 主要国の教育改革とわが国の教育

示唆を与える各国の改革
15～17歳の教育の総合的検討が必要

最近科学技術の進歩などに伴い教育に対する社会的要請が高まつているが、この情勢に対処するため各国は積極的に教育改革を行なつている。わが国の教育が当面している諸問題の解決に対し、各国の教育改革は多くの示唆を与えるものである。

主要国の教育改革 第二次世界大戦後イギリスは早く「一九四四年教育法」を制定し画期的な改革を行ない、フランスもドゴール政権の出現によつて改革が実を結ぶことになり、一九五九年一月改革案の決定をみた。西ドイツも多年の懸案の、連邦の統一的学校制度を樹立する改革案が公表された。自主分権の国アメリカ合衆国も一九五八年「合衆国防衛教育法」を制定し、科学技術者養成のため連邦が教育行政に関与することとなり、ソ連も一九五六年の教育改革が所期の効果をあげえないと考え、一九五九年いわゆるフルシチョフ教育改革が実施にうつされた。これら諸国が教育改革を推進する観点は次のとおりである。

一、国民全体の教育水準を向上すること。このため義務教育年限を延長するとともに、その質の向上を図る。

二、中等教育を生徒の適性、能力に応じて推進するため、目的のはっきりした学校に分化し、教育効果をあげること。

三、科学技術の発展に即応する基礎教育と科学技術者養成のための教育を発展させること。

四、教育水準の向上や教育目的実現のために、国や連邦が教育行財政に対する責任と権限を拡大すること。

教育水準の向上　すでにみたように、わが国の学力水準は、まだ期待する線に達せず、また地域間に大きなひらきがある。学力と学校における人的物的な教育水準との間に関係があることが明らかにされており、学力の水準をあげるためには、まずこれらの条件をよくする必要がある。特に条件の悪い地域の水準を向上させなければならない。

中等教育と青少年教育　ヨーロッパ諸国では、中等教育が上級進学・中級技術者養成・普通完成教育というように目的に応じて別のコースで行なわれており、これに対する生徒のえり分けは個人の適性と能力に即応して行なわれるよう、試験や観察などによって行なわれている。なお教育改革後のフランス、西ドイツではふり分けの時期を遅らせ、二年間の観察課程が設けられいっそう綿密に行なわれるようになる。

わが国では中学校まですべての者が同一形態の学校で、ほぼ同種の教育を受けその後のコース決定も主として生徒側の志望にまかされている。現在高等学校の普通課程に志望が集中し、その生徒数は高等学校生徒全体の六〇%に及ぶが、これはヨーロッパにみられないことである。またそのうち卒業後上級進学する者は四分の一、就職する者は四分の三であるが、現状で進学就職それぞれの目的に応じた教育を行なうことがむずかしい。この点には多くの問題があると言えよう。

一方中学校卒業後ただちに社会に出る者の、その後の教育訓練機関が必要であるが、ふじうぶんである。

昭年三十八年度以降一五歳—一七歳の青少年の数は急増するが、科学技術の進歩は産業従事者に高い能力を求めておりこれら青少年の就職の機会は、産業が上昇の傾向を示しても必ずしも無条件に増加しない。一方生活水準の向上によって高等学校進学希望者は上昇するであろうが、それが満たされない場合には、社会的な種々の問題も引き起こすことが考えられる。

したがって中学校卒業後の青少年に対する教育の問題は、きたるべき中学校卒業者の増大を契機として、高等学校生徒のあり方を含めたこの年齢層全体の問題として取り上げられなければならない。

大学教育に対する社会的要請

近年主要国では、科学技術の発達に応じて大学に優秀な人材を集めて高度の研究を行なうとともに、大量の科学技術者を養成する施策が大幅に推進されている。

イギリス・フランスは有能な学生に対して、国の奨学制度を拡充したり、国家試験を行なって、真に能力を有する者を選んだりしているが、アメリカ合衆国でも優秀な学生を集めるために多額の経費を支出している。また主要国はいずれも科学技術者の数の増加を計画実施しており、ソ連のごときは七か年計画で工学関係部門の大学卒業生を二倍に増加しようとしている。

わが国の高等教育機関卒業者の数は、第5図の通りで、理工系学生数の比率は二〇%にすぎない。

最近八千人の養成計画が実施されたが今後さらに正確な調査に基づく増員計画も必要である。

オ5図　高等教育機関卒業者の学部別構成

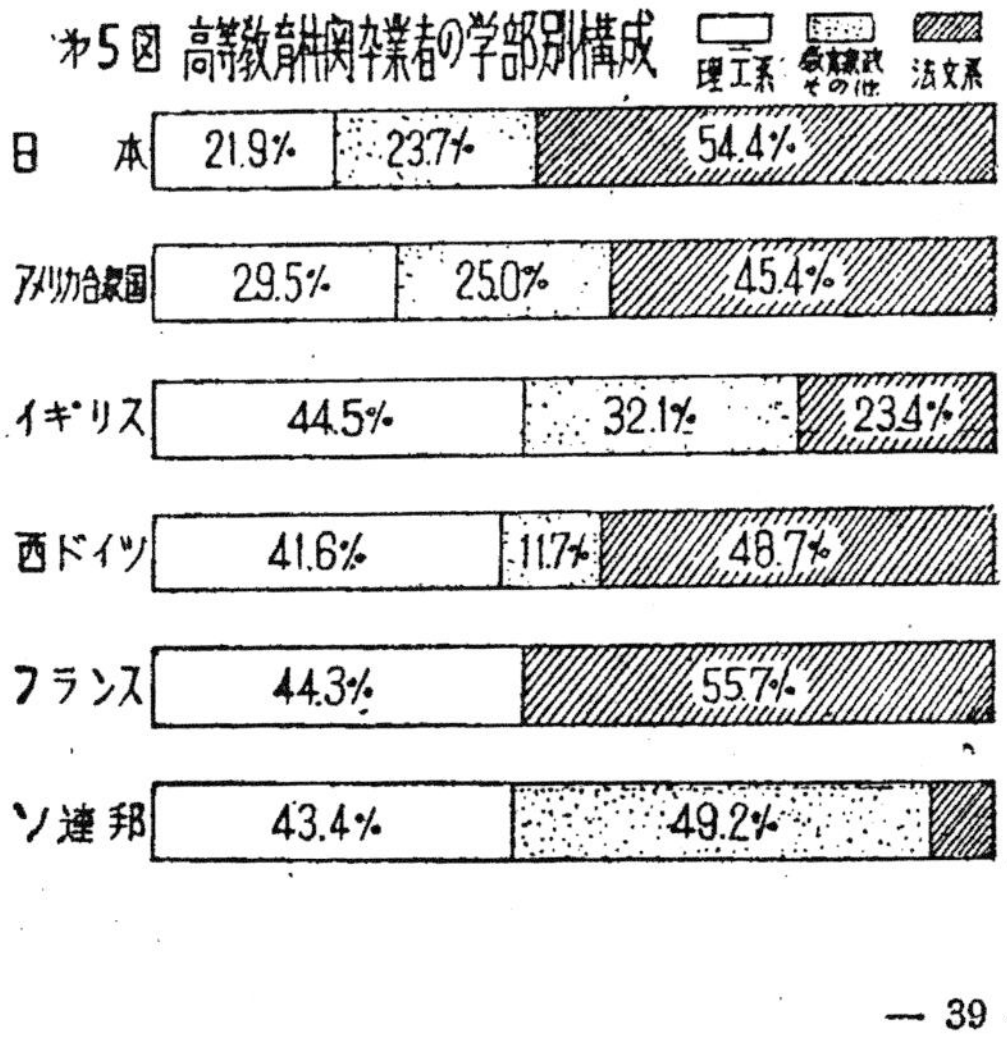

配属校の「道徳教育」展望

配属校 千代田区立番町小学校
糸洲守英

渡日して最早一か月を経過したとはいいながらようやく一人歩きのできる今日この頃である。現場の先生方には日々教科の移行措置問題のご研究にとり組まれながらますます児童教育にご邁進なされていることと拝察致します。さて「配属校の道徳教育展望」などと大きく表題を掲げてみたものの何からどういうふうに書いてよいものやら、かえつて道徳雑感というふうにした方が自分自身として書きよいのではなかつたかと思う。しかしいずれにせよいくらかでも先生方のご参考になるところがあれば幸である。

〇はじめに

特設時間「道徳」が全面的に(昭和三三年九月)実施されるに先だち、番町小学校の場合は同年四月より時間を特設しこの方面の研究が熱心に(番町の道徳第二次案を拝見して職員の苦労が十分にうかがえる)進められ種々の実態調査等を実施しその結果として学校の道徳教育目標(人間像)が冒頭に次のように掲げられている。

一　自分で深く考え進んで行動しよう。(自主性)

二　おたがいに助け合つてりつぱな仕事をしよう。(協調性)

三　せいいつぱい自分の力を出そう。(根気強さ)

四　真実に感動する心の眼をみがこう。(人間性)

五　みんなのものを大切にしよう。(公共心)

以上の五項目は実態調査の中から同校の子どもの欠陥を職員が十分にふまえたその結果、道徳的要素(自主性・協調性・根気強さ・人間性・公共心)として浮かび上がつたものでありしかもどの子ども達にも親しめるように細かなところまでゆき届いた表現がとられている。これは、私が述べるまでもなく道徳教育の終局の目標であるところの人間形成を目ざしていることを意味するものである。

次に各項目ごとの内容面について記述すると、

◎自主性について

・教師や親にたよらないで自分から問題にとりくむ子

・口先だけのウスッペラな理解でなく深く現実をみつめる子

・人の顔色をうかがつたり他人の意

(第一表)

	月間生活目標	児童会活動	内容
4	新らしい生活を考えよう	一年生を迎える会	◦新しい学年になつての抱負を話しあう。 ◦新入生を迎える。 ◦新らしい計画(かかり、予定表、計画表) ◦きれいな学校、教室
5	友だちとなかよくしよう	親切な友だちの紹介	◦なんでもいえる学級 ◦けんか ◦だれとでも遊ぶ
6	よい遊びをしよう	よい遊びと遊び方の発表	◦外あそび、内あそび ◦よいあそび悪いあそび
7	たのしい夏の生活を送ろう	地域子供会の相談	◦健康で安全な夏の生活 (プール、さかなつり……) ◦夏休みの計画 (予定表、計画表、病気、けが……)
8	きそく正しい生活を送ろう	地域子供会の活動	◦計画を実行する。 (起床、勉強、食事、遊び、就寝) •たのしい家庭生活
		以下	省略

見や行動に左右されず常に正しさに素直である子

◎協調性について

・学級や学校をよくするため意見や行動を大切にする子

・他人の失敗や欠点を笑つたりさげすんだりしない子

・学級や学校がよくならなければ自分たちもよくならないという意識をもてる子

◎根気強さ

・きびしい方法をさけない子

・なんでも途中でなげ出さないで最後までやりぬく子

・自分たちできめたことは責任をもつて実行する子

◎人間性

・他人が泣いている時笑つておれない子

・動物や人間に対してこまやかな愛情のもてる子

・事実を正しくうけとめる感受性のある子

・健康な夢をいつも失なわない子

◎公共心

・自分の持物を大切にする子

・自分の仕末のしつかりできる子

・校庭の花だんや飼育小屋にみだりに入らない子

・運動具や教具の仕末がしつかりできる子

一、道徳教育の方法として

同校の道徳教育の特色としては児童会活動による生活指導を中核として実施しているという点である。それ故どこまでも子どもの生活と結ぶために月間生活目標（第一表）を立て更に月間生活目標に基づいて学年主題（第二表）を立て、より具体的なものにするために学年指導目標案（表略）が立てられている。

二、学習指導内容として

同校では指導の展開をめぐつて（A）形態（B）時間の制約（C）弾力性（D）他科との重複などについていろいろ

（第三表）

・道徳教育の全体計画

理想的人間像 ← 道徳教育の目標 ← 道徳指導の計画 ← 道徳の時間

→ 教科を通して
- 社会　民主的、政経的、歴史的、地理的
- 理科　科学的合理性
- 国語　言語的社会性
- 算数　数量的合理性
- 図工　美的、情操的、製作的
- 音楽　音楽的、情操的
- 家庭　家庭生活への協力
- 体育　体力、意志、規律フェアプレー

学習活動の場

→ 特別教育を通して
- ・学級会
  - 仲間作り
  - レクリエーション
- ・児童会
  - 自治活動
  - 週番
  - 奉仕活動
- ・クラブ活動
  - 趣味、個性、特技の伸張余暇の善用
- 学校給食のきまり等

→ 学校の行事その他
- 校外生活
  - 手伝い、通学、家庭学習、遊び
- 社会行事
- 校　風
- 家　風
- 個別指導
- 個人指導

（第二表）

月間生活目標 ＼ 学年		1	2	3	4	5	6
4	新しい生活を考えよう。	うれしい入学	二年生になつて	三年生になつて	きょうから四年生	学級学校の生活計画	最高学年としての自覚
5	友だちとなかよくしよう。	みんななかよし	ともだちとなかよく	友だち	友だち	助け合い	友　情
6	よい遊びをしよう。	よい子のあそび	いろいろの遊び	よい遊びを考える	遊びのきまり	規則を作つて遊ぶ	遊びのくふう
7	夏の生活をたのしく送ろう	もうすぐ夏休み	夏休みをたのしく	夏のくらし	夏の生活	夏休みの計画	夏休みの計画
8	きそく正しい生活を送ろう	早ね早おき	きまりよいくらし	きまりよい１日の生活	きそく正しい生活	計画の実行	自主的な生活
			以　下	省　略			

と検討されている。

（A）　形　態

◦第一週（月間第一時間目）を各学年目標の計画に当て
•第二週はさらにそれを深めてゆく時間とし
◦第三週においては徹底して理解し身につけさせ
◦第四週は学習してきたものが目標に対していかに成果をあげ得たかを反省する時間

（註）
児童会活動も同じ月間目標に基づいて行われているので児童会活動との結びつきをいかにするかという心配も自然に解消されるように考えられている。

（B）　時間の制約

道徳教育が週一時間の短時間で完成されるものではないとの立場から一応の目安として月四時間の指導計画を組みさらに各教科時間や全学校生活を通じて完成づけられるように配慮されている。このことは同校の道徳教育の全体計画を一見してすぐうなづけることである。（第三表参照）

（C）（D）は省略致します。以上番町小学校の道徳教育に対する目標や方法及び指導内容の一部について書いてみましたが余りにも断片的になり過ぎ同校の道徳教育についてその意を十分お伝えすることのできなかつたことを同校に対しましても同様に併せて深くおわび致します。なお紙数の都合で今回はこの辺で この稿を 終らせていただきます。

歓迎会を受けて

配属校 新宿区立西戸山小学校
山　城　　　実

十月三十一日、文教局研究調査課から、「文教時報で全琉の教職員のみなさんへお知らせするから寄稿してほしい。」といつた依頼状が届いたので、さて何を書いたらよいかと迷いました。

きようこの頃から漸く方角も知り国電，都電，バスも一人でどうにか乗れる程です。それに郷里を離れて居ると女房の仕事まで独りで切りまわさなければならないし、又一歩外に出ればスピード化された都会の社会環境に順応しなければならないので、来て一か月間は気疲れが出て研究どころの騒ぎではないようです。

しかし研究教員という、いかめしい肩書きで派遣されたからには黙否権を使うわけにもいけない。それで研究物は後日にゆずる事にして、はるばる沖縄からやつて来た私のために歓迎会をやつてもらつた状況報告で今回は責任をのがれたいと思います。

歓迎会の時刻は五時開始、終了六時。沖縄ではこの種の会は、開会の時刻はあるが閉会の時刻がないのが普通かと思います。学校にもよると思いますが、私の配属校では閉会の時刻もちやんと決めてあつて、その時刻にきたら会がどんなにたけなわでも「きようの歓迎会はこれで終ります。では……先生、ありがとうございました。」と拍手裡に会場から送り出すので、居残るわけにもいけない。

又主賓を接待する事にもたけて居る気がします。幹事のあいさつ、幹事長あいさつ、男子部代表あいさつ、婦人部代表あいさつ、沖縄から離れている間はチョン小同然だから、チョン小代表あいさつ、未婚女教師代表から捧げる詞朗読、校務主任あいさつ、校長あいさつ、主賓あいさつ。あいさつあいさつ。しかしこのあいさつが要を得ているので短時間に済ましてしまう。後、花束贈呈。

未婚女教師代表から捧げられた詞を書いてみましよう。

まだ知りそめし　浅黒の
アーケードのもとに　見えし時
なつかしくも　たのもしの
沖縄の君とぞ　思いけり
やさしく黒き　手をのべて
ガムを我に　与えては
光まばゆき　常夏の
ひめゆりの塔　思うはじめなり
わがこころなき　ためいきの
命の恩の　一さらの
さつまいもにも　つなぎしを
かの戦後とぞ　思出ずる
西戸山畑の　舎の下に
おのずからなる　細道は
たれかふみかためし伝統とぞ
助け合いたまうこそ　色こけり

その後、学校には、北は北海道から南は九州の鹿児島までの方々がいらつしやいますので、お国自慢の披露。最後に主賓の十八番ときます。

会の進行中に、未婚の女教師が、かわりばんこに、鶯のようなきれいな声で「おビールいかがですか。」とついでいただくので、なれない者にはたまげてしまう。

そのため酔うてくだまくわけにもいかず、酒量もほどほどとなる。ビールをついで接待役にまわるのは未婚女教師の特権か。それ以外は無資格者として席に釘付けされて居るような感です。

このような接待を受けて居ると生まれた甲斐？があつたと有頂天になつて

しまい、いわなくてもよい事までしゃべりまくつて、そのような雰囲気の中で完全に同化されてしまう。

都会の先生方は時間の使い方がうまいと思いました。短時間に和気のあいあい裡に有意義な会を終えてしまい、後はサヨナラ。

二日酔もなく翌日は何事もなかつたように授業が平常通り進められてゆきます。私は学校行事をテーマとして居りますが、この面でも学ぶ点がおおいにある気がします。

きようはこれ位で失礼させていただきます。

——研究教員だより——

年少労働者の中学校に対する要望について

—特に中小企業における—

配属校（静岡県）
熱海市立小嵐中学校
与那覇光男

毎年新らしく学窓を巣立つ数千人の年少者はそれぞれの就職先きを目指して、新らしい生活へと第一歩を踏み出していくのであるが、大多数のものは中小企業に吸収されていく傾向にあります。この中小企業について日本では企業への助成対策とともに、最低賃金制の確立、退職金制度週休制の実施など労働条件の改善機運が拡大してはいるが、しかしなんといつても、現在の大企業と中小企業の間に見られる労働条件、労働環境などの格差は顕著である。従つてそこに働く年少者は、いろいろな形で不満、悩み或いは欲求をもつているのであり、またさまざまな不適応事態を生みだしているわけです。そこで、従来から各種の立場、方法によつて年少労働者の不満や欲求の研究調査がなされているがそうした数多くの事例の中から、労働条件、労働環境、厚生施設の不備、中小企業主の前近代的労務管理といつた経済体制や産業構造の中で採りあげられなければならない性格を持つものについては一応さておくとして、ここでは特に日本（静岡県）の年少労働者が日頃中学校に対して、もつている不満や欲求を問題として取り上げ、沖縄の中学校教育更には進路指導の資料としたい。

調査の結果を要約すれば、

(1) 進学組と就職組とに対する差別的取扱い。

就職した生徒は果たして在学中大切にされたか、どうかということである。高校入試の準備教育に追いたてられ、就職希望の生徒を横におしやつているという事例がたくさんあがつています。そういう学校の雰囲気に強い反感をもつている。

(2) 進路指導の不徹底に対して。

職業に対する能力や適性を勘案して生徒が選職する場合の指導助言に、また紹介業務について、求人条件を明確に把握し、的確に伝達し指導する面において手ぬかりがある。

(3) 職業に関する知識技術教育の不充分。

(4) 生活指導の不徹底

(5) 就職後の補導不足。

以上の五項目が上げられます。

※「日本（静岡）における年少労働者の中学校に対する要望調査」の結果をご参考までに提示致します。

(一) 進路に依る差別的取扱に対して

(1) 進学者、就職者の区別なく指導してもらいたかつた。

(2) 学校はもつと就職者に対して関心をもつてほしかつた。

(3) 就職者も進学者同様の学力を身につけさせてもらいたかつた。

(二) 進路指導の不徹底について

(1) 安定所よりの連絡事項をもれなく伝えてほしかつた。

(2) 紹介前に事業所のことをもつと正確に詳しく教えてほしかつた。

(3) 工場見学をもつと早くやつてもらつて自分に合つた職場を選びたかつた。

(4) 職業生活に必要な知識や社会的常識をもう少し身につけさせてもらいたかつた。

(5) 就職決定後自分に適する求人があつても応募できなかつたのは残念である。こういうことのないようにしてもらいたい。

(6) 適職をあつせんしてもらいたかつた。

(7) 面接試験になれるように指導してもらいたかつた。

(三) 職業に関する知識技術の教育の不充分に対して

(1) 職業科の勉強をもつとたくさんやつてもらいたかつた。

(2) 珠算を一通りできるようにしておいてもらいたかつた。

(3) 職場実習をもつとやつてほしい

(4) 図書室には職業に関する参考書をもつと備えておくべきだ。

(5) 数学の時間をもつとふやすことが必要だ。

(6) 機械についての知識や技術を身につけたかつた。

(四) 生活指導の不徹底に対して

(1) 礼儀作法など躾などをもつときびしくやつてもらいたい。

(2) 規則正しい生活ができるように

指導してもらいたい。

㈤ 補導不足に対して

(1) 先生にときどき職場訪問をしてもらいたい。

(2) 中学校の様子をもつと知らせてもらいたい。

※次に年少労働者の要望に対する職業安定所の意見を提示致します。

(1) 中学校において雇用条件、職業情報の提供の仕方に問題がある。この点くふうと同時に徹底してほしい。

(2) 正しい職業観を在学中に涵養しておきたい。

(3) 進路指導の適否が就職後の職業生活に重要な影響を与えていることを痛感した。例えば礼儀作法、言葉づかいの悪さは職場の上司に直ちに指摘され、そのことが就職者の勤労意欲を一時的にせよ、かなり動揺させている。職業生活の実際について具体的に指導する必要がある。

(4) 職場への訪問指導はなるべく数多く実施してほしい。就職者は切望している。

以上年少労働者の中学校に対する要望を中心にのべてきたが、さきに少しふれたように、中小企業そのものも前近代的な労働条件、或は労務管理といつた根強い問題を無視することはできないし、いやそれこそ厚い壁ではあるが、少なくとも我々としては中学三か年をとおして、職業人となるに必要な能力、態度を全職員があらゆる場をとおして一貫した理念をもつて指導し培つてやること――そうした努力をつみ重ねることによつて解決できる問題の多い事を厳しく認識し反省するものであります。

原稿募集

主題 自由

月ごとの特集題は文教時報五三号 七頁掲載

月初め十日までに当課へ到着すれば翌月号へ掲載

・原稿用紙をなるべく使用のこと（四、〇〇〇字まで）

宛先 文教局研究調査課 廣報係

初のへき地教育調査 十二月に実施

教育行政上教育の機会均等を図ることは不可欠なことである。へき地教育振興法を始め関係法並びに規則はつぎつぎと整備されつつあるが、更にその充実、望ましい運用を導き出すために初のへき地教育調査が実施される。

したがつて調査の対象は、へき地学校指定の小・中・高等学校はもとより山間辺地、教育的条件の比較的恵まれない地域にある学校をも含んでおり、全琉で調査対象校はおよそ次のようになつている。

連合区	学校	連合区	学校
知念	小一 中一	糸満	小八 中七
前原	小六 中五	名護	小十一 中八
辺土名	小四 中四	久米島	小七 中四 高一
宮古	小七 中七	八重山	小一八 中二〇
那覇	小二 中二	宜野座	中一

調査票およびその主な内容は、

1 へき地学校を規定する一般的条件

。交通条件…バス・定期航行船について学校を中心に距離・運行回数等

。社会文化状況…医療機関・郵便局・役所・上下級の学校・電灯・部落の状況・飲料水・娯楽施設・病院の有無ならびに学校からの距離

2 へき地学校を規定する教育的条件

。社会文化状況…学校から高等学校・連教委事務局までの距離や交通機関の有無・利用状況

。郵便物の配達・電灯の普及率・学級数・飲料水・通学区内のラジオ電話・新聞等の普及状況

。通学距離別児童・生徒数

。学校から交通機関までの道路の状況

3 へき地学校の教育状況

。在籍・出席状況・学用品・進学・学級編制・疾病罹患者数等

。教員・事務職員について

。教員の住居・家族について

。指導・研修について

。施設・設備・教材・教具等について

。社会教育施設の有無

等になつているが、それぞれの報告等に基いて、へき地学校の教育状況が調査分析されるわけである。

調査票は一月一〇日文教局へ提出となつており、三月末までには全部のまとめを行う予定。

十月のできごと

一日　Ｒ・Ｂ・Ｃ開局五周年

アンドリツク首席民政官琉大法政研究会メンバーと懇談

新聞週間始まる、赤い羽根共同募金始まる、琉球高等美容専門学校開校式

三日　九月三十日付布令第二十五号「琉球資金開発公社」が三日に公布

四日　文教局、沖縄教育音楽協会主催第六回全琉学校音楽コンクール小校一位久茂地小校・中校一位寄宮中校・高校一位首里高校

台湾訪問の帰途野村吉三郎（参議院議員、元海軍大将）来島、当間主席及びアンドリツク民政官を訪問

五日　沖縄自由民主党党大会（グランドオリオン）

六日　ブース高等弁務官は次期主席任命にあたつて、立法院代表への諮問手続きを発表、中教委臨時委員会で六〇年度校舎建築第二次割当審議可決

七日　公立高校政府移管問題協議会（コザ教育長事務所）

第二回中校職業科教員技術訓練の開講式（琉大図書館ホール）

警察総合展示会（警察庁舎十一日まで）

八日　第十四回国体に参加する沖縄選手団の結団式（昭和会館ホール）

九日　定例教育長会

沖縄タイムス社主催第一回芸術祭新人芸能部門

アンドリツク首席民政官小波蔵文教局長らの案内で工業高校と沖縄高校を視察した。

十日　通信教育試験

教職員会那覇宿泊所名「八汐荘」に当選決定

十一日　沖縄タイムス社主催第五期本因坊下地玄忠五段に決まる。

十二日　民政府新教育部長ロバート・キンカー博士着任

ブース高等弁務官次期主席問題について社大、自民両党に諮問

教育長協会、地方教育委員会協会教員の勤評問題や争議行為について合同協議会を開き中教委への答申案をまとめた。

十五日　九州、山口各県物産見本市ひらく（十八日まで昭和会館）

台風十八号シャーロット発生

十六日　台風十八号シャーロット瞬間最大風速四九米平均最大風速三七米

十七日　台風十八号シャーロットで大宜味、東、佐敷村山崩れ事故、四五人死ぬ、気象台開設以来公安第一課がまとめた被害状況千二百四十八棟全・半壊、豪雨五五六ミリ

十九日　第十四回国体派遣選手団出発

二十日　全島教育長会議（那覇連合区委員会事務局）中央児童審議会幼児園設置について審議

二十一日　鹿児島大学学術調査団一行来島、ブース高等弁務官は琉球政府行政主席に現副主席太田政作氏を任命することを発表

二十二日　ＰＴＡ連合会では各地区会長を集め教育区公務員法案、教育公務員特例法案の問題点について協議した。

秋の交通安全運動始まる

二十三日　アンドリツク首席民政官六〇年度の政府一般会計予算へ民政府補助金総額を三百五十万ドルとするとの正式文書を当間主席に送つてきた。

高等弁務官代理ワーレン少佐は石垣港湾築港建設費五十万ドルが米議会を通過したと発表

二十六日　外資合同審議会は二十六日付で米国サンフランシスコ本店をもつアメリカ銀行に対し琉球での営業を正式に許可した。

比謝川水源地給水式

平敷善徳氏陸上競技功労者として秩父宮章を受く

二十七日　沖縄タイムス社主催第七回全琉図画作文書道コンクール小学校図画展（タイムスホール）

育英会昭和三十五年度国費、自費沖縄学生募集要項発表

二十九日　第七回全琉小中高校図画作文書道コンクール中高校図画展（タイムスホール）

三十一日　第七回全琉小中高校図画作文書道コンクール小中高校書道展

琉球米軍司令部発表、沖縄での最初のナイキ・ハーキユリーズが読谷村残波ボーロープラント第九七砲兵隊の発射場から試験発射された。

文教時報
（第六十一号）（非売品）

一九五九年一二月一〇日印刷
一九五九年一二月一二日発行

発行所　琉球政府文教局
研究調査課

印刷所　那覇市三区十二組
ひかり印刷所
（電話二五七番）

文教時報

NO.62

62

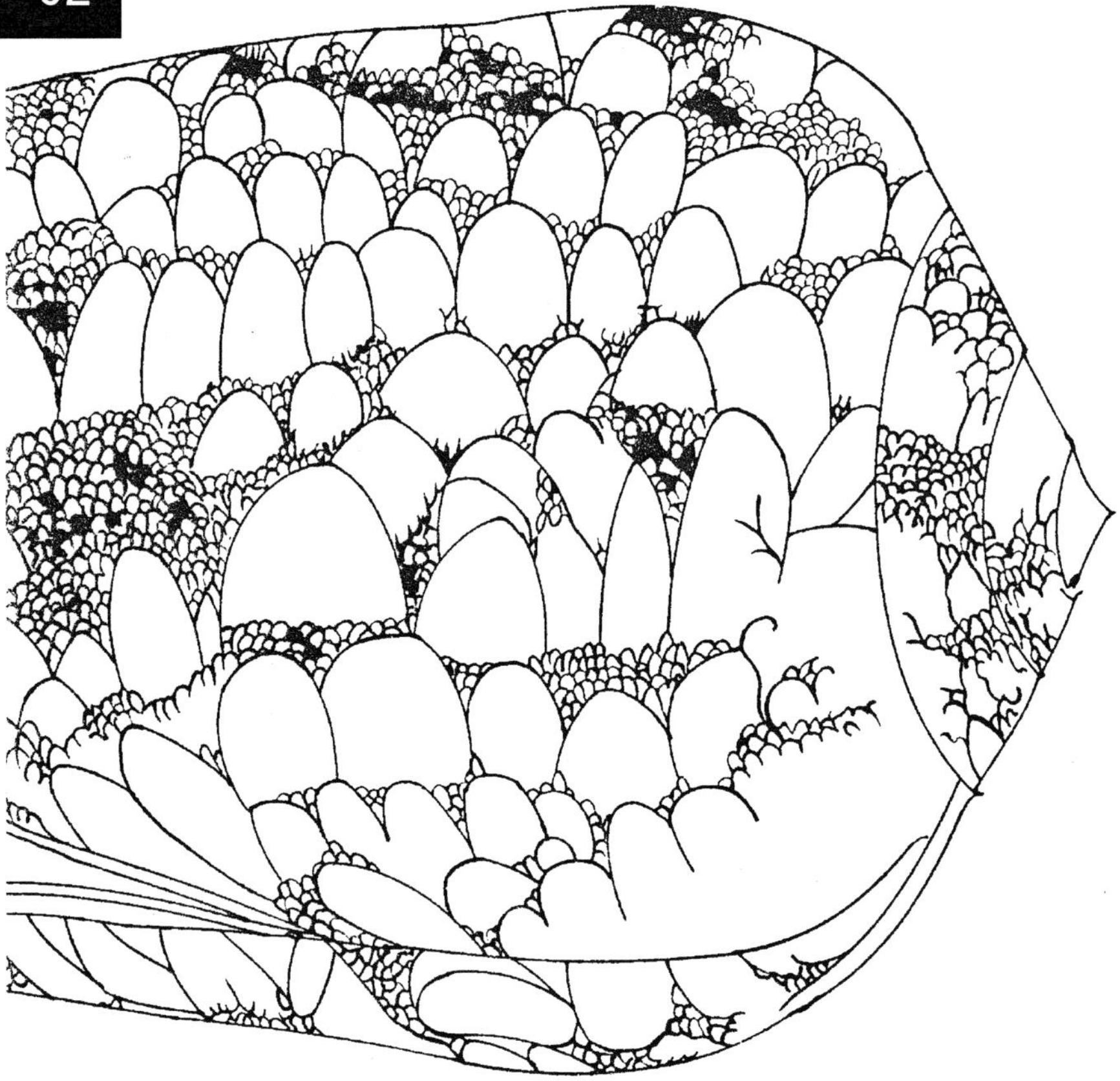

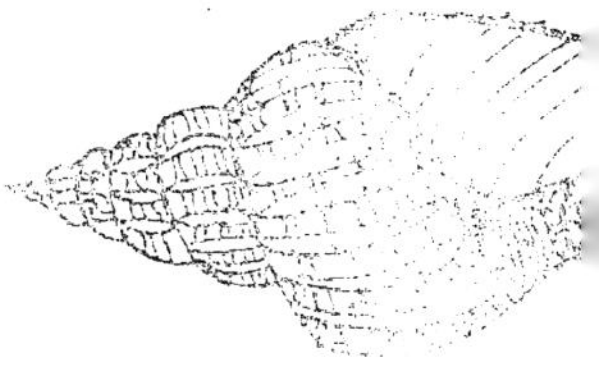

1959.12 琉球 文教局研究調査課

巻頭言

一九五九年の職業教育をかえりみて

玉城深二郎

一九五九年における職業教育はこれまでにない発展を遂げた年であると思う。

先ず職業教育備品費の面では、中学校は一七、〇〇〇弗、高等学校は民政府補助金による三〇〇、〇〇〇弗で、高等学校の場合職業教育五か年計画の二年次としてちょうど目標額に対してその十五パーセント位の引き上げをみたことになる。中学校においては職業科教室建築が備品と併行しないため現場教師の苦労は大きい、したがってこの面の解決は次年度に期待される課題といえよう。

次に職業科教員の研修面は最も恵まれた年で、第一に組織として、中学校職業教育研究会、高等学校の農業、工業、商業、水産、家庭の各職業教育研究会が結成されたことである。発足と同時にこれらの研究会は活発な活動をなしその成果は期すべきものが極めて大きい。

第二に研修としては、アジア財団の援助によって去る九月から工業関係教員十一名が、台湾師範大学において研修を行っており。また多年待望しておった教育指導委員を迎え、機械、電気、漁業、園芸の分野の技術指導がなされている。更に琉大では、中学校職業科教員十五名が工業技術訓練に従事しており、このことは技術家庭科の教員再教育の先鞭をつけたこととしてまた意義があろう。

職業教育の重視は学校経営の面でも具体的に強力に打出されるべきでその点、政府立高等学校長に名護、コザ両高等学校長を加えた十一氏が民政府予算で台湾の職業教育視察を行ったことはその成果を今後に期待したい。

予算、研修について最後に高等学校の職業科備品基準の改訂の面で、各職業教育研究会が研究の中心的役割を果してその実現をみたことは嬉しい。

かく一九五九年の職業教育の進展のあとをかえりみ、ひるがえって一九六〇年を想うとき、職業教育の更に果すべき課題の多きを痛感するのである。

（職業教育課主事）

目次

地域社会における
─実験実習の在り方─

沖縄工業高等学校
機械課程主任　具志堅政芳

工業教育の地位

狭い島内に多大の人口をようした沖縄が均衡経済を達成し世界経済に伍して生きてゆくためにいかになすべきか。これは今の沖縄に課せられた最大の眼目ではなかろうか、一九五六年度に琉球政府も経済再建の目標として左記のごとく数字を示して、経済五か年再建計画を立て努力せんとしている現状である。

即ち生産に役立つ各種原材料の輸入は別としても、ぜい沢品や不急品と見られるものの輸入停止、更に食糧の輸入を最少限とすることに務め大いに輸出に努力し輸出入の極端な不均衡性をなくし、国際収支を健全化しなければならない。また島内物資の確保による民生安定で生産価格の低廉化と優れた生産技術の養成と産業の合理化によつて安く、しかも他に負けぬ製品を多量に海外に送つて、いわゆる第二次的にでも工業生産として自立してゆかねばならない。

経済振興計画の基礎となる資料によつて沖縄は狭小な島内に膨大な人口を養つてゆく上においてしかも乏しい資源しか望めない実情において、農業生産に望みを託するよりも食糧品の輸入を最小限にとどめるためのあらゆる手段を講じ、海外よりの資源を輸入し、これを加工生産し製品を再び国際市場に供給する、工業生産国たらしめねばならぬ事が判然とする。ここにおいて工業自立と云うが、工業の振興は琉球経済生死の鍵と云うも過言ではない。

そこで工業の振興に必須なる要件となる中堅工業人の育成をねらう、工業学校教育の責務は大きく、かつその目標をあやまたずその線にそつて、それにふさわしい努力をもとられるし、教育課程および実験実習も企画実施せねばならないと思われる。

このように種々の統計資料で知る事だが、琉球経済自立の唯一の方途は輸出入貿易の振興による原料加工の工業生産に転換しなければならない。われわれの最も身近かな問題は優秀な産業人を育成し生産技術の高度化をはかり沖縄の商品の国際市場における商品価値を高め、国際信用を得なければならないことである。

しかしてこのためには綿々として続けられてきた工業教育そのものは果して最善であるか、将来どのようにあるべきか、特に実習施設や実習方法はいかにあるべきか、この点に大いに反省と研究がなされなければならない。

経済振興第一次五か年計画年次別予算総括表

（単価B円）

	総金額	第一年次	第二年次	第三年次	第四年次	第五年次
	B円	B円	B円	B円	B円	B円
総額	20,[illegible]53,660,242	317,815,624	419,005,942	497,958,659	430,690,520	388,199,497
建設部門	643,096,100	86,535,100	142,915,600	183,424,900	119,911,600	110,308,900
生産部門	1,119,064,142	174,095,524	205,760,942	259,274,859	253,740,520	226,192,297
開発部門	291,500,000	57,185,000	70,329,400	55,258,900	57,038,400	51,688,300

国際収支表

（単価B千円）

会計年度／外貨／区分	1955		1956		1957	
	金額	伸長率	金額	伸長率	金額	伸長率
貿易輸出（A）	10,823	100	17,895	165,3	19,418	179.4
貿易輸入（B）	54,142	100	72,169	133,3	87,072	160.8
$\frac{(A)}{(B)}\times 100$	20.0		24.8		22.6	

課程構成

工業教育のどの課程について見てもその課程の目標とする実際の職業の部門の全部を包含することはできない。更に又学制の改革によつて専門科目総時間が従来に比較して著しく減少した今日、この制限された時間内においてより効果的に指導するための教育内容をどのように選定し配列したらよいであろうか。又どのようにすれば社会が要求するような職業的能力を与える事ができるであろうかと云うこの二点が現今の工業教育において直面する最も大きな問題である。

本課程学習進度計画として実験実習の学習指導を体系づける事が最初の仕事であつたが種々の調査資料にもとづいて、検討したが、理論的にうらずけのある数字を得る事が最も困難であつたし、又不可能なこともあつた。

文部省学習指導要領工業科編一九五一年版の資料に基いて、機械工作課程の実習内容の配分率を調べてみると次のようになる。

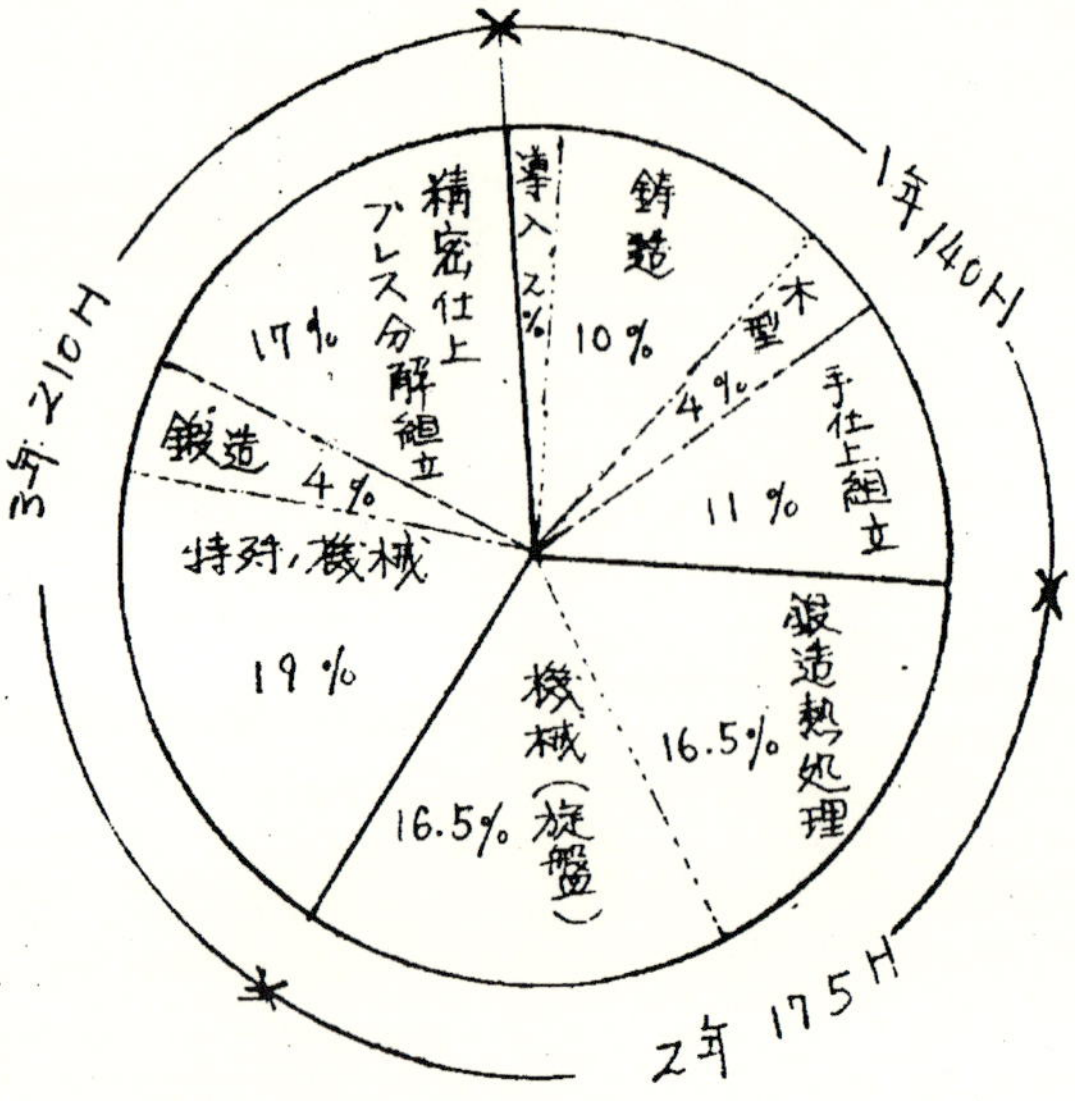

文部省学習指導要領工業科編1951年版により作成

1年	140H	27%
2年	175H	33%
3年	210H	40%
計	525H	100%

この配分率は機械工作課程を対象とするもので機械課程全般に、当てはまるものではないが、参考とすべき点が多い、学校の実情に即した配分率を定めるには次のような事柄を考慮すべきである。

一　工業高校の教育目標・本校としての教育目標

二　施設・設備の最終整備目標

三　職員の組織と能力

四　将来の卒業生と就職分野と将来の労働市場

五　教科書に関する問題

六　学校の属する地域社会の特性

しかしこれらの事項はどの項目についても非常に難かしい要素をもつており、短期間で私一個の力で結論を得るのは、難かしい問題が多い。

一応次のような方針のもとに本校としての配分率を決める。

一　教育目標は文部指導要領改正案に地域社会を考慮した。

二　施設・設備・生徒数・職員組織等は一九六二年(産振法)までの計画による。

三　卒業生の就職分野・工業諮問委員会の調査は単なる参考とする。

四　教科書は機械課程のものは殆んど選択の余地がないので、一応現行のものによることとし、研究の結果、現行教科書に対する批判を結論とする。

五　機械課程生徒の将来の労働市場、地域社会と関連する学習内容の配分の問題は、工業諮問委員会にはかり、また他の機会を利用し永続研究する。

右述の理由ではなはだ理論的であるが以上各種の資料を参考にし実験実習の学習内容配分率を定める。

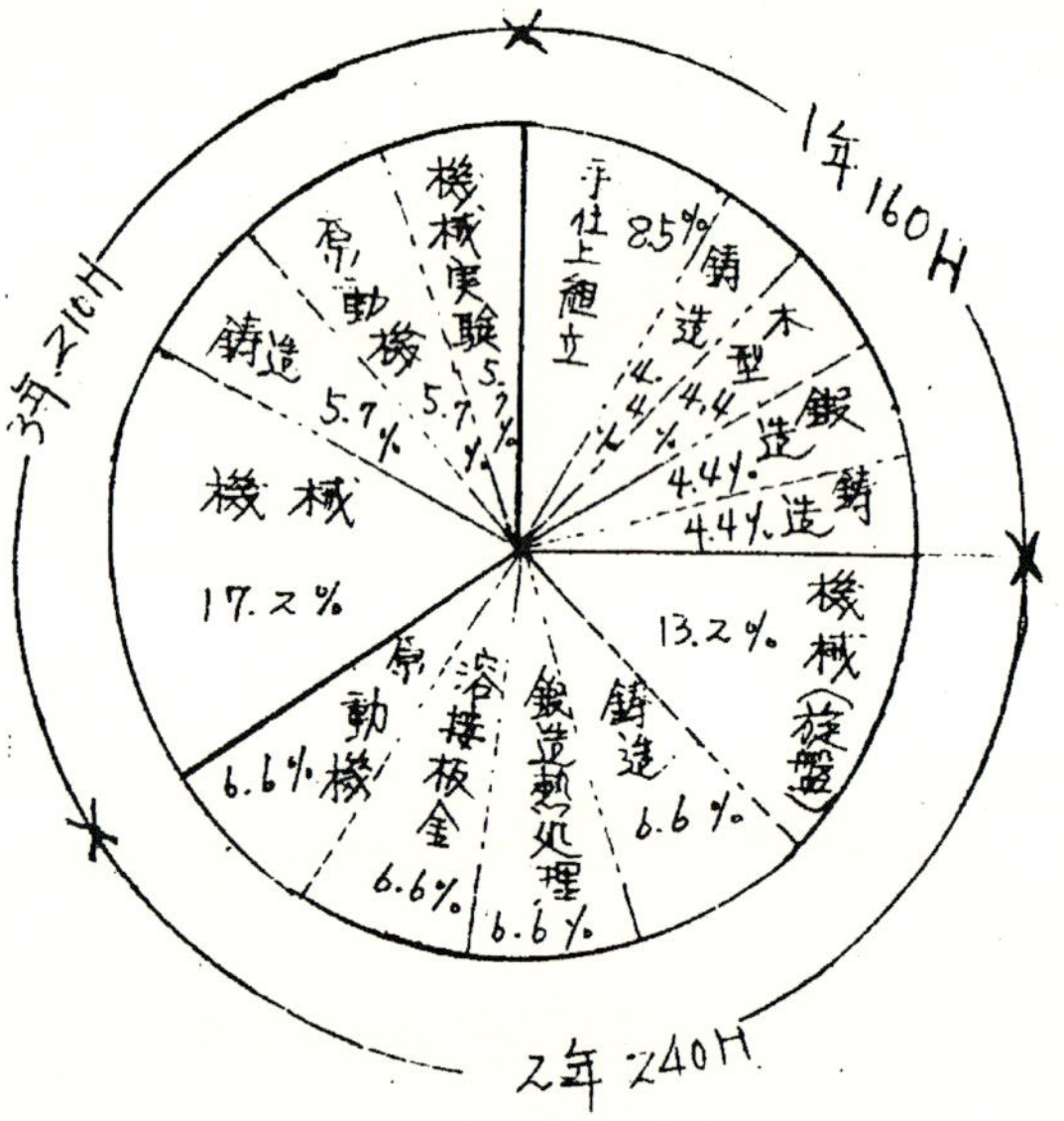

生徒一人当り3か年間の学習内容配分率

1年	160H	26.1%
2年	240H	39.6%
3年	210H	34.3%
計	610H	100 %

設備基準改定

産業教育振興法制定により実験並に実習工場の施設・設備は一九六二年を目標として下記の如く数字を示して勢い充実振りを示している。

すでに現在幾つかの実験及び実習工場とその中にかなり機械を持つている。

しかし現在設備新基準目標額の一〇・三%既設できるので産業教育の過途期を是認せざるを得ないが、学校実習も生産を前提とする限り、経済的要素を無視した行き方は誤りで原材料及び消耗品等の経済的管理の上に立つ指導法がなされなければならない。かゝる事情に於て設備不足にともなつて、完全生産実習は中々行われない。

一方町工場を例にとつてみると例えば壱台の機械を持つていても立派に生産を仕遂げている。学校でも、その有る機械台数から見れば何らかの生産がなされそうである。しかるに現況では困難と不足を感じているのは何故であろうか、そこには何か重大な相違がなければならない。

街工場が大工場になれば今迄考えなかつた多くの問題が起つてくる。今学校に於て多くの生徒をもつて生産をなそうとすれば少くとも中工場並の多くの問題と更に『教育』という特殊な問題を併せ考える必要がある。

機械課程設備基準改定案　(単価弗)

整理番号	施設名	設備費 旧基準(A)	設備費 新基準(B)	既設 59年度現在	50年既設/新基準 率
					%
1	製図室	1,180.00	12,660.64	1,004.61	7.8
2	機械工場	32,500.00	232,522.80	29,277.46	12.5
3	仕上組立工場	1,625.00	6,210.00	1,345.65	21.6
4	鍛造工場	5,950.00	15,321.60	1,655.00	10.8
5	鋳造工場	3,650.00	26,395.20	2,315.40	8.7
6	原動機実習室	3,560.00	32,113.20	1,068.70	3.3
7	電気実習室	2,825.00	7,335.60	0	0
8	材料試験室	3,250.00	26,877.60	3,716.80	13.8
9	精密測定室	1,725.00	24,219.60	2,555.25	10.5
10	溶接板金工場	11,200.00	11,916.00	1,361.80	11.4
	計	70,140.00	425,572.24	44,250.67	10.3

生産実習

実習は機械課程の総合科目であり実習場は総合学習の場で、総ての科目の総まとめの場所、仕上の場所である。とともに実習がコアであるべき真義も是認される事である。

いずれにせよ基本作業を総ての作業の要素とし次第にその組み合せを複雑にしてゆくことにより総ての実習を貫く骨格が形作られる。これに他の要素を加味して実習全体に整然たる体系をつけることは可能である。

従つてこれに応ずる指導の方法も要素作業を材料とし、実習計画に準じて系統的に実習ができれば生産実習としての裏づけとなる。

実習費

しかし機械課程の生産実習は他課程と趣きが違つて部品を買入れて之を組立てれば製品となるような単純なものでは決してない、部品そのものを製作することから初まる。又これが実習の一部であり重要な過程である。

かかる事情に即し生産実習が学習計画の一端に進入するからには、実験実習費(左記表参照)が当然予算化されなければならないが、いまだ予算化されないで生徒から徴収する費用で機械課程の体面を保つているのが全く不思議な程である。

実習費基準　(単価$)

工場名又は実験室	設備基準完成年度実習費 直接材料費	間接材料費	小計	生徒一人当り
製図室	20.80	13.70	34.50	.28
機械工場	95.09	152.94	248.03	2.16
仕上組立工場	0	49.27	49.27	.43
鍛造工場	33.70	201.26	234.96	1.94
鋳造工場	57.74	237.61	305.35	2.47
原動機実習室	8.46	135.52	143.98	1.14
電気実習室	11.40	23.79	35.19	.29
機械実験室	2.04	22.06	24.10	.20
熔接・板金工場	47.47	93.26	77.45	1.09
合計	276.70	866.13	1,142.83	
生徒一人当り	2.30	8.30		10.61

1　実習の履修単位は16単位とする。
2　実習費を分けて直接材料費と間接材料費とする。

また仮に予算が計上されたとは云え工業界の専門の熟練工場が立派な製品を作りながら収益をあげることの困難な現今の状勢下であるので、基本実習さえ覚束ない貧弱な体験の生徒達の手でどの程度生産性を要求できるであろうか。

聞くところによると世に生産実習をして相当収益を挙げている学校では、その生産に対する体制が本来の学校のものとは著しく異っている処とか、或いは又授業をほとんど犠牲にしてまで徒らに生産偏重の傾きがあるところもあるように思う。

しかしながらこのような形態は教育本来の姿とは考えられず、学校実習を企業化するようなものでかような方策には直ちに賛成できない。いわんや一九五九年の左記の学校予算から光熱費をとりあげてみると機械課程現有(六二年度には103馬力)需要電力$56\frac{3}{4}$馬力である。

一馬力の基準料金月二弗五拾仙で月平均四時間運転として月二弗で月一馬力に対して計三弗五拾仙になるので、

56.3/4HP×3$50¢=170$25¢

(1か月機械科需要電力費)

で光熱費六五〇弗八三仙の学校全体の光熱費を三・八か月で 消費する 計算になる。

1959年度工業高等学校予算

	単価$
非常勤手当	377.67
賃金	610.33
超過勤務手当	1,114.33
宿日直手当	470.06
薪炭費	73.50
光熱費	650.83
通信費	144.93
借料及損料	105.69
役務費	85.50
雑費	87.92
修繕費	395.00
諸謝金	26.45
職員旅費	139.06
旅費	60.83
消耗品費	524.50
油脂燃料費	516.58
施設費	218.00

また各課程とも生徒から実習費を夫々徴収しているが之は金額として少額であり間接材料費の一部にしかならず、しかも工業高等学校のように比較的裕福でない家庭の子弟を擁する学校では、この種の財源に頼るようなことはもちろん考えてもおらずかつ実習費徴収自体之を早く廃止して良く実習できるような域に進みたいものである。

教員の定員

教員の知識は近代的とは云えない、毎年留学として工場に二、三か月出て新しい知識を得るような研修制度を要求したい。

なぜならば現在は教師をして自分の過去の経験を逐次生徒に教えるに止つている幸にその人が過去に相当の経験をしておれば良いが多くは教科書の説明ぐらいに止まる。

近代機械工業が長足の進歩をしておる時、経験は既に過去のものであるし、現在のことを実地に研究して生徒に教えられるような社会が必要である。

幸に今年から台湾技術研修がなされているが、本校の如き機械課程一名(定時一名)自動車課程二名、電気課程二名となると台湾教育を移入する結果にもなりかねないし、研修資格にもっと慎重を期すべきでないか。また六二年度に完全実習を計画している現在実習教員(左記表参照)の人事に欠員を見る事、遺憾であり、実習を人間教育の場として要求する限り、実習教員としての人事訓練も同時に必要とされるので早急な人事増員が必要である。

最後に予算拡充計画等の拘束により各方面同時の充実は望むべくもないが、各年度部分的重点的計画を進め数年後にその完成を期すことである。もちろん学校施設完備までの実習の中断休止は許されないから、比較的設備し易い基礎的実習設備の整備を可及的に進め、しかる後応用的実習設備を集中的重点的に進め一部完成と共に実習科目を拡張して数年後の最終的完了を持つこととする。

機械課程実習時間割表

作業区別＼学年	1	2	3	計
手仕上組立	4			4
鋳造	4	(6)	6	16
木型	(4)			4
鍛造	4	(6)		10
鋳型	(4)			4
機械		6	6	12
溶接・板金		6		6
原機動		6	6	12
実験			6	6
計	20	30	41	74

※

74H÷20H＝3.7人(実習教員)

文部省　高等学校設置基準第3章 第12条第13条によつて実習助手2人以上

教員定員必要数		(現員)
工業教員	4人	3人
実習教員	4人(講師)	1人
実習助手	3人	1人
	11人	5人

本校における進路指導について

阿嘉中学校　新城　啓弘

進路指導について述べる前に先ず校区の地域についていささか触れてみたいと思う。

当地は沖縄本島の西方那覇を去る二十四哩の洋上に在つて大小数個の島嶼からなる座間味村に属し弧島的な存在である。人口六百余名を有し四周海に囲まれ海岸線僅か四哩に足らず、山地が多く平野は極く僅少である。農業経営規模は零細で漁業の従属的な形をとつている。海は肥えており漁業は盛ん、なかんずく鰹漁業は当地の主要な産業でほとんどの経済問題はこれによつて打開されていると云つても良い。従つて住民の男子と云う男子は本業に従事、女子は農業を兼ねて該業の手伝い役（鰹節削り）加工員として働いている。

経済事情は離島へき地の各村や区に比較し上位にあるのではなかろうかと思われる。

父兄は一般的に進歩的な態度を持ち、教育の面には深い関心を有している。子ども達は近代都会に多い社会悪から遠く純朴に育つていて素直である。

さて、以上述べた態度から地域の要望する人材は、水産業農業工業の発展に貢献し得る人及び移民（海外発展）の問題と進学（もちろん地域の要望している産業ともできる範囲内で関連せねばならない）の五項目に大別することができる。右は地域の要望による進路のあり方についてその梗概を捉えたのであるが、これは飽くまで生徒個人を中心としなければならないので、今度は生徒個人の面から述べてみることにする。個人の天分を最も能率的に啓発して将来の職業生活に役立たせるためには、先づ一、知能検査、（小学校でほとんど一回ないし二回実施されている。中学で一回実施済）二、職業興味検査、（中三のみ一回実施済）三、性格検査、（中三のみ実施済）四、適性検査、五、標準学力テスト（数国二回済）を実施する外平素の授業における各教科のトライアウトによつて表現される各人の個性を捉え（指導要録も利用する）以上を真しの態度で熱心に実施し生徒の個性を摑むよう努力している。

次に生徒個人々々が右諸条件によつて各自の個性を自覚するよう補導することは論ずるまでもなく、自覚不充分者がいる時は特別指導を施し、自覚の徹底を図つている。ここにおいて各人の真の進路希望が伺えるわけになるこれを大事な記録としてのこす。

次は父兄との相談（親の希望経済上の諸問題、子どもの個性の健康体力や職業並に進学校選択について等各面に互り）を実施し子どもの進路に対する考え態度をたしかめる、ここで例年問題になる。無知及び無理解から生ずる親の意見の強制である、進学の質も十二分にあり経済的にも豊富でありながら頑固一徹で進学を拒否することや、就職に際し折角適職を見付け出しているのに先祖伝来の家業でないと駄目だと云う、なお又全くその逆の、知能段階劣である子の親が極めて熱心に進学を切願して止まないと云う態度で強要され学校側の相談に乗つて呉れない全くやつ介な珍現像も数度に亘つて惹起している、

この問題に対しては、家庭訪問父兄会並に母親学級を極力多く持つ様努力し父兄の啓蒙を図り理解の上で該問題の解決がスムースにできる様配慮している。現生徒の在籍数僅か四十余名なので（四十余名で二学級編成）家庭の訪問を頻繁に実施しても授業の支障はさ程感じない、この点好都合である。

次に個人及全般的な凡ての蒐集資料を整え個人に対するよう良き相談ができるよう準備をする。即ち学校としての研究会を持ち、尚又各担当教師の研究が行われ具体的な立案がなされる、かくして、生徒対教師の相談が行われ最終的な進路の決定が運ばれるのであるが、ここで特に科学的に採取した資料を基にして、飽くまで生徒中心に相談が運ばれる様留意する。

次に進路決定によつて進学組と就職組に大別し、進学組は受験に際し容易にパスでき実力を養成すべく課外指導を施し就職組も同様実技と学科の課外指導を実施している、これらの指導の前提に進路指導の研究会を持ち具体的な計画を立てる事は論ずるまでもない。

現在、中学三年の在籍が二十名で十二名が進学進路を取つて居り、八名は就職（卒業直後に）コースを取つている。進学コース組十二名のうち普通高校が五名水産高校は四名南部農林高校が三名となつている。いづれも前述の科学的な調査により資料が基になり、慎重な相談によつて決定されたものであり適選（決定）されたものであると一まづ考えられる、右の決定に当り幾多の障壁があつた、その一例として大学進学に無理な知能を持つ子が普通高校に受験したいとか、高校

（一五ページへつづく）

高等学校における産業教育の改善

―中央産業教育審議会建議全文―

（文部広報より）

第一　共通に要請される事項

高等学校の産業教育を改善するにあたって、農業・工業・商業・水産および家庭に関する教育のそれぞれについて措置すべき事項は、以下に述べるとおりであるが、次の三点については、特に共通に要請される事項として、じゅうぶん考慮しなければならない。

第一に、中堅産業人の計画的養成を図る必要がある。最近の科学技術のめざましい進歩に即応して、産業構造の近代化高度化が促進されつつあるが、これに伴い産業に従事する中堅産業人の数的拡充と資質の向上は重要な問題である。

これに対処するためには、職業課程の新設、普通課程の職業課程への転換等の措置によってこれの増設を図り、産業界の各分野の要求に対応する中堅産業人を計画的に養成することが必要であり、これに対して国は、大幅な助成を行うべきである。

これとあわせて、定時制教育、短期産業教育を含めたさらに広い勤労青少年職業技術教育の制度の改善充実を、早急に具体化すべきである。

第二に、教育内容を改善し、産業教育の効果をいっそう高めることが必要である。今後の中堅産業人は、産業技術の進歩に対応できる応用力と独創力を有するものでなければならない。このような能力を有する中堅産業人を養成するためには、職業課程の目標を明確にし、その特色をじゅうぶん生かすことのできるように専門科目の種類と内容を検討し、またこれとの関連において普通教科、特に必修科目の種類および単位数ならびに内容を検討すべきである。

さらに教育の効果を高めるためには、実験・実習による教育をいっそう徹底する必要がある。しかし現在の施設・設備は、産業教育振興法による国の助成により逐次整備されつつあるとはいえ、いまだじゅうぶんとはいえない状態にあるから、これを急速に拡充するとともに、その継続的な維持更新を図る必要がある。

また実験実習費の確保についてもいちだんの努力が払われなければならない。

なお高等学校の職業課程の卒業者が大学の同一系統の学部学科に容易に進学できるようにすることは、この面の教育の振興を図る上にきわめて有効であるから、入学試験方法の改革等の具体的措置を講ずべきである。

また、これらのことと関連して、生徒に対しては、中学校・高等学校を通じて職業指導が組織的、継続的に行なわれるよう措置する必要がある。

第三に、教職員の確保と資質の向上について、次のような点を早急に措置すべきである。

教職員の確保のためには、産業教育に従事する教職員の計画養成を拡充し、新規大学卒業者の早期確保を図り、また教員免許の特例を設けて、産業界における現場経験者を容易に学校に誘致できるようにする必要がある。そのためにも、教職員の給与の改善が強く望まれるところである。

教職員の資質の向上を図るためには、研究指定校制度の実施、産業教育指導者養成講座の増設、現場実習を含む講習の実施等による研修の機会を増加し、海外留学および内地留学制度を拡充するなどの措置を講ずることが望ましい。

第二　農業教育について

一　農業教育の目標

高等学校における農業教育の目標は、主として農業自営者として、農業経営を合理化し、農民の生活の向上と、よりよき農村社会の建設を推進しうる人材を養成することにある。このほか、農業土木界林業界等に就職する農業関係中堅技術者の養成もまた、高等学校における農業教育の一つの目標である。なお、農業経営と農村の生活を向上させるためには、将来農家の家政を担当し、その生活の改善を図るとともに、農業に深い理解をもつ女子の養成が特に必要であるから、将来農家の主婦となるべき人材の養成もまた、高等学校における農業教育の目標とすべきである。

二　農業教育の内容および方法

①近時農業生産技術の改善、農業経営の合理化が急速に進展しつつある現状にかんがみ教育の内容と方法の改善を図る必要がある。特に各課程ごとの目標をいっそう明確にしてそれぞれの課程における専門科目の種類とその内容およびこれとの関連において普通教科、特に必修科目の種類、単位数等を検討する必要がある。

②農業に関する実習・実験の指導をいっそう強化し、また現場実習見学、モデル農家、あるいはホームプロジェクト等による指導を充実することが必要である。なお学校農業クラブ活動をいっそう充実し

農業者として必要な計画力、組織力、協同に対する態度などを強化するように努めることが必要である。

③女子の農業教育については、特に農家の主婦となるべき者の教育をいっそう充実するため、現行の農村課程に検討を加えて「生活課程」（仮称）を新設し、これを農業課程に併置するようにする。

三　農業教育の施設および設備

農業教育の施設・設備は、逐次充実されつつあるが、いまだ遺憾の点が多い。特に次の諸点はその欠陥がはなはだしいからこれを早急に解決するよう格別に考慮されなければならない。

①モデル農家の設置　将来の農家をめざしてモデル農家を学校に設置して、生徒をここに宿泊させ、農業の技術ならびに農家の生活について指導することは、農業教育上きわめて必要なことである。

②農業実験室の整備充実　農業に関する知識・技術の基礎となる農業実験はきわめて重要であるからこれの施設を設けるとともに設備を充実しなければならない

③農業工作の施設・設備の充実と利用　営農に必要な工作の施設・設備を充実するとともに、これをじゆうぶん利用し、農業の機械化を図つて労働の能率を高めるように教育することが必要である。

④実習地の確保と所有、農業実習は農業教育の根幹であるから、実習地を確保するとともに、これを所有することが必要である。いやしくも農地を取り上げられたり、著しく縮小されたりすることのないよう、国および地方公共団体は配慮すべきである。

四　農業科教職員

農業教育において、ホームプロジエクトによる特別な指導方法を必要とすることおよび農業に関する課程をおく高等学校が、地域社会センターとして、地域社会の開発に努めることが望ましいとの要請にこたえる必要があることの特殊性にかんがみ、教職員の定数を増加するよう措置すべきである。

五　定時制教育および短期産業教育

農業課程における定時制教育および短期産業教育を充実するために次の点を考慮すべきである。

①定時制分校施設の拡充　農業教育に関する定時制分校は、農業勤労青少年を対象とする農業教育に徹しなければならない。このためにも、地域社会における営農および労働の実態を考察して、教育内容ならびに授業形態に創意くふうをこらし、さらに施設・設備についても単に現状を維持するにとどまらず、いちだんの拡充が必要である。

②短期産業教育の奨励と増設　定時前期および別科による短期の農業教育は、農村社会の要望にそい現在その施設は相当あるが、これをいつそう増設すると共に絶えずこれを奨励する必要がある。なお、この教育の特性にかんがみ教育課程や授業形態に特に創意くふうが必要である。

六　産業界との連繫について

農業教育は、その性格に基づき、地域社会および農業界との連けいが特に重要であるから、次の諸点に留意しその施策を講ずべきである。

①高等学校における農業教育と農業改良普及事業　試験研究機関との連繫は、昭和三十年度以来の実験成果にかんがみ、今後これを促進させる必要があるから、連けいのために必要な教職員、予算等の問題をじゆうぶん研究し、適切な運営ができるように取り計らうことがたいせつである。

②高等学校における農業に関する課程を卒業し自営する者に対しては、教員及び農（林）業改良普及員が相提携して、その補導にあたることが望ましい。

③高等学校における農業に関する課程を卒業し自営する者に対しては、先進地域の優良農家に相当期間滞在させ、自営者としての識見を高め、資質向上させる必要があるので、教育界と農業界とは連絡を緊密にし、これの企画・あつせんなどについて特別な措置を講ずることが望ましい。

第三　工業教育について

一　工業教育の目標

高等学校における工業教育の目標は、わが国工業界の生産性向上の実質的な推進力となる技術者を養成することにある。しかし工業教育の分野は広範にわたるものであるから、工業に関する各課程の目標は、卒業後、将来生徒が担当する職務が現場作業の指導監督部門設計・企画・研究等の計画部門、保守・修理等のサービス部門、販売等の営業部門等に分かれる実情を考慮して、具体的に設定されることが必要である。

二　工業教育の内容および方法

①最近の工業技術の革新現状にかんがみ現行科目の内容に検討を加え、必要によつては、科目の整理統合、新設改廃を行ない、新しい教育内容と方法とを導入する必要がある。

高等学校における工業教育が、わが国工業界の進歩発展にじゆうぶん寄与するためには、それぞれの地域の特性ならびに学校の設備・教職員・経費などの条件を考慮して、教育効果、経済効果、就職の便等に最も適切な学校規模・課程を重点的に構成する必要がある。このためには、特に普通教科の単位数や履習の方法において、より弾力性に富んだ教育課程の編成ができるように検討することも必要である。

②高等学校における工業教育においてき

わめてたいせつなことは各種の工業分野における基礎的な知識を与え、工業技術の科学的根拠を理解させ、基礎的技術を習得させることである。このためには特に実験・実習による学習を重視しなければならない。この基礎の上に技術革新の事態に対処できる応用力に富んだ工業人を養成することが必要である。

このような見地から、各課程の学習指導の内容や方法をじゆうぶん検討して、上記のねらうところを達成できるようにし、また各学校においては最も有効適切な指導形態や方法を見いだす必要がある。特に実習の指導にあつては、上に述べたことが最も顕著に現われるものであるから、その指導には格別の留意が必要である。

三　工業教育の施設および設備

各学校における施設・設備は、その学校の教育内容を考慮して充実する必要があり、この場合、生産を伴う実習ができるように考慮することが望ましい。

学校の現有施設・設備あるいは新しい技術の変化に応ずるために必要な施設・設備を調査検討して、各学校の各課程の教育がじゆうぶん効果をあげるような施設・設備となるよう改善に努めるべきである。また施設・設備については、減耗補充の計画を立て、これを補充交換するなどの措置が必要である。

四　工業科教職員

①工業科教職員の現職教育については、特に知識と技術との総合能力、企業内における人間関係の理解とその指導性、経営経済に関する理解、管理能力等の諸点を考慮して、次に掲げるような諸方策を樹立する必要がある。

ア　専門技術を向上させるための留学制度の確立

イ　人事管理の知識を習得するための現職教育

ウ　総合された広い技術的視野を与えるための講習

エ　絶えず改善されている生産管理や企業内訓練に関する知識・理解を与えるための最も効果的な措置

②高等学校の工業教育における実習は、その課程の教育の総仕上げとしての総合的な学習であるのでその課程の各科目との密接な関連のもとに、実習の内容や方法などをより高い水準に引き上げ、適確に効果のあがる指導を行うことが必要である。このためには実習を指導する教職員の定数を確保し、これらの者の資質の向上を図るため、さらに次のような措置をとることが望ましい。

ア　工業科教員を養成する大学には、完備した付属工場を設け生産の実際について学ばせうるようにする。

イ　技術向上のために関係産業界との接触を多くする。

ウ　技術向上のために研究の機会を多くし、要すれば地域別にグループをつくり、相互研修を行う。

五　定時制教育

現在の工業に関する高等学校定時制教育は、大半が夜行われており、かつ、ここに学ぶ生徒には現に工業に関する現場に働きつつその現職（再）教育を受けようとする者と、職業前教育として工業教育を受けようとする者（未経験者で昼間他の職場に働きつつある者および未就職者）とが混在している。このため教育方法および内容に特別なくふうをしてもなおかつ効果をあげ得ないうらみがあるこのためには、次のような改善を必要とするものと考えられる。

ア　定時制教育がおおむね全日制をそのまま移したごとき状態で、勤労青少年教育としての本来の機能をじゆうぶんに生かしていないうらみのある現状に検討を加え、真にその効果を発揮させるように改善を図る必要がある。

イ　現職者と未就職者の教育について区別する必要がある。

ウ　他の教育または養成機関、たとえば企業内における職業練訓との緊密な連係を図る必要がある。

エ　産業科（別科）を拡充し、勤労青少年に対する職業技術教育の振興を図る必要がある。

オ　通信教育との関連についていつそうのくふうが必要である。

六　産業界との連けいについて

工業に関する課程と関係産業界との密接な関係を図るために、次の措置を講ずる必要がある。

①産業界に対して教職員の研修や生徒の実習について積極的な協力を要請する。特に産業現場を実習の場として、活用できるよう産業界の協力が得られれば、実習の効果はいつそう向上するもので、関係産業界の理解と協力を要請する。

②就職選考にあたつては、卒業生の特質を発揮できるよう、産業界の理解と協力を要請する。

第四　商業教育について

一　商業教育の目標

高等学校における商業教育の目標は、流通経済を担当する産業分類としての商業に従事する者を養成するにとどまらず、広く経営管理に関する職務を担当する者を養成することにある。

近時、販売、経営あるいは経済に関する問題はいよいよ複雑化し高度化する一方、事務の機械化もますます進展しつつあることにかんがみ、高等学校の商業教育においては、その卒業生に対する社会的必要および生徒の段階からみて、経営管理における事務的あるいは書記的な職務および販売的な職務の担当者の養成に重点をおくことが必要である。

なお、商業に関する課程の目標は卒業後将来生徒が担当する職務がたがいに密接な関連を持ちながらも、さまざまに分化されていく傾向にあるので、具体的に設定することが必要である。

二　商業教育の内容および方法

①商業に関する課程については、生徒が将来担当すべき職務の種別および生徒の適性に応じて、それぞれ特色を持った数種の教育課程の類型を設定し、これを生徒が選択履修することができるようにすることが望ましい。

たとえば

ア　経済に関する科目に重点をおく類型

イ　文書事務に関する科目に重点をおく類型

ウ　事務一般に関する科目に重点をおく類型

エ　販売に関する科目に重点をおく類型

オ　理論的な商業科目に重点をおく類型

などが考慮されてよいであろう。

②現在普通課程においても、商業科を履修する場合が非常に多い。この場合一般教養としての商業常識の習得を目標とするものもあるが、卒業後ただちに就職する者のための職業教育として相当多くの商業科目を履修している場合がある。したがつて普通課程における商業教育は、一般教養としての面においても、職業教育としての面においてもその必要が大きいから、これをさらに助長振興させることが望ましい。

③商業科目の指導にあたつては単に講義に終始する弊を避け、生徒の能動的な活動と実践的な学習をさせるようなことが特に必要である。また、現実の商業活動を見学する機会をできるだけ多く与えるとともに、視聴覚教材・教具を利用して学習指導の効果を高めることも必要である。特に事務用機械化の高度化は著しいものがあるから、少なくともそれについて見聞の範囲を広めるようにすることが望ましい。

三　商業教育の施設および設備

商業教育に関する施設・設備は現在なおすこぶる貧弱な状態にある。しかも事務用機械・器具の進歩発達はめざましいものがあり、現状に即応して商業教育がじゆうぶんな効果をあげるような施設・設備となるように改善充実を図る必要がある。このため、その基準を高めるとともに、老廃設備の更新についても適切な処置を講ずる必要がある。

四　商業科教職員および指導主事

①商業科目の種類は多種多様であるが、必ずしも担当科目にふさわしい能力のある教員を得られないうらみがある。この点を改善するため、商業科目の教員免許の制度について検討する必要がある。

②他の産業教育と同様、商業教育においても、実践的な学習を強化することが必要であり、そのためには教職員の定数を増加させる必要がある。

③現在、商業に関する課程を設置する高等学校の数および商業科を履修する生徒の数は、産業教育の他の分野に比較して最も多いにもかかわらず、商業教育の専門の指導主事をおく都道府県は全国の約半数にすぎない。今後さらに商業科の指導主事を増加してその指導を強化する必要がある。

五　定時制教育

現在の定時制の商業に関する課程の教育は、ほとんどすべてが夜間において毎日行われており。生徒も必ずしも働きながら学ぶ者のみとは限らず、その教育計画もほとんど全日制の場合と同様である場合が多い。しかし定時制の教育を勤労青少年教育としての本旨にそつてさらに効果的に運営するためには、その教育内容および方法について、生徒の必要によりよく適合するように改善することが望ましい。

六　産業界との連係について

商業教育は産業界に直結するものであるから、産業界と学校との協力関係をさらに緊密にすることが必要である。そのためには以下のような措置を講ずることが望ましい。

①就職選考については、商業に関する課程の特色にかんがみ、現状よりもさらに商業科目を重視するとともに、普通科目についても、この課程の実情に対応するようにその程度、範囲を考慮すべきである。

②学校においては、産業界の必要とするところを調査研究し、その教育課程を常に改善進歩させるように努めるとともに産業界においては高等学校における商業教育のあり方についてもじゆうぶんな理解を持つようにするため、定期的に会合を開き、ともに研究討議する機会を持つようにする。

③産業界は、生徒の見学や実習などにできるだけ利便を図り、また学校の求めに応じ講師を派遣して最新の知識を与えるようにする。

第五　水産教育について

一　水産教育の目標

高等学校における水産教育の目標は、主としてわが国水産業の発展向上に実質的な推進力となる中堅技術者を養成することにある。なお、わが国漁業者の大半を占める沿岸漁民の生活を改善向上し、安定した漁村社会を建設するためには、指導的立場に立つ人材が必要である点にかんがみ、この方面の教育にもじゅうぶん留意する必要がある。

二　水産教育の内容および方法

①最近のわが国水産業界は、生産の能率化その他に近代技術を著しく導入していることから、特に水産用電気、機械に関する教育の充実を要望している。しかし現行の学習指導要領における関係部分の内容は実情にそわずじゅうぶんであるから、それらの内容に検討を加え、水産用電気・機械に関する基礎的な知識と技術がじゅうぶん習得できるよう改訂する必要がある。

また、水産に関する各科目の教育内容については、相互重複が多いからこれを体系的に整理し、各課程の目標および指導事項をよりいっそう明確にして、有効適切に学習効果を高めることが必要である。

②水産に関する技術の習得には、その機態の特異性から、現場における体験を必要とし、このため長期間連続した現場実習を行なうなど実習をきわめて重視している。しかし実習を過度に偏重し、他教科・科目の学習に不足をきたさないよう実習計画や指導の方法にじゅうぶん検討を加え、実習方法も広く各種にわたって行なうなどその教育目標の達成に努めることが教育方法の上で特に注意を必要とすることである。

また、水産技術の科学的根拠を探求することはきわめてたいせつなことであるから、関係科目の実験をいっそう重視して常に科学的に考察させる態度を養うようにする。

三　水産教育の施設および設備

①近年わが国遠洋漁業の飛躍的発展に伴い、漁船はしだいに大型化高動力化してその隻数を増加している。このため大型漁船に乗り組む船舶職員(航海士、機関士通信士)は、はなはだしい不足をきたし国および水産業界の要望から、漁業専攻科、漁船機関課程および漁業通信課程を設置して漁業および漁船の運航に関する技術を習得させ、素要ある漁船要員の養成を図っている。このうち最も不足している漁船機関部職員を養成する課程は全国にわずか十四校の設置にすぎず、かつその歴史はきわめて浅い状態である。将来漁船機関部職員の需要はいっそう高まることが考えられる現況からして、これらの課程の施設・設備の充実については特別の措置を講ずる必要がある。

②施設・設備は、練習船施設を除ききわめて水準が低く、かつ現有の施設・設備については、水産実習の得性からその消耗破損の度がはげしく、使用不能のものが多く新しい技術の習得にはふじゅうぶんな現状にあるから、この対策として現有施設・設備の維持更新を図り、じゅうぶん教育効果が高まるよう整備充実をいそぐ必要がある。

③水産教育の特殊性にかんがみ、商船高等学校と同じく、生徒はすべて寮に収容して教育することを望ましい。このためには、寮の施設・設備ならびに運営などについてもじゅうぶん考慮されなければならない。

四　水産科教職員

水産教育の発展充実を期するには、関係教職員の資質の向上を図り、人格・技術ともにすぐれた優秀な教職員を養成することが最もたいせつであるにもかかわらず、学校数が少ないため水産関係の指導主事の設置もほとんどない実情でもあり教職員の研修が看過されがちである。この点にじゅうぶん留意し、次のような方途を講ずる必要がある。

①水産科教員は個人相互の研修の機会に恵まれていないから、特に専門科目の学習指導法について、学校あるいは学校間において批判研究する共同研修の機会を持ち合うよう指導することが必要である

②学校長の任命については、県一校程度の設置の状況から、適材を適所に配置できるよう各都道府県が相互に、および国とも緊密な連絡をとることが望ましい。

③現在全国で十四校に漁船機関課程が設置され、今後さらに増設されるすう勢にあるが、専門科目担当の教員がはなはだ不足している実情にかんがみ、適当な措置によって教員養成を早急に図るべきである。

五　定時制教育

水産に関する課程の定時制教育は非常に困難な問題を含んでいるから、根本的に種々の面から検討改善を加え、通信教育との関連に研究くふうを加えて、衰退しがちな定時制水産教育の発展充実を図るべきである。

六　産業界との連繫について

水産教育は、その性格に基づき、地域社会および水産業界との連繫が特に重要であるから、これとの関連を常に密接にし、次の点に留意すべきである。

①水産業界に対して教職員の研修や生徒の実習ならびに就職について常に理解と協力を求めることがたいせつである。この場合、生徒の実習が特に教育的に行なわれるよう深い理解を得させることが肝要である。

②水産業者の子弟の就学について水産業界の理解と援助による育英制度を確立し資力なき子弟にも教育の機会を与え、よりよき漁村社会の建設を推進する中堅人物の育成を図るなど、相互に理解を深め

て密接な協力態勢を整えさせることが必要である。

第六　家庭教育について

一　家庭科教育の目標

高等学校における家庭教育の目標は、家庭生活や家庭経営に関する知識・技術を習得させ、家庭生活の改善向上に立つ人間を育成することにある。また、家庭科教育においては、被服製作・調理・保育などに関する技術者を養成しこれらの仕事に従事することのできる能力を養うようにする。

二　家庭科教育の内容および方法

①家庭を経営する者としての立場から、家庭生活に関する知識・技術を総合的に学習することがたいせつであり、被服・食物・保育などの課程にあつては、技術の進歩発展に対応した教育が常に配慮されなければならない。

②家庭に関する課程以外の家庭科教育については、女子の進路や特性に応ずる教育を行なうため、中学校の技術・家庭科との関連を考慮して、高等学校の女子生徒に対しては、家庭科を履修させるような措置を講ずる必要がある。

③家庭科教育の成果は、生徒が家庭生活に関する知識・技術を身につけて、現在の家庭生活の向上を図り、さらに将来家庭を経営する者として家庭生活の向上に貢献するところにある。そのためには実験実習を強化するほか、在学中にその基礎となる経験をさせるホームプロジェクト、学校家庭クラブ活動、現場実習などの学習方法が重視されなければならない。この意味から次の措置が必要である。

ホームプロジェクトおよび学校家庭クラブ活動については、教育課程の中に明らかに組み入れる。このため教員の巡回指導の便を図る。

必要に応じ、生徒に学校給食・保育所共同炊事などの現場実習を行なわせるように考慮する。

三　家庭科教育の施設および設備

家庭科に関する施設・設備は一般に使用度が高く、学級数の多い場合はその運用がはなはだ困難であるので、学級数の増加に応じ適正な充実がなされるよう措置する必要がある。

四　家庭科教職員

①家庭科教育においてホームプロジェクトおよび学校家庭クラブ活動を実施するためには、現在の教員定数ではふじゆうぶんであるから、その増加、実習助手の設置などの考慮が必要である。

②教員養成については、次のような措置を講ずることが望ましい。

a　特に教員養成大学、学部および家庭科教員の免許状を与える大学、学部では高等学校の家庭科教育に適応し、技術教育、ホームプロジェクト、学校家庭クラブ活動等の指導がじゆうぶんできる教員を養成することが肝要である。

高等学校の段階における家庭科学習の経験は、それ自身価値があり、教員にはその経験がたいせつであるから、教員の養成を行う大学、学部では、高等学校で家庭科科目を相当単位履修しホームプロジェクトおよび学校家庭クラブ活動を学習した者が入学できるようにすることが望ましい。

五　定時制教育および短期産業教育

定時制高等学校は働きつつ学ぶ青少年のために、短期産業教育は特に農村女子青少年のためにたいせつな教育であるが、定時制分校や短期産業教育においては、一般に教職員の資質や施設・設備の水準が低い現況にあるから、その充実向上を図ることが必要である。

なお、短期産業教育における家庭科教育の内容は、被服・調理などの技術学習に重点をおいて、家庭全般にわたる学習を行なわせるように考慮する必要がある。

こうほう

※教育課程の審議はこのほどやつと終つた。文審の答申にそつて審議された事項は多い。道徳教育の問題、時間配当の問題、英語の選択について等々であるが引続いて各教科ごとに更に詳細に審議されることになる。

※本土の小学校における教育課程の移行期の第一年次もあますところ三か月、三六年度からの全面的改訂に対する措置は既に講ぜられている。

※本土の改訂に準じて沖縄も改訂されるという基本方針は決つたのであるから積極的にその研究が全教師に望まれるわけである。

※一九五九年度の文部省による全国学力テストの結果のまとめが行われている。沖縄におけるその実態も近々明らかにされるわけであるが平均点では小中の算数、数学は第一回より共に五点ほど向上を示しているにかかわらず全国水準にはまだ達していないものとみていい。算数、数学の内容を引きあげることを考えている現在、教育関係者のいつそうの努力が要請されるであろう。

沖縄教育を現地に見て

沖縄派遣教育指導委員
福岡県教育委員会指導主事　才所敏男

こちらへ参りまして、早や二か月余りを経過しました。振り返つてみれば夢のような気もします。思えば文教局の方に伴われて、配属連合教育区に赴任しましたのが九月二十五日でした。そこでは教育長をはじめ事務局の方々の心からの歓迎をうけ、また至れり尽せりのお世話にあずかつたことがありがたく思い出されます。赴任後一週間ぐらいは学校をはじめ各方面へのあいさつまわりで、めまぐるしい日程でしたが、特に十月五日に私のために開催していただいた歓迎会の印象は忘れることはできません。地域における各指導者層の方々が教育に対してどのように大きな期待と悲願をこめていられるか、縷々として述べられるあいさつの言葉の中から私は「同胞の血のつながり」とでも申しましょうか、何かしらそのような不思議な感激に強く打たれたのであります。

さて、学校を参観しての第一次的感想でありますが、これは私の職責柄いろいろと問題点を感知させられたのであります。例えば (イ)教師中心的、教科書中心的指導形態である、児童生徒の自主的学習態度をもつと育て上げるべきだ、などの学習指導上の問題点や、(ロ)教室が殺風景で、物置部屋のような職員室など、何とかならないものか、などの学習環境構成面の問題点、さては (ハ)学校行事面が授業面を圧迫しすぎるのではないか、生徒指導における規制と自主性の育成上に問題はないか等々であります。

しかし今から考えますと、これらの第一次的な私の印象は、いわば沖縄教育の表面的現象を捉えて、本土のそれと対比において云々したに過ぎなかつたように感じます。先生方と学校生活を共にすること既に二か月を経た現在においては、かなり私の沖縄教育の現状についての見方も変つたような気がします。はじめに問題として捉えていた事柄が、そうでないように感じられたり、あるいは現在の状況下においては、どうにもならない問題であると考えるようになつた問題もあります。

私は沖縄教育の今日までの歩みについて、とやかく申し上げることは、もはや何もありません。本土とは、全く比較にならない戦後の数々の悪条件を克服して、よくぞここまで発展充実さしてこられたものだと、その先生方の労苦をしのばずにはおられない気持がします。

卒直にいつて現在沖縄の教育は、その特殊な教育の諸条件の基盤の上に、それはそれなりに一つの持ち味を備えた教育の現場体制が確立していると思います。それはまさしく地域社会の人々の民主教育への理解度や関心度または教育行財政面から規定されてくる諸条件等にバランスされた教育実践の歴史的現実体制であると思います。私はこのような意味で沖縄教育が本土の水準よりして劣つているというような見方はしたくないのであります。唯そのような沖縄教育の歴史的な現実に立つて更に一歩の前進をはかつていくためには、現状においてどのような問題点があるかという進展の方向に視点をおき、いくつかの事柄にふれてみたいと思います。

沖縄教育は今日たしかに一つの曲り角にきているのではないかと思います。それは第一に教育基本法の制定によつて、沖縄における教育の普遍目標が確立したという明るい現実と、第二に馬小屋教室による暗い谷間の教育実践時代からの物的条件の好転であります。以下これについて述べることにします。

一、教育目標の具体化

教育基本法の制定によつて、沖縄教育の向うべき根本目標が明らかになつたことは、まことに意義深いことであります。しかしながら未だ十分この普遍目標が特殊化され、具体化され、重点化されて教育実践への強力な支えになつているとは考えられないのであります。教育目標が一般型のまま各学校に下されている段階のように思えてなりません。そのために何か指導に今一歩の迫力が欠けているような気がします。

もちろん教育の一般目標をしつかりふまえることは基本的に大切なことでありますが、それとともに私たちは、子どもたち自体が我々を下からつき上げてくる実践上の問題点や、あるいは地域社会との対決の中からしぼり出されてくるところの教育上の問題点などを、もつと重大なものとして受け取らなければならないと思います。しかも、これらの問題は少くとも全職員による十分な民主的討議を経て、その結果を教育目標設定の上に反映させ、計画や実践に移してゆくことが肝要なことであつて、これによつてはじめてその指導は具体的になり、強力さをもつてくると考えるのであります。なおまた各学校において問題視されている生徒指導や学校行事精選面も、この角度からの検討によつて、きつとそれぞれの学校に即したよい改善の方途が見出されるでありましょう。

教育目標の具体化ということは、決して校訓や級訓をふりまわしたり、ペーパープランの作成にうき身をやつすことを意味するものではありません。先生方が既に感じとられている問題を教育委員会などでお互に出し合い、検討し合つて手近なところから実践に移しつつ漸次体制化することだと思います。

二、教科指導における教師の主体性の確立

教科指導についての卒直な感じは、極言すれば教科書が絶対的権威をもつて実践指導を規定しているということであります。沖縄においては採用教科書がかつての国定教科書であり、その指導書は国定教師用書さながらの観があります。過去の沖縄教育が暗い谷間におかれ、ただ存在するものは僅かに教科書とチョークだけという劣悪な教育条件下において、教科書中心的な指導法によらざるを得なかつたことは、まことにやむを得ないことで、またそれはそれで当を得た指導法であつたといえましょう。しかしながら物的条件がかなりの好転を見た今日においては、そのようなマンネリズムを一応打破して一歩前進すべき時ではないでしようか。

教科書は最大限に活用すべきで、使つていく教師に指導者としての主体性が確立されていなければならないと思います。子どもの生活の論理と教科書の論理の歯車が、うまくかみ合つて回転するのでなければ、子どの学習は進むものではありますまい。教師の仕事は子どもたちの生活の論理にふれながら教材に温い血を通わせ、肉を付けて、この歯車のかみ合い工合がうまくいくように、その学習の条件を整え、子どもたちに程よい助けを与えることであると考えます。特殊な条件下にある沖縄においては、教科書の論理の歯車が子どもたちにうまくかみ合わず、先生方の苦労も一入のものがあると思いますが、私はこのような点にこそ沖縄独自の実践的研究課題が潜んでいるのではないかと考えるわけであります。

現場においては、この面についても大変よい問題点のキャッチがなされていて心強く感じます。ただこれらの問題を人まかせにせず、我々実践家のみが解決し得る、また当然解決をはかるべき尊い問題であるとの自覚のもとに課題と対決し、大いに創意をはたらかしつつ日々の実践を研究的に積み重ねてゆかれることが大切でありましょう。教科指導における教師の主体性は、このような教師の研究的実践態度の中から自ら確立されてくるものだと信じます。

三、教員研修

このように考えてまいりますと、結局落ちつくところは、教員研修の問題になると思いますが、それはもはや日々の教育実践と切り離されてあるものではないはずです。この意味で沖縄における教育研究集会が年を追うて盛大になり、最近更に各教科ごとの同好会などの結成を見つつあるのは、まことに結構なことだと思います。ただこのような同好会の組織が形式倒れにならないよう、先生方の個人の研究を真にプラスし、役に立つものとして育てあげるようなお互の努力が必要でありましょう。あるいはまたこのような相互研修の外に、現場研究にその視点を与えたり、研究の行きずまりや停滞性を克服する際のよき道標ともなる各種の図書・文献および資料などの入手に援助を与えることも現状においては重要なことがらではないかと考えます。

なお、研究推進の基盤としての校内研究組織を強化したり、あるいは青年教員研修会によつて若い先生方には自信と積極性を与え、教師精神の確立をはかったり、中堅教員研究協議会によつて、数少い中堅層教員の自覚と使命感を高揚したりすることなど、意義深いことではないかと考えます。

以上、二三の点にふれてきましたが要約してみますれば学校教育の特殊化と教科指導における教師の主体性の問題に帰着させて考えることができましょう。そうしてこのよう問題点は、ここに私が改めて指摘するまでもなく、今日沖縄の教育現場の中からほうはいとしてその機運が高まりつつあるのは、まことに心強い限りであります。

※声※

・精薄、し体不自由児のことを、お互い忘れてはいないだろうか。

・いまさら教育の機会を彼等に望ましいように与えることの必要を述べようとは思わないが、普通学級の中に幾人かいる彼等の味気ない学校生活、その境界線児達の幸福を慮つての施設や研究が皆無である。私達は関心をそこへ向ける機運をつくる必要はあるまいか。

・文部省は特殊教育の充実振興のための中央教育審議会の答申をこのほど公にした。

・精薄児のための特殊学級の設置義務を都道府県にもたせること。そのために大規模な予算措置が要望されているというのである。

（糸満S・S）

那覇地区の学校を訪問して

沖縄派遣教育指導委員
千葉市立稲丘小学校教頭　川島　茂

九月十六日夜台風第十四号警報下の那覇空港について早くも七十日この間こちらの先生方にとても親切にしていただいて毎日を楽しく張り切つてすごすことのできますことを厚く感謝しております。

さて、那覇の各学校を訪問しての感想をまとめようと筆をとつてみましたが、何かしら本当に先生方の苦しみや人間としての悩みや、そんなことをまだ、よく知らないなということに気付きます。いわば、人の立場や人の苦労をよく知らないものが、勝手な理屈をならべても、それは本当のためにはならないものでしよう。―ということを近頃しみじみ感じてきました。靴の上から〃カユイ〃ところをかくのでなく、ジカにかゆいところに手をふれてかいてあげることができたらと念願いたしますが、いかんせん現在は、もう少し時日をお与え下さいということで、いわば〃オカメ八目〃の文章を綴ることになりました。

× ×

一、学校環境について

いついかなる場所でも、子どもにとつて最もよい教育の場で生活をさせたいと念願しない人はいないはずです。

ところが我々はややもするとそのような大切な教育環境を作ることに対して、マンネリズムにおちいつていることがあります。

私は各学校を訪問してよく話しあつたことですが、〃たしかに戦争のギセイは大きく多かつた、その上現在では予算面でも少いようです。しかし〜しかしです。現在のその中になお、改善する点はないものでしようか〃と。

むずかしいことをいつているのではありません。我々教師はいつも心の眼を新鮮にしていつも自分の学級や子どもを眺めたいと思うのです。

進歩とか発展とかのもとは、いつも自分の心の中に、〃まだ足らない〃という点をより多くもつていることから始まるのであろうと思います。現状に満足しない、しかもその不満感が現実の上に立脚していることがのぞましいのではないでしようか。

〃ないないづくし〃をならべて、あれもないこれもないから、うまく今日の指導が行われないというのは不平であり、それは自分の心までなくしてしまいそうです。

ないないづくしの現在ですが教師の新鮮な心のめまではなくしたくないものだと思います。

二、子　ど　も

どこかの学校でこんな話をしたことを思いだします。〃もつとニコニコ学習指導を進めて下さい。怒つたつて子どもはできるようにはなりません〃と。

私は科学的調査によるデータをもちあわせているのではないのですが、沖縄の子どもが本土やアメリカなどの子どもと比べて、知能的に劣つているとは決して思えないのです。

それは、授業を何回かそしていろいろな学校でやつているうちにだんだん信念としてもつようになりました。最初はいわばギレイ的なまた先生方へのはげましといつたような意味もなかつたとはいえません。しかし、直接子どもと学習しあつている中に、どうしてどうしてすばらしい玉を発見する場合に度々ぶつかります。

といつて大分子どもをほめましたが、それは素質的いわばみつちり教えさせ、やらしてみてのことで、現実の姿としての学習の態度は、決して上等であるとはいえません。私は授業をやりながら算数の学習以外のことに神経を使わないで毎時間過せたらどんなに楽しい、そして充実した一時間を過せるだろうなあと考えまたこれをめあてに毎時間を過してきています。要は教師の祈りとでもいいましようか、〃君も勉強しているんだよ。そんなことではだめだよ、もつと真剣にやるんだよ〃といつた教師と子どもの心の糸のきれいな学習でありたいものと思います。

結論的に、私は、もつと子どもの動きが気になる教師であつたらと念願するとともに、そのようなことに神経を使わないで毎時間を精一杯教師も子どもも過せる学級に一日も早くしたいものだと考えています。

これは一朝一夕にできることではありません。日々のたゆまざる子どもとの精進以外にはないと思います。

現在の沖縄の社会や家庭での生活などに、我々教師の力の及ばないところがたしかにありそうです。アルバイトをしなければ生活できない子どもの（家庭も）あるでしよう。

私は逆説的かもしれませんが、それだけに毎日の学校生活が―ひとりびとりの子どもに学校での生活が―より楽しく充実し精一杯できるようにしてあげたいものだと考えます。

三、指導雑感

① どんな子どもにしたいと考えているでしょうか。

私どもは時々子どもの帰った教室で静かに〃おれはこの子どもをどんな子どもにしようとして教育しているのだろうか〃と考えてみることが必要だと思います。

いわば教師としての子どもへの祈念とか、理想像とかをもつということでありましよう。

私は、その最大のものに〃子どもに自主性をもたせる〃ということがあげられると思います。

この頃の学校で児童会活動とか道徳教育とかということが大分研究されてきました。その根本は子どもに自覚ある行動をさせるというねらいをもつてのことでしよう。

そこで私はここに一つの提案をしたいのです。それは自覚ある行動とか自主性とかということは、教科指導の中にはぐくまれなくてはならないことではないでしようか。ということです。すなわち毎日の教科学習でもつと、子どもが自分のやつたことを自分で判断できるような子どもにする―こんな学習授業を考えたいものです。一般によいかわるいかは、教師が判断し子どもはそれを自分で評価できる方法を知らないのではないでしょうか。

これでは、古い時代の学習指導と少しもちがいありません。子どもが学習しての喜びは、教師によつて認められるという一面と、子ども自身がこれでまちがいないのだと評価できるという二面によつて始めて達せられるのであると思います。

それには学習指導のしかたを一大転換しなくてはならないと思います。すなわち、学習する主体は子どもであるので子どもにいかに活動する余地をあたえるか、また、自分のやつたことを評価する方法を身につけるかといつた点への工夫で、いわば、教師中心の指導から、いかに子どもの力をふりしぼつての学習へ転化させるかということであると思います このようなことがやがて学園でねらつている自主性への芽ばえになるのではないでしようか。

② もつと子どもの顔をごらんなさい

親は自分の子どもの顔のどんな小さな変化でも見のがしません。そしてすぐに対策を考えます。

ところが一般に学習指導を進める教室で〃先生方はもつと子どもの顔をごらん下さい〃といえないでしようか。

何かの学習をしていて、わからないことにぶつかつた時の子どもの顔色は、実にさまざまです。

あきらめに似たカオ、何をやつてよいかわからないカオ、元気にめを輝かす子、無関心な子等とあげたら五十人五十種といつてもよいでしよう。

それに気がついたら何とか対策を考えないわけにはいかないでしよう。教科書と黒板をみることが精一杯で子どものカオ色―特に困惑を感じている子ども―にまで気がつかないとしたら、残される子どもがでてくるのは当然のことかも知れません。

私はよくこんなことを申してきました。子どもの両眼に赤と青の電球がつくようになつたらどうでしよう。すなわち教師の話がわからない子どもは赤電球がつくわけです。赤電球があつちにもこつちにもたくさんついているのに、知らんカオして学習を進めるわけにはいかないわけですから。と夢のようなことを考えますが、私も授業をしていながらもつと私の心の中に赤ランプ青ランプの気になる学習指導を進めたいものと考えています。

申すまでもなく青赤電球は、そのままでは見えません。子どもに何かをもたせて自由に行動をさせることによつて教師がその姿をみて評価するわけでしよう。

つまり子どものカオを見ながら、また子どものやつている行動をみながら学習を進めるということが、ひとりびとりの子どもを伸ばすために考えたいことのようであります。

× ×

教育の効果はそんな急にあがるものではありません。地味なそして気長い毎日の集積でありましよう。

どの先生もが一生懸命、教科経営に、教室経営にとりくんでいることを、このめで見てきました。

それだけに今まで述べたいくつかの感想を皆さまとともに考えてみたい気持もおきたわけです。

沖縄の子どもが、今日そして明日と少しずつでも伸びていけるようにともに頑張ろうではありませんか。

(阿嘉中校教諭)

(五ページより)

へ進学無理なが子受験希望をしたり経済事情が悪るく或は親の頑固から進学を拒否された者等不利な進路につこうとしていたが、前述の努力によりやつとの事で望ましい域にまで到達し得た、そして現在各組に分かれた、特別な指導を課外授業によつて、(計画の下)極力の努力が続けられている、ここで問題になるのは教師の担当時数が過重で無理な点が生じ悩んでいるが会員献身的態度で頑張つている。

宮古地区理科教育研修指導計画

沖縄派遣教育指導員
東北大学教育学部付属小学校教諭　秋　葉　和　夫

1　現状の分析

約一か月に亘る地区内各学校訪問によつて実状観察の結果

(イ)　実験観察の器具機械薬品などが極端に乏しいこと。

(ロ)　教科書の教材が地区資料と大巾にかけ離れていること（特に生物）

などが明らかになつたが、それにもまして国語的理科、図工的理科、算数的理科と言われる形式の授業があまりにも多く、特に注目すべき点と思われた。

これは

(イ)　理科という教科の本質（分類・実験観察—法則の発見・実証・概念形成）を充分理解していないこと。

(ロ)　教授（教える授業）と学習（学びとる活動）との具体的な場における違いを理解していないこと

などから生ずると考えられるが、なお、その原因にさかのぼれば

(イ)　教科書や指導書の表現があいまいで、学習の目標、内容、教材を区別して考えにくい点が多い。

(ロ)　現行指導要項でも、学校の具体目標や学年の系統などが明瞭に読みとれない、

などをあげることができよう。

随つて当地区では、指導法や指導技能に優先して、各単元の目標分析と基本的学習活動の検討を、教科書をもとにして進めることが妥当であると考えた。而もこれらは、現場教師の一人一人が、委員の解説や主任の伝達にのみ頼らず、自ら直接検討するのでなければ、目的を達成することは不可能であろうと痛感した。更にこの点が把握されない前に、或は同時に検討しようとしての授業研究は、ともすると指導法や指導技能の問題に流され勝であり且つ非能率的であることも充分心得えて計画をたてた。

2　委員の基本的態度

(イ)　現場教師の自発的自主的研修を主体とし、委員の単なる伝達や 解説的な 指導は できるだけさける。

(ロ)　全教師が、理科の本質論から出発し、諸研修の軽重を自ら判断し、最も有効な方法をとるよう助成する。

(ハ)　随つて、指導委員→理科主任→理科部員——一般教師といつた形式の組織はさけ全教師が同一基盤に立つて研修できるようなシステムにする。

(ニ)　理科主任は、以上の研修を通して、更に理科教育振興に役立つ諸活動を推進するよう助成する。

(ホ)　個人研究、校内活動、同好会活動などの醸成につとめる。

(ヘ)　主として小学校を対象とする。

3　研修の日程と単位区

(イ)　日　　程

。単位区毎研修日数—地区５日程度
延30日とする—毎週月火木

。学校からの招請及び委員の指導授業のため延30日をあてる—うち毎週水曜日を相談日とし委員は所属所に常在する。

(ロ)　研修単位区

(1)　久松小、平一小、北小、鏡原小、宮原小

(2)　西辺小、狩俣小、池間小、大神小

(3)　下地小、来間小

(4)　上野小、砂川小

(5)　城辺小、西城小、福嶺小

(6)　伊良部小、佐良浜小

4　研　修　内　容

(イ)　教科書分析—具体目標、基本的学習活動、教材との関係（改訂指導要領、移行措置の検討も含む）

(ロ)　教材研究と実技練習--実験観察製作実習操業調査見学など。

(ハ)　授業研究—教科書検討から生れた切実な問題をテーマとして

(ニ)　主任会の活動—宮古理科カリキエラムの作製と資料集の編集

(ホ)　個人、グループ、同好会の問題毎研究推進

5　研修の具体案

(イ)　第一次研修の持ち方とその内容

(1)　区分—単位区毎、低、中、高学年部に分け、低学年部から行う--日程別定

(2)　出席者—単位区当該学年教師全員、初回は単位区理科主任全員

(3)　研修内容—教科書分析が主で、目標学習活動教材を区別する。　※

※・問題提供の意で当該学年１クラスの授業を公開する。
- 教科書分析--単元毎、分担発見、司会は主任の一人が当る。
- 教材研究—希望調書の中から択ぶ

(4) 当日の日程—下記を参考にし会場校で決定、区内学校に連絡する。
- 授業参観　—10時～10時45分
- 教科書検討—11時～３時
- 教材研究　—３時～４時半
- 以後の話合—４時半～５時

(5) 準　　備
- 会場校—日程と公開授業の指導案を前週中に区内学校に連絡配布する。
- 主任—検討要領及び用紙への記入方法を自校内の教師に解説し、単元の分担の世話をする又当該学年教師と話合いの上「教材研究必要調べ用紙」に記入、前々週中に委員まで届ける。
- 各教師—分担単元について充分検討し、当日持参する。

(ロ) 第二次以降研究について
(1) 第一次研修の結果から生じたテーマにもとずいて授業研究（委員の授業も含む）及び教材研究をする。
(2) 組織方法は、第一次研修の話合いに意見を参考とし、当該区主任と話合つて決定する。
(3) 主任の研修
- 校内における検討の世話—主任のあり方
- 単位区別検討資料の整理—地域カリキユラム原稿原案の作成
- 宮古の資料調査
- 地域カリキユラム並に資料集作成

(4) 中学校の研修
- 小学校に準じて自主的に計画、又は小学校の部に参加する。
- 主任の研修及び活動については、小学校と同調する。
- 全地域を対象とした授業研究、教材研究を、中学校主任会で決定する。

随　筆

指導助言

社会教育課　清村英診

戦後やたらに使われている言葉に「指導助言」というのがある。「指導助言」とは一体何か。二、三回舌の上で転がしてみてもはっきりしない。一つの言葉のようであり、「指導と助言」という二つの言葉のようでもある。社会教育法によると、「専門的、技術的指導又は助言を与える」とあるから正に別物である。英語ではガイダンス、アドバイズと使いわけられているようである。ところが武田一郎氏の「指導主事の職務」によると「一体的機能の二面的表現」であるといつている。

手のウラとオモテ的表現であるという意味だろう。「一つであるが二つであり、二つであるが一つである」というのである。

ややつこしい指導助言である。

私などあちらこちらで、指導と助言を与えているが、「一体的機能の二面的表現」などといわれると、これの説明だけでも一寸困りものである。

困るくらいだから与えていることもおかしなものに違いない。

ところで言葉の詮議立ては学のあるものにまかせて、私たちに一番大切なことは「指導と助言」を与える方ではないだろうか。

与え方の上手、下手で受け取り方も大ぶちがつてくるだろう。有用にして適切な与え方というものは大切なことである。大切とわかつていても、そのコツというものが中々身につかん。身につかんところに与える側の苦労があると思う。たとえば次のような話がある。

背中にカゴを背負い右手に杖をもち、左の小脇に鶏を抱え、更に手に山羊の手綱を引いた若い男と娘さんの道中での話である。

小暗い森の中に入ると娘さんがいつた。

「アラ私こわいわ。誰もいないですものアナタにキスされたら私どうしたらいいんでしよう」

「そんな心配は無用、第一両手から背中までこの通りだ、キスなんかできやせん」

娘曰「いいえそうじやないわ、杖を地べたに突き立て、それに山羊をつなぎカゴを下して、それへ鶏を入れたらキスができるじやないの、私こわいわどうしましよう」という小話である。

これなど適切な与え方ではないだろうか。有用にして適切な指導助言の与え方はもつと身につけたいものである。

教育指導委員を迎えて

辺土名地区教科指導員　平良長康

教育指導委員菅井憲太郎先生を当地にお迎えして六十余日になる。

「算数科学習指導法の研究」―とくに教具の作製整備、その活用を中心として―の指導主題を中心として、各学校に対する訪問指導、地区数学教育研究会、辺土名小学校での教壇実践指導等がなされている。これらの指導の場をとおして、地区の各学校が指導を受けつつそれぞれの研究体制をととのえつつあるのが現状である。先生ご赴任後そのご指導の下にすすめられている当地区の研究活動や計画の概要、それらに対する周囲の反応や私見を述べて任を免れることにしたい。

一　学校訪問指導

各学校で研究授業等をもつてそれを手がかりとして学習指導法、学級経営等の基本的な事柄について教師の質問に答えつつ懇切な指導がなされている。あるへき地の校長先生は、

「へき地の学校では問題は多すぎる程あるが復式学級での同時同教材の取り扱いについては何とか解決しなければいけないといろいろ研究もしてみた。さて実施しようとするとその度に大きな壁にぶち当たるばかりで解決のいとぐちすら見つけられず全く途方にくれていた。このたび先生から算数科における同時同教材のとり扱いについてのお話をきいて打開の道が見付かり全く暗夜に灯を得た思いで愉快でたまらない。先生ご在任の間にぜひそのカリキエウムを作成しておきたい」。と張り切つて話しておられた。

帰りは材木を山と積んだトラックに五里の山の夜道をゆられて帰宅されたのであるが、この訪問指導が当地区へき地教育の一つのかべを破る貴重な踏み台となるであろうし大きな示唆をも与えることと思う。

二　数学教育研究会

地区内小中高校の算数数学研究主任ならびに同好の士で去る十月に組織された毎月一日、十五日の二回を定期の集会日と決め先生の指導の下に自主的な研修をすすめている。これは地区内の算数数学学習指導法研究の活動の中心体となり、先生ご帰任の後もながく地区のこの活動の推進力となるよう特に育成指導をされている。これまでに算数の学習指導計画案を作成して各学校各学級に配付している。三月までには各学年の教具の作製やその活用について指導を受け、二月に教具の創作展を予定、一月には地区内全学童の学力測定実施等を計画して資料の蒐集等その準備をすすめている。

会員がこのような意欲的な研究活動をするようになつた原動力は先生が崇高な教育熱をも指導される賜である。集まつて講義をきくだけでなく、その場で実技面を研修する。時間にもムダがない。このような能率的な研究活動の運営はちよつと見たことがない。なおこの研究組織や態度はこれを他教科の研究活動の上にもおよぼしていくことを目指している。

三　教壇実践指導

十月下旬から辺土名小学校を中心として行われている。また各学校からの要請による訪問指導も併せて実施されている。

学習指導案の作成でとくに本時の指導過程をくわしく書くことを先生は毎日実行して指導もされている。このことによつて指導内容の重点を確実に把握して学習能率を高めることができることを教師は体得する。日頃の指導態度に対する大きな反省ともなる。

「指導案を書くだけでもすでに大きな勉強になりますな。」と中学のある教師は話していた。一つ一つの研究を形に表わして実践してゆく事実が起つているし、それを意識している人もでているのだ。

先生の教壇は学習に入る前に姿勢を直し目の向け方、勉強の約束等から本時の学習に真剣にとりくむ態度を心にきざみこんで、それから授業にとりかかる。決して強要したり叱言を言われるのでもない。一人一人の子どもの心にくいこんで積極的な学習意欲を内から自然にふるいたたせるような指導である。学習態度の乱れになやみながら、その指導に困り抜いて来た私たちにとつて大へん参考になることの一つである。

先生が二、三日教壇に立たれた後の学習態度の向上ぶりは全く驚異的である。学習態度と学習効果の関係について次のような印象的な事がある。

二年生のある女児は入学当初からとかく問題視される行動が多かつたが、「十」の合成分解をとり扱われた先生がその能力が低いことを見抜かれて指名起立させ、易しい問題から次々と発問をされて考えさせスラスラ答えられるようになつた。全児童から拍手でほめられた時この児は目に涙を浮かべていた。校長先生や級担任も後で頭をなでてほめておられたが、この児はいかにもうれしそうであつた。学習に真剣にとりくむ態度、真剣に考えたら今までむずかしいと思つたこと

がよくわかるようになつた。理解することの喜びと、やればできるという自信をこの児は体験したわけである。観ている人にとつても印象深いひとときであつた。今までのどの指導措置や講習等よりもその何倍かの教育効果が上がるものであることを如実に見せつけられている。

先生の教壇から教えられる事柄は多いが、とくに、基本的な学習態度の確立や学童の実態に即した重点的な取り扱い方、学習の心理過程に沿つて自然にすすむムダのない学習の流れ。教具を正しく使つて子どもの自発心を内から湧き立たせる意欲的な学習活動等、学ぶべき大切なことであると思う。

四　私たちの周りの反省

1　教育指導委員派遣の企画

この画期的な制度を十二分に活用して最大の効果を上げるようにするための受入れ態勢は不十分であつたと考える。局や連合区委員会では委員の指導に必要な基礎的な資料は十分整えておいてもらいたいし、適当な予算措置もぜひ必要である。菅井先生は本土の出版社や教育関係団体にお便りをされて数度にわたつて貴重な資料を送つていただいている。しかも航空輸送で一包千円近くの輸送費をかけられたところもある。ありがたいことである。しかし受入れ側としてはもつとやるべきことがあるのではないか。

2　研究組織のこと

沖縄の教師は研究意欲に欠けている等と新聞にもよく見受けることである。いろいろ原因もあろうが、個々の教師の研究や集めた資料等をまとめ組織だてることがなされてないのも大きな原因と考える。一人一人の教師は、それぞれに教具を作製したり、資料を集めたりして真剣な努力をしている人が多いのだから、これをバラバラにしないでまとめて累加的に積み上げていくことをする必要があると思う。

3　その他

それから指導委員の先生方は半年も故郷を離れて気候風土の異る地で激務を続けられることは誠にご苦労様である。これを家族同伴で一か年ぐらい勤務できるような方法を講じたらどうであろうか。

4　兼任指導員について

兼任指導員は早目に決定してもらつて教育指導委員を迎えるまでには、必要な準備もさせておくよう配慮してもらいたいものである。ようすがわからないで委員の先生や皆さんに大へんご迷惑をおかけして恐縮しているわけであるがこれも大きな損失である。先生と共にくらして二か月余学習指導法の研究の各面にわたつて皆で真剣に考え、本土の新しい歩みを少しでも多くり入れつつ郷土の学童の実態に即した指導法をうちたてねばならないことをしみじみと感じている。残り少ない期間を少しでも多く先生から学びとりたいものと考え全く白紙にかえり。教生になつた気持で毎日牛の歩みを続けている。なるべく多くの教師が積極的に先生に近付いて、一人一人が何物かを学びとつていただきたいことを併せて熱望するものである。

本土より指導委員を迎えて

コザ中学校　米盛　富

太平洋の空遠く、遙かに望む我が祖国…母国から切り離され、懐しい内地にあこがれる八十万余の沖縄県民…。殊に基地下にあつて将来の日本国民を育てるという大きな責任を負わされた先生方にとつては自分達に与えられた子ども達をいかにすくすくと本土なみに育てるかが大きな課題である。六千の先生方は一日、いや一時として、この事を忘れる事ではきないのです。「百聞は一見にしかず」でどの先生もどの父兄も一目でもよいから祖国の土を踏んでみたい、本土の教育の姿を見たい。そして新しい空気を吸いたいと切なる願望である。

幸に母国の温いみ心と文教当局の並々ならぬご尽力によつて、研究教員の制度が設けられ明るい希望を与えていただいた。既に五二年から三百余人の先生方が派遣され本土の現場で研修を積み一歩一歩新しい盛り上りを見せている事はほんとに喜ばしい事である。われもわれもと希望するので限られた人数と経済面。その他うるさい手続き等で多くの先生方が行けない現状である。

本土にくらべて「やれ学力が劣る体力が劣る…」あれもこれもと多方面からきびしい批判の声を受けているが、いろいろと悩みの深い教育界に明るい光りを与えていただいたのが今度第一陣、第二陣でご来島の本土の指導委員の先生方である。沖縄の先生方が本土の教育視察をなす、又本土の先生方が沖縄に来られて現場教育をする。その密接な交流によつて本土と沖縄の心の結びつきが、がつちりと組まれた時に沖縄の教育の発展があるのだと思うと大きな希望と力が湧いてくる。

私は音楽科を担任している。幸、隣りの中の町小学校に音楽科の梶山逸夫先生をお迎えしていろいろとご指導を仰ぎご授業を見せていただく機会が多いので、感じた事をのべてみたい。先ずあの素晴らしいご指導ぶりを何と表現してよいか私には適当な言葉は見出せないということである。四五分の授業がほんとに水の流れる如く一分の無駄もなくだんだんと興味を盛り上げつつ歌唱、リズム打ち、器楽、鑑賞等変化の中に目標へとぐいぐいひつぱつてゆかれる鮮かなご指導ぶりを拝見し、ただただ自分のだらしない授業がつくづく恥かしくなる。

わずか二か月足らずであるが、指導技術によつて同じ子ども達がこんなにも伸びるものかと今更のように驚かされる。子どもと先生歌と楽器が一つにとけこんで和やかな音楽の雰囲気を教室一ぱいにみなぎらせ、それがとても心をはずませて表情豊かに演奏している。つい見ている先生方も歌いたくなる、弾きたくなるといつた調子ですつかり先生のご授業にほれこんでしまつたようである。私は真剣な子ども達の口先、指先、輝くひとみを見逃さなかつた。あの子もこの子も能力は異るであろうが、どの子もどの子も楽しげに力一ぱいふいている。歌っている。みんなニコニコして子ども達も先生もほんとうに幸福そうである。

私は、何かしら熱いものがぐつとこみ上げて「これこそほんとうの音楽教育の姿である」と叫びたとなる。ここで大きな夢と新しいエネルギーを得たような気がした。二つの手をパチパチたたくだけでも二本のバチを持つただけでも、指導いかんによつては音楽を愛する子どもに変つていき、リズムやメロディー、ハーモニーの事に迄真剣になる姿をまのあたり見せられた。

先生はまるで子どもの調律者だと思うと油断はできないようである。「楽しい学習、効果的指導技術」私は先生のお話をお伺いしご授業を見せていただくたびに静かに反省するのである。そして思い至ることは創意くふうする努力が足りないということである。よく耳にすることであるが、設備がない、時間が足りない、やれ素質がないとかよく口にするが、それより先に考えなければならない問題がたくさんあるように思われる。

拝見していて教師は〃声〃や〃技術〃がそのまますばらしい授業を意味するのでなく、もつと授業を営む大切な要素が他にあるようである。先生のもつておられる教育的音楽的繊細な感覚、豊かな音楽性にマッチして熱意に伴う創意くふうへの努力がそれだと思う。一つの音符を書くにも一本の色チョークに注意され、ハーモニカの吹く音吸う音を子どもに知らせ、一枚の紙を掲示するにも場所と時を考え、一本の針を代えるにも準備万端、足を運ぶにも児童の机間、黒板次にピアノ、蓄音機へ等と順序を考え教案等も相当期間でデッチあげ、一分二分の余つた時間や、不足する時間をどう処理するか悩む事もあるという一秒の抜け目のない綿密さは私の心に与えた第二弾の驚異であつた。

先生の授業を参観した方はどなたもお感じになつたと思う。誰でもできるしかも金のかからない教具を学年なりに創意くふうして難なく学習効果をあげておられるのである。板でつくつたきれいなハーモニカ、くりくりと裏がえすと自由自在に面白いメロディーの出てくる階名図能率的な読譜カード等どの学校でもすぐ作製できるもので労少なくして効果の上る大事な教具である。又指も両手もその使い方によつては立派な楽器の役を果たし五線板の役を果しているのである。

むずかしい理論指導等説明しないでも歌いながら自然に中学校で習う動機とか一部、二部形式までも小学校、二年、三年の授業にちやんと知らず知らずの中に指導しておられる。立派な授業の裏にかくされているものを私達はもつと見つめたいのである。

楽しい学習能率的な学習の裏には、子ども達の研究も非常によくされていて、心理的段階、嗜好、他教科との関連等万般にわたつて心を配られ誰にもよくわかる授業という事が学習を活気づけているのである。

先生の指導態度も至つて明快で時には品のよいユーモアを飛ばして子ども達を喜ばせ終始ニコニコしておられる。音符を覚えさせるにも「はい、今度は片目を閉じて」と言うと、子ども達は笑いながらますます真剣になつて早く覚えようと努力するのである。リズム指導にもかんたんなる子ども達の生活のことばを取り上げ「あなたの頭、わたしの頭、耳二つ鼻一つ」と面白くてしかも確実に打てる方法を取り入れ、レコード鑑賞の場合も「はい静かに聴きましょう」と同時に美しいメロディーが流れ出す。ほんとに変化にとんだリズミカルなご指導ぶりである。

あれですとどんな子どもでも音楽の時間を楽しみに待つ事でありましよう。私はあせつて生徒が線にのらない時はついぐちをこぼしたくなる場合もあるが…、教師さえうまく調律してゆけば子ども達は自然の中に盛り上つてくるし、あくびや居眠り等する子もいなくなるのではないでしようか…むずかしい説明をして子ども達をいやがらせ、まわり道をしているような事はないでしようか…ここで子どもをできないできないと叱る前に、今一度静かに反省してみたい。

ある四年生の子が「梶山先生の授業は

面白くて一時間は何時の間に済んだかわからないよ」とおかあさんに話しているとの事である。

私は十一月中旬人通りの少ない静かな表通りで、身なりも余りきれいでない住いも普通以下であろうと思われ家の前で得意になつてハーモニカを吹いている男の子を見受けた。しばらく立ち止つて聴いてやり「どこの生徒さん?」と尋ねたら、さも嬉しそうに「中の町小学校の四年生です」と元気よく答えてくれた。私は涙の出る程嬉しくてその子どもを元気づけたが心温まる思いで一日愉快だつた

音楽教育の最後の目標は音楽経験の巾を広め、個人、家庭、学校、社会の生活を明るく楽しく和やかに豊かなうるおいのあるものにする。いわゆるヒューマニズムに結びつく「音楽の心」を育てる事にあると思う。

今度の本土の指導委員の先生方をお迎えして正に「教師は環境であり、教育は現場の教師から出発するのだ」という事を強く感じさせられた。

以上梶山先生の音楽の授業を参観して自分の心に響くもとを拙ない文章でいろいろと述べたが、どの教科も指導委員の先生方のお話をお伺いし授業をご覧になつた方はいろいろとお感じになつた事と思う。

私は幸、指導委員の先生方を囲んでの座談会に出席しいろいろとご感想を聞かせていただく機会を得たが、どの先生も共通的な面を異句同音に話しておられる。座談会の模様がくわしく新聞で発表されているのでおわかりだと思う。多方面からあれもこれもと痛い所を指摘して下さつたが率直に聞かせていただいてほんとにありがたい事である。沖縄の先生方は教育者としての熱意も大いにあるがそれを具体化するイメージがない。教科書にこせこせとらわれないでダイナミックな取り扱いをなし自分独特のものをもつようにと梶山先生は言つておられる。

指導委員の先生がおつしやるように私達はもつと自信を持つべきだと思う。遠く切り離され、見る機会、聞く機会の少なかつた沖縄の先生方は教育技術面も本土と差のある事は無理もない事だと思うが。

幸にこうして、優秀な先生方をお迎えして直接指導していただく機会が与えられたことは沖縄教育界の一大飛躍をするチャンスである。このチャンスに学習効果を上げるべく施設もしていただきたいものでる。おくせず、かくさず、わからない点はどんどんご指導を仰ぎ、先生方のご授業を参考にしてその中から又自分の新しいものを生み出し明日への教壇を生き生きとしたいものである。

最後に文部省、文教当局に深く感謝を申し上げ、更に期間をもつと延長させ、各教科にわたつてもつと数多く送つていただきたいということがみんなの願望ですので経済的にむずかしい問題もあろうが更にお骨折りをお願いしたい。

私達は環境に負けることなく先生方の蒔かれた種を丈夫に育てるべく努力したい。お帰りになつても沖縄を力強くお守り下さい。ご労苦に感謝を申し上げ今後のご健斗をお祈りしつつペンを置きます

本土より指導委員を迎えて

石川地区　宮城邦男

一、実態調査

沖縄の教育界の願望と、期待を担つて指導委員の第一陣十三人の方々が九月十七日に、各地区に配置になつた。本土の教育界で指導の第一線に立つている指導委員の方々が沖縄の教育に対して、どのような見方と判断を下し、実際指導に当るかは、大きな関心事であつた。

当石川地区では、委員の方に一日も早く地区の実態を摑んでいただくために、翌日、朝は、あいさつ廻りとこれからの計画について相談をし、午後からは、地区内の各校を一巡した。これによつてこの地区の生活環境と学校について、概観をしてもらい、地域と学校の相関の上から父兄の学校に対する関心や協力程度を予診してもらつたのである。

その後引き続き一日一校の割で学校経営と学習指導の面を見て廻つた。ただ慢然と見るのではなく、事前準備としては、観点をおさえ同一観点に立つて先ず教育目標、教育計画、教育事務、教職員、生徒指導(生活指導、特別教育活動、道徳教育)健康安全管理、環境設定、学習指導の八項目(なお各項目には、それぞれ三〜五の小項目がある。)から精密検査をしてもらつた。

その結果、当地区としては、次のような教育上の問題点を診断することができたその主なものを記すと次の通りである。

(1) **教育の概観**

この地区の教育は本土と比較して長、短半々でそんなに劣らない。

(2) **教育計画**

(イ) 学校及地区としての教育計画が無い、速やかにつくるべきである。

(ロ) 新指導要領への移行措置がとられていない。

(ハ) 複式学級の指導計画がない。

(3) **指導法**

教師中心である。指導技術の向上が必要である。

(4) **施設々備**

一般に不足しているが、稍々もすると既存のものが活用されない場合もある不足しているものの中で自作できるものは、つくることによって設備が整った時は充分活用できる。

(5) **学校及学級経営**

(イ) 学級の子どものイメージを描き、それを具体化した学級経営案をつくり、組織的に、指導せねばならない。

(ロ) 生活指導を重視する。

(ハ) 教師は、卑下する事なく沖縄の教育に誇と自信を持て。

二、指導計画

この指導計画は前にあげた問題点に対する対策という事になる。

(1) **同好会の結成**＝先ずこれを機会にして同好会をつくる、その目的は、「継続的に、自己研修をやり、これによって各々の学校の理科教育の振興を図る。」のであるが、更に他地区の同好会及日本の同好会との交流も行い、研究会、講演会、動植物採集等を行い更にカリキュラムの作成や、標本作りもやり、地区の理科教育の推進力となるよう努力する。

(2) **移行措置の作成**＝一九六一年から実施される新指導要領への移行措置のカリキュラムをつくる。

(3) **実技講習会**＝一年から六年までの各学年の教材の中から代表的なものを選んで毎週金曜日には、簡易実験器具の製作講習を行い、実験観察の指導技術を身につけるようにする。この講習会は、文教図書から、材料を取りよせてそれを使っているが、必要な材料がなかなか得にくい場合がある。

又当地区の農村の経済状態を考えると継続的に材料費を負担することも中々困難だと思うので私達は出来るだけ廃物の利用や金の余りかからない自作の実験器具の製作に努力せねばならない

(4) **公開授業**＝指導委員による公開授業を行い、学習指導案の立て方、教材のおさえ方、授業の進め方、児童の活動のさせ方、評価の仕方等について、研究するのであるが、この回数は、六回行うようになっている。

(5) **指導後の評価**＝右に掲げた計画が終了した後各学校において、地区の先生方が理科の実地授業を行い、実際指導面でどのように変ったか、指導委員に見てもらい、更に指導を受けると共に指導委員の反省の資料とするのである

三、第一回公開授業を見ての反省

(1) 指導委員の授業と私達の授業とを比らべて私達の授業は、子どもの活動より、先生の活躍が多すぎるし、黒板とチョークと口での授業が余りにも多いようである。一時間もぶっとうし話し続けるために児童は、大変退屈している。どんなに面白い話でも、一時間も聞いていると、飽きてしまう。

特に夏の暑い日に、子どもが大きな欠伸をしているのに、先生は、それをおかまい無しに、どんどん話し続ける。子どものあくびは、「先生もう話は沢山ですから他の事をやらして下さい。」という先生に対する警告である。

(2) 一時間の間教科書から手を離さない授業がある。「木口小平は、敵の弾に当りましたが、死んでもラッパを口から離しませんでした。」という戦前の修身の話がありましたが、どんなに大切なものでも、其の時其の時によって生きた活用を考えねばならない。

特に理科においては、自然が、教科書であり、本は、自然を観察する順序、方法等を書いてあるのに過ぎない。

(3) ゆっくりと、子どもに考えさせず、すぐに答や結論を教え込んでしまう。これでは子どもの考も、判断力、推理力が、充分ねられないということになる。

(4) 活動させる児童の範囲が限られていて、極く優秀な子どもだけになる嫌いがあるそのため他の多くの子どもは、どうせ相手にされないという、不満と出来る子どもがやるだろうという依頼心ができてしまうのではないか。

(5) 授業中の言葉使いは、一人々の子どもの人格を尊重したやさしい思いやりがあり、先生の権威というものを、やたらに、振りまわさず子どもの相談相手だという態度で常に笑顔で望みたい。たとえ、分らない場合でも決して相手の児童には、恥ずかしい思いをさせない心使いが必要だと思う。

例えば時間の終りの時などに、「まだできない人は、手を挙げなさい」という場合があるが、子どもは、ただでさえ人並にできなくて、泣きたい思いでいる。それを更にまだできない事を、皆に見られるということはつらい事である。

(6) "たたけよ、然らば開かれん"という言葉のある通り私達は、子どもを指導する時に常に関心を持って望むべきである。関心のあるところ、必らず疑問が起る。これを解決すべく努力がなされ、そして解決した時、そこに、大きな効果が期待される。

四、理科指導に望むべきこと

指導委員の先生は、この地区の教育に

メスを入れ、長い経験と鋭い感覚で解剖し病巣を摘出したが、その中には、全く私達の意表をついたものもあつた。例えば教育の概観で「この地区の教育は、本土と比較して長所が半分、短所が半分であつて、総合的には、決して見劣りしていない」という事である。

教育の全てにおいて私達は劣つていて、本土の足元にも、及ばないと思つて卑下していた私達に「決して見劣りしない」という言葉は、或希望を与えた。

しかし私達は、小学校及中学校の理科において本土との平均が、小学校一六・六、中学校八・九の学力差のある事に目を向けて一段と努力する必要があると思う。

次に身近かな問題ですぐにでも、実施のできる問題は、学級経営案を書くということである。これを書く事によつて学級のイメージをはつきりと、再確認することができるし、又学級経営案を書く人と書かない人とでは、毎日の教壇実践の活気においても、子ども達を見る目も違つてくると思う。

学級経営案の無い人は、設計図を書かずに建築にかかる建築技士のようなもので、実に危かしいものである。

次は、既存の施設々備を利用しないということ。これを考えて見ると教科書をあまりに、重要視しすぎる考え方からきているのではないかと思う。実験や、観察をするには、事前準備後片付け等で忙しい為、教科書が進めなくなると云う事も、その理由の一つのようである。

しかし私達の小学校の頃を思い出して見ると、よく分る様に、「理科の時間に聞いた話は、すつかり頭から消えてしまつたのに、先生が、実験して見せたところは、二十年以上も経つた今でも、はつきり記憶している。」これから考えると、既設の施設々備は、最大限に、活用するばかりでなく、同じものを幾通りにも、くふうして使用するような研究も又合せて必要である。

義務教育においては、生物分野、気象分野、天体分野の教材が相当多く取り入れてある。これ等の教材を取り上げる場合は、沖縄は、非常に環境に恵まれている。土が無い為高い金を出して、土を買つて来て箱庭式に植物を栽培している。東京などは、施設々備の面は、別として自然環境は、沖縄に比べて話にならない位へき地である。

沖縄には、広い海があり、青い空があり温い気候がある。そこには、数多くの動物がすみ植物が繁茂している。にもかかわらず本地区の学校には海や陸の生物や植物の標本が、余りにも少いと指摘されている。或は、先生方は、標本ではなく、自然をありのままの姿で指導しているかも知れないが、それは誠に結構な事であり、大いに奨励すべきことではある。しかし私達が仕事に追われ、いざ教材として取り上げようとする場合には中々みつからないばかりでなく、時期失してしまつたりすることもある。その為教科書を説明して理科の授業を終るという事にもなる。

この点から、考えると生物を見つけた時に、標本にして置くと大いに役立つと思う。

五、指導計画

本土より指導委員を迎えて当石川地区としてどのような計画を立て、実施しているかは、

「石川地区理科指導計画」について説明して後感想を書いてみたが、指導委員の指導の成果については、この指導計画が完全に実施された後でないと、はつきり言えないと思う。しかし指導委員が、配置にならない以前の霞のかかつたぼんやりした理科教育が委員の指導によつて、霞がすつかりとれ、はつきりとその全貌をあらわしたと、いうことである。そして私達は今その山に向つて一歩一歩前進していると、いう事を記しておく。

教研スナップ

○年の瀬もおしせまる師走のころになると、教育界でもその年の研究の精算というつもりか、各地区の教研集会が始まる。本年も回を重ねること六回、確かに年を追うて充実してきた。特に今回は従来の教科の研究に加えて、「公開授業」がふえ、「地域との提携」「教育課程」の分科会が設けられたことは今次の教研集会の特色といえよう。この点当事者に敬意を表したい。

○どの地区でも、大体、教職員会長と文教局長のあいさつが日程の中にくまれている。会長の迫力のある激励のことば、局長のユーモアまじりのお祝のことばは本土の文部省と日教組の対立に比べるとまことに対照的ではお笑ましい。せまい沖縄では局と会とは車の両輪の如く、両者がガッチリくんでこそ、沖縄の教育の振興は期待される。本土におけるあの対立の嵐は沖縄ではどこ吹く風といつた感じだ。

○教研集会の進行係（呼びりんをならす係）の権限はまことに偉大なもの、会員の発表はいうに及ばず、会長のあいさつ、来賓の祝辞にも時間がきたら〃持つたなし〃容赦なくりんをならして降壇させる。むごいようだけれど、たくさんの行事がくまれた日程であればこそ、時間通りきちんきちん進行すべきが当然だとは陰の声であつた。

学級会活動を通しての学級作り

伊野田小学校　島田尚子

みんな仲間

大勢の子の中には校門をくぐるとたんに肩から何かが、おつかぶさつたような窮屈感を覚え交友関係少なく、教師とは一言も言葉を交さないままに授業がすむと、さつさと帰つていく子がいます。そういう子は学校という所をお役所的存在、先生と生徒との関係を対立した平行線上の立場のような概念をもつているようであります。こうした子は話し合いの場合又は学級会等で故意に教師の意図する方向をくつがえしたり、反対意見を述べたりして教師と生徒がむき合つた学級雰囲気にすることがままにあります。

そんな雰囲気をかもし出したのは、とりもなおさず教師と生徒、生徒と生徒の心と心がぴつたり結びついていないのが原因していると思い、その目に見えない心の壁を取り除き「みんなの楽しい学級」教師と子ども、子どもとこどもが互に温かい友愛に結ばれた学級、つまり「みんなの仲間」という寛いだ学級雰囲気にするための学級作りを目標において学習の場、遊び、作業とすべての教育活動の中で、その目標達成に努力していますが、特にその指導がしやすい学級会又は話し合いの時間を多く持つために特に設けられた朝の会、帰りの会の指導を通して私達の学校なりにやつていることを発表申しあげます。

朝の会

一時限の始まる前の五分間をそれに当て、主に子どもの健康状態について話し合い、その他には昨日の日誌に書かれた生活のようすを発表する等、時間のかからない極くきまりきつたことをやります。会の持ち方、司会……昨日の日直（二人）教師……オブザーバー速記しておく。その時の会の一例を紹介してみますと

九月二十三日（水）

司会……すみ子、イネ子（○は司会）

。朝の会を始めます。出席係の人は出席をとつてください。

（孝、勝己の二人出欠をとる。教師一人一人の顔色を注意深く観察する）すんでから教師は

「清宜さん、さつきからにこにこしているが、今朝は何かいいことがあつたのかね」とか

「光好さん、きようは席を立つたり坐つたりして落ちつかないようですが、朝つぱらから家に帰りたくなつたの。」

といつてやると、「きちんとこしかけなさい。」というより、本人は勿論、他の子も居住いを直すし、又何よりの収穫は子どもが教師を身近かに感ずるということである。これで一歩相寄ることが出来る。

。きのうの日誌を読みます。

（六等になつた三班では不服そうに何かいい合つている。）

。三班言いたいことがあつたら言つてください。

重三　勇くんが つけない からで あるよ。

※人数が多いので奉仕活動の組織を小分けして個々の生徒が一つずつの仕事を分担して、勇は生活部の調査係である。

文典　ぼくらあいさつもやつたがつけてない。

（三班の人は係に不平を言う。）

。いさむさん、みんなに誤つてください。

（勇はしつこくだまつている。）

教師　三班がおこるのは無理もないことです。勇さんは何か訳があつたのかもしれませんが、自分一人が勝手なことをすると、こういうふうに大勢の人が迷惑するということをよく知つたでしよう。しかし、これからも係がぼんやりする時は、きようのようになるのですか。

茂　班の人が注意する。

。係がぼんやりする時は班の人で注意してください。

。先生何かありませんか。

教　今の茂さんの意見は大へんいいと思います。ぼくは係でないというので知らん顔するのでなく、注意したり困つている時は変つて係の仕事をしてあげたり するのが いい友達です。前に貼られてあることばはそういう意味です。みんなで読んでみましよう。

（みんな仲よし、みんな仲間、みんながみんなを）朗読し、同志の友愛を深めることに努める。五分間の予定が延びて十分位要することもあるが、敢えて気にせず会を中断しないことにしている。

帰りの会

授業がすんでお掃除の前の時間を十

五分～二〇分位とつて「きようのくらし」について感じたことを自由に話し合う機会を持つています。その時間には毎日出された子どもたちの日記の中から問題を拾うこともあれば、きようのくらしの中からどんな小さなことでもいいから出し合つていい点は喜び合い、悪い点が出たら素直に誤つてもらいます。何でも言えるようにするには先ず何でも言える雰囲気にすることが大事です。そこで、

1、他人のことはなるべくいい点を言う。2、悪い点を指摘する場合はあげ足とりにならぬように、その人をよくする気持でいう。3、何を言われてもおこらない。等と約束して始める。

又、日記から問題をとる場合は、本人の許可を得、しかも匿名して日記の主が心の負担を感じないように細心の注意を払う。会の持ち方や方法はいろいろあるでしようが、私の学級では日直の一人が司会をし、一人が記録することにしてその日の授業が全部すむと司会者が前にでて会が始まります。

九月三〇日の記録をみると次のように書いてあります。

司会…茂　**記録**…昭光

。これから帰りの会を始めます。きようのくらしで何か問題ありませんか。

文典　清宣くんは蛙とりをおそくまでやつたからこれはいいと思います。

（みんなで拍手）

安則　勉くんはきようの田んぼ作業をしなかつたから悪いと思います。

。勉くんなぜしなかつたか理由をいつてください。

（勉、だまつてうつむいている。）

喜一　田んぼさぎようの時、安則さんは最後までやつたからいいと思います。

（みんなで拍手）

。外にありませんか。

安則　イネ子さんは休み時間にシークヤーに行くのは悪いと思います。

。イネ子さんは何しに行つたんですか

イネ子　ぶるまーをつけに

健　女の生徒たちたくさん行くよー。

すみ子　着がえる所がないからみんなあつちに行つて着がえています。

教　この問題はここで解決できることではないので、次の学級会の問題にして、その後職務会に出して見ましよう。

。では、これは次の学級会で話し合いします。

このようにして「先生について何かありませんか。」ということで先生についての批判がなされます。「先生は今笑つていたかと思うとおこつたりしておかしい。」とか「きよう三時かん目に先生もおくれたから運動場をまわつてこなければいけない。」などと仲々厳しい批判がなされる。それが一通りすむと、「先生何かありませんか。」ということで、話し合いのことやきようのくらし全般についての感想や希望などを話す。「きようは家庭科の時間に茂さんが班の人を集めて小布を分け合つていましたが先生は感心して見ていました。それから、だれの日記にでしたかすみ子さんが遊びの仲間に入れたのでうれしかつたと書いてありましたがみんなが、仲よくしていくと学校が楽しくてたまらなくなるのでしよう。」とみんなの言いたりなかつたしくらしの反省をしたり、自己反省をて子ども達に詫びたりしています。

会はそれだけですが、それがすむと日記を書かせて提出させます。あすのこの時間までに大ざつぱに目を通して必要に応じて簡単に赤えんぴつを入れておきます。又、問題のあるものは選り分けてあすの話し合いの資料にしています。特別の問題を含むものはお便りみたいな形で細々と書いてやる心遣いを忘れません。

例えば

十月三日

先生はきよう二時かん目にしげるくんがゴムでつぽうをいじくつてもおこらなかつたが、ぼくたちが玉ぐわーを出していたからしかつたのは悪いと思います。

短かいこれだけのことばの中にこの子はどんなに大きな怒りと物足りなさをこめて書いたのでしよう。私は一人で胸の痛い程、恥入り同時にその子の勇気と素直さに敬意を表したい気持で一杯になつた。日頃、公平の理念をまつとうしているつもりでも、自分の意識しなかつた行動が以外に子どもは敏感にこれをキャッチし指摘してくれたのです。これに対して私は

自分の気持を正直に書いてくれた勇気と素直さをまず、ほめます。そう言われてみると、なるほどそうだつたのかと自分の態度を反省します。もちろん先生は、気ずかずにしたことですが、あなたはきよう一日どんなに苦しかつたことでしよう。先生は時々かつとなつてよく考えもせず叱つたりする悪いくせがありますから気づいた時にはいつてください。ありがとうございます。清宣さんも授業中のいたずらには気をつけてね。

とこう書いて返しましたが、その後清宜の態度が教師を敬遠する所がないことからこの日記は役立つたと一応楽観していますが……。

それ以来、物を言わない教育（教師自身の態度）の力強さを痛感しています。

学級会

週一時間の学級会はどこの学校においても実施していることですが、私達の学校では次のような基本線を打ち出して各学年の発達段階に応じた指導をしています。

１、方針

(1)みんなが一つの問題にとつくむ態度を育てる。(2)一人の問題をみんなの問題と助け合い精神を養う。(3)身のまわりの問題点に気づき指摘する積極的な態度を養う。(4)自由に発言できる態度を培う。(5)児童の人権を尊重し、抑圧しない。つまり学校の週訓と結びつけようとしてこちらからおしつけることは決してしない。(6)雰囲気をほぐす為に始まる前に歌う。(7)発言意慾を高めるために学級会のもようを速記する。と、できるだけ学級会を彼等のものにさせ、問題解決の態度を養うと同時に子どもと子ども間、教師と子ども間の親睦を計る。

２、形式

司会…選挙で選ばれた正副委員長
記録…選挙で選ばれた二人
座席…各部毎にまとまり、座談会式にまるくなつて坐る。教師は司会者の側に位置する。

３、議題の選び方

教師としては腹案を持つて臨むが、それよりいろいろの方法で子ども達の持つ問題を発表させ、その中から選択する。

(1) 仲よしポストに「私の意見」を投書させる。…全員随意
(2) 学級日誌の「私の意見」の欄に書かせる。…日直当番
(3) 直接その時間に聴取
(4) 各部の部会を開き、部の意見をまとめる。

それらのうち、質問であつたり、個人間の問題の場合は帰りの会を利用して解決するというふうに、委員の方で意見を分類する。適当なのがない場合は、学級会の時間に発表させたり、教師の腹案を取り上げることもある。

これまでの議題を分類してみると、にがうりの棚作り、掃除用具の件、畑作り、バケツ購入の件、夏休みの遠足などは発言も活発で、楽しそうな会の進行が見られますが、共通語や朝の自習などの議題の場合はみんなが共通語で話すとか方言を使う人を注意する等の決まり文句を並べたにすぎない味気ない学級会で問題に対する子ども達の関心も低調である。このことから次のことが反省されると思います。

１、初期程議題は極く具体的なもので子どもが興味ありそうなものを選ぶ
２、例えば遊びの問題のように、それを話し合うことによつてこどもの行動を規制する議題は学級会を育てる上に適当でない。

４、議題例（　）内は提案の出所

学級委員の選挙（個人）　学級に準備する帳簿（個人）　掃除用具について（個人）　遠足について（個人）　学級新聞について（文化部）　ガラスやこしかけの修繕（整美部）　ミルク時間に守ること（保健部）　花園をきれいに（個人）　生徒会費の件（学校委員会の伝達）　みんななかよく（教師）　朝の自習（仲よしポスト）　畑をつくることについて（個人）　弁当会について（仲よしポスト）　にがうりの棚作り（作業の時の話し合い）　夏休みの計画（教師）　夏休みのえんそくについて（前時の話し合いから）　バケツをかうことについて（仲よしポスト）　体育の時の服そうのこと（保健部）

５、学級会の経過

司会…清宜、敏夫
記録…昭光、すみ子

。これから学級会を始めます。議題に取り上げて相談したいことありませんか。
安則　窓ごえする人がいるからこれを決めたらいいと思います。
茂　にがうりが大へんのびていますから棚を作る計画をしたいと思います
。どつちを取り上げますか。
興輝　にがうりがもつと大きくなると困るから茂くんの意見を先にした方がいい。
。にがうり棚作りの計画をしますか。
（はい―多数）
。にがうりの棚作りについて意見ありませんか。
文典　今週中に竹を集めて来週の月曜日の学級会の時間に作つたらよいと思います。
甚一　ぼくは水曜日に作る方がいいと思います。
。二つの意見がでていますが、まず作る日から決めますか。
勝己　作らないのがいい
茂　にがうりを売つてバケツなんか買うのだから、作つた方がいいと思います。
健　君はそしたらしないで（四、五名にやつけられる）
茂　作る日とみんなから集めるものと

きめたらいいと思います。
◦茂くんの意見の通りでいいですか。
（はい多数）—以下略—

このようにして話し合いされた結果1、金曜日に作ること。2、みんなから竹とくいを集めること。3、それは金曜日までに持ってくること。その他くいや竹の長さや大きさなどが決議され、「先生何かありませんか」ということで、

意見を言った人の数はみんなで十六人です。半分にもたりませんので同じ人ばかり何べんも言ったことになります。活発によくできましたがもっと多くの人が意見をいうと、もっとりっぱな会になると思います。それから茂さんの意見の方は理由もはっきりしていて特によかったと思います。たいへんごくろうさまでした。

きょうの学級会の評価と指導を兼ねたことを述べて閉会します。

きょうの議題のように具体的で目的のはっきりしている場合は、たとえ発言人数は少なかったにしろ、会の運営はスムーズになされます。しかし、

発言しない子をいかにして発言させるかという学級会の大きな研究課題が残されていますが、先ず一つにはそれらの子の個々の原因による指導が考えられます。このクラスですと意見がないのと恥かしいということの二つに大別できますが、後者の場合は比較的指導しやすく、挙手しなくてもその態度を見て故意に指名すると大低言ってくれますが、前者の方の指導はなかなか困難です。これまでの指導としては前記してあります学級会の経過を、話し合いの焦点がはずれたり、ぼんやりする子がいる場合は会議の途中で読んでやると問題点がはっきりつかめ、発言も活発になります。

会終了後に読んでやったり、次の会の始まる前に読むと発言意慾が刺戟されます。又、会員が多数ですと、他に依存して意見を持たない傾向もありますので、全員を参加させる意図から時には各部毎の小グループに分かれて討議をし、部の意見を全体会議にかけるという方法もとっています。その場では殆んど全員が発言しますので、その方法をたび重ねて発言することになれさすのも一方法だと思います。

五　結び

1、朝の会、帰りの会を毎日継続することによって教師と子ども、子どもと子どもの心の壁がとれ、「みんなの楽しい学級」というなごやかな雰囲気がかもし出され、この頃では教師についても何でも言えるようになりました。

2、学級会においては上からおしつけられた議題でなく、自分たちの身近かにある問題なので子ども一人一人が自分の問題として取っつくむようになりました。従って問題が高まり、発表が活発になりました。

3、見聞の狭い言語発表力の稚拙な農村の子どもにこのテーマの指導は教師の根気強さが強く要請されると思います。効果を急いでは失敗しますので、教師は常に温かい心で子どもの心の動きを見守り、教師自身頭を低くして子どもの心にとけこんでいく態度を忘れず、子どもと教師、子どもと子どもの人間関係をゆたかにし、「みんなの楽しい学級」を作るために全職員が一つになって努力を続けております。

放送学習の実際

羽地中学校　喜屋武清昭

今年四月から始めた学校放送による学習指導の実態を諸点から列挙してみる。

学校放送による放送教育を研究的に今後改善していくための資料として次のような記録簿を作成してその記録をしている。

(1) 放送学習記録

(A) 放送学習指導記録（各ホームルーム担任）

月日曜	放送内容	音質	天候	ノート不持参者	聴取後の話し合い	理解程度	聴取態度
9月28日（月）	ローカル放送 綴方風土記	上	晴 雲量4	（2人）	◦三池炭抗を中心として年々発達を見せる産業開発資源について社会科地図帳を参照しつつ話し合った。◦沖縄の近代産業の主なものを挙げさせる。	中上	◦ノートにメモしつつ、静かにきいていた。◦特色をあげるとき、沈み勝ちであった。

（B）放送学習実践記録（放送係）

月日	曜日	放送内容	受信状況	天候	ノートの不持参者	放送中止理由 行事	アンプ	発電機	その他	聴取後の主な話し合い	理解程度	備考
11月10日	（火）	世界名曲めぐり 合唱 (1)女声合唱 鑑賞曲 見よ勇士は帰る（ヘンデン） 川（橋本国彦）	中上	曇天　雲量9	34	／	／	／	／	女声合唱の種類やその構成をノートに整理して話し合つた。（三B） 混声合唱や男声合唱と比較してみた。（二A） 女声合唱の特色を挙げて話し合う（三C）	中	静かに聞いてはいるがぼんやりしているのが多い。 一年生は理解が不充分

（C）放送学習実践状況（十一月二十一日現在）

月	授業日数	実施日数	放送中止の理由 行事	アンプ	キカイ	その他	受信状況 上	中	下	備考
四	24	12	1	1	1	1	7	4	1	放送開始四月十三日（月）放送部組織・校内放送始まる
五	26	20	3	1	0	2	15	4	1	アンプ部品整備・放送委員会発足（プログラム・時間の研究）
六	26	19	5	0	0	1	15	2	2	球技会等で中止の日が多い。雨期のため受信不良
七	21	13	3	0	0	0	10	1	2	稲刈り等で欠く。放送委員会（反省と企画）
八	／	／								夏休みで放送なし
九	22	15	4	1	1	0	14	0	1	運動会、始業式で欠く　放送クラブ（二学期月案検討）
一〇	27	18	5	1	0	3	14	2	2	台風・豪雨で欠く。放送委員会（学習指導法の研究）
一一	18	14	3	0	0	1	10	1	3	台風・陸上競技会等でさかる（研究収録のまとめ）
計	164	111	24	4	2	8	85	14	12	行事による取り止めが多い。機械の整備必要

この統計表の示す通り中止の殆んどが学校行事の理由となつている。受信の方はかなり曇天でも鮮明に聴取できるようキャッチされている点、作年度に比べて一段とよくなつているが、アンプ購入後三ケ年になるため部品の取り換え整備によりますます立派な音質が期待されると思う。

(2) 放送学習の形態

(イ) **聴取前**（五分）

第二時限終了と同時に教科教室から各ホーム・ルームに入れ、放送時間を待つようにし、教師は板書を済ませておく。

(ロ) **放送中**（十五分）

静かに聞かせると同時に、メモをとるよう努める。

(ハ) **聴取後の話し合い**（五分）

放送学習の中心はそこにある。そこで、放送委員会によつて各プログラム毎に次のような話し合いの形態を考えてみた。

△月曜日（科学の窓）ローカル放送（綴方風土記）

(1) その地方の特色について知らせる。

(2) 自分たちの環境と比較し、その相違点等について自由な気持で話し合う。

(3) 感想を書かせ発表させる。

(4) 人文地理的考察をさせたい。

△火曜日（世界名曲めぐり）

(1) 静かに聞かせることに努め、鑑賞させ、教科と関連させて復習する。どの程度わかつたか、結論を出す必要はない。

(2) 感動を受けた点は、最後にまとめる（学習ノート）

△水曜日（達夫の日記）

(1) 自分を主人公におきかえて考えながら聞き、自分の生活環境の中からそれに類した問題を取り上げて話し合う。

(2) 教師はホーム・ルームの中に起きた凡ゆる問題を資料として望み、ロングタイムのH・Rと直結させて発展的にとり扱うようくふう夫する。

△木曜日（名作をたずねて）

作者の意図するところを中心に話し合う。（時代の背景を考えてみるとよい）

△金曜日（世界の動き）

(1) メモしながら聞く。（メモ、箇条書の指導）

(2) 教科に於ける新聞単元と関連させて、新聞やラジオの使命を理解させ、絶えずニュースに耳を傾ける習慣と態度を身につけるよう話し合う。

(3) 来週の放送内容の予想を話し合う。

△土曜日（歴史にあらわれた人々）

(1) 歴史的に特筆されている理由を考えさせる。

(2) 背景とする時代、社会に及ぼした影響などについて話し合う

各ホーム・ルーム担任で、五分間の話し合いの進め方を研究し、その指導方法を前もってたてて効果的な話し合いになるようたえずプログラムを入念に調べる。

(3) 指導の実際

放送学習指導の流れを、各学年一名宛の速記録で紹介する。速記は各学年の放送委員でやった。

十一月六日（金曜日）

二年C組　指導者　金城　清

速記者　宮城　昭仁

(一) ねらい

放送を聞き日本国内のでき事はもとより、外国の大きなニュースの中で日本と世界の関連について考えさせるとともに、ひろく社会科の学習に役立てるようにしたい。（国際人としての正しい見解をもった人）

(二) 放送をきく（十五分間、記載省略）

(三) 聴取後の話し合い（五分）以下速記録　○印（教師）△印（生徒）

○いろいろ大事な放送のようでしたね。まず最初は、（多数挙手）…はい、Mさん。

△教育白書の発表がありました。

○よろしい。…どんなことでしょうか。教育白書とは？　○君

△日本の義務教育について、いろいろ外国と比較した発表でした。

○教育費用などは外国に比べてどうか。H君

△だいたい同じです。

○外国よりすぐれた点はなかったか

△数字が少ないこと、学力は劣っていない。

○劣っている点は…はいAさん。

△一人一人に対する費用は少ない。アメリカの七分の一、イギリスの四分の一位です。

○もっと一人一人に使われる費用が多くなりたいものですね。私達沖縄ではもっと少ないだろうと思います。では、教育白書はこれ位にして、次に進みましょう。

○その他に何かありませんでしたか…J君

△軍縮問題決議案のことについてでした。

○よろしい。もっとくわしく誰か…はい、Kさん。

△八十二ヶ国が集まって、軍備を小さくするためには…（まとめるのにちょっと無理）

○では、少々むずかしそうですから、先生が代りましょう。かんたんにいうと、軍縮問題を来年一月半ば十ヶ国で討議することを、国連加盟国全体が満場一致で賛成した。つまり、軍縮は全世界が願っていることを意味しているわけです。

○軍縮とは　どんなことを　することか。Nさん。

△兵力を制限する。核実験を禁止する。

○その他にありましたら。

（挙手なし）

○では先生がいいましょう。奇襲防止です。大陸断道弾などを使って攻撃する。まだありますが、時間が過ぎているようですからこれで終りたいと思います。

○来週はどういう放送がなされるかラジオニュースをメモしておくように。また新聞とくに一面記事に注意しておくことが大事ですね。では、これで終ります。

十一月四（水曜日）

一年A組　指導者　上地　匡子

速記者　謝花　健一

達夫の日記

「ボスは誰か」

（学級の民主化）

(一) ねらい

クラスの人間関係を本当に民主化する為には、各自にどんな心構えと行動が必要かを考えさせる。

(二) 放送をきく（五分）…（放送内容省略）

(三) 聴取後の話し合い（五分）

○只今の放送について二分程度で短く感想をまとめてもらいましょうでは始めます。

（学習ノートに一生懸命まとめている。男の子二、三人まだ始めないでぼんやりしている）

○はい、それ位にして、…それでは二、三名の発表をきいてみましょう。（挙手七、八人）A君

△小沢君が級で余りよくない態度をとっているので、今まで小沢君の友人であった小野君は、その時は珍らしくホーム・ルームにかけてやっつけようという。それに対して達夫たち「やまいも班」では、それがうまくいくかどうか心配になる。小沢君をやっつけたにしても、又、小野君がどうなるか、また、小野君がボスになってクラス

であばれないか心配になる。そういうことにならないようクラスでもっとしっかり考えなければならないと思います。

○はい、よろしい。次、B子さん。

△クラスのボスといわれている小沢さんの文化の日の学芸会の態度は本当にしゃくにさわります。係でもないのに照明をいたずらし場内を真暗にする。そんなことをみておこつた生徒たちはどうにかして小沢さんをやっつけようと考える。しかし、達夫や原田さんたちは、帰り道「そっと忠告してやるとよいではないか」と話し合うが、そういう方法が一番いいのではないかと私は思いました。

○放送をよくきいてまとめてありますね。それでは他のみなさんも小野の言っているようなやり方のボス退治についてどう思いますか。…（二、三名挙手）はい、C子さん

△小野さんの方法はよくないと思います。自分の考えだけでクラスに訴えて、小沢君をやっつけるのは、次に小野さんがボスになる恐れがあるのでないかと思います。

○はい、D君。

△今まで小沢君と兄弟分気どりでクラスの中をかきまわしていた小野君が急に小沢君をやっつけようというのは、何かそこにありそうな気がします。又、そんな一方的なやり方はよくないと思います。

○はい、とても立派な意見でしたねそれではボスが小沢から小野に移るだけという心配はどうしなければ解決しないと思いますか。…はいK子さん。

△はい、私ならば小沢さんを除いてクラス全体でよく話し合ったらよいと思います。

△クラスでよく話し合って、その話先生とよく相談した上で、そのことを代表で小沢君に注意して上げるとよいと思います。

○他にまだあると思いますが、そろそろ時間がきたようですのでこれで終りたいと思いますが、このような問題について、私たちの学級を中心に次のロングタイムのホーム・ルームで話し合ってみたいと思います。では終ります。

(四) **学習ノート**（資料参照…別冊）

今後の課題

1、機械の整備―（現在使用器具の購入、施設状況は別冊資料参照）

現在使用のアンプは三〇Wで(6L6)(6L6)の真空管付を使用しているが、音量の点で今後の学級増を考慮して五〇Wで(807)(807)の真空管付を備え、子ラジオ五、六〇個を使用した場合でも支障のないような出方の大きい固定式のアンプに切りかえたい。その購入には凡そ二〇〇弗を要すると思う。その他マイクロフォンやスピーカー（トランペット）も漸次性能のよいものに取りかえなくてはいけない。

2、教科との連けい

現行の第二部放送だけでは教科学習の中に直接織り込んでいく内容が少ないので録音による第一部放送の利用を是非やりたい。

（一部放送プログラム例は別冊資料参照）

3、ねらい

放送の持つ特質が教育を推進する上にどうしても必要だという必要の上に立って放送を利用するよう更に具体的な面にふれていきたい。

文教十大ニュース

文部広報紙は昭和三十四年の文教十大ニュースを次のように報じている。

第一位　国立西洋美術館を開設
第二位　御殿場に国立中央青年の家開く
第三位　オリンピックの東京開催決まる
第四位　伊勢湾台風で文教関係の被害五十二億円を突破
第五位　新教育課程の移行措置と講習会の実施
第六位　教育・文化週間を実施し「わが国の教育水準」の発表などを行う
第七位　社会教育法が改正される
第八位　「送りがなのつけ方」を内閣訓令告示
第九位　第二次南極越冬に成功第四次観測出発
第十位　皇太子殿下御結婚記念、正倉院宝物展開く

なお右の十項目について

第十一位　青少年の読書指導に図書目録を作成
第十二位　すし詰学級解消の五か年計画進む
第十三位　学校長などを海外の教育事情視察に派遣
第十五位　皇太子殿下ご結婚を記念し、青年を海外へ派遣

など挙げている。

養護教諭一か年をかえりみて

仲西中学校　山里洋子

早いもので養護教諭という職名で勤めるようになってもう一か年になってしまった。当初の事を思い浮べると胸があつくなるのをどうすることもできない。本当になんともいえない感慨を覚える。やっと無事に過すことができたと安心する反面、あの事はこうすれば、またこれもやればできたかも知れぬ、この事は早く為さねばならぬのになんの手も打たれてない等、後悔と焦躁の念で一杯だ。

昨年四月「学校教育法」が制定公布され、沖縄でも各地区に一校宛十四名が配置された。その中の一人として、那覇地区では本校に私が勤めるようになった。私にしては全く未知の仕事であり着任早々ずい分戸迷ったが、あれから一か年誕生間もない学校保健の一端を受け持ち、何をどう考え処理してきたかを反省してみたいと思う。

養護教諭の執務について

養護教諭は何をなすべきかについては法によれば「児童生徒の養護を掌る」児童生徒の健康の保持増進を計り、心身共に健全な人間の育成が目的とされている。

学校においては、健康教育と健康管理面に当り、内容を大まかに述べると、

1、学校身体検査
2、疾病の予防
3、学校給食
4、学校環境衛生
5、健康相談
6、救急看護
7、学校歯科衛生
8、家庭訪問
9、発育記録
10、特殊学級
11、健康教育
12、その他の衛生養護

に関する事項に携わる事になっている。

仲西中校に勤務して

本校は昨年学校の下手にある小学校から独立したばかりで、在籍四百余名、職員十六名からなるさして大きくない中学校である。民家から隔てられ前は小学校で周りは草原にかこまれた小高い丘の上の新鮮な空気と静かな環境のなかにあり気持が良い。

校舎は二階建て二棟でうち一棟は小校が使用し残り一棟だけが中学校である。その中の二階一教室を職員が使用しており、従って職員室、応接間、宿直室、等が兼ねられ、放送室、理科室、体育用具箱、購売部の棚が廊下に整然と利用されている。

しかしここでも教室難の感じはまぬかれない。着任間もなく同じように職員室横の廊下の一隅を区切り、三畳ばかりの所にベッド、薬品を棚を置き保健室に当て利用している。

しかし保健室としてはおそらく不適当な条件にあるが来年移転の計画で着々と進んでいるので今度はと、大きくのぞみをかけてがまんしている。

これまでの執務

本校の児童生徒の健康や発育状態は体育が盛んなだけに比較的上々である。

一、今年の定期身体検査の結果

特に目につく疾病は

病名	男	女	計	%
視力1.0に満たぬもの	35	53	88名	21
う歯	75	81	156	37.3
トラホーム	4	3	7	1.6

1、視力障害が比較的多い
2、う歯所有者が多い
3、トラホームが比較的少ない。

等でこの他は僅かずついずれにでも見受けられる疾病と数である。

身体検査の事後処置としてこの三つにポイントを置き、全疾病異常者と面接し治療勧告及び生活指導を行い、定期的に調査し指導を繰り返す。特にう歯所有者には夏期休暇を利用して治療するよう注意し、トラホームは少なかっただけに今では殆んどが治癒し僅かばかりが残っている。視力障害児の多い関係上座席配置を考慮し級全体としては定期的に交代し特に教室の照度には注意している。

二、疾病の予防に関して

時期的な疾病や流行時、又は社会保健行事等を利用して担任教師を通して、又は校内放送で生徒へ知らしめるように心がけている。

三、異常者の早期発見

毎朝の健康観察や毎日行われる体位測定により生徒の健康状態や発育状態を把握し異常児を早期に発見し指導するよう努めている。必要に応じて定期健康相談に廻す。

四、寄生虫駆除

全生徒と職員を対象に検便を施行、検便成績は

1959年10月施行

	鉤虫	鞭虫	蛔虫	糞線虫	検査数	在籍	未検査数
陽性数	78	16	6	5	名 318	名 418	名 100
%	24.5	5.1	1.8	1.5	76	100	24

注　検査数76％は在籍に対する％である。
　　未検数24％は在籍に対する％である。

検便の結果寄生虫保有者は、駆虫を行う前に個人カードを作成し必要事項を面接の上、記入し毎月一回体重測定を行い経過を観察する仕組にしてあり去る十一月七日から服薬を二回に亘って行い現在経過観察中である。

五、その他

ミルク給食状況、環境の整備（校舎内外の清潔）救急処置に当っている。

六、生徒会組織

幸い経営部の中に保健部を設けることができ生徒の自治活動に重点をおいている。部員は各級から出ており、部会で決めた事項を級に帰って伝え級の健康の育成につとめている。

以上の事項を年間計画を立て、月間計画から毎日の勤務として必要度の高いものから計画的に行われなければならない。実行に当っては、全職員の協力のもとに行われるのであるが一応計画され組織立てられてもその効果は余りのぞめず、有名無実の不安と焦燥に駆られ、自分の力の足りなさが痛感させられる。

勤務しての感想

僅か一か年で教育界の一端も解らぬ中から云々するのも冒険すぎると思うが、叱責を覚悟で述べると、学校の保健活動を盛んにするには

1、全職員の健康への理解と積極的な協力だと思う。直接生徒に接し指導するのは一般教師であり特に担任教師は自分の級の健康状態を把握しておく事は申すまでもない事だと思う。

この点中学校では教科制で小学校ほどには行きとどかない。従って毎時間の観察はなおさら必要となってくる。教師の健康に対する理解と協力は児童生徒の健康をつくるといっても過言ではないと思う。

教師の熱によって生徒は自然に理解し実行して行けるものと確信する。例えば担任教師の関心如何によって、提出物や調査事項の実行に級差が出ているのは否定できない事実である。保健室に授業中途で来る生徒の半数以上が朝から気分が悪かったと訴えている。

これらに直面する度に、学校生活は生徒の前に立つ教師の愛情のこもった健康観察から始まるともいえるであろうにと一人考えるのである。近視の生徒を平気で後に座らせ気持の悪い生徒に気づかず授業をつづけ、耳下腺はどうせ一度は罹る疾病だと平気で登校させるような教師があってはならぬと思う。

先ず学校教育は学校保健を基盤にして経営されるようねがいたい。次に、

2、生徒の自治活動を盛んにし、保健委員会を充実させ各自に保健教育を徹底し保健活動を通して自から実行させる様つとめる事である。部員に当る生徒は級でもリーダー格である事が大きな条件である。部員の指導如何によって効果は大きく左右される。中学生にもなると自治活動も指導によってはその発展性はめざましいものがあると思われる。

この様に職員の熱と生徒の自覚に待つより外に学校保健は成り立たぬと思うが専門的指導者が少ない事も悩みの種である。

日本では昨年四月には学校保健法が出来、秋には新教育課程基準としての学習指導要領が出され、保健教育面、管理面についてもはっきりした制度が打ちだされますます充実しつつあるが、沖縄でも一日も早くこのような制度が制定され、はっきりした学校保健の位置づけができるよう願って止まない。そうなる事によって私達の仕事も、もう少しはスムースに行えるのではないかと思う。

繰り返えすが学校保健は、学校長一人が、体育主任一人が如何に頑張ってみた所で、どうにもならない。もちろん養護教諭だけでも致し方がない。主任を中心とした全職員が当って始めて健全な学校ひいては健全な社会ができ上ると思う。

想うに治療本位から予防へと医学は進歩してきた。養護教諭とは、未だに保健室で怪我を受けた生徒にマーキュロやヨードチンキを塗り、トラホームの洗眼を行うのが大きな仕事のように考えられているが、どうすれば怪我をしないように、トラホームに罹らぬようにするにはと、救急処置以前の指導に進んでいる。所が周囲からはその重要性を認められながらも軽視されがちで、又自身も慣れるに従って刺戟が少なくとかく怠慢になりがちである。そうならぬよう常に向上をめざしてと思いつついずるずるに悔の連ぞくが多く本当に恥かしい次第である。その反面教師という大きな団体の中の一女教諭に加わりながら学校保健という立場に立って考える時、養護教諭という特殊的な考えが念頭にこびりついてどうしてもっと保健事業が活発に等と、淋しさと焦慮を感ぜずにはおられない。

しかし計画した一つ一つに今度こそはと望みをかけ、暖い人間味溢れる校長先生始め十数名の職員の積極的な協力と理解に支えられ乍ら、部員の話合いや、保健室に来る生徒に一喜一憂を感じつつ、僅かでも、本当に少しでも皆のためになし得ればとありつたけの力を出し、乏しい智恵をしぼつて、ささやかな希望を夢見て毎日を過している。今後も自己をみがき頑張りたいと思う。

最後に関係当局のご指導とご鞭達を願い学校保健の今後の発展を祈る。

（仲西中学校養護教諭）

養護教諭一年をかえりみて

城前小学校　宇座厚子

一九五九年も後一か月の余白をのこして流れさらんとしている。そして次の新学期を迎える期待に胸ふくらませながら一年間を回顧してみた。一九五八年三月四年間の学校生活（寄宿舎生活）に終止符をうち公看となるべく公衆衛生看護学校を卒業した。

ちようどその頃「心身共に健康な国民の育成」という新教育の目的達成の意味から学校保健が重要視せられて学校教育の本流の中にこの問題が基本的要素として大きく浮び上り強力に実践活動に移されるべく一段階として養護教諭が沖縄にも生れた。

幸か不幸か私は卒業後まもなく全く予期しなかつた職場と職名を与えられうかぬ顔で本校に奉職したのが九月一日、学校の一隅の保健室へと導かれてより早一年がすぎた。

明るい雰囲気の中で嬉々として躍び廻る児童千人、兼任校として隣りの中学校生徒七百五十人の健康管理の職責が私に与えられた使命であつた。

予期しなかつた職務だけに底知れない不安におそわれながらも大きな抱負の下にやせ馬に鞭うつ気持になつて…。

案内された二坪程の保健室はどう手をつけようかと迷つたがまず整備にとりかかり備品薬品の整頓をしたので少しはきれいになつた。

夏は暑く冬は寒気きびしい、おまけに砂地でほこりがたつなど保健室には全く不適当な場所である。しかし他の同僚にくらべると保健室があるだけでまだ良い方だという、学校保健が公衆衛生、学校教育の一分野だとはいえなにしろ生れたばかりの事業に経験者たる先輩のいるはずがなく手さぐり同様、始めてとあつてか現実は全く思い通りにいかないもの、理論と実際のギャップは余りにも大きくどの書をひもとけば納得できるのか、すべての場合おぼつかない自分自身の尺度しか使用できない頼りなさに、一年間は遊ぶつもりで、と指導に当つて下さる先生の親心もしのぐ言葉を肝にめいじながらも一日一日とあせりを感じ自分の能力の限界に幾度か希望を失いかける。

学校保健が重要視された今日においてもなお直接学校教育にたずさわつておられる先生方が今だに理解しておられない身近な二、三の例をみても学校保健、保健室、養護教諭等に対し学校衛生、衛生室、養護婦、看護婦、保健婦等と呼んでおられる。新教育に占める学校保健についてその用語の真意を全く解して居られない点、仕事の困難さを思わされる。

学校保健に抵抗の強い現状に立つてみるといろいろその原因ともなるべき問題が出てくる。まず保健という言葉そのものが余りにも興味のない平凡なものであり遅効性に著るしい、そして保健指導にはこうしないと必ずこうなる。といつた確実なきめ手がない事等、平凡なものに興味をもたせるだけの技能がなくてはできないものではないかという不安と共に病院で使用される特効薬が羨ましくさえなる。

わずか十二名（本島内）の同僚が慣れぬ職場から慰安を求めて集り合いいくらかでも仕事の向上を、と研修会を発足してからも早八回、学校は教育の場であり保健等は専門的な事で養護教諭に任せておけばよいという見解が濃く異分子的存在にあること、健康教育があまりも地味な仕事でしかも絶えざる努力、非常なる忍耐、徹底した児童愛を必要とする関係から重要性を痛感しながらもまだまだ、常に雑用で一日が暮れてしまう等、深刻な日々の勤務の悩みに話題はつきない。

そうした皆の研究への意欲、仕事への情熱の表われをみる時、何となしにこの頃の自分のマンネリズムな態度を反省する

おとなの社会に仲間入りして一年、社会全体を見た場合にくらべ小さく学校社会においては何かと異様な空気と感情の微妙な動きを感ずる、短いようで長い、長いようで短い一年間この一年間の過渡期は全ての点で私の試練の場ともいうべき年であつたように思える。

今日も又寒さに負けず躍び廻る児等が健康管理と健康指導によつて伸び伸びと成長して行くためにもと自分の置かれている哀しみも苦しみも、そして悩みも乗り越えてこの仕事を成し得るささやかな喜びに毎日を楽しく送ることができる日の早からんことを祈りながら。

（養護教諭）

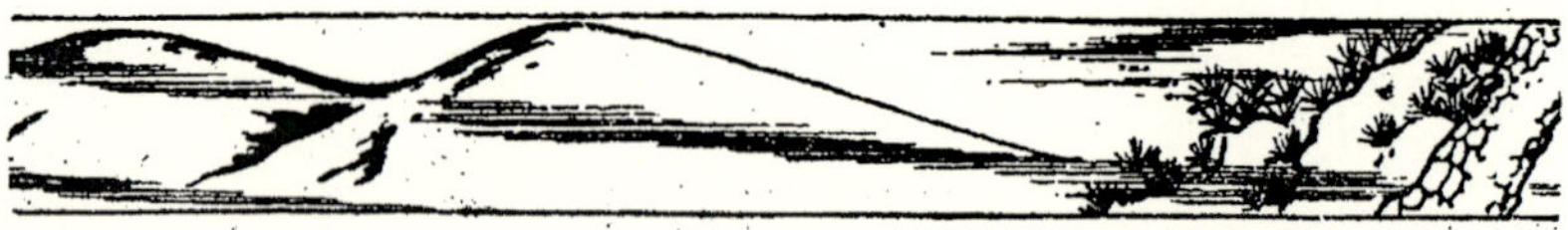

みんなで新正を祝いましょう

家庭では

1　家族そろって楽しめる正月にしましょう。

2　門松、クリスマスツリーは、緑化運動に協力するために廃止しましょう。

3　虚礼的な贈答はやめましょう。

4　お正月もつとめて島産品をつかいましょう。

5　お料理は簡素にし節酒につとめましょう。

6　服装は華美に流れないように簡素にしましょう。（学童には学生服を）

職場や地域では

1　忘年会、年始会は廃止しましょう。

2　回礼は廃止しましょう。

3　事故防止に万全を期しましょう（火災、盗難、交通事故、傷害等）

たのしい生年祝にするためには

生年祝はあくまで本人の幸福を願うためのものであるから見えや形式にとらわれて莫大な費用をかけるよりも出来るだけ節約して本人の将来並びに社会に役立つようにいたしたいものである。

あり方

お祝は合同でするか家庭内で

1　合同の場合

イ　本人への記念品記念撮影を考えましょう。

ロ　たのしいふん囲気をつくるためにレクリエーションを考えましょう。

ハ　服装は質素にしましょう。

ニ　料理は簡素にしつとめて島産品をつかいましょう。

ホ　あいさつや祝辞は簡単にいたしましょう。

ヘ　さかづきのやりとりや無理強いはやめましょう。

ト　始める時間と終る時間を守りましょう。

チ　合同祝の終了後家庭におしかけることをやめましょう。

2　家庭祝の場合

イ　招待は小範囲にとどめましょう。

ロ　案内のない人は遠りよしましょう。

ハ　服装は質素にしましょう。

ニ　料理は簡素にしおみやげはやめましょう。

ホ　お祝議は申し合せにしましょう。

生年合同祝のあり方

留意点

1　還暦（六一才）以上をお祝いしましょう。

2　単なる簡素化を強調するあまりうるおいのない淋しいものにならないこと。

3　急激の改革をさけ、いつまでも続けて出来るようにしましょう。

4　当年の方は字の大先輩として字民全体がお祝い申し上げる事。

5　当日は時間励行し始めと終りの時間を守ること。

6　合同祝の終った後家庭におしかけぬこと。

7　他部落の関係者への案内状は生年に当った家の人と相談してもれなく区長名で出すように、

準備

1　合同祝について字の懇談会は早めにもつこと

2　先づ当年の方や家族の理解を深めるため、懇談会をもち、納得のいくまで話合うこと。

3　区の役員会（公民館、婦人、青年会等）において次のことを話合い計画すること。

① 期日

② 場所

③ プログラム

④ 会費

⑤ ご馳走及び記念品

※（五七頁下段へ続く）

第14回　國民体育大会のスナップ

沖縄旗を先頭に入場
する76名の選手団

夜中も燃え
続ける聖火

全種目終了してホツトした
陸上チーム　◁神宮前▷

開会式の天皇
皇后両陛下

新潟チームとの大接戦に
わく応援団
〈早稲田体育館〉

作戦タイムを要求し
秘策をねる
バスケットボール
〈早稲田体育館〉

参集の大観衆ににこやかにあいさつされる皇太子、皇太子妃

新潟チームと大接戦のすえ惜敗した庭球チーム

初参加の
ウエイトリフテイング

長野・宮城県
との対戦すんで
柔道高校・一般
チーム
◁講道館前▷

熱戦中の
バスケツトボール

善戦敢斗で好成績
の相撲チーム
（靖国神社相撲場）

第十四回 国民体育大会に参加して

沖縄選手団総監督　喜屋武眞栄

悪条件を克服して

第十四回国民体育大会沖縄選手団の結団式を終えて小波蔵団長以下七十六名の役員選手が新調のユニホームに身を固め首里高校のブラスバンドを先導に市中行進をして波上宮に健斗祈願の参拝をしたのは去る十月八日であった。

十月十五日出発の予定で一切の準備を整え、待機したが台風十八号のために出港が延び延びになり、それに台風十九号の発生に国体参加も危ぶまれたぎりぎりの十月十九日、そうこうとして出発をした。

船の旅、汽車の旅というハンディキャップを背負って常に国体に参加せねばならない宿命をどうすることもできないが今回は台風十八号と十九号の間を縫うての無理な出帆であったために泊港を出た瞬間から波のうねりは高く、船の揺れがひどくて、誰一人酔わぬ者はなかった程で最悪の条件に置かれた国体参加であった。何しろ 鹿児島入港が 六時間も延着し、晩の九時になったので上陸も危ぶまれたのであるが、幸に鹿児島体協の折田氏の御厚意溢れるお手配により無事に上陸が出来たときは救われた気持で一ぱいだった。

検疫所、税関の方も待機下され、旅館松本荘主人の出迎えで旅館に落ちつき入浴で船酔いを洗い流し、夕食もそこそこに午后十時五十分から監督会議を開き、次のことを申し合わせた。

一、終始一貫一人一人が国体選手団の一員であることをよく自覚し、監督に迷惑をかけぬよう行動をとらせること。

一、選手の外出は必ず監督の許可を得させること。

一、試合が終了するまでは、自己のベストコンディションを整えるよう最善の努力を払い、親せき、知人の訪問を控えさせること。

一、時間を厳守し、規律ある行動をとらせること。

△起床　午前七時

△門限　午后七時

△就寝　午后十一時までに

一、自己健康の保持に細心の注意を払わせること

△風邪をひかぬよう寝るときは首を巻いて休むこと。

△食事以外の食べ物、飲み物に注意すること。

△冷し牛乳に自信のない者は温めて飲むこと。

船の疲れをいやす暇もなく、翌二十一日は午前七時に天文館公園に集合し入場式の予行演習を行い、十三時二十五分の鹿児島発急行で出発。一路東京へ、鹿児島出発に際しても駅長さんの特別のご配慮で客車を一台充ててもらったので、長時間行列をすることなく乗れたのはほんとにありがたかった。船で二十九時間、汽車で二十八時間、ほんに疲労と退屈で終始した長い長い旅だった。その間、熊本福岡、大阪駅で 沖縄タイムス社と 琉球新報社の記者の方々や、郷土出身の先輩や、スポーツでつながる本土先輩たちの出迎えがあったのはありがたかった。

博多駅で郷土出身者の春日町会議長の亀谷長栄氏がご夫妻で春日町名物のマンジュウをどっさり持ち込まれ、全選手を激励して下さったことはありがたく、旅の疲れを忘れるに十分であった。

二十二日十七時二十五分汽車は東京駅にゴールイン。在京先輩のお出迎えがあったが予期しない報道陣や放送陣攻めに会い、すっかりもみくちゃにされて戸惑った。

輸送本部からの出迎えがあり、差廻して下さった二台のバスに分乗して十か所の宿舎にそれぞれ配置された。

大会を三日後に控え、体のコンディションをどうして整えることができるかと気をもむだけで精一杯である。それではげしい練習をすることを控えて、もっぱら疲れをとり、調子を整えることに気を配るよう注意を与える。

ところがその疲れも取り去り、調子を整える暇もないままに大会に突入せねばならなかった。しかし、那覇出港以来、全団員が健康に恵まれ、一人の落伍者もなく、晴の大会に参加し、予期の成績をあげることができたのは本土在住の諸先輩はじめ、関係者の絶大なるご声援によるものであり、在京沖縄県人会並びに国場組、東興映画株式会社の宇根良善氏当銘茂夫氏の物心両面からのご援助に対し、心から感謝を申しあげたい。

善戦敢斗の足跡

りっぱな成績をあげることもさることながら国体参加の意義は、国家最大のスポーツ行事に参加して、国民的感激に浸るだけでも参加の意義は十分に見出せるのだとつくづく思った。

ところで参加どころか多くの選手が実によく敢斗してくれたことを私は総監督として感謝して喜んでいる。それは、殆んどの選手が自己の実力を十分に発揮し

国体のブロック予選に今年から初参加したことであつた。それでは一体、今一息を突破するものは何だろうか？それは施設の充実整備、練習量、指導技術、試合経験等いろいろ必須の条件があげられるのであろうが、私はそれと共に精神訓錬の重要性を指摘したい。

話は去年の第十三回国民体育大会に逆上るが、昭和三十三年十月二十三日の高岡新聞に次の記事がでかでかと報ぜられていた。

名門誕生、模範バレーチーム、久喜女高（埼玉）。挙県一致で第十三回目国体を受入れた富山県では大会期間を通じて幾多の美談が報ぜられた中で埼玉県久喜女子高校のバレーボール選手団（監督稲山壬子氏）が旅館の廊下や寝室を毎朝清掃これこそ国体選手の模範だと称讃され明るい話題をそえている。

久喜女子高校選手十四名高岡大仏前の角久旅館に宿泊しているが選手たちは十七日朝、同旅館に旅装を解いた。

翌朝六時にとび起き、旅館内を清掃して女中たちを驚かせた。一日だけのことだろうと思つていた旅館測の予想とは逆に毎朝続けられた。この精掃に「感心な選手たちだ、すまない。ほんとにすまない、気心のよい選手ばかりで私たちはサービスの仕様がない。この人たちが優勝するよう祈つてあげよう。」と女中さんたちの胸は感謝に変つている。

なにしろ選手たちは朝六時に起床すると全員がホーキや雑巾を手に、泊つている二階の二十畳をはじめ、一、二階のベ四十米にいたる長廊下を三十分間清掃をしてから朝食をとるので女中さんたちは感謝、その上、試合が終つて帰つてからも玄関に他の客の下足が乱れていれば、きちんとそろえたり、食後は全員調理場まで食膳を運ぶ、又朝晩は帳場で女中さんまで全員揃つてあいさつするなど善行は多い。

男子一般バレーボールチームは九州ブロック大会で福岡チームと対戦し二対〇で敗れたが福岡チームと対戦した、宮崎鹿児島チームも何れも二対〇で敗れ、しかも二セットを通じて宮崎チームが五点、鹿児島チームが一七点で敗れているのに対して沖縄チームは一八点で敗れている。

九州ブロック大会で優勝した福岡チームは第十四回国体で優勝している事実からしても、決して沖縄のバレーのレベルは低くないといつてよいであろう。

以上の成績からして得点こそ今年はなかつたけれども、何れも種目においても惨敗どころか惜敗の域までこぎつけており、入賞も一息というところまで迫つてきているのである。

今一息を突破するために

全試合を通じて感ずることは沖縄の選手はファイトが足りない。おとなしすぎる、試合のかけひきを知らない、という外久男さんは、こんな感心な選手たちははじめてだ、晩八時から九時までの外出時間でもきつちり帰るし、欠点なんか全く見られない。うちの女中たちも、とても喜んでおりますよ、この人たちこそ真の人生の選手であり、国体の真の協力者ですよ。とほめちぎつた、

稲山監督の話では決して押しつけられてやつているのではない、選手の常日頃の習慣と規律が生まれたのだろうか、それは同校チームの「常勝軍」という輝かしい試合歴に秘められているのだという。稲山氏が同校に教鞭をとつてから二十年、バレーの監督に就任して十六年、稲山氏は同チームの強化に半生を捧げたが、同校は終戦後、めつきり頭角をあらわし、幾多の試合に不敗を誇る強豪となつた。

ところが昭和二十五年（一九五〇年）名古屋国体で優勝の呼声に反し二回戦で敗退した。そしてそのショックは選手の自信を失わせた。帰都後、稲山監督は国体の反省会をもちＯＢも交えて原因を探求した。心中期する処のあつた稲山監督は精神面が欠けていることを指摘したら全員ハット気づいたという。

確かに選手たちは自信過剰から精神的にゆるみを生じていた。そこで全員の希望から精神修養に心がけた。その一例として、新入会員がくると一か月間ボールに全然触れない合宿を行い、先づ精神の訓練に当つた。

そこで身のまわりの整理を第一に下級生は上級生に雑事をさせず進んで世話に当り上級生は下級生をはげましいたわつた。このようにして感謝し合つたチームワークと精神修養が以後の戦跡を輝かしいものにした。メンバーが充実せず戦力弱体のときピンチまで追込まれても動ぜず切抜けて優勝したこともある。こうして同チームは終戦後埼玉県内の各種大会、全国大会県予選などの七十三大会中七十回の優勝という驚異的な強豪振りを発揮、国体に十一回出場して、昭和二十八年に優勝し、昭和二十年に二回で敗北したほか、毎回三位を下らない名門チームとなつたのである。「良心に恥じない生活をすればよい成績をおさめることができる。」これが同校チームの鉄則であり合言葉である。

こうして選手たちの清掃奉仕となつているが、県外遠征で宿舎の付近の神社の清掃をしたこともあり、県知事、県体育課長から「埼玉選手の模範」として感謝状が贈られ、県外からも感謝の手紙が舞込むことが多いという。稲山監督の話、「私はものを押しつけることがきらいだ

てくれて沖縄における自己の記録を更新してくれたのである。然し世評は今年の国体が一番振わなかつたと印象づけているようである。帰つてからのあいさつにも、「今年は余り振いませんでしたね。」とよく言われるのであるが私は今までの国体で総体的にみて今年が一番充実した試合をしてくれたと思つている。

皆さんのご期待に添えなかつたのは誠に申しわけないと思つているがそれにしてもこのような誤つた観方に対して私は不満を抱くものである。この誤つた観方は是非正したいと思つている。

陸上競技の種目が国体の華であることは間違いがないであろう。然しながら陸上競技の成績だけで国体の全成績を評価することは当らない。成程陸上競技が去年の国体で十一点を獲得して全国で二十一位になつたことは愉快なことであつた。第十四回国体の参加人員が一万七千人であり、種目が四十種目にわたつているが、陸上はその一種目にすぎない。尚沖縄の外に無得点の県がたくさんあることも付記しておこう。

私たちは十一種目に参加したのであるが特にチームゲームにおいては、実に堂々たる試合をやつてくれており、今一息というところで入賞の可能性の自信も得たのである。私は事実をもつてこれを裏付けよう。

△籠　球（新潟対沖縄）

試合成績は七七対六七で一点の差で敗れたのであるが、然も後半ぐんぐん肉迫してわれに優勢であつた。技量といゝ体力といゝ、全く伯仲し、勝敗は時の運であつたといえよう。その新潟は東北地方代表であるので沖縄代表は直接各地方代表とぶつかつて試合をしているのである。この試合に勝てばベスト八位にはいり沖縄で始めて天皇杯獲得の貴重の点をとることができたのである。

それに沖縄に勝つた新潟チームは大阪に接戦して敗れたがその大阪チームは準優勝戦で優勝チームの東京に惜敗したのである。この試合経過からしても沖縄の実力はまさに日本レベルに達していると十分いえるのである。

△相　撲

一般は初参加であつたが、初参加にしては全く予想以上の好成績であつたと満足し、将来に大きな希望と自信がもてた。即ち長野県には二対三で敗れ、伝統を誇る高知県には五対〇で敗れたが、石川県とは二対二の接戦の後大将同志の決戦となつた。森永選手が勝つたかに見え一人の審判は軍配を森永選手にあげたのであるが惜しいかな「勇み足」となり、惜しいところで二対三で敗れたのである。

沖縄に辛勝した石川チームは三位に入賞していることからも沖縄チームの実力が推しはかれることであろう。

△庭　球

一般の対新潟戦は二対一で敗れたが伊佐、大宜味組は一対四で勝ち、浦崎、宮平組は四対一で敗れ、代表者戦で四対一で敗れたのである。然し各セット毎の試合はいわゆるシーソーゲームで全く伯仲というところであつた。その新潟は福岡に敗れたが、勝つた福岡は準優勝戦に進出している。高校組は福井チームとの対戦で町田、金城組が四対一で敗れ、我謝、当銘組は四対〇で敗れたが、沖縄に勝つた福井チームは栃木に惜敗したようだが栃木チームは二位になつている。

△卓　球

長野チームとの対戦で五対〇で敗れてはいるが、福地、新田、町田、比嘉、大城各選手の試合経過はどの選手も一セット毎に白熱戦を演じつゝ敗れ去つたのである。

△柔　道

一般は長野チームとの対戦で三対一、一引分けで敗れ、高校は宮城チームとの対戦で三対〇、二引分けであつたが、どの選手も時間一杯に頑張つて惜敗というところであつた。

△剣　道

徳島チームとの対戦は三対二で敗れ、長野チームとの対戦はこれまた三対二で敗れ、何れも最後まで息詰る熱戦を演じた結果の惜敗であつた。

△ウエイトリフテイング（重量挙）

正式の器具もなく、正しい、フォームも身につかないまゝの初参加であつたがフライ級で稲福政安選手が二十位となりフエザー級の新垣盛繁選手が十四位を占めたことは沖縄の選手にとつて最も有望な種目の一つであるとの自信を得させた。

△陸上競技

女子走巾跳で大城昭子選手がパスラインの四米八十をパス、男子三段跳で仲宗根正雄選手が軽くパスラインの一四米五〇を通過、決勝では両選手とも大いに頑張つたが敗れ、仲宗根選手は一四米六七の好記録を出して八位となつた。八百米予選で上間哲男選手は五位、高校百米予選では中村輝男選手が四位、嘉数美津子選手が六位、青年二百米予選で金城昇選手は四位、二十粁マラソンでは時志為男選手は二十二位を占めたのである。得点こそなかつたけれどもこのような陸上の進出は今までになかつたのである。

△ボクシング

高校ボクシングも初参加で強豪福岡チームとの対戦で五対〇で敗れ去つたがどの選手も悔ない試合をやつてくれており今に大きな期待がもてる種目である。

△バレーボール

名古屋国体での敗因が選手の心に深く痛恨をとどめ、その後毎年入部する部員たちにそのときの「精神のゆるみ」が語り草となつて伝えられる。

どこの大会でも旅館の清掃をして感謝され、試合前の心の準備となつているという。感銘深くわれにスポーツと人間形成のつながりを如実に示してくれている。そのような精神訓練が忘れられているのではないだろうか。

第十五回国体に備えて

来年の国体は熊本で催される。距離からいつても経費からしても半分ですむわけである。それだけに今までにない好条件である。今から計画と目標を当てて、練習に突入すべきである。安易な満足からは進歩は生れないであろう。気まぐれの練習からも進歩は望めないであろう。

一九六四年の東京オリンピックにはせめて一人位は、又一種目位は沖縄からも選手を出したいものである。国際選手出でよ。素質あるものはげしい練習こそ勝利への近道である。

五の力ある者を努力によつて十に伸ばすことは困難だが、八の力ある者を十に伸ばすことは容易なことである。その意味において欲を出さずに無理をさせずに一人一種目で練習に専念すべきではないだろうか。然し基礎体力の養成は総合的にすべきであろう。

次に急がねばならないことは施設の早期完成である。環境の整備、施設の充実なくしてスポーツの向上を望むことは木によつて魚を求めるたぐいである。

第十三回富山大会の土産は多年県案であつた総合競技場五か年計画の実現を見そして第一年次計画の野球場の工事が進められつゝある。

第十四回東京大会の土産は第二年次計画予定の陸上競技場の実現を見なければならない。ところで伊勢湾台風の災害が東京オリンピック大会にしわよせされ案ぜられているように、沖縄の度重なる台風の災害復旧や赤字財政もせつかくすべり出した総合競技場の建設にブレーキがかかりはせぬかと案ずるものである。

第十四回国体には伊勢湾台風のために愛知、三重、岐ふの三県は不参加だつたが然し、三重、岐ふの災害に劣らない程の被害をこうむつた奈良県は悲壮な決意をもつて意義ある国体に決然参加したのだと力説していた。

歴史の語るところ国力の発展とスポーツの発展は常に平行してきている。健全にして明るい沖縄の復興の基盤にスポーツ沖縄の建設を、それは歴史の真実なのだ。

（保健体育課長）

☆ ☆ ☆ ☆ ☆ ☆

1959年
沖縄教育十大ニュース

（文教局長、次長、各課長、各主事の投票による八位は同点のため二項目同位として掲ぐ）

(1) 本土より教育指導委員来島、現場の指導実践にあたる

(2) 水産高校練習船「海邦丸」初の実習航海で、本部紹謙君の水没事故発生

(3) 石川市宮森小学校のゼット機事故発生

(4) 日本生物教育大会首里高校で開催

(5) 台風第十四号サラ（宮古島大風）発生、戦前戦後を通し最大の平均風速を記録、宮古における校舎被害全壊合計十九棟九四教室に及ぶ

(6) 中央教育委員会による初の夏季認定講習会開催

(7) 民政府教育部長クロフォード氏の転勤とロバート・キンカー部長の就任

(8) 文教審議会で教育課程は本土に準じ改訂すると答申

(8) 勤評反対陳情各地区教職員会よりおこる

(10) 学校給食のパン給食実施確定

(11) 南部農林高校生徒によるおう打事件

(11) 沖縄教職員会 共催会の 宿泊所 〃八汐荘〃本土政府の援助により実現

一九六〇年（昭和三十五年）三月

本土卒業豫定者名

琉球育英会東京事務所

まえがき

。この名簿は北から南への順で大学別に排列した。医学部の卒業予定者とインターン終了生だけは、特に一括して後にまとめておいた。

。来春卒業予定者の総数は、このしらべで七百二十四人である。別に医学部を卒業するのが二十六人いるが、これはあと一カ年のインターンを経なければ、国家試験を受験する資格が与えられないので、この総数には含めず、インターン終了するもの三十六人を加えた。

商船大学は乗船実習があるため、他学と異り、九月の卒業であるが便宜上加えておいた。

。この名簿は主に昨年度作成した「沖縄学生調査書」に拠つて作成した。昨年度報告のなかつた大学については、その大学に在学する沖縄出身の学生に調べを依頼した。が、手が及ばないところもあつて、幾分の異動があるのはまぬかれない。ご諒承下さい。

。学費別の欄で、記入のないのは、私費若しくは自費学生である。（省略）

契約、国費、給費、奨学の各学生は帰郷する義務がある。

奨学生には大浜学生とアジア財団学生とがある。

日本育英会の奨学生は不明のため記入しなかつた。

。大学名の上に○印をつけたのは、大学院、△印をつけたのは短大の符号である。見やすくするためにつけた。（短大省略）

。学生は住所を転々するのが多い。この名簿の現住所も古くなつているのが少なくないと思われる。（省）

育英学生の現住所は連絡があるため確実である。

卒業予定者総数（七二四短大卒業予定者二三二を含む）

内訳

㈠ 学校種別

(1)大学四四五 (2)短期大学二三二 (3)大学院一一（博士課程1修士課程10） (4)インターン修了三六

㈡ 男女別

(1) 男四八四 (2)女二四〇

㈢ 設置者別

(1)国立九六 (2)公立一八 (3)私立六一〇

㈣ 学費別（計九〇）

(1)契約六 (2)国費四九 (3)大浜奨学生六 (4)アジア財団奨学生九 (5)給費学生二〇

㈤ 専攻別

(1) 医学系 六〇

医学三六 歯学五 薬学一九

(2) 法政経系 二三六

法学八六 経済（政経・商経とあるのも含める）八〇 政治一八 商学（商業とあるのも含める）四一 経営七 貿易四

(3) 農工水系 一三二

農学（農業とあるのも含める）八 農経七 獣医八 農化五 農工一 水産二 農畜二 畜産三 工学二 土木八 建築一五 電気二〇 電工五 電通一 機工二 工機五 工化一 通信工学三 通信経営二 理学（理科を含める）五 気象一 理数六 理工二 物理六 化学五 増殖二 工経二 生物一 醸造二

(4) 文学・教育系 一六五

文学（文芸を含める）一八 国文（日文を含める）五〇 学芸三 仏文一 史学六 英語（英文を含める）四四 教育七 哲学三 国史一 中国一 仏教一 英米一 社会五 初等教育二〇 心理一 倫理一 新聞一 イスパニア語一

(5) 家庭科系 一一六

食物一〇 栄養八 生活一〇 服装（服飾、被服を含める）二三 家政五六 保育二 保健二 家政別科五

(6) 芸術系

音楽二 図工二 ピアノ一 写真一

(7) その他 九

航海一 体育七 拓殖一

一九六〇年三月

卒業予定者名

（短大卒業予定者を除く）

大学名	氏名	専攻	本籍
北海道大学	西銘 竜雄	理・気象	与那原
〃	浦崎 永徳	農	那覇
小樽商科 〃	石川 三郎	商	那覇
東北 〃	喜友名 英	理	石垣
〃 〃	桃原 正輝	法	宜野湾
〃 〃	仲宗根 満	工・通信	越来
○東北大学大学院修士課程	東迎 良育	理	与那国
茨城大学	与儀 通夫	農・畜産	中城
宇都宮 〃	玉城 昌幸	農・経済	西原
千葉 〃	赤嶺 芳江	薬	那覇

千葉大学	永山 敬	文理・自然	伊江
千葉工業〃	松岡 芳弘	電・工	平良
〃 〃	大城清太郎	工・経	糸満
千葉商科〃	砂辺幸二郎	商	平良
〃 〃	知念 貞雄	経	那覇
和洋女子〃	島 悦子	生活	
〃 〃	徳里 澄子	被服	越来
〃 〃	松岡 純子	被服	金武
東京大学	知念 清憲	農	宜野湾
〃 〃	金城 睦	法	那覇
〃 〃	新城 雅夫	法	本部
〃 〃	小波蔵政良	農・工	那覇
〃 〃	宮田 道夫	教育	座間味
○東京大学大学院博士課程	外間 寛	法	那覇
東京外国語大学	新崎 康博	イスパニア語	大宜味
東京学芸〃	新垣田恵子	国語	美里
〃 〃	金城 初枝	理	那覇
東京教育 〃	知名健一郎	理・物理	那覇
〃 〃	田頭政三郎	理・化学	那覇
東京工業〃	安里 栄	工・機械	北中城
〃 〃	吉川 清	理・工・建	那覇
お茶の水女子大学	知念 妙子	教育	東風平
〃 〃	外間 千代	家政・被服	那覇
電気通信大学	兼城 守	通信経営	那覇
〃 〃	源河 次雄	電波通信	那覇
一橋大学	松田 賀孝	経済	那覇
東京水産〃	兼浜 安信	増殖	佐敷
東京商船〃	島袋 次夫	航海	那覇
東京都立〃	我部 存	法	北谷
〃 〃	大湾 正済	工・電	那覇

日本大学	金城 利男	法	糸満
〃 〃	大城 俊雄	法	糸満
〃 〃	末吉 保弘	法	豊見城
〃 〃	上原 勲	法	糸満
〃 〃	新垣 昇	法	仲里
〃 〃	山川 勇	法	伊平屋
〃 〃	真栄田義範	法	那覇
〃 〃	崎間 麗操	法	那覇
〃 〃	中原 盛昭	法	那覇
〃 〃	真栄田昌新	法	上野
〃 〃	前田安二郎	法	竹富
〃 〃	富村 操	法	与那国
〃 〃	山城 勲	法	石垣
〃 〃	佐久本清良	法	平良
〃 〃	南月野 繁	法	石垣
〃 〃	具志 利男	政治	那覇
〃 〃	粟国 安夫	新聞	那覇
〃 〃	宮国 正雄	法	平良
〃 〃	下里 長生	法	平良
〃 〃	新崎 善清	法	石垣
〃 〃	辰野 隆三	法	那覇
〃 〃	佐喜間政治	国文	宜野湾
〃 〃	当間 重捷	心理	那覇
〃 〃	比嘉 元昭	倫理	名護
〃 〃	崎山陽一郎	英文	石垣
〃 〃	宮国 文子	英文	越来
〃 〃	富山 潤	英文	平良
〃 〃	金城 幸明	経	国頭
〃 〃	名嘉間宣盛	経	具志川
〃 〃	比嘉 佑行	経	那覇

〃 〃	嶺井 祐永	経	那覇
〃 〃	長嶺 繁夫	経	那覇
〃 〃	新垣 健	経	石垣
〃 〃	砂川 恵信	経	平良
〃 〃	砂川 洋幸	商	城辺
〃 〃	与座 喜男	商	那覇
〃 〃	上里 光男	芸・音	伊良部
〃 〃	花木 章	写真	石垣
〃 〃	島田 清治	文芸	胡差
〃 〃	新城 宏晧	工・建	那覇
〃 〃	国場 幸治	工・建	那覇
〃 〃	山口 好雄	工・電	佐敷
〃 〃	宮城 幸子	薬	羽地
〃 〃	崎山 栄子	薬	那覇
〃 〃	岸本 慶範	工・建	石垣
〃 〃	仲村 将市	工・化学	宜野湾
〃 〃	新垣 康俊	工・建	那覇
〃 〃	平良 精宏	工・電	国頭
〃 〃	金城 寿雄	工・電	国頭
〃 〃	上地 政一	工・電	下地
〃 〃	国吉 良斉	工・建	那覇
〃 〃	多宇 勇	獣医	大浜
〃 〃	豊里 友秀	畜産	今帰仁
〃 〃	長田 有権	畜産	東風平
〃 〃	金城 幸一	畜産	那覇
○日本大学大学院修士課程	山里 明	獣医	仲里
日本歯科大学	西平 守広	歯	那覇
〃 〃	宮平 悦子	歯	那覇
〃 〃	真喜屋 剛	歯	名護
〃 〃	八木 政秀	歯	那覇

日本獣医畜産大学	宮城 清安	獣医	羽地
〃 〃	当真 正信	獣医	名護
〃 〃	大城 信雄	獣医	豊見城
二松学舎	新垣美枝子	文・中国	中城
法政大学	喜納 政永	法	本部
〃 〃	神谷 光	法	国頭
〃 〃	宮里 昭也	法	大宜味
〃 〃	宮里 一成	法	大宜味
〃 〃	宮城 清裕	法	嘉手納
〃 〃	比嘉 憲昌	法	与那原
〃 〃	松浦 孝枝	法	那覇
〃 〃	西銘 順輝	法	知念
〃 〃	照屋 盛善	法	三和
〃 〃	大城 宗文	法	那覇
〃 〃	儀保美津子	法	那覇
〃 〃	宜保 安一	法	那覇
〃 〃	与那城春雄	政	金武
〃 〃	大山 哲	政	大宜味
〃 〃	喜瀬 正雄	政	那覇
〃 〃	金城 暁	政	下地
〃 〃	平良 重雄	政	今帰仁
〃 〃	仲村 政子	文・英	那覇
〃 〃	古波蔵信達	文・英	宜野湾
〃 〃	当間 俊雄	文・英	那覇
〃 〃	我那覇正人	文・英	名護
〃 〃	幸喜 政好	文・英	具志川
〃 〃	上原 興助	経	与那城
〃 〃	川満 実浩	経	那覇
〃 〃	嘉数 栄篤	経	那覇
〃 〃	多和田喜勇	経	那覇

〃 〃	新田 宏	経	那覇
〃 〃	玉那覇兼一	経	北谷
〃 〃	宜志 政光	経	越来
〃 〃	崎間 盛幸	経	那覇
〃 〃	玉城 明	経	那覇
〃 〃	仲山 宏	経	那覇
〃 〃	屋比久 弘	経	那覇
〃 〃	高江洲正仁	商	竹富
〃 〃	上江洲安幸	商	那覇
〃 〃	平田 哲也	商	那覇
〃 〃	山盛 武志	商	大浜
〃 〃	金城 珍盛	商	石垣
〃 〃	新垣 宣一	工・電	美里
〃 〃	上原 勇吉	工・電	那覇
〃 〃	上原 清英	工・建	糸満
〃 〃	金城 幸一	工・建	那覇
〃 〃	石原 孝信	工・経営	与那城
〃 〃	赤峰 昇	社会	豊見城
星薬科大学	森山 聿世	薬	金武
〃 〃	仲宗根英子	薬	那覇
東邦 〃	成田 弘子	薬	大宜味
〃 〃	稲福 玲子	薬	那覇
〃 〃	前泊 義徳	薬	伊良部
〃 〃	上間 尚子	薬	那覇
〃 〃	上原 昇	薬	具志川
東洋 〃	安里 嗣教	国文	越来
〃 〃	上地 安仁	国文	美里
〃 〃	新城 勇	国文	北谷
〃 〃	下地 茂	英文	平良
〃 〃	中根 正則	英文	越来

〃 〃	友利 朝光	経済	城辺
〃 〃	森田 信助	経	渡嘉敷
〃 〃	山里 宗信	経	屋部
〃 〃	山内 親明	経	那覇
〃 〃	石川 操	経	美里
〃 〃	平安 常輝	経	北谷
〃 〃	山田 寛治	経	那覇
〃 〃	上原 義一	経営	那覇
〃 〃	佐久本興鴻	経営	那覇
〃 〃	中田 勉	経営	上本部
〃 〃	松本 通常	経営	仲里
〃 〃	池間 重光	法	平良
〃 〃	砂川 旨孝	法	上野
〃 〃	知念 義勝	法	東風平
〃 〃	当山 進	法	越来
〃 〃	野田 純一	法	竹富
〃 〃	伊礼誠一郎	法	北谷
東京理科 〃	神山 正夫	理・数	具志川
〃 〃	屋比久盛徳	理・数	美里
〃 〃	仲里 恒雄	理・物	名護
東京農業大学	真栄城 晃	農	那覇
〃 〃	上原 徳明	農・化	高嶺
〃 〃	玉城 次郎	農・化	西原
〃 〃	仲宗根正賢	農・化	具志川
〃 〃	桃原 隆盛	農・経	宜野湾
〃 〃	喜屋武盛重	農・経	国頭
〃 〃	比嘉 信也	農・経	名護
〃 〃	慶佐次興和	醸造	名護
〃 〃	南風盛成旻	拓殖	大浜
東京経済大学	宮城 松栄	経	国頭

東京経済大学	向井　健男	経	石垣
〃　〃	城間　源栄	商	本部
東京歯科大学	奥平　真弓	歯	平良
中央　〃	平良　真幸	法	大宜味
〃　〃	盛島　長次	法	平良
〃　〃	島崎　健	法	石垣
〃　〃	与儀　玄一	法	石垣
〃　〃	高嶺　朝康	政	高嶺
〃　〃	仲間　一郎	政	平良
〃　〃	森田　茂美	政	平良
〃　〃	嘉味田　和夫	政	多良間
〃　〃	喜富祖　隆	経	那覇
〃　〃	上江洲　芳男	経	仲里
〃　〃	佐和田　弘安	経	伊良部
〃　〃	宮城　実	商	大宜味
〃　〃	吉川　実	商	座間味
〃　〃	粟国　朝夫	工	具志川
〃　〃	内間　健雄	文	美里
〃　〃	板良敷　朝友	文	那覇
〃　〃	上原　正三	文	那覇
〃　〃	安里　政芳	史	座間味
〃　〃	大城　実男	文	大宜味
立正　大学	崎山　勝啓	哲	石垣
〃　〃	古謝　振哲	史	具志川
〃　〃	国吉　真明	英	糸満
〃　〃	池間　章彦	経	伊良部
早稲田大学	仲村　善信	政	那覇
〃　〃	平敷　慶雄	政	那覇
〃　〃	羽地　栄長	政	下地
〃　〃	崎間　麗弘	法	那覇

早稲田大学	吉田　永二郎	法	佐敷
〃　〃	小禄　邦男	英文	平良
〃　〃	玉城　安信	仏文	那覇
〃　〃	名嘉正　八郎	国史	伊是名
〃　〃	与那国　選	社会	竹富
〃　〃	上原　良一	国文	粟国
〃　〃	安田　哲之助	英文	佐敷
〃　〃	前田　祐継	商	屋部
〃　〃	与世里　盛知	商	糸満
〃　〃	泉　朝昭	商	那覇
〃　〃	山城　ふじ	商	金武
〃　〃	上岡　賢次	商	那覇
〃　〃	高嶺　富之	商	那覇
〃　〃	幸地　輝和	商	那覇
〃　〃	中尾　英作	商	平良
〃　〃	与世田　兼布	商	石垣
〃　〃	比嘉　辰弘	電工	屋部
〃　〃	玉城　久夫	経済	那覇
〃　〃	浦崎　平吉	政治	平良
〃　〃	岸本　金正	法	名護
〃　〃	宮城　篤実	法	北谷
〃　〃	当山　武	法	越来
〃　〃	玉城　宏彦	法	那覇
〃　〃	宮良　長文	法	石垣
〃　〃	端慶覧　長信	教育	玉城
〃　〃	仲地　健	哲学	那覇
〃　〃	志田　竹治	商	那覇
〃　〃	永井吉　麻呂	商	那覇
〃　〃	森永　祐弘	商	那覇
〃　〃	高嶺　朝継	法	

大東文化大学	新川　正雄	政経	西原
〃　〃	与座　範定	政経	仲里
〃　〃	玉城　弘	日文	今帰仁
〃　〃	仲松　洋子	日文	城辺
〃　〃	上原　完隆	日文	平良
拓殖　大学	金城　信	貿易	糸満
〃　〃	太田　勝造	貿易	豊見城
〃　〃	大仲　誠	貿易	石垣
〃　〃	国吉　真平	経済	与那国
〃　〃	神村　朝夫	経済	仲里
〃　〃	石峯　博光	経済	読谷
〃　〃	吉田　善明	政治	仲里
〃　〃	与那覇源一	政治	平良
玉川　大学	屋宜　宣明	農	宜野座
武蔵工業大学	島袋　嘉之	工・電	大宜味
大妻女子大学	奥間　早苗	家政	国頭
〃　〃	国場　文子	家政	国頭
〃　〃	平尾　和子	家政	那覇
工学院大学	仲松　庸盛	機・工	与那原
〃　〃	照屋　博	電工	越来
〃　〃	辺土名朝盛	電工	越来
〃　〃	友利　武雄	電工	上野
〃　〃	宮城　英雄	建築	大宜味
〃　〃	高江洲　隆	建築	那覇
〃　〃	金城　茂康	機・工	南風原
〃　〃	仲村　朝喜	建築	宜野湾
国学院大学	我部　栄子	文	那覇
〃　〃	神山　安雄	文	国頭
〃　〃	砂川　日出夫	文	下地
〃　〃	当間　一郎	文	那覇
〃　〃	山城　高常	文	那覇

国学院大学	石川 邦彦	文	美里
〃 〃	金城 隆	文	久志
〃 〃	玉城 芳子	文	北中城
〃 〃	屋嘉 宗克	文	那覇
〃 〃	海勢頭貞夫	政	勝連
〃 〃	仲村 一男	政	本部
駒沢 〃	比嘉 朝進	商	那覇
亜細亜 〃	外間 守之	商	与那国
共立薬科 〃	宜保 準子	薬	豊見城
〃 〃	仲井真晄子	薬	那覇
〃 〃	古謝 洋子	薬	那覇
共立女子 〃	崎浜 京子	家・生活	那覇
〃 〃	稲福 茂子	家・被服	那覇
〃 〃	金城 キヨ	家・被服	那覇
明治大学	宮城 信昇	法	大宜味
〃 〃	玉城亀一郎	法	南風原
〃 〃	金城 伯夫	法	大宜味
〃 〃	西平 弘	法	越来
〃 〃	松川 圀隆	法	那覇
〃 〃	河上 弘	法	那覇
〃 〃	金城 昌宏	法	本部
〃 〃	川平 嘉徹	法	那覇
〃 〃	宮良 高弘	法	石垣
〃 〃	伊志嶺善三	法	城辺
〃 〃	饒波 正之	法	読谷
〃 〃	山城 紀晃	法	那覇
〃 〃	名護 清子	法	前原
〃 〃	小那覇 章	商	那覇
〃 〃	岸本 政浩	商	那覇
〃 〃	田場 照雄	経済	美里

〃 〃	与那嶺茂順	〃	那覇
〃 〃	我那覇 昇	〃	今帰仁
〃 〃	山里 繁夫	経営	与那城
〃 〃	喜屋武 久	〃	那覇
〃 〃	島 義夫	文・史	美里
〃 〃	謝花 長英	〃 〃	那覇
〃 〃	桃原 文一	〃 〃	渡名喜
〃 〃	徳 厚子	〃 〃	
〃 〃	具志 雄智	工・建	那覇
〃 〃	金城 健	工・電	糸満
〃 〃	知花 昌益	〃 〃	玉城
芝浦工業大学	金城 勉	電	那覇
昭和薬科 〃	友利賀代子	薬	下地
昭和女子 〃	上原貴美子	文・英米	知念
〃 〃	上原美智子	生活	与那原
上智大学	平良 信夫	文・英文	佐敷
〃 〃	野村 弘	法	伊是名
実践女子 〃	屋富祖みどり	国文	那覇
〃 〃	登野城玲子	〃	石垣
〃 〃	石原 礼子	家政	那覇
順天堂大学	照屋 林仲	体育	大宜味
成蹊大学	屋宜 宣義	政経	大里
専修大学	金城 勝一	経済	具志川
〃 〃	照屋 喜永	〃	越来
〃 〃	宇地原良盛	〃	東風平
〃 〃	山田 悟	〃	与那国
〃 〃	南風原英昌	〃	石垣
〃 〃	高嶺 直哉	商業	越来
〃 〃	山入端 繁	〃	越来
〃 〃	奥原 宗康	〃	那覇

専修大学	宮城 朝昭	〃	那覇
〃 〃	伊計 昭直	法	与那城
〃 〃	比嘉 秀美	〃	読谷
〃 〃	平仲 賢光	〃	与那国
横浜国立大学	松川 康宏	学芸・社会	那覇
横浜市立 〃	山城 泰雄	商学	佐敷
神奈川 〃	石嶺 利夫	法	上野
〃 〃	仲宗根正昭	〃	上野
〃 〃	屋宜 盛正	貿易	越来
〃 〃	仲地 稔	法	金武
関東学院 〃	堀川 恭繁	経	那覇
〃 〃	伊波 健二	〃	美里
〃 〃	岸本 政晃	工・電	那覇
〃 〃	仲間 精二	〃	平良
〃 〃	砂川 邦雄	〃	平良
〃 〃	西里 健男	工・建	伊良部
〃 〃	砂川 義勝	工・土	平良
〃 〃	下地 健一	〃	伊良部
〃 〃	宮城 吉夫	〃	大宜味
相模女子 〃	下地 輝子	学芸・食物	平良
麻布獣医科大学 〃	当間 一文	獣医	羽地
〃 〃	大城 猛	〃	美里
〃 〃	赤嶺 賢一	〃	小禄
富山大学	大城 善昇	薬	玉城
〃 〃	小川 伸子	教育	城辺
金沢大学	比嘉 巌	物理	名護
山梨大学	川崎 修	工・電気	玉城
〃 〃	普天間貞夫	工・機械	大里
信州 〃	宮城 保敏	通信工学	大宜味
岐ふ薬科 〃	長嶺 安彦	薬	恩納
静岡 〃	天願 貴哲	工・機械	具志川

静岡大学	沢岻 安隆	理・数	今帰仁
名古屋工業大学	宮城 利雄	工・建築	那覇
名城大学	玉代勢泰徳	農	竹富
〃 〃	渡久山春英	〃	多良間
愛知 〃	豊岡 隆	法経	平良
三重 〃	田幸 英夫	農・土木	那覇
〃 〃	山城 三郎	農・土木	仲里
三重県立 〃	砂川 精作	水産	平良
京都大学	金城 輝治	国文	那覇
〃 〃	伊礼 勇吉	法	越来
○京都大学大学院	謝名堂昌信	農化	中城
○〃 〃	前原 竜二	数学	中城
○〃 〃	当山 清善	農化	読谷
西京大学	伊礼 盛一	文・家政	嘉手納
花園 〃	安室 孫秀	仏教	石垣
同志社女子大学	平良 ハツ	学芸	平良
〃 〃	新城 和子	〃	平良
〃 〃	青木 幸子	〃	越来
立命館大学	比嘉 孝子	文学	上本部
〃 〃	上原ヨシ子	〃	小禄
〃 〃	常深 泰男	法学	石垣
〃 〃	小波津幸男	〃	那覇
〃 〃	長嶺 光雄	経済	久志
〃 〃	安間 昭	〃	美里
〃 〃	糸数 芳郎	理工	那覇
〃 〃	諸見里朝誼	〃	名護
○立命館大学大学院	平良 信勝	哲学	石垣
大阪大学	長嶺 義一	法学	那覇
大阪府立大学	山口 重哲	経済	那覇
〃 〃	島袋 博行	〃	嘉手納
大阪市立大学	知念 幸栄	法	佐敷
〃 〃	吉木 幸政	〃	渡嘉敷
関西大学	神谷 寛	〃	玉城
〃 〃	名護 宏英	経	具志川
〃 〃	平良 寛臣	〃	伊良部
〃 〃	高嶺 朝弘	商	高嶺
近畿大学	砂川 長勝	土木	平良
〃 〃	宮国 信栄	化学	平良
〃 〃	比嘉 昭夫	化学	大里
〃 〃	仲真 良信	経済	美里
〃 〃	島 信栄	〃	具志頭
〃 〃	与志平 清	〃	越来
〃 〃	垣花 恵重	〃	平良
〃 〃	仲村 秀栄	〃	名護
〃 〃	山里アツ子	薬学	那覇
大阪薬科大学	津波 高徳	〃	佐敷
大阪経済 〃	萩堂 盛勇	経済	那覇
神戸大学	石川 秀雄	経営	那覇
神戸商科 〃	福本 和雄	商経	那覇
武庫川学院女子大学	石川 カヨ	食物	那覇
奈良女子大学	又吉 陽子	家・食物	那覇
〃 〃	真栄城卯子	家政	那覇
天理 〃	川添 義夫	体育	竹富
鳥取大学	又吉 宗慶	学芸・社会	那覇
岡山 〃	神山 敏雄	法	那覇
広島 〃	池宮 周作	工・機械	那覇
〃 〃	喜久川政吉	理・物理	平良
〃 〃	照屋 晴二	生物	本部
○広島大学大学院	桂 幸昭	理・化学	宜野湾
山口大学	山城 勲	経済	大宜味
山口大学	本永 博一	農・獣医	平良
徳島 〃	松田 婕子	薬	今帰仁
香川 〃	宮里 安雄	経済	美里
愛媛 〃	佐久川 曙	工・電	那覇
〃、 〃	尾宜 宣市	工	大里
九州大学	赤嶺 正雄	法	南風原
〃 〃	大城 義勝	土木	大宜味
〃 〃	国吉 信義	理	那覇
○九州大学大学院修士課程	与座 範成	化学	仲里
○〃 〃	新城 長有	農学	
○〃 〃	香村 真徳	農・水産	与那城
九州工業大学	石嶺 真常	電気	玉城
北九州 〃	新垣 章	米英語	那覇
佐賀 〃	糸数 章	物理	玉城
〃 〃	安座間 幹	物理	具志川
長崎 〃	山城 康男	水・増殖	今帰仁
熊本 〃	照屋 寛吉	数学	具志川
〃 〃	石原 善幸	法	東風平
〃 〃	東風平玄純	〃	下地
〃 〃	真壁 朝紀	電気	那覇
大分 〃	宮城 啓祐	学芸・社会	宜野湾
〃 〃	比嘉 清松	経済	中城
宮崎 〃	比嘉 義雄	学芸・数学	大里
〃 〃	佐久川春昭	農・畜	那覇
〃 〃	伊波 昭	工・機	那覇

計 四五六

○以下は医学部卒業生である。医学部は専門課程四年（医進課程からすれば六年）で、大学は卒業するけれども、あと一年のインターン（実地習練）期間を経なければ、医師国家試験を受験する資格は与えられない。だから沖縄に帰還するのは来春にはならない。

参考のために入れておいた。

大学名	氏名	専攻	本籍
弘前大学	仲村清義	医学	東風平
岩手医科大学	山口光也	〃	那覇
日本医科〃	神谷幸夫	〃	玉城
〃	玻座真学	〃	石垣
〃	岸本幸治	〃	那覇
〃	川上顕	〃	那覇
〃	佐久本哲男	〃	石垣
昭和医科大学	崎山政則	〃	那覇
〃	仲地紀尚	〃	那覇
〃	真境名啓	〃	那覇
〃	新垣哲	〃	那覇
順天堂〃	照屋林伸	〃	大宜味
鳥取〃	野原幸清	〃	糸満
徳島〃	村上公亮	〃	那覇
〃〃	幸地佑	〃	那覇
久留米〃	吉浜照見	〃	那覇
〃〃	大城豊	〃	豊見城
〃〃	大宜味肇	〃	那覇
〃〃	伊礼廉	〃	北谷
〃〃	新城八郎	〃	大宜味
長崎〃	世嘉良直	〃	与那城
〃〃	与那覇実	〃	城辺
〃〃	比嘉実	〃	那覇
熊本〃	与那嶺裕建	〃	那覇
〃〃	下地恒毅	〃	平良
〃〃	金城和男	〃	那覇

計　二十六人

○以下は医学部インターン生であり、来春終了予定のものである。

卒業大学	氏名
岩手医科大	上原良英
福島県立医科大	伊礼武二
東京医科歯科大	宮里不二彦
日本医科大	浜田正一
〃	国吉照英
〃	宮里尚義
〃	嘉数栄吉
〃	大浜信昭
東邦大	西平守之
東京医科大	稲福全三
〃	大城英紀
〃	儀保元彦
	玉城通弘
	渡嘉敷正男
	仲地紀公
	前田憲信
〃	宮城健
〃	屋部健
金沢大	新城朝昭
信州大	中座勇
〃	宮城親広
岐阜県立医科大	宮里栄二
京都府立医科大	伊志嶺玄公
大阪大	山田毅
大阪市立大	名嘉山興全
山口県立医科大	真座琢磨
徳島大	桑江良樹
九州大	新垣元武
久留米大	名嘉真武男
久留米大	名護弘
長崎大	平安常良
〃	又吉正哲
〃	湧川哲夫
熊本大	石垣孫照
〃	大城盛夫

計　三十五人

総計　七二四人

教研スナップ

沖縄は他府県に比べて、中央からの指導者の来島も多いという。まことにありがたい話である。那覇における中央教研集会の特別講師の来島もその一つであろう。第一回目の矢内原東大総長、第二回目の森戸広島大学長、第三回目のろう山お茶の水女子大学長、来る第四回目の東大総長の来島は教職員会の大なる功績であろう。この点大いに感謝をささげるとともに、今からその講演を期待したい。

× × ×

分科会、全体会議の時間を有効に使い、研究討議を効率的に進めるために、研究物の配布を当日やるのでなく、二、三日前に会員に配布して研究させておくことはどうだろうか。今後の運営のために要望したい。（K・I生）

価値葛藤の場における道徳の指導

第十回全国大会　道徳教育研究協議大会に参加して

配属校　京都府木津小学校
松　原　　聰

一　会場に溢れる研究意欲の中から

昭和三十四年十月三十一日より十一月三日までの四日間、京都市左京区の精華会館で、第十回道徳教育研究協議大会が開催され、この大会には、その名の示すように全国から、小中高校の現場教師や学生、大学教授およそ千人以上の会員が参加し、会場は四日間満員という況さだつた、大会日程の概略は次の通り

第一日目　受付、開会、大会主張、講演、全体協議会
第二日目　講演、研究発表、質議、分科会研究、提案、研究協議
第三日目　先進校にきく会、道徳教育の問題点、講演、全体協議会、講演
第四日目　座談会、閉会

以上の通りであるが、四日間の大会を通じ、一貫して流れていた会場の空気は、過去一年余にわたる「特設道徳の時間」の実践の中で、現場の教師が悩み、苦しんでいる共通な問題は何かそして、その「特設道徳の時間」の前に立ちふさがつている壁をつき破るための指導原　や方法は何か、ということを真剣に　え、討論し、研究し合おうとする熱意　態度に満ち溢れていた、だからこそ、全日程四日間の中、二日間は雨天、途中から会場を変更するなどという、悪条件にもかかわらず、盛会の中に終ることができたのではなかろうかと私は思う。

このことは、沖縄で新聞紙上を通じて知らされる日教組の反対デモや反対論争だけが強く印象づけられてきた、私にとっては、意外な現象として受け取れた。この大会は文部省や、教育委員会の主催とか後援などというものでなく、全く自主的なものであり、特設道徳の時間を主体的、積極的に受けとめようとする現場の教師の多いことを意味するからである。

日程二日目、研究発表に立つたある教師は次のように現場の教師たちの道徳教育についての考え方や悩みを訴えている。

「われわれは、道徳の指導要領をそのまま、うのみにしようとは思わない、また、その目標や内容を真向うから反対しようとも思わない。本当の道徳教育を真剣に実践しようとするわれわれは、現実の姿の中から、広い視野に立つて、人間を教育する指導の在り方を謙虚に反省しながら進んでいこうとしているのである。道徳教育論争にももちろん十分耳を傾けなければならないし、また、理論的研究や、主体性のある指導法の研究にも努めねばならないが、今現場で最も苦しんでいることはどのようにこれを具体化し、実践にうつしていくがという直接指導上の問題である」と、この意見は、本土のすべての教師の考え方ではないにしても、最も多数を占める教師の真の声ではないでしょうか。

それでは、本土における道徳教育はどのような歴史的過程を経て今日の「時間特設」にまでに至つたか、本大会々長である京都学芸大学教授平野武夫氏は、開会のあいさつ、大会主張の中で次のように話しておられた。

「終戦後十三年間、道徳教育が歩んできた道を回観すれば、そこには三つの時期を劃することができる。即ち、第一は、終戦より昭和二十五年までの空白時代、第二は昭和二十六年から昭和三十二年頃までの学校教育の全面において道徳性の啓培を図るという、いわゆる全面時代、そして第三は「全面」における道徳指導を道徳教育の本道として堅持しつつも、なお、その上に道徳教育を主とする。「時間」を特設するといういわば、全面をふまえた特設時代であろうとのべ、さらに三つの時期に分けられる論拠についても詳しくのべておられたが、ここでは省略する。

とまれ、本土における「道徳時間の特設」既成の事実であり、教師たちは日々の実践活動を通じて、道徳時間との対決を迫られているのである。「ああなるだろう、こうなるだろう。」という単なる論争や、研究ではない。実際に行なつてみたが結果はこうだつた。このような問題点が残された」という、現実の子どもの反応のなかから問題点を把握しての討議であり、研究である。

以上、この研究大会の雰囲気実態をお伝えしたが、次にその内容にふれてみることにしよう。

二　研究会の主張の中から

こんどの研究会の内容は「大会主張」

と「研究発表」に要約することができる。もちろんその他にも、専門教授たちの講演もあつたが、私にはそれを要領よくまとめて、お伝えすることができない。そこで、「大会主張」と「研究発表」に要約してお伝えしたい。

(イ) 大会主張「価値葛藤の場に生きる道徳の時間の要訳」のまとめ

昨年来、「道徳の時間」の特設をめぐつて、我が国の教育は、教育史上未だかつてない重大危機に直面しているといつても決して過言ではないであろう「難航する道徳の時間」の前途は決して坦々たる大道とはいえないであろう。しかしながら私どもは、「新しい道徳教育のいとなみを真に地についたものとし、実り豊かな教育効果をもたらそうと欲するならば私どもは、先ず第一に「特設された道徳の時間」のいとなみを軌道にのせることが何よりも急務であると確信する。「難航する道徳の時間を軌道にのせる」こと、これが有限な教師の、謙虚な自己反省に基づく当然の方途であると私は信じる。もとより、そこには、「時間を特設する」ことからくるいくつかの問題―「道徳時間」を平板化させるという問題が起きてくることであろう。しかし、そのような「道徳の時間」の平板化はその指導に当る教師の教育的英知と誠意によつて克服せられるものと私は考える。

この「道徳の時間」をその平板化から救うもの…これを私は「価値葛藤の場に生きる」という教育的構想によつて求めることができると確信するものである。「価値葛藤の場をとらえて」もしくは、「価値葛藤の場を設定する」ことによつてのみ生きた道徳性を身につけさせることができる。かくて、「道徳の時間」は、その平板化から救われ、そこに生々たる「道徳の時間」のいとなみが展開されるのである。「価値葛藤の場の把捉、もしくは設定」はまことに「道徳の時間」の成否の鍵をにぎるものといつて過言ではないであろう。

平野武夫氏は概略右のような主張をしておられた。それでは、価値葛藤の場は現実の社会においてどのような形で発現されるかという点について、氏は、道徳実施要領（中学編）の道徳性の指導の観点を引用し、「いくつかの望ましい価値のなかから、一つを選ばなければならないとか、ある立場からは望ましいが、他の立場からは望ましくない場合があるなど、現実の生活ではむしろ価値の葛藤場面が常態である」とのべ、さらに、このような「善と善」との対立相剋において発現してくる価値葛藤の場においては有限な人間はその中の何れか一つを選びとつて他の一つを捨てるより外に道はなく、一つの善をとれば他の善を捨てるという意味において悪となるのである。その何れの価値（善）を選びとるかは、その場にのぞんだ子ども自体の自由意志の決断にまつ以外に道はない。そこから起る結果に対しては自らが責任をとるべきである。

問題はこの際その二つの中の何れを選びとるべきかにある。ここに価値の高低を判別する判断力が必要となる。生きた道徳性の啓培を図るにはこのような価値葛藤の場を設定し、これに直面させることを通すことによつてのみはじめて可能といえるであろうと結ばれた。

(ロ) 研究発表の中から

右の指導原理に立つて展開される道徳の時間の指導はどうすればよいか、大会二日目に行われた研究発表の中から第八分科会で行われた、兵庫県永上町立北小学校教諭田中需氏の実践記録から紹介することにしよう。

子どもを「価値葛藤の場」において

一、はじめに…省略

二、諸価値の葛藤と決断…省略

三、価値葛藤の契機を含む機会…省略

四、子どもを価値葛藤の場において

価値葛藤の場を設定するには子どもの具体的な生活の中から問題を拾いあげていくことが本筋であり、原則であるが、道徳的な価値の葛藤場面ということの「葛藤」のとらえ方がどうも難かしくて私自身わからない点が多い（中略）ここに私は過去二年間受持つてきた六年の児童について道徳の時間や学級会などにあらわれた葛藤場面について児童から出た意見を中心に考察してみたい。

◎道徳の時間に幻燈を取扱つて

幻燈「ひろつぱの野球」を見て次のような問題をだした。

B君の学校では午後二時に学級対抗野球試合をすることになつた。B君は投手であり、強打者である。B君は友だちと一時半に集まる約束をして家に昼食に帰つた。すると母が「赤ちゃんが急に熱を出したから病院へ連れていくから留守番をしていてくれ」といわれた。B君は困つてしまつた。とうとう、留守番をすることにしましたが気が気ではなかつた。やがて姉が帰つてきたのですぐに広つぱに駈けつけたが試合はもうすんでおり、味方は負けていた。B君は友だちからひどく責められた。

問一　B君のとつた行いをどう思うかと尋ねてみると、

○留守番に決心したのはえらい
○友だちとの約束を破つたのはいけない
○他に方法はなかつたのだろうか
○せつかく練習し、投手であるのに行かなかつたのは責任感がうすい
○赤ちやんや母のことを第一に考えたのはえらい

以上のような意見を出し、次のどちらかについては

○B君は留守番をしたのはよいと思う　九四%
○友だちとの約束を破つたのはいけない　六%

問二　「こんなとき自分だつたらどうするか」と尋ねると

○玄関のかぎを何とかして行く
○となりのおばさんに頼んで行く
○赤ちやんの命にかかわるから留守番をする
○試合はまたこんどできるから行かない。
○せつかく練習し、友だちに悪いから行く
○ぼくは野球がすきだから絶対に行く

のような意見をだし

○自分だつたら行く……八%
○留守番をする……九二%

問三　では、このようなことがみなさんにもあつたかときくと

○C　子

学校へ行きしなに、一年生の子どもがすねて泣いて帰りかけたので私は一人残つて、その子をさそおうとしたため時間がたつて遅刻しそうになつたので「家へ連れて帰ろうかそれともこのままほつておいて私だけ走つて行こうか」とまよつた。とうとうその子をなだめて学校へいつたら、もう始まつていた。

○K　君

僕の仲よしのS君がけんかの強いT君とけんかを始めた。僕はS君の方について　Tを　やつつけようか、中へ入つてとめようか、どつちにしようかと迷つた。するとS君がまけそうになつたので、僕はS君の　味方をしてTを　やつつけた。（中略）

五、むすび

以上、葛藤場面というものは毎日、毎日の学級や家庭の生活面にいつぱいあるわけで、そういう足もとにある自他の要求の対立矛盾場面というものさえ、拾いあげてそれに子どもをぶつつけてゆくように指導すれば自ら道徳的実践も可能であると信ずる、このような具体的な条件をふまえて自分を大事にするということと、相手を大事にするということを同時に実現する方法を考えることが、ひいては、人間尊重の原理の社会的実現といえるのではなかろうか、自他の尊重、人間尊重ということは、徳目の一つではなく、あらゆる徳目をコントロールする基本原理である思う。（以下略）

三　研究会を省みて

四日間の研究会を省みて、卒直に言つて私の感想は、道徳の指導をしようとするとき、その前提として、どうしても、教師の道徳基準（倫理観）を確立しておくことが必要であるということである。その点については、平野教授も同様に教師の倫理観の確立を強調しておられるが、こちらの教師たちに支持されている価値体系としては、大阪学芸大学の森昭先生の論や、今井誉次郎氏の論などが有力のようである。

☆　☆　☆　☆　☆　☆

特設時間「道徳」の指導方法について

配属校　東京都港区立三光小学校
中山俊彦

一　全体計画の中における「道徳」指導

「道徳教育は社会科をはじめ、各教科その他教育活動の全体を通じて行われているが、その実情は必ずしも、所期の効果をあげているとはいえない。今後もこの学校教育の全体を通じて行うという方針はかわらないが、現状を反省しその欠陥を是正し、進んでその徹底強化を図るために、新たに道徳教育のための時間を特設する。」と指導要領に述べてあるが、道徳の時間が特設されたから、学校教育全体で行う道徳教育の荷が軽くなつたのではなく、かえつて重くなるのであつて今後じゆうぶんな研究がなされなければならない。

又「道徳」の時間ばかりに研究が傾注され、学校教育全体を通じて行う道徳教育を忘れたりしては、その目的をじゆうぶんに果たず事が出来ない。

「道徳」の指導をじゅうぶんに行うには各教科や、特別教育活動及び学校行事等における道徳教育を補充、深化し、統合し、又はこれと相互に交流しうるよう、組織的発展的なものにすることが必要である。

「道徳」の時間が特設されたため、その時間ににどれだけ関心が集中し、他の機会と場面をないがしろにしたり、又道徳教育の指導計画表のみにたよって週一時間ずつの道徳を行って、予定表の通りに指導を終ったのでは、じゅうぶんな道徳指導とはいえない。児童、生徒の心の動きをよくとらえ、よい機会があればその場で指導していき、時間をかけて指導すべきものは、特設の時間でじゅうぶんに指導するという心掛けが大切である。先ず道徳教育の全体計画として左の通り考えられよう。

道徳教育の全体計画

- 校内生活
  - 。教師の研修
  - 。学校環境整備
  - 各教科の指導
    - 1、各教科の目標
    - 2、指導要領に含まれる道徳の内容
    - 3、学習活動の面より
    - 4、個性的指導
  - 道徳の指導 ― 年間計画
  - 特別教育活動
    - 1、学級会指導における道徳内容
    - 2、児童会指導における道徳内容
    - 3、クラブ活動指導における道徳内容
  - 学校行事等の指導
  - 日常的な活動（遊び時間の指導等）
- 校外生活
  - 。P・T・A活動
  - 。関係諸機関
  - 家庭生活
  - 校外生活

各教科の受持つ道徳教育については、すべて各教科を道徳的に取扱うのでなくその教科のもつ目標や、ねらいをじゅうぶんに果してこそ、道徳教育が行われたと思ってよいだろう。例えば音楽や図画等の学習で、情操面が養われたとするならば、それは道徳教育が音楽や図画教育の中でも行われたということになるだろう。

又社会科の目標を眺めてみるに、道徳教育への関係が深い事がうかがわれる。その目標をかかげて見ると。

1 具体的な社会生活の経験を通じて、自他の人格の尊重が民主的な社会生活の基本であることを理解させ、自主的、自律的な生活態度を養う。

2 家庭、学校、市町村、国その他いろいろな社会集団につき、集団における人と人との相互関係や、集団と個人、集団と集団との関係について理解させ、社会生活に適応し、これを改善していく態度や能力、国際協調の精神などを養う。

3 生産、消費、交通その他重要な社会機能やその相互の関係について基本的なことがらを理解させ、進んで社会的な協同活動に参加しようとする態度や能力を養う。

4 人間生活が自然環境と密接な関係をもち、それぞれの地域によって特色ある姿で営まれていることを、衣食住等の日常生活との関連において理解させ、これをもとに自然環境に対応した生活のくふうをしようとする態度、郷土や国土に対する愛情などを養う。

5 人々の生活様式や、社会的な制度、文化などのもつ意味と、それらが歴史的に形成されてきたことを考えさせ、先人の業績やすぐれた文化遺産を尊重する態度、正しい国民的自覚をもって国家や社会の発展に尽そうとする態度などを養う。

とかく社会科の計画なり、単元の指導なりは、単なる知識本位な地理、歴史の学習になりがちだったが、右の目標達成によって我が国における民主主義の育成に対して重要な教育的役割をになう教科であって、社会生活に対する正しい理解を得させることによって、児童の道徳的判断力の基礎を養い、望ましい態度や心情の裏付をしていくという役割になって居り道徳教育について特に深い関係をもつものであると指導要領にも述べられている。

又学校における道徳教育はその教育計画全般にわたって、児童に身近な具体的問題を中心とした、実際的な生活指導に重点がおかれるべきであり、社会科が特に受け持つべき道徳的理解や判断力の育成を軽視してはならないと述べられておる。又社会科の改善にあたって力を注ぐべき面の一つは、基本的人権の尊重を中心とする民主的道徳の育成である。

学校教育において、このような道徳教育を重視することの必要なことは論をまたない。とは言え、道徳教育は、社会科だけが行うもののように考えることは誤りであって、これは学校教育全体の責任であると述べられている。

このように道徳教育は社会科のみではじゆうぶんな効果をあげる事が出来ないので、新たに特設「道徳」の時間が設けられたのである。

社会科は正しい社会観や人間観を養い、道徳的理解や判断力を育てる基礎をつくるのに、大きな役目となつていたが、更に実践的意欲にまでたかめたり、道徳的な習慣化まではじゆうぶんでなかつたので、その具体的な実践的指導の場と機会は、どうしても、特設道徳の時間や、その他の時間で効果をあげる様にしなければならない。

それで現在までの学校における道徳教育を反省し、じゆうぶんな効果をあげるために新たに特設道徳が出来たのであるが、この道徳教育は学校のみで、その効果をじゆうぶんにあげることは出来ないのであつて、家庭、社会、学校が一体となつてその責任をわかつべきである。

諸外国に比べて、我が国の教育の実状が、学校教育のみに期待をかけすぎているのではなかろうか。諸外国では道徳教育の一端として、宗教教育が盛んであり、道徳の根本になる家庭教育が徹底して居り、我が国と比較にならない程家庭や社会で教育されているのである。

二　三十三年度指導計画の修正

道徳教育は児童、生徒をして、道徳的な知性をみがき、道徳的心情を高め、実践活動にまで導いていくのが、道徳の使命であり、又「指導計画は固定的なものとは考えず、児童の生活の中に起る問題や時事的問題をも適宜にとり入れ、修正を加え得るよう、弾力性を持たせることが大切である。」と述べられており、児童の生活の中に起る問題を適宜取りいれ、児童が生活の中に直面している問題の解決を中心として作成した指導計画でなければならない。

わたしは去年度作成した本校の各学年の指導計画の修正をして、去年度出来た指導計画が如何に不十分なものであつたか考えさせられるものである。

次の修正表はその一例として記載しておく。

※修正例三題（以下省略）

。片仮名は修正したものや挿入したもの

1　二学年（一例）

月	行事	主題	ねらい	指導内容	指導形式	指導方法	時間	領域目標との関連	参考事項
4	始業式	これ誰のもの	。物を大事に上手に使う態度を養う。 。友達のものと自分のものとの区別をはっきりさせる。 ◎身ノマワリノ品物ハ多クノ人ノ手ガ入ッテイル事ヲ知リ、自他ノモノヲ区別シ品物ニ対シ、感謝スル態度ヲ養ウ。	。自分の持ち物でかんたんに記名出来るものは、自分で記名する 。学用品を長持ちさせる方法について 。記名展示会	紙芝居 話合い 実践	。例話について話合いをする。 。どこに記名するかを話合い持物に記名する。 。記名展示会をすることについて話し合う。 ◎1 落シ物ニツイテ話シ合ウ。 。係 。週番 ｝ヨリノ発表 2 落シ物ヲシタ経験ノ発表ヲスル。 3 落シ物ヲ少ナクスルニハドウスレバヨイカ、話シ合ワセル。 4 公共物ニツイテノ反省ヲスル 5 各自ノ反省ヲモトニシテ、落シ物ヲナクシ物ヲ大切ニスル注意ヲトメル。	2	A―4 A―5	紙芝居 「文房具のないしよばなし」自作

2 第四学年（一例）

月	7
行事	七夕まつり 綱引 一学期終了式
主題	やくそく
ねらい	○約束したら人に迷惑をかけない様に行動する。 ○勇気をもつて、ときと場合に適した正しい行いをする。 ◎約束シタコトハ責任ヲ以ツテ果タス態度ヲ身ニツケル。
指導内容	○いろいろな約束について、 ○相手に知らす方法を考えて丁寧に謝する態度を身につける。 ○作文によつて適切な場合を知る
指導形式	話合い スライド 作文
指導方法	○約束をする時の心がまえとよい方法について話し合う。 ○約束を守れなかつた場合どうするかを考えさせる。 ○生活日記の利用 ◎1 約束ノ経験ニツイテ話シ合ウ。 ・ドンナ時ニ約束ヲシタカ ・約束ガ守ラレナカツタ時ノ気持ハドウデアツタカ。 2 児童会デキメタ約束ノ反省ヲスル。 ○ヨンダ後ノ感想ヲ発表シ話シ合ウ。 3 約束ガダメニナツタ気持ヲ話シ合ウ 4 約束ヲスルトキニハ、ドンナ事ニ気ヲツケタラヨイカ。
時間	2
領域目標との関連	A—6 B—10 D—26
参考事項	生活日記 スライド「四人の約束」

3 第六学年（一例）

月	5
行事	○憲法記念日 ○子供の日 ○遠足 ○家庭訪問 ○母の日
主題	男子と女子の協力
ねらい	○男女が相互の立場を理解し互に協力していく態度を養う。 ◎男女ハ互ニ特性ヲ認メアイ互イニ信頼ト友情ヲモツテ公正ナ態度で接スル。 ○ソレゾレノ個性ヤ特性ヲ生カシ協力シテ学級生活向上ノ実ヲアゲル。
指導内容	○男女の対立理解 ○全体の立場に立つて行動する。 ○学級の問題を自ら解決する。
指導形式	劇化 実話
指導方法	○役割を分担して劇をさせる。 ○上演後に批判させる。 ○生活記録、学級日誌、教師の直接な訴え等で男女の対立の問題を話し合う。 ◎1 交友、奉仕、グループ活動ソノ他デ近頃問題ニナツテイル点ヲ出シ合イ話シ合ウ。 2 男女協力ノ事例、男女反発ノ事例ヲ話シ合ウ 3 男、女間ノ希望ヲ書キ意見ヲ交換シ合ウ。 4 グループ作業ノ一例ヲトツテ ドウスレバヨイカ、話シ合ウ。 5 ヨリヨイ学級生活ヲシテイクタメノ男女ノ協力ニツイテ話シ合ウ。
時間	2
領域目標との関連	B—7 D—26
参考事項	「劇をかく子ども」 誠文堂

三 「道徳」の指導法について

道徳の指導にあたつては広い角度から種々の場合、機会、教材を利用して行い、その際話し合い、教師の説話、読み物利用、視聴覚教材の利用、劇化、実践活動などの諸方法を適切に組合わせて用い、教師の一方的な教授や単なる徳目の解説に終ることのない様にしなければならないと言われておるが、この点について現在の沖縄の道徳教育の指導を考えてみると、いろいろ困難な所がある。例えば視聴覚教材の利用についての指導にあたつては、多くの学校が、映写機や幻燈機一台すらなく、不十分な紙芝居を寄せ集めて、行なつている現状である。

それぞれの教師は自作の紙芝居でもつて指導にあたつているが長続きするものではない。

従つて視聴覚教材の利用については怠り勝ちになり、自然に話し合いや、教師の説話、読み物利用等で終つてしまう恐れがある。本土においては、あらゆる視聴覚教材を利用して、道徳指導にあたつており、我々がとても真似の出来ないことであるが、沖縄の学級担任の教師が、それぞれの特技をいかして、じゆうぶんに効果をあげ得る様、大いに努力せねばならないことだと思う。

特に道徳の時間は子供だちにとつて、最も楽しい時間にしなければならない。一方的な教師の説話に終つたり、無味乾燥な読み物を強制したり、むりに教訓的な結論に導くことのないように指導しなければならない。

戦前の修身科にみられる徳目主義や教訓的なお説教に終つたのでは、現在の児童は一番面白くない時間として、何の発表力もなく、あきあきした死んだ時間になるだろう。

先づ道徳教育のねらいをじゆうぶんに達成させるためには「学級づくり」が大切であると考えられる。児童生徒と教師が楽しく何でも、どんなことでも話し合える雰囲気を作ることである。

「道徳」の時間においても学級の話し合い活動が活発でない場合はそのねらいを達成することが不十分であり、児童の発表力の養成に力を注がなければならない。

特に児童会や学級会を活発にすることが必要であり、児童の仲間づくりへの指導を教師は根気よく丁寧に続けなければならない。

次に道徳の指導法については、色々と考えられるが、私は次の点を強調したい。

(イ) 資料については低学年では児童の視聴覚教材を利用しての指導が最も効果的であり、スライド、掛図類等のようなものが児童の関心興味を呼びおこすものであり、児童の生活に直接結びついたものがよいと思う。

(ロ) スライドや紙芝居の場合は画像に対する説明は、学年の段階に応じて行い、低学年では最もわかり易く説明する必要がある。

(ハ) スライドや紙芝居も教師説明だけに終始することなく児童に発表させて、進めて行く様にする。

(ニ) 児童生徒や教師の自作した紙芝居、作文等を用いると親近感があつて効果的である。

(ホ) 児童、生徒の発表を尊重し、発達に応じた指導法をなし、徒らに教師中心の話し合いに終ることなく、特に低学年においては、個々の児童の発表力を抑制してはならない。

(ヘ) 劇化においては児童生徒のいやがる役を強制するのをさけ、子供達の自発性を尊重して、楽しくのびのびと演技させるようにすること。

(ト) 教師の体験談を話してやると児童は興味を持つて聞く様になる。

(チ) 説話は教師の技術が必要であり、よい内容や身ぶりで話し、児童、生徒の発達に応じた内容をとりあげていくことが必要である。

(リ) 実践活動においては、奉仕活動や、生活的な活動調査、研究等があり、その実践を通して道徳的な態度や実践力を養うのであるから、低学年においては基本的な行動様式が必要であり、高学年においては奉仕活動や調査研究が必要になつてくるのであるが、徒らに児童を疲労させたりしてはならない。

(ヌ) 教師はよく学年の発達段階や、個々の児童、生徒の心情をよくとらえ、楽しいなごやかな授業が出来る様に、指導の方法を研究しておくことが大切である。

その他いろいろと指導上の問題点が出てくるだろうと思うが、教師が余りにも道徳の授業だという観念が頭の中に意識しすぎると、いきなりおしつけが強くなり、教訓的になり、子供の自発性が失われて、興味がうすくなり、最も楽しくない時間になつてしまうから、教師はあらゆる指導法でもつと、話し合いや説話、又はその間に視聴覚教材を入れたり、劇化のくふうをしたりして、楽しい学級の雰囲気を作ることが大切である。

又指導後も絶えず反省をなし、記録をしておくことが大切である。こういう事によつて学校の指導計画の修正や、指導方法の改善の時に有力な資料となるのである。

わたしはかつて家庭との連絡を密にするために「家庭連絡簿」を作成して、教師のみた児童の問題点や家庭の児童に対する悩み等を記入してもらつて連絡を密にし、家庭との親密の度を増す毎に児童の真の姿をつかむ様にくふうした経験があるが、非常にいい方法だと思つた。

四　研究期間中の反省事項

次に私の研究期間中の反省として特に考えられるのは、

(イ)　私達の学校の指導計画の中で主題数の多い学年があり、日常の遊び時間や学級会で出来るものは削除した方がよいと思う。そして生活的な偶発問題や時事的問題をふやした方がよいと考えられる。

(ロ)　主題名は児童の身近な問題をとりあげ、教訓的な主題を取り除く様にしたい。

(ハ)　指導の方法をたえず反省し、修正を加え、学年に応じた適切な指導法を考えることが大切である。

(ニ)　教師も児童も何んでも話し合える学級の雰囲気をつくることである。

(ホ)　資料を絶えず蒐集し、どの資料で教えた方がよいか、絶えず研究する必要があり、学校の予算に計上し、なお自作の資料の作製等も怠つてはならない。

(ヘ)　主題に対する指導目標が多すぎると、目標達成にばかり気をとられて無理をきたし、教訓的となり、児童の発表がおろそかになる恐れがある。

(ト)　学級づくりは道徳の時間のみに必要でなく、学校教育全般にわたつて基本的な問題である。

(チ)　絶えず視聴覚的教材を利用して、楽しい時間にすること。

(リ)　家庭、P・T・Aや各種団体と連繋を密にし、よりよい効果的な指導がなされるように努力すべきである。

(ヌ)　男女仲よく遊べる様に教師は絶えずくふうすること。特に高学年においてはボス的存在をなくし、絶えず指導助言をしていかなくてはならない。

(ル)　作文指導も道徳教育に必要である。

(ヲ)　教師は道徳教育にすぐれた善人であるという観念をすてて、児童、生徒と共に学ぶ態度でなければならない。共に苦しみ、共に楽しむ態度でなければならない。

(ワ)　朝の話し合いの時間や帰りの反省会を有効に取り扱い、そのなかで道徳的な自主性、自律性の指導の機会を多くつくる様にする。

(カ)　学校行事等においても絶えず道徳的な心情を培い、簡単な行事等は児童に計画させ、ふさわしい実践をさせて、教師は指導助言の立場でのぞむ様にする。

(ヨ)　「道徳ノート」を作り児童が何でも書ける様なノートにし、児童の実態や家庭の状況を詳しく知つておくことが大切である。

その他いろいろな事が考えられるが、道徳教育は単に特設道徳の時間のみでじゆうぶんな効果をあげることが出来ず、学校の教育全体を通じて行われなくてはならないことは前に述べた通りであるが、教師はたえず学級経営や、学校の環境を整備充実し、社会環境の浄化につとめ、家庭や社会と連繋を密にして、効果的な指導が出来る様に、絶えずくふうしなければならない。

※（三四頁下段より続く）

⑥　各係（受付、接待、会場、進行、レクリエーション等）

4　きまつたら字民によく知らせ協力してもらうこと。

プログラムはどのようにしたらよいか

順序

1　記念撮影
2　かきやで風、合唱
3　開式のあいさつ
4　生年者披露
5　区長あいさつ
6　生年者代表あいさつ（代理でもよい）
7　記念品贈呈
8　一同乾杯
9　来賓祝辞
10　閉式のあいさつ
11　祝宴、余興

◎余興は　幼稚園、小中校、高校生、婦人会、青年会から二十種目位えらび種目の配列をよく考え、みんなに満足と感激をあたえること。

◎字民からの記念品は　座ブトン、アルバム、衿巻き、湯のみ、菓子器その他適当なもの。

(文教時報総目録)

一九五九年一月(五〇号)より
一九五九年十二月(六二号)まで

・アンケート
・本校の状況　仲嶺清一
・「へき地教育指導講座」東部会場から　新城繁正
・随筆　かわいいボスの目覚め　松井恵子
・広報
本土におけるへき地級別指定基準
中学校における教育課程移行措置

六一号（十一月）

特集　教育指導委員を迎えて

・巻頭言　教育指導委員を迎えて　大城真太郎
・指導委員にきく沖縄教育の問題点　学校教育課
・沖縄の教育を現地に見て　山川岩五郎
・沖縄の教育を現地に見て　原田彦一
・沖縄の教育を現地に見て　中島彬文
・音楽科指導にあたつて　富永忠男
・音楽における指導計画について　梶山逸夫
・数学教育の動向と課題　尾崎馨太郎
・指導計画　中島彬文
・安保先生を迎えて　（宜野座）奥間松蔵
・本土より指導委員を迎えて　（宮古）松川恵伝
・教育指導委員を迎えて　（名護）富名腰義幸
・教育指導委員を迎えて　（前原）中里勝也
・随筆　秋日断想　上原良知
・研究　学校活動を通しての生活指導　比嘉初子
・抜萃　道徳指導の実際　宇都宮大学芸学部附属中学校
・広報　わが国の教育水準　文部広報より

六二号（十二月）

特集、職業教育

・巻頭言　一九五九年の職業教育をかえりみて　玉城深二郎
・地域社会における実験実習の在り方　具志堅政芳
・本校における進路指導について　新城啓弘
・広報　高等学校における産業教育の改善　文部広報より
・沖縄の教育を現地に見て　才所敏男
・那覇地区の学校を訪問して　川島茂
・宮古地区理科教育研修指導計画　秋葉和夫
・教育指導委員を迎えて
・本土より指導委員を迎えて　平良長康
・本土より指導委員を迎えて　米盛富
・研究　学級会活動を通しての学級作り　宮城邦男
・放送学習の実際　島田尚子
・養護教諭一か年をかえりみて　喜屋武清昭
・養護教諭一か年をかえりみて　山里洋子
・みんなで新正を祝いましょう　宇座厚子
・第十四回国民体育大会に参加して　社会教育課　喜屋武真栄
・本土大学卒業予定者名　琉球育英会東京事務所

去年のお正月

松川小学校三ノ一　崎浜たか子

「ゴーンゴーン」。と、ラジオから、じよやのかねがなりひびいている。

あしたは、お正月だ。きれいなきものをきて、おとし玉をもらいにいなかに行くのでわたしは、あした着る着物を出したりむねにあてたりして、さわいだ。おかさんが、「早くねなさい」。とうるさくいう。

朝はよい天気だ。学校に、いくのも楽しい学校ではお正月のことを、話合いした。いそいで、学校からかえると、すぐ着物を、おねえさんにつけさせてもらつた。おとなりのふみ子ちやんたちの家に行つた。外は着物を着ている女の子が、たくさんいた。ふみ子ちやんの家で、おとし玉をもらつた。帰る時走ろうとしたら、おたいこのすずが、「りん、りんりん」。となつた。それでゆつくりあるいたら、おひめさまみたいにしやなりしやなりとあるいているみたいなのできよう子ねえさんが「あんまりしやなりしてあるかないでふつうであるきなさい」。といつてわらわれた。

夜、かるた会を、した。家ぞくみんなでやるとほんとに楽しい、おかあさんは、よみて。わたしは二十一おねえさ んは三十、弟は十二とつた

ことしのお正月も、うんと楽しくすごそうと思う。

それから年もふえておねえさんになるからおぎようぎもよくしないといけないなと思つている。

十一月のできごと

一日　第二回政府運動会

二日　琉球放送、沖縄タイムス社招待の第五回沖縄経済視察団一行十四人来島

教職員会、沖青協、官公労、社会、社大、人民党などの原水協二十三団体によるナイキ発射演習阻止県民大会（於農連市場前広場）

アンドリック首席民政官は琉銀調査統計課長宝村信雄氏を琉球開発資金公社総裁に任命。

高校入学選抜学力検査問題作成委員会始まる。

三日　第二年次全琉緑化運動始まる。

四日　知念高校三年　仲村芳信君　ニューヨーク・ミラー誌主催第十七回青少年討論会に沖縄代表として出席することに決定、

第十四回国体に出場した沖縄選手団六五人帰る。

五日　関西学院大学の沖縄児童生徒調査団（団長大伴茂博士）一行来島

六日　本土教育指導委員と文教局との連絡協議会（教育会館）

関西大学沖縄児童生徒調査団長大伴茂博士教育　講演会（商業高校　体育館）

ナイキ・ハーキユリーズ発射実験視察のため内外記者団来島

七日　新生活指導者講習（コザ）第十二回全沖縄地区対抗一般陸上競技大会（名護）

第五回教育関係没者七千余柱の慰霊祭（教育会館）

九日　来島中のミード民事局長立法院各派代表と会見、西表開発等について要望。

八重山群島の農水産資源に科学のメスを入れた鹿大、琉大学術調査団泊港に帰る。

十日　那覇市小禄俗称ガヂャンビラの坂の上で緑化運動の植樹中、文化財保護委員会主事多和田真淳氏によつて新しい貝塚が発見された。

十一日　当間重剛氏の主席退任に伴う大田政作氏、瀬長浩氏正副主席就任式（国映館）

第七回全沖縄高校陸上競技大会（名護町営グラウンド）北農高校優勝

上京中の安里立法院議長福田総務長官と会見し相次ぐ台風災害の実情を報告し日本政府の援助を訴えた。

十二日　台風エマ発生

十三日　官房長与世山茂、内政局長崎間敏勝、社会局長大田昌知、労働局長照屋盛通氏らを任命辞令交付式、

台風エマ瞬間風速五四・四メートル

太田新主席就任後初の臨時局長会議

十四日　沖縄水泳連盟主催第二回秋季水泳選手権大会（首里淡水プール）

十五日　第六回　全沖縄　教職員体育大会（名護町営グラウンド）

全国商業高校協会主催第四回英文タイプ実務検定試験（商業、コザ、名護）

十六日　第一回　全島中校・陸上競技大会（名護町営グラウンド）

那覇教育長指定前島小学校道徳教育研究会

十七日　中央教育委員会

文教局指定城西小校音楽教育研究発表会

中央教育委員会で教育区債に関する規則可決

十八日　中央教育委員会で来春高校入学者定員決定

十九日　太田主席来島中の米上院議員キャノン・ヤング・モス三氏にプライス法案の実現と特恵税関措置を要請した。

台風フリーダ発生最大風速二七・五米

二十日　島産愛用運動始まる。

全国市議会議長会の正副会長一行十二人来島

二十一日　労働文化祭（那覇劇場）

二十二日　第八回読書週間始まる。

二十四日　中部市町村会総会でナイキ実験の阻止決議

太田主席はブース弁務官との初の定例会議をもつた。

南部ブロック婦人会指導者　講習会（那覇市民会館）

二十五日　新生活運動推進協議会で「新正のもち方」について協議

民政府琉球政府とビルマ政府との間に一般貿易協定が締結されたと発表した。

二十六日　琉大学生会満場一致でナイキ勤評反対を決議

台湾の職業教育の実情を視察した職業高校長ら帰島

二十七日　沖縄短大大学祭を行う。

二十八日　市町村上下水道に七万ドル弁務官資金の割当きまる。

国費、自費学生選抜試験

沖縄の戸籍整備に法務省平賀民事局長来島

来島中のミルトン米陸軍次官太田主席と懇談

第十五回立法院臨時議会開幕

民主教育協会講師団一行三人（ミヤザキヒロシ、堀江保蔵、平塚益徳）来島

二十九日　評論家坂西女史来島

高体連主催第十七回高校駅伝、北農三連勝

日本体操選手団（団長石津氏、相原信行氏、青山敏彦氏、池田敬子さん）一行来島

琉大主催高校音楽コンテス（RBC第一ホール）

第十七回沖縄医学会総会（沖配ビル三階）

三十日　第七回全琉農協大会（沖縄劇場）

文教時報（第六十二号）（非売品）

一九五九年一二月二四日印刷
一九五九年一二月二六日発行

発行所　琉球政府文教局
研究調査課

印刷所　那覇市二区十二組
ひかり印刷所
（電話一五七番）

文教時報

63

NO.63

1960.1 琉球 文教局研究調査課

巻頭言

教育課程改訂に際して

喜久山添采

教育課程審議会は中央教育委員会から諮問された「琉球の教育課程をどのように改訂すればよいか」について、このほど「琉球の教育課程を文部省の教育課程に準じて改訂し、小学校においては一九六一年四月一日から、中学校にあつては一九六二年四月一日から施行すること」と答申した。

答申には道徳の時間の設置とその実施期日、小学校における特別教育活動の年間最低授業時数の明示、中学校における各学年の最低授業時数の増加等琉球の地域社会の現状やその要請に即応するよう述べられている。

今回の教育課程改訂を機会に、沖縄でも文部省の学習指導要領に準じて内容の精選された学習指導要領が作成されるはずであるが、新しい学習指導要領によつて六一年度から全面実施ということで研究を進めていけばいろいろの問題につきあたると思う。最低授業時数の確保、施設設備の問題、教師の負担量の問題等、数えあげれば努力を要する点はたくさんある。

四領域の研究もこれからが実のいるところではないだろうか。沖縄では各教科と道徳、小学校における特別教育活動とこれだけは年間最低時数は定められると思うが「学校行事等」には本土と同じく年間どれだけの日数、時数を配当するのが適切かということが問題になろう。

これまで各学校においてただ単に慣例的に行われてきた学校行事その他の教育活動も「いままでやつてきたのだから」といつて、そのまま改訂された教育課程の学校行事等に取り上げるわけにもいかないのではないか。学校行事等が教育課程の一領域として位置づけされる機会に、これまでの各種行事等を徹底的に再検討し、捨て去るもの、新しく加えるものなど慎重に選ばねばならないはずである。

招聘教育指導委員のなかには、「こちらの学校ではいとも簡単に授業時間を放棄するのが見受けられる。こんなところに学力低下をきたす原因もあるのではないだろうか」と述べられた方もある。特に学校行事等においては最も少ない時間で最大の効果を上げるよう最善のくふうが必要であろう。

（研究調査課長）

新年号目次

年頭のあいさつ

小波藏　政　光

新年おめでとうございます。

一九六〇年の新春を迎え皆様にはますますご健勝でご活躍のこととお喜び申し上げます。

さて輝かしいこの年頭に当り今年こそはあらゆる意味において充実したよい年でありますように皆様と共に心から念ずるものであります。

十年を一区ぎりとして終戦後の過ぎた十年間は復興期と呼ばれていますが政治経済に文化の各面で目ざましい立上りをみた事はご同慶に存じますと共に将来の新たなる発展への自信を得た感を深くしますそして又新しい年を契機として次の十年間を待望の発展期たらしめようとの意欲が社会各面に満ち満ちている事は誠に力強くかつ大きな希望と勇気の湧き出るのを禁じ得ません

このような時に際しましてわが教育の分野について考えてみますとこれ又やはり復興期から一歩を踏み出して内容の充実深化へと盛り上げてゆくべき新段階にきておるのではないかと存ずる次第であります。破壊のあとを受けての建設期十有余年の教育の歩みは実に血の滲むような労作の連続でありましたが、教育の現場をあずかる皆様方のご労苦はもちろんP・T・Aや郷土の将来を思う心ある方々並びに米国民政府当局及び母国政府や同胞の大きなご協力によつて現在の状態にまで築き上げることができたのは何といつてもご同様、喜びに堪えないところであります。しかしながらそれはまだ満足すべきものでなく、そこにはなお意余りて力足らずの感もあります。

昨年の一か年を回顧してみましてもいろいろと問題がありました。児童生徒の福祉の増進を願つてよい校舎よい設備よい教師を目標に進めてきた諸種の施策は或程度の実現をみたことは否めない事実ですが思いもよらぬ災禍によつて痛ましい犠牲や、校舎の損害等も出て暗い思いをしたこともありました。又へき地教育の振興や職業教育の充実等の問題も一歩一歩前進しておるとはいうもののまだ十分なる状態にまで到達していないことも事実です。更に教員の身分保障制度の確立や教員の身分上の法律の問題の解決等なお努力を要する問題が多いのであります。

これらの諸問題の中にあつて昨年、実現をみた。本土の教育指導員の招へいや水産高校練習船〃海邦丸〃就航、パン給食実施への緒が開かれたこと等は明るい教育ニュースだつたと思います。

特に優秀な本土の教育指導者の来島は琉球教育に新鮮な息吹きを与え、将来への歩みに大きな灯を点じてもらつた思いがして皆様と共に満足の意を表すると共に今年もこの制度を続けていこうと思つておる次第です。

なお未解決の問題につきましてもお互の目標である教育水準の向上に向つてより一層理解と信頼を深め一段の協力と精進をすれば解決できないことはないと信ずるものであります。

新しい年は何かこう躍動を感ずる反面いろいろと困難なことも多々あるように予想されますが、それだけに子年にふさわしく目まぐるしく立廻わり仕事に生気をこめて、新しい時代に沿うてスピーディにやつてゆきたいと思います。

どうぞ現場の皆様にはいよいよ自愛自重いま一段とご精進の上、琉球教育を推進していただくようお願い申し上げまして年頭のあいさつといたします。

謹みて新年のごあいさつを申し上げます

昭和三十五年元旦

琉球政府文教局

局長　小波藏　政光
次長　阿波根　朝次
庶務課長　金城　英浩
学校教育課長　大城　真太郎
職業教育課長　比嘉　信光
保健体育課長　喜屋武　真栄
研究調査課長　喜久山　添采
施設課長　佐久本　嗣善
社会教育課長　山川　宗英
外文教局職員一同

——紙上座談会——

改訂指導要領における「学校行事等」について

編集部

学校教育課の仲本朝教、安里盛市、当銘睦三主事、保健体育課の与那嶺仁助主事、研究調査課の石川盛亀主事の皆さんに表題に関して筆談をお願いした。質問をあらかじめ編集部で用意してそれについて解答いただいたのであるが編集の都合でかつ合いしたのも少なくないまた実際に学校行事等の計画をいざするということになるとやはりまだ話合いの内容では不充分のところが多々あろう。このことは今後のお互いの研究で解決するよう期待したい。

改訂学習指導要領の中で、今回新に「学校行事等」の領域が設けられたわけですが、現場の先生方も既にそのことにつきまして研究をすすめております。その一助としてあるいは今後の沖縄における教育課程構成の推進のためにもと、いろいろの角度からご説明をいただきたいと思います。

問 先ず「学校行事等」が特に設けられた理由についてお話願います。

答 端的に言って、学校行事等を含めて四領域を新設したということは、教育課程観を明確にしたことだと考えます。年間、数多い学校行事が従来は教育課程の上で必ずしも明確な位置づけがなされていなかった。昭和二六年度学習指導要領一般編においてもなんら示されていなかったのであります。

問 しかしいずれの学校でも学校行事は現に実施されていたようですが、

答 そうです。確かに実施はしていてもそのことが教科以外の活動の中に含められたり、教科以外の活動とは別に切離して考えられたりしております。そのために学校 行事等の 教育的意義を明らかにする努力を欠いておりましたし、年間の計画作成に当っても、不じゅうぶんのまま実 してきた学校が多かったと言えまし う。

問 そうしますと先 教育課程の中で教科の教育計画や教科外の活動等とのつながりのあいまいさを除いて、学校行事等にその領域と目標と内容とをはっきりもたしたということになりますね。すると他の三領域とは……

仲本主事

答 教科・道徳・特別教育活動と学校行事等とはそれぞれの領域をもちつつも相まって小、中学校の教育目標を達成するために学校が計画を実施する教育活動でありますから、四つの領域は、そのいずれが重く、いずれが軽いということもありません。おのおのが同じ重みをもつて互に均衡を保つており、そのどれか一つに偏するようなことは許されません。このことはこの度の改訂の大きな特色であると思います。

問 話題をかえて内容にうつりたいと思いますが、その前に学校行事等の「等」とはどういう意味ですかちょつとお話して下さいませんか。

答 学習指導要領には学校行事等の内容として、①儀式 ②学芸的行事 ③保健体育的行事 ④遠足 ⑤学校給食 ⑥その他上記の目標を達成する教育活動といつたのが示されています。その中で最も普通に行事というのは、年間およそ時を定めて計画的に行われるものをさすから(1)から(4)までが行事であつて、(5)および(6)が「等」にあたると考えられます。(中学校では④遠足の次に修学旅行が入る)特に学校給食が「学校行事」という名称に含ませることは不適切であり、適切な包括的な名称をと、教育課程審議会において審議されたようですが、適当な名称を得られなかつたため「学校行事その他」と呼ぶように答申されたのに基いて、文部大臣は端に法的用語の統一から「その他」を「等」と改めたのですが特別な意味はないのであります。

与那嶺主事

問 そうしますと「学校給食」は一般にいわれる学校行事ではないと解してよいわけですね。

答 結構でしょう。ただ「学校行事等」に含まれる教育活動でありますから後ほど内容についての話合いで問題になると思いますが、指導要領に示されたその後の部分、つまり学校行事等の目標

達成に寄与する活動としての教育的意義をじゅうぶん考えることが大切です

問　それでは内容についてお話をうかがいたいと思います。

答　逐一あげるのですか、それはちょっと困りますね、学校で実施する必要があると認めた時、独自で「適宜行うものとする」という巾がありますから―

問　いや内容について、いま少しくわしくお話いただきたいのです。ついでに「学校行事等」に含めるかどうかについての考え方についても触れていただきたいのですが、

答　儀式について申し上げましょう。始業式、終業式、入学式、卒業式、開校記念日、国民の祝日などがそれです。それから学芸行事ですと、学芸会、音楽会、展覧会、研究発表会、映画会、講演会等があげられますね、次に保健体育的行事なら、運動会、記録会、球技大会、身体検査です、それから、遠足、修学旅行（中学校）、各種の検査、退避訓練、夏季施設、学校給食、清掃等ということになりますね。

　学校行事の内容としてとりあげるか否かは大事なことですが、一例をあげてお話しましょう。

　例えば、学校給食ですと常時的なものですからただ単に「欠食対策」「パンを食べさせればよい」といった考え方では食堂となんら変らないのであります。それでは教育課程の学校行事等の内容とするには余りにも意義が薄弱だといえましょう。したがって学校給食が学校行事等の一つとして確かな位置づけをもつためには、食事指導、栄養指導、健康指導、児童生徒の協力的な自治活動の指導などの一連の継続的指導が予め立案された計画によって実践されねばなりません。

　学校給食は時間的にも経済的にも労力的にも施設や諸用具の面からも相当な努力が払われていますが教育課程であるというところから今後は更にその教育的意義を考えて実践する努力が必要になつてまいります。

安里主事

問　いま先生があげられた内容の中に、例えば運動会の場合ですが、これは最近児童生徒の自主的参加が大きく叫ばれ現にその方向に実施されてきましたが、そうなるとこれは特別教育活動の巾に入るとの考え方もでそうですがどんなものでしょうか、

答「児童生徒の自主的参加」という考え方は望ましいことです。多くの学校は確かにそのようなところに努力を傾けながら運動会を実施してきたと思います。しかしそれがそのまま、特別教育活動だと考えることはできません。

　ことに沖縄の学校で行われています年一回の運動会や学芸会は、特別教育活動以上の意義が含まれていると思います。

　運動会もやはり学校行事と解釈しそれへのゆきかけとして、特別教育活動なり各教科なりの学習や活動の発展が望まれてくるとみるべきでしよう。事実児童生徒が自主的に参加しているとはいうものの、運動会参加はその企画から実施に至るまで児童が主体となつてなされないわけですから、単に指揮台にあがつて手旗をふつた、楽堂で活躍した、スターターをしたといったようないわゆる学校全体の計画の一部分を教師の指図にしたがつてやるといつた運動会を特別教育活動と決定づけるものではないといえます。

問　しかし、広い解釈でいいますなら、児童会や生徒会の活動であつても「学校が計画し、実施する」ということになるんじやないですか、

答　なるほどご指摘のとおりです。一概にはいいにくい面もあると思います。それで「学校が計画し、実施する」ということは、教科担任とか、特別教育活動の顧問教師といった個々の教師の立場でなく、全体的な学校管理機能の一つとして「計画し実施する」と解釈したいのです。

　ただ実際問題としては、やはり学校行事等のもつ性格と特別教育活動のもつ性格からして、活動そのものの重点がどこにおかれているかによって判断するという外はありません、

問　学校行事が学校という規模で綿密に計画されるべき理由もわかりました、特に学校行事等と特別教育活動の両者の密接な関係から今少し話を進めて、教科や道徳教育との関連についてなるべく具体例をあげて説明して下さい。

答　教科と学校行事との関連からお話しましょう。学校行事はまず教科学習で修得した成果を総合的に発表し、表現するよい機会であり、また一面、諸教科の学習を動機づけるものであります。一例を先ほどから話題になっています運動会について申し上げましょう。

石川主事

　例えば国語科との関係について考え

てみましょう。普段の学習で接触しています学級社会から学校社会という広いしかも多くの仲間との自主的で、自由な話合をもつことによつて、生きた話しことばの学習活動としての場を与え、プログラムの編成、ポスターの作成、案内状のくふう、発送、放送内容の計画やその実施等は、国語科の求める必要能力をフルに活用させる場面を提供してくれるものです。

　国語の教科と学校行事との関係のように他の教科との間にもやはり深いつながりがあるわけであります。しかし学校行事の最も基本的な考え方は、「行事のなかで教育が行われるのでなく、教育のなかで行事が行われる」ということです。そのような立場から行事を位置づけ教科との関連をその計画や実践において考慮することが大切です。

問　道徳教育との関連についてお願いします。

答　ここで改まつて学校行事と道徳教育との関連について話すこともないと思います。従来児童生徒の道徳性を助長する実践機会として学校行事は重視されており、そのためにこれまでたびたび論じられておつたからであります。学校行事という児童生徒全体、同じ場所で、同じ活動をするため、その間に自ら集団活動の規律を学びとり、社会的行動のあり方を身につけたり、集団への所属感を高めたりするのに役立つておつたわけですが、しかしこのことから学校行事がそのまま道徳教育を直接の目標としているとは考えられません。つまり問題を直接道徳という一点にしぼつて、自覚化、内面化することは、道徳の時間の指導にまたなければなりません。

問　そうしますと、例えば集団規律を実践的に学びとらせるといつても、学校行事としては、規律そのものの意義や必要を理解させるということは当面の課題ではないから、このことはむしろ道徳の時間へゆずつた方がよいとおつしやるのですね。

答　そうです。それから学校行事と道徳の時間との関連についてぜひ申し上げたいことは道徳の時間で学んだことがらを学校行事の実践のなかに生かしたり、逆に学校行事の実践において見出された問題を、道徳の時間に題材として活用したりして、お互いが交流し合つて、学校教育全体を通して道徳教育の効果を高めるところに意義があるということです。このことは学校行事の教育計画が学年度当初には既に全体的な規模で計画されねばならないということを意味します。

問　このへんで話題を学校行事等の教育計画へ進めたいと思います。まずその教育計画の望ましい手順と申しましょうか、どのように計画をしていつたらよいかお話いただきたいのですが、

答　改訂指導要領では教育課程の構造を教科、道徳、特活、学校行事等の四つの領域から考え、知識的体系と行為的体系の両者の立場からとりあげております。即ち学校教育法に示された教育の目標を達成するためには、伝統的歴史的文化財を背景とした知識的体系だけでは不十分であつてそのほかに多面的な行為の体系を必要とするという立場から構成したと思われます。先ほどもお話ししましたように、教育課程といえば、教科計画というように考えられがちでありましたが、四つの領域はその間に軽重はないのでありましておのおのが同じ重みをもち、互いに均衡を保つように各学校では計画し、実施しなければならないようになつたわけであります。そのような観点から学校行事等を計画する場合の手順について若干述べてみたいと思います。

　まず学校の現状を把握するということとですそのためにごく簡単に申しますと

1　行事の種類、方法、所要時間（回数）時期等はどうなつているか。

2　行事と他の教育諸活動（教科、特活、道徳）との関連はどうなつているか。

3　行事は児童、生徒の発達段階に即しているか。

4　学校環境（規模、施設用具、職員組織、予算）に即しているか。

5　地域社会の特性や実態に即しているか。

等について研究すれば、大体よいじやないかと考えます。次に行事の各活動ごとに実態に即し、指導要領の示すねらいを考慮してそれぞれ具体的な目標を設定するということです。その手続がすみましたら雑多な行事のすべてを集めて一覧表を作り先の立場にたつて実施可能な時間数を定め、取捨選択をしなければなりません。それから年間、学期、月、週等に適当に配当し、いよいよ、計画するにあたつては、一覧表を作成するだけでなく、「ねらい」「いつ」「どこで」「どのように」行うかの大綱を示すところまでぜひやつていただきたいものです。

問　それから先生、計画の留意点と申しましようか、特にその作成に当つての心得についてお話下さいませんか。

答　ちよつとその前に、望ましい教育計画の条件といつたような意味で少しばかり話したいと思います。

まず何といつても教育計画は教育目的の達成であり有効であるということが前提ですから、全体的な年間計画ばかりでなく、個々の行事の指導計画が用意されることが大切です。そのために教育課程の他の領域の教育活動とのからみ合いや調和がよくとれているということ

当銘主事

具体的に計画を発展させるには、やはり弾力性や融通性に富み、具体的現実的諸条件に即するものであることが同時に考慮されねばなりません。それでは簡単に幾つかの条件をあげてみましよう。

第一には児童生徒の発達段階に即すること。必要によつては低中高学年別に企画して実施することも考えられます。もちろんこの内容や運営の方法も児童の発達程度にふさわしいものでなければなりません、第二に学校環境の現実的諸条件に即すること、云うまでもないことですが、学校規模、職員数、施設等が重要な条件になつてまいります。第三に地域社会の実態や特性を考慮すること、第四に教育課程における他の領域との有機的関連をはかることなどです。

問　計画作成の留意点についてもお願いします。

答　先ほどから話しておることと重複することだと思いますが一応大切なことだけ申し上げましよう。

第一に学校生活に適当な変化を与え、学校教育が生き生きとした充実したものになるようにすることです。第二に児童、生徒に十分な自発的、実践活動の場を提供するように計画すること。第三に従来の慣行を安易に踏襲することをさけ、教育的意義をよく検討し、価値の乏しいものや学校教育の調和を乱すようなものは精選し整理すること、第四に地域社会や校外の諸団体との関係を緊密に保つことは必要であるが、いわゆる持込み行事の増加等おこらぬよう特に慎重な態度が必要です。第五に児童の健康と安全の保持について配慮し、危険防止のための万全の計画を用意すること、第六に教師の負担可能の限度をよく考えて計画し、過大な責任を負う事から生ずる事故のないようにすること、第七に全教師が協力してよい計画を生みだすことなどでしよう。

問　いろいろお伺いして学校行事等についてずい分理解することができましたが、もう一つお聞きしたいと思います。それは学校行事等には年間の最低時数が示されてないということです。

答　それは学校行事等の特質からくるものですね。つまり、それだけの学校や地域の実情に即して適切な指導計画が作成しやすいように、弾力性と融通性をもたせるため具体的に限定されてないわけです。文部省も「……全国的基準をもつて割りふつておくべきものではなく……」と大体右のようなことを述べております。

問　しかし、学校教育の本質からみて学校行事等にあてるべき時間数にも限度があるべきだと考えますが、

答　そうです。学校行事は当然精選し、適切な時間の配当計画をたてる必要があります。これまでの実情からみまして学校行事等のために、まる一日を費すものや、時間割通りの授業ができないでその一部を欠くような場合も以外に多かつたと思います。このような事情をじゆうぶん考慮して、学校行事にあてる時間を定めるべきでありましよう。このことで各教科や道徳の授業時間が圧迫をうけたり最低時数を下るようなことのないようじゆうぶん留意する必要があります。当局においてこの最低時数については今後研究の機会をもつことだと思います。

問　最後に学校行事等を含めて文教局の改訂指導要領に対する考えなり今後の指導の方針の一端なりお伺いしたいのですが、

答　琉球の教育課程は去年九月に行われた文教審議会の答申と今回の教育課程審議会の答申に基いて改訂されます。文教審議会も教育課程審議会も本土に準じて改訂すべきであると答申しておりますから、教育課程の編成や内容、実施期日等ほとんど本土と同じようになると思います。

学習指導要領についてですが、これまで琉球の教育課程の規準は、中央教育委員会の定める「規準教育課程による」となつておりますから文部省の学習指導要領は法的にはなんら拘束力をもつていなかつたといえます。ところが実際は本土と同じように大きなよりどころになつている。又これまでの規準教育課程は余りに精細でどちらかといえば指導書的性格をもつていたといえます。規準性からいえばもつと内容が精選されるべきだと思います。それで今回の改訂にあたつては従来の規準教育課程のかわりに「学習指導要領を規準とする」となるのではないかと思います。もちろん中教委が告示として公示することになるでしよう。

琉球の教育課程改訂は来る三月の中教委定例会に上程され学校教育法施行規則の一部改正によつて実施の運びになると思います。従つてこの四月以降教育課程の改訂に伴う種々の講習会が開催されるでしよう。

司　どうもありがとうございました。

新しい学校行事の年間計画

普天間小学校長　大里朝宏

社会にはいろいろな行事があって、生活に適当に節をつけることはうるおいや、変化を与える大事なことであり、集団意識を昂揚するにも必要である。学校においても古くから積極的に意識的に取扱ってゆくことにより教育的になりさまざまな行事を取入れてきた。

最近は全人主義的教育観の立場から、教科外活動の重視の声と社会に対する関心、社会的資質の涵養に資するこれ等の活動が重要視されるようになってきたのと、一方においては、民主々義の世論を喚起する一面から、その手段として、社会一般の行事がいろいろあって特に申し込み行事が甚だしい。

そのため、教員は忙しく、負担過重となり教育計画を乱され、児童生徒の学力低下を云々されるおそれがあるのである。学校行事を整理し、組織化して、教科学習とあわせて一体として実施するように考えなければならない段階にきて研究されたが思うようにゆかない。

昭和二十二年版「学習指導要領一般編」には学校行事については、言及していない。

昭和二十六年版の改訂版には「教育の一般目標の完全な実現は、教科の学習だけでは足りないのであって、それ以外に、重要な活動がいくつもある」と言い尚又、「教科を中心として、組織された学習活動でないいっさいの正規の学校活動などである」と述べてあるが具体例として、ホームルーム、生徒会、クラブ活動および生徒集会をあげているのみで教科以外の活動の説明で、遠足、学芸会、展覧会、音楽会等があげられているが、その位置づけは、不明確であったのである。

そのため、学校で行われる行事、即ち学校で計画し実施する教育活動は、学校行事であると、ただ漠然として、実施していた。

学校行事と特別教育活動

今回の改訂は、はっきりと、生徒の自発的自治活動を主とする特別教育活動と学校が計画実施する学校行事とは、区別された。

学校が計画し実施する学校行事については、確たる概念を把握しないと、混乱を伴うので触れてみたい。改訂指導要領に学校教育の目的を達成するために、学校が実施する教育活動とし、生徒の心身の健全発達を図り、あわせて学校生活の充実と発展に資する。と明らかにされている。

従来、学校で計画し実施されている行事の家庭訪問や研修会等と、学校暦の中に織込まれて、学校行事として、実施されているが、直接に対象が生徒でないので、学校行事に含めてはならない。

クラブ活動や生徒会児童会は直接計画や実施に当るのが、生徒児童の自主的活動にあるので、学校行事には含められない。単なる学級担任の計画でなく、学校当局が、学校教育を見とおして、他の領域の教育活動では、じゅうぶんに達成できない教育価値を実現するために計画し実施する教育活動であると位置づけられている。

現に学校で行われている学校行事をあげてみると、儀式行事として、入学式、卒業式、終業式、始業式、年賀式で、学芸的行事として学芸会、童話会、展覧会、音楽会、珠算競技会、写生会、学力テスト、保健体育行事として、運動会、陸上競技会、水泳会、体力テスト、健康調査など、遠足、修学旅行、その他朝会、大掃除、夏季施設、諸訓練（退避訓練その他）団体登校訓練、諸調査などである。

学校給食は学校給食法により行われるわけであるが、ぜひ給食も時間的に位置づけなければならない。

以上のように考えられるが、学校行事としては、どこまでも、学校が主体的立場にたって、全体の教育計画におりこめるものでなければならない。しかし、家庭訪問や教職員の研修のためになされる行事や、諸団体諸機関からの申し込み行事は今後、最低時間数を確保する点から、実施の方法、時期、時間は、もっと突込んで思切り検討を加えると共に、一時間の授業内容を計り、行事も指導要領に示された、学校生活の充実と発展を図るよう研究せねばならぬ。

従来のゆき方は行事のための行事に終り、一か年間の最低授業時数三十五週は確保されているか、どうか、はなはだ疑問である。行事そのものが、日々教育活動の充実発展であらねばならない以上、行事の在り方も、再検討されねばならない。

年間最低授業時数について

年間三六五日として、祝日九日、日曜日が五二日、夏季休暇が三五日（日曜日は含まない）冬季休暇一五日（日曜日は含まない）春季休暇は七日、農繁時休暇として十日とすると、必然的に一か年に控除される日数は一二八日となる。しかし、そのうち、十日は、重複する日数としたとき、授業を行うべき日数は二四七日となつて、約四一週となる。しかし、四一週の中から、連日の行事として費されるのが約三週間、連日の行事でない行事に費されるのが、約三週間とすると、正味授業を行うべき日数は三五週となるので、これだけは、ぜが非でも、確保されなければならない。

三週は日数にして、一九日とし、時間数にして一〇〇時間とすると、それを、行事に振りわつてみると、

入学式一日、終業式、始業式に六日、遠足は春秋として二日、運動会三日、学芸会二日として春秋に行うとする。音楽会二日、卒業式一日、その他に二日、そのほか身体検査、予防注射、映画会、朝会などいろいろな行事に一〇時間となるのである。

正規の学校行事に時間的にも、家庭訪問、講習会、短縮授業、PTAなどの行事は織込めないのである。今までやつてきた方式で、惰性でやつていると、最低時数は確保できないし、かつ又忙しく、授業はおろそかとなり学力低下は、火を見るより明らかである。

新しい教育課程の一領域としての学校行事の計画、運営、指導などの方針も心構えとして持つておくことは必要と思うので計画作成の根本方針、一般方針を掲げてみたい。

学校行事計画作成の根本方針

(1) 各教科、道徳および特別教育活動との関連を考慮するとともに、年間を通しての指導計画として、種類ならびに実施の時期、時間、回数、方法などを決める。

(2) 目あて、時期、方法など計画性をもたせ偶発的なものを入れたり、削除できるように、弾力性をもたせる。

(3) 学校の教育目標達成のため、必要かくことのできないものをえらび、行事が多すぎないようにする。

(4) 学校行事にあてる授業時数のために年間の最低授業時数をくだらぬようにする。

(5) 地域社会、その他外部からの持込み行事はその教育的価値をじゆうぶん研究し、学校全体の教育計画を乱すことのないようにする。

(6) 種類、回数、時期、実施方法などは児童生徒の発達段階に即し、負担過重にならないように考慮し、その健康と安全に留意するとともに、目標を具体化した指導の重点を明らかにする。

(7) 同じ性格の行事にかたよつたり、同じ時期に重複させないように配慮する。

(8) 児童生徒に、自発的、自治的な協力をさせるよう、特別教育活動などにおける集団活動と関連させるように考慮する。

(9) 全職員が理解をもつて参加し、運営を分担のできるよう計画する。

(10) 児童生徒、PTA、地域社会、関係諸団体（機関）などを考慮するとともに、これらの積極的、組織的なしかたを考える。

(11) 必要な経費、施設、設備、資料などは、不足なく、むだのないよう適切にととのえる。

(12) 実施は、評価改善を加えられるように評価計画をたてる。

行事運営指導の一般方針

(1) 学校行事については、実施前に、児童生徒に、具体的に、理解させておくこと。

(イ) なんのために（意義、目標）

(ロ) どんなことを（内容）

(ハ) どのようにするか（運営、方法）

(2) 教育的価値や学校の教育目標から考えてその場の実情、条件によつて必要のある行事はとりいれられたり、計画を変更したりできるように、弾力性をもたせること。

(3) 児童生徒の自主的、自治的な参加協力を尊重しながらも、教師による適切な指導を加えられねばならぬ。

(4) 全体的、組織的、規律的、協力的な集団活動とともに、個々の性格、個性、健康その他の諸条件に基いて、個別指導につとめること。

(5) 学校行事の意義、目標を直接的に象徴し環境を構成すること。

(6) 全教師が共通の理解のもとに、参加し、分担し、運営指導に当ること。

(7) 家庭、地域、関係諸団体（諸機関）の理解と協力を密接にすることはもちろんのことだが、学校は主体性、主導性を失つてはならぬ。

(8) 実施後の後始末と評価をじゆうぶんすること。

儀式運営上の問題點

知念中学校長　渡名喜　元尊

まえがき

「文教時報第六十三号に掲載したいから、学校行事について何か書いてよこすように」との注文には正直のところお断りしたかつた。学校行事についてはその道の権威者による幾多の著書があるし、又月刊の教育雑誌や本誌上にも現場からの研究実践記録が紹介されているので、今更私如きものが登場する幕合いでもないと思つたからである。しかしながら今回の改訂指導要領によると、学校行事等が各教科、道徳、特別教育活動と並んで教育課程の一領域として打出され、好むと好まざるとにかかわらず、必ず実施しなければならないことになつている。しかも学校が計画し実施する教育活動である以上、学校経営者という立場と責任からどうしても筆をとらざるを得なくなつた次第である。といつても学校行事等は儀式、学芸的行事、保健体育的行事、遠足旅行、学校給食、その他となつていてその範囲は広い。これら全般についての所見をのべることは私の能力や限られた時間では到底なし得ないので他にゆずるとして、私は沖縄の現状においての儀式運営上当面する問題についていささか愚見を述べたいと思う。

あつてしかるべき国民の祝日

まず儀式と関連する「国民の祝日」について考えてみたい。「国民の祝日」は昭和二十三年七月二十日法律第百七十八号をもつて公布されその日から施行されている。その第一条に「自由と平和を求めてやまない日本国民は、美しい風習を育てつつ、よりよき社会、より豊かな生活を築きあげるためにこぞつて祝い、感謝し、又は記念する日を定め、これを「国民の祝日」と名づける」と明示され、また第三条には「国民の祝日は休日とする」と定められている。なぜ沖縄にこの祝日がないのか不思議である。沖縄が日本の国土であり、沖縄住民が厳然として日本の国民であるという事実からすれば吾々が祖国同胞と共に祝い、感謝し又は記念すべき「国民の祝日」は当然あるべきだと思う。

あげたい儀式・ない式場

あげたい儀式といつてもかつての儀式のように、校長の勅語奉読にはじまり、しかつめらしい訓話に終る修身科直結のものであり、児童生徒の発達段階を考えない一方的な、国家主義的なおしつけ儀式の復活を意味するものではない。儀式が集団行動指導のよい機会であり場であることを痛感するからである。儀式参加の経験を全児童生徒に得させることによつて、世界の平和、人類の幸福、愛国の熱情、愛校の精神等環境のかもし出すふんいきによつて多分に感得する場としたいのである。学習指導要領にも指導上の留意事項として、学校生活に変化を与え、生徒の生活を楽しく豊かにするとともに、集団行動における生徒の規律的な態度を育てることにじゆうぶん配慮する必要があるとしている。

然らば一体どんな日（時）に儀式をあげたいというのか、先にも述べたように国民の祝日はこぞつて祝い、感謝し、記念すべきものであるが、学校で式を挙げなければならないことはきまつていない。むしろ休業日（但し元旦の式だけはあげたい）として、各自に意義ある一日を過ごさせたい。結局は学校運営のための儀式（入学式、始業式、開校記念日、離任式、送別式、修、卒業式）等必ず行わねばならぬ式となつてきよう。これらの式をもつことによつて得られる教育的効果は測り知れないものであると信ずるからである。

さて儀式を行うからにはそれにふさわしい式場が必要となつてくる。こころみに金沢庄三郎氏編さんの広辞林をめくれば、儀式を㈠のり、さだめ、㈡公事、神事、仏事、もしくは吉凶の礼などに定まりたる施設又は作法とあり、式を一定の「仕方」、又は「設備」と解してある。つまり施設、設備が儀式には欠くことのできない条件となつている。しかし沖縄の学校には式場らしい式場（講堂又は体育館）がない。明るくて広い、天候や季節に左右されず、適当な時期にすぐ役立つような那覇高校の同窓会館講堂や商業高校の体育館のような施設がほしいというのである。それでは戦後の各学校に儀式や式場がないかといえばそうではない。国民の祝日や沖縄の休日の挙式はとも角として各学校では各々の計画によつて独自の儀式はもつていようが、式場となれば教室の黒板や机・腰掛・しきり戸を取りはずした臨時の式場か露天式場である。これでは子どもたちを喜びにみちた楽しい行事にしようもなく、何の感動もおこらず、奥深い思い出もとどめないであろう。

あげられない国旗

指導要領に「国民の祝日などにおいて儀式を行う場合には生徒に対してこれらの祝日などの意義を理解させるとともに、国旗を掲揚し、君が代を齊唱させることが望ましい」とある本土でも戦後日の丸の旗を掲揚しないし、君が代を歌わなかつたようだが沖縄は去る大戦の激戦地だつただけに、日の丸が戦争のいまわしい思い出と結びつき、それに異民族の統治政策に対する気がねから国旗の掲揚を遠慮したのではないだろうか。

しかし最早戦争は十五年前の昔のことである。国旗が国家及び国民の意識を象徴していることは誰も否定しないだろう。他国の国旗に敬意を表するのはもちろん大切であるが、それは自国の国旗を尊重することからはじまる。したがつて現在の日本の国旗である日の丸の旗はもつと尊重すべきであり、子ども達にも徹底させたいものである。

ここで困つたことは自国の国旗が自由にあげられぬことだ。この間沖縄政経新聞（十一月二十一日）の社説欄に次のような記事がのつているのを見て驚いた。

「先般来島した日本社会党調査団が、アンドリック主席民政官と会見したとき日の丸の掲揚問題にふれ「沖縄住民が日本国民として祝祭日に国旗を掲げることをアメリカ側がいやがるのはどういうわけか」との問に対し首席民政官は「沖縄の施政権者はアメリカであり、沖縄の問題についてはすべてアメリカに責任があるのでむしろアメリカの国旗を掲げるべきである」と伝えられると報じている。あれこれ思い合わせると、年の始めを祝う来る元旦に国旗がタンスの中で泣きはすまいかと気にかかるのである。

歌わなくなつた「君が代」

「君が代」についても齊唱することが望ましいとある。これにも「主権在民の今日新しい感覚に合わない」とかの理屈をつけて、その齊唱に反対する者もずいぶん多いとのことだが、一方では「君が代は歴史的、伝統的に国民感情が象徴されているから改廃する必要なし」とする者も多いようである。沖縄住民の中にも否定論者がいるかも知れないが解釈の角度をかえて、儀式の日には全員が肚の底から歌い又歌わせたいと思う。そうすることによつて日本国民としてのほこりを持ち、前途に明るい希望も見出し得るのではあるまいか。

終りに

以上四つの点を考察した場合、財政の問題や統治政策の面から、儀式行事の行方には幾多の問題点がある。これらの解決は、すぐ今というわけにはいくまい、施行まではまだ相当の期間があるから文教当局や関係団体の深い理解と協力によつて打開策を打立ててもらいたい。尚知念地区には学校行事研究委員会が組織されて研究中であり、近い中に集録され発表されることになつている。ご参考になれば幸である。

学校行事等に関する参考図書としては明治図書講座「学校行事」三巻をおすすめしたい。

宮古教職員会館完成

鉄筋ブロック二階建　総坪数 66.5坪　総工費＄8,500
敷地 120坪
一階…宿泊所、宿直室、トイレ、娯楽クラブ、印刷工場
二階…事務局、共済会、応接間、編集室、研究集会所

児童全員の参加をねらった
―本校学芸会の特色―

城前小学校　大山　力

はじめに

三学期の学校行事といえば学芸会、卒業式が大きな行事であるが、学芸会は三学期になるとどこの学校でもすぐ計画されおこなわれている学校行事である。全員参加を目標とした本校の学芸会の運営を紹介し読者諸賢の忌憚なきご批判を仰ぎたい。

学芸会の意義は大別して二つに分けられる。一つは日頃の学習の綜合発表であり、もう一つは健全なるレクリエーションである。学芸会には公開する、観せるものといった要素があるからといって、あまりにみせもの的にしてしまうのもどうかと思う。どこまでも主体は子どもの教育におかなければならないことはいうまでもない。日常の学習生活、クラブ活動などの集積がたのしく綜合的に発表される場でなければならない。

従来の学芸会は優秀児を中心とした学芸会で多くの子どもは忘れられている状態であつた。そのため「学芸会にでる人はきまつている。わたしなんかでられない。」という子どもの声、「うちの子はだめですよ。」という親の声がきかれた。学校も短い期間でなるべく早くしあげるため、演出も準備もすべて教師の創意で、子どもはさるまねであつた。しかし多数の子どもの中には平素目立たない子どもも、すぐれた演技力をもつている子も多い。それをみつけ出して伸ばしてやることが、吾々教師のたいせつな任務である。

学芸会までの日程

本校では一九五四年三月の学芸会からは、全員参加を目標に計画し運営してきた。今年で五か年目を迎えるが、最初は八十パーセント参加、去年は百パーセントちかく参加し有意義な学芸会を運営することができた。では去年の学芸会の記録から、学芸会までの日程を述べてみたい。まず一月上旬に企画委員会を開き日程を検討し、職務会で決定し学校児童会で子どもの行う分野について決定させる

日程はつぎの通り

一月…脚本の選定…職務会で決定
　配役の決定、ゆうぎふりつけ
　その他発表種目の選定

二月
　五日。出演種目報告カード提出
　十三日。予算委員会
　十六日。予行演習、反省会、プロ編成
　十七日。案内状入場券印刷
　十八日。練習終了　小道具作製開始　ステージ組立　当日の係発表
　十九日。背景、装置作製　案内状発送
　二十日。会場作製、幕のとりつけ、放送準備
　二十一日。学芸会観覧者　児童とPTA組（二回）
　二十二日。学芸会観覧者PTA、B組C組（二回）
　二十三日。後片づけ
　反省会

以上の日程に従つて行うわけであるが各教師が日程を確実に把握し、一日もずらすことはなく実行していかないと後日にしわよせがきて速成的な学芸会になる。また全員参加をねらつているので練習にもむりが生じて、ただ出せばよいという観念から学芸会の演出をぶちこわすようなことにな

低学年のゆうぎ

りかねないので、決定したことを着実に実行していくことが大切である。

グループ編成と練習

学年で発表種目が決定すれば子どもとともに、グループの編成を行わねばならない。本校の学芸会は四回上演するが編成されるグループは三つである。六年の劇だけに例をとると、四学級の場合は学年児童会を開き四学級を三グループに編成し各グループから劇にむく子、好きな子をえらび決定し練習を行う、他の種目も同様である。

学芸会第一日目の児童だけの見学の場合は学年児童会を開いてどのグループを出演させるかを決定し出演させる。PTAの見学はグループの出演する日に招待するわけである。この場合なるべく兄弟が同じ日に出演できるように教師間での連絡が必要である。

このように全員出演となると練習に無理が生じ教師の苦労も大変なものと考えられるが一人の教師が発表種目を全部指導せずに各分野に分れて指導にあたり、グループ学習を生かして練習すれば放課後を利用しても大丈夫である。

劇だけに例をとるなら各グルプーがリーダーを中心にみんなで演出をくふうし練習を行い、教師は各グループをまわり指導していけばよい演出ができ教師の苦労もすくなくなる。

6年劇　めざめる日　　Bグループ出演

学芸会の運営機構

当日のスムーズな運営、効果的な演出を望むにはどうしてもその前日までの諸係が有機的な関連をもって各持場に個性を発揮し、それを指導者が統かつして各持場を調整してやることによってはじめて可能になる。

本校の運営機構はつぎの通りである。

。前日までの

企画委員会
- 総務部
  - プログラム作製
  - 入場券案内状礼状原案
  - 諸記録　招待者名簿
- 庶務部
  - 用具購入　借用証
  - 会計事務　受付簿
- 準備部
  - 舞台の作製
  - 幕の手入れ、とりつけ
  - 小道具作製
  - 放送準備
  - レコード、楽器の手入れ、準備
  - 客席準備
  - 出演児童控席準備
- 宣伝部
  - ポスター、新聞チラシ、会場案内
  - 案内状礼状発送、入場券作製

。当日の係は仕事が前日までの仕事と関連するものはそのままやってもらう。ここでは当日の係だけを列記する。

総務、受付案内、連絡、放送、音楽舞台、照明、扮装、会場、児童、控席、警備

学芸会当日の運営が成功するか、不成功に終るかの鍵はなんといっても前日までの準備と各係の連けいがうまくいっているかどうかにかかっているまた児童の行う分野と教師が行う分野との調整もおこなつて児童の能力以上の活動を強制しないことが必要である。

報告カード

諸係との連けいをうまくするため各係への報告カード連絡カードを用いる。

・プログラム作製のために

学年	種別	演題	人員	幕場	背景	装置	タイム	音楽

・放送のために

種別	学年	放送内容

・照明のために

第　学年　月　日　時	演題	
用具＼すじ	幕あき	幕きれ
フットライト		
スポットライト		

そのほかに道具配置図、各係へのメモカードなどである。このようなカードに記入し各係へ提出すると連けいがうまくとれ学芸会の演出もじゆうぶん効果があるものとなる。

おわりに

以上が本校の学芸会の実際であるが、学芸会はなんといつても一か年の綜合学習の発表であるから、日頃から教育計画の中に発表の機会を教科学習や年間行事の中に無理なくおりこむことが大切である、そうすることによつて発表意欲が昂まり発表する力や態度を養うことができ容易に多数参加の指導ができるわけである。

（城前小学校　教諭）

教研スナップ

※〃話合い学習のむつかしさ〃常々思いつつも学習の大半は話合いでやつてしまう。千篇一律でもなかろうが話合いながらいらだたしい気持におそわれたこと再三ではない〃話し合いに委ねる〃という芸当は観方によつては推理や抽象概念のことばのやりとりでことを済ます弊を避け難い

※〃道徳教育〃の学習がその性格を多分にもつている。教師の新しいセンス、道徳観がまつ先に問われるゆえんもそこにあろう。

※話題の満足な発展は話術にもよる、子ども達の気分にもよる。しかしなによりも、教師がことの原因と望ましい教師としての見解をまずもつておくこと、そして話合いの焦点をなるべくそこへそらさずにもつていく努力、そのためには話題を引き出す時期と共にひき出す程度を機に応じて考える教師でありたいとしみじみ感じた。

※北部の地区教研集会で、教育指導委員の先生が講評の冒頭に「子どもの授業しているようすで教育の如何がわかる」といわれた。授業は教師の評価のパロメーターであるというのである。教師の教育技術をさしているのではない。

※子どもは正直だ。子どもの理解や能力は飛躍しない。子どもという集団は教師の一人相撲ではなかなかに進歩しない、それがたまに行われる研究授業で実力発揮ということになる。普段から子どもとがつちり組まねばと強い警告として耳にひゞくようだ。

※教研集会に研究授業、それはおまつり騒ぎになりがちなお互いに地道な歩みのための油さしのような気がする。

※授業を一目見ることは今年の教研の動きを知るのに随分役立つ。授業をされる方の苦労も並々でなかろうがそのような傾向を招来した教研の態度は望ましいものだと思う。

※この際一歩進めて毎月輪番に授業を地区内の学校へ紹介することはどうだろう。授業を見ることに授業を見てもらうことの努力を加えるというのである。年末の総決算式の大会はそうなると〃和やかさ〃と〃充実さ〃とを増し、最も欲しい一人一人の異常なほどの〃関心〃と〃自信〃という大きなプレゼントに見舞われると思うが？

（登川）

ネズミのはなし

石川盛亀

明けましておめでとうございます。「子の年」を迎えるに当り、ネズミについて、二、三の資料に基づき、ごく常識的なことを少しばかりお話し申しあげてみたいと思います。

さて、ネズミという名まえは、夜もねないでものをみているので、「ねずにみる」という意味の「ねずみ」になったのだろうとか、人がねている間に物を盗むから「ねぬすみ」といっていたのが、ちぢまって「ねずみ」になつたとか、いろいろいわれています。真偽のほどはよくわかりませんが、たしかに、ネズミは昼の間はどこかにかくれていて、夜になるとごそごそ出てきて、あばれまわる動物です。

ところで、一口に「ネズミ」といいましても、その種類が極めて多く、世界いたるところに産するといわれていますが、いったいどれ位いるのでしょうか。

人より多いネズミ族

アメリカ合衆国では、最近大がかりなネズミの人口調査をやっています。人口調査といっても、人間の場合のように、カードに家族の数をかきいれてもらえば、すむというわけにはいきません。適当な場所を定めて、毎日毎日ネズミとりをかけ、全くネズミがいなくなるまでとりつくす方法や、ネズミを生捕りにして番号をつけ、番号のついていないネズミがいなくなるまで、つづける方法などがおこなわれます。そして、その場所の中にすむネズミの数を調べ、それから国中にいる数をおしはかるのです。こうして計算したところでは、アメリカには、だいたい、人口の二倍のネズミがいるということです。

日本では、こういう方法でじゅうぶんに調べていないので、確かなことはわかりませんが、家が木造で、アメリカの家よりもはるかにネズミにすみよくできていますから、アメリカよりずっとたくさんネズミがいることはまちがいなく、少ぐみても人口の三倍はいるでしょう。

日本の人口は今、約九、〇〇〇万人ですから、日本中の家ネズミの数は二億七、〇〇〇万匹というたいへんな数になります。この率でいくと沖縄でも人口の三倍、すなわち二五五万匹は少くてもいるという計算になります。

ネズミのふるさと

動物の本をみると、家ネズミは世界中にすむと書いてあります。

家ネズミのうちのクマネズミはインドやマレーなどのアジアの熱帯地方がふるさとで、ここからマレー諸島・中国・日本・ヨーロッパなどにひろがりましたが、シベリヤ・満州・樺太など、寒い地方まではたつしていません。

アフリカでは、北部には多いのですが、南部では港や海岸近くの町にいるだけですし、オーストラリアでは、東部には少くないが、西部では都会にしかいないそうで確かな記録はほとんどありません。

もうひとつの家ネズミ、ドブネズミはふるさとがもっと寒い、アジアの中央部ですから、満州やシベリヤのバイカル湖付近、樺太などかなり寒い地方にも住んでいます。日本から朝鮮・中国・インドを通り、ヨーロッパにいたる地方には、もちろんたくさんいますしアメリカでも、米国から寒いカナダまでひろがっています。オーストラリアでは、港や町にしかいませんし、南アフリカでは、港にごく少しいるだけです。

家ネズミがアメリカや南アフリカ・オーストラリアなどに住むようになってから、まだ五〇〇年もたっていないのですから、今後、これらの地方でどんどんふえるにちがいありません。しかも、これは家ネズミだけの話です、ネズミには、そのほかに、おどろくほどたくさんの種類があって、それぞれ活躍しているのですから、これらを含めたネズミ族全体の数は、人間の何十倍あるのか見当もつきません。

ネズミ算でふえる

ネズミの子は、生れたては赤はだで、目もみえませんが母親の乳をのんでどんどん育ち、二週間も

たつと毛が生えそろい、三週間目にはもう親から離れてくらすようになります。ですから親ネズミは、一年になんども子を生むことができます。そのうえ、子ネズミも、生まれてから二か月半か、三か月めには、もう親になつて、子を生みはじめますから、ネズミ類は、たいへんないきおいでふえることになります。

かりに、一つがいの親ネズミがいて、一月に第一回の子を八匹生んだとしましよう。その子がメス、オス半分ずつだつたとするとそれらは四月には第一回のお産をして、三二匹の子を生みます。その子はまた、七月に一二八匹の子をうみ、さらにその子は、十月には五一二匹の子を生むことになり、五一二匹のネズミは、翌年の一月には二、〇四八匹の子を生むことになります。

これは、どのネズミも、一年にたつた一回しかお産をしない場合ですが、実際はそんなことはありません。どのネズミも平均して一か月おきに子を生んでいきますから、たいへんです。それらを全部合わせると、わずか二匹のネズミが、翌年の一月には、実に七、七〇六四匹にふえてしまうことになります。そしてひと月後の二月には、一万三〇一八四匹と、おそろしいいきおいでふえるのです。何万という卵をうむ魚は別として、脊椎動物で、こんなにおそろしいいきおいでふえるものはありません。これでは、少し肉食動物にたべられても平気なわけです。

ネズミのたべ物と害

ネズミの目は、非常に不完全ですが、耳ときゅう覚は、かなりよく発達しています。においをかぐことも、人間よりはするどいようですが、犬には、はるかにおよびません。しかし、土の中にうめておいたチーズをかぎつけてほつたり、仲間の通つたあとを、においをかいでつけていくくらいのことはできますから、食物をさがすとき、きゆう覚はたいへん役に立ちます。

ネズミは米、麦、大豆、さつまいも、ばれいしよ、らつかせい、とうもろこし、大根、魚、卵など人間のたべるものならなんでもたべます。しかし、そのうちでいちばん好きなたべものは米とさつまいもですから、米をかなりたくさんたべているとみなければなりません。

また人がねむつてしまうと、枕もとにまで出てきてあばれまわり、動けない重病人の足をかじつたり、ときには、くい殺してしまうことさえあります。

昭和二五年一月三日に、この恐ろしいことが、東京の銀座の真中で起こりました。生まれてから、やつと一週間たつたばかりの赤ちやんを、二階のゆりかごの中にねかせておいたのですが、あまり泣くので、おかあさんがいつてみると、大きな二匹のねずみに口や顔をかじられて、血だらけになつていました。おどろいて早速、手当をしましたが、もう手おくれで、二週間ぐらいあとに死んだそうです。

またネズミが、動物園の象の足をかじり、その傷からバイキンがはいつて、ついに象が死んでしまつたこともありました。

一八一六年の六月二七日、ナポレオン一世がその前夜のうちに用意した品が全部食いつくされて朝食ができなかつたという話は有名です。

そのほか、ネズミは洋服をかじつたり、机の引出しにはいつて、大切な書類をずたずたにかみきり、それで巣をつくつたりします。つい最近、私の役所で、同僚の机の引出しにネズミがはいつて、書類をかみきるまでにはいたらなかつたが、フンやオシッコをたらした形跡がありました。

また、たまにはガス管をくいやぶつたため、ねていた人がもれてでたガスに中毒して、死にそうなめにあつた話とか、天井裏の電線をかじつたため、火事になつたことなどもあります。アメリカの三九の都市を調べたところ、ネズミがもとで火事になつたことが五三〇回もあつたそうです。そして原因が不明だとされた火事のうち、二五%は、ネズミが犯人らしいとみられているようです。

また、ある州の穀物貯蔵倉庫を調べたところ、四三%にはクマネズミやドブネズミがすんでおり、五九%にはハツカネズミがいたそうですから、こんな倉庫に穀物を入れておくのは、まるでネズミに餌をやるようなものです。

船につんだとうもろこしの九七%が、ネズミのフンやニョーでよごされてしまつたこともありますし、倉庫に入れておいた八一〇ト

ンの砂糖が全部ネズミのオシッコでだいなしにされたひどい例もあります。

　ペストにかかつたネズミについていたのみが、何かのひようしに人間に つくとたちまち 人間の間に、ペストが流行し出すのです。ペストは、もつともおそろしい病気の一つで、一四世紀にヨーロッパで大流行したときには、全部の人口の四分の一におよぶ二、五〇〇万人が死んでしまつたといわれます。

　最近では八重山の農家があいついで台風の被害に加え、野ネズミの被害に悲鳴をあげているようです。台風の潮風からかろうじてまぬかれたイモ畑を食いあらし、倒れたキビにも穴をあけ、赤く色づいたパインを食いつくすということです。

　このようにネズミは人間に多くの害をあたえていますが、人間に役だつているものもあります。

人間に役立つネズミ

　中国の広東料理に、生れたてのネズミの子をミツで何日かかつておいて、それをミツづけにして食べるのがあるそうですし、台湾ではオニネズミをつかまえて、はらわたをとりだし、まるやきにしてたべるそうです。日本でも江戸時代には、ネズミをくしにさして、砂糖醤油でつけやきにして売る店が両国にあつて、たいへん繁昌したそうですから、世の中にはものづきな人が多いものとみえます。

　私も子どものころ、父がよくネズミの肉を味噌汁にたいてくれたあの頃のおいしかつた味を今でも忘れません。

　またネズミ類は、医学の実験だけでなく、遺伝学や心理学の実験にも、さかんに使われています。こういう実験には犬をはじめ、いろいろな家畜が使われますが、何んといつても、ネズミがいちばん安あがりなので、もつとも多く使われています。シロネズミとナンキンネズミのほか、ほんとうのネズミ類ではありませんが、テンジクネズミ（モルモット）もずいぶん使われています。

　以上ネズミについていろいろ述べてきましたが、「ネズミの年」を迎えるに当り、ネズミ算的に人口がふえることは今の沖縄にとつて考え問題です。しかしネズミのように夜も寝ずに一生懸命に働くことという気概は大いに必要でとなありましょう。

厄年について

子どもにしてあげる話

才穴とか生れ年とかいつている人が今日でも少なくないようです。男の四十二才、女の三十三才も嫌います。

　昔のひまをもてあました学者が、七曜星は天空で動きまわつて、私たちのようすを見ていてすきがあつたら私たちをやつつけると考えました。そして七という字は人生の不幸をまねく悪魔だと考えました。それから、七才、十四、二十一才、二十八才、三十五才…九十一才など七と関係のある年は悪魔から自分を守るために注意するようにしました。

　またいま一人の人は九という数字を「苦」とおきかえて、九才、十八才、二十七才……八十一才がきつと悪い年だと世間にいいふらしました。

　世間の人々は、天の神様が厄年というものをつくつて私たちに知らしてくださつたと思い、その年になると、つとめて外出をさけじつとしていることにしました。

　しかし家の中でじつとしている人も、外で働いている人も、同じ厄年でありながら別に変つたことは起りませんでした。それから世間の人々はやくどしなんてあるものかと大笑いしました。

　そうしたら又別の人がこんなことをいいました。あのね、四十二才という年は「死にどし」とよめるからあぶないぞ。十九才は「重苦」といつて、苦しみ重なるから 悪いぞ 三十三才も「さんざん」とよんで苦労することになろう。

かしこい人が笑いながらいいました

　そんなら、おめでたい結婚式にする三三九度は「さんざん苦労したい」ことだろうか。それに那覇市民は「那覇死民」村民は「損民」ともよめよう。電話番号の四九八九は「四苦八苦」で四二八六は「死にやむ」、また一五六四は「ひとごろし」一体こんな番号の人は本当に人殺しをしたりするのかね。

　かしこい人に質問されたその人は答えることができず、とうとうにげてしまいました。

「迷信打破のはなしより」

松竹雑感

山内茂月

「日本の国は松の国」云々と、大正年間に文部省発行の小学校読本に出ていたような記憶がある。

日本は世界中でも松の多い国である。種類には、赤松、黒松、はえまつ、ごよう松、ちょうせんまつ等がある。そのうちで門松には黒松、赤松が多く使われる。正月に門松を飾るようになつたのはいつの頃からか私は知らないが、支那の故事に「正月には門をとざして賢木を飾る」とある。その賢木というのは常磐木のことであるが、必ずしも松をさしているのではないようだ。

物の本に、日本人が支那の某地で、公園を作るためにたくさんの松を移植しているのを見て、だれの墓を作るのかと聞く条がある。支那でも地方によつて、習慣に差異はあるにしても、松は墓に植える風習があるにちがいない。沖縄でも、くわでいしは人の泣き声を聞いて成長すると言う迷信があつて、墓に植えるが屋敷には植えない点に似ている。

我が国では、松竹梅はめでたいもののシンボルとしてもてはやされる。この三種は植物分類の上からそれぞれの部門を代表していて、偶然にしてはあまりにも趣の深いことである。

正月に門松を飾るということも、単なる習慣上のことであるが、門松のない正月は何だか非常時めいて物足りない。川柳に「松のうちわが女房にちよつとほれ」松の内の間はだれもそうであるように、古女房もうす化粧してかしこまり、初春をむかえる気持は何となく新鮮味が出て、女房も正月は美しくなるにちがいない。

琉歌に「双葉から出じて幾年かへたら巌を抱ち松のむてい栄い」とある。この名歌にだれも文句をつける人はないが、実際には松は発芽の時には双葉は出ない、双葉と いうことばは単に 発芽発生と言う意味としても「せんだんは双葉よりかんばし」の方は事実、二葉から発生する。

ただいま、政府は、国土保全百年の計を樹て、官民一体となつて緑化運動を展開している時であるから、門松禁止の申し合わせも止むを得ないことである。しかし、いつかは、クリスマストリーや門松用の松を市場で販売するようになり、それ専門の植木職、林業が育つのを私は望んでいる。

「ちん客に裏の小やぶを輪切りにし」と筍を喰う風習は東洋的であり、竹そのものも東洋特産である。もし、日本に竹がぜんぜんないとしたら、日本独特の文化は成長しなかつたであろう。竹取物語のかぐや姫の出た竹、舌切雀の笹団子やつづら、親らん上人の杖から芽を出した枝垂竹、エジソンが電球につかつた炭素線のヒゴ等童話、物語、家具の類に至るまで竹なくては出てこない話が多い。竹の種類には、ほてい竹、大明竹、孟宗根、ほうらい竹等その代表的なものである。沖縄にも一四、五種ある。

竹についての伝説、偶話等は非常に多いが、そのうちで竹の罪作りの話を一つ紹介しよう。

その昔、朝鮮のかたいなかの青年が日本に旅行するチャンスがあつて名所旧跡変つた風物等を見て廻り、幾月かの後に無事帰郷することができた。部落の人々は旅行談を聞くために大ぜい集つて話を聞いた。話の最後に日本に竹という珍しい木が生えている。地中から大きな芽が出てくるが それは筍と 言つてにて喰える。その筍は一月のうちにぐんぐん成長して親竹よりも高くのびる。しかし、建築材や家具に使われるようになるには三か年かかる、と説明すると、居ならんだ人々は不服である。この青年は生意気だ、人を馬鹿にしているとだれかがいつた。一人が立つて一年で親よりも大きくなるというのに、残りの二か年は何のために生えているんだ全くむだではないかときめつけた。理くつは知らないがそういつていると弁解しても承知しない。うそつきということになつてその部落では生活ができなくなり郷里を出て行つたとのことである。

人間の社会でも、子どもが十七、八才になると、親よりも背丈は高くなる。だが心身共に成長期であつて、知識も技能も、思慮分別もまだじゅうぶんでない。竹は三年でも人間は三〇年ないし四〇年はかかる。

ひとりごと

Ｋ・Ｔ生

第六次中央教研集会で全国学力調査の結果がとりあげられ、本土のそれとくらべてひらきがあることが指摘された。

確かに大きな落差があることはいなめない。サテ、この落差をいかにしてちゞめるか。沖縄教育の大きな課題である。

その打解策としての施設々備を問題にする前に「やる気」があるのかないのかという意欲の問題が先行すると思うのだがどうだろう。

一九六〇年こそ新しい息吹を

與那城朝惇

盲ろう教育の新生面

年頭にあたりすべての教師が願うことは子どもたちの幸福である。一九六〇年はどんな年であるかはっきりわかるものではないが、でもこの六〇年を展望すると、今年こそ盲ろう教育の新しい黎明が感じられる。それはこれまで理想が追求されながら、実施面においては実現不可能な現実のあい路制約があって、いつまでもくすぶっていた、いろいろの悩みがとれ、子どもたちの幸福が今より一層かなえられるからである。

たしかに盲ろう教育の新生面に新しい息吹きがかかった。その一つは待望の寄宿舎がのしをつけられて三月中に贈られること、その二つは高等部の設置、三つに校舎の増築等の目安がたったというのが、それである。それがどんな形で花が咲き、結実するかが、私たちの夢となり大きく期待されている。きっと私たちの大きな慶びとなり、大きな誇りとなることでしょう。まさにすがすがしい黎明であり、新しい夜明けだ。

子どもとのふれあい

特殊学校では学校と寮は表裏一体である。それがこれまで学校には寄宿舎がなく、子どもたちは社会局管轄の盲ろう学園の寮で生活していた。このことが、九年余り続いたことには、いくつかの原因がからみあって、なかなかはかどらず、悩みはいつまでも尾をひいていろいろと教育支障があった。

このあり方は終戦直後やむをえない臨時措置としてなされただろうが、終戦十六年後世の中が安定した今日まで続いたということは不思議な程で、もちろん正常ではない。このことから子どもたちは幸よりは不幸が多かった。空転、空白、停滞の損をしたと言えよう。

でもこれまで社会局のなみならぬご高配に対して感謝する気持は胸一ぱいである。

この九年の寮生活はいろいろの形で子どもたちにも、学校にもしわよせが、波うって苦難に追いこまれる事態が多かった。その一つは新春四月に入るべき新入生が七月に又十月にやっと入学するという時期はずれの事がなされて父兄に不安を与え、学校を焦慮させる事態まで追いこんで大きなつまずきとなった。だが来る四月から他の学校なみに入学式が出来るという欣びを考えるだけでも、たしかに子どもの幸福がやってきた。

理解は愛情に通ずるとか、文教局の親心で琉球一の寮が落成されようとしている。建坪二九〇坪の近代的コンクリート二階建が、石嶺の原頭に聳え立った。子どもたちは完成近いわが寮を見上げて心を躍らせている。そして往き来の人々の目をみはらせている。何んと六〇年の慶事であろうか。

これでいよいよ教師、寮母のなみなみならぬ愛情によって心ゆくまではぐまれ、すくすくと伸びることだろう。

これら子どもたちにとって、欠陥を意識せずに生活できる環境、教育の場は学校であり寮である。

学校と寮は彼等の楽園であり、教師寮母は弥陀にちがいない。この人間関係の魂のふれあいは大きな鎖となり教育の質的な向上に直接つながって、生活を共にするというところに、人間形成としての教育の姿が考えられるのである。

子どもたちの新芽を育てる環境づくり教育の大半は寮でなされるといっても過言ではなかろうか。

大きな希望の星—高等部

いよいよ来る三月本校第一回の中学部卒業生が出るのだが、身体に欠陥があるだけに、心にうけている傷は一層深く、事情は深刻なものがある。そして様々な難問題をかかえている。

これという特技を身につけずに、中学部だけの課程を修めただけで世に放りだされたら、ただでさえ就職の隘路に苦しむ現世に、将来の社会生活において、そのままでは独立自治が不可能であり、社会の役に立つ可能性が少ない。社会構成員としてマイナスの因子を帯びて迷惑は結局善良な大衆にしわよせられて来るということを子どもたちは十分識りつくしている。

欠陥のある身体障害者をそのものの持つ能力に応じて可能なだけ働けるよう政治することは一個の人間としての自覚をもって自立するための不可欠の条件である。

さてこの子たちの幸福な成長を願い、よりよい教育のあり方を求めるためには高等部を設置して、適応できる職業の基礎的能力と技術を訓練し、高度の教養を高めることは、盲ろう教育の最終目標である。希望を持たすことによって、現在の障害を克服して進めると思う。この子たちの胸をふくらませている大きな希望の星をこじらせずに、心の琴線にふれさせ、心のうるおいを失わせずに、せめて幸を味わせて、社会に役立たせたいものというのが、教師の希いであり、この子たちの悲願である。

このことは「さわらぬ神にたたりなし」で決して不問に附されてよいような軽い問題でもなく、無関心でおれぬ、是非とも子どもの心を心として、のぞきこんでやらねばならぬところに、為政者の目覚めがあると言えるのではあるまいか。今こそ政治家が子どもたちの願いの肯定を迫られている。

幸に文教局では、この子たちのたっての悲願を快くうけとめてもらい、その計画が強くうち樹てられていることと推察され、意を強くしている。そのため学校に明かるい雰囲気がみなぎつて、誰も彼も春を待つ心で一ぱいである。

子どもたちの幸福を広げてやり、子どもたちの心の窓を広く開くために、この子たちの育成に目をむけて、明かるい社会をつくりたいものである。

曙のかなた若鷲のどう憬
不断の精進は悲願の飛翼に
不安の暗雲焦燥の嵐
曙を待つ岩の若鷲
（高等部設置を希う盲中三年生の詩）

自慢したい、いくつかのことこそあれ

盲ろう教育は困難な隘路を克服しながら、教育の すぐれた 効果を あげつつある。特殊教育の重要性を見直す人々も数多くなったとはいえ、盲ろうの子どもたちは普通人より一等低い人間であり、それに対する教育は一等低い程度でよいのだというのが社会人に根強くかくされていたのではないか。

このような教育への情熱を冷やすような不用意な一部の心なき人の言葉は、子どもたちの心を傷つけ、盲ろう教育の悩みとして重苦しくのしかかっている。盲ろうの子たちは、自慢したいいくつかのことこそあれ、比較され精薄児視される何ものもない。社会人も政治家も、もつと広い視野に立ち、あらためて見直してもらいたいものである。みんなが伸びる教育を豊かなものにし、やりなおしの出来ない教育に手ぬかりがあっては困る。

一人の子どもからみんなの子どもへの意識化へ先向するような手のつながりが望ましい。

盲ろう教育にとつくむ現場教師は、決して平坦ではない。親の希いをうけとめて、子どもの教育をしていかなければならない教師は、教育自体が未だ開拓期にあるため、単なる児童生徒の先生だけでなく、父兄の指導者、社会の啓蒙運動の先達として働かねばならない役目をもつている。それに全琉一校のため研究の交流も困難を来し、自ら模索し開拓しなければならない分野が多い。

教師たちは何よりも子どもの幸福を念じ、子どもの成長そのものに欣びを感じ悔のない生き甲斐を感じ、報いられることの少ない地味な盲ろう教育と真剣にとり組んで他に何ら求めようとしない。天職として、この子たちの師として誇りと責任を感じている。

教育の究極は一人一人を生かすことであり、一人も網の目からこぼれることなく、それなりに伸ばしてやることである

一九六〇年の暦をながめながら、これから繰りひろげられる本校の「日の出」を想う時、少年のように心のときめきを感ずる。

（沖縄盲ろう学校長）

新春の希望

松川小学校 六年 城間 勲

一九六〇年—この年ぼくはいよいよ小学校を終えて中学校に進学する。やんちゃ時代の小学校生活、今ふりかえつてみると、楽しいことや、苦しいことがいつぱいあつたのを思い出す。それに人に迷惑をかけたこともなんどかあつた。

ぼくがこれまでにいけなかつたことは、ひとり子のせいか、父母や、級友にずい分いじつぱりをして、困らせたことである。それを思うと、「悪かつた。」と、反省させられる。

そうだ、今年こそ、これまでのぼくをかえて、りつぱな人間にしていく年なのだ。

中学校に行く年、新しい希望の一九六〇年しつかりがんばるぞ、そう自分に言いきかせてみると、心がはればれしている。そしてこの新しい年を、なんとか ほがらかに 希望に みちてむかえたいものだと心の底からねがつてみる。

「一年の計は元旦にあり」、そんなことわざがぼくの心にひびいてくる。ぼくのほんとうの希望は、ここから始まる。だれにも、めいわくをかけない人間になろう、そして大きくなつたらりつぱな社会人になり、苦しみやかなしみもない強い人間になるんだ。それはきつとできる。

あふれるような希望の新春、一九六〇年よ、ぼくは元旦の太陽にむかつて心いつぱい叫びたい。

本校児童の災害の状況

普天間小学校
養護教諭　山城富美子

本校の地域的環境

「せんだんは双葉より芳し」と言われるがしかし又、「氏より育ち」と言う言葉もある。その意味からおすと本校の地域的環境は、後者の言にぞくすると思う。

戦前沖縄の中部の中心地で、北方約二百米の位置に、ゆかり深き普天満権現の聖地がある。

当時、人口五百位で、お宮通りに、数軒並の商店と風呂屋、床屋などがある小さな村落であつたが、戦後は基地の街として膨張しつつある。人口九、二六六、各種商店や、映画館などが立ちならび、中部地区で、コザ市に次ぐ繁華な街になり交通の発達した所にある。校舎面積六、三七八・三七平方メートル、グランドの面積二九、七九〇・平方メートルで、児童在籍数二、一〇八名である。

このような環境のなかで、子ども達は毎日を楽しく、健康的に過してゆくよう心がけてきたが、毎日元気で登校していながら思わぬことで傷害を起して帰える痛々しい姿、また歯をくいしばつて治療を受ける児らをみる時、心寒い思いがいたします。毎朝、家を出る時、子ど達に対して親たちは「元気に学習し、無事に一日が過せるように」と、念じながら、送りだすことでしよう。しかるに、保健室を訪ずれる子ども達が後絶たず大なり小なり傷を受けていることを知る。

特にスポーツが盛んになると、その数は増す。作業時や図工科、理科実験など幾多の原因はあるが、その大部分は運動や遊びによるものが多い。

本校は、今年度、安全教育の実験学校に指定され、その一資料としてまとめてみました。

実態調査

※この調査は、私の赴任以来保健室で取扱つたものである。

1、期間

自一九五八年九月至一九五九年三月と
自一九五九年四月至一九五九年六月。

2、傷害の種類

①擦過傷、②切傷、③刺傷、④割傷、⑤その他、これは、校庭が狭く、ぶつかつたり、押されたりなど、作業時や、サクの弊害、環境の不整備によるのが多い。

3　傷害の時期

(イ)　月別

五、六月が多く、次に十、十一月、二月と学校行事の多く行われる学期中間に多く、心理的に弛緩状態になつてくるのと同時に、児童の運動も活発になるためである。

(ロ)　曜日別

水曜日、金曜日に多い。

これは、日課表などとも大いに関係が深く、水、金曜日にはどの学年においても授業時数が多く、精神的な疲労も考えられる。

(ハ)　時刻別

十二時が最高で、十時、十一時、八時の順になつている。

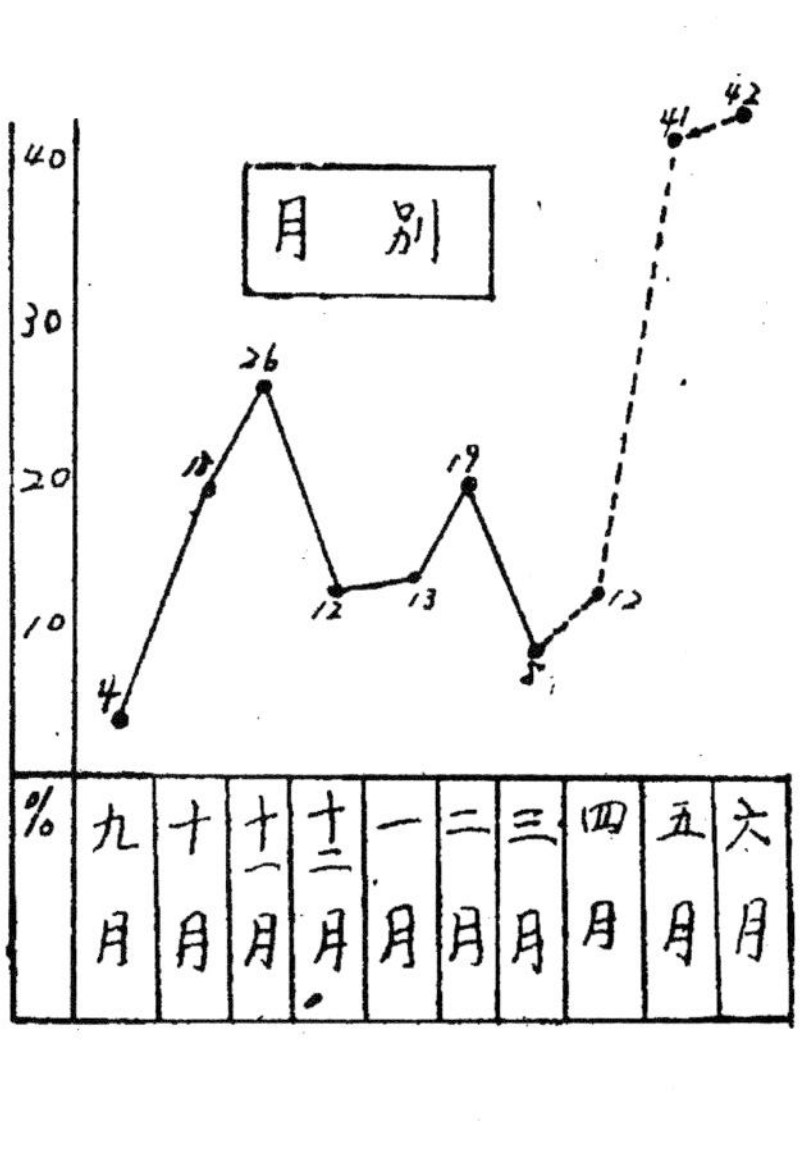

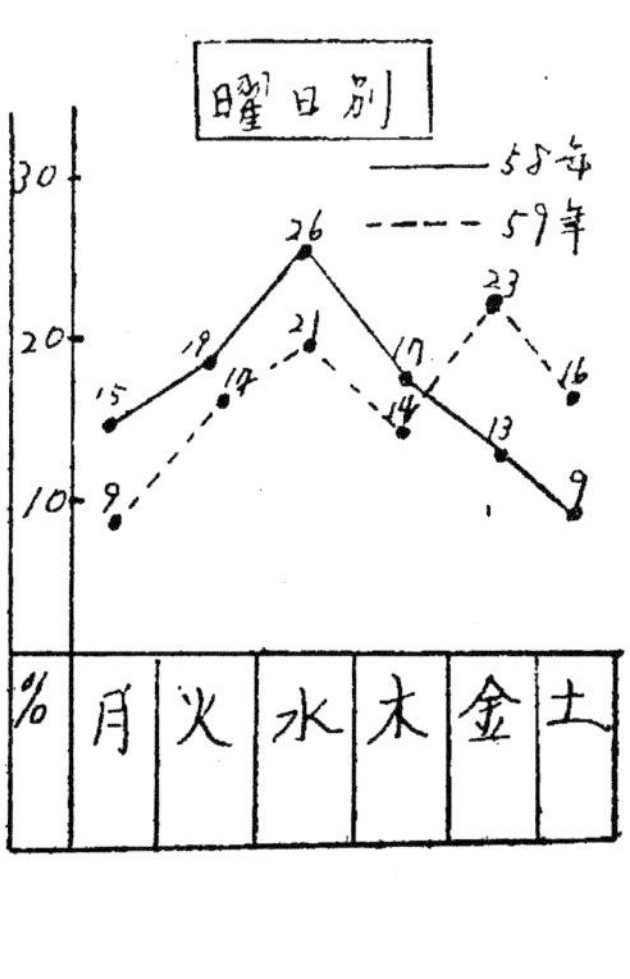

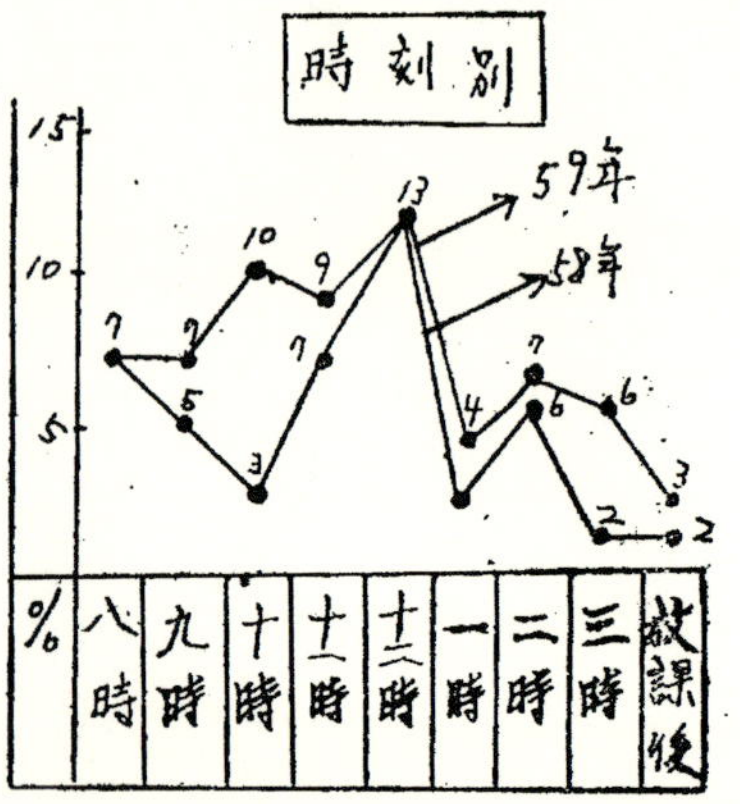

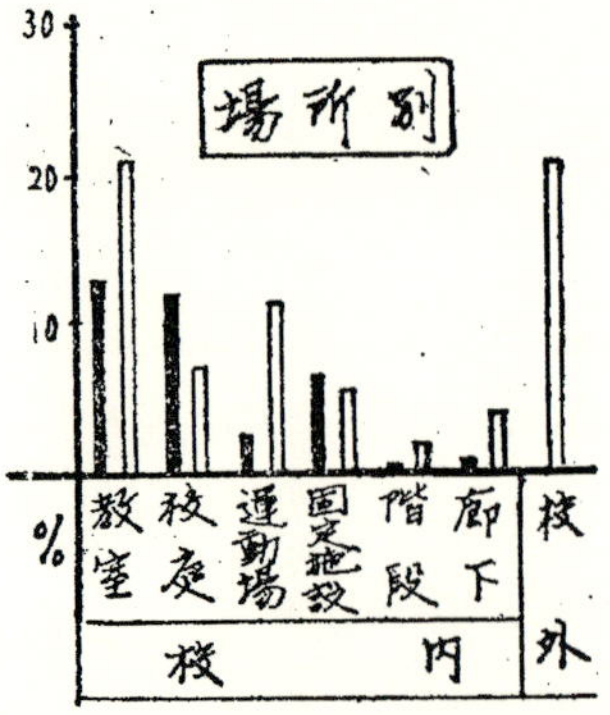

概して、授業時より休憩時に多いのは緊張のゆるみからくるもので登校から始業前にも多い。十二時に最も多いのは、三時限の休憩時、四時限授業、清掃時が含まれているためである。

㈡ 傷害の場所別

①教室、②校庭、③運動場、④固定施設の順である。校内で室内や校庭の狭い場所に多いのは第一遊にび施設が不足していること。又学校用具の取扱いの不注意や室内外の遊びのくふう、左側通行などの規則が守られていないなど。

5 学年別、性別

高学年になるにつてその頻度は高く四年生以上は女子に三年生までは男子に多い。なかでも六年生の女子に特に多い。これは遊びや運動に夢中になり、学年が進むに従って傷害を起し易いものが多く、その弛緩から来たものと、発達段階からおして、高学年は少しの傷でも手当を受けると云つた知的理解面からも考えられる。

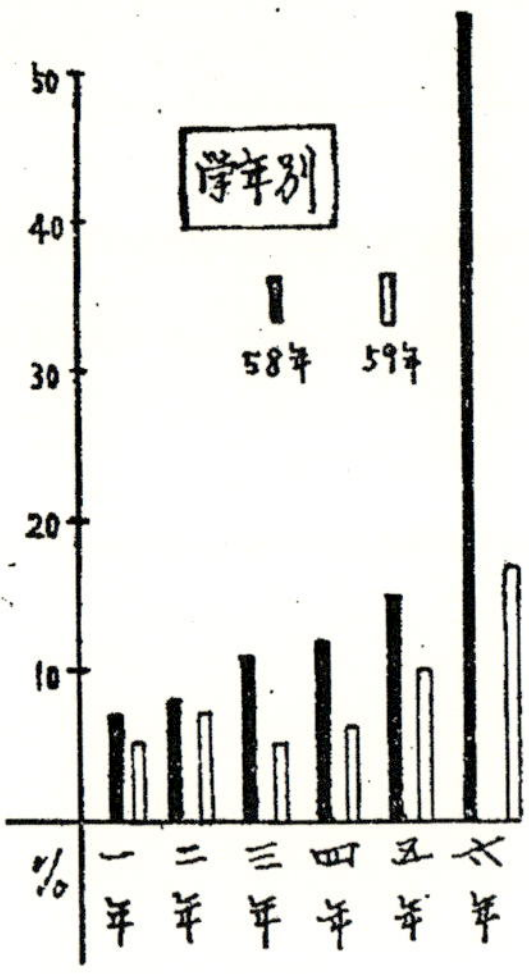

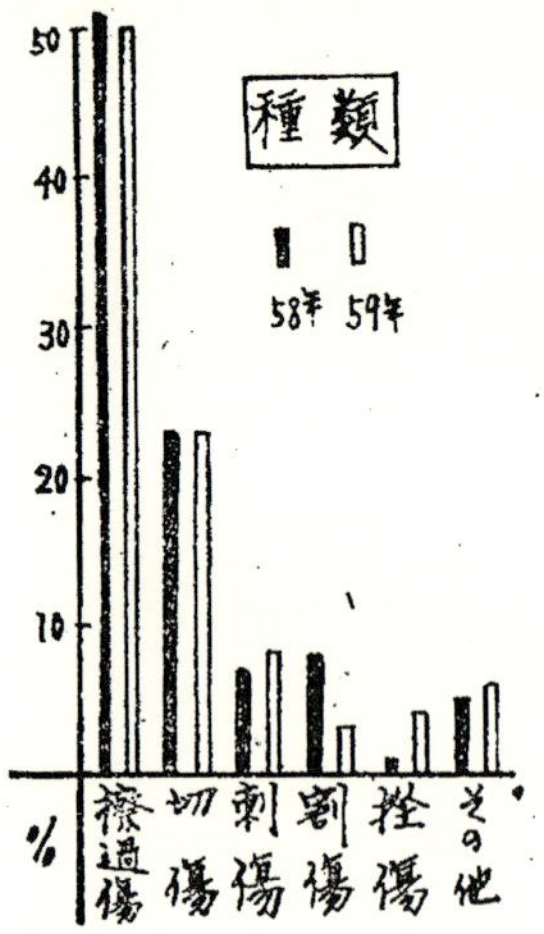

傷害発生の状況

一九五八年度に取扱った者は、二六一件でその間の授業日数、一五〇日一日平均一七件、一九五九年度は、一八〇件、授業日数七六日一日平均二、三件の割で、去年に比し、今年は増加している。以上の結果より総括的な諸要因を探究してみると、

1 児童自身に原因がある場合

(イ) 本人の不注意によるもの

(ロ) 協応動作の鈍いもの

(ハ) 規則を守らないもの

(ニ) 未熟練によるもの

(ホ) 服装不備によるもの

(ヘ) 自己の不健康によるもの（精神的肉体的）

2 環境に原因がある場合

(イ) 施設の不備によるもの

運動用具、校舎（校具）の破損、老朽、危険物の散乱、校地の狭溢、運動場の不整備、

3 生活指導、安全学習の系統的な指導が不十分

かかる現状から系統的な安全教育の実施が必要である。

対策

1 生活指導の徹底

2 環境整備による予防策

3 教育学習時における指導徹底

4 地域社会、PTAの協力と外傷予防指導

以上の対策のもとに安全教育の立場か

ら指導実践を徹底してつみかさねていけば、ある程度傷害は予防し得る。文化の進んだ先進国においては、安全教育がいかに真剣に考えられ、とつくまれているかこの点今後大いに学ぶべきところだと思います。

むすび

児童憲章の一節に「児童はよい環境の中で育てられる」と示されてあります。よい環境とは、どんな状態をいうのでしようか、先ず第一に、安全な場ではないかと思います。「人権の尊重ということは、憲法や教育基本法にもかたく約束されており、子どもの生命を保護育成することは、学校教育の根本であり、安全教育、安全管理は学校教育活動のすべての画に一貫して立てられなければならない

またその実施にあたつては、職員一同よく児童の実態を見つめ、環境の整備につとめて、事故防止に努力しなければならない。

このようにしてこそ父兄は、児童を安心して学校に任せることができるわけで安全管理の推進は、学校に対する信頼感を高めることである。尚学校と家庭、更に地域社会にこれが浸透してゆくよう心がけていくのは、これからの重要な任務ではなかろうか、綿密な注意のもとに、子どもが安心して学校生活を送れるようぜひとも政府で活発なる安全対策委員会を設定し、その保証をこうじてもらいたい。

このことは現状の沖縄における緊急なる課題と思う。又社会福祉の上から、児らの幸福を守っていく意味からもぜひこの推進を切望してやまないものである。

卒業後の状況調査

高校

1959年7月1日現在

項目	種別	計		大学		短大		大学短大に志願した者	
		男	女	男	女	男	女	男	女
進学状況	公立高校	454	429	410	224	44	205	1089	658
		883		634		249		1747	
	政府立高校	205	75	147	17	58	58	313	90
		280		164		116		403	

項目	種別	計		進学		就職		その他	
卒業後の状況	公立学校	2441	2101	454	429	571	596	1416	1076
		4542		883		1167		2492	
	政府立学校	1922	916	205	75	1183	597	534	244
		2838		280		1780		778	

進学状況

1959年7月1日現在

高校 %	(大学)	(短大)
公立	71.8	28.2
政府立	58.6	41.4

卒業後の状況

(7月1日現在)

	%	(就職)	(進学)	(その他)
高校 公立	1957学年度	31.1	25.3	43.6
	1958 〃	25.7	19.4	54.9
高校 政府立	1957 〃	78.3	11.5	10.2
	1958 〃	62.7	9.9	27.4
中校	1957学年度	35.0	49.4	15.6
	1958 〃	30.2	47.7	22.1
地区別中校	糸満	50.1	36.4	13.1
	那覇	9.3	59.3	31.4
	知念	39.4	44.7	15.9
	普天間	15.4	56.7	27.9
	コザ	13.1	61.5	24.8
	読・嘉	18.2	53.9	27.9
	前原	32.5	44.8	22.7
	石川	41.8	53.0	5.2
	宜野座	26.0	54.5	19.5
	名護	41.4	38.2	20.4
	辺土名	21.1	46.1	32.8
	久米島	30.9	38.4	30.7
	宮古	52.3	36.0	11.7
	八重山	45.1	40.2	14.7

学園の緑化計画と実践について

北谷小学校長　比嘉恒夫

一、所在地　コザ市字山内大道原七〇七番地

二、本校沿革の概要

戦前北谷村のほぼ中央、平安山という部落にあった北谷尋常高等小学校を前身として、一九四七年四月二十八日職員五人、三学級、一四五名の児童でこの土地に開校、

比嘉恒夫氏

戦前この地は山林原野及び岩石などが起伏し地形の複雑なところで、時たま草苅人がやってくるという人気遠いとても淋しいところだった。

何しろ山の上は南側の校舎の二階よりも少し高かったほどで、かような地形を根気強く年次計画をたて、整地してやっと現在の広さにまでこぎつけている。全くもったいない話だがせっかく植付けられた防風林も校舎建築や道路工事などで伐りとられたことが過去において幾度となく繰返えされてきたが、五七年以来やっと校地の輪廓が整ったのでその線に沿うて本格的な植樹計画を実施している。

三、長期の綜合計画

〇毎年度、木麻黄、桜、芝生などの植付計画を立て、最低学校の周辺に木麻黄の生垣をめぐらし、又桜が少なくとも一〇〇本以上なるように、毎年木麻黄二〇〇本、桜一〇本を植え又奉仕作業の度に芝生の植付にも努め将来緑の学園にしたいと念じている。

木麻黄の生垣完了する（三か年計画）

	（本数）	（距離）長さ	（植付年月日）
南側	二〇七	六二米	五七、五、二九
東側	二四〇	八〇	五八、四、一四
北側	二七〇	九〇	五八、四、一四
西側	二〇〇	六〇	五九、二、二四
	（九一七本）	（二九二米）	

〇村役所と相談し、毎年日本本土から教材用植物やその他珍らしい種苗を配給して貰うようにしてある。

〇学校に特に関心の深い父兄の協力を得て、あちらこちらに交渉して種苗を貰い受けるようにしている。

〇毎年卒業前に卒業記念木を卒業生一人二本宛植えるようにしてある。

〇普天間連合地区として毎年国頭からまとめて櫻などを購入植栽する計画になっている。

四、児童に対して緑化思想涵養のための計画

〇信　条

(イ)豊かなうるおいのある美しい学校にしよう。

(ロ)気は木を育て、美は気を和げる。

(ハ)心なき草木は心ある私達の愛の手で育てましよう。

(ニ)ステップ、バイステップ一歩一歩着実に。

〇各教科と関連して計画実践したことがら

(イ)国語では「緑化について」作文と標語をかかせて作品を展示した。四年生の学級園の立札「草花の名」をローマ字にて記入。

(ロ)社会科として植林の効用について学年相応に指導をした。森林、泉の源、水害、崖崩、漁業などとの関連

校門前に築山の手入を入念にする教師と父兄
遙か見える木麻黄の生垣が特色　207本 62mの長さ

(ハ)算数では、求積を指導する為に花園の設計に充分考慮をした。いろいろな形の花園

(ニ)理科では学級園（教材園を兼ねた）を

づくり栽培、観察させた。

(ホ) 保健体育では私達の健康管理の上から如何に緑を見るということが大切であるかを強調し、夏に行う林間学校などの教育的意義について指導した。

○特別教育活動との関連

(イ) 各学級で学級園の栽培、管理

(ロ) 学校子供会に環境整備部をおき、各学級特に下級生の指導と特別区域の植木の管理に当らす。

五、緑化実践について

○植樹後の管理計画

(イ) 職員及び学校子供会、又各学級毎に環境整備部をつくり一連のつながりをもたせ管理組織を強化する

(ロ) 欠株ができたときその管理該当学級に連絡をなしすぐ補植をするようにしている。

○植樹後の保護管理について

(イ) 各学級と子供会の環境整備部の生徒が教師指導の助言の下に責任をもつて保護管理に当る。

(ロ) 夏休み、冬休み、春休みなど（授業を行わざる時）における管理

• 三年以下の各級では夫々管理名簿をつくり、実践させ事後の処理については、学級毎に話し合い反省会をもつた。

台風後木麻黄の立直しに余念のない父兄（裏門の附近）

• 四年以上の管理当番名簿は職員室に保管し、日直の職員が当番にきた児童の実状をよくみて確認押印、実践した。事後の処理については……次のとおり。

（例）一九五九年度なつ休みの成績

1、実態（灌水並に管理状況）

○学校全体（四年以上とりあげた）

五六・六%

○学級別

一位六の二（六八・九）　二位六の三（六六・二）　三位五の一（六四・六）

2、表彰の方法

○表彰　三位まで

○期日　九月十四日（月）朝会時

○授与　賞状を与えて激励をした。

○苗木の確保に努力した点

(イ) 苗床と苗圃を準備してある。

(ロ) 村役所の苗床から配給を受け、又コザ農研指導所と連絡提繋指導をうけ苗木の確保に努力している。

(ハ) 父兄によびかけ奉仕作業の度毎に自主的にもちよるようにしている。

○適地、適木の面から樹木の選定に配慮した。

(イ) 校地全体として土質は非常に悪いのだが、学校自体で奉仕作業の度毎に父兄に呼びかけ植付ける前に客土をした。

(ロ) 気候、風土の上から沖縄特産（例デイゴ、ガジマル、アコー、ビロー琉球松など）を選定し美化と保健の面から（例、貝塚伊吹、耶子、ありか耶子、さるすべり、ひばの類、クロトン各種など）を選定した。

○植付後の活着状況について

五七年、五八年、五九年の三か年間を通じ、九九%以上の好成績である。五七、五八、二か年とも暴風らしいのがなかつたせいもあろうが、植付前の客土とそれから職員、児童の日々まめな灌水と管理が大いによい結果をもたらしていると思う。児童は卒業後も、自分の育てた木麻黄又は学級園の草花を見守り学校を訪問するというよい習慣ができている。

○学校花壇及び学級花壇の設計管理について

学校花壇及び学級花壇（教材園を含めた）は位置と面積とを考慮に入れて設計にくふうをした。

(イ) 学習指導の面、例えば算数の求積と関連

三角形、四角形、長方形、正方形、平行四辺形、円形、台形、扇形など

(ロ) 美化の観点から

裏門の庭園などこじんまりとしたロータリーをつくり変化にくふうをこらした。

(ハ) その管理に当っては各担当の管理組織を通じ自主的にやりよい成績をあげている。

○毎学期一回校内美化コンクールをやつている。

(イ) 方法―三区分

学級対抗、低学年（一、二年）中学年

(三、四年)高学年(五、六年)

(ロ) 審査項目

。管理組織　。花卉の種類　。配置

。管理状態など

(ハ) 審査について

自分の担当している学年の審査はしない。

低学年は高学年に、中学年は低学年に、高学年は中学年に

(ニ) 表彰について

朝会時に低、中、高学年よりそれぞれ一を表彰する。

○父兄の学校環境整備に対する協力状況

(イ) 年間、最小限六回の奉仕作業を計画実践している。

(ロ) 奉仕作業をお願いするときの通知状……別紙(省略)

(ハ) 年間を通じての実態は一九五八年度の学校通信第十号でご紹介したい。毎年九〇%以上の成績である。

その他グループによる自主的な労力奉仕のあることもまた特長である。

○職員児童一人当本数　二・八本

○学校通信第十号　(原文のまま)

○一九五八年度をかえりみて

一九五八年度を通じ皆さま方が学校づくりに尽くされましたおしらせを致します。

第一回　六月一日(日)

五六年の父兄全と四Aの父兄　九七人

。全学級の花園造り

。公民館跡の地均し及び土運搬

第二回　七月六日(日)

五、六年四A父兄の残り　二、三、四(B、C)の父兄　一三三人

。裏門のところ四ABCの花園造り

。ガジュマル七本植樹

。五C教室の茅かけ(日覆作業)トタン仮教室の為

第三回　七月二〇日(日)

二、三、四(B、C)の残り父兄及び一年生幼稚園生の父兄　九八人

。運動場への芝生植付完了する。

第四回十二月七日(日)

三、四、五、六年の父兄　二二三人

。公民館跡の土台取除き及び地均し

。鉄棒前の砂場づくり

。幼稚園教室前の排水溝の埋立て

。裏門入口の花園づくり

。幼稚園南側の排水溝づくり

。東側道路の補修

。塵捨場周辺の美化

第五回　一九五九一月二五日(日)

四、五、六年の父兄残り　三五人

。緊急臨時奉仕作業

。憲兵隊より水道布設してやるとのことでそのための穴掘作業完了

第六回二月一日(日)

一、二、三年の父兄で前に出席できなかつた人　五八人

。校地西側のバラ線はり

。校門内側通路の整地

。木麻黄植付準備(穴掘りと客土)

。教室破損個所の修理

。職員室並びに鉢植を並べる棚造りなど

以上あらまし申し上げましたように年間六回で延奉仕人員が六四四人ということになつています。なかにはご通知を差上げないけれども、仕事のある度毎に応援をして下さいました方々や又数名、グループによります殊勝な行為のあつたことも申添えておきます。かような麗しい父兄の協力体制は実に本校区の美点でございます。学校環境が着々ととのいつつある今日おかげさまで、本校には一輪の花でもちぎるような児童は一人もいません。美しいものはみんなでながめようという立派な心掛ができ、又公共物の愛護ということについても小学校の児童なりに自覚しつつあります。今更ながら私は「環境は教育に優先する。」ということをつくづく感じました。去る二月二十七日の校庭施設コンクールにおいて、或審査員いわく「君達の学校は実にこじんまりしてしまりのある美しい学校だね。」「よおあんなモクモウやいろいろな草花がちぎられないで……何か秘決でも」「この学校には問題児などいないでしょうね……」云々私達は勿論こういった批評にも耳をかたむけ、但し私達はこの言葉に慢心することなく生々発展限りない児童の成長の為に「ステップ　バイ　ステップ」いよいよやせ馬にむち打つ覚悟でございます。かえりみて一九五八年度は心からなる皆さまの学校愛のほと走りによりまして学校環境が一段と整備されましたことにつきまして衷心より感謝を申し上げます。

一九五九年三月十日

北谷小学校長　比嘉　恒夫

殿

新しい指導要領による
ローマ字のとりあつかいについて

仲里中学校　Ôyama - Takasi

１2月８日、学校教育課の吉浜主事から、「ローマ字学習指導の具体的方法その他」について書け、という注文をうけた。とたんに、しようじきのところとまどつてしまつたのである。いままでいちどもローマ字の学習指導をしたことがないからである。

そういうわけだけから、わたしは、表題について書くなんの材料もないし、また資格もないわけである。しかし、せつかくのご好意をぼうにふるにしのびず、考えてみたところが、表題の末尾に、「その他」とあるのに気がついた。「その他」のなかには、たぶん、「ローマ字学習指導についての意見でも書け」ということも含まれているのだろう。と自分かつてに解釈して、がらでもないのに恥をしのんであえて筆をとつたのである。

いまひとつの理由は、きよねんの秋からことし春にかけて、研究教員として、本土の学校を半年もの間見せてもらつたので、その恩返しのいく分の一にもなろうかと考えたからである。

Ｉ　はじめに

新しい指導要領によつて示されたローマ字の学習は、第4学年以上の学年において、すべての児童に必修させることになつている。またローマ字のあつかいについては、国語学習の一環としておこなうことになつている。この必修ということは、ちぐはぐであつた今までのローマ字学習の姿が、正しい姿になつたことである。ややもすれば他教科のおぎない時間にすりかえられていたローマ字のべんきよう（時間）が、そうされなくなつたことであり、日かげものにされ、ままつ子あつかいをされてきたローマ字が、新しい日本のにない手である正子（ただしい日本の子）としてみとめられたことである。

新しい指導要領に示された時間数は、いろいろないきさつがあつて、今までの$\frac{1}{3}$にちぢめられてはいるが、中味までがちぢめられたのではないと思う。（教科書がなくなり、国語の教科書のなかに入れられたのは、ローマ字も国語教育のにない手になつたことを意味しているのである。しかし、分量などはページのセイゲンもあつて多少はすくなくなるであろう。）

時間は$\frac{1}{3}$にちぢめられようが、教科書がなくなつて、分量はすくなくなろうが、わたしたちは、『国語教育の一環』として、ローマ字学習をまえむきの姿せいで、おしすすめていかなければならないと思う。時間の問題にしても、分量の問題にしても、新しいＣ・Ｓ（教育課程）を 正しく読みとつたならば、そこには、今までよりも自由な、そして、ローマ字の特性をじゆうぶんにいかした国語学習ができることを見いだすことができるであろう。

そこで、問題になつている、新しいＣ・Ｓによるローマ字のあつかいかたをどう考えていかなければならないかを、はつきりさせていくためには、26年度のＣ・Ｓをもう一度ひもといて、新しいＣ・Ｓの中味とよみくらべ、比較ケントウしてみる必要がある。そして、その上で、新しいＣ・Ｓで示された目標、内容、事項、指導計画の方針などから、もう一度、今までじつさいにあつかつてきたローマ字の学習のなかみとをむすびつけていかなければならない。そうすることによつて、あたえられた20、10、10時間での ローマ字の指導内容と計画が なんであり、どうもつていかなければならないかがはつきりしてくると思う。

以下、26年度のＣ・Ｓと、目標や、内容を比較しながら、自分なりの考えをさしいれて、ローマ字のあつかいかたをはつきりさせたいと思う。

なお、中学校におけるローマ字学習については、新しいＣ・Ｓに三、「指導計画作成および学習指導の方針」の（6）に、「ローマ字学習については、小学校において学習した事項を、適宜、 応用するように指導する。」とだけで、 べつに、なにもいつてない。教育課程審議会の「答申」には、「ローマ字学習については、将来、慎重に研究すること。」とある。だから、中学校の場合、いまのところ、どうもはつきりしたことはつかめないように思う。したがつてここでは、小学校におけるローマ字のあつかいかたにかぎつて私見を述べることにしたいと思う。

Ⅱ ローマ字学習指導についての考えかた

26 年 C・S

。ローマ字の学習指導を国語教育の一環として行うとする人たちのために。……。

。ローマ字の学習指導をつうじて国語力の充実をはかり、国語生活の改善に資することができる……国語学習指導の中で一つの重要な位置を占める。

目　標

1 ローマ字を読みこなす力をやしなう。

2 自分の考えをローマ字で書きあらわす力をやしなう。

3 ローマ字がきのきまりを身につけて、正しく表現する力をやしなう。

4 気軽にローマ字をつかう習慣と態度をやしなう。

。ローマ字教育が国語教育の一環としておこなわれるかぎり、小学校におけるローマ字学習指導の目標は、一般的には、国語学習指導の原則にそって、ローマ字が表音文字である長所を生かし、これをじゆうぶんにつかいこなす力を身につけさせることである……。

36 年 C・S

。ローマ字指導は第4学年以上において、すべての児童に必修させること。

。国語学習の一環としておこなうこと。

。独立した教科書をつかわないこと。

。学習指導の時間数がへったこと。

目　標

1 日常生活に必要な国語の能力をやしない、思考力を伸ばし、心情を豊かにして、言語生活の向上を図る。

2 経験を広め、知識や情報を求め、また、楽しみを得るために、正しく話を聞き、文章を読む態度や技能をやしなう。

3 経験したこと、感じたこと、考えたことをまとめ、また、人に伝えるために、正しくわかりやすく話をし、文章に書く態度や技能をやしなう。

4 聞き、話し、読み、書く能力をいっそう確実にするために、国語に対する関心や自覚をもつようにする。

新しいC・Sの目標を達成させるためのローマ字学習の役わりは、じつに大きいものがある。とくに3、4（3はわかりやすい表現、4は国語国字の問題に関係して）の目標を達成させるためには、ローマ字をつかった国語学習でなければ、達成できない面がおおくあると思う。

したがって、新しいC・Sでかかげた4つの一般目標でねらっている態度能力をじゅうぶん身につけさせなければならない。その態度能力を身につけさせることによってのみ、ローマ字が必修になったという意義がみとめられ、国語学習の一環としてあつかわれるカチがあるのであろう。

Ⅲ 小学校におけるローマ字学習指導の目標

1 ローマ字文への興味を発達させ、自発的にローマ字を読む習慣と態度をやしなう。

2 ローマ字がきのきまりを理解させ、読む人に誤解をおこさせないように、また、読みにくさを感じさせないように、わかち書きをして書く習慣と態度をやしなう。

。新しいC・Sでは、・それぞれの分野（きく、はなす、よむ、かく）の一般目標は示していない。左にあるような目標での内容は、いままでにすでにそつぎようしているはずである。

ローマ字で書く場合、わかちがきするのは、すでに常識になっているはずだが、現状はまだよくおこなわれていないという。その意味でも、この26年のC・Sの目標はもう一度みなおし、にんしきしなければならないものだと思う。

Ⅲ 各学年の指導目標と内容

（A）第４学年

読むこと

1 はじめて読む文を、1分間35語以上の速さで読むことができる。

2 一目見て読みとれることばの数が最小限70語ぐらいになる。（ただし活用形やその他の変化した形は含まない）

3 習わないことばでも読むことができる。

読むこと

1 正確に読むとともに、読む速さをますことができるようにする。

2 読むために必要な語句を、いっそうますようにする。

3 読む量をふやし、読みもののハンイを広げるようにする。

。ローマ字で書いた語やかんたんな文などを読むこと。

。文章をだんらくごとにまとめて読むこと。

。わからない文字や語句を文脈にそって考えること。

書くこと

1　印刷体またはマススクリプト体を用いて書くことができる。

2　文の初めに、大文字をつかうことができる。

3　よく書き慣れた短い文を一分間40字以上の速さで書くことができる。

4　1cmの間かくのけい線の中に、大文字も小文字も正しく書くことができる。

5　住所、氏名、年月日、助詞などは自由に書くことができる。

6　固有名詞のあとへくる「さん、さま、くん」を正しくわかちがきすることができる。

7　日常よくつかわれることばの語尾の変化形が正しく書くことができる。

8　日常よくつかわれることばを正しくわかち書きすることができる。

9　はねる音と、そのつぎにくる母音またはYを切りはなして発音する場合には、〔，〕(アポロストト)をつけることができる。

10~13　へ・？，…をつかうこと…をつけること…をつけておくこと…を入れて書くことができる。

書くこと

1　文章を書くために必要な文字や語句をますようにする。

2　文を書く意欲を高め、目的をはっきりさせて書くことができるようにする。

◦ローマ字で語やかんたんな文を書くこと。

◦ローマ字につかわれるおもな符号のつかい方を理解する。

◦上に示す指導事項のほか「全国に通用する　ことばで文章を　書いたり、また話したりするようにつとめること」も望ましい。

•文字の大きさや配列に気をつけて書くこと。横書きになれること。

•上に示す事項のほか「メモをもとにして　書く習慣を　つけること」などについて指導することも望ましい。

ことばに関すること

1　語句の組み立てについて注意を向けること。

2　文の意味の切れ目やことばのかかり方について、いっそう注意すること。

3　全国に通用することばと、その土地でしかつかわれないことばのちがいを理解する。

「ローマ字で習いた語やかんたんな文などを読むこと。」とあるが、書くことの内容でいっているローマ字の符号は、いったいどこで理解させればいいだろう。たとえば、Watasi wa Hanako desu. のようなかんたんな文では、〔，〕をわからせることはできない。ここでは、当然、〔，〕をつかえるだけの文が必要になってくる。すると、このかんたんな……という文は、じつにあいまいな文になってくる。(これは大きなむじゅんである。)

また、かんたんな文だからといって、音にかえて読めばいいと考えていいだろうか。読むということは、書かれたものをたんに音声化することではない。一年生には一年生のかんたんな文での指導があり、四年生には四年生の指導が発達だんかいに応じて考えられねばならないはずである。(新C・Sのことばに関することの1、2などは、とくにみっせつなかんけいのあることである)

また、26年のC・Sも「読むこと」の3でいっていることは、ローマ字であるからこそできることで、漢字まじり文で考えられるようなむずかしいことではない。したがって、かんたんな文…になったからといって、そこまではできないということはおかしい。

こうして、一つ一つの内容をくらべてケントウしていくと、ここにのせられている新C・Sの内容のほとんどが、今までの40時間内でやってきたローマ字学習で、力を入れてやってきたことである。したがって、こうした指導は、これからは国語学習の時間として計算していかなければならない。

(B)　第5学年

読むこと

1　はじめて読む文を1分間55語以上の速さで読むことができる。

2　一目見て読みとることばの数が200~350語以上になる。

3　いろいろの種類の文を読むことができる。

4　イタリック体、ゴシック体のつかいかたがわかってくる。

5　一目見て読みとれることばのハンイが広がり、たとえば慣用句などはできるだけすぐ読めるような習慣ができる。

6　いろいろなフゴウのつかいかたがわかる。

7　読む速さをますことに興味をもつようになる。

8　わかち書きのちがいによって意

読むこと

1　調べるために読むことができ、また、味わって読むことができるようにする。

2　わからない語句の読みかたや意味を自分で調べることができるようにする。

3　読み物のハンイを広げ、読みものを自分でえらぶことができるようにする。

◦第4学年で　学習したことのうえにたって、カンタンなローマ字の文章を読むこと。

•書き手の意図や文章の主題をとらえること。

◦自分の生活や意見をくらべながら読むこと。

◦自分の読書の反省をしてその向

味がかわることに気づくようになる。 9　ほかの式のつづりかたのローマ字文を読むことができる。 10　文字の名まえを読むことができる。	上をはかること。
書くこと 1　かんかくが0.9cmのけい線の中で、文字と文字の間をもつて書くことができる。 2　よく書きなれた短い文なら、見ながら 1分間60字以上の速さで書くことができる。 3　聴写することができる。 4　自分の書いたローマ字文が読みやすいかどうかを批判することができる。 5　接頭語や接尾語を見わけて書くことができる。 6　ふつうにつかう略号を書くことができる。 7　数詞と助数詞の書きかたが正しくできる。 8　地名の 書きかたが正しく できる。 9　つまる音を示す〔，〕が正しくつかえる。 10　かんたんな手紙、日記、プログラム、図表、説明書などを書くことができる。 11　アルファベット順に二字または三字目まで 利用することが できる。	書くこと 1　文章を書く技能をのばし、かなり自由に書くことができるようにする。 2　文、文章の組み立てや、語句のつかいかたに注意して書くことができるようにする。 3　文章を書く必要性を意識し、それに応ずることができるようにする。 。わかち書きに注意してローマ字の文を書く。 。ローマ字につかわれるおもな符号について理解する。 ・書かれた文字の形、大きさ、配列などのよしあしを見分けること。 ・書式にしたがつて書くことになれること。 ・すいこうすること。 ・だんらくのはつきりとした文章を書くこと。 ・主旨のはつきりした文章を書くこと。 ・必要に応じて、文章をくわしく書いたり、かんたんに書いたりすること。 ことばに関すること 1　語句には、 つかい かたのうえで、いろいろな種類があることに気づくこと。

	2　文における主述語の関係、修飾の関係に注意し、また文と文の接続、文章におけるだんらく相互の関係なども注意をむけること。 3　全国で通用することばで書くようにすること。

五年生になると、26年C・Sのねらつていることが、36年のC・Sの学習内容とたいへんにてきていることに気づく。このことは四年の入門をおわつたローマ字指導は全力をあげて、国語の能力をたかめるために、つとめてきていたことにあると思う。新C・Sでつけようとする力は、ここで急にやろうとしてもできないものがたくさんあるということである。四年でつちかつておかなければならないが、10時間という中で有効に伸ばしていかなければならないわけである。

（C）第 6 学 年

読むこと 1　はじめて読む文を、一分間80語以上の速さで読むことができる。 2　一目見て読みとれることばの数が40語以上になる。 3　符号のつかいかたがよくわかる 4　単語集をつかうことができる。	読むこと 1　目的に応じているいろいろな読みかたができるようにする。 2　よいものをえらんで読む習慣をつける。 。第五学年で 学習した うえにたつて、かんたんなローマ字の文章を読むこと。 ・読みものの内容と読む目的に応じて、それに適した読みかたをすること。 ・書かれていることの中の事実と意見を 判だんしながら 読むこと。 ・文章の組み立てや叙述にそくして読むこと。
書くこと 1　よく書きなれた短い文を見ながら一分間70字以上の速さで書くことができる。 2　接頭語、接尾語をつけたり、二	書くこと 1　書くことを身につけて、生活に役立てる ことができるよう にする。 2　文章の組み立てや語句のつかい

つ以上のことばを組み合わせたりして新しいことばをつくり、正しくわかち書きすることができる。 3　いろいろな文を書くことができる。 4　アルファベット順に配列することができ、また、それをつかうことができる。	かたについてくふうするようにする。 ・3　目的に応じていろいろな文章を書くことができるようにする。 。正しくわかち書きして、かんたんなローマ字の文を書くこと。 ・目的に応じた書きかたを考えること。 ・効果的に 表現しようと すること。 ・書くことによって自分の考えを深めること。 ・文字の点画が乱れないように注意して正しく速く書くこと。 ことばに関すること 1　ことばの抑揚のちがいに関心をもつこと。 2　語の由来 などに関心を もつこと。 3　文と文の接続、文章におけるだんらく相互の関係などに注意すること。 4　必要な場合に全国に通用することばで話すこと。

六年生になったから正しくわかち書きする。それまでは正しくなくてもいいというのではない。正しいわかち書きは、四年生の入門から習慣づけておかなければ、六年生になって急にしようとしてもできないそうだんである。

正しいわかち書きは、つねに語と語の関係（センテンス）、文と文、だんらくとだんらくの関係などから判だんさせ、意識づけていかなければならない。五年生に引きついで、ローマ字の時間にあつかわねばならないものがたくさんある。

新しいC・Sから見ても、ローマ字の読み書きは完全にできなければならないことがうかがわれるであろう。

V　む　す　び

新しい指導要領によるローマ字の位置づけは、一応、各学年の指導内容ABにわかれているBの「ことばに関する事項」の中にはいっている。しかし、この中の内容は、指導計画作成および学習指導の方針の（4）「ことばに関する事項は、聞き、話し、読み、書くの中に含めて指導するのを原則とする」とはっきり示されている。

さらに、学習指導については、「児童の必要と興味と能力に応じて話題や題材を選定し、聞き、話し、読み、書く活動を有キ的総合的に展開されるように計画を立てる。その場合に、目標を明かにし、指導の中心をはっきりさせておくことが必要である。」と基本的な方針が示されている。

したがって、ローマ字の指導計画を立てていくときの20、10、10時間のとりあつかいかたについては、今までのような（40時間）ローマ字指導の時間の計算のしかた（考えかた）とはかわってこなければならない。今までローマ字の時間にあつかわれていた指導内容は、大部分国語学習の時間として計算されて（考えられて）いくことになる。

そのうえ、「発音とか文字などのように、くりかえし練習させることが必要なものについては、とくにそれだけをとりあげて学習させることができるように計画を立ててもよい。」となっている。このことは、とくに、ローマ字の入門期にとってたいせつなことで、二週間に一度しかローマ字の時間をとらないから、ローマ字指導はむずかしいなどというぬけ道をなくしようとしている。と考えられる。

とにかく、ローマ字の学習は（および指導は）20時間では（5年6年は10時間）おぼえられるものではない。国語学習の中へ有キ的総合的にとりいれてあつかってこそ、おぼえられ、つかえるようになり、国語の力をつけていくためのものになるということを忘れてはならないと思う。

具体的な資料である教科書ができるまでに、自分の考えを明かくにし、出された教科書にふりまわされないだけの見とおしをもちたいと思うのである。

鼓笛隊の指導

城西小学校　玉　木　　繁

(1) 目　的

1　団体行動の秩序になれさせる。

2　音楽リズムに合わせて正しく歩行する練習をする。

3　児童の旺盛な気分を体現，リズムを通し音楽演奏によせて開放する。

4　教室内での音楽を広く室外にもち出し生活の場に活用する。

5　音楽経験をより豊かにする。

(2) 鼓笛指導の留意点

1　リズム楽器，メロディー楽器の演奏は歩行に合わせて同時練習をする。

2　リズム指導に当つては，リズム呼称の約束をして行うと興味深く，しかも容易に理解できる。

3　指導に当つては，常に全児童を対照として楽器の準備をなし，固定した特定な児にかたよらせない。

4　経験の場はみんなが同じように得られるようにする。

5　指揮の方法をおぼえて，その指示通りにする。

(3) 鼓笛バンド組織の経過

◦たて笛について

たて笛は，息の使い方とタンギングを指導すれば，ハーモニカよりも楽であるし，音がやわらかで合奏にもおもしろい味わいが表現できる。

歌唱の呼吸とも関連があるので，その方面ともむすびつけて指導することができるし，作音楽器としても児童の耳を訓練する上に非常によい楽器である。

改訂指導要領にもあるので，4年以上たて笛を購入するよう校長先生が，父兄に呼びかけて下さつた。

4月，一齊に購入させてから，結果をあせりすぎて無理なシステムにならぬよう，アマリリス，日の丸，靴が鳴るの練習に入つた。さぐり吹き段階から視奏がきくようになつたので，希望の虹の曲の練習をさせてみた。（6月頃）

◦リズム楽器について

普通の授業時間に，ステツク（撥）を使つて，その握り方から，リズム打ちに入つた。

例　「靴が鳴る」の前半

①　両撥同時打ち

②　一つ打ち（交互打ち）

注　◦は右手

×は左手

⨯は左手の空振り

上述のリズムが打てるようになつたら，オルガンで靴が鳴るの前半を演奏して合奏する。

◦クラブ活動的編成

7月に湯浅電池提供の学校音楽コンクールがあり，この出場を機会に6年の各学級より5名平均選出して30名のステージ・バンドとして出場した。

◦学年単位としてのバンド編成

10月に入つて本校運動会に，児童自身の演奏で行進することになつた。

全体入退場はすべて4年以上の鼓笛で行つたが，特に6年は全員で鼓笛隊を編成し，去年東京で開かれた第三回アジア大回の鼓笛パレードを再現させ（まねごとでも）て児童自身により深いよろこびとほこりを持たせるようにした。

――研　　究――

本校の運動会であつた10月25日は，東京でも国体が開かれており，時を同じうして東京と沖縄で鼓笛パレードが行われたということに児童もＰＴＡの方々もまた，ひとしお感銘とよろこびを感じたことと思う。

(4) 行進の指導

○ 行進の方法

・演奏順序と方法

多数の児童が同一の行動をとろうとするのであるからまず演奏についての約束をおぼえることが大切である。

① 前進開始の約束

② 笛をかまえる時の約束

③ 前奏の約束

④ 演奏やめの約束

⑤ 止まれの約束

⑥ 曲の演奏順序の約束

次に演奏開始までの一例をあげる。

〔例〕

前　奏：第1曲：前進開始

笛（指揮者）　　大太鼓

前奏：第2曲：|――→

・行進の姿勢

前かがみになりがちで，特にひざのまがるのもだらしなくみえるのである。

① 顔をあげて指揮棒を見て歩く。

② 胸をはつて姿勢を正す。

③ ひざをのばして歩く，特に鼓隊はひざをのばして行進演奏する。

・行進中の体列のせいとん

① たて，よこが整然とした線をもつて歩くことの練習。

② 左折，右折の時の体列の保ち方のけいこ。

③ 密集体形での行進。

④ 距離間隔をとつての行進。

楽器を演奏することと歩くことが同時なので体列が乱れ易いので十分練習が必要である。特に困難なのは横の列であるから横の整列に留意したい。

○ 体　　列

・鼓笛隊の整列体形

鼓笛バンドの編成人数や楽器の数によつて並び方が変つてくるので，これでなければならないというものではないから全体の順序を次に示す。

① 指 揮 者

② 大太鼓，シンバル，リラベル

③ 中 太 鼓

④ 小 太 鼓

⑤ 副指揮（列外に出て歩く）

⑥ ア　　コ

⑦ 笛　　隊

四　列編成の場合の例をあげる

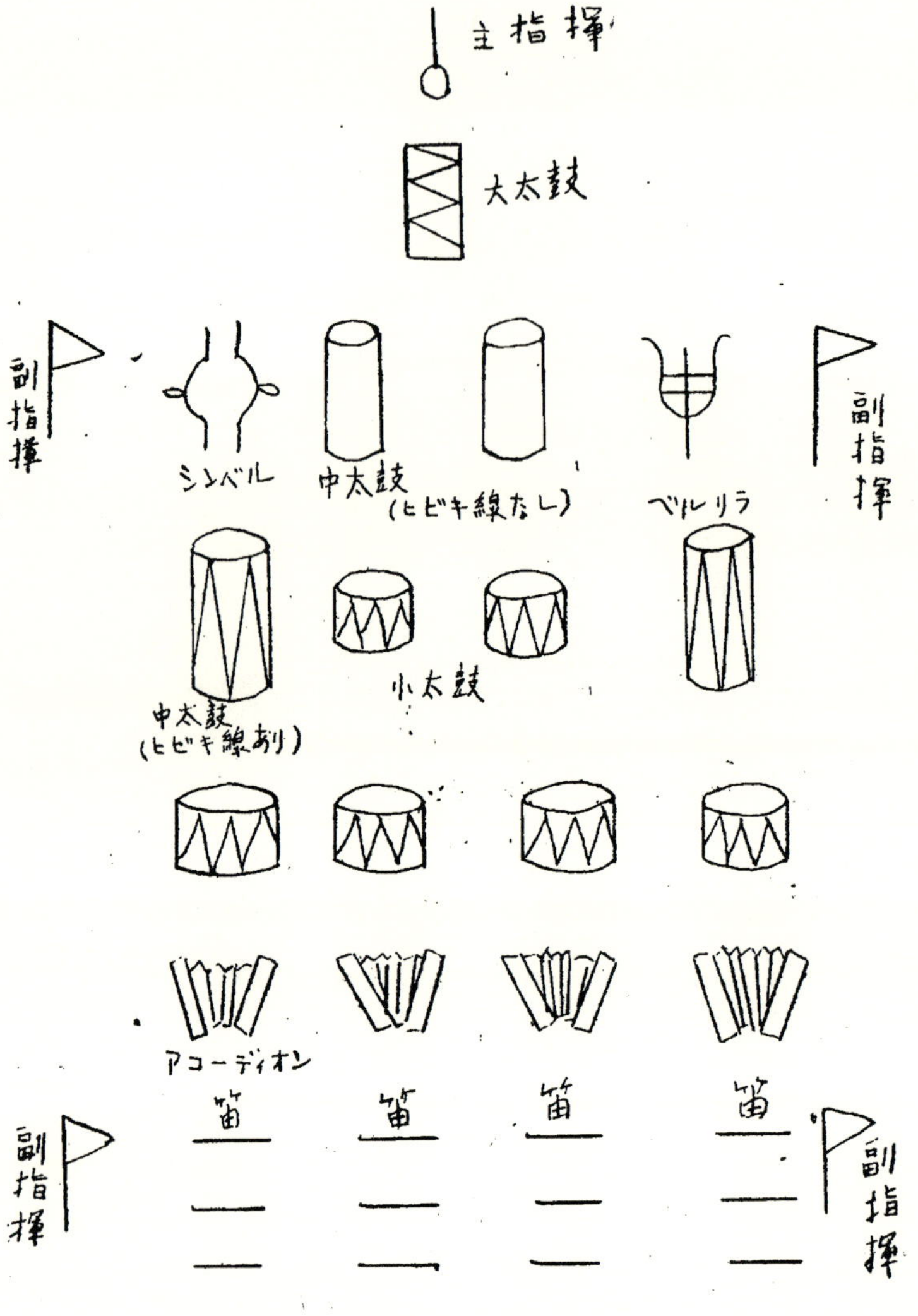

大太鼓が四列の中央を歩くようになるので体形をとるのに稍困難がある。主指揮者を太鼓の右へさげると，第一列が二人になり間を歩くことがなくなるので整列し易い。

これは四列が一隊のみで行進する場合の体形である。横に隊が並行し八列となるような場合は副指揮者が列外を歩くとじやまになるので，小太鼓の後，アコーデイオンの前へ四人が並んでもよい。

——研　究——

特殊な場合は（パレードの関係などで）二列，三列の編成もあるが，全体これに準じて配置する。

参考　アジア大会パレードの配列

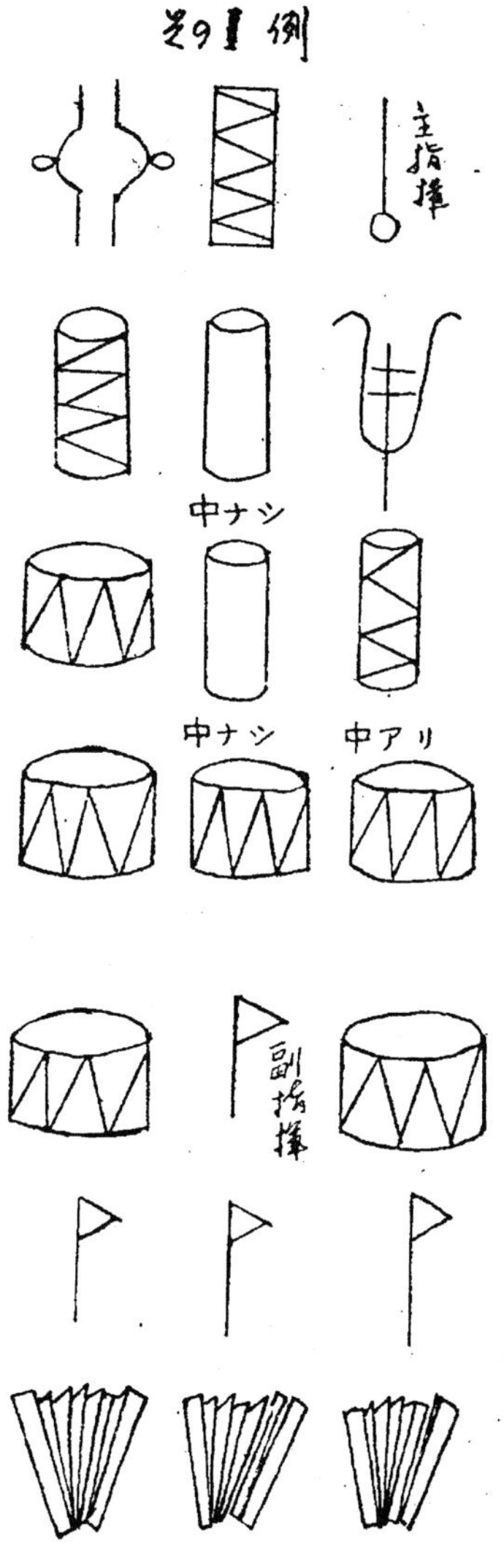

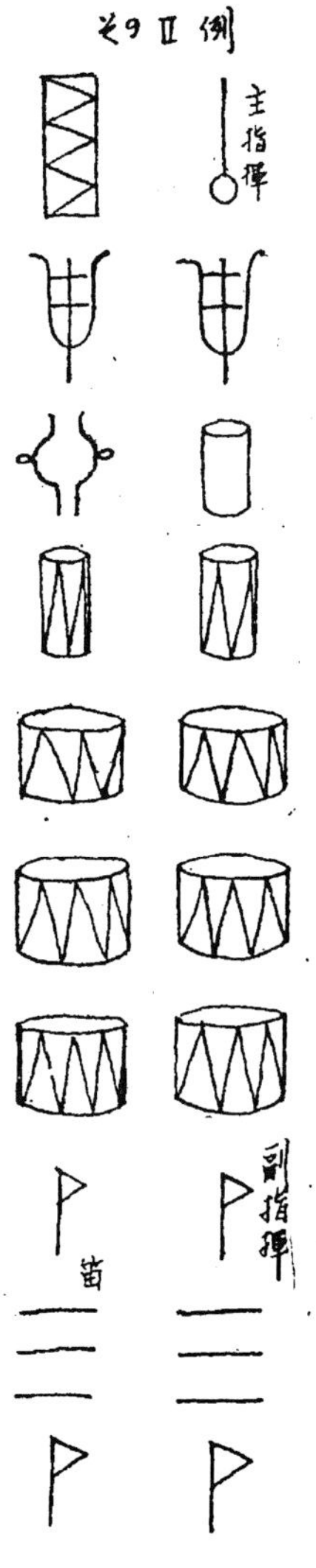

中ナシ　は中太鼓でヒビキのないもの

※中アリ　は中太鼓でヒビキ線のあるもの

⑸ 鼓笛バンド標準編成表

品名　　　編成人員	30人	40人	50人	80人	100人
28インチ 大　太　鼓				1	1
26インチ　〃				(1)	(1)
58cm　〃	1	1	1		
33 cm ヒビキ線付 中太鼓				2	3
3cm ヒビキ線なし 中太鼓	1	2	2	2	3
3cm　〃　小太鼓	3	4	4	8	10
シンバル(直経1尺)	1	1	1	1	1
ベルリラ(房付)	1	1	1	1	1
スペリオパイプ(竪笛)	10	14	18	29	36
〃　ファイフ(横笛)	12	16	22	35	44
指揮杖	1	1	1	2	2
副指揮杖	2	2	4	4	4

希望のにじ

山本雅之　作曲
小森宗太郎　編曲

行進曲風に ♩=120～128

小太鼓のパートは，初歩者は中太鼓のパートを全曲奏してよい。基本打ちのできたものからリズム打ちをけいこさせることが望ましい。

笛のパートは，シンコペーションのアクセント 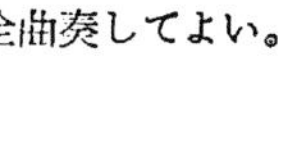 と発想に，タンキングのけいこが肝要である。

リズムパートのスタッカートは，８分休符のサイレント（沈黙）に注意して早くならないようにはぎれよく，打つこと。

――随　筆――

無から有を作る

越来小学校
松岡みね

ある日叔父に当る松岡さんの所へよつたおり、よもやま話の中で狭き門を突破するのは一苦労でない話が出た。

「日本にしろ、沖縄にしろ限られた土地において生存していくにはどうしても有名校を出なければ……。」と話すと、氏いわく

「一般の人々は（日本人）『無から有を作る』ということを忘れている。」と。その時はあまり気にもとめなかつた言葉だが、近頃この言葉を味わい理解する機会にぶつかる。

×　×

「先生、〇〇君と〇〇君はおりません。」

「今先までちやんといたでしよう？」

「先生ふたりとも戸袋の中にかくれています。」

「おやおや、さあお料理始まりますよ。出ていらつしやい。」

「いやですつ。」

「どうして？」

「きようの材料の　お米も　お金もない。」

「そうだつたの」

「いいから入れよ。」　とグループの子どもたちの暖かい心の交り合う教室の一こま。

やはり六年にもなれば材料がないからといつて外へ出て遊ぶわけにもいかず、早引きもできず、彼等なりに責任感を持っているために身の置き場所を戸袋の下へときめてちぢこまつていたのである。料理設備として何一つないことを見かねたある母親が四拾五弗をそつくり出してワクラカマドやその他ちよつとした実習には事欠かない用具を備えてくれた暖かい心も子供達に反映して何かにつけてちよいちよいなごやかな雰囲気が現われる。学級という温室の中で四十五人の子ども等は互に励まし合つて育つていく。将来の希望や人材に夢のせて!!

××　　××

将来の目的に進むためには如何なる努力も惜しまない現在の子等は親が顔負けする程の計画性と実行力をもつていることを見せつけられたり、又同じ年頃の子を持つ私たち同級生の集まりにはよく耳にすることである。

雨にもめげず、風にもめげず……とは宮沢賢次のことばだが、その通り、五か年間を那覇や首里へと師を求めて通い続けた子どもはある時は進歩したといつては喜び、ある時は帰りの夜のバスでねむ気におそわれて乗り過ごしたり、又ある時は技術の退歩に自信を失い、落胆のあまり将来の希望を捨てようと悩んだりしたことが幾度あつたか？　そんな時、子どもは心のよりどころを何かに求めようとあせる。その時、子どもと共に悩み相談相手となつて光明を見出し、やつと谷底へ逆戻りせずに目的の山の頂上へ頂上へと登つていく……。母と子の行路の一端である。

××　　××

「明日は五時に起こしてね。」と、毎朝五時に飛びおきてピアノのけい古に通い、一時間をみつちり練習し、まあまあ、三か年はこうして過ごしてきた。こう書いてしまえば何のこともない。至つて簡単である。しかしその辛抱強さと努力とは認めざるを得ない。何しろ共稼ぎの夫婦には子どもの希望をかなえて上げるだけのピアノ代がないのだから……。

けれどもいざ中学校も卒業し高校へと進んでみると、思うようにピアノも借れず、いよいよ困り果てたあげく近くの学校へお願いして朝の六時から七時の間貸して貰つていた。

ところがある日「都合により貸すこと相ならぬ。」と言われ、当時は子どもと共に暗い谷底へつき落された気持だつた。「艱難汝を玉にす」ここで奮発してどうにかこうにか苦面を重ねて六百五拾弗の大枚を出してピアノを求めてしまい、まあまあ、そのおかげで四苦八苦している。

これで「無から有をつくる」という言葉を味わい、そしてそのつくる楽しさと苦しみを身をもつて味わつたわけだが今にしてみれば無情につきおとされたあの時の言葉が有を築く基礎になつたのでむしろ感謝している。

××　　××

人材にしろ、物質にしろこつこつとその基礎を築き上げていくのは私たち教師と母の肩にかかつているらしいことを痛感するこの頃である。

——随　　筆——

生活雑感

美里村高原小学校
喜納　文子

十二月の二十一日だつたと思う。教室でおそくまで仕事をして、残りは家でと思い、通信カードや教務必携などをかかえ、職員室へ帰って来たら、テーブルにはがきがのつていた。「貴殿の玉稿を掲載させていただきたい」とある。ざつと見てすぐ引出にしまいこんだ。

四、五日過ぎていよいよ冬休みに入つた。何心なくそのことを友に話したら「書いたらいいじやないの」と、いとも簡単に言う。そうだねという気になつた。何か読物も欲しくなつてきた。時間の余裕ができたせいらしい。

時々おもしろい文章にでくわして嬉しくなる。そんな時、文章はいいものだと思う。こちらが言わんとして言い得ぬものを、適確に言いまわしてある。そういえば、玉川学園の小原先生が来島された時、「文は人なり」というサインを下さつた。本当の意味は分らないが私なりにかつてに解釈している。また「文」を文子の文に置きかえて、妙な気持になつたり、更に発展させて分らなくなつたりする。不思議に「文子という人間」と「物事の判断」とが結びついてしまうからである。すると分るはずはない、文は人なんだから……となる。

四、五年前に友人が「あなたはいつでも何か考えているように見える」と言つたことがある。ほんとは他人ほど考え事をしない。考えているとすれば、右のようなどうどうめぐりの、とるに足らないことであろう。「友がみなわれよりえらく見ゆる日よ……」と歌つた啄木の胸の中を察しているこのごろの私なのだから。

啄木の歌はいつ読んでも気軽に味わえる。艱難辛苦も微笑の中に包んでしまうような、独特の雰囲気を持つている。今年の賀状には啄木の歌を二、三首ばかり拝借した。「あけまして」が飽きてきたし、友もその方を喜ぶだろうと思つたから。素直に、ずばりと言い放つたところが好きなのだ。

これは子どもにも通ずるものがある。子どもはもともと遠慮することを好まないらしい。時々「先生は……だからいけない」と注意を受ける。いい気味ではないが、その卒直な言い方はうらやましい。

この間手紙の指導をしたら、後でたくさんの便りをくれた。「先生へ手紙を出したよ」と報告する者、「届いていましたか」と尋ねる者、「みんなの前で読んでね」という子もいた。内容もさまざまで、「先生のうちも赤ちやんはいないんだね。ぼくのうちと同じだね。赤ちやんのいる家はいいなあ。」「わたしは毎日小ぶたにミルクをやつています。先生もいつか、ぜひ小ぶたを見にきてください。」などと書いてあつて、小おどりしつつ読んだのであるが、二、三日たつて「どうして返事をくれないの」と怒つた子がいた。そんな時、平身低頭詫びるより外はない。

子どもと大人は、やつぱり違う。子どもには素直な美しい世界がある。それをのぞくことができた時、実に愉快になるものだ。

去年（小学校へ来た年）は、初めてぶつかるいろいろなことに、ただ、まごまごしているだけで、子どもに、注意するゆとりを与えなかつたし、その良さも見えなかつたけれども、だんだん見え出して来たように思う。

そんなこんなの事柄を歌にでもしたら、さぞおもしろいだろうと思うのであるが、母の作つたご飯を頂戴するような怠け者には、だじぬきの歌しかでてこない。わさびの不足を感じている。

話はめぐつて学校生活になるが、学校といえども他の職場と同様、いろいろなことが起る。したがつて喜怒哀楽の変化も多い。思つたことを言つてしまつて、冷える思いをしたり、思うことが云えなくて、落着かなかつたり、沈黙は黄金なのか錆なのであろうか、今だに判別に悩む自己の能力の頼りなさ。いきなり苦汁を浴びせられて、この世が真暗になり、教育界に全く愛着を失つて、先生稼業にピリオドを打つのだと決意した事もあるが、後日幸か不幸かまるつきり逆の考えが浮かび、現在に至つている次第。理性の働きも思考力も完全に無視されて、ぜんまい仕掛の人形の如く動かねばならない時だつてあるのだが、一個の人間として、如何なる逆境をも克服し得るよう勤めねばなるまい。

教員生活六年目、やつと社会を見る目がおぼろげながらもできて来たような気持である。がしかし、学校生活には楽しい面も多いことは事実だ。我を忘れて快適な気分に浸る事しばしである

ともあれ悲哀は誰の上からも早く解けて欲しいが、喜びはいつまでも記憶することができたら、どんなにいいだろう。真に幸福な人の口から、真の美しいことばが流れるものと思つている。

皆様のご指導をお願いしつつ筆をおく。

――随　　筆――

見たもの・思つたこと・望むもの

伊波小学校　伊波　政仁

東京新宿区西戸山小学校に文章題テスト実施方をお願いして二十日程過ぎて答案がとどいた。無採点のまま返送してもらうようお願いしてあったのに二年生の答案には赤鉛筆の○印がいっぱいついている。

「おや」と思いつつ見ると問題解決の一方法である。重要点をおさえての○印である。

長い文章題になると読み進むにつれて子ども達は前文のほうは忘れがちであるが要点をおさえて赤い印でメモしていけばそういうおそれはない。この方法が全児童に徹底されているのは、むこうの先生方が解決への道をいかに強調しているかがうかがわれる。次に目につくのは、文字の美しさである。読みづらい答案は一つもない。みんながていねいに書いている。拙い、うまいはさほど問題ではない。ていねいに書くシンシさが大切である。ていねいに書く慣いが続けば字は必然的に美しくなる。

三年の答案になるとこの赤い○印が全然なくなっている。赤い○印をつける段階を離脱したものだと思われる。この傾向を見たときに「系統指導」ということがピンときた。

その学年で「おさえるべき重点」は徹底して指導している。この徹底さには敬服するとともに考えさせられる問題が多くふくまれている。沖縄の教育現場ではこの徹底さがまだかけているのではないだろうか。六年になってすら三年生くらいの問題解決法すら知らない子がいる事実がそれである。さる地区教研大会の分科発表会でも高学年になるにつれて個人差がひどくなってくるといわれていたが、それが現場の状態である。徹底さを欠くために二年の負債は三年にもちこされ四年は五年となってしまう。このなげかわしい事実を解決していくにはむずかしい問題ではあるが「系統指導」というのに心する必要はなかろうかと思われる。心するには校内研修会を少くとも月一回は行事板にくんでおく必要がある。

忙がしい忙がしいでくるくる廻っているだけではこの問題は未来永ゴウまでも解決はおぼつかない。校内研修会については校長の手腕の問題だと私は思う。馬小屋式教育時代には校長は予算の獲得に方々かけめぐられたのでその暇もなかつたに違いないが今では学校施設もほぼととのっているので、眼をこの問題にむけていただきたいと思うのである。

学校の教育効果をあげるには、一にも二にも校長によると私は思う。二、三人の優秀教員がいても弱将のもとではその真価は発揮できないと思う。校長は教員の適材を発見して適所に配置し活動させるべきだと私は思う。

職員室の行事板に研修日が記されてない学校を見受ける。ここの校長、一体なにを考えなにを思つているのだろうと理解に苦しむ場合がある。私は小局的なものは部下を信頼し部下にまかし大局的なものをガッシリとつかむガ量のある校長を望んでいる。

さる音楽コンクールで合奏の部で一位になつた学校の校長さんに感激した晩がある。

同校の音楽主任と反省会後、教育諸般の問題について意気が投合してしまい遅くまで談じあつてしまつた。帰りの遅い音楽主任を校長ご自身迎いに見えたのである。若い教員も多いであろうに。その晩感激のあまり同校の優勝をともに心から祝つた。

勝利の感激に　ひたり校長の　若い情熱！

その労をねぎらうにやぶさかでない天真らんまんなお姿！この校長とともに働く人達の幸いを思うのである。

ずいぶん　と話が　それて　しまつたが西戸山小学校の答案に　ついて　もどそう。

むこうの答案で、立式はあつているが計算や答があつてないというのは、受験人員三百二人のうち四、五人の少なさであるのに比して当地はどうであろう。立式は正しいが計算や答の誤りの多いこと。立式がでたらめであるのに見事なずばりそのものの答をだしている子どもの多いこと。

この事実をどう諸兄諸姉は分析するでしようか。

私はそれを残り少なくなつた貴重な枚数のマスうめには書かないことにしよう。それよりか西戸山小学校の答案例と成績結果を記して諸兄諸姉におめにかけたほうがこの拙文を綴つたかいがあると思うのでご参考までにかかげてみよう。

例
1　かず子さんは　つみきを7つつみました。もう　5つつむと　みんなでいくつになるでしようか。
Ⓐ…7つ　Ⓑ…5つ　Ⓒ…(＋)
2　7＋5＝12　こたえ12

成績結果

学年	1	2	3	4	5	6	全体
受験人員	44人	48人	52人	53人	50人	55人	
平均点	95点	92点	88点	72点	99点	75点	85点

——随　　筆——

ほめられた「ここば」

松川小学校
東恩納　美　代

時たま、ラジオ鉛筆クラブ作文批評の依頼を受けて、一番気になるのは、「話しことば」のアクセントだつた。批評の内容もさることながら、アナウンサーの方々のことばのきれいなことに圧倒されて、どうも気おくれがしてならない。プロジユーサーの吉川さんに、そのことを話すと「話される方の個性がありますから、それをとやかくいうことは、つつしんでおります。」と言われて、いくらか気楽に、マイクに向こうことができたものの、なれない私にはやはり気になることであつた。ところが、こんどの夏に、沖教職の観光旅行に加わつて、はからずも「話しことば」について考えさせられる機会に恵まれた。

さて、八月の九日と十日に熱海の海岸近くにある、「潮音閣」という旅館で、桐蔭会の第三回国語教育研究会があることになつているが、私達の団体は、ちようど九日に熱海に一泊することになつていた。私はこの千載一遇の好機を逸せず、本土におけるその道の先生方の研究会に、どうにかして馳せ参じたいと念願していた。

ところが折あしく、二、三日来の低気圧がぐずついて、さすがの観光街も、日暮れてからは、まばらに人影を見るばかり、ネオンの光りがアスファルトにうつつて、妙にさびしく見られた。行こうか、行くまいか、旅館の玄関で降りしきる雨を見ながら、女中さんと話しておつたが、バスを降りて十分ほどだということだつたので、番傘を拝借して熱海の海岸へ出かけることにした。低気圧のある海岸は、ロマンチツクな哀愁どころか、こわいほどの波の音に私はますます、心細くなるばかりで、下り坂のほそい路地を幾曲りも曲つた。そしてやつと、「潮音閣」に着いた時は、かれこれ八時をまわつていた。

手を取らんばかりにして迎えられ、ホツトした気で会場にのぞんだが、北は北海道から南は大島に至るまでの各地から集まられた方の中に、あいにく女の方がおひとりもおられなかつたので、「レディをご紹介します。」と、拍手で迎えられた私は、今さら、ひくにもひけず、とうとう東京教育大の石井庄司先生のおそば近くすわらされてしまつた。

会場はひきつづき座談の形で、会員の意見発表となつていた。私にも十分間ほどの時間を与えて下さつたので、こういう雰囲気に沖縄からも毎年だれかが加わりたいこと、経費は相当かかることなどを申しのべた。先生方は沖縄の友のために、負担を半分ほど持つてやつたら という意見も 出されていた。

会場は、遠くから来た私のために歓迎会に早がわりし墨筆のよせがきも下さつたので本土の先生方のご温情に心から感謝し、別れを惜しんでこの座を辞した。ほとんどの先生方が玄関まで送つて下さつて、「又、そちらの旅館に上りますよ。」と、おつしやつていたので、まさかと思つていたら、沖縄の先生方とぜひ話し合いたいとおつしやつて、雨の中をほんとうにたずねて下さつた。そこで夜分からにわかに本土と沖縄の先生方の話し合いとなつた。

気軽く自己紹介をはじめたところ、望月先生が、私のさきほどのあいさつのことばは、きれいなことばだとみんで話し合つたと、つけ加えられた。他府県の方々の前では、アクセントがどうも……と、卑屈感さえ持つている私には、冗談としか思えなかつた。つぎつぎと全員の自己紹介は和気あいあいの中にすんだが、その土地土地の訛りことばで話されておる方もおられた。私ははじめてことばがきれいだとほめられたことは冗談でなかつたことを認めた。

要するに、「ことば」は発音を正しく、よくわかるように、はつきりいうことが第一の条件だ。私が今まで気にしていた抑揚も、もちろん美しいことばとしての大切な条件ではあるが、「こちらの意志を伝える」という「ことば」本来の目的からいえば、おのずから軽重があるであろう。おかげでわたしは「ことば」に対する考え方がかわつてきた。

子ども達の中にも、話さない子、話せない子がまだまだいる。いろいろな原因もできるだけ取りのぞいてやり、又、「みずからかえりみてやましからずんば、千万人といえども われ往かん。」の気構えを持たせて、いつでもどこでも話せる子、正しい自己を主張し得る人になれるように育ててやりたい。沖縄の教育の自主性を目ざす所からも、「ことば」の問題を大じに思う。

新しい年も迎えたら、あれこれと、ゆめを語り合うのも又、楽しい。

私も子ども達と共に、よりよき標準語に近づくための努力をおしまず、より美しいことばへのゆめを着々実現していきたい。

私はいろいろな点からも、雨の中をおしきつた熱海の一晩はこよなき機会であつたと、つくづく思う。

（松川小学校教諭）

――随　筆――

女教師の喜び

美里小学校　仲本　とみ

昭和三十四年も、種々の思い出と、夢をのせてあわただしく惜しみなく暮れていく。そして毎年のように、過ぎ来しこの方を反省し、ゆるみかけた帯をしめなおそうとあれこれ思いをめぐらしたり、焦つたりするのも今日この頃の微笑ましい師走風景です。

私も凡人の例に洩れず、過ぎし一年否女教師生活十五年を色々と反省しては、薄学の身を歎き、満ち足らざるを憂い、泣き笑いの人生に甘んじている次第です。

卒業当初身の程も知らぬ大きな希望と夢の社会をえがきつつ社会へゴールインし、そして「先生小なんて義務年限の二か年も勤めればさつさと引揚げてりつぱな家庭夫人におさまろう。」と文字通りの良妻賢母を夢みたり十指にも足りぬレディファーストを夢みたりしたのも浅はかな二十代ならでは…と微笑ましいやら…ぞつとするやら…そして三十代も半ばにきたこの頃、至つて自己を深く掘り下げた堅実な(?)喜びを見出すことができたのも、女教師生活否共稼ぎ生活十五か年という血のにじむ(?)ような尊い体験からでしようか？一人前の女の例にもれず平凡な妻となり四人の子の母となり、今だに教壇生活にかじりついているのも単に生活を支えるためのみじめな存在なのでしようか？否、決してそんなものではないと断言したいのです。世人の目にうつる平凡な貧しい田舎教師であるにせよ…「嫌われる女教師」の代名詞で呼ばれるにせよ…私は、今女教師なるが故の喜びと誇りを高らかに謳歌したいのです。

その第一は女教師なるが故に常に勉強できるからです。新聞雑誌映画はもちろん専門書も読み新しい社会の匂いをかげるのも…又幾多の職場の人々と語り合い知識の交換のできるのも女教師なるが故ではありませんか。

もちろん家庭婦人におさまる人々に家事をゆつくり処理し主人や子どもの世話もゆき届き姑の肩をもんで喜んで貰う…異つた喜びはあるにしても私達のように知識を求め社会の対人関係における収穫の喜びはあるだろうか…

もちろん物心両面に恵まれ女中の二人や三人も傭い、社交に研修に励むうらやましきご婦人方もいらつしやいますが、私達中流以下や底辺に住む家庭夫人の地位は戦後民主化されたとは言え、まだ尺度の差が大きく農村においては洗濯掃除なべかまの匂いだけの明け暮れでも、猫の手も借りたい程の雑事に追い廻わされコンロの前で新聞を読み、授乳の時間に月刊誌を手にするのが関の山、ましてや専門書をゆつくりと読むなんて、私の女教師の喜びと誇りはそこにあるのです。その誇りと喜びは、女教師の三つの天職の苦悩を解消し、多忙を励まし、ビジネスの処理の研究となり、十五年の教職を続けさせてくれた尊い心の糧なのです。

第二の喜びは心の若さの誇りです。職業婦人は早く老いこむと言いますが決してそうではないのです。外観は「田舎教師」や「先生小」の名にふさわしく痛ましいかも知れません。私たち女教師は同じ職業婦人でもオフィスガールのように室内に色白く鎮坐しますのでもなく、炎天の中に泥まみれの中でかけまわる痛ましさ（特に若いものにおいては）はあるにしてもこれは決して苦痛でなくむしろ痛快な女教師ならでは味えない快味です。

すべての苦悩を忘れ童心にかえり子どもと笑い子どもとところげまわり子どもと共に泣き笑うこの人生の喜びこそ私の心の若さを支えてくれる尊いものなのです。そして この童心の明朗さは、単に職場のみでなく家庭へ帰つても私に大いにプラスしてくれます。

意図的にいくら苦心しても作れない明朗な家庭、ユーモラスな家庭は、心の若さと童心をよく知つている主婦の一手にあるのではなかろうか又家庭と職場の合理化を絶えず叫ぶ今日、殿方へのご注文も多かろう…社会や政府への陳情も大いに結構…そして与えられた民主主義の婦人の権利を最高度に活用して婦人の地位を今日あらしめたのも同慶の至りですが権利の前に尊い義務があることは申すまでもないこと…この義務こそ「よき女教師たれ」「よき家庭婦人たれ」 をモットーとして自己の積極的な研修と努力に喜びと誇りを見出すことではありませんか…喜びの前には不平はなくいかなる家庭の雑事も楽しく処理し朝の出勤前の雑事も女中なしに結構一人で片附け四人の子どもを学校へ送り十五分間隔にくるバス通勤という逆境にあつても結構八時までには教室で朝の爽やかな気分に浸ることができるのだから我ながら超スピードにびつくりすることもあります。

誇りは又研修と努力を生み、休み時間も有意義な活用となり、答案や宿題の処理…長い昼食時間は日記帳点検、放課後は、明日の準備と読書と、中々堂に入つたビジネスの処理を考えたのもママさん先生ならでは…と我ながら感心する。職場の仕事はできるだけ職場で…家庭にあっては心からなるくつろいだ母として…をモットーとしているので茶をのむ時間も惜しんで事務を処理しできるだけ余暇を見出して研修している次第…そして一日の仕事を明日に残すことなく家路へ急ぐ時のこの平凡な女教師は今更の如くこの平凡哲学の味に快味を覚えつつ明日への希望と努力を夢見ているのです。

「心の健全なる者よ幸なり」と自己流の哲学と金言（?）に甘んじて精進しているこの頃です。

――随　筆――

機械

清村英診

○マイク

近頃人の多く集まるところではたいていマイクを使うようになつた。声を張り上げなくても隅々まで声が通るのでその点ありがたい。

お祭や、お祝の時などニギヤカで結構である。ところが途中でガアガアなり出されたりするとイヤなもので、切れた時など突然声がなくなつたような感じでミジメなものである。

運動会や政壇演舌など多くの人を相手にする場合はマイクの力を借りた方がよいが、そうでない小さな会場などでは普通の声の方が一番確かである。ガアガアもせず、切れる心配もない。たとえ大勢の人を相手にする場合でもシメヤカなる告別式や法会などで、哀悼の言葉を拡大されるのは変なものでこれなど聞えるか聞えないかの程の声がいい。

人間の心のスミズミまでホジクリ返すようなヤバンな印象を与えることは考えものである。

歌も舞台ではマイクを使うのを当り前と思つているが上手下手はあつても声そのものを聞かせようというなら考えものである。

ニセモノは別として肉声の美しさをジカに聞かせるのが歌手であるなら大劇場でもヒビク声でなければなるまい。マイクで自分の声を拡大して聞かせるなんてお客をペテンにかけているも当然である。

マイクは何といつても機械である。肉声をマイクで聞くというが決して肉声にはまさらない。やはり機械化された声である。どうも私たちはキカイに頼りすぎるきらいがある。

○電話

「Aさんはいらつしやいませんか」
「会議中です」
「そうですか、至急な要件でぜひお会いしたいんですがね。ちよつと取りついで下さいませんか」

取つぎが会議室にはいり耳元でソツト用件を持出すと、

「君、会議はすぐすむから待つてもらいなさい」といわれることがある。こちらのしたい打合せや相談よりも何倍も重要な議題についての相談であるかも知れないし、何の不満もあるわけではない。

第一ノコノコと会議室に出向いていく自体少し失礼な場合もある。

ところが会議室へ電話をかけ、用件を持ち出すと、さきの場合とはいささかおもむきがちがう。

「会議はすぐすむから」といわれることはほとんどない。

電話の場合には不承不承でも、こちらの要件がすぐ果せるから不思議といえば不思議である。

どうも私たちはキカイというものに頼りすぎるきらいがある。

（社会教育課主事）

基礎学力の低下と——訓練の意義

配属校　千葉市緑町中学校
新城繁正

訓練ということばは多くの場合昔の軍国主義時代に結びつけてうけとられやすい。最もその頃は国家主義的国民統制という立場からそれこそ一にも訓練、二にも訓練と徹底的な訓練がおこなわれたことだ。しかもそのことが悲惨な敗戦へのかけ橋になつたことを思えば生まれかわつて十四年も経た現在でもそのおそろしさはさめやらない。いやむしろ歴史的事実として将来に資してしかるべきことであろう。ところが訓練ということばを過去の観念からだけみ、常に非とすることは、はたしてどうであろうか。

たまたま腹痛薬をのんだがために腹痛がますますひどくなつたとて、頭痛薬は薬ではないとするのはあまりにもなさけない話だ。ものにはそのものの本質があるはずであるし、なにかをなそうとする場合にはその意図、目的がなければならない。そこである意図をもつてあるいはある目的のためにものを利用もしくは使用する場合には、その本質にかなつた方法をとるのでなければ無意味であるどころか害毒ともなりかねない。すなわち、なにかことをなそうとする場合、その意図、ねらいを正しく、明確にふまえておかねばならないと思う。

去つた六月、西尾実先生の古稀の祝いをかねた西尾実古稀祝賀国語教育研究大会が日本女子大で二日間にわたつて行われ、わたしも出席する機会を得て多大の感銘をうけたのだが、催しの一つとしての西尾先生の「私の立場」と題する講演があつた。その中で先生は国語教育の歴史と使命について、ご自身の歩みを基にしてやわらかくそして力強い口調で世阿弥の能楽をとりあげてことのほか訓練の重要性を強調された。すなわち世阿弥が能楽を大成し得たのは実に訓練のたまものであつたと説かれたのである。更にまた東大の加藤教授は進路指導についての講演の中で、人間の能力にはある程度の限度のあることを認めねばならぬが訓練のいかんによつてはそれをたかめることもむずかしいことではないと説いてはやり訓練の意義を　とりあげて　おられたし、評論家の亀井勝一郎先生は教育技術連盟主催の道徳教育中央研究協議会での「私の道徳観」と題する講演の中で四つの点から道徳に対する考えをのべておられたが、その中の一つに熟練者の精神を提言しておられた。先生のことばをかりると「道徳というのは文字通り道の徳ではなかろうか、道とは何であるか、道というのは職業における熟練度のことではなかろうか。こういうふうに考えたわけです。これはどんな職業でもいいのです。学校の先生であろうと、お医者さんであつても、百姓であつても、あるいは労働者であつてもその職業がどうか、学問がどうかとかいうことと関係なく、一つの仕事に二十年も三十年も年期を入れて、その職業においてほんとうに熟練した人というのは、口に道徳を説かなくても、本質的な意味で道徳的な人間ではないかということです。」このようにのべておられます。ところで熟練ということは訓練ということばと本質的にちがうものであつて、引例の意味がぼやけたかに思われるのですが、訓練のめざすものすなわち目標は熟練者であつて、いわば他律的な訓練の段階がやがて自律的であるいは自主的な熟練の段階に到達する過程を教育と考えれば、訓練の意義がもつとはつきりしてくると思う。

戦後わが国　の教育は制度の　上からも、内容の面からも大きくかわり、民主教育という立場から、教師中心主義から児童生徒中心主義へ、教科書中心主義から生活中心主義へとそれこそ百八十度の転回である。そのことは日本教育の前進であり、よろこばしいことであつて、あれから十四年、ようやくその成果もあらわれてきたといわれているがそれと同時に多くの問題がつぎからつぎへとおきてきたこともまた事実である。中でも学力の低下という問題は大きくとりあげられている。(このとりあげかたには問題が　あると思う。)

しからば学力低下の原因はいつたいどこにあるのであろうか。制度の面、環境の面、教師の面、こども自体の面といろいろあろうかと思いますが、わたしは教師という立場から自分を反省しながら考えてみるに、どうも新しい教育の理念に対する認識がぼやけていて、そのために表面的な字句や文章面にこだわつていて、日々の学習の実際面においても自信がもてない。だからこども中心の学習といえばいきおいこどもまかせの学習という事態もおこつてくるのである。このような認識からすれば当然訓練などということは逆行だとしてかたづけられやすい。ところで新しい教育は民主的社会に有能な人間を育成するという理念のもとに、こどもの発達段階に応じた教育課程を一年生は一年生なりに、二年生は二年生なりに、それぞれの段階で修得させて教育の理念に到達させようというのであるから一年生にとつては一年でぜひ修得しなければならない要素があるはずである。そうすると教師としてもぜひ習得させなければならない要素をはつきりとおさえてこれを重点的にドリルするということが極めて大切なこととなつてくる。その欠如が基礎学力の低下に大きく結びついているのではないかと考えるそういう訓練によつて理解が深まり、問題を意識するようになり、やがてその解決によろこびを感じ、自主的、自律的な学習へと発展していくことを考えるとき、訓練をする、いいかえれば重点的なドリルをするということはこどもにとつてむしろ親切なことではなかろうか。改訂指導要領でうち出している「指導内容の精選」ということはまさにそのことをねらいとしているものと思う。

ただそこで問題になるのは、四十名なら四十名、五十名なら五十名の児童生徒を同じ要領で、同じ程度に訓練するいいかえれば統制的訓練をするとなるとまさしく逆行ともなろう。だからできるだけこどもの能力や発達段階に応じた適切な訓練でなければならないことは申すまでもない。

新しい学習指導要領における数学教育の批判と検討

配属校　熱海市立小嵐中学校
与那覇　光　男

新らしい教科課程と、昭和二六年の指導要領を比べると、いろんな点で変つている。まず基本的な考え方としては、生活単元という考え方が系統性を重んじた学習に変つてきた。生活単元学習とは、子どもの日常の生活経験と数学の知識との関係が、系統的な学習の方法と逆になつている考え方である。

例えていうと、生活単元学習においては数理を珠数玉としてみると、その珠数玉を生活の糸で通してまとめていく。この糸にあたるのが単元である。例えば子どもたちの生活の一こまである身体検査という単元ではこの生活経験の中でいろいろでてくる数学的な知識をよせあつめて、やつているわけで、いわば生活の糸でそのまわりの数理の珠数玉を通してまとめて行くのであつて、身体検査という事実の中で加法、減法、平均の考え或るいはcm、m、g、kg、という単位のこともやる、これらのバラバラな数学的な知識は、お互いにそれほど密接な関係はない。

これに反して系統的な学習というのは、数理の糸で生活の珠数玉をつなぐ。例えば減法というまわりに、それを必要とする生活をもつてくる。身体検査もその一つの例であろうし、買物で、つり銭をもらうのもその一つで、これらを数理の糸でつないでいく。両方とも生活という場面は出てくるが、その対応する仕方が正反対であるとみることができる。数学の学習は、後者の方、つまり数理の糸で生活の珠数玉をつないでいく、この方法でなければ数学の学習は成り立たないと思う。

しかし系統的な学習を一応やつて、学期に一度ぐらいは大きな生活の場面をもつてきて、すでに学習した数学的な事実を用いて、かなり長い間学習させる必要はあると思う。つまり総合学習であります。

東大の遠山先生は系統学習について、「むずかしいことを何でも早くやつて片付けてしまうというんではなく、余計な事を省いて、要ることだけにして数学教育を進めて行くんだと」講演された。例えば中学の二次方程式$ax^2+bx+c=0$を解くのに今まで大体の数の展開の仕方というものは、一応因数分解で解いて、それから根の公式へというのが、かなり多かつた。

ところが、因数分解ができる二次方程式は大変特殊なものです。でたらめな数を係数にもつて、因数分解ができるというのは、大変確率は少ないわけである。大体はできない……。というのは、判別式が完全平方になつているというのは、大変少ないわけである。完全平方という数は土台少ない……1、4、9……と、こうなつているが一般は、そうでない数の方が多いわけである。

すなわち特殊なものを先にやりあとから一般へもつていくのは、不経済だと思う。むしろ二次方程式の一般解法を早くやつて、もし因数分解の必要があるならば、二次方程式の公式を使つて、因数分解をした方がずつと理解もよく、また早いと思う。

これは今までの常識とだいぶ違つているが、最近はこういう点を経験やつている学校がある。なぜかというと、因数分解ができるというのは、大体つくつたものだからである。教科書用に作つた問題だからできるのである。しかし実際上にでてくるものは因数分解が出来ない方が普通である。

例えば落体の法則から時間を出したりするような時には、因数分解できちんとなるのはまず、まれである。二次方程式の根の公式で非常に一般的な強力な方法を使う方がよい。これなら因数分解ができるときも、できないときも、すべてできてしまう。例えば係数が非常に大きい場合、$12x^2+52x+56$等を因数分解するには、大へんに複雑で、たとえ因数分解ができる場合でも大へん手間をとる。二次方程式の根の公式でやつた方がずつと早い。まよわずに、根の公式を使う方が良いと思う。

以上は中学の例であるが、このように、いろいろな教科の展開の仕方を、もつと考えなおすことも大切な事である。昔やつた事が正しいと考え勝ちの人がよくあるが、それは間違いである。すなわち、我々は今までのやり方を一応全部うたがつてみる必要がある。

中学で因数分解をほとんどやらないで、根の公式に早くいつてしまうという事になると、かなり時が節約できるのである。そして何らさしつかえない。因数分解ができなくても数学の勉強に、ちつとも影響はない。あれは全く旧時代の遺物であり、問題のための問題である。

その他、小学校低学年の数概念の問題（1対1で変らない、分割で変らない、数える順序によつても変らない、）や分離量と連続量の問題。暗算と筆算の問題等いろいろ検討すべき問題があるが、沖縄でも小中高の先生方が、数学同好会を組織し、教材の展開の仕方について研究する事も、沖縄教育躍進の一端ではないだろうか。

（以上述べた事は、東大の遠山啓先生の数学講演会に出席したときの記録をいん用致しました。）

× × ×

知念地区の「地域との提携」分科会で、中央巡裁の立津判事が非行少年の問題についてPTAや婦人会の方に「……乱斗議会の汚名のある本土国会でも、これまで青少年問題に関する決議が四、五回とりあげられた。が、立法院で未だにでないのは遺憾だ……」と一くさり論じたあと、青少年の非行をとり扱う機関が警察局、法務局、裁判所とおのおの責任の分野がまちまちではその実が上らない。どうしても、それらを綜合した少年局の設置が必要だと強調、後で全体会議でこの問題が緊急議題としてとりあげられ、その筋に要請することに一決、青少年の不良化は社会全体の責任とはいえ、それらを取り扱う機構、機関の改革も必要である。

× × ×

名護地区での本土から派遣された安保指導委員の所見の中で、「書棚にりつぱな教研集録、実験学校集録が放りこまれてあつた。こんなすぐれた研究録をみると、吾々指導委員を派遣する必要はなかつたのではないか。」また、「子どもは考えるのが好きである。元来算数や数学がきらいなのではない。それなのに学年が進むにつれて、数学がきらいになつていくのは？一体、誰が彼女をそうさせたか。（お互指導者ではないか）」きく人一同、チクリと針でさされたような感、今後の指導に反省させられるところがあつた。

× × ×

名護地区での公開授業は全部名護会場（名護小校）だけにまとめられたために本部の山村から始めて名護にくるいたいけな児童が十四、五人もおつたとか、児童が授業を受けるための名護までの旅費はPTAで全部負担したとのこと。まことに感激一しおなるものがあつた。

道徳と学芸会との関連

配属校
千代田区立番町小学校
糸洲守英

番町小学校創立八十八周年（十二月四日）記念の行事として、五日、六日の二日間に亘り学芸会が同校講堂に於て挙行されたのであるが、まず出演児童と観覧児童とのその一体になりきつた態度にびつくりし感心すると同時に、同校の日頃の道徳教育がこのような場において、文字通り実践化されていくのだ…と、さつそく自分自身の研究テーマである「道徳の指導」に結びつけてみて何かしら、ある喜びと光を見出した気持で一ぱいになつた。ご参考までに今回は同校の道徳と学芸会との関連について表示することにします。

◎十、十一月の月間目標に「美しい自然や立ぱな作品に親しもう」と設定されているがその展開の中で学芸会とのつながりも十分ふまえて指導なされていることがわかる。

◎学年主題・目標・展開例の表示

月間目標～美しい自然や立派な作品に親しもう（十・十一月）～（第一表）

学年	主題	目標	1 週	2 週	3 週	4 週
1	あかるい子正しい子	第二表参照	○話を聞く △手じろざる▽ 。手じろをみつけたときのよじろうのきもち 。よじろうと殿様 。子ざるとおしゅん	○幻灯をみる △つるの恩がえし▽ 。よひようとつる 。おつうのまごころ 。村人のしたこと	○紙芝居をみる △太郎熊次郎熊▽ 。太郎熊と次郎熊の兄弟愛 。おじさんと次郎熊 。見せ物師の行為	○話を聞く △こがねのいねたば▽ 。おひやくしようと馬 。馬の気持とおひやくしようの愛情
2	ためになるお話		○話を聞く △大きな大きなご本▽ 。アンデルセンは小さいときどんな子であつたか 。アンデルセンはどんな美しい作品を生みだしたか	○話を聞く △みにくいアヒルの子▽ みにくいアヒルの子は小さいときどんなさびしい思いをしたか 。しろい白鳥になつてからどんなくらしをしたか話し合う	○話を聞く △女の子と人形▽ 。女の子の美しい心情にふれる △子どもとくま▽ ・子どもと動物との美しい心の交流	○三つの作品を中心にしてアンデルセンについて話し合う ○アンデルセンの他の作品の紹介を先生から聞く
3	心をみがく		○話を聞く △年よりのちえ▽ 。農夫の老母に対する真情 △感想文を書く	○感想文を中心に話し合う 。殿様と農民 。老母のちえ 。息子と老母	○幻灯を見る △うぐいすを飼う少年▽ 。友だちに乱暴する〃つく坊〃 。〃つく坊〃をそそのかす子 。〃つく坊〃をかばう子	○感想文を中心に話し合う 。〃つく坊〃の乱暴する原因 。〃つく坊〃のお母さんの気持 。〃つく坊〃に対する友だちの態度の変化
4	心をみがく		○最近もつとも感動させられたこと（映画、テレビ、本直接経験など）を話し合う △作文をかく	○作文を発表する ○発表をめぐつて意見を交換する	○話を聞く △子じかものがたり▽ △感想をかく （プリント）	○感想をめぐつて話し合う ○先生から話を聞く 。ぜひよんでほしい本について簡単な内容紹介
5	感動の分ち合い		○秋にはどんな行事があるか話し合う（音楽会、展覧会、読書週間） 。グループを編成し計画を立てる 読書グループ 絵画グループ 音楽グループ 各グループどんな角度からどんなことをしたらよいか話し合う	○音楽グループの発表をきく ○モーツアルトの音楽をきく ○話を聞く △モーツアルト▽ 。モーツアルトの姉を思う愛情 。楽聖モーツアルトの一生	○絵画グループの作品を鑑賞する ○話を聞く △ミレー▽ 。苦しさにたえて絵の勉強をつづけて名作を書きあげた不屈の精神	○名画の鑑賞文作りそれを中心に話し合う △おちぼひろい▽ 鑑賞文を読む 。他の絵について話し合い鑑賞文を書く
6	感動の分ち合い		○日本の文化につくした人々について話し合う 。どんな人がいたか 。どんなことをした人か △自分のすきな人一人についてくわしく調べておく	○調べてきた日本の文化につくした人々について発表し話し合う 。例 北里柴三郎 佐久間象山	○世界の文化につくした人々について話し合う 。どんな人がいたか 。どんなことをした人か 例 アルベット ルシユワイツ ペニシリンをつくつた人々 △自分のすきな人一人についてくわしく調べておく	○調べてきた世界の人々について発表し話し合う 。例 キユリー夫人 トルストイ アンデルセン

月間目標　美しい自然や立派な作品に親しもう（十・十一月　（第二表）

学年	主題	目標	1週	2週	3週	4週
1	あかるい子正しい子	・物語や紙芝居を深く味わせる ・うるおいのある明かるい生活ができるようにしむける	○紙芝居を見る △おみやげ三つ▽ ・三人の兄弟が得たもの ・おかあさんの気持 ・金持の行為	○話を聞く △月のうさぎ▽ ・さるとうさぎとかわうそ ・うさぎと旅人 ・うさぎの気持	○映画を見る △中間はずれの人形▽ ・黒んぼうの人形のしたこと	○心に残っている物語りについて話し合う ○学芸会のみ方ややり方について話し合う
2	ためになるお話	・作品に登場する人間や動物に共鳴したり感じたりして豊かな心を育てる	○話を聞く △きえない花たば▽ ・シューベルトは小さいときどんな子であったか ・どんな美しい曲を作ったか	○シューベルトの作曲を鑑賞する △野ばら▽ △子守歌▽	○話を聞く △雪舟の少年時代▽ ・雪舟はどんなに絵をかくことがすきであったか	○作品に接する場合の態度を習える ・文学絵画音楽その他（会場も含めて） ○学芸会のみ方やり方について考える
3	心をみがく	・すぐれた作品を見たり聞いたりしてその美しさに感動し自分を深めようとする態度を身につけさせる	・話を聞く △春をつげる鳥▽ ・父親の気持 ・子どもの心 ・父親がつかんだほんとうのもの	○幻灯を見る △幸福な王子▽ ・困った人を助ける王子 ・王子の手足となって働くつばめ △感想文を書く	○感想文を中心に話し合う △春をつげる鳥▽ △幸福な王子▽	○作品を観賞する場合の態度について話し合う ・文学作品 ・絵画 ・音楽 （会場の問題も含めて）
4	感動の分ち合い	・すぐれた文学作品や幻燈映画などを数多くあたえ動物や人間にたいする深い愛情にひたらせてゆたかな情緒で生活を考えるようにしむける	○話を聞く △ガンジー▽ ・つらぬきとおした正直 ・どろぼう △伝記を一冊よんでおく	○自分の読んだ伝記の主人公について話し合う ・感銘したところ ・疑問だったところ	○幻灯を見る △おとうさんの手▽ ・労働と生産と ・親への愛情、感謝、尊敬	○映画をみる △白鳥物語▽ ・感想を書く ○学芸会にひっかけて作品に対する態度、展覧会場、音楽会場
5	心をみがく	・読書絵画音楽などへの関心や興味を育てそれを生活に生かすようにしむける	○読書グループの発表を聞き話し合う ・友だちの読んだ本のあらすじと感動を聞く ・自分達の感動とのちがいを話し合う	○学年合同の発表会を行う ・各グループの発表 ・話し合い	○幻灯を見る △なめとこ山のくま▽ ・小十郎の心 ・荒物屋のだんな ・生きるということ △感想文を書く	○作文を中心に話し合う ・感動したこと ・その感動と私たちが生きていくことを結びつけた場合のいみ ・学芸会のみ方やり方について話し合う
6	感動の分ち合い	・多くのすぐれた作品にひたらせて事実を正しくうけとめる感受性を養い人間や動物に対して豊かな愛情をもたせる	○日本の文学作品で一番感動させられたものについて話し合う ・なんという作品か ・どんな内容か ・どんな点に感動したか	○話し合いにでてきた作品を聞いて話し合う ・例 △小僧の神様▽ △オツペルと象▽	○世界の文学作品で一番感動させられたものについて話し合う ・なんという作品か ・どんな内容か ・どんな点に感動したか	○話し合いにでてきた作品を聞いて話し合う ・例 △ああ無情▽ △にんじん▽

（註）　小二教育技術一月号主題「たのしいがくげい会」一二二頁参照

脳中掲示用年表はいかが

―歴史年表への疑問―

X・Y・Z

最初にお断りするが筆者は歴史教育に関してはズブの素人である。しかし先入観の無い素人の疑問に、かえつて核心をついた問題がひそんでいる場合があると思う。あえて素人的見解を述べて関係の深い先生方に批判を乞うゆえんである。

1　常掲歴史年表は何の目的で教室に掲示するのか。

2　歴史学習の場合、歴史の教科書に年表が出ているが、これと常掲歴史年表とは学習指導上同じ目的を持つものか。

3　普通の常掲歴史年表は教室の真中から後の生徒には何を書いてあるのか読み取れないのではなかろうか。これを教室の最後方からでも読み取れる為には、もつと字を大きく書く必要はないか。教室の最後部からでも読み取れる為には最小何cm角が必要か、その実験的研究がなされているだろうか。

4　最後方からでも読み取れるように字を大きく書く必要があるとすれば、年表に書き込まれる記事は当然精選され圧縮されべきではなかろうか。

5　精選され圧縮された記事だけを盛つた年表はより歴史を巨視的（大観的に）把握する事は巻末附録の精細な年表とは異なつた意義を有するのではなかろうか。

6　歴史年表は社会科或は歴史の学習の時だけでなく、体育史、美術史、文学史、科学史等のように歴史的事実が学習内容となる時他の教科の学習に於ても是非必要なのではなかろうか。例えば美術史の学習の時「一七九〇年に誰がどうした」と美術の先生が云つた時、その先生の念頭に一七九〇年と云う時点の社会的背景が思い浮べられているだろうか。又それを聞いている生徒はどうだろうか。若し思い浮べられていなければ先生に取つても生徒に取つても一七九〇年と云う言葉は全く空虚な概念に過ぎない。社会科以外の先生が歴史的な事実を学習に持ち込む時に一七九〇年と云うような数を空虚な概念のままで使つているような事はないだろうか。この時若し一七九〇年はフランス革命のあつた年で一七七四年は日本では解体新書が問題にされ徳川中期の らん学 の興つた頃だと云う社会的背景が念頭に浮ぶ時始めて美術史学習の中に一七九〇年と云う年代が生きてくるであろう。

他教科で年代を口にする時、チョット常掲年表に目を向けて一七九〇年と云う年代につながつた社会的背景を思い起す事が必要と思うが、それには巨視的年表で十分ではなかろうか。

7　普通の年表は記事の多少によつて一世紀の巾が違つている。記事の少ない時代の一世紀より記事の多い後代の一世紀の方がスペースが広くなつているこれは年表における時間的関係の把握を妨げはしないだろうか。上代も現代も一世紀に対しては同一のスペースが与えらる可きではなかつろうか。その為には記事を精選圧縮すると便利である。

8　常掲年表は時代を巨視的と概観する為に使い、詳しい事は教科書所載の年表で、と云うゆき方がよいのではなかろうか。

9　市販の歴史年表は記事を豊富に入れないと高い定価をつけるのに気が引けるので、ああ云う形になつたのではなかろうか。

10　沖縄の現状は歴史事実の学習にもつと年表を活用する必要はないか。

11　歴史的教材を取り扱うに常掲年表が是非必要であり、それは巨視的年表が適当であり且、市販のものに適当なものが無いのならば中学校以上ならば生徒の中から適当な者を選んで先生と生徒とで合作したらどうだろうか。

12　巨視的年表が歴史的教材の学習に於て歴史を巨視的に把握され、個々の歴史的事実をこれと関連させてその時間的系列を整理してゆくのに適切ならば、もう一歩進んで、その巨視的年表を頭の中に常掲したらどうだろうか。つまり年表を暗記してしまつたらどうだろうか。

13　普通の方法では如何に巨視的年表でもこれを暗記する事は、そう簡単には出来ない事と思うが何かよい方法は無いだろうか。これについての一案を紹介しよう。

子どもが流行歌を歌つているのを聞いていると、歌詞の意味も分らないで、よくもあんなに色々の歌を憶えているものだと感心させられる事が多いがこれはリズムに乗せて憶えるからこそと思う。この点に目をつけて、日本歴史の各世紀から代表的な史実を五十足らず選び出してこれを五七五の句に詠み、第二句と第三句を年代順に並べて適当な曲で歌つてリズムに乗せて憶えようと云うのである。

ところが流行歌は精々三番までしか憶えられないそうであるので二番までを同じ曲で歌い、次の二番は他の曲で歌い、世界歴史も同様として且同じ時代は同じ曲で歌うようにすれば日本史と世界史との関連把握にも役に立つと云う構想である。

　第二句の始めの数語に年代をからませてある。例えば「むし五匹だよ改新だ」のむし五は六四五年に大化の改新があった事を示す。ただし最初の数小節は例えば「西に使をやるヒミコ」のニシのニ即ち2が二百年代を意味する。

　ただし、これは憶える事自体が目的でなしに巨視的な年表を頭の中に掲示して歴史教材を取り扱う機会毎に利用するように習慣付けて、当面の学習内容を、この年表の適当な時に位置付けて、時間的系列の整理に役立て、又年代にともなう社会的背景を想起させるのに利用すれば歴史教材の取り扱いの際有効に利用出来るのではなかろうか。

　曲は必しも記載の曲によらんでもよかろう。ただし前述の趣旨により、二番ずつで曲を変える事、曲が次々と変化してゆく事、成るべく子供に取つて憶え易い曲である事が必要だろう。記載の曲は戦前派の大人に取つては、よく知られた曲であるが戦後派の子供には問題もあろうと思う。そこは利用する人が適当にくふうすればよかろう。

　尚仏教伝来の五五二年には異説もあるが歌い込み易い為に五五二を取つたと思う。

歴　史　の　歌　（歌う年表）

	年代	前句	歴史の歌	史実
汽笛一声新橋を	200	はるばると	•西に使をやるヒミコ 2	女王ギに使をやる
	300	国原に	シヤンと立ちたる大和朝 3	大和朝廷確立
	400	伝わりて	支那の儒教と文字来り 4	儒教伝来
	500	百済より	ココニ伝わる仏教も 552	仏教伝来
		十七条	コックさん太子が政治する 593	聖徳太子攝政
	600	日出づる国	群なすかもめ遣隋使 607	小野妹子を隋につかわす
		蘇我入鹿	虫五匹だよ改新だ 645	大化の改新
	700	集権と	名わ一つなり大宝令 701	大宝令成る
もしもし亀よ		奈良で	•ナー唐の文化をよく学び 710	奈良遷都
		国ぶりに	記紀万葉の花も咲く	古事記日本書紀万葉集
		江戸までは	鳴くようぐいす平安京 794	平安遷都
	800	空海も	やれよ最澄　焼くよ船 804　　894	空海最澄の入唐遣唐使の廢止
	900	貫之が	•暮れ毎歌う古今集 905	古今集成る
		関東で	•苦策つくした将門も（が） 939	将門の反乱
	1000	望月の	欠けたるも無き藤原氏	藤原氏全盛
		上皇の	威令は無限院の庁 1086	院政始まる
ああ玉杯に	1100	だんの浦	•人々梯子ああ平家 1185	平家の滅亡
		鎌倉で	一々国を見る源氏 1192	鎌倉開幕
	1200	武士の法《のり》	一文に盛る貞永の 1232	貞永式目
		時宗を	人に成したる蒙古かな 1274	元冠一文永
	1300	人々よ	いざ見よ建武中興ぞ 1334	建武中興

年代	前句	歴史の歌	史実
	南北朝	いざ宮建てん尊氏も １３３８	尊氏開幕　南北朝
１４００	京の町	年から空し応仁の １４６７	応仁の乱
１５００	戦争は	以後よさんかな鉄砲だ １５４３	鉄砲伝来
	キリストを	以後よくまつれとザビエル言い １５４９	キリスト教伝来
	信長も	一期涙の足利氏 １５７３	信長足利氏を亡ぼす
	清正に	肥後をくれたり秀吉は １５９０	秀吉天下統一
１６００	よろい武者	１６００の関ヶ原	関ヶ原の戦
	天下とり	•人むれさわぐ江戸幕府 １６０３	江戸開幕
	毛唐人	一路サンキュー鎖国令 １６３９	鎖国令布かる
１７００	吉宗は	否否と享保で改革し １７１７	享保の改革
	らん学に	非難無しとの解体書 １７４７	解体新書 らん学おこる
	国学に	•いなくばならぬ古事記伝 １７９８	古事記伝成る 国学おこる
１８００	蒸汽船	いやござんなれペリーさん １８５３	ペリー来航
	水戸浪士	いや群れ出でて大老死す １８６０	桜田門外の変
	江戸幕府	一夜空しく明治へと １８６７	明治維新
	世は変り	•一早く布いた憲法ぞ １８８９	憲法発布
	日清戦	一躍清を打ち破り １８９４	日清戦争
１９００	げんこつを	一つくれよう日露戦 １９０４	日露戦争
	第一次	いく年もなく世界戦 １９１４	第一次世界大戦
	パリー会議	•一句一句を審議して １９１９	パリー講和会議
	満州は	戦人野に満ちあふれ １９３１	満州事変
	又ここで	いくさ来るぞよ第二次の １９３９	第二次世界大戦
	真珠湾	引くがよいのに仲間入り １９４１	太平洋戦争に入る
	四年越し	幾夜頃なる苦戦やみ １９４５	終戦
	みなの国	行くよろしいぞ国連へ １９４６	第一回国連総会
	講和会議	行くぞ委員はシスコへと １９５１	サンフランシスコ平和会議
	これよりは	行くぞ吾人も独立し １９５２	平和条約発効

春らんまんの花の色

万だのさくら（メーデー歌）　小さい鉢の花ばらが（堂小屋敷の短命さい）

註　日頃とは日の連続を意味す　夜頃とは夜の連続を意味する。作者の私製語　•は第一小節

十二月のできごと

一日　経済局次長新城幸吉、社会局次長久手堅憲睦、全医療関係次長川満彦一、工交局次長国吉喜盛等四氏発令
大田主席琉大訪問学長と懇談
集団就職の与那覇光子さん（コザ出身）就職少年の作文入選労働大臣賞を受く
二日　民主教育協会、文教局共催の成人大学講座で坂西志保女史のユネスコ講座
四日　南部農林高校の上級生が下級生をなぐる制裁事件発生
立法院「台風災害対策資金交付方要請決議案」全員一致で可決
五日　琉球大学大学祭（七日まで）
日本体操選手団の公開実演会（那覇高校で）
石川市ジェット機事故被災者連盟は補償促進市民大会を開く
七日　辺土名地区教職員第六次教育研究集会（辺土名小学校）
八日　名護地区教職員会第六次教研集会（名護小校）
立法院「本土政府に対する台風災害対策援助方要請決議案」可決
十日　糸満地区教職員会第六次教研集会（糸満高校）
十一日　知念地区教職員会第六次教研集会（与那原小校で）
十二日　沖縄タイムス社、沖縄中学校体育連盟共催第三回全琉中学校新人野球大会
東南アジアと本土の児童生徒図画作品展（タイムスホール、十四日まで）
ナイキ発射実験阻止現地大会（読谷にて）
十四日　宜野座地区第六次教研集会（金武小校）
十五日　アンドリツク民政官東村に新設中の産業開発青年隊へ四千ドル贈る
十六日　民政府教育部長キンカー博士南農高校、中農高校を視察
十七日　コザ地区第六次教育研究集会（普天間中学校で）
社会局宮古城辺へ非常用の救援食糧五千キログラムを急送
十九日　沖縄高野連、琉球新報社共催、高校野球冬季大会（於那覇高校）
沖縄県青年団協議会主催、沖縄タイムス社協賛による第六回青年祭（タイムスホール、二十日まで）
第二回那覇地区教職員会婦人部大会（那覇劇場）
全島高校教頭会（知念高校）
二十一日　〃白い煙、黒い煙〃で親しまれている稲垣国三郎氏（日本女子体育大学教授）来島
二十二日〃白い煙と黒い煙〃の碑除幕式
日本自民党の沖縄災害慰問一行軍民政府首脳と懇談
学校給食用のメリケン粉一万袋（三か月分）アメリカのカトリック系宗教団体から入荷
日本自由民主党の沖縄災害視察団一行七人（団長小金義照議員）来島
臨時中央教育委員会開かる（文教局長室）
沖縄中体連主催第三回中校新人野球大会優勝戦で上山中校優勝
今年さいごの本土集団就職の少女たち三十人出発
寄宮中校道徳教育研究発表会
国費、自費学生合格者発表
二十四日　沖縄タイムス社文化講座稲垣国三郎氏の「沖縄と稲垣」について（タイムスホール）
二十五日　日本自民党の沖縄災害慰問視察団（団長小金義照）瀬長副主席らと先島を視察
二十六日　文教局主催冬季研究集会（第二回認定講習）始まる（一月五日まで）
文教局主催沖縄タイムス後援第四回全琉児童生徒作品展始まる（壺屋小学校で二十八日まで）
文教局、沖縄教育音楽協会共催第六回全沖縄学校音楽コンクール（小学校の部タイムスホール）
二十七日　全沖縄高校長主事協会、文教局共催の第二回定時制生活体験発表弁論大会（首里高校で）
沖縄高野連の招きで来島したオール熊本高校チームと南部オール高校の野球試合（那覇高校）
文教局、沖縄教育音楽協会共催第六回沖縄学校音楽コンクール（中学校の部、タイムスホール）
二十八日　教職員会の第四回連合分会婦人部長会（教職員会館ホール）
二十九日　教職員会校長部長会で勧奨退職制を検討

文教時報（第六十三号）（非売品）
一九六〇年一月二四日印刷
一九六〇年一月二六日発行
発行所　琉球政府文教局　研究調査課
印刷所　那覇市三区十二組　ひかり印刷所（電話一五七番）

文教時報

64

NO.64

1960.2 琉球 文教局研究調査課

巻頭言

パン給食の実現

喜屋武眞栄

沖縄の児童生徒にパン給食を実現してほしいということは、教育者を始め、児童生徒の福祉を願う、すべての人々の多年の願いであった。

このたびその多年の夢が実現するようになったのだから感謝と喜びは包みきれないものがある。この物資は沖縄住民の要望に応えて民政府のご斡旋により、米国の宗教団体である国際カトリック福祉協議会と世界キリスト教奉仕団からの贈り物である。この二つの宗教団体は、一九五五年以来沖縄の児童生徒たちの福祉向上のために莫大の脱脂粉乳（粉ミルク）も贈って下さっている団体である。

パン給食が要望された所以のものは、欠食児童の救済や、事故防止や、不良化防止や体位向上の面からであったが、それは取りもなおさず、望ましい人間形成のための学校給食に位置づけなければいけない。こんどの改訂教育課程は「学校行事等」の中に明確に学校給食を打ち出しておるし、しかも次のようなねらいを示しているのである。

一、日常生活における食事について、正しい理解と望ましい習慣を養うこと。
二、学校生活を豊かにし、明るい社交性を養うこと。
三、食生活の合理化、栄養の改善及び健康の増進を図ること。
四、食糧の生産、配分及び消費について正しい理解に導くこと。

以上の「ねらい」の達成を忘れずにパン給食が行われなければならない。そのためには、取りもなおさず、毎日のパン給食を通じて適切な指導がなされなければならない。

人間はパンなくしては生きられるものではないが、しかしまた人間はパンのみによって生きるものではないということを十分に知るべきである。

仏を造って魂のぬけた人間形成にならないよう心すべきである。

十分に栄養を与え、しっかり鍛えて身も心も共に健康な人間像の育成を目ざしてパン給食を軌道にのせ、拡充強化して、これを恒久化し完全給食にまで高めてゆかねばならない。

そのためには、一日も早く学校給食法と学校給食会法を立法化すべく、全力を傾注しなければならない。

（保健体育課長）

目次　第六十四号

—実験学校—

健康生活の習慣化

コザ小学校

上　コザ小学校校門

右　保健室内部
健康指導の記録が整然とおかれている

左
保健室の諸掲示物
本校の全児の体位や健康状態がわかる

下
日々全児の健康の状態をたんねんに記し直接指導に役立てている

☆　1年　健康観察はどのように行ったらよいか

☆　2年　給食指導

☆　3年　学習時における姿勢指導

☆　4年　検査や測定の結果を活かした指導の実際

☆　5年 6年　保健自治活動

上　二重金網の給食調理室
右上　給食調理室わきの庭
右下　給食調理室内部

日々子どもたちみずから使用する健康観察板を示しつつその教育的効果を説明する一年の担任

疾病異常からくる学習時の不良姿勢の多いことを説く三年の担任

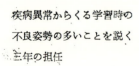

二十万人のパン給食

保健体育課長　喜屋武眞栄

沖縄の児童生徒にパン給食を実現してほしいという要望は教育者を始め、児童生徒の福祉を願うすべての人々の多年の願いであつた。

こんど、その夢が実現するようになるのだから感謝と喜びはひとしおではない。既に第一陣のメリケン粉一万袋もアメリカから届いており第二陣の一万三千余袋も既に十二月二十九日にアメリカから積み出されたと報ぜられているが。第一陣の一万袋は倉庫に山積みされ、一日も早くパン給食が実施されることを待ちあぐんでいる。

それで各学校の受入態勢と製パン業者の工場整備を呼びかけて目下、それぞれ整備に奔走中のところであるが、早ければ一月中旬頃から実現できる見通しも十分ついている。

学校給食の意義

沖縄の子供たちに学校給食をしてほしいという願いは、主に児童生徒の健康生活の上から切望されたことは、勿論であるが、尚その他に沖縄の特殊事情から交通事故を防止するために、又欠食児童の解消のために、更に常欠児童の救済のために、といろいろの立場からその早期実現が要望されたのであるが、更に給食指導が人間形成の上から大きな意義をもつように強調されてきたのである。即ち今回の教育過程の改訂にともない、その内容は、「各教科」「道徳」「特活」及び「学校行事等」と四つの柱によつて編成されるようになつたのである。そこで学校給食も、今までその位置づけが、はつきりしなかつたのであるが、今回「学校行事等」の中に明確に位置づけられるようになつたのである。

しかしながら問題はただ単に学校において給食を実施するというだけでは教育過程の活動内容とするわけにはいかないのである。

そこで学校給食の目的には次のようなことがあげられている。

1　日常生活における食事について正しい理解と望ましい習慣を養うこと
2　学校生活を豊かにし、明るい社交性を養うこと
3　食生活の合理化、栄養の改善及び健康の増進を図ること
4　食糧の生産、配分、及び消費について正しい理解に導くこと

以上のねらいに基づいて、給食時に適切な指導が行われることによつて、給食を通して人間形成がなされていくのである。

学校給食の三段階

さて学校給食といい、パン給食といわれていますが沖縄の学校給食には次の三つの段階を考えている。

先づ第一の段階は、幼稚園から小学校中学校、高等学校の全日制及び定時制、合わせて二十五万人の児童、生徒に漏れなくミルクを給食していこうということであり、これは一九五五年以降現在まで発展的に実施しつつある。

第二の段階は義務教育の対象である小学校及び中学校の児童、生徒、二十万人に対してミルクを飲ませ、パンも与えていこうということで、即ち今日実現する運びになつているパン給食の場合である。

第三の段階は、いわゆる完全給食の実現で、小学校、中学校の児童、生徒二十万人にパンとミルクと更に副食物も与えて栄養素の上から完全給与をしていこうというのである。ところで、今日直ちに第三の段階である完全給食の実現については今日の財政能力では全琉的に始めることは今のところ困難であると思われるので、可能な限り部分的に実現させていきたい。即ち中学校の生徒一回食の基準カロリーは、八〇〇カロリーであり、小学校の基準カロリーは六〇〇カロリーとなつている。ところが、今度計画しているパン給食のパンとミルクだけでは中学校の場合六五〇カロリーで基準カロリーから一五〇カロリー不足しており、小学校では五一〇カロリーでこれまた基準カロリーから九〇カロリー不足しているのである。この足りない不足カロリーは副食物によつて、補つていかねばならないのである。

それで今まで弁当を持参してきた児童生徒たちは、今後はべんとうのご飯は持つて来ないでよいとして、おかずは従来通り、否できれば従来以上に良質のものを沢山持たせていただけば、個人的には完全給食になるわけである。これは、家庭的に、或いは学校的には、容易に実現できることでありますので是非ご協力をお願いしたい。

パン給食の構想

パンの規格はコッペパンにして小学校では一〇〇瓦のパン粉に副資材を加えて出来上り凡そ一四〇瓦中学校では一三〇瓦のパン粉に副資材を加えて出来上り凡そ一八五瓦のパンになるのであるが、週五日は（土、日を除く）年間一八〇日の

給食という予定である。二十万人の子供たちに毎日一個宛のパンを与えることは決して決してなまやさしいことではないようだ。即ち今日、沖縄中の製パン業者が、市販のために製造しているメリケン粉の消費量は、一日約五〇〇袋（二二瓩袋）だといわれているが、今度、児童生徒のパン給食のために消費するメリケン粉は、一日九〇〇袋宛 消化される ことになるので、一日に一、四〇〇袋の製造能力は現状施設規模では到底その能力がないのである。それで目下製パン業者の方々は工場の拡張、新設で大童になっておられてその受入態勢を整備のために奔走中である。このような莫大な物資は年間約八三〇万ポンド（一〇〇ポンド袋一七万袋）にのぼるのであるが、現在支給している脱指ミルクと合わせると、まさに一、二〇〇万ポンドにのぼり、この量は、アメリカが全琉のために救済物資として贈ってもらっている一年間のリバック物資量と等しい量である。これは、どこから贈られているかというと一九五五年来恵まれない沖縄の子等の福祉向上のためにと脱脂ミルクを贈ってもらっている世界キリスト奉仕団と国際カトリックの福祉協議会の二つの宗教団体からの愛の贈物である。

　ところでこの素晴らしい有難い贈り物がパンとなって子供たちの口にはいるまでには次のような手順を要することになっている。

　沖縄中の製パン業者の方々や児童の福祉を心から願っておられる協力者は目下製パン工場の整備に奔走中であるが、拠りどころのない思いつきの協力ではいけないので去る 中央教育委員会で 「学校給食用製パン委託加工工場の認可並びに学校給食用パンの審査に関する規則」が制定されたのであるが。これに基づいて施設が完了次第、一件書類を整えて中教委宛に認可申請をしてもらえば、審議委員会において調査審議の上、中教委に提案して、中教委で認可がなされることになる。認可された製パン業者は、直ちに文教局長の指定した「組合せ群」の地方教育委員会と契約を結ばなければならないのである。既に十二月三十一日現在で三十八人の業者から申請がなされているが、尚工場施設を完成次第申請を予定している業者も多数おいでである。

　さて、アメリカから積み出されたメリケン粉が那覇港まで着荷の運賃は、アメリカ側がもち、那覇港から受取って倉庫に収め、これを各地区の製パン業者まで届けるのは、文教局の責任においてなされ、配布したメリケン粉によってパンを製造して、毎日各学校まで、配ばるのは製パン業者の責任になるのであるが、実施にあたっては幾多の困難が予想されるので、果して離島、へき地の学校までうまく運ぶものであるか、案ぜられてならない。

実施上の問題点

○加工費の問題

　先づ問題の一つは、加工費の問題である、主資材のメリケン粉は無料提供されたが、製パンにするまでには副資材の砂糖、イーストに、油脂、塩とそれに燃料費、運搬費、人件費等それに輸送費がかかるわけだが、それも含めて一人当り一日少くとも一仙の加工費がかかることになるが、この一仙はＰＴＡで負担してもらう計画になっている。一日一食一仙でいただけるのだから大安上りのわけだが気持は有難くてもいざ金を出すとなると沖縄の経済事情ではそう簡単には、いかないものではないかと案じている。それに生活保護児童や準生活保護児童の加工費の捻出についても、いろいろと研究し対策を講じていかねばならない問題である。

○離島、へき地の給食

　二十万の児童生徒が交通の便、不便にかかわりなくその日その日の焼きたてのパンがおいしくいただけるということがパン給食の望ましい姿であるが、実際問題として離島へき地の輸送についてはいろいろの隘路があるようだ。ところで離島へき地の児童、生徒こそ、優先して給食する必要もあるわけだので、離島の場合なるべく現地解決ができるよう推進しそれに、長期間もてる干パンの研究や、或いは、製めんにして給食することや燕しパンにするとか、最悪の場合は「ダンゴ汁」にして給食するとか、何れかの方法でも、漏れなく給食が行われ、離島なるが故に、へき地なるが故に取残されることのないようにしていきたい。

○完全管理

　資材のメリケン粉は、パン製造に適した強力粉で、素晴らしく良質のものであると業者もほめておられる。それでこの良質の原料が業者の良心的協力によって良質のパンにつくられ規格通りに焼かれて、おいしく、よろこんで食べられるようにならなければならない。

　万々が一にもそのようなことはないと信じたいが、かりそめにも、規格が変ったり、質が悪くなったり、或いは原料が横流しされるようなことがあってはならいと思うが、リバック委員会毎に警告を発せられているのである。

　それに集団食事で最も心配になるのは、中毒事件や伝染病に対する用心をすることだと思うが、パン工場の衛生的施設や、食品衛生の完ぺきを期すために資材倉庫やパン棚を完全なものにして、ねずみや、その他の害虫の被害を除去しなければならない。それに各学校におけるパンの保管や、配布についても十分な考慮が払われなければならない。

○施設、用具の拡充

現在行われていているミルク給食は、在籍の多い学校では二回か、三回にわけて給食している状況であるし、給食準備室も、せまいながらも何とか間に合っている状態の学校もある。ところで今度パン給食が実施されるようになれば、全校生徒が一せいに昼食時間に給食されることになるので学校全体も、今までより、はるかに忙しくなるし、給食準備室も広くいるわけだしそれに用具も従来は半分或いは三分の一あれば、間に合っていたわけだが倍以上に増さなければ、一せい給食がすすめられないことになるので施設、用具の拡充も容易のことではないわけである。

○全住民の理解と協力で

学校給食の実現は確かに多年の夢の実現であり嬉しいことに違いないが、当事者の立場になると、ほんとに荷に負えない程、忙しい仕事でありまさに嬉しい悲鳴である。しかしこの学校給食が沖縄の特殊事情から何よりも優先して実施されねばならないということは為政者をはじめ教育者も父兄は勿論のこと全住民の要望であるからには、いかなる隘路や困難な問題があろうとも、これを克服し、打開して完全に遂行していかねばならないのである。

そのためには、せめて三度の食事を二度に減じてでも一合の酒や一箇の煙草を節約してでも親心を発揮してご協力を願いたいのである。

更に製パン業者の方々にお願いしたいことは、人道愛による宗教団体の善意と厚意によってこのような給食も実現するのであるから、われわれは、世代の沖縄の子弟のためにこれを倍に生かして、児童一人一人の福祉に還元することがこの善意に応える住民の立場でもあるし、又業者の良心でもあると思う。絶大のご協力をお願いしたいのである。

話にそのような殊勝なお気持ちで立ち上っておられることに対し感謝も申上げつつ、一層の善意と厚意あふるる、ご協力をお願いしたい。

更に薄利多売という商道もあるが、長い目でみたとき、今後の食生活の改善と相まって、パン食が多くなることを思えば、これこそ製パン業者を援助していく訓練時代でもあるといえよう。更に学校給食が人格形成の上から大きな比重を占めるようになった今日、是が非でも遂行しなければならないものではあるが、これが完遂されていくためには全住民がそれぞれの立場から理解と関心による心からなるご協力に、よらねばならないものである。

残された問題点

このパン給食は一体いつまで続くものであるか、又アメリカはいつまでパン粉をくれるといっているのかと、よくきかれるのであるが、業者の立場からすればそのお気持はよくわかる。しかし今後何年間は、くれてやるという取決めはないのであるが今後、永久にただ貰いをするということも考えるべきではないだろうか。問題は後何年後にわれわれ自体の力でもやれるかという時期が問題である。しかしながらアメリカの宗教団体にその必要性を認めさせ、より長期にわたって実施してもらうよう仕向けることも亦われわれ自体の責任でもあろう。

今日のようにアメリカの宗教団体におすがりしていくか、琉球政府の責任において進めていくかは今後の問題として、学校給食というものが沖縄の特殊事情から又人間形成の教育の本質からどうしても今後も拡充強化こそすれ、絶対に時の変遷によって消失さるべき筋合いのものではないということだけは、はっきりいえるのである。

それで、今後の学校給食を恒久的なものにし、その運営の合理化をはかって行かなければならないので、そのための学校給食法と学校給食会法の早期立法が必要であるので、今議会での立法をねらって立案をすすめている。

尚、加工費と関連して、副資材としての砂糖の消費税、イースト税等、パン給食に必要な副資材の免税については、全面的に適当な措置がなされるよう今後その実現を期していきたい。

どんなパンがよいか

学校給食コッペの場合

外観(30)				内相(70)				
焼色(10)	形均整(5)	皮質(5)	体積(10)	すだち(10)	色相(10)	触感(15)	香(10)	味(25)
パンの表面が全部一ように褐色に焼けたムラのないのが良い。	細長い棒状（長さ二〇センチ）にて勢よく育った形の現われているのが良い。	なめらかな肌をもち厚さがどこも均一なのが良い。	手に持って軽い感じのするのが良い。	薄い膜の細かい気泡が切口に均等に現われているのがよい。	色がさえて固有の光沢をもつているものが良い。色にむらのあるのは良くない。	指先で押して柔かで弾力があり滑らかな感じのするのが良い。フシのあるのは良くない。	イーストが醗こうして特有の香りと良く焼込まれた結果できる芳香を持つのが良く、イースト臭、小麦粉臭があるのは良くない。	一般に薄い塩味を感じかみしめてよい味の出てくるのがよい。塩味の足りないもの、甘味のあるもの、或は酸味のあるものは良くない。

ミルク給食からパン給食へ

謝花喜俊

学校給食の沿革

戦前の学校給食は貧困家庭の欠食児童や栄養不良の児童を対象に学校で副食を準備して給食していたがそのような一部の児童を対象としての学校給食から戦後は、全児童生徒を対象とする給食へと大きく変ってきた。

沖縄の戦後の学校給食は、一九五三年がその始めで、その当時から現在まで沖縄に布教中のカトリック教の牧師マンシニャ・レイ氏の厚意により同教会の本部から救済物資として贈られた粉ミルクの一部を学校給食としてまわしていただいたのに始まる。当時沖縄の食生活は子どもの発育に極めて必要なカルシウム分の含まれた食品が少かったので、大変重宝がられたものである。

しかし、当初は、一九五三年十二月から一九五四年の五月頃までの短い期間でしかも本島内の一・二年生だけで週三回の給食となっていたのであるが、これがきつかけとなり又、マンシニャ・レイ氏の尽力もあって一年おいて、一九五五年以後は、米国宗教団体（国際カトリック教協議会と世界キリスト教奉仕団の二団体）から沖縄の児童の学校給食用として粉ミルクの寄贈をうけ再びミルク給食の実施をみたのである。

給食の対象も年々増加し、一九五九年十二月現在では幼稚園児から高等学校の生徒まで二四一、一二一人に対してミルク給食が行われ、その量も約二、五五〇、〇〇〇ポンド（一、一五五、一五〇kg）となっている。

又高等学校定時制課程の生徒に対しては、粉ミルクの外に一九五七年度から米メリケン粉、コンーンミル等の物資まで贈られ完全給食が行われるようになったのである。これで定時制の給食は、完全給食の普及率が本土より一歩進んでいると言える。

本土の義務教育学校で完全給食が実施されておるので沖縄でも早くこのような給食が実施できるようにと教師、父兄、児童生徒のすべてが熱望していたのである。この話が実現できた、パンとミルクの給食はそのような要望に一歩近づいたものとみて甚だ喜びにたえない。

全沖縄の小学校・中学校の児童生徒一九九、二八七人が一月からパンとミルクで中食をとるようになったことはリバック委員会（琉列球島救済物資配給委員会）の方々や民政府の関係者、その他一九五八年一月頃来島された国際カトリック教協議会事務局のケネリ女史や、一九五九年四月頃来島された世界キリスト教奉仕団の事務局長のR・ノーリス・ウイルソン氏等のご尽力のおかげによるものである。

このように沖縄の学校給食は、ミルク給食に始まり、五か年目にパンとミルクの給食へと発展するようになったが、これを表に示すと次のとおりである。

年次	給食人員	年間物資量（粉ミルク）	備考
一九五三 昭、二八	一九、六九三人	二三一、三六一ポンド	小学校一、二年生
一九五四 昭、二九			
一九五五 昭、三〇	七九、九六〇人	五八一、五三八ポンド 二六三、四三七kg	幼稚園児小学校一、二、三、四年 へき地五、六年
一九五六 昭、三一	一五七、六八〇	一、一九四、一二〇ポンド 五四一、〇二六kg	小学校全員 中学校 高校定時制 } 十月以降
一九五七 昭、三二	一六七、五二一	一、六〇九、三九二ポンド 七二八、九五五kg	小学校 中学校 高校定時制 } 全員
一九五八 昭、三三	一七九、一一二	一、九七四、八四七ポンド 八九四、六〇五kg	前年と同じ
一九五九 昭、三四	二一六、三〇六	二、二〇三、四六八ポンド 九九八、一七二kg	小学校 中学校 高校定制 } 全員 幼稚園
一九六〇	二四一、一二一	二、五五〇、〇〇〇ポンド 一、一五五、一五〇kg	ミルク給食は前年と同じ
昭、三五	一九九、二七九	三、七二七、七〇〇ポンド	パン給食 義務教育各学校

給食施設について

ミルク給食実施当初は各学校、なべとバケツ、急須、コップ等最低の設備でかつ調理室も間に合わせの小屋であった。それは衛生的面から見ても憂慮されるような設備であったが、年々その整備に努最近では全琉の学校の一〇パーセント程度はミルク、ミキサを備えるようになり、又調理室も恒久的なのが大部ふえてきた。

パン給食が実施されるようになると、かまの設備や食器類もふえてきたが、まだまだこれでは不十分でありパンのない学校も相当ある。本土なみの完全給食のための設備をととのえるのに相当期間要するものと思われる。

高等学校定時制課程の給食施設の面は義務教育諸学校の設備よりは、はるかに上位である。このことは、定時制が完全給食に近い給食を実施しているために自然に設備をととのえなければ、ならない面もあつたが、その他に国際カトリック教協議会のマンシニヤ・レイ氏が一、三二六弗を給食備品購入費として寄贈していただいたためだ。各学校の設備が非常によくなつたのである。この面からも同氏は沖縄の学校給食の育成発展に寄与された功績は極めて大きい。

清潔な給食調理室内部

給食の方法について

ミルク給食について

ミルク給食の実施にあたつては、ミシガン大学の教授（琉大交換教授）ペック先生や、琉大の翁長君代先生等を講師として全琉各地区で小学校中学校の給食係の先生方に対し講習会をもちその後左記によりミルク給食を開始したのである。

給食日数は週五日、年間（三六週）一八〇日とした。

ミルクの分量

校種	給与量 一九五五年〜一九五七年	給与量 一九五八年以降
幼稚園	〇、八オンス	〇、八オンス
小学校	〇、八 〃	一、〇 〃
中学校	一、 〃	一、二 〃
高等学校	一、 〃	一、二 〃

上欄の分量を最初一合の水に溶かして飲ましたのであるが、後下欄の分量を、幼稚園と小学校では、一合の水に溶かし、中学校定時制は、一、二合の水に溶かして飲ましたのである。

溶かし方

最初は三分の一の水でよくかくはんしてのこり三分の二の水を入れて、うすめて与えていたが三分の一水でよくかくはんしたものに三分の二の湯を入れてうすめて給与するように変更し現在までその方法で実施している。

白いエプロン姿の当番のせつたいでいただくたのしい給食

かくはんも始めの間は、泡立器で十分かくはんしていたのであるが、一九五八年の終りの頃からミルクミキサを用いてかくはんする学校がふえてきた。

給食実施状況

ミルク給食は、各学校とも最初は児童生徒が飲みたがらない傾向であつた。これは沖縄の食生活でミルクを飲む家庭が非常に少くて児童生徒が、これに慣れてないためと飲むときのミルクの温度が研究されていないためおいしくないとのことであり又ミルクの濃さとか先生方がミルクの価値を知らず十分な給食指導がなされていなかつたためであるが、各学校ともミルク給食がずつと続くようになると本腰を入れて給食指導に当られるようになり、次第にミルクを飲む分量がふえてきた。

パン給食について

一九六〇年一月十八日から、更にパン給食が加わつたのであるが、パン工場の整備の関係上その日から全琉一齊実施できずじよじよに全児童生徒に及ぼすようにした。

規格は次の通りである。

	小学校用	中学校用
小麦粉	一〇〇瓦	一三〇瓦
砂糖	六瓦	七、八瓦
マーガリン	四瓦	五、二瓦
イースト	二瓦	二、六瓦

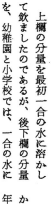

食　塩　　一、八瓦　　二、四瓦
粉ミルク　　五瓦　　六、五瓦

この規格の小麦粉とミルクは、米国宗教団体の寄贈であり、その他副資材は、業者が出してパンを製造し各学校に届けるようにしている。

現在沖縄のパン工場は三十か所もあつて、最高四六大袋（四五、三瓦入）の大工場から最低四袋の工場まであつて、一日一九九、二七〇人分のパンの需要に対してその供給はまだ十分応じ得ない、それで離島へき地の製パン工場のないところでは、蒸しパンをつくり与えている学校もあるわけである。

パン給食もミルク給食と同様一週五日一年間一八〇日として給食し、全児童生徒が同じような食物を中食時間にとるので、どの級でも極めて楽しそうに食事をしている。パン給食のおかげでミルクを飲まない児童生徒もミルクを飲むようになり、又食事作法も極めてよくなりかつ欠席児童も非常に少なくなつたと各学校では喜んでいる。ことに農村において、昼時食事の心配がなく農事に専念できると喜ばれているなどパン給食実施により齎らす良い影響は少なくない。

パン給食実施にあたり一月二十九日本土から今本直行氏（京都学校給食会技術顧問）を招へいし、全琉四か所で、六日間にわたりパンの製法、パンの試験焼、業者に対する技術指導や、学校給食主任に対するパンに関する知識や品質判定法等について講習していただいたので、沖縄のパンももつと良いものが出きるものと期待している。

コッペパンをほおばる一年生

給食の効果

戦後食生活の向上と学校ミルク給食の影響により、児童生徒の発育は著しく向上し戦前に比べて第一表のように向上している。

ミルク給食実施後の児童生徒の発育は第二・三・四・五表のとおりで、実施前よりも発育速度が著しくよくなつたことをうかがい、知ることができる。

昭和14年（1939年）と1958年の比較　　第一表

種別	小学校 男子	小学校 女子	中学校 男子	中学校 女子
身長	3.2cm	3.3cm	5.1cm	4.5cm
体重	1.6kg	1.7kg	4.2kg	4.1kg
胸囲	1.3cm	1.2cm	2,7cm	2.5cm

沖縄の児童年次別発育増減調べ（身長）　　第二表

	男子						女子					
年令	6才	7	8	9	10	11	6才	7	8	9	10	11
(28)(29) 1953～1954	cm 0.2	**−0.5**	−0.1	0.1	0.1	0.1	0.1	**−0.3**	−0.6	0	0.2	0.3
(30) 1954～1955	0.2	0.5	**−0.4**	0.2	0.5	0	0.1	0.5	**−0.5**	0.3	0.8	0
(31) 1955～1956	0.5	0.5	1.2	**0.2**	0.6	0.8	0.4	0.5	1.3	**0.1**	0.6	0.9
(32) 1956～1957	0.4	0.5	0.5	1.2	**0.3**	0.8	0.3	0.4	0.5	1.2	**0.3**	0.8
(33) 1957～1958	0.4	0.4	0.5	0.4	1.1	**0.3**	0.4	0.5	0.5	0.6	1.2	0.5

本土児童（身長）　　第三表

27～28	cm 0.2	0.6	0.5	0.3	0.4	0.6	0	0.4	0.5	0.2	0.3	0.5
28～29	0.5	0.3	0.4	0.5	0.4	0.5	0.5	0.1	0.4	0.5	0.6	0.9
29～30	0.3	0·5	0.2	0.4	0.5	0.3	0.2	0.5	0.2	0.5	−0.4	0.4
30～31	0.3	0.2	0.5	0.3	0.4	0.6	0.3	0.1	0.5	0.2	0.6	0.9
31～32	0.1	0.2	0.3	0.4	0.1	0.5	0.1	0.3	0,2	0.5	0.1	0.5

この表は

1　前年度の平均との比較である。

2　年間の発育向上は1955年以降男女ともおおむね0.5cmである。

3　1955年からミルク給食を実施した結果発育速度が向上した。

4　ゴチックは昭和34年中学校一年に進学する生徒で終戦当時は最も食糧不足の母体内にあつた子供で男女とも体格も悪い。

5　1955年（昭和30年）以後は本土の学童の発育速度よりも上位である。

ミルク給食により児童生徒の発育はこのように向上したのであるが、今度パン給食の実施により児童生徒の発育に及ぼす影響は一層よくなるものと予想される。農村の父兄は、中食時に児童生徒の食事の心配がなくなり安心して畑で仕事ができると喜んでいる。

最後にパン給食の実施にあたつて、米国民政府の関係者、米国宗教団体、リバック委員会の委員行政府の関係者その他本土からパンの講師として来島され物心両面から援助していただいた今本直行氏等に対し衷心から感謝申上げます。

× × ×
× × ×
× × ×

沖縄中学校生徒年次別発育増減調べ（身長）　第四表

年　令	12才	13才	14才		12	13	14	
(28)　(29) 1953〜1954	0.8	0	−0.1		0.7	0.7	0.1	
(30) 1954〜1955	0.1	0.6	0.1		0.1	0.5	0.4	
(31) 1955〜1956	0.2	0.4	0.5		0.5	0.3	0.4	
(32) 1656〜1957	1.4	1.0	0.9		1.1	0.8	0.7	
(33) 1957〜1958	0.8	1.1	0,7		1.0	0.7	0.3	

本土中学生（身長）　第五表

27 〜 28	0.5	0.6	1.1		1.0	0.4	0.3	
28 〜 29	0.6	0.9	0.7		0.8	0.8	0.3	
29 〜 30	0.7	0.9	1.1		0.8	0.7	0.6	
30 〜 13	0.3	0.5	0.6		0.6	0.4	0.4	
31 〜 32	0.7	0.5	0.7		0.6	0.5	0.3	

(1)　31年から中学校のミルク給食を実施した結果発育速度が著しく向上した。

(2)　１年間の発育速度は男子は約1cm女子は0.7cm程度である。

(3)　31年以前の発育速度は本土の方がよいがそれ以後は沖縄がよくなつているのはミルク給食の影響でよくなつたのではないかと思われる

(4)　単位はcmである

学校パン給食実施一覧表　(%)（小・中）

	糸満	知念	那覇	普天間	コザ	読・嘉	前原	石川	宜野座	名護	辺土名	久米島	宮古	八重山	計
1月18日	673 4%		19,047 38%	3,952 32%									8,815 50%		32,487 16%
1月20日	6,577 42%		30,812 62%		1,482 11%					7,553 34%	2,687 61%		9,563 54%		59,341 30%
1月25日	13,805 89%	7,433 57%	46,388 93%	9,950 81%	3,794 29%	4,217 61%	9,172 60%	767 13%		12,018 54%			9,772 55%		117,316 59%
2月1日	15,577 100%	9,489 72%	47,745 96%	12,344 100%						17,980 80%					134,211 67%
2月5日		9,630 73%	48,837 98%					2,693 45%					13,754 77%		141,352 71%
2月10日			49,903 100%		5,840 44%		11,148 73%	4,832 81%	4,164 100%	19,504 87%	3,710 68%		17,792 100%	6,357 49%	165,01 83%
2月15日		11,164 85%					15,198 100%							11,342 88%	175,587 88%
2月20日		13,138 100%			13,218 100%	6,941 100%		5,959 100%		22,359 100%	5,457 100%	4,295 100%			193,392 97%
2月25日														12,934 100%	199,279 100%

これからの学校給食

與那嶺 仁助

今回は学習指導要領の改訂により、学校給食は、「学校行事等」の中に位置づけられ、教育計画のなかのひとつとして実施しなければならないように示されました。人間生活で欠くことのできない食生活について、それぞれの発達段階に即し、正しい理解に導き、実際の場を通して、のぞましい習慣や態度を育てていくところに、学校給食の大切な目標があります。

給食の実施にあたつては、施設の面や経費の面等でもいろいろと困難な問題があり、更に指導においても、なかなか面倒なことがあつて、根気強くしなければならない仕事であります。そこで、これからの学校給食をどのように位置づけ、これをどう指導していつたらよいかということについて、二、三述べてみたいと思います。

給食時は単なる「休み時間」ではない

今までの給食の位置づけは極めてあいまいであって、「生活指導」として位置づけた学校、「特活」としてとりあげた学校、単なる「休み時間」として位置づけた学校等いろいろであり、そして多くの学校は次の図のように考えられているようであります。

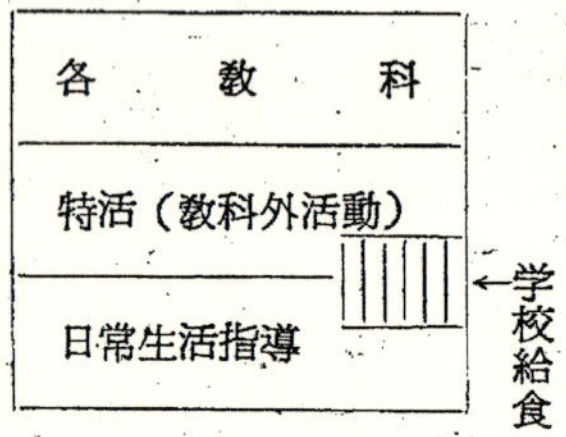

ところが、今回、指導要領が国の最低基準として告示で公布され法的拘束力をもつ基準として次の図のように明確に位置づけられて居ります。

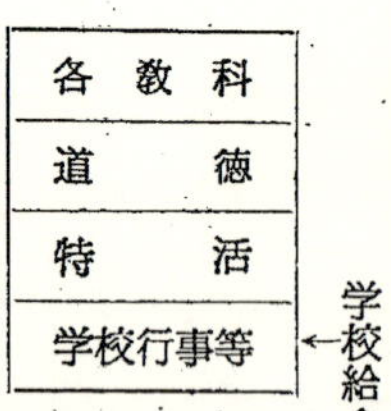

そこで私達は、給食が慈善事業や奨学対策、欠食対策でなく、人間教育の主要な場と機会であることを確認し、学校給食が、市場にあるような単なる「食堂」とならぬように考慮し、休憩時間との混同をさけなければならないと、思うのです

学校行事等としての学校給食

指導要領に示されてある学校行事等の「目標」、「内容」、「指導計画作成および指導上の留意事項」、はすべて学校給食にも関係するのであるが、特に給食だけにとりあげられてある項目として「学校給食を実施する学校においては、給食時において関係の教科、道徳および特別教育活動との関連を考慮して適切な指導を行うようにしなければならない」、というのがあります。これを図示すると次のようなことになると思います。

A　学校給食と四領域との関連性

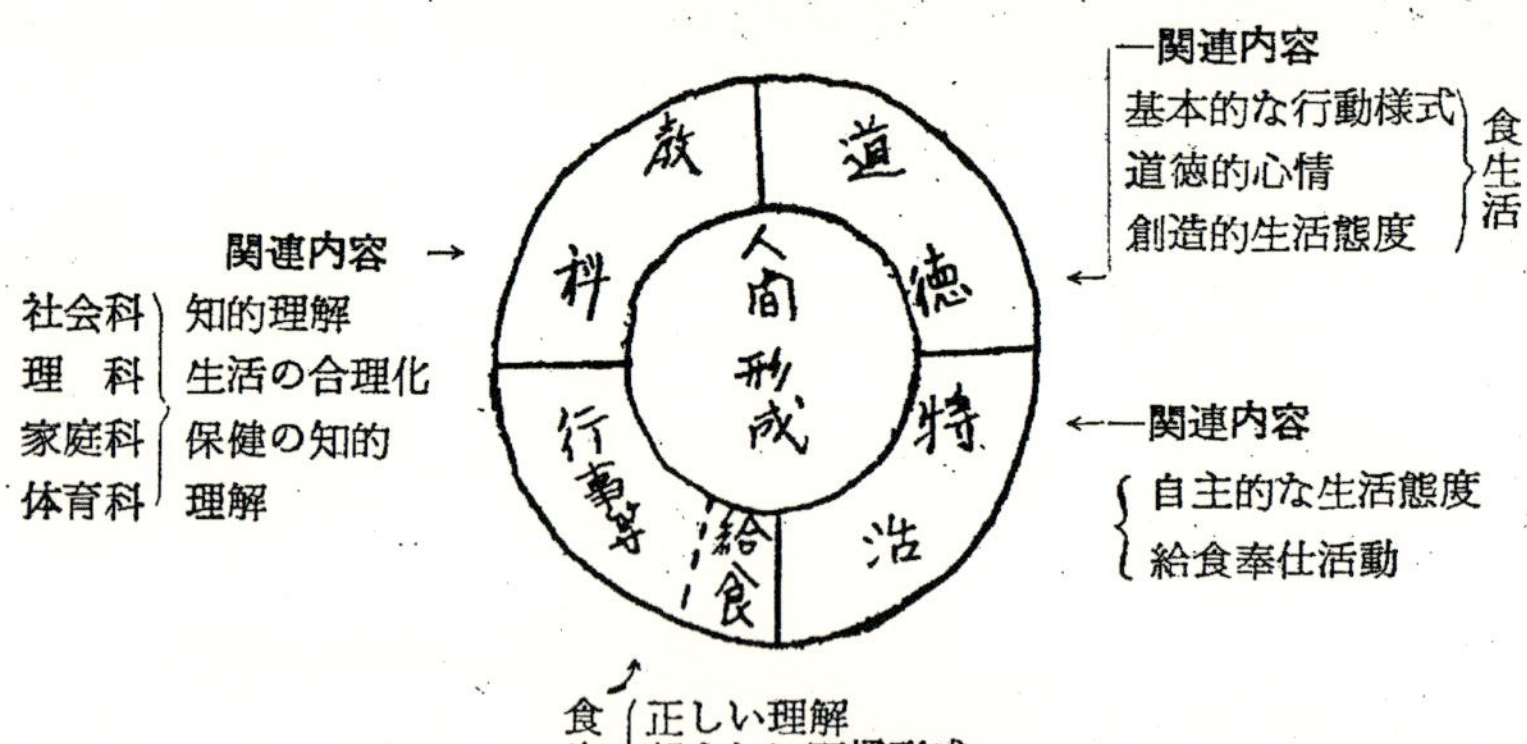

B　給食の立場からみると次のように図示することができる

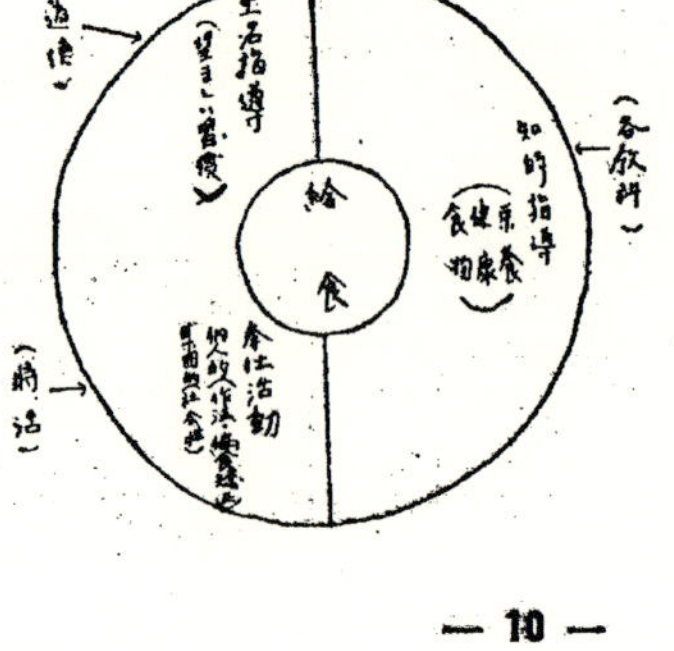

従って、各学校では、学校給食の目標である、

(1) **日常生活における食事について**正しい理解と望ましい習慣を養うこと。

(2) **学校生活を豊かにし、明るい社交性を養うこと。**

(3) **食生活の合理化、栄養の改善及び健康の増進を図ること。**

(4) **食糧の生産、配分及び消費について、正しい理解に導くこと。**

の四項目を、教育課程の四領域との関連を十分に研究工夫して、毎日継続的に行なわれる給食時を活かし、経験を通し、行動を通して、具体的に指導し、そのねらい達成に努力しなければならないことになって居り、今後の研究課題であります。

給食時の時間配当

給食時間については次のようにすることが望ましいと思います。

(1) **食事前後を含めて四十五分程度とする。**

(2) **食事の所要時間は二十分とする。**

(3) **食事の前後は発達段階や、能力に応じて適当に配時する。**

(4) **休憩時間との区別をはっきりする。**

給食時間の構造

約15分	20分	10分
準備	食べる	後始末
∘知的指導 ∘集団活動（奉仕） ∘習慣づけ ∘雰囲気構成 （レコード、机の配置、花）	∘食事作法 ∘個人的な指導 （偏食矯正、作法） ∘人間関係育成の場と機会に恵まれている。	∘集団活動（奉仕） ∘知的指導

給食指導の実際

教育課程の中に位置づけられた以上、学年別に ①指導目標 ②指導内容 ③指導計画作成及び指導上の留意事項について述べなければならないが、今回は一般的な指導上の心得について書くことにします。

A 食前の指導について

1 教室を明るく楽しい場所に

○換気をはかり、机をならべかえ、ちりひろい、机上ふき等順序よく分担して、敏速に行う。

○生花等も考える。ほうきで掃く時は埃をたてるので、水をかるくまくのがよいと思う。

○机をならべかえる時は、毎日のことであり、短時間に、かつ混雑して埃がたたぬようにすること。

○雑布とバケツは、白線等で専用識別をし、不潔なものと混同しないようにすること。

○「おかず」による心理的な作用を考慮し、教師の席も意図的に選定するようにする。

2 手洗いの指導について

○まず「鼻かみ」を励行させる。

○「用便」、「手洗い」

係の者は、身支度の前に用便をすませる。

他の者は、混雑しないように順番を守って秩序よく行なわせる。

○係は優先に手洗い

係の者は、石けんで優先的に手洗いをさせる。

○手洗いの方法は

流れを使用し、指の間、指先き、手の甲、手くび等石けんで十分洗うように習慣づけさせる。そのためには経済的、時間的にいろいろ問題がありますが、研究工夫する必要があります。

○かならずハンカチを毎日持って来るように指導する。

○手洗い後は、衣服や身体や、品物等に手をふれないように留意する。

○この時間を利用して、清潔検査や指導の機会とする。

3 係の指導について（当番というよりも係として指導するのがよいと思う。）

○能率的、保健衛生的に、

○給食準備室での行動は、敏速に秩序よく、

○特に伝染性疾患の者は、係にあてない。

○係生徒の任期は、保健上、能率上正確度、熟練度など考慮して、適当に定める。

○係生徒の服装は、三角巾（帽子）エプロン、マスクをかけるようにする。

係交替の時に、エプロンを洗濯して引きつぐようにするとよいと思う。

マスクは個人もちにする。

4 **配膳について**

○敏速に、秩序よく

○こぼさないようにする。

○皿やコップのふちになるべく手をふれないようにする。

○ミルクとパンは同時に配ばり終わるようにする。

○配ばる順番をときどきかえる。

○一般児童は席について、静かに待つように指導する。

○すんだ容器は、定まったところに整理しておく。

○係の三角巾は廊下ではずす。

△学級毎に容器を置く処を設けてほしい。

△つとめて校内での放送を行い、待つ生徒や児童に、係や教師、学校長等から栄養指導やしつけの指導を計画的に実施することが望ましい。

△待つている児童、生徒は自分のところに配ばりに来たら、軽くえしやくするようにする。

B **食事中の指導**

1 **食事中の教師の位置**

親しみと、楽しい雰囲気の中で食事ができるように、計画的に（偏食児早食児、遅食児等）児童生徒のグループの中でとり、自然のうちに指導ができるようにする。

○全生徒の管理に注意する。グループにはいると全児の様子をみることが困難になると思うが、気を配つて全体の雰囲気をもりあげるようにすることも大切である。

2 **食事のあいさつ**

○形式にとらわれず、自然に感謝の気持をあらわすようにする。

○係や児童生徒代表の合図で始めるように指導したらよい。

3 **ミルク、パン、おかずの食べ方**

○ミルク、パン、おかずの順に交互にたべ、つとめて一緒に食べ終わるようにする。

○ミルクを飲む時は両手でもつて、少量ずつ、かむようにして飲む。一息に飲みほすと、消化の上からよくないことを指導する。

○パンは一口ずつ、小さくちぎつて食べるようにする。

○パンにバター等をつけて食べる時には、ちぎつたパンにつけるようにする。

○パンをミルクにつけて食べるのは不完全そしやくとなり、消化の上からよくない。

○パンの皮をむしつて食べたり、中のやわらかいところを食べたり、外側のかたいところを残したり、手でこねて食べること等は矯正指導する。

4 **楽しい雰囲気をつくる**

○小さな声で軽く話し合いながら食べる。

○席を立つたり、離れたり等しないで静かに、行儀よく食べる。

○軽い音楽を聞きながら食べる。

○教頭先生や、養護教諭、学級担任外の教師、校長先生等を、お客さんに招いて、食事を共にするのも、大変よいことだと思います。

5 **食事のとり方を指導する**

○早食、遅食、偏食、食欲不振の指導を共に食べながら指導する。

○欠陥については家庭との連絡もとりながら指導する。

○保健指導のよい機会でもある。

C **食後の指導**

1 **反省と休食**

○みんなが済むまで、静かに待つ。席を離れたり、食器をがたがたさせないようにする。

○教師は机間巡視で、食べ残しの状況等を確める。

○栄養指導、作法指導等適宜行い、その日の給食状況を記録して、指導の資料とする。

2 **食後のあいさつ**

○感謝の気持ちをあらわして、あいさつする。

3 **後始末はきちんと**

○全員協力して、機敏にかたづける

○係で準備室の決まつたところに整頓して返えす。

○準備室では給食のをばさんに、あいさつして返えすようにする。

○机の整頓、教室のそうじ等は、皆で協力して行う。

○後始末が終わつたら、食後のうがいをするように指導する。

学校給食用パン審議会

委員長 文教局長 小波蔵政光
副委員長 文教局次長 阿波根朝次
委員 那覇連合区教育長 阿波根朝松
〃 PTA連合会 安村良旦
〃 神原小学校長 中山興真
〃 文教局保健体育課長 喜屋武真栄
〃 施設課長 佐久本嗣善
〃 那覇中学校教諭 安井園子
〃 社会局 （二名未定）

本校の学校給食の実状と今後の計画

コザ小学校　伊　波　英　子

本校では、一月十九日より待望のパン給食が開始された、児童はもちろん、父兄教師共に喜び合つている。これまでは、ミルクだけで、物足りないような感がしたし尚、ミルクを飲むと異常を起こす子をミルクになれさせるための苦心やミルクに親しませるための種々の方法を実施してきた。ところがパン給食実施で定量から更にミルクをほしがるほどである。

現在、施設の関係で給食時を二回に分け、下学年は三時限終了後、上学年は四時限終了後に行なつている。授業終了と同時に、鼻をかんだり用便をすませたりして、全員、石けんで念入りに手を洗う。当番の八人中四人は机ふき、四人はエプロン、三角布を着用して給食室の、クラス別の戸棚からコップ、きゅうすを運ぶ。

保健自治活動の給食部の生徒が毎日放課後、マスクの消毒や洗濯をするので、戸棚にはちやんと準備されており、みなマスクを使用している。パンは上級生が運んだり配つたりして下級生の世話をしている。

コップは初め金製のえのついたものであつたが、持ち運びに便利な割にえがあつくなつて困るのとでこぼこになり消毒が思わしくなく、尚、飲み方の正しい指導が困難であつたので、次に二〇〇cc入りのやや大きめの湯のみにきりかえた。この湯のみでは持ち方の指導もわりに楽で、又家庭的な雰囲気がでるし、コップよりもおいしくいただけたが、下級生には持ち運びが無理なのと、われやすいという理由で、現在使用の三〇〇cc入りのプラスチックのコップにきりかえた。これは一人で楽に持てるし、清潔感がするので全児に喜ばれた。今後全校一斉に給食できるようその諸準備に拍車をかけている。

現在の二十二坪の給食室の北側にあと三坪程増築し、そこにクラス別のパンおきの戸棚を作ることにしている。パン皿は全員分注文してあり、一月の下旬頃届く予定で、このパン皿がくれば紙など要らなくなり、パンもおいしくいただけることでしよう。

それから現在の湯わかし用の釜二個ではとうてい間に合いませんのでボイラーを購入する計画である。その他にパン業者が持つて来る時の箱についても検討中であるが、とにかく児童のために、一日も早く設備を整え、全校一斉に楽しく給食ができ、そして、健康で明かるい学校生活をするため、私達は努力したいものである。

—よろこんでミルクを飲ませるために—

本校は、過去二か年間、健康生活の習慣化という大テーマをとりあげ、わけて

（写真）給食準備室（二二坪）
西向きのスマートなブロック造り
（二重金網張り）

もその中の小テーマである給食指導にはずい分おもきをおいて研究してきた。好きな子も嫌いな子も異常を起こす子も全員がよろこんでミルクを飲むために、まず教師も児童と一しよにミルクを飲んだ。「今日のミルクは、とってもおいしいよ」といつて、おいしそうに飲んでみせると、児童は自然に教師にひきつけられて飲むようになつたが、上級生は下級生のように指導が容易でなかつた。

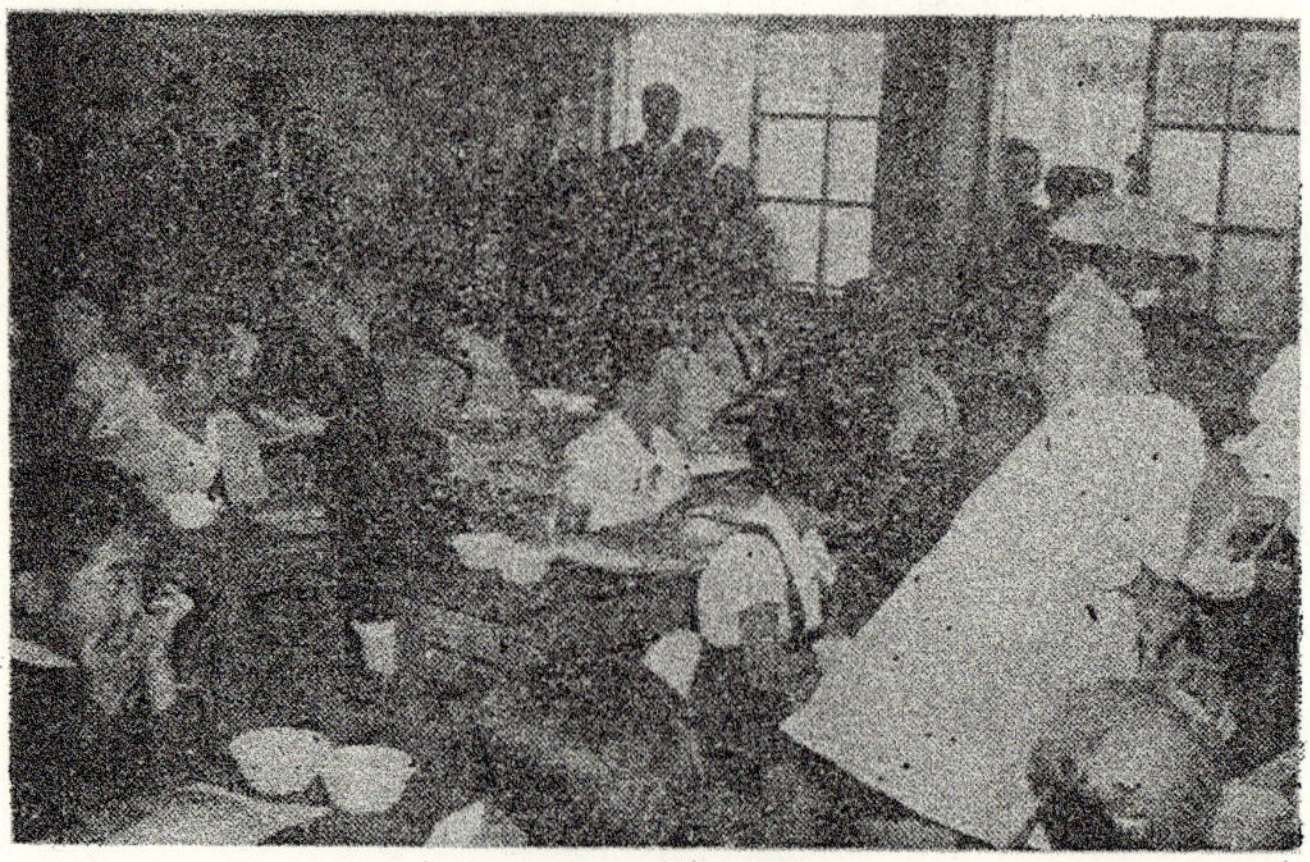

給食の時間

おいしいミルクとパン　みんなのよろこんだ顔

児童の希望によつて五八年の十月一日から白砂糖を入れてみた。一日の使用量が二キログラムで一人分が一・四グラムになつたが、二グラムまでは砂糖を入れてもさしつかえないとのことで、約三か月間続け、次第に量を減らしていつた。こでやつと上級生も飲めるようになりしまいには砂糖を入れなくても飲むようになつた。

作文、標語、ポスターのコンクールをしてミルクに親しみを持たせたり、又教師もエプロンを着用してミルク当番に当り、身体の具合を観察し、話し合いながらミルクをついでまわつた。ハンカチ持参を督励したり、ミルクかるたを作り給食前に読み合つたりして常にミルクに対する関心をもたせるようにした。個人カードも記入させ毎日のミルクの温度や濃度の具合などと感じた点を素直に書く欄を設け、月末には一か月の反省をさせ来月の努力点などもきめさせ、決意を新たにさせるようにしむけた。

それから全児になるべくミルク当番を割当て、エプロンなどは、常にアイロンをかけて真白く保つように心がけた。洗濯、のりつけ、アイロンは父兄の関心も高める意味から、交代で各家庭にお願いした。当番もみながよろこんで参加するように当番板をつくり、当番札をかけるように絵入りの標語などもはりつけたら自主的に当番にあたるようになつた。グループを決め、そのグループで名前も考えさせたら、なかよしグループ、たのしみグループ、ミルクグループなどが生まれ、当番のくる日を楽しみに待つている状態である。

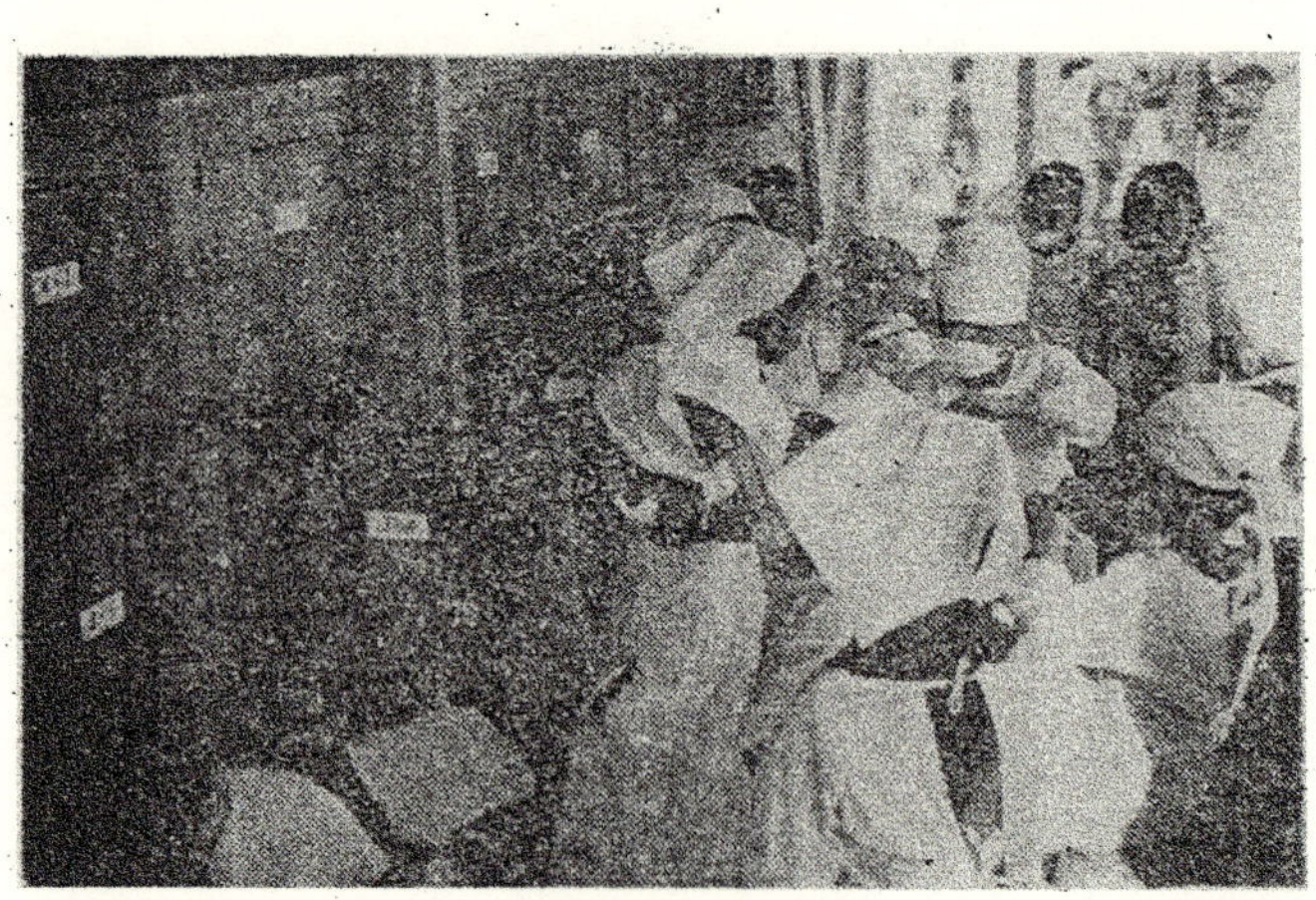

当　給　食　番

かいがいしく身支度　さあこれから当番だ

身長の成長ぶりをグラフに表わしたりミルクに親しませるための教室経営などもなるべく絵入りの掲示をくふうし、児童の作品などは、学校掲示板や校舎の壁、校内放送をうまく活用した。今では、全員がよろこんで給食をするようになり、明かるくのびのびと育つことを頭に描きつつ楽しい毎日を送つている。

児童作文に表われた給食への関心

ミルクとうばん

二年　Ｋさん

きようは、わたしたちのミルクとうばんです。わたしたちは、せきちくグループです。女はミルクとうばんで、男はつくえふきです。一れつにならんでおしあいをしないように、せつけんで手をあらいます。ミルクとうばんはさきにあらうのです。三かくきんをかぶり、エプロンをつけて、いそいで行きます。きゆうしよくしつの入口の戸をあけてはいり、二の一くみの戸だなをあけると、マスクがさげられています。コップのはいつたかごも、きゆうすもちやんとおかれています。わたしたちは戸だなの前で、だれがかごを持つか、だれがきゆうすを持つかをきめます。出口と書かれている所から出て行きます。出口と入口をちやんとまもらないと、ぶつかつたりします。きようしつにつくと、みんな手をあらつてしずかにまつています。この時さわぐとごみやほこりがあとでミルクの中にはいるので、さわがないように気をつけます。

かごを持つてコップのふちをさわらないようにして、くばつていきます。とうばんは、手を上げた人にはおかわりをしてあげます。

のみおわると、ミルクカードにつけ、かごをかたづけます。入口のそばにおいてあるしようどくきの中へマスクを入れます。きようしつへかえつてエプロンをえもんざおにかけて三時間めのおべんきようをするのです。ミルクとうばんは、とつてもたのしみです。

ミルクかるた

二年（六クラスより抜萃）

あつい　ミルクは　おいしいな
いつも　ミルクで　ちからもち
うしのおつぱい　よいミルク
エプロンすがたの　ミルクとうばん
おいしいミルク　よいにおい
（以下略）

標語

二年（六クラスより抜萃）

ミルクでたのしい　おべんきよう
元気でのびよう　ミルクでのびよう
一ぱいのミルク　百ぱいの力
ミルクをのんで　一、二、三

ミルク時間の指導

	給食前	給食中	給食後
指導要項	身のまわりの整理 室内の整理 机の上の整理 用便 はなをかむ 石けんで手を洗う 机をふく 静かに待つ 当番に感謝の気持でついでもらう	あいさつ よい姿勢でのむ 感謝の気持で楽しくのむ あいさつ	コップはていねいにかたづける カードの記入 日誌の記入 反省
留意点	さわがない 押し合いしないで順序よく洗う 手を洗つた後ほかのものにふれない コップの内側やふちに手をふれない ハンカチの後仕末をちやんとする	お代わりはだまつて手を上げる 席をはなれない コップの持ち方に気をつける こぼしたり、のこしたりしないでのむ のみ方に気をつける 話をしないで静かにのむ	コップの取扱いを叮嚀にする カードは正直にかく カードは大切にする
当番への注意事項	手は念入りに洗う 身支度をきちんとさつさとする コップやきゆうすを地面の上におかない きゆうすは一定数もつてくる 出入口に気をつける	早目にのんでお代りをしてあげる	さつさと後片付をする マスクは忘れずに消毒器に入れる

給食カリキユラム

月	大単元	小単元	指導内容	教科との関連	備考
4	給食訓練	食事の手洗いをさせる	一列に並ぶ 押し合いをしない 当番は先に洗う 石けんできれいに洗う 手を洗つたら水をきる ハンカチは脇にはさんでおく ふいたハンカチはきちんとたたむ 手を洗つたら席につき手を清潔に保つておく	理科 （たべものとびよう気）	ミルク室の見学
		当番の編成	八人グループをつくる 四人はミルクの係、あとの四人は机をふく 伝染性のあるものや寄生虫保持者は当番を除く 机ふきとミルク係は交代して行う		手洗いの幻燈
		当番の仕事	……机ふき…… 前時に水をくんでおく ふきんを強くしぼつてふく ふき終つたらきちんとかけておく ……ミルク係…… 手を洗つたらエプロン三角布を着用する 給食室からきゆうす、コツプを取つてくる コツプをくばる （机間を歩きながら一つの机に二個おく） コツプの八分ずつつぐ 希望の者にはお代りもしてあげる 給食室にもつて行く		
		当番の心得	……机ふき…… 一時限終了後水を汲んでおくようにする 机をふく時バケツはじやまにならない所におく 水は六分程度入れる ……ミルク係…… 身なりに気を配る 具合の悪い時は申し出て休むようにする 給食室の出入に（出口、入口）気をつける コツプやきゆうすを運ぶ途中、地面の上におかない よろこんで当番にあたる	社会 （びようきをふせぐ人々）	
		正しい給食の作法	食前後のあいさつをする ゆつくりこぼさないでおちついて飲む 口音をたてない 給食中は静かにする きまつた量は残さないで飲むようにする 席をはなれない コツプを正しく持つ コツプをわらないように返す	社会 （けんこうな子ども） 理科 （たべものとびようき）	

月	大単元	小単元	指導内容	教科との関連	備考
5	発育と栄養	カロリーと栄養	ミルクの栄養、カロリーを知る 体のためになる食物しらべをする どんな食べ物をとつたら健康になるか 体重、身長を知る	理科 （たべものとびようき）	身長、体重グラフ作り
		偏食	好きな食べ物、嫌いな食べ物をしらべる 嫌いな食べ物についてはどうしてそうなるかを発表させる 嫌いな食べ物を図にする 嫌いをなくするには、がまんして食べる 好き嫌いのない子は丈夫であることを知らせる	理科 （たべものとびようき）	
		医師の診断	体を清潔にしておく よろこんで検査をうける 行儀よく検診してもらう 病気はなかつたかどうかを知る 病気のある時は早目に処置してもらう	社会 （びようきをふせぐ人々）	医師による身体検査
6	梅雨時の食物	食物の腐敗	どんな物がくされやすいか かびについて調べる 食物の貯蔵法（かんづめ、びんづめ、干物、冷凍）について調べる ミルクこぼしを清潔にする 弁当は前日煮たものは持つてこない いたみかけたものは食べない		夏の衛生
		食物と伝染病	かかりやすい伝染病しらべ 伝染病流行時の食物の注意 食物及び食事場を清潔にする 手洗いの幻燈をする	理科 （たべものとびようき） 社会 （大そうじとよぼうちゆうしや）	
7	夏の食生活	夏の食物	栄養価の高いものをいただくようにする 衛生的な食物をいただくようにする	理科 （たべものとびようき）	個人カード作製
		食後の休養	食後は軽いあそびをするようにする		身長 体重測定
		夏休みの食生活の指導	食べ過ぎとその影響について知る 丈夫な体を作るには規律正しい生活をする必要のあることを理解させる 暴飲、暴食について調べる 夏休み中は家庭でもなるべくミルクを飲むようにする	社会 （けんこうな子ども） 国語 （夏休み）	ミルクをあまりのまない子の家庭訪問
9	食事訓練と	夏休みの生活反省	夏休みの健康について話し合う 食事作法の反省をさせる 早ね、早起をさせる	国語 （おはなしかい）	身長、体重測定

月	大単元	小単元	指導内容	教科との関連	備考
	夏の衛生	接客の方法	お客様を迎える時の態度 お菓子を持つてゆく時の動作を知らせる お客様の迷惑にならないように心がける	国語 （おまわりさん 田うえ）	父兄との懇談会
		よい身なり	ハンカチ、ちり紙の持ち方を知る ハンカチの洗い方 肌着は毎日とりかえる 汗が出たらすぐふきとる はきものの汚れに気づかせる	理科 （げんきにうんどう）	ミルク日誌作製 父兄へのアンケート
10	食物と健康	間食と健康	お腹のへるわけを考えさせる おやつしらべをする 遠足のおやつは何がよいか話し合う あまりたくさん食べない 汚れた手で食べると何故いけないかを話し合う	理科 （げんきにうんどう たべものとようき）	ポスターコンクール 標語コンクール
		食物の量と質	体を丈夫にする食物を決つた量だけ食べる 栄養のある食物について理解させる 栄養が足りないと体がどうなるかを簡単に知る ミルクと他の食品との比較をする		
		食品と寄生虫	寄生虫とはどんな虫か知らせる 検便の話し合いと結果を知る 寄生虫が体に入らないようにするにはどうしたらよいか（野菜食の衛生について） 寄生虫の駆除法について指導する		伝染病に関する幻燈
11	給食に感謝	学校給食に感謝	食前後のあいさつは心をこめてさせる 好き嫌いなく何でも食べれるようになつたことを感謝させる 学校給食はどんな人達のお世話になつているか考えさせる 給食に働く人々に感謝させる 給食室の見学をさせる 給食感謝週間の行事について知らせる 五、六年の給食部にも感謝の意を表わす	社会 （みせのしごと） 国語 （田うえ）	ミルク給食学級表彰 父兄へのアンケート
12	食生活の改善	燃料について	燃料の種類を調べさせる 無駄に使わぬことを知らせる 火のあと始末をちやんとする 火災について注意する	社会 （あんぜんをまもるしごと） （むだをなくするくふう）	作文コンクール 防火デー
		食物の合理化経済化	私達は毎日何を食べているか話し合いをさせる 米のごはんの良いところ、悪いところ パンのよい所　悪いところ 主食と副食のあることを知らせる 主食と副食をどの位ずつとればよいかを知らせる ごはんとパンを比べさせる	理科 （たべものとびようき）	

月	大単元	小単元	指導内容	教科との関連	備考
1	食生活の改善	よい台所	給食室の見学をさせる どんな機械が使われているか どんなに調理されているか		身長 体重 測定
		よい調理法	日常の食事の材料に何が使われているかを調べる ミルクの必要性を知る お正月にはどんなごちそうがあるか話し合いをさせる		
		よい当番	自分達で進んで当番にあたるようにする 当番の仕事について反省させ話し合う		自治活動の強化
2	冬の食生活	冬の栄養	夏と冬の食べ物を比較させる 何を食べると体があたたまるか考えさせる 冬の給食について考えさせる		父兄との懇談会 アンケート
3	学校給食の反省	食事訓練の反省	食事作法が正しくできるようになつたか反省させる		習慣づいたか
		食生活の合理化の反省	食べ物の好き嫌がなくなつたか反省させる		
		食事の正しい習慣と態度の反省	食前、食後の仕事はよくできるようになつたかを反省させる		お別れ会

今後の問題点として

第二の段階までおいついた私どもの学校給食は、将来、ぜひ完全給食を実現させたいものである。

完全給食を行えば、家庭的に受ける直接的な利益としてまず予想されることは

1 給食費を納入する金額は、各児童の毎日持参する弁当の額より同額或はそれ以下になると予想される。

2 科学的に調理されたものであるから、栄養価が高く、又安心して食事ができ、各種の料理がいただける。

3 全員同じものをいただき、民主的雰囲気の中で食事が進められる。

4 熱いものがいただける。

5 家で弁当を作る心配が不要となる。

6 弁当箱を持ち運んだり、洗ったりする手数や忘れたりする心配がなくなる。

以上、いろいろあげたが、こうして考えてみますと、ぜひ完全給食までもつていくために、さしあたり本校では副食を持たすことにし、その指導に力を注ぎたいと考えている。去年、給食カリキュウラムを作つたが、パン給食も実施されたし、それを含めてのカリキユウラムの補作にあたりそして、その年間計画によつて正しい給食指導を行つていきたいと張り切つている。

パンきゆう食

城北校五年二組 比嘉 勇

きようから、パン給食が始まる。
とてもまちどうしくてたまらない。
おひるの時間になつた。
先生がパンのはいつているはこから
とつてくれた。
細長い一つのパン、
ぷーんとパンのにおいが教室一つぱいにひろがつた。
「いただきます」とみんなの声、
たべてみたらすこしからかつた。
ミルクにつけてたべたらたいへんおいしい。
みんなにこにこしながら食べている
とてもおなかがいつぱいになつた。
あのパンはどうしてつくるのだろう
ぼくにはふしぎでたまらない。

—☆—

評 これから毎日よろこんでいただくそのパンはきつとあなたを背の高いがつちりした体にしてくれるでしよう。（担任真栄城先生）

よろこんでミルクを飲ませるために こんなことをした

嘉手納中学校　大湾芳子

去つた四月、現任校へ赴任しまして、おちつかない、それになれないままの状態であるのに保健体育担任の立場からミルク給食係を負わされました、この仕事は、私にしては、二度目の仕事であります。重荷を感じさせる面が頭の中をかけずりまわりました。早速負わされた任務を果すべき一つの手段として四月初めに生徒へ、ミルク給食についてのアンケートをやつてみました。

調査の結果次のような順位にまとめることができました。

1 飲みたいけれども、おいしくない
。なまぬるいミルクである
。粒々になつた場合がある
。不潔である
。みずつぽいミルクである

2 お腹をこわす

3 ホーム・ルーム担任の先生がついて給食指導をしてもらたい等、

四月十六日、第一回の職務会が行われましたのでこれを機会に「ミルク給食について」の問題を提案しましたら、「生徒はほとんど飲みません」ということがはつきりしました。

それで私は、アンケートした結果を報告し、それによつてミルク給食用具購入及用具保管棚の改造についての予算計画案を提出しました、やつてみると大金の入ることだし又、今に始められたミルク給食でもないので赴任早々こんなことを、と思うと、生徒のためとは言え何んとなく気がひける感じでありました。

しかし、みなさんの励ましによつてつぎつぎと給食用具も揃い、それに今までの押入れ式の棚もつぎのように改造しました。

。ねずみの侵入を防ぐために内壁の周囲をトタンではりつけ中が見通されるようにガラス戸にした。
。空気の流通も考慮して上の方は金あみをつけた。
。コップ、きゆうす、ふたつき。バケツと給食の用具は全部この棚におさめた。
。責任感を持たすと言う点から学級札をつけた。

このようにして、やつと雰囲気を新にしたわけであります。ミキサーの購入もできて人夫の仕事も時間的に余裕ができ

私達のミルク給食

嘉手納中学校二年　山城ヨシ子

私達が小学校時代の頃からミルク給食がありました。その頃の私達ははじめての給食でしたので、ただ、ものめずらしさに飲んだものでした。お砂糖を入れておいしく飲めばよいと思い、お砂糖を入れて飲むか、お砂糖のない日には飲まないという状態でした。毎日家からお砂糖を持つてくることはとても無理でした。ですから飲まない日が一日一日と多くなつていつたのです。今あの頃のことを考えると悔が絶えません。

ミルクというものが私達の体にどれほどの栄養を与え又必要であるかということも分つておりながらむしろそれを無視して飲まない日もあつたのです長い間ミルクで育つていないものですからげりをするとか、においがいやだとか、頭がいたくなるとか、個人の意見はものすごく、とてもミルクになれにくかつたのです。ミルクを見たくもないと言う人もいましたが、なぜか粉のミルクはみんなよく食べたもので先生方から口うるさいほど毎日『飲みなさい飲みなさい」と進められました。どんなことでも最初はものめずらしいのですが、だんだん飲まない人が多くなりました私もその一人でした。

そういう状態で中学へ進級しましたが、中学校でも毎日欠かさず給食はありますが、あまり小学校とかわりはないようでした。中学校の二年に進級すると、新しい先生がいらつしやつて、給食のことについていつさいを受持つことになつたのです。生徒からの要望よりも先に先生はお考えになられたと思いますが、新しい食器類を買い入れたり、食器類の置き場所を改善したり、ミキサーを買い入れたりあついお湯でとかして冷えないうちにすぐ飲ませるような一つ一つ気を配られました。

先生方のくふうによつて今ではみんなとてもおいしく喜んでミルクを飲むことができるようになりました。こういう状態がいついつまでも続くとどんなにいいことでしよう。近くパン給食も実施されるとのことでありますし、発育ざかりの私達にとつて最上の給食だと喜んでいます。私達、そして私達の後輩達が世界の人々におとらぬようなりつぱな体格になるのもそう遠くはないことでしよう。

ましたので器具洗いに充分な注意をあたえることもできました。生徒もこのように一段と異つた給食用具保管棚をみて今までの問題が解決されたという安心感が満たされた表情でありました。しかしながら、何んとしても中学校においては、ホーム・ルーム担任の協力なくしては「望ましいミルク給食」は困難だと痛感してなりません。

いろいろやつて思いますことは、去る五月二十七日、石川中学校の「喜んでミルクをのむようにするにはどうしたらよいか」この発表でも特に、中学校では、ホーム・ルーム担任の協力なくしては、むづかしい問題との意見の一致をみいだすことができました。もう一つは、施設用具なくしては、とても解決できない問題であることでありました。しかし解決の道を見つけるまでは常に問題に取り上げて努力すべきことだと考えさせられました。

学校給食用パン委託加工契約書

区教育委員会（以下甲という）は中央教育委員会の認可に基き、工場責任者　（以下乙という）との間に学校給食用として納入するパンの委託加工について左記条項により契約を締結する。

第一条　甲は乙にパン加工を委託し、乙は甲及び文教局の指導監督に従い、責任をもつて加工する。

2　パン工場についての衛生面は管轄保健所の指導監督によるものとする。

3　主原料としての小麦粉と副原料中の粉ミルクの配布は文教局が当るものとする。

第二条　甲及び文教局は必要に応じ小麦粉の管理状況その他パン加工についての関係書類及び委託品の検閲並びに工場の検査をすることができる。

第三条　小麦粉は包装のまま文教局が乙に、その工場において引渡す。運搬に要する経費は文教局の負担とする。

第四条　乙が引取つた現品は、他のものと区分し、その保管について一切の責任を負わなければならない。

その加工品についても又、これと同じ。

乙が引取つた現品中に不良減損があつた場合は乙は現品を有姿のまま保存しその理由を遅滞なく通知し文教局の確認を得て指示を受けなければ現品を処理することはできない。

第五条　乙は文教局より引渡を受けた小麦粉を原料として指示する数量の加工を行い、指示された規格のものを製造し、その生産全量を甲の指示する日時に指示された学校に納入しなければならない。

これに要する運賃は乙の負担とする。

2　乙が甲の指定期日の指定時刻（午前 午後　時）までに製品の引渡しを完了しない時又はその納入品が所定の数量及び規格に達しない時は、乙は甲の認定により、別に定める賠償基準に基ずいて賠償の責を負うものとする。

第六条　甲が乙に委託したパンの加工料（学校までの製品輸送賃を含む）は小学校についてはその規格一食当り　仙、中学校については、その規格一食当り　仙とし、甲が支払うものとする。

2　前項の委託加工料の支払については乙は納入先学校長の発行する受領証書を添えて　月間納入高を計算した金額を甲に請求し、甲は翌月　日までに遅滞なく乙に支払うものとする。

第七条　原料小麦粉の空袋については乙はその九割を甲に返納し甲は文教局の指示に従つてこれを保管するものとする。

第八条　乙は委託加工用の原料品及び加工品の取り扱に関しては甲の指示する様式によつて諸帳簿を備え、毎月月報を作成して指定期間内に甲に提出しなければならない。

第九条　乙は受託品の消失による減失き損その他受託品に生じた一切の損失に関して、その賠償の責を負うものとする。

但し、乙は甲に対し現物をもつて賠償が出来ない時は、賠償金を負担するものとする。

第十条　天災その他不可抗力によつて乙の保管する委託品に損害を生じた場合は、そのつど実情を調査し、文教局、甲、乙協議の上、その負担区分を定めること。

第十一条　甲及び乙は左の場合においては契約期間中にかかわらず契約を解除することが出来る。

一、乙が契約に違反したとき。

二、乙が委託加工工場認定に関する規則「第十九条」「認定取消」の各号の一に該当したとき。

三、正当な理由により委託加工の必要がなくなつた時

四、甲乙双方の合意によるとき。

第十二条　前条により、指定工場を取消され、本契約を解除された場合、又は本契約満了の際乙は甲より引取つた委託品の残量を清算し、速かに文教局に返還するものとする。之に要する経費は乙の負担とする。

2　前条第一号及び乙第二号により、甲が損害を受けた時は、乙は賠償の責を負うものとする。

第十三条　本契約に定めない事項につい

ては、必要に応じ、そのつど甲、乙及び文教局協議の上別にこれを定めるものとする。

第十四条　乙は本契約を確実に履行するため。甲の承認する保証人二人を立て連帯責任を負うものとする。

第十五条　本契約の期間は　年　月　日より　年　月　日までとする。

2　右契約の証として本書二通を作成し甲、乙及び保証人捺印の上、各々その壱通を保有するものとする。

年　月　日

甲　市町村教育委員会　印

乙　委託指定工場

所在地

工場名

代表者名　印

連帯保証人

住所

氏名　印

連帯保証人

住所

氏名　印

附　則

乙は給食用委託加工について左記事項を厳守すること。

一、本契約の委託加工費とは文教局より乙に渡した小麦粉を主原料とし、乙は副原料（油脂、砂糖、イースト、食塩天板油）を負担し、加工した製品を甲の指定する学校に引渡すまでに要する経費とする。

二、パンの規格（一個当り）（改定があつた場合は新らしく指示されたものに読み替える）

	小学校	中学校
(イ)小麦粉	一〇〇グラム	一三〇グラム
(ロ)イースト	二グラム	二・六グラム
(ハ)食塩	一・八グラム	二・四グラム
(ニ)油脂	四グラム	五・二グラム
(ホ)砂糖	六グラム	七・五グラム
(ヘ)粉ミルク	五グラム	六・五グラム

三、製造方法

粉質及び原料配合に適した方法によつて生地を作り、適度に）醱酵させた後パン中心部の澱粉が完全に糊化するよう焼きあげるものとし、製品は体積、麦皮、色、内部色相、味、香等パンとしての特色を保持するものとする。

四、小麦粉一袋パンの数量

小麦粉一袋（四五・三kg入れ）から製造するパンの数量はパン一個当り小麦粉一〇〇グラムを使用する場合は四四四個どりとし、小麦粉一三〇グラムを使用する場合は三四〇個どりとする。

(ロ)　小麦粉一袋(二二・六kg入り)から製造するパンの数量はパン一個当り小麦粉一〇〇グラムを使用する場合は二二二個どりとし、小麦粉一三〇グラムを使用する場合は一七〇個どりとする。

五、パンの重量及び含水率

パンの重量及び含水率は何れとも焼あがり四時間後のおのおの一定食数の平均をもつて検定し次のとおりとする。

一〇〇グラムのコッペパン一〇個当りの重量は、一三八〇グラム。

一三〇グラムのコッペパン一〇個当りの重量は一・八三〇グラムとする。

六、契約書第六条による委託加工料（学校迄の製品輸送賃を含む）は規格製品焼上り壱個につき、小学校児童用の場合、金　仙、中学校生徒用の場合金　仙とする。

学校給食用製パン委託加工工場の認可並びに学校給食用パンの審査に関する規則

第一条　学校給食用製パン委託加工工場（以下「委託工場」という。）の認可並びに学校給食用パン審査の基準に関しては、関係法令に定めるものの外、この規則の定めるところによる。

第二条　委託工場の認可は、この規則に基いて中央教育委員会（以下「中央委員会」という。）が行う。

第三条　委託工場の認可を受けようとする者は、次の各号にかかげる書類を添えて中央委員会に申請しなければならない。

一、工場明細書

二、工場位置図及び工場配置図

（配置図には、設備、出入口、倉庫等の概要を記入すること。）

三、所轄保健所より交付を受けた飲食店及び食品加工販売所検査標写

第四条　委託工場認可の有効期間は二か年とする。ただし、この期間は、更新することができる。この場合、前条に掲げる必要書類を添えて、再度申請しなければならない。

第五条　中央委員会は、第三条により申請があつたときは、第八条の規定による審査の結果が基準以上と認めた場合、これを委託工場として認可する。ただし当分の間、基準に達しないものであつても、中央委員会が特に必要と認めるときは、条件を附して、これを認可することができる。

第六条　地方教育委員会が学校給食用製パン加工の委託契約をする場合は、中央委員会の認可した業者と、中央委員会の指示する学校渡し単価（以下「単価」という）の範囲内で行うものとする。

2　契約に当つては、単価の均等をはかるために、委託工場の能力と教育区の需要量等を勘案して文教局長が指定し

た一教育区又は二以上の教育区を組合せたそれぞれの教育委員会と行われなければならない。ただし一又は二以上の教育区の学校を適当な群に分けて行われることがある。

3　契約期間は一年以内とする。

第七条　委託工場は別表第一号の設備基準（省略）による設備を備えなければならない。

第八条　委託工場の審査は、次の各号に掲げる事項について別表第二号による採点基準によつて行い、且つ、各号の得点がそれぞれ六十点以上でなければならない。

一、原料及び副資材庫
二、仕込室及び作業室
三、醗酵室
四、製品置場室及び出荷場所
五、附帯設備
六、経営状況及び健康管理
七、機械設備

第九条　給食用パンの品質審査は、次の各号に掲げる事項について別表第三号学校給食用パン品質判定基準並びに別表第四号学校給食用パン審査の採点表に基いて行う。

一、焼　色
二、形効整
三、皮　質
四、体　積
五、すだち
六、色　相
七、触　感
八、香
九、味

第十条　第八条及び前条に規定する審査を適正に行うために文教局に委託工場及び学校給食用パンの審議会（以下「審議会」という。）をおく。

第十一条　審議会は次の事務を行う。

一、委託工場の審査
二、委託工場認可基準改正案の作製
三、学校給食用パンの審査
四、学校給食用小麦粉を原料とする製品に関する調査研究
五、その他、審査に関する必要な事項

第十二条　審議会は、委員長一名、副委員長一名、委員十名以内をもつて組織する。

2　委員長は文教局長、副委員長は文教局次長をもつて充てる。

第十三条　委員は次の各号に掲げる者のうちから中央委員会が任命又は委嘱する。

一、文教局職員
二、社会局職員
三、教育長
四、給食実施校の関係職員
五、ＰＴＡ連合会役員

第十四条　委員長は審議会の会議を召集し、会務を総理する。

2　副委員長は委員長に事故があるときその職務を代理する。

第十五条　審議会の委員の任期は一か年とする。ただし、委員に欠員が生じた場合は、補充委員を任命又は委嘱することができる。補充委員の任期は、前任者の残任期間とする。

第十六条　委員に対しては、予算の範囲内で手当及びその職務を行うために要する費用を弁償することができる。

第十七条　審議会は、必要に応じ、製パン業者の意見を求めることができる。

第十八条　この規則に定めるもののほか、審議会の運営その他に関し必要な事項については、審議会がこれを定める。

第十九条　中央委員会は次の各号の一に該当したときは、認可を取消すことができる。

一、食品衛生法（一九五二年立法第三三号）第二十二条第二十三条及び第二十四条に該当するもの
二、物資の流用または違反行為をしたもの
三、教育委員会との契約に違反したもの
四、所轄庁により「許可」をとり消されたもの
五、設備基準に達しなくなつたもの

第二十条　文教局長は委託工場について定期又は臨時に調査並びに指導を行い且つ必要な報告を求めることができる。

附　則

この規則は公布の日から施行する。

文教時報六五号予告

特集　職業教育

写真　台湾の職業教育の現況

台湾の職業教育をみて　城間正勝

とじこみ　進路指導の系統　年間計画の例

進路知識・情報について　新屋宏

個人調査資料の概要　赤嶺貞行

啓発経験　前津栄位

職業選択の指導　松田正精

就職後の補導　上原信造

展―図工教育雑感―創造性を育てる教育　高智四郎

工　写真の頁　焼がまつくり〜図工展〜　長谷喜久一

図―全琉児童生徒作品展　当銘睦三

児童期の道徳的発達

研究教員だより　文沢義永

東日本学校給食研究集会

分科会記録

34年度東日本学校給食研究集会が一月二十六日から三日間、埼玉県の秩文市で中部地方以北二十四都道県の教職員七百人が集つて催された。これは、改訂学習指導要領の実施に伴い、どのような学校給食手びき書を作れば最も利用価値の高いものになるかを研究することを目的としたものである。今回は四分科に分かれて行われた。分科会は研究集会の二日目および三日目に行われた。①第一分科会は小・中学校での指導計画のあり方、②第二分科会は小学校での給食指導、③第三分科会は中学校での給食指導 ④第四分科会は給食の学校での管理面について、それぞれ研究した。各分科会とも、学校給食を分析してあまりむずかしくせず、楽しくし、児童・生徒が喜ぶように、料理はおいしくなければならないという意見などが出され、給食がほんとうに親しみやすいものになるように終始熱心に討論した。また中学校では学校給食の実施校が 6.5%という貧弱さなので、まずこれの普及に努めることが先決であるいうことも強調された。

小・中学校での指導計画のあり方

第一分科会では、改訂学習指導要領のもとで学校給食の指導計画はどうあるべきか、について研究した。研究は、指導計画作成の観点から前述の大綱案の全体について検討し、修正補足を要する点や、現場の実践経験に基づく具体的な計画案が現場から提示された。

指導計画はなぜ必要か

まず学校給食の根本問題である指導の必要性について学校給食が教育として制度化されるされないにかかわらず、望ましい食事行為が行なわれるためには、当然指導を通じて社会性・責任感・奉仕・道徳的心構え等を養うことが必要であるとともに、知的、理論的教科部門では達成されないところの「正しい習慣の形成」や「社会性のかん養」などの行動面における教養的内容をもつこと、日々の昼食時（約四十五分）を積み重ねると教科の科目指導時間をはるかにこえるが、この貴重な指導の機会を放任すべきでないこと、などが論じられた。

また、制度上からは、学校給食法に明示されている四つの目標、すなわち①望ましい習慣と正しい知的理解、②食生活の合理化と健康増進、③明るい社会性と学校生活の合理化、④食糧の生産配分消費についての理解と、改訂学習指導要領総則第二の一の「学校行事・教科などと関連をもたせて適切な指導をする」ということが確認された。

なお実践上からも指導計画の必要性が検討され、次の各理由があげられた。

イ、教育課程の中で全体との調和のとれた発展的体系的な指導を行なうため。

ロ、給食指導が生活的であるため場当り的になり、安易に流れやすいのを防ぎ、適切な指導に行なうため。

ハ、学校全体の指導の一貫性を期するため。

ニ、新任教師のため。

ホ、父兄の理解を深めるため。

など。

はじめて給食を行なう学校の指導計画

はじめて給食を実施する学校は、先進校を見習うことはもちろんであるが、まず教師団の意識を統一しておくことなど、計画以前の問題が重視されなければならないといわれ、同時に父兄の啓発と協力、事故防止のため施設設備の管理面の行きとどいた配慮、弁当による食事指導の実施などの必要性があげられた。

指導の手びきは、衛生指導等基本的な事項について大綱を示されたいことその上に立つて児童の実態や地域社会の実情に応じ現実の必要を満たしうる手おちのない計画に発展させることができるような計画を示されたいことが主張された。

× × ×

経験ある学校の指導計画

経験ある学校の指導計画は、第一に指導目標と内容および指導の観点が、明確なものでなければならないと主張された。これに関し、山形県からは、(イ)指導目標は給食法に示された四項目のうち、一・二・三を重点的に考慮した。(ロ)内容は給食時に指導するものを主にし、社会・理科・家庭・体育など給食時外に期待することのできるものはそこでやつた。(ハ)指導の観点は、学校の給食指導方針、児童の発達段階を考慮し学年に設定したという例が提示された。

また学校給食の計画は、全体教育計画の中で調和のとれた状態において計画されるべきで、重複のむだを省く、意識過剰になって計画倒れをしない、最低の基準は確実におさえる、楽しいものとし煩わしさを持ちこまない、などがたいせつであると指摘された。

なおこのほか、次のような意見があった。

(イ)地域差や学校差を少なくするために標準化された指導計画が示されなければならない (ロ)児童生徒の自主的な活動を意図して指導計を立てることが望ましい (ハ)週五回、四回、三回、ミルクだけなど各学校の実態に即した設画こそ、学校給食の指導計画として有効である (ニ)習慣形成、作法、衛生等実践的な指導面を重視した計画が望ましいなど。

関係教科との関連

指導計画の上で関係教科等との関連をどのように考慮したら、能率的効果的な指導ができるかという点では、給食指導の要素、内容等は可及的に綿密な案を作り、それに検討を加えて教科等と重複するものは除き、さらに無意味でないものは重複させ、徐々に簡素化を図るべきであるとし、給食王国になってはならないということ。また学校給食は教科ではないが、給食教育という点からみれば教科の内容になる面もある。実践性を多分に盛った活動そのものの指導である点が重視されなければならないという点。学校給食法に示された指導目標については、教科等の関連をじゅうぶん考えて有効適切に自然の姿で指導することなどが必要であるといわれた。

地域性などを配慮

地域性や学校の特色を指導計画にどのように生かしたらよいか、という点では①偏食・し好・食品・理解・習慣など地域における児童生徒の実態をつかみ、計画に反映させる。②施設、職員組織など学校の実態をはあくし、計画に反映させる。③家庭の食事状況、家族の偏食など地域の実態をはあくし計画に反映させる。④給食指導目標をほり下げて指導計画を組む場合に、地域の食生活向上の段階にじゅうぶん配慮する必要があることなどが論じられた。

時間配当

給食時間四十五分の意味と配分ついては、十～十五分…食事後と一応区分し、食事の時間二十分は動かすことのできない医学的根拠がある、食事前、食事後については学校の実情に応じて弾力性をもたせる。四十五分は標準として認められるものであるという意見があった。この四十五分に対し、給食指導の時間と休憩時間との調整は児童生徒の立場から再考察される必要があると主張され、また中学校は、ホームルームティーチャーが給食指導に当たるが、その他の教師との勤務の均衡化をどう図るかなど、いろいろ問題について論議がなされた。

このほか、①給食時間を四十五分間に画一的に決めることは児童生徒の発達や地域の特異性から困難である場合がある。②休憩時間もどうとるかは一律に決めにくい。などの発言もあった。

弾力的指導のための指導計画

学校給食については弾力的に指導できるようにするための指導計画は、可能なかぎり綿密な基本的指導計画を立て、実践にあたっては重点的な指導ができるように配慮することが必要で、地域の特性、児童の実態に応じた伸縮自在の計画であり、教師の創意、くふうに応じられる計画であることや、児童生徒の理解を容易にするための資料を豊富に用意すること。などが論議された。

指導書に対する要望

以上のほか、指導書に取り上げることが必要と思われる事項としては、次の七項目があげられた。

①指導書が現場に親まれ有効に活用されるような根拠のある裏づけがほしい②指導書が理解されやすいように事例、資料できれば写真も添付してもらいたい③現場にすぐ役だつようなものであってほしい。④教師に重圧感を持たせるようなものでなく、親しまれるようなものでありたい。⑤教師だけでなくPTA、地域社会との関連の上で必要と思われる事がらを取り上げてほしい。⑥「当番」ということばをやめて「係り」と改め、児童生徒が意欲的に参加するように考慮されたい。⑦学校給食の指導要領に対する位置づけを学校行事等に含めてされたのでは影がうすい。将来ぜひ考慮してほしい。

小学校での学校給食指導

第二分科会の研究主題は、「改訂学習指導要領のもとにおいて小学校で行なう学校給食指導は、どのようなことに留意したらよいか」ということであった。

ここでも第一分科会と同様、給食指導の実際活動の面から、大綱案を検討して修正補足を必要とする場合はその点をあげ、小学校現場での実際指導で成果をあげた実践例が具体的に提示され、項目別に見解が明らかにされた。

清潔保持の指導

まず清潔保持に関する指導では①手洗いの励行を重点的に考え、手を洗ってからその状態が、パンを食べ終るまで続くことに注意し、また、つめを切ることの必要性について、特に注意し指導したこと。②指導の場は、毎日の授業の中に清掃時に、給食時に、あるいは給食中に、そのあとにというようにあらゆる場でなされなければならないこと。③指導の姿心構えとして、こどもに接するとき(イ)こうしなさい、と明確に指示すること(ロ)「

うするのがよいねと話し合いをすること(ハ)どうしたらよいでしょう、と考えさせること(ニ)これとあれとどちらがよいでしようと比べさせて、なぜか、とせまることなどの別を考え、その事がら、その導きの時間、その指導の場に合う方法を見いだして指導しているなどの三重県の実践例や意見などがあった。

偏食きよう正

児童の中には、偏食者もかなり見られるが、これの対策としては、①食品の栄養価を知り、目よりも頭で食べる努力をする。②栄養欠陥による身体障害例を提示したり、話し合いをする。③給食の反省を書かせる。④教師がこどものグループの中にはいつて食事をともにする。⑤偏食する子を、喜んで食べる子のそばへすわらせるなど、きらいなものでも食べられるような学級のふんい気を作る。⑥家庭との連絡を緊密にするなどの意見が出された。

楽しいふんい気の醸成

楽しいふんい気の醸成は、最も必要なことで、その実践事項は、(イ)児童の環境面、(ロ)教師面、(ハ)味覚面、(ニ)聴覚面、(ホ)衛生面など多角的に考えられた。

そして三重県の多治見市立養正小学校の給食内容を含んだコントクイズの活用や、色彩的感覚を生かした具体的実践例があげられた。

栄養指導　栄養知の的理解はつとめて給食時以外の他教科で行ない、給食は楽しいふんい気がたいせつであるという意見が強く、だから指導は、食べる楽しみを増すものであつたら、必要であろうということであつた。

給食当番　給食当番は特に児童の活動を自発的に、そして自主的に行なえるよう有効な組織をつくることなどが千葉から発表され、配給車を備えつけることの必要性なども論じられた。

他教科との関連

家庭科で低学年は、ごつこ遊び、高学年は給食と家庭との関連で、グループでお客に行く者、接待する者を作り、礼儀作法を指導したいという意見がでた理科との関連では、給食の主要食品が動物の生育にどのような関係があり、どのような働きがあるかを、小動物を活用し、これを愛育しながら実証的に児童に知らせていく例や、マウスの飼育実験結果、ミルクの効果をよく理解し、ミルクの残量が少なくなつたと東京都が実験例を発表した。また、給食をやつている学校の生徒は、キャンプで秩序正しいが、これも道徳的効果があがつているためである。などの報告が出された。

なお新指導書作成について本省へ　(イ)指導書は簡素にし、資料編を分けて作られたい、(ロ)小・中別に作成してほしい、(ハ)学校給食末実施と比較した実施校への配慮をされたい、(ニ)学校給食を実施するにあたり、時間割りをどう組んでいくか解決されたい、という四項目の要望があつた。

中学校の学校給食指導

第三分科会は、中学校の学校給食の指導はどうあるべきか、ということが主題であつた。ここで検討された項目は、第一分科会のそれとほとんど重複しているので、詳しい記述は避けるが、特に問題になつたいちばん大きな点は、中学校にどうして学校給食を普及させるかということであつた。

栃木県のある教師の調査では、全国で完全給食の実施されている中学校がわずか六・五%で五〇%以上普及しているのは長野県一県だけ、その他は一〇%以下という状況である。したがつて、どちらかといえば指導書の作成より、実施の普及が当面の問題であるということが主張された。その他、給食を理論的にあまりむずかしく考えないで「楽しく愉快なものにする」ことが必要であるという点も強調された。

なお、①指導編と管理編を分けて編集してもらいたい。②指導に役だつ参考資料をつけてもらいたい。③内容と注意事項を学年にそつて系統的に分けて出してもらいたいという要望もあつた。

学校給食の学校での管理

第四分科会は学校給食の学校における管理をどうすべきか、という主題で行なわれた。

この分科会は、本年度はじめての試みで、給食指導がよりよく行なわれるためには、その裏づけとしての管理がよくなされることが必要である今までの学校給食運営の経過からみても、学校における学校給食管理が給食指導に及ぼした影響は少なくない。現在当面している学校における管理上の問題を、どのように処置すれば給食指導を能率化できるかという点について検討された。

ここでは(イ)栄養管理面、(ロ)運営管理面(ハ)事務管理面、(ニ)衛生管理面などが取り上げられ、現場で実践成功した具体的な試みについて多数の発表や討議が行なわれた。まず、**栄養管理の面では**各校給食主任を構成メンバーとする献立作成委員会の試みや、給食をおいしくするためパンにミルクを加えたり、ミルクにリパーA、バター等の添加をしている例、コーヒ・ココアの併用等の実践例が報告され、また、パンの品質向上のため、コンクールや、自営パン工場の設置等について論ぜられた。

運営管理の面では、安くよい物資を購入するため、給食物資購入委員会を設けて、経済に明るい人を加え、業者と懇談してもらうとか経済新聞を給食主任が読んで、経済知識を身につけるとかの体験発表があり、野菜入手のため父兄の多角栽培を奨励して成功した実例の報告や、共同購入の利点等についても活発な論議があった。また、父兄の啓発のため、県政ニュースを利用して、映画館にエキストラ上映をしてもらって成果をあげた事例や、母親の調理参加、父親のみの試食会の実践例も報告された。

事務管理の面では、準要保護児童生徒の認定方法、給食費の徴収等について論ぜられた。

特に、給食費の怠納解消のため、現物納入、労力提供、貯蓄奨励、農協利用、映画会開催による授け合い運動、カナリヤ飼育、造花内職のあつせん等、幾多の成功例が発表された。

また、給食費の会計監査にも触れた。

最後に調理室の衛生管理については、防そ防虫対策（はえ防止のためののれん設備）経口伝染病の防止施設設備の整備等のほか、従事員の労務管理についても欠勤時の処置や待遇問題、検便料の処置などについて有意義な意見の交換があつた。

全体の調和を保ち学校給食の目標達成が必要

東日本学校給食研究集会第一日目、小杉初中局視学官は、オリエンテーションとして、要旨次のような講演を行なった。

教育課程の一部を構成する学校給食の指導をいかに行なうべきかという問題についてはまず給食独自の目標をじゆうぶんに達成するようにしなければならないことは言うまでもない。しかし今回それが教育課程の中に加えられることとなつたことに伴って、学習指導要領の総則に示されている二点、すなわち各教科、道徳、特別教育活動等、教育課程の他の領域との間に相互の関連を図り、全体として調和のとれた指導計画を作成し、発展的、系統的な指導を行なうことができるようにしなければならないことと教育計画全体として能率的な指導が行なわれることに留意しなければならない。昨年度の研究集会では、教育課程の改訂に伴つて、「学校行事等」の目標に沿つて指導を進めるということを確認したわけであるが、具体的にどのようにして、指導を効果的、能率的に行なうかという点では、なお、理解明であった。その点、今回の集会に期待するところが多い。

学校給食は、ただやりさえすれば、指導計画等は無用であるという論もあるが、全体の教育計画の一環として行われる以上、計画は当然あるべきである。ただ、その計画がともすると、従来やや精密にすぎ、またすべてをここにもちこもうとするあまりに、かえつて、学校給食の本来の目標がうすれたり、児童生徒や教師に過重負担をかけることになつたものもみられたことは、そこで反省されなければならない。

また、学校給食の指導目標と学校給食法の目標、あるいは学校行事等の目標との関連が問題となるが、学校給食法制定当時の次官通達その他の文献に照らして見ても学校給食法の目標は、学校教育法の目標を学校給食の立場から明確にするために設けられたものである。また、学習指導要領に示された学校行事等の目標は、学校行事等の領域全体を通じての総括的な目標であつて、その中に含まれる各行事の実施にあたつては、それぞれに即してさらに具体的な目標が立てられなければならないものであつて、学校給食においても、当然この吟味がなされなければならない。

次に、学習指導要領に示す「関連」の問題であるが、この関連ということを真正面からここに背負いこむという考え方ばかりでなく各教科というその他の中で指導されたことをじゆうぶんに活用するのはもちろん、またある部分ではそれぞれの指導の機会で生かされる素材を提供するというほどの考えをもつて、他の領域とのむだな重複を省いて、指導を能率化し効果的なものとする必要がある。

要は、他の領域での指導や、児童生徒、さらには地域社会の実態をよくおさえて、全体との調和を保ちつつ、効果的に学校給食の目標達成を図ることがたいせつであると思う。

赤ん坊から年寄までの食物

——特に学童の栄養について——

農博　川島四郎

おことわり

本稿は茨城県教育委員会からいただいた資料でありますが、本年一月から実施されたパン給食指導にあたる私共にとつてもはなはだ参考になる資料でありますので掲載します。

☆　☆　☆

今日の話は学校給食に関してでありますが、その前に赤ん坊から老人迄の正しい食物の話を一とおり申上げ、最後に一番大切な学童の栄養という点に話を進めたい、とかように考えております。

最初に順序としまして、人間の一生の食物のおおよそについてお話し申上げたいと存じます。法律では、オギャーと生れた時、すなわち、日本でも外国でも私権の取得は出生に始まるとしておりますが、栄養学者にいわせますと、母体に宿つておる時に、すでに人生、栄養的な意味の人生が始まつているのであります。

目方からいいましても、十か月経過じまして、零から三瓩の赤ん坊に生れる迄母親の体内で育つてくるわけでありますこの場合母親の血液が唯一の栄養であります。ですからこの際の母親の食物というものは、非常に大切であります。これがオギャーと生れますと、トタンに臍緒が切れまして、栄養は口から攝取されることになります。そして当分の間、乳以外のものは何も口にしませんで三瓩の赤ん坊が、やがて十二瓩、十五瓩の子供に生長してゆくのであります。この間は食物といえば乳一つでありまして、これをみましてもあの白い乳というものが如何に良いものであるか、優れたものであるかがわかるのであります。

さて人間の内臓、ハラワタの構造といいますものは、大体、チンパンジー、ゴリラなどと同じでありまして、ダーヴィンの学説のように、猿から人間が進化したというのなら、人間の内臓は少しもその当時より進化しておりません。この点を皆様の頭の中にしつかりと入れてほしいのです。とかく、文化が進みますと建物が穴居生活、掘建小屋から、かような立派な鉄筋、鉄骨の構造に進んでくる。あるいは、衣服のほうは木の葉つぱを前に当て、けだものの皮を剝いで、身に纏うということから進歩して、スフ、ナイロン、その他の化学繊維というように発達してきております。

とかく日本人は、衣食住といつて、語ろの調子が良いものですから、この三つを生活の三要素としてまとめて考えがちですけれども、身体の外側につける衣、身体から遠く離れている住と、そして食物、これを一緒にされては困るんです。一緒にするから間違いが起るのでして、食物だけは、あくまで、別なもの、原始的なものなんです。と申しますのは、人間の内臓は猿の時代から少しも変つておりません。

私は随分動物を解剖いたしまして、その中に猿もありましたが、猿の内臓と人間の内臓の構造は、これはもう寸分違つておりません。皮を剝いて内臓だけをみたら、ゴリラと人間とはほとんど同じだといつて良い位です。ですから、着物や建物のような、身体の外側につけるものをどんなに文化が発達して、新しいものが出来ても良いのですけれども、人間の内臓が変らない限りは人間の食物がそんなに変るものではないんです。

内臓だけをほつといて、食物だけを新しいもので喰べようたつて、それは身体が許してくれません。

という風な根底の考えから出発しまして、今度は乳離れの子供がものを喰べ始めますとそれは、ミミズか蛆虫などの柔かい幼虫——ただしこれは、人間が原始生活をしておる時代の話ですから誤解のないように願います——。

それに手のとどく範囲の草の実や木の実、これらが乳離れの時期の幼児が喰べる食物であります。段々と自分でものを取る力がついて参りますと蟬を捕つてきて喰べる。蜻蛉を捕えてムシャムシャ喰べる。七つ八つから十二才位迄、丁度小学生位の年令の子供と云うのは、蟬が鳴いてりや蟬捕り、蜻蛉が飛んでりや竿にモチをつけて捕る。蛙が鳴いてりや石を投げて殺す。蛇を竹で打つ、小川に入つて目高を掬つてくる。何故あんな事をするのか、これは古い古い大昔にあの年頃の子供達が、かつて在りし原始時代に食物を捕つたその観念が、いまだに頭の中の脳細胞に潜在意識として残つておりますから、蟬捕り、蜻蛉捕り、蛙を殺すのであります。そしてこれらが子供達の食物だつたのです。

つまり、頭の先から尻尾まで、骨も皮も内臓もポリポリ喰べた。つまり全体食う。それはそうでしよう。メダカ位口にホーリ込めばポリポリ喰べられますしイナゴ、バッタ、これみな子供の口に合います。去年作つた靴が今年はもう穿けない。今年作つたオーバーが来年もうツンツルテンになると云う。そんなにグングン伸びる時代の子供と云うのは、この様な全てのものを喰べる、全体食を摂らなけりやならんのに、世の母親達と云うものは、一寸した骨があつてもアブナイと云つて骨を取つて喰べさせる。刺身の様な筋肉だけを喰べさせてみたりして、どだい間違つたことをしますから、それで子供はヘナヘナと日蔭の豆モヤシみたような子になつてしまうんです。

自分の力で捕つて喰べることのできる食物、これが本当に正しい食物なんです

青年時代になりますともう腕の力も、足の力も出来て参りますから、こうなると食物は変つて参ります。そこで走り廻る兎を捕まえる。おとなしい羊位はねじ伏せて食う。もう少し力が出ますと鹿位は飛びついてその肉を喰べる。初めて本当の獣類の肉を充分に喰べる時代がこの青年時代であります。

次の壮年時代になりますともう一番元気一ぱいの時期ですから牛、馬、猪と云つた大きな動物を殺してそれを食う。この時代は肉をドンドン食わねばならぬ時期ですし、それが栄養的に正しいんです。しかし次第に寄る年波が進んで参りますと、今度は、腰が曲り、腕の力が無い、足の力が足りん。大きな動物を追つかけまわして捕まえる、或いは遠く海に出て大きな魚を採ると云う事も出来なくなりますから、年寄りは年寄りらしい、弱つた身体で喰べる食物になつて参ります。

それは海岸で貝を拾つて喰べる。貝は別段足があつて逃げたりしませんからこの貝を拾つてツルフとむいてツルフと喰べる。同じ果物でも老人の果物は熟しきつた果実を、木をエツサエツサとゆすつてポタリと落ちてくるのを拾つて喰べるのが年寄の弱つた歯に合う果物なのですですから子供の方はせつかく熟したリンゴがあつても隣りの柿を盗むと云う風に子供は歯が達者で元気ですから、木へ登つて若い固い果実を喰べる。それが子供達に相応しい果物なんです。有機酸と云いクエン酸と云いあの中に含まれている色々のビタミン関係と云い、あの若い果実と云うのは、子供にとつて全く相応しい食物です。と云う風にそれぞれ年令といいますよりも、個人個人の食物を採る力それに平行して、パラレルに食物と云うものは出来ているのですけれども、それが今の世の中は分業が発達しまして肉は肉屋、魚は魚屋、それぞれ分業の発達したこのような経済機構で、年寄が電話一本でどんな食物でも喰べられる、金さえあれば、料理屋へゆけばどんなものでも食えると云うふうに、すつかり食物の喰べ方が乱れてしまつて、色々な病気がでてきたのです。他の動物にはそんな病気はないのです。人間だけが好んで病気をしていると云うのは、そもそも人の食生活が間違つているからです。

文化文化と云つて、これを食物にまで持ち込んで、何か変つた食物を文化的な食物だと思い、或いは、小さな丸薬を毎朝、五六粒のんでしまえば一日の栄養は足りてしまうなどと考えるのですけれど食物だけはそうはゆかないのです。

特に何々公社の重役と云つた金持階級は今日はどこどこの招待、明日はどこどこの重役会と云つて毎晩毎晩ご馳走ばかり喰べて居りますが、人間と云うものは卑しいもので、目の前にご馳走が出ればまた自分の懐が痛まないならば余計食わねば損だと云うような気がして、余り食べてはいけないものまでムシャムシャ食いますから、血圧も昇りますし、飛んでもない癌まで出てきて、何の事はない、これは緩慢な自殺行為でありまして、如何にしたら早く死ねるか、どうしたら早く病気を作ろうかとしているにすぎないのでありまして、私から見れば全く気の毒になつて参ります。それは食物を喰べると云う本当の原理がわかつていないからであります。

私は自分でこのような事を云うからには、云うだけのことを実行して居ります。そして、他人よりもずつと安い値段で物を喰べて居ります。

エンゲル係数でみますと私の家なんか随分安い方です。私が普段買つて居りますものは、それは理屈に合つてはいますが値段では随分安いものです。そして私は非常に元気です。私は現在四つの女子大に講義に行つて居りますが、朝からずつと立ち通しでちつとも疲れません。

内臓にはどこと云つて悪いところはありません。元気です。強いて云えば頭の悪い位が欠点です。これは食物が正しいからです。

正しいと云うのは、けつして高いものではありません。安いものでけつこう暮してゆけて、経済が楽で、しかも健康ですからこんなに一石二鳥、効果的なことはありません。

さて、以上で一生の食物のホンのアウトラインだけを申し上げました。これを詳しく話しましたらきりのないことですが、一生の食物と人生と云つたことについて大要を申し上げたわけです。

× × ×

今日の催しは学校給食に関係した催しであり、また、それに触れた講演をすることになつて居りますから、これから学校給食、学童の栄養についてお話ししたいと思います。

学校給食になぜパンを喰べさせるのか、なぜまた、牛乳を飲ませるのかという二つの問題を最初に解明したいと思います。

最初に、なぜパンを給食で与えるかと

いう問題です。近頃、米の悪口を云うのが流行りまして、特に新しい学者や、お医者さんの側では米の悪口を云わないと古いようにいわれております。

米の過食によって高血圧や、血管硬化が生ずるのだから、米を止めてパンにしなさいなどといわれますが、これはとんでもない話です。米というのはそんなに悪いものではありません。立派な食品です。もし米がそれ程悪いもんなら日本人は今迄にどうかなってしまっております。国破れたりとはいえ、かように生長発展している日本の力と云うものは米と切っても切れない深い関係が有るのです。最近、米の悪口を云うことが新聞、ラジオ、特に新聞の婦人欄あたりで米の悪口を書くものですから、米をまるで目の敵にするのですが、これはとんでもない話です。

主にその様な事を云うのは、医学の面でして我々農学関係者はそんなことは云いませんし、また考えても居りません。

東北方面、殊に秋田、新潟、山形、それに青森の一部で、高血圧、脳溢血、血管硬化等で死ぬ者の率が非常に高い、それは米を食い過ぎるからだというのですが、これは、日本の地図を画いてみるとき一番その様な病気の発生する所と米の一番採れる場所とがピタリと合うものですから、ハハアーこいつは米が悪い、とこう来たらしいんです。これはもう一度考え直して貰わねばならん問題だと思います。

これが、チョコレートが悪い、或いは酒がどうであるとか云うのであれば別でありますけれども、仮りにも一国の主食と云う問題を軽々しく断定されては米が可哀想です。これは、米そのものに問題が在るのではなくて、それ以前に問題が在るのです。次に申上げます四つの理由によりまして、米が沢山採れる地域にかような脳溢血、脳出血等が多いのであります。

由来、茨城県は米どころであります。この霞ケ浦、北浦にかけては日本でも屈指の米産地帯であります。映画で、望月優子演ずるところの「米」もあの辺を舞台にして居ります。

この様な米どころに参りまして、米の悪口を言おうものなら袋ダタキにされます。だからと言って私はなにも「米」に惚れて居る訳ではありません。この米が悪いのではなくて、第一の理由は、米作と言う農作業が、明けても暮れても頭を下にして俯向いている姿勢だと云うことです。苗代、田植、草取り、稲刈り、悉く、英語のUの字を逆さまにしたような恰好で頭を下げる仕事ばかりです。これ程頭を下げる仕事は他にありません。これは云う迄もなく、高血圧等に罹り易い労働姿勢です。これは苦しい仕事です。

第二の理由は、緑黄野菜の不足です。米作一本槍の単作地帯では青い野菜は自家用が少しあるだけで、冬は雪の下でとれません。この野菜は非常に大切です。

あの象、牛、馬が何を喰べますか？。象が豚カツを喰ったり、鹿が天麩羅を喰べたりしますか？、みんな、あの動物達は青い野菜を喰べているのです。あの大きな象でもそうです。この大事な野菜があの秋田、山形、新潟、青森の一部といった土地では、十一月、十二月、一月、二月、三月と五ケ月の間手に入りません入ってもごく僅かです。それが、あの種々の病気の原因になるのです。

野菜の青い汁と赤い血液は色の差こそあれ土台になる特質は同じです。

赤い血を作ろうと思えば、野菜を喰べて、それから鉄（Fe）を摂れば血になります。この野菜が雪国にはないのです。あってもごく僅かです。従って種々の病気、特に血が粘ってきます。これによって高血圧、その他の遠因が作られるのです。二番めの理由がこれです。

三番めの理由としては、秋田、山形、新潟等は土地が広いものですから、一人当りの労働力が非常に要求される。普通日本中を平均するとき、農家の平均所有土地は一町二歩、約百アール位ですが、これら秋田、山形等は、他の府県の2倍半位を持っています。つい広いものですから、それに政府の安定政策により米作は安定した農業ですので、少しでも余計に働こうとします。土地が狭まければ働きたくても働けませんが広いだけについついオーバーワーク、労働過重になるのです。これが三番めの理由です。

四つめの理由は濁酒です。自分の米を政府に供出して、それが造酒屋に行き、回りまわって四割八分の税金が付いて自分の口に入る。こうなればお百姓は馬鹿馬鹿しくて酒を買って飲む気になれません。

ですから自分で造って飲みます。これが濁酒です。悪く云えば密造酒です。これが中等労働ですと左程酒を必要としませんが、あの重労働に従事するお百姓にとっては朝から晩迄の疲れを酒の力を借りてぐっすり眠ることによって回復させ、次の日の英気は養わねばなりませんからこの酒は絶対と云って良い程の必需品なのです。合成酒をやりようによっては一升二百七十円位で飲めるものが渡せます。こんな安い酒だったら、お百姓はこの酒を飲んで自分の作った米をもっと出してくれます。

しかもその濁酒と云いますのは、自分の米で造るのですから真白に搗いては惜しくなります。ご承知の通り酒米と云うものは米の三分の一位搗いてしまいます。これは米の糠に含まれる油が酒の酸酵に非常に悪いからです。この油が酸酵中にフーゼル油等になつて頭を痛くする原因になるのです。田舎の地酒を飲むと頭の痛いのはよくついた米で造らないからです。古来白鶴、白鷹、白何々と、酒の銘柄に白と云う字の付したのが多いのは俺のところの酒はこんな白い米で造つたのだと云う事を 誇示する為め なのです。農村で造られる濁酒を等級で云えば三等程度でしよう。

・さて、以上様な事柄が積り積つて脳溢血、血管硬化、血圧上昇になつているのでありまして、決して米そのものが悪いのではないのです。

それなら何故その米を学校給食に使わないか？そこです。それをしんみりご相談したいのです。今の小学校の学童の数はまあー大小はありますが平均一二〇〇人から一四〇〇人位でしよう。一四〇〇人と云いますと、昔の軍隊でしたら野戦重砲連隊の兵隊の数と同じです。この野戦重砲連隊の炊事場と云つたらそれは大きなものです。この講堂の半分位の場所に一度に四斗も入る大きな釜をずらつーと端がみえないくらい並べてそれに蒸気を通し、煙も出さずに炊事が出来湯を沸す釜がいくつもあり、揚げ物をする釜があり、むし焼きをする釜がある。そうして始めて一四〇〇人の食事が出来るのです。しかし今、各小学校でそん事が出来ますか？出来るはずがありません。貧しい予算でそんな立派な給食室は作れません。そんな給食室を作つたら多分二千万円位掛るでしよう。いくらP・T・Aに頭を下げても出来つこありません。ですから白いごはんを喰べさせたいのですが経費の面で出来ないのです。将来日本が金持になる迄はやはりパンでゆこうと云うことになつてしまうのです。パンならば電話一本掛ければすんでしまいます。

それに分配が楽です。ごはんだつたら盛付けが大変ですし、後で洗うのが大変です。パンだつたら分配に少しも手が掛りません。後で洗う必要がありません。大きな炊事場も要りません。ですから安きにつくと云うのではありますが、始まつたばかりの、過度期の学校給食はどうしてもまず最初はパンから始めなければなりません。そこをご了解頂きたいのです。

私が、文部大臣になればこれはもうなんと致してもメシを食わせますが、今のあの人達の頭では学校給食はそこ迄ゆかんのです。これを何も知らない今の大臣達の前にいくら持ち出してみても出来つこないのでありますから、そんな出来ない相談をいつまでくよくよするよりも、出来るパンからまず始めましよう。

しかし、このパンについても色々文句あがるのです。皆さんの中にパン屋さんがいらつしやると帰りの暗闇が怖いのですが、同じパンを食わせるならあんな水菓子パンでは困るのです。あれでは子供達が可哀想です。

パンと云うものは焼き上り三六%の水分と云うのが理想的ですが、いまじや四四%から四五%が常識で、この間、共立女子大の卒業生の卒業論文に神田一円のパンの調査をしたのがありましたが、あの辺じやひどいのになると五四%が水分なんて云うのがあります。なんのことはない。水をパンの値段で売つて居り水をパンの値段で買わされているわけです。

あれはパンじやありません。パンと団子の合の子です。ですからあれはパンではなくてパンコです。しかも大きな。枕にして寝ろと云わんばかりのコッペです。そのコッペを子供達がこわきに抱えてちぎつて食い、ちぎつては食う。パンと云うものはそんなことをして喰べるものではありません。流石に科学ドイツは偉いもので、ドイツのコッペパンと云うものはせいぜい日本の半分です。小さいからいやでも火が通せます。焼けます。そして水分が充分逃げて、中迄澱粉がa化して、ずつと美味しくなります。

云つてみれば現在日本の学校給食で喰べているパンと云うものは生煮えのごはんみたいなものです。日本ではめしと云う観念が非常に強いものですから、めしの生煮えを作りますと、直ぐ親父が嬶を叱るのですが、パンは生煮えでも「パンと云うものはこんなものかいな」と云うわけです。

本当のパンと云うのは、ギュート握つたら手を開けまいと思つても握そない程弾力のあるものですが、日本のパンは握つて落すとそのままポトンと音がしてころがります。まさしくパンゴですね。これは将来学校の中に工場を建てて、学校でパンを焼くようにすれば、本当に美味いパン、子供が嬉んで喰べるパンが出来ると思います。

さて、**次に学校給食でなぜ牛乳を飲ませるかという話です**。胎児の食べ物は母血、「ち」です。乳児はオッパイ「ちち」です。「ち」と「ちち」これは非常に傑作ですね。こんな言葉を作つた我々日本民族の祖先は実に素晴しい叡知を持つていたといえるのです。英語では牛乳は Milk で血液は Blood です。支那語では漢字で「乳」「血」です。この両者の間になんの関係もないのです。それはそうでしよう。ラテン系民族の言葉でも、ゲルマン民族にしましても、血は真赤な燃えるような色をしているし、乳は純白な色です。色彩からいつてもこれ程異つた色はありません。ですから、いかなる民族でも血と乳とは違つた観念を持つています。然るにわが大和言葉はずつと赤い血と、白い乳を共に「ち」と云つたものです。「ち」といい「ちち」といい、これは同じ語源から生れているのであります。

さて、さきに申しました様に、母親のお腹にいる胎児は赤い血で育つて居り、それが生れて数時間の後には白い乳を飲みます。若しも赤い血と、白い乳が全然別個のものでしたらあのかわいい赤ん坊が即座に死んでしまうでしよう。赤い血と白い乳が同じものだから生きてゆかれるんです。極端に云うならば、赤ん坊の身体組織をすり潰してみれば、これは「ちち」と同じものと云えます。それはそうでしよう。乳、母乳だけで赤ん坊があんな風に育つことが出来るんですから。

それ位優れた乳、牛乳を児童達に飲ませようと云うのですから、その学校給食の副食でトップをゆくのがあのミルクなのです。このミルクと云うものは良いものです。およそ、凡百の食物を集めてみてでも、唯一種完全な栄養を備えて居るものは他にありません。しかも、分量と云い配合率と云い、全てのバランスが完全にとれているのはこの乳です。乳だけです。それだからこそあの八百匁、三瓩と云つた赤ん坊が四貫五貫の子供になる迄母乳だけで育つのです。従つてこれを成人が飲んでも悪くはありません。

しかし、この牛乳にはたつた一つ欠けたものがあります。ですから先程は完全な栄養と云いましたけれども、厳密には百%満点とは云えません。九九%点ですそんならば欠けているのは何か?、ビタミンEです。このビタミンEと云うのは性欲に関係のあるビタミンです。この腰から下がモヤモヤするのは全てこれビタミンEの働きです。赤ん坊に性欲をつける必要はありません。若しも牛乳の中にビタミンEが大量に含まれていて、赤ん坊が色気づいたら大変ですよ。

小学校の子供の時分から色気づいていわゆる暴力教室、暴力生徒なんてのは映画じやないが困りものです。

赤ん坊や子供に不要なものは抜いてあるんです。これは神のみ心と云いますか天の配剤の妙と云いますか、とにかく微妙にして面白いところです。

ですから古来、修道院の修道僧や修道尼達は肉や卵は絶対喰べてはならんことになつていても、牛乳だけは幾ら飲んでも許されているのです。修道僧や修道尼だつて人間ですから蛋白を摂る必要がありますが、しかし、腰から下がムズムズするようでは神に仕える道を誤まりますから肉や卵は喰つていかん。その代と心配のない牛乳を飲むのです。

ビタミンEの発見は、一九三四年、アメリカのエヴアンスでありますが、今を去る五千年の昔、エジプトの修道院でも人間の経験と云うものは恐しいもので、理由はわからなくてもやはり牛乳を飲ませることが記録に残されて居ります。

世の奥さん方や、これから結婚される女性は旦那様に、私から聞いたと云つてなるべく肉や卵の代りに牛乳をドン〱飲ませる方が旦那の浮気止めには好都合です。

私は牛乳を飲みます。駅のホームで飲む牛乳が、最近値下りして十二円です。喫茶店で飲ませるミルクが大体二十円です。皆さん、喫茶店へ行つて、何が一番安くて栄養があるか計算してごらんなさい。

紅茶なんておよそあんな詰らないものはありません。赤い色をした液体で、それに角砂糖が二個ついて五十円、どんな計算をしたつて合いつこありません。

然るに牛乳、ミルクですと何時、何処の喫茶店へ行つても大概二十円です。ミルク一杯で五十円も取られるところはありません。元値がわかつてますからね。

皆さん、牛乳をお飲みなさい。牛乳を学校給食の主体の一つにしていけるです。

アメリカの人口の丁度半分の数が家庭です。西部劇をご覧になつておわかりと思いますが、あれ程牛がおりますから、従つて牛乳も豊富なら、乳製品も豊富です日本では二十人について牛一匹しか居りません。アメリカは牛の数が人口の五十%、日本は五%です。ですからアメリカでは牛乳が余つて〱困るんです。それで余つた牛乳は、バターを取つてドン〱粉乳にしているのです。その粉乳が日本の学童に贈られてくるのですからこれは喜んで飲んでやりましよう。

さて、この牛乳で格別優れて良いのはそれに含まれているカルシウムCaです。

このCaと云うのが子供にとつて非常に大切です。古代にあつて、古代人の子供達が蝉や蜻蛉をボリ〱食つたのはそれに含まれる骨のカルシウムが欲しいからなのです。

育ちつつある子供にとつてカルシウムは何より必要です。

牛乳は真白い液体です。あれを煮詰めるとドロ〱になります。更に煮詰めると焦げて黒い煙をあげます。そして最後に白い灰が残ります。その灰の大部分はカルシウムです。子供の骨を造り、子供の気持を鎮静せしめるカルシウム、このカルシウムが牛乳には非常に多いのです。

さて、カルシウム、カルシウムと云いますと私達は、すぐに固い骨や歯を連想するのですが、勿論カルシウムは骨や歯に関係してきますけれども、もつと大事なのは、血液中に含まれるカルシウムです。血液中のカルシウムが欠乏しますと気持がイラ〳〵する、いわゆるストレスに負け易い体質になりまして、女ならヒステリー、男ならやたらとどなり散らすようになるのです。これはカルシウムの欠乏からです。

世界的にみて、日本人位気の短かい、喧嘩早い国民はありません。それがまあ好戦民族なんて云われる理由でしょうけも、この原因に、日本の土地の中にカルシウムが少いからです。由来、日本は火山国で、至るところに火山が爆発して、その火山灰が積つて出来ている国です。

この関東平野、いわゆる関東ローム層殊にこの辺はそうですが。これが火山灰で出来た土地なのです。

その火山灰地に食物を作つているのですから、日本の食物にはカルシウムが少いのです。然るに英国などは、あれはまるでカルシウムで出来ていると云つてよい程の国です。

ヨーロッパの島国と、東洋の島国と、まあ、いつでも比較して云われるのですけれども、同じ島国ながら、日本は火山で出来ている島国ですし、イギリスは平べつたい、カルシウムの多い国です。イギリスには岡はあつても山はありませんイギリスで一番高い山は、東京の奥多摩にある御嶽山位の山がそれです。六四〇米位です。ですからイギリスには岡はあつても、山はないと云えます。しかも非常になだらかな岡です。

フランスのカレーからドーヴァー海峡を渡つて、イギリスへ向いますと、日本だつたら最初に富士山がみえるように、イギリスでしたら白墨で書いた線のように白い崖がみえます。丁度三〇米位の崖です。三〇米と云いますと東京の丸ビルの高さですが、あの高さで白い崖が連なつて居ります。これがカルシュムです。一面石灰です。それ位イギリスの土地にはカルシウムが多いのです。従つて英国人の身体にはカルシウムが非常に効いています。ですから英国人は非常に背が高く気持が非常に落ちついていてまるで気取つているのかのように見えるのです。あれはイギリス人が偉いのではなくて、土地にカルシウムがあるからなんです。

反面、日本人がイライラするのは土地にカルシウムが無いからなのです。女のヒステリーがそうです。これは女の人が悪いのではなくて、食物にカルシウムが少いものですから、あのように身体にカルシウムが切れて、イラ〳〵して理由なき焼餅を焼いて親父と喧嘩するのです。

ですから、最初のヒステリーに対する医者の投薬は必ずカルシウムを入れます。カルシウムは単に骨や歯を造るだけじやなくて、このように血液の中に流れ込んでいるカルシウム、これが大切なのです。

心臓に人口血液を通した場合、その人口血液からカルシウムを除いたものを通しますと、心臓はパッと開いたまま収縮しません。今度はナトリウムを除いた人口血液を通しますと、キユウーと縮んだまま二度と伸びません。今迄は心臓の動きは、自律的で自分の意志ではどうにも出来ないと云われて居りましたが。今では、カルシウムの働きがそんなところにも観察されてきているのです。

さて、このように大切なカルシウムと云うものが「乳」の中には沢山含まれているのです。

しかも、学校給食の場合、母乳と違つて牛乳ですからもつと多いのです。今、その例を挙げますと、生れてばかりの赤ん坊の体重が二倍になる日数と、その乳の濃さを比べてみますと、日数が短い程その乳は濃いのです。

鼠の仔は小指の先程の小さなものですが、この鼠の仔の体重が二倍になるのがわづか四日です。そのかわり、鼠の乳は非常に濃いもので、絞つて瓜の上にたらしますと、振つても落ちない位濃いものです。それだからこそ四日位で目方が倍になるのです。

兎が六日、犬は九日目、豚は十四日、牛が四十五日、人間は流石に念入りに、ゆつくり大きくして百八十日で体重が倍になります。その反面、乳は淡いものです。牛の仔の体重が倍になる日数を五十日とみましても、母乳に比較したら三倍以上濃いと云えましよう。それを小学校の児童に与えるのですから発育は一層よくなるわけです。

我々日本人は幼少時からこのカルシウムが食物に少ないためにどの位損をしているかわかりません。

女性が娘時代にはまるで真珠を植えたような美しい歯をして居りますのに、結婚して子供が二人、三人ともなつて参りますと、赤ん坊に与えるために自分自身のカルシウムを溶かして母乳の中に出してゆきますから、と云うのは、その分だけ外からカルシウムを攝れば良いのですが、何度も申しますように母親の食物にカルシウムがたりませんから、最後には歯が弱つてしまうのです。

差しさわりがあつて悪いかも知れませんが、子供の三人も出来た母親の歯などと云うものは、金歯だらけでまるで大神楽のししみたいになつてしまつて居ります。何す。が彼女をそうさせたか、これはカルシウムの攝取が不足だからですね。

まあ、こんな風なわけで、カルシウムと云うものは本当に大事なものだと云うことがおわかり頂けたと思います。

学校給食にはまだ〳〵問題やら、云いたい事があるのですが、時間の関係もありまして、主食としてのパン、副食としてのミルク、この二つについて申し上げてみました。

長い間、最後まで非常にご熱心にお聴き頂きまして誠に有難うご座いました。講演者として心からお礼申し上げます。

算数・数学における診断と治療

宜野座地区教育指導委員　安　保　宏

宜野座地区では昨年十一月「文教時報60号」14～15頁に掲載の観点により診断テストの問題を作成し、十二月中旬印刷が完了した。三学期になつて、各校は算数数学の診断テストを実施し、その結果に基づいた治療指導にとりかかつている。

私は一月に宜野座小学校四年、松田小学校五年、金武小学校三年で診断と治療の実演授業を公開したが、以下その方法についてのべてみることにする。

1　テスト問題（カード式・各校に配布ずみ）

（1）小学校

（a）	二年	問題番号	1—16	計 90
（b）	三年	〃	17—38	
（c）	四年	〃	39—56	
（d）	五年	〃	57—71	
（e）	六年	〃	72—90	

（2）中学校

（a）	一年	問題番号	1—28	計 65
（b）	二年	〃	29—50	
（c）	三年	〃	51—65	

2　準備すべきもの

（1）概観テスト問題とその処理

これは各学年、各問から二問ずつ抽出して問題を作り、それによつてテストを行う。小学校六年で90観点、180問になるから二時間位かけたらよいと思う。

各観点二問できたものに○印、一問のものに△印、二問ともちがつたものに×印をつける。△と×は治療指導の対象となるものである。

（2）一覧表作成

一覧表（小3年）　（別紙1）

番号／問題／氏名		1	2	3	4	5	6	7	8……	37	39	38
		3＋2	5＋5	6−3	10−3	14−5	9＋13	18−9	20＋21	45÷9	15÷2	40÷2
1	A	○	○	○	○	○	○	△	×			
2	B	○	○	○	×	×	○	×	○			
3	C	○	○	△	×	○	○	×	○			
4	D	○	△	△	○	○	○	○	○			
5	E	○	○	○	△	×	△	×	○			
⋮	⋮											
38	X	×	○	○	○	△	△	×	△			
39	Y	○	○	△	×	×	×	×	△			
40	Z	○	○	○	○	○	○	○	○			
正答数		37	38	35	18	20	24	16	28			
通過率		92.5	95	87.5	45	50	60	40	70			

（3）一覧表よる診断

一覧表ができたらまずその正答数と通過率を調べ、少くとも通過率五十%以下は全体として再指導を要するところと考えてよい。つぎに個々の児童生徒について具体的にどの問題からつまずきがあるかを調べる。一覧表では○になつている場合でも、それは平素の学習から判断して充分に理解していないがまぐれ当りの場合もあれば、また△になつている場合でも、ほんの思い違いで間違つている場合もある。だからほんとうの診断は、カードの10問やらせてはじめてはつきりするのである。

（4）個人カード作成

（a） 教 師 用

「通過した月日」の欄には一覧表の○、△、×と同ものが記入され、○印の下には通過した月日を記入することにする。

「学習した記録」の欄には△や×の時、どのようにちがつたか、その誤答をかいたり指導のメモをしたりする。

第一回目に×の児童が治療指導された結果、診断テスト問題によりテストをする。この場合全部できた場合はⓧのように×の上を○で囲む。また十問の中、八問できたが、二問できなかつたという時はその向上のあとを認め△×と×の上を△で囲み、児童をはげまして、もう一度練習させ、つぎに全部できた時に△×を○で囲んだもののように○で囲み、児童用の個人カードにも○をつけ通過した月日を記入する。

（b） 児 童（生徒用）

これは児童生徒のノートの表紙裏にはりつけさせるものであるから画用紙に印刷した方がよい。これに教師用個人カードと同じ○、△、×をつける。これによつて各児童生徒は自分の欠陥が、はつきりわかり、家庭における学習及び学校における自習等に一つの目標をもつことになる。

これはまたP・T・Aなどの時によく説明することによつて親のこどもを指導する一つの目やすを与えることになる。

3 指導の実際（治療指導）

（1） 概観テストにより通過率五〇%以下の問題を拾つてみると(7)、(5)、(4)の引き算に抵抗があることがわかつたのでまず引き算について一齊に指導することにする。

（a） この一齊指導の中で全体の理解をはかると同時に個別に治療することもできる。例えば10から3を引いたり、10から7を引く指導の途中で、概観テストで△や×の児童を指名することによつて、何名かは治療できる。

（b） 二位数から一位数を引いて繰り下がる場合が一応理解されたら、(4)(5)(7)の問題の通過しなかつた児童にはその問題を与えてテストを行う。

この場合○印の児童には次の段階の問題を与える場合もあれば、また同じ問題を与える場合もある。何故ならば概観テストで○であつたものがその番号の診断テスト十問全部できると限らない場合もあるからである。

概観テストはあくまでも概観であつて、学年が進むに従つて、テストの内容が多くなるので、ある児童が大体どの辺からつまずいているかを調べるのであるから、時間が許すならば、診断テスト問題で、もう一度たしかめておけば完璧を期すことができるのである。

（c） 診断テストの処理

テストができ次第教師のところにカードとノートを持つてくる。教師はそのノートを手ぎわよく採点し、誤答があつたら何故まちがえたかよく指導して類似の問題を与えて練習させる。

この場合教師の前に児童が沢山集まることがあるので、全部できた児童に赤鉛筆を与え、何人かずつ分担して採点して貰つてもよい。ただしこの場合は採点された結果は教師に見せ、適切な助言を与えてから類似の問題練習をするようにする。（表次頁）

（2） 座席表を利用した指導

教　卓

○ ㉖	5、7 ㉑	7 ⑯	○ ⑪	7 ⑥	5 ①
○ ㉗	7 ㉒	○ ⑰	5、7 ⑫	7 ⑦	○ ②
5、7 ㉘	○ ㉓	7 ⑱	○ ⑬	4、5 ⑧	○ ③
7 ㉙	○ ㉔	○ ⑲	4、5 ⑭	○ ⑨	7 ④
○ ㉚	4、5 ㉕	○ ⑳	5、7 ⑮	4、5 ⑩	○ ⑤

・数字は治療を要する問題番号
・○印は本時の指導の問題を通過している児童
・①②③…児童名

（a） 座席表は予めプリントしておいて、診断テスト（概観テスト）の結果本時の治療指導の重点として(4)(5)(7)の問題がきまつたら、特にその問題で×や△の児童のところに(4)(5)(7)のように数字を記入しておく。○印のものは指導

個人カード 教師用　（別紙2）

番号	問題	通過した月日	学習した記録	番号	問題	通過した月日	学習した記録
1	3 +2			89	2048 −463		
2	5 +5			30	4203 −1206		
3	6 +3			31	1m26cm +1m42cm		
22	186 +67			50	3）2436		
23	115 +68			51	46）294		
24	374 −367			52	8の$\frac{1}{2}$は		
35	652 −94			53	$\frac{3}{10}$＝		
26	258 −169			54	50−(15+24)		
27	1628 +754			55	12+3×4＝		
28	2658 +1768			56	100−2×3+72÷8＝		

児童用 個人カード　（別紙3）

番号	問題	通つた月日	番号	問題	通つた月日	番号	問題	通つた月日
1	3 +2		20	9×7＝		39	4）13	
2	5 +5		21	49 +56		40	たしかめ 36÷6＝6	
3	6 +3		22	186 +67		41	1時間20分たつた時刻	
4	10 −3		23	115 −68		42	2 ×10	
5	14 −5		24	374 −367		43	12 ×4	
6	9 +13		㉕	632 −94		44	436 +332	
7	18 −9		㉖	258 −169		45	21573 （万 千）	
8	26 +21		27	1628 +754		46	23度5分 （　度）	
9	77 +16		28	2658 +1768		47	0.2+0.7＝	
10	46 −42		㉙	2048 −463		48	0.32 +1.34	
11	53 −29		㉚	4203 −1206		49	13 ×12	
12	400 +34		31	1m26cm +1m42cm		50	3）2436	
13	292 +69		32	11 ×8		51	46）294	
14	165 +76		33	806 ×7		52(イ)	8の$\frac{1}{2}$は	
15	2の3ばい		34	10＝2×□		〃(ロ)	$\left(\frac{1}{4}, \frac{1}{3}\right)$	
16	9つのみかんを3人でわける		35	12＝□×4		53	$\frac{3}{10}$＝	
17	2×4＝		36	45÷9＝		54	50−(15+24)＝	
18	3×3＝		37	15÷2＝		55	2+3×4＝	
19	6×2＝		38	40÷2＝		56	100−2×3+72÷8＝	

計算の歩み

の対象にならないものであるから、この児童には、この外の×や△の問題を与えて練習させるのもよい。

（b） その時間内に治療された場合にはその座席表に④や⑤や⑦のように○で囲んで治療されたことをメモするのである。（医師がカルテに書き込む要領）

（3） 第二次診断

一学年の問題範囲で一通り治療指導が終つたらもう一度はじめの概観テストの要領で問題を変えてテストをし、進歩のあとを確認することが大切である。

（4） 治療指導に時間がかかつて次の診断テストに充分時間がとれなかつた場合は、そのテスト問題を家庭に持たせて翌日までにやつて来させてもよいし、また朝自習の時などを利用してやらせてもよい。

目標のない朝自習はとかくその教育効果に疑問が残る場合があるが、自分の欠陥を自覚して、その改善向上に努力するような朝自習であつたならば、その毎日は積み重ねられる毎日であつてその効果は目ざましいものがあると思う。

自覚した学習であれば、家庭に持ち帰つた場合でも、誰からか聞いて○だけをふやすということがなくなる筈である。

4 反　　省

（a） 今まで三年、四年、五年について、診断と治療の指導を行い、来月十日には久辺中学校一年にこの指導を行う予定であるが、診断と治療の指導にはいろいろな方法が考えられる。私は一応の指導例を示しただけで、実際指導は更に地区内の先生達の研究にまつことにしている。

「診断と治療」とはそもそも医師の用語であるが、少くとも算数、数学の指導においては医師が患者を診断したり治療したりする方式をもつと取り入れるというのは私の年来の主張であり、もしこの方法を一年間連続して行つたならば数学の学力向上は期して待つべきものがあると思う。全琉で若しこの実践を一年間つづけたら全国学力テストの成績を十点位向上させることも夢ではない。

宜野座地区では更にこの研究を進め、文章題、計量、図形などにも発展させたいものであると話し合つている。

（b） ただこの「診断と治療をいつどのような時間に行うか。という質問に対しては次のように答えている。

(1) 診断と治療は思いつきの指導でなく、年間指導計画の中に位置づけておくこと。

(2) 四、五、六年では週六時間の中で一時間位は診断と治療の時間としてとつてよいのではないか。

(3) 二、三年では二週間に一時間位とり、その他は練習時間を利用するとか、朝自習を利用してもできるのではないか。

(4) 中学校になると小学校からの負債が相当に多いので、どうしても指導計画の中にきちんと位置づけておかなければ、一年間やらないでしまうことにもなるのでないか。その点、生徒がはつきり自分の欠陥を自覚するならば、家庭学習の有力な材料にもなると思う。

（c） 治療指導は軽症から

教師は一匹迷える羊を救うために全力をかたむけるのであるが、迷える羊が沢山ある場合には、まずその軽症のものから救うのは順序であると思う。中学三年になつて九々のわからないものと、方程式のわからないものでは方程式の指導が先行するのではないかと思う。重症患者に手をつけたら、その生徒一人に教師の全精力を注いで、尚その一人をもてあますことさえあるのである。仮性劣等児か真性劣等児かは知能検査結果も充分参考にして指導計画をたてるべきである。

このことは重症のものを見殺しにするというのでなく、数学の面ではどうにも救いようのない生徒でも、その他の教科で生かされる場合にはその方に重点をおくべきであるというのである。

5 ま と め

教育の仕事は根気のいる仕事である。診断は克明にしたが治療は途中までいつて根まけしたという例が実に多い。ねがわくばかかることのないように。一人一人が沖縄のいやわが愛するこどもの学力の一歩前進をめざして精進していただきたいものである。

中　学　校

新　編　新　し　い　数　学

1　年

35年度 移行のための指導計画原案

☆この案は那覇地区移行措置研究委員会が中学校一年の数学の移行を円滑に☆
☆すすめるためにまとめたものである。東京書籍発行の現行の新編新しい数☆
学の☆指導にあたつてこの案は甚だ参考になると思う。ここに紹介します。☆
☆ご検討下さい。……………………………………………………………☆

● 35年度に新しく指導する内容
○ 現行教科書どおり指導する内容
× 現行教科書から省いてよい内容

那覇地区移行措置研究委員会

I 整　数 (約13時間)

	題　材	指　導　内　容	用語・記号	備　考
1 整数の四則 (約2時間)	1. 整数の表わし方	○ 1兆以上の数の読み方 ○ 1兆以上の数の書き方 × 3けた区切り	○兆 × 3けた区切り	
	2. 加法と減法	×加法の意味・計算法・検算 ×減法の意味・計算法・検算 ○加法・減法の簡便計算法	○加法・被加数 加数 ○減法・被減数 減数 ×和・差	
	3. 乗法と除法	×乗法の意味・計算法・検算 ×除法の意味・計算法・検算 ○乗法・除法の簡便計算法	○乗法・被乗数 乗数 ○除法・被除数 除数 ×積・商・余り	
	4. 四則算法	○四則算法の意味 ×加減乗除のまじつた式の計算法	○四則算法	
2 概数と概算 (約3時間)	1. 概　数	○概数の意味と、その求め方 ○以上・以下・未満の意味	○概　数 ○以上・以下・未満	
	2. 概　算	○加法の概算 ○減法の概算 ○乗法の概算 ○除法の概算	○概　算	
3 整数の性質	1. 約数と倍数	○約数・倍数の意味 ○偶数・奇数の意味 ○特別な数の倍数の求め方	○約数・倍数 ○偶数・奇数	
	2. 素　数	○素数の意味 ○素因数に分解すること	○素数・因数 素因数 ○2乗・3乗・指数	
	3. 公約数・最大公約数	○公約数・最大公約数の意味 ○最大公約数の求め方	○公約数 最大公約数 ○たがいに素	
	4. 公倍数・最小公倍数	○公倍数・最小公倍数の意味 ○最小公倍数の求め方	○公倍数 最小公倍数	
(約3時間)	まとめと練習			

II 分数と小数 (約13時間)

	題材	指導内容	用語・記号	備考
1 分数 (約7時間)	1. 分数の意味	×分数の意味 ×分数の種類	×分数・分子・分母 ×真分数・異分数・帯分数	
	2. 分数の変形	×帯分数を仮分数に、仮分数を帯分数に変形すること ×約分・通分のもとになる分数の性質 ○約分の意味と方法 ○通分の意味と方法	○約分・既約分数 ○通分	軽く扱う
	3. 分数の大小	○同分母分数の大小比較 ○同分子分数の大小比較 ◎異分母・異分子分数の大小比較軽く扱う		軽く扱う
	4. 分数の寄せ算と引き算	○同分母分数の寄せ算と引き算の方法 ○異分母分数の寄せ算と引き算の方法 ○帯分数をふくむ場合の寄せ算と引き算の方法		軽く扱う
	5. 分数の掛け算	○分数を掛けることの意味 ○分数の掛け算の方法 整数と分数の掛け算 分数と分数の掛け算 帯分数のまじつた掛け算		
	6. 分数の割り算	○分数で割ることの意味 ○分数の割り算の方法 分数と整数の割り算 分数と分数の割り算 帯分数のまじつた割り算	○逆数	
2 小数 (約2時間)	1. 小数の意味	×小数の意味 ×小数と分数との関係		
	2. 小数の寄せ算と引き算	×小数の寄せ算 ×小数の引き算		
	3. 小数の掛け算	×小数を掛けることの意味 ×小数の掛算の方法		
	4. 小数の割り算	×小数で割ることの意味 ×小数の割り算の方法 ○小数の割り算の余りの出し方		
	5. 小数と分数の関係	×小数を分数に分数を小数になおすこと ○分数・小数の大小比較 ○分数や小数のまじつた計算 ○小数の簡便な計算		
(約4時間)	まとめと練習	○小数の種類(研究) 循環小数・有限小数・無限小数	○循環小数 ○有限小数 ○無限小数	

Ⅲ　単位と換算　（約13時間）

題材		指導内容	用語・記号	備考
1 長さと単位（約5時間）	1. メートル法	○メートル法の長さの単位と、単位の関係 ○メートル法の重さの単位と単位関係	○十進法 ○基本単位	軽く扱う概測や実測は省く
	2. 尺貫法	○尺貫法の長さの単位と単位関係 ○尺貫法の重さの単位と単位関係	○尺貫法 ○（尺貫法の諸単位）	
	3. 換算	○尺をメートルで表わすこと ○貫を kg であわすこと	○換算	
	4. ヤード、ポンド法	○ヤード・ポンド法の長さの単位と単位関係 ○ヤード・ポンド法の重さの単位と単位関係	○ヤード・ポンド法 ○（ヤード・ポンド法の諸単位）	
	5. 換算法	○換算法の見方 ○換算表による、メートル法、尺貫法 ヤード・ポンド法の長さ重さの単位と重さの単位関係	○換算表 ●換算グラフ	換算グラフも用いる
2 時間と速さ（約4時間）	1. 時間の単位	○時間の単位と単位関係		
	2. 時間の計算	○時間の寄せ算と引き算 ○時間の掛け算と割り算		加減は軽く扱う
	3. 速さの単位	○時速、分速、秒速の意味 ○平均の速さ ○船の速さの表わし方	×時速、分速、秒速 ○平均の速さ ○ノット、海里 ●メートル毎秒 m/s ●キロメートル毎時 km/h	速さの単位と記号を補充指導する
（約4時間）	まとめと練習			

Ⅲ　平面図形　（約18時間）

題材		指導内容	用語・記号	備考
1 直線・円・角（約5時間）	1. 直線と円	○直線の意味と性質 ○円の意味と性質	○線分、中点、距離 ×直線、円 ●半径線	直線や円の性質は軽く扱う
	2. 角と回転	×角の成立と意味 ○辺の回転と角	×角、頂点、辺、直角 ○平角、鋭角、鈍角	
	3. 角の大きさ	○角の単位と測定 ○角の計算	○分（′）秒（″）対頂角 ×分度器、度 ●補角	
	4. 角の二等分線	○角を二等分する方法 ○二等分線の意味	○二等分線、交点	
	5. 垂線	○垂線の意味 ○直線上の一点から垂線を引く方法 ●直線外の一点から垂線を引く方法	○直交、垂線 ×垂直 ●⊥	
	6. 方位	×十六方位 ×方位の測定	×磁石、磁針	
2 平行線（約3時間）	1. 平行線とそのかき方	×平行線、平行線の意味 ○平行線のかき方	○平行線 ×平行　●∥	
	2. 平行線の性質	○平行線の性質 ●平行線の同位角、錯角の関係 ○直角の n 等分		

題材		指導内容	用語・記号	備考
3 多角形（約7時間）	1. 多角形	○多角形の意味	○多角形、辺、頂点	
	2. 三角形の角	○三角形の種類 ○三角形の 3つの角の和	○鋭角三角形、鈍角三角形 ×直角三角形 ●内角、外角、余角	
	3. 三角形の辺	⊙ 2点間の最短通路 ○三角形の 2辺の和と他の1辺	●斜　辺	
	4. 二等辺三角形、正三角形	×二等辺三角形、正三角形の意味 ○二等辺三角形の性質	○頂角、底角、等辺、底辺、直角 ×二等辺三角形正三角形	各種三角形の定義や作図は軽く扱うか省く
	5. 平行四辺形	×平行四辺形、ひし形、台形の意味 ○平行図形の相互関係 ○対角線の意味	○対角線 ×平行四辺形、ひし形、台形 ● ▱	各種四角形の定義や作図は軽く扱うか省く
	6. 正多角形 （補充教材）	○正多角形の意味と性質 ●円と直線との位置関係 ○円に内接する正多角形 ●円に外接する正多角形	○正多角形、中心角 ●外接正多角形内接正多角形 ●弦、弓形、接点接線	正多角形の定義とそのかき方は軽く扱う
	まとめと練習	○多角形の内角の和（研究） ○多角形の対角線の数（研究）		本章の「研究」は一齊指導する

V　立体図形　(約11時間)

題材		指導内容	用語・記号	備考
1 いろいろな立体図形（約4時間）	1. 多面体	○多面体の意味と性質 ○多面体の展開図 ×多面体の模型作成	○多面体、頂点、面	
	2. 角柱、角すい	○角柱の意味と性質 ○角すいの意味と性質 ○角柱の展開図	×角柱 ○角すい、底面側面四面体、展開図 ●角すい台	角柱は軽く扱う
	3. 円柱、円すい	○円柱の意味と性質 ○円すいの意味と性質	×円柱 ○円すい ●円すい台	円柱は軽く扱う
	4. 球	○球の意味と性質 ○球の切り口	○大円、中心半径、直径 ×球	
2 平行と垂直（約4時間）	1. 平　行	○平面と平面の平行 ○直線と平面の平行 ● 2直線の位置関係	○平行 ●ねじれの位置	
	2. 垂　直	○直線と平面の垂直 ○平面と平面の垂直 ○一平面に垂直な二直線 ●平行平面間の距離	○垂直、垂線 直交	
	3. 鉛直と水平	×鉛直線、鉛直の方向、鉛直の意味 ×水平面、鉛直面、水平な直線	×鉛直、水平	軽く扱ってもよい
	4. 地球上の点の位置	×経線、緯線の意味 ×地球上の点のあらわし方 ×地球の回転と時差	×経線、緯線	軽く扱ってもよい
（約3時間）	まとめと練習	○正多面体（研究）	○正多面体 ●正三角すい	

Ⅵ　対称、回転と投影図　（約17時間）

題材		指導内容	用語・記号	備考
1 対称と回転（約6時間）	1. 線対称と対称移動	●線対称の意味 ●線対称な図形の性質 ●線対称の位置、移動	●線対称、対称軸、対応点線対称の位置 ●対称移動、平行移動	
	2. 回転移動と点対称	●相交る直線についての対称移動 ●回転移動の意味と性質 ●点対称の意味と性質 ●点対称の位置にある図形	●回転移動、回転の中心 ●点対称、対称の中心対応点点対称の位置	
	3. 回転体と面対称	●回転体の意味 ●回転体の性質 ●面対称の意味	●回転体、回転の軸、回転面母線 ●面体称、対称面；対応点	
2 投影図（約8時間）	1. 投影図	●平面図と立面図の意味 ●点の投影図のよみ方、かき方 ●線分の投影図のよみ方、かき方 ●平面図形の投影図のよみ方、かき方 ●投影図、展開図、見取図の関係 ●側面図と断面図	●投影図 ●平面面、立面面、側画面、基線、平面図立体図、側面図、実長 ●断面図、見取図	
（約3時間）	まとめと練習			

「新しい数学」3学年用　P．198～224参照

Ⅶ　面積と体積　（約14時間）

題材		指導内容	用語・記号	備考
1 面積（約7時間）	1. 長方形、正方形の面積（P．～　）（補充教材）	●文字の使用 ○長方形の面積の公式 ○正方形の面積の公式 ○公式を文字を用いて表わすこと ●文字を使用するときの積の書き方に関する規則 ●式の値の計算	●式の値、代入 ○公式 ●平方	以下公式の導入は軽く扱い文字の使用に重点をおく。
	2. 三角形の面積（P　～　）（補充教材）	×三角形の高さ、底辺の意味 ○三角形の面積の公式 ●文字を使用するときの商の書き方に関する規則	×底辺、高さ	
	3. 平行四辺形台形の面積（P　～　）	×平行四辺形の高さ・底辺の意味 ○平行四辺形の面積の公式 ×台形の上底、下底、高さの意味 ○台形の面積の公式	×底辺、高さ ×上底、下底	
	4. 多角形の面積（P　～　）	○多角形の面積の求め方 ●正角形の面積の求め方		図形の分解指導をする
	5. 円の面積（P　～　）（補充教材）	○円周の長さ ○円周率 ○円の面積の公式 ○扇形の面積 ●中心角と弧の長さの関係	●π ●弧	軽く扱う

	題材	指導内容	用語・記号	備考
	6. 面積の単位と換算 (P ～)	○メートル法の面積の単位とその関係 ○尺貫法の面積の単位とその関係 ○メートル法における面積の換算	○建坪 ○〔尺貫法の諸単位〕	軽く扱う 関係、換算の練習問題に文字を加える
2 体積 (約4時間)	1. 直方体、立方体の体積 (P ～)	○直方体の体積の公式 ○立方体の体積の公式	●立法、累乗	円周と円の面積は軽く扱う
	2. いろいろな立体図形の体積 (P)	○柱体の体積の公式 ○すい体の体積の公式	○柱体、底面積 すい体	
	3. 球 (補充教材)	●球の体積の公式 ●球の表面積の公式	●表面積	
	4. 体積の単位と換算 (P)	○メートル法の体積の単位とその関係 ○尺貫法の体積の単位とその関係 ○メートル法、尺貫法における体積の換算 ○ヤード・ポンド法における体積の単位	○〔尺貫法の諸単位〕 ○〔ヤード・ポンド法の諸単位〕	軽く扱う
(約3時間)	まとめと練習	研究は本文にくり入れて扱う		文字の練習を加える

Ⅷ 比と比例 (約15時間)

	題材	指導内容	用語・記号	備考
1 比 (約6時間)	1. 比 (P ～)	○比、比値の意味 ○比の性質 ×比を簡単にすること ×比の値を求めること	○前項、後項 ×比、比の値	軽く復習する程度でよい
	2. 歩合と百分率 (P ～)	×百分率の意味と表わし方 ×歩合の意味と表わし方 ○分数、小数、百分率、歩合の関係 ○比の三つの用法	×歩合、百分率 ×割、分 ○厘、毛 ×パーセント	比の三用法は、割合が分数の場合と歩合の場合をおもに扱う
	3, 連比 (P ～)	○連比の意味 ○連比の性質 ○連比を求めること	○連比	
	4. 比例配分	○比例配分の意味 ○比例配分の方法	○比例配分	
	5. グラフ (P ～)	○円グラフの見方、かき方 ○帯グラフの見方、かき方 ○正方形グラフの見方、書き方	×円グラフ、扇形 ×帯グラフ ○正方形グラフ	軽く扱う
2 比例 (約5時間)	1. 比例式 (P ～)	○比例式の意味 ○比例式の性質 ○比例式の解法	○比例式 内項、外項	
	2. 比例 (P ～)	○比例の意味 ○比例の問題の解法	○比例(正比例)	
	3. 反比例 (P ～)	○反比例の意味 ○反比の意味 ○反比例の問題の解法	○反比例 ○反比	
(約4時間)	まとめと練習 (P ～)	○複比例 (研究)	○複比例	

Ⅸ 家庭の経済 （約７時間）

題材		指導内容	用語・記号	備考
1 もののねだん（約1時間）	1．利益の割合（P ～ ）	○利益に関する計算の公式	○原価、売価、定価、利益 ×請求書、グロス	用語の意味と損益算の公式について軽く説明し、文字で表わす程度とする。
	2．割引と手数料（P ～ ）	○割引に関する計算の公式	○割引高、割引率、損失 ×手数料	
2 家計	1．家計（P ～ ）	×家計	×収入、支出、決算、予算、収支表	職業家庭科に移行する。
	2．料金の調べ（P ～ ）	×各種料金		
3 貯蓄（約5時間）	1．利息と利率（P ～ ）	○利息、元金、利率、期間元利合計の意味 ○利息算の公式とその適用	○利息、利子、元金、利率、期間元利合計、月利率、年利率	
	2．郵便貯金（P ～ ）	○郵便貯金の利子の計算法 ○単利法と複利法	○単利法、複利法	軽く扱う
	3．銀行預金（P ～ ）	○銀行預金の種類と利率 ○日歩の意味と日歩による利子の計算法	○定期預金 普通預金 日歩	軽く扱う
（約1時間）	まとめと練習		×売上伝票 領収書、保険料	大部分を省く。

Ⅹ 正数と負の数 （約19時間）

題材		指導内容	用語・記号	備考
1 符号のついた数（約3時間）	1．符号のついた数	●＋、－の記号をつけて表わす量 ●符号のついた数、数の符号	●符号、＋、－正の符号、負の符号、正の数、負の数	
	2．数直線	●数直線 ●絶対値 ●正の数、0、負の数の大小 ●符号、不等号	●数直線、絶対値、等号、不等号	
2 寄せ算と引き算（約7時間）	1．温度の変化 2．寄せ算	●加法の意味 ●加法の法則 ●加法の交換法則 ●加法の結合法則 ●加法の簡便計算法	●加法の交換法則、加法の結合法則	
	3．引き算	●減法の意味 ●減法の法則 ●かつこのはずし方 ●加法と減法のまじつた計算		
3 掛け算と割り算（約6時間）	1．タンクの水の増減	●乗法の意味		
	2．掛け算	●乗法の法則 ●分配の法則 ●乗法の交換法則 ●乗法の結合法則 ● 3つ以上の数の乗法の法則	●分配法則 乗法の交換法則、乗法の結合法則	
	3．割り算	●除法の法則 ●逆数 ●除法を乗法になおすこと ●乗法と除法のまじつた計算		
（約3時間）	まとめと練習			

「新しい数学」2学年用P．10～41参照 （生徒用補充教材1年に掲載

教師生活一年めをかえりみて

津堅小学校　安里日出光

△着任の日

一九五九年四月二日、今日から私は新米教員として、前原地区二級へき地校の津堅小学校に勤務することになつた。この日は全琉の多くの新米先生達が胸をときめかしながら赴任のあいさつをしたことと思う。

ここ津堅小中学校は、私の郷里(中城)から屋ケ名までバスにゆられること約一時間二〇分でまた屋ケ名の波止場から渡船（五屯未満の船）で約一時間位で津堅島に着くのである。

これまで中城湾の沖に細長く横たわる小さな津堅島を本島から見てきたのであるが、生まれて初めて島の土を踏んだ感じは、淋しさというより本島では味わえないある種の親しさを覚えた。この島が中城湾の防波堤でもあるかのようにあつて海という大自然の中で島の人々が何百年という歴史をこの自然と挑みながら築きあげたであろうと思つた時、私はたくましい人間の生命力さえ感じるのであつた。

島に渡つた日は、小春日和に恵まれて海も静かだつた。そのせいもあろうか、あの時ほど沖縄の空と海が美しいと感じたことはなかつた。紺碧に輝く空と海が美しく、渡船がだんだん島に近づくに従つて浜辺の砂が太陽に照りつけられて金白に見える風景は形容しがたく美しいものであつた。離島から沖縄の自然を見るのもまた格別の感がするものである。

津堅校は、島で一番高い新川城（海抜約三六米）の中腹よりやや上の島の西側にあり、島の桟橋から徒歩で十分位である。校舎のある位置から見おろすと二百米のトラックが引ける運動場があつて、ここから前方へ眼を移せば人家があるし久高島も見られる。

児童生徒数は小学校が三八六名で十一学級からなり、中学校が九三名で三学級からなつている。復式学級はないが併置校であり、職員の構成も十七名からなつている。私の担任する五年A組の教室は一教室分の三分の二に児童がこの教室狭しとして学習しており、残りの三分の一が本棚をへだてて十七名の職員を有するこの学校の職員室で、これまた狭すぎるといわねばならない。これも教育予算の乏しさを意味するものであろうか。

ともあれ、津堅校第一日は、この狭い教室の中であつても、新しい教員を迎えた。ここ離島の子供達の眼は、教卓の前に立つた私の顔に一齊に集中した。暫らく黙つたまま、三十五名の黒い瞳を光らせて私をみつめていた。この美しい瞳の子供達になんといつて第一日の挨拶をしたらよいか迷つた。私はこの緊張した雰囲気をやわらげるようにこういつた。

「新しい先生だといつて、こわがつたり恥かしがらないで何んでも先生にいえるような人になろう。考えることや働くことが好きな人になろう。」

ここまでいうと子供達は、にこにことほほえみかける子、頭をかく子、隣席同志話し合う子などその表情も各児童異なつていた。それは、各児童の個性が異なつているからでもあろう。これからこの子供達をどう育てていつたらよいだろうかと自問自答をするのであつた。「おいそれなら教育基本法にその目的が書いてあるではないか」「うん、それは解つているのだが果して新米教員そのとおりゆくだろうか」という不安がつきまとつて来たのだつた。一応心の向うの方からは、「おい、勇気を出さないか勇気を……」と弱くなろうとする心を波のようにおし寄せて来るのであつた。その時、よし、勇気を出して、頑張ろう。そこまで来ると心も落ちつき、これからの子供には、平和を心から愛好する日本国民になつてもらわねばならない。この考え方で沖縄を愛し、また、津堅全体の幸福について真剣に考える子供をつくりたいと思わずにはいられなかつた。

△家族的な職員室

学校教育活動が四領域をとおしてなされなければならないということがいわれているのであるが、それが円滑に遂行されるためには、何といつても職員の融和というものがなければならないと思う。どんなによい設備や施設とよい職員組織であつても、職員間に不満や不和があつては望ましい教育活動がなされるはずがないのである。この点自分の学校に誇りを持つているのである。新米教員の私にとつて不安であつたのは、その学校における職員の雰囲気はどうだろうかということにあつた。ところがそれは、わたしのとりこし苦労であつた。かえりみて思うに、職員やPTAの方々からあたたかい心で迎えられ、それが今も変わることがないのを大変嬉しく思う。職員におけるこうした雰囲気は児童と教師間にもあらわれるものであり、また父兄と教師間においても密接な関係が生まれてくるものだと信ずる。

また、学校におけるいろいろな問題は全部話し合いによつて解決されていくので、学校運営がはばまれるということはないのである。職員の型にもいろいろあつて、仕事にはりあいが出る。例えば、職務会などで、問題が解決しそうなところで理論を一くさりする人が出て、一考を要するということになつて、もつと問題を深く考えなければならないといつた理論型もおり、じみで着実にやつて行く実行型もおり、ファイトにかけても負けないといつた情熱型などがいて、夏目漱石の坊ちやんではないがあだ名をつけてやりたい位である。ところでへき地の悩みを背負いつつも各人各様の考え方によつて、へき地の諸問題ととつくむことによつて生き甲斐を感ずるのがへき地の教員でもあろうか。

思うに、職員の和即ち職員室が家族的であってこそ、みんながなつとくして学校経営に協力していくことができると考える。

△ほしい学校図書館

「教育の機会均等」という美しいことばを戦後さかんに耳にするようになつてきた。その意味において沖縄でもへき地教育振興法が実施されてから短い年月しかなつていないとはいえ、そのおかげで着々とその効果をあげつつあることは喜ばしいことである。しかしそれによつて、へき地校が実を結ぶには一体いつまでかかるだろうかという心配はそのまま、児童生徒の学力の問題にも関連して来ると思う。よく学力差で本土と沖縄とを比較される。本土より沖縄の児童生徒は学力が低下していることは事実であり、沖縄は本土のそれとのギャップをなくそうと努力しているのであるが、また本土の教育も沖縄が努力している時は向上してゆくのであるから沖縄の教育が本土の教育に追いつくには、本土の進み方より速くなければ、いつまでも学力差を持ちつづけることであろう。

この問題に離島へき地の小さい学校は、都市地区の大きい学校以上に真剣に考えなければならない問題であると思う。わたしは離島へき地に於いて学力を向上させるには、いろいろ考えられようが、最も重要なことは、学校図書館を早急に充実させることにあるのではないかと思う。

特に、離島では、本島のように文化施設というのもなく、社会的文化的環境からの刺激に乏しいのである。その上、昨年の台風フェイや台風シャーロットといつた相つぐ台風によつて、半農半漁のこの島をいやというほどたたきつけたのである。そのいたでを受けて、今では明日の糧を求めるに四苦八苦している家庭が多いのである。

このように経済的な困窮の状態にあるため、児童生徒は毎月の雑誌や本を買つて読ませるゆとりがないのである。かかるへき地の現状からしても、また児童生徒の知識欲を満足させ、正しい言話生活をさせると共にゆたかな生活経験を営ませる意味からも、学校図書館の建設は、離島へき地においては切実な問題なのである。

わたしが、ここで望みたいことは、へき地振興法によつて、政府が今より一層へき地校への強力な対策を講じられてしかるべきではないかと考えるのである。それには予算の裏づけが必要であることはもちろんであるが、今年こそは大はばな教育予算を獲得して、へき地の児童生徒に光明を与えてもらいたいものだと思う。

よちよち先生
—一か年を省みて—

宮前小学校　喜友名　正輝

ずつと希望していた教職につくことができて嬉しく思う。多少の苦しさはあつてもやはり仕事を終えて家でくつろぎながらその一日の反省をなし、日記を書きつける時に、私はよかつたとそう思う。

自分たちの学校生活は、とても右曲左折したし、空白も続いた。今の児童の学習環境とは比較するに程遠いものである。しかし、まあ、なんとか琉大の教育学部を卒業できて現在に到つている次第である。中学の頃、どういうきつかけがあつたのか将来は先生になりたいと思つていた。さだかではないが、精神的発達の遅かつた自分には、先生というものを絶対視していたのかもしれない。また、父が教員をしていたためにそんな風に来たるべき日の職業の選定づけを本人の意識せぬままに心の奥深くきざみこんでくれてあつたのかとも思う。

いずれにしろなんとかして大きくなつたら先生というものになつてみたかつた。もちろんそういうふうにばかり思つていたのではさらさらない。少年ながらの夢は、本屋さんの店頭で雑誌を無断読みする位だつたので人一倍もつていたものである。しかしやがて大学受験の頃にはいろんな原因から再び教育の道に進もうと考えていた。

　さてこのようにて希望だつた教育学部を卒業し現在の職場、小学校に勤めているのだが、それは苦労の連続である。赴任した日の朝、これから担任する筈のクラスを始めて観た時、五十四名の生徒がそれぞれの特性をぞんぶんに表わした顔で自分に見入つている。すぐにこれは大変な重大な責任があると思つた。

　この子どもたちにはいろいろな性格があり、決して同じような中味をもつ子はいないからだ。もしそうだつたら今の一齊授業もどんなにやりやすかろう。だがしかし、現実にはそれぞれが、身体的、精神的発達段階も、また家庭環境もちがつたものなのだ。一人一人が特例であり、過去において、学校で習得したような一般論はすでにあてはまらないのだ賢こそうな眼、ほほ笑みかけてくる眼、わるがしこくいたずらつぽそうな眼、眼…。私のまわりには五十四名の児童が信頼し切つて指導をまつているのだ。これから彼等に二度と来たらぬ人生の時の一部を共に一か年の 間暮 らすのだ。 細心の注意、子どもたちの一二か月の生活を活かすも殺すも自分の胸三寸にある。これはほんとうに大変な役目だと思つた。ーこれは今でもかわらない気持ー。

　時間割編成のときである。校長から呼ばれて「君は音楽は自分で担当できるかね」と云われて赤面した。実際に自分には音楽の指導は多くの同級生と同じように悲しいことだがなに一つできやしないのだ。

　小学校の一級免許は得たものの、これからの新教育では児童の全人格をよりよく発展させ、肉体的、精神的に健やかに成長させるためには小学校においては是非とも全体的に担任の人格からにじみでる指導が必要とされるのにとうてい満足できない。

　大学に於ける単位の履修方法に大きな間違いがありやしないかと思う。技能科のそういつた指導は戦前とは比較にもならない程に訓練が劣つているそうである。一日も早く実験学校もできて充実した指導技術を身につけられるようこれから毎年卒業してくる後輩に望みたい。

　只今ではやむなく音楽と家庭科とは低学年担任の先生にお願いしている状況である全く先生ならぬ先生で自分の無能をさらけだし恥かしい欠第である。で、この一か年は自分の研究期間にしますからと校長にことわつてある。来年から少し技能科を粗末にしたネジのゆるみもとれてこようし、自信もついてこようと思うからまがりなりにも自分で担当クラスの全責任はおいたいと願つている。

　多くの子供たちの伸びゆく生命と幸福とを子どもたち自身と子どもたちの親や社会から託され、ひたむきに新しい教師としての教育活動の第一歩が踏み出されるという時にこうしたことが起るのはまさに悲劇だ。

　世に云う「でも」「しかし」先生になりたくない教師のぞうふをえぐられる急所である。「先生といわれる程の馬鹿ではないよ」……等と云われるゆえんである。

　早く先生の中に加えていただきたいとか、一応はどうしても早く教育の技術を知り実践の段階を踏みたいと思うのは新任教師のすべてに通ずるものと思う。なかなか大儀なものだ。それと同時にこれから莫大な時が入要であろう。その根本をなすものは自己の研修である。勉学、勉学、ただ勉学あるのみである。

　しかし日々の時間のあまりに短かい、いやあまりにも日々の忙がしいことよ！朝八時出勤早速その日の学習環境の整備にとりかかる。そして五、六時間の児童の学習時間が過ぎていく。児童を帰宅させて残つた時間は僅かに一時間半、その間にその日の反省をしテストを整理し教材研究を明日にそなえて用意しておかなければならない。いつも一、二時間分の仕事はカバンの中に入れて家に持つて帰る始末、五十四名のすしずめの学級をもたされたのではとうてい指導が個人個人に及ばない。一般論はあてはまらないとは知りつつも、自分の信念に背をむけなければならない苦しさ悲しいことである。

　とにかく勉強のための時間が欲しいものである。時間の余裕なのだー時の解決ー。子どもたちは先生から与えられるものを批判するだけの能力をもたない。なにもかもう呑みにしてしまう。教師のみちびき方次第で児童はどんな風にでも変つていく。知識技能をもたない教師、よき判断力をもたない教師、危険といえばまことに危険なはなしである。その危険を取りさるべく努力しているのだが、いつまでも、どの学科でも私には満足に指導し得たと思うときはない。

　低中学年で勉強の遅れた子のそのしわよせは高学年で本を読むのさえらくにできやしない。でもほつとくわけにはいかない。自分の労働がますます過重になることはわかつていても、やはりしてやれるだけはやつてやらないと気がすまないという気がする。

　遅々として学習のはかばかしく進まない子どもたちにも学習に必要な明るい生活と楽しい環境とを与え学ぶことの喜びを知らせてやりたいものである。

　この私が如きひよわな教師、児童の治療、診断を巧くやれなくてべそをかく泣きたい気持である。こうもむつかしいことかと思う。半人前の先生だ。いろいろ児童にやつてあげたいのに常に試行錯誤的な歩み、それ故に尚更、時間の余裕があつて自己研修の時間が欲しい。

職場の忙がしさは勤めてみてはじめてわかる。傍の目からは実に悠長だと見られがちだが事実私もそう思つた―決してそんなものではない。すべての先生方が精一杯になさつている。

特に視聴覚教具、実験器具その他の教具の設備の整つてない学校では一層である。教具がないからとはすまされない。つまり教育的良心あるが故に息つくひまもなくしかもそれでよかつたかどうかという絶え間なく自責の念に追いかけられる。これは施政者にはわかつてもらえそうもない。

その上年中行事が次々とやつてくる。私にはすべてが新しい経験なのでひきずりまわされてただびつくり。しかも一つが解決しない間に次のものがのしかかつてくる。さらに輪をかけて勤評問題や教員採用試験などの頭を痛める直接間接自分たちの生活につながつた社会問題が起つてくる。

これでは名前は先生だが先生と呼ばれるに価する日はいつ来るのかわからない。先生ならぬ先生としてあとしばらくは我慢しなければならないのだろか。

一介の労働者としての先生稼業―私は希望して飛びこんだ。子供たちの骨ぐみは各家庭で作る。私は実際にはその骨組みの外側から色をつけてやつたり、かざりをつけてやつたりするだけしかできないのかもしらない。

これからも学級や学校に次々と問題が起つてくるだろう。日々が時におわれた苦しみのつながりなのだ。けれども子どもたちはすなおだ。鋭敏な直感力を持つている。先生の情熱をまつすぐに感じ、まつすぐに打ち返してくる。私はこれが私に教職についたことを良かつたと思わせる原因になつているのだと思う。感じたことをすなおに打ち返してくる子どもたちの心を感じたとき一番うれしい。もつと力を入れてやつていきたいと感ずる。そこに苦しみをこえたものがひそむ。一介の労働者ではあろうが生きた人間、明日を荷う人間を相手にしているのである。故に外の職場と全然違つた感じをもつ。勤評なぞ問題にする前に早く学級人員を減らし、設備を完全にして教育効果を上げたいものである。

わずか一か年の教職生活でもちろん教育道の甘いもすいもこれからで前途は未知の山々である。私の感想も傍からみれば糞真面目の批判も受けられるであろうが、今の私にとつてはやはり自分の思うことをまつすぐ進むほかはない。

給食用パン及びミルクの1日1人当りの熱量表

区分	沖縄						本土					
	小学校			中学校			小学校			中学校		
	所要数量 グラム	熱量 カロリー	蛋白質 グラム	所要数量 グラム	熱量 カロリー	蛋白質 グラム	所要数量 グラム	熱量 カロリー	蛋白質 グラム	所要数量 グラム	熱量 カロリー	蛋白質 グラム
小麦粉	100	350	10.3	130	45.5	13.4	100	350	10.3	140	490	14.4
イースト	2	2	0.3	2.6	3	0.4	2	2	0.3	2.8	3	0 4
食塩	1.8	～	～	2.4	～	～	2	～	～	2.8	～	～
マーガリン	4	36		5.2	47		3～4	27～36		4.2～5.6	38～50	
砂糖	6	24		7.8	31		3～4	12～16		4.2～5.6	16～22	
粉ミルク	5	18		6.5	23	2.2						
粉ミルク	28	100	9.9	34	122	12.0	22	79	7.8	27	97	9.6
合計		530	22.3		690	28.0					626～644	244

六 年

国語科学習一年間のまとめに当って

浦添小学校　知念たま

小学校国語教育の最後のしめくくりをつけ中学校生活への足場をかためる意味においていま一度六年上、下巻に盛られた内容を次のような順でふりかえつてみよう。

㈠ 題材の配列
㈡ 題材の分類
　a 内容上から
　b 文の形態上から
㈢ 漢字の学習について
　a 小学校各学年における漢字分布表
　b 漢字の学習
㈣ 六年に出てくる語法指導
　a 文法
　b 敬語
　c かなづかい
　d 記号
㈤ ことわざ
㈥ まとめに当って

一、六年国語上、下巻に盛られた題材の配列

題材	文体	○題材目標──文体の特色
㈠日本の国		
○千年の都	随筆	○四つの文章の読解から、日本の国の発展の歴史を知らせ、国家に対する認識と愛情を育てる。
○外国への道	〃	○種々の文体に応じた読解力を養う。 ──見聞、印象、感想などを自由に述べ、表現に何らの拘束もない文。文学的情趣が表れる。
○にれの町	詩	──長編叙事詩
○日本の中心	解説文	──明快に論理的に書いた文 あまり感情をまぜない 修飾を少なく簡潔に述べる
㈡わたしの見たこと、したこと、思ったこと		○作者の考え方を批判的に読みとることができるように ○内面的な反省や批判を加えた文章が書けるようにする ──作文活動（読むことから書くことへ） 1 具体的なものをとらえて作文する 2 ものまねでない、個性のあるものを書く。 3 自分なりの見方や考え方が表れるように。 4 構想表現をよくくふうして書く。 5 書くことによって自分の生活を反省する。 6 書いたものをお互に批判しあい、お互の生活を高める。
○馬	児童作文	
○ぼくの失敗	〃	
○ぼくのけしごむ	〃	
○えびがにの死	〃	
○声	〃	
㈢新聞		○新聞の読み方の基礎的な知識と態度を学ぶ。 ○真実の報道を守りぬいた実例の読解を通じて、新聞の使命の重要性を知らせる。 ──六つの要素 いつ　どこで　だれが　何を どうした　どういうわけで
○ペンの力	報道文	
○新聞の文章	〃	
㈣社会とことば		○解説文の読解になれさせる。 ○段落毎に要点を的確につかみ、文章の組み立てをつかませる。 ○日常生活の場に応じて、ふさわしい言語表現ができるような態度を育てる。 ──二回目
○方言と標準語	解説文	
○新語と外来語	〃	
○記号で表わす	〃	
㈤心を打つ人々		○人間の生き方を考えながら伝記物語を読む

		態度を養う
・モーツァルト	伝記文	・複雑な文章中の複文や重文の主、述語をつかむ。
・佐久間象山	〃	――私達を感動させるような真実の生き方をしたすぐれた人のことを書き表わした文 心情をよみとる。
(六)道は続く		・道の意味を考えさせ、道が文化、文明の進歩に果たしている役割を考えさせる。
・空の旅	紀行文	――旅行文
・東西文化の交流	論説文	――一つのテーマをかかげ、それについて、意見をのべてとく文章
(七)物語		・長文に対する読書意欲を高める。 ・語句の抵抗が多少あつても、どんどん読み進む態度を養う。
・決死の旅	探検物語	――
下巻 (一)味わつて読む	文学作品	・味わつて読む態度を育てる。その間に豊かな情操を養い思索を深めさせる。 ・文学作品に対する鑑賞力を高め、よい文学に対する興味を増加させる。
・いなごの大旅行	短編小説 (佐藤春夫)	――この文で作者は「ほんとうの童話」といつている 1 作者の心持、書き表わし方などについて、うまさ、よさ、おもしろさを感じとる。 2 テーマの展開をとらえる。
・すずめの生活	写生文 (北原白秋)	――細かい観察による描写、断片的な文
・俳句	短詩形文学 (一茶・蕪村・芭蕉)	――十七文字で季題を表わし、内容や感動を表現しようとする日本独自の文学。
(二)文集	児童作品	・文集を読むことを手がかりに、文集の編集意欲を高める。

・車の中から	紀行感想	――旅行中の印象的な表現
・考える人	詩	――思索的な詩、自由詩
・台所の手伝い	生活作文	――日常生活を綴つた文
・日記	生活日記	――「会話」の使い方
・農村の労働時間	調査研究報告	――図表利用による表現
・クレオ物語をよんで	読書感想	――読後感を自由に表わす
(三)作られるまで		・発明物語の筋を読みとらせ、科学随筆の要旨を読みとらせる。
・映画の歴史	発明物語	・発明発見の苦心に共感させ、協力の態度と創造の精神を育てる。
・ペニシリンを作り上げた人々	随筆	＞科学的要素を含んだ記述
(四)美を求めて		・論説的な文章を確実に読みとる力を養う
・レオナルドの最後の晩餐	物語	・読みを通して美的鑑賞眼を開かせ情操を豊かにする。
・手の国日本	解説文	――解説的な要素を含んだ逸話的な物語
(五)人間の尊さ		――論説的な表現をした文章 ・抽象語の多い論説文の読解力を育てる。 ・抽象語の意味を文脈でおさえ、正しく理解せしめる。
・人間の本文	伝記的物語文	――聖徳太子の人間観、人間愛に関する逸話
・ひとりの人間	論説文	――抽象的事柄を主題とした文
・人のねうち	〃	
(六)わらい		・狂言、昔の笑話を読んでおかしみを味わせる。
・盆山	能狂言	・古いことばづかいの理解 ――室町時代におこつた能の合間に演じられた喜劇、能の厳 に対して、気分を和らげる

・むかしの笑話		——醍醐笑より（江戸時代の笑話）
(七)物　語		・長文の物語を楽しく読み通す態度を養う ・雄々しい物語を読んで、将来の生活に対する自信と勇気を持たせる。
・少年遣欧使節	物　語	——叙事詩的な長編物語

二、題材の分類

上、下巻各々七課に盛られた題材を、内容の上から、文の形式の上から分類して、六年における国語学習の精神的意図をさぐり、更に、文体に応じた学習法を考えてみたい。

a　内容上から——精神的なねらい

(一) 日本国民としての意識を育てる——日本人としての誇りを持たせる
- ・日本の国
- ・手の国日本
- ・道は続く

(二) 偉大なるものへのあこがれ　——真実な生き方を学ぶ
- ・作られるまで
- ・美を求めて
- ・心を打つ人々
- ・物　語

(三) 豊かな情操を養う　——現代文学、古典の門をのぞく
- ・味わって読む
- ・わらい

(四) 生活の場を高める　——書くことによって自己反省をする
- ・わたしの見たこと、したこと、思つたこと
- ・文　集

(五) 現代民主社会における人間の生き方——より良き社会人となるために
- ・社会とことば
- ・人間の尊さ
- ・新　聞

b　文の形式上より

(一) 文学作品
- ・味わって読む
- ・わらい

——・味わう——文学的表現
表現のうまさ、よさ、おもしろさを読み味わう
詩、短歌、俳句、随筆、小説

(二) 児童作文
- ・わたしの見たこと、思つたこと
- ・文　集

(三) 解説文
- ・日本の中心
- ・社会とことば

(四) 論説文
- ・東西文化の交流
- ・ひとりひとりの人間

——・何を言つているかを読みとる
1 論旨、段落の要点をおさえる
2 主語と述語
　何が　どうした
3 作者の意図を知る
4 文章中の重要語を調べる

(五) 報道文
- ・新　聞

(六) 紀行文
- ・車の中から
- ・空の旅

——・地図を通して自分もいつしょに旅行する

(七) 伝記文
- ・心を打つ人々
- ・ペニシリンを作り上げた人々

(八) 物語文
- ・決死の旅
- ・少年遣欧使節

——・感銘するように
1 勇壮な心　忍耐心をよみとる
2 時代を調べる
3 事件のさまざまをどうして乗りこえたか

三、漢字学習について

a　小学校各学年における漢字分布表

学年	一年上	一年下	二年上	二年下	三年上	三年下	四年上	四年下	五年上	五年下	六年上	六年下	
新出文字	12	31	45	55	88	102	116	121	98	67	95	51	881
読替文字	2	13	10	18	26	25	59	69	94	61	93	52	522
計	14	44	55	73	114	127	175	190	192	128	188	103	1403
合計	58		128		241		365		320		291		

◦各学年における新出漢字は合計八八一字になり、これは教育漢字として小学校の間に読み書きをおぼえることになつているが更に読替は文字の五二二字を加えて実際には一四〇三字を習得しなければならない。
◦学年の配列割合は一、二、三と学年を追つて漸次上昇し、四年生が最高峯をしめし、五、六と下降している。

b 漢字学習に当つて

漢字学習に当つてまず考えられることは

1 漢字のよみ―音と訓をおぼえる
2 漢字の筆順、書取り
3 漢和辞典の使い方、漢字の部首、画数をみつける
4 新出文字と読替文字
5 当用漢字と教育漢字
6 漢字の意味、熟語になつた漢字

右のように多方面にわたつての学習をしなければならないが、私の級からみたいろいろのつまづきとして、

1 読むことはできても書けない。
2 画をあわせて形は似せていても、意味はわからず書いている。
3 最も悪い場合、読めない字を絵画的に形を似せている。
4 六年に取扱う新出文字一四六字、読替文字一四五字合計二九一字が、五年生までに習得していなければならない漢字の負債の上に立つて困難を極めている。

四、六年の本にある語法のいろいろ

a 文 法……目 的

◦主語と述語……△文の大意、段落の要点をつかむために

何が どうする　馬が 走る　上 十六P
何が どんなだ　馬は 速い　下 六二P
何が 何だ　馬は 動物だ

◦修飾語……△主語、述語をくわしく知るために

いつ どこで 何が 何を どうした　上 十六P
何に 何へ 何から 何と 何で どんなに　下 六二P

◦接続詞と接続助詞……△文章表現に役立たせる

私は いろいろと考えました。けれども 失敗しました。　上 四四P
私は いろいろ考えましたが 失敗しました。

◦助 詞……△読解力、表現力を高めるために

私 こそ 失礼しました。　上 一一二P
百三十年ばかりむかし、　下 九七P

◦副 詞……△修飾語で文の結び方と関係がある（用言の修飾）

わたしは もちろん 行きます。　上 一二八P
…………とうてい……わけには行きません（できません）。　下 四八P

◦接頭語と接尾語……△語調を整えるために

しずむ（うちしずむ） はたく（ひつぱたく） ひろげる（かいひろげる）　下 一八P
美しさ 健康さ 平凡さ 人間らしさ　下 七九P

b 敬 語……各人が相手を尊敬するために、又自分の品位を保つために使う

1 話している相手に対して使う場合
◦君は遠足に行くか
◦あなたは遠足にいらつしやいますか。
2 話の中に出てくる人の行動に対して使う場合
◦山下君、きようぼくが帰る時には、先生はもういらつしやらなかつたよ
◦先生、父はきようの父兄会には出席できませんといいました。

c かなの使い方……三つの要点について

1 新かなづかい……発音どおりに書く
◦長音のかき方　◦小さく書くかな　◦わとは　◦じとず
△すきとおるような　△まとまつた　△私 は　△ちとづ
2 送りがな……かわる部分をひらがなで書く
◦私　◦明かるい　◦表わす　◦思い出す
△私し 私くし　△明るい 明い　△表す　△思出す
3 カタカナを使う場合
◦外来語　◦外国語　◦外国の国名　◦物 音　◦なき声

（五六頁へつづく）

中＝学＝三＝年

国語科学習指導一年間のまとめ

那覇中学校　花城有英

これはずいぶん大きな題目であるが、この一年間自分が実践したこと、大げさに言えば気をつけて指導したことを並べてお許しをいただきたい。

(一)　義務教育最終学年として「まとめ」てやること

単元ごとに一年、二年との関連を調べる。例をあげること、

▲「季節を味わう」(俳句)

(一年)下巻、朗読して味わう(詩)

(二年)下巻、自然を見つめる(詩、短歌)ここで短詩型文学についてまとめてやった。

▲「新聞の働き」

(一年)上巻、わたしたちの新聞

▲「外国の文学」の読解学習には、

(二年)上巻、「文学を味わう」を読みなおして、主題、構想、叙述についてはっきり知っておく必要がある。

▲「創作の世界」

(二年)上巻「文章の道」をもう一度いつしよに取扱つた。

▲「これからの国語」

(二年)下巻「国語のきまり」の知識がその裏づけとなつている。

(二)　「自主学習」をすすめたこと

一口に言うと「辞書の利用」である。これは、(イ)自分の学習を自力で開拓していくという学習形態上での積極的な面もあるが、(ロ)当用漢字のよみ、かきだけでなくその使用(書く)にも効果をあげ、(ハ)語い力の養成のためにもぜひ必要(理解語としてだけではなく使用語として身につけるのにもかなり効果的)。

その方法として

▲家庭では

家庭学習帳に新しい単元にはいる前にかならず辞書を引いて、「よめる」ように、「語句の意味」も調べるようにする。

▲学校では

新しい単元にはいる前にかならず入念に家庭学習帳を調べる。

授業中の語いの指導にも辞書を利用させる。

例えば

「酷評」という語が出てくる。「酷」の訓よみは、送りがなはどうか。では「ひどく寒い」のは―酷寒、その反対は(酷暑)、ひどく使いまくることは―酷使、では辞書でたしかめなさい―自分の辞書の中に発見したときできの悪い生徒も目を輝かせて喜ぶ。

「謙虚」「虚」に土(つちへん)をつけると(廃墟)、口(くちへん)では(嘘)ができる。似たような字の比較も的確にできるしまたこうして辞書で調べあげた文字はなかなか忘れない。

以上の様な方法は漢字指導の面でも漢字の書取りに級を与えて機械的に処理する方法などよりずっといいと思っている。

なお、なるべくノートは家庭学習用と学校用の二冊持たせるようにしている。

(三)　三年の単元全体の特徴をつかみそれを国語科の観点(指導要領の)でどうさばくかを考えること

▲文学教材が多いこと

上巻、下巻で単元が十二あるが、そのうち次の八つは文学教材である。

(上巻)季節をうたう、古典入門(一)、外国の文学

(下巻)創作の世界、中国の詩文、学校劇、古典入門(二)、読書と人生

▲こんな中で「聞く、話す」「読解」「作文」「書写」の学習を指導し、「言語への関心」まで深めようというのである。いちばん簡単で時間のかからないみんなができる方法を考えることだ。

なお、生徒指導要録にこれら観点のうち「書く」とあるのは「書写」の誤植かと思われる。

(四)　「観点別」には、文学教材が多いので、おもに「読後感想文」を利用したこと

例えば

(イ)　聞く、話す

。適当な教材「正しい討論のために」「学校劇」等の中でじかに指導する。

。読後感想文を発表させてそれをみんなで批評し、話しあう。

(ロ)　読　解

。適当な教材「季節をうたう」の「峠の茶屋」、「外国の文学」(銀の燭台、青い鳥、魔王)等。

。この教材の要約文、感想文、主人公(他の登場人物)への手紙文等を書かせる。(作文は読解の一方法でもある)

。その他、毎日の好きな「新聞記事の切り抜き」、「読書ノート」等。

(ハ)　作　文

。文学教材についてはかならず「あらすじ、要約、感想、批評、評釈、手紙」等のうち好きなものを書かせる。このうちから数点を選んでみんなの批評(話しあい)の材料にし、あとは「各人の文集」に綴らせるようにする。

。自分の「将来の計画」「自分自身への手紙」等を書かせて考える態度をもつくる。

。実用文の練習は教材に出てくる。

。俳句をつくる。(これも教材)

(ニ)　書　写

。ノートの定期的検閲をする(家庭用学校用二冊しらべる)。

。学期一回は学級だけで全員のノートを展示して見せる。

。いわゆる毛筆字はやつていない

社会科学習―一年間のまとめに当って（六年）

松川小学校　森　田　清　子

松川校に赴任して早や十か月その間六年の児童五十三名と共に、日々歩んで来た社会科の学習をふり返り、一年間のまとめをし、自己の反省の材料としたいと思います。

まず四月における児童の実態としては

1　**社会科の基礎学力が乏しい**

読図力、資料を作製したり、活用したりする能力。教科書を読みこなす力。

2　**問題意識が乏しい**

3　**計画性が乏しい**

という様な状態でした。こういう実態にてらして系統的な学習、考える子どもの育成という二つの目標をたてカリキュラムを構成しました。カリキュラムの構成に当っては文教局の基準カリキュラムに準じ移行措置（改訂のねらい）にのっとって立案し次の様に構成しました。

一、みんなの意見、私の意見

四月、八時間

「みんなの意見、私の意見」という学習の領域から導き出された「現代の報道」とか「新聞とラジオの働き」という単元の内容に対して新指導要領では正面から取組んで学習するということがなくなるので十二時間の計画を八時間にし、次の単元の「私達の生活と政治」の導入になる面を主としておさえて学習をすすめた。

二、私達の生活と政治

五月―六月中旬　二五時

沖縄の国際的地位や政治形態の特殊性についての理解。我が国の政治と日本国憲法。

三、我が国の政治のうつりかわりと文化

六月下旬―十月中旬　四五時

我が国の政治と文化を中心として、今日のわが国の政治のしかたや国民生活はそれぞれの時代の特色を持ちながら今日に及んでいることを具体的に理解させ、国家や社会の発展に貢献した人々の業績などについて理解させる。

四、我が国の貿易

十月下旬―十一月　二二時

従来の取扱いとは異り、工業を中心とした学習の中で工業を盛んにするために原料を輸入し製品の市場を広く海外に求めている点にしぼってすすめる。（改訂では五年の工業の内容と結びつけて行われるので）

五、世界のおもな国々

十二月―二月　四七時

文化の交流が中心になるので貿易の学習と、むすびつけて、外国との交渉によって日本が世界とのつながりを次第に深めてきた事実より考え

① 古くから交渉が深く現在のアジアに重要な地位をしめている国々

② 第二次世界大戦後独立したアジア、アフリカの国々

(3) 古くから文化のすすんだヨーロッパの国々

④ 広い土地や、資源に恵まれて世界の重要な役割を果たしている国々等を中心として学習をすすめていく。

六、国際連合と世界平和

三月　八時間

国際連合の問題については、貿易の単元でもふれてきたが、六年の学習のまとめとして、加盟前と加盟後の我が国の立場を理解し、又オリンピックや赤十字のしごとについても学習し積極的な平和への努力、相互依存の重要性について理解し、沖縄の立場や世界の日本としての立場を自覚させ、世界についての大観をえさせる。

以上が一か年の学習計画ですがこの計画によって次の様な学習指導の具体目標を立て十か月歩んできたわけです。

① 基礎学力をのばす

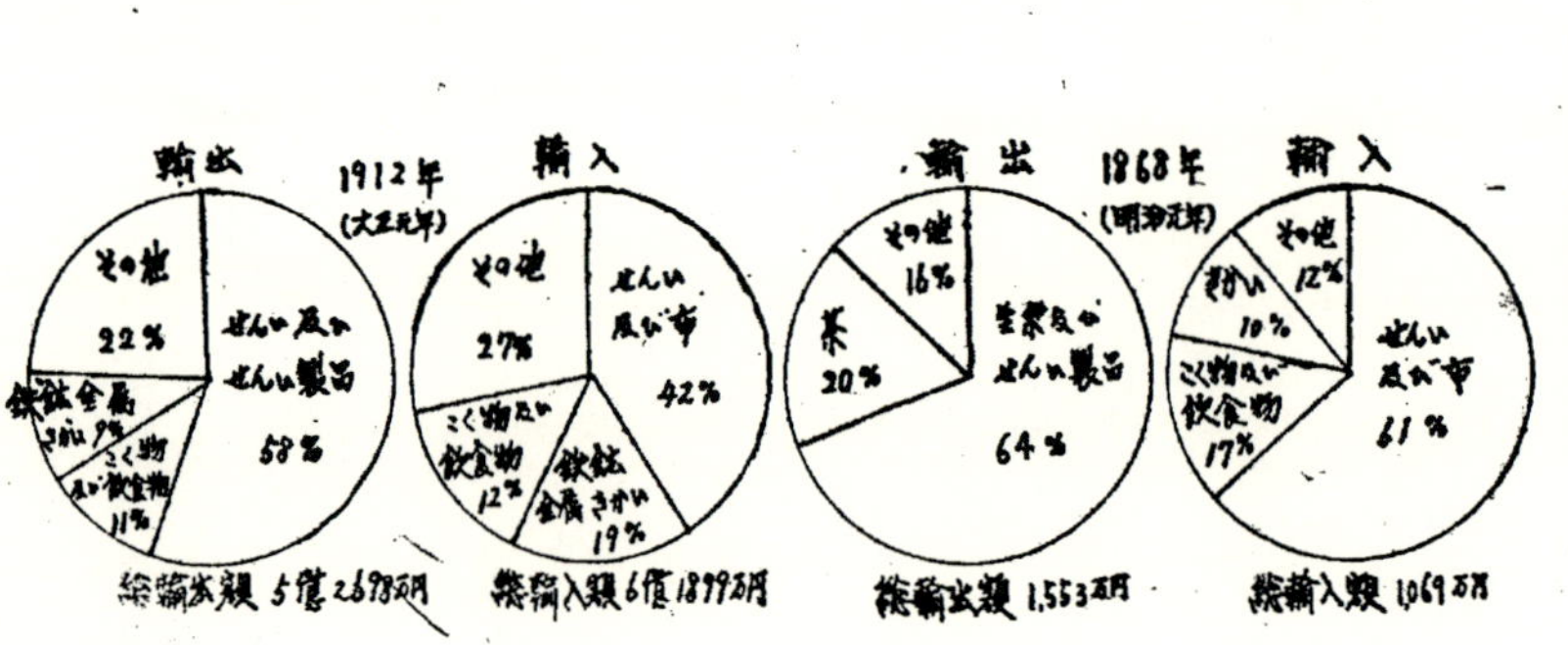

② 五年までの歴史的学習をまとめながら日本の歴史のあらましをつかませ中学への基礎をつくる。

③ 世界について目をむけさせ小学校児童として必要な国際理解、国際協調の精神を養う。

④ 本土とのつながりにおいて、沖縄のすがたを正しくつかませる。

学習指導の実際として

1 ドリル

授業のはじめにドリルの時間を五分間おき、那覇市より出発して、沖縄、我が国の地図の見方を指導していった。

◦沖縄の位置→緯度、経度

◦面積→縮図、縮尺の理解（算数科との関連）

最初の程は『日本本土より沖縄は広いね」などという児童もいたが縮図縮尺の理解によりそういう間違いがなくなった。

◦地勢→山、川、湖、湾

◦村名、県名→特産品とむすびつけ或は名所旧跡とむすびつけて理解させる。

一方法として教室の側面の掲示板に我が国の名所めぐりとして絵はがきや写真をつかつて地図を中心としてテープで結び地名と位置をむすびつけて理解させた。

2 常時地図帳を持たせる

いつでも、必要な時にはつかえるようにするため、地図帳だけは持つようにと呼びかけ、どの教科にも資料としてつかえる様に指導した。国語科にも数多くの地名が出てくるが、いままではただ読みすごしていたのに地図帳をひらくことによつて場所が分るだけでなく読解力も深まつてきた。

単に地名だけでなく交通、産業、地勢諸統計等も、自学自習できるようになつた。

3 学習計画のたて方

今までの「本の何頁をあけて」とか「今日は何々の学習をしましよう。」といつてすすめていく授業の形態では問題意識もおこらないし自主的な学習も出来ないので、

児童と共に単元のはじめに全体の計画をたて見通しをつけていつた。そうすることによつて学習の目標がつかめるし、各自で資料を集めて準備するという様に興味もわき各自が問題を持つて授業にのぞむ様になつた。

4 資料の扱い方の指導として

一番手近かな資料が教科書と地図帳であるが、地図帳の扱い方については前にかいたので、

（A）教科書の活用のし方 について次の様な方法をとつてみた。

◦文章をよむ力をつける

社会科的な用語で理解の困難なものは辞書をひいてしらべまちがいなく習得させる。

◦さし絵、統計、図表などをまとめさせる。

例　貿易の移りかわりを円グラフでまとめる場合　ばら〳〵にみると、はつきりしないがまとめてみると実にはつきりと我が国の輸出輸入のうつりかわりがわかり、加工貿易への明かるい見通しと販路獲得への努力の必要を痛感する。

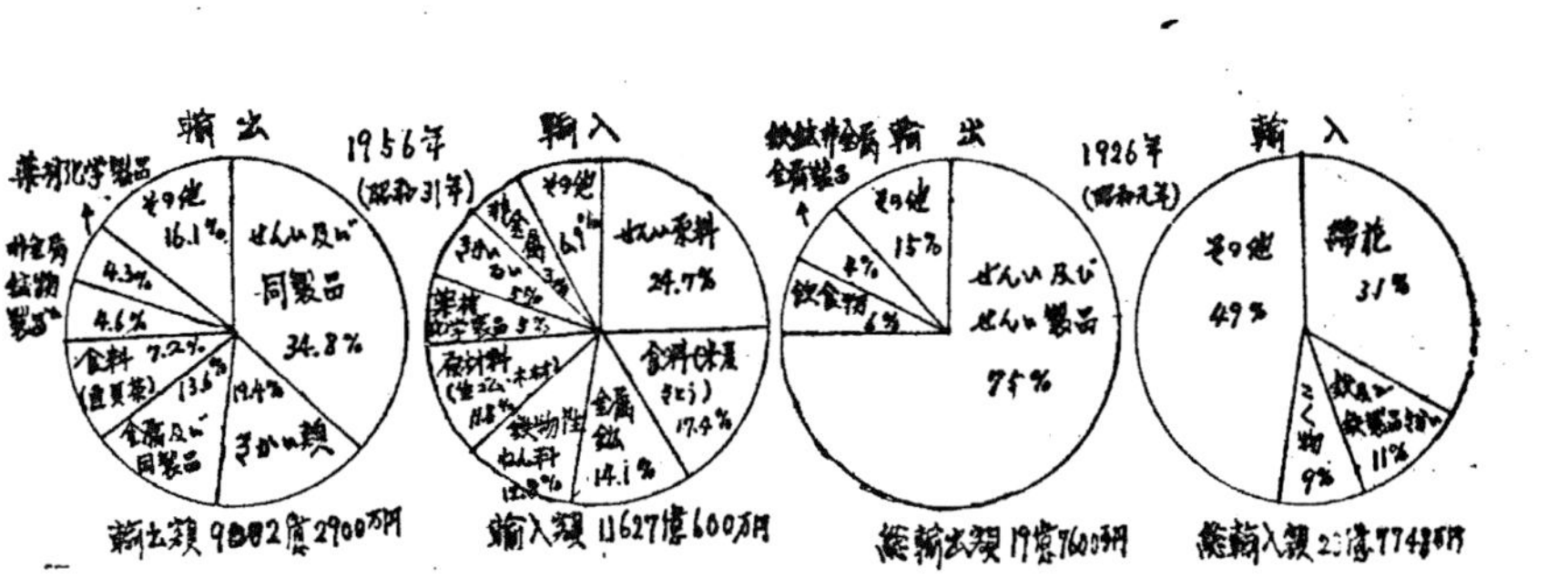

（B）他の資料の扱い方

児童の持つている参考書をあつめてみると社会科年鑑、六年の学習年鑑、六年の学習辞典等が集められたが案外買つたきり活用されてない。それで学級文庫に

そういう図書を集めてみることにした。最初の程は、児童の興味もまんがに向けられていたが次第にその傾向がうすれ、二学期の半ばごろからは、社会宝典、人名辞典、日本新歴史事典、社会科の考え方、社会科図鑑等の図書がふえ休み時間を利用して、これを読む児童がふえてきたことはうれしいことだつた。

貿易の単元でなぜ沖縄の輸入品の中で米が多いかが問題になり、その原因として土地がせまいという意見が出て軍用地問題、人口密度の問題が取り上げられたのであるが、今までなら〵ただ多いですましてしまうところだが、A児は軍用地が全面積の何%かを「沖縄のすがた」からみつけ出してくるし、B児は世界の人口密度を沖縄の二二三人と比較して成程多いと納得するという風に統計にうらずけられた答え方をしている。次第に確実な資料で正しく物をみようとする態度が高まつてきている。

次に新聞を資料として扱う態度が芽生え、今ではスクラップブックをおいて学習に関係がある資料をどん一人集めている。以上が今学年主力をそいできた点なのですが、このささやかな学習を通して児童一人一人が正しくみつめ物を考えてくれる方向にのびてくれればと願わずにはいられない。

このあいだも織田信長の映画についての話し合いであの時代の生活と現代の私達の生活を比較してみようということになり、いろいろ面白い意見が出た。

「長い刀をさしてチャンバラができるからいいな。」「昔は原子爆弾のようなおそろしいものもなくきり合い程度のものだからいい。」

「封建時代は茶碗をわつても手打ちにされ、一寸まちがつたことをしても切腹をしなければならない。それとちがい、今は自分の言いたいことは自由に言えるし、人の命を大切にするし今の世の中がいい。」

などと話し合いがにぎわい、結論としてそういう考え方になつてきたのは、日本が世界との結びつきを高め、こういう悪いことがあつたので、もうこれからは、こんなことがあつてはならないという反省があつて現在の社会ができたのだから、昔をふりかえつてみる事は大切なことだということになつた。

あの時の児童の生き生きとした目の輝きふだんは散歩ばかりして皆を困らせているT児もM児も一心になつて聞いてくれたあの雰囲気を胸に包んで、微力ながら何とかやつてゆこうとする勇気が湧いてきた。

今の私には、東京がどこにあるかさえしらない子ども達の指導と郷土の資料の研究や扱い方及び教科書の中にミニマムなものを目標にてらしてしつかり摑んでゆく自己研修等数多くの問題が残されているが同志の方の暖かいご指導を得て頑張つてゆきたい。

（五二頁より）

△カステラ　△エチケット　△アメリカ　△ガタン・ゴトン　△ホーホケキヨ

d　**記号の使い方**

文章をよむのに、漢字ひらがな、カタカナの他に記号を知る必要がある

1　点　（。）句点　（、）読点　（・）くろまる

2　かぎ　「　」……会話

『　』……会話の中に会話をはさむ場合

3　線　――上にかいてあることはつまり下のことだといつた場合

……書きたい意味が書いてなくて、読む人に想像してほしい場合

五、ことわざ

古くから言いならわされたことばで人間生活におけるいろいろの真理がするどい感覚で表現されている。

。とらの威を借るきつね　上　九七P

。天は自ら助くる者を助く　下　一二九P

六、まとめに当つて

以上六年の上、下巻をまとめてみた時、今更ながら、指導がいかに浅く貧弱であつたかを痛感するばかりです。国語の指導は浅くもすべれるし、深くも耕やすことができると思う。調子にのつてちよつと足踏みをすれば進度予定にはずれるし、急げば読みと概観のみでも終われる。

大半の子がよみ、内容の把握もできたと思つた頃、いざテストをすれば当然わかつているはずの字が読めなかつたり、書けなかつたりで、つい「この三時間何を教えてきたのだろう」となげかなければならない場合がある。

学習指導要領にのつとつて、進度予定表におくれないように、又子どもたちの力に応じて、与えられた時間内にどのようにすすめてゆくか……それが担任に課された、指導のあり方だと思う。

盛りたくさんの題材、すべて完全に消化させて、中学校の門を開けさせたいが、道ははるかに遠いように思う。

ただ最後のまとめとして次の二点はぜひとも完全を期したいと思う。

。教育漢字八八一字の読み書き

。文集の作製

体育科学習と評価の活用について

津覇小学校　知　念　　清

はじめに

学校教育における評価の中心的なねらいが「学習効果を一層大ならしめるため」に行われるものであるとするならば、体育の評価は被教育者の運動に関与するあらゆる事象を対象としなければならない。

体育学習指導の場合を考えて見ても、学習の場を構成している諸条件、すなわち環境、教材、用具、指導目標、指導計画、指導法、学習形態、児童生徒の特質等すべて学習の効果に影響するものである。

しかしここで多方面にひろがり極めて多岐にわたる体育評価の対象全般についてとりあげることは容易でないので今回は私の担当学級五年を中心に改訂指導要領、体育と保健に関する知識の指導内容中、身体の発達状態や健康状態に焦点をしぼりさらにその具体的内容の「健康診断」と「運動能力測定」の二項目を抽出し平田氏法による評価法をこころみた。

個人及び集団の体格特性のとらえ方

私達は児童生徒の体格や学級学校全体の体格の特徴を一言で表現したいことがしばしばある。この場合、身長が何センチ体重何キロ胸囲が何センチと唱えてみたところで一体発育はいいのか肥えているのか痩せているのか、その程度は、ということになるとさつぱり見当がつかない。このような場合第一図のような「平田式の体格判定図」を利用すればよい。

学級所見　この学級男子の発育状態は極めて良好で沖縄平均を上まわり、本土平均に接近しつゝあるがこれを平田式判定図で判定すれば、発育度は普通であるが肥痩度、広狭度はこれに伴わず痩稍細胸の傾向を示し沖縄の体育特徴や農村特有の肥型広胸の体格と対照的な都市的な細長化傾向を示している。

M君は発育稍大で肥型広胸の望ましい傾向を示し学級一の体格を示している。N君は発育甚小をみせY君S君らは発育普通であるが痩細胸の傾向が明らかでありなかんずくY君の如きはその傾向が極めて著明である。

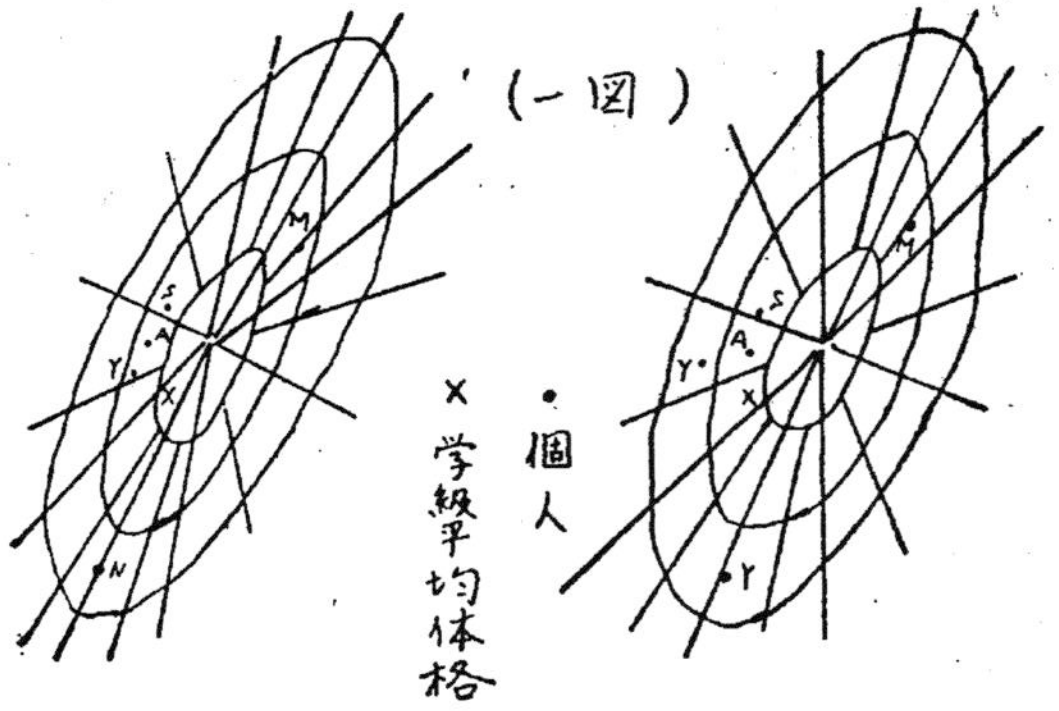

（一図）

健康度を診断するには

我々は健康優良児とか発育不良や栄養不良だとかよく口にしかつ耳にする。しかし具体的にこのような特殊児童選抜という段になるとその判定に苦慮しているのが現況ではないだろうか。

なるほど文部省の特殊児童の選抜判定基準なるものはあるが、その規定を具体的に応用するにはどうすればよいか明確な答は出ていない。しかしこれを第二図の体格体力総合判定図を利用すれば客観的に選出できる。もちろんここでいう健康とは形態面と機能面より判定したものであることを了解ねがいたい。

※全体的特徴について

全体的特徴としては二表のように男子は発育普通であるが女子は男子に及ばず稍

二　図

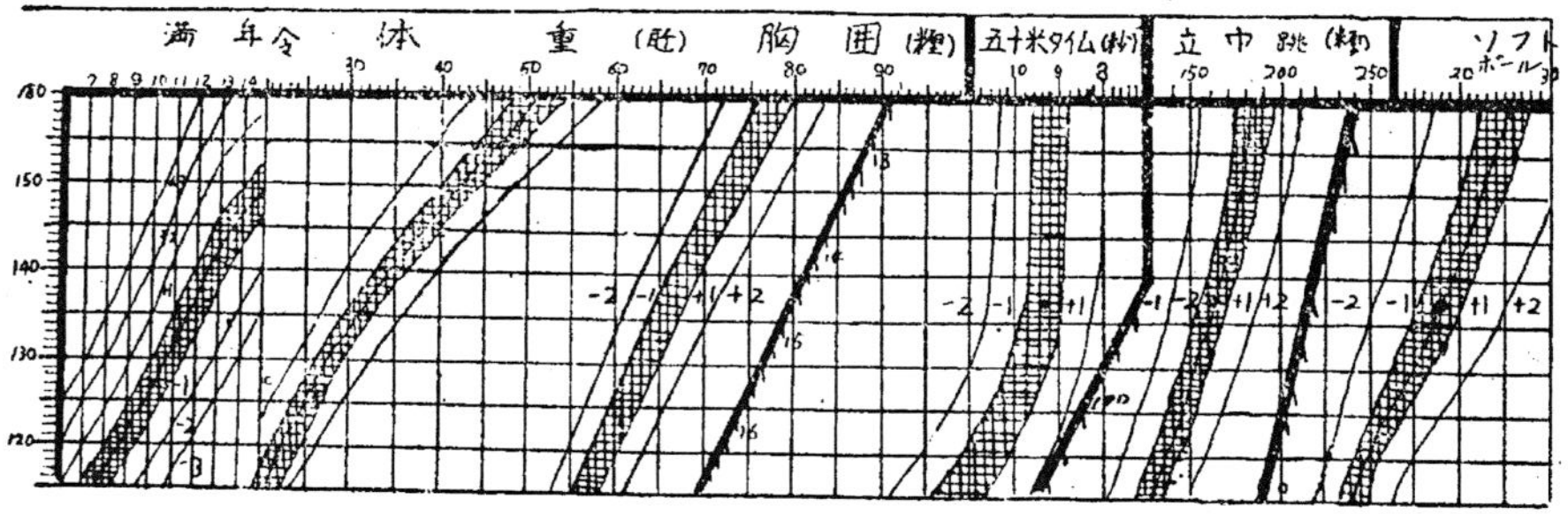

不良肥瘦度胸郭の広狭度は共に稍不良で体格は男女共に稍不良となつている。

一　表

氏名	生年月日	満月年令		身長	体重	胸囲	50M	立巾	ボール投げ	体格点	体力点	総合点	摘要
G君	48.7.1	10.9	記録	134.6	31.0	65.0	8.8	183	25.5	＋1	＋2	＋3	稍良好
			判定	＋1	0	0	＋1	＋1	0				

区分	身長	体重	胸囲	50M	立巾跳	ボール投	体格点	体力点	総合点
男子	−0.15	−0.25	−0.40	−0.05	−0.05	−0.75	−0.80	−0.85	−1.55
女子	−0.37	−0.125	−0.37	＋0.25	0	＋0.187	−0.87	＋0·437	−0.437

体力は体格に比して男子の投力を除いて男女共に普通、稍良好の位置を示し特に女子の能力は男子を圧しなかんずく走力においてはプラス0.25と勝れた能力を示している。従つて体力面は稍良好の女子がよく男子は走、跳、普通の段階を示しながらも投力がマイナス0.75と極めて極端にわるいため結局稍不良となつている。総合的に見て男子は体格体力ともに稍不良で総合点甚不良女子は体格にくらべて体力が良く総合点稍不良となつている。

※個人別の特性把握について

第一表の如き一覧表を作製して個人別に検討し一定の判定基準によつて健康優良児候補、準健康優良児候補、発育不良、栄養不良、作業能力不足と判定する。（詳細は平田法参照）

判定例

男子　G君　＋1　0　0　＋1　＋1　0　計＋3

女子　C君　＋1　＋1　0　0　0　0　計＋2

の二人が学級でよい方にあげられるが、両人とも総合点において健康優良児候補の資格者たり得ない。

この両人に対しN君のように－2で発育不良と判定されるものが三人、またY君N子さんの如き栄養不良者と判定されるものもいる。体格点でC子さんは良好であるがY君N子さんは不良である。体力面において男子の投力を除いて一般的によい方であるが中でもH君Y子さんM子さんらのようによい能力をもちながらも体格とのバランスがとれないといつたような者が四、五名もいる。とくにM子さんは運動能力面において学年において傑出していながら体格面が芳ばしくないのは惜しいきわみである。

※個人及び学校体格変遷のとらえ方

個人や学校の計測値で一年はどう、二年はどう、三年はどう、四年、五年はというようにいくら平均値を並べても個人の体格が年度毎にどのように変遷してきたか更にその学校の体格が開校以来どんな変遷を示してきたか数値による把握は困難である。

このような極めて明確に図表でとらえることができその上に給食や体育運動の体格に及ぼす効果も判定、A図はG君の小学校一年から現在までの体格変遷図である。これを見るとG君は小学校一年の時は少し肥えていた。二年になると発育は促進したが瘦せて来た。三年の時は発育は遅延し少し肥型広胸の傾向を示し、四年の時は発育は促進したが稍瘦型細胸の傾向を示し五年になると発育は更に促進したが肥満広胸の現在の体格になつている。

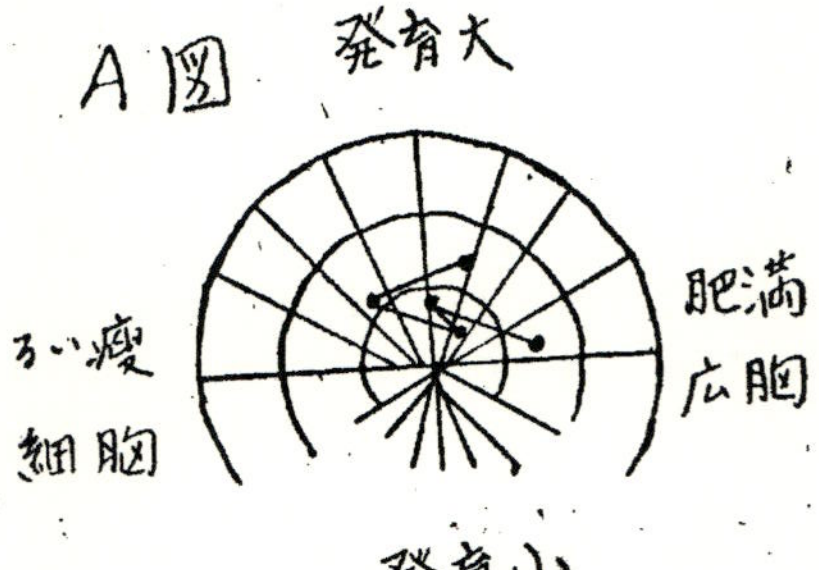

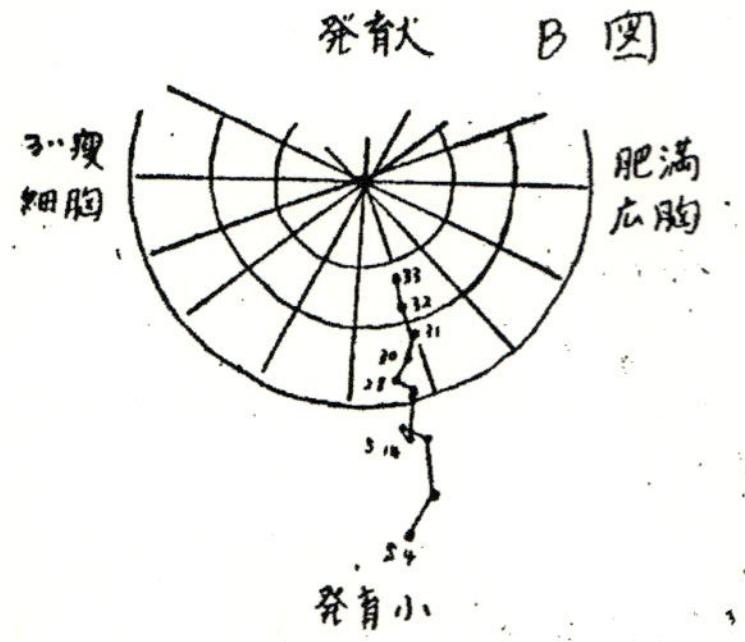

B図は昭和四年以降三十三年までの小学校女子の年代別体格変遷図である。図でも明らかなように昭和四年の頃は発育甚小であるが以来年々発育は著明に促進したが昭和十四年頃になると発育は遅延した。（戦争による食糧事情や社会事情によるものと思われる。）

ところが昭和二十三年以降食糧事情や社会事情等の好転によつて発育は著明に促進され、本土との差を短縮しつつある。

特にミルク給食と相まつて最近の発育はすばらしく本土において一才の発育に五十年をようしているにくらべ沖縄においてはこれを二十年に短縮している事実をみても明らかである。

原因の考察

学級の特性として、痩型細胸、男子の投力不足、個人的には発育不良と栄養不良等が問題点としてあげられるが、この現状が過去の如何なる状態から生まれるものであるか考察をしてみよう。

1　含水炭素分の摂取が多く動物性蛋白質の摂取量が少ない

これは子供の生活環境が純農村という特質の中にあることと食生活は経済支配によつて成立している経済的理由、更に両親や所属集団の習慣即ち伝統の影響等に起因するものと思われる。

2　過重労働

地域の特性として純農村であり、労働は幼少より労力不足の補いとして農業労働に従事しており、それが栄養や休養とのアンバランスの状態が発育期の子供に影響しているのではないか。

3　寄生虫保有者が多い。（70%）

4　体育指導計画及び体育指導それ自体に問題がある

発育を規定する条件は先天的要因は別として運動、栄養、休養が挙げられるが、運動の発育に及ぼす効果はあまり期待出来ないと言われている。しかし身巾の発育に対する効果は極めて大きいと言われている。

以上の点から生徒の細長化傾向は計画指導に対する欠陥を雄弁に物語っていると言えよう。その外にもあるであろうが以上のような要因が一体となつて現状のような結果となつてきたものと思われる。

私のとつてきた向上策

小学校就任後日が浅いので私のとつた向上策の妥当性や効果については発表の段階ではなく他日を期したいと思つている。

向上策といつても一学級の問題としてのみでなく広く全校の問題として解決して行く立場をとつたことをおことわりしておく。

1　胸郭を広くする体育運動の実施

(1)　鉄棒はん登棒等器械運動を体育指導の中に多くとりいれて指導する。

(2)　毎日十分間ずつ特設時間を設け、跳躍運動と腕立伏臥、腕の屈伸を重点にくたくたになるまで実行しその直後にミルクをやる。

2　食生活の改善を図る

ＰＴＡの学級懇談、家庭訪問、部落教育懇談会、成人教育等の機会を通じて啓蒙する。幸にしてパン給食の見通しもつきミルク給食と併行して問題解決の見通しは極めて明るい。

3　寄生虫対策

健康教育の徹底と給水施設の完備、検便と定期的施薬。

4　体育研修の強化

(1)　体育科教育について

(2)　教材研究や校内実技研修会を毎週もつ

5　生徒に対して技能到達基準や図表を掲示し、自覚と発奮の動機づけとする。

6　体育施設の充実を図る。（特に鉄棒、はん登棒、雲梯など胸郭拡張に関係の深いもの）

むすび

以上、正しい個人の（集団をふくめて）理解に基く教育指導に評価資料を生かすという評価の機能を前提条件とし、測定の数値や判定図表を利用して児童生徒の特性を把握したが、細長型をもつて病弱者と見たり、肥満広胸型をもつて強壮頑健と主観的な判定や見方をさけるべきであろう。

人おのおの素質的制約があり、更に環境の影響や、生活態度の支配をうけておりその総和的なものが個人の健康度を決定する。特に発育期の児童には発育に遅速動揺があることは当然でこれを一つの現象とし、あるいは状態として、自体修練に希望と自信をもたせて指導激励すべきであろう。

又一方体育活動の一環として家庭事情や栄養等広く家庭、ＰＴＡ等と十分協力のもとに健康設計に対するガイダンスを施すべきである。

体育評価について

浦添中学校　佐川　正二

教育の要諦は生徒の能力を最大限に発揮させて望ましい発達を指導助成する事にある。このためには何よりまず生徒の実態について明確な理解を持ち、また発達進歩の状態の把握を持とうとするとき当然評価の必然性が生まれてくる。どのようにして理解や把握を得るか、その技術的な問題を考えたとき評価が問題となる、ところが評価の本質は生徒の実態理解の資料を求め進歩の状態の把握のための資料を集めて助成指導の反省と新しい計画樹立の基盤をすえる事である。決して人間的価値の優劣の評価を目的としているものでないこの意味に於て教育的方法が考えられる。

生徒の個人の能力や機能を知らなければ個人に対しての指導計画は打立てられない、勿論生徒の現在の能力や機能はそれぞれの環境条件によつて発達しているがその能力、機能を調べなければどのような教材をどのように展開し、次にどのような教材をあたえるべきかという目的として考えられる。更に体育は一定の目標に向つて生徒を近づける使命がある、指導計画を立て指導の具体案を作つて指導にあたることになるが生徒がどの程度にどのような発展過程をたどつて進歩しているかということを知る必要がある。即ち指導の効果を知つて指導計画やカリキュラム構成や直接指導方法に対する反省改訂の資料を得なければならない。

1. 基礎運動能力の測定

体育運動の指導にあたつて被教育者の能力を等しくする組を作ることはその効果をあげるうえに必要欠くことのできない方策である。一般的に能力を等しくする同質的なグループを作つて指導すると労力や時間の経済でしかも大きな効果をあげることが出来る。その能力によつて組分けるには二つの場合がある。一つは個人の能力によつて組分けする方法、例えばバスケツトボールの指導をする場合はバスケツトボールのスキルテストを行つて組分けし、バレーボールの指導に際してはバレーボールのスキルテストによつて組分けする方法である。又個人の全体的な競技能力又は運動能力を測定しそれにもとづいて組分けする場合がある。一般的な運動能力の測定に於ては特殊のスポーツにおけるスキルを測定するものではない。

しかし一般運動能力のテストですぐれた得点をした者は幾種類かのスポーツに堪能であるか、或は一定期間の練習をすると優れた運動技術をもつことが出来るようになる、又一般運動能力を測定して被教育者を組分けすることは体育指導における運動種目がかわる毎にその運動能力を検査して組分けする不便を救うことができるし同じ実力のチームを編成するような場合にも一般運動能力の数種目の測定によつて組分けすることも可能である。一般運動能力を測定するテストに走跳投のような運動の基そ的なスキルと考えられるものがある。（検査方法は省略）

(1) 算　術　平　均

観察した個人検査表は大小各種の数字が雑然と相交錯している。それで之を整理しなければ何等の印象を与えないから適当の区かくを設けて測定値を分類するその区劃を階級間隔（級間）という。級間の大小を決定するには全体の測定値の最小と最大の距りを１、３、５、10又は５の倍数で除したものできめる。

例えば50米走―0.2秒　ボール投―2m　立巾跳―3cm　けんすい0.5回

級　間	中央値	頻　数	計
140―141.9	141	1	1
142―143.9	143	4	4
144―145.9	145	8	8
146―147.9	147	10	10
148―149.9	149	12	12
150―151.9	151	19	19
152―153.9	153	14	14
154―155.9	155	13	13
156―157.9	157	8	8
158―159.9	159	3	
160―161.9	161	1	
162―163.9	163	1	
		N＝90	

階級（×）	頻数（F）	Aからの偏差（a）	t d	
141	1	−5	−5	
143	4	−4	−16	
145	4	−3	−12	−65 Σ t (d)Neg
147	10	−2	−20	
149	12	−1	−12	
151	19	仮想平均（A）		
153	14	+1	14	
155	13	+2	26	
157	8	+3	24	+87
159	3	+4	12	$=\Sigma$ t (d) Pos
161	1	+5	5	
163	1	+6	6	
	N＝90		Σ f (d) ＝−65+87	

多数の個体の測定値が若干の階級に整理されただけでは未だ満足することは出来ない。更に進んで全体の代表値となり中心となる代表値として通常 I 算術平均（M）II中央値「ミイディアム」（Me）III最頻数、（モード）（Mo）があり、次に算術平均（M）の算出法のうち仮想平均からの間便算出法について述べる。

C（仮想平均に施すべき修正値）

$$=\frac{\Sigma t(d)\,Pos-\Sigma t(d)\,neg}{N}\times 級間$$

$$C=\frac{87-65}{90}\times 2=\frac{22}{90}\times 2=0.488$$

M＝A（仮想平均）＋C＝151＋0.488＝151.488

仮想平均から算術平均を算出する場合、仮想平均(A)は任意のところに選んでよい。そうして階級を単位としてAよりの偏差(d) を求め、これに頻数を乗ずる。

次にｔ（ｄ）の欄について正数（Pos）負数（neg）を別々に合計する。次に Σ t（ｄ）＝Σ t（ｄ）Pos－Σ t（ｄ）neg を求めこれを頻数（N）で除したものに級間の値（この場合２）を乗ずる、従って仮想平均（A）151cm＋修正値（C）0.488＝算術平均（M）151.488となる。

(2) 撒　布

平均値が全測定値の中心的傾向を表わすものであるが自然的に個体はその中心に近く密に中心を遠ざかるに従ってそれに撒布する。個々の測定値が中心から脱逸する一般傾向を測定するのが撒布度の測定である。

ある項目について測定の結果二つ集団の平均値が等しいからといつて、その分布曲線まで等しいとは言えない。従つて撒布度は平均と共に統計結果の診断のために重要である。平均値が測定のグループの中心的傾向を示す代表的な値として求められたがわれわれはその他に測定値の撒布の程度を知る必要がある。

AクラスとBクラスは等しい平均値をもつてもAクラスは略々力の等しいものが多く集つているのに対してBクラスは高い力のものもいるが低いものもいるというようにAクラスのようには力が等しくない場合もある。従つて平均を求めそのクラスの代表値を求めただけではなく個々のものの値がどのような散らばり方をしているか見なくてはそのクラスの測定値の分布の様子を正しく知ることは出来ない。撒布度を示すものとして平均偏差、標準偏差、四分偏差があるがここでは標準偏差を求めることにする。

(3) 標準偏差（S、D又ｒ）とは平均値と各測定値との偏差（錯差）を自乗したものの算術平均の平方根である。

$$r=\sqrt{\frac{\Sigma td^2}{N}}$$　r 標準偏差　N 全測定数　Σ 総和　b 級間の頻数

d 各測定値の平均からの偏差

参考のために計算の実際を示すと欠の通りである。

$$r=\sqrt{\frac{\Sigma td^2}{N}C^2}\times 1$$ （簡便な数、取扱いによる算出法）

仮想平均 151　1＝級間の大きさ、　$C^2=\frac{(\Sigma tdpos-\Sigma tdneg)^2}{N}$

$= \left(\frac{87-65}{90}\right)^2 = 0.244^2 = 0.059536$

$$2 = \sqrt{\frac{\Sigma td^2}{N} - C^2} \times 1 = \sqrt{\frac{424}{90} - 0.059} \times 2 = \sqrt{4.7111 - 0.0595} \times 2$$

$$= \sqrt{4.6516} \times 2 = 2.6517 \times 2 = 4.3134$$

階　級	頻数 t	仮想平均よりの偏差　d	t　d		d^2	td^2
141	1	−5	−5	−65	25	25
143	4	−4	−16		10	64
145	4	−3	−12		9	36
147	10	−2	−20		4	40
149	12	−1	−12		1	12
151	19					
153	14	1	14	=87	1	14
155	13	2	26		4	52
157	8	3	24		9	72
159	3	4	12		14	48
161	1	5	5		25	25
163	1	6	6		36	36
	N=90	$\Sigma td = -65+87 = 22$				$\Sigma td^2 = 424$

2.　Tスコア得点

例えば中学校のある級に50米、立巾跳、ボール投の3種目について測定を行つたとする。これによつて個々の生徒についての 3種目の測定を得ることが出来る。A生徒のそれは50米走—8秒2、立巾跳2米08糎、ボール投42米、B生徒のそれは8秒、6.2米30糎、46米というように異つた単位で表わされたものである。

従つてAはBより0.4秒速く、立巾跳で5糎よくボール投で4米劣つているということを知ることが出来る。しかし全種目をみてAとBとはどちらがどの位優れているかというところになるとこのままの点では比較出来ない。

またAの成績についても50米走と立巾跳とボール投とはどちらがよい成績をあげているかということになると粗点のままでは比較出来ない。従つてこのような場合にも用いることのできる適当な得点を作つて比較する必要がある。このような目的のために各種の得点法が考えられているが、その中でも体育の測定で最もよく用いられているものはTスコアー(T得点)である。Tスコアは、$T = 50 + \frac{10(X - \bar{x})}{S}$ で示されている。この得点との関係についていえば50米走、立巾跳、ボール投についてその級の$\bar{x}$とS〔(すなわち算術平均(x)と標準偏差(S)〕が計算されれば50米の記録はXとして(　)式に代入されればAのその級のTスコアが得られることになる。同様にして個人の生徒のそれぞれの種目についてTスコアを求めることができる。

このようにして得たTスコアーは先に望んだAとBの3種目全体としての比較(この場合Tスコアー総計)にも用いることができるし、Aの 3種目についての比較も可能となる。現在の各学校で用いられている 5段階の評価はTスコアーとも関係をもつているがその関係を図示すれば下のようになる。

5 段階評価点	1	2	3	4	5
($\bar{x}$ S位置)	|	|	|	|	|
Tスコアー	30 35	40 45	50 55	60 65	70

3.　運動素質の測定

教師は自分の指導している被教育者がどの程度まで発達し得るかという限界を知りたいし、個々の生徒がどの位よく学習し得るものであるかという点を知りたいと思う。のこような限界や能力を知ることによつて的確に指導計画を立てて効果的な指導をすることが出来る。

素質テストは知能テストと同じようなもので一つの運動において現在発達している能力を検査するものでなく個人が将来を通じて獲得することができるであろう素

質水準を知るためのものである。

(1) サーゼントジヤンプ（垂直跳）

被験者は壁に横へ面した足の外側を壁につけ片手をできる丈伸し壁にはられた測定用紙に指先の最も高い点に印をつける。次いで着色したチョークの粉が墨を上に挙げる方の指先につけジャンプさせできる丈高い所で測定用紙にその指をふれた印との差をセンチ単位で計測する。

(2) バービーテスト（大筋肉の速度検査）敏捷性テスト

10秒間に直立姿勢から腕立伏臥の姿勢をとり、又直立姿勢にかえる運動を何回行えるかを検査する。採点の方法は直立姿勢から腕立伏臥の姿勢になり再び直立姿勢になると1回と数える。なお腕立伏臥の4節の動作も回数とする。すなわち生徒が完全に1回と数えられる動作を5回行い、6回目の動作に移つて膝をまげて床に手をついたときに止めの合図があつたら $5\frac{1}{4}$ とし腕立伏臥の姿勢になつたときは $5\frac{2}{4}$ 膝をまげてつくばんの姿勢に戻つたら $5\frac{3}{4}$ 回とする。

(3) シヨンソンテスト（学習能力テスト）

男子は(イ)(ロ)(ハ)(ニ)の四種目女子は(イ)(ロ)(ハ)の三種目を実施し定められた採点法によつて検査する。

イ　巾1.2米縦2.2米の地域（マット）を二つ作り前の地域の中で第一の前転を行い第二の前転は次の地域で行う。

ロ　イ、と同じ場所で同様にして後転を行う。

ハ　90糎置きに縦10糎、横30糎の的を六か所印し、第一の的に両足を揃えて立ち（右又は左へ）半回転しながら第二の的にとびおりる。次に前と反対の方向へ半回転しながら第三の的にとびおりる。同様にして回転方向を交互にかえながら第六の的までとぶ。

ニ　50糎の方形を印しその正方形の中に両足そろえて一回転しながらとびおりる（左でも右でもどちらに回転してもよい）同じ方向に回転しながら五回とびつづける。

採点　イ、は、二つの前転が地域内で完全に行われた時は（手をつかつてもよいがとにかく立つこと）各々に五点を与える各々の前転の際、左又は右の線に体の一部が触れた時は二点を減ずる（両脚共にかかつた時は四点）各回転で行き過ぎた時は、一点を減じる完全に回転出来ない時は○点とする。なお最初の前転に失敗した時は、位置をとり直して第二の前転を試みさせる。やり直しはしない。

ロ　イと同様に採点する。

ハ　被験者の両足で的の上に（線にふれていればよい）着地した時は各ジヤンプ毎に二点減ずる。又間違つた方向に廻つた時も二点減ずる。回転が180°より甚だしく大き過ぎた時や小さ過ぎた時（45° 以上）は他の点で欠点がなければ一点減ずる。全部完全に出来た時は10点になる。

ニ　ハと同様に採点するが着地は正方形中に両足が落ちなくてはならない、外に出た時は少しまつて元の位置をかえてよい。

イロハを前の運動能力と同様にしてTスコアーを用いてTスコアー得点に換算すると簡単に素質が分る。又評価にも利用出来る。

4. スキルテスト

体育に於て、スポーツスキルを評価するテストが作られ発達して来たことはそのプログラムの内容にスポーツ的種目を多くとり入れるようになつたことに原因している。

現在もスポーツ的な教材は多く、体育の目的目標もこれらのスポーツ的な身体運動を通して実現させるように考えられているのでスキルの学習が体育の学習において極めて重要な位置を占めていることはいうまでもない。

しかしながらスキルテストの評価はその理論においても実際においても極めてむつかしい幾多の問題をもつて居り種々なスポーツスキル評価の手段を用いる際にはその得られたデーターの解釈やその利用についてはこれを用いる者の賢明な判断を必要とする。

先に述べたようにスキルの学習は体育において極めて重要であるから生徒のスキル獲得の状態や進歩を評価することは体育測定の重要な仕事となる。スキルテストを用いることによつて次の三つの目的をはたすことが出来る。

(1) プログラムに含まれているいろいろな活動における生徒の成績や進歩がわかりこれによつて個々の生徒の進歩が評価される。

(2) 生徒は各々の種目毎に能力別に級別にすることができる。これによつて授業においても校内競技においても各種目毎に力の均等したグループに分けることができる。

(3) 教育目標（特にレクリエーション的目標）への進歩が測定される。将来のレクリエーションのために必要なスキル獲得のためにこのテストは必要なスキルのレベルを、その得点の形で示すことができる。故にカリキュラムに関係した内容を十分に検討し実際の学習との関係から離れることのない内容をもつべきであり学習の効果の評価生徒のスキルの一般的レベルの推定の材料として教師にとつては貴重な、資料を提供すると共に生徒にとつても、自己の進歩の評価興味の対象となるこれらのことに十分留意してテストを行いその結果を有効に利用すべきである。

5	17 ～ 20	17 ～ 20	17 ～ 20	17 ～ 20	34 ～ 38	40 ～ 44	25 ～ 29
4	13 ～ 16	13 ～ 16	13 ～ 16	13 ～ 16	27 ～ 33	32 ～ 39	20 ～ 24
3	7 ～ 12	7 ～ 12	7 ～ 12	7 ～ 12	12 ～ 26	21 ～ 31	12 ～ 19
2	4 ～ 6	4 ～ 6	4 ～ 6	4 ～ 6	5 ～ 11	12 ～ 20	6 ～ 11
1	1 ～ 3	1 ～ 3	1 ～ 3	1 ～ 3	1 ～ 4	8 ～ 11	1 ～ 5
テストの要領	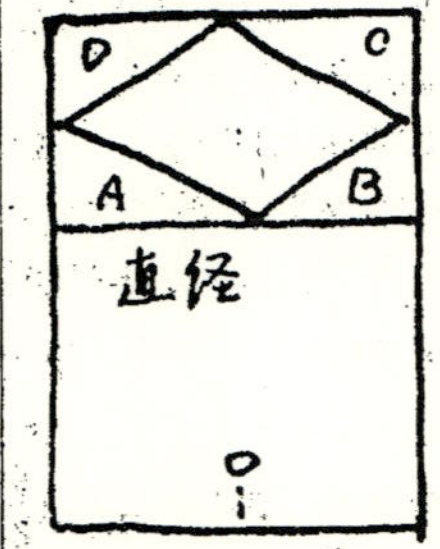 被験者は円の中にボールをバウンドさせそして反対側コートの明示されている三角形の区域ABCDに次々に入るように打ち込む、ABCDと次々と進めて10回試技所定の区域に入れば 2点、他のコート内に入れば（ネット越えて）1点	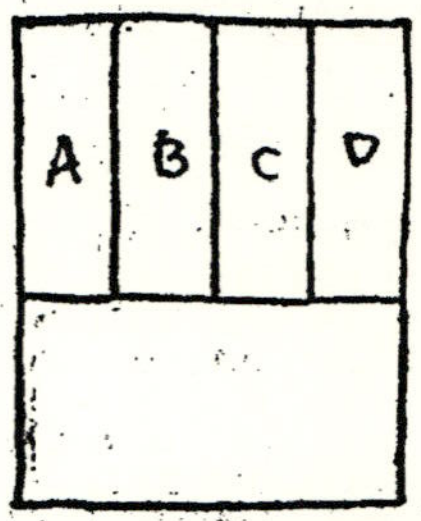 ネットを張つた正式の台でレシイヴァのコートをABCDと 4等分する。被験者はAから初めてBCDと次々にその区域に入るような正式サーブを行う。試技10回区域に入れば 2点、ネットをこして反対側コートに入れば 1点	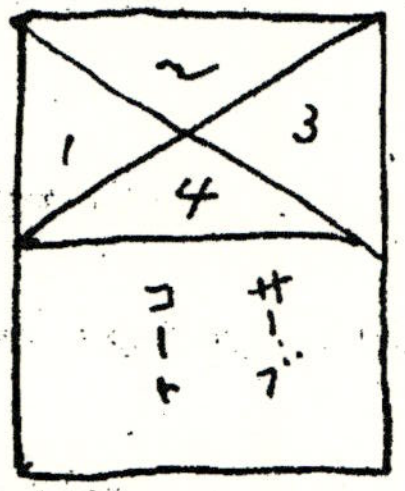 教師はレシーヴコートの真中に立ちサーヴコートの真中に立つている被験者にボールをネットの上から投げてやる。被験者はボールをトスして 第1区域に行くようパスする。第2第3…試技10回採点は 2点	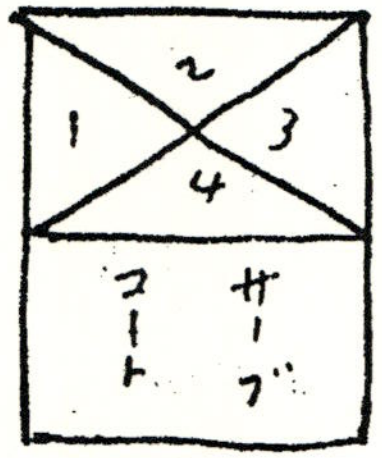 ネットを張つた正式のコートの 1方を図のように線で割る 被験者はサーブライン立つ 先ず1の区域にサーヴする。次は2､3､4と試技10回、正しくその区域に入れば 2点ネットイン 1 点	壁に床面より 3米の高さに長さ 3米の線を引く壁から 1米の所に長さ 3米の出発線をひく被験者は出発線の後に立つ。合図で壁に向つてボールを打ちつけはね返つてボールを一度トスしてから線より高く壁に打ち返す30秒間中に出発線の後から線の上に確実に打ち返した数、最初のは入れぬ、失敗したら出発線から、	壁面の床面より 3米の所に7呎8吋（ヴォレーネットの長さ）の線を引く被験者は出発線の後に立つ、合図で下手投で壁にボールを投げつけはね返つて来たボールを線を越すように壁に向つて打ち返す30秒間、失敗したら出発線から初める 出発線の後から線の上に確実に打返されたボール数、但し最初の壁に投げつけたボールや下手で打つたボールは数えない	壁から3米、6米の所にそれぞれ線を引く被験者は 6米線にボールを持つて立つ 始めて壁に向つてボールを投げ（ゴロになるように）これをとり又投げ速やかに連続する30米の回数 6米線と 3米線の間で行う
種目	正確な打ち返し	サーブ	トスとパス	サーヴ	トス	打ち返し	キッチング（転球）
	ピンポン		バレーボール				ソフトボール

5	25 ～ 29	17 ～ 20	17 ～ 20	17 ～ 20	17 ～ 20	17 ～ 20	30 ～ 40
4	20 ～ 24	13 ～ 16	13 ～ 16	13 ～ 16	13 ～ 16	13 ～ 16	23 ～ 29
3	12 ～ 19	7 ～ 12	7 ～ 12	7 ～ 12	7 ～ 12	7 ～ 12	14 ～ 22
2	6 ～ 11	4 ～ 6	4 ～ 6	4 ～ 6	4 ～ 6	4 ～ 6	7 ～ 13
1	1 ～ 5	1 ～ 3	1 ～ 3	1 ～ 3	1 ～ 3	1 ～ 3	2 ～ 6
テストの要領	床面から 4.5米の高さの所に床面に平行な線を引く。壁から 3 米の所に出発線を引く。被験者はボールを持つて出発線に立つ。始めて壁に向つてボールを強く投げる(4.5米の線より高く) 30秒間投球捕を出来るだけ数多くする。低いボールは数に入らぬ。ボールを落したら拾つてきて線より。出発点より出ぬ。	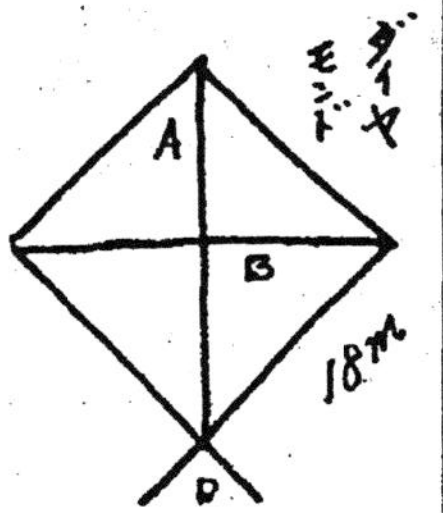 被験者はバッターボックスに立つ ストライクのボール10回打つ。悪球は試技に数えぬ。最初のボールはAラインより左側に打込み、次は右側と交互に打込む。ボールが正しくその空間に打たれ且つフエアーでBラインを越えていたら2点 越えねば1点、空間が違えば 0	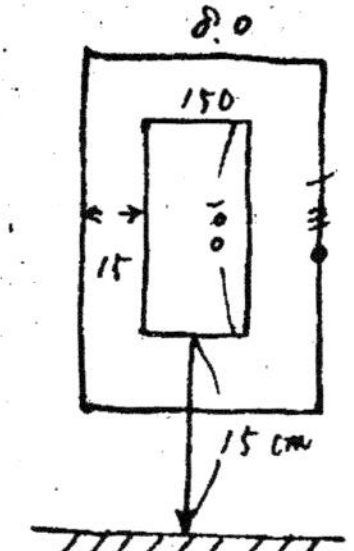 上図標的(壁面)から10米の距離に投球線を引く。投げ方は規則に準じて行う。試技10回、内側の的に当れば 2点外側の的内は 1点、線上は 0	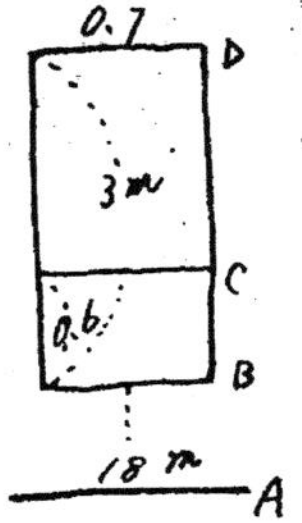 被験者はAから走つてDで正確に短いパスを教師から受ける被験者はボールを受取りピボットをして 1 回のバウンドドリブルを行う。之を完了した時被験者の前足をC又は(試技10回) Bを越すことC…1点B2点サイドラインを越さぬ	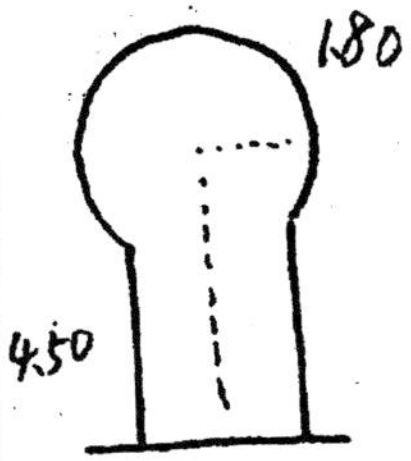 被験者はフリースローラインの後方にボールをもつて立つ、ゴールシュートするはね上つてくるボールをとつてそこからシュートする。それを連続 5回行う。試技 2回で計10回10秒以内 3秒以内	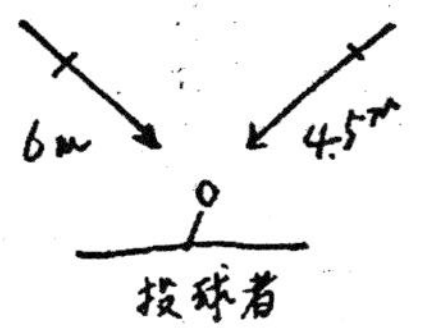 被験者は出発点から走り乍らゴール下の教師からボールを受けとりゴールにランニングシュートをする。左 5回右 5回ゴールインしたら2点 リングにふれたら1 点	壁の後方 2m40の所に線を引く、被験者はラインの後方にボールを持つて立つ「始め」で出来るだけ速く壁に向つて強くボールをパスする (30秒) この間の捕球の数、捕え損じたら拾つて線から
種目	キャッチング (飛球)	バッテング	ピッチング	ピボットとバウンド	連続シュート	シューテング	スピード パス
	ソフトボール			バスケットボール			

沖縄学校建築に関する覚書（案）

文部省教育施設部助成課
課長補佐文部技官　菅野　誠

まえがき

一、沖縄における学校施設の復興はめざましいものがある。本土において藁葺校舎のことを屢々耳にしており、まだ相当残っているように想像していたのであるが、現在、実地に見学したいと思っても中々見あたらない状況である。

二、気候、風土の沖縄の特殊性から見て現在の工法、鉄筋ブロック造は誠に適当である。台風と白蟻の害に対して、これからの学校建築の全部を鉄筋ブロック造としていることには敬意を表する

三、鉄筋ブロック造は、施工に充分の注意を払わないと欠陥を生じやすい構法である。すなわち、柱梁特に臥梁はブロックを積んでから後にコンクリート打を行わなければならないのであるがその施工法は概ね守られている。

四、最近の校舎建築については技術的にも研究が重ねられており、本土の一般の学校建築に比して必らずしも損色はないと思われるが、なお次の諸点での改良研究を望む。

改良研究を希望する事項

一、校地計画および配置計画についてはまず全体計画をたてて実施すべきである。増築の場合にも必らず次の増築計画を考えて行うべきである。（無計画に建設されて増築に困難を来している若干の例が見受けられた。）

二、気象的な関係から日照、通風についての方向性を充分に研究して計画をたてるべきである。

三、従来の沖縄の基準は教室とこれに付属する廊下だけを対象とした〇・六坪基準であったようであるが、早急にこの基準を引上げられることを望む。特に便所、階段はむしろ教室前に必要と思われるものであり、特別教室の若干を加えて本土の暫定最低基準を参考とされるべきであろう。

四、校地の基準は、将来校舎の整備を考えて定められるべきものであって、一旦校地が設定されると拡張は困難となる。沖縄の校地基準はこのことを考慮して特段の引上げが行われなければ屋外運動場がとれなくなるであろう。

五、教室内部設計については掲示面積の増加等を積極的に研究されたい。特に黒板の上部又は黒板の両側など掲示面積の増加を計ると共に色彩計画に変化をもたらしめるがよい。（可動黒板を用いている例があったが、重量が大きくあまり利用されないものがあった。）教室背面黒板および掲示板の利用も研究されたい。色彩計画については劃一的でなく、変化のある色彩調節を試みられたい。

六、渡廊下は将来計画に属するものかとも思われるが、動線を最少限にするため、階段の位置や連絡通路を各棟通しておくように考えるべきである。階段数が不足と思われるものがあったが、避難階段の位置およびその下の利用など研究すべきであろう。

七、地域の発展が多少でも予想される場合には、平屋建の校舎は二階建に、二階建の校舎は三階建に増築可能のように計画し構造して置くことがのぞましい

八、通風、防暑のため、庇、ルーバーは積極的に利用することをすすめる。

九、手洗、便所などの衛生設備、給排水工事ならびに電燈、その他の電気設備工事等の付帯工事は建築工事と共に実施されるべきである。このために若干単価の引上げを要すると思われるが、その単価差は、別途付帯工事を行うよりも経済的にすむ。

十、校具設備の充実に対応する付帯工事の実施を予想しておく必要がある学校放送設備のためのコンヂットチューブの埋込、コンセントの設備、木煉瓦の埋設など充分計画的に行っておくがよい

十一、校庭計画、特に防暑、防塵のための芝生、花だんなどの設計を進めるべきである。（校庭の排水工事も漸次整備さるべきで、現状のままでは、災害時において、いたづらに校地災害を大きくするにすぎないような場合が見受けられた。）

十二、教育長、校長等の学校建築に対する意見を民主的にとりいれて実施されることを望む。全体計画や、通風、各室の配置計画などについて関係者の合議の上で進める方法はとれないであろうか。（実地に見学の機会は無かったのであるが、へき地教員住宅の標準設計についても防暑通風の考慮が不足すると思われる設計も見うけられた。）

十三、従来は応急最低基準であり、やむを得なかった事情があったと思われるが、補助金の配分は重点的とし、例えば鉄筋ブロック造は原則として（へき地などの小規模学校の場合を除いて）四教室以上とすべきでないかと思われる。（重点配分を行う方法としては、不足比率の著しいものを優先するとか地区教育長に枠を与えて操作せしめるとか研究の上実施すべきである。）

十四、沖縄は戦争の影響が苛烈であったため人口構成の異常性が本土におけるよりも顕著にあらわれている。特に中学校生徒の将来二～三年間の急増は著しく、本土においては現在の生徒数の約三〇%増となるが、沖縄においては約五〇%～一〇〇%増と予想される。至急この対策を考えておく必要があると思われる。

一月のできごと

一日　失業保険法実施

四日　新春初の政府局長会議

若松市児童文化会の人形劇児童文化交歓沖縄派遣団員十人来島（男六人女四人）

五日　熊本高校野球チーム（団長高田頼賢氏）一行十九人帰る。

大島高校柔道部一行九人来島

六日　高校野球冬季大会優勝戦、那覇高校優勝（那覇高校で）

第三学期開始

沖縄タイムス社主催第三十二回文化講座、山内盛彬氏「琉球音楽のあり方と将来について」

七日　西表開発に関し日米共同声明発表

沖縄柔道連盟、高体連の招きで鹿商柔道部一行十一人来島

文教局、各職業教育研究会主催、全琉職業教育大会幕あける。

八日　教育長定例会

台風災害に対する日本政府の救援米第一陣四、二三七俵二三〇トンが入荷

九日　教育課程審議会で中教委に対する答申案をきめた。

十一日　沖縄教職員会と琉大の招きを受け、東大学長茅誠司氏来島

民政府西表の経済開発計画調査の明細を発表

十二日　ブラッカー米国陸軍省長官来島

十四日　第六次教育研究中央集会（十六日まで、那覇中校、商業高校で）

久米島原爆症実情調査のため政府社会局派遣の調査団出発

来島中の東大学長茅誠司氏琉大で講演「物理学的世界観と基礎科学」

十五日　成人祭

沖縄タイムス第三十三回文化講座、東大学長茅誠司氏「科学と社会について」

十六日　先島空路再開さる

十七日　沖縄婦人連合会主催第九回婦人大会（昭和会館）

第七回高校柔道冬季大会（武徳殿）剣道（警察学校武道場）体操（商業高校体育館）

第三十二回春の甲子園選抜高校野球大会に推せんする沖縄代表をきめる決勝戦、那覇高校代表に選ばる。

琉大音楽科発表会（RBC第一ホール）

十八日　パン給食はじまる。

十九日　中教委定例委員会、コザ市安慶田小学校、金武中校、平安座小中校校地拡張認可、那覇教育区の義務教育就学猶予認可、その他九議案を可決

二十一日　中央教育委員長に佐久本嗣矩氏再選さる。

高校の入学願書受付開始

二十二日　PTA連合会主催第十回小学校童話大会（於子供博物館）

二十三日　第十回中学校お話大会

ナイキ反対、祖国復帰総決起沖縄県民大会（於牧志御願）

琉球衛生研究所の第一回研究発表会（於衛生研ビルホール）

二十四日　第十回高校弁論大会

沖縄高体連主催第一回朝汐杯争奪高校相撲大会首里高校優勝

二十五日　中教委六一年度教育予算案を審議

二十八日　ブース高等弁務官の招いたハワイの沖縄系上、下院議員来島

三十日　高校入試願書締切

あとがき

※一九六〇年も既に三月の声を間近かに聞く頃となつた。早いものである。一年のまとめに精魂をうちでこんおられる先生方にとつてまことに多忙な季節。心から先生方のご苦労に深謝したい。

※教育指導委員の諸先生方の現場指導もすんだ。ご指導の成果は期待をこえて日々の現場の先生方の教育実践に表われ、各地区の特色ある研究活動を促進してくれた。

※指導組織の強化、研究サークルの運営、教育課程の検討等これから手をゆるめずに研究し続ける仕事が一そう多いことを意識させられるようなきようこのごろである。

※本号はパン給食について特集した。贈つてもらつた物質で児童生徒の健全な身心をつくることに役立つだけにありがたいことである。十二分にその効果をあげてみたいものである。

※しかし、問題はまだ緒についたばかりだ。実際はこれからの努力がこの活気的な仕事を方向づけるといわねばならぬ。つまり同じ与えるものでも、与え方や関心によつてちがうということを改めて考えたい。（正）

文教時報（第六十四号）（非売品）

一九六〇年二月二六日印刷
一九六〇年二月二七日発行

発行所　琉球政府文教局研究調査課

印刷所　那覇市三区十二組
ひかり印刷所
（電話一五七番）

文教時報

NO.65

1960.3 琉球 文教局研究調査課

はじめに

編集部

このたび第二回中学校技術研修生として、琉大で十五名の中学校職家担任教師が、中学校における職業指導をどのように進めるか、というテーマで研究を進めた。

これまで中学校における職業指導は、そのことがそのまま就職あつ旋だと解されたむきがあり、勢い年間計画をたて、職員組織と機能を十分役立てての研究だとは思えない。

言うまでもなく職業指導は、学校運営の全般的立場から計画し、実践されなければならない。このことは職業指導が進学担任や職家担任だけでなく、全教師の責任においてなされるべきであるということである。聞くところによれば、本土では学級活動を中心として運営される傾向が強いということである。一考に値すると思う。

近年本土への集団就職が政府の手で行われ、着々とその成果もあがりつつある。かかる気運に応じて求人開拓や、よりよい郷土の先輩を育てるために、カウンセラーの配置の実現は当面の課題であるといえよう。

琉大における研修をこのほどおえた新屋広、赤嶺貞行、前津栄位、松田正精、下地純、上原信造の諸氏が執筆提供された研究物はこの意味では中学校の職業教育に少なからず示唆をもつものと思う。

目次（第六五号）

台湾の工業教育視察

—写真城間主事提供—

台湾全省工業職業学校校長会議を傍聴する研修教員（於彰化工業職業学校講堂）

機工科の実習製品（彰化工職校）

機工科の実習状況（一年級）↓

機工科実習場の設備（二年級）

女生徒も交じえてラヂオ修理科の→実習状況（台中工職学校）

鋳造科の実習状況

（彰化工職校）

師範大学学長（真中の人）と大学玄関前で

技能競技会「螢光燈の結線」（於台中職校）

変電室をバックに電気機器実習（台中工業高校）

台湾の工業教育

職業教育課主事　城間正勝

一昨年末、台湾師範大学工業教育系の系長顧柏岩氏の来沖を機に、台湾の職業教育に対する認識が急速に高まり、アジヤ財団の援助の下に、職業高校長の台湾視察、工業教育関係教員の台湾研修、及び職業高校教員の台湾視察などが計画された。高校長の台湾視察は去年十一月に実施され、工業教育教員の台湾研修は昨年九月から今年の二月にかけて行われたが、高校教員の視察旅行は三月十四日から約二十日間の予定で行われることになつている。

さて、私は、研修教員の一人として文教局から参加し、五か月間の研修を終えて去る二月十四日に帰任したのであるが、台湾の工業教育についてその大要を記し、一般のご参考に供したいと思う。

台北市

九月十四日、午後二時、那覇飛行場を離陸、所要時間一時間四〇分であつという間もなく台北飛行場に着陸、機上で救命具のつけ方を実演してみせたエアガールの支那服が印象に残つただけだつた。

迎えに来てくれた師範大学の車に分乗仝大学構内にある僑教館という寮に旅装をといた。この寮は、南方の華僑の学生を収容するために建てられたものだそうだ。

最初の一週間は挨拶めぐり、師範大学の見学、工業教育系の先生方との懇談会市立工業や、附属中学などを見学、授業は次週から始まることになつた。

街へ出て先づ眼につくのは、看板などに赤の原色が多いこと。錬瓦作りの建物が多いことである。又、三輪車の数の多いこともオドロキである。人力車に自転車をくつつけ、ペダルを踏んで走るもので二人乗り。乗心地は上々だが、どの車も古ぼけているのがいささか気になる。タクシーもあるにはあるが流しては歩かないようだ。街の建物をよく見ると、通りに面した建物はどれもみな、一間ばかり軒がせり出したようになつていて歩道の屋根になつていることである。二階建て以上は階下の部室がひつこんでいる恰好で二階の床が歩道の天井になつているわけである。これを停子脚というそうだ。

はじめの頃はよく街の人から、「何故台湾などに来たのか、日本へいけばよいのに」と訊かれて些か返答に窮したこともあつたが、自分の国のよさは、国の中にいてはよくわからないらしい。

師範大学工業教育系

系主任の顧柏岩氏を中心に米留帰りの若い人達ががんばつている。もともと中学校の工芸科教員の養成がその使命であるが、全島の工業高校の指導にも大きな役割を果している。

機械工場、電気工場、木工工場、印刷工場、陶器工場、綜合工場などがあつて工芸科教員になるのに必要な基本的な技能を四か年間で身につけるようにしている。男生徒に伍して旋盤に取つくんだりやすりをかけたりしている女生徒の姿も各級に二、三見うけられた。

省教育庁直属の職業調査団が、系の中に事務所を持つていて、職業教育の科学的裏付けをなす各種職業の調査に携わつている。これによつて、職業教育の対称になる職種を発見したり、必要な技能者数、技師、技手の数を算出して、養成すべき人員数に科学的根拠を与えようというものである。

課程研究室というものがあつた。ここでは全島の職業高校のカリキユラム編成の指導を行つている。実習指導票なども基準になるものは此処で作成していた。

この系のもう一つの仕事に、実習教員の養成があつた。高校若しくは旧制実業中学の卒業生で、最低六年間の現場訓練を有する人達を集めて、教養科目、教職科目を教えている。技能の訓練は全然やらない。後記するように、職業高校の実習教員の技能を非常に重視しており、こういう技能は学校訓練で与えることは不可能だとして、現場からの熟練工を採用する方針を採つているのである。

単位行業訓練

行業というのは trade の中国語訳である。数年の経験を経て始めて一人前になれる、一つの技能を持つた職種といつたものであろうか。例えば溶接工、鋳物工、大工、電工、ラジオ修理工といつたものであるが、地域によつてその有する技能の程度、仕事の幅といつたものには相違があろう。

一九五四年、省立八つの工業高校に、一種のトレード工を養成する訓練法を実施、現在までにその置くところの課程は機械工、木型工、鋳物工、溶接工、電工電子設備修理工、大工、家具工、自動車修理工、製図工、パイプ工、板金工となつている。養成期間は溶接工の一年で、他は三年となつている。

目標とするところはあくまで技能工の養成であつて、日本治下の時のような下級技術者の養成ではない。だから教育課程も、全授業時数の約半分を実習にあて残りの半分を両分して理論科目、教養科目を学習させている。

これはアメリカの職業学校に範をとっているわけで、技手などの下級技術者は少くとも高校程度の基礎学力を必要とし専門学校で訓練さるべきだという意見である。

といつても、職業学校の卒業生が技術者になる道がとざされているわけではなく、その後通信教育や夜間部などで昇格できるそうで、米国の技師の七二%は、こういう技能工出身だという。

ともあれ、その地域が必要とする職業をピタリと狙い、必要な技能と知識を集中的に教え込むことは、無駄がない効果的な教育法であろう。尤も産業界の技術が、急速に変転を続けてゆくような場合容易に適応できないという欠陥があるが

時間割の編成

実際の時間割は毎週、実習十五時、関係数学三時、関係科学、読図三時、普通科目十二時（軍事訓練が三時間含まれている。数学、物理、化学は無い）計三十六時となつている。一人の実習教師が指導できる生徒数は二〇名が限度だとして一クラス四〇名を二組にわけて二〇名づつ実習を行つている。だから一組が実習をしている時、他の一組は教室授業を受けているわけで、他課程と共通な科目は別の課程のクラスと組み合わされているが、その課程に特有な関係科目などは一学年一クラスしかいない場合には二〇名の教室授業となるわけである。

毎日、午前三時間、午後三時間と交代する場合と、一日六時間ぶつとおし実習して翌日は教室授業を行う、一日交代のやり方と、二日半で交代する場合と色々あつたが、後者の方はまとまつた実習をするのに時間のかかる、自動車修理科などにすすめられているようであつた。

で、実習場も各学年毎に一工場づつ持つているのが普通で、二〇名の生徒に充分な作業位置を提供できるよう設備が確保されていた。

建教合作

産業界と教育界との協力という意味である。これは卒業生の就職をはかり、又現在行つている教育法を支持してもらうとか、或は学校の欠点を指摘してもらつたり、して職業教育の発展に資すのがその目的であるが、産業界からの物的援助も相当あるようであつた。

台中工校では、三年に進級した時、特定の会社が就職希望者を募り、最後の一か年の実習は会社が職員を派遣して指導する、というやり方もあつた。（例、電信局）なお同校には、技芸訓練中心があつて、外線架線工、化学試験工、電信機器工、電信線路工、自動車運転、無線器修理工、オートバイ修理工などの短期訓練を行い、地域の需用に応えていたが、前から四つはそれぞれ、電力会社、製糖会社、電信局との協力によるものであつた。つまり、学科は学校側が指導し、実習材料と指導員を会社側が提供するというやり方である。勿論、卒業後は全員会社が採用する。

彰化高では、工場との協力による生産実習がさかんであつた。

高雄工高では、二、三の会社からの援助で小規模な放送設備を持つており、生徒の運営によつて定時放送を行つていたが、「産業界との協力の際には、先づこちらから産業界にサービスすることが大切である。皆さんが必要とする人間はどういう人であるか、それをこちらで養成してあげましよう、と実際に産業界の役に立つことをしなければ駄目である。」と眼を輝かして語つていた校長の言葉が印象に残つた。

工業高校長会議

年一回、公私立十八の工業高校長会があり、高校の工業教育に関する諸般の問題を討議する。今年は彰化工高で開かれ、備品を将来取り換える際の積立金の問題、関係の科目の教材の編纂、卒業生待遇問題、兵役に服する際の卒業生の兵種の問題、単位行業訓練のP・Rの問題等、十一月十日、十一日の二日にわたり、熱心に討議された。

技能競技会

年一回、技能会が行われる。これは工業高校生徒の技能測定資料にもなり、学校側の競争心を刺戟し、又、大きなP・Rともなるであろう。

問題は師範大学の工業教育系で作成、採点は産業界の人達にやつて貰う。このことは、産業界に学校教育のレベルを認識させるのに役立つであろう。

去年は機械と自動車修理科、今年は電工科と電信科とが行われた。団体と個人に分かれ、優勝カップなども立派なものを準備してあり、力の入れ方がうかがわれた。

むすび

工場も数か所、見学したが、日本との技術提携などにより工業振興に全力を尽している様子がうかがえた。

工業教育の指導者達も、よく自国の技術的後進性を認識しており、如何にして先進諸国に追いつくか懸命な努力を続けている。

沖縄を出発直前、日本の教育界の大先輩の一人が、「東南亜諸国を廻つてみてどの国にも自国の工業を発見できなかつた中に、台湾だけにはそれがあつた。これは教育の勝利であろう」と云つておられるのを読んだが、戦後の教育界の努力も将来大きな実を結ぶことであろう。就中、高校程度の工業教育を、幾多の困難を排して改革した功績は、大きく評価さるべきだと信ずるものである。

1 進路指導の系統

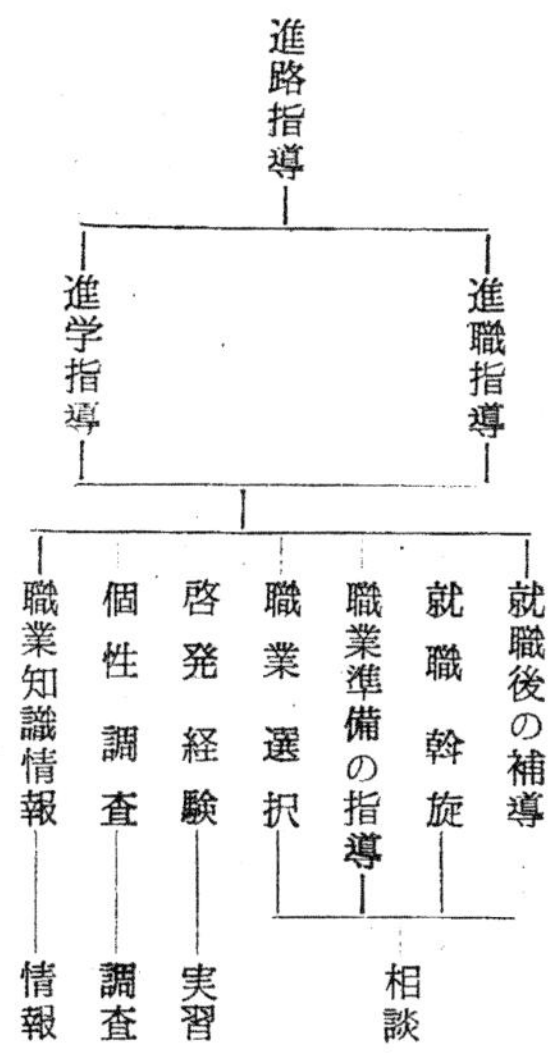

2 組織と運営

職業指導学校体系図

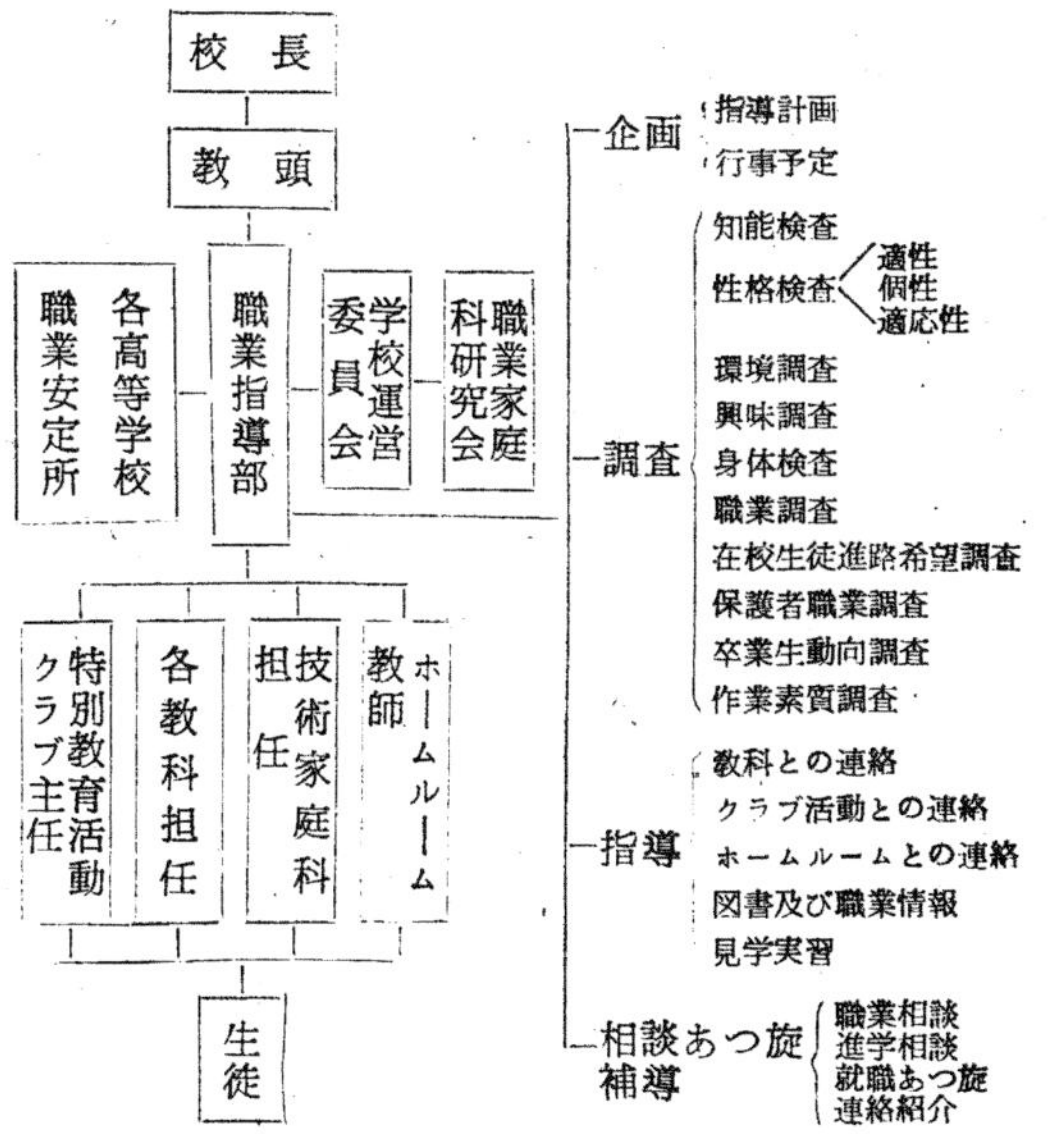

職業指導の任務

1 指導計画
2 個性調査
3 職業情報の蒐集
4 職業相談室の管理
5 職業、進学相談
6 就職斡旋
7 補導
8 教科ホームルームとの連絡

職業指導年間計画表　1960年度

項目＼月	4	5	6	7	8	9	10	11	12	1	2	3
各種検査 知能、性格、職業適性その他		—	—	—								
各種の調査 興味、環境進路希望		—	—	—								
面接相談	—	—	—	—	—	—	—	—	—	—	—	—
校内各部との連絡	—	—	—	—	—	—	—	—	—	—	—	—
H・Rとの連絡	—	—	—	—	—	—	—	—	—	—	—	—
PTAとの連絡				—			—	—	—	—	—	
クラブ活動との連絡	—	—	—	—	—	—	—	—	—	—	—	—
職業情報、提供							—	—	—	—	—	—
求人開拓 職安所連絡			—	—	—	—	—	—	—	—	—	—
求人資料蒐集整備		—	—	—	—	—	—	—	—	—	—	—
高校関係資料蒐集整備							—	—	—	—	—	—
求職調査の作製						—	—	—	—	—	—	—
紹介あつ旋										—	—	—
見学実習（校内・校外）				—	—	—			—	—		
進路指導				—	—	—	—	—	—	—	—	—
職場訪問				—	—				—	—		
卒業生との懇談会					—				—	—		
講演会（外来）				—						—	—	
職業指導内容研究発表				—						—	—	

三年間の指導時間数について

改訂学習指導要領に示された時数はすべて最低基準であるが、進路指導については この四十単位時間を下つてはならないことになつている。

だから学校によつては、この最低の四十時間をとる場合が考えられる。

学習指導に示された指導内容を実際に学年別に配当してみると、四十時間では少し無理がある。下表は本土富士宮市として作製された計画で各ますに記入されたものは五十分一単位時間で、内容によつては、多少指導時間の不足をきたすであろう。

月	一年 学習活動	一年 自治活動	二年 学習活動	二年 自治活動	三年 学習活動	三年 自治活動
4	中学校と中学生の進路 中学校生活について			進路選択法について反省し、進路先の状況をしらべる	進路をきめるには	進路選択方法について協議する 行事予定を知り計画性をもつ
5		進路指導とその行事について知る 個性調査について		進学就職の受験の傾向をしらべ、学力向上を図るようにする	卒業生の進路統計 職業と学歴	卒業生に進路決定についての注意をきき検討する
6		日常生活について計画性をもつようにしその計画をつくる		個性調査の結果を整理し、自己分析をする	職業と学歴 職業と世評	調査の結果から自己分析をする、進路の採用条件について調べる
7	将来の希望と計画相談について			産業経済状況、労働市場の様子を知り、進路の予定を立てる	労働市場の様子（全国）	進路指導票の整理をする
8						
9	進路の選び方 個性と進路について		職業の理解（芸術、娯楽、教養関係）		労働市場の様子（全国）	
10	進路の選び方 家庭の事情と進路先の状況		職業の理解（科学戸外関係）		進学するまで	進路に対する心構えをしつかりもち、相談をする
11		先輩の進路について調査する、試験の傾向について調べる	職業の理解（技能関係）		職業調査のしかた	進学就職先の状況を知る
12		進路選択方法について反省し、自分の希望進路を書く	職業の理解（経営、売買関係）		自分を知ろう	受験前日または当日における注意について検討する
1			職業の理解（サービス関係）学校の体系		進路が決定するまで	受験当日の注意を反省する
2			先輩の進路		免許職務 労働関係法規	卒業までの予定を知り、自分の計画をつくる
3			先輩からの便り		卒業にあたつて	三年間を反省し、将来への希望をもつ

※ 学習活動と自主活動とに分けて立案され、特活の性格を充分に生かし実施する。

A 調査用紙 1

産業教育実態調査表

（本文22頁参照）

官公署・会社・工場名	
所在地	区　町　丁目　番地
業種	従業員数　男子　名　女子　名　計　名
製造品及び取扱品	
中学校の職業教育に関して次の各項に対し希望されたり良いと思われるものの番号に○印をつけて下さい。	
A 教育目標	1 見習徒弟程度　2 普通工員程度　3 操作を理解する程度
B 教育の内容	1 全般に広く教える　2 基礎的な事を確実に教える
C 教育の重点	1 実習を主におく　2 理論を主におく
D 趣味	1 文化的趣味のあるもの　2 スポーツを好むもの
E 学校成績	1 重視する　2 参考程度にみる　3 問題にしない
人物 適当な事項に○印を三つつけて下さい	1 社交性があるもの　2 実行力があるもの　3 正直である 4 礼儀が正しいもの　5 責任感が強いもの　6 研究心がある 7 勤労をいとわない　8 物品を愛護する　9 明朗性がある
中学校卒業生に対する感想	1 実直である（ない）　2 転職する（しない）　3 研究心がある（ない） 4 欠勤が多い（少い）　5 その他
本校卒業生の将来に対する見解	
新卒業生に対しての御要望	あなたの所では来春新卒業生のご採用の予定がありますか 1 不必要　2（男子　名 女子　名）位採用の予定　3（男女　名位採用したいが余裕がない）
退職する人の理由はどのようですか多い順に番号をつけて下さい	（　）病気　（　）家事の都合　（　）一身上の都合 （　）俸給不満のため　（　）仕事にあきたため （　）会社より退職をを命ぜられたため
採用に当つて最も重要視される事項に順番をつけて下さい	思想方面（　）　家庭事情（　）　勤勉（　）　体格（　）　素行（　）　技能（　）
その他教育全般についてのご意見をお書き下さい	
貴所では本校の卒業生が何人いますか。卒業年次別性別にご記入下さい	卒業年次　年卒業　年卒業　年卒業 男子　名　名　名 女子　名　名　名

中学校職業指導の年次、月次計画（試案）

学年／月	第1学年	実施者	時間	第2学年	実施者	時間	第3学年	実施者	時間	卒業生	関係のある学校行事	職業指導主任
12月	学期末の反省 （自己分析） 職業情報提供			冬季実習の計画と実施 学期末の反省 （自己分析） 職業情報提供	職指主 職家教師 H・R・T		冬期実習の計画と実施 学期末の反省 （自己自析） 職業情報提供 就職手続準備 進学、就職相談 求人開拓	職指主 H・R・T 職家教師		学校招集による補導	第2学期終業式 P・T・A	自己分析の実施計画（1、2、3年） 冬季実習の計画、実施（2、3年） 進学就職相談（3年） 就職手続準備（3年） 学校調査の実施 求人開拓 職業情報の整備提供についての計画 学校招集による補導（卒業生）
1月	職業調査 職場見学 職業情報提供			職業調査 職場見学 職業情報提供 進路相談	職指主 H・R・T 職家教師		身体検査 進学就職の手続準備 求人開拓 学校調査 就職希望先訪問 職業情報提供 進学就職の相談あつせん	職指主 H・R・T 職家教師 職指主 H・R・T 職家教師		学校招集による補導	P・T・A	職業調査の実施計画（1、2年） 職場見学の実施計画（1、2年） 進路相談（2年） 身体検査実施計画に参加（3年） 学校調査の実施計画（3年） 求人開拓 進学就職相談（3年） 進学手続準備職業情報についての整備提供（1、2、3年） 職業指導協議会に参加 学校招集による補導の実施計画（卒業生） 学校、職場訪問
2月	学力検査 職業情報提供		8時間	学力検査 職業情報提供 進路相談		8時間	学力検査 進学就職の手続準備 求人開拓 職業情報提供 学校職場訪問 進学就職の相談あつ旋	職指主 H・R・T 職家教師	8時間		学芸会 展覧会	職業指導協議会に参加 求人開拓 進路相談（2年） 進学就職相談（3年） 学校職場訪問 職業情報についての整備提供（1、2、3年）
3月	学年末の反省	H・R・T		学年末の反省			進学就職の手続 職業情報提供 学校職場訪問 進学就職相談 卒業後の計画	職指主 H・R・T 職家教師			卒業生を送る会	進路相談（2年） 自己分析の実施計画（1、2、3年） 職業指導協議会に参加 学校職場訪問 進学就職相談（3年） 職業情報についての整備提供 次年度職業指導（年次月次）計画決定

学年／月	第1学年	実施者	時間	第2学年	実施者	時間	第3学年	実施者	時間	卒業生	関係のある学校行事	職業指導主任
8月	職業調査 ホームプロジエクトによる実習			夏季実習	職指主 職家教師 H・R・T		夏季実習			文書による補導	夏季施設 進路別特別指導	夏季実習の実施（1、2、3年） 進路別特別指導の実施（3年） 文書による補導の実施計画（卒業生）
9月	夏季の休業中の職業調査、実習発表会	職業指導部	3時間	夏季実習の発表会	職業指導部	3時間	夏季実習の発表会 進学希望調査および学校調査 進路相談	職業指導部 H・R・T 職指主（または家庭） H・R・T 職指主	3時間 10分		第2学期始業式 夏季休業中の成績品展覧会 夏季実習の発表会 P・T・A 就職に関する安定所との協議会	夏季休業中の成績品展覧会実施に参加（1、2、3年） 夏季実習の発表会計画（1、2、3年） 進学希望調査の実施計画（3年） 学校調査の実施計画（3年） 進路相談の実施計画（3年） 職業適性検査の実施計画（1年） 安定所の職業指導協議会に参加 職業情報の整備、提供についての計画
10月	体力測定		4時間	体力測定 職業情報提供		4時間	体力測定 就職希望調査および就職相談 求人開拓 職業情報提供	職指主 H・R・T 職業指導部全員	4時間	学校招集による補導	運動会 校外教授（見学、遠足）旅行	学校招集による補導の実施計画（卒業生） 体力測定の実施計画 求人開拓を始める 職業情報の整備提供についての計画
11月	職場見学 性格検査 職業情報提供 学力検査	職指主 H・R・T 職家教師	3時間 50分	職場見学 職業情報提供 学力検査		3時間	職場見学 性格検査 職業情報提供 進学就職相談 学力検査 求人開拓	H・R・T 職指主	50分		文化祭 P・T・A	職場見学の実施計画（1、2、3年） 性格検査の実施計画（1、3年） 希望進路別P・T・Aの懇談会計画（3年） 学力検査の実施計画（1、2、3年） 進学就職相談（3年） 求人開拓 職業情報の整備提供についての計画 職業指導協議会に参加

学年／月	第一学年	実施者	時間	第二学年	実施者	時間	第三学年	実施者	時間	卒業生	関係のある学校行事	職業指導主任
4月	オリエンテーション 進路希望調査 （個別懇談職業指導票記入） 身体検査 （体格その他検査） 知能検査 環境調査	H・R・Tおよび各部教師 H・R・Tまたは（家庭） H・R・T 養護教諭 （校医） 職指主 H・R・T H・T・R（または家庭）	10分 60分 60分 50分 10分	進路希望調査 身体検査 （体格その他検査） 環境調査 職業情報提供	H・R・T（または家庭） 養護教諭 （校医） H・R・T（または家庭） 職指主 H・R・T 職家教師 その他各科部教師	10分 60分 60分 10分	進路希望調査 身体調査 （体格その他検査） 知能検査 環境調査 職業情報提供	H・R・T（または家庭） 養護教諭 （校医） 職指主 H・R・T H・R・T（または家庭） 職指主 H・R・T その他各部各科教師	10分 60分 60分 50分 10分	就職先訪問 未就職卒業生の就職相談	始業式 入学式 身体検査 P・T・A	◦職業指導年次、月次計画立案 ◦オリエンテーションについての計画（1、2、3年） ◦職業指導委員会の成立 ◦未就職卒業生について職業安定所との連絡 ◦未就職卒業生の就職相談（卒業生） ◦進路希望調査 ◦知能検査環境調査の実施計画（1、2、3年） 職業情報の整備提供についての計画（1、2、3年）
5月	体力測定 学力調査	保健担当者 H・R・T 職家教師 各科教師	4時間 8時間	体力測定 学力検査 職業情報提供		4時間 8時間	体力測定 学力検査 職業適性検査 進学した卒業生との座談会 個性観察に基く相談） 職業情報提供	職指主 H・R・T 職家教師 職指主 職業指導部 H・R・T 職指主	4時間 8時間 3時間 2時間	就職先訪問 未就職卒業生の就職相談 座談会	校外教授（見学、遠足、旅行） 身体検査 P・T・A	学力検査（1、2、3年） 職業適性検査（3年）の実施計画 体力測定の実施計画 進学した卒業生との座談会の実施計画 就職先訪問の計画 未就職卒業生の就職相談（卒業生） 職業指導に関係ある校外教授事項の研究（1、2、3年） 個性観察に基く相談の計画（3年）
6月	職場見学 ホームプロジエクトによる実習 職業興味調査	職指主 職家教師 H・R・T 職家教師 H・R・T 職家教師	3時間 60分	職場見学 ホームプロジエクトによる実習 職業興味調査 職業講話 職業情報提供	職業安定官	3時間 60分	職場見学 就職した卒業生と在校3年生との座談会 職業興味調査 個性観察に基く相談 職業情報提供	職業指導部	3時間 2時間 60分	未就職卒業生の就職相談 訪問による補導 在校生との座談会	個性観察結果の職員会 P・T・A	職業情報の整備提供についての計画（2、3年） 個性観察結果の職員会の資料の準備 職場見学の実施計画 職業興味調査の実施計画（1、2、3年） 就職した卒業生と在校生との座談会計画 個性観察に基く相談（3年） 職業講話実施計画 職業情報の整備提供についての計画（2、3年）
7月	学力検査 学期末の反省 （自己分析） 職業調査 ホームプロジエクトによる実習	職指主 H・R・T 職家教師 職家教師	8時間 2時間	学力検査 学期末の反省 （自己分析） 夏季実習計画と実施 実習についての相談 職業情報提供	職指主 職家教師 職指主 職家教師 P・T・A	8時間 2時間	学力検査 学期末の反省 （自己分析） 夏季実習計画と実施 実習についての相談 職業情報提供		8時間 2時間	訪問による補導	第1学期終業式 夏季施設 進路別特別指導 安定所との協議会 P・T・A	学力検査の実施計画（1、2、3年） 自己分析についての実施計画（1、2、3年） 職業調査の実施計画（1年） 夏季実習の実施計画（2、3年） 進路別特別指導の実施計画（3年） 安定所との協議会計画 実習についての相談 職業情報の整備、提供についての計画

進路知識・情報について

新屋　廣

中学校の進路指導は「生徒個々が自ら将来の進路を選択し、その後の生活によりよく適応進歩する能力を伸長するよう教師が、教育の一環として援助していく過程である。」と言われています。そこで、進路選択を有利適切にするための基礎工作が十分行なわれなければならない

先づ、基礎工作の第一は、進路に関する知識・情報の提供である。

進路知識・情報の大別

1　**進路知識は**

(イ)　普通教育、職業教育においても比較的多く提供される（教科学習〈社会科、職業、家庭科で〉）

(ロ)　比較的一般的であり、固定的である。

2　**進路情報は**

(イ)　普通教育、職業教育においてあまり提供されない。

(ロ)　特殊的であり、流通的、変化的である。

〔例〕

(イ)労働条件とか　(ロ)年次別、職業別の人口統計　(ハ)求人統計　(ニ)求職統計　(ホ)新職種など

そのようなものは学校における教科課程の中には、あまり取上げられていない。

したがつて、進路情報・知識は特に学校において、進路指導的計画の一環として、意図的に取り上げられ、特別の時間に提供されなければならない。今度の改訂により、四十時間特設されることは、よろこばしい。

現在の中学校の職業・家庭科、社会科などの授業において部分的、断片的に提供される程度では、中学校に於ける進路指導の観点からは、きわめて不十分である。次に進路知識にしろ、進路情報にしろ、それらは、あくまで、進路選択の援助という立場から提供されなければならない。

それらは、進学。就職の可能が予想されるという範囲の学校、職業。したがつて、現在の高校進学、本土就職における進学、職業についての進路知識、進路情報が中心とならなければならない。

毎年本土に多くの男女生徒が就職していますが、その中には、おもわしくない生徒が出たのは遺憾である。もし中学校において進路知識・情報の提供が行なわれたか、否行なわれないまま就職したのではないでしょうか。

要するに中学校においては、進路の知識・情報を提供するために時間を是非特設してもらいたい。又提供される進路の知識情報はあくまで、進路選択、したがつて進学、就職のためのものであることを、確認する必要がある。

さもなければ、不十分な進路の知識情報の提供に終り、又無用な進路知識情報が提供されることになるであろう。

先づ、就職する生徒たちについて述べてみると、職業を選択するための基礎的知識として職業についての知識情報を生徒に提供することは進路指導の重要な問題であるが、地域社会あるいは父母からよく聞くことであるが、自分の子供は進学するのであるから、職業科などの教育はしてもらわなくて、むしろ、国語、数学、英語などを少しでも多く、しつかり指導してもらいたいといわれることをよく耳にする。そのような無理解な人の多いことが、現実ではないでしょうか。進学と就職とは別問題のように考えている人の多いのにおどろくとともに、反省させられるものである。

中学校においても全職員が協力して将来の子供たちの進路についてもつと研究する必要があるのではないでしょうか。

文教局当局においても、専任進路指導主事を置くことにもなつているし、早めに各中学校に進路指導主事を配置して、進路指導を強化してもらう事を希望するものである。

以上私が平生感じた点を申し述べたのでありますが、それから進路情報知識の内容について申し上げたいと思います。

1　**家庭生活部面について**

(イ)家庭生活のあり方　(ロ)家族関係　(ハ)家庭経済　(ニ)衣食住の計画・運営　(ホ)家庭と保育

2　**職業生活部面について**

(イ)能率と休養　(ロ)本土の産業と職業　(ハ)各種産業における職業人　(ニ)雇用と職業の安定　(ホ)個性と適職

に分類される。

又それらのうち、直接職業の知識に関するもののみを分類してみると次のようになつている。

(イ)家庭と職業　(ロ)郷土の職業　(ハ)重要産業の相互関係および職業の現況と動向　(ニ)職業と国民経済　(ホ)休養と衛生　(ヘ)作業の能率と安全　(ト)雇用と職業の安定　(チ)個性と適職　(リ)選職と職業　(ヌ)進学と社会

などに分類される。

又更にわけていきますと

1　職業についての一般的知識

(イ)職業の意義　(ロ)職業の発達状況

(ハ)職業の種類　(ニ)郷土、本土の職業や産業の現況および動向と相互関係の理解

2　職業に関する社会的、経済的諸問題に関する知識

(イ)職業調査　(ロ)職業と適性　(ハ)作業と能率　(ニ)職業と職業病　(ホ)職業と災害

(ヘ)労働関係法規　(ト)雇用と職業の安定

(チ)学校調査と職業との関係　(リ)選職と自己分析　(ヌ)選職と相談　(ル)職業安定行政機関の職務一般

3　仕事の経験による実際的知識

(A)　能率と休養

(イ)能率の向上　(ロ)仕事と休養　(ハ)仕事と衛生　(ニ)災害防止　(ホ)余暇利用

(B)　産業と職業

(イ)　地域社会の産業と職業

(ロ)　本土の産業と職業

(ハ)　各種産業や職業の相互関係

(ニ)　郷土、本土の産業や職業の動向

(C)　各種産業における職業人

(イ)　事業の規模と経営形態

(ロ)　事業における職業とその事務内容

(ハ)　業務組織と分担協力

(ニ)　職種に必要な心身上の適性

(ホ)　労働条件と採用条件

(D)　雇用と職業の安定

(イ)　雇用の現状と将来の見通し

(ロ)　職業の安定

(ハ)　労働と賃金

(ニ)　職業と社会保障（重要な項目）

(E)　個性と選職

(イ)　個性と自己評価

(ロ)　適材適所と不適職

(ハ)　職業相談

(ニ)　就職と進学

情報綴の作成

(イ)　年次別職業人口統計

(ロ)　年次別求人状況

(ハ)　年次別求職状況

(ニ)　職業適性と作業内容

(ホ)　労働法規

(ヘ)　職種の現況とその職業内容の解説

(ト)　新聞、雑誌の蒐集

(チ)　各種募集広告綴

(リ)　卒業生よりの手紙その他職場よりの情報綴

そ の 他

(イ)　外来の講師による講演（安定所、経営主、その他）

(ロ)　卒業生との懇談

(ハ)　掲示物、映画、ラジオ放送による情報提供

(ニ)　修学旅行、職場実習の利用

(ホ)　職業情報日の設定

(ヘ)　図書館の利用

以上のような内容を、具体的に実際の指導にうつす場合、どのような内容を、どの学年で、だれが、どのような場を通して指導するか、十分考慮して指導に当らなければならない。

特に、その情報が断片的にならず或いは重複したりすることなく、組織的、継続的、計画的に指導にあたらなければならない。

進路情報・知識の提供の方法は表にまとめてみたいと思います。表を参照にされたい。

進路情報の提供方法一覧表

情報の内容	学年	提供の場	提供する人	資料源
1　卒業の進路状況 (1)　自校の進学状況、年度別、学校別 (2)　自校の就職状況、年度別、職場別、職種別、地方別 (3)　自校家事従事状況、家事従事、家事手伝 (4)　自校卒業生の活動状況と全琉状況	3 (1)	H・R 社会科 職・家	H・R・T 教科担任 職・指主事	自　校 職業安定所 政　府 文教局
2　求人申込の状況 (1)　自校への求人申込状況 (2)　職業安定所からの求人申込状況 整理番号、事業所名、所在地、環境、事業内容従業員数、事業の長所、重要性、採用人員、就業時間、休日、給与、昇進、福利厚生施設、事業所側、希望選衡基準とその方法	3	掲示場 相談室 講　話 H・R 職・家	職・指主事 P・E・SO 職　員 H・R・T 教科担任	各事業所 職業安定所 自　校

情報の内容	学年	提供の場	提供する人	資料源
3 産業経済の近況と雇用の大勢 (1) 産業経済の近況 (2) 最近における労働市場の情況	3 2 (1)	社会科 職・家 H・R 講話	教科担任 H・R・T 職指主事 P・E・S・O 職員	P・E・S・O 労働局 経済団体 新聞放送産業 経済ならびに労働関係刊行物
4 個々の事業所の内容と将来性 (1) 事業所について次の諸事項を調査し、業種別に知らせる。 事業内容、作業の内容、性質、作業上の要件、作業員に必要な身体的、精神的要件、作業環境、就職に必要な免許資格、初任給と昇進条件、労働時間、その他の労働条件、作業員数と性別、年令別構成、職場の組織、就職の方法、季節性、その職業の長所、短所、その職業の重要性、将来性、職業病 (2) 自営可能な事業について	3	H・R 相談室	H・R・T 職指主事	P・E・S・O 事業所会社について解説された刊行物 自校
5 就職上特に必要な労働関係法規について (1) 最近の労働関係法規の要点 (2) 特に保護保証規程 (3) その他	3 2 (1)	H・R 社会科 職・家	H・R・T 教科担任 職・指主事	関係法規並びに解説書 P・E・S・O 婦人少年課 新聞雑誌
6 上級学校と将来の職業について (1) 学校体系 (2) 職種と学校の課程	3 2 (1)	H・R 社会科 相談室	H・R・T 教科担任 職・指主事	自校 高校案内書 大学一らん その他関係刊行物
7 上級学校の詳細 (1) 学校の内容 校名、沿革、教育目標、校風、入学資格、所在地学部科課程、修業年限、卒業後の資格、卒業生の活動状況、進学系統、教職員の組織学生生徒の定員、在学生徒学資、育英制度、アルバイトの便宜通学距離、寄宿舎、福利厚生施設、学生生活（クラブ活動）入学の難易、入学試験事項、試験手続自校卒業生の入学者氏名、感想等 (2) 入学準備 A 高校選抜方針 B 上級学校受験要項 C 単位修得の方法 D 合格後の心構え	3	H・R 図書館又は資料室 掲示場	H・R・T 職・指主事 （上級学校教員）	各学校要覧 各学校新聞 自校 進学関係雑誌
8 各種学校および訓練施設の詳細 助産婦、保健婦、美容師、栄養士、理容師、保母看護婦、タイピスト、自動車運転手、写真師、映写技師、速記者、通訳、珠算、簿記会計、経理、	3	H・R 図書または資料室 掲示室	H・R・T 職指主事	各種学校および訓練機関の案内書 自校

情報の内容	学年	提供の場	提供する人	資料源
音楽、舞踊、華道、茶道、図書館司書、謄写印刷技芸、歯科技工、製図員、電話交換手、公共職業補導所等の各種養成機関について 期間中無料または手当を支給され就職口 100% のものおよび、自校に関係の深いものについては、特に詳細に知らせる。				
9 育英制度 奨学資金、育英資金、授業料免除等について 国、県、地域、法人、学校等の 制度を 知らせる。	3 2 1	H・R 相談室 図書館又は資料室 掲示室	H・R・T 職・指主事	育英関係機関の法規、解説通信等
10 勤労青年と教育施設 (1) 定時制高校および夜間大学 (2) 通信教育制度 (3) 青年学級(成人学級、婦人学級)	3	H・R 職・家科 社会科 相談室	H・R・T 教科担任 職・指主事 (学校長)	学校要覧 その他関係刊行物
(4) 大学入学者資格試験				
11 特殊生徒と将来の職業 (1) 身体障害者と将来の職業 (2) 身体虚弱者と 〃 〃 (3) 精神薄弱者と 〃 〃 (4) 性格異常者と 〃 〃	3 2 1	相談室 家庭	H・R・T 職・指主事 P・E・S・O 関係者	P・E・S・O 福祉事務所 児童相談室 関係官庁 その他
12 就職の準備と就職後の心構え (1) 職場の選択の基準 (2) 雇用主側の要望 (3) 書類の整備 (4) 採用試験の受け方 (5) 就職後の心構え (6) その他成功者の実例	3	H・R 相談室 家庭	H・R・T 職業指導主事 P・E・S・O 関係者 (学校長)	各事業所 卒業生 P・E・S・O 関係刊行物
13 職業安定所の内容 (1) 性格 (2) 組織 (3) 活動	3	社会科 職業・家庭 H・R	P・E・S・O 職場教科担任 H・R・T 職業指導主事	P・E・S・O 関係資料 関係法規

備考 (1)( )内は必要に応じて実施するものを示す。

(2) 就職希望者の中には家事従事を含む。

(3) 時間数は実状に即して設定するものとする。

最後に、われわれのいう職業情報とは日々の出来ごと或はニュース的なものをさすのみでなくその基礎的知識および経済的、社会的知識および技術に関連しての知識などを含めて進路情報と解すべきである。

断片的な知識でなく、総合化されたものが、中学校程度においては、特に必要ではなかろうかと思われる。

そのためには単なる知識のおしうりをなすがごときは、厳につつしまねばならない。

この意味において各学校において、進路組織をつくり、各活動部もおいて各学校が進路指導を強化すると共に、文教局当局においても各学校に進路指導主事を配置してもらう事を希望するものであります。

個人調査資料の概要

赤嶺貞行

個人資料蒐集の意義と重要性

「職業指導は個人が職業を選択し、その準備をし、就職し、進歩することを援助する過程である。それは主として個人が将来の計画をたて進路を開拓するにあたつて必要な決定と撰択、つまり十分満足な職業的適応を得るに必要な決定と撰択をすることを援けることである」―と云われている、すなわち学校に於いてはどのようにしたら児童生徒個々人が賢明な職業の撰択ができ、またどのようにして職業生活において出合う いろいろの問題・困難を解決すればよいかについて生徒の行動を援助することである。

そのためには、まず学校は生徒の職業についての認職を向上させるために職業情報を提供し、また生徒の自己認職を向上させるために啓発的経験を準備提供しその経験をとおして生徒が自己の能力や自覚をたかめることをたすける。

このような生徒への一般的援助活動によつて生徒はそれぞれ賢明な職業撰択決定が可能でさらに職業人として出合うさまざまな問題の解決ができるようになるものと期待されるのであるがこれで十分というわけにはいかないやはりいざ撰択決定となればまだ援助なしにやつていくことができないのであるから職業相談以下の援助活動分野が必要なことになる。

ことに撰択決定のために最も重要な職業相談は個別的になされなければならず、そのためには豊富な個性の調査資料を必要とする、職業相談は問題に直面した生徒に対する最も重要有効な援助であるがこれが効果的におこなわれるためには個々人に即して事例的研究が詳細になされ、いま問題に直面している個人の条件があらゆる側面からつかまれて有効な解決への助力の基盤となるものが必要である。

医者が病気を治療予防するにその病気の原因を充分に把握していることがまずまずその治療予防の基盤となると同様である。すなわち個人相談が有効におこなわれるためには個人の条件を明らかにする資料が、調査され、整理され、解釈されて、いなければならないことに個人資料の蒐集、調査の意義がある。

個人資料の種類

個人的資料としてどんな種類があるか一般的な主なものをあげると次のようなものがある。　（カード参照）

(1) 一般資料　生年月日、住所、氏名、性別
(2) 身体的資料
(3) 心理的資料
　a 知能検査
　b 適性検査
　c 職業興味検査
　d 人格、性格検査
(4) 社会的環境資料
　家族関係、友交関係、地域社会環境
(5) 成績資料
(6) 個人の教育計画および職業計画に関する情報

これらのうち心理的資料は充分な注意をはらい検査を行わなければその信頼度がうすれる、何故なれば心理的資料はそのときの環境条件によりいろいろと差がある。知能ということについてもいろいろと考えられている、即ち、所在した固定的なものであるとか、それと対比して知能は開発できるものであるとか、職業興味、性格検査にしても特定の条件において生ずることでそれには限界があることを考えるべきである。

個人資料に於ける問題点

① 個人資料蒐集は如何にして行うかである。現在の制度で実施するとすればその予算、時間、係等問題である。資料蒐集の予算と特別職業指導係、学校行事に入れて実施しなければ現在のように不充分な資料しか蒐集できないでしよう。

② 調査（検査）の科学性が低い。

現在では調査する担任の経験及びそれに対する知職が浅いため調査の科学性が低い。去年（一九五九年）の職業興味検査の例からも考えられる。―と云うのは検査の結果いろいろと矛盾や解釈にむつかしいことが起つている。

③ 解釈の妥当性（限界点）を知ることは困難である。

心理的資料にしてもそのとき、又その人の環境によつて差が表われるし、又具体例とその解釈はどこまでが限界かが困難である。

結び

個性調査は職業指導の支柱であり実に重要なものである。調査資料が正確な豊富なことによつて適切な職業指導が可能となる。しかしその蒐集は物質的時間的エネルギー的に於いて困難なのが現状である。

この問題を解決するには現場教師の惜しまぬ苦労と努力が必要である。それにそえて政府のもつともつと積極的な援助方法が望まれる。

個人別職業適性カード　○○中学校

種目		学年	一年	二年	三年
検査記録	体格	身長			
		体重			
		胸囲			
		概評			
	感覚	視力	右	左	
		聴力			
		肺活量			

職業適性検査	
検査日	昭和　年　月　日
向性	
田中式 興味	

検査名	粗点	適応性 一 二 三 四 五 段階

職業的能力の発達記録		
名称比較		
規準		
型盤		
算術		
形態		
知能（G）の合計点		

検査名	粗点	適性点	一 二 三 四 五 段階
棒おし			
球拾い			
速度			
語い			
適性点の合計			

項目／学年	一年	二年	三年
職業的興味及経験記録			
興味			
趣味			
学校内経験			
学校外経験			
職業的技能記録			
経験した技能			
優れた技能			

適性指導

カウンセラーが相談する場合の望ましい態度

浜中学校　**松　田　正　精**

Atlintive　相手に注意を向ける。

Business-like　時間を正しく 20分位で行うようにする。簡単にメモする。

Contdential　相手について知つたことは秘密を守る。その後の信頼感のため

Democratic　相手の立場をよく聞いて尊重してやる。優位性は相談員に偏在してはならぬ。

Eethuside　そのことに気を配つてとくに朗らかに熱心に参加しなければならない。慎重な態度で見せる様にしなければならない。

話の内容を自分のものにしなくてはならない。

Friendly　相手を楽な気持にする。極めて気楽に話合えるようにする。

Gracious　やさしくて人づき合いがよく、魅力があるようにするにはどのようにすればよいか、にくむことを先にするよりも、愛することがどの位優れているか。

先生を遠ざかるような人がくればよい。

Helpful　生徒から見れば安全感、自分の可能な範囲の助力をする。

Inpartial　公正でかたよつた考えをもたないようにする。

Javial　陽気でユーモアに富んでいる。

Kiud 親切同じ気になつてやる。

Logical　情だけでなく理智的に判断しなければならぬ。

Mannerly　相手に応待する場合は無作法でない程度で作法が必要。

Natu-ral　話の流れ方を作意的でなく、自然の流れに沿ようにする。

Oejoclive　客観的立場で見ないと相談員がとりこになつてしまう。

Patient　忍耐強くしなければならない。

Query　相手において何が解決すべき事項であるか

Re sourceful　豊かさ、情報、個性調査はど程度であるか。学校職業全般について、知的に相つているか。

Seincere　正直ですなおで誠実であるように。

Tactful　円満にやる。

Unders　相手の興味、家庭条件がよく知つている。

Vegorans　心身共に活気がある。

World-wise　世間の事情、相談にたよりになる材料をもつ。

Youthful　事務に劣らぬように知識をもつ。

Zealous　相手に熱心にあたる。

啓発経験

前津栄位

生徒のために試行経験又は啓発経験を用意することは多種多様な個人の趣味、興味及び芸術、文学、科学、言語等の職業的諸能力の探索、啓発のために極めて適当な時期を提供してくれる。

したがつて啓発経験を得させるためには個人の住む社会をよりよく理解し将来自分が働く領域をえらぶ素地を得るように、出来るだけたくさんの人間の興味や活動の領域を知つておくようにし、又自分の最善の適性や興味を発見できるような種々な学校経験を通じて自分自身をよく理解するようになることを考慮しなければならない。

そこで指導計画をもつとも周到に力づよく立ててければならない理由は中学校が主としてこの啓発過程を扱うからである。職業指導技術の一分野であるこの過程をおろそかにしてはならない。

一九五六年三月に「進路指導」の屋部中の研究発表を参考にして述べたいと思う。

啓発経験を提供する手段

イ　学習計画に含まれた科目を通じて

ロ　生徒活動の計画(課外活動)…クラブ

ハ　定時制雇用、放課後雇用、夏期雇用（職場見学、ホームプロゼクト）…学校外での啓発経験。

それらは一般教育的価値と共に啓発的価値も共に豊かでなくてはならない。次にまず職業、家庭科（技術、家庭科）で行う実地(仕事、職場)の探索経験について見てみたい。自己分析や調査記録などについては他のところで詳しく述べられているのでここではぶくことにする。

職場実習

職場として働く内容が学校の実習とちがつて実社会そのままのものであり失敗が許されない特色をもつている。

それは自分と職場とをつないでみた場合の「自己探索」を可能とするものである。職場の経験がもつ価値は生徒に次のようなものが自覚できることであろう。

イ　健全な働く態度について理解する。

ロ　働くことの自信をもたせる。

ハ　自分の労働力の限界

ニ　実社会における自分の希望

ホ　職業人の相互の有機的関係とその一環としての自分を知る。

ヘ　働く人の目標と自分の将来の目的との合致点を発見する。

賃金あるいは、事業、あるいは休暇のことばかり話題にする人又は趣味や遊戯について話題にするいろいろの人が職業人として労働し活躍している実際の場の中に入つて自分が生徒として考えついたり望んでいたりした将来の目標をどんな職場でどんな人たちと共にどのような方法で具体化するかということを再検討する機会が得られるであろう。

職場でかような意味の探索経験が出来るとすればそのための計画化組織化を図る事がよいのである。一九五六年三月屋部中学校は次のような指導を行つている

実習地選定の要点

（屋部中学校一九五六年三月）

イ　実習地選定は教育的環境にあつて学校の指導計画に合致し協力が得られる

ロ　施設の状況が良好で、作業の安全衛生持に危険予防に対しては充分な考慮が払われていること。

ハ　なるべく専任の指導者を設置して指導監督に当つてくれるところ。

ニ　公共職業安定所に連絡しあつ旋して協力を求める。

第一回職場実習

期日　一九五七年一月四日

参加人員　男二三名、女四名計七名

事業所名	参加人員 男	女	事業所名	参加人員 男	女
崎浜印刷所	一		新垣材木店	三	
宮城酒造所	二	二	名ゴS瓦工場	三	
名ゴ鉄工所	十二		金城畳店	二	
国際美容院		二			

第二回職場実習

期日　一九五七年二月二〇日

参加人員　男二十六名、女五名

計三十一名

事業所名	参加人員 男	女	事業所名	参加人員 男	女
宮城酒造所	四	三	仲間家具店	二	
名ゴモータース	二		金城畳店	二	
崎浜印刷所	二		比嘉自転車店	二	
うらわ印刷所		一	名ゴ鉄工所	四	
北斗印刷所		一	仲本鉄工所	三	
名ゴ農研指導所	三		宮里パン店	二	

※屋部中学校は名護町をひかえているので屋部中のかかる計画をそのまま他の地域の中校へあてはめて考えることはできない。

今後職業家庭科から技術家庭科へと移行することを予想すれば更に研究が必要である。

殆んど大部分の人で職業的経験を得ることなしに最初に選択した職業を一生の職業としている人が多いのからみて極めて職業指導における〃啓発経験〃を得させる学習の機会は大切である、つまり、先にあげた例から類推できるように経験を通して職業への自覚を深めた職業選択を援助するという最も望ましい指導が適切に行われるからである。

職業選択の指導

浜中学校　松田正精

相談

相談は個人指導の技術であり、人事の全体にわたつて行われるのである。学校教育に専門のカウンセラーを配置するようになつたが、沖縄ではまだ財政的見透しもなく、職業指導の重要なプロセスがH・R・Tの手によつて、開拓しなければならない。

相談は教育相談が最初に考えられこれが具体的に進んでいけば、職業相談となり、職業相談がさらに具体化すれば、雇用相談とか進学相談となる。

学校の指導組織には集団指導と個別指導とがあり、個人指導は二つの方面から必要である。

第一は、集団指導をより効果的に行うことであり

第二は、職業目標の選定である。

職業目標の選定は、集団指導で行うことは出来ない。ここに専門のカウンセラーが必要となる。

職業指導は全職員で当らねばならないとか、生徒指導は全職員の責任であるとか、全職員の協力は必要であるが、それぞれの立場によつて責任分野を明確にするための指導組織を研究しなければならない。

以下紙数の許す範囲内で、相談の原理過程、内容（教育相談と職業相談）について延べることにする。

相談の実践原理

1　相談に関する3種の技術形態

面接は会話によつて、二人の人間が考え方や人間としてのあり方や経験などを交換するものである。相手の態度や行動を変化させることによつて、問題の解決に到達しようとするものである。

(1)　指示的方法

相談員中心で相談が権威あるものとしての立場で、生徒に指示や命令などをするような方法である。

生徒の自主性や基本的人権の尊重から妥当でない。

(2)　非指示的方法

生徒中心の立場で会話の際に、自由な態度、感情、思想などを自由に発表する。この方法は生徒が自分で、積極的な、建設的な考え方や行動が出来るような期待がある。反面生徒は未熟で、社会的職業的な経験が乏しいものでその効果もじゅうぶんでない。

(3)　協力的方法

前二法の中間をいく方法でその相談、技術として

「示唆」「説得」「助言」「確認」「再認」「解釈」「診断」「説明」「情報の提供交換」等の方法が、今後価値あるものとされている。

※非指示的相談の一例

T「きようは、どんなことを話しにこられましたか。」

P「このあいだ、上級学校にいきたいと、いいましたが、きようはいろいろ考えた結果、就職したらどうかと思うようになつたものですから、そのことでご相談してみようと思つて来たのです。」

T「きようは就職のことですね。」

P「わたしは就職しようかと思つているのですが、両親が果して賛成するかどうかと思つています。」

T「ご両親が、なんというかなと思つているのですね。」

P「なんというか知らないが、上級学校の試験をうけて落第しそうなことがわかっているから、それよりも、試験なんかうけないで、就職してしまうほうが、恥ずかしくなくていいと思つてるんです。」

T「落第するのを恥ずかしいと思つているんですね」

P「ぼくは試験には、自信がないんです。就職にも試験があるとか聞いているのですが……。」

T「試験のあるところもあり、ないところもあるでしょうね。」

P「先生、ぼくが受かりそうな試験をする職場があるでしょうか。」

T「ええ、それはあるでしょうよ。」

P「先生、ぼくは、そんなところをさがしてみたいと思います。」

T「ええ、それがよいでしょう。」

※指示的方法

相談者が明白な結論を再三再四説得する。

面接技術の基本

1　親和感をかもしだすこと。
2　生徒の自己理解をうながす。
3　将来の計画や方針についての援助に重点をおく。
4　計画の実施方法について話し合う。
5　次の機会を約束する。
6　記録をとつておく。

7 適当に打切って追随調査をする

相談技術についての総括的な説明

A 相談の範ちゆう

その一 強制的同意をさせる方法で、生徒の適性興味に即したものでなく両親や教師の意見に同意させる。

その二 適応困難の原因となつている環境を改造する。

情緒的問題、家庭的原因、経済的原因等は、その悪条件をとり除く。

その三 環境の選択を変える方法で、英語コースで失敗しても数学コースで成功するかも知れない。

その四 教育や訓練をして環境順応の能力をつけてやる方法、たとえば、社会的不適応者に社会的知識や技術態度をつけてやる。

その五 生徒の能力、興味と環境の問にバランスを とつて いくようにする。

※相談には以上のような範ちゆうのいずれか一つを用いるか、または二つ以上を併用することによつて行われる。

B 相談の過程

分析、綜合、診断、予診、補導の六つの段階があるが、ここでは分析と診断と相談を中心として延べたい。

(1) 分析の段階では生徒に面接する以前に客観的な相談資料を集めて整理する。

(イ) 資料の出所は生徒自身から、家庭から、学校からとその出所と信頼度を吟味する。

(ロ) 分析をするためのいろいろな道具やその技術が必要である。これらの資料によつて、問題の性質を鑑定し、その原因を探究する。

(2) 診断技術

分析資料を集めたら、そのうちから行動の恒常型を求める。この恒常型に対する判断を診断という。

診断には二つの段階がある、

(イ) 問題の鑑定

いかなる性質の問題であるかを定めねばならない。例えば、情緒的な問題で、社会的不適応の問題であり、反社会的な問題であると決定するのは、提供された資料によつて行う。

(ロ) 原因の発見

ケーススタディーや情緒安定テスト行動記録等によつて、反社会的な問題としての事例があげられたならば、その不良的原因は、どこにあるか、の原因が探究されねばならぬ。

(3) 面接相談の技術

以上のように問題の鑑定をして、その原因がわかつたら、いよいよ生徒に面接する段階にはいる。

面接するには、以上のような、準備がなくて、突然に生徒に面接しても正しい相談は、行われない。

ここでは狭義の面接相談について、ラポート、自己理解、勧告実施について述べる。

(イ) ラポート(心と心の間に道をつけること)

教師や相談係の前にでて生徒は容易に心のとびらを開かない。

まず第一にこの心を自由にもみほぐすことが大切である。

このために、相談室の用意が必要である。他の人々にのぞかれたり、聞かれたりする心配のない部屋を用意する。

相談室で生徒に合うときは、温かくて、親切で、信頼がもてるような態度でなければならない。そして その生徒の趣味に合つた話題等をとらえて、話しの糸口を引き出し、相談の目標に接近していかなければならない。

(ロ) 自己を理解させること

受講中の琉大研修教員

相談を有効にするために、生徒が自己を理解していることが必要である。自己理解の方法として自己分析を行い、啓発的経験を行つて平素より自己認識をしているのであるが、一方では調査やテストによる客観的資料、記録のスケール教師や父兄の報告等から集められた資料がある。

これらの 資料を もと にして教師

相談者は事実を示して自己の意見を述べる。

(ハ) 勧告と計画

生徒が自己の長所をよく理解したならば、それらが、いかなる方面の社会的教育的、職業的適応をしうるかをなしうるかを説明し、その選択の勧告をなす。

その場合に、指導者の意見や態度を生徒が直ちに受け入れるか否かは問題である。指導者は強制的に意見を同意させることなく、一回でなつとくしなければ、何回もくりかえさねばならない。

(4) 補　導（after care）

両者なつとくの下に実行に移されたことが、はたして正しいものであつたか、否かの評価が最後の段階として必要である。

その選択した道を最大限に効果をおさめるためにもなお、相談は、続けなければならないが、もしうまくいかなかつた場合には、さらに相談のやりなおしをしなければならない。

かくして教育相談、就職相談と相談は常に行われている。以上の如く、職業指導は教師と来談者が二人の間の問題として取り扱うのであるが、専門的な技術や知識については、その道の専門家の援助を求めなくてはならなくなる。複雑な心理上の鑑定、治療や身体上の障害、就職あつ旋等には、すべてを自分一人で行うことはむずかしい、常にそうした専門家と連絡をとつて、手紙や電話ですぐに学校へ来てもらえるような、道を開いておくことが必要である。

すでに本土においてはカウンセラーの制度が出来て、義務教育最後の一か年は、現場実習を中心に、啓発訓練を行い、効果を挙げている所が少くない。

教　育　相　談

一　性格相談

A　社会的不適応の問題

。非社会的適応

口をきかないとか、極端にはにかむとか、孤独性、低知能、情緒不安定がある。

。反社会的適応

嘘言、盗み、放浪、けんか等がある。

これらの不適応の原因には次の如きものがある。

(1) 身体的欠陥に原因するもの

身体の奇型や不具なもので自己の劣等感を感ずるものは、消極的には人の目につかないように逃避し、積極的には、反抗的な態度をとる。身体のある部分が著しく人と変わつているもの、顔かたちのみにくいもの、その他身体上の弱点は、社会的不適応になるものの数が非常に多い。

(2) 精神的欠陥に原因するもの

自己劣等感に事実以上に神経過敏になり、このきびしい社会に幸福な生活はできないと思つている青年は、インテリーには非常に多い。こうした精神のもち方態度が厭世、孤独、逃避的傾向を作る。また精神薄弱者、低知能者も消極的な不適応を示すものである。反抗的になるのは知能指数七五～九〇くらいのものが多い。低知能者に対して過重な努力を強制して能力以上の成績をおさめさせようとするのは、おうおうにしてこうした社会的不適応になる。

(3) 劣等感をおこすその他の原因

子供の行動に口やかましく注意を与えたり、子供の着想をじゆうりんしたり、過失に対して謝罪をさせたりすることはよくない。こうした両親に育てられた子供は新しい環境に順応する判断も技術も習得することは出来ない。劣等感は気の弱い人間には消極的な非社会的適応となり、気の強いものには積極的な反社会的不適応となる。

B　言語的不適応

言語障害は社会的、教育的、職業的、不適応の大きな原因となる。言語障害は大きく二つに分けると言語不明瞭と、きつ音とになるが、こうした障害者は全生徒の約五%あるといわれる。

学科選択にしても語学。音楽には適しないが、図画、工作、数学科学の方面にはさしつかえない。

学生生徒の一%はきつ音者であり、きつ音者の八五%は八才以前にもどりはじめるそうである。

C　家庭的不和

親と子との間の不和は多く、意見の相違よりも、性格の構造や情緒の発達の相違によつてバランスがとれないところにおこる。そして親は年令、体力、経済力等においてすぐれているから情緒的になつとくのできない圧力を子供にかぶせてくる。気の弱い子供はむだな憤慨のうちにひつこんでしまつて、うらみが主要素となつた白昼夢等に自己を逃避させる気の強い有能な子供はもんちやくを起し、親の弱点をとらえたり、無謀な行為によつて常に親をやつつけたりして、次第に自我は強くなり、無鉄砲な子供となる。

こういう生徒に対しては家庭生活に

対する知的理解を与え、家族関係についてよく教えると共に、出来るだけ各種の家庭を見させたり、家庭外の社会生活になれるような社会活動に参加させることが必要となる。

二 学習相談

A 教科及コースの選び方

中学校では技術、家庭科の啓発経験の選び方、クラブの選び方等に対する個別指導が必要である。教師は第一に生徒の能力と適性と興味を考えなければならない。次に教科選択は将来の職業目標に結びついているものでなければならない。

中学校では必修教科が多くて、個人の興味は生かされにくい。適性の発見は、自己分析と啓発経験における教師の観察評価が重要な資料であるから、継続的に相談にあたるべきである。

。特殊興味や学習動機を失っているものには啓発経験によって適当な刺戟を与える。

。道具教材の練習不足のものには特別指導をする。

B 学習動機

ある生徒は、教師の同情を得んがために勉強したり、両親の賞讃をうけるため、他のものは、自分の尊敬し、思慕する教師に学びたいためにまたクラスの競争や職業目標を達成するために、学んでいるものもあるカウンセラーは学習の動機として正しいものであるか否か調査して行く必要があると共に、その原因や理由を考え、問題を持たない者、解決への要求のないもの、この低調さは、何に原因しているか、性格か、情緒的原因か、教師の教え方か、学級の行動水準の低さか、能力、適性にマッチしていないか、それぞれの場によって診断していかねばならない。ここでの学習相談は、能力、適性に応じて、最大限に発揮するように、導くことであるが、補充教育、家庭的、社会的、経済的な原因には、それに対処して学習動機の妨害を取り除くようにする。

C 能力と学習の不一致

(1) 過重学習（むりな学習）

素質的能力の低いわりあいに、それ以上の学習をしている、そのために試験地獄、出世主義、高校への準備校となる。

素質的能力は、知能テスト、学力テストによる成就指数を出し原因をしらべる。たとえば、数学の出来ない生徒が、無理をして数学の点をよくしようというよりも、彼が文学に適することを指摘して職業目標に直結させていく各人の本分をつくすように相談を進めていくのが正しい。

(2) 不足学習（むだな学習）

自分の能力まで学習効果をおさめていない者がある。その原因にもいろいろあるが、相談の方法としては、悪条件をとり除いてやることである。

職業相談

職業相談は、教育相談を媒介として行うのであって、決して単独に切り離して行うべきものではない。換言すれば、教育相談から必然的に職業相談に発展すべきものである。職業相談は、選職相談と就職相談に分類され選職相談は、職業目標を決定する相談である。中学校の教育は、啓発経験を中心として、個別化の指導をするのが目的であるが、けつきよくこれは、職業目標を決定する能力を養成するためである。

職業相談は、職業目標の決定したものに、具体的な就職口の相談をするもので求人要求と求職要求との調停であって、（斡旋）職場開拓をも含まれる。

一 選職相談

(1) 質問紙法か、口答試問の形式で

一 きみは自分の生涯の仕事を選びましたか

二 生涯をかけた仕事にどんな、計画をもっていますか、

三 どんな、職業につきたいと思いますか、

職業分類表のうちから適性興味家庭的社会的その他の理由を考えて三つだけ選んで下さい。もしきまらなければその理由を付記して下さい。

のごとき質問をして、分析してみればわかる。そうして興味調査と平行しながら、入学当時、学年末等に、時々全体的な調査をしてみることが必要である。

(2) 職業目標を誤つた者

高い知能を持っているものほど正確に職業を選ぶが、知能の低いもの正確に職業を選び難く、その職業興味の方向にも誤りが多い。そして知能の低いものが、多くは、自分の能力よりも高い職業を選ぶ傾向が強い。

1 自分の能力より高い知能を要求する職業を選んだ者

2 特殊性能に適っていない職業を選んだ者

3 永久的で容易に矯正出来ない情緒上の特質を持つた者が、その特質で都合の悪い職業を選んだ者。

4 人が余りすぎて就職の出来ない職を選んだ者。

5 家人や友人、または経済上等の

外的圧力で職業目標を決定した者

中学生の傾向としては経済的には非現実的で、医師、教員、法律家のごときものが、金を多くもうけている労働者などには、希望者が少ない。そして社会的にすばらしいものへあこがれをもっているものが多い。

二 就職相談

A 求人開拓

求人開拓は、原則的には、職業安定所を通じて行うが、いろいろの場合がある。

(1) 知人、縁古を通じて行うもの
(2) 新聞広告、その他求人広告によるもの
(3) 会社が人事係を派遣して直接に労働者を募集するもの
(4) 直接に志願書を会社に提出するもの

B 求人要求の吟味

(1) 職業教育が十分でなく、入門職を選ばねばならない。
(2) 見習工時代が必要で、その間に事業主は、職業教育をしなければならない。
(3) 危険作業、深夜作業、重量作業等に多くの制限をもっている。
(4) 転職の率が多い。
(5) 心身の未熟なため、身体的、情緒的に問題を起しやすい。
(6) 父兄と住所を同じにする地域に就職せんとする者が多い。

これらのことから、人間の適応性ははばを持っており、弾力性をもっているからしだいに順応性が出来、全く求人求職の満足するというよりも多少不満のある所が自己向上のためによい。

C 求職要求の吟味

労働者としての最低水準の要求は労働基準法によって保証されているが、現実の問題としては、求人要求を変更することは、むずかしい。

カウンセラーは、正当な求職要求であった場合でも、求人要求と照合して、どれだけの「ずれ」があり、その「ずれ」を埋めることが可能であるか、否かを診断することである。労働供給の不足している時代には、求職要求が大きくなっても就職が出来るが、需要の少ないときは、この問題は困難な相談事項となる。

三 進学相談

進学相談の実際

不合理な進学事例は、次の如き場合がある。

(1) 進学能力のないものが進学する。
(2) 進学能力があって進学しない。
(3) タイプの異った進学コースを選択する。
(4) 進学意志のないのに外部の圧力で進学させられる。
(5) 進学意志があっても外部の圧力で妨害されて進学が出来ない。

この原因の発見には、次のごとき場合がある。

(1) 進学能力のないものが、進学するのは、出世主義の背景からくる。過重学習によるものと、競争試験の機会主義をねらったもの、不正な情実によるものとがある。
(2) 能力のあって進学しないものは本人の怠慢すなわち、不足学習による結果か、経済的理由である。
(3) 適性に一致しない進学をするものは、興味と適性の不一致によるもので、充分に選職相談の行われていないものか、父兄や外的圧力によるものである。
(4) 進学意志のないものに進学させようとするものは、父兄の名誉心や利欲によるものである。
(5) 進学意志を妨害するのは、経済的理由か、父兄の無知や偏見によるものである。たとえば、長男は百姓だから教育は必要ないというごときものである。

※このような問題に対しては相談者は

進学意志と進学能力のない者には就職を進めるべきで、進学能力と進学意志とがあって進学出来ないもののために、その悪条件を排除してやらねばならない。

経済的理由によって、進学出来ないもののために育英制度や、アルバイトのあっ旋、夜間、通信教育の利用をさせる等の方法を講じてやる。

※要　約

相談はガイダンスの技術の中心となるものである。相談が単なる意見の交換ではなく、技術であるから実践の裏に、科学的根拠を持たねばならない。そのために、職業研究と個人研究が前提となる。

その客観的資料を分析して後に、面接相談によって意見の交換をするのである。だから面接相談は直接法によって行うものでなく、間接法で行われる。進路の選択、決定は、あくまでも、本人の意志によって行うのである。カウンセラーは相談者の意味であるが、ガイダンスの技術家であり、個別指導の専門者である。

相談のプロセスは、あっ旋、配置、補導となって完成する。

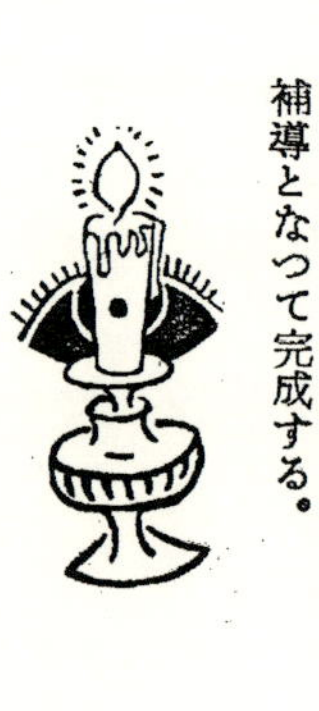

中学における職業指導と就職あつ旋について

下地　純

〃十人十色〃といわれて、人は各々異つた個性をもつており。職業の種類も色々様々である。

個性と職業との多種多様性の間とはそれぞれ適した組み合せが必要になる。

時代が進むにつれ、社会的、経済的、教育的問題は複雑になり、分化され、一般的なものから特殊的なものへと変つてくる、そこに、職業指導と職業教育の任務と重大性が生じて来た。

職業は生活をする事における、分水嶺の様なもので人は誰でも職業について適切なそして的確なものを選び、それに入つて進歩発展して行かねばならない。文化の程度の低い社会にあつては誰、彼の区別なく共通の職業をもつたであろうが、現今の如く、進んだ経済社会の機構にあつては職業が特殊化されているのだから職業の要求する特殊な知識や能力をそなえた者が選ばれ、個人は自分の個性が職業の要求する条件に適合しているか、どうかをよく見極め、それに適応する様にしなければならない。

即ち、職業と個性との間には科学的合理的なつながりがあるし、その組み合わせの良否は個人的、社会経済的、損得の関係がある。

職業を上手に選び、それをよく伸ばす事が生きる事を楽しくさせ幸福にする事であるから、職業選択は人生計画の第一歩と考えてもよかろう。しかし、職業に対する考え方、即ち職業観は人により時による又場所によつて色々変る様だ。

職業観の類型には、

自己中心の経済、名誉、栄達ばかり考えるもの。社会奉仕の理念に立つて自己の経済、名誉を超越して、社会につくす事を個人にとつての歓喜と栄光とする考え方、また職業そのもののために、職業そのものを目的として、生活に欲望の手段や方法としてではなく、それの中に個性を最大限に発揮しようとする考え方等があろう。本当のそして理想の職業観は職業そのものの中に個性を生かすと共に、社会的意義を生かして行く所にあるのではなかろうか。

青少年の職業に対する考え方について

畔田久雄氏は、

児童期はあこがれにより、外面的に選択し、かつ家庭環境に影響される。

高校、大学に入るとこれと全く反対になり、自己の興味や能力、適性により自我実現を期そうとすると共に社会国家へ奉仕しようとする。又経済的理由をとるものも多い。中学時代は両者の過渡期にあり、特に時勢の影響を蒙るもの多く、生活圏の拡大期である」と、

シュプランガー氏は、

青春期（中学時代）の生徒について—

その所説、職業選択が十四才或は十八、九才になつて行われた場合前者は発達心理的に見て少し早すぎる。

教育をもつとも必要とする時代に職業選択を迎える事は現実的、経済的理があるだけである。

十四才の義務教育終了者は身体的に未発達であり、また真の精神的青春期に入つていない。

即ち、青春期の特殊である内容への転換やどうけいの花が他に防害されて出て来ない又外的条件を克服する深さと密さと広さをもつていない。又義務教育中では職業教育を充分受けていない職業に必要な知識や技術が不十分である。彼等の想像は容易にすぎ面倒な面を見逃すのである。

製本家に雇われると最初の日から一冊の本を作り上げたいと思う。しかし修養の入らない職業を選ぼうとする。

又希望者の少ない職業が将来有望だという事を知らない。彼等の願望は眼前に見えるものに燃え出す事が職業選択の第一の根拠である。

又ある人間全体の姿に心酔する。そして途中でその人の職業に興味をもつて来るあまり近い職業はその悪い面がはつきり見えすぎるし、又あまり遠すぎると視野に入らない。

それ故、父の職業を選ばないで親戚や叔父の職業が選ばれる。本当に、その職業を知るのは、その職業を実行し始めた時である。この時、初めて自分の職業適性や素質を知るのである。多くの職業を遠い所から見ているのであるかすみがかかつていて夢の如く漠然としてる場合が多い。この故に青春期は職業に無知である。

自分自身の弱小をも気にしない。

職業には特殊な性能が必要である事に想い至らない。しかしながら、彼等は本能的に職業又は職業群を愛好する。

しかし興味と天分とは違うのである。

青春期においては労働によつて幾らかの収入を得たいと思考する。しかし一般に銭勘定をしない。

彼等は労働時間が長いこと、及び、自由

時間休憩時間を欲する。自分の力を認めて誇りたがる。

従属的な仕事、徒弟、給仕、下男を嫌う。人は職業の客観的要求に自己をささげ、それによつて自身を豊富にし有力にしようとする。

人は自己に優越する所のものを本源的に自己の中に取り入れようとするものである。

この事は最初において義務であつてもそれが一層高い段階の愛好に変るならばそこに真の職業理念が成立するのである職業から世界が生れる。

十四才の青春期では、その世界観からは職業を選ぶ事は出来ない。」と。

山下氏は、

「中学時代は反省時代、混乱時代、多義的選択時代であつて、個人的動揺と経済的動揺の入る混る時代である」といい、大西氏は、

「青春期は児童期から青年に移る過渡期で両者の交錯する時間で特に時勢の推移時代の動きに敏感である」と

畔田氏は、

この時代の職業に対する関心はともに高まり、その希望職業は小学時代の「事務」、高校大学時代の「自由」が最高であるに比して、

中学時代は「工、商的」職業が最大になる事は社会大衆大部分の希望職業と一致するものである、」と

エレミング氏は

十三、四才の子の特異性について次の如く述べている。

「よく整つた広汎なカリキユウラムを二、三年間開発経験させると、自身の好みを知る事についても、自分の個性的反応と力を現わす事の両者とも一層よい地位におかれる、

十三、四才頃の完成の進度は急速でありその後の成功と相関の度は一層高くなる決して、十三、四才の子供をみくびつてはならない」と、

シユプランガー氏が青春期の子供の職業選択の能力を否定している事に反し、畔田氏、エレミング氏は職業指導の必要を強ちようしている。

吾々は未だ明確な判断はもち得ずとも理解をもち信用して、彼等の前途に望みをかけて生徒自らの職業に対する選択とその進歩発展を大いに援助しなければならない。

文部省、—個性尊重及職業指導に関する訓令には、

「学校職業担当者は現下の職業情勢に対応して明確な洞察力を働かし、児童生徒の個性や環境に適応した適切な指導をし民主々義日本教育樹立のために雄々しくたつて児童生徒の晴れの門出のよい教僕でなければならない」と、

要するに職業指導が科学的、合理的にその目的にかなう様になされるために、

職業研究情報の提供、個性調査、探索経験進路相談、就職斡旋補導が、充分なされ、職業研究、個性調査探索経験を通して選択の能力を養い、もつて就職するための基礎工事であるといつてよいであろう。

野尻丈七氏は、

「学校はその卒業生が生産社会に編入される事を予想している、換言すれば学校は生産力を生産する社会的機構である。

もしも、卒業生が就職出来ないならば社会はぼう大な経費を投じて無駄な施設をしている事になる。故に学校はあくまで、実際的、職業的、効果を現わすよう行わねばならない」と、

森五郎氏は

潜在的労働力が現実の労働力となる過程について次の如く述べている。

「第一の問題は労働力の成因で労働可能性と労働意志との相乗積によつて出来る。

第二の問題は労働可能性と労働意志は何れも潜在的なものから一定の諸条件によつて現実的なものに発展、転化したものである」と、

従つて学校は生徒の有る潜在的労働力を現実的労働力に変へやるために就職させてやらねばならない。ここに一定の条件というのは、どんな事なのだろうか。

リツプマン氏は

労働決定要因を六つに大別し三十二項に分類した、

「1労働の種類、2組織的要因、3物的要因、4時間的要因、5動的要因、6個人要因的である」

かかる労働力の現実化の条件がそのわつて就職出来る事になる。

学校は職業指導目的達成なため、労働者たらんとする生徒の要求と、雇用主の要望を調整して両者要望が満足される様働きかけねばならぬ。

言い換えれば、生徒、及生徒の保護の要望、青少年不良化防止、進路の多様性就職の機会の限定、教育というサービスの本質に立つてよりよい試行課程、定時労働、父兄との接触、よい累加記録、校長職員の関心と協力、公共職安所との連係、使用者との連絡を密にして就職出来る様斡旋しなければならない。

即ち、学校は進路や、就職に関し、次の段階へ、生徒各自を満足出来るように調整しなければならない。

職業指導の手引—では如何なる方法で斡旋がなされるかというと次の三つの方法がある。

1 学校は就職相談によつて職業目標が

（二八頁へ続く）※

就職後の補導（追指導）

垣花中学校　上原信造

一　補導の必要性

九ヵ年の義務教育をおえた生徒たちはそれぞれの進路によって、上級学校へ進学するものや、直ちに実社会と飛び出し職業人となるもの、あるいは家庭に残るものと、大きな希望を胸に抱き巣立っていくのであるが、一面新しい職場、学校に対する不安もあることだろう。いずれにせよ卒業式をすませ、卒業生を送り出してしまえば職業指導は完了したものと思いがちである。しかし職業指導は卒業と同時におわったのではなく、卒業後（就職後）も引続き行われなければならないので、これを補導といっている。

職業指導がいかに重要であるかはいうまでもないが、現状は必ずしも満足すべき状態とはいえないだろう。進学指導に重点がおかれ、職業指導がややもずれば忘れられがちであり、特に就職指導においては安定所まかせで指導といっても単に安定所との連絡や就職に必要な提出書類作成上の指導とその整理にすぎなかった。そうしたなかで生徒たちが卒業し就職した後も、いろいろと指導、援助をしてやらなければならない、いわゆる就職後の補導も行わなければならないとなれば、とてもそこまで手が及ぶものではないと簡単に片づけられてしまうものである。しかしながら、新しい教育が個性豊かな人間育成を目指し、個人の特性を自由に発揮伸張させることにあって、職業指導的な性格をもつ所にその特色があるものといえるのであるから、卒業生が将来、それぞれの職場において伸張、発展するよう、指導と援助を与え、たえずみまもってやらなければならない。

それには、就職前における職業指導も大切なことであるが、就職後一日も早く職場生活に適応できるようにし、更にそれぞれの職場において進歩、向上し、幸福な職業生活が営まれるよう、就職後の補導も行わなければならないのである。就職したすべての生徒たちがそれぞれの職場に適応し、進歩、向上していくのであれば補導の必要はないだろう。しかし必ずしもそうとはいえない、このことは沖縄の最も大きな開拓先である本土就職者に不適応者を出したことからもうかがえることであり、むしろ補導を必要とする事態が多いのである。

学校生活から職場生活環境の大きな変化に遭遇する生徒たちは、社会生活経験も乏しい上に、身体的、精神的にも未熟の時期にあるので、これまでの規則正しい学校生活と異った労働社会に対しては容易に適応しがたい。したがって職場不適応現象が起り易く、自己の職能が将来幸福と成功を約束するものであるか、どうか、不安を抱くようになる。

ここに発生する職場に対する不満や悩み、そして将来への不安が結果として離職、転職ということになり、あるいは職場生活から転落し、悪の道へ走り不良化することにもなるのである。

これらのことはすべて就職前の指導が不充分、不適切であったり、就職後の職場配置が不適性であったり、更には補導に無関心であったからだといえよう。

これらを未然に防ぎ職業人としてよりよい成長を図るためには、就職前においていろいろな資料に基き、相談し、選職し、決定したことが適切であったか、どうか、また、就職後の身体状況や、労働条件、雇用主、先輩、同僚との折り合いや、仕事に対する興味、将来への希望など、不満、悩みを調査し職場に於ける実情を知ることが必要だし、それによって不適応現象を発見することも出来るのであり、若し不適応者があれば出来るだけ安定し、向上していくよう指導、援助してやる、いわゆる就職後の補導が必要となってくるのである。

補導は安定所、雇用者は勿論、責任を以ってこれを行わなければならないが、それに学校側の三者が相提携し、一体となって行うことがより効果的であり、特に学校側としては補導を行うことによって社会、職場との結びつきを深め、更に職場生活の実情をくわしく調査し、多くの資料を得ることが出来、それによってこれまでの職業指導の結果としての実際面を知ることも出来るのである、又これらの資料や結果に基いて職業指導の適否を判断し、今後の職業指導計画や学習指導法を検討して、その改善を計り、社会・職業の教育的要求にこたえて適切な指導を行うことも出来るのであるから、真に個々の生徒たちが将来職業人としての発展を希うのであれば、学校側として充実した就職後の補導を行う必要性が生じてくるのである。

二　学校の行う補導

学校として具体的にはどのようにして補導を行えばよいか、ということになるが、これは学校の地域社会や、学校内の諸事情によってそれぞれ計画され実践されることで一概には決定づけられないがここではその概要だけをのべることにしたい。

A 補導の計画、実践

職業指導の重要な指導の一環として充実した運営、活動を行うためには先ず補導に必要な職員組織をつくることである、この仕事は時間的にも、経費の上からも、又、就職先が広範囲に及ぶことと、補導の対象が多人数であることから、主事（主任）一人で担当することは無理で、主事を中心としたところの二人～四人の補導担当者が必要である。

この組織によって補導の目標が設定され、綿密な指導計画が立てられて始めて実践活動が展開されるのであって組織、計画なくしては、充分なる補導を行うことは望めない。

a 目標の設定

目標設定の場合次のような立場を考慮することが必要である。

1 卒業生の実績によって、教科課程や指導効果を測定し、学校の指導計画を改善するための資料を得る調査のために行う補導とするか

2 学校における指導の延長として行う補導とするか、この場合生徒の新しい職場環境への適応をはかるために行うことや、生徒は更にどのような訓練を必要とするか、その必要度を知るためとか、又は学校、卒業生、社会との連絡を緊密にするために行うなどが挙げられる。

3 卒業後の状況や就職後の経験、本人の将来の計画などを学校に保存してある生徒指導記録に附加記入するために行う。いわゆる個性調査の拡充として行う補導とするかなど

これらのどの立場で補導を行うかその目標を明らかにすることが必要であり、更に学校における特殊事情を考慮し、充分検討してそれぞれの学校に適した立場をとることである。

b 補導の範囲と対象

補導は全就職者に対して行うことが望ましいのであるが、地域的、時間的、或いは経費やその他いろいろな事情によってこれが充分行えない場合は、問題の多い職場とか、個人とかを取り上げ、集団的に或いは個人的にと重点的に必要に応じて行うことも考えられる。それには先ず

1 どんな地域にするか（全地域に及ぶか、特定の地域とするか、）

2 卒業年度（全卒業生か、新卒業生のみか、どの年度の卒業生とするか）

3 どの職業にするか、（特定の職業にするか、全就職者にするか）

4 会社、工場、事業場に対して行うか、就職者のみか、（調査）（特定の職場か、全職場に対して行うか）

その他いろいろ考えられると思うが前にのべた、目標によって範囲や対象が決定づけられるものであるが、次にあげる、時期や方法なども考慮しなければならない。

C 補導の時期と方法

適当な時期に適当な方法をもって補導を行うことは、効果的であるがその時期と方法が問題となる、先ず補導の時期としては最初は新卒生が就職して各自の職能に対して一応理解出来た頃をみはからつて行うことがよいようで四月中旬～五月中旬までの一か月間である。いわゆる就職当初に於ける補導ということになるがこれが最も重要な時期であってこの期間にもし不適応現象が起つた場合、始めの経験だけにどうすればよいか、判断に苦しみ迷うものが多く生ずる時期であるから、問題の多いこの時期に適応、不適応を早く発見し、出来るだけ安定、向上させるよう補導の必要な時期といわれている。

その後は定期的に行われる場合と随時問題が発生した場合行われるものが考えられ、その方法としては、

1 激励の手紙を送ってやるとか、質問書を送って就職後の状況を調査するなどの文書による方法や、

2 直接職場を訪問し面接指導する方法または、

3 招集によって補導する方法などがあるがどの方法を行うにしても補導の機会を数多くもつことが望ましい。しかし経費やその他の学校内外の事情などで不可能とあれば少なくとも年一回はその機会をつくり、徹底した補導を行いたいものである。この場合職場訪問による方法をとるにしても又招集による補導を行うにしても、指導担当教師が時間的余裕のある時期、又は卒業生が比較的集りやすい時期などを考慮し夏季休暇や冬期休暇などを利用し行うことも考えられる。

夏季休暇に補導を行えば、就職当初に行つた補導によってどの程度定着しているか、その後の動向を知ることが出来るとともに、新しい問題を発見し、指導することも出来るのでこの時期に補導を行うこともよい結果が得られるものと思う。

前にのべた補導の方法で職場訪問による面接指導をすることは直接的で最も効果的ではあるが、各職場が遠隔、分散し、広範囲に及ぶ場合、全就職者に対して充分行えないし、又招集による方法には各職場の分散状況によつて地域的に招集する方法もあるが、各職場の条件が異るので出席がわるく特に補導を必要とする者が出席しない場合が多いし、一方文書による方法は広範囲にたやすく実施出来経費の上からも最も簡便な方法ではあるが、間接的であるため徹底しにくいところがある。

このようにどの方法をとるにしてもそれぞれ長所、短所があつて一つの方法では満足な補導は出来ないので、必要に応じいくつかの方法を組合せ、実施することが考えられなければならないし、又これが個人的に行うか、あるいは集団的に行うかなど、補導の時期、方法をよく吟味し、より効果的に行われなければならない。

d 補導の調査項目

それぞれの学校の補導目標や、その他の事情などによつていろいろな方法や、調査項目が考慮され適切な方法、様式でなければならないので一様に決定するわけにはいかないが補導に必要なすべての事項が熟知出来るようにし、又これが、今後の職業指導に役立つ資料となるよう検討されなければならない。

次に参考のためその一例をあげてみる。

この調査は、職場生活の実態を把握し、全職員が卒業生の就職先である職場を通じて地域産業の実態を理解し、実際指導に当つての資料を得、学校教育に対する職場の意見、希望などを参考にして、卒業生の動向を知ることによつて新卒業生に対する就職指導上の改善を計り、学校に於ける職業的経験の場とその指導について充実を計る足掛りとするために行われたものである。（名古屋市某中学校の場合）

A調査 「産業教育実態調査」
（会社・工場に対する調査）

項目
1 教育全般についての意見
2 卒業生に対する感想
3 新卒業生に対する要望
4 重要科目及び指導内容について意見

B調査 「卒業後の動向調査」
（卒業生就職者全員に対ずる調査）

項目
1 現在の勤務状況
2 家庭環境
3 会社・工場その他における労働条件
4 勉学に対する反省と要望
5 通勤方法と待遇など

（くわしくは五頁左及二三、二四頁調査票参照）

e 補導の結果の処理と利用

補導の結果としていろいろの実情がはつきりと把握出来るようになるが、調査を行うにしても面接指導を行うにしても只単にそれだけをやれば補導がなされたのではなく、その事実によつて、補導の計画や技術的な面からの反省がなされ更に今後改善すべきことや、或いは重点的に行われなければならないことなどと、いろいろな問題が取上げられるのであるから、これらの問題が適切に処理され、今後の研究や職業指導上の重要な生きた資料として充分活用されなければならない。

おわりに

職業指導は考えれば考えるほどその重要さが痛感され、又その必要性が叫ばれているのであるが、しかし一般的にはややもすればかけ声だけに終り、地についた運営がなされていないのではなかろうか。それには職業指導の一分野である就職後の補導を考えてみても補導の必要性を痛感しながらも、それを円滑に行うことが出来ないということは現実に多くの隘路が残されているからだといえよう。

その一つには中学校においてこの重要なる任務を担当し、推進母体となるべき職業指導主事が配置されていないことやその他、それに必要なる経費、又は教育課程の中における位置づけ、教員組織、同僚、及び父兄の啓蒙、生徒の職業観や職業意識、施設、設備充実の問題等いろいろ挙げられようが。

我々は、一人一人の生徒たちが職業人として毎日の仕事に喜びを感じ将来への希望を持つて働き、そして安定した幸福な職業生活が送れるよう。これらの障害を打ち破り、よりよい産業人の育成を目指し、今後の職業指導の充実、発展に努力しなければならないと思う。

A　調査用紙2

重要科目及び指導内容調査表

この調査表は貴所において重点的に教えてほしいと思われる教科及び指導内容についてご意見をお聞きするための調査です。次の表の中、重要なものにそれぞれ○印を五つつけて下さい。教科目には（　）内に○を五つつけて下さい。　—A調査用紙1は5頁左へ掲載—

普通教育		
科目名		指導内容
国語（　）		理解しながら早く読む能力
		文学の理解と鑑賞
		文章による表現能力
		話すことによる表現能力
		正しく美しく早く書く能力
社会（　）		基礎的な諸概念の知識と理解
		解決批判する能力
		公民的態度と習慣
数学（　）		関係を理解してそれを問題解決に応用する能力
		計算測定の能力
		実際場面への応用態度と習慣
理科（　）		科学的諸概念の知識と理解
		問題解決を用いる能力 批判的な思考をなしうる能力
		創造的態度
		実際場面への応用態度と習慣
音楽（　）		知的理解
		鑑　賞
		創　作
		演　奏（歌唱・器楽）
図画工作（　）		知的理解
		鑑　賞
		創造的な表現
		基礎的美術
保健体育（　）		基礎的な諸概念の理解 実践の習慣 運動機能の向上の程度 運動競技への参加の態度

職業家庭（　）	実生活について役だつ仕事についての知識と理解 実生活について役だつ仕事についての知識と技能 家庭生活職業生活への望ましい態度 社会的、経済的知識と理解

外国語（　）	理解しながら読む能力 話す技能 書くことによる表現能力 聞きとる技能

職業家庭科（手技工作）	
科目名	指導内容
製図（　）	基本製図がかける 図面を読むことができる 製図法の一般知識がわかる
木工工作（　）	工作図がかける 各種基本工作ができる 簡単な製品ができる 一般的知識がわかる
金工工作（　）	工作図がかける 各種基本工作ができる 簡単な製品ができる 一般的知識がわかる
塗装工作（　）	木製品の塗装ができる 金属製品の塗装ができる 簡単なものの塗装修理ができる 一般的知識がわかる
板金工作（　）	展開図がかける はんだづけができる 簡単なものの修理ができる 一般的知識がわかる
電気工作（　）	工作図がよめる 簡単な電気器具の製作ができる 簡単な電気器具の修理ができる 一般的知識がわかる
各種機械工作（　）	工作図が読める 簡単な機械の分解組立ができる 機械操作ができる 一般的知識がわかる
コンクリート工作（　）	工作図がかける 簡単な工事ができる 簡単な修理ができる 一般的知識がわかる

B　調査用紙1

卒業後の動向調査

(1) 会社・工場名		電話	(　　)　　番
(2) 所在地	市　　区　　町　　丁目　　番地		

(3) あなたの現在の職業は右のどれに当りますか○印をつけて下さい

1 各種製造業　2 商業　3 各種加工工業
4 公務員　5 事務員　6 家庭手伝　7 サービス業
8 農漁林鉱業　9 通信運輸業　10 その他＿＿＿＿

イ 事務員　ロ 給仕　ハ 工員　ニ その他

(4) 現在あなたの仕事はあなたの性格にあつておりますか。	1 あつている 2 あわない	(5) あなたは学校で最初希望した職業は何か。また合格までに何回位試験を受けましたか	最初　　業 2回　　業 3回　　業 4回　　業 5回　　業

(6) あなたは学校にいるとき自分の就職について先生や安定所の職員と個別的に何回位相談をしましたか	学校の先生	回
	安定所の職員	回

(7) あなたは学校にいるとき卒業後の進学や就職についていろいろ考えたでしようが就職することに決めたのはいつ頃ですか	学年の　　月頃

(8) あなたの就職の動機は次のどれに当りますか　○印をつけなさい

1 保護者や友人のすすめ　2 父兄母姉などが従事しているから　3 その職業の従事者にすすめられて　4 その職業に適しているから　5 社会に役だつから　6 報賞がよいから　7 社会的地位が高いから　8 その職業に経験があるから　9 それが他の職業よりも好きだから　10 自分の創意趣味特技が生かせるから　11 他に適職がなかつたから　12 尊敬する先輩の指導を受けて　13 時間的余裕のある職業だから　14 自分の能力素質性格に適合しているから　15 それしかできそうなものは他になかつた

(9) 仕事や職場生活の事で相談相手になつてくれる人はいますか。	イ いない ロ いる（次に○をつける）（主人、上役、先輩、同僚、その他）	(10) 今後の勤めについての気持は	1永くつとめたいと思う 2続けられない 3わからない

(11) 卒業して第1回の就職以来現在まで（上記）に至る間何回転職しましたか	1 なし　　2　　回
(12) 主な転職理由を○でかこんで下さい	1 待遇の条件が悪い　2 通勤不便　3 仕事がつらい　4 性にあわぬ　5 勤先がつぶれた　6 家のものの指図で　7 同僚とうまくゆかぬ

(13) 始業時間	時　　分	終業時間	時　　分

(14) 一日の勤務時間　①6時間　②7時間　③8時間　④9時間　⑤10時間　⑨その他　　時間

(15) 一日の休憩時間	午前　　分	昼食　時　　分	午後　　分	計　　分

(16) あなたは現在の職場で何日欠勤しましたか　その理由は	日	理由			
		病気	事故	忌引	その他
		日	日	日	日

(17) あなたの通勤方法	自宅からの所要時間	時間　　分	方法と時間	徒歩	市電	市バス	自転車
				分	分	分	分

(18) 交通費はどのようにして	1 全額会社負担　2 一部会社負担　3 自己負担　4 その他

B 調査用紙 2

(19) 卒業年次	昭和　　年度　　回卒業　(20) 氏名　　　　年令　　才
(21) あなたの現住所	市　　区　　町　　丁目　　番地
(22) あなたの現在の収入は その収入で家計にはどんな割合いで補助をしていますか。	現在の給料　　円 / 全額、 1/3、 1/2、 全額自分で使う 貯金（　　　円）位
(23) 勤務先に労働組合はありますか。	あります　ありません　その他
(24) あなたの職場では各種保険に入ることができますか	1 健康保険　2 厚生年金　3 傷害年金　4 その他
(25) 保護者の職業を(3)の中からどれに当るか。次の □ の中に書いて下さい	業
(26) 保護者の学歴	大学　専門学校　旧制中学校　女学校　高等小学校　小学校
(27) 保護者との続柄	長男　長女　二男　二女　三男　三女　＿＿男　＿＿女
(28) 家族数	2人　3人　4人　5人　6人　7人　8人　9人　10人　11人　12人　13人
(29) 勉学など卒業後には何もしたくない方はその理由を右からえらんで下さい	1 人生は面白く遊んだ方がよい　2 勉学などきらいだ 3 勉学などしなくともうまく世渡りすればよい 4 勉学をしていると遊ぶひまがない　5 その他
(30) あなたが今何かを勉強したいと思つても、その障害になつているものは何ですか	1時間的（例 学校が遠いなど）2家庭的(例 家の人が反対する) 3経済的（例 金がない）4社会的（例 友人がひやかす） 5その他（例 体がつかれる、会社でよろこばれぬ）
(31) 在学中は考えてもみなかつたが卒業してから勉強したくなつた方はその理由を右からさがして下さい	1ひまで困るから　2将来独立するため　3いざという時困らぬため 4もつとよい地位にあこがれる　5人に笑われない常識をつけたい 6自分の力がないことがわかつたから　7家の人がやかましくすすめる 8正しい人間の生き方を知るため　9友人がすすめるから 10その他
(32) 勉学している方は実際に何を勉強していますか（趣味、娯楽としてではなく）	1夜間高校（公立・私立）2裁縫　3茶華　4音楽　5習字 6タイプ　7語学　8工作　9手芸　10読書　11珠算　12美術 13舞踊　14運転　15自然科学研究　16その他
(33) 働きながら勉強するにはどんな施設がよいと思いますか	1夜間高校　2塾　3図書館　4通信教育　5成人学級 6職場内の学校　7青年学級　8博物美術館 9その他
(33) 1日平均勉強時間	5時間以上　5時間　4時間　3時間　2時間　時間　分
(34) 学校在学中にどんなことをもつと勉強しておいたらよかつたか	1国語　2社会　3数学　4理科　5音楽　6図工 7工業　8商業　9家庭　10外国語 11実習（木工、金工、機械、電気、その他）
(35) あなたは在学中職業で何をもつとやつてほしかつたか	1工業…イ教科書中心　ロ製図　ハ各種実習 2商業…イ 〃　ロ簿記　ハ珠算　ニタイプ 3家庭…イ 〃　ロ洋裁　ハ和裁　ニ手芸

図工教育雑感（その一）

―指導委員の手紙―

知念連合区指導委員　高智四郎

○○先生

先般は、折角お訪ねくださいましたのに、ゆつくりとお話も出来ず、失礼いたしました。

あの日、先生とのお話の要点を日誌にかいているうちにふと、もう一度、私の考えをまとめて先生にお手紙すべきだ、それほど今日の話は断片的で、あるいは誤解をされた点がないでもないと思い、私の所見をとりまとめて申述べたいと思います。もちろん、まだ一か月あまりしかたつていない上に、全般的な事情はわかりませんので、あたつていない点もあると思いますが、間違つているところは指摘していたゞきたいと思います。

○　○

よくきかれるのは、「沖縄の図工教育は、本土とくらべて、どんな点が遅れていますか。」ということです。

私は沖縄へ出発前に、機会があつて沖縄の児童画の一級品を見る機会がありましたが、―あれは、たしか、昨年の全琉展の作品であつたと思いますが―それを見て、「どこの絵も大体同じだな。」と思つたのと、「比較的水彩よりパスが多いんだな。」ということと、「どこかに沖縄らしい体質がないかな。」と注意して見せてもらつたことでした。今にして思えば、それは沖縄の都市部というか、まあ一流校のもので現在の感じとは、また異つたものでありますが、「どこの絵も大体同じだ。」ということは何だか物足りない感じでした。それは、「日本人のかく絵だから同じ筈だよ。」と簡単に割り切れないものがあると思います。取材だとか、材料だとかいう問題以前に、沖縄の必然的な体質というものがにじみ出ていないかと期待していただけに、やはり期待はずれがしたと申しあげざるを得ませんでした。

本土と較べて、立ち遅れているという気持が、何か本土から学びたいという気持はわかりますが、それが単に、二、三年ずれての、本土の踏襲に終つてはいけないと思います。

いうなれば、本土の、前者のテツをふまずというところ、この明快な風土の調子、伝統的な芸術のかおり、沖縄気質みたいなものがにじみ出て欲しいと思うのは私一人ではないと思います。

もつと手近なところで考えましよう、一部の学校を除いてはどれだけ地域の生活や、材料が、直接間接に学習活動に表れているかと見た時、例えば、描画の多くが、緑の木と、赤い屋根をかいた昔の風景画ではありませんか。そして、それも、子どもたちの感じ取つたもの、内面的なものなどではなくて、概念的なぬりえ仕事に過ぎないのです。低学年の想画すら、子どもなりの率直な自己表現、生活表現は少くて、一般的、通俗的表現に終つているではありませんか。これはおよそ、図工科の本質や、目標とは縁遠いものであります。

さらに、用具、材料にしても、まだまだ、研究の余地があると思うし、それらの綜合的な研究が急務であると思います。

泥板岩、粘土、粟石の多い南部、へごや竹や赤土のある北部、戦後どの学校にもある、ダンボールや空かんの活用等も、単なる廃物利用の図画工作科ではなく、図工科の体質、指導要領のねらい―に沿つて生かされるものが、まだまだ死蔵されていると思うのです。

この教科の施設々備は、日本本土の学校も極めて貧弱で、指導要領はどこの国のものであろうかなどと現場の批判をうけていますが、それでも画板くらいはありますし、また何とか工面をしています。

けれども「何しろまだ内容は空つぽで。」ということばが、いゝわけみたいにならないで、これは何とかしてという気持にかかわる必要がある……と思うのはいゝ過ぎでしようか。

そして、それだから図画工作の学習が、容易な描画一辺倒に傾きすぎると思います。

それは、本土にもある傾向で、どうしてもそうなり勝ちですが、こゝでも、描画以外の活動、特に立体的表現のウェイトが軽視されていることは、お互反省したいところです。

○　○

先生方の活動ならびに、学習の実際については、まだ多くの学校を見ていませんので、具体的に申しあげることが出来ませんが、少くとも今までの感じでは、図工の時間をもてあまし気味であつたり、時には放任していることがありはしないか。子どもたちは図工の時間は適当に遊ぶ時間だと考えていないだろうか―つまり図工の時間割はあるが、図工学習の活動がフルに行われないのではないか…と思うことがあります。

そして、今、私は図工の学習効果をあげるためには、この先生方の図工科に対する抵抗感を除かなくてはならないと強く思っているのです。

中には、図工という教科は準備が大変だとか、資料や材料がないとかおつしゃる方もあります。むりもないと思います。一人一人の先生がはじめから教材研究をしていたら、この教科だけやつていても大変です。そのためには中学校はともかくも、小学校では全員が協力して、計画的に資料を作つていかなくては駄目です。「百聞一見に如かず。」を持ち出すまでもなく子どもが意欲をもやすことのできない原因に、どうも資料や用具の不足から図工の時間まで、説明的ことばのからまわりに終るということがあるようです。

○　○

「先生、図工の評価はどうしますか。」という質問は、日本全国どこでも聞かれる声であり、こゝへ来てからも、一番多く受けた質問ですが、実際問題として、私も一ばん苦労します。

「あなたは何を目標とし、何を指導したか、評価とは目標の裏側でしよう。」としつぺい返しをすればそれで済みますが、それではあまりにも素気ない答であり、割り切れないところがいくらもあります。

そして、まだそんな質問をされる先生は真剣な先生の方で、この評価の問題は、実態をしらべたらどんなものだろうかと、仰山にいつて、粟肌のたつのを覚える次第です。

何はともあれ、作品の見方の研修が足りないと思います。そして評価をもつと親切にやつて欲しいと思います。「小学校の忙しさの中で、図工だけにかまつていられるか」とお叱りを受けそうですが、じや算数の評価はして、図工の評価はよい加減でよいという根拠はどこにあるでしよう。もう少し評価の計画や手順を気をつけたらよくなるのだがなあ―と思います。そして、教師の作品の見方についての共同研修をして感覚を磨くことが急務でしよう。」

評価については、私もいくらかの研究資料を持つていますから、次の機会に見ていたゞきましよう。

まだ、他に話題になつたこともありましたが、今回はこのあたりでとゞめます。

抽象的な感想になつたとも思うし、内容もあたり前のことですが、このあたり前のことをすらやはりわかつていてやれないものです。

先生は、沖縄の図工教育の推進力となるお一人ですから、全く釈迦に説法であると思いましたが、私の卒直な感想を整理してみた次第です。

強調したことばのために、如何にも、沖縄全体がそうであるかのお感じを受けるかも知れませんが、意のあるところをお汲みとり下さい。では、次にお会いして、話し合いが出来る日をお待ちしています。

（未完）

※（二〇頁より）

きまつたら雇用相談、就職斡旋の仕事を職安所に委任する。

2　校長は職安所よりの委任された権限を利用して学校が斡旋を行う。

3　学校内で無料で職業紹介をする。

但し職業安定法、十六条（求人の受理）十七条（求職受理）十八条（労働条件の明示）十九条（紹介の原理）二十条（労働事情への不介入）、等準備される事であるから学校は業務運営上注意しなければならない、―

かかる方法を通して斡旋活動をする主なものを挙げると、

1　公共職安所と緊密な連絡をとる事
2　学校内外の諸機関と連絡をとる事
3　雇用主との連絡をとる事
4　主なる地域社会の労働組合と連絡をとる事
5　卒業生同窓生の援助を得るための連絡をとる事
6　就職のために生徒が心得ておくべき技術を身につけさす事
7　生徒についての諸記録を利用する事
8　進路指導について諸帳ボを整理記入する事
9　求人の状況に就て時々周知させる事
10　就職進路の補導が出来るような連絡をよくしておく事　―伊藤祐時氏―

これ等の事が、組織的体系的に出来るようよく連絡されて行われなければならないしかも在学生、卒業生については、その斡旋を学校側が主体性をもつて行う事が都合よいのだから、公共職安所にたよりすぎない様活発に行わなければならない。最近の新聞が報ずる所によると、本土就職の道は開けて、求人数も増加して来るのに反して求職者数が少ないという事は、直接該当する生徒の職業に対する考え方がたりないのか、知識や情報が十分手提されていないのか、斡旋活動が不十分であるのか、沖縄の一般社会の要求或いは協力が足りないのかであろうからもつと、真剣に考えられなければならないであろう。

しかし、又職業選択そのものは一挙に出来るものではなく、徐々に注意深く、しかも次第に行われるものであるし、現実がそうであるからとして、消極的になつたり、どうにもならない、仕方がないといつて斡旋活動を怠つたりしたのでは生徒の職業選択の可能性を無視する事にもなるし、生徒の伸びんとする出鼻をくじく事にもなりかねないので、長い寛大な気持で指導を続けて行かねばならないであろう。

創造性を育てる教育へ

久米島連合区教育指導委員
文部省指導要領編集委員
長谷喜久一

一九五九年の末に、全琉の児童生徒の図画工作の作品の審査に出席する好機を得たので、つぶさにこれらの作品を見ることが出来た。

また、沖縄の造形教育を動かす人々と膝を交えて懇談することも何回かあってほぼ沖縄の造形教育の動向というものをうかがい知ることが出来たのを大へん喜んでいる。

昨年十月から、久米島の仲里小学校で研究授業や実技研修会、教科研究会などを積み重ねたり、冬期認定講習会などで島の先生方の実力や、研究意欲を知ることが出来たのも沖縄の造形教育を語る上に大きな資料となり、素通りの観察でないものを或る程度申上げられるのではないかと思う。

以下沖縄の造形教育の動向と、将来への発展への観点ともなるべきものについて私の考えを述べてみたいと思う。

1 学習で取りあげる内容の傾斜が大きすぎる

私が内容に傾斜があるというのは、図画工作科の学習内容として教育課程で考えられているものを扱う場合、ある種の項目については必要以上に取りあげ、当然力を入れるべき項目の内容については全然扱おうとしないということを指しているのである。

私がある学校について内容がどんな風に扱われているかを、文教局の基準教育課程と比較してつぶさに検討した結果をまとめてみた表がある。

この表では、文教局の基準教育課程で扱われている材用、用具の頻度を一〇〇と考えて比較したものである。だから、例えば基準教育課程が一年から六年までの間に「木の枝」を用いて構成その他の学習を行った場合に、「木の枝」を扱う回数が一〇回あったとすると、それを一〇〇と考え、実際にある学校で行った回数が六回であれば、それを六〇というように整理したものである。つまり百分率で示したのである。

画用紙	一六八	虫の標本	〇				
クレヨン・パス	一三三	ペン	〇				
野菜の類	七五	版木	〇	茶わん	一〇〇	デザイン資料	一五〇
玩具（モデル）	〇	インク（謄写用）	二五〇	色画用紙	〇	写用紙	二〇〇
筆	一二	ルーラー	二五〇	皿	〇	ニス	〇
墨	一四	美術鑑賞資料	〇	もぞう紙	一二〇	砥の粉	〇
巻紙	〇	ねんど	一一五	染料	二〇〇	刷毛	〇
障子紙	〇	湿布	一一五	豆	七五	フィンガーカラー	〇
他府県の児童画	〇	粘土箆	〇	標準色紙	一八	毛糸	二〇〇
水えのぐ	六二	粘土板	一一五	木の葉	二二九	機具（モデル）	〇
竹ペン	二五	バケツ	一一五	綿、	〇	鉄	四一
果物	二五	木の枝	六〇	クリスマスツリー	〇	糊	四三
モデル用布地	〇	掛図（ねんど）	〇	糸	四一	金づち	二〇
果物かご	〇	彫刻刀	一三	割箸	〇	古新聞	一〇〇
粉えのぐ	〇	ススキの穂	一〇〇	ひご	三三	ざる	〇
和紙	〇	折紙	七三	笹竹	五〇	針金	一一
絵巻物作品	〇	紙テープ	〇	釘	三二	木片	〇
ばれん（版画用）	〇	包装紙	一五	工作用方眼紙	〇	空箱	六三
画板	二三三	セロファン	一四	小刀	六一	きびがら	〇
器物（モデル）	四〇〇	ビニール	三三	ものさし	五七	あだんば	七〇〇
銀紙（タバコ）	〇	明度照合表	〇	鳩目	〇	針	一二五
ラシャ紙	七	掛図（色）	〇	鳩目打器	〇	三角定木（抜書）	一三
半紙	〇	掛図（図案）	〇	パラフィン	〇	コンパス（〃）	一一
卵のから	二〇〇	参考ポスター	〇	空かん	〇	コンパス（児）	二九
竹ざお	二九	色鉛筆	〇	庖丁	一〇〇	鋸（木工）	一五
マッチ軸	一〇〇	ポスターカラー	〇	クリップ	〇	粘土のべ棒	〇
型紙	〇	芋類	八〇〇	キリ	三一	厚紙	一八
写真資料	〇	表紙資料	〇	虫ピン	〇	紐	一〇
ふみ台	〇	金あみ	二五	ペンチ	一九	接着剤（合成）	一三
画鋲	一七五	噴霧器	六七	三角定木	六九	板	四三

中厚紙	○	エナメル	○
ゴム輪	七五○	竹	三三○
竹ひき鋸	○	金工ドリル	○
竹わりなた	○	ハンダ用具	○
竹割り台	○	電池	○
裁断器	○	アルコール	○
かんな	一七○	シンナー	○
のみ	○	廻転粘土板	○
糸まき枠	○	釘おくり	○
ねじ	○	金属用鋸	○
金切鋏	一七○	紙ヤスリ	一○○
金工ヤスリ	○	糸鋸(手動)	五○
木工ヤスリ	○	ねじ廻わし	○
板金	三三○	ヤットコ	○
喰切	○	折り台	○
打木	○	金床	○
万力	○		

この表で一目瞭然のように、絵を描くという方向に非常に傾いている。もつともこれはある一つの学校の資料であるから。これをもつて全琉の傾向と判断するのはいけないと思う。

しかし先に行われた文教局主催の作品展審査の折に、とくに「生活を描く」とかデザイン工作部門にも力を入れなければならないと話しておられた当銘主事の言を考えれば、学校によつて差異はあるが、やはり、この表のような傾向が全搬を支配しているのではないかと思うのである。

本土における傾向もやはりこの表にあらわれる傾向はあるが、これほどの傾向度を示していない。文部省が行った労力テストの項目には図画工作科の内容全般に渉つて出題してあるので、本土とのずれがどのような原因にあるかを探し出すとすればこれらの傾向は一つの資料にもなると思うのである。

現在の造形教育では造形的な経験を豊かにする環境や意図のもとに実践が繰りひろげられることが望ましいという見方が圧倒的である。このことから見て、この傾向については、もつと積極的な指導意欲を盛り立てることが必要ではないかと考えるのである。

2 描くということの考え方

それでは、沖縄では、絵を非常によく描いているということが表の結果として考えられるが、その実態というものはどういうものかを考察してみたいと思う。

たしかに画用紙や画板、その他の描画材料を用いての学習の機会というものは、他の項目の学習に比べて非常に多いのである。

文教局の展覧会でとくに「生活を描く」と出題されているが、いわゆる風景写生はここにも出て来る現象は、やはり根には「絵は景色を写すものだ」という写生画中心時代の考え方が根深くあるのではないかと思われる。

図画工作の時間は絵の時間であり、絵は外の景色を写生することであるといつた一つの概念的なものがあるのではないかと思うのである。もちろん図画工作科の学習というものはそのようなことではないとして、躍起になつて望ましい方向に努力されている多くの先生方もあるわけだが（そのような人々には敬服される点が多い）大きな流れ方は、まだ現代の絵の学習方向の道に乗つているとは認められない点が多く感じられるのである。

つまり絵というのは、ものの形を写すことであり、一つのまねを上手にすることだという概念が未だ拭い切らないのである。

とくに自由な表現においては、そのことが芸術の活動に本質なつながりをもつているもので、作者の心の中に育てられるものの表現に生命があることの意識や理解が学習の中に浸透するようになることが大切である。絵画の本質からずれた点で、学習がひきずられているように感ずることが多いのは遺憾である。

しかし、文教局がテーマを打ち出し、図画工作科の学習が健康的な方向で示唆される行事が行われているので必ずや望ましい学習が近い将来において実現するであろうと期待している。

3 地域の特性を活かす造形教育へ

本土の教育でもよく言われることであるが、地域の特性を活かして教育効果をあげるように努力するということは、沖縄でも同様である。あるいは、本土以上にこのことは痛切に感じられるような気がする。

とくに造形教育の面では、直接学習に用いる材料や用具がすぐ問題にされるので、この点は一層力を入れなければならないことである。ある所では、粘土が豊かにあるし、また、ある所ではアダンバという本土には見られない材料もある、用具に関しても技法に関しても、沖縄の伝統を誇つているものが少なくない。これらの地域にあるいろいろの特性を学習の経験の場に置き替えた活動として取りあげられるようにあつて欲しいものである。

瀬戸にあるような窯が出来なくとも、地域にある材料を工夫し、活かすようにすれば子どもたちが楽しく焼き物をする設備位は充分出来るのである。とくに沖縄では製糖業が盛んであるし、モチを作る焼窯も方々で見られるので、これらの特性を学習の場に活かすようにすれば充分である。

（三九頁へつづく）

焼窯つくり

——— 長谷先生提供 ———

① はじめに窯を築く土台の部分を作る。割り石を入れて地盤を固める

② よく割り石が敷きつめられるように丸太のようなものでついて固める

④ 煉瓦（古いものでよい）を二つ割にしたもので円型に積み重ねていく。
煉瓦と煉瓦のメジはモチとセメントの混合したものでつめていく。ドストルの部分になるところだけ耐火煉瓦を内部に突き出すように作った。

③ モチとセメントをまぜて、窯の底にある部分を平に仕上げる

⑤ だんだん上にいくにしたがつて口が狭くなるようにする。全体をドーム型に作るようにすると温度をあげるに都合がよい。

⑥ モチとセメントでメジや、窯の内部をていねいに仕上げていく。

⑦ 窯の周囲は、粘土で厚目に塗り温度が逃げないようにする。下部は粘土がくずれて来ないように、沖縄瓦のおすを周囲に並べる。上部にはおす瓦を四枚蓋をするようにして置く。隙間から煙が出るようにする。

⑧ たき口を最後に仕上げる。火を燃やす時は、さらに煉瓦をつないで遠くの方から燃やし始め、だんだん奥の方へ燃やすようにして温度を上げる。

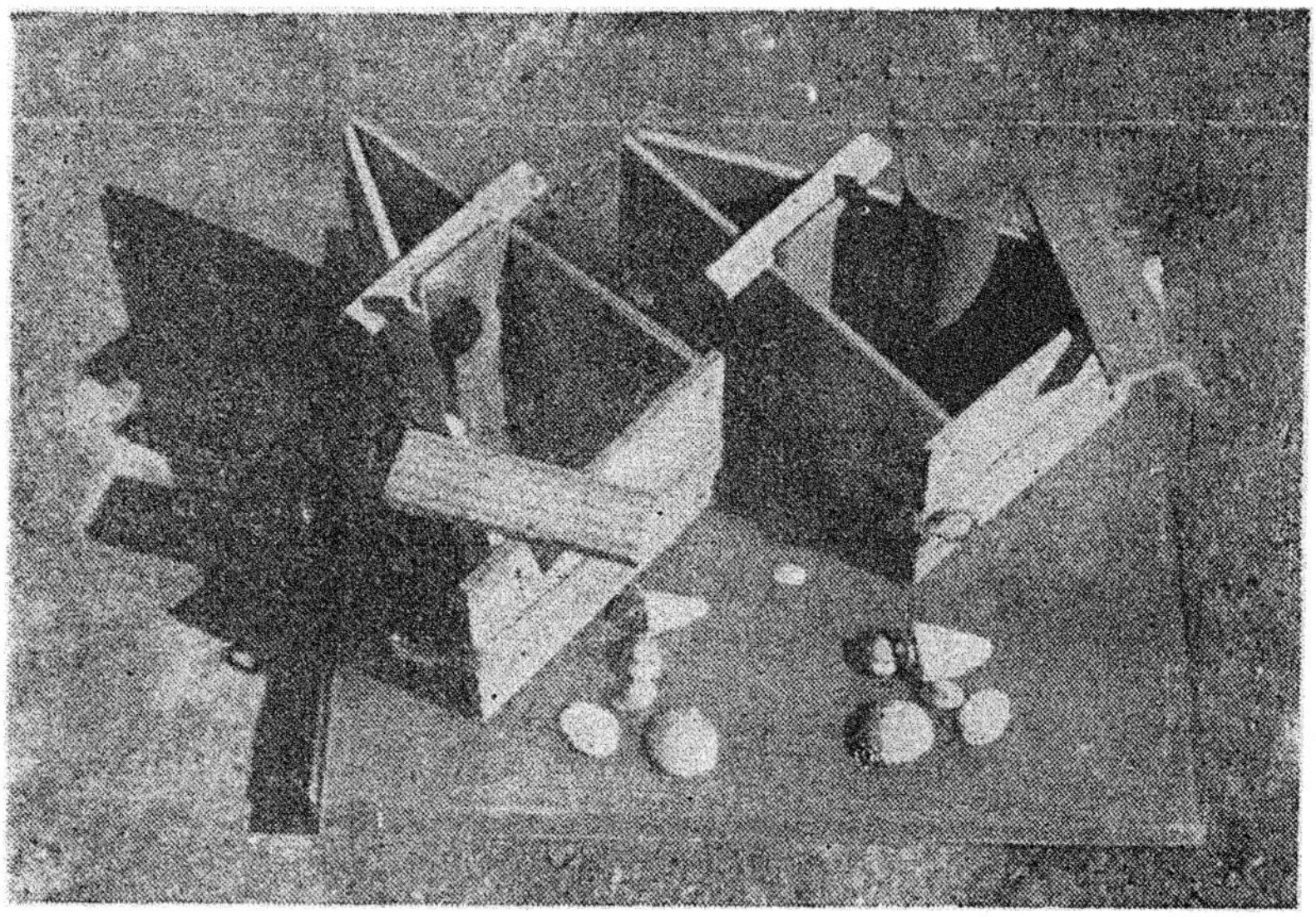

☆　板で枠を作り、丸味を表わそうとするところは、竹を半割りにし　☆
☆　て取りつける。このコンクリートを流し込んで固める。充分に固　☆
☆　まらない前に美しい貝などをぞうがんにすれば装飾としておもしろ　☆
☆　い。一日おいて枠を 取りはずせば 立派なブロクエンドが出来上　☆
☆　る。コンクリートに馴れることは、とくに沖縄の環境では大切な　☆
☆　ことだと思う。　☆

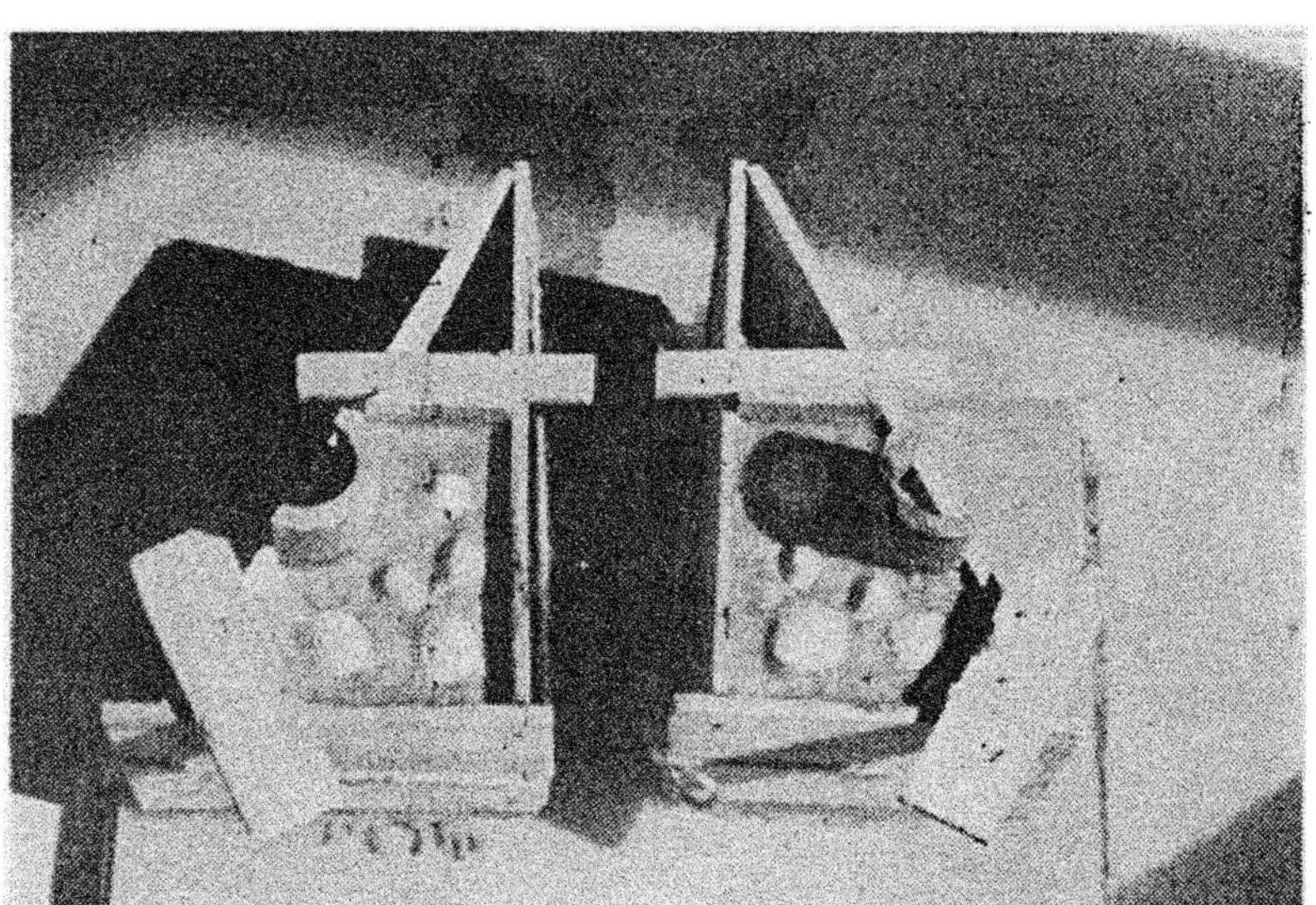

文教局主催

全琉図工展作品紹介

きりんとぞう

那覇　開南幼稚園　　たまき ひろ あき

おまわりさん

那覇　城岳小学校　1年　　ともよせ　けいじ

うちのやぎ小屋

名護　真喜屋小学校　2年　　島袋　幸之

ぶたの親子

那覇　高良小学校　1年　　金城重光

さんぱつや

コザ　コザ小学校　2年　　ひがきよ子

田舎の道

那覇　前島小学校　3年　　名嘉　和重

学校工事をしている起重機

那覇　壺屋小学校　4年　　喜瀬　政美

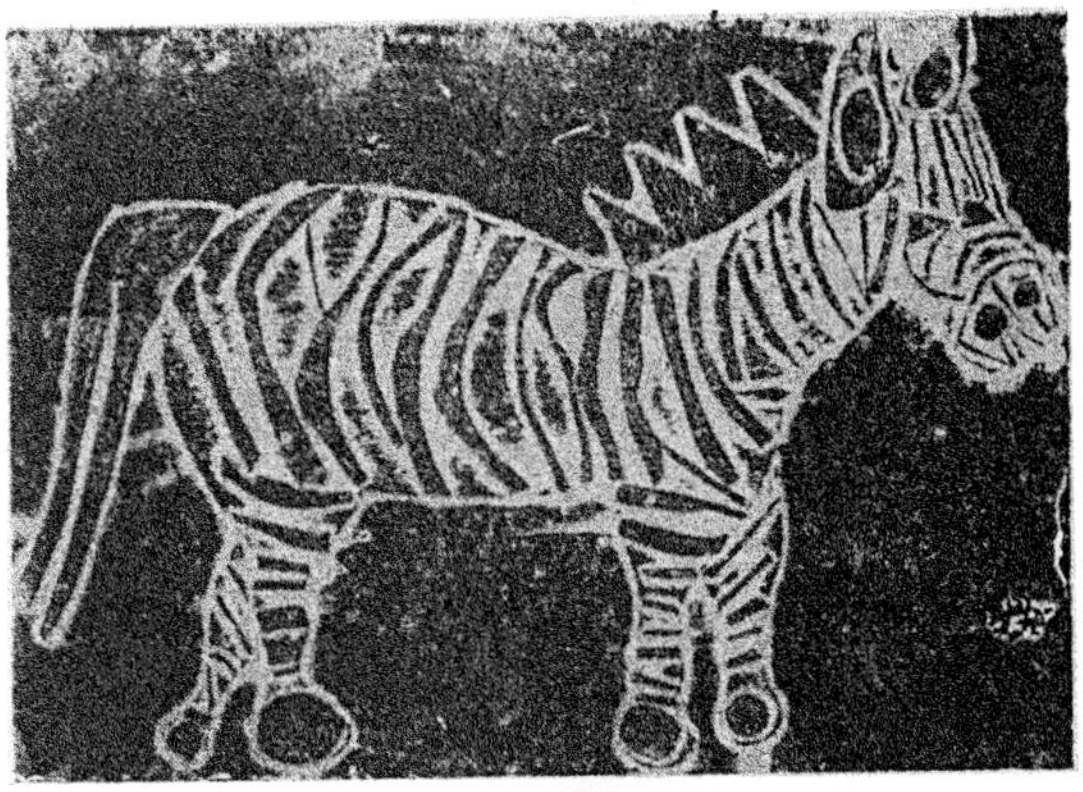

し　ま　う　ま

名護　瀬喜田小学校　3年　　宮城恵・比嘉正

お　友　だ　ち

那覇　松川小学校　4年　　平敷　信子

荷馬車工場

宮古　平良第一小学校　5年　垣花　増子

日曜日の庭先

石川　宮森小学校　6年　角松　明夫

お　友　だ　ち

名護　真喜屋小学校　6年　　国吉　節子

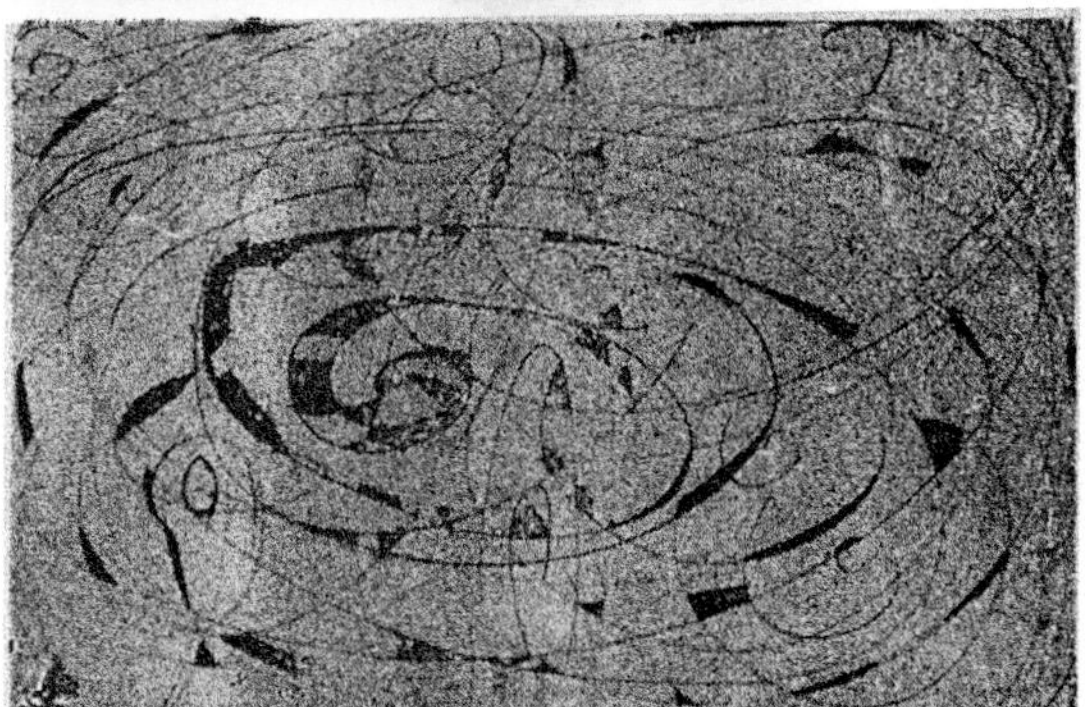

水　の　わ

石川　宮森小学校　6年　　石川　善正

教　室　で

那覇　久茂地小学校

4年　田島期次

お友だち

那覇　久茂地小学校

4年　城間のり子

建　築　場

石川　宮森小学校　6年　石川　徹次

水　道

那覇　壺屋小学校

6年　福里茂代

第4回
全琉児童生徒作品展を終えて

当銘睦三

第四回全琉児童生徒作品展は去つた十二月二十六日から三日間にわたつて那覇市壺屋小学校において開催された。今回の応募学校数は幼稚園二九、小学校一一三、中学校四七計一八九校である。出品点数、入選点数は下表のとおりである。

部門別に見た場合工作門の応募が少いのは海上輸送の関係から両先島、久米島を除いた為である。全部門の応募総数七〇〇〇点は全琉作品展としては物足りない感もあるが、これは各部門にわたつて学級五点以内と応募点数を限定したからである。展覧会運営上更に予算との関係で止むを得ないにしても来年度からは点数を制限せず（制限するにしてももつと多くして）出来るだけ多数の児童生徒に参加の機会を与えるよう考慮したいと思つている。

中学校の応募が本年も少いのはどうした事だろうか。若し毎日の学習指導が入試テストを目標にして行われ、製作活動がおろそかにされているというのがその原因であるとすれば、中学校図工科経営は真剣な反省と検討が必要であろう。

入選は応募点数の一割程度にしてあるが「少な過ぎる」という意見もある。入選の基準を「当該学科において望ましい作品」というところにおいた為に一割程度ということにしたが入選率をもつと引上げ児童生徒の喜びや意欲の高まりを期待することもよいと思う。入選の基準を作品の内容におくか、児童生徒の活動に対する賞讃をねらうか、ということは作品展の趣旨とにらみあわせて研究して見る必要があろう。

	幼稚園		小学校		中学校		計	
	応募	入選	応募	入選	応募	入選	応募	入選
パス水彩画部門	四八二	三八	三一〇九	二五七	三二〇	二一	三九一一	三一六
版画・素描部門			八二八	一一八	一〇五	一三	九三三	一三一
デザイン部門			一一九〇	一一七	三〇二	三二	一四九二	一四九
工作部門			五六〇	九〇	六六	一四	六二六	一〇四
計	四八二	三八	五六八七	五八二	七九三	八〇	六九六二	七〇〇

次に展覧会やコンクール等が多過ぎる。その為に教師の負担がますます過重になつてきた。という声をよく聞くがこれは学校や教師の展覧会参加の仕方に問題はありはしないだろうか。締切間際になつて 騒ぎ出し、何名かの子供達（選手？）を集めて特別指導をするというやり方では教師自らが負担を作り出して苦しんでいるようなものである。自分の教育計画の中でこれを消化する方法をすれば負担になるどころか、かえつて学習指導が充実し、子供達の活動もより巾広くなつていく筈である。

無計画でその場限りの指導では決して良い作品は生れてこないし、又一回入選した子供だからといつても良い作品が出来るとは限らない。ということも指導者としては 充分 理解しておく 必要があろう。特に小学校においては「あの子はうまい」「あの子は駄目だ」という先入主を捨てて温い眼で総ての子供の作品を見、良い作品を選ぶように心掛ける事は、単に展覧会出品の時だけに限らず、ふだんの評価においても大事な事がらだと思う。この意味で作品展募集要項の趣旨をしつかり研究して貰いたいと思つている。

○描画について

「生活を描く」という主題である。これまで沖縄の図工指導は写生画にかたより過ぎていたのではないか。現在の美術教育の考え方の主流が創造主義で子供達の自己表現をねらつているのであるから写生画に偏してはこのねらいを達することは困難であろう。もちろん写生画がいけないという意味ではない。対象にとらわれないで、自分の眼で見、自分の心で感じたものを表現するという写生であれば自己表現をよりたしかなものにするという意味で必要であると思っている。しかし美術教育のねらいが造形的な自己表現活動をとおして創造性を培うにあるとすればやはり写生画より想画（生活画）にウェイトをおくべきではなかろうか。

主題「生活を描く」はいわゆる生活画であるが、設定の意図は想像画、記憶画、生活画、主題画、空想画等をひっくるめて「生活を描く」としたつもりである。即ち児童生徒の生活経験を直接経験だけでなしに想像的なもの、空想的なものまで巾広く取上げて表現させたいという意図である。

この意図は第一回作品展から一貫して変っていない。今回の作品で特に感じたことは表現内容が前述の主旨にそうて豊富になり人物表現の抵抗がかなり除かれてきたのではないかということである。

生活画はどうしても人間を描く仕事が中心になってくる。それで人物表現の抵抗をどうして除いてやるかということが生活画指導の重要なポイントになる。子供は元来人間に興味をもっているものであるのにだんだん人間を描くことがきらいになってくる。特に三・四年頃からその傾向が出てくるようである。形にこだわるようになってくるからでもあろうが図工の時間になると室外写生に追払う（？）指導者の罪でもある。

小学校の頃までは形のとり方等余り教えない方がよいと思う。竹や割箸等を使って一本線描法等によりもっと楽しく気軽に人間が描けるような指導法を工夫すべきである。そうすれば感動のない概念的な人物表現は自然になくなっていくであろう。

次に幼稚園、中学校を通じてまだゴテゴテと塗りこんだ絵が多いということである。そういう絵でないと入選しないという教師の誤った考えからこのような作品がたくさん出てきたと思われるが子供の発達段階を考えて指導すべきである。

特に幼稚園や小学校低学年の描画はもっと線が重んじられなければならない。子供の生き生きとした線が恐らく教師の指示によるであろうと思われる無意味な塗りつぶしによってつまらなくなった作品が多かったようである。小学校高学年や中学校の水彩画も不透明描法一点ばりでなしに、透明描法や線を活した単彩描法等種々の表現技法を指導してもらいたいものである。いろいろの技法を試みることによって作品は充実していくものである。

○版画について

版画が特に一部門として募集されたのは第二回作品展からである。当時、応募作品の殆どが紙版画でその出来も極めて幼稚園であったが、ゴム版や木版の版画らしい作品が去年から見られるようになり今回は二・三の学校ではあるにしてもかなりすぐれた作品が多かった。

前島、壺屋、宮森等の作品はその点本土の水準にきているのではないかと思っている。ただ、壺屋、宮森の作品は刷りの技術に今一歩の研究が欲しいし、前島の作品は技術的な面では申分ないが表現の面で行づまらないかと懸念される。生活版画に新しい方向を見出すことも行づまりを打開する一つの方法であろう。

版画についてはこれまで小学校学習指導要領図工編には描画の四年生のところに「簡単な版画を加えてもよい」とわずか一行、しかも消極的に触れているだけであったにもかかわらず本土の版画教育はここ数年素晴しい勢で発展してきている。これは版画のもつ教育的意義が教育実践家の間に充分認識されたからであろう。

今回の教育課程改訂でも図工学習の一つの柱として独立した位置が与えられているのが注目される。

版画は図工学習のうちで子供が一番喜ぶ領域である。きる、ちぎる、ひっかく、ほる、おす、こする等の計画的な破壊と建設の活動をとおして子供達は新しい造形の世界を発見していく。指導者はこの発見の喜び（子供達の本能的な表現欲求に結びつく喜び）を見失うことなく技術的な指導にこだわらず望ましい学習を取上げていくようにしなければならないであろう。

即ち(1)純粋表現として（自己の生活や内面的なものを表現させる学習）
(2)あそびや構成練習として（造形活動のもっとも初歩的な学習としてあそびに近いものから、造形の要素や構成の原理を学ばせを手段としたり、新しい造形美を発見させるための学習）
(3)機能表現として（版画のもつ複数性を実際に役立てる学習）
(4)鑑賞指導として（すぐれた作品やみんなの版画をまとめて画集を作り鑑賞指導の場とする）(5)生活指導として（画集を作るとか共同製作をする。版画の持つ作業性などを通して生活指導に貢献する）

以上のように取上げて指導することが考えられる。沖縄の版画教育はやっと関心が持たれてきたという段階である。先生方の意欲的な研究と実践を望みたい。

○デザインについて

デザインの出品点数は予想に反して多かったが内容は自由模様が殆どで本格的

なデザイン学習には程遠い感じである。その自由模様も過去の二方連続、四方連続といつた形式をおしつけたような作品が多く、子供の自由や楽しさが表現されていないのは指導者自身このデザイン学習にはつきりした指導観をもつていないためであろうか。

デザイン学習が重視されたのは本土でも最近のことであるから、このことは止むを得ないと思うが今後の研究を期待したい。

この学習は低学年では遊びとして取り扱い次第に目的をもつた活動即ちデザインへ発展していくべきである。デザインとは無目的なものではなく必ず何かの用に役立たせるということがなければいけない。もちろん用途をもたない自由構成もデザインの基礎教育として必要である。

この意味で上学年では自由模様を作らしてもこれを何に利用するか、どのように活かすかという活動に発展させることが望ましい。又始めから目的をきめてデザインをする活動も重視して学習を進めていくべきであろう。その為に募集要項にもこの部門だけは、その学習内容を参考として具体的に示したのだが取上げられていないようで残念である。

次に低学年から高学年にいたるまで墨流し、デカルコマニー、吹き流し、フロツタージュ等の新しい技法による作品が多かつたが、このような新しい表現技法は指導者がその教育的な価値やねらいをつかんでいないと、単なる流行に終つて無意味な活動になつてしまう恐れがある。

これらの技法は偶然に出来る形であるという点にあるが、この偶然に出来る形の面白さ―ああ面白いなあという驚き―その驚きはやがて自分の身の廻りの事象をこれまでと違つた眼で見直すきつかけをつくるであろう。

次にそのようにして出来た形をデザインの素材として活かすことが必要である。低学年であれば単に遊びとして取扱うが高学年になるとその発展を考えるということである。例えばマーブリングであれば年賀状に使うか或はノートの表紙やテーブルセンター等に活かして見るとか、いろいろくふうさせて見ることである。

このような発展的取扱いによつて、子供の学習活動はより意欲的で計画的なものになつていくであろう。

○工作部門について

粘土の作品が一般に小さ過ぎるのではないかと思われた。出品のための運搬とか制約があるのでそうなつたのかも知れないが、学校におけるふだんの学習でも準備する粘土の量は少いようである。量が少いときおい手先だけの活動になつて感覚的な表現が出来なくなるのではないか。「全身で表現する」ということは子供達の造形活動全体を通じていえることだが粘土彫塑の場合は特に重要なことである。

粘土の量を多く与えると共に製作に当つてもなるべく立たして行動させることも学習指導上留意しなければならない点であろう。

表現内容も小学校においては壷、灰皿等より子供達の生活経験の中から取上げて心象表現に重きをおくべきである。

粘土はいろいろの表現材料の中で最も造形素材としてすぐれたものをもつている。いわゆる可塑性である。したがつて粘土は子供の感情表現に好適な材料である。工芸的なものにつながるものも学習内容として取上げていかなければならないが、小学校では彫塑的なものを重視すべきである。

身辺にある材料を使つての工作では、いろいろの地方的材料が取上げられ、自由な楽しい作品が多くなつたことは、これまでの工作不振を打開しようとする現場の先生方の熱意のあらわれとして喜ばしいことである。只作品が感情現表を主とするいわゆるオブジェ工作的なものが多く機構的な作品が極めて少かつたことは残念であつた。

機構的なものを作る工作は美術的という意味よりは、より強く科学的基盤に立つ造形活動であるから、今後大いに推進されるべき内容である。

以上まとまりのない所感になつたが先生方の今後の図工指導にいささかでも参考になれば幸いである。

※（三〇頁より）

写真に示すものは久米島の仲里小学校でその学校の職員と一緒になつて築きあげた児童のねんど作品を焼く窯を築く過程である、

ここの先生方は、今年まで児童が作るねんど作品を焼き物にしたいという念願を前からもつて居られたのだが、自分たちで窯を築こうという所までに到らなかつたそうである。

一度は失敗するかも知れない、けれどもその努力の中には尊い創造への道が開かれるものである。試みようとする機会を是非持つようにして問題解決への努力をすること自身が児童の教育効果を高めるものであると考える、そしてそのことは子どもの内的生命を基幹とする力強い教育が展開される重要なポイントであろうと思うのである。

昭和三十五年度の 初等・中等教育の行事展望

▽…ことしは、新しい教育課程への移行措置実施第二年目。小学校はこの…△
▽…〃地ならし教育〃完成の年であり、中学校では四月から一年生にこの…△
▽…措置がとられる。高等学校についても、ことしは教育課程改訂の基本…△
▽…線が明らかにされ、来年から使われる小学校の新教科書は、いよいよ…△
▽…ことし、採択の時期を迎える。本省初等中等教育局では、このような…△
▽…年を迎えるにあたつて、いち早く別項のように、昭和三十五年度事業…△
▽…計画予定表を作成、各都道府県教育委員会等と協議しながら、この年…△
▽…のスケジユールを固めている。新年度の各学校における事業計画に参…△
▽…考になる点が多いと考えられるので、まとめてご紹介しよう。…………△

小中校は夏休み前に実施

地区別教育課程研究協議会

小・中学校の新しい教育課程の趣旨徹底を図るための中央講習会ともいうべき地区別教育課程研究協議会は、昨年同様、小学校教育課程研究協議会、中学校教育課程技術・家庭研究協議会の三つに分かれて行なわれる。

協議会の対象は、指導部課長、指導主事校長、教員等で、この協議会のあと各都道府県ごとに行われる都道府県教育課程研究協議会の講師となる人々である。三協議会とも五地区五会場で行われることは昨年同様であるが、一会場当たりの参加者数が小・中学校協議会では三百名となつたこと（昨年は五百名）、また研究協議会の内容が、昨年は新教育課程の伝達が中心となつたが、本年は教育課程の内容の研究を中心としていること、開催の時期が夏休み前となつたことなどは、昨年と変わつたところである。

なお、次の記事中の会場予定県は、このほど開かれた指導事務主管課長会議で、協議された結果で、まだ確定したものではない。

○小学校教育課程研究協議会

会期＝五月中旬から六月中旬。

期間＝三日間。

部会数＝国、社、算、理、音、図、家、体、道徳、特活、学校行事等、教育課程一般の十部会

地区区分と会場予定県＝▽北海道・東北（山形）▽関東・甲信越静（東京）△東海・北陸・近畿（富山）▽中国・四国（島根）▽九州（熊本）

○中学校教育課程研究協議会

時期＝六月中旬から七月中旬。

期間＝三日間。

部会数＝国・社・数・理・音・美・保体・外・道徳・特活・学校行事等教育課程一般の十部会

地区区分と会場予定県＝▽北海道・東北（青森）▽関東・甲信越静（東京）▽東海・北陸・近き（三重）▽中国・四国（徳島）▽九州（佐賀または長崎）

○中学校教育課程（技術・家庭）研究協議会

時期＝五月下旬から六月下旬。

期間＝三日間。

部会数＝設計・製図・木材加工・金属加工一部会、機械一部会、電気一部会

一会場参加者＝百～二百名。

地区区分と会場予定県＝▽北海道・東北（宮城）▽関東・甲信越静（東京）▽東海・北陸・近き（愛知）▽中国・四国（岡山）、▽九州（大分）

十一月には高校の

教育課程研究協議会

高等学校の教育課程改訂については、昨年二月以来教育課程審議会で審議が進められているが、本年十月までには改訂の内容も固まると見られるので、十一月上旬から下旬にかけて本年から新たに高等学校教育課程研究協議会が次の要領で開かれる予定である。いずれも高校の新教育課程の趣旨徹底に重点がおかれ、参加者は指導部課長、指導主事、校長、教員で、各都道府県における同種の研究協議会の講師となる人である。

○高等学校教育課程研究協議会

期間＝三日間。

部会数＝国、社、数、理、保体、芸、外、特活教育課程一般の八部会。

一会場当たり参加者数＝三百人

地区区分と会場予定県＝▽北海道、東北、関東、甲信越静（東京）▽東海、北陸、近き（岐阜）▽中国、四国、九州（広島）

○高等学校教育課程（職業科）研究協議会

（農・工・商・家）

期間三日間

一会場当たり参加者数＝百～二百人。

地区区分と会場予定県＝▽北海道、東北、関東、甲信越静（東京）▽東海、北陸、近き（和歌山）▽中国、四国、九州（愛媛）

（水産）

期間＝三日間。

部会数＝一部会。

一会場当たり参加者数＝百人。

地区区分と会場予定県＝▽北海道、東北、関東、中部（東京）▽近き、中国九州（山口）

小学校の音楽などに実技向上の講習会

講座等の計画

初等・中等学校教育関係の指導者の資質向上を図る各種の本省主催講座等は、次のように計画が進められている。

○小学校音楽、図画工作、家庭実技、ローマ字講習会

小学校の音楽、図工、家庭科では、特に実技の指導力の向上が必要であること、また三十六年度からローマ字が四年生以上必修となるので、六月から七月にかけてこの講習会が次の要領で開かれる。

期間＝四日間。

会場と区分＝▽北海道、東北、関東、甲信越静（栃木）▽東海、北陸、近き（奈良）▽中国、四国、九州（香川）

対象＝指導的教員を中心とし、その他指導主事、校長等各会場とも百六十名から二百名。

○へき地教育指導者講座

へき地学校における音楽・図工・理科家庭科については、すでに昨年度指導講座が行われた。本年はさらに国語・社会算数・道徳について指導者講座を九、十月に次のように実施する。

期間＝四日間。

地区区分と会場＝▽北海道、東北、関東、甲信越静（茨城）▽東海、北陸、近き（石川）▽中国、四国、九州（鹿児島）対象＝指導主事、校長、教員で各会場とも二百名の予定。

○中学校音楽科実技講習会

中学校音楽教育の振興を図るため音楽科指導者の器楽実技指導力を高めることを目的として行なわれるもの。

明年一月から三月までのうちに東部（一道一都二二県）地区は東京で、西部地区（二府二〇県）は京都で、それぞれ四日間、一会場約百五十名を対象に行なわれる

○中学校美術実技講習会

中学校美術教育の振興を図るため、美術科指導者のデザイン実技指導力を高めることを目的として行なわれる。

音楽科実技講習会と同じく一月～三月に東部（東京）西部（佐賀または長崎）の二地区二会場で、一会場約二百名の指導主事・教員を対象に行なわれる。

○特殊教育講座

新年度の特殊教育関係講座は次の要領で実施されるが、特に、精神薄弱教育講座は、特殊学級の年次計画設置に呼応して四地区四会場（三十四年度は三地区）で行なわれる予定である。

▽病弱、虚弱児教育全国協議会ならびに同教育講座＝六月から十月までの間に新潟県で、教員、指導主事六十名を対象に六日間行なわれる。

▽盲教育講座＝九月～十月に、東日本（千葉）、西日本（山口）の二地区二会場で、一会場六十名の教員、指導主事を対象にそれぞれ六日間行なわれる。

▽ろう教育講座＝九～十月に、東日本（長野）西日本（佐賀）の二地区二会場で一会場百五十名の教員、指導主事を対象に行なわれる。

▽精神薄弱教育講座＝七、八月に北海道東北（北海道）、関東・甲信越静（山梨）、東海北陸近き（兵庫）中国・四国。九州（広島）の四地区四会場で、各会場百五十名の教員、指導主事を対象にそれぞれ六日間の予定で行なわれる

○幼稚園教育指導者講座

本年は音楽リズム編、絵画、作編、言語編（近刊の予定）の指導書を中心に、趣旨徹底の講習が次の要領で行なわれる

時期＝九月～十月　三日間。

地区と会場＝北海道・東北・関東・甲信越静（岩手）、東海・北陸・近き（福井）中国・四国・九州（鳥取）。

参加者＝指導主事、園長、教員各会場とも百五十名。

○定時制通信教育研究協議会

この協議会は定時制高校教育および高校通信教育の当面する諸問題について研究協議し、その振興を図るもので、新年度は十月に静岡県で実施の予定。会期は四日間、全国から約二百名指導主事、教員市町村教育長が集まって行なわれる。

○産業教育指導者養成講座

これは、高校産業教育に従事する教員または指導主事を対象に、大学で実技指導を中心に行なわれるもの。

新年度は七～八月に六日間、東京で、農工・商・職業指導・家庭の五会場で実施の予定。

昭和三五年度初等中等教育局事業計画予定一覧

事業名	時期		会場数	地区範囲	部会数	一会場当り参加者数	対象	会場都道府県
都道府県指導事務主管部課長会議	四月六月一一月		一	全国	一	約一〇〇名	主管部課長（指導主事）	東京
教科書に関する地方協議会	四月	一日		七地区		五〇名	教科書主管課指導主事、採択関係者	秋田ほか
都道府県教委給与主管課長会議	五月中旬	一日	一	全国	一	四六名	各都道府県教委給与主管課長	東京

事業名	時期	日数	会場数	地区範囲	部会数	一会場当り参加者数	対象	会場都道府県
学校図書館指導者研究協議会	五月	二日	一	全国	三	二〇〇名	指導主事小、中、高校教員	東京
地区小学校教育課程研究協議会	五月六月	三日	五	五地区	一〇	三〇〇名	指導主事（指導部課長を含む）校長、教員	山形ほか
中学校教育課程（技術・家庭）地区研究協議会	五月六月	三日	五	地区	三	一〇〇—二〇〇名	指導主事、大学教員等	宮城ほか
小学校音楽、図画工作家庭実技、ローマ字講習	六月—七月	四日	三	三地区	四	一六〇—二〇〇名	指導主事（指導課長を含む）校長、教員等	栃木ほか
地区中学校教育課程研究協議会	六月—七月	三日	五	五地区	一〇	約三〇〇名	右と同じ	青森ほか
定時制通信教育担当者研究協議会	六月	三日	一	全国	一	約一〇〇名	指導主事、管理主事	東京
職業教育関係指導主事研究協議会	六月	一日	一	全国		一〇〇名	都道府県職業教育関係指導主事	東京
市町村教育長研究協議会	六月—七月	二日	八				市町村教育長	未定
病弱、虚弱児教育全国協議会ならびに同教育講座	六月—十月	六日	一	全国	二	六〇名	教員、指導主事等	千葉山口
教育委員会事務局職員研修講座（都道府県五大市）	七月	二週間	五	全国		五一人	都道府県五大市教員教職員人事担当者	東京
産業教育指導者養成講座	七月—八月	六日	三	全国		一〇〇名	指導主事、高校教員等	東京
理療科教員講習会	七月	八日	一	全国	四	一〇〇名	理療科教員	東京
精神薄弱教育講座	七月—八月	六日	四	四地区	三	一五〇名	教員、指導主事	北海道ほか
肢体不自由児教育講座	七月—八月	八日	一	全国	三	一五〇名	教員、指導主事等	東京
教育委員会事務局職員研修講座	八月	二週間	一	全国		四六人	市町村教育委員会事務局職員	東京
へき地教育指導者講座	九月—十月	三日	三	三地区	三	一五〇名	指導主事（指導部課長を含む）校長教員等	茨城ほか
幼稚園教育指導者講座	九月—十月	三日	三	三地区	三	一五〇名	指導主事（指導部課長を含む）園長教員	岩手ほか
盲教育講座	九月—十月	六日	二	二地区	三	六〇名	教員、指導主事	千葉山口
ろう教育講座	九月—十月	六日	二	三地区	三	一五〇名	教員、指導主事	長野佐賀
へき地教育研究大会	十月—十一月	四日		全国			小。中校長教員等	群馬
定時制通信教育研究協議会	十月	四日	一	全国	四	約二〇〇名	指導主事、教員、市町村教育長	静岡
公立学校事務職員研究協議会	十月下旬十一月上旬	三日	一	全国	三	約三〇〇名	公立学校事務職員	東京
教科書研究協議会	十月—十一月	一日	五ブロック	全国		八〇名	教科書採択研究員及び調査員	福島ほか
校長研究協議会	十一月	三日		全国		約一、二〇〇名	幼・小・中・高・特校長	東京
昭和三十五年度地区高等学校教育課程研究協議会	十一月中旬—十二月中旬	三日	三	三地区	八	約三〇〇名	指導主事（指導部課長を含む）校長教員大学教官	東京ほか
高校教育課程（職業科）地区研究主議会	十一月	三日	三	三地区	四	一〇〇—二〇〇名	指導主事、大学教員等	東京ほか
高等学校教育課程（水産科）研究議協会	十一月	三日	三	二地区		一〇〇名	高等学校担当教員等	東京山口
精神薄弱児教育全国協議会同指導者講座	十一月	五日	一	全国	八	六〇〇名	教員、指導主事、主事、保護者等	大阪
特殊学級設置協議会	十一月—十二月	二日	二	東日本西日本	二	二〇〇名	教委主事、校長、教員等	東京
理科、定通補助金関係主管部課長会議	一月	一日	一	全国	一	約一〇〇名	主管部課長	未定
産業教育関係課長会議	一月	一日	一	全国		一三〇名	都道府県教委関係課長、事務担当者	東京
校長指導主事等研修会	未定			全国			校長、教員、指導主事	未定

児童期の道徳的発達

琉球大学　文沢義永

一、道徳性

道徳性 morality という語はラテン語の mores からきており、この mores は習慣、民族の因襲、グループの標準に一致するところの行為の型などを意味している。従って morality は本来人の行動に関する概念であると共に、社会・民族によって異なるものを意味していると言える。凡ての人々は常に一定の要求を抱いて生きている。この要求はその生活する場との力動的関係において行動として現われる。

この行動をその社会が認め維持している善・悪、正・邪の標準から眺めるとき、道徳という概念が生れる。凡ての社会は夫々一代から次の世代へと受けついできた正・不正の標準を維持している。もちろんその社会の進化変遷につれて幾分変化はするが、永年に亘ってその社会生活の規範となってきたものをもっている。即ち道徳には、時と処を問わず不変のものと時代や社会によって変化するものとがある。社会の一員として生存する限り人間はこの社会的標準を遵守し、有意的にそれに従って行動し、その社会の幸福のために自己の行為に対する個人的責務を負わねばならない。

従って道徳は個人の善意志に基いて有意的に行った社会的標準に一致する行為から成ると言うべきだろう。

道徳の本質はあくまで善意志と実践である。だから真の道徳は社会的標準という固定した規範を外部的権威として追随するのでなく、それを自己の内的な標準とし、その内的権威に従って有意的に行う、内的に調整された行動である。しかもその行為に対する責務の感情を伴うと共に個人的欲求や利益に先んじて社会的幸福が考えられるものでなくてはならない。

シュプランガーは、道徳性を社会的(或は集団的)道徳と個人的徳性との二つの現象に区分している。社会的道徳は道徳的規範であり、客観的文化或は客観的精神の一面である。それは集団的に通用するもので、個人の行動の上に働く価値判断の総体として現われる。個人的徳性は個人の本性に根ざすもので、価値の世界及び階級に対する個人的態度である。そして、超個人的法則が個人の中に具現されて個人的最高使命として体験される。

二、学習による道徳性の発達

過去において唱えられた性善説や性悪説は何れも直ちには承認されない。幼児期における行為は道徳的でもなければ不道徳でもない。彼らは準拠すべき内的標準をもっていない。また道徳的標準によって導かれていないという意味において無道徳的である。彼らは道徳的に行動する前に、彼らの属する社会が正・不正とするところの標準を学習しなければならない。

この学習は幼児・児童・青年期を通じて漸次に為されてゆき、一部は両親・教師、他の大人たちから教えられ、一部は彼が最も多く接触している仲間やその他の人々の行動を模倣することによって学習するのである。この学習を通し、更に個人の本性に根ざした人格的態度の発達と相俟って、その社会が期待する道徳的行為の型を身につけていくのである。

躾けの目的は正なることや社会が彼に期待する行動を教えることである。初期においては社会的承認・称讃・褒賞の形で行為に快が結合していく時、その反対の場合と共に漸次社会的に望ましい行為ができあがることが期待される。このような躾けが正しく恒常的に継続されるならば、道徳的行為はやがて習慣的になるであろう。

社会的に受け入れられるような行動の学習は一般的な学習法則と同じ法則に従うものと考えてよかろう。条件づけ、系列学習、洞察、モーティベイション、練習(及びその分配)、転移などの法則がそれである。道徳的な行為の発達に関して、ハーロックは次の四つを基礎的原理としている。

(1) 社会的に望ましい線に沿って方向づけること

(2) 何が正であり不正であるかを行為と直結して直接に話すこと

(3) 理解できる限度において、何故正であり不正であるかを行動に直結して話すこと

(4) 楽しい反応が正と結合し、不快な反応が不正と結合するよう指導者が意識的に企てること。

更に、道徳的知識の発達は抽象的な言語の形で正・不正の原理を学習することによってなされる。従って一つの場面におけ行動の原理を他の場面における行動へ転移する能力を持ち、言語的に与えられた抽象的な原理を具体的な場の行動に結合しうるように精神的に成熟していな

ければならない。

最初は賞罰、快、不快と結合して行為の善悪を学んでいたものが、成長と共に単に個人的結果からでなしに社会的結果によって、その行為を判定することを学ぶようになる。

この理由から道徳的知識の発達には単に両親や教師が教える以外に、友人や他の大人達との接触の機会や家族のように簡単にその過ちを許されない他の人々との接触の機会を多くもつことが必要である。この機会を通してこそ、他の者たちが如何に自分の行為を評価しているかを如実に知り、道徳的判断の成長が期待される。

三、道徳的発達の段階

精神構造が未分化であればあるほど、自らの行動の理解もなく、内に準拠する標準も持たず、外部的権威に動かされることが著るしい。精神構造の分化発達と共に、自らの行動を理解し、漸次内部的標準を持って自らの責任と意欲によって行動するようになる。

いわゆる他律から自律への進展である。結局道徳的発達とは人間の本性に根ざす道徳的態度の発達に伴って、外部的権威から内部的権威へ、即ち他律的な低い道徳の段階から自律的な高次の段階への展開である。しかしもっと具体的にその特性を捉えるとどのような姿をもって進展するだろうか。この点を明らかにするために一定の時期において現われる特性を捉えて道徳的発達段階を定めている。そしてその特性の捉え方によって、いろいろな段階づけや見方が存在する。次に二、三のものを参考のために挙げてみよう。

青木誠四郎氏は善決定の基準に従って第一段階を快即善の素朴な道徳的未分化期、第二段階を賞められたことを善とする時期（児童期を中心とする）、第三期を自己判断と自己満足によって善とする時期に分けている。武政太郎氏は、

第一期、道徳的意識の萠芽期、満三、四才まで。（道徳的意識は存在せず、本能的活動で多くの活動は行われる）

第二期、周囲の道徳によって動かされて行動する時期、小学校低学年まで。（与えられたものを専ら権威として行動する）

第三期、過度期、小学校五、六年。（多少判断が発達し批判的になるが権威道徳の時代）

第四期、自律的動機が決定され始める時期、青年期。（専ら主観的標準によって行動するが客観的道徳理想に対しても動かされ始める）

第五期、明らかに客観的道徳理想を認め、常に道徳的動機を自己の人格によって自律的に決定する時期。（自律道徳時代）

のように五段階に分けている。マクドウガル（McDougall）は行為を次の四つの段階に分類している。

一、無知或るいは本能行動の段階、乳幼児期。（行為はその自然的な結果によって修正される）

二、賞罰による行動の段階、学童期。（教師や両親その他の人々によって監督されている。外部的統制の時代）

三、社会的な是認・否認に基づく行動の段階。（集団の意見が最も力強い動機づけとなる時期）

四、利他主義の段階。（最高の時期で真の道徳性の段階）

ピアゼ（Piaget）は次のような五つの道徳的発達の段階を認めている。

一、習慣的段階。（情緒的満足が優勢な段階）

二、大人の要求へ合致の段階。

三、平等の原理による相互適応の段階

四、基礎的動機を理解する段階。

五、規則・原理・理想を自らの規範として持つ段階。

もちろん、道徳的発達も一段的発達特質と同じく分化・綜合の過程であり継続的なものであって、発達の各様相間に明確に分離できる線が引かれるわけのものではない。一時期から次の時期への移行はゆっくりと漸次に現われるものである。なお内的標準・外的標準の主体的統合のもとに現われる複雑な道徳的発達特性を一義的に単純に段階づけることにも無理がある。

四、良心の発達

現代の心理学と精神医学は、倫理や道徳の問題から回避しようとしている。心理学者たちは、道徳的価値は主観的であって趣味や嗜好と同じように客観的な基準が立てにくいと考える。然し、多くの人々は日常生活において道徳的価値について大きな関心を持っている。個人が為すべきと考えることと、実際にやっていることとの間にギャップがあり、そのギャップに伴なう心理的緊張が個人の内的葛藤の重要な原因となっている。

フロイドはこの問題を本能論の立場から次のように述べている。即ち、罪悪感や劣等感は自我と超自我との葛藤であり、この超自我は子供が両親や他の大人から独立する過程を通して形成される。子供は自分を両親と同一視し、両親が自分を躾けたと同様な攻撃性を自我に対して持つようになる。またシェリフ（Sherif）は、「自我の発達は、生物的要求に必然的に基づくものではなく、獲得されるものである。自我の価値は良心と関連しているけれども、それは両親・

学校・友人などから影響を受けて形成される」と述べている。

道徳の中心概念である良心（Conscience）とは、善悪の道徳的判断を個人内部に同化させたものである。義務、社会的期待、目的などが個人内部に統合されていることである。この意味の良心形成の過程と様相とを発達的に述べてみよう。

(1) **良心内面化の前段階**―子供は、幼児期においては道徳的な世界とは無関係に生活する。然しそれは、はっきりした内容としての道徳意識を持たないという意味であって、良心形成の過程は既に存在している。このことは、或ることを禁止されると怒られることを考えてその行動を止めることで分る。人に好まれないことをすることは、罰を伴ない、苦痛や孤独を感じ、無視され、不安を抱かされる。そこで禁止された行動をしなければこんな目に遭わないことを知る。

こうして子供は、両親の要求や基準を認知するが、未だそれを内面化することはできない。彼の心は、まだ自分の直接的要求の満足(快楽の原理)に専念する。両親の禁止は、彼にはまだ十分理解され受容れられないので、服従は単に親たる権威への服従である。

(2) **良心内面化の初期の段階**―子供は身体的社会的な発達に伴なって両親や社会の要求を理解できるようになると、良心形成の段階が開け始める。即ち、親のもつ価値と同調しその躾けに従う義務感が起ってくる。これは処罰を恐れたり不安を除くためというよりも、自発的に親と同一化しようとするのであるから、最初の良心の発生とも言うべきであろう。

良心の内面化の過程は徐々に進展し、自我の要求と親の考えや態度との間に類化が起り、次第に何事でも無批判に受容れる時期がくる。そして親の不承認を恐れるという消極的態度から、進んで親の権威を認めそれに合致することが善であり、それに反対することは悪であると考えるようになる。

このように内在化された基準と実際の行動とが一致しないと、羞恥、心配、後悔などを経験する。この同一化を容易ならしめる条件は、自分が親から愛されているという安定感、両親の権威が大なること、賞讃・叱責・処罰などの適切さ、子供の同調しようとする意欲、両親の訓練方針の一貫性などを挙げることができる。

(3) **良心内面化の後期の段階**―良心のこの時期の発達的特徴は、自己批判力が次第に増大する結果、道徳的義務感が内面化し確立してくることである。子供が無批判的に自己の好きなように振舞いたいと思っている間は、義務感はまだ不安定である。両親の権威的役割に対して不満であり敵意や憎悪が発生し易い。

しかし自己批判が始まり自分の社会的地位と役割とを現実的に受容れるようになると、両親の権威に適応することに満足するようになる。これが義務感の内面化であり、これはいろいろな方面に具体的に現われ始める。非難の甘受、後悔、反省の行動が強くなり、またそれが永く続くようになる。内面化された良心が今や命令者の役割を持つにいたり、親の叱責を素直に受け、叱責と愛情とを別々に受容できるようになる。この時期には罪を強く意識するようになる。それは実際の行為と道徳的基準とのギャップから生ずる。義務感もこの罪の意識によって強化され、これまでの外部からの処罰に代る役割をするようになる。

良心の内面化の著しい変化は、八才頃から十二才頃にかけて現われる。そしてこの時期における良心形成には次のような特徴が見られる。

(1) 道徳的絶対主義の後退
(2) 道徳は権威的・一般的なものから相互的な尊敬と協力に変る。
(3) 道徳的原理は一般性と抽象性とを帯びてくる。
(4) 自己中心性から他人への考慮が発達する。
(5) 賞讃や承認が親子関係からそれ以外の人との関係にも移される。

これらの変化は、親子関係の修正や変容、社会的地位や役割への要求の発達、集団経験の増大、知的成熟などに基づくものである。

五、意志の発達

性格の研究において、道徳的知識と道徳的行動との間のギャップを意志の弱さに帰する場合が多い。また性格の中心要素として意志を考え、強い性格は強い意志により、弱い性格は弱い意志によると言われる場合も少くない。確かに意志は性格の発達と重要な関連を持っているけれども、性格は意志だけによって決定されるものではない。

元来、意志行為の特性としてはそれが意識的計画的であることと、自発的自由選択的であることが挙げられる。従って意志の発達には、環境認知能力、関係把握能力、計画性、自覚的反省力、自発性、及び自律性などの発達が含まれる。このような諸点は幼児期から学童期にかけて徐々に発展してくるけれども、これらの統合として現われる意志的統制の力は義務意識と共に学童中期以後にはっきりして来るようである。もちろん、その芽生えの遅速や強弱は、両親や教師のなす訓練方法の如何に依存する。

意志と行動との関連については、主として二つの観点から研究されている。その一は、異った事態における幾つかの行動についての因子分析的研究であり、その二は、薬物投与によって意志の生理的基礎が損傷されるために生ずる行動の研究である。前者に属するものとしては、キャッテル（Cattel）などの研究があり、またダウニー（Downey）原著桐原葆見改訂の意志気質検査があり、後者に属するものとしては例えば忍耐力や疲労に対する抵抗・抑制の強さなどの意志的行動における各種薬物の影響の研究がある。意志気質検査は運動性（決断、動作、運動、比）、進攻性（拡張、衝動、自信、決定）、思慮性（制御、精密、細心、執心）について検査するようになっている。

いずれにしても個人の生得的・生理的要因や条件は、個人の意志的行為に大きな影響を与えるが、同時に個人が誕生以後に獲得する意志的習慣、動機、努力目標なども、また個人の意志の強さや行動の方向決定に大きい影響を与える。

道徳的発達の重要な問題の一つとして意志の発達についてもっと活発に研究されることが必要である。

六、道徳的発達における親子関係

第一に親子の間には、生後直ちに生物学的な相互関係が働く。生後三ヵ月頃になると、子供は内臓感覚に満足・不満足を経験し、要求充足と親との関係を知り親への真実の依存を感ずる。要求が充足され親への信頼を感ずるところに、子供は安定性を得る。このようにして成長する間に、親の生物学的な保護と愛情とによって親の中心的重要性の地位が定まり、これが子供のパーソナリティの社会的・情緒的発達に結びついてくる。

第二に、子供は親を通して文化に接触する。文化は親の行動、態度、言語、しつけを通して解釈され翻訳されて子供に伝達される。時には偏見があり文化の歪曲が加えられることもあり得る。子供の側から見ると、親への同一化を通して此等のことが摂取され内在化されるのである。同様に、道徳的な面における知識・理解・判断なども、親の日常生活から模倣され条件づけられる。

第三に、早期に形成された行動傾向は慎重な計画的な力が加わらない場合は、それ以後の成長の様相を規定する力を持つ。これは水路づけ（Canalijation）と呼ばれているが、一般に要求の充足方法は、多くの可能性を持つが、それが特殊の方法で充足されると、その方法が固定化される傾向がある。幼児に対する親の態度は、この水路づけの役をなしていると言える。これが、躾の原理であると思われる。即ち、子供は或る場面において如何に振舞うべきか知らないとき、生活経験の豊かな親がこれを教え指導する。之を繰返すうちに子供はそのやり方を水路づけられ身に体得するようになる。

以上述べたような意味において、道徳的発達において親は子供に対して極めて重要な立場にあり、子供は親の反射鏡であると言えるわけである。更に、幾分繰返すことになるが、右に述べたことを子供の成熟という面から見ると、親のなすことは次のような重要性を持っている。

(1) **性格的成熟への援助**―発達途上にある子供に対する親の教育は、子供の独立的行動、道徳的責任、フラストレーシヨンへのトレランス、自己批判力の獲得を促すことに重要な役割がある。子供の成長に伴なう要求や行動の変化に応じて親はその訓練方法を適切にし、子供の成熟を刺戟し促進してやらねばならない。

(2) **社会的成熟の基調**―子供は家庭において方向づけられ形成された社会的、道徳的な態度を新しい場面において適用する。そこで両親の近隣に対する態度は子供が近隣の友だちに対する態度の基調となる。対人的対応や社会的興味においても同様である。これらが子供の社会的適応に影響する。

七、道徳的行動の指導

道徳教育は、子供たちに望ましい道徳的人格を形成せしめるように助力を与えることである。その道徳的人格は、社会に適応し正しく有為の生活を営み得る人間を意味するのであるから、究極においては教育そのものの目標と一致すると言ってよい。

道徳教育は如何なる時代・如何なる社会においても必要である。それは、子供たちが発達的変化の段階にあり、個人生活においても社会生活においても分化と統合の過程を辿りつつあるためである。そしてその方法には宗教教育・修身教育・生活指導のうちいずれを主要手段とするかいずれに重点をおくかの差はあるにしても、結局目標とするところは凡ゆる生活場面における道徳的行動実践の指導である。

文部省が出した（昭和三十三年十二月）「新しい教育課程―小中学校」には「道徳で指導される内容」について、

「日常生活の基本的行動様式」に関するもの。

「道徳的心情、道徳的判断」に関するもの。

「個性の伸長、創造的な生活態度」に関するもの。

「国家・社会の成員としての道徳的態度と実践的意欲」に関するもの。

などの三十六項目を挙げている。これらの道徳性項目（徳目）は、子供たちの道徳的人格を方向づけ、判断・心情・行為の統一的目標となり、子供たちを刺戟するもの、統制するものとしての意味をもちまた意図的な道徳教育の内容とされるものであり、規範的な文化内容とも言えよう。伝統的な道徳性指導を軽視したことが、戦後教育界の大きな汚点とされ今日の道徳的混乱の根本原因として指摘されるであろう。

正木正氏は、彼の「道徳教育の心理学的基礎」（月刊「児童心理」昭和三十四年五月）の中で「指導の方法」について次のように述べておられる。

「教師が児童に触れて指導するときはなんらかの方法を通して行なつてゆくのである。すなわち、実施要綱にもうたわれているように、話合い・討議・問答・説話・講話・読みものの利用、視聴覚教材の利用、生活綴り方、劇化などが採用されるのである。しかして、これらの方法はそれぞれの児童の心性に訴える特性を有するがゆえに、目ざす徳性内容に応じて方法の心理学的性格を利用することが望ましいことはいうまでもない。

ただし、ここで道徳教育上問題点として考えられるのは、(1)教師がいずれの方法でも自由に行いうる能力を所有すること、(2)指導しようとする道徳性に応ずる最も妥当な方法を適用する能力をもつこと、(3)指導した結果、その道徳性が児童のパーソナリティ構造の中でいかなる位置を占めるかを洞察・評価する能力をもつこと。この第三の能力こそ、方法と連関して極めてむずかしいのであるが、しかも極めて重要でなる。この能力を欠きまたそれへの努力を怠るとき、道徳教育は形式化し平板化して、方法的展開性を失うに至るであろう。」

参考文献

鴻永重次編　児童心理学　第一評論社
同　精神衛生　啓文社
桂　広介「道徳意識の形成」（「児童心理」第九巻、六、七、八号）
大平勝馬　道徳性の発達
正木　正「道徳教育の心理学的基礎」（「児童心理」昭和三四年五月）京都道徳教育研究会
中野佐三編　こどもの性格教育　金子書房
霜田静志　道徳意識の発達と教育　誠信書房
同　性格形成と性格分析　同
E. B. Hurlock, Child Development, McGrow-Hill, 1942.
Jones, U., Character Development in Chilolren, Manual of Child Psychology, (ed) Carmichael, I., 1954.

第十七回（昭和三十五年前期）留日琉球派遣研究教員候補者名簿

地区	現任校	氏名	研究 領域	研究 テーマ	希望校種	研究期間
普	普天間小	安谷　安徳	理	科学性を育てるため理科の学習指導法	小	一年
コザ	コザ小	伊波　英子	保	健康教育の立場からの給食指導法	小	〃
〃	中の町小	仲宗根喜栄	視聴覚	視聴覚教育の計画と実践	小	〃
久米島	大岳小	豊見山秀夫	算	小学校算数教育の研究	小	〃
〃	仲里小	嘉味元紮仁	図工	小学校図工科の研究	小	〃
宜	三原小	仲本　興真	算	小規模学校における算数科の能力差に応ずる指導法	小	〃
糸	豊見城中	上原　政勝	国	読解の指導法	中	〃
〃	糸満南小	松本　好郎	理	実験観察の指導法	小	〃
政立	宮農	西原　一雄	道徳	高等学校における道徳教育	高	〃
石	宮森小	伊波　常雄	図工	デザイン指導	小	〃
那覇	松川小	那覇　政一	保	健康教育の計画と実践	小	〃
〃	開南小	波名城長要	音	小学校における器楽指導	小	〃
〃	寄宮中	川崎　治雄	道徳	道徳の時間の指導法	中	〃
前	川崎中	伊計　光義	図工	デザイン指導と版画指導	中	〃
辺	塩屋中	宮城　秀一	道徳	道徳の時間の指導法	中	〃
政立	宮水	松原　清吉	国	実業高校における国語科の指導法	高	半年
名護	羽地中	喜屋武清昭	視聴覚	放送教育	中	〃
〃	本部中	具志堅興徳	英	中校におけるオーラルアプローチによる英語指導の実際	中	〃
那覇	真和志中	幸喜　伝善	道徳	特設道徳教育の実際について	中	〃
〃	前島小	山里　芳子	図工	小学校高学年におけるデザインの学習指導法	小	〃
宮古	下地小	奥平　玄位	保健	健康教育	小	〃
〃	久松小	知念　長助	算	算数能力別学習指導	小	〃
糸	糸満小	大城　朝正	保	体育学習における社会性の育成	小	〃
前	平敷屋小	下田　哲	保	健康教育の計画と実践	小	〃
〃	高江洲小	石垣　当益	道徳	低学年における道徳の時間の指導	小	〃

――研究教員だより――

八丈島に旅して

配属校　東京都千代田区
永田町小学校
松田美代子

十二月二十五日で二学期も終わり、よく日から学校が休みになるので暫く生徒とも顔を合わす事ができなくなつた。それでせつかくの休みを東京で過すのはおしいと云う事で、八丈島に行く計画をしました。

メンバーは学校から女教師の加藤さんとその教え子の高等学校一年坊主の林田君の三人で出かける事に決定した。二八日の午后八時に東京の竹芝桟橋から出航すると云うので、二時間前に集合し切符は三等のを買い時間が来る迄東京の夜景を見物していると、となりの客の持っているトランジスターが気象のお知らせをしています。三人共、耳をそばだてゝそれに聞きいる、今夜から風波が出て海上一五米位になると放送したので、同時にみんなの目玉が丸くなつた。「強風注意報よ」どうしましようと暫くして加藤先生の低い声がした。私も不安になつた。せつかく沖縄から無事に渡つて来たのに八丈島なんかに行く為に……なんて考え、みんなの方をみると皆、何か考えているらしいだまつて遠くの海と空とを交代で見ている。風は少しあるが天気は悪くない空には星が出ているしこれ以上強くならなければ大丈夫だと思つた。

私達がこゝで思案した所で始らないから船長に任す事にして八丈島行きを決行しました。予定の時間よりも三十分も遅れて出航した。普段よりも乗客が多い為、整理番号を発行し順序よく上船させるのに大部時間がかかつた。乗客の多くはお正月を郷里の八丈で迎えようと云う人達で港は、にぎわつています。この船は途中三宅島にも寄港する為、その島への客もかなりいる。はたしてこの中に観光客が何人いるだろうかとぎもんでした。

船は割合にきれいで、沖縄と鹿児島間を航海する黒潮丸よりもほゞ大きく名前はつばき丸と云つて八丈と東京を航海して主に客船だとの事です。船室に落着き皆それぞれ着替えてねる準備を急いでいます。船は港を離れたようですが、それが気ずかない程静かで東京湾を出る二時間位は、走つているのかどうかわからない程でしたが、十二時頃から物すごくしけ船体も左右上下に揺れ出した。この辺が暖流黒潮の流れている所ではないかと思つた。揺れ方が激しくなつたので船によう人達が多くなつた。余り揺れ方がひどくなつたので頭をもたげて辺を見渡したが誰も起きていません。たくさん乗つたので心配でねられなくなり前の壁にはつた紙が目に映つた。非常の場合の胴着の扱い方に就いての説明が絵で示してありますがその箱の中には四六名分しかありません。

私はふとこんな事を考えました。この部屋の中にはおよそ七十名位の人がいる。もしもの事があつた場合、一体誰があれを間違なく身につける事ができるだろう。それに殆んどの客が男性だ私などはとても駄目だと、すると段々目がさえてねられなくなりました。

次々に船によう人が増してきます私も何だか気持が悪くなりだした、船が波を乗りこえる時の気持たるや内臓が体の外にぬけ出してしまいそうです。危くようところをトラベルミンのおかげで助かりましたが朝になつてもまだ波が高く揺れ方がひどいので船客は皆横になつたまま動かない。八丈の人らしき者が、もう着く時刻だと云つて洗面所へ出て行つた。

しばらくして船はいかりを下し始めた、デッキに上つてみると驚いた事に桟橋がありません。はしけで渡るのです、あれを見た時には本当に目をみはりました。こんな事なら来るんじやなかつたと私はとうとうたまりかねて弱根を吐きました。そしたら加藤先生に何だ沖縄子がと叱られたので、先生こわくないんですかと尋ねると平気と云つて皆のおりるのを眺めています。気の強い先生だと感心すると同時にこわさを知らないんだと思いました。

波が荒い為にはしけが本船にぶつかり、はねかえるのでとてもこわくてみていられません。すると船員の一人がこれでは危い、船の反対側にはしけを着けようと、乗つただけ運んで次からは本船の右側に着ける事にしたが、それでもまだぶつかる。こゝ迄来て今更戻るわけにも行かずどうしようなどと思つていると側に立つていた女性が来なけりやよかつたと云うのを聞いて同感の人がいたかと思うとおかしくなつたがどうでも下りない事には仕方がありません。三人の中で一番最後にはしけに移つた、その時は実に悲壮な思いではしけの前に立つ、時々悲鳴を上げる人もいる。本船から移るとはしけは木葉の様にゆれるが案外、海の空気を吸つて気分もよくなり愉快でした。

大きくよせて来る波のしぶきを浴び

ながら走るポンポン船の後に連がれた私達の船は上へ下へと幾波か越えるその度に皆のウワァと云う声、何とも云えない気持でした。揺れに揺れながら三分程でやっと上陸できた。

旅館迄十八世紀の車で行き、やっと落着き食事にラーメンをたのんだがなかなか来ない、二食ぬいたので腹ペコだとオタツ君は云う、林田君の事を私達はオタツ君と呼んでいます。東京の高校生にしては割に素直でかわいい生徒です、都会ずれがしてないと云うのでしょうか、オタツ君は黄色のリックに何かたくさんつめ込んである。

宿の女中さんはとてもお話が好きとみえて私達の所に来てはなし込む。それにひきかえオタツ君は、無口の方なので、あの女中、よくさえずるなとこぼす。

八丈は東京とはちがつてとても暖かく気温も十度の差があり、同じ都内でありながら一方は十度も低いと云う珍らしい区分の仕方だと思いました。島全体がのんびりとしていて何をするにもちつとも急がない。こつちは、はがゆくて仕方がない、私も東京の生活になれたとみえて、何となく物事にせつかちになる。

明日一日だけしか見学できないと思うと、昼食をすまして一時頃から近くの熱帯植物園を見学に出た。

では私の見た八丈島の概要から申上げますと、八丈島は富士火山帯の一郡伊豆七島の最南端にあり東京より二百九十粁離れた大平洋の真中に浮ぶ島で高知県室戸岬や長崎県佐世保とほゞ同緯度にあり、面積七十七平方粁、戸数三千を有し、三根、大賀郷、樫立、中之郷、末吉の五地区と小島の青ヶ島に分かれていて、同じ東京都内でありながら九州鹿児島の気温を上まわる温暖の地で霜の下る事なく暖流黒潮の香と共に南国の別天地のかんじです。

島の近海は漁場として知られており新鮮なトビ魚、ムロアジ、天草等が出荷されるし、高級そ菜レタス、セルリー又は春、早咲きの花の球根や観葉植物フエニックス、カナリエンシス等の天然の温室である、昔江戸幕府はこの島に二千人を数える人々を流罪に処したそうですが八丈島にはこれ等の流人や土着の人々によつて作られた珍しい風俗習慣や生活様式があり、中でも高床の倉造り、家にめぐらした風よけの玉石垣、勇壮な太鼓ばやし、牛角力がその名残をとどめています。

又その昔秦の始皇帝が不老長寿の妙薬を求めて八丈島に使者を遣わしたがその薬草が「あした葉」と云われ今日摘んでも明日には葉が出ると云う草でりの野草は島の珍味とされています。

八丈島は戦前から、かくれた観光地とされていたそうですが、昭和三十三年の全環食観測以来長足の発展をみせ大さくクローズアップされた島です。

現在東京羽田より空の旅で一時間十分で船でも東京竹芝から波を枕に一五時間の旅路です、二九日朝から見学に出かけましたのでその様子を少しばかりお知らせいたします。

二十世紀の新型の車で宿を出発、四粁位走つた所で逢坂トンネルにさしかかりました、これは日露戦争の戦勝記念として開さくされたものだそうですが百米余の素堀のもので大賀郷の入口から望む八丈富士、黒潮けむる前崎浜の眺望は絶佳で八丈八景の一つにかぞえられています。

次に名古の展望、そこに立つと遥かに洞輪沢港と云う港がみえ右手には名古の美しい海岸線、左手にはバナナの野生、加えて水平線上に遠く青ヶ島を見る事ができた、それは加藤先生の高級の双眼鏡で眺めたので遠くが手に取るように見えました、又ここから見る名月は名古の月として名高いそうです。

尊王論によつて当地に流罪になつた鹿島則文はこゝで月を眺めたのだそうですが私達の行つた日は残念な事に月は見えませんでした。

そこから上の方に出て宇喜多秀家の墓、豊臣家五大老の一人、朝鮮の役の総帥として備前美作四十七万石の領主となつたが後、関ヶ原の戦に破れ慶長十一年八丈島に流罪になり在島五〇年八三才で病死しており、お墓はあすなろの樹に囲まれた奥津坂は苔むして往時の英雄を偲ばして哀れである。

それから元気のある牛角力、これは沖縄の闘牛と同じで娯楽の乏しい島では古来から盆踊りと共に島民の間で楽しまれてきたもので、それにもう一つは太鼓ばやし、大鼓を中心に上拍子と下拍子が左右に別れ寸分乱れぬ、呼吸の妙、緩急自在に打ちこなすさまは真に勇壮であり、流罪となつた元武士達が剣を撥に置き換え打ちならすという昔の歌詩で囃されたが、今では黄八丈だすきの晴姿でうたいおどるのだそうです。この大鼓をたゝく前には必ずお酒を飲まないといけないと云うので私達も飲みました。どんな酒だろうと、そつとびんのレッテルをみると焼酎と書いてありました。沖縄の泡盛に近い味です、一口飲んで男の子のところにまわし太鼓ばやしを見学させてもらいました。

それから海岸線の方へ下り八丈島の燈台に登る事にしました。末吉の石積鼻の突端にあり近代化学の粋をはこつて作つたものと云われたこの燈台は、昭和二十六年に作られ高さ約十三米白色で円柱のコンクリート造り、光度は白色百二十万カンデラで十秒に一閃、光速距離は四千五百粁に及ぶと云う。私は燈台に登つたのはこれが始めて円形になつた階段を上つて機械の説明を聞きました。海岸線をずつと上り樫立字川城羅と云う村に服部屋敷があり、そこは今でも人が住んで居ますがその昔お船を預かる役をした家で豪勢を誇つた屋敷跡は島特有の玉石垣と樹令七百年と推定される中央の大そてつはとても見事なものでした。

それから八丈民謡を一つおぼえましたのでご紹介致します。

イヤー沖で見た時は鬼島と見たが
来てみりや八丈は情が島
イヤー大和男の子の度胸があらば
こえておじやれや黒潮を

私達も続いて、大和乙女が男子になつてこえて来ました八丈島へと歌うと宿の主人お酒でほろよい上気げんです歌え歌えと云い出したので、私達もせめて八丈島に居る間でものんびりとモウモウの精神で行きましようとゆつたりした気持です、モウモウとは牛の事、晝間牛にまたがりのんびりした様子をみたのでついそう云う事が出てきてそれではと皆一しよに楽しくうたいました。

宿の主人もなかなかおもしろい、主人曰く、奥さんとけんかした為にご飯を作つて呉れないから四人で出かけて食事をして来ようと実にのんびり、おかげで外食、本当に困つた奥さんも八丈島にはおりました。かえりは、つきたてのおもちをおみやげにもらいきた時と反対側の八重根港から出発、楽しく過した南国ともお別れして、一九五九年の最後の日三十一日東京着、朝六時の東京竹芝の桟橋には霜が下り、あたりの静けさが何となく寒さをかんじさせ、モウモウの精神はどこへやら急に忙しくなつてきました。

のぞましい職員室づくり

配属校
千葉市立緑町中学校
新城繁正

みなさん、あけましておめでとうございます。生まれてはじめて本土でのお正月をむかえ、なんとなくおちつけない数日をすごしました。そのことは祖国でのお正月をむかえるよろこびと申しましようか。感激が先ばしつていたからだと思います。新聞やラジオなどのマスコミはもちろん、商店街やデパートや街ゆく人々のせわしくもかろやかなすがたが大きくわたしをかきたてたことです。しかし、その反面伊勢湾台風によつて大きな被害をうけた愛知、三重、岐阜県や不況にあえぐ炭鉱街などのようすが報ぜられるとそのままあいつぐ台風にうちのめされた郷土沖縄に結びつき、やりきれない複雑な感傷におそわれるのをどうすることもできませんでした。宮古島のソテツ生活などもテレビや新聞やラジオなどで報ぜられ、心から同情をよせて下さる方々がおられることはありがたいことですが、ややともすれば忘れられがちであることはなんとしてもさびしいことですし、時にはさびしさが情ない気持になりさらには一種のいかりをおぼえることとすらあります。ねがわくば一日も早くたちあがれるよう関係各方面のご高配を請うとともにみなさんのご健闘を心からお祈り申し上げます。

さて、新し教育制度のもとにすすめられてきた戦後の学校教育においてしばしば 職員室のありかたが 論じられてくるようになりました。そういえばいつたい戦前はどうであつたろうかということが問題になつて参りましようが残念ながら戦前の教育についての知識をもちあわしておりません。ただ生徒としての立場からその見方、感じ方のよしあしは別にして申しますと、職員室は生徒にとつておよそ縁遠いものであつたし、ちかづくことすら一種のぼうけんにたことであつた。ときに職員室にはいることをゆるされたにしても多くの場合おしかりをうけるためであつた。しかるということが一種の生徒指導の方法であるとすれば、その意味においては生徒指導の場としての性格ももつていたといえましよう。それもその当時の教育制度や教育理念からわり出されたものであつたろうし、現在のそれとは異つた形のものになつていたことはむしろ当然であつたのかも知れません。ところで新しい学校教育において職員室はどうあるべきか、小学校、中学校、高等学校と学校によつてもその性格もちがつて参りましようし、学校の規模によつても異つてきましよう。そのまえに職員室など必要がないという考え方もあるようですので職員室をもつべきか、もつべきでないかという問題は別にしてここでは現にある職員室ははたしてどうあるべきかということにしぼつて考えてみましよう。いつたい今までわたしがみてまわつた学校のほとんどは職員室がせまくるしく、研究室、資料室、事務室、応接室相談室、憩いの場ひどいことには物置場などきわめて多様性をもつている。

このてんにおいては程度の差はあつても沖縄も本土も共通しているように思うのです。（もちろん中には特例もないわけではなくある中学校など職員室をもつてない）。

それには教育予算の面あるいは職員室の整理の方法技術の面や学校経営の面といつたようにいろいろな問題をはらんでいることですし予算面などは教育委員会や政府との関係において解決しなければならず、なかなか容易なことではありません。

しかしもつと身近かなところから職員室の性格をどう考えるかによつて解決できる面もあるのではないかと思います。先ほど職員室の多様性ということを申しましたが、そのことは生活の能率化という点からみればむしろあつてしかるべきことではないでしようか。（むろん程度は問題になりますが。）しかし、それだけではたりません。どこに主体をおくかということを考えねばならないと思います。と申しますのは応々にして職員室が生徒の側からみれば「おしかりをうけるところ」「こわいところ」としてうけとられ、また職員間にも「かたくるしいところ」「いきぐるしいところ」となりかねないのです。そのことについては中学教育四月号に特集されていてわたしも興味深くよんだことです。その内容のくわしいところはみなさんにおよみいただくことにして「生徒のための職員室」という観点からこちらの学校の職員室をのぞきながらのべてみます。正直なところ、わたしは過去において職員室の性格についてあまり考えたことがなかつたし、考えたにしても「職員室がせまくるしい」とか「職員室が物置きとまちがえられてはこまる」とかいわば形の上の職員室を問題にしてきたにすぎません。それだけにこちらへ参りまして生徒がおひるやすみや放課後など、先生からのよび出し、学習についての質問、クラブについての相談など様々な用件で職員室にではいりしてしかもしごく平然とした態度で教師との話し合いがなされていることは初めのうちは疑問視したほどです。

もつとも千五百名余の生徒の中にはいまだに職員室に対する恐怖心をいだいているものもすくなくないでありましようが、それはそれとしてもとにかく職員室が子どもたちのためにもつと自由に、気がるにでいりのできる場でありたいと思うのです。それと同時に職員にとつてもいごこちのよい、お互に笑いあえるような場であつてほしいものです。申すまでもなく学校生活は職員室からはじまり職員室でおわるともいえましよう。そうであつてみれば、職員室の空気がやがて学校全体にひろがり、また学校全体の空気が職員室にすいこまれるといつた作用が生まれてくるでありましよう。またそうであつて欲しいと思うのです。

日々の断片

配属校
京都市立明徳小学校
古堅英子

「きよーと」「きよーと」耳なれないリズムをもつた言葉が、心もち気だるい頭の芯を刺激する。車体は、しつとりとぬれた京都駅の構内に滑り込む。三日間にわたる東京の印象とは又別な趣を呈している。

朝の早いせいでもあろうか、市内らしくもないまばらな人の群、彼等の足の運びの緩漫さ、女の高い足駄に和服のレインコート姿がちらほら眼を引く。

濡れた車道をタクシーで宿泊所、紫明荘へと向う、「烏丸丸太町」、妙な名称だな……と思いながら……。

紫明荘、すみれの間に仮の旅装を解く。駅の構内で買い求めてきた市内地図を開いてはみたものの……。

入洛、第一日目だというのに、風土風物はおろか、地図さえも眼に入らないときている。今までもちこたえてきた心の支えは、肉体の疲れには勝てないらしく、ひとねむりしなければどうしようもないように思われる。

×　×　×

市電ならぬ叡山電車に乗るとのこと、さつぱり勝手がわからぬまゝに担任主事の後に従い配属校、明徳へと向う。行く道々明徳小学校の様子を矢つぎ早やに質問し、計画を話すと主事の先生、いかにも気の毒そうな顔つき。

「文部省の指示は、三級地の学校を指定してほしい、とただそれだけのことだつたので、あなたの研究テーマについては考慮しなかつた。三級地の学校で一番交通の便利なところ、というふうに考えたんですが……」等々とういつた調子の話に熟睡でとり戻した心の張りがいささかゆるみそうになるのを、やつとこらえて、校長先生に会い

そして職員にあいさつする、

・遠い沖縄からご苦労さんです。
・沖縄の現状は？
・日本復帰についてどう考えているか。
・学校教育の現状は？

等々、あまりにも知らなさ過ぎるのにさびしい思いがする。

妙にアメリカナイズされた沖縄を想像している人、原始的な沖縄を考えている人、現実の沖縄を凝視する形で迫つてくる人。

「沖縄・沖縄」とさわいでいても結局見方はさまざまなものでしかない。再認識させてやりたい、という意欲的なものが私をおそう、と同時に、沖縄の人自体の 意識の 高まりを 痛切にねがう。

「テーマ」に合わない学校を考える時自分の計画が音をたててくずれるかのように思う。しかし、単なる親切を通りこした温い歓迎に出合うと心の張りをとり戻したりする。

校内研修の幅がせばめられた現状からして校外研修の機会を多く盛る方向へ、と意図し計画する。

短い今日、一日の心の葛藤を外に、比叡山が雄大な、そして美しい姿を、それ見よがしに見せている—そういう雰囲気の中に人々の口からころがり出るやわらかな言葉がおりこまれて詩的場面をかもし出す。これも、京都の情緒の一つかな—と思つてみる。

× × ×

碁盤の目のように交錯した京都の街は、ものごとに 疎い私にも 容易に、一人歩きができるしくみらしいのに、毎日のことながら朝、夕、のラッシュには、ほとほと閉口させられる。つい乗り過して、すべり込み遅刻も度々とくるので、沖縄の初冬を思わせるこの季節に冷汗の思いがする。

—そのことを雑談の中に出すと、「愛嬌があって実によい。」などとはやしたてる。

—図にのつて突けあがらぬように自重したいものだ、と自分に言い聞かすのも、研究教員という、ゴツゴツした名の威圧に外ならないかな、などとちよつぴり苦笑する。

始業はじめを告げるオルゴールの音が私の心を服部教室へとせかせる。

四十を幾つか数えるというお母さん先生なのにえび茶のセータが白い肌にマッチして二十代の若さを思わせる。あの小柄な体のどこから、こんなにもピチピチした言動がエネルギッシュな迫力となつて湧き出てくるのだろう。私を体ごと—そこの教室へ釘づけにするなにものかがある。

深い深い谷間までおり下つていくように思考する教室！ふつふつ、と湧き出る人間の血の通いで温めあつている教室！

私は、そこの教室の中に人間の持つであろう無限の可能性を見い出したような気さえする。服部先生の若さは、—その可能性を信じている人のみにある若さなのだろう。

「叡智でもつて壁にぶつつかつていくことが大事である。」先生のこのような言葉に、一週間来の学習の流れが結びつき、地を這うような歩みとは、こんなことを言うのかも知れない、とつくづく思う。

山本有三の「兄弟」という文学教材（六年）を生きた服部学級に結びつけて私は—こう考える。

学級づくりに精力を傾けているクラスは文学 作品に 対する 反応は実に細い。

—それは、どんなささいな心の動きでも、理解しわかろうとする、人間をほんとうの意味で理解しようとする態度がある、その人のかわいそうなところもわかろうとする、人間の対立融和に共鳴することができる。みんなは互いに傷つけ合いながらも相互に成長しようとする意欲がある。

彼等の間では、人間と人間の心のふれ合いは皮相的なものではすまされないものがある。もつとなまの感情で力いつぱい戦おうとしている。そして、それはすでにおとなの愚劣さをつきぬけてすばらしい生き方を暗示している。文学の真実性に彼等の心情は近い。

—いつも真剣に生きることを学び、どのように人間を見ればいいのか、などと考えている学級でなければ文学作品をほんとうの意味で読めはしないのではないか—と。

× × ×

ジングルベルのメロデーに追われるように深夜の駅の構内におり立つ、そしてそこを横切り、ちらちら、と降りかかる雪の中へと歩を運ぶ。

気温にして何度ぐらいなのか、雪の深さが何糎ぐらいなのか、今の私には問題外らしい、ただ、さいはての北国青森まで来たな—、ということをあらわな顔、手、の肌にふれる雪の感触を通して実感として味う。

果てしなく続く銀世界の中に、黒ずんだ裸のまゝで立つている樹々、極度に短かく見えるのも雪の深いせいなのでしよう。

—それ等は、私ほどにかじかまないのかじつとしている、そうと黙つている、…そしてその酷寒に耐えに耐えているという感じである。

冷徹な北国の美しい情緒が、たまらないまでに私の心に迫つてくる。

―そういう外的（自然）雰囲気の中で、芦田恵之助先生の道と教育をそのまま行ずるという「いずみ会」に参加する。

二十六日、初日の前夜祭を皮切りに一日五時間の教壇実践、そして講演、等々、四時半までのぎつしりつまつた日程が年の瀬もどんづまりの三十日まで、それに夜間の修養会も合わせて、息つく間もないほどに躍動し続ける。私は、そこに集う会員の先生方の異様なまでに高まつている、エネルギッシュなものにある種の驚きと感動を覚える。

芦田先生がかつて貫きとおしたという。

「内よりの、そして自覚に立つ教育」の話を聞いた時、私の求めている根本的なものが、そういう形でそこに存在していた。ということに妙なうれしさを感ずる。

子どもの求めているものを与えなければならない。―子どもの求めるものとは一体、何なのか。―それは文章の第三層を与えることであるという。

「国語指導、単純形態」（いずみ会発行パンフレット）の層序を読むとこういう意味のことが書かれている。

第一層は、文字語句であり、事実である。即ち読んでわかつたことがそれであるという。

第三層が文章の中心、心（意）であるという。事実からいきなり「意」へと飛躍させるやり方もあるが、事と意をただちに比較させることであるから子どもはわかりかねる。言葉から心にいくにも、事実から心にいくにも第二層というものを通らなければ理解することができない。

例をあげると、

「雨」という言葉を聞くと、雨が降つたのだな―という事実がわかる、―これが第一層である。

雨が降つて困つたとか、ありがたいというのが第三層である。雨が降つたという事実に対する正しい心が考えられるわけである。そして「雨」という言葉に語感が生まれてくる。

雨が降ると「雨」と困る顔をする、雨が降るのを待つていた時には「雨、雨」とうれしい顔をする。これが第二層である、とにかく雨という言葉を聞いたら、雨が降つてきた事実がわかり

（第一層）

雨が降つて困るとかありがたいとか…感じ、読みとる、

（第三層）―その第三層がわかる程度は第二層によつて違つてくる。なぜ雨が降つて困るか、なぜありがたいのか、こういうわけだから雨が降つて困るのだとか、今、こういう状態で雨を待つているからありがたいのだという第二層のはいり方で同じ困り方でもありがた味でも違つてくる。

文章の読みとり方にもといのかけ方にも、第二層というのが大きな役割をしている。第二層の読みとり方によつて同じものでも、文章の意が深くなつたり浅くなつたりするものである。読みの浅いものには、雨が降つて困つたといわれても、なぜ「困つた」かがわからない。そこで第二層に添えてやることが大切であるという。

文章の中核にふれることによつて子どもの心は育つていくものである。国語を教えるのではなく、国語で人間を育てていく、そのためには、第一層から第三層へ飛躍したやり方であつては…ならないというのであろう。

―それに対して私は、こう言いたかつた。

「そういうことはわかり過ぎるほどわかつていた」と。

しかし教壇実践に裏づけされたその場に出くわしたぼんやりもの、私は、すつきりとした威勢のよい教壇に圧倒されてしまつた。

でも、その教式を全面的に内容も形式も受け入れるということではない。

集つた会員の先生方はその教式を絶対的なものだと信じているらしい。一種の宗教的なものにまで持つていつている気がした。（私の誤つた見方であるかも知れないが―。）

進歩は変化をともなうものであれば教式を唯一のものとすることには一つの疑問がある。

しかし、この研究会は、いろいろな意味で、ある種の抵抗（考える余地）を私に与えてくれた。

私にとつて、その抵抗は少なくない価値をもつものとなろう。

あとがき

※一年の苦労がみのつて無事に修業式・卒業式を迎えた。門出する子どもたちにかける教師の期待と喜びはときにぬぐい去れない憂いが加わつて複雑である。

責任の大半を達したとはいえいまだ張りつめた緊張が続くばかりか、また後から来学年度のピチピチしたゆめが果てしなく続く。先生の仕事の尊さとボリュームの大きさをひとしお感ずるきようこの頃である。

※本号は琉大での研修をすまされた職家関係の研修生諸氏へ寄稿していただいた。

二月のできごと

一日 第十六回立法院定例議会開幕
・鹿児島県十五市の市長会（会長平瀬実武氏）から友情の街路樹六百本那覇市に贈らる。
来島中のハワイ州議員団五人（団長新城松喜上院議員）と立法院全議員との懇談会（立法院委員会室）

二日 第一党方式に関する民政府側と自民、社大両党代表との予備会談（於民政府）
琉球大学合格発表

三日 パン焼講習会（那覇琉米文化会館）
ブース高等弁務官立法院本会議にメッセージを送った。
高校定時制教育振興会開かる（那覇高校にて）

四日 日本青年団協議会々長真野昭一氏等四交歓使節団来島

六日 琉米親善高校バスケット大会に糸満高校優勝
立法院各派代表アンドリック首席民政官と会談、大統領行政命令の改正について要請した。

八日 那覇公民館協議会定例研修会（真和志上間公民館にて）
職業教育視察団二二人メンバー決定（文教局）

九日 文化センター建設第一回委員会（政府第二庁舎会議室）
大田主席ブース高等弁務官と国有財産の移管について会談

十日 教育長協会で全琉新採用教員需要数各地区小中校別に発表
九州各県青年団代表十二人来島
中教委、文教局、各連合区教委、教育長、公立高校の政府移管問題を話合う（於商業高校体育館）

十一日 今年第一陣の本土集団就職少年少女六三人出発

十二日 文教局、琉大、教職員会、民政府教育部、教育委員会協会による教育法規研究会開く（民政府会議室で）
・来島中の日青協及び九州ブロック青協代表団をかこむ懇談会（沖縄会館ホール）

十三日 高校入学選抜試験始まる（十四日まで）
九州各県から苗木七万入荷

十五日 文教局、中教委、教育長協会、教育委員会協会による公立高校の政府移管問題合同協議会（於商業高校体育館）四月一日移管完了に決定
日本政府貸付け南米移民三十七所帯出発

十六日 臨時中央教委補正予算を審議
税制審議会百万ドル増税の改正煙草消費税法案について答申決定
コザ地区PTA指導者研修会（於宜野湾村役所）

十七日 大里南小校実験学校発表会「正課時の体育を通じてどのように遊びを改善し指導するか」
城前小校実験学校発表会「理科」
八重山教職員会主催第十三回教育祭（於八重山高校）

十八日 文教局、辺土名連合教育区主催の辺土名地区新生活運動指導者講習会（於辺土名公民館）

二十日 第五回全琉音楽祭（二十一日までタイムスホール）
沖縄教職員会青年部大会（於教育会館）
政府計画第九次ボリビア移民二十九人（二十四所帯）一般呼び寄せブラジル移民十七人、計四十六人がオランダ船ルイス号で出発
教育課程審議会九教科、道徳、特活は決定、学校行事は保留
沖縄自民党第一回党大会、初代総裁に大田首席を選出

二十二日 西表調査団一行来島
第十三回N・H・Kのど自慢全国コンクール沖縄地方大会（於那覇国映館）
本土指導委員と文教局指導主事との研修会（於那覇教育委員会事務所）

二十三日 市町村合併促進審議会（於政府局長室）

二十四日 文教局指定の城西小学校PTA研究発表会
関西財界人で組織されたアジア貿易視察団（世話人、アジア貿易専務佐藤仁彦氏）一行四十一人来島。
ハリウッドの独立プロ、アライド、アーチス社の映画「義務をこえて」の沖縄ロケは石川ビーチでクランクインした。
西表島調査団琉球側調査団との初顔合わせ（政府第二庁舎会議室）

二十五日 琉大付属初校設置に伴う懇談会（於本館会議室）

二十六日 第六回沖縄P・T・A大会（教育会館ホール）
養護教員研究会（於政府第二庁舎会議室）

二十八日 政府公務員採用試験

文教時報
（第六十五号）（非売品）
一九六〇年三月一二日 印刷
一九六〇年三月一五日 発行
発行所 琉球政府文教局 研究調査課
印刷所 那覇市三区十二組 ひかり印刷所 電話(8)一七五七番